ソロモン
消費者行動論 [ハードカバー版]

Consumer Behavior
Buying, Having, and Being, Tenth Edition
Michael R. Solomon

監訳:松井　剛
訳者:大竹光寿
　　　北村真琴
　　　鈴木智子
　　　西川英彦
　　　朴　宰佑
　　　水越康介

丸善出版

CONSUMER BEHAVIOR

10th Edition

by

MICHAEL R. SOLOMON

Authorized translation from the English language edition, entitled CONSUMER BEHAVIOR, 10th Edition, ISBN: 0132671840 by SOLOMON, MICHAEL R., published by Pearson Education, Inc., Copyright © 2013. by Pearson Education, Inc.

All rights reserved. No part of this book may be reproduced or transmitted in any form or by any means, electronic or mechanical, including photocopying, recording or by any information storage retrieval system, without permission from Pearson Education, Inc.

JAPANESE language edition published by MARUZEN PUBLISHING CO., LTD., Copyright © 2014.

JAPANESE translation rights arranged with PEARSON EDUCATION, INC. through JAPAN UNI AGENCY, INC., TOKYO JAPAN

本書はPearson Education, Inc. より翻訳許可を得たものである。

目次概要

セクション1 ● **市場に存在する消費者**
第1章 買うこと・所有すること・生きること

セクション2 ● **個人としての消費者**
第2章 知覚
第3章 学習と記憶
第4章 動機づけとグローバルな価値観
第5章 自己
第6章 パーソナリティとサイコグラフィクス

セクション3 ● **意思決定者としての消費者**
第7章 態度と説得
第8章 意思決定
第9章 購入と処分
第10章 組織・家庭における意思決定

セクション4 ● **消費者とサブカルチャー**
第11章 集団とソーシャルメディア
第12章 社会階級とライフスタイル
第13章 サブカルチャー
第14章 文化

目次

著者について xi
序章 xvii
謝辞 xxiii

セクション1 ● 市場に存在する消費者 1

第1章 買うこと・所有すること・生きること 2

消費者行動：市場にいる人々 3
消費者行動論とは何か？ 5
　消費者行動はプロセスである 5
消費者がマーケティング戦略に与える影響 7
　消費者は異なる．どのように分類するか 8
マーケティングが消費者に与える影響 14
　ポップカルチャー 15
　消費するとはどういうことか？ 15
　グローバルな消費者 17
　デジタル・ネイティブ——ソーシャル（メディア）ライフを生きる 19
マーケティング倫理と公共政策 22
　ニーズとウォンツ：マーケターは消費者を操作するのか？ 24
　広告とマーケティングは必要か？ 26
　マーケターは奇跡を起こすのか？ 26
　公共政策とコンシューマリズム 27
研究分野としての消費者行動 34
　消費研究者はどこにいるのか？ 34
　消費者行動研究への学際的影響 35
　消費研究では学術的理解と応用のどちらが重要か？ 36
　消費研究の2つの視座 37

本書の構成 39

章のまとめ 40
キーワード 41
復習 42
討議と応用 42
参考文献 46
ニールセン・ナゲット 50

セクション2 ● 個人としての消費者 53

第2章 知覚 54

感覚システム 55
　快楽的消費とデザイン経済 57
　五感マーケティング 58
露出 70
　感覚閾値 70
　拡張現実 73
　サブリミナル知覚 76
注意 79
　マルチタスキングと注意 80
　マーケターはどのように消費者の注意を引くのか？ 81
解釈 86
　刺激の組織化 89
　見る者の目に宿る：解釈上のバイアス 91
　知覚ポジショニング 95

章のまとめ 97
キーワード 98
復習 99
討議と応用 99

参考文献 101

第3章 学習と記憶 106

学習 107
行動学習理論 108
古典的条件づけ原理のマーケティングへの応用 112

道具的条件づけ原理のマーケティングへの応用 119
認知学習理論 120

記憶 123
人の脳はどのように情報を符号化するのか？ 124
記憶システム 126
私たちの記憶はどのように情報を保存するのか 127
何を買うかを決めるときに，私たちはどのように記憶を引き出すか？ 132
なぜ忘れるのか？ 134
視覚的手掛かりと言語的手掛かり：絵は千の言葉と同じ価値があるのか 137
消費者のマーケティング・メッセージの想起はどのように測定できるか 140
ほろ苦い記憶：ノスタルジアのマーケティングパワー 143

章のまとめ 145
キーワード 146
復習 147
討議と応用 148
参考文献 149

第4章 動機づけとグローバルな価値観 156

動機づけのプロセス：人は何に駆り立てられるのか？ 157
動機づけの力 159
ニーズとウォンツ 161
消費者のニーズをどう分類するか 167
マズローの欲求階層理論 169

消費者関与 172
関与の程度：惰性から熱中へ 173
消費者関与の多くの顔 175

価値観 185
中心的価値観 186
価値観と消費者行動はどのように結びつくのか 188
良心的コンシューマリズム：新しいアメリカの中心的価値観？ 192
物質主義：「一番たくさんのおもちゃに囲まれて死ぬ人が勝ち」 195

異文化の価値観 197
標準化戦略 200
現地適応化戦略 201
マーケターにとって重要な文化の違い 203
グローバル・マーケティングはうまくいくのか？ 204
消費文化の普及 206
移行経済で姿を現わしつつある消費文化 207

章のまとめ 210
キーワード 211
復習 212
討議と応用 212
参考文献 214
ニールセン・ナゲット 223

第5章 自己 224

自己とは何か？ 225
自己は存在するのか？ 225
自己概念 226
ファンタジー：理想と現実のギャップを埋める 228
ヴァーチャル・アイデンティティ 230
消費と自己概念 233

性役割 239

社会化におけるジェンダー差　240
　　女性の性役割　244
　　男性の性役割　245
　　レズビアン，ゲイ，バイセクシュアル，トランスジェンダー（LGBT）の消費者　251
身体イメージ　255
　　美の理想　255
　　身体の改造　265
　　歪められた身体イメージ　270

章のまとめ　272
キーワード　273
復習　273
討議と応用　274
参考文献　275

第6章　パーソナリティとサイコグラフィクス　286

パーソナリティ　287
　　フロイト理論　287
　　新フロイト派の理論　293
　　特性理論　296
ブランド・パーソナリティ　300
サイコグラフィクス　306
　　サイコグラフィクスの起源　307
　　サイコグラフィクスによるセグメンテーション類型　311
　　ジオデモグラフィ　314
　　行動ターゲティング　315
消費者行動の負の側面　316
　　消費者テロリズム　317
　　消費依存　318
　　強迫的消費　319
　　消費される消費者　320
　　違法行為　321

章のまとめ　323
キーワード　324

復習　324
討議と応用　325
参考文献　326

セクション3　● 意思決定者としての消費者　331

第7章　態度と説得　332

態度の力　333
　　態度のABCモデル　335
　　効果の階層モデル　335
態度はどのように形成されるのか　338
　　すべての態度は平等につくられているわけではない　339
　　一貫性の原則　340
　　自己知覚理論　342
　　社会的判断理論　342
　　態度モデル　345
　　態度は行動を予測するか？　349
　　拡張型フィッシュバイン・モデル　349
　　消費を試みる　353
マーケターはどのように消費者の態度を変えるのか？　354
　　決断，決断：巧妙なコミュニケーションの選択肢　355
　　コミュニケーションの要素　356
　　新たな見解：双方向型のコミュニケーション　357
　　新しいメッセージ・フォーマット　359
　　発信源　361
　　メッセージ　368
　　メッセージのアピールの種類　374
　　発信者とメッセージ：売るのはステーキか，それともジュージュー焼ける音か　380

章のまとめ　383
キーワード　385
復習　386

討議と応用　387
参考文献　390
ニールセン・ナゲット　398

第8章　意思決定　399

消費者は問題解決者　400
　意思決定に関する見解　402
　消費決定の種類　404
意思決定プロセスのステップ　407
　問題認識　407
　情報検索　409
　消費者はいつも合理的に検索しているのか？　411
　心の会計：意思決定プロセスにおける先入観　413
　多くの選択肢の中からどのように決めるのか？　422
　製品選択：代替品の中からどう選ぶのか？　428
ヒューリスティクス：メンタルな近道　434
　マーケット・ビリーフ：多く支払うほどよいのか？　436
　なじみのブランドネームを選ぶのは，ロイヤルティからか習慣からか？　439

章のまとめ　443
キーワード　445
復習　446
討議と応用　446
参考文献　449

第9章　購入と処分　455

消費者行動に状況が及ぼす効果　456
　社会的環境と物理的環境　458
オンライン技術の新たな影響　460
　一時的要因　460
買い物経験　466
　状況が厳しいと，買い物にも厳しくなる　467
　eコマース：ネットで買うか，店舗で買うか　469
　劇場としての小売店　470
　店舗イメージ　472
　店舗内の意思決定　474
　販売員：舞台の主役　477
購買後の満足　479
　クオリティとは何か？　479
　不満足の消費者には何ができるか？　481
　TQM：現場へ行く　482
製品の処分　484
　処分の選択肢　484
　ラテラル・サイクリング　485

章のまとめ　487
キーワード　488
復習　488
討議と応用　489
参考文献　491
ニールセン・ナゲット　499

第10章　組織・家庭における意思決定　500

組織の意思決定　501
　組織購買者と意思決定　502
　B2B eコマース　506
家族　508
　現代の家族　509
　動物も人と同じ：人間以外の家族　512
　家族のライフサイクル　513
　家族の意思決定　516
　性役割と意思決定における責任　518
　共同意思決定におけるヒューリスティクス　523
意思決定者としての子どもたち：消費者になる訓練をしている人たち　525
　消費者の社会化　526
　性役割の社会化　529

目次　ix

認知的発達　530
マーケティング・リサーチと子どもたち　531

章のまとめ　534
キーワード　535
復習　535
討議と応用　536
参考文献　538

セクション4 ● 消費者とサブカルチャー　545

第11章　集団とソーシャルメディア　546

準拠集団　547
　準拠集団はいつ重要になるのか？　548
　準拠集団の種類　552
　順応　559

オピニオン・リーダーシップ　561
　オピニオン・リーダーの影響力はどれほど強いか　562
　オピニオン・リーダーの種類　564
　オピニオン・リーダーをどのように見つけるか　566
　オンラインのオピニオン・リーダーたち　569

クチコミ　571
　否定的なクチコミ：うわさの力　575
　うわさの構築　578

ソーシャルメディア革命　580
　ソーシャルメディアとコミュニティ　581
　ソーシャル・ネットワーク　582
　オンライン・コミュニティの性格　584

章のまとめ　587
キーワード　588
復習　589

討議と応用　590
参考文献　592

第12章　社会階級とライフスタイル　599

消費者の支出と経済行動　600
　収入パターン　600
　金を使うべきか使わざるべきか，それが問題だ　600
　不況とその余波　603

社会階級の構造　605
　序列を選ぶ　605
　アメリカの階級構造　609
　世界の階級構造　610

社会階級と消費者行動　614
　社会階級の要素　615
　ステータス・シンボル　625
　社会階級をどう判定するか？　630

ライフスタイル　634
　ライフスタイル：私たちは何者で，何をするのか　635
　集団アイデンティティとしてのライフスタイル　636
　製品はライフスタイルの基礎的要素　639

章のまとめ　642
キーワード　643
復習　643
討議と応用　644
参考文献　645

第13章　サブカルチャー　651

サブカルチャー，マイクロカルチャー，消費者アイデンティティ　652

民族・人種サブカルチャー　653
　エスニシティとマーケティング戦略　655
　民族的・人種的なステレオタイプ　659
　アメリカの民族サブカルチャーの「ビッグ

x　目　次

　　　　3」663
宗教サブカルチャー　668
　組織的な宗教と消費　670
　生まれ変わった消費者　671
　イスラム教徒へのマーケティング　672
年齢サブカルチャー　674
　若者市場　676
　ジェネレーションY　679
　トゥイーン　681
　キャンパスの重要人物　682
　いかにして若者市場をリサーチするか　683
　ジェネレーションX　684
　熟年市場　685

章のまとめ　696
キーワード　698
復習　699
討議と応用　699
参考文献　702

第14章　文化　709
文化とは何か？　710
　文化システム　712
文化を伝える物語と儀式　714
　神話　715
　儀式　720
聖なる消費と俗なる消費　731
　神聖化　733
　聖なる消費の領域　734
　聖から俗へ，再び聖へ　737
ポップカルチャー　738
　いかにして「流行」を知るのか？　740
　ハイカルチャーとポップカルチャー　745
　リアリティ・エンジニアリング　748
イノベーションの普及　753
　イノベーションの採用はどのように決めら
　　れるか　754
　イノベーションが求める行動の変化　757
　成功するイノベーション採用のための前提
　　条件　758
　流行システム　759

章のまとめ　767
キーワード　769
復習　770
討議と応用　770
参考文献　773

監訳者あとがき　783
索引　789

著者について

　マイケル・R・ソロモン博士は，米フィラデルフィアのセントジョセフ大学ハウプ・スクール・オブ・ビジネス消費者研究センターのマーケティング学教授兼学科長．また英マンチェスター大学マンチェスター・スクール・オブ・ビジネスの消費者行動学教授でもある．セントジョセフ大学の教授には2006年秋に就任．前職は1995年からオーバーン大学人間科学部の消費者行動学教授．それ以前はニュージャージー州ニューブランズウィックのラトガース大学スクール・オブ・ビジネスのマーケティング学科長だった．ニューヨーク大学の経営管理学大学院で研究生活に入り，ニューヨーク大学小売経営研究所の共同所長も務めた．博士はブランダイス大学で心理学と社会学の学士号を優秀な成績で修めたのち，ノースカロライナ大学チャペルヒル校で社会心理学の博士号を取得．フルブライト委員会とポルトガル政府からマーケット・グローバリゼーション学のフルブライト/FLAD Chair を与えられ，リスボン工科大学の優秀講師を務めた．

　博士の主要研究分野は，消費者行動とライフスタイル，ブランド戦略，製品の象徴的要素，ファッション・装飾・イメージの心理学，サービス・マーケティング，仮想世界のマーケティング，視覚的要素に目を向けたオンライン研究方法論の発達などである．これらの分野に関連したテーマで学術誌に数多くの論文を寄稿し，またヨーロッパ，オーストラリア，アジア，南米の各地での講演に招かれている．博士の研究はアメリカ広告学会，米国マーケティング協会，米農務省，国際ショッピングセンター協会，米商務省の助成金を得ている．現在，『The Journal of Consumer Behaviour』，『The Journal of Retailing』，『The European Business Review』の編集委員会に参加し，マーケティング・サービス・アカデミー理事会の6年の任期を最近終了した．行動科学／ファッション研究文献で最も幅広く引用される学者15人の1人として認められ，広告とマーケティング・コミュニケーション分野での最も生産的な学者10人の1人にも選ばれている．

　ソロモン教授はマスメディアへの登場機会も多く，サイコロジー・トゥデイ誌，『GQ』（Gentlemen's Quarterly）誌，『Savvy』誌などに特集記事が頻繁に掲載されている．全国紙や雑誌—『Allure』，『Elle』，『Glamour』，『Mademoiselle』，『Mirabella』，『Newsweek』，『New York Times』，『Self』，『USA Today』，『Wall Street Journal』など—で引用されるこ

とも多い．テレビやラジオ出演も数多くこなし，The Today Show, Good Morning America, Inside Edition, Newsweek on the Air, Entrepreneur Sales and Marketing Show, CNBC, Channel One, Wall Street Journal Radio Network, WOR Radio Network, National Public Radio などで消費者行動問題についてコメントしている．また消費者行動やマーケティング戦略に関して多くの企業のコンサルタントを務め，国内外の実業家グループへのレクチャーに忙しい．本書の他に，広く利用されているテキスト『Marketing: Real People, Real Choices』を共同執筆している．

　アマンダ，ザカリー，アレクサンドラの3人の子どもと，義理の息子オルリー，そして孫娘のローズとエヴィーがいる．妻ゲイルと「もう1人の子ども」ケルビー・レイという名前のパグと一緒にフィラデルフィアに住んでいる．

新版によせて

　この第10版では，消費者行動研究に影響を与えるマーケティング分野での大きな傾向の変化を反映するために大がかりな改正を施した．改訂版の重要な変更部分を以下にまとめておく．

- 一般的な1学期14週のコースで教員が週に1章ずつ学習を進められるように，全体を14章に分ける構成にした．
- 章末のケーススタディを新たに5本加え，また5本については内容を改正した．
- 「CB as I See It（消費者行動，私はこう見る）」のコラムを一新し，消費者行動論の教授と一流の研究者に，それぞれの専門分野の知識と見解を共有していただいた．
- ニールセン社との提携により，新版では新しい学習素材「Nielsen Nuggets（ニールセン・ナゲッツ）」を付け加えた．これはデータを使った練習問題で，世界有数の消費者研究団体が集めた実際のデータの分析を通して学ぶことができる．
- ソーシャルメディアの影響による消費者行動の変化に注目した．
- 各章に以下のような新しい内容が加えられている．

　　　第1章
- ARG（代替現実ゲーム）
- オープン・データ・パートナーシップ
- ソーシャルメディアと参加型文化
- 水平的革命
- 参加型文化

　　　第2章
- 音象徴
- オーディオ・ウォーターマーキング
- 拡張現実
- ナチュラル・ユーザー・インターフェイス
- ブランドネームの刷り込み

　　　第3章
- ハイライト効果
- オンライン・メモリー

　　　第4章
- 生産性志向
- センチメント分析
- 単語フレーズ辞典

xiv　　新版によせて

- 物語への感情移入
- 快楽の適応
- フラッシュモブ
- ソーシャルゲーム
- 取引広告

第5章
- ソーシャル・バッジ
- 地理情報システム
- 自己の分裂
- ゴス・サブカルチャー

第6章
- メディア／ブランド／パーソナリティのつながり
- パーソナライズド・リターゲティング
- 反消費の類型
- テクノロジー依存

第7章
- トランスメディア・ストーリーテリング
- 自作自演広告への連邦取引委員会のガイドライン
- ソーシャルメディアでのブランドの推薦

第8章
- 選択プロセスにおける文化の違い
- ソーシャルゲームとゲームベースド・マーケティング
- 多様化健忘症
- 行動経済学
- シシューポス効果

第9章
- 集団の中での購買行動
- 開封率
- プリテイラー
- 心の予算
- モバイル・ショッピングアプリ
- 偶発的類似
- 共有サイト

第10章
- スカイプと家族の結びつき
- 家族と顧客ネットワーク
- シーコノミー
- オンラインの交際
- ビジネス改善連盟の子どもの飲食料に関するイニシアティブ

第11章
- 集団的価値創造

- パワーユーザー／オンライン・オピニオン・リーダー
- ソーシャルメディア／ノード／フローなど
- ソーシャル・オブジェクト理論
- フォークソノミー
- フレーミング，ラーカー

第12章
- デジタル・ディバイド
- フード・デザート
- オンラインの社会資本
- 偽物高級ブランド
- ブランド・プロミネンス

第13章
- 精神療法モデル
- イスラム・マーケティング
- オンラインの成熟消費者市場

第14章
- 幸運の数字を使ったプライミング
- タイの信仰
- マダガスカルの葬儀の儀式
- ストリートアートと市民への権限付与

項目	内容	特長
章の目的	その章で取り組む主なトピックを番号付きリストにしたもので，本文中の特定の項とリンクさせている．	章を読み終えた後で，重要な内容を思い出すのに役立つ．
復習	章で取り上げた理論やトピックについての質問で理解度を試す．	章で取り上げた重要なテーマを理解できたかどうかの確認に役立つ．
消費者行動の課題	章で取り上げた問題についての討論や応用を奨励するために考案されている．	消費者行動の戦術や意思決定について，理論及び現実的な意味合いを深く探るのに役立つ．
ケーススタディ	章で学んだ素材を応用するためのテーマを提供する．	消費者行動の特定の状況で，章の素材をどう利用できるかを学ぶのに役立つ．
CB as I See It（消費者行動，私はこう見る）	消費者行動学の第一線の教授や研究者が，それぞれの専門分野での研究内容を論じる．	特定の消費者行動に関する問題について，さらに深い理解を得られる．
ニールセン・ナゲット	データを使った練習問題で，世界有数の消費者研究団体が集めた実際のデータの分析を通して学ぶ．	本書が提示する重要なコンセプトを，自身の日常生活や消費決定と結びつけることができる．

序　章

　私は人を観察するのが好きである．あなたはどうだろうか？　買い物をする人たち，いちゃついている人たち，消費している人たち．消費者行動研究とは，消費する人々について，また彼らのアイデンティティを創り上げるのを手助けする製品についての研究である．私自身もひとりの消費者なので，このプロセスの働きについてもっと知りたいという個人的な関心がある．あなたも同じ思いだろう．

　多くの講義で，学生は単なる受け身的な観察者で終わってしまう．せいぜい自分たちに間接的な影響を与える話題について学ぶくらいだろう．誰もがプラズマ物理学者や，中世フランスの研究者や，マーケティングの専門家ではないが，すべての人が消費者である．本書のトピックの多くは，学生であれ，教授であれ，ビジネスパーソンであれ，すべての読者に職業的あるいは個人的な関連があるものだ．ほとんど誰もが，駆け込みショッピングのどたばたを経験したり，大切な夜のために着飾ったり，高価な買い物に頭を抱え込んだり，カリブ海での1週間の休暇を夢見たり，祭日を祝ったり，卒業や自動車免許取得などの記念となる出来事を祝ったり，宝くじに当たること（を夢見たり）することに関わっている．

　この新版では，消費者行動モデルの開発と研究を続けている優秀な研究者たちの最新の考察を紹介するように努めた．しかし，それだけでは十分ではない．消費者行動は応用科学なので，発見したことを現実世界の生活に当てはめるときには，「常識」を働かせることを忘れてはいけない．そうすることで，空想的な理論を裏づける実際的な例を数多く見つけることができるだろう．

本書の際立った特徴──買うこと，所有すること，生きること

　本書のサブタイトルが示しているように，消費者行動についての私の見解は，「買う」という行為の研究に限定されたものではない．「所有すること」と「生きること」も，それ以上ではないにしても同じくらい重要だと考えている．消費者行動は何かを買うことにはとどまらない．何かを所有すること（あるいは所有しないこと）が人々の生活にどのような影響を与えるか，それが自分自身や他人についての考え方──人のあり方──にどう影響するかの研究も含まれる．そこで，本書では各セクションの初めに「消費者行動の輪」（wheel of consumer behavior）を載せて，個々の消費者と社会的な現実との間の複雑で，ときに切り離せない相互関係を強調するようにした．

なぜ人はものを買うのかということを理解するのに加えて，製品，サービス，消費者行動が，人々が属するより広い社会にどのように貢献するのかについても評価を試みる．買い物や料理や掃除をすること，バスケットボールをすること，ビーチでくつろぐこと，あるいは鏡で自分の姿を見ることでさえ，そのすべてにおいてマーケティング・システムが私たちの生活にかかわっている．こうした経験だけではまだ十分な複雑さに欠けているとしても，多様な文化に基づく視点を持つことで，消費者を理解するという課題は，さらに複雑なものになる．

本書ではこうした考えを，興味深い最新の例を用いて探求し，消費者行動という研究分野がどのように日常生活に関連しているかを示す．この第10版を通して，代替現実ゲーム（alternate reality game），トランスメディア・ストーリーテリング（transmedia storytelling），ソックパペット（sock puppeting），企業告発サイト（gripe site），セクスティング（sexting），ブロマンス（bromance），ヘリコプター・ペアレント（helicopter moms），コスプレ，シーコノミー（sheconomy），ヘッドバンギング（headbanging）の儀式など，最近取り上げられるようになったトピックも網羅する．これらの言葉にまだなじみがないようなら，今すぐ読むべきテキストとしてこの本を紹介することができる！

グローバルに考える

日本での消費者行動を理解することは重要だが，それがすべてではない．本書は「買うこと」「所有すること」「生きること」について，世界の消費者がいかに多様であるかについても考慮する．したがって，本書を通じてアメリカ以外の国の消費者や企業に関連したマーケティングや消費習慣の例も数多く取り上げている．2011年9月11日の悲劇的な出来事の前には知らなかったとしても，今なら間違いなくこのことを知っている．日本人はグローバル市民でもあり，他国の人たちの考え方を知ることは不可欠なのである．

デジタル消費者行動——仮想コミュニティ

毎日インターネットにアクセスする人が増えることで，世界が変化していくことは間違いない．それによって消費者行動も，あなたが「ウェブがどうの」と語るのを待たずに，進化していく．この第10版でも，デジタル消費者行動というすばらしき新世界を強調し，祝福するというスタンスは変わっていない．現在，消費者と生産者は，かつては想像できなかった形で電子的に結びついている．瞬時の情報伝達が，新しいトレンドの発達するスピードと，その情報が送られる方向に変化をもたらしている．その大きな理由は，仮想世界が消費者に新製品の開発と宣伝に参加するように促しているからである．

新しいデジタル世界の興奮すべき特徴のひとつは，消費者が近くの人とも遠く離れた国の人とも直接に語り合うことができるということだろう．その結果，コミュニティという言葉は根本的な定義を変える必要に迫られた．消費者は製品について語り合うことが好きだ，と認識するだけではもう十分ではない．今では新しい映画，CD，車，洋服，その他あらゆるものについて，電子空間で意見交換やうわさ話がなされている．そこに参加しているのは，青森県の主婦であったり，愛知県に住む体の不自由な高齢者であったり，赤羽在住のボディピアスをした10代の若者かもしれない．そして，多くの人々がFacebook，Twitter，Foursquareのようなコンピューター媒介環境（CME）で連絡をとり合っている．私は仮想世界で進行していることにすっかり魅了されている．この版ではこうした新しい消費者活動の場に関連した多くの素材を提供している．

　ウェブユーザーがサイト上で自分の写真のイメージチェンジを図ったり，企業の購買エージェントが瞬く間に世界中の業者から新しい設備の入札を募ったりできるようになったものの，消費者行動へのウェブの影響については探究を始めたばかりだった．市場におけるこうした新しい形の相互関係は，産業界にも消費者にも同じように豊かな機会を生み出す．刻々と変化するデジタル世界については，本版を通じてふんだんに例を挙げている．

　しかし，デジタル世界は常にバラ色の場所なのだろうか？　残念ながら，「現実世界」と同じように，答えはノーだ．個人のプライバシーを侵害したり，子どもたちの好奇心につけこんだり，あるいは単純に間違った製品情報を提供したりなど，消費者が搾取される可能性は常にそこにある．それでも，私にはウェブの存在しない世界はもう想像できない．みなさんにもウェブが消費者行動という分野にもたらす変化を楽しんでもらいたいと思う．消費者行動の新しい仮想世界ということになると，列車に乗り込むか，その下敷きになるかのどちらかしかない．

消費研究は大きなテント――バランスのとれた見方の重要性

　この本を読む皆さんの大部分と同じように，消費者行動という研究分野はまだ若く，ダイナミックで，流動的でもある．常に多くの異なる分野からの見解によって相互の発達を促している．この分野は，多種多様な見解が入り込むのを歓迎する大きなテントである．本書ではこの分野の圧倒的な多様性を表現しようと試みた．消費研究者は，実質上すべての社会科学の研究分野に見られ，それに加えて自然科学や美術分野からも若干の研究者が参加している．この異なる学問分野の交流から，ダイナミックで複雑な見解が生まれている．それは，適切な研究方法であったり，そもそも消費研究者が研究する対象として何が適していて何が適していないかについての深く根ざした見解であったりする．

本書は消費者を理解することが戦略的に重要であることも強調している．マーケティングに関する基本的な概念の（大部分ではないにしても）多くは，経営者が人々を知る能力から生まれたものだ．結局のところ，なぜ人々がそのように行動するのかを理解しないかぎり，彼らのニーズを明らかにすることなどできないのである．ニーズを明らかにできないのに，どうしてそのニーズを満足させることなどできるだろう？　人々のニーズを満足させられなければ，マーケティング・コンセプトを利用することはできない．したがって，大きなテントをたたんで家に帰った方がよいということになってしまう．

 消費者研究をマーケティング戦略に応用する可能性について例証するため，本書にはマーケティングの実践者たちが利用できる消費者行動理論の特定の応用法の例も数多く紹介している．もちろん，消費者自身がこうした概念を利用できる機会の例（おそらくはこのコースを修了した戦略家たちによって）についても忘れてはいない．

善と悪と醜悪さと

 戦略に焦点を合わせることは素晴らしいことであるが，マーケターの行動すべてが消費者やその生活環境に最善の利益をもたらすと本書は考えていない．同様に，消費者として私たちが行うことも，すべてがポジティブなものではない．私たちは，依存症，地位へのねたみ，自民族中心主義，人種差別，性差別などに悩まされている．残念なことに，マーケティング活動は，意図的かどうかにかかわらず，こうした人間的な欠陥をそそのかしたり利用したりすることがある．本書では消費者行動の全体像を，欠点も何もかも含めて，扱うことにする．

 より勇気づけられる側面に目を向ければ，マーケターはすばらしい（少なくとも珍しい）もの，例えば祭日やマンガやクリスピー・クリーム・ドーナツ，ニュージャズ（nu-jazz），ウェブキンズ（Webkinz），そして，洋服，ホームデザイン，アート，料理などの領域に私たちを呼び寄せる多くのスタイリッシュな選択肢を創り出してきた．また，ポップカルチャーに対してマーケティングが及ぼす大きな影響を認めることにも骨を折った．実際，本書の最後のセクションは，日常世界で行動する消費者を徹底的に調査し，批判し，時に称賛する分野における最新の研究に触れている．私がこうしたテーマについて書くのを楽しんだのと同じくらい，皆さんがそれを読むのを楽しんでいただくことを願っている．消費者行動の魅力的な世界へようこそ！

最新の消費者行動論

 私は最新の情報の価値を信じている．消費者行動の分野は急速に変化するため，昨日

のニュースはもうニュースではない．確かに，現在も 20 年以上前も変わらない基本的な消費者行動の構成概念を示す「時代を超越した」研究というものはある（私自身もそのいくつかを書いているかもしれない！）．それでも，学生や教授には，できるだけ最新の研究，ポップカルチャー，マーケティング活動の事例を提供しなければならないと感じている．そのため，改訂版について考えるときには，同僚たちに将来，重要になりそうだと思う論文のコピーを送ってもらうようにしている．私のそうした求めに対する彼らの協力のおかげで，新鮮な研究内容を含めることができた．場合によっては，本書が刊行されるときにはまだ世の中に出ていない文献もある．

また，この考え方をさらなる段階に進めたのが，「CB as I See It（消費者行動，私はこう見る）」のページである．各章で，消費研究の現役教授たちが，特定のトピックの第一線の研究者としての見解を共有してくれる．彼ら尊敬すべき仲間たちには自由に発言してもらっているので，学生のみなさんは関連した研究対象について口をはさむ別の意見に触れることから大いに学ぶことがあるだろう．

ニールセン・ナゲット

第 10 版の新たな試みとして，「Nielsen Nugget（ニールセン・ナゲット）」を加えることにした．消費者および市場の世界規模の調査会社であるニールセンが，最新の消費者調査から得た実際のデータを共有してくれた．それぞれの練習問題で，ニールセンのデータを挙げ，それを特定のマーケティングに関する問題にどう利用できるか，いくつか提案している．みなさんは調査結果の数字が人々の実際の消費活動について何を物語っているかを理解することを目的にしてもらいたい．

消費者行動をクリティカルに考える：ケーススタディ

行動を通して学ぶことが教室での経験に不可欠な要素になる．各章の終わりには「ケーススタディ」を設け，章の内容を実際の事例に応用するときに役立つ討論のテーマも用意した．

さらに第 10 版には，学習効果を高めるための次の要素を含めることにした．

- 各章の冒頭の「学習の目的」は，その章で扱う重要なテーマを概観する．章の終わりには，「章のまとめ」として，学んだ題材を目的に応じてまとめる手助けをする．
- 各章の終わりの「復習」は，重要なテーマを学ぶことを手助けする．
- 章末の「討議と応用」は，2 つのセクションに分けられる．

- 「討論せよ」では，その章の題材の実際的・倫理的な意味合いを考えられるようにする．
- 「応用せよ」では，ミニ経験と現実世界のデータを使って「手を汚す」ことを通して，消費者行動の原則がいかに応用されているかをよりよく理解する．

謝　辞

　優秀な大学院生数人が最近の文献を調べるのを手伝ってくれたおかげで，私は「正直さを保つ」ことができた．イファン・ダイ（イリノイ大学），ローレン・ルーイ，セシリア・ルヴァルカバ（カリフォルニア大学アーヴァイン校），コートニー・ニックス（セントジョセフ大学）に感謝する．この第10版を改善するのに役立つ多くの意見を述べてくれた同僚たち，特に以下の人たちすべてに感謝したい．

エリザベス・ブレア（オハイオ大学アテネ校）
マーク・ブレイク（ヨーク・カレッジ）
シェリ・ブリッジス（ウェイクフォレスト大学）
ジョシュア・コプレン（サンタモニカ・カレッジ）
ジュリア・クローニン＝ギルモア（ベルヴュー大学）
ニティカ・ガーグ（ミシシッピ大学）
リンダ・グーレ・クロスビー（ダヴェンポート大学）
ジャン・ハーデスティ（アリゾナ大学）
クリストファー・D・ヒューズマン（カルヴァー・ストックトン・カレッジ，ジョン・ウッド・コミュニティカレッジ）
デイル・ケール（メンフィス大学）
エド・ラングロワ（パームビーチ・アトランティック大学）
マイク・マッコール（イタカ・カレッジ）
エレイン・ムーア（ラリタンヴァレー・コミュニティカレッジ）
ヘイデン・ノエル（イリノイ大学）
ロイス・パットン（シェパード大学）

　以下の同僚たちは「CB as I See It」のコラムで彼らの見解を共有してくれた．

ジェニファー・アーカー（スタンフォード大学）
プラヴィーン・アッガルワル（ミネソタ大学デュルース校）
ウィリアム・ベイカー（アクロン大学）
ローレン・ブロック（ニューヨーク市立大学バルーチ・カレッジ）
リサ・ボルトン（ペンシルヴァニア州立大学）

謝辞

ゴードン・ブルナー（サザンイリノイ大学）
ラン・チャプリン（アリゾナ大学）
ラリー・コンポー（クラークソン大学）
スーザン・ドブスチャ（ベントレー大学）
ギャヴァン・フィッツシモンズ（デューク大学）
ソニア・グリア（アメリカン大学）
ドナ・ホフマン（カリフォルニア大学リヴァーサイド校）
アラドナ・クリシャナ（ミシガン大学）
キャシー・ラトゥール（ネヴァダ大学ラスヴェガス校）
マイケル・ラトゥール（ネヴァダ大学ラスヴェガス校）
ジョージ・ローウェンスタイン（カーネギー・メロン大学）
エドワード・マッコーリー（サンタクララ大学）
ローリー・ミーンバー（ジョージメイソン大学）
ジョージ・モスチス（ジョージア州立大学）
セレ・オトネス（イリノイ大学ウルバナ・シャンペイン校）
ジュリー・オザンヌ（ヴァージニア工科大学）
アメリカス・リード（ペンシルヴァニア大学）
ジョン・シューテン（ポートランド大学）
アラディ・ヴェンカテシュ（カリフォルニア大学アーヴァイン校）

　イーストカロライナ大学のトレーシー・テューテンと，ミズーリ大学のピーター・ブロックには，パワーポイントのプレゼンテーションでお世話になった．プラザ大学のボニー・フラハティには「Test Bank」を，イーストカロライナ大学のクリスティ・アシュリーには「Instructor's Manual」を，ジャオ・フレックにはACRビデオのための資料収集と講義ノートの準備などを，ボストン大学のデボラ・アッターには新しい章の題材の改定と創設を，ヨーク・カレッジのマーク・ブレイクには「Nielsen Nugget」の準備を手伝っていただいたことに感謝したい．

　また，プレンティス・ホールのスタッフたちには，本版でも適切なサポートを与えていただき感謝している．特にエリン・ガードナーとアン・ファールグレンにはその助力に対して，キエラ・ブルームとベッカ・グローヴズには，私が方向性を見失わないように大きな仕事を果たしてくださったことに対して，メリッサ・ペレラノにはいつもどおり誠実な仕事をしてくださったことに対して，お礼を申し上げたい．

　友人や同僚の寛大な理解がなければ，この版に取り組んでいる間，私がまだ現役の研究者であるという幻想を保つことはできなかっただろう．学科長のジョン・ロード，学部

長のジョー・ディアンジェロには手のかかる学部教員をサポートしてくださったことに感謝申し上げる．そして，教え子の学部学生たちは，私にとってインスピレーションと具体例とフィードバックの源泉になってくれた．彼らに消費者行動について教えることから得られる満足が，彼らに読んでもらいたいと思う本を書く動機づけになっている．

　最後に，この改訂版の執筆に携わっている間，私を支えてくれた家族と友人たちに感謝したい．彼らの名前はこの本を通して何度も登場しているので，自分のことだとわかってくれるだろう．内容を詩的にするために，少しばかり彼らの性格を「歪めて」描いたことはお詫びしておく．両親のジャッキーとヘンリー，義理の両親のマリリンとフィルには感謝と愛を捧げる．私のすばらしい子どもたち，アマンダ，ザッカリー，アレクサンドラ，そしてハイテクな義理の息子オーリーにも．彼らはどんより曇った日にも太陽の光を与えてくれる（もちろん，愛犬のパグ，ケルビー・レイも忘れてはいけない）．いとおしい孫娘のローズとイーヴェイは，特別なスリルを与えてくれた．そして，何よりも生涯の恋人である妻ゲイルに感謝したい．彼女はすばらしい妻であり，親友であり，地球上で最もホットなおばあちゃんだ．君のためならどんなこともできる．

2011年7月，ペンシルヴェニア州フィラデルフィアにて

マイケル・R・ソロモン

セクション1 ● 市場に存在する消費者

　この導入部となるセクションでは，消費者行動論（CB）という分野の概要を説明する．第1章では，消費者がマーケティングにどのような影響を与えるか，逆にマーケターは消費者にどのような影響を与えるかを見ていく．学問分野としての消費者行動論とはどのようなものか説明し，消費者行動を理解するためのいくつかのアプローチについて考える．また，公共政策のためにも消費者行動を学ぶ重要性があることに焦点を当てる．

ここからの章は──
第1章 ● 買うこと・所有すること・生きること

第1章　買うこと・所有すること・生きること

この章の目的　この章を読み終えたら，次のことを理解できるだろう：

1. 消費者は，自分のアイデンティティを示すためにさまざまな状況に応じて製品を使い分ける．
2. 消費者行動はプロセスである．
3. マーケターは，さまざまな消費者セグメントのニーズとウォンツを理解する必要がある．
4. インターネットは消費者行動を変化させている．
5. 消費者としての信念や行動は，生活上のその他の問題と強く関係している．
6. 多くの学問分野の専門家が消費者行動を研究している．
7. 消費者行動には主に2つの視座がある．

　大学に行くまで少し時間があったので，ハルカは，駅前のスターバックスでiPhoneを取り出してFacebookにアクセスした．会計学とマーケティングの試験勉強に追われて，この数日はおもしろそうな情報を探す暇もなかった．同じゼミのFacebookの友人たちも，ここしばらくは静かなままだ．勉強はもう十分，このへんで「本当に学びたい」情報をネットで手に入れよう．

　さて，最初はどのサイトに行こうか．ハルカはまず，女性向けの人気ポータルサイトで最新情報を得ることにした．@cosme（アットコスメ）ではCosmeランキングにざっと目を通し，ヤフーで新しい月9ドラマの予告編を見て，美男時計のイケメンをすばやくチェック．そんなところにAmazon.co.jpからメールの着信音．ハルカの過去の購買履歴から判断したオススメのリップグロスの入荷を知らせるメールだ．女優の水原希子もお気に入りらしい．さすが女子力高っ！　コラーゲン配合なのにたった500円だよ！　ハルカは早速ショッピングカートに入れて注文した．さっそくFacebookでこのお買い得品の情報をシェアしなければ．あっ，もう行かないと試験に遅れちゃう．でも待って．中央線に飛び乗る前に，ひとつだけ投稿しておこう．ハルカは「みんなのキャンパス」にログインすると，今学期の消費者行動論の教授がどんなにすばらしいか，書き込んだ……もちろん，その講義で使っているすばらしいテキストのことも．

消費者行動：市場にいる人々

　このテキストは，ハルカのような人たち，すなわち，皆さんについての本である．このテキストでは，消費者が買ったり使ったりする製品やサービスについて，また，それをどのように生活に役立たせているかが書かれている．このイントロダクションの章では，消費者行動という研究フィールドについてのいくつかの重要な側面と，なぜ人々とマーケティングの関係を理解する必要があるのかを説明する．しかし，まずは「典型的」な消費者の1人であるハルカに話を戻そう．彼女は大学でマーケティングを専攻している．冒頭のエピソードは，この本でこれから論じていく消費者行動のいくつかの側面に焦点を当てている．

　ハルカは消費者の1人なので，彼女を他の消費者と比べてみることにしよう．マーケターは，彼女を年齢，性別，収入，職業で分類することが役に立つと考える．これは人々を明確な特徴に従って分類する方法，すなわち**デモグラフィクス（demographics）**と呼ばれるものである．また別の場合には，マーケターはハルカの洋服や音楽の好み，あるいは余暇の過ごし方を知ろうとするかもしれない．この種の情報による分類は，**サイコグラフィクス（psychographics）**と呼ばれ，その人のライフスタイルや個性という側面に目を向けている．消費者の特徴を知ることは，マーケティング戦略にきわめて重要な役割を果たす．例えば，ある製品の市場を明確にしたり，特定の消費者層をターゲットにするための適切なマーケティング方法を決めたりするときに役立てることができる．

　ハルカのサークルの友人たちは，彼女の購買決定に強い影響力を持っている．消費者は人との会話の中でさまざまな製品の情報を伝え合い，特定のブランドの製品を使うように，あるいは使わないように助言したりもする．こうして得る情報は多くの場合，テレビCMや雑誌，広告で目にする情報よりも影響力がある．インターネットの発達は数千ものオンライン上の**消費コミュニティ（consumption communities）**を生み出した．メンバーは流行りのヘアスタイルからiPhoneアプリまで，あらゆるものについて意見交換をし，特定の製品を推薦し合う．ハルカがサイトの他のメンバーとの結びつきを築くのは，彼女たちが同じ製品を使っているからだ．グループ内で認められるためには同じものを買わなければ，というプレッシャーもかかるようになる．何が良くて何が悪いか，何が流行していて何がそうでないかについて，他の人たちの考えに従わないと，グループ内で拒絶されたり気後れしたりするという高い代償を払うことになるかもしれない．

　より大きな社会——例えば日本とかアメリカという1つの国——のメンバーとしても，人々は特定の文化的価値観や，世の中のあり方についての強い信念を共有する．1つの文化の中のサブカルチャーに属する人たち，あるいは小規模のグループもまた，特定の価値観を共有する．これらのグループには，中国人，ティーンエイジャー，関西出身者など

というものもあれば，ジャニーズのファンなども含まれる．

　ウェブサイトをあれこれ見ている間に，ハルカは多くの競合する「ブランド」に接触した．多くのサイトは彼女の注意をまったく引かなかったが，彼女が目を留めて拒絶したサイトもある．そのサイトの内容が，自分にふさわしいと感じたり憧れたりする製品や人々やアイディアとは相容れないものだったからだ．**市場細分化戦略**（market segmentation strategies）は，すべての人ではなく特定の消費者層をターゲットにしたブランドを打ち出すことである．その場合，このターゲット層に属さない消費者はその製品に興味を示さなくてもかまわないということにさえなる．

　ブランドは，広告やパッケージなどのマーケティング戦略によって生み出された明確なイメージ，すなわち「パーソナリティ」を持っていることが多い．好みのウェブサイトを選ぶことは「ライフスタイル」を宣言することに等しい．それによって，その人が何に関心を持っているかが分かり，その人がなりたいと思っている人物像についても教えてくれる．人が製品を選ぶときには，そのイメージが好きだからとか，その「パーソナリティ」が何となく自分にぴったりくるからという理由で選んでいることが多い．もし自分がその製品やサービスを買ったり利用したりすれば，その好ましいクオリティが「魔法のように」自分にも乗り移ると信じている消費者もいるだろう．製品やサービスが特定のニーズや欲求を満足させてくれれば，ずっと変わらない「ブランド・ロイヤルティ」を持ち続けるかもしれない．製品と消費者の間に絆が結ばれると，競合ブランドがそれを断ち切るのは難しくなる．

　見た目，味，質感，においなど，五感で得られる情報も，製品の評価に影響を与える．優れたウェブサイトは，それを見ている人に視覚を通して感触や味や香りを伝えることができる．ブランドネーム，広告のイメージ，雑誌の表紙モデルの選択などの象徴的なものや表現的要素だけでなく，パッケージの形や色によっても評価が変わるかもしれない．こうした判断は，人々がどう見られるべきかという，その時代の社会風潮によっても影響され，逆にそうした社会風潮を反映することもある．ハルカに対して，なぜ特定のウェブサイトを好ましく思い，別のウェブサイトを拒否するのかをたずねてみても，彼女は正確に説明できないかもしれない．多くの製品が持つ意味合いは，パッケージや広告の下に隠されている．こうした意味を見つけたり，製品に含めたりするためにマーケターや社会学者が使っている方法のいくつかについては，後述することにする．

　ハルカと同じように，私たちの意見や欲求は，世界中から集まる情報によって形作られる．コミュニケーション技術と輸送システムの急速な発達によって，世界はどんどん小さな場所になってきた．現在のグローバル文化においては，消費者は自分を異なる場所に「運んで」くれて，さまざまな異文化体験をさせてくれる製品やサービスを重視する――たとえそれが，YouTube で誰かが歯を磨いているところを見るだけであってもかまわないの

である．

学習の目的1
消費者は，自分のアイデンティティを示すためにさまざまな状況に応じて製品を使い分ける．

消費者行動論とは何か？

　消費者行動論（consumer behavior）という学問分野は，多くの領域をカバーする．それは，個人や集団がニーズや欲求を満足させるための製品，サービス，アイディア，経験を，選択，購入，使用，処分するプロセスを研究するものである．消費者といっても，母親にアンパンマンのぬいぐるみをねだる8歳の子どもから，数十億円のITシステムの導入を決断する大企業の重役まで，対象は幅広い．私たちが消費するアイテムには，さんまの蒲焼きの缶詰からマッサージ，民主主義，ヒップホップ，あるいはレディ・ガガのようなセレブまで，あらゆるものが含まれる．満足させるべきニーズと欲求は，飢えや渇き，愛，地位，さらには精神的な充足感にまで及ぶ．そして，このテキストを読めば分かるように，どのような製品を夢中になって追い求めるかは，人によってさまざまである．それがエア・ジョーダンのヴィンテージモデルであれ，ヨガマットであれ，最新のスマートフォンであれ，どうしても欲しいものを探し出して買うためならどんなことでもするというブランドファンは多い．

学習の目的2
消費者行動はプロセスである．

消費者行動はプロセスである

　かつて，研究者たちはこの研究フィールドを「購買者行動」と呼んでいた．研究の中心的テーマが，購入時における消費者と製品の相互作用だったからである．現在では多くのマーケターが，消費者行動は実際には継続的なプロセスであり，単純に現金やクレジットカードを手渡して，何かの製品やサービスを受け取る瞬間に起こることに限定されるわけではないと認識している．

　人や組織が何か価値のあるものの受け渡しをする交換（exchange）という側面が，マーケティングには不可欠な要素となる[1]．「交換理論」（exchange theory）は今でも消費者行動の重要な部分を占めているが，最近は視野をさらに広げて，消費プロセス全体に強

調が置かれるようになった．つまり，消費者が何かを購入する一連のプロセス——購入前，購入時，購入後——の全体にいかに影響を与えるかということが，マーケターにとっての課題となる．図1.1は，消費プロセスのそれぞれの段階で取り組むべき課題のいくつかを示している．

　一般に消費者（consumer）は，3段階の消費プロセスにおいて，自分のニーズや欲求を明らかにして，それを満足させるものを購入し，その後に処分する個人として考えられている．しかし多くの場合，この一連のプロセスには複数の人がかかわり，それぞれが何らかの役割を演じていることがある．製品の購入者と利用者は同じ人ではないかもしれない．親がティーンエイジャーの子どものために洋服を買う場合もあるだろう（それは，ティーンの目から見たら「ファッション的自殺行為（fashion suicide）」となってしまうかもしれない）．あるいは，「影響力者（influencer）」として行動する誰かが，本人は実際に買ったり使ったりすることなく，特定の製品を薦めたり，けなしたりするという場合もある．あなたがショップで新しいパンツを試着したときに，一緒にいた友人が顔をしかめれば，母親が言うことなどより影響力があるだろう．

　最後に，消費者は組織や団体という形をとることもある．企業で購買担当者が多くの社員の使う事務用品を注文するときなどには，一個人または数名が決定を下している．あるいは，会計士，デザイナー，エンジニア，販売担当者などの多数の人間からなるグループの全員が，購入プロセスのどこかの段階で意見を述べるかもしれない．第11章で取り上げるように，重要なタイプの組織の1つが家族である．家庭では，家族全員が利用す

コピー：アルコールよりあなたの生活を優先させよう．

消費者行動についての視点は広がり，単に何を買うか，なぜ買うかの研究以上のものになった．最近では，マーケターがどのように消費者に影響を与えるか，消費者はマーケターが売り込む製品やサービスをどのように使っているかにも焦点が当てられている．この広告では，ドバイのホテルが責任ある行動を呼びかけている．

出典：Marco Polo Hotel/Dubai; Brandcom Agency 提供．

図 1.1　消費プロセスの段階

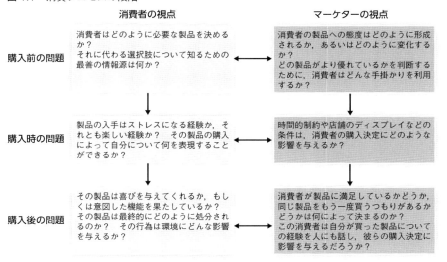

る製品やサービスの購入決定に関して，それぞれのメンバーが一定の役割を果たす．

消費者がマーケティング戦略に与える影響

　おしゃれなウェブサイトをあれこれ見て回るのは楽しいものだ．しかし，もっと真剣なビジネスという側面から考えて，企業経営者や広告主，マーケティングのプロたちがわざわざ消費者の行動について知ろうとするのはなぜなのだろう？　それはごく簡単に言えば，消費者行動を理解すると，ビジネスに役立つからである．マーケティングの基本コンセプトとして，企業は消費者のニーズを満足させるために存在するとされている．マーケターは，彼らが売ろうとしている製品やサービスを利用する個人や組織のニーズを理解しないかぎり，そのニーズを満足させることはできない．

　ソニーのウォークマンは，一度成功した製品がイメージの更新と新たなマーケティング戦略を迫られた格好の例だろう．アップル社のiPodという強力なライバルとの過酷な競争を強いられたのだから，その必要性はなおさら大きかった．ソニーは音楽を持ち運ぶという革命的なアイデアを市場に持ち込み，ウォークマンは3億台近くも売れた大ヒット製品になったが，最近のティーンエイジャーから見れば，ポータブルカセットプレイヤーは恐竜並みの古さだろう（そもそも彼らがカセットを知っているかどうかも疑わしい）．ソニーの広告代理店は，125人の若者を追跡調査して，彼らが日常生活でどのように製品

を使っているかを観察した．この消費者リサーチに基づいて，ソニーはウォークマンをMP3ファイルに対応させるために，カセットプレイヤーの代わりに「メモリースティック」を挿入するタイプの後継モデルを開発した．最新のウォークマン「Sシリーズ」は動画再生も可能で，ユーザーの好みに合わせて自由にチャンネル設定をすることができる[(2)]．その努力もアップルに追いつくには少しばかり遅きに失したのではなかろうか？　その判断を下せるのは消費者のみである．

　ソニーが実感したように，消費者の反応はマーケティング戦略が成功するかどうかを確かめる最終的なテストとなる．したがって，マーケターは消費者についての知識をマーケティング計画のあらゆる側面に組み入れなければならない．消費者についてのデータは，企業が市場を特定し，自社ブランドにとっての脅威と機会を明らかにするのに役立つ．そして，苛烈な競争が繰り広げられるマーケティングの世界では，永遠を保証してくれるものは何もない．それを認識しておくことも，製品のコア市場へのアピール力をいかにして維持するかに役立つ．

学習の目的 3
マーケターは，さまざまな消費者セグメントのニーズとウォンツを理解する必要がある．

消費者は異なる．どのように分類するか

　多くの消費者が同じ嗜好を共有するマスカルチャーの時代から，無限の選択肢があるマルチカルチャーの時代へと社会が進化するにつれ，市場を明確に細分化し，それぞれのグループに特定のメッセージや製品を送り届けることがこれまで以上に重要になった．

　例えば，世界最大のファストフードチェーンは，時代の変化にどう対応しているだろうか．アメリカの例を見てみよう．マクドナルドは数年前にアメリカでのマーケティング予算の3分の2を占めていたテレビCMを3分の1に縮小した．残りの予算は，ヒスパニック系のバーに流れる有線放送のスポーツ番組のスポンサー契約料や，『Upscale（アップスケール）』誌の広告に費やしている．『Upscale』はアフリカ系アメリカ人を顧客にする理髪店に配布される雑誌である．また，靴を中心とした大手アパレル・チェーンであるフットロッカー（Foot Locker）の店内ビデオネットワークに広告を出して若い男性客に働きかけ，女性誌やウェブサイトでの広告では母親層に照準を合わせている．さらには，「ロストリング（The Lost Ring）」という世界規模では初の**代替現実ゲーム**（ARGs = alternate reality games）のスポンサーにもなっている．ARGはテレビ，電子メール，SMS，また従来の郵便など複数のメディアを統合して，あるコミュニティに属するプレーヤーが協力して複雑なパズルを解くというゲームである．「ロストリング」は，記憶喪失になった6

人のオリンピック選手が，既に忘れられた古代オリンピックの競技，迷宮走で競い合うというストーリーだった．世界中のゲーム参加者はオンライン，YouTube，写真共有サイトのフリッカー（Flickr），ストーリーのマイクロサイト（特定の目的のために作られた小さなウェブサイトのこと），そして現実世界の場所に隠されている手掛かりを見つけていく．マクドナルドはそうした27の手掛かりを，アメリカ，ドイツ，オーストラリア，中国，フランス，スペイン，スイス，日本，カナダ，アルゼンチン，イギリス，シンガポール，韓国，南アフリカ，スウェーデン，イタリア，オランダ，メキシコに，戦略的に設置した．物語の結末は，最後の手掛かりが見つかるまで明らかにされない．キャンペーンが終わる頃には，このゲームのウェブサイトの閲覧回数は480万に達し，110カ国のおよそ300万人が参加していた[3]．マクドナルドの通常の広告はハンバーガーを買うことを顧客に勧めるものだが，それとは違って，このゲームの場合はキャンペーンのスポンサーがマクドナルドであるとはどこにも書かれていなかった（このタイプは「ダークプレイARG」と呼ばれる）．それでも，最終的にこのグローバルなゲームの背後にマクドナルドの存在があると明らかになったときには，好感度をぐっと上げることができた[4]．

後述するように，ブランドへのロイヤルティを築くことは，非常に賢いマーケティング戦略の1つである．そのため，企業は最も忠実な顧客やヘビーユーザー（heavy users）を明らかにするために，市場の細分化を試みる．そこでマーケターが経験則として用いるのが80対20の法則（80/20 rule）で，これは20%のユーザーが売上の80%を占めるという法則のことをいう．このガイドラインはたいていの場合にうまく機能するが，ときにはこの20%という数字でさえ大きすぎることもある．最近，実施された5,400万人の買い物客を対象にした調査によれば，わずか2.5%の消費者が平均的な一般消費者向け製品ブランドの売上の80%を占めていた．サントリーのBOSSのような缶コーヒーは働く男性が圧倒的なヘビーユーザーである．アメリカのバドワイザーの売上の80%を占めるビール愛飲者の1.2%は，このビールに年間170ドルを消費する．ある研究者が調べた1,364のブランドのうち，10%以上の顧客が売上の80%を占めていたのは，わずか25のブランドだけだった[5]．アメリカのファストフード業界では，ヘビーユーザー（体重の重いユーザーというダジャレではない）は，客の5人に1人だけだが，彼らはファストフード店の利用回数全体の60%を占めるという．タコベル（Taco Bell）の「チャルーパ」というメニューは，ゴルディータ（タコス生地）に具を詰めたタコスの高カロリーな揚げ物バージョンだが，ヘビーユーザーの好みに合わせて開発されたものだ．

製品のヘビーユーザーの他にも，多くの基準を使って巨大な市場が細分化されている．既に見たように，「デモグラフィクス」は出生率，年齢分布，収入など，観察可能な要素によって人口を分類する統計方法である．日本では総務省統計局が国勢調査を行っており，家族についてのデモグラフィクス・データを集める主たる情報源となっているが，多

コピー：グローバル金融危機

このデンマークの広告では，女性が金融業界の悪いニュースにうんざりしている．好むと好まざるとにかかわらず，世界的な経済不況はすべての消費者に影響を与えた．マーケターはこの暗い経済環境に合わせて，急いでマーケティング戦略を変えようとしている．

出典：Bianco Footwear & Co. 提供．

くの民間企業も特定の層の国民についての追加的データを収集している．デモグラフィクスの研究が明らかにする変化と傾向は，マーケターにとっても大きな関心事となる．そのデータを使えば，住宅ローンから掃除機，缶切りまで，多くの製品の市場とその規模をつかむことができるからである．独身男性にベビーフードを売ろうとしたり，年収200万円の夫婦に世界一周クルーズを薦めたりするような愚かなマーケティングを想像してみてほしい．

　このテキストでは，消費者を結びつける，あるいは消費者を分類する重要なデモグラフィクス上の変化要因の多くについて検討していく．また，消費者の個性や好みの違いなど，客観的には測れないものの，製品の選択に大きな影響を与える微妙な要素についても考えていく．ここではまず，デモグラフィクス・データの中でも最も重要なものをまとめておこう．それぞれについて後の章でさらに詳しく分析することにする．

年齢

　年齢層が異なれば，ニーズやウォンツも大きく異なる．同じ年齢層に属する人たちは，多くの異なる面はあるものの，生涯を通じて一定の価値観や文化体験を共有する傾向がある[6]．場合によっては，マーケターは最初に特定の年齢層を引きつけるための製品を開発し，その後にターゲット層を広げるという戦略を使う．栄養ドリンクのレッドブルが使ったのもこの戦略である．レッドブル社は大量なサンプリングを行うことで，徹底した販促キャンペーンを行い，まずコアの顧客層である若者世代にアピールした．巨大なレッ

ドブルの缶を背負った BMW ミニ・クーパーの宣伝カーが，大学のキャンパスやイベント会場に登場し，モデル風の「レッドブルガールズ」が行うサンプリングは 2006 年から地道に続けられている．市場拡大のきっかけとなったのは，日本限定で発売された 200 円の小型サイズ（185 mL）である．「2008 年から 2011 年にかけて，売上は約 6 倍に拡大した」（レッドブル・ジャパン）という．レッドブルに代表されるエナジードリンクは男性の飲み物というイメージがあったものの，2012 年にベリー風味の「レッドブル・シュガーフリー」を導入することで，ターゲット層を女性や上の年齢層にも拡げている．実際，「主婦が美容ドリンクの代わりに飲んだり，家事の間に気合を入れ直すために飲んだりと，女性の反応が良い」という[7]．

性別

　私たちは早い年齢のうちから男女の差別化を図り始める．紙おむつでさえ，女の子用のピンクと男の子用のブルーが売られているほどだ．香水から靴まで，多くの製品は男性か女性のどちらかをターゲットとして特定する．資生堂は，1963 年に「日本初の本格的男性化粧品ブランド」MG5 を発売して以来，男性用スキンケア製品を販売してきた．現在，提供しているシセイドウ メンでは，洗顔料や化粧水に加えて，美容液やアイスーザー（目元美容液）など女性顔負けのスキンケア製品も提供している．

レッドネック銀行は，社会階級による消費者の細分化に独自のアプローチで取り組んでいる（そう，レッドネックは実在する銀行だ）．レッドネックは，アメリカの南部やアパラチア山脈周辺などの農村部や牧草地帯に住む，保守的な白人に対する蔑称である．

出典：www.redneckbank.com 提供．

家族構成

　家族構成と配偶者の有無は，もう1つの重要なデモグラフィクスの分類基準となる．なぜならば，消費者の支出項目の優先順位に大きな影響を与えるからだ．驚くことではないが，独身の若者と新婚夫婦は最もエクササイズへの関心が高い．バーやコンサートや映画に行く機会も多いし，アルコールの消費量も多い．小さい子どものいる家族は健康食品や果汁飲料への消費が多く，引退した世代は旅行への消費が旺盛である．家事代行サービスの利用が多いのは，DINKSと子育て世代である[8]．

社会階級と収入

　同じ社会階級に属する人たちは，収入とコミュニティでの立場に関してはおおよそ似通った集団となる．ほぼ同じような職業に就き，音楽，ファッション，余暇活動，アートの好みも共有しがちだ．顔を合わせて交流する機会が多いので，ライフスタイルについてのアイディアや価値観も共有する[9]．富の分配がマーケターにとって関心事となるのは，それによってどのグループが最大の購買力と市場での将来性を持つかが決まるからである．

人種と民族

　アメリカの社会においては，アフリカ系，ヒスパニック系，アジア系が，最も急成長している3大民族グループである．日本はアメリカほど多文化ではないものの，外国人人口が増えつつあり，大久保の韓国人コミュニティや高田馬場のミャンマー人コミュニティなど民族グループが少しずつ拡大している．社会が多文化になるにつれ，特定の人種または民族グループに特化した製品を開発し，それを他のグループにも広めるという新しいビジネス機会が生まれる．例えば，東京では，イスラム教徒向け専門のハラール弁当宅配サービスが提供されている．

地理

　全国展開のマーケティングを手がけるマーケターの多くは，消費者の嗜好に合わせて地域ごとに提供する内容を調整する．日清食品のインスタントうどん・そばのロングセラー「どん兵衛」は，地域によって出汁の味を変えている．東日本のつゆはカツオの風味が特徴で色も濃いめ，西日本のつゆは昆布の旨みが特徴で色も薄めである．東西で，つゆの見た目の色も異なる．また，具材の「おあげ」も東西で味を変えている．東西の境は，関ヶ原である．ここより東の愛知県，岐阜県，三重県を含むエリアを東日本，西の福井県，富山県，石川県を含むエリアを西日本としている[10]．

ライフスタイル

　消費者は，性別や年齢などでは同じデモグラフィクスの特徴を共有していたとしても，ライフスタイルという点では大きく異なる．自分のことをどう感じるか，何に価値を置くか，余暇に何をするか，といった多くの要素によって，どの製品が心のスイッチを入れるのかが決まってくる．人それぞれに，気分を高揚させてくれる製品というものもあるかもしれない．アメリカのP&Gは，ライフスタイル分析に基づく理想の顧客像を想定して，胸やけ用の市販薬「プリロセック（Prilosec）」を開発した．その理想の顧客像とは――名前はジョアン，35歳を少し超えたくらいの母親で，ピザの食べすぎやビールの飲みすぎよりは，コーヒーを飲んだときに胸やけを起こしやすい．P&Gのある重役はこうコメントした．「我々はジョアンのことなら何でも知っています．彼女がどう感じるかも，何を食べるのかも，店では他に何を買うことが多いのかも」[11]

　マーケターは注意深く消費者セグメントを定義し，これまで以上にターゲット市場の人々の声に耳を傾けている．彼らの多くが今では，成功への鍵はブランドと顧客の生涯続く関係を構築することだと気づいている．この哲学，つまり，関係性マーケティング（relationship marketing）の効果を信じているマーケターは，定期的に顧客と接触し，長くその企業との絆を維持しようと思う理由を顧客に与える．関係性を重視することは，現在のような厳しい経済状況下では特に重要になる．人は苦しいときには，よい友人のサポートに頼るものなのである．

　関係構築におけるもう1つの革命が，コンピューターによってもたらされた．データベース・マーケティング（Database marketing）には，特定の顧客層の購買習慣を細かく追跡すること，その情報に基づいて人々のニーズやウォンツに正確に応える製品やメッセー

コピー：夢をつかめ

イタリアのヨット会社の広告．富裕層，あるいは，いつかはヨットを買えるだけのお金を持ちたいと夢見る人たちにアピールしている．

出典：Azimut Yachts 提供．

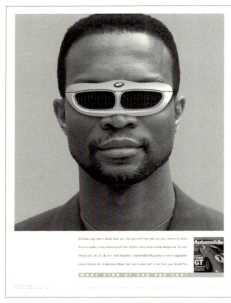

コピー：*あなたはどんな車なのか？*

多くの製品が消費者のアイデンティティの定義に役立てられている．運転する車を見れば，その人が分かる？

出典：Automobile Magazine, Source Interlink 提供．

ジをつくり出すことなどが含まれる．アメリカのウォルマートは毎週自社店舗を訪れる1億人の買い物客についての膨大な情報を蓄積し，そのデータを使ってサービスを微調整している．例えば，大型ハリケーンの予報が出たときに買い物客の購買パターンがどう変化するかを分析し，ハリケーン前に買っておこうと思うのは懐中電灯ばかりではないことを発見した．ポップタルト（Pop-Tarts）のストロベリー味の売上げが700%も増え，すべての製品の中で最も売れたのがビールだったのである．こうした発見に基づいて，ウォルマートは嵐が近づいているときには，その地域の店舗にポップタルトのような朝食用焼き菓子やビールの6本パックの在庫を十分に増やすことにしている[12]．

マーケティングが消費者に与える影響

マーケティングは人々の生活を反映するのか，それともその反対なのか．2007年に，中国の都市部に住む中学生らの間で，両親や教師の名前を日本の人気マンガ「デスノート」（中国名・死亡筆記）を模した専用のノートに書く遊びが流行した．「デスノート」とは，名前を書かれた人物は死ぬとされるノートである．これに対して中国当局が「青少年の心身の健康に重大な影響を与える」として，摘発強化や批判キャンペーンに乗り出した[13]．良くも悪くも，私たちはマーケターの行動が大きな影響を及ぼす世界に暮らしている．

ポップカルチャー

　消費者の注意とお金を引き寄せようと，広告やショップや製品が競い合い，私たちの周りを刺激的なマーケティングで常に取り囲んでいる．マーケターは，高級雑誌の広告やテレビ CM で俳優たちが見せる演技を通して豊かで理想的な生活を描き，世界について私たちが何を知るべきかをふるいにかけている．広告は，リサイクル，アルコール消費，所有したくなる家や車のタイプに，私たちがどのように反応すべきか，その手本を示そうとする．そして，どのような製品を買うか，あるいは買わないかによって，他人を評価する方法まで教えている．多くの点で，消費者はマーケターのなすがままになっている．なぜならば，消費者が安全で期待通りに動いてくれる製品を手に入れ，製品について正しい情報を知り，そうした製品を公正で平等な価格で買うためには，マーケターに頼らざるをえないからである．

　ポップカルチャー（popular culture），すなわち音楽，映画，スポーツ，書籍，セレブなど，マスマーケットが生産・消費する娯楽形式は，マーケターの創造物であるとともに，彼らにインスピレーションを与えるものでもある．これらは広範囲にわたって私たちの生活に影響を与え，結婚や死や祝日などについての文化的慣習の認識から，地球温暖化，ギャンブル，依存症などの社会問題に対する見解にも影響を与える．クリスマスの買い物，新聞のリサイクル，ボディピアス，喫煙，Twitter，オンラインゲーム，その他，何であれ，マーケターは私たちの世界観と生き方の形成に重要な役割を果たしている．

　この文化的影響力は，はっきりと目に見える．それなのに，自分の映画や音楽の好み，洋服や食べ物や装飾に関する最新の流行，さらには男女が魅力的か醜いかを判断する身体的特徴さえも，マーケターに影響されていることに気づいていない人が多い．例えば，企業が自社製品のアイデンティティを打ち出すために用いるイメージキャラクターを考えてみてほしい．不二家のペコちゃんから，初音ミクまで，時代時代に多くの架空のキャラクターが生み出され，社会現象になるほどの人気が出たものもあった．実際，歴代大統領や過去の偉大な実業家，芸術家の名前よりも，こうしたキャラクターの方が消費者の間での認知度が高いかもしれない．実際に存在するわけではないのに，多くの人が彼らを「知っている」ように感じ，製品の宣伝にはとてつもない効果を発揮してくれるのだ．

消費するとはどういうことか？

　ピープス（Peeps）というお菓子はご存じないだろう．アメリカでは，毎年，ほとんど味のないこのヒヨコの形をしたマシュマロ菓子が15億個も売れているのである．その売上げの３分の２はイースター（復活祭，春の自然の甦りを祝うお祭り）の時期に集中している．栄養価はないが，２年間も保存できる．おそらく，すべてのピープスが食べられ

ているわけではないのはそのためだろう．愛好者はこれを装飾やジオラマやインターネット上のスライドショー，彫刻にも利用する．ファンの中にはピープスの独特の感触を利用して，いろいろと実験してみたくなる人もいるようだ．200以上のピープスがらみのウェブサイトを見ると，ピープスの愛好家たちが，このスポンジ状の菓子を串刺しにしたり，レンジに入れたり，ハンマーでたたいたり，首を切り落としたりして虐待している[14]．

気味の悪い小さなヒヨコの菓子への執着は，現代的な消費者行動の基本原則の1つを端的に示している．つまり，「消費者はそれが何であるかではなく，何を意味するかによって製品を買うことがある」ということだ．この原則は，製品の基本的機能が重要ではないという意味ではなく，製品が私たちの生活の中で果たす役割は，機能を超えた価値を持つということを意味する．製品に深い意味を持たせれば，同じような製品やサービスとの差別化を図れるかもしれない．同じようなものなら，消費者は潜在的ニーズに応えてくれるイメージ（さらに言えばパーソナリティ）を持つブランドを選ぶ．

例えば，たいていの人はナイキを履いても，リーボックのときより速く走ったり高くジャンプしたりはできないだろう．それでも，多くの熱烈なファンは自分の好みのブランドに忠誠を誓う．こうした強敵ぞろいのブランドは，「イメージ」という点に最もマーケティングの力を入れる．ロックスターやスポーツ選手，洗練されたコマーシャル，そして高額予算の助けを借りて，どんな意味を持たせるかを注意深く計算するのである．人々がナイキの「スウォッシュ」を買うときには，ショッピングモールに履いていくための靴を選んでいるだけではない．自分がどんなタイプの人間であるか，あるいはどのようなタイプの人間になりたいか，ライフスタイルを表明してもいるのである．革とひもで作られたごく小さなアイテムの割には，なかなかの力ではないだろうか．

スニーカーでもミュージシャンでも，たとえソフトドリンクでも，特定のブランドへのロイヤルティは現代社会での自分の「居場所」を定義してくれる．そしてその選択は，同じ好みを共有する人との絆を築くことにも役立ってくれる．あるグループ・インタビュー

出典：Museum of Bad Art 提供．

コピー：芸術には，あなたに語りかけるものもある．でも中には，あなたの顔に盛大に「げっぷ」をするものもある．

私たちを取り巻くポップカルチャーには，良いものも悪いものも，醜いものもある．この駄作美術館（Museum of Bad Art）の広告は，そのことを思い出させてくれる．

の参加者による次のコメントは，消費の選択によって生じうる奇妙な結びつきをうまくとらえている．「スーパーボウル（アメフトの優勝決定戦）のパーティーに参加して，得体のしれない飲み物のグラスを手に取ったら，部屋の反対の方にいた誰かが『よお！』と声をかけてきた．彼も同じものを手にしていたからだ．同じものを飲んでいる相手には，何かのつながりを感じるものなのだ」[15]

社会学の役割理論（role theory）は，消費者行動の大部分は舞台演劇に似ているという見解を示している[16]．演劇のように，それぞれの消費者には演技を引き立てるためのセリフと小道具と衣装が用意される．人々は多くの役割を演じ分けるので，そのときの特定の役割に合わせて消費の決断を変えることもある．特定の役についている彼らが製品やサービスを評価する基準は，別の役についているときの基準とは大きく異なるかもしれない．そのためにマーケターにとっては，それぞれの「役者」に，役に応じた小道具を提供することが重要になる．それは，「将来有望なエグゼクティブ」の役かもしれないし，「おたく」や「（女子アナの座を狙っているような）大学のミスコンで優勝した女子学生」かもしれない．

既に見たように，現在のマーケティング戦略の特徴の1つは，多くの企業が消費者との関係構築に熱心に取り組んでいることである．その関係性の性質はそれぞれ異なるかもしれないが，こうした消費者との絆は，製品が潜在的に持つ意味を理解するのを助けてくれる．さらに，研究者は友情や恋愛と同じように，ブランドとの関係も時間とともに変化することを突き止めた．深い友情に似たものもあれば，興奮はするが一時的な関係で終わる浮気のようなものもある[17]．

消費者と製品の関係性には以下のようなものがある：
- 自己概念との結びつき——その製品がユーザーのアイデンティティの確立に役立つ．
- ノスタルジックな愛着——その製品が過去の自分との結びつきを保たせてくれる．
- 相互依存——その製品がユーザーの日常生活の一部になっている．
- 愛情——その製品が，温もりや情熱などの強い感情を引き出す[18]．

グローバルな消費者

地球上で暮らす人間の大多数は都会に住んでいる．人口1,000万人以上の「巨大都市」の数は，2015年までに26になると予測されている[19]．中国は既にミネソタ州にある巨大なモール・オブ・アメリカよりも大きいショッピングセンターが4つあることを誇りにしている．近いうちにその数は7になる予定である[20]．

洗練されたマーケティング戦略の副産物の1つは，グローバルな消費文化（global consumer culture）への動きである．ブランドネームを持つ消費財，映画スター，セレブ，レジャー活動への関心を共有することで，世界中の人々が結びついている[21]．多くの多

国籍企業が，文字通り数十億の人に認知される「誰でもよく知る名前」（必ずしも好まれているわけではないが）になった．

　グローバルマーケティングの発達によって，小さな企業であっても国外市場への拡大を視野に入れられるようになった．そうなると，外国の消費者が自国の消費者とどこが同じでどこが違うかを理解する必要が高まる．例えばレストラン業界では，ピザチェーンのシェーキーズがフィリピンで急成長し，東京ではクリスピー・クリーム・ドーナツが飛ぶように売れている．しかし，その土地の人たちの味覚になじむように，メニューを変えなければならないこともある．マレーシアのシュロツキーズ（Schlotzky's）には，若鶏を使った「スモーキー・マウンテン・チキンクランチ」というメニューがあるし，タイのボブズ・ビッグボーイ（Bob's Big Boy）の客は，現地のパン粉を使って揚げた「トロピカル・シュリンプ」が大好きだ．このテキストでは，こうした文化の同質化が進むことの良い側面と悪い側面についても注意を向ける．

コピー：突如あなたは欲望の意味するところを理解するだろう．

このサムスン電子の広告は純粋な欲求――経験としての消費に焦点を当てている．

出典：Samsung Electronics America, Inc. の許可を得て再印刷．

学習の目的 4
インターネットは消費者行動を変化させている．

デジタル・ネイティブ――ソーシャル（メディア）ライフを生きる

　デジタル革命が消費者行動に多大な影響を与えていることは間違いない．世界中のネット人口が増えるにつれ，インターネットの影響は今後も拡大を続けるだろう．消費者の多くは熱心なネットサーファーとなり，アンドロイドやiPhoneでのメッセージのやり取りや，TwitterやFacebookの利用が日常の一部ではなかった時代を想像することは難しくなった．彼らは1日に10回，スターバックスでフォースクエア（位置情報を特定するSNS）をチェックするのを義務のように感じているのだから．

　インターネット・マーケティングのおかげで，生活はますます便利になった．今では家から出ることなくいつでも買い物ができるし，ひどい雨の中をずぶ濡れになって新聞を取りに行かなくてもその日の新聞が読める．自分の地域でも世界のどの都市でも，明日の天気を知るのに午後6時のニュースを待つ必要はない．そして，携帯デバイスや無線通信の利用が増えたことで，コンピューターから離れていてさえ，株価から天気までまったく同じ情報を得ることができる[22]．

　さらに，これは企業が消費者にものを売るためのビジネス――B2C eコマース（B2C e-commerce）――だけの話ではない．サイバースペースの爆発的成長は，消費者対消費者の活動――C2C eコマース（C2C e-commerce）――においても革命をもたらした．「ヴァーチャルなブランドコミュニティ」が到来したのだ．eコマースの出現で，買い物が地元の商店に行くものに限らなくなったのと同じように，友人を探すにも，ワイン愛好者を探すにも，ヒップホップやスケートボード仲間を探すにも，自分が住む地域に限定する必要がなくなった．

　近所の喫茶店に月に1回集まって，コーヒーを飲みながら共通の趣味について話をするコレクターたちの小さなグループを想像してみてほしい．それを数千人の大きなグループに拡大し，きゃりーぱみゅぱみゅ，ハーレーダビッドソン，韓流ドラマ，「ラブプラス」のような恋愛シミュレーションゲームへの熱い思いを共有する世界中の人たちを加えてみる．インターネットは世界中の消費者が，製品やサービス，音楽，レストラン，映画などについての情報を交換する簡単な手段を与えてくれる．ハリウッド・ストック・エクスチェンジ（hsx.com）は，シミュレーション上の娯楽株式市場で，トレーダーは公開される映画の4週間の興行成績を予測する．アマゾン（Amazon.co.jp）は，購入者に読んだ本の書評を書くように奨励し，「みんなのキャンパス」では，ハルカがそうしたように，自分の通う大学の教授を評価することさえできる．消費者が世界中の「ネット市民」とさまざ

まなトピックを話し合うチャットルームの人気は日々高まり，LINEのようなコミュニティも爆発的な広がりを見せている．Match.comやブライダルネットのような婚活サイトをチェックする人が増えて，ネット上で始まるロマンスの（ときには感動的で，ときには恐ろしい）話も時折ニュースで伝えられる．

あなたがごく普通の学生なら，インターネットがテキストと簡単な画像だけを伝達する一方通行で固定されたプラットフォームだった時代のことは，おそらく覚えていないだろう．それに，信じられないかもしれないが，前世紀にはその原始的な技術さえも存在しなかったのである．これは歴史の授業で教わったかもしれないが，人々は手書きの手紙を送り合い，紙の雑誌が郵便受けに届くのを待たないと，世の中で起こっていることを知るすべがなかったのだ．デジタル・ネイティブ（digital native）という言葉は，新しいタイプの学生がキャンパスに現われ始めたことを説明する2001年の記事ではじめて使われた．彼らはデジタルテクノロジーが常に存在していた世界で，緊密なネットワークで「つながる」ことが当たり前の環境で育ってきた[23]．

それから10年．現在，インターネットは私たちの社会の屋台骨になっている．パソコン，デジタル・ビデオ・オーディオ・レコーダー，ウェブカメラ，スマートフォン，タブレットなどのデバイスの発達とアクセスの広がりにより，消費者はどの年齢層でも，世界のどの地域に住んでいようとも，コンテンツを創造し共有することができる．しかし，情報は大企業や政府から消費者に流れてくるだけではなくなり，今では個々の消費者がワンクリックで大勢の人とコミュニケーションをとれるようになった．したがって，情報は消費者の間でも流れている．

これが水平的革命（horizontal revolution）が意味するものである．水平的革命はソーシャ

オンラインコミュニケーションの爆発的成長がメディア環境を変化させ，伝統的メディアも対応を迫られている．このドイツの新聞の広告には次のように書かれている．「Facebookに我が家のペットを登録する．新しい新聞はいかが？ヴェルト・コンパクトは他とは違う．コンパクトで，しかも印刷されているのだから」

出典：WELT KOMPACT提供．

ルメディアの普及がその特徴の1つになる．ソーシャルメディア（social media）はオンライン上のコミュニケーション，伝達，協力，育成の手段で，テクノロジーの発達とモビリティによって相互に結びつき依存し合う人々，コミュニティ，組織のネットワークを意味する．

あなたはメントスとダイエットコークを使ったふざけたビデオ映像を目にしたことがあるだろうか．メントスのキャンディをダイエットコークのボトルに落とすと，コーラが5メートル以上の高さに噴き上がることに誰かが気づいてからというもの，少なくとも800以上の動画がインターネット上に投稿された．言うまでもなく，これによってメントスは，無料の宣伝効果を得た．まさに棚からぼた餅である[24]．おそらく，この10年の最大のマーケティング現象と言えば，消費者発コンテンツ（user-generated content）だろう．毎日，消費者がブログやポッドキャスト，FacebookやTwitterのようなソーシャルメディアを通じて，製品やブランドや企業について自分たちの意見を自由に述べている．YouTubeなどに自分で編集した動画を投稿することもあり，何千人もの人がそれを見ている．この重要なトレンドは，ウェブ2.0（Web 2.0）時代を定義するのに役立つ．これまでは企業から消費者への一方通行の情報伝達の手段だったインターネットが，双方向型の社会的メディアへと生まれ変わったのである．

ウェブ2.0を生み出したインターネットとそれに関連したテクノロジーが，私たちが現在ソーシャルメディアとして認識するものを可能にし，普及させた．ますます多くの人々がオンラインコミュニティに参加するにつれ，ソーシャルメディアの影響は日増しに拡大している．Facebookは同期相互作用（synchronous interactions）（友人とテキストメッセージのやり取りをしているときのようにリアルタイムで起こる），非同期相互作用（asynchronous interactions）（すべての参加者が即時に反応することを求めない．友人にメールを送り，翌日に返信を受け取るときなど），写真の共有，ゲーム，アプリケーション，グループ，ネット小売事業など多くを提供し，本書執筆時点で6億人のアクティブユーザーがいる[25]．もしFacebookが1つの国だとしたら，世界第3位の人口を持つ国になる．

人々はソーシャルコミュニティに参加しているだけではない．貢献する立場にもなっている．YouTubeには毎日毎分，35時間以上分の映像がアップロードされている．これは毎週17万6,000本の映画をアップロードするのに等しい．YouTube上ではほんの30日の間に，過去60年分のCBS，NBC，ABC（いずれもアメリカの全国テレビネットワーク）のテレビ番組すべてを合わせた以上の映像が流れている計算になる[26]．次のびっくりするような統計数字について考えてみてほしい．
- ウィキペディアに記事が1本掲載されるたびに1ドル受け取れるとしたら，1時間に156ドル23セントを稼ぐことができる．
- ラジオが5,000万人のリスナーを獲得するまでに38年かかった．テレビは5,000万人

の視聴者を獲得するのに13年かかった．インターネットは5,000万人のユーザーを獲得するのに4年かかった．Facebookが1億人のユーザーを獲得するのには，9カ月弱しかかからなかった．

- Facebookユーザーの約70％はアメリカ以外に住んでいる．
- ソーシャルメディアでの活動が，オンラインでの活動ではポルノをしのいで第1位になった．
- 昨年結婚した夫婦の8組に1組が，ソーシャルメディアを通じて知り合った．
- 世界のトップ10ブランドの検索結果の25％は，ユーザー発信のコンテンツである．
- Facebook上では毎日15億以上のコンテンツがシェアされている．
- Twitter利用の80％は携帯端末によるもので，17％のユーザーがトイレの中で「つぶやいた」ことがある．

このような結果は興奮を呼ぶ．特にソーシャルメディアは，**参加型文化**（culture of participation），民主主義への信頼，他者や企業や組織との自由なコミュニケーション，ユーザーが簡単なコメントからレビュー，レーティング，写真，ストーリーなどさまざまな形でのコンテンツの共有をできる場所へのアクセスを得て，自分の独自の視点から他者のコンテンツを発展させる力を与える．もちろん，現実世界の民主主義と同じように，楽しさの反面，苦しさも覚悟しておかなければならない．ネット上では不快なこともたくさん起こる．Facebookやオンラインゲーム，セカンドライフのような仮想世界で過ごす時間が，現実世界での離婚や破産，刑務所行きにつながったりもする．

学習の目的5
消費者としての信念や行動は，生活上のその他の問題と強く関係している．

マーケティング倫理と公共政策

ビジネスでは，市場での成功という目標と，安全で効果的な製品やサービスの提供を通して消費者のよりよい生活に貢献するという理想の間で，対立が生じることが多い．しかし，消費者の企業に対する期待があまりにも大きく，搾取しているようにさえ見えることもある．例えばアメリカのファストフードチェーンのウェンディーズの女性客が，注文したチリの容器に指が入っていたと訴えたことで全国的なニュースになった．このためウェンディーズはジョークのネタにされ（フォークの代わりに爪切りがサービスに付いてきた，というものもあった），フランチャイズ店全体で売上は激減した．これによって多

くの従業員がレイオフされたり，勤務時間の短縮を余議なくされたりしたが，結局，その女性客は詐欺の疑いで逮捕された[27]．

　ビジネス倫理（business ethics）は，市場での行動の指針となる一連の行動基準を意味し，その社会に属する大部分の人が，何が正しく何が間違っているか，物事の良し悪しを判断する基準となる．こうした普遍的価値観には，正直さ，信頼性，公正さ，敬意，正義，誠実さ，他者への思いやり，説明責任，忠誠心などが含まれる．倫理的な企業は良い企業とみなされる．アメリカの消費者に関する全国産業審議会の調査によると，企業についての意見を形成する最も重要な尺度は，労働慣行，ビジネス倫理，環境への配慮といった社会的責任だった[28]．消費者は倫理的に振る舞っていると感じる企業の製品を好ましく思っている[29]．

　もちろん，善悪の概念は人によっても，組織や文化によっても異なる．企業の中には，消費者に買ってもらうように販売担当者に最大限の努力を促すが，そのためには誤った情報を与えることもよしとしているところもある．逆に，ほんの少しでも顧客への正直さに欠けると思うことは間違ったことだと考える企業もある．文化によって価値観，信条，習慣は異なるため，企業の倫理観も大きく異なる．例えば，ある調査では，価値観の相違のために（これについては第4章でさらに論じる），メキシコの企業は公式の倫理基準というものを持たないことが多く，アメリカやカナダの企業よりも役人に賄賂を贈ることが多いと分かった．しかし，仕事や人間関係に対する考え方が異なるために，メキシコの企業は北米の企業よりも，底辺の従業員の待遇が手厚いという傾向もある[30]．

　こうした文化的な違いが，賄賂のようなビジネス慣行が受け入れられるかどうかに影響を与えていることは間違いない．ビジネスを得るために外国人に賄賂を贈ることは，アメリカでは1977年の海外汚職行為防止法によって違法になった．ほとんどの先進国が加入しているOECDでも，賄賂を違法化している．だが，こうした慣習が一般化している国も多い．ドイツでは「潤滑油を塗った金（schmiergeld）」と呼ばれる．メキシコでは「かみつき（la mordida）」，フランスでは「ワインのつぼ（pot-de-vin）」，イタリアでは「小さな封筒（bustarella）」という言葉が使われる．これらはすべて，交渉の潤滑油にするための「心付け」に相当する言葉で，中東では「バクシーシ（baksheesh）」と呼ばれる．供給業者や顧客からビジネスを得ることと引き換えに「贈り物」を渡すことは，多くの国では一般的な習慣として受け入れられているが，こうした習慣に顔をしかめる国もある．

　意図的か否かは別として，顧客の信頼を裏切るようなマーケターもいる．ときにはそれが実際に違法行為になることもあり，製造業者がわざと荷物の内容と異なるラベルを貼った場合などがこれにあたる．あるいは，小売業者が「おとり商法」を用いることもある．これは，買い得の製品をちらつかせて客を店に引き寄せ，もっと高額の製品を買わせるという戦略である．

たとえ明確な違法行為ではなくても，社会に有害な影響をもたらすマーケティング慣行もある．低所得層の住む地域に酒やたばこの看板を立てたり，ターゲット市場の注意を引くために特定のグループを中傷するような描写をしたりといったことだ．例えば，R・J・レイノルズのアフリカ系アメリカ人を対象にしたメンソールたばこのマーケティングに対して，公民権擁護団体は，メンソールは通常の銘柄のたばこより有害なので違法だと攻撃している．レイノルズの広報担当者はこう反論した．「これは，マイノリティは特別な保護を必要としているというもっと大きい問題につながるものだ．彼らはマイノリティを侮辱し，子ども扱いをして，見下している，と我々は考える」[31]．どちらが正しいのだろう．マーケティング慣行に関する倫理の問題については，このテキストを通して取り上げていく．

ニーズとウォンツ：マーケターは消費者を操作するのか？

　マーケティングに関する最も一般的で辛辣な批判の1つは，企業が消費者に多くの物が「必要」だと訴えかけ，これらの「必需品」を持たないと幸せになれないとか，人より劣ることになると説得しているということだ．これは複雑な問題で，確かに考えてみるだけの価値はある．マーケターは消費者が望むものを提供しているのだろうか，それとも，何を「望むべきか」を消費者に教えているのだろうか？

消費者主権空間（consumerspace）へようこそ

　市場をコントロールするのは誰なのだろう．企業だろうか，消費者だろうか．毎日のように新しい買い方，所有の仕方，生き方のスタイルが生み出されるにつれ，この疑問に答えるのはますます難しくなっている．市場の「古きよき時代」——企業が消費者に知ってもらいたいこと，してもらいたいことを思い通りに決められた時代——はとうの昔に過ぎ去ってしまった．ハルカのウェブサイトの選択で既に見たように，今では多くの人が，いつ，どのように企業と付き合うか，あるいは付き合う必要があるのかどうかさえ，自分で選べるようになったと考えている．すなわち自分独自の**消費者主権空間**（consumerspace）というべきものを創出しているのである．それは，個人が自分の望む製品のタイプを企業に伝え，またその情報を，いつ，どこで，どのように知りたいかを決める力を持つ環境である．それに対して企業は，こうした「遊牧民的な」消費者のロイヤルティを得るために，まったく新しい方法でブランド価値を構築し，利用しなければならない．消費者はまだ企業を「必要」としてはいるが，自分たちの条件に基づいたまったく新しい形で企業を求めている．本書を通して見ていくように，消費者行動に見られる深い変化は，人々が製品情報を得たり，競合するブランドを評価したりする方法に影響を与えている．消費者主権空間という恐れを知らない新たな世界では，消費者自身がマー

ケティングの運命を形作る力を持っている[32].

マーケターは人為的にニーズを生み出すのか？

　マーケティング・システムは，政治的立場の両極から非難を浴びている．一方では，宗教右派の一部のグループが，マーケターは快楽主義のイメージを押しつけ，精神性や環境を犠牲にして世俗のヒューマニズムを追求することを奨励し，社会の道徳的退廃を招いていると信じている．アメリカの「環境保護を目指す全米宗教パートナーシップ（National Religious Partnership for the Environment）」という宗教連合は，気候変動の原因となる燃費の悪い車などは，人間と地球を守ることへのキリスト教の道徳的教えに反していると主張している[33].

　もう一方では，左派の一部が，物質的満足を約束する虚偽的なマーケティングは，本来なら社会システムを変える革命家になっていたかもしれない人たちを買収する役割を果たしていると主張する[34]．この見解によれば，マーケティング・システムは特定の製品やサービスだけが満足させられる需要を人為的に生み出している．

[疑問への回答]　ニーズ（need）とは「基本的な生物学的必要」によるもので，ウォン

コピー：ある種の人々はそう考えるかもしれないが，広告は，あなたが要らないものまで買わせることはできない．

米国広告代理店協会が制作した広告．広告が人為的にニーズをつくり出しているという非難に対抗するもの．

出典：American Association of Advertising Agencies の許可を得て掲載．

ツ（want）とは「社会がニーズを満足させるための方法として教えるもの」を表わす.例えば,のどの渇きは生物学的な必要だが,私たちはそれを,ヤギのミルクなどではなく,コカ・コーラで満足させることを欲するように教えられる.このように,ニーズは既にそこに存在するものであり,マーケターはそれを満足させる方法を勧めるだけである.マーケティングの基本的な目的は,ニーズが存在していることを認識させることであって,ニーズを生み出すことではない.

広告とマーケティングは必要か？

社会批評家のヴァンス・パッカードは,50年以上前にこう書いている.「精神医学と社会学から得られた知識を使って,人々の無意識の習慣,購買決定,思考プロセスに影響を与えるための多大な努力がなされ,みごとな成果を収めてきた」[35].経済学者のジョン・ケネス・ガルブレイスは,ラジオとテレビは大衆を操作するための重要なツールになっていると非難した.消費者はこれらのメディアを使うのに読み書きができなくてもよいので,繰り返し説得力のある情報伝達を行えば,ほとんどすべての人の心を動かすことができるからだ.この批判は,ネットでのコミュニケーションの場合には,さらによく当てはまるかもしれない.簡単なクリック1つで,あふれるばかりの情報が届けられるのだから.

マーケターは製品を望ましい社会的属性と恣意的に結びつけており,何を所有するかで人の価値が測られる物質主義の社会を助長すると,多くの人が感じている.ある影響力ある評論家は,問題は私たちが十分に物質主義的ではないことだとまで言っている.つまり,私たちは実際的な機能で物の価値を評価する代わりに,それが象徴するものという非理性的な価値に焦点を当てているというのだ.この見解によれば,次のようなことになる.「ビールはそれだけで十分な価値がある.ビールを飲むことで男らしく見え,気持ちが若返り,親しみやすい人柄に変わるというさらなる約束を与えてくれる必要はない.洗濯機は洋服を洗うのに役立つ機械で,持ち主が進歩的な考えを持つことを示唆する必要も,隣人からうらやましがられる持ち物になる必要もない」[36].

[疑問への回答] 製品は,既存のニーズに応えるためにデザインされ,広告はそれが入手可能であることを伝えるのに役立つ[37].**情報の経済学**（economics of information）の見地からすると,広告は消費者の重要な情報源である[38].この見解は,製品を探すことにかかる時間の経済的コストを強調している.したがって,広告が与える情報は時間を節約するものであるがため,消費者がお金を払うだけの価値があるサービスとなる.

マーケターは奇跡を起こすのか？

消費者は広告を通して,製品が劇的な力を持っていると信じるようになる.つまり生活

をがらりと変えてくれるような，特別で神秘的な経験を与えてくれると考えるのである．それを使えば美しくなる，人の気持ちを動かせる，成功できる，すべての病気から解放される，というように．この点で，広告は古代社会での神話のような役割を果たす．複雑な問題に，単純で，不安を取り除く答えを提供するのである．

[疑問への回答]　広告主は，大衆を操作できるほどには消費者のことを十分に理解していない．新製品の失敗率が40〜80%であることからもそれが分かる．消費者は，広告主が彼らを操作するためのあらゆる魔法のようなトリックや科学技術を使っていると思うかもしれないが，実際には，優れた製品を売れば成功し，出来の悪い製品を売れば失敗するのである[39]．

公共政策とコンシューマリズム

　消費者の安全な生活への関心は，少なくとも21世紀の初めには1つの論点として認識され，世界各国の運動家は児童労働や搾取的な広告，遺伝子組み換え食品などの幅広い問題に懸念を表明してきた[40]．東北地方太平洋沖地震による原子力発電所事故以降，食の安全に対する不安は解消されず，さらに最近でも，製造中の冷凍食品に契約社員が意図的に農薬を混入させるという事件が起き，状況はさらに悪化している．

　ただし消費者側の努力もあって，政府は消費者に関連した活動を監督する機関を多数設立してきた．国民生活センター，消費生活センター，消費者庁，消費者委員会，環境省などがその例である．1960年代に，日本経済が高度成長を遂げ，大量生産・大量販売の仕組みが広がる中で，ニセ牛缶事件（1960年），サリドマイド事件（1962年）など，欠陥商品による消費者危害の発生や不当表示事件が発生した．政府は，消費者を守るために，1968年に消費者保護基本法を成立させた．1960年代以降に成立した消費者保護に関する重要な法律については，表1.1にまとめている．消費者問題については，消費者庁のウェブサイトでも情報を得ることができる．

　アメリカではより積極的な取り組みが見られる．例えば，食品医薬品局（FDA）は，食品や薬品の内容物だけでなく，広告についての監視も行っている．オバマ政権になって，その努力はさらに攻撃性を帯びてきた．例えば2009年，市販薬の広告に対するFDAの取り締まりの結果を受けて，バイエル薬品はアメリカで最も売れている経口避妊薬「ヤズ（Yaz）」の2,000万ドルの広告キャンペーンを開始した．医療ドラマ『グレイズ・アナトミー』などのプライムタイムの番組の間に流れたテレビCMは，ヤズを服用してもニキビや月経前症候群の治療効果は期待できないと警告するものだった．バイエルの以前の広告は，この薬が女性の気分を高め，ニキビまできれいにするかのように過剰宣伝していると当局に判断され，そのメッセージを修正する広告を出すように求められたのである[41]．

表 1.1 消費者の生活を守ることを目的に制定された法律の例

年	法律	目的（条文より）
1960	薬事法	医薬品，医薬部外品，化粧品及び医療機器の品質，有効性及び安全性の確保のために必要な規制を行うとともに，医療上特にその必要性が高い医療品及び医療機器の研究開発の促進のために必要な措置を講ずることにより，保健衛生の向上を図ること．
1961	割賦販売法	割賦販売等に係る取引の公正の確保，購入者等が受けることのある損害の防止及びクレジットカード番号等の適切な管理に必要な措置を講ずることにより，割賦販売等に係る取引の健全な発達を図るとともに，購入者等の利益を保護し，あわせて商品等の流通及び役務の提供を円滑にし，もつて国民経済の発展に寄与すること．
1962	景品表示法（不当景品類及び不当表示防止法）	不当な表示や過大な景品類を規制し，公正な競争を確保することにより，消費者が適正に商品・サービスを選択できる環境を守ること．
1968	消費者保護基本法（現消費者基本法）	消費者の利益の擁護及び増進に関し，国，地方公共団体及び事業者の果たすべき責務並びに消費者の果たすべき役割を明らかにするとともにその施策の基本となる事項を定めることにより，消費者の利益の擁護及び増進に関する対策の総合的推進を図り，もつて国民の消費生活の安定及び向上を確保すること．
1986	特定商品等の預託等取引契約に関する法律	特定商品及び施設利用権の預託等取引契約の締結及びその履行を公正にし，並びに預託等取引契約に係る預託者が受けることのある損害の防止を図ることにより，預託等取引契約に係る預託者の利益の保護を図ること．
1994	製造物責任法（PL法）	製造物の欠陥により人の生命，身体又は財産に係る被害が生じた場合における製造業者等の損害賠償の責任について定めることにより，被害者の保護を図り，もつて国民生活の安定向上と国民経済の健全な発展に寄与すること．
2000	消費者契約法	消費者と事業者との間の情報の質及び量並びに交渉力の格差にかんがみ，事業者の一定の行為により消費者が誤認し，又は困惑した場合について契約の申込み又はその承諾の意思表示を取り消すことができることとするとともに，事業者の損害賠償の責任を免除する条項その他の消費者の利益を不当に害することとなる条項の全部又は一部を無効とするほか，消費者の被害の発生又は拡大を防止するため適格消費者団体が事業者等に対し差止請求をすることができることとすることにより，消費者の利益の擁護を図り，もつて国民生活の安定向上と国民経済の健全な発展に寄与すること．
2003	食品安全基本法	科学技術の発展，国際化の進展その他の国民の食生活を取り巻く環境の変化に適確に対応することの緊要性にかんがみ，食品の安全性の確保に関し，基本理念を定め，並びに国，地方公共団体及び食品関連事業者の責務並びに消費者の役割を明らかにするとともに，施策の策定に係る基本的な方針を定めることにより，食品の安全性の確保に関する施策を総合的に推進すること．
2004	消費者保護基本法改正（消費者基本法に改称）	消費者と事業者との間の情報の質及び量並びに交渉力等の格差にかんがみ，消費者の利益の擁護及び増進に関し，消費者の権利の尊重及びその自立の支援その他の基本理念を定め，国，地方公共団体及び事業者の責務等を明らかにするとともに，その施策の基本となる事項を定めることにより，消費者の利益の擁護及び増進に関する総合的な施策の推進を図り，もつて国民の消費生活の安定及び向上を確保すること．

出所：消費者庁『ハンドブック消費者2014』．各法律条文を参考に作成．

広告主，小売業，製造業者は，消費者に送り届けるメッセージや製品に有害性や不正確さがないように，自主規制に努力している．善意からだけではなく，そうすることには非常に実際的な理由もある．政府の介入をできるだけ避けようとしているのである．

しかし，多くの問題では，政策決定者による積極的な監視を必要とする．例えば，現在，アメリカで大きな反響を呼んでいるのは，塩分，飽和脂肪，添加砂糖の多い食品について子どもに与えるメッセージを制限するように広告主に求めることで，子どもの肥満を抑制しようとする努力である．オバマ政権は一連の自主的ガイドラインを設定し，大部分の企業はこれに従うものとみられる．それが1,700ものテレビ番組のCMに影響を与えることになる．このガイドラインは2～17歳の子ども向け食品が，健康的な食生活に「意味ある貢献」をし，有害な成分の制限に従う（トランス脂肪を含まないなど）ことを求めている[42]．

消費者運動：アメリカ ™

「完全な不能（Absolut Impotence）」．「情報時代の新しい社会運動家の動き」を支援する非営利団体アドバスター（Adbusters）が制作したウォッカ「アブソルート（Absolut）」のパロディ広告にはそう書かれている．この団体が発行している雑誌の編集者は，アメリカはもはや国ではなく，企業の計略によって堕落させられた数兆円規模のブランドだと論じている．アメリカという商標（TM）は，マクドナルドやマールボロ，ゼネラルモーターズと変わらないのだと彼は言う[43]．

アドバスターは商業主義の暴走を止めるために，「何も買わないデー（Buy Nothing Day）」や「テレビを見ないウィーク（TVTurnoffWeek）」などの多くの運動を支援している．こうした努力は，広告メッセージを風刺攻撃する反論広告やCMとともに，**カルチャー・ジャミング（culture jamming）**の例となる．これは，文化的風土を支配しようとする産業界の努力を封じようとする戦略である．この運動は，カルチャー・ジャミングが情報伝達の方法，企業が力を行使する方法，テレビ局が運営される方法，食品やファッション，自動車，スポーツ，音楽，カルチャー業界が課題を定義する方法を変えることになると信じている[44]．「カルチャー・ジャマーによるマニフェスト」は，「心を汚染するもの」への反対をこう宣言している——「古い文化のがれきの上に，商業主義に汚されない心と魂を持って新しい文化を築く」[45]．

アメリカのビジネス界には，こうした極端な感傷を愚かな非主流派のたわごととしてはねつける者もいるようだが，抗議者たちの話には真剣に耳を傾けるだけの価値がある．最近のBP，AIG，エンロン，マーサ・スチュワート，アーサー・アンダーセン，メリルリンチなどの大企業のスキャンダルは，消費者の間に不信と疑念の炎を立ち上らせた．新たなスキャンダルが次々と明るみに出るなか，企業への反感が鎮静化するのか今後も

コピー：もし70歳以上だったら，セックスをする回数と同じだけ，眼科医に診てもらいなさい：1年に1度だね．

奇抜なメッセージを取り入れて，目の検査を受けることを奨励するブラジルの広告．

提供：Almap BBDO Communicacoes Ltda. 提供．撮影／Alexandre Ermel.

続くのかは，時間がたってみないと分からない．新聞の経済欄が犯罪記録簿のように見える現状を思うと，消費者の信頼を回復するために思い切った対策を講じなければならないのは明らかだ．

　ジョン・F・ケネディ大統領は，1962年の「消費者の権利宣言」で，近代的コンシューマリズム時代の到来を告げた．提唱されたのは，安全である権利，知らされる権利，意見を反映させる権利，選択する権利という4つの権利である．60年代と70年代は，消費者が組織化してより質の高い製品を求める（そして，品質のよい製品を提供しない企業をボイコットした）消費者運動の時代だった．

　無責任な農薬の使用を追及したレイチェル・カーソンの『沈黙の春（Silent Spring）』（1962年）や，GMのコンパクトカー「コルヴェア」の安全欠陥を暴いたラルフ・ネイダーの『どんなスピードでも自動車は危険だ（Unsafe at Any Speed）』（1969年）のような書籍の発行が，運動をさらに活気づかせた．消費者の多くは，地球温暖化と気候変動，有害廃棄物，テレビや音楽（ロックやラップ）の歌詞に見られる過度の暴力と性表現など，消費者に

コピー：クラシック・ブラックスポット・スニーカー

アドバスターは，ナイキの労働慣行が不当であると考え，抗議のためにみずから「ブラックスポット」スニーカーを売り出した．ポルトガルの工場で麻を素材に作られる．この工場の労働者はポルトガルで定められた最低賃金より高い賃金で働き，多くの従業員が組合に参加している[46]．

出典：写真はadbusters.org提供．

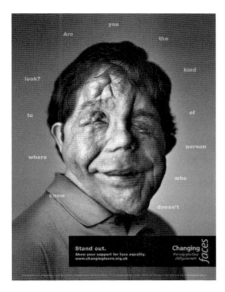

コピー：*目立たせろ（Stand out）.*

このイギリスのソーシャルマーケティング・キャンペーンは，身体的奇形のある人たちへの見方を変えようとするもの．

出典：Changing Faces U.K. DDB, London 提供．撮影／Robert Wilson.

関連した幅広い問題に強い関心を寄せている．

　一部の消費研究者が，研究のためだけでなく，市場での急を要する社会問題と彼らがみなすものを是正するために組織化を試みている例もある．このタイプの研究は「参加型アクションリサーチ（Participatory Action Research）」または変革志向消費研究（TCR = Transformative Consumer Research）と呼ばれる．消費者を助け，社会の変化を促すことを目的とした研究プロジェクトのことである．この場合，消費者は研究の対象ではなく，研究者とともにこの変化を実現させる協力者となる．TCRの支持者は，子ども，障害者，社会的弱者など，危険に陥りやすい人たちとともに働いたり，物質主義，危険な製品の消費，強迫的消費などの問題に取り組んだりしている[48]．

携帯アプリ「NYCコンドームファインダー」は，携帯電話のGPS機能を使ってニューヨーク市内で無料コンドームを配布している約1,000カ所のうち，一番近いところを教えてくれる[47]．

出典：ニューヨーク市保健精神衛生局．

ソーシャル・マーケティング

　TCRという新しい考え方が示すように，消費者行動という研究分野は，消費者としての私たちの生活を改善する上で重要な役割を果たす[49]．ソーシャル・マーケティング（social marketing）戦略は，マーケターが通常はビールや洗剤を売るのに使っているテクニックを，読み書き能力の改善などの肯定的な行動を奨励したり，飲酒運転などの否定的な行動を思いとどまらせたりすることに使う[50]．多くの研究者が公共政策の評価や作成に協力し，製品に正しい表示がなされたり，消費者が広告メッセージに含まれる重要な情報を理解できるようにしたり，テレビ番組を装ったおもちゃのCMで子どもたちがだまされるのを防いだりしている．日本でも同じような取り組みがある．例えば，「ありがとウサギ」「おはよウナギ」といった独特な歌詞が印象的なACジャパンのテレビCM「あいさつの魔法」は，商業的な広告とは異なり，あいさつの大切さを説くものであった．

グリーン・マーケティング

　グリーン・マーケティング（green marketing）の哲学を採用している企業は，ビジネス活動を通した自然環境の保護または強化を目指す．日本コカコーラのミネラルウォーターブランド「い・ろ・は・す」が使用後にボトルを簡単に潰せるパッケージにしたように，廃棄される容器を減少させることに努力を集中している企業もある．この重要なトレンドについては，第4章でさらに論じることにする．

コピー：*死刑に死を．*

ソーシャルマーケティング・キャンペーンの対象は広い範囲に及ぶ．これはフランスの死刑制度に抗議するもの．

出典：TBWA/Paris提供．

消費者行動，私はこう見る
——ジュリー・オザンヌ（ヴァージニア工科大学教授）

　もしあなたが世界をよりよい場所にしたいと思うなら，消費者行動を理解することは不可欠だ．消費者はグローバルコミュニティが直面する最も重要な問題の中心に位置している．経済先進国では，人々は物質の海の中で溺れかけ，世界の限りある資源を危険なほどの勢いで使い果たそうとしている．食料を過剰消費し，太りすぎで不健康な子どもたちの世代を育て，飲酒や喫煙，ギャンブルなど，危険な消費者行動にのめり込んでいる．しかし，世界には，消費の機会が限られ，生存のための最低限の栄養をとることにも苦労している人が大勢いることを忘れてはいけない．

　「変革志向消費研究」（TCR = Transformative Consumer Research）は，消費者の生活を改善したいと考える研究者による新しい運動である．彼らは急を要する社会問題の本質を理解するために精力的に研究を続けている．そのために，大学を離れて外部の関係団体と連携し，生活の質を改善するための社会改革プログラムの考案に力を注ぐ．消費研究者は特異な立場に身を置いている．というのも，彼らは消費者と企業両方の利益を理解し，尊重しているからだ．そのため，消費者利益団体，公共政策決定者，企業のリーダーの間に入って肯定的な社会変革をもたらす正直な仲介者になれる可能性がある．

　現在は，より持続可能でコミュニティの絆を強化できる新しいビジネスモデルと新しい消費の形を生み出せる刺激的な時代である．ノーベル賞受賞者のムハマド・ユヌスは，自分でビジネスを立ち上げたいと望む貧しい消費者に少額の貸付を行うマイクロクレジット制度を考案し，それが新しい消費者金融モデルとなって，文字通り数百万の人々を貧困から救い出した．新しい消費モデルも生み出されている．パリ市は街中に自転車を配布して自転車のシェアを奨励している．しかも，短い距離の移動が無料になるようにレンタル時間の最初の30分はただで貸し出しを行っている．同様に，何台かの車を団体で所有し利用するカーシェアリングのプログラムも，世界の600都市に広まった．

　私自身は，物の共同所有がどれほどコミュニティの構築と強化につながるかを研究テーマにしている．例えば，おもちゃを貸し出す図書館が，本の図書館と同じように運営されており，ここではわずかな料金で子どもたちがおもちゃを手にすることができる．そして，家族のネットワークが共同所有のコミュニティを形成し，助言と支援を与え合う貴重な人的資源となっている．子どもたちはさまざまな種類のおもちゃで遊べると同時に，共有する喜びや集団の幸福の尊重など，重要なことを学ぶことができる．

学習の目的 6
多くの学問分野の専門家が消費者行動を研究している.

研究分野としての消費者行動

　ここまでの説明で，消費者行動という研究対象には，牛乳を1パック買うというシンプルな行動から複雑なコンピューターネットワークシステムの選択，慈善団体への寄付の決定，企業から金をしぼり取ろうとする悪巧みまで，多くの行動が含まれることが分かったと思う．

　理解すべきことは恐ろしいほどたくさんあり，そのための手段も多岐にわたる．人々は確かにずっと昔から消費者ではあったが，消費者自身が公式な研究の対象になったのは最近になってからのことだ．現在では多くのビジネススクールで，マーケティング専攻に消費者行動が必須科目として含まれているが，1970年代までは，ほとんどの大学にはそうした科目は存在すらしなかった．

消費研究者はどこにいるのか？

　消費者を研究対象とする研究者はどこにいるのか？　その答えは「消費者がいるところならどこにでも」だ．消費研究者は，製造業者，小売店，マーケティングリサーチ企業，政府や非営利団体，そしてもちろん，カレッジや大学のために働いている．彼らは研究室で高度な神経画像機器を用いて洗練された実験を行うこともあれば，ショッピングモールで買い物客にインタビューしたり，グループ・インタビューや大規模な世論調査を実施したりすることもある．例えば，「無印良品」を展開する良品計画は，消費者の自宅まで訪問をして，そこでの日常の生活を観察させてもらうことで，消費者についての気づきを得て，商品企画に活かしている[51]．

　また，研究者は家庭で使う日用品から法人向けのハイテク設備，美術館の展示，さらには広告が子どもに与える影響といった公共政策に関するものまで，幅広い事例を研究テーマとする．確かに，消費者問題はどれも神聖な学問ではない．研究者の中には，失禁用品や避妊具のような「デリケートな」製品を研究する者もいる．アメリカのコンドームメーカーのトロージャン（Trojan）のマーケティングディレクターは，「洗濯用品のように，実際に人々が洗濯をしている様子を観察できるものとは違って，わが社の製品を実際に人々が使っているところをモニターすることはできない」と語る．そのため，トロージャンでは人々のコンドームの使用状況を知るために，臨床心理学者や精神分析医，文化人類学者に協力をあおいでいる[52]．

消費者行動研究への学際的影響

　消費者行動という新しい研究分野は，多くの異なる視点からのアプローチが見られることが特徴である．これほど幅広い学問分野にまたがる領域というのは，他にはあまり見当たらない．精神生理学から文学まで，さまざまな学問を専攻している人たちが，消費者行動にも研究範囲を広げている．大学，製造業者，美術館，広告代理店，政府が，消費研究の専門家を雇い，消費研究学会（Association for Consumer Research）や消費者心理学会（Society for Consumer Psychology）のような専門組織が1970年代半ばから設立されるようになった．

　消費研究を行う人たちの学問的興味の幅広さを理解するために，この分野の主流学術誌である『季刊消費研究（Journal of Consumer Research）』のスポンサー団体の名前を挙げてみよう——アメリカ家族・消費者科学学会，アメリカ統計学会，消費研究学会，消費者心理学会，国際コミュニケーション学会，アメリカ社会学会，経営科学研究所，アメリカ人類学会，アメリカ・マーケティング学会，パーソナリティ・社会心理学会，アメリカ世論調査協会，アメリカ経済学会．まさに寄せ集め状態だ．

　こうした多様な背景の研究者たちがみな消費者行動に関心を持っているわけだが，この問題を研究する「正しい」学問はどれなのだろう？　目の見えない男たちと象についての童話を覚えているだろうか．この童話の要点は，それぞれの男性が象の異なる場所を触り，その結果，象の描写は一人ひとり異なるものになったということだ．この例えは消費研究にも当てはまる．研究者の学問的背景や関心によって，同じ消費現象が異なる角度から異なるレベルでアプローチされる．表1.2は，雑誌の利用という「シンプルな」テー

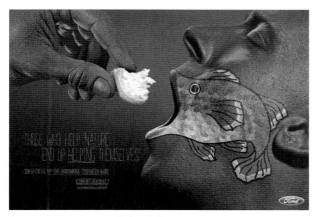

ブラジルのフォード自動車の広告は，環境保護を訴える．

出典：J.Walter Thompson 提供．制作／LTDA-Sao Paulo-Brazil.

表 1.2　消費者行動の学際研究

研究のテーマ	雑誌利用についてのサンプル調査に対する研究者の視点
実験心理学：認知，学習，記憶プロセスにおける製品の役割	デザインやレイアウトなどの雑誌の特徴が，どのように認識，解釈されるか．雑誌のどの部分が最も読まれているか．
臨床倫理学：心理的適応への製品の役割	雑誌がどのように読者の体型イメージに影響を与えるか（例えば，やせたモデルは標準体型の女性に自分が太りすぎだと感じさせるか）．
ミクロ経済学／人類生態学：個人あるいは家族の資産配分における製品の役割	家計が雑誌に使う金額に影響を与える要因．
社会心理学：社会的集団の構成員としての個人の行動における製品の役割	雑誌広告は読者の製品に対する態度にどのような影響を与えるか．集団の圧力が1人の読者の決断にどのような影響を与えるか．
社会学：社会集団との関係における製品の役割	特定の社会集団（例えば大学のサークルなど）に特定の雑誌への関心が広がるパターン．
マクロ経済学：消費者と市場の関係における製品の役割	ファッション雑誌の価格の効果と，失業率が高い時期に広告されるアイテムへの支出．
記号論／文芸批評：言語的，視覚的な意味の伝達における製品の役割	雑誌のモデルや広告によって伝えられる隠れたメッセージが解釈される方法．
人口統計学：人口の測定可能な特徴分類における製品の役割	雑誌読者の年齢，収入，婚姻状況別の効果．
歴史学：時間の経過に伴う社会の変化への製品の役割	雑誌の「女らしさ」の文化的表現が時代とともにどのように変わってきたか．
文化人類学：社会の信仰や慣習における製品の役割	雑誌に掲載されるファッションやモデルが，読者の女らしい行動，男らしい行動の定義にどのような影響を与えるか（例えば，働く女性の役割や性的タブーなど）．

マがどれだけ異なる視点から理解されているかを示している．

　図1.2は，このフィールドに関わっているいくつかの学問分野と，それぞれが取り組む研究課題の一部を紹介するものである．これを見ると，消費者行動というテーマにミクロ的視点とマクロ的視点のどちらで取り組んでいるかで，彼らをおおまかに分類することができることが分かる．ピラミッドの頂点に近い方では，個々の消費者に焦点を当て（ミクロ視点），底辺に近い方は，大きなグループの集団的な消費行動に関心を持っている．例えば，1つのカルチャーまたはサブカルチャーを共有する人々の消費パターンといったものだ（マクロ視点）．この本では，まず頂点（ミクロ）の消費者行動研究に焦点を当て，そこからピラミッドを底辺まで下っていくことにする．ぜひ最後までついてきてほしい．

消費研究では学術的理解と応用のどちらが重要か？

　多くの研究者が消費者行動という研究分野を応用社会科学とみなしている．彼らは，私たちが生み出す知識の価値は，マーケティングの効果を改善する力という点から判断

図1.2 消費研究を手がける学問分野

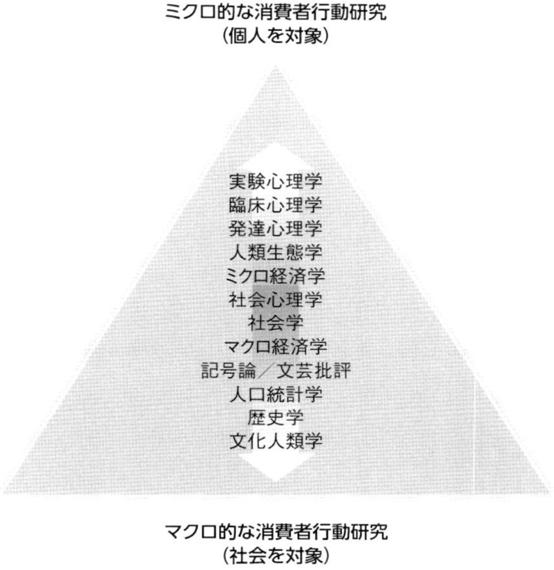

ミクロ的な消費者行動研究
(個人を対象)

実験心理学
臨床心理学
発達心理学
人類生態学
ミクロ経済学
社会心理学
社会学
マクロ経済学
記号論／文芸批評
人口統計学
歴史学
文化人類学

マクロ的な消費者行動研究
(社会を対象)

すべきだと論じる．これに対して，消費者行動は戦略的フォーカスの対象にすべきではないと論じる研究者もいる．この研究分野を「ビジネスに役立たせるもの」にすべきではないと言っているのである．彼らはその代わりに，マーケターはこの知識を利益獲得のために応用するのではなく，消費を理解することそのものに焦点を当てるべきだと考える[53]．ほとんどの消費研究者はこのどちらかと言えば極端な見解を持つことはないが，多くは研究範囲を広げ，食料品，電化製品，車などの消費財の購入という伝統的な側面だけでなく，ホームレスの問題や環境保護などの社会問題にまで目を向けるようになった．そうしたことがこの分野を研究する人々の間に激しい議論を生み出してきたことは間違いない．

学習の目的7
消費者行動には主に2つの視座がある．

消費研究の2つの視座

私たちが消費研究を分類するときには，研究者が何をどのように研究するかという根

本的な要素に注目するのが一般的だ．世の中を理解するための指針となる一連の信念はパラダイム（paradigm）と呼ばれる．他の研究分野と同様に，パラダイムは消費者行動研究も支配するが，現在は「パラダイム・シフト」の最中にあると考える人もいる．競合するパラダイムが支配的な前提に異議を唱えるときに起こるものである．

現時点での支配的なパラダイムの根底にあるのは，**実証主義**（positivism）（あるいはモダニズム）の考え方である．この思想は16世紀後半以降，西洋芸術と科学に大きな影響を与えてきた．人間の理性は崇高で，科学が発見するものにはただ1つの客観的真理だけがあることを強調する．実証主義は物の機能を強調し，テクノロジーを祝福し，世界を明確な過去と現在と未来を持つ合理的で秩序だった場所とみなすことを奨励する．

それより新しい**解釈主義**（interpretivism）（あるいはポストモダニズム）は，実証主義の考え方すべてに疑いを投げかける[54]．解釈主義の信奉者は，私たちの社会は科学とテクノロジーを強調しすぎていると主張し，消費者行動についての秩序だった合理的な視点は，実際に私たちが生きる社会と文化の複雑さとは相容れないと感じている．実証主義は物質主義的な満足を強調しすぎであり，その合理的な視点は，白人男性が支配する同質的な文化的価値観を強調する（過去の）イデオロギーに影響されていると感じる人たちもいる．

解釈主義者はその代わりに，象徴的・主観的な経験と，それぞれの人にとっての意味の違いを強調する．すなわち，私たち個々人が，独自の，または共通の文化的経験に基づいて自分だけが理解できる意味と価値観を築くため，正しい答えも間違った答えもないと考える．この見解では，私たちが生きる世界は，イメージのパスティーシュ（pastiche）（借用してきたイメージやモチーフでつくり上げられたもの）で成り立っている[55]．解釈主義者は，製品に私たちが割り当てる価値を非難する．それが秩序を生み出すからである．その代わりに，消費者行動を多様な経験を提供するものとみなす．表1.3は，消費研究に

表 1.3　消費者行動への実証主義と解釈主義のアプローチ

仮定	実証主義的アプローチ	解釈主義的アプローチ
リアリティの本質	客観的，可視的，単一しかない	社会的に構築される，複数ある
目的	予測	理解
得られる知識	時間を超えた，文脈からの独立	時間に縛られる，文脈に依存する
因果関係についての見解	本当の原因が存在する	事象を形成する諸要因は多様であり同時に存在する
研究者と研究対象との関係	研究者と研究対象の分離	研究対象の部分をなす研究者自身との相互作用と協力関係

出　典：Laurel A. Hudson and Julie L. Ozanne, "Alternative Ways of Seeking Knowledge in Consumer Research," *Journal of Consumer Research* 14 (March 1988): 508-21 を応用．シカゴ大学出版の許可を得て再掲載（著作権：1988 JCR, Inc.）．

おけるこの2つの視点の主だった違いをまとめている．

　これまでで最も有名な長期に及ぶ広告キャンペーン（1959～1978年）の分析によって，マーケティング・コミュニケーションを理解するための解釈主義的な視点の例とすることができる．広告代理店ドイル・デーン・バーンバック（DDB）がフォルクスワーゲン社の「ビートル」のために制作した広告である．自嘲的なウィットで知られるこのキャンペーンは，ビートルの親しみやすさ，小ささ，パワー不足を，肯定的な特徴に変えることに成功した．当時は，ほとんどの車の広告がまさに反対の特徴を強調していた．

　解釈主義の研究者は，文学，心理学，人類学の概念を使って，広い文化的背景に照らしてこの広告的アプローチの魅力を分析した．彼らはDDBがこのつつましい車のためにつくり上げたイメージを，喜劇の研究者が「リトルマン」パターンと呼ぶものと結びつけた．リトルマンとは，ピエロや手品師のような喜劇的なキャラクターのことで，官僚主義や集団主義の堅苦しさや厳格さに風穴を開ける社会の落ちこぼれを意味する．「リトルマン」キャラクターの他の例としては，『男はつらいよ』の車寅次郎，ウディ・アレン，チャーリー・チャップリンなどが挙げられる．マーケティング・メッセージの文化的意味合いをこのように見れば，この何年か後にIBMが広告にチャーリー・チャップリンのキャラクターを選んだのも偶然ではないことが分かる．IBMの堅苦しい威圧的なイメージを「和らげる」努力をし，新しいパーソナルコンピューターがユーザーフレンドリーであることを消費者に強調したのである．

本書の構成

　このテキストは消費者行動の多様な側面をカバーしている．そして，この章で簡単に説明してきた研究内容とその視点については，次章以降でさらに詳しく取り上げる．この本の構成はシンプルだ．それは，ミクロからマクロへ進むということである．消費者行動の写真アルバムのようなものと考えればいいだろう．各章は消費者の「スナップショット」を提供するが，写真を撮るのに使うレンズはどんどん広角になっていく．個々の消費者に関連した問題から始まり，徐々に視野を広げて，最後には社会のより大きなグループの行動に目を向ける．図1.3が示すように，これから論じていく内容は「消費者行動の輪」として表現することができる．

　セクション2の「個人としての消費者」では，最もミクロレベルでの消費者を考える．個々の消費者が周囲の環境からどのように情報を受け取り，どのようにその素材が学ばれ，記憶され，個々の態度——製品について，または自分自身について——を形成したり変えたりするのに使われているかを検証する．セクション3の「意思決定者としての消費者」では，消費者が個人として，あるいは集団のメンバーとして消費行動の意思決定をする

ために，手に入れた情報をどのように利用しているかに焦点を当てる．最後にセクション4の「消費者とサブカルチャー」では視野をさらに広げて，消費者がより大きな社会的集団の構成メンバーとしてどのように機能しているかを探る．消費者が属する，あるいはアイデンティティを持つ，社会階級，民族グループ，年齢層などの異なる社会的グループの影響についても考え，神話や儀式などの文化的影響も取り上げる．

図 1.3　消費者行動の車輪

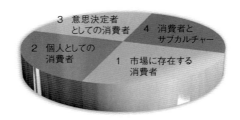

章のまとめ

この章を読み終えた時点で，理解しているべきこと：

1. **消費者は，演じ分けるさまざまな役割に応じたアイデンティティを明確にするために製品を用いる．**

    消費者は，製品を購入し，使用し，処分するが，それを行うのは，それぞれの段階で異なる人かもしれない．また消費者はさまざまな役割を演じ分けており，その役柄によって異なる製品を必要とする役者として考えることができる．

2. **消費者行動は 1 つのプロセスである．**

    消費者行動研究は，個人や集団がそれぞれのニーズや欲求を満足させるために，製品，サービス，アイディア，経験を選び，購入し，利用し，処分するという一連のプロセスの研究である．

3. **マーケターはさまざまな消費者セグメントのニーズとウォンツを理解する必要がある．**

    市場の細分化は消費者行動の重要な側面である．消費者は，製品の利用の仕方，デモグラフィクス（年齢や性別のような，客観的な人口の分類），サイコグラフィクス（心理的，またはライフスタイルの特徴による分類）など，多くの次元によって分類することができる．関係性マーケティングやデータベース・マーケティングの強調など，最近になって見られるマーケティング手法の発達は，マーケターが異なる消費者グループのニーズとウォンツにより敏感になっていることを示している．このことは，消費者が自ら消費者主権空間を生み出す力を得たことで，ますます重要性が増した．つまり，消費者自身が製品やサービスの情報を評価して，いつどこでそれを必要とするのかを考えるようになった．マーケティン

グ・コミュニケーションの受け手の地位に甘んじるのではなく，インターネット上で企業と接触しようとしている．

4. **インターネットは消費者行動を変化させている．**

    インターネットとソーシャルメディアは消費者と企業との接触の仕方，消費者同士の関係を劇的に変化させた．e コマースによって，世界中のあらゆる製品を見つけ出すことができるようになり，オンライン消費者コミュニティは意見交換や製品情報を共有するためのフォーラムの場を提供している．こうした利点には潜在的問題もつきまとい，例えばオンラインで過ごす時間が長くなるにつれ，プライバシー侵害の問題が生じたり，伝統的な社会的交流が崩壊したりする可能性がある．

5. **消費者としての信念や行動は生活上のその他の問題と強く関係している．**

    マーケティング活動は個人に大きな影響を及ぼす．消費者行動の研究は公共政策（倫理的なマーケティングの実施など）と大衆文化の原動力を理解することとも関係してくる．

6. **多くの学問分野の専門家が消費者行動を研究している．**

    消費者行動というフィールドは多様な学問分野にまたがっている．人々がどのように市場との関係を築いているかについての関心を共有する，異なる分野の研究者で構成されているということだ．これらの学問分野は，研究者の視点がミクロ（個々の消費者）かマクロ（グループやより大きな社会の構成メンバーとしての消費者）かによって大きく分けられる．

7. **消費者行動には主に 2 つの視座がある．**

    消費者行動には多くの側面があるが，研究の方向性は大きく 2 つのアプローチに分けることができる．実証主義は学問の客観性を強調し，消費者を合理的な意思決定者とみなす．対照的に解釈主義のアプローチは，消費者の個人的経験の主観的意味合いと，どのような行動も 1 つの説明ではなく多くの解釈が可能であることを強調する．

キーワード

ウェブ 2.0（Web 2.0） 21
ウォンツ（want） 25
解釈主義（interpretivism） 38
カルチャー・ジャミング（culture jamming） 29
関係性マーケティング
　（relationship marketing） 13
グリーン・マーケティング（green marketing） 32
グローバルな消費文化
　（global consumer culture） 17
交換（exchange） 5
サイコグラフィクス（psychographics） 3
参加型文化（culture of participation） 22
C2C e コマース（C2C e-commerce） 19
市場細分化戦略
　（market segmentation strategies） 4
実証主義（positivism） 38
消費コミュニティ
　（consumption communities） 3
消費者（consumer） 6
消費者行動論（consumer behavior） 5
消費者主権空間（consumerspace） 24
消費者発コンテンツ（user-generated content） 21
情報の経済学（economics of information） 26
水平的革命（horizontal revolution） 20

ソーシャル・マーケティング
　（social marketing）　32
ソーシャルメディア（social media）　21
代替現実ゲーム
　（ARGs ＝ alternate reality games）　8
データベース・マーケティング
　（database marketing）　13
デジタル・ネイティブ（digital native）　20
デモグラフィクス（demographics）　3
同期相互作用（synchronous interactions）
　21
ニーズ（need）　25
パスティーシュ（pastiche）　38
80 対 20 の法則（80/20 rule）　9
パラダイム（paradigm）　38
B2C e コマース（B2C e-commerce）　19
ビジネス倫理（business ethics）　23
非同期相互作用（asynchronous interactions）
　21
ヘビーユーザー（heavy users）　9
変革志向消費研究（TCR）
　（Transformative Consumer Research）　31
ポップカルチャー（popular culture）　15
役割理論（role theory）　17

復習

1. 消費者行動を定義しなさい．
2. デモグラフィクスとは何か？ デモグラフィクスの特徴を示す 3 つの例を挙げなさい．
3. 市場の細分化とは何か？ その例を 3 つ挙げなさい．
4. 役割理論とは何か？ それは消費者行動の理解にどのように役立つか？
5. 交換とは何を意味するか？
6. なぜ企業はヘビーユーザーについて知ることが重要なのか？
7. データベース・マーケティングとは何か？
8. ポップカルチャーとは何か？ マーケティングや消費者行動との関係性は？
9. 変革志向消費研究とその他の消費研究の主な違いは何か？
10. この章では「人々は製品の機能そのものではなく，その意味するもののために製品を買っている」と述べている．この文章の意味を説明し，例を 1 つ挙げなさい．
11. 「グローバルな消費文化」という言葉は何を意味するか？
12. C2C e コマースと，B2B e コマースの違いは何か？
13. 情報の経済学という視点は，広告は重要だと主張している．それはなぜか？
14. 日本の消費者に関係する重要な法律の 2 つの例を挙げなさい．
15. ソーシャル・マーケティングを定義し，この戦略の例を 2 つ挙げなさい．
16. 消費者行動を研究している 2 つの学問分野を挙げなさい．同じ問題に対するアプローチはどのように異なるか？
17. 消費研究における実証主義と解釈主義の主な違いは何か？

討議と応用

■ 討論せよ

1. この章は，人々はその時々に異なる役割を演じ，演じる特定の役割によって消費者行動は異なるかもしれないと言っている．この考え方に同意するかしないか，自分自身の生活から例を挙げて論じなさい．自分の役柄（就職の面接を受ける人，勤勉な学生，合コン大好き人間など）を演じるために用いる筋書き，衣装，脚本を特定し，自分が演じる役割のための「舞台設定」を考えてみるといいだろう．
2. ある企業がバレンタインデー用に「あなたに夢中」という名のテディベアを売り出した．このぬいぐるみは，心の健康の専門家たちの怒りを買った．というのも，拘束衣を着せられて足を動かすことができず，企業の宣伝の文句が書かれた紙が

付いてきたからだ．この製品の販売を続けるというその企業の決定を支持する人たちは，抗議者たちはあまりに「政治的に公正であること」にこだわりすぎていると主張している(56)．あなたはどう考えるか？

3. 非営利団体は企業からの善意の寄付をあてにすることが普通で，施設に後援者にちなんだ名前をつけることもよくある．オハイオ州のネーションワイド小児病院も例外ではない．その名前は5,000万ドルの寄付をした保険会社の名前にちなんでいる．現在は，アバクロンビー＆フィッチ救急科・トラウマセンターと，リミティッド・トゥ＆ジャスティス・メインロビーも加わった．アバクロンビー＆フィッチは，魅力的な若い男女ばかりを宣伝に利用していることで評判が悪いため，「子どもを商業主義から守るためのキャンペーン（The Campaign for a Commercial-Free Childhood）」がこの提携に反対している．この団体の代表は，「アバクロンビー＆フィッチは搾取的な企業の代表であり，子どもたちの健全な育成を軽視する企業が癒しのマントを着るべきではない．……個人的には，病院に保険会社の名前をつけることにも懸念を覚える」とコメントしている(57)．あなたはどう考えるか？　これは一線を越えているだろうか，それとも，結果が有益なものであれば，資金がどこから出ているかは問題ではないのだろうか？

4. 自分が属する社会的グループが多用している製品やサービスの例をいくつか挙げなさい．こうした製品がグループの絆を深めるために役立っているという考えに同意するか？　自分の主張の根拠とするため，実際に自分の属するグループが使っている製品の例を挙げて説明しなさい．

5. 消費プロセスの3段階を説明しなさい．最近あなたが大きな買い物をしたときに，それぞれの段階で自分が何を考えたかを表現しなさい．

6. ファイナンシャルプランナー，大学の運営者，グラフィックデザイナー，生活保護の窓口業務担当者，看護の指導員が関心を示すのは，それぞれ消費者行動のどの側面だろうか？

7. ターゲットを絞るマーケティング戦略は差別的で不公平だという批判がある．特定の層の人たちに働きかけるこうした戦略が，彼らにとって有害だったり，金銭的な余裕がないのに買うようにしむけたりするときには，特に問題が大きいとされる．例えば，マイノリティの人たちが多く暮らす地域のコミュニティ・リーダーが，ビールやたばこを宣伝する看板に抗議したことがある．これに対して全米広告主協会は，的を絞ったマーケティングを禁じることは一種の検閲であり，米国憲法修正第1条に違反すると反論している．この問題についてのあなたの考えは？

8. 2007年に出版されたある本は，消費者発信型コンテンツという新しい波のことを「アマチュアの熱狂」と名づけて嘆いていた．この本は，ソーシャル・ネットワーキング現象を，昔からある猿の物語に例えている．1つの部屋に多くの猿を多くのタイプライターと一緒に入れておくと，やがて猿たちは（タイプライターのキーをランダムに打つことによって）あらゆる文学大作を生み出す，という話だ．言い換えれば，ユーザーによって生み出されたコンテンツの大部分は同じようなレベルのもので，プロが生み出す質の高い作品の将来は不確かになる(58)．この見解にあなたは同意するかしないか？

9. グローバル・レインメーカーズ（GRI）という企業が，メキシコの大都市レオン

と提携し，同社が開発した眼球の虹彩をスキャンする技術を導入して，レオンを「世界一安全な町にする」と発表した．レオン市は住民の虹彩のデータベースを構築している．犯罪者は有罪が確定したときに強制的に目をスキャンされるが，一般市民は自分のデータを提供するかどうかを選ぶことができる．住民が列車やバスに乗ったり，ATM から現金を引き出したりするときには，カードを挿入する代わりに虹彩のスキャンに応じる．バーや酒店でも身分証明書を提示する必要がなくなる．警察はこうした市民の活動を監視しているので，（例えば）万引きの前科のある者は特定の店には入れなくなるかもしれない．GRI の CEO はこう述べている．「このシステムで非常に便利になるのは間違いない．自分の目のほかには何も持ち運ぶ必要がなくなるのだから．10 年後には，たった 1 台のセンサーがあれば，遠くで動いている文字通り何百人もの人たちの身元を特定し，位置情報と目的を探り出すことができるようになるだろう．どれだけの目が 1 つの広告看板を見ているかが分かるようになるのである．グーグル検索で自分の欲しいものを見つけるところから追跡し，ターゲットやウォルマートの入り口を入ったところ，実際に商品を購入したところまで追うことができる．マーケティングの全サイクルも明らかになる」．つまり，将来には便利さと安全性が画期的に増すということになる．プライバシーを失うという代償を払うだけの価値があるのだろうか，それとも「ビッグブラザー」（ジョージ・オーウェルの小説『1984 年』に登場する架空の人物．社会を支配し管理する存在）がドアをノックしているのだろうか [59]？

10. インターネットは人々を密接に結びつけるのだろうか，それとも個々人がそれぞれの仮想世界にひきこもることを促すのだろうか？ ネットでつながったアメリカ人は，友人や家族と過ごす時間，実店舗で買い物をする時間が減り，勤務時間後も家で仕事をする時間が増えている．インターネットを利用している消費者の 3 分の 1 以上が，週に少なくとも 5 時間はネット上で過ごしていると報告している．また，ネットユーザーの 60％はテレビを見る時間が，3 分の 1 は新聞を読む時間が減ったと言っている（新聞自体，購読者と広告収入の減少のために，多くが廃刊になっている）．

しかし，ピュー・インターネット・アメリカンライフ・プロジェクトの調査によれば，調査対象となったユーザーの半数以上が，電子メールは実際には家族の絆を強めたと回答した．インターネットユーザーは非ユーザーと比べて，オフラインでの社会的活動に多くの時間を費やしている [60]．この結果は，人々が以前よりも他者と交わる時間が増えていることを表わしている．実際に会うよりもインターネット上で強い関係を築いているのである．しかし，前者の調査の実施者は次のように反論する．「夕方 6 時半に家に帰って，一晩中電子メールを送ることに費やし，翌朝目覚めたときには，妻とも子どもたちとも友人ともまったく話をしていない．インターネットで時間を過ごしていると，人の生の声を聞くこともなく，ハグしてもらうこともない」[61]．

追跡調査により，実際には影響はどちらの方向にも働くということが分かった．外向的な人はウェブ上でさらに多くの友人をつくるが，内向的な人は世の中からもっと取り残されているように感じるようになる．これは，インターネット利用の「豊かな人がますます豊かになる」モ

デルと呼ばれている(62)．この問題についてあなたはどう考えるか？　ネットでつながった世界は人々をデジタル世捨て人に変えるのだろうか，それともインターネットがなければ知り合うこともなかっただろう人々と接触することを通して，コミュニケーションの境界線を押し広げるのだろうか？　他者との付き合い方のこの大きな変革による良い影響と悪い影響の両方を考えなさい．

■ **応用せよ**

1. 消費者はどの程度までなら，安価な製品やサービスと引き換えに，プライバシーを譲り渡すだろうか？　例えば現在，車の保険料を安くしてもらう代わりに，保険会社が新しいテクノロジーを使って運転をモニターすることに同意しているドライバーがいる．米国の保険会社プログレッシブ保険のトリップセンス（Trip Sense）というプランを契約した顧客は，ミント菓子「Tic Tac」のケースほどの大きさの機器を車に取り付ける．この機器が，1日のどの時間に，どれくらいのスピードでどれくらいの距離を走ったかを記録する．数カ月に一度，顧客は車からこの機器を取り外し，コンピューターに接続してデータをダウンロードし，保険会社に送るというシステムだ．その結果に基づいて，保険料が5％から最大25％まで割引される．イギリスでは，ある大手保険会社が「Pay as You Drive」という保険プランを実験的に導入した．ボランティアに応募した人はパームコンピューターほどの大きさの機器を渡され，車に取り付ける．この機器はGPS追跡機能を備え，車の行き先を追跡し，情報を常に保険会社に送っている．安全な地域を走ることの多い車ほど，大きな保険料割引が得られる(63)．もちろん，こうしたプランの潜在的な問題は，車がどこを走ったか，1つの場所にどれだけ長くとどまったかなどについてのデータを保険会社が集められることだ．

    さまざまな年齢層の10人のドライバーにこの問題点を指摘し，保険料を安くするためにこのプランに参加する気があるかどうかのアンケートをとりなさい．彼らは長所と短所として，どのような理由を挙げるだろうか？　年齢や性別によって，反応が異なるかどうかにも注意を向けること．

2. ドライバーにアンケートをとるときには，彼らが（もしあるとすれば）自分の車とどのような関係を築いているかについても探りなさい．そうした感情は，この章で論じた消費者タイプと製品への愛着に一致するだろうか？　こうした関係はどのような形で表面に表われているだろうか（ヒント：回答者が自分の車に愛称をつけているかどうか，自分の好みに車を「飾っている」かどうかに注目する）．

3. 多くの大学生がインターネットからのダウンロードで音楽を「共有」している．無料で音楽または映画をダウンロードしたことがある学生5人以上にアンケートをとってみよう．彼らは盗んだという意識があるだろうか？　この行為についてどのような説明をするだろう？　こうしたアンケートの結果から，彼らに共通する要素を見つけなさい．あなたが無料のダウンロードを思いとどまらせる広告キャンペーンを考案するとしたら，説得力のあるメッセージを送るために，アンケートで得た情報をどのように利用することができるだろう？

参考文献

1. Michael R. Solomon and Elnora W. Stuart, *Marketing: Real People, Real Choices*, 2nd ed. (Upper Saddle River, NJ: Prentice Hall, 2000): 5-6.
2. www.sonystyle.com, accessed May 7, 2011; "Sony Walkman Series S, E and B Music Players Features and Suppring [sic] Formats" (May 29, 2009), http://techwizardz.blogspot.com/2009/05/sony-walkman-series-s-e-and-b-music.html, accessed June 27, 2009; Evan Ramstad, "Walkman's Plan for Reeling in the Ears of Wired Youths," *Wall Street Journal Interactive Edition* (May 18, 2000).
3. Anthony Bianco, "The Vanishing Mass Market," *BusinessWeek* (July 12, 2004): 61-67.
4. Tracy Tuten and Michael R. Solomon, *Social Media Marketing* (Upper Saddle River, NJ: Pearson, 2012); some material provided by Julie Channing, head planner at AKQA for The Lost Ring campaign.
5. Jack Neff, "Study: Package-Goods Brands' Consumer Bases Very Small, Yet Diverse," *Advertising Age* (December 8, 2008), www.adage.com, accessed December 8, 2008.
6. Natalie Perkins, "Zeroing in on Consumer Values," *Advertising Age* (March 22, 1993): 23.
7. 「大手が続々参入！『エナジードリンク』は誰が買う？　今や主婦までが家事の合間に"レッドブル"」『日経トレンディ』2012年07月号，p. 142.
8. Charles M. Schaninger and William D. Danko, "A Conceptual and Empirical Comparison of Alternative Household Life Cycle Models," *Journal of Consumer Research* 19 (March 1993): 580-94; Robert E. Wilkes, "Household Life-Cycle Stages, Transitions, and Product Expenditures," *Journal of Consumer Research* 22 (June 1995): 27-42.
9. Richard P. Coleman, "The Continuing Significance of Social Class to Marketing," *Journal of Consumer Research* 10 (December 1983): 265-80.
10. 日清食品ウェブサイト（http://www.nissinfoods.co.jp/knowledge/madeby/donbee/soup.html）．
11. Sarah Ellison, "Prilosec OTC Blitz by P&G Represents New Drug Foray," *Wall Street Journal* (September 12, 2003), www.wsj.com, accessed September 12, 2003.
12. Constance L. Hayes, "What Wal-Mart Knows About Customers' Habits," *New York Times* (November 14, 2004), www.nytimes.com, accessed November 14, 2004.
13. 「『デスノート』中国が摘発　『若者に悪影響』海賊版人気，教師名書く遊びも」読売新聞2007年6月5日夕刊，p. 18.
14. Thomas Vinciguerra, "Soft, Chewy and Taking over the World," *New York Times* (July 5, 2006): Sec. 4, p. 2.
15. Quoted in "Bringing Meaning to Brands," *American Demographics* (June 1997): 34.
16. Erving Goffman, *The Presentation of Self in Everyday Life* (Garden City, NY: Doubleday, 1959); George H. Mead, *Mind, Self, and Society* (Chicago: University of Chicago Press, 1934); Michael R. Solomon, "The Role of Products as Social Stimuli: A Symbolic Interactionism Perspective," *Journal of Consumer Research* 10 (December 1983): 319-29.
17. Jennifer Aaker, Susan Fournier, and S. Adam Brasel, "When Good Brands Do Bad," *Journal of Consumer Research* 31 (2004): 1-16.
18. Susan Fournier, "Consumers and Their Brands. Developing Relationship Theory in Consumer Research," *Journal of Consumer Research* 24 (March 1998): 343-73.
19. Brad Edmondson, "The Dawn of the Megacity," *Marketing Tools* (March 1999): 64.
20. David Barbosa, "China, New Land of Shoppers, Builds Malls on Gigantic Scale," *New York Times* (May 25, 2005), www.nytimes.com, accessed May 25, 2005.
21. For a discussion of this trend, see Russell W. Belk, "Hyperreality and Globalization: Culture in the Age of Ronald McDonald," *Journal of International Consumer Marketing* 8 (1995): 23-38.
22. Some material in this section was adapted from Michael R. Solomon and Elnora W. Stuart, *Welcome to Marketing.com: The Brave New World of E-Commerce* (Upper Saddle River, NJ: Prentice Hall, 2000).
23. Marc Prensky, "Digital Natives, Digital Immigrants," *On the Horizon* 9(5) (October 2001): 1-6.
24. Steve Spangler, "Mentos Diet Coke Geyser," *SteveSpanglerScience.com*, http://www.stevespanglerscience.com/experiment/original-mentos-diet-coke-geyser, accessed May 7, 2011;

24. Suzanne Vranica and Chad Terhune, "Mixing Diet Coke and Mentos Makes a Gusher of Publicity," *Wall Street Journal* (June 12, 2006): B1.
25. "Facebook Statistics," http://www.facebook.com/press/info.php?statistics, accessed November 15, 2010.
26. Chloe Albanesius, "YouTube Users Uploading 35 Hours of Video Every Minute," *PCMag.com* (November 11, 2010), http://www.pcmag.com/article2/0,2817,2372511,00.asp, accessed November 15, 2010.
27. "Woman in Wendy's Finger Case Is Arrested," *New York Times* (April 22, 2005), www.nytimes.com, accessed April 22, 2005.
28. Reported in *American Demographics* (December 1999): 18.
29. Valerie S. Folkes and Michael A. Kamins, "Effects of Information about Firms' Ethical and Unethical Actions on Consumers' Attitudes," *Journal of Consumer Psychology* 8 (1999): 243-59.
30. Jacqueline N. Hood and Jeanne M. Logsdon, "Business Ethics in the NAFTA Countries: A Cross-Cultural Comparison," *Journal of Business Research* 55 (2002): 883-90.
31. Quoted in Ira Teinowitz, "Lawsuit: Menthol Smokes Illegally Targeted to Blacks," *Advertising Age* (November 2, 1998): 16.
32. Michael R. Solomon, *Conquering Consumerspace: Marketing Strategies for a Branded World* (New York: AMACOM, 2003).
33. Jeffrey Ball, "Religious Leaders to Discuss SUVs with GM, Ford Officials," *Wall Street Journal Interactive Edition* (November 19, 2002); Danny Hakim, "The S.U.V. Is a Beast, and It's Hairy, Too," *New York Times* (February 2, 2005), www.nytimes.com, accessed February 2, 2005; www.nrpe.org/issues, accessed May 11, 2009.
34. William Leiss, Stephen Kline, and Sut Jhally, *Social Communication in Advertising: Persons, Products, and Images of Well-Being* (Toronto: Methuen, 1986); Jerry Mander, *Four Arguments for the Elimination of Television* (New York: William Morrow, 1977).
35. Packard (1957), quoted in Leiss et al., *Social Communication*, 11.
36. Raymond Williams, *Problems in Materialism and Culture: Selected Essays* (London: Verso, 1980).
37. Leiss et al., *Social Communication*.
38. George Stigler, "The Economics of Information," *Journal of Political Economy* (1961): 69.
39. Leiss et al., *Social Communication*, 11.
40. Robert V. Kozinets and Jay M. Handelman, "Adversaries of Consumption: Consumer Movements, Activism, and Ideology," *Journal of Consumer Research* 31 (December 2004): 691-704; cf. also Paul C. Henry (2010), "How Mainstream Consumers Think about Consumer Rights and Responsibilities," *Journal of Consumer Research* 37(4), 670-687.
41. Natasha Singer, "A Birth Control Pill That Promised Too Much," *New York Times* (February 10, 2009), www.nytimes.com, accessed February 10, 2009.
42. Janet Adamy, "Tough New Rules Proposed on Food Advertising for Kids," *Wall Street Journal* (April 29, 2011), http://professional.wsj.com/article/NA_EP_PUB:SB10001424052748704330404576291091782255946.html?lpe5WSJ_PRO&mg5com-wsj, accessed April 29, 2011.
43. "Adbusters," Adbusters Media Foundation, www.adbusters.org, accessed June 29, 2009.
44. Ibid.
45. www.nikesweatshop.net, accessed June 29, 2002.
46. Nat Ives, "Anti-Ad Group Tries Advertising," *New York Times* (September 21, 2004), www.nytimes.com, accessed September 21, 2004.
47. Ben Parr, "Need Free Condoms? There's an App for That," *Mashable* (February 16, 2011), http://mashable.com/2011/02/16/condoms-nyc-app/?utm_source5feedburner&utm_medium5email&utm_campaign5Feed%3A1Mashable1%28Mashable%29, accessed April 30, 2011.
48. Julie L. Ozanne and Bige Saatcioglu, "Participatory Action Research," *Journal of Consumer Research* 35 (October 2008): 423-39.
49. For consumer research and discussions related to public policy issues, see Paul N. Bloom and Stephen A. Greyser, "The Maturing of Consumerism," *Harvard Business Review* (November-December 1981): 130-39; George S. Day, "Assessing the Effect of Information Disclosure Requirements," *Journal of Marketing* (April 1976): 42-52; Dennis E. Garrett, "The Effectiveness of Marketing Policy Boycotts: Environmental Opposition to Marketing," *Journal of Marketing* 51 (January 1987): 44-53; Michael Houston and Michael Rothschild, "Policy-Related Experiments on Information Provision: A Normative Model and Explication," *Journal of Marketing Research* 17 (November

1980): 432-49; Jacob Jacoby, Wayne D. Hoyer, and David A. Sheluga, *Misperception of Televised Communications* (New York: American Association of Advertising Agencies, 1980); Gene R. Laczniak and Patrick E. Murphy, *Marketing Ethics: Guidelines for Managers* (Lexington, MA: Lexington Books, 1985): 117-23; Lynn Phillips and Bobby Calder, "Evaluating Consumer Protection Laws: Promising Methods," *Journal of Consumer Affairs* 14 (Summer 1980): 9-36; Donald P. Robin and Eric Reidenbach, "Social Responsibility, Ethics, and Marketing Strategy: Closing the Gap Between Concept and Application," *Journal of Marketing* 51 (January 1987): 44-58; Howard Schutz and Marianne Casey, "Consumer Perceptions of Advertising as Misleading," *Journal of Consumer Affairs* 15 (Winter 1981): 340-57; Darlene Brannigan Smith and Paul N. Bloom, "Is Consumerism Dead or Alive? Some New Evidence," in Thomas C. Kinnear, ed., *Advances in Consumer Research* 11 (1984): 369-73.
50. Cf. Philip Kotler and Alan R. Andreasen, *Strategic Marketing for Nonprofit Organizations*, 4th ed. (Upper Saddle River, NJ: Prentice Hall, 1991); Jeff B. Murray and Julie L. Ozanne, "The Critical Imagination: Emancipatory Interests in Consumer Research," *Journal of Consumer Research* 18 (September 1991): 192-244; William D. Wells, "Discovery-Oriented Consumer Research," *Journal of Consumer Research* 19 (March 1993): 489-504.
51. 西川英彦（2006）「品揃え物概念の再考：無印良品の事例研究」『一橋ビジネスレビュー』54（1），84-97.
52. Jack Neff, "Mucus to Maxi Pads: Marketing's Dirtiest Jobs, Frank Talk about Diapers and Condoms Lifts Taboos and Helps Make a Difference in Consumers' Lives, Say Those in the Trenches," *Advertising Age* (February 17, 2009), www.adage.com, accessed February 17, 2009.
53. Morris B. Holbrook, "The Consumer Researcher Visits Radio City: Dancing in the Dark," in Elizabeth C. Hirschman and Morris B. Holbrook, eds., *Advances in Consumer Research* 12 (Provo, UT: Association for Consumer Research, 1985): 28-31.
54. For an overview, see Eric J. Arnould and Craig J. Thompson, "Consumer Culture Theory (CCT): Twenty Years of Research," *Journal of Consumer Research* 31 (March 2005): 868-82.
55. Alladi Venkatesh, "Postmodernism, Poststructuralism and Marketing," paper presented at the American Marketing Association Winter Theory Conference, San Antonio, February 1992; see also Stella Proctor, Ioanna Papasolomou-Doukakis, and Tony Proctor, "What Are Television Advertisements Really Trying to Tell Us? A Postmodern Perspective," *Journal of Consumer Behavior* 1 (February 2002): 246-55; A. Fuat Firat and Alladi Venkatesh, "The Making of Postmodern Consumption," in Russell W. Belk and Nikhilesh Dholakia, eds., *Consumption and Marketing: Macro Dimensions* (Boston: PWS-Kent, 1993).
56. Pam Belluck, "Toy's Message of Affection Draws Anger and Publicity," *New York Times* (January 22, 2005), www.nytimes.com, accessed January 22, 2005.
57. Natalie Zmuda, "Children's Hospital in Hot Water over Corporate Sponsorships, Critics Dismayed by Association with Racy Retailer Abercrombie & Fitch," *Advertising Age* (March 12, 2008), www.adage.com, accessed March 12, 2008.
58. Andrew Keen, *The Cult of the Amateur: How Today's Internet Is Killing Our Culture* (New York: Currency 2007).
59. Quoted in Austin Carr, "Iris Scanners Create the Most Secure City in the World. Welcome, Big Brother," *Fast Company* (August 18, 2010), http://www.fastcompany.com/1683302/iris-scanners-create-the-most-secure-city-in-the-world-welcomes-big-brother?partner5homepage_?newsletter, accessed April 30, 2011.
60. Rebecca Fairley Raney, "Study Finds Internet of Social Benefit to Users," *New York Times* (May 11, 2000), www.nytimes.com, accessed May 11, 2000.
61. John Markoff, "Portrait of a Newer, Lonelier Crowd Is Captured in an Internet Survey," *New York Times* (February 16, 2000), www.nytimes.com, accessed February 16, 2000.
62. Lisa Guernsey, "Professor Who Once Found Isolation Online Has a Change of Heart," *New York Times* (July 26, 2001), www.nytimes.com, accessed July 26, 2001.
63. Kevin Maney, "Drivers Let Big Brother in to Get a Break," *Ethics* (August 9, 2004): 1B.

PART 1　ニールセン・ナゲット

ニールセン社の協力を得て，本書には新しい試みを掲載した．データを利用した練習問題で，学生は世界最大手の消費研究団体が集めた実際のデータを分析することができる．

1世紀近く前から，ニールセン社が新しい調査方法を通して集める情報に基づいて，さまざまな業界の企業が戦略的決定を下してきた．ニールセン社はメディアが視聴者やリスナーをよりよく理解することを助け，視聴率，広告の効果，全般的なマーケティングの効用とクロスメディア戦略などについてのデータを提供することを通して，業界全体に貢献してきた．ニールセン社の広範囲に及ぶ消費財（CPG）分析とコンサルティングサービスは，特にCPGの製造業者や小売業者のために，また彼らとともに考えられたもので，消費者と市場を正確に把握できるように手助けしている．5大陸80カ国に拠点を持つニールセン社は，その地域のマーケティング研究に基づいて個別の解決策を提供することで，調査会社トップの地位を維持している．

練習1　第1章

シナリオ：オーサム・ビーンズ（Awesome Beans）は，異なる多くの分野にまたがる製品を製造している．ここ数年はコーヒーの売上げが横ばい状態だったが，最近になってわずかながら上向きになってきた．オーサム・ビーンズはこのトレンドに乗じて，少なくともその成長の相応な取り分を確保したいと思っている．そのため，追加的な市場細分化分析を行なった．その結果，コーヒーの消費者は，共通するニーズと購買動機によって4種類に分類されることがわかった．

課題：オーサム・ビーンズは，この4つの分類のどのセグメントが，売上成長に最も貢献するかを見極めたいと考えている．さらに，流通方法や広告メッセージを通して，コーヒー購買者に働きかける最善の方法を考えるためこのセグメントの特徴をもっと理解したいと思っている．

提供されたデータに基づいて：

1. オーサム・ビーンズは，どのセグメントを積極的に働きかけるターゲットとすべきかを考えなさい．
2. デモグラフィクス分類上でどの家計タイ

態度別グループ	購買者 (%)	価値 (%)	指数	ドル価値 (単位は1,000ドル)
コーヒー愛飲者	29	25	86	$74,323
カフェ利用者	33	27	83	$80,295
フレーバーにこだわる人	13	12	96	$36,433
プレミアム好きな人	24	35	145	$102,471

態度別グループは，調査の質問項目への回答に基づいて分類されている．上のデータは以下のことを指し示す：
・コーヒー購買者に占める割合という形での各グループの規模．
・コーヒーの売上げ（ドル）に占める割合．
・ドル指数（％価値÷％購買者×100）．100が平均値．
・ドル価値——各セグメントによるコーヒー支出の総計．

プが，販売促進活動の最適なターゲットになるかを考えなさい．

3. この章で論じられたデモグラフィクスの側面のどれが，セグメントの定義の変化要因になるか考えなさい．

購買者指数 vs. 全購買者	コーヒー愛飲者	カフェ通いをする人	フレーバーにこだわる人	プレミアムにこだわる人
オーサム・ビーンズ	103	100	104	96
競合企業1	98	97	110	100
競合企業2	95	101	95	105
競合企業3	88	113	103	100

購買者指数＝各グループの購買者（％）÷全回答者の購買者（％）×100

セクション 2 ● 個人としての消費者

　このセクションでは，消費者の内面に働くさまざまな要因に焦点を当てる．「人は独りでは生きられない」とは言うものの，私たちは外界から入る情報を各自の基準で受け入れる．自分を内観することは私たちを幸せにも，悲しい気分にもさせるが，外界からも広告メッセージ，製品，他者が絶えず私たちに接してくる．このセクションの各章では，他者には「見えない」が，私たちにとっては極めて重要な個人の多様な側面を考察する．

　第 2 章では，外部からの製品や他者に関する情報を受け入れ，解釈する知覚プロセスを検討する．第 3 章では，これらの情報をいかに記憶するか，また学習プロセスを通して新しい情報が既存の知識にどのように加えられていくか，という問題を考察する．第 4 章では，これらの外部情報を受け入れる理由と動機，また，文化的な価値観が私たちの情報の受容にどのような影響を与えるかを考える．

　第 5 章では，自分自身についての考え——特に性に対する認識や容姿——がどのように私たちのしたいこと，欲しいもの，買いたいものに影響するかを探る．第 6 章では，こうした意思決定に人々のパーソナリティがどのように影響するかを考える．

ここからの章は——

第 2 章　　知覚
第 3 章　　学習と記憶
第 4 章　　動機づけとグローバルな価値観
第 5 章　　自己
第 6 章　　パーソナリティとサイコグラフィクス

第2章 知覚

この章の目的

本章では，以下のことを理解しよう：

1. 知覚とは，刺激が意味に変換される3段階のプロセスである．
2. 近年では，デザインの良し悪しが，製品の成否を決める主要な要因になっている．
3. 製品とCMは私たちの感覚に訴えることが多いが，それらのメッセージがあまりにも多いがゆえに，その大半は消費者に影響を与えることができない．
4. 感覚閾値はマーケティング・コミュニケーションにとって重要な概念である．
5. 消費者に語りかける手段としてのサブリミナル広告は，効果はほとんどないものの，多くの議論を招いてきた．
6. 注意を向けた刺激に対する解釈は，個人の学習パターンや期待に左右される．
7. 記号論の分野は，マーケターが意味を創出するためにシンボルをどのように利用するかを理解するのに役立つ．

　東南アジア市場に関するマーケティング戦略を卒論のテーマにしたいユースケはバイトでコツコツ貯めてきたお金をつぎ込んでインドネシアに旅立った．はじめての一人旅でいろいろ心配したものの，無事にスカルノハッタ国際空港に到着．その後，リムジンバスで何とか市内のホテルまで辿り着くことができた．しかし，それにしても蒸し暑い．部屋の中は涼しいに違いないと期待していたが，激安ホテルだからか，エアコンの調子がどうも悪い．暑さと疲れで喉が渇いたユースケは飲み物を買いにホテルの近くにあるスーパーマーケットに行った．店内は思った以上に品揃え豊富だった．あっ「ポカリスエット」だ．インドネシアに着いてまだ1日も経っていなかったが日本のブランドを発見したユースケは何となく懐かしさと嬉しさを感じた．どのような商品が売られているか興味津々に店内を見て回っているとさまざまな食品に「HALAL（ハラール）」というマークが付いていることに気づいた．一体これは何だろう．ポカリスエットを買ってホテルに戻ってきたユースケは，早速インターネットでハラールを検索してみることにした．それは，イスラム教徒の人たちが食べてもよいとされる食品に付けられるマークだった．
　イスラム圏の地域では宗教上の理由で豚肉を食べないことは以前から知っていたが，

食肉の処理方法にも宗教上の細かい規定があるということは初めて知った．食生活1つをとっても，文化によってその消費行動は大きく異なるんだ．ユースケは「ハラール」に対する日本企業の対応を卒論のテーマの候補としてより詳細に検討してみることにした．

学習の目的1
知覚とは，刺激を意味に変換する3段階のプロセスである．

感覚システム

　ハラールとはアラビア語で「許されている，合法」を意味する．それに対して「禁じられている，非合法」は，ハラームという．イスラム教では，豚・肉食動物・爬虫類・昆虫類およびこれらからの副産物はハラーム食材であるため，それらを食べることは禁じられている．また，水中でも陸上でも生きられるカエルやカメ，カニ，アルコール飲料およびアルコールが添加されている醤油や味噌を食することも禁止されている．牛・羊・鶏等はハラール食材であるが，これらもイスラム教の作法に沿って屠殺しなければならない．イスラム教の戒律で認められる食材，またそれに則って加工された食材には，ユースケが見たようなハラール認定マークを表記することができる．

　人口約2億のおよそ9割がイスラム教徒である世界最大のイスラム教国，インドネシアの場合，ハラール認定は食品会社が申請し，インドネシア宗教学者協会と食品専門家で構成されるハラール委員会で適否が決められ，国の食品医薬局で審議後，ハラールとして認証されるようになる．現在，インドネシアでは，すべての輸入食品について，ハラールの認証が必要となっている．また，スーパーマーケットでは，売り場だけでなくレジもハラール食品とハラーム食品で分けられている．レジで働くイスラム教徒がハラーム食品に手を触れることができないからである[1]．

　それが食欲をそそる焼肉の味であれ，香水「Axe」の広告であれ，電子音楽デュオ「ダフトパンク」のサウンドであれ，私たちは感覚刺激に満ち溢れた世界に住んでいる．街を歩いていて角を曲がるたびに，色，音，においのシンフォニーが私たちの感覚に一斉に訴えかけてくる．このシンフォニーには，犬の大きな吠え声や，夕暮れの空の色合い，バラの茂みの誘惑的な香りなどのように，自然に生まれるものもあるし，人がつくり出すものもある．学校であなたの隣に座る学生が，派手なピンクのパンツをはき，趣味の悪い強烈な香りの香水をつけていれば，あなたは泣きたい気持ちになるかもしれない．

　マーケターは間違いなくこの刺激だらけの世界にひと役買っている．消費者はポップアップ広告や製品パッケージ，ラジオやテレビのCM，屋外広告看板など，できる限り

多くの消費者の注意を引こうとするさまざまな広告から,完全に逃れることはできない.ときには,自分から「普段は味わえない」刺激を経験しようとすることもある.バンジージャンプでスリルを満喫したり,仮想現実ゲームに参加することもあれば,何も見えない真っ暗闇の中で食事するという奇抜なレストランに行くこともある[2].

アメリカのメジャーリーグ・イーティングと国際大食い競技連盟（MLE/IFOCE）主催のイベントでは,選ばれたごく少数の参加者が,ピーナツバターとバナナのサンドイッチ,ムーンパイ,チーズステーキを,人間の限界まで胃袋に詰め込む.改造したキャデラックに乗り,これ見よがしに大音量でヒップホップ音楽を楽しむ人たちもいる.私たちは,ある刺激には注意を向け,ある刺激には感覚を閉ざすことで,過剰な刺激の氾濫に対処している.私たちが注意を向けるメッセージは,企業の意図とは異なる形で影響を与えるかもしれない.私たちは自分だけの固有の経験,偏見,欲求をもとに,物事に自分なりの意味を与え,解釈している.この章では,消費者が刺激を受け入れ,そこから置かれている環境を読み解くプロセスについて考えていく.

感覚（sensation）とは,光,色,音,香り,感触などの基本的な刺激要因に対して,人間の感覚受容器（目,耳,鼻,口,指,皮膚）が示す即時の反応である.知覚（perception）とは,こうした感覚を選択し,体系化し,解釈するプロセスである.そして知覚の研究では,こうした生の感覚に意味を与えるために,私たちが何を感覚に「付け加える」かに注目する.

ユースケがインドネシアで目にしたハラール食品はそうした知覚プロセスの一例である.多くの日本人にとって,豚肉,アルコール飲料,醤油や味噌などは日頃の食生活に欠かせない食品である.しかし,イスラム教徒からすればこれらは食べてはいけない禁忌の食品なのである.消費者の文化的背景は,こうした対象についての意味解釈や評価を大いに規定する.つまり,豚肉に対するイスラム教徒の知覚は日本人と同じではないため,彼らの豚肉に対する評価は,私たち日本人とはかなり異なるようになるのである.

コンピューターと似たように,人間は「情報処理」の段階で,刺激要因を取り入れ貯蔵する.だがコンピューターとは違い,人間はそこにある情報を何でも受動的に処理するわけではない.そもそも,私たちの周囲には注意を引こうとする刺激要因があまりにも多いために,私たちはそのうちのごく限られた数のものにしか気づかない.気づいたものの中でも,きちんと注意を向けるのはさらにその一部でしかなく,意識下に入る刺激要因であっても,それらについて情報処理を行わないかもしれない.私たちは,それぞれの持つ固有の先入観,ニーズ,経験に沿って刺激に意味を与える.図2.1が示すように,知覚プロセスは「露出」「注意」「解釈」の3段階からなる.各段階を考察する前に,少し後戻りして,私たちに感覚を与える感覚システムに触れる.

私たちの脳は外部刺激,すなわち「感覚入力情報」をさまざまな経路を通じて受け入

れる．例えば，広告看板を目にする，鈴の鳴る音を聞く，カシミアのセーターの柔らかさを感じる，アイスクリームの新しいフレーバーを味見する，レザージャケットの匂いをかぐことなどがそうである．人の五感が検出する入力情報は，知覚プロセスのもととなるデータである．外部環境で発生した感覚データ（ラジオで流れる曲を聞くなど）は，私たちの内面にある種の感覚経験を生み出すことができる．懐かしい音楽を聞くと，若い男性は初めてのダンスパーティーを思い出し，パートナーの女の子がつけていた香水の香りや頬にかかる彼女の髪の感触がよみがえるかもしれない．企業が発信するメッセージは，複数の感覚経路を通して訴えかけると，さらにその効果を高めることができる．例えば最近のある調査では，製品の味だけでなくにおいや食感を同時に強調するポテトチップスの広告コピーを読んだ人たちは，味のみを強調したコピーを読んだ人よりも，ポテトチップスがより美味しいだろうと予測した[3]．

製品のユニークな感覚的特徴は，とりわけ，それらがブランド連想の主要な要素となっている場合，競合製品との差別化を図ることに役立つ．絶縁材に鮮やかなピンク色を使ったアメリカのオーウェンスコーニング・ファイバーグラス社は，色を商標登録した初の企業である．この会社はピンクパンサーをイメージキャラクターに使用している[4]．ハーレーダビッドソンは，同社のオートバイのエンジンをふかしたときの特徴的な音「ホグ（hog）」を商標登録しようとした．こうした企業の試みは，**快楽的消費**（hedonic consumption）の重要な要素となる．すなわち，多感覚，空想，感情の側面から消費者に製品の魅力をアピールするのである[5]．

学習の目的 2
最近ではデザインの良し悪しが，製品の成否を決める大きな要因になっている．

快楽的消費とデザイン経済

近年，製品やサービスが消費者にどのような感覚体験を提供するかは，多様な競合商品から1つを選択する上で，ますます重要な判断材料となっている．製造コストが下が

図 2.1　知覚プロセスの概観

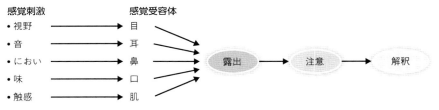

り，人々の所有する「モノ」が増えるにつれ，消費者は，単に本来の機能を果たすのではなく，快楽的価値を提供してくれる製品を強く求めるようになっている．このように感情体験への注目が高まることは，収入が増えるほど，私たちはモノの所有よりも新しい経験により関心を持つようになるという心理学研究の結果とも大いに関連している[6]．

　こうした環境下では，形態こそが機能である．アダム・ローリーとエリック・ライアンという2人の若い起業家が昼間の仕事を辞めて，「メソッド」と呼ばれる家庭用洗剤を開発したとき，彼らは1つの根源的真理を発見した．それまでの家庭用洗剤は何の楽しさもない退屈極まりない製品であったということである．長い間，Ｐ＆Ｇのような企業は，休む暇もなく，長時間にわたる家事に苦しむ主婦たちにただの地味な粉石鹸を提供するに留まっていた．ローリーとライアンは，今までとは違う何かが提供できるはずだと思いつき，賭けに出た．キュウリ，ラベンダー，イランイランの木など異国の香りがする洗剤を，きれいなボトル容器に入れて販売したのである．その賭けは大成功した．2年もしないうちに，2人は200万ドル以上の収益を上げていた．それからまもなく，アメリカの大型スーパーチェーンであるターゲットの店舗でメソッドを販売する契約を結ぶことで，さらに大きな成功を収めた[7]．デザインを楽しむことは，もはや家事をする必要もなく優雅な暮らしをする上流階級だけのものではなくなったのである．

　最近の調査では，人の脳は生まれつき優れたデザインを評価する能力を持っていることがわかった．fMRI（機能的磁気共鳴画像）と呼ばれる脳スキャナー機器を用いた実験において，被験者は，コカ・コーラのようなよく知られたブランドよりも，見た目が美しい商品パッケージにより早く反応した[8]．多くの消費者は優れたデザインを求め，それを提供してくれる企業を熱狂的に支持する．アップルのiPhoneやスターバックスコーヒーのみならず，ちょっとしたゴミ箱に至るまで，デザインこそが実体であり，形態こそが機能なのである．

学習の目的3
製品とCMは消費者の感覚に訴えることが多いが，メッセージがあふれているため，そのほとんどは消費者に影響を与えることができない．

五感マーケティング

　アメリカのオムニホテルに予約を入れるため，このホテルチェーンのウェブサイトにアクセスすると，最初に優しいチャイムの音が聞こえる．実際にホテルを訪れると，ロビーに足を踏み入れたとたんに，このホテル独特のレモングラスと緑茶の香りに気づく．

客室にはユーカリのバスソルトが用意され,「センセーション・バー」と名づけられたミニバーを開けると,モヒート味のジェリービーンズ,禅庭のミニチュアまで入っている.

　五感マーケティング（sensory marketing）の新しい時代へようこそ.このマーケティング手法を用いる企業は,感覚的訴求を通じて製品やサービスについての利用体験を高められるように細心の注意を払っている.ホテルも自動車メーカーもビール会社も,消費者が数多くの類似製品の中から製品を選ぶとき,五感を大いに活用することに注目している.このセクションでは,消費者の五感を刺激するマーケティングを通して競争優位に立つことに成功した,優れたマーケターの例を見ていくことにする.

視覚

　アップル製品の機能は優れている.しかし,多くの消費者がアップル製品を買うのは,それが理由ではない.スタイリッシュでシンプル,かつコンパクトなデザインが,最先端で洗練された「クール」なオーラを発しているからだ.マーケターは広告,店舗デザイン,パッケージの制作において,視覚的要素を大いに重視する.製品の色,サイズ,デザインといった「視覚経路」を通じて意味を伝えるのである.

　色は私たちの感情に直接的な影響を与えることもできるようだ.ある種類の色（特に赤）は,気分を高揚させたり食欲を刺激したりするのに対し,他の色（青など）にはリラックス効果があることが分かっている.アメリカン・エキスプレスが,クレジットカードの色をブルーにしたのは,この色が「無限と平和の感覚を与える」ものだと人々が感じていることが調査によって分かったからだった[9].ブルーを背景にした製品広告は,

コピー：*私たちはあなたのお尻を愛しています.*

五感マーケティングは,私たちの感覚と製品体験の関連性を重視する.

出典：Coway USA 提供.

消費者行動，私はこう見る
――アラドナ・クリシュナ教授（ミシガン大学）

「五感マーケティング」とは何か？　何がその重要性を高めているか？　そして，なぜこの分野はとても魅力的なのだろう？　私は五感マーケティングを「消費者の五感に訴えることを通して彼らの行動に影響を与えるマーケティング」と定義している．手触り，におい，味，音，見た目など，製品の感覚的な特徴は，消費者行動に大きなインパクトを与える．こうした感覚情報は，私たちがどのように感じるか，どのように考えるか，何を思い出すか，何が好きか，そして，どのように製品を選び，どのように使うかにまで影響する．特に，製品やサービスの感覚的な特徴を強調することによって，あるいはまったく新しい感覚を生み出すことによって，消費者の態度，知覚，満足度を大きく変えることができる．

こうした五感マーケティングは，多くの大企業から注目されるようになっている．食品業界の広告だけでも，格好の例が見つかる．企業は製品に関する経験に味だけではなく，別の感覚も加えるように努めている．チューインガムの新しいブランドは，一見すると1つの感覚体験（味）だけを提供すると思われるガムに，五感を意味する「5」という名前をつけ，キャッチコピーも五感体験を強調するものにした（「あなたの五感を刺激する」）．ほかにも「マグナム・5センシズ（5 senses)・アイスクリーム」や，デニーズの「五感すべてで味わう」朝食メニューなどの例がある．1つの感覚体験を提供する製品ながら，他の感覚も刺激しようとするものは他にもある．ユニリーバ社の「アックス・ダーク・テンプテーション（Axe Dark Temptation）」デオドラントスプレーは，すべての女性を虜にしてしまうチョコレートマンを広告に登場させている（「チョコレートと同じくらい魅力的で抵抗できない」）．電子製品でさえ，消費者の五感を刺激するために，「ブラックベリー」「チョコレート」「タッチ」などの名前を使っている．

このように五感マーケティングへの注目が高まるにつれ，製品も企業も感覚的シグネチャー（sensory signature）を確立するための素早い行動が必要になっている．経営者はこのように自問する必要がある．「うちのブランドには人々の心に感覚的な印象を残すものが何かあるだろうか？」どのような感覚的特徴が消費者に製品を印象づけ，その製品を肯定的でユニークなものとして記憶する助けをしているか？　企業は製品についての感覚体験を強調するか，それともまったく新しい感覚体験を生み出すのだろうか？　感覚体験を得ることで感覚的シグネチャーを確立するのだろうか？　明確な感覚的シグネチャーを確立した企業として，この分野のコンサルタントが，最もよく挙げるのが，シンガポール航空である．この航空会社は特徴的なビジュアルシグネチャーを創出することに力を入れているが，おそらく最も興味深く記憶に残るのは，オリジナルの香り「フロリダ・ウォーター」だろう．この香りはシンガポール航空のために特別に調香されたもので，おしぼりに浸み込ませたり，機内にスプレーしたり，客室乗務員が身につけたりしている．香りはリフレッシュ感を与えるだけではない．乗客の記憶にも残り，将来同じ香りをかいだときに，肯定的な反応を引き出すことになる．

感覚的シグネチャーは五感マーケティングの1つの側面にすぎない．経営者は自社の提供するものをよく観察し，それらをもっと魅力的にするための感覚的要素の発見，もしくはまったく新しい感覚を生み出すための方法について考えなければならない．後者の例としては，液体窒素による急速冷凍を製造工程に採り入れた新感覚のアイスクリームスナック「ディッピンドッツ（Dippin' Dots）」がある．この企業のウェブサイトでは，「アイスクリームのビーズがカップに『注がれる』シーンの次には，アイスの『サクサクといっていいほどの食感』に驚きの表情が見られる．なめらかでクリーミーなアイスクリームが口の中で溶け始めたとき……1人のファンが生まれる」と書かれている．もう1つの例は，世界中でオープンしている新しいフィッシュ・スパで，小さな魚が客の足の古い角質を食べてくれるという，新しいタイプの施術が提供される．独特な感覚体験への道は1つではない．

赤を背景にした同じ広告よりも好まれ，異文化研究からは，カナダでも香港でも，青が好まれる傾向は変わらないことが示されている[10]．
　仕事をしている人が，何か細かいことを覚える必要のあるときには，赤い背景に言葉や画像が現われたときの方が成果が上がり，何かを想像して答えを出す必要があるときには，青い背景に言葉や画像が現われたときの方が成果が上がる．赤いユニホームを着ているオリンピック選手は，青いユニホームの選手に勝利する可能性が高く，男性は赤い服を着ている女性を，青い服を着ている女性より魅力的だと感じる．ある調査では，インテリアデザイナーがそれぞれ赤，黄，青を基調とするバーに似せたモデルルームをつくり，招いた客に好きな場所を選んでもらった．すると，黄色か赤の部屋を選ぶ人が多く，この人たちはより社交的で活動的で，たくさん食べる傾向があった．しかし，モデルルームに長くとどまったのは青い部屋を選んだ人たちだった[11]．これらの研究結果からの教訓は――大学生は選択式試験の解答用紙は赤を，レポートには青い用紙を使うことを教授に認めてもらい，成功したあかつきには赤い部屋で祝うのがいいということだろう．
　色への反応の一部は，経験を通じて学習された連想に由来する．欧米諸国や日本では，黒は喪に服する色だが，日本では長い間，白い喪服が主流だった．さらに，黒は力強さとも結びつけられる．NFL（全米プロフットボールリーグ）でも，NHL（北米アイスホッケーリーグ）でも，黒のユニホームを着ているチームには攻撃的なチームが多い．これらのチームは，シーズン中にペナルティを受ける回数でも，リーグで常に上位にいる[12]．
　それ以外には，生物学的，文化的な違いの結果として起こる反応がある．女性は明るい色合いに引かれがちで，男性よりも微妙な色合いや模様に敏感である．これを生物学的な理由から説明する科学者もいて，女性は男性より色をはっきり認識し，男性は女性よりも16倍，色盲になりやすいとされている．年齢も色への反応に影響を与える．年

をとるにつれ，目の老化が進み視界が黄色がかって見えるようになる．徐々に色が濁って見えてくるため，年配の人は白や明るいトーンを好むようになる．年配の消費者が白い車を選びがちなのも，このことが関係していると思われる．高い年齢層を主要なターゲットとしているトヨタの「レクサス」は，60％の車を白で製造している．明るく，複雑な色を好む傾向は，アメリカの人口構成の文化的多様化がますます進むことも反映している．例えば，ヒスパニック系は南米の強烈な光になじんでいるため，明るい色を好む傾向がある．鮮やかな色ほど，強い日差しの中でもその色合いを保つことができるからだ[13]．そのためP＆Gは，南米で売る化粧品にはより明るい色を使っている[14]．

科学者や哲学者は，紀元前5世紀のソクラテスの時代から，色の意味について話し合ってきたが，プリズムに光を通すことで色のスペクトラムが明らかになるのは，17世紀初めのアイザック・ニュートンの登場を待たなければならなかった．その時でさえ，ニュートンの観察は完全に科学的なものだったとは言えない．彼が明らかにした主要7色は，当時知られていた惑星の数，また全音階の7つの音の数と一致させたものだった．

現在では，色の知覚は物理的な波長と，それに対する心の反応の両方によることが分かっている．黄色は人間の目が感知できる波長のうち，中波長に該当し，最も明るく，最も注意を引く．アメリカで「イエローページ」が黄色を採用したそもそもの理由は，退屈している電話オペレーターの注意力を高めるためだった[15]．しかし，文化，あるいは言語もまた，色の見え方に影響を与える．例えばウェールズ語には，英語の緑，青，グレー，茶色に相当する言葉がないが，英語にはない色を表わす語がある（緑とグレーの混合色や青全体を表わす語など．ハンガリー語には赤に相当する語が2つあり，アメリカのナヴァホ族の言葉には，青と緑を表わす語は1つしかないが，黒を表わす語は2つある[16]．

色は強い感情反応を引き出すため，パッケージデザインでは「カラーパレット」の選択が極めて重要となる．以前には色の選択はあまり深く考えることなく決定されていた．例えば，アメリカのキャンベルスープがあのおなじみのスープ缶を赤と白にしたのは，この会社の重役の1人が好きな大学フットボールチームのユニホームの色がそれだったからだった．

しかし現在では，色の選択には真剣に取り組むべきである．なぜなら，その決定が，パッケージの中に何が入っているのだろうという消費者の期待を「色づけ」するからである．デンマークのあるチーズ製造会社は，既存のブルーチーズ「カステッロ」の「姉妹製品」となる白いチーズを，赤いパッケージ入りの「カステッロ・ビアンコ」という製品名で売り出した．赤を選んだのは，店舗の製品棚で目立つようにするためだった．試食での味の評価は高かったものの，売上げは芳しくなかった．その後に行われた消費者の色の解釈についての分析では，赤いパッケージと製品名が，製品タイプとチーズの甘さの度

合いについて，間違ったイメージを抱かせていたことが分かった．デンマークの消費者は白いチーズと赤いパッケージをうまく結びつけることができなかったのである．さらに，"ビアンコ（白）"の名前は甘さを連想させ，製品の実際の味とはマッチしていなかった．この会社が同じ製品を，パッケージを白に，名前を「ホワイト・カステッロ」に変えて再度売り出したところ，すぐに売上げは倍以上になった[17]．

ある色の組み合わせは，企業イメージとも強く結びつき，その企業のトレードドレス（trade dress）（製品のデザイン，あるいは製品・サービスの全体的なイメージのこと．アメリカでは知的財産権の1つとして保護されている）として知られるようになることで，その色の独占的な使用が認められる場合もある．例えば，世界で初めて写真のロールフィルムを開発したイーストマン・コダックは，黄・黒・赤のトレードドレスの独占的な使用をアメリカの法廷で認められたが，原則的には裁判官がトレードドレスに保護を与えるのは，消費者がライバル企業の似たような色のパッケージを見て混乱するおそれがあるときだけである[18]．

もちろん，ファッションの流行も色の好みに大きな影響を与える．したがって，あるシーズンの洋服や家の内装の「流行色」が，次のシーズンにはまったく別の色になっていたとしても驚くことではない（最新ファッションに敏感な「ファッショニスタ」たちが「ブラウンが新しいブラックよ！」と宣言するときのように）．これらの流行の変化は偶然に起こるものではない．ほとんどの人は知らないことだが（あなたは今，このテキストで知ることができた），業界のひと握りの企業が「色予測」を実施し，メーカーと小売店はそれを買って，次の流行色を間違いなく仕入れるようにしているのである．例えば，色見本を制作するアメリカのパントン社（流行色を仕掛ける会社の1つ）は，次のような色を，2011年秋の女性ファッションの流行色として発表した[19]：

- バンブー：秋の終わりのフィルターをかけたような夕日を思わせる，わずかに緑がかった美しい黄色．
- ハニーサックル：遊び心のある赤みがかったピンク．パレット上のどんな色ともよく合うが，特にコーヒーリキュールとヌガーのような定番色とよくマッチする．
- フロックス：魅惑的な深いパープルで，謎めいた雰囲気を醸し出す．

嗅覚

においも感情を高揚させたり，穏やかな気分にさせたりする．記憶をよみがえらせたり，ストレスを解消したりする．最近，フランスのある香水会社が1970年代にカルト的人気を博したパンク・ロックバンド「セックス・ピストルズ」を記念する香りを発売したのも，おそらくそうした効果のためだろう[20]．ある調査では，花やチョコレートの広告を見るとき，その香りも同時にかいだ消費者は，その製品の情報処理に通常より

多くの時間をかけ，同じ製品カテゴリーの別の製品も試してみる傾向があるという結果が出た[21]．別の調査では，被験者は香り付きの製品の方がその特徴を思い出しやすく，この効果は実験後2週間も持続したことを報告している[22]．

多くの消費者は周囲の環境に存在するにおいを制御するようになっている．こうしたにおいに対する関心の高まりに呼応して，消臭剤のみならずその他の多様な製品（例えば，柔軟剤やマスクなど）やサービス（例えば，ファッション雑貨店やカジノなど）でも香りを活用する事例が増えている．日本における香る柔軟剤市場の大幅な拡大は，その代表例の1つであろう．香る柔軟剤のブームの始まりは2008年春，花王，P＆G，ライオンの大手3社から香る柔軟剤が相次いで新発売されたことだ．その5年後の2012年でも，市場は大きく成長し，花王の売上は直近5年で約1.5倍，2008年に約850億円だったP＆Gの市場規模は，2012年には約1,000億円超に達する見込みとなった．

コカ・コーラの曲線的なクラシックボトルも，触感の力を証明している．このボトルは90年ほど前に，暗闇の中でも手に取ればわかるソフトドリンクの容器をつくって欲しいというメーカーからの要請によってデザインされた．

出典：©Rufus Stone/Alamy．

また，ライオンも2013年1～3月における高残香タイプの柔軟剤市場が前年比約110％と成長を続けている[23]．

最近では身の回りのあらゆるものにも香りがつけられている．リトアニアでは，国のイメージを伝えるために，大使館，ホテル，その他の公共の建物で利用される香水を開発した（名前もそのまま「リトアニア」という）．調香師によれば，サンダルウッド，スギ，ムスクの香りをブレンドしたものに加え，異教の儀式を思い起こさせるたき火のにおいも含まれているらしい[24]．また，バーガーキングは「誘惑の香り」と「炙り肉のにおい」のするボディスプレー「炎（Flame）」を売り出した[25]．

においが引き起こす良い気分または悪い気分は幼いころの記憶から生じることもある．企業がにおい，記憶，気分の結びつきを探索するのはそのためである[26]．アメリカのフォルジャーズ・コーヒーの研究者は，多くの人にとってコーヒーの香りは，朝食を作っている母親のような幼いころの記憶を呼び覚まし，家庭を思い出させることを発見した．フォルジャーズはこの結果をふまえて，軍服を着た若い男性が，ある朝早く家に帰る場面を描いたCMを制作した．彼がキッチンへ行き，フォルジャーズの袋を開けると，そのアロマが2階まで漂っていく．すると母親が目を覚まし，微笑んで，「息子が帰ってきた！」と大声を出すというストーリーだ[27]．

スターバックスでは最近，創業当初の方針に立ち戻り，バリスタに毎朝1回だけでなく，新たなポットを入れるたびにコーヒー豆を挽くように指示した．店内に入ったときのコーヒーの香りを高めることで，失った客を取り戻すことが目的だった．チェーンが拡大して，機械化など効率的な技術を次々と取り入れていたときに，創業者はその流れを逆行させたのだ．彼はあらかじめ挽いた粉を使うと，スターバックスへの旅から「ロマンスとドラマ」が失われると宣言した．「私たちは新鮮な袋入りのローストコーヒーをつくり上げたが，それで何が犠牲になっただろう？　アロマだ．アロマはおそらくスターバックスの店内で，言葉を使わずに伝えられる最も強力なシグナルだ」[28]．

人はにおいの手掛かりを脳の「辺縁系（limbic system）」で処理する．ここは脳の最も原始的な部分で，即時的に感情を経験する場所である．ある研究では，シナモンの香りのするロールパンを食べた男子学生の性的覚醒水準が高まったことが報告されている[29]．別の研究では，男性が2日間着ていたTシャツのにおいを女性にかいでもらい（報酬がいくら支払われたのか気になるところだ），どれが好みだったかを答えさせた．女性たちは，遺伝的に自分に近い男性のにおいを最も魅力的だと感じたが，近すぎる相手は選ばなかった．研究者はこの結果について，人は相性のよい相手を選ぶように「遺伝子に埋め込まれている」が，近親交配の問題を引き起こすほど近い相手は選ばないことの証であると主張した[30]．

においが人間の行動に強く影響することを科学者たちが次々と発見するにつれ，マー

ケターはこうしたにおいの効果を利用する独創的な手法を編み出してきた．広告会社はにおいのマーケティングに年間8,000万ドルを使っている．セント・マーケティング・インスティテュートは，2016年までにその額は5億ドルを超えるだろうと予測している[31]．こうした香りマーケティングは興味深い展開を見せている．メーカーは製品に香りをつける新しい方法を開発し，その対象を男性用スーツ，ランジェリー，洗剤，飛行機の機内などにまで広げてきた．

聴覚

コカ・コーラは2010年のワールドカップ開催時に3億ドルをかけたグローバル広告キャンペーンを実施したが，そこではケイナーン（K-Naan）というあまり名前の知られていないソマリア人ミュージシャンを起用し，彼の曲「ウェイヴィン・フラッグ（Wavin' Flag）」をこのキャンペーンの最大の目玉にした．この曲は20カ国以上の国で各地域の特徴を出すものにアレンジされ，中には地元ミュージシャンとデュエットするものなどもあった．ワールドカップと一体化したこの曲は，いつしか世界中の人が思わず口ずさむ曲になっていた．ある音楽会社の重役はこう説明している．「コカ・コーラが使ったのは，我々がオーディオ・ウォーターマーキング（audio watermarking）と呼んでいる技術で，何世紀も前から，作曲家やプロデューサーがサウンドやモチーフを1曲の音楽に織り込むために使ってきた．……ウォーターマーキングは私たちの頭の中である音や音楽がこびりついて離れなくなる働きをする．通りを歩きながら気がつくとハミングしたりしているのだが，その理由は自分でも分からない．つまり，誰もがコカ・コーラのための歩くCMになっているということだ」[32]．

音や音楽は人々の感情や行動に影響を与える．ブランドネームを考えるマーケターには，**音象徴**（sound symbolism）に注意を払う者もいる．これは，言葉の発音がいかなるものかによって，例えば大きさなどのように，その発音から連想されるイメージが異なってくるプロセスのことをいう．例えば消費者は「K」（ケロッグ）や「P」（ペプシ）のような硬子音で始まるブランドネームを覚えやすい．また，私たちは特定の母音と子音を大きさの連想に関連づける傾向がある．ある研究では，小さい印象をもたらす発音を含む値下げ価格を黙読すると，その価格の印象が小さくなり，その結果，基準価格に比べて大いに値引きされたと感じるようになる一方，大きい印象をもたらす発音を含む値下げ価格を黙読した場合は，値引き感が薄れることが示された[33]．

触覚

小売店へのヒント：アップルの戦略をまねて，顧客には店内で製品に実際に触れて試してみるように勧めよう！　最近のある調査では，製品への接触がもたらす潜在的な効

果が証明された．なんとマグカップを30秒ほど触っただけで，それに対する愛着度がぐんと上がることが分かったのである．こうした接触から生まれる親しみの感情が，支払い意向額を押し上げる[34]．イギリスの食料雑貨店チェーンである「アズダ」は，店内に置いてある数種類のブランドのトイレットペーパーを包装から出して，買い物客が触って質感を比べられるようにした．その結果，当該ブランドの売上げが急増し，その製品の棚スペースを1.5倍に増やしたという[35]．

　贅沢なマッサージであれ，冬の木枯らしの冷たさであれ，肌で受け入れる感覚は，私たちを高揚させたり落ち着かせたりする．触れることで売り場での客との関係が変わると主張する研究者もいる．ある調査では，飲食店の従業員が客に軽く触れる場合，客が払うチップの額が大きくなり，スーパーマーケットでも試食スタッフが客に軽く触れると，試食する人が増えるという結果が出た[36]．別の調査では，店内のフローリングの感触でさえ，買い物客の店の評価に影響することが示された．柔らかいカーペットは気分をリラックスさせるが，硬いタイルの床では疲れやすいため，消費者の評価が厳しくなるのかもしれない[37]．

　人類学者の中には，触れることを，人間が書いたり話したりする以前に学んだ原始的な言語とみなす人たちもいる．実際，（手の）**触覚**（haptic）が消費者行動で果たす重要な役割が明らかにされつつある．触覚は，製品についての体験と下した製品評価の確からしさの関係を調整するように思える．これは，私たちが何かを評価するとき，それに触れることができれば，下した評価により自信が持てるという一般常識とも一致する（インターネット販売業者にとってはこれが大きな問題となる）．「**接触欲求**（Need For

コピー：赤ちゃんの肌がかぶれたときには

ポーランドのおむつかぶれ用クリームの広告．

出典：McCann Ericson Polska 提供．

Touch)」の評価で高いスコアを得る人たちは,とりわけ触感の影響を受けやすい.高接触欲求の人たちは,次のような言葉に共感するであろう:
- 店内を歩いていると,あらゆる製品に触らずにはいられない.
- 製品に触るのは楽しい.
- 実際に触ってみてから製品を買う方が安心できる[38].

日本にはこの考えをさらに一歩進めた感性工学(Kansei engineering)という理論がある.これは,顧客の感情を解釈してそれらをデザインの要素に取り入れようとする考え方である.応用例を挙げると,マツダの「ロードスター」のデザイナーたちは,車を自分の体の延長と考える(彼らいわく「人馬一体」と呼ばれる感覚)若いドライバーを対象に徹底した調査を行った.その結果,シフトレバーを正確に9.5センチ長くすると,スポーツ感覚とコントロール感が最大限に感じられることが分かった[39].同様の考え方は,クライスラー300Cの運転席にも見られ,このシートに座ると,少し背が高く感じるようにデザインされている.この車は,自動車業界の用語でいう「Hポイント」——座ったドライバーの尻の位置——が通常より高くなっている.このような変化は,ドライバーが高い位置から見晴らす感覚を得られる車(SUV,ピックアップ・トラック,ミニバンなど)の人気が高まったことで促された.フォードではこうしたシートをドラ

出典:grafvision/shutterstock.com.

タイピングをしたり,マウスを使うというスキルは覚える必要があるものの,私たちはものに触れたいという欲求を持っている.コンピューター,銀行のATM,デジタルカメラ,GPS機器,電子書籍リーダーなどのタッチスクリーン化が進んでいるのは,ナチュラル・ユーザー・インターフェイス(natural user interface)と呼ばれるコンピューターデザイン哲学の副産物である.このアプローチでは,学習する必要のない習慣的な人間の動きをそのままコンピューターに取り入れる.ソニーは,消費者調査を通じて消費者が何度も無意識に旧式のノンタッチスクリーン型の電子書籍リーダーを指で触っていることを確認し,電子書籍リーダーにタッチスクリーンを導入することを決めた.タッチスクリーンは運動機器,病院,空港のチェックイン端末,ヴァージン・アメリカ航空の機内などにも見られる[41].

イバーが周囲の小さな車を見下ろして,自分の力を実感できることから「コマンド・シーティング」と呼んでいる⁽⁴⁰⁾.

味覚

　私たちの味覚受容体は,多くの製品の体験に間違いなく貢献している.いわゆる「フレーバー・ハウス」と呼ばれる企業が,消費者の味覚の変化に合わせて,新しい調合物を次々と開発している.それを背後で支える科学者たちは,こうした風味をテストする新しい機器を開発してきた.アルファＭ・Ｏ・Ｓは,味見ができる高度な電子人工舌を

コピー：辛さを抑えてくれる調味料

インドでは塩が感覚を刺激するスパイシーフードと戦っている.

出典：Taproot India
提供：Contributors: Santosh Padhi, Agnello Dias, Pranan Bhide, and Chintan Ruparel.

販売し，さらに人工的な唾液も含む「人工の口」と呼ぶものを開発中で，食べ物を噛み，その風味を探知できるようにしようとしている．コカ・コーラとペプシは，この舌を使って，コーラの主要な原料であるコーンシロップの質を実験しており，世界的に有名な製薬会社であるブリストル・マイヤーズ・スクイブとロシェも，この機器を使って苦味を感じない薬を考案している[42]．

文化的要因も私たちの味の好みに影響を与えている．食品のイメージと消費者がそれに与える価値（例えば，菜食主義者が牛肉を使った料理に厳しい評価を下すこと）は，私たちの実際の味の評価に影響する[43]．例えば，エスニックフードへの評価が高いと，スパイシーなものを食べたいと思うようになり，それが究極のペッパーソースを探し求めることにつながる．アメリカの50以上の店舗が，名前に「Sting and Linger（ピリピリ長持ち）」「Hell in a Jar（瓶の中の地獄）」「Religious Experience（宗教的経験）——神の怒りを買うオリジナルの辛さ」などがつく激辛の飲食物を売っている[44]．

露出

露出（exposure）は，感覚受容器の範囲内に刺激要因が入り込むときに生じる．消費者は特定の刺激要因に注意を向け，それ以外のものには気づかないことが多い．ときにはわざわざ一部の刺激要因を無視しようとする．刺激要因がほんの一瞬だけ感覚の範囲内で入る場合でも，私たちがそれらに注意を払う限り，刺激を感知することができる．ほんの短い時間に感知したメッセージであっても（あるいは長く認識する場合でも），それらは決して些細なものではない．人々が知覚しないようにしているものには他に何があるかを考える前に，まず，私たちはどのようなものを知覚できるかについて考えてみよう．

学習の目的 4
感覚閾値の概念はマーケティング・コミュニケーションにとって重要である．

感覚閾値

犬笛を吹いて，自分には聞こえない音に飼い犬が反応するのを見たことがある人なら，人間には感知できない刺激要因があるということに驚くことはないだろう．また，人によっては，他の人が加齢や障害になどによって知覚できない感覚情報も拾いあげることができる．**精神物理学**（psychophysics）は，物理的環境がどのように私たちの個人的，主観的な世界に統合されていくかに注目する学問である．

絶対閾

　人の脳が感覚経路に登録できる刺激要因の最少強度とは何かを説明するとき，私たちは「閾値（threshold）」という概念を用いる．ロックバンドに似合いそうな名前ではあるが，絶対閾（absolute threshold）は，人が感覚経路によって感知できる最小限の刺激のことを表わす．犬笛の音は，周波数が高すぎて人間の耳には聞こえない．したがって，この刺激は人の絶対可聴限（auditory absolute threshold）を超えている．絶対閾は，マーケティング刺激を考案するときには考慮すべき重要な要素となる．高速道路上の広告看板にいくらおもしろい広告文が使われていたとしても，その文字が小さすぎて自動車に乗っている人たちが見ることができなければ，せっかくの天才的アイディアも無駄になるであろう．

弁別閾

　弁別閾（differential threshold）は，刺激の変化もしくは強度の異なる2つの刺激の違いを感知する能力に関連する．2つの刺激の違いを感知できる最小値は，丁度可知差異（just noticeable difference）と呼ばれる．

　消費者が2つの刺激の違いに気づくかどうか，また，いつ気づくかの問題は，多くのマーケティング状況とも関係する．マーケターは，小売店が商品を割引価格で提供しようとするようなときには，消費者がその変化によく気づくようにしたいであろう．一方，製品の値上げや製品のパッケージサイズを小さくしたりするときなどの状況では，マーケターはその変化を目立たないようにしたいと考えるだろう（参照価格についての「消費者行動，私はこう見る」を参考にすること）．

　2つの刺激の違いを感知する消費者の能力は相対的なものである．騒がしい通りでは聞き取るのが難しい，ささやき声での会話が，静かな図書館では周りの全員に聞こえるような，恥ずかしい思いをするほどの大声となりうる．刺激が感知されるかどうかを決めるのは，会話する声自体の大きさというより，会話とその周囲の音量（デシベル）の「相対的差異」ということになる．

　19世紀に，エルンスト・ヴェーバーという精神物理学者は，人々が変化に気づくために必要な変化量は，基準となる最初の刺激の強さに比例することを発見した．最初の刺激が強いほど，その変化に気づくためには刺激の強度が十分に大きくなければならない．この関係性はヴェーバーの法則（Weber's Law）と呼ばれている．

　ある製品が販売されるときに，ヴェーバーの法則がどのように働くかを考えてみよう．もし小売店が，買い物客に印象づけるには少なくとも20%の値下げが必要だと思うなら，買い物客が変化に気づくには，10ドルの靴下であれば8ドル（2ドルの値引き）に

消費者行動，私はこう見る
——ラリー・コンポー教授（クラークソン大学）

　消費者が何かを買うときには価格が最も重要な要素だと考えていることを調査結果は一貫して示している．しかし，マーケターは価格を単純に経済的変数とみなすことが非常に多い．つまり，消費者が製品を手に入れるための代価とだけ考えるのである．ところが，ここ数年の調査の結果から，消費者は価格を単純な製品コスト以上のものとみなしていることが分かった[45]．価格を本当に理解するためには，それを消費者が解釈する色，香りのような情報刺激と同じように，1つの重要な刺激要因として考える必要がある．消費者の知覚プロセスの中で，価格にどのように反応し，どのように利用しているかが，最近の研究の中心的テーマになっている．この研究では価格を，知覚され解釈される（それに意味を与える）情報の手掛かりと考える．私たちはこの研究分野を行動プライシング（behavioral pricing）と呼んでいる．

　行動に関するプライシング研究の1つの流れでは，価格を製品を評価するために使う情報の手掛かりと見る[46]．古いことわざ「払ったものに見合うものが手に入る——安かろう悪かろう」はみなさんも聞いたことがあるにちがいない．これが本当かどうかは状況による．とはいえ，消費者が頼りにできる他の情報を持っていなければ，価格を製品の品質の目安として利用することが多くなるだろう（第8章で詳しく取り上げる）．この意味で，価格は消費者が選択肢の中からどれを選ぶかを決める上で重要な情報源になる．

　価格を情報の手掛かり，あるいは刺激として概念化するのであれば，価格が製品評価に与える影響はそれが置かれた文脈によって異なってくるという事実も受け入れなければならない．売り手が消費者に文脈情報を提供するときに使う一般的な戦略は，売値とともに参照価格（reference price）を提示することである．

　これは，買い手が実際の売値と比べるための価格で，広告，値札，そしてときには店舗でのディスプレイにも提示される．ある製品がセールの対象になり，どれだけお買い得かを確認するために旧価格と新価格を比較するときに，こうした価格情報は消費者にとって有益であり，購買意思決定を大いに助けるものになる．参照価格は買い手に対して，取引の価値を伝えるものと言える．しかし，もし売り手が，消費者は取引を評価するのに意味的な手掛かりに依存していると分かっていれば，売り手は手掛かりとなる情報を変えて，取引をより魅力的に見せることができる．例えば：

　次の液晶テレビのどちらがより買い得だろうか？
- 製品A：47インチ，1080p高解像度——通常定価$2,499，セール価格$1,499
- 製品B：47インチ，1080p高解像度——通常定価$1,799，セール価格$1,499

　ほとんどの消費者と同じように，あなたもおそらく製品Aを選んだことだろう．その理由は？　あなたはどちらを選ぶかを決めるために，参照価格を利用したからである．2,500ドルのテレビを1,500ドルで手に入れられるほうが，1,800ドルのテレビを1,500ドルで手に入れるよりも得で，より節約でき，より高

品質のテレビを手に入れることができる．そう考えるはずだ．もしこれがまったく同じテレビだったら？　高い参照価格を使うことで，売り手は買い手に取引の価値認識を高めることができるが，本当は得な取引というわけではないのである[47]．このことが起こるとき，消費者はその商品を購入しやすくなる一方，あれこれ店を見てまわり比べることが少なくなる[48]．

参照価格の研究は，政府によるルールや規制といった公共政策の策定にも重要な意味合いを持つ[49]．政府は参照価格を誇張するなどの不正な慣行から消費者を守らなければならない．そして，この研究は，もしそうした詐欺的な商行為が見つかったときに，それにどのように対処するかを決めるうえで重要な役割を果たしている[50]．

すればいい．しかし，それが100ドルのスポーツウェアであれば，2ドルの値引きでは効果がない．同じインパクトを与えるには，20ドルの値下げが必要になるだろう．

　皮肉なことに，ヴェーバーの法則は，環境への配慮から製品のパッケージサイズを小さく（より地球に優しく）しようと努力する「グリーンマーケター」のマーケティング活動において解決すべき課題となっている．洗濯用洗剤ブランドのマーケターは，半分の量の洗剤に同じお金を支払うように消費者を説得しなければならない．また，できる限り多くのボトルを製品棚に置こうとするウォルマートのような強力な大手小売店からの圧力のために，洗剤ボトルのサイズはどんどん小さくなっている．P&G，花王，ライオンなどの消費財メーカーは，いずれも新しい濃縮洗剤の開発で，同じ量の洗濯物を従来の半分の洗剤で洗えるようになったと主張している．彼らが消費者を納得させるために使っている知覚上のトリックは，ボトルキャップのデザイン変更にあった．それは幅が広くて短いキャップに替えることで，消費者に少量の洗剤でも洗濯ができることを納得させようとしている[51]．

拡張現実

　感覚閾値は，拡張現実（AR = augmented reality）という新しい時代の幕開けによって，さらに興味深いものとなっている．これは，現実の環境にデジタル環境を付け加えることで，現実体験を拡張するメディアに関連する用語である．あの不格好な眼鏡をかけて3D映像を見たことのある人は，一種の拡張現実を経験したことになる．また，スポーツ試合をテレビ観戦していて，選手のリアルタイムの映像とともにその選手の成績や個人情報が表示されるのを見たことがある人も，簡易の拡張現実を経験したことになる．

　また，数年後には，スマートフォンを通してARの世界を体験できるようになる可能性が高い．「グーグル・ゴーグル（Google Goggles）」（アンドロイド携帯用）や「レイヤー

図 2.2　ペプシのロゴの移り変わり

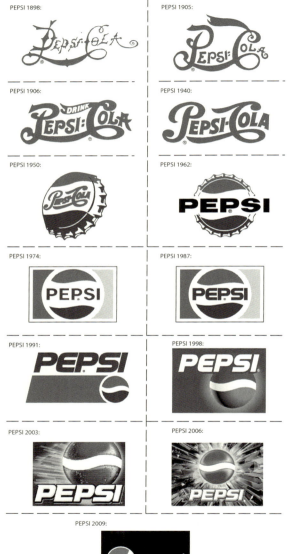

出典：PEPSI-COLA, PEPSI, PEPSI THROWBACK, the Pepsi Globe Design, the Pepsi Globe．キャラクター・デザインはペプシコ社の登録商標．許可を得て掲載．

(Layar)」(アンドロイド,アップル用)などの新しいアプリケーションは,携帯電話の画面に見えるものすべてに文字や画像のレイヤーを重ね合わせることができる.

　ARアプリは,情報(とマーケティング・コミュニケーション)の新しい世界を切り開く.いま見ているCDジャケットのアーティストについて知りたい？　近所のお気に入りのバーにあるクールな壁画は誰が描いたのだろう？　先月見かけた売家の値段はいくらだっただろうか？　スマートフォンをそれぞれに向けるだけで,情報がスクリーンに表示される(53).

ウェブ上での AR

　この技術は,消費者のパソコンとウェブカメラを使い,多くの場合はマーカーやイメージを通して,あるいはモーションキャプチャーを通して,体験感覚を高める.例えば,アイウェアメーカーのZoffはWEBカメラ付きのパソコンがあればどこでも気に入ったメガネを「ヴァーチャル」に試着することができる「Zoff Mirror(ゾフ・ミラー)」というサービスを提供した(54).

キオスクでの AR

　これもウェブ上のARと似ているが,3Dや顔認識を使ったより強力なアプリケーションが利用できる.おもちゃ店では,買い物客が箱入りのレゴのセットを店内のキオスクに持っていくと,組み立てたレゴを持つ自分の姿を見せてくれる.一部のショッピングモールでは,店内に置いてあるシボレーの車に,消費者がヴァーチャルな「プロ用エアスプレー」と自分の指を使って車にペイントを施し,さらにタイヤ,装飾用ストライプ,その他の要素などを選ぶことができる.好みの車が完成したら,客は裏にARマーカーが入った15×22センチのカードを渡される.そのカードを65インチのテレビ画面に付いているカメラの方にかざすと,テレビがマーカーを読み取り,コンピューターで車の3Dモデルが作成される.カードを動かせば,その車を「運転」することができ,エンジン音まで聞こえてくる(55).

モバイル AR

　これらのアプリは携帯電話のビューファインダーを使って,高度なデジタル情報にアクセスしている.電通が開発した「iButterfly」は,iPhoneのGPSとカメラを使ってデジタルの蝶をコレクションしていくゲームアプリである.iPhoneのカメラを指定された場所に向け,カメラを通して周囲を見回すと,アニメ化された蝶が飛んでいるのが見える.それぞれの蝶には近くの店舗のクーポンがついている(56).オンラインショッピングとネットオークションで有名なeBay(イーベイ)のファッションアプリ「See It

On」を使うとそのユーザーは即時にヴァーチャルなサングラスをかけてみることができる．このアプリはユーザーを特定する顔認識ソフトを使い，それぞれのビデオ画像に仮想サングラスを重ね合わせる．ユーザーはサングラスを自分にフィットするように調整し，満足するものが見つかるまで，異なるスタイル，フレーム，レンズ，色を試すことができる．このアプリを使うことで，消費者は eBay から納得の行く価格で最も気に入ったサングラスを探すことができる．

学習の目的 5
サブリミナル広告は，概して効果はないものの，消費者に訴える方法として物議を醸し出してきた．

サブリミナル知覚

ほとんどのマーケターは，消費者に気づいてもらえるように，人の感覚閾値を超えるようなメッセージをつくりたいと望んでいる．しかし，皮肉ながら，多くの消費者は，マーケターの制作する広告メッセージは無意識に知覚されるように，つまり閾下知覚として人々に影響を与えるものと信じている．閾値を表わすもう1つの言葉に「リメン（limen）」があり，閾下の刺激は「サブリミナル」と呼ばれている．サブリミナル知覚（subliminal perception）は，こうした消費者が意識的に注意を引くことのできるレベルより強度の小さい刺激と関連する．

　サブリミナル知覚が，消費者行動に何らかの影響を与えるという証拠は実質的にないに等しいものの，50年以上も前から人々の関心を集めてきた．アメリカの消費者を対象にした調査では，回答者の3分の2近くが，サブリミナル広告は存在すると信じており，半数以上は，マーケターがこのテクニックを使うことで，本当は欲しいと思っていないものを消費者に買わせていると思っていた[57]．アメリカの ABC 放送は，スロー再生して秘密のメッセージを探すように促すケンタッキー・フライド・チキン（KFC）の CM の放映を，サブリミナル広告に対する同局の方針を理由に拒否したことがある．KFC 側は，視聴者にメッセージが存在することを示した上でそれを探すように言っているのだから，決してサブリミナル広告ではないと反論した．だが，テレビ局側はこの説明に納得しなかった[58]．

　KFC の広告のように，人々が「発見する」類いのサブリミナル広告の多くは，実際にはサブリミナルではなく，むしろメッセージをはっきりと伝えている．ここで言いたいのは意識にのぼっている刺激，すなわち見たり聞いたりできる刺激はサブリミナルではないということである．それにもかかわらず，サブリミナルによる説得についての議

論は続いており，広告主やマーケターは，こうした説得によって消費者を操作しているという社会的信念を作り出してきた．

サブリミナル・メッセージのテクニック

　マーケターは視覚・聴覚の両方を通してサブリミナル・メッセージを送ると思われる．エンベッド（embeds）とは，雑誌広告に埋め込まれた小さな隠れ画像を表わす．これらの画像は，通常，性的訴求に関連するもので，無防備な読者に無意識下で影響を与えるものとされている．いくつかの限られた証拠が示すところによれば，性的訴求を含むサブリミナル画像は男性の気分を変えられる可能性があるが，その効果は微々たるものである．さらにサブリミナル画像は，これを見る人に否定的な感情をもたらすことで，本来の意図とは逆の効果をもたらす可能性さえある[59]．今までのところ，この隠れたメッセージへの関心の実質的な影響といえば，何人かの著者による暴露本や記事が売れたことと，一部の消費者（と消費者行動のクラスを受講している学生）が，印刷広告を注意深く見て，自分たちの想像力がもたらすエンベッド（例えば，意味のない画像を性的訴求に関する隠れた画像であると思い込んでしまうこと）を目にしたことくらいでしかない．

　音のレコーディングに隠されたメッセージ効果の可能性についても，多くの消費者の想像をかき立ててきた．聴覚へのサブリミナルテクニックを利用した試みの例としては，拡大している自己啓発オーディオ市場を挙げることができる．砕け散る波の音などの自然の音を収録したCDには，サブリミナルメッセージが隠されており，それによって，たばこをやめさせたり，体重を減らしたり，自信を持たせたりなどの効果を聴く人に与えると言われている．この市場は急速な成長を見せているものの，聴覚を通じたサブリミナル刺激が望ましい行動の変化をもたらすという証拠はほとんどない[60]．

サブリミナル知覚は効果があるか？

　臨床心理学者による研究には，サブリミナル・メッセージが特定の状況下では人々に影響を与えることができることを示唆するものも一部ある．だが，これらのテクニックが通常のマーケティングの文脈で役に立つかどうかは疑わしい．というのも，この種のメッセージが効果を発揮するためには，広告主は不特定多数の消費者に適したメッセージではなく特定の個人に向けてカスタマイズされたメッセージを送らなければならないからである[61]．また，サブリミナル刺激の強度は閾値にできるだけ近いものである必要もある．他にもこのテクニックがあまり有効でないと考えられる要因としては次のようなことが挙げられる：

● 閾値には大きな個人差がある．低い閾値を持つ消費者がメッセージに気づくことを防

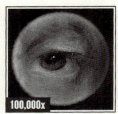

コピー：あなたはただ今モルソンのサブリミナル広告にさらされています．

このカナダのビール広告は，サブリミナル広告を揶揄している．

出典：©2005. Molson USA, LLC.

ぐためには，メッセージの刺激強度を弱いものにする必要があるが，この場合，高い閾値を持つ消費者にはそのメッセージが伝わらないであろう．
- 広告主は消費者が見る画面の距離や位置をコントロールできない．例えば，映画館であれば，サブリミナル・メッセージが正確に伝わる席に座るのは，ごく一部の観客でしかないであろう．
- 広告を見る人がその刺激に対して大いに注意を向けなければならない．テレビや映画を見る人は，視聴中であっても他のものに注意を逸らすことがあるので，サブリミナル・メッセージが現われても気づかないかもしれない．
- たとえ広告主が望ましい効果を誘発できたとしても，その効果は一般的なレベルでのみ有効である．例えば，あるメッセージは人々が感じる渇きを強めることができるかもしれないが，特定の飲料を求めるようにするわけではない．刺激は基本的な欲求に

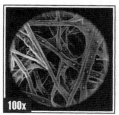

影響を与えるので，マーケターが多大な苦労と費用をかけて制作したサブリミナル・メッセージが，ライバル製品の需要も押し上げてしまう結果を招くかもしれない．

明らかに，消費者の注意を引く別の優れた方法がある．次にそれを見ていこう．

注意

　座って講義を聴いているとき，あなたは自分の注意力が散漫になっていることに気づくかもしれない．いま教授の言葉に集中していたと思ったら，次の瞬間には週末に何をするかを考えている．そして突然，自分の名前が呼ばれているのに気づいて，はっと我に返る．幸いなことに，これは思い違いであった．教授は誰かあなたと同じ名前の「犠牲者」を呼んだのだが，それによってあなたは教授に注意を向けるようになったのである．

注意（attention）とは，情報処理活動が特定の刺激に向けられる程度を表わす．面白い講義と「それほど面白くない」講義の両方に出席してみれば分かるように，注意を向ける程度は，刺激の特徴（講義そのもの）と，受け手（そのときのあなたの精神状態）の両方に大きく左右される．

現在，私たちは「情報社会」を生きているが，興味を引くものが周りにたくさんありすぎる．消費者は処理できるよりずっと多くの情報にさらされ，しばしば感覚の過負荷（sensory overload）状態に陥る．殺到する情報の多くは商業活動に関わるもので，消費者の注意を引こうとする競争は激しさを増している．平均的な成人は，1日に3,500もの広告情報にさらされている．30年前には約560といったところだった．

マルチタスキングと注意

いかにして若い世代の注意を引くことができるかは——おそらくあなたの教授がよく知っているように——マーケターにとって大きな課題である．2010年の時点で，十代の若者の半数以上が，マルチタスキング（multitasking）をしていると報告した．携帯電話，テレビ，インスタントメッセージなど，同時に複数のメディアからの情報を処理しているのである．それも宿題をしながらである⁽⁶²⁾．400人を1日観察したある調査では，96％もの人が何らかのメディアを利用している時間の3分の1は，マルチタスキングをしていた⁽⁶³⁾．マーケティング研究者は，この新しい状況を理解し，一度に多くの作業をこなしている人たちの注意をどのように引くかという課題に取り組んでいる．

マルチタスキングは，情報を受け入れ，保持し，理解する消費者の能力にどのような影響を与えるのだろうか．起こりうる1つの影響を挙げれば，こうした刺激の集中攻撃

コピー：ニコンS60．12人までの顔を探知します．

このシンガポールのカメラ広告は，消費者が彼らの注意を引こうと競い合う多くの刺激をシャットアウトしていることを思い出させてくれる．

出典：Nikon/Euro RSCG/Singapore 提供．

は体内でドーパミンの分泌を促し,マルチタスキングへの中毒性を高める.その結果,マルチタスキングをしないと退屈に感じるようになるのである.研究者たちは,より多くの刺激を求めようとすることによって,物事をじっくり考えることが阻害されたり,集中力が低下することを警告している(メールを打ちながら運転してはいけない).研究の結果,マルチタスキングをたくさん行う人は集中するのが難しく,ストレスを感じやすいことが分かった.ある調査では,何かの作業中に電子メールが来て邪魔された人は,作業に集中できた人より,ストレスレベルが大幅に上昇するという結果が見られた.肯定的な側面に目を向ければ,インターネットユーザーの脳は,情報をより効率的に見つけられるようになり,ビデオゲームのプレイヤーは,視覚機能が良くなるらしい.ある研究チームは,スピーディーなゲームをする人は,そうでない人に比べて,画面上で動くものを3分の1ほど多く見分けられることを発見した.彼らは,ゲームが反射神経と雑然な状況から特定のものを選び出す能力を高めることができると言っている.良くも悪くも,テクノロジーは私たちがより多くの刺激に注意を向けようとすることを促している.1960年代と比べると,今日,人々は毎日当時の3倍もの情報を消費している.私たちは常に注意を向ける対象を変えている.仕事でコンピューターを使用する人は,平均して1時間に37回,表示するウィンドウを替えたり,電子メールや他のプログラムをチェックしたりしている.そして,1日に平均40のウェブサイトにアクセスしている[64].

マーケターはどのように消費者の注意を引くのか？

　後の章でも取り上げるが,マーケターはいかにして雑然とした状況に割り込み,消費者の注意を引くことができるかを常に模索している.
- 日産自動車はフジテレビ系列のドラマ「カラマーゾフの兄弟」内で,90秒のオリジナルCMドラマ「バカリーズムの兄弟」を放映するという一風変わったテレビCMを展開した.CMでは2択の選択肢を提示し,ネット投票の結果によって次回のCMの放映内容が変更された.こうしたCMは,CMとテレビ番組やネットを連携させることで消費者の広告に対する注目と関与を高め,「CMスキップ」という問題を克服しようとする試みである[65][66].
- ネットの世界では,広告主はウェブサイトにアクセスしたユーザーにメッセージを伝えるために,さまざまなトリックを試している.最も人気のあるものの1つがリッチメディア(rich media)で,ユーザーの注意を引くために動画を使うテクニックだ.P&Gは2007年8月の「Herbal Essence」ブランドのリニューアルに際して,リッチメディアを活用したキャンペーンを展開した.その目的は,消費者に効果的なバズ(ネット上のざわめき)を起こすことであった.キャンペーンアイデアは「パラダイ

ストリップ！」として，クチコミの核となるストーリーを設定．あえて製品の売り込みはしない方針を固め，ターゲット層である 18 ～ 23 歳の女性に人気の土屋アンナを起用し，「土屋アンナ失踪？」というサプライズストーリーを作った．特設サイトでは，ワイドショー仕立てのムービーを配信すると同時に，視聴者であるブロガーを「アンナ捜索隊」と位置づけ，参加意識を促すブログパーツ（個人のブログに配置できるコンテンツ）を配った．リニューアル製品の発売当日は失踪していたアンナが記者会見をするイベントを設定し，その日を境に「アンナ本人がプロデュースした製品」へと広告内容を切り換えた．こうしたキャンペーンの結果，月間ページビューは昨年度比較で 18 倍，ブログ書き込み件数はキャンペーンについて 3,500 件，製品については 1,800 件と予想以上の効果があった[67]．また，テレビでよく見かける「ティーザー広告（teaser ad：最初からすべてをみせず，情報を小出しにすることで期待をあおる手法）」がウェブサイト上でも現われるようになっている[68]．

- もちろん，消費者の注意を確実につかむ方法は，公共の場所で何かとんでもないことや珍しいことをすることだ．2012 年 5 月 6 日，大型連休の最終日でにぎわう東京の JR 渋谷駅前のスクランブル交差点に，ホラー映画「リング」に登場する怨霊「貞子」が出現した．「大増殖」した 50 人以上の貞子はテレビモニターから「現われた」姿で交差点を渡るパフォーマンスをし，行き交う人を恐怖と爆笑に陥れ，近くを通った子どもは泣き出すなど，一時，周辺は騒然となった．このイベントは，「リング」の最新作「貞子 3D」のプロモーションの一環として行われた．「貞子 3D『大増殖祭』」と題され，スクランブル交差点などの渋谷駅前のエリアに貞子が登場し，映画をアピールする「貞子の手紙」を自らサンプリング．また，モニターから半身が飛び出した巨大貞子を積んだプロモーションカーをスクランブル交差点付近で走らせるなど，集中的なプロモーションを行った[69]．

人の脳の情報処理能力には限界があるため，消費者は何に注意を向けるかについて非常に選択的になる．**知覚の選択性**（perceptual selection）のプロセスは，人々が接する多数の刺激の中から，ほんの一部だけに注意を向けることを意味する．消費者はある種の**精神の経済**（psychic economy）を実践し，情報過剰による混乱を避けるために刺激の中から一部のものを選び取っている．どのように選ぶのか？ 個人的要因と刺激要因の両方がその決定にかかわる．

選択的注意にかかわる個人的要因

コロラド州のある判事の行動は，何を見たり聞いたりしたいかを決める上で，個人の好みがどれほど強力に作用するかを物語っている．判事は町の騒音条例に違反した若者

たちに，彼らが好まない音楽を聴くように命じた．その中には，インディアン部族を祖先にもつ 1942 年生まれの POP 歌手ウェイン・ニュートンの曲やバグパイプ音楽のような判事の「お気に入り曲」もたっぷり含まれていた[70]．嘘だろう，ジャスティン・ビーバーが入っていない？　長い時間をかけて刺激の受容と処理を続けることで生まれる**経験（experience）**は，特定の刺激をどれだけ受け入れるかを決める 1 つの要因である．過去の経験に基づく**知覚フィルター（perceptual filter）**は，私たちがどの刺激を処理するかに影響を与える．

　知覚的警戒（perceptual vigilance）もそうした要因の 1 つだ．消費者は現在自分が求めるニーズに関連した刺激に気づきやすい．車の広告にあまり気を留めない消費者でも，新しい車を買おうと思ったとたんに，広告に目を向けやすくなる．普通なら気づかないファストフード店の新聞広告も，午後 5 時の講義中という状況で新聞をちらっと盗み見たときには，その広告に注目するようになるであろう．

　個々人の知覚プロセスの多様性が，個人的選択の違いのいくつかを説明するかもしれない．実際，ある研究では，男性に比べると女性は，競合する複数の製品広告から典型的な製品形状とは異なる製品を識別する能力が優れており，それらの製品を男性より高く評価することが報告されている[71]．

　こうした知覚的警戒の反対概念に**知覚的防御（perceptual defense）**がある．これは，人は自分の見たいものを見て，見たくないものは見ないということを意味する．もし，入ってくる刺激が何らかの脅威を与えるものであれば，それを処理しないかもしれないし，意味を歪めてその刺激を受け入れやすいものに変えようとするかもしれない．例えば，ヘビースモーカーは，がんの影が映った肺のレントゲン写真は見ようとしないかもしれない．自分の痛いところを突く鮮烈なイメージを耐えがたく感じるからだ．

　また，**順応（adaptation）**という要因は，消費者が 1 つの刺激をどれぐらい長く認識するかの程度を表わす．順応のプロセスは，消費者がある刺激に慣れることで，注意を払わなくなったときに生じる．消費者は刺激を「馴化（habituate）」してしまうため，それに気づくにはより強い「投与（doses）」が必要になる．広告看板が最初に設置されたときには通勤客がそれを読むだろうが，数日もすれば，それは通り道の景色の一部になってしまう．こうした順応には次のような要因が関連している：

- 強度——強度の弱い刺激（優しい音やぼんやりした色など）は，感覚に与えるインパクトが小さいために馴化されやすい．
- 持続性——処理のために長い時間を要する刺激は，長い注意の持続が求められるために馴化されやすい．
- 識別性——単純な刺激は，詳細部分への注意を向ける必要がないため馴化されやすい．
- 露出——繰り返し接する刺激は，その回数が増すにつれ馴化される．

- 関連性——関連性のない刺激や重要でない刺激は，注意を引くことが難しいために馴化されやすい．

選択的注意に関わる刺激側の要因

　受け手の心理状態に加えて，刺激そのものの特徴も，消費者が何に目を留め，何を無視するかを決める上で重要な役割を果たす．マーケターが雑然とした環境に埋もれることなく相手に届くメッセージやパッケージをつくり出すためには，こうした刺激側の要因を理解する必要がある．例えば，アイトラッキング装置を使って，消費者がどのような広告を見ているかを調べた研究者は，視覚的に複雑な広告が注意を引きやすいことを発見した[72]．

　一般的に，私たちは周囲のものとは異なる刺激に気づきやすい（ヴェーバーの法則を思い出してほしい）．メッセージはいくつかの方法でコントラスト（contrast）を生み出す：

- サイズ——競合相手とは対照的な刺激のサイズは，注意を引くことに貢献する．雑誌広告はそのサイズに比例して閲読率が増加する[73]．
- 色——既に述べたように，色は製品に注意を向けるようにしたり，製品を特徴づけたりするのに大きな効果がある．アメリカの電動工具メーカーであるブラック・アンド・デッカーは，住宅建築業界に向けて「デワルト（Dewalt）」という工具ラインを開発した．この新しい製品ラインは，黒を基調とする従来の製品とは異なり，黄色を使用しているため，"地味"な色の工具の中でひときわ目立つことに成功した[74]．
- ポジション——よく見るような位置にある刺激は，それだけ気づきやすい．納入業者たちが小売店で自分たちの製品を買い物客の目線高さにある棚に陳列しようと競い合っているのはそのためである．雑誌であれば，最初の方のページで，しかも左側のページにある広告の方が読者の注意を引きやすい（ヒント：次に雑誌を読むときに，自分がどのページをいちばん時間をかけて見ているかをチェックしてみよう）[75]．消費者が電話帳を見るときの視線の動きを追跡した研究でも，メッセージが置かれる位置の重要性が示された．被験者はアルファベット順に広告リストを追ったが，4分の1ページを占める広告についてはその93％に気づいた反面，単純なテキスト広告については26％しか気づかなかった．彼らはまず，カラー広告に注目し，それらを白黒の広告よりも長く見た．さらに，被験者は自分が就いている職業の広告を見るのに54％も多く時間をかけていた．こうした研究結果は，消費者が向ける注意が，その後の製品選択に影響することを示している[76]．
- 新奇性——予想外の方法や場所で接する刺激は，注意を引きやすい．広告への注目を高めるための1つの方法は，型破りな場所に広告を配置することである．そうした場

所の例としては，ショッピングカートの背面，トンネルの壁，スポーツスタジアムの床，さらには公衆トイレなどが考えられる[78]．ロンドンのある屋外広告代理店は，空港に隣接した荒原や農地に巨大な広告を設置した．これによって飛行機の乗客が外を眺めると，その広告が必ず目に入るようになった[79]．他には，広告看板に小さなカメラを備えつけ，その看板の前に誰かが立ったときにソフトウェアが作動するような装置を考案した企業もある．プログラミングによって見ている人の顔の特徴を分析し（頬骨の高さや鼻とあごの距離など），その人の性別と年齢を判断する．ソフトウェアが通行者を分類すると，そのプロフィールに適した広告が自動的に選ばれる．例えば，ヒスパニック系のティーンエイジャーが見るメッセージと，彼の後ろを歩いている中年のアジア系女性が見るメッセージは異なるということだ[80]．

ある研究では，妨害（interruption）というタイプの新奇性が，私たちの経験を「強化する」ことが示されている．注意を向けることへの妨害が，不快な刺激への嫌悪感

図2.3　黄金のトライアングル

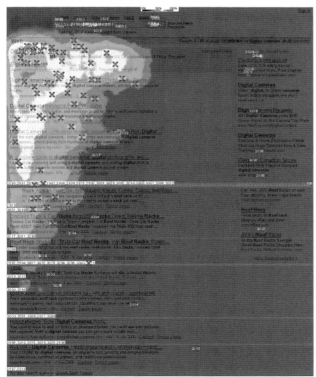

オンライン広告ではポジショニングが鍵となる．高度な視線追跡研究の結果は，大部分の検索エンジンユーザーが，検索結果のうち，ごく限られた数のものしか見ていないことをはっきり示している．ごく平均的なユーザーが検索ページを見るときには，その視線は検索結果のトップ項目を見て，画面の左側に戻り，その後，スクロールしない状態で画面のいちばん下にある項目に移る．検索エンジンのマーケターは，リストされたものが実際に見られる画面上のこのスペースを黄金のトライアングル（golden triangle）と呼んでいる[77]．

出典：Enquiro Search Solutions, Inc.（現在は Mediative Performance LP）

を増大させるのと同様に，こうした妨害は，愉快な刺激の楽しさを高める．実際，人々がテレビ番組を見るときには，CMによって番組視聴が妨害されるという状況でその番組をより楽しいと思うことが分かった．この実験では，大学生に彼らがよく知らない古い連続コメディドラマ(『Taxi』)を見せた．大学生の半数が見たのはオリジナルの放送で，宝飾店，弁護士，その他の企業のCMが途中に含まれていた．もう半数はCMをすべて削除してドラマだけに編集したものを見せられた．その後，番組について評価を求めたところ，CM入りの番組を見た学生たちの方がそうでない学生たちに比べ番組に高い評価を与えた．メッセージを受け取っている人を妨害するときにも，同様のパターンが見られることを研究チームは発見した．これとは対照的に，掃除機の音を使った実験では，イライラさせられる掃除機の音が途中でいったん止まってまた再開すると，さらに被験者のイライラ度が増すことが報告されている．研究チームはこれを，順応の結果と解釈した．私たちは初めて接する出来事についてより鮮烈な経験をするが，次第にそれに慣れていく．途中でいったん中断され，再び始まるという経験をするとき，刺激の強度はもとの鮮烈なレベルに戻るのである[81]．

学習の目的 6
消費者が注意を向ける刺激要因の解釈は，学習パターンや期待に左右される．

解釈

解釈(interpretation)は，感覚的刺激に対して人が与える意味のことである．知覚する刺激がそれぞれの人で異なるように，それらの刺激に与える意味も人によって異なる．2人の人が同じものを見たり聞いたりしても，それに対する解釈は昼と夜ほどにも違う

イギリスで人気のブランド，フレンチ・コネクションは，別の言葉とよく似た略語(fcuk)を使うことによって，広告への反応を喚起している．

出典：French Connectionの代理人であるTWBA Londonの許可を得て掲載．

消費者行動，私はこう見る
―― ウィリアム・E・ベイカー教授（アクロン大学）

　ブランド認知と親しみやすさは重要だ．認知度の高いブランドは，消費者の考慮集合に入りやすい．また，なじみのあるブランドは，信頼されやすい．しかし，ブランド開発の第一にして最も重要なステップは，ブランドネームの刷り込み（brand-name imprinting）かもしれない．

　ブランドは消費者の記憶の中の特定のスペースに入り込まなければならない．つまり，特別なカテゴリー（例：ポルシェをスポーツカーに分類）や，使用機会（例：夜間の鎮痛剤）にそれを位置づけるスペースである．このスペースは研究者によっては「ブランド・ノード」と呼ばれる．ブランド・ノードがはっきりと製品カテゴリーや使用機会と結びついていないとき，あるいはそれがあまりに広いカテゴリー（例：自動車）や使用機会（痛みのあるときはいつでも）に結びついているときには，刷り込みが弱くなる．

　研究の結果，新しいブランドの便益についての説明を受ける前にそのブランドネームを消費者に数回見せることで刷り込みを行うと，刷り込みを行わなかったときと比べて，情報がブランドとより良く結びつけられることが分かった．別の調査によれば，ブランドネームやロゴをビデオ広告より前に見せることで記憶を刺激する（手掛かりを与える）と，それに続く情報は，広告の終わりまでブランドネームが明らかにされない場合と比べて，ブランドとより良く結びつけられる．

ことがある．それは，その刺激に何を期待していたかによって決まる．3歳から5歳の子どもを対象にしたある研究では，マクドナルドの袋に入ったフライドポテトを食べた子どもの方が，無地の白い袋に入った同じポテトを食べた子どもより圧倒的に美味しいと感じた．人参でさえ，マクドナルドの袋に入っていると美味しく感じられるらしい．半数以上の子どもが，同じ人参でもただの白い袋に入ったものより，マクドナルドの袋入りのほうを好んだのである．ドナルドも誇らしく思っていることだろう！[82]

　人が刺激に与える意味は，**スキーマ（schema）**，つまり，対象への一連の信念に左右される．ユースケは豚肉をおいしい食材と思っているのに，イスラム教徒の人たちは豚肉を禁忌の食材として捉えることもこれで説明できる．**プライミング（priming）**と呼ばれるプロセスで，ある特徴を持つ刺激がスキーマを喚起する．このプロセスは私たちに，現在の刺激と過去に経験した別の類似した刺激を比較させる．

　正しいスキーマを明らかにし，それを呼び起こすことが，マーケティングに関する意思決定には欠かせない．なぜなら，どのスキーマが用いられるかによって消費者が製品，

パッケージ，メッセージを評価するときの基準が決まるからである．アメリカのある製薬会社では胃腸薬の効果を高めるために，ホイップ状態で摂取する，スプレー式の薬を開発したものの，製品としては大失敗した．消費者からするとスプレー式のホイップといえば，薬ではなくデザートのトッピングを意味するからだ(83)．日清食品の「カップヌードルごはん」の事例もマーケティング策定において消費者スキーマを理解することがいかに重要かを物語る．「カップヌードル」でおなじみの日清食品は2009年，消費者にとって電子レンジが一番身近な調理器具になっていることに着目し，電子レンジで調理できる炊き込みご飯「GoFan（ゴーファン）」を発売した．しかし，期待とは裏腹にGoFanに対する市場の反応は今ひとつだった．それは，簡単で便利な食品と言えば即席カップめんであり，「お湯をかければ3分でできるもの」という固定観念が消費者の間で定着したため，お湯と同じぐらい簡便であるはずの電子レンジによる調理を，不慣れで面倒くさい行為と見做していたからである．そこで開発担当者は，2011年に「日清カップヌードル」のブランドを利用して「あの味がごはんになった」とカップヌードルの派生品であることを訴求することにした．パッケージには「カップヌードル味のご飯」ということが誰でも分かるように，カップヌードルの色やロゴをそのまま利用した．その結果，あまりの人気のため品切れが起こり，発売4日で一時販売休止になるほどの大ヒット製品となった(84)．「カップヌードル」ブランドを1つのスキーマとして消費者に提示することで，電子レンジで調理する即席炊き込みも，カップヌードルと同様に，簡便でおいしいという連想を形成することができたのである．

パッケージ上の製品画像の位置でさえ，私たちがその製品をどのように知覚するかに影響を与える．例えば，重力の法則について学んだ経験から（重い物体は沈み，軽い物体は浮かぶ），フレームの下の方に製品の画像があると，上のほうに画像があるときより重量があると感じる．さらに，フレームの右側にあるものは，左にあるものより重く見える．この解釈は，てこの原理についての直感から生じるものだ．私たちは，てこの支点から遠くにあるものほど，それを持ち上げるのが難しくなることを知っている．人は左から右に向かって文字を読むため，左側が自然に視覚的な支点となり，したがって右側にあるものの方が重いと認識するのである．製造業者はこの「パッケージの図式」を頭に入れておけば，良くも悪くもパッケージの中身についての消費者の評価に影響を与えられるかもしれない．例えば，ダイエット食品の開発担当者なら，買い物客が製品を軽いと感じることを望むだろう(85)．

第6章で取り上げるように，製品は「ブランド・パーソナリティー」を持つことがある．私たちは製品に，洗練されているとかセクシーであるといったように，よくある人間の特徴を当てはめる傾向がある．言い換えれば，私たちは製品の特徴を人間のパーソ

ナリティーのように捉えるときには製品を「擬人化」する．そのため，こうした思考プロセスが，他人を評価するときに用いるスキーマを製品の評価にも用いるように促すのかもしれない．最近の研究に，この働きを例証しているものがある．被験者は，車がまるで「微笑んでいる」か，あるいは「しかめっ面をしている」ように見える加工された写真広告を見せられた．いくつかのケースでは，広告文を一人称で書くことで，人に関するスキーマを活性化させるようにし，別のケースでは，第三人称で広告文が書かれていた．人に関するスキーマが活性化された条件において，被験者は「微笑んでいる」車を「しかめっ面」の車よりも，好ましいと評価した[86]．

刺激の組織化

　刺激をどのように解釈するかを決める要因の1つは，それが他の出来事，気分，記憶の中のイメージとどのように関係していると思うかである．オレオクッキーで有名なアメリカのRJRナビスコが，大人向けのテディグラハム（子ども向けクッキー）を発表したときには，その新製品が大人向けであることを強調するためにパッケージを落ち着いた色にした．しかし，売上げは期待はずれだった．そこでナビスコは，これが楽しいスナック菓子であることを伝えるために箱の色を明るい黄色に変えることにした．すると，消費者は明るい原色と味を肯定的に関連づけるようになり，大人もそのクッキーを買うようになったのである[87]．

　私たちの脳は入力された刺激を，基本的な体系原理に基づいて，記憶にすでに存在するものと関連づけようとする．この原理は「ゲシュタルト心理学」に由来する．これは，人は個々の刺激からではなく，一連の刺激の「総体」から意味を解釈すると主張する心

人はなじみのある言葉のような，パターン性のある刺激を認識する．このオーストリアの広告では，消費者は文字の順番が違っていても"kitchen"という語にたどりつく可能性が高い．

出典：Client: XXXLutz; Head of Marketing: Mag. Thomas Saliger; Agency: Demner, Merlicek & Bergmann; Account Supervisor: Andrea Kliment; Account Manager: Albin Lenzer; Creative Directors: Rosa Haider, Tolga Buyukdoganay; Art Directors: Tolga Buyukdoganay, Rene Pichler; Copywriiter: Alistair Thompson.

コピー：100万色の国での10周年を記念して．

インド進出10周年を祝うためにある製紙会社が作ったこの印刷広告は，男性の画像を作るために，類似の法則を利用している．

出典：Taproot India 提供．Contributors: Santosh Padhi, Agnello Dias, Ananth Nanavre, Amol Jadhav, Amol Kamble.

理学の学派である．ドイツ語のゲシュタルト（Gestalt）は，大ざっぱに言えば，「全体」「パターン」「構造」を意味し，「全体は部分の総和より大きい」と要約することができる．刺激の各要素を個別に分析する漸次的な考え方（piecemeal perspective）では，全体的な効果を捉えることができない．ゲシュタルトという考え方は私たちの脳が刺激を組織化する方法に関連するいくつかの原理を提供する：

- 閉合原理（closure principle）は，人は不完全な絵を完全な絵として知覚する傾向があることを示す．つまり，以前の経験に基づいて空白を埋めるのである．この原則は，なぜ多くの人が，ネオンサインの一部の文字が消えていても問題なく全体が読めるかを説明する．閉合の原則は，ベルや音の一部だけを聞いたときにも働く．閉合の原則を利用するマーケティング戦略は，視聴者の参加を促すことで，人々がメッセージに注意を向けるチャンスを高める．
- 類似の原理（principle of similarity）は，消費者は同様の物理的特徴を持つものをひとまとめに分類する傾向があることを示す．山之内製薬は2001年，外皮用薬マキロンシリーズの「マキロンかゆみ止めパッチ」「マキロンパッチエース」「マキロンかゆみ止め液」のパッケージデザインを一新し，すっきりとしたデザインと新鮮な色使い

によって，虫刺され関連製品としてのイメージの統一を図った[88]．

- 図と地の原理（figure-ground principle）は，刺激の一部分が目立つようになり（図），その他の部分は背景に後退する（地）ことを表わす．この概念は，中央に被写体がはっきりと鮮明に写った写真を思い浮かべると簡単に理解できるだろう．図の部分が目立ち，見る人の視線はまっすぐそこに向けられる．人がある形状を図と地のうち，どちらとして知覚するかは個々の消費者によっても大きく異なる．同様に，図と地の原理を使ったマーケティング・メッセージは，刺激をメッセージの焦点となる要素にすることも，もしくはその焦点の周辺にある背景にすることもできる．

見る者の目に宿る：解釈上のバイアス

私たちが知覚する刺激は曖昧なものであることも多い．刺激に対する意味解釈は，私たちの過去の経験，期待，ニーズに基づいて行われる．古典的なある実験が「人は見たいものを見る」というプロセスを検証した．この実験では，プリンストン大学とダート

コピー：あなたが本当に誰かと触れ合いたいのであればその人に手紙を送ってください．

オーストラリア郵便サービスの，図と地の法則を独自に応用した広告．

出典：©M&C Saatchi, 2007

マス大学の学生に，両校がライバルとして激しく衝突する，アメリカンフットボールの試合映像を見せた．全員が同じ刺激にさらされたにもかかわらず，反則とみなす程度，またそれをした選手に対する非難の度合いは，映像をみた学生がどちらの大学かによって異なっていた[89]．

この実験が示すように，人は自分の望みや仮定を製品や広告に投影する傾向がある．この解釈プロセスは，マーケターにとっては裏目に出る可能性もある．例えば，過剰品質の問題はその一例かもしれない．多くの日本企業は，製品の高性能化や多機能化の推進が顧客満足の向上につながると信じてきた．しかし，近年，そうした企業は，品質向上が顧客満足の向上にうまく貢献しない現実に直面している．製品のグレードにもよるが，消費者は全般的により単純で使いやすい製品を求める傾向にある．したがって，適切な品質水準を見極めることが，企業の製品開発にとって重要な課題となっている．

別の実験では，思い込みが経験に影響を与えることが明らかにされた．この実験では，ビールを飲む人に特定のビール成分について異なる説明をするだけで，味の評価を変えることに成功した．バーの客に味覚テストに参加すればビールをただでごちそうすると話を持ちかけ（この申し出を断る人はほとんどいないだろう），2種類のビールを試飲してもらった．片方は普通の生ビールで，もう片方は同じものにバルサミコ酢を数滴加えたものだった．たいていの人は，酢を入れればビールがまずくなると考えるが，実際にはどちらに酢が入っているかを知らない回答者の60％が，酢入りのビールの方を美味しいと答えた！　しかし，あらかじめどちらのビールに酢が入っているかを教えられると，酢入りの方が美味しいと答えた人は3分の1に減った[90]．

学習の目的 7
記号論の分野は，マーケターが意味を創出するためにシンボルをどのように用いるかを理解するのに役立つ．

記号論：私たちの周りに存在するシンボル

前項で述べたように，消費者がマーケティング刺激を「理解しようと」するときには，既に形成されている連想に照らし合わせてそれを解釈する．このため，私たちが読み取る意味の多くは，私たちが知覚する象徴性の解釈に影響を与える．結局のところ，多くのマーケティングイメージは，表面的には実際の製品と直接的な関連性を持つわけではない．カウボーイはタバコとどのような関係があるというのだろう．スポーツ選手や歌手などの有名人が，なぜ飲料や通信サービスなどのイメージアップに貢献するのだろ

う？

　消費者はシンボルの意味をどのように解釈するのか．それを理解する手掛かりとして，マーケターは記号論（semiotics）に目を向けることがある．記号論は，記号と象徴の対応関係とそうした関係が人の意味解釈に果たす役割を研究する学問分野である[91]．記号論が消費者行動と密接に関わるのは，消費者が自分の社会的アイデンティティを表現するために製品を利用するからである．製品には社会的に共有される意味があり，消費者はマーケターの助けを借りて，それらの意味を理解する．ある研究者たちはそれをこう表現した．「広告は一種の文化／消費の辞書の役割を果たす．製品は各項目で，その定義は文化的な意味である」[92]．

　記号論の見地からすると，すべてのマーケティング・メッセージは３つの基本的要素から成る．「対象」「記号（もしくは象徴）」「解釈項」である．**対象**（object）は，メッセージの焦点となる製品を指す（例えばマールボロのタバコ）．**記号**（sign）は，その製品の象徴的意味を表象する感覚イメージを表わす（例えばマールボロのカウボーイ）．**解釈項**（interpretant）は，記号から消費者が引き出す意味を表わす（例えば，頑丈さ，個人主義，アメリカらしさなど）．図2.4は，この関係を表わしている．

　記号論で知られるチャールズ・サンダース・パースによれば，記号は次の３つのうちいずれかの方法で対象と関わる：記号が対象と似ているか，対象と直接的な結びつきがあるか，社会習慣的にそれらが結びついているかである．アイコン（icon）は，何らかの形で製品と似ている記号である（例えば，フォードのスポーツカー「ムスタング」のボンネットには駆け出す馬が描かれている）．インデックス（index）は，何らかの特徴

図2.4　記号学の関係性

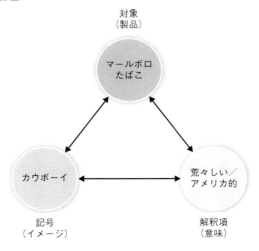

を共有するために製品と直接的に関連する記号である（例えば，食器用洗剤のパッケージに描かれているオレンジやグレープフルーツは，さわやかな香りという共通する特徴を伝える）．シンボル（symbol）は，社会慣習的に形成されている連想を利用して製品のことを伝える記号である（例えば，セキュリティ会社の広告にライオンのイメージが使われているとしたら，ライオンから連想される力強さという意味を会社の連想に結びつけることができる）．

多くの時間と思考と資金が，製品イメージを明確に伝えるためのブランドネームとロゴの開発に費やされてきた．2011年，スターバックスが新しいロゴに変更したときには，有名なギリシャ神話のセイレーンだけにして，スターバックスという文字は削除した．ハワード・シュルツCEOは，オンラインビデオの中で，この変更は会社が「コーヒー以上のこと」を考えているからだと説明した[93]．

ロゴの選択は，文化を超えてブランドをアピールしなければならないときには，さらに難しいものになる．例えば，中国企業のグローバル市場への進出拡大に伴い，これらの企業は，自分たちを表わすために使用してきた従来の中国古来の絵文字を新しい企業ロゴに変え，東洋だけでなく西洋でも理解できるものにしようとしている．中国の漢字はアイコンの典型である．というのも，漢字は対象を表わす絵文字から由来しているからである．例えば，チャイナ・テレコム（中国電信）のロゴは2つの「C」をアルファベットのT字のように組み合わせているが，これは中国を表わす漢字の「中」を表すとともに，この企業の新たなフォーカスである「顧客（customer）」と「競争（competition）」も表現している．だがさらに，このロゴはよく働く動物として知られる雄牛の角にも似ている．

ソフトウェア会社のオラクルが中国市場向けにロゴのデザインを変更したときには，「オラクル」という言葉を文字通り訳した「亀の甲羅に書かれた文字（甲骨文字）」を象徴する3つの漢字「甲骨文」が加えられた．甲骨文字は，古代中国で祈祷師が骨の上に予言を書いたという話に基づく．カリフォルニアを拠点とするこの企業は，オラクルの核となる能力——データの保存——を伝えるために，この中国語への翻訳に力を入れた[94]．

ハイパーリアリティー

現代広告の特徴の1つは，ハイパーリアリティー（hyperreality）の状況を生み出すことである．これは，もともとシミュレーションや「誇大な宣伝（hype）」を現実にするプロセスのことを言う．広告会社は，製品と便益の間に新しい結びつきを創り出すとき，例えば，広告によってマールボロのタバコとアメリカのフロンティア精神が同一化されるように，対象と解釈の間に新しい関係性を生み出す．ハイパーリアリティーの環境では，やがて象徴と現実の本当の関係性を見定めることができなくなり，製品のシンボル

と現実世界との間の「人為的」連想が，ひとり歩きするようになる．ハイパーリアリティーの例には次のようなものがある．
- ある家具デザイナーがアメリカのテレビドラマシリーズ『デクスター』からヒントを得たダイニングルームのセットを発表した．このドラマの主人公は警察の血痕鑑識官だが，実は連続殺人犯という裏の顔を持つ．真っ白なテーブルと椅子のセットは赤い染みのような模様で飾られている(95)．
- PCソフト（歌詞とメロディーを入力すると，歌声を合成して歌ってくれるプログラム）に過ぎなかった「初音ミク」は，今や人気絶頂のヴァーチャルアイドルとなっている．2012年に開催された「初音ミクコンサート」では発売されるやいなやチケットが売り切れ，全公演が満席となった(96)．

後の章で，テレビ番組や映画のセットや脚本の中に，実際の製品を小道具として取り込む，プロダクト・プレイスメントと呼ばれる人気のマーケティング戦略について取り上げる．これに対して，逆プロダクト・プレイスメント（reverse product placement）は，ハイパーリアリティーの格好の例となる．この場合には，テレビや映画の中に登場する架空の製品が現実世界で人気が出るという状況が起こる．日本では，例えばドラえもんの「暗記パン」などのように，マンガに登場する料理を再現する人々がメディアで取り上げられ(97)，『マンガ食堂』といったマンガ料理再現のレシピ本も発売されるようになった．

知覚ポジショニング

　私たちは，ある製品がどのようなものであるかを，今まで経験し学習してきた製品カテゴリーや既存のブランドの特徴に照らして解釈することが多い．私たちのブランド認識は，機能的属性（特徴，価格など）と象徴的属性（製品イメージやそれを使っている人について何を物語るか）の両方から成り立っている．ブランドイメージなどのテーマについては後の章で詳しく見ることにするが，ここでは（第1章で述べたように）一般的に製品の評価は，それが何であるかよりも，それが何を意味するかによって決まるということを念頭入れておくことが重要である．こうした意味——消費者がどう認識するか——はその製品の市場地位にも影響を与える．また，そうした意味は，製品そのものというより，製品の色やパッケージ，スタイルなどから伝わる製品の期待品質に大きく関係しているかもしれない．

　マーケターが，競合するブランドについて消費者がどう考えているかを理解できれば，それを利用してポジショニング戦略（positioning strategy）を考案することができる．これは企業のマーケティング活動の根幹をなすものであり，マーケティングミックス（す

Last Exit to Nowhere というデザイン集団は,小説や映画に登場した架空の企業のロゴをプリントしたＴシャツを販売している.

出典：LastExittoNowhere.com

すなわち,製品デザイン,価格,流通,マーケティング・コミュニケーション）の各要素を利用して,競合製品に対する製品の相対的な意味の解釈に影響を与えるものである.例えば,消費者がある製品の味を別のそれより好むということは重要だが,この機能的属性は製品評価の要素の１つにすぎない.

マーケターは多くの側面から,特定のブランドの市場におけるポジショニングを切り開く.例えば次のようなものがある：

- ライフスタイル：「無印良品」は衣食住全般にわたりシンプルなライフスタイルを支援する.
- プライス：リーダーシップ.イタリアのファッションブランド「アルマーニ」には高級ラインの「ジョルジオ・アルマーニ」と価格を抑えた普及ラインの「エンポリオ・アルマーニ」がある.
- 製品属性：カシオの「Ｇショックは」は衝撃に強い.
- 製品クラス：「プリウス」は,ハイブリッドカーである.
- 競合企業：ペプシはコカコーラより挑戦的である.
- 機会：「ニコレット」ガムは,禁煙の場所ではその代わりになる.
- ユーザー：「１才からのかっぱえびせん」は１歳から３歳までの乳児をターゲットにしている.
- クオリティ：トヨタ自動車では,「お客様第一」を原点に製品やサービスを提供する.

章のまとめ

この章を読み終えた時点で，あなたは次のことを理解できるはずである：

1. **知覚とは，刺激を意味に変換する3段階のプロセスである．**

    知覚とは，視覚，聴覚，嗅覚などの身体的感覚が，選択され，体制化され，解釈されるプロセスのこと．刺激に対する解釈によって，それに意味が割り当てられる．知覚マップは，当該ブランドの競合ブランドに対する相対的位置づけを評価するために広く利用されているマーケティングツールである．

2. **近年，デザインの良し悪しが，製品の成否を決める主要な要因になっている．**

    最近では消費者が製品やサービスから得る感覚体験が，競合する選択肢の中からどれを選ぶかの決め手になりつつある．消費者には機能的価値だけでなく快楽的価値を提供するものを買いたいという欲求が増している．消費者は製品の機能はほとんど同じだと思っているので，製品を選ぶときにはその審美性を重視する．

3. **製品とCMは私たちの感覚に訴えることが多いが，それらのメッセージがあまりにも多いがゆえに，その大半は消費者に影響を与えることができない．**

    マーケティング刺激は品質評価において重要である．消費者は製品を評価するとき，その色，におい，音，味，あるいは「感触」をあてにする．すべての感覚が認知プロセスにうまく取り込まれるわけではない．多くの刺激要因が注意を引こうと競い合うため，その大半に気づかないか，もしくはそれらを正しく解釈することができない．

4. **感覚閾値の概念はマーケティング・コミュニケーションにとって重要である．**

    知覚の閾値は人によって異なる．刺激は一定以上の強さで提示されないと，感覚器官に感知されない．さらに，消費者が2つの刺激の差異を感知する能力（弁別閾）は，パッケージデザイン，製品サイズ，価格などをどのようにするかといった多くのマーケティング意思決定で考慮すべき要因の1つである．

5. **サブリミナル広告は，消費者に訴える方法として賛否両論があるが，概して効果は少ない．**

    いわゆるサブリミナル説得やそれに関連したテクニックは，閾値より下のレベルで視覚的・聴覚的なメッセージを伝えるものだが，こうした方法は論争の的になっている．サブリミナル説得が効果的であるという証拠は存在しないに等しいが，多くの消費者はマーケターがこのテクニックを使っていると信じ続けている．どの刺激が（閾値より上で）知覚されるかを決める要因には，刺激に露出される程度，それがどの程度注意を引きつけるか，どのように解釈されるか，などが含まれる．ますます混みあっているマーケティングコミュニケーション環境において，あまりにも多くのマーケティングメッセージが消費者の注意を引こうと競合するがゆえに，広告上の混乱が生じている．

6. **私たちが注意を向ける刺激をどのように解釈するかは，今までの学習パターンや経験から形成された期待に左右される．**

    私たちはある刺激を独立に認識するわけでない．私たちはそれを知覚体系化の法則に従って分類・整理するのである．「ゲシュタルト」，つまり全体的パターン

が，こうした法則を導く．特定のグルーピング法則には，閉合の法則，類似の法則，図と地の法則などがある．知覚プロセスの最後のステップは解釈である．ここではシンボルが，他者と共有される刺激の解釈を提供することで，その刺激がどのようなものであるかを理解する手助けをする．そうした象徴性が過去の経験とどの程度一致するかが，消費者の対象に対する意味解釈に影響を与える．

7. 記号論の分野は，マーケターが意味を創出するためにシンボルをどのように利用しているかを理解するのに役立つ．

　マーケターは，製品やサービスと望ましい属性との関係性を生み出すことによって，消費者とのコミュニケーションを図ろうとする．記号論的な分析では，刺激と記号の意味の対応関係が考察される．意図された意味は文字通りのものかもしれないし（例えば，親子連れが歩いている絵が描かれた道路標識のような図形記号），それが共有される特徴に基づくものであれば，指標的なものかもしれない（例えば，「止まれ」の標識の赤は危険を意味する）．また，慣習や社会構成員による合意によってその意味が共有されるシンボルを通じて，ある意味が伝えられることもある（「止まれ」の標識が逆三角形で，「車両通行止め」の標識が円形など）．マーケターが生み出した関連性が1人歩きを始め，偽物をあたかも本物のように消費者が信じ込むようになることがある．こうした状態はハイパーリアリティーと呼ばれる．

キーワード

アイコン（icon）　93
インデックス（index）　93
ヴェーバーの法則（Weber's Law）　71
エンベッド（embeds）　77
黄金のトライアングル（golden triangle）　85
オーディオ・ウォーターマーキング（audio watermarking）　66
音象徴（sound symbolism）　66
解釈（interpretation）　86
解釈項（interpretant）　93
快楽的消費（hedonic consumption）　57
拡張現実（AR）（augmented reality）　73
感覚（sensation）　56
感覚的シグネチャー（sensory signature）　60
感覚の過負荷（sensory overload）　80
感性工学（Kansei enginieering）　68
記号（sign）　93
記号論（semiotics）　93
逆プロダクト・プレイスメント（reverse product placement）　95
経験（experience）　83
ゲシュタルト（Gestalt）　90
行動プライシング（behavioral pricing）　72
五感マーケティング（sensory marketing）　59
コントラスト（contrast）　84
サブリミナル知覚（subliminal perception）　76
参照価格（reference price）　72
順応（adaptation）　83
触覚（haptic）　67
シンボル（symbol）　94
スキーマ（schema）　87
図と地の原理（figure-ground principle）　91
精神の経済（psychic economy）　82
精神物理学（psychophysics）　70
絶対閾（absolute threshold）　71
対象（object）　93
知覚（perception）　56
知覚的防御（perceptual defense）　83
知覚の選択性（perceptual selection）　82
知覚フィルター（perceptual filters）　83
知覚的警戒（perceptual vigilance）　83

注意（attention）　80
丁度可知差異（just noticeable difference）　71
トレードドレス（trade dress）　63
ナチュラル・ユーザー・インターフェイス（natural user interface）　68
ハイパーリアリティー（hyperreality）　94
プライミング（priming）　87
ブランドネームの刷り込み（brand-name imprinting）　87
閉合原理（closure principle）　90
弁別閾（differential threshold）　71
ポジショニング戦略（positioning strategy）　95
マルチタスキング（multitasking）　80
リッチメディア（rich media）　81
類似の原理（principle of similarity）　90
露出（exposure）　70

復習

1. 快楽的消費を定義し，その例を1つ挙げなさい．
2. パッケージのサイズは，食べる量に影響を与えるだろうか？　例を1つ挙げて説明しなさい．
3. 触感は消費者の製品への反応にどのような影響を与えるだろうか？
4. 知覚の3段階のプロセスについて説明しなさい．
5. 絶対閾と弁別閾の違いは何か？
6. サブリミナル知覚は効果があるか？　その理由は？
7. 「消費者は一種の精神的経済性を実践している」．この意味は？
8. 刺激への順応をもたらす2つの要因を説明しなさい．
9. 「スキーマ」を定義し，この概念がどのようにマーケティングと関係するかについて例を1つ挙げなさい．
10. 「全体は部分の総和より大きい」というフレーズは何を意味するかを説明しなさい．
11. マーケティング・メッセージの3つの記号学的要素を説明し，それぞれ1つずつ例を挙げなさい．
12. ハイパーリアリティーとは何か？　この章で紹介された以外の例を1つ挙げなさい．また，この概念は拡張現実と何が異なるのか？
13. ポジショニング戦略とは何か？　マーケターが製品のポジショニングをする方法をいくつか挙げなさい．

討議と応用

■ 討論せよ

1. 多くの研究によって，五感による感知能力は年齢を増すにつれて衰えることが分かっている．高年齢層をターゲットにしたいと考えるマーケターにとって，絶対閾はどのような示唆があるかを討論しなさい．
2. サブリミナル説得が消費者に有意な影響を与えると仮定する場合，あなたはこれらのテクニックを使用することを倫理的にどう思うか？　また，なぜそのように思うかを説明しなさい．
3. あなたは，マーケターには製品メッセージを発するために公共の場所を使う権利があると考えるか？　使用禁止にすべき場所や製品があるとしたら，どこでその線引きをするのが適切と考えるか？
4. ハリウッド映画『ゴジラ』（1998年版）のスローガンは「大きさがものをいう」だった．これはアメリカの消費ライフスタイルのスローガンにもすべきだろうか？　多くのマーケターがそれを信じているようだ．ファウンテン式のソフトドリンクの平均サイズは350ccから590ccになった．ある業界コンサルタントは，950ccの特大サイズが人気を博すように

なったのは,「人は手に何か大きなものを持つことを好むからで,大きいほどいい」と考えるからだと説明している.ハーディーズの「モンスター・バーガー」は,ビーフパテ2枚とベーコン5枚を使い,脂肪分63グラムでカロリーは1,000カロリーを超える.テレビの画面サイズの標準は,以前は19インチだったが,今では32インチで,まだまだ大きくなりそうだ.また,図体の大きいSUV車が,小さなスポーツカーに取って代わり,新時代のステイタス車となっている.大きいものに引かれるのはなぜなのだろう.これはアメリカだけに見られる特徴なのだろうか? あなたは「大きいことは良いことだ」と考えるか? これは堅実なマーケティング戦略だろうか?

5. 組み立て玩具のプレイモービルは,警察署や病院のような現実世界の舞台を再現している.「セキュリティチェック・ポイント」と呼ばれるシリーズは,武装した空港の警備員,金属探知機,X線スクリーニングなどのミニチュア模型をそろえている.このような玩具に抗議する親もいて,アマゾンドッドコムに次のようなコメントを書き込んだ.「私はプレイモービルが州安全局の命令には無条件で従わないといけないことを子どもに教えようとする試みに称賛を送ります.しかし,残念ながら,この製品はその役割を果たすことはできません.うちの子どもジョシュには,人々を捜査し,スタンガンで威嚇し,拘束する小さな茶色のフィギュアがありませんから」.これに対してプレイモービル社の重役はこのようにコメントした.「プレイモービルの玩具が前提としているのは,遊びを通して子どもたちを現実になじませるということです.子どもをはじめて飛行機に乗せて,ニュージャージーからフロリダの祖父母を訪ねるといくうときには,『空港ターミナルはこういうところよ.ここに着いたら,靴を脱いでセキュリティを通らなければならないの』と言うことができるでしょう」[98].玩具メーカーは,現実と遊びの間のどこに線を引くべきだろうか?

6. 拡張現実のアプリケーションは,洗練の極みに達した.近いうちにスマートフォンの画面を通じてほとんどすべてを観察できるようになるかもしれない.あなたはこれをポジティブな発展とみなすか,それともネガティブな問題だとみなすか?

■ 応用せよ

1. 男性と女性の友人それぞれ3〜5人にインタビューし,男性用香水と女性用香水についてたずねて,それぞれの製品について知覚マップを作成しなさい.その知覚マップに基づいて,現在の製品提供で適切にカバーされていない領域があるかどうかを考えてみよう.また,調査協力者たちがどのような基準で香水を評価し,特定のブランドをそれらの基準に沿ってどのように位置づけているかについて男女差がみられるかを考察してみよう.

2. あるマーケターが,富裕層市場をターゲットにした新しいプレミアム・チョコレートのパッケージをデザインしようとしている.あなたがこのマーケターのコンサルタントだとしたら,パッケージの色,シンボル,グラフィックデザインといったパッケージ要素についてどのような提案をするか? また,そのような提案をする理由についても述べなさい.

3. 特定のブランドのパッケージがどのように変わってきたかを調べ,丁度可知差異に達しないような方法でパッケージデザインが徐々に変化した例を見つけなさ

い．
4. 特定の種類の製品（パソコン，香水，洗濯洗剤，運動シューズなど）を扱っているウェブサイトにいくつかアクセスし，それらのウェブサイトで用いられている色やデザインの原理を分析しなさい．どのサイトが「成功」し，どのサイトが失敗しているだろうか．また，その理由は？

最近の雑誌を見て，特にあなたの注意を引いた広告を1つ選び，なぜその広告に引きつけられたかを説明してみよう．
5. コントラストと新奇性の技法を使っている広告を探してみよう．それぞれの広告の効果と，これらの技法がターゲットとしている消費者に適したものかどうかについて自分の意見を述べなさい．

参考文献

1. ニッスイ PR 紙 GLOBAL「食の禁忌」(http://www.nissui.co.jp/academy/eating/02/eating_vol02.pdf).
2. http://www.universalorlando.com/Theme_Parks/Universal_Studios_Orlando/Attractions/fear_factor_live.aspx, accessed March 28, 2011; Nat Ives, "Putting Some Terror in Family Outings," *New York Times* (January 17, 2005), www.nytimes.com, accessed January 17, 2005.
3. Ryan S. Elder and Aradhna Krishna (2010), "The Effects of Advertising Copy on Sensory Thoughts and Perceived Taste," *Journal of Consumer Research* 36, no. 5, 748-56.
4. Glenn Collins, "Owens-Corning's Blurred Identity," *New York Times* (August 19, 1994): D4.
5. Elizabeth C. Hirschman and Morris B. Holbrook, "Hedonic Consumption: Emerging Concepts, Methods, and Propositions," *Journal of Marketing* 46 (Summer 1982): 92-101.
6. Virginia Postrel, "The New Trend in Spending," *New York Times* (September 9, 2004), www.nytimes.com, accessed September 9, 2004.
7. Emily Cadei, "Cleaning Up: S. F. Duo Putting a Shine on Its Product Line," *San Francisco Business Times Online Edition* 17, no. 16 (December 6, 2002).
8. Martin Reimann, Judith Zaichkowsky, Carolin Neuhaus, Thomas Bender, and Bernd Weber, "Aesthetic Package Design: A Behavioral, Neural, and Psychological Investigation," *Journal of Consumer Psychology* 20 (2010): 431-41.
9. Adam Bryant, "Plastic Surgery at AmEx," *Newsweek* (October 4, 1999): 55.
10. Amitava Chattopadhyay, Gerald J. Gorn, and Peter R. Darke, *Roses Are Red and Violets Are Blue—Everywhere? Cultural Universals and Differences in Color Preference among Consumers and Marketing Managers* (unpublished manuscript, University of British Columbia, Fall 1999); Joseph Bellizzi and Robert E. Hite, "Environmental Color, Consumer Feelings, and Purchase Likelihood," *Psychology & Marketing* 9 (1992): 347-63; Ayn E. Crowley, "The Two-Dimensional Impact of Color on Shopping," *Marketing Letters* 4 (January 1993); Gerald J. Gorn, Amitava Chattopadhyay, and Tracey Yi, *Effects of Color as an Executional Cue in an Ad: It's in the Shade* (unpublished manuscript, University of British Columbia, 1994).
11. Pam Belluck, "Reinvent Wheel? Blue Room. Defusing a Bomb? Red Room," *New York Times* (February 5, 2009), www.nytimes.com, accessed February 5, 2009.
12. Mark G. Frank and Thomas Gilovich, "The Dark Side of Self and Social Perception: Black Uniforms and Aggression in Professional Sports," *Journal of Personality & Social Psychology* 54 (1988): 74-85.
13. Pamela Paul, "Color by Numbers," *American Demographics* (February 2002): 31-36.
14. Paulette Thomas, "Cosmetics Makers Offer World's Women an All-American Look with Local Twists," *Wall Street Journal* (May 8, 1995): B1.
15. Marc Gobé, *Emotional Branding: The New Paradigm for Connecting Brands to People* (New York: Allworth Press, 2001).
16. Dirk Olin, "Color Cognition," *New York Times* (November 30, 2003), www.nytimes.com, accessed November 30, 2003.
17. "Ny Emballage og Ny Navn Fordoblede Salget," *Markedsforing* 12 (1992): 24. Adapted from Michael R. Solomon, Gary Bamossy, and Soren Askegaard, *Consumer Behavior: A European*

Perspective, 2nd ed. (London: Pearson Education, 2001).

18. Meg Rosen and Frank Alpert, "Protecting Your Business Image: The Supreme Court Rules on Trade Dress," *Journal of Consumer Marketing* 11 (1994): 50-55.

19. Excerpted from http://www.pantone.com/pages/MYP_mypantone/mypInfo.aspx?ca575&pg520875, accessed March 27, 2011.

20. Ana Teriz, "Smells like Celeb Spirit," *BrandChannel* (October 29, 2010), http://www.brandchannel.com/home/post/2010/10/29/Smells-like-Celeb-Spirit.aspx, accessed March 27, 2011.

21. Deborah J. Mitchell, Barbara E. Kahn, and Susan C. Knasko, "There's Something in the Air: Effects of Congruent or Incongruent Ambient Odor on Consumer Decision-Making," *Journal of Consumer Research* 22 (September 1995): 229-38; for a review of olfactory cues in store environments, see also Eric R. Spangenberg, Ayn E. Crowley, and Pamela W. Henderson, "Improving the Store Environment: Do Olfactory Cues Affect Evaluations and Behaviors?" *Journal of Marketing* 60 (April 1996): 67-80.

22. Krishna Aradhna, May O. Lwin and Maureen Morrin (2010), "Product Scent and Memory," *Journal of Consumer Research* 37, no. 1, 57-67.

23. 「トレンド・フォーカス"香り系柔軟剤"ブーム過熱！自分でブレンドする時代に!?」『日経トレンディNET』2013年7月1日（rendy.nikkeibp.co.jp/article/pickup/20130628/1050402/).

24. "Lithuania Launches National Perfume," *Newstalk ZB/ONE News* (January 5, 2011), http://tvnz.co.nz/world-news/lithuania-launches-national-perfume-3992387, accessed March 27, 2011.

25. Emily Bryson York, "Make Your Man a Flamer, Mmmmmmm. Fresh Meat," *Advertising Age* (December 15, 2008), http://adage.com/adages/post?article_id5133264, accessed December 15, 2008.

26. Pam Scholder Ellen and Paula Fitzgerald Bone, "Does It Matter if It Smells? Olfactory Stimuli as Advertising Executional Cues," *Journal of Advertising* 27 (Winter 1998): 29-40.

27. Jack Hitt, "Does the Smell of Coffee Brewing Remind You of Your Mother?" *New York Times Magazine* (May 7, 2000): 73-77.

28. Quoted in Julie Jargon, "At Starbucks, It's Back to the Grind," *Wall Street Journal* (June 17, 2009), online at wsj.com/article/SB124517480498919731.html, accessed June 17, 2009.

29. Maxine Wilkie, "Scent of a Market," *American Demographics* (August 1995): 40-49.

30. Nicholas Wade, "Scent of a Man Is Linked to a Woman's Selection," *New York Times* (January 22, 2002), www.nytimes.com, accessed January 22, 2002.

31. Newman, Kara, "How to Sell with Smell," *Business 2.0* (April 2007): 36.

32. Quoted in Sheila Shayon, "World Cup Winner: Coca-Cola for Sonic Branding," *BrandChannel* (July 12, 2010), http://www.brandchannel.com/home/post/2010/07/12/Coca-Cola-World-Cup-Wavin-Flag.aspx, accessed March 28, 2011.

33. Bruce G. Vanden Bergh, Janay Collins, Myrna Schultz, and Keith Adler, "Sound Advice on Brand Names," *Journalism Quarterly* 61, no. 4 (1984): 835-40; Eric Yorkston and Geeta Menon, "A Sound Idea: Phonetic Effects of Brand Names on Consumer Judgments," *Journal of Consumer Research* 31 (June 2004): 43-51; Keith S. Coulter and Robin A. Coulter, "Small Sounds, Big Deals: Phonetic Symbolism Effects in Pricing," *Journal of Consumer Research* 37, no. 2 (2010): 315-28.

34. "You Can Look—But Don't Touch," *Science Daily* (January 20, 2009), www.sciencedaily.com, accessed January 30, 2009; Joann Peck and Suzanne B. Shu, "The Effect of Mere Touch on Perceived Ownership," *Journal of Consumer Research* 36, no. 3 (2009): 434-47.

35. Sarah Ellison and Erin White, "'Sensory' Marketers Say the Way to Reach Shoppers Is the Nose," *Advertising Age* (November 24, 2000): 1-3.

36. Jacob Hornik, "Tactile Stimulation and Consumer Response," *Journal of Consumer Research* 19 (December 1992): 449-58.

37. Joan Meyers-Levy, Rui (Juliet) Zhu, and Lan Jiang, "Context Effects from Bodily Sensations: Examining Bodily Sensations Induced by Flooring and the Moderating Role of Product Viewing Distance," *Journal of Consumer Research* 37, no. 1 (2010), 1-14.

38. J. Peck and T. L. Childers, "Individual Differences in Haptic Information Processing: The 'Need for Touch' Scale," *Journal of Consumer Research* 30, no. 3 (2003): 430-42.

39. Material adapted from a presentation by Glenn H. Mazur, QFD Institute, 2002.
40. Joseph B. White, "Taller in the Saddle: Higher Driver's Seats in Sedans Are Effort to Appeal to Fans of SUVs and Minivans," *Wall Street Journal* (August 23, 2004), www.wsj.com, accessed August 23, 2004.
41. Claire Cain Miller, "To Win over Users, Gadgets Have to Be Touchable," *New York Times* (September 1, 2010), http://www.nytimes.com/2010/09/01/technology/01touch.html?_r51&emc5tnt&tntemail05y, accessed March 27, 2011.
42. John Tagliabue, "Sniffing and Tasting with Metal and Wire," *New York Times* (February 17, 2002), www.nytimes.com, accessed February 17, 2002.
43. Michael W. Allen, Richa Gupta, and Arnaud Monnier, "The Interactive Effect of Cultural Symbols and Human Values on Taste Evaluation," *Journal of Consumer Research* 35 (August 2008): 294-308.
44. Becky Gaylord, "Bland Food Isn't So Bad—It Hurts Just to Think about This Stuff," *Wall Street Journal* (April 21, 1995): B1.
45. Dhruv Grewal and Larry D. Compeau, "Consumer Responses to Price and Its Contextual Information Cues: A Synthesis of Past Research, a Conceptual Framework, and Avenues for Further Research," *Review of Marketing Research* 3 (2007): 109-31; Kent B. Monroe, *Pricing: Making Profitable Decisions*, 3rd ed. (New York: McGraw-Hill, 2003); Dhruv Grewal, Kent B. Monroe, and R. Krishnan, "The Effects of Price Comparison Advertising on Buyers' Perceptions of Acquisition Value and Transaction Value," *Journal of Marketing* 62 (April 1998): 46-60.
46. William B. Dodds, Kent B. Monroe, and Dhruv Grewal, "Effects of Price, Brand, and Store Information on Buyers' Product Evaluations," *Journal of Marketing Research* 28 (August 1991): 307-19; Merrie Brucks, Valerie Zeithaml, and Gillian Naylor, "Price and Brand Name as Indicators of Quality Dimensions of Consumer Durables,"*Journal of the Academy of Marketing Science* 28, no. 3 (2000): 359-74.
47. Larry D. Compeau and Dhruv Grewal, "Adding Value by Communicating Price Deals Effectively: Does It Matter How You Phrase It?," *Pricing Strategy and Practice: An International Journal* 2, no. 2 (1994): 28-36.
48. Joel E. Urbany, William O. Bearden, and Don C. Weilbaker, "The Effect of Plausible and Exaggerated Reference Prices on Consumer Perceptions and Price Search,"*Journal of Consumer Research* 15 (1998): 95-110.
49. Larry D. Compeau and Dhruv Grewal, "Comparative Price Advertising: An Integrative Review," *Journal of Public Policy & Marketing* 17 (Fall 1998): 257-73; Dhruv Grewal and Larry D. Compeau, "Pricing and Public Policy: A Research Agenda and an Overview," *Journal of Public Policy & Marketing* 18 (Spring 1999): 3-10.
50. Larry D. Compeau, Dhruv Grewal, and Diana S. Grewal, "Adjudicating Claims of Deceptive Advertised Reference Prices: The Use of Empirical Evidence," *Journal of Public Policy & Marketing* 13 (Fall 1994): 312-18; Dhruv Grewal and Larry D. Compeau, *Journal of Public Policy and Marketing: Special Issue on Pricing and Public Policy* 18 (Spring 1999), Chicago, IL: American Marketing Association. Also see www.bbb.org/membership/codeofad.asp#Comparative%20Price and www.ftc.gov/bcp/guides/decptprc.htm for guidelines on use of reference prices.
51. Ellen Byron, "Selling Detergent Bottles' Big Shrink Suds Makers' Challenge: Convince Consumers Less Isn't Really Less," *Wall Street Journal* (May 21, 2007), www.wsj.com, accessed May 21, 2007.
52. Stephanie Clifford and Catherine Rampell, quoted in "Food Inflation Kept Hidden in Tinier Bags," *New York Times* (March 28, 2011), http://www.nytimes.com/2011/03/29/business/29shrink.html?pagewanted5all accessed March 29, 2011.
53. Bob Teheschi, "Seeing the World around You through Your Phone," *New York Times* (July 28, 2010), http://www.nytimes.com/2010/07/29/technology/personaltech/29smart.html?emc5tnt&tntemail05y, accessed March 28, 2011.
54. 「ARで100種のメガネをバーチャル試着 Zoff 新サービス」『Fashionsnap.com』(http://www.fashionsnap.com/news/2011-05-09/zoff-mirror/).
55. Patricia Odell, "Chevy Puts a New Spin on an Old Model," *PROMO* (January 10, 2011), http://promomagazine.com/news/chevy-new-old-model-0110/, accessed March 28, 2011.
56. Matthew Szymczyk, "Digital Marketing Guide: Augmented Reality," *Advertising Age* (February

27, 2011), http://adage.com/article/special-report-digital-marketing-guide/digital-marketing-guide-augmented-reality/149109/, accessed March 28, 2011.
57. Michael Lev, "No Hidden Meaning Here: Survey Sees Subliminal Ads," *New York Times* (May 3, 1991): D7.
58. "ABC Rejects KFC Commercial, Citing Subliminal Advertising," *Wall Street Journal* (March 2, 2006), www.wsj.com, accessed March 2, 2006.
59. Andrew B. Aylesworth, Ronald C. Goodstein, and Ajay Kalra, "Effect of Archetypal Embeds on Feelings: An Indirect Route to Affecting Attitudes?," *Journal of Advertising* 28, no. 3 (Fall 1999): 73-81.
60. Philip M. Merikle, "Subliminal Auditory Messages: An Evaluation," *Psychology & Marketing* 5, no. 4 (1988): 355-72.
61. Joel Saegert, "Why Marketing Should Quit Giving Subliminal Advertising the Benefit of the Doubt," *Psychology & Marketing* 4 (Summer 1987): 107-20; see also Dennis L. Rosen and Surendra N. Singh, "An Investigation of Subliminal Embed Effect on Multiple Measures of Advertising Effectiveness," *Psychology & Marketing* 9 (March-April 1992): 157-73; for a more recent review, see Kathryn T. Theus, "Subliminal Advertising and the Psychology of Processing Unconscious Stimuli: A Review of Research," *Psychology & Marketing* (May-June 1994): 271-90.
62. Joseph Burris, "Plugged-in Generation Multi-Tasking Big Time," *Baltimore Sun* (February 17, 2010), http://articles.baltimoresun.com/2010-02-17/features/bal-md.pa.kids17feb17_1_cell-phones-multi-tasking-parental-controls, accessed May 5, 2011.
63. Sharon Waxman, "At an Industry Media Lab, Close Views of Multitasking," *New York Times* (May 15, 2006). http://www.nytimes.com/2006/05/15/technology/15research.html, accessed August 22, 2011.
64. Matt Richtel, "Attached to Technology and Paying a Price," *New York Times* (June 6, 2010), http://www.nytimes.com/2010/06/07/technology/07brain.html?pagewanted51, accessed April 17, 2011.
65. 「日産のネット連動テレビCM，CMスキップ防ぐ効果も」『日経デジタルマーケティング』2013年2月21日（http://business.nikkeibp.co.jp/article/nmgp/20130220/244001/）.
66. Stuart Elliott, "Trying to Keep the Viewers When the Ads Come On," *New York Times* (May 14, 2007), www.nytimes.com, accessed May 14, 2007.
67. 日経ネットマーケティング 2007年11月8日「KDDI，サンスター，P&Gの先端事例から解く「リッチメディア」活用のポイント～NET Marketing Forum 2007 Fall ～」http://business.nikkeibp.co.jp/article/nmg/20071108/140094/?P=1
68. Lee Gomes, "As Web Ads Grow, Sites Get Trickier about Targeting You," *Wall Street Journal* (May 9, 2007): B1.
69. 「貞子："大増殖"で渋谷をジャック！ スクランブル交差点に50体出現で街は騒然」毎日新聞デジタル，2012年5月6日（http://mantan-web.jp/2012/05/06/20120506dog00m200002000c.html）.
70. "Court Orders Bagpipes for Noise Violations," *Montgomery Advertiser* (March 6, 1999): 1A.
71. Theodore J. Noseworthy, June Cotte, and Seung Hwan (Mark) Lee, "The Effects of Ad Context and Gender on the Identification of Visually Incongruent Products," *Journal of Consumer Research* (August 2011, in press), published online January 24, 2011.
72. Rik Pieters, Michel Wedel, and Rajeev Batra, "The Stopping Power of Advertising: Measures and Effects of Visual Complexity," *Journal of Marketing* 74 (September 2010): 48-60.
73. Roger Barton, *Advertising Media* (New York: McGraw-Hill, 1964).
74. Suzanne Oliver, "New Personality," *Forbes* (August 15, 1994): 114.
75. Adam Finn, "Print Ad Recognition Readership Scores: An Information Processing Perspective," *Journal of Marketing Research* 25 (May 1988): 168-77.
76. Gerald L. Lohse, "Consumer Eye Movement Patterns on Yellow Pages Advertising," *Journal of Advertising* 26 (Spring 1997): 61-73.
77. Chris Sherman (March 8, 2005). A New F-Word for Google Search Results, *Search Engine Watch*, Available online: http://searchenginewatch.com/3488076, accessed June 29, 2010.
78. Michael R. Solomon and Basil G. Englis, "Reality Engineering: Blurring the Boundaries Between Marketing and Popular Culture," *Journal of Current Issues & Research in Advertising* 16, no. 2 (Fall 1994): 1-18; Michael

McCarthy, "Ads Are Here, There, Everywhere: Agencies Seek Creative Ways to Expand Product Placement," *USA Today* (June 19, 2001): 1B.
79. Linda Stern, "Bigger Than at Times Square," March 24, 2008, www.newsweek.com.
80. Stephanie Clifford, "Billboards That Look Back," *New York Times* (May 31, 2008), www.nytimes.com, accessed May 31, 2008.
81. Benedict Carey, "Liked the Show? Maybe It Was the Commercials," *New York Times* (March 2, 2009), http://topics.nytimes.com/topics/reference/timestopics/people/c/benedict_carey/index.html, accessed March 3, 2009.
82. Nicholas Bakalar, "If It Says McDonald's, Then It Must Be Good," *New York Times* (August 14, 2007), www.nytimes.com, accessed August 14, 2007.
83. Robert M. McMath, "Image Counts," *American Demographics* (May 1998): 64.
84. 「日清食品／日清カップヌードルごはん　ブランドが作った常識をブランドで壊す」『NIKKEI DESIGN』11月号, pp.30-33.
85. Xiaoyan Deng and Barbara E. Kahn, "Is Your Product on the Right Side? The 'Location Effect' on Perceived Product Heaviness and Package Evaluation," *Journal of Marketing Research* (December 2009). Vol. 46, No. 6, pp. 725-738.
86. Pankaj Aggarwal and Ann L. McGill, "Is That Car Smiling at Me? Schema Congruity as a Basis for Evaluating Anthropomorphized Products," *Journal of Consumer Behavior* 34 (December 2007): 468-79.
87. Anthony Ramirez, "Lessons in the Cracker Market: Nabisco Saved New Graham Snack," *New York Times* (July 5, 1990): D1.
88. 「マキロン虫さされ関連3製品をリニューアル新発売」山之内製薬ニュースリリース, 2001年4月9日（http://www.astellas.com/jp/corporate/news/yamanouchi/010409.html）.
89. Albert H. Hastorf and Hadley Cantril, "They Saw a Game: A Case Study," *Journal of Abnormal & Social Psychology* 49 (1954): 129-34; see also Roberto Friedmann and Mary R. Zimmer, "The Role of Psychological Meaning in Advertising," *Journal of Advertising* (1988): 31-40.
90. Benedict Carey, "Knowing the Ingredients Can Change the Taste," *New York Times* (December 12, 2006), www.nytimes.com, accessed December 12, 2006.
91. See David Mick, "Consumer Research and Semiotics: Exploring the Morphology of Signs, Symbols, and Significance," *Journal of Consumer Research* 13 (September 1986): 196-213.
92. Teresa J. Domzal and Jerome B. Kernan, "Reading Advertising: The What and How of Product Meaning," *Journal of Consumer Marketing* 9 (Summer 1992): 48-64.
93. Steven Heller, "A Makeover for the Starbucks Mermaid," *New York Times* (January 8, 2011), http://www.nytimes.com/2011/01/09/weekinreview/09heller.html?_r51&scp52&sq5starbucks&st5cse, accessed March 27, 2011.
94. Gabriel Kahn, "Chinese Characters Are Gaining New Meaning as Corporate Logos," *Wall Street Journal Interactive Edition* (July 18, 2002).
95. Dexter Dining Room and Kitchen, *Metropolitan Home* (March 2009), www.metropolitanhome.com, accessed January 27, 2009.
96. 「現実のステージ上に降臨した"電子の歌姫"初音ミク　現実世界にデジタル・キャラクターが登場する新エンタテインメント1」『日経ビジネスオンライン』2012年4月4日（http://business.nikkeibp.co.jp/article/life/20120329/230361/?P=1）.
97. NHKニュース「おはよう日本」2013年10月20日放送.
98. Adam Newman, "Playmobil Finds Fun in the Police State," *New York Times* (February 15, 2009), www.nytimes.com, accessed February 15, 2009.

第3章　学習と記憶

この章の目的	本章を通じて、以下のことを理解しよう：
	1. 消費者がどのように製品やサービスについて学ぶのかを理解することは重要である．
	2. 条件づけは学習につながる．
	3. ブランドに関する学習された連想は，他の製品にも適用される．なぜこのことがマーケターにとって重要なのか．
	4. 古典的条件づけと道具的条件づけには違いがある．どちらのプロセスも消費者が製品について学ぶ助けになる．
	5. 私たちは他人の行動を観察することで，製品について学ぶ．
	6. 脳はブランドについての情報を処理し，それらを記憶に保持する．
	7. ある製品から連想される別の製品は，当該製品をどのように記憶するかに影響を与える．
	8. 製品は私たちの過去の記憶を取り戻す助けになる．
	9. マーケターは，消費者の製品や広告に関する記憶を測定する．

　ああ，日曜の朝がきた！　太陽が輝き，鳥がさえずり，ケンイチは気分が乗っている！　というのも，長い海外勤務で参加できなかった大学の同窓会に20年ぶりに出るからだ．久しぶりに卒業アルバムを開くと，今まで忘れていた昔の思い出がひとつふたつと蘇ってくる．ふと懐かしくなったケンイチは押入れの中から埃まみれになっているMDプレイヤーを取り出し，再生ボタンを押してみた．ZOOの「Choo Choo TRAIN」が流れる．すると，ぼんやりとスキーキャンプに行って，友達と騒ぎ，笑い話で夜を明かした思い出が蘇ってくる．何か他のものはないか探してみると，使い古した「ポケットベル」が押入れの片隅に転がっていた．懐かしい．ケンイチは，はじめてポケベルを使ったときの驚きと感動を思い起こした．しかし，思い出したくない悲しい記憶も蘇ってくる．待ち合わせ場所に一向に現れない彼女からポケベルに入ってきたメッセージ．それは「8181（バイバイ）」だった．

学習の目的 1
消費者がどのように製品やサービスについて学ぶのかを理解することは重要である．

学習

　ケンイチが時間を超えた旅をするときには，多くの製品の助けを借りる．それらが昔のことを思い出させてくれる効果があるからだ．アメリカのペプシコ社は 2011 年にコーンシロップではなくサトウキビを原料とするペプシコーラの復刻版を期間限定で発売した．ペプシコ社のマーケティング担当者は復刻版についてこのように説明している．「レトロな製品は 20 代の若者には非常にクールに見えるのです．よりシンプルで，より自分らしい生活という彼らの望みと調和するからです．若者の多くは Facebook，Instagram，Twitter などのソーシャルメディアを通して自分のアイデンティティを確立することに熱心で，ノスタルジアを差異化の 1 つの手段とみているのです」[1]．日本の江崎グリコ社は，地域限定商品やオリジナルグッズを取り扱う全国の「ぐりこ・や」で昭和の懐かしさを思い起こさせる「ビスコ」「プリッツ」「ワンタッチカレー」の復刻版を発売している．

　マーケターは，ケンイチの例が示しているような製品と記憶との長期に及ぶ結びつきが，ブランド・ロイヤルティを構築し維持するための極めて有効な方法だと理解している．この章では，感情，出来事，製品についての経験に基づく連想――そしてそれらが喚起する記憶――が，なぜ消費者行動の重要な要素になるのかを学んでいく．

　学習（learning）は，経験によって引き起こされる行動上の恒常的変化である．学習者は必ずしも直接自分で経験する必要はなく，他人に影響を与える出来事を観察することからも学べる[2]．努力しなくても学べることさえある．例えば，私たちは多くのブランドネームを認識し，多くの CM ソングを歌うことができるが，個人的にその製品を使っているとは限らない．この偶然であり意図していない知識の獲得は，**偶発的学習**（incidental learning）と呼ばれている．

　学習は継続的なプロセスである．私たちの世の中についての知識は，新しい刺激にさらされ，継続的にフィードバックを受け取ることで，常にアップデートされていく．それによって，あとから同様の状況に自分が置かれたときの行動を変化させることができる．学習という概念は多くの領域をカバーする．製品のロゴ（例：コカ・コーラ）などの刺激と，それへの反応（例：清涼飲料水）のような単純な連想から，複雑な一連の認知的行動（例：消費者行動について学んだ内容をレポートに書く）まで，さまざまである．

　学習について研究している心理学者は，学習プロセスを説明するいくつかの理論を提

コピー：**すべてのものはすぐ時代遅れになります．アップデートしてください．**

あるブラジル企業がノスタルジックなイメージを使って，ハイテク製品（ソーシャルメディア上でのセミナー）を宣伝している．

出典：MaxiMidia 提供．

示している．これらの理論は，刺激と反応の単純な関係に注目したもの（「行動学習理論」）から，消費者を，他人の言動を観察して抽象的な規則や概念を学ぶ，複雑な問題の解決者とみなす見解（「認知学習理論」）まで幅広い．マーケターにとっても，こうした理論を理解することは重要である．それは，基本的な学習の原理が，多くの消費者の購買決定に中心的役割を果たすからである．

学習の目的 2
条件づけは学習につながる．

行動学習理論

　行動学習理論（behavioral learning theories）は，学習が外部環境で発生する事象への反応の結果として起こることを前提としている．この見解を支持する心理学者は，内なる思考プロセスには注目しない．その代わりに，心を「ブラックボックス」とみなし，行動という観察可能な側面を強調する．観察可能な側面は，ボックスの中に入るもの（外部世界から知覚される刺激や事象）と，ボックスから出てくるもの（こうした刺激への反応）から成る．

　この見解を代表する学習への 2 つの主要なアプローチが，「古典的条件づけ」と「道具的条件づけ」である．行動学習理論に従えば，生活の中で受け取るフィードバックが，私たちの経験を形作る．同様に，私たちがブランドネーム，におい，音楽，その他のマーケティング刺激に反応するのは，経験の積み重ねから学んだ連想のためである．人々は，

自分がとる行動が報酬や処罰につながることも学ぶ．このフィードバックが，将来同様の状況に置かれたときの反応に影響する．製品の選択をほめられた消費者は，そのブランドを再び購入する可能性が高くなる．反対に，新しいレストランで食事をして食中毒を起こした人は，将来そのレストランをひいきにする可能性は低くなる．

　古典的条件づけ（classical conditioning）は，反応を引き出す刺激が，もともとそれ自体では反応を引き出すことのない別の刺激と対になったときに生じる．こうした対提示を繰り返すことによって，私たちは第2の刺激を第1の刺激と関連づけるようになるため，第2の刺激は第1の刺激と同様の反応を引き起こすようになる．動物の消化作用を研究していたロシアの心理学者イワン・パヴロフが，最初にこの現象を犬の例を挙げて紹介した．パヴロフは中立的な刺激（ベルの音）と犬に唾液を分泌させる刺激（乾燥肉のパウダーを口の中に噴射）を対にして，古典的条件づけ学習を誘発した．この場合，肉パウダーは自然に反応を引き出すことができるため，**無条件刺激（UCS）**（unconditioned stimulus）と呼ばれる．そして，ベルの音はやがて**条件刺激（CS）**（conditioned stimulus）となる．ベルの音は，最初は唾液を分泌させる刺激ではなかったが，犬がベルの音から肉パウダーを連想することを学び，ベルの音を聞くだけで唾液を分泌するようになったのである．ベルの音を餌の時間と結びつけられるようになった犬が唾液を分泌することは，**条件反射（CR）**（conditioned response）と呼ばれる．

　パヴロフが例証したこの基本的な形の古典的条件づけは，主として自律神経系（例：唾液の分泌）や神経系（例：まばたき）によってコントロールされる反応に当てはまる．つまり，視覚的・嗅覚的な手掛かりによって，飢え，のどの渇き，性的興奮，その他の基本的な欲求が引き起こされる．マーケターがこうした手掛かりをブランドネームのような条件刺激と継続的に結びつけていると，消費者はこうしたブランド手掛かりに遭遇したときに，飢えや渇きや性欲を感じることを学ぶかもしれない．

　古典的条件づけは，より複雑な反応にも同様の効果をもたらすことができる．クレジットカードでさえ，条件づけの手掛かりになる．それは，お金を使う状況にだけ現れる刺激であることが大きな理由となって，もっとお金を使いたくさせるのである．消費者は，クレジットカードを使えばたくさん買い物ができることを学び，現金で支払いをするときよりチップの額も多くなる[3]．アメリカン・エキスプレスが「出かけるときは忘れずに」と思い出させるのもさほど不思議ではない．

反復

　条件づけの効果は，条件刺激（CS）と無条件刺激（UCS）が何度も繰り返しペアになったときに生じやすい[4]．繰り返し刺激にさらされること——**反復**（repetition）——が，刺激と反応の連想を強化し，こうした連想が記憶から薄れることを防ぐ．いくつかの研

コピー：あなたは100%の肉ではなく，その半分が化学的に加工されていることに気づいていなかった．自分にご褒美をあげよう「サーロイン！」で．

自己管理型の条件づけ？

出典：Jack in the Box 提供.

究では，刺激を受ける間隔が，マーケターが用いる媒体の種類と同じくらい，この戦略の効果に影響するかもしれないことが示されている．最も効果的な反復戦略は，テレビCMを印刷メディアで補うなど，メディアを交互に入れ替え，間隔を空けて刺激を与えることである(5)．

多くの古典的な広告キャンペーンは，製品のキャッチコピーを何度も繰り返し，消費者の心に刻み込むというものだった．もし条件刺激がたまにしか無条件刺激と対にならないとしたら，条件づけは生じないか，生じるとしてもそれにはより多くの時間がかかる．このような連想の欠如の結果が消滅（extinction）で，これは以前の条件づけの効果が弱まり，最後には消えてしまうときに生じる．例えば，ある製品が市場に出回りすぎたために，当初の魅力が失われたときなどが考えられる．特徴的なワニのワンポイントで有名なアイゾッド・ラコステ（Izod Lacoste）のポロシャツは，この消滅効果の好例だろう．以前は貴重だったワニのマークが，ベビー服をはじめ，数多くのアイテムに

使われるようになり，特別な意味を失った．そして，ラルフ・ローレンのポロプレイヤーなどの競争相手が，カジュアル・エレガンスのシンボルの座を巧みに奪い取った．現在，アイゾッドはロゴを多用しないように注意しているため，一部の消費者の間では「クール」なブランドとしての認識を取り戻しつつある．

刺激般化

　刺激般化（stimulus generalization）は，条件刺激に似た刺激が同様の条件反射を引き起こしやすい傾向のことを表わす．例えば，パヴロフはその後の研究で，犬たちは鍵をじゃらじゃらさせたときのようなベルと似た音を聞いただけで，よだれを垂らすことがあると気がついた．

　人は別の似たような刺激に対しても，もとの刺激に対するのと同じような反応を示す．この一般化はハロー効果（halo effect）と呼ばれる．どこかのドラッグストアのプライベートブランドのマウスウォッシュのボトルが，意図的に「リステリン」のものとよく似たデザインにしてあれば，消費者に「リステリン」と同様の反応を引き起こすかもしれない．この「類似」製品が，有名ブランドの製品と同じ特徴を持っていると考えるのである．実際，シャンプーのブランドについてのある調査では，消費者は類似したパッケージの製品を，質と機能の側面で，オリジナルブランドと同様に評価する傾向があった [6]．この「便乗」戦略は両刃の剣になる可能性がある．「類似」製品の質がオリジナルブランドのそれより劣ることが分かった消費者は，オリジナルブランドに対してより肯定的な感情を持つようになるかもしれない．しかし，両方の競合製品の質が同程度であると認識すれば，オリジナルブランドに割高な料金を払う価値はないと結論づけるかもしれない [7]．

刺激弁別

　刺激弁別（stimulus discrimination）は，無条件刺激が条件刺激と類似の刺激を伴わないときに生じる．これが起こると反応は弱まり，やがて消えてしまう．学習プロセスには，何かの刺激には反応し，別の類似の刺激には反応しないというものも含まれる．有名ブランドのメーカーは消費者に，期待される結果は得られないから「安い類似品」は買わないようにと促す．

学習の目的 3
ブランドに関する学習された連想は，他の製品にも適用される．なぜこのことがマーケターにとって重要なのか．

古典的条件づけ原理のマーケティングへの応用

　行動学習理論の原理は，多くの消費現象に当てはまる．例えば，明確なブランドイメージを創ったり，製品を潜在的ニーズに結びつけたりすることがそれである．なぜマールボロ，コカ・コーラ，リーボックなどの「完成した」ブランドネームが，消費者にこれほど大きな効果を与えるのか．それを説明するのが，無条件刺激から条件刺激への意味の転換である．「マールボロ・マン」とたばこの連想があまりに強力なため，マールボロ社は夕陽に向かって消えていくカウボーイを登場させる広告に，わざわざブランドネームを含めなくてよくなったほどだ．

　研究者が「無意味音節」（意味のない文字の組み合わせ）と「美」や「成功」のような意味のある言葉を対にすると，意味のない文字の綴りにそれらの意味が移る．このように，もとは意味のなかった言葉の象徴的重要性が変化することは，ごく単純な連想であっても複雑な意味を条件づけることができ，その学習効果は長時間持続しうることを示している[8]．これらの連想は，ブランド・エクイティ（brand equity）の創出と永続化を目的としたマーケティング戦略の多くにとって極めて重要である．これは，ブランドが消費者の記憶に強く肯定的な連想を与え，その結果として多くのロイヤルティを手に入れることを意味する[9]．

反復のマーケティングへの応用

　ある広告研究者が，3回を超えるマーケティング・コミュニケーションは無駄になると主張した．最初の露出で製品が認知され，2度目の露出で，消費者との関連性が示される．そして，3度目でその製品の便益を想起させる[10]．しかし，この必要最低限のアプローチでさえ，消費者が実際にメッセージを受け取り，それを処理するには，少なくとも3回の露出を繰り返す必要があることを示している．第2章で見たように，期待通りに消費者にメッセージが伝わるとは限らない．なぜなら，消費者は多くのマーケティング・コミュニケーションを遮断したり，歪めて受け取ったりする傾向があるからである．製品からの連想を条件づけしたいマーケターは，彼らのターゲットとする消費者の記憶に確実にメッセージを刷り込むためには，十分な回数だけその刺激にさらすようにしなければならない．

　しかし，いかに良いものであっても，度が過ぎるとうんざりすることもある．消費者

は同じマーケティング刺激を見聞きするのに慣れすぎて，注意を向けることをやめてしまうかもしれない．基本的なメッセージの提示法に変化をもたせることで，この**広告の消耗(advertising wear-out)** を避けることができる．トヨタはイギリスのバンド，ザ・フィクス（The Fixx）の 1983 年のヒット曲「Saved by Zero」の新たなバージョンを採用した CM を流し，自動車ローン金利をゼロにするというキャンペーンを実施した．しかし，1 万回近くもこの CM が流れたため，うんざりした視聴者が Facebook でトヨタに広告をやめさせることを求めるグループを組織した．メンバーの 1 人は次のような投稿をしている．「もっとひどい CM はいくらでもあったし，これくらいの回数流した CM もあった．だが，これほどひどい CM がこれほど何度も流されたことはかつてなかった」[11]．

条件づけによる製品連想のマーケティングへの応用

　広告は製品を肯定的な刺激と結びつけ，好ましい連想を生み出そうとすることが多い．音楽，ユーモア，イメージなど，広告メッセージのさまざまな側面が条件づけに影響を与えうる．例えば，ある研究では，万年筆の写真を楽しい音楽か不快な音楽かのどちらかを聞きながら見せられた被験者は，楽しい音楽と一緒に現われた万年筆を選ぶ傾向があった[12]．

　条件刺激と無条件刺激が提示される順序も学習に影響する．一般的には，マーケターは無条件刺激の前に条件刺激を提示するほうがよい．反対の「逆条件づけ」，例えば企業がベルを鳴らして（無条件刺激），次にソフトドリンクを見せる（条件刺激）ような場合は，概して効果がない[13]．条件づけが生じるためには連続的に刺激を与えることが望ましいため，古典的条件づけは変化の少ない状況下では効果を発揮しづらい．例えば，雑誌の広告では（テレビやラジオとは対照的に），マーケターは読者が受け取る条件刺激と無条件刺激の順番をコントロールすることができない．

　消滅のリスクがあるために古典的条件づけ戦略は，消費者が頻繁に目にする製品にはそれほど効果を期待できないかもしれない．条件刺激がそれに付随するという保証はないからである．ペプシのボトルと，炭酸飲料が注がれるときのさわやかな音の組み合わせは，条件づけの応用の好例のように思われるかもしれない．だが残念ながら，消費者はこの音を伴わない状況で製品を目にする機会があまりに多いため，それが条件づけ戦略の効果を引き下げることになる．

　同じ理屈によって，製品の広告は，よく知られた曲ではなく新しい曲と組み合わせた方が効果的である．なぜなら，消費者は製品を伴わない状況でもよく知られた曲を聞く機会が多いからである[14]．ミュージックビデオは，特に効果的な無条件刺激になりやすい．それは視聴者に感情的なインパクトを与えやすく，このようなミュージックビデオの効果が広告にも波及することが期待できるからである．

刺激般化のマーケティングへの応用

　消費者に既存のブランドや企業名への肯定的な連想を促すために行うブランディングやパッケージデザインでは，刺激般化のプロセスが中心になることが多い．例えば，強いスポーツチームを抱える大学を見れば，この種の結びつきの価値をはっきり理解できる．熱狂的なファンは，洋服から浴室用品まで，その大学の紋章の入った製品に飛びつく．アメリカでは，このようなビジネスは20年前には存在さえしなかった．当時の学校は自校のイメージを宣伝することをためらっていたからだ．テキサスA&M大学は，商標の保護申請をした草分け的な学校の1つだが，その理由は，誰かがこの大学の愛称「アギー（Aggie）」のロゴを拳銃の製品ラインに使ったからだった．現在では，状況は様変わりした．多くの大学の経営陣がトレーナー，コースター，さらには便座にまで学校のロゴを入れて，収益を上げようとしている．刺激般化に基づいたマーケティング戦略には次のようなものがある：

- ファミリーブランド（family branding）——多くの製品が評価の高い企業名にあやかっている．トヨタ，花王，サムスンなどの企業は，自社の肯定的なイメージを複数の製品ラインに使っている．
- 製品ラインの拡張（product line extension）——マーケターは既に確立されたブランドに関連製品を加えていく．果物を連想させるドール社は，冷蔵保存用ジュースとジュースバーにビジネスを拡大し，レーズンで知られるサンメイド社はレーズンパンを売り出した．銃器メーカーのスミス&ウェッソンは，自社ブランドの家具や家庭用

出典：Boomburg 提供（Getty Image より）．

プロクター&ギャンブル（P&G）はアメリカで新たにドライクリーニング事業に参入した．店舗名には人気商品となった洗濯洗剤の名をとって「タイド・ドライクリーナーズ」を使っている．P&Gは，80万を超えるFacebookユーザーのタイドファン（この人たちは，他には何に「いいね！」するのだろう？）と，普段からタイドを好んで利用している消費者が，クリーニングの際にもこのフランチャイズ店を選んでくれることを期待している．店舗内とドライクリーニング用の溶剤には，洗濯洗剤との結びつきを強調するために，タイドと同じ香りを使っている．

品を開発，スターバックスはジム・ビームと提携してスターバックス・コーヒーリキュールをつくった．一方，P＆Gは，布製品用の消臭スプレーの「ファブリーズ」ブランドで大当たりしたことから，新製品にどんどんこの名前をつけ，トイレ用の「ファブリーズ」や，車のエアコンの送風口に付ける「ファブリーズ クルマ イージークリップ」などを発表した[15]．

● ライセンス付与（licensing）——企業はしばしばよく知られた名前を「貸し出し」て，自社が築いた学習による連想づけが，別の種類の製品にも「刷り込まれる」ことを期待する．ウォルト・ディズニー・ジャパンはソフトバンクやNTTドコモと提携して，携帯電話事業を展開している[16]．「風防」ライターで長く知られるジッポ社は，男性用フレグランスをマーケティングしている[17]．

● 類似パッケージ（look-alike packaging）——特徴的なパッケージデザインは特定のブランドとの強い結びつきを築く．無印あるいはプライベートブランドをつくり，高品質のイメージを伝えたい企業は，よくこの結びつきを利用して，人気ブランドと似たような製品パッケージにする[18]．この戦略は消費者のもとのブランドの認知にどのように影響するのだろう？　ある調査結果によれば，類似ブランドで否定的な経験をすると，もとのブランドへの評価が「上がった」が，類似ブランドで肯定的な経験をすると，もとのブランドへの評価が下がるという逆の効果があった[19]．別の調査によれば，消費者は類似品が実際以上の質を誇大宣言しない限りは，こうした「コピーキャット（真似）・ブランド」に肯定的に反応する傾向がある[20]．

　もちろん，この戦略で類似ブランドがオリジナルにあまりに近づきすぎたときには，弁護士の仕事が大いに増えることになる．有名ブランドのマーケターは，自社のデザインとロゴを守ることに必死で，毎年，アメリカの多くの企業がいわゆる「ランハム法」（連邦商標法）違反を理由に訴訟を起こしているが，その勝敗は消費者の混乱（consumer confusion）の程度に左右される．ある企業のロゴ，製品，デザイン，パッケージが別の製品のものとあまりに似ている場合，普通の買い物客がそれを間違って買う可能性はどのくらいあるだろうか？　例えば，リーバイスはこれまで100以上のアパレルメーカーを訴えてきたが，その内容は，これらのメーカーがリーバイスの登録商標であるポケットのデザイン——飛んでいるかもめを五角形の枠で囲んでいる——や，縦の縫い目に縫い込んである特徴的なタグを模倣しているというものだった[21]．

　既にブランドイメージが確立されている企業は，自社のブランドの特徴を宣伝するときには刺激弁別を図ろうとする．したがって，アメリカン・エキスプレス・トラベラーズ・チェックは「名指しでお求めください」と繰り返し訴えている．しかし，企業がブランドネームを使いすぎると，違いが明確にならなくなる．他の企業も自由にそれを拝借で

きるからだ．ウォシュレット，セロテープ，ポストイット，宅急便のような，さんざん使い古された名前を考えてみてほしい．グーグルも同様で，最初は名詞だったものが，現在では動詞「ググる」としても使われている．この高い認知度は，競合会社にとっては大きな障壁になりうる．

学習の目的 4
古典的条件づけと道具的条件づけには違いがある．どちらのプロセスも消費者が製品について学ぶ助けになる．

道具的条件づけ

　道具的条件づけ（instrumental conditioning）（またはオペラント条件づけ）は，私たちが肯定的な結果を生む行動や否定的な結果を避けるために行動をとることを学ぶときに生じる．この学習プロセスは心理学者のB・F・スキナーと結びつけて語られることが多い．スキナーは道具的条件づけの効果を実証するために，ハトやその他の動物に，望ましい行動をとったときには，ほうびを与えることによって，ダンスや卓球などの行動を教えようとした[22]．

　古典的条件づけへの反応は無意識的で，かなりシンプルであるのに対して，道具的条件づけへの反応は，目的を達成するために意図的に行なうものであるためより複雑かもしれない．道具的条件づけを形成するシェーピング（shaping）プロセスで中間的行動に報酬が与えられることによって，私たちは時間が経つにつれ望ましい行動を学ぶようになる．例えば，新しい店の経営者は，店に入ってきただけの客にも何か記念の品を渡すことで，やがてその客たちが店にたびたびやってくるようになり，最終的には何かを買ってくれることを期待する．

　また，古典的条件づけは2つの刺激の強い結びつきを伴うが，道具的条件づけの学習は，学習者が何か望ましい行動を起こした結果としてその後報酬を受け取るときに生じる．この場合，学習には時間がかかり，学習者はそこに至るまでに報酬を生み出さない他の行動を試みたり避けたりする．2つの条件づけの違いを理解するには，道具的条件づけによる学習の場合は，人が反応するのは，報酬を得たり罰を避けたりすることが「有益である（instrumental）」からだと覚えておくのがよい．学習によって，消費者は自分にほうびを与えてくれる人と付き合い，快適な気分にさせてくれたり何らかの必要を満たしてくれたりする製品を選ぶようになる．

　道具的条件づけは，次の3つのいずれかの形で起こる：
1　環境が報酬という形で正の強化（positive reinforcement）を与えるとき，それが

反応を強め，適切な行動を学ばせる．例えば，カルバン・クラインの香水「オブセッション」をつけてほめられた女性は，この製品を使うと好ましい効果があることを学び，それからも買い続ける可能性が高くなる．

2 　負の強化（negative reinforcement）も，反応を強めることで適切な行動を学ばせる．例えば香水を売る会社が，土曜の夜に家に1人で座っている女性の姿を広告で描くとする．彼女は香水をつけていない．この広告が伝えるメッセージは，香水をつけてさえいれば，彼女は否定的な結果を避けることができただろうということだ．

3 　不快な出来事を避けるために特定の行動をとることを学ぶ状況とは対照的に，ある反応の後に不快な出来事があると罰（punishment）が生じる（いやなにおいの香水をつけていたために友人からからかわれたときなど）．すると，痛い目にあっ

出典：Frito-Lay North America, Inc. 提供．

コピー：あなたがいまだかつて経験したことのない最も美味しいスナック

正の強化は，消費者が新製品を試し，それを気に入ったときに生じる．

たことで，こうした行動を繰り返さないように学ぶことになる．

　こうしたメカニズムの違いを理解するためには，1つの状況に対してとる行動の結果は肯定的にも否定的にもなりうるが，マーケターはこうした結果（あるいは予想される結果）を適用したり取り除いたりすることができるのだと覚えておくのがいいだろう．つまり，正の強化と罰の両方の状況下で，人は自分の行動への反応を受け取る．対照的に，負の強化は，否定的な結果を避けるときに生じる．つまり否定的なことを取り除くことが喜びとなり，したがってそれが報酬になるのである．

　最後に，肯定的な結果を受け取ることがなくなるときには，「消滅」が生じやすく，学習された刺激と反応との結びつきは維持されなくなる（女性が香水をつけてもほめられなくなったときなど）．このように，正の強化と負の強化は，楽しい経験を得ることで，将来の反応と結果の間の結びつきを強める．一方，罰や消滅の状況下では，それが不快な経験であるために，この結びつきは弱まる．図3.1はこのような4つの状況の関係性を「強化する」のに役立つだろう．

　マーケターにとっては，最も効果的な強化スケジュールを使うことが重要になる．なぜなら，この決定は，自分たちの望み通りの反応を示してくれる消費者に報いるために

図3.1　強化の種類

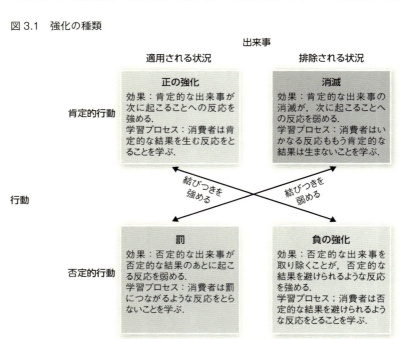

投入すべき努力と資源の量に関係するからである．いくつかのスケジュールが考えられる：

- 定間隔強化（fixed-interval reinforcement）——一定の時間が経過した後に，消費者がとる最初の反応に報酬が与えられる．この状況下では，人は強化を受けた後はゆっくりと反応しがちだが，次の強化の時間が近づくにつれ反応が速くなる．例えば，消費者は季節のセールの最終日には店舗に殺到するが，それから次のセールまで戻ってこないかもしれない．
- 変間隔強化（variable-interval reinforcement）——強化されるまでに必要な時間は何らかの平均値によって変わる．いつその強化が起こるのか正確なところは分からないため，一定の比率で反応しなければならない．これが，いわゆる「シークレット・ショッパー」を小売店が使う背景の論理である．定期的にサービスの質を調査する人員が，予告なしで客を装って店に入るというものである．店員はいつ調査員が来るのか，正確には分からないため「万一に備えて」常に高いサービス品質を維持しなければならない．
- 固定比率強化（fixed-ratio reinforcement）——固定された数の反応が生じた後にのみ，強化が発生する．このスケジュールは，何度も繰り返し同じ行動をとり続ける動機づけを与える．例えば，ポイントカードのスタンプがいっぱいになると特典がもらえるので，同じ店舗で食料品を買い続けることなどがそれである．
- 変動比率強化（variable-ratio reinforcement）——一定回数の反応が得られた後で強化が生じるが，何回の反応が必要かは分からない．こうした状況に置かれた人は，非常に高い比率で堅実な反応を示し，このタイプの行動はめったに消滅しない．この強化スケジュールは，消費者がパチンコに引きつけられるような場合に見られる．彼らはお金をマシンに入れ続ければ，やがてはいくらか勝てることを学ぶ（それより前に文無しにならなければということであるが）．

道具的条件づけ原理のマーケティングへの応用

　道具的条件づけの原理は，マーケターが消費者の購買意思決定に対して報酬を与えたり罰したりするときに機能する．企業は消費者が適切な行動をとるように徐々に強化スケジュールを利用する．例えば車のディーラーは，ためらっている客に店頭展示している車に座ってみるように促し，試乗を勧め，その後に契約に持っていこうとする．
　マーケターには消費者の行動を強化するための方法がいくつもある．購入後にただ「ありがとうございました」の言葉をかけることから，販売奨励金の提供や購入後の電話に至るまで幅広い．ある生命保険会社は，通常より高い保険料契約をとりつけた新規顧

客のグループには，毎回の支払い後に礼状を送っていた．通常の保険料の顧客には，そうした強化はなされなかった[23]．

フリークエンシー・マーケティング（frequency marketing）は，定期的に買い物をしてくれる顧客に，より多く買うほどグレードアップする賞品等で報いるマーケティング手法である．航空産業はこの道具的条件づけ学習戦略を最初に取り入れた業界で，1980年代に「フリークエント・フライヤー」プログラムを導入して優良顧客に報酬を与えた．この手法はその後，レンタルビデオ店やファストフード店など，他の業界にも広まった．

認知学習理論

行動学習理論とは対照的に，認知学習理論（cognitive learning theory）のアプローチは，内なる心理作用の重要性を強調する．この見解は，人々を周囲の世界から得る状況を使って自分の置かれた環境をコントロールする問題解決者とみなす．この見解の支持者は，学習プロセスの間の創造性や洞察力の役割も強調する．

アメリカのダイエット・クランベリージュース「オーシャンスプレー」のCMは，マーケターが認知学習理論の知識を活用してマーケティング・メッセージにきめ細かく調整した例だろう．クランベリー栽培農家の2人の男性が，ひざまで泥沼に浸かって立っている．運動をしていた女性たちのグループがそこに加わる．当初，このCMはパーティーをしている女性たちを描いていたが，キャンペーンを研究した認知科学者がこのアイディアに反対し，ジムに通う女性たちの方が，ダイエットのメッセージをより素早く伝えるだろうと提案した．パーティーのシーンがあると，視聴者はこのグループが祝福しているのは何かを考えることに時間をかけすぎてしまう，というのが彼女の意見だった．この余計な認知活動が，広告メッセージから注意を逸らせてしまうというのである．そして，俳優ができるだけ早く製品の名前を告げるという，それまでのCMの習慣に反して，主役は新しいダイエット製品に言及する前に数秒の間を置いた方が良いと結論した．彼女は，視聴者が広告に追加された行動（エクササイズ）の映像を処理するのに1秒かそれ以上の時間を必要とするからだと説明した．どちらのCMがより記憶に残るかのテストでは，新しいバージョンの方のスコアがより高かった[24]．

学習は意識的なものなのか，そうではないのか？

人々が自分の学習プロセスを認識しているのかどうか，いつ認識するのかという問題については論争が繰り広げられている[25]．行動学習理論の研究者は，条件づけの習慣的で自動的な性質を強調するが，認知学習理論の支持者は，たとえこのような単純な効果であってもそれらは認知的要因に基づいていると主張する．そうした効果が，刺激の後に反応が続くという期待感を生み出すと考えるのである（期待の形成には精神活動が

要求される）．この見解を支持する学派によれば，条件づけは人々が意識的な仮定を築き，それに従って行動するときに生じる．

「無意識の手続き的知識」の存在を裏づける証拠がいくつかある．人は少なくとも一部の情報は，自動的かつ受動的な形で処理している．研究者が「マインドレスネス（mindlessness）」と呼ぶ状況である（誰でもこの状態を経験したことがあるはずだ！）[26]．例えば，誰か新しい人と出会ったり，新しい製品に遭遇したりするときには，わざわざ新しいカテゴリーをつくるのではなく，既に学んだ既存のカテゴリーに照らし合わせてその刺激に反応する傾向がある．こうした場合には，特定のパターンに従うように合図を送る刺激──「トリガー」（引き金）──が反応を引き出す．例えば，ある調査によれば，車の広告について男性に評価させると，魅力的な女性（トリガー）が一緒に写っている場合の方が，さまざまな面で優れていると答えた．それでも，彼らは，女性の存在が自分の評価に影響を与えたとは信じていない[27]．

別の調査もこのプロセスを実証している．心理実験に参加する予定の学生たちが，その場所へ向かう途中で「偶然に」実験助手に出会った．彼はテキスト，クリップボード，プリント，ホットコーヒーとアイスコーヒーを抱えていて，カップを持ってくれないかと学生に頼む．さて，何が起こっただろうか？ アイスコーヒーを持った学生たちの方が，ホットコーヒーを持った学生たちよりも，その後の実験で読む文章に登場する架空の人物が，より冷淡で，社交性がなく，わがままだと評価した．他の研究者も同様の調査結果を報告している．液体洗剤のにおいがかすかに部屋に残っているときの方が，被験者は徹底的に掃除をし，部屋にビジネスを連想させるブリーフケースがあれば，より競争的に行動する．どちらの場合も，本人はそうしていることに気づかずに自分の行動を変えている[28]．実際，論争を呼んだベストセラー『第1感：「最初の2秒」の「何となく」が正しい』（マルコム・グラッドウェル）は，じっくり考えるよりも瞬時の判断の方が，結果的に優れた決断になりやすく，その理由は行動を導いてくれる「適応的無意識」に頼るからだと主張している[29]．周囲の環境の強力な（だが気づかないことの多い）インパクトについては後の章で再び取り上げる．

それでも，研究者の多くは，自動的な条件づけの例のいくつか，特に人々が刺激と反応の結びつきを期待する場合には，それを認知的プロセスとみなしている．実際に，被験者が条件刺激と無条件刺激の連想を学ぶことを困難にする「マスキング効果」を使った研究では，条件づけの効果がかなり引き下げられることが示された[30]．思春期の少女は，テレビに出ている女性や現実生活の女性が，よい香りがして魅力的な洋服を着ているときに，ほめられ注目されることに気づくかもしれない．彼女は，香水をつけたときにこうした報酬を得られる可能性が高まると判断し，社会的受容という報酬を得るために，意図的に人気のある香水をつけようとするだろう．

学習の目的 5
消費者は他人の行動を観察することを通して，製品について学ぶ．

観察学習

　観察学習 (observational learning) は，他者の行動を見て，彼らがその行動に対して受ける強化子に気づくときに生じる．こうした状況では，学習は直接の経験というよりは，「身代わり」の結果として起こる．このタイプの学習は，複雑なプロセスをたどる．人々はこれらの観察を記憶にとどめて知識を蓄積し，後に自分の行動を導く指針としてこの情報を利用する．他者の行動を真似するプロセスは，モデリング (modeling) と呼ばれる．例えば，新しい香水を買おうとしている女性は，女友だちが何カ月も前に特定のブランドの香水をつけていたときの周囲の反応を思い出し，同じフィードバックを得ようとその行動を真似るかもしれない．

　モデリングのプロセスは，影響力の強い学習スタイルであり，他者の行動を真似しようとする傾向が否定的な結果を招くこともある．特に懸念されるのは，テレビや映画の映像が子どもに暴力を教える可能性である．子どもたちは見ている番組の中のモデルたち（例：漫画の主人公）によって，新しい攻撃法を知る．その後のどこかの時点で，その子どもが怒りに駆られたとき，こうした行動を真似るかもしれない．古典的な研究が，子どもの行動へのモデリングの効果を実証している．大人が空気で膨らませる大きな「ボボ人形」を踏みにじったり，殴り倒したり，拷問したりしているのを見た子どもたちは，あとで人形と一緒に自分だけ部屋に残されると，同じ行動を繰り返した．大人の乱暴な行動を見なかった子どもたちは，そうしなかった[31]．残念ながら，暴力的なテレビ番組とこの研究との関連性は明らかなように思われる．

　図 3.2 は，モデリングという形の観察学習を生じさせるためには，マーケターは 4 つの条件を整える必要があることを示している[32]．

1　消費者の注意は，適切なモデル，つまり魅力，能力，地位，類似性などの理由から真似したくなるようなモデルに向けられなければならない．
2　消費者はモデルの言動を覚えていなければならない．
3　消費者はこの情報を行動に転換しなければならない．
4　消費者はこれらの行動をとるように動機づけられなければならない．

認知学習原理のマーケティングへの応用

　他者がすることの結果を観察したときに，身代わりとして学ぶ能力は，マーケターの仕事を簡単にしてくれる．消費者が何かを購入したとき，必ずしも直接報酬を与えたり

図 3.2　観察学習プロセス

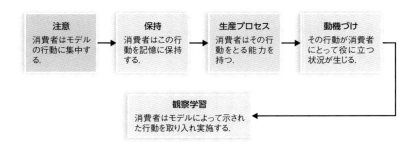

罰したりする必要がないからだ（それがどれほど高価になるか，あるいは倫理的に疑わしい行為になりうるかを考えてみてほしい）．その代わりに，マーケターは，その製品を使っている，あるいは使っていないモデルに何が起こるかを示すだけでよい．彼らは消費者がしばらく時間が経ってから，こうした行動を真似することを知っている．例えば，香水の CM は魅惑的な女性が特定の香水をつけているときだけ，周りに男性たちが群がり彼女をあがめる姿を描く．言うまでもなく，この学習プロセスは実際に香水を買う女性たちそれぞれに，同じ注目を浴びさせるよりも効果的だ（このブランドの市場でのシェアが本当に小さいのでない限りだが）．

　自分がモデルとしている人たちへの消費者の評価は，単純な刺激と反応の結びつき以上のものになる．例えば，あるセレブのイメージは，単純な良し悪しの判断という反射的な反応以上のものを引き出す[33]．それは多くの特性の複雑な結びつきである．一般に，人が誰かを模倣する程度は，そのモデルの「社会的魅力」に左右される．人の魅力は，容姿，専門知識，あるいは評価する人との類似性など，いくつかの要素から生まれる（これについては第 7 章で詳しく論じる）．

記憶

　記憶（memory）は，情報を取得して，将来必要なときに引き出せるように，それを貯蔵しておくプロセスである．最近の記憶の研究は「情報処理アプローチ」を採用する．この見解は，人の心はいくつかの点でコンピューターと似ているという前提に立つ．データが入力され，処理され，将来使うために修正された形で出力される．符号化（encoding）の段階で，情報はシステムが認識するような形で入力される．貯蔵（storage）の段階で，この知識をすでに記憶されているものと統合し，必要とされるときまで「倉庫に預けて」おく．想起（retrieval）の段階で，望ましい情報にアクセスする[34]．図 3.3 は，この記

憶プロセスをまとめたものである．

　私たちが経験する多くのことは，頭の中にしまい込まれ，適切な手掛かりによって刺激を与えれば，何年も後から表に出てくるかもしれない．マーケターは消費者が製品やサービスについての情報を保持し，将来の購買決定のときに使ってくれることを期待している．「消費者の意思決定プロセス」（第8章で詳しく学ぶ）の過程で，私たちはこの「内部記憶」を「外部記憶」と結びつける．これにはパッケージ上の製品の詳細説明やその他のマーケティング刺激すべてが含まれ，それによって市場でのブランドの代替品を識別し評価することが可能になる[35]．

　食料品の買い物リストは，強力な外部記憶の好例だろう．消費者が買い物リストを使うときには，リスト上のアイテムの約80％を実際に購入する．リストを書いた人が買い物に同行するときにも，リスト上のアイテムを購入する可能性は高くなる．これは，もしマーケターが，買い物に行く前の消費者に対して特定のアイテムを購入する計画を立てるように促すことができれば，実際にそのアイテムを買う可能性が高まるということである．この種の事前の計画を奨励する方法の1つは，パッケージにはがせるステッカーを取り付けておくことだろう．そうすれば，残りが少なくなったことに気づいた消費者は，そのラベルをはがして，買い物リストに直接貼りつけるだけでいい[36]．あるいは，ユーザーのために買い物リストをつくってくれる携帯電話のアプリと小売店が提携するという方法もある（iPhone用のこの種のアプリは既に40種類以上ある）[37]．

人の脳はどのように情報を符号化するのか？

　私たちが情報を「符号化」，つまり脳にプログラミングする方法は，脳がどのようにこの情報を貯蔵するか決めるのを助ける．一般に，既に記憶されている情報と結びつけられるときの方が，入ってくるデータを保持しやすい．例えば，製品カテゴリーの物理的な特徴と結びついているブランド名（例：乾電池の「エナジャイザー」，トイレ用消臭剤「トイレその後に」），あるいは抽象的な名前と比べ容易に視覚化できるブランド名（例：ファストフードの「マクドナルド」や車の「ベンツ」）を覚えやすい[38]．

図3.3　記憶プロセス

意味の種類

　ときにはパッケージの色や形といった「感覚的意味」という点だけで，刺激を処理することもある．例えば，最近味見した新しいスナック菓子の広告を見ると，親しみの感情がわくかもしれない．しかし，多くの場合，私たちはもっと抽象的なレベルで意味を符号化している．「記号論的意味」は，象徴的な連想を表わす言葉である．金持ちはシャンパンを飲むとか，ファッショナブルな女性はへそピアスをしている，といったような考えだ．このような深い意味をどのように符号化しているのかをもっと詳しく見てみよう．

　エピソード記憶（episodic memories）は，個人的な出来事と関係している[39]．それゆえに，このような記憶を保持しようとする人の動機は，強くなる傾向がある．カップルなら，はじめてのデートや結婚式の思い出がよみがえる「自分たちの曲」を持っていることが多い．特に鮮やかな連想は「フラッシュバルブ記憶」と呼ばれる（例えば，9.11の同時多発テロのとき，あなたはどこにいただろうか？）．過去の記憶が将来の行動に影響するかもしれない．大学の寄付金集めでは，卒業生に不快な出来事を思い出させるより，楽しかった記憶を喚起する方が，多くの募金を集めることができる．

　物語（narrative），すなわちストーリーも，製品の情報を伝える効果的な方法になることが多い．私たちの記憶は多くの社会的情報をストーリーという形で保存する．視聴者が共感するような物語形式のCMを打ち出すのは賢いアイディアなのである．物語は消費者が見たり聞いたりする情報に関する心的表象を築くことを促す．映像はこうした過程を助け，それによってより詳細な心的表象を築くことができる[40]．研究結果も，

コピー：グルーミング．

この「ピクショナリー（Pictionary）」のフランス版の広告を理解するには，観る人がかなりの労力を使わなければならない．

出典：Ogilvy&Mother, Paris 提供．

このような形で接したときに消費者がそのブランドを肯定的に評価したり購入したりする傾向があるという考えを裏づけている[41].

学習の目的6
私たちの脳はブランドについての情報を処理し，記憶にとどめる．

記憶システム

研究者は，記憶には異なる3種類のシステムがあるとしている．それは「感覚記憶」「短期記憶」「長期記憶」である．それぞれがブランド関連情報の処理に一定の役割を果たす．図3.4は，この3つの記憶の相互関係をまとめたものである．

感覚記憶

感覚記憶（sensory memory）は五感から得た情報を保存する．この保存は一時的なものでしかなく，せいぜい2, 3秒といったところだろう．例えば，ある男性がドーナツショップの前を通り，焼き菓子の美味しそうなにおいを一瞬かぐ．この感覚はわずか2, 3秒しかもたないが，もっと詳しい情報を得るために中をのぞいてみようかと考えるには十分だ．男性がこの情報を保持してさらに処理しようと思うと，それは注意ゲート（attentional gate）を通って，短期記憶に変わる．

短期記憶

短期記憶（STM）（short-term memory）も，限られた時間のあいだ，情報を保存し，

図3.4 記憶の種類

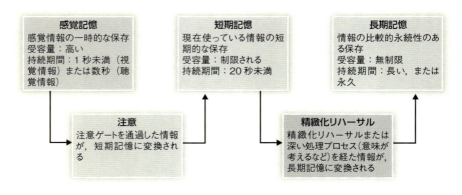

その容量も限られている．コンピューターと似たように，このシステムは「作業記憶」である．すなわち短期記憶では現在処理している情報だけが保持される．私たちの記憶は言語によるインプットを「音響的」（どのように聞こえるか）に，もしくは「意味的」（何を意味するか）に保存することができる．

また私たちは，チャンキング（chunking）と呼ばれるプロセスで，小さな情報の断片をより大きなものと結びつけることによって情報を保存している．「チャンク」とは，その人にとってなじみのある，ひとまとめとして考えることのできる認識単位である．例えば，自動車保険のアメリカンホームダイレクトの電話番号840840（ハシレハシレ）は電話番号を覚えやすくするためのチャンクである．

以前には，人の短期記憶は一度に5から9のチャンクを処理できると考えられていた．研究者はこの基本的な性質を「マジックナンバー7±2」と表わした．現在の電話番号が（少なくともアメリカでは）7桁なのも，この理由による[42]．最近では，効率よく情報を処理するためには，3か4のチャンクが最大数と考えられるようになった（7桁の電話番号を覚えることができるのは，個々の数字をチャンキングして，3桁分をひとまとめの情報として覚えているからかもしれない）[43]．電話番号は別として，チャンキングはマーケターにとって重要である[44]．なぜなら，消費者が製品を比較しながら買い物をするときには，チャンキングが短期記憶に価格情報を保持することを促すからである．

長期記憶

長期記憶（LTM）（long-term memory）は，情報を長期にわたって保持するシステムである．精緻化リハーサル（elaborative rehearsal）と呼ばれる認知プロセスによって，情報は短期記憶から長期記憶に移し替えられる．このプロセスには刺激の意味を考え，それを既に記憶の中にある他の情報と関連づけることが含まれる．マーケターは消費者が何度も思い出すような覚えやすいスローガンや曲を考案して，このプロセスを促進することがある．

私たちの記憶はどのように情報を保存するのか

短期記憶と長期記憶の関係は，論争の源となっている．「平行貯蔵」という伝統的な視座（multiple-store perspective）によれば，短期記憶と長期記憶は別個のシステムという前提に立つ．最近の研究は2つの種類の記憶を区別するのではなく，相互依存関係を強調している．この見解によれば，処理しているタスクの性質によって，異なるレベルの処理作業が発生し，それがどの記憶システムを始動させるかを決める．このアプローチは記憶の活性化モデル（activation models of memory）と呼ばれる[45]．情報処理に

コピー：ヘアスタイルを変えるのに遅すぎることはない．

オーストラリアのヘアケア製品の広告．古きよき時代の記憶を喚起する——中には忘れたいと思う人もいるかもしれない．

出典：Fudge Australia 提供．

多くの労力をかけるほど（いわゆる深い情報処理プロセス），その情報は長期記憶に変換されやすくなる．

学習の目的 7
ある製品から連想される別の製品は，当該製品をどのように記憶するかに影響を与える．

連想ネットワーク

　記憶の活性化モデルによれば，入力される情報は多くの関連情報を保持している連想ネットワーク（associative network）に保存される．私たちは誰でもがブランド，メーカー，店舗に関連した概念を記憶にとどめる体系化されたシステムを持っている．もちろん，その内容は人それぞれの特有の経験に基づく．

　こうした貯蔵ユニット，すなわち「知識体系」を，データで満たされた複雑なクモの巣と考えてみよう．入力された情報は相互に結びついたノード（結節点）に入れられる（これまで考えたことのなかった読者のために言っておくなら，サイバー空間が「World Wide Web」と呼ばれているのも同じ理由による）．個々の情報を何らかの理由で類似のものとみなしたとき，それはもう少し抽象的なカテゴリーにひとまとめとして分類される．そして，新しく入ってくる情報が自分の生み出した知識体系と一致するように解釈する（事前の期待が現在の経験にどのように影響をするかを論じた第 2 章を思い出してほしい）．[47] 私たちが「相性がいい」と思うブランドや店舗だとよく覚えられるのも，これが理由の 1 つである．例えば，マラソン大会のスポンサーがシャネルではなくアシッ

消費者行動，私はこう見る
——キャサリン・ラトゥール教授，マイケル・ラトゥール教授（ネヴァダ大学ラスヴェガス校）

　私たちの考えでは，消費者行動論は，市場の心理を「深く掘り下げて」洞察を得るための研究で，マーケティング・マネージャーにとっては役立つ知識を与えるものとなる．私たちの研究もこの前提を支持し，消費者の記憶の複雑さについての知識を広げ，マーケターの消費者へのアプローチ方法に関する枠組みを提供しようとしている．

　私たちの研究が特に注目しているのは，消費者の経験，なかでも経験をどう記憶するかである．経験は「noeic」と呼ばれる．これはギリシャ語で知性や理解を意味する「nous」から派生した語で，確固たる感情とともに直接経験される知識を意味する．消費者は自分の経験が意思決定を促すのであって，広告のような外部情報にはほとんど影響されていないと信じている．しかし，私たちの調査は逆の結果を示した．以前の調査で，キャサリン・ラトゥール（旧姓ブラウン）は，マーケティング領域に「記憶再構築理論」を紹介し，製品を経験した後に目にする広告が，消費者が直接味わった経験についての記憶をいかに変えるかに注目した．ある実験では，被験者に酢，塩，水で薄めすぎのオレンジジュースを飲んでもらった．すると，その味覚経験の後に，ジュースがしぼりたてで美味しいと思わせる広告を見せられると，自分が飲んだジュースも実際より美味しかったと記憶することが分かった．1時間前に飲んだジュースを高級ジュースだと回答したのである．エリザベス・ロフタス（人間の記憶を研究している第一線の認知心理学者）とともに実施した別の調査では，ディズニーランドの歴史を振り返る広告に間違った言及（バッグス・バニーに関するもの）を含むと，かなりの割合の被験者に，子どものころにディズニーパークを訪れたときにバッグス・バニーに会って握手したことを「思い出させる」ことが分かった（バッグスはワーナー・ブラザースのキャラクターなので，ディズニーの敷地内に入り込むことは許されないだろうから，これはありえない出来事だ）．

　記憶には矛盾が含まれる．人々はときには起こった出来事を詳細に覚えているし，ときには（前述した私たちの実験からも分かるように）かなり暗示にかかりやすいこともある．バッグス・バニーの記憶は私たちの実験でつくり出されたものだったが，被験者はそれを実際に経験したと思い込んだ．ディズニーで過ごしたバケーションを子どものころの最も大切な思い出としているにもかかわらず，である．私たちの質的調査では，子どものころの経験がいかに，車のデザインの好みからファストフードやコーラの選択，ギャンブルのスタイルまで，大人になってからの行動に影響するかに注目した．

　私たちの最近の調査では，マーケターがいかにして経験からより良く学ぶことを消費者に教えられるかに焦点を当てている．この調査はワインの愛好家を対象にしたものだった

が，飲む量は多くても，その背景知識はほとんど持たない人を被験者に選んだ．彼らはワインの質を判断する自分の能力に過度の自信を持ち，ブランドテイスティング実験では，プロのソムリエというよりはワイン初心者と同じように行動することが分かった．しかし，彼ら愛好家にボキャブラリー（ワインの香りを体系的に分類した円グラフ状の表「アロマ・ホイール」）を与えると，味覚経験をより長く保持し，正確さが増し，マーケティング・コミュニケーションに誘導されることが少なくなった．現在，キャサリン・ラトゥールはワインの専門知識を得るプロセスを理解し，また将来の研究プロジェクトを導く専門的な見地からの重要な問題を学ぶために，ソムリエの資格をとろうと訓練を積んでいる（マイケルもワインの勉強を楽しんでいる！）．私たちの目標の1つは，マーケティング・マネージャーが消費者により記憶に残る経験を提供できるような，経験デザインの研究プロジェクトを開発することである．そしてさらに大きな目標として，革新的な研究プロジェクトを開発し，そのプロセスを楽しむことを目指している[46]．

クスになるような場合が考えられる．最近の調査では，消費者が明らかな結びつきがあるわけではないブランドを思い出すことはできるものの（例えば，何かのイベントのスポンサーとして，ありえない製品がついている），このような場合には，マーケターはなぜその2つのものが結びつくのかを消費者に説得するためのより多くの労力が必要であることが示された[48]．

連想ネットワークでは，ノードの間にリンクが形成される．例えば，消費者は「香水」のためのネットワークを持っているかもしれない．それぞれのノードがそのカテゴリーに関連する概念を代表する．このノードは，製品属性，特定のブランド，特定の香水ブランドと結びつくセレブかもしれないし，あるいは関連製品かもしれない．香水のネットワークには「ブリトニー・スピアーズ・キュリアス」「カルバン・クライン・エタニティ」「エリザベスアーデン・レッドドア」などのブランド名が，セクシーでエレガントなどの性質とともに保存されているだろう．

この消費者に香水の名前を挙げるように頼んでみると，その人は適切なカテゴリーに現われるブランド名だけを思い出す．このグループは彼女の想起集合（evoked set）を構成する．新しく入った情報が1つのカテゴリーのメンバー（例：新しい高級香水）として位置づけられるためには，適切なカテゴリーへの位置づけを容易にするような手掛かりを提供しなければならない．図3.5は，香水の場合のネットワーク例を示している．

活性化の拡散

マーケティング・メッセージは，消費者のブランドに関する記憶を直接的に活性化させることもあれば（パッケージの絵を見せるなど），消費者の知識体系の中にあるその

図 3.5 香水の連想ネットワーク

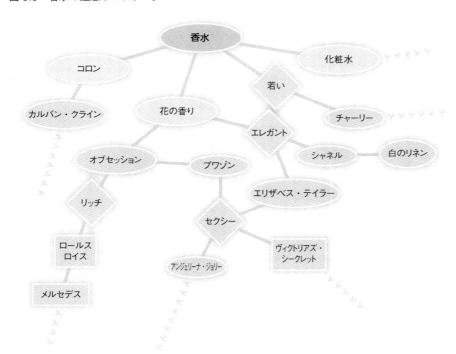

ブランドと関連した何かと結びつけることによって間接的に活性化させることもある．もしそれがノードを活性化させれば，クモの巣のある一点を触ったときに全体に動きが伝わるように，つながっている他のノードも活性化する．こうして意味がネットワーク全体に広がり，競合ブランドや関連する属性などといったブランド態度の形成に利用される概念を思い出すようになる．

この**活性化拡散**（spreading activation）のプロセスによって，私たちは意味の階層を移動することができる．情報を記憶にとどめる方法は，私たちが最初にどのような意味をそれに付与したかに左右される．例えば，男性用フレグランス「Axe（アックス）」の広告についての記憶は，次のうちのどれか，あるいはその組み合わせとなって保持されうる：

- ブランド特定的——記憶はそのブランドの主張という形で保存される（「これはマッチョだ」）．
- 広告特定的——記憶はメディアや広告の内容という形で保存される（マッチョな男がその製品を使っている）．

- ブランド識別——記憶はブランド名（例：「Axe」）という形で保存される．
- 製品カテゴリー——記憶はその製品がどのように機能するか，どこで使われるのかという形で保存される（Axe のボトルが男の洗面台の棚に置いてある）．
- 評価反応——記憶は肯定的感情もしくは否定的感情という形で保存される（「あれはイケてる」）[49]．

知識レベル

　知識体系の中で，私たちは個々の要素を異なるレベルの抽象性と複雑性という点で符号化している．「意味」の概念（「マッチョ」など）は，個別のノードとして保存される．これらの概念は「命題」（あるいは「信条」）と呼ばれるより大きなユニットに組み込まれるかもしれない．「命題」が2つのノードを結びつけ，より複雑な意味を形成し，それが1つの情報のまとまりとして機能する．例えば，「Axe はマッチョな男のためのコロンだ」は1つの命題である．

　その後，私たちは複数の命題を統合して，第2章で既に見たさらに複雑な「スキーマ」と呼ばれるユニットを生み出す．スキーマは，私たちが経験を通して発達させる認知の枠組みである．情報が既存のスキーマと一致すると，情報を符号化しやすくなる[50]．抽象レベルの間を上下に行き来する能力は，情報処理の柔軟性と効率性を大いに高める．この理由のために，まだスキーマを十分に発達させていない小さな子どもは，もう少し成長した子どもほど，購買情報を効率的に利用することができない[51]．

　消費者行動と特に関連が高いスキーマの1つにスクリプト（script）がある．これは個人が起こると予想する一連の出来事を表わす．消費者として，私たちは商業環境において行動の指針となる「サービス・スクリプト」を学ぶ．私たちは一連の出来事を期待し，サービスが自分のスクリプトからかけ離れると不快な気持ちになるかもしれない．歯科医に治療してもらうときのサービス・スクリプトには，(1) 歯科医院まで車で行く，(2) 待合室で古い雑誌を読む，(3) 自分の名前が呼ばれるのを聞き，診察室の椅子に座る，(4) 歯科医が歯ぐきに注射をする，(5) 歯科医が甲高い音を出すドリルのスイッチを入れる，などが含まれるかもしれない．こうしたスクリプトに従って行動としたいという願望は，なぜ銀行のATM，セルフサービスのガソリンスタンド，スーパーでの「セルフ会計」のような革新的なサービスが，新しい出来事への適応に困難を感じる一部の消費者に不評だったかの説明にもなっている[52]．

何を買うかを決めるときに，私たちはどのように記憶を引き出すか？

　ある大規模な調査で，前年に販売された新製品を思い出すことができたのは，回答者の23%だけだった[53]．マーケターにとっては勇気づけられる数字ではない．

「想起」は，長期記憶から情報を再生するプロセスを言う．世界各国で人気となったクイズ番組「ミリオネア」の人気からも分かるように，人々は膨大な量の情報を頭の中に蓄積している．その多くはゲームに参加しない限りは，ほとんど役には立たない．長期記憶に入る情報の大部分は，消え去りはしないが，適切な手掛かりが示されないと引き出すのが困難になるか不可能になるかもしれない．どのような要因が，企業が苦労して創出したマーケティング・メッセージを記憶にとどめる可能性に影響するのだろうか．

　個人の認知的または生理的要因が，その人の記憶の想起能力の違いを生み出す[54]．年配者は処方薬の指示など，最近の出来事を思い出す能力に衰えを見せるが，若い頃に起こったことは，はっきりと思い出せるかもしれない[55]．最近の「数独」のようなパズルや，ニンテンドーDS専用ゲームソフト「脳を鍛える大人のDSトレーニング」などの人気は，頭を鍛えることによって想起能力を鋭く保つことができるという証拠だろう．定期的に運動をすることが体を引き締めるのに効果があるのとまったく同じである．

　状況的要因も想起に影響する．これらはメッセージに遭遇する環境に関連している．当然のことではあるが，最初にそのメッセージに強い注意を向けたときの方が，その情報を想起する能力も高まる．「パイオニア・ブランド」（ある市場に初めて登場したブランド）に関する情報の方が，「追随ブランド」についての情報よりも簡単に引き出せるのは，最初に導入される製品は市場で目立ち，注意を逸らす他の競合製品が当分の間存在しないからだとする研究結果もある[56]．さらに，消費者は製品がどのようなものであるかについて十分な手掛かりを与えるブランド名を，そうでないブランド名よりも思い出しやすい[57]．

　当然ながら，マーケターのメッセージの提示法も，後からそれを思い出せるかどうかに影響する．分散効果（spacing effect）という言葉は，広告主がターゲットアイテムを短期間に繰り返し提示するよりも，周期的に間隔をおいて繰り返したときの方が，その印刷広告をより効果的に思い出すという傾向を意味する[58]．マーケティング・メッセージを目にする環境も想起能力に影響する．例えば，野球の試合の間に見るCMは，スポーツ番組の中では最も再生率が低い．その理由は，野球の場合，プレーが継続的ではなくストップ・アンド・ゴーだからだ．アメフトやバスケットボールと違い，野球の進行ペースは試合の間でさえ，注意があちこちに逸れる多くの機会を生む．同様に，アメリカのゼネラル・エレクトリック社は，複数のコーナーで構成されているバラエティ番組やトークショー番組に比べて，ストーリーのあるドラマなどの継続性のある番組の方が，テレビCMの効果が高くなることに気づいた[59]．テレビCMを分析した大規模な研究では，視聴者は最後に見たCMより最初に見たCMの方をよく覚えているという結果が出た[60]．

　最後に，広告の性質そのものも，記憶に残るかどうかを決めるのに大きな役割を果た

すのは言うまでもない．印刷広告に関するある研究は，大掛かりな雑誌広告——複数ページにわたるもの，飛び出すタイプのもの，香りがついたもの，オーディオ素材付きのものなど——の方がはるかによく覚えられると報告した．例えば，大塚製薬は，ポカリスエットのプロモーションのために雑誌に付属したレコード風の円盤をiPadに乗せると，ミュージックビデオが流れ出すユニークな広告を行った．この広告では静電容量方式のタッチパネルが反応する静電インクを円盤に印刷しており，特設サイトに用意されたターンテーブル画面に円盤を置くと音楽が流れる仕組みとなっていた．広告ページには3種類の円盤が付属し，LITEの「bond」，光風&GREEN MASSIVEの「櫻」，STERUSSの「go city blues」のビデオを再生できた．彼らはいずれも大塚製薬が協賛する「FUJI ROCK FESTIVAL'13」の出演アーティストであった[61]．こうした広告は想起率を高める上では有効であると考えられるものの，この種のマルチメディア対応の広告は非常に高価になる．すべての広告がブロードウェイ作品を真似できるわけではない．

なぜ忘れるのか？

　自社製品を消費者が忘れずにいてくれることをマーケターが望んでいるのは間違いない．しかし，1万3,000人以上を対象にした調査では，半数以上が過去30日以内に目にしたり，聞いたり，読んだりした特定の広告を思い出すことができなかった．あなたは今，どれだけの数の広告を思い出すことができるだろう？　消費者に忘れられることは，マーケターにとって明らかに大きな頭痛の種となる（試験勉強をする学生にとっても問題であることは言うまでもない）．

　初期の研究者たちは，記憶は単純に時間の経過とともに薄れていくものだと仮定した．減衰（decay）のプロセスに入ると，学習が生み出す脳内の構造上の変化が単純に姿を消す．干渉（interference）の結果として忘却が生じることもある．すなわち，新しい情報を学習するにつれ，古い情報が新しい情報に置き換えられていく．消費者は同じ，あるいは類似の刺激に対する新しい反応を後から学ぶことで，当初の刺激と反応の関連づけを忘れてしまうかもしれない．このプロセスは「逆向干渉（retroactive interference）」と呼ばれる．あるいは，前に学習したことが新しい学習を干渉することもあるが，このプロセスは「順向干渉（proactive interference）」と呼ばれる．私たちは情報の断片を互いに結びつくノードとして記憶にとどめるため，多くのリンクと結びつく意味的コンセプトの方を記憶から引き出しやすい．しかし，新しい反応を学ぶと，刺激が古い反応を引き出す効果は失われる[62]．

　ブランド情報を思い出せなくなるという問題も，これらの干渉効果によって説明できる．消費者は製品属性の情報をブランドによって体系化する傾向がある[63]．あるブランドや類似のブランドに関する追加的な属性情報は，その人が古いブランド情報を想起

する能力を制限するかもしれない。また，情報を思い出すことは，ブランド名が頻繁に使われる言葉である場合にも抑制される。これらの言語手掛かりは連想同士を衝突させ，その結果として，ブランド情報を保持できる量が少なくなるのである[64]。

　ある研究で，ブランド評価は，そのブランドの広告が12のまったく異なる製品カテゴリーの広告とともに見せられたときよりも，同じカテゴリーの12の他のブランドの広告とともに見せられたときに，急速に低下した[65]。したがって，あるブランドが独自性を高めることは，他のブランドの記憶を損なわせることになる[66]。しかし，競合ブランドの名前を呼んでしまうと，自社のブランドを思い出させることが難しくなるおそれがある[67]。

状況依存的想起

　試験を受ける教室で試験勉強をした方が，結果が良くなるというのは本当だろうか。おそらくそうである。状況依存的想起（state-dependent retrieval）と呼ばれるプロセスは，ある情報を学んだときと思い出すときの心的状態が同じであれば，情報へのアクセスがより容易になることを例証している。したがって，情報にさらされたときの気分や興奮レベルが，実際の購買のときにも同様だった場合に，広告を思い出す可能性が高まる。マーケターが最初に情報を提示したときの手掛かりを再び提示すると，消費者の想起能力を高めることができる。例えば，シリアルの「ライフ」は，その箱にCMキャラクターの「マイキー」の絵を描いているので，ブランドの主張が思い出されやすく，好ましい評価を得やすくなる[68]。

なじみ深さと記憶の再生

　一般的なルールとして，ある製品になじみ深くなっていると，それについてのメッセージは思い出しやすくなる。確かに，これは自社製品の認知とその維持に努めるマーケターにとっての基本的な目標の1つである。消費者の製品に対する体験が増えれば，それだけ製品情報をうまく利用できるようになる[69]。ただし，それが逆効果になることもあるだろう。この章の初めに述べたように，極度のなじみ深さはむしろ学習と想起の能力を弱める可能性もある。消費者があるブランドや広告に慣れすぎてしまうと，そのメッセージに注意を払わなくなるかもしれない。それ以上，努力しても，知識が増すことはないと思うからである[70]。このプロセスは「自動性」と呼ばれる[71]。例えば，研究者が消費者に既に見たことのあるテレビCMの曲をラジオCMで繰り返し聞かせたとき，消費者は批判や評価の処理をほとんどせず，ただその広告の映像を頭の中で繰り返すだけだった[72]。

　ハイライト効果（highlighting effect）もよく起こる。これは消費者がブランドについ

て知る順番が，これらのブランドとそれに対する属性の結びつきの強さを決めるというものである．消費者は早くに知ったブランドからは一般的な属性をより強く連想し，後から知ったブランドからはユニークな属性を強く連想する傾向がある．より一般的には，人生の早い段階で学ぶ言葉，物質，顔の方が，後に学ぶ同様のものよりも，よく認識しやすい傾向があるということである．これはブランドにも当てはまる．よく知られたブランドネームで市場に新しい製品を紹介する経営者は，それらについてより頻繁に情報を発信して消費者の学習と記憶の結びつきを生み出すように努力しなければならない[73]．

顕著性と記憶の想起

ブランドの**顕著性**（salience）とは，記憶におけるブランドの重要性や活性化の水準を意味する．第2章で述べたように，周囲の環境の中で際立つ刺激は注意を引きやすく，したがって，想起される可能性が高くなる．刺激の新奇性を高めるテクニックはそのほとんどが，記憶の想起も高める[74]（これは**フォン・ラストルフ効果**（von Restorff effect）と呼ばれる）．珍しい広告や特徴のあるパッケージのブランドが思い出しやすいのは，そのためである[75]．

広告に驚きを与える要素を取り入れる戦術は，たとえその新しい情報がもとからの素材に無関係のものであっても記憶を喚起することができる[76]．また最後までブランドを明らかにしない「ミステリー広告」は，製品カテゴリーとそのブランド（とりわけ比較的知られていないブランド）を記憶の中で関連づけたいときには，より効果的な手段になる[77]．

さらに，私たちが経験する感情の「強度」と種類も，その出来事を後からどのように思い出すかということに影響する．私たちは**混合感情**（mixed emotions）（例：肯定的，否定的な要素の両方が含まれる）を，**一極的な感情**（unipolar emotions）（例：完全に肯定的か完全に否定的か）と区別して思い出す．後者は時間が経つにつれてより一極化する．良いことは実際より良い出来事として思い出し，悪いことは実際より悪い出来事として思い出すからである（おそらく「古き良き時代」は実際にはそれほど良い時代ではなかったのだ）[78]．

視聴するコンテクストがどのようなものか

CMの出来がどれぐらい良いかとは別に，それが流される番組も消費者の広告評価に影響する．（誰がどのメディアを見ているかを調査している）世界的な大手調査会社ニールセン社の報告によれば，その番組を楽しんでいる視聴者の方が，番組中のCMに肯定的な反応を示しがちで，宣伝されている製品を買いたくなる傾向があるという．ニー

ルセンはアメリカで50の番組と200のブランドについて1万人を対象にした調査を実施した．視聴者の好きな番組でCMが流れる場合，製品ブランドを覚えている人は3分の1ほど多くなった．この要素の影響の強さは，番組形式によって変わる．コメディドラマ番組では影響が弱いが，リアリティ番組だと強くなった[79]．

マーケターのメッセージが番組のテーマや出来事と一致していることも助けになる．そして，宣伝された製品が実際に番組の中で言及されるとより効果が増す．アメリカのディスカバリーチャンネルは，人気番組『怪しい伝説（Mythbusters）』の放送の中で実際にこの効果を実験したことがある．この番組は科学を使って都市伝説の信憑性を実証しようと試みるもので，ギネスビールの短いCMを流し，その中で登場人物がもう1人に「ギネスが125カロリーしかないというのは神話」かどうかをたずねる．このCMを見た視聴者のギネスブランドの記憶率は，一般的なビールのCMを見たときよりも，41％高かった．番組とのタイアップCMのようなハイブリッド広告（hybrid ads）でも，同じような結果が得られている[80]．

視覚的手掛かりと言語的手掛かり：絵は千の言葉と同じ価値があるのか

言語的記憶より，視覚的な記憶の方が優れているという証拠もあるにはあるが，視覚的な記憶を測定するのが困難なため，その優位さは明らかにはなっていない[81]．しかし，入手可能なデータを見る限り，人は画像という形で見る情報の方を認識しやすい[82]．確かに，広告の視覚的側面は消費者の注意を引きやすい．実際，視線の動きを追う実験の結果は，視聴者の90％が広告のコピーを読む前に広告内の目立つ写真の方を見ていることを示した[83]．

画像を使った広告は想起を高めるが，必ずしも理解を深めるわけではない．ある研究によれば，イラストを中心に提示されるテレビのニュース項目（イラストも画像には違いない）は，ニュース内容について理解度を高められないものの，その内容の詳細についての想起を高めること分かった[84]．別の研究結果も，消費者は視覚的要素を使った広告をより頻繁に思い出し，それらをより好むことを確認している[85]．

学習の目的8
製品は過去の記憶を取り戻す助けになる．

記憶マーカーとしての製品

アメリカのディズニー・テーマパークの2012年のマーケティング・キャンペーンは，「Let the Memories Begin（思い出づくり，始めよう）」がテーマである．休暇の思い出

消費者行動，私はこう見る
──ジェニファー・アーカー教授（スタンフォード大学）

あなたは今，ディズニーランドで「スペース・マウンテン」に乗ろうとしているところ．ロケットの中に入ると，喜びと不安の両方が込み上げてくる．この複雑な感情は乗り終わった後まで消えない．あなたは安全バーを握りしめ，スリル感と恐怖を味わう．「スペース・マウンテン」から外に出るときには，説明できない複雑な感情に襲われていることだろう．1週間後には，この経験をどう思い出すだろうか？ 乗っているときの複雑な感情をまだ覚えているだろうか？ それとも，そうした感情の記憶は薄れてしまっているだろうか？

混合感情の記憶に関する疑問は重要である．人生の最も重要な出来事の多くは，肯定的な感情と否定的な感情の両方が入り混じった複雑な気持ちによって定義される──大学の卒業なら「私は一歩先へと進むが，友人や家族と離れることになる」，引っ越しなら「新しい生活を始めるが，古い生活を失う」，大きな人生目標の達成なら「目的地に到達したことは感激だが，旅が終わってしまうと思うとさびしさを感じる」のように．

こうした問題に取り組むため，私たちは一連の縦断的実験を実施した．その結果は，混合感情の強さは，それを思い出すときには弱まっていることを示した．時間が経つにつれてその効果は増すように思われ，楽しい感情も悲しい感情も，それを経験したときと同じようには現われなくなる．この実験結果をまとめると，時間の経過に伴い，混合感情についての記憶が薄れることや記憶再生のバイアスによる感情の対立によって，そのような感情を思い出すことがいっそう難しくなる．

この研究結果は，いくつかの研究領域に応用できる．例えば，この結果は矛盾した出来事に違和感を覚えない人は，混合感情をより正確に思い出すということを意味する．同様に，もし矛盾する感情を解決しようとすれば，混合感情に惑わされない人にとっては，ここで取り上げた内容も意味を成さなくなるということである．さらに，私たちが経験する混合感情が支配的な感情（強い怒りなど）から成り立ち，対立する感情を薄れさせるときには，その効果は薄れてしまうだろう．

実験結果はマーケティングにおける継続中の研究にも関連を持っている．感情経験は根本的に購買意図だけでなく，ブランド・ロイヤルティの強化にも影響を与えうる．例えば，ブランドが発する暖かさの程度や，ブランド（例えばiPhone）から得られる楽しさの程度は，それらのブランドとの関係性に根本的な影響を与える．しかし，現実には，大半の消費者とブランドの関係性は，どこかの時点で，何か買ったものが壊れるなどといった，否定的な感情を生み出す製品の不具合によって定義される．私たちの研究は，否定的な出来事が（1つの否定的な出来事ではなく）複雑な経験の一部として分類される程度が，消費者がその経験を忘れず，そうした経験によって影響を受ける可能性とかかわりあうことを示している．もし製品の不具合が，そのブランドとの肯定的な接触と一緒に記憶に詰め込まれれば，混合感情の経験に関する記憶が実際に薄れるかもしれない（もし製品の不具合が孤立した否定的出来事として生じる場合には，そうはならないだろう）．

広告のビジュアル要素は，特にそれが珍しいものである場合には，消費者の注意を引く．それはこの「ごみの山」の場合にも当てはまる．これは実際には，オランダの街路を使ったミニクーパーの屋外広告である．

出典：UbachsWisbrun/JMT 提供．

づくりを強調し，テレビ CM，オンライン広告，パンフレットでは，テーマパークの客が撮った写真や動画が使われる．そして，テーマパークでは毎晩，建物正面に入場客を写した映像が映写された[86]．この企業は思い出がどれほど強力なものになりうるかを理解しているのである．

　自分が製品やサービスを利用しているところ（ディズニーワールドでミッキーと一緒にポーズをとるなど）の画像は，記憶を引き出す強力な手掛かりになりうる．確かに，消費者が最も価値を置く所持品は，家具，視覚アート，写真の3つである．これらのものは過去の記憶を呼び起こす助けになる[87]．研究者は，価値を置く所持品が，感覚的な体験，友人や愛する人たち，親や元のパートナーとの別れなどの過去の出来事についての考えを，引き出しうることを発見した[88]．

　このことからは，なぜ Flickr（フリッカー）のような写真共有サイトが人気なのかを理解できる．Flickr だけでも，50億枚の写真が投稿され，Facebook や Twitter で使うための「シェア」ツールも提供している[89]．「Memolane（メモレーン）」という新しいアプリは，さらに一歩先を行っている．このアプリを使うと，自分のソーシャルメディアのアカウント上の投稿からビジュアルタイムラインをつくることができるのだ．これらを検索とスクロールが可能なイメージに編集すれば，楽しかったバケーションや，（できればそうなってほしくない）大失敗に終わった最初のデートまで，思い出すことができるだろう[90]．

　食べ物でさえ，記憶の想起を促すことができる．ある研究では，好みのレシピが過去の記憶をどのように刺激するかを調査した．研究者が被験者に好きなレシピ3つを挙げてもらい，なぜその3つを選んだかを話すように促すと，彼らは子どもの頃の思い出や，

家族で過ごした休暇，人生の節目となる出来事（正月のおせちのように，特別な祭日にだけ食べる料理など），家宝（代々伝えられてきたレシピ），時間の経過（例：夏にだけところてんを食べる）のように，過去の出来事の記憶と結びつける傾向があることが分かった(91)．実に最もよく引用されている有名な文学に，古典的小説（3,000ページの大長編）であるマルセル・プルーストの『失われた時を求めて』がある．語り手は紅茶にマドレーヌを浸すのだが，この行動によって過去の記憶が洪水のようにあふれ出し，それによって物語が展開されていく．

離婚，転居，卒業などの出来事が，現在の自分のアイデンティティと衝突し，過去について抱いている感覚が脅かされている場合，製品が（過去の）「しるし」としてとても重要になってくる(92)．大事にしている所有物が記憶を助ける性質を持つこともよくあり，所有物が過去のエピソード記憶の想起を促すとき，それらは一種の外部記憶の役割を果たす．例えば家族写真は，消費者に記憶を引き出す独自の手掛かりを与える．私たちが年間に撮影する110億枚ものアマチュア写真は，私たちの社会の外部記憶銀行のようなものを形成している．刺激はときには，最初にそれを認識してから何年か経った後でも，ある程度の反応をもたらすことができる．自発的回復（spontaneous recovery）と呼ばれるこの効果は，長いあいだ見たり聞いたりしていなかった曲や写真に対して，人々が強い感情的反応を見せる理由を説明できるのかもしれない．

学習の目的 9
マーケターは，消費者の製品や広告についての記憶を測る．

消費者のマーケティング・メッセージの想起はどのように測定できるか

マーケターは消費者にメッセージを送り出すことに多額の資金を投入するので，当然

「メモレーン」のアプリは，ソーシャルメディアのアカウントの投稿機能を使って自分史を構築することができる．

出典：Memolane 提供．

ながら，時間が経ってからも消費者がその広告を覚えていてくれることを願っている．彼らがこのようなことに大きな関心を払うのももっともだろう．ある調査では，テレビ視聴者のうち CM メッセージとそれに対応する製品を肯定的に結びつけたのは 40% 未満で，CM でブランド名に気づいたのは 65% だけ，重要なポイントとの結びつきを認識したのは 38% だけだった[93]．

さらに残念なことに，テレビ視聴者のうち最近見たテレビ CM に登場した製品や企業を覚えているのは 7% しかいない．この数字は 1965 年に記録された記憶再生率の半分にも満たない．この落ち込みは，15 秒と 30 秒 CM の増加や，CM を流す番組スポンサーが一企業ではなく複数企業になったことなどが原因として挙げられるかもしれない[94]．

再認と再生

優れた広告の 1 つの指標は，当然ながら，それが消費者に与える印象である．しかし，この印象はどのように定義し，評価することができるだろうか．2 つの基本的な評価法は，再認（recognition）と再生（recall）である．典型的な「再認テスト」では，研究者が被験者に一度に 1 つの広告を見せ，それを前に見たことがあるかどうかをたずねる．対照的に，「自由再生テスト」では，被験者に先に情報を与えることなく，自分が見たことのある広告を個別にたずねる．明らかにこの作業では被験者側により大きな労力が求められる．

いくつかの状況下では，2 つの記憶の測定法は同じ結果を生む．特に研究者が視聴者の広告への関心を一定に保とうと努力した場合はそうだ（ただし，既に見たように，広告に対する本当の記憶を研究するには明らかに人工的な設定だろう）[94]．それでも，一般に，再認スコアはより信頼でき，再生スコアとは異なり時間の経過によってもそのスコアは低下しにくい[96]．再認はほとんどすべての場合において再生よりもそのスコアが高くなるが，それは再認がより単純なプロセスで，消費者にはより多くの記憶想起のための手掛かりが与えられるためである．

しかし，どちらのタイプの記憶想起も，購買決定に重要な役割を果たす．再生は，消費者が手元に製品データを持っていないため，そうした情報を生み出すために記憶に頼らせるを得ない状況においてより重要となる[97]．しかし，再認は，小売業者が店舗内において数多くの製品の選択肢を持つ消費者（つまり，外部記憶が豊富に手に入る）に対して，単純になじみのあるパッケージを認識させるような場合により重要となる．残念ながら，パッケージの再認となじみ深さは，否定的な影響を与えることもある．例えば，消費者は警告ラベルを見ても，それらのメッセージを当然のものとみなし，実際には気に留めないかもしれない[98]．

記憶測定における問題点

　広告に対する記憶を測定することは重要だが，研究者はいくつかの理由から，既存の方法がこうした側面を正確に測定できるかどうかに疑いを投げかけてきた．第1に，私たちが測定ツールから得る結果は，必ずしも私たちが測定する対象に基づいたものではなく，道具や回答者についてのものになる．こうした問題は**反応バイアス**（response bias）と呼ばれる．例えば，人々は質問項目が何をたずねているかにかかわらず，質問には「はい」という答えを与える傾向がある．さらに，被験者は「良い被験者」であろうと熱心で，実験者が何を求めているのかを見極め，相手が望んでいる答えを与えようとする．この傾向があまりに強いため，ある研究では，被験者が偽の広告（以前に見たことのない広告）を知っていると答える割合は，本当に見たことのある広告とほとんど変わらないくらい高かった[99]．

記憶の欠落

　人々はまた，情報を忘れたり，不正確な記憶を保持することも多い（そう，若い世代でも同じだ）．なかでも一般的なものには，「省略」（事実の一部を除外する），「平均化」（極端なケースを報告しないことで，記憶を「標準化」する傾向），「テレスコーピング」（時間についての不正確な想起）などがある[100]．こうした歪みは目撃者の証言に依存する法廷だけでの問題ではなく，消費者が自分の購入，食品や家庭用品の消費について思い出すときに頼る製品使用のデータベースの正確さにも疑問を投げかける．例えば，ある調査では，人々に，自分が通常の食事で食べる量を，小，中，大のいずれかで表わしてもらった．ただし，研究者は「中」に対して，異なる定義を使った．そうした異なる定義を与えているにもかかわらず，ほぼ同じ数の人が，自分が通常食べる量は「中」だと主張した[101]．

　真実の幻想効果（illusion of truth effect）を実証した研究もある．この場合，被験者（特に年配層）にある消費者の言っていることは間違いだと告げると，彼らはそれを真実として誤って記憶することがある．話を聞いて3日後には，彼らはそれを真実として思い出す可能性が高かった．これは，主張の繰り返しがそれに対するなじみ深さを高めるが，回答者は文脈についての記憶（主張の誤りが暴かれた部分）を保持していないためである．この効果には潜在的に重要なインプリケーションがある．特に誤った主張について消費者を教育しようとするソーシャル・マーケティング・キャンペーンにとっては大きな意味を持つだろう[102]．

　研究者は記憶測定の精度を高めるテクニックの開発に取り組み続けているが，これらの改善は，広告がその効果を発揮するためには記憶の想起が必要か否かというより根元

的な問題に答えを出しているわけではない．特に，これらの測定法が具体的な製品の効用を伝えるというよりは，強い感情を引き起こすことを目的とした「感情」広告のインパクトを十分に測ることはできないと主張する専門家もいる．ペプシやシボレーなど多くの広告キャンペーンが，このアプローチを使っている[103]．こうした場合，マーケターは消費者に自社製品を買うように単発的な説得を試みるよりは，長期的に持続する肯定的な感情を築くことを望んでいる．

　また，製品の想起が製品に対する選好にどのように関連しているかも明らかではない．消費者は広告で宣伝される便益を思い出しても，それを信じていないかもしれない．あるいは，その広告が記憶に残るのは，それがあまりに不愉快で，その製品は「憎むべき」ものになっているからかもしれない．要点はこうだ．思い出すことは，特にブランド認知の確立には重要だが，必ずしも消費者の好みを変えるだけの力は持たない．それを達成するには，消費者の態度を変えるためのより洗練された戦略を必要とする．これについては第7章で扱うこととする．

ほろ苦い記憶：ノスタルジアのマーケティングパワー

　マーケターは古い時代の人気キャラクターや物語を復活させることも多い．消費者の大事にしている思い出が，彼らを過去に立ち戻らせる動機づけになることを期待してのことだ．1970年代には50年代のリバイバルブームが起こり，80年代の消費者は60年代の思い出にたっぷり浸った．現在では，人気キャラクターは，ほんの数年姿を消しただけで，誰かが表舞台に引き戻してくる．多くの企業が自社の倉庫に眠る古い人気製品

出典：H.J.Heinz Company 提供．

多くの企業がそうであるように，ハインツとペプシも，最近になってパッケージの「レトロ」バージョンを発表した．

を掘り起こすことに明け暮れてきた．サントリーは 2011 年，12 年ぶりに「はちみつレモン」を発売し，年間販売目標を約 8 割上回る 130 万ケースを販売した．人気の秘密は，懐かしさを前面に出し，かつてのデザインをそのまま採用した点にあった．テレビ CM でも昔と同じメロディーやフレーズを使った．トヨタは 2012 年，1980 年代の人気車「AE86 型カローラレビン／スプリンタートレノ」の愛称「ハチロク」を新しいスポーツカーの正式な車名とした．日本マクドナルド，サクラクレパス，雪印メグミルクのなども基幹製品の「復刻版」(「チキンタツタ」「ほんとうのクレパス 16 色」「雪印コーヒー」) を期間・数量限定で発売した．同様の事例は今後も増えそうだ [104]．

ノスタルジア（nostalgia）は，過去を悲しみと憧れの入り混じった思いで振り返る，ほろ苦い感情を表現する言葉である [105]．広告主が「古き良き時代」に言及するときには，若い頃の思い出をよみがえらせ，これらの感情が現在彼らの売っているものに乗り移ることを期待している．

レトロブランド（retro brand）は，少し前の時代のブランドを新しいヴァージョンにしたもので，これらの製品はノスタルジアを引き起こす．これらの製品が消費者に人生がより安定し，シンプルで，またはユートピア的でさえあった時代（少なくとも自分の記憶の中では）を振り返らせる効果があることは，研究者も認めている．ごく簡単に言えば，「バラ色の眼鏡を通して過去を見る」ように促すのである [106]．

以前の経験は，現在何を好むかを決める助けにもなる．消費者行動の研究者たちは，人々の好みが形成され長期にわたって維持されるようになる年齢を判断するための「ノスタルジア指標（nostalgia index）」を開発した．それによると，ある人が特定の曲を好きになるかどうかは，その曲が流行ったときに何歳だったかでかなり予測できるという．

フォッシルの製品デザインは，クラシックスタイルの記憶を呼び起こす．

出典：Fossil Inc. の許可を得て掲載．撮影／Thom Jackson and Jon Kirk．

レトロ感覚でアピールするチリの広告.

出典：Volkswagen 提供.

平均すると，私たちは23.5歳のときに流行った曲を好む傾向がある（したがって，まだあなたが23歳になっていないのなら，これから流行る曲に注目しておくといい）．ファッションの好みは33歳のときにピークに達し，26歳か27歳のときに人気のあった映画スターをその後も好む傾向がある[107]．

章のまとめ

この章を読み終えた時点で，理解しているべきこと：

1. **消費者がどのように製品やサービスについて学ぶのかを理解することは重要である．**

   学習とは経験によって引き起こされる行動の変化である．学習は刺激と反応の間の単純な連想，あるいは一連の複雑な認知活動を通して生じる．

2. **条件づけは学習につながる．**

   行動学習理論は，学習が外的環境で起こる出来事への反応の結果として生じると仮定する．古典的条件づけは，自然に反応を生じさせるような刺激（無条件刺激）が，それ単体ではこの反応を生じさせない別の刺激と対になるときに発生する．時間が経つと，第2の刺激（条件刺激）は，最初の刺激がなくても同じ反応をもたらすようになる．

3. **ブランドに関する学習された連想は，他の製品にも適用される．なぜこのことがマーケターにとって重要なのか．**

   この反応は，刺激般化と呼ばれるプロセスによって，別の類似の刺激に拡張することがある．このプロセスは，ライセンス付与やファミリーブランドのようなマーケティング戦略の基礎となり，ある製品への消費者の肯定的な連想が他の文脈にも移転される．

4. **古典的条件づけと道具的条件づけには違いがあるが，どちらのプロセスも消費者**

が製品について学ぶ助けになる.

　道具的（またはオペラント）条件づけは，その人が肯定的な結果を生むような行動をとり，否定的な結果を生むような行動を避けることを学ぶときに生じる．古典的条件づけでは，2つの刺激が対になるのに対して，道具的条件づけは，刺激への反応に続き，強化がなされるときに生じる．強化は，反応の後に報酬が続けば肯定的になり，反応しないことで負の結果を避けるときには否定的になる．反応の後に不快な出来事が起こると罰が生じる．強化がもう生じなくなったとき，行動の消滅が起こる．

5. **私たちは他人の行動を観察することを通して，製品について学ぶ.**

　認知学習は，心的プロセスの結果として生じる．例えば観察学習は，他者が何らかの行動に対して報酬を得るのを見た結果として生じる．

6. **私たちの脳はブランドについての情報を処理し，記憶にとどめる.**

　記憶とは学習した情報を保持することである．私たちが情報を受け取ったときにそれを符号化する方法が，それを記憶にどのように保持するかを決める．感覚記憶，短期記憶，長期記憶という3種類の記憶システムが，外部からの情報を保持し，処理する．

7. **ある製品から連想される別の製品は，当該製品をどのように記憶するかに影響を与える.**

　私たちは情報を個別に保存するわけではない．入ってきた情報は，脳が他の関連データと連想づけをする知識体系に統合される．連想ネットワークの中の製品情報の場所と，それが符号化される抽象性の程度が，後になってその情報をいつどのように活性化させるかを決定するのを助ける．記憶の想起に影響する要因としては，そのアイテムに対するなじみ深さ，記憶の中での顕著性，そして，情報が映像として提示されるか言葉で提示されるかなどが挙げられる．

8. **製品は過去の記憶を取り戻す助けになる.**

　製品も記憶マーカーとして一定の役割を果たす．消費者は製品を過去の経験についての記憶を取り戻すために使い（自伝的記憶），それができるために製品を大事にすることも多い．こうした製品の役割はマーケティング戦略におけるノスタルジアの利用を促す．

9. **マーケターは，消費者の製品や広告に関する記憶を測定する.**

　製品情報についての記憶測定法としては，再認もしくは再生のテクニックを利用することができる．消費者は，広告を見せられたときの方が，何の手掛かりも与えられなかったときより，製品のことを認識しやすい．しかし，再認も再生も，自動的にもしくは確実にある製品を好きにさせたり，購買行動を起こすわけではない

キーワード

一極的な感情（unipolar emotions）　136
エピソード記憶（episodic memories）　125
学習（learning）　107
活性化拡散（spreading activation）　131
感覚記憶（sensory memory）　126
観察学習（observational learning）　122
干渉（interference）　134
記憶（memory）　123
記憶の活性化モデル

（activation models of memory） 127
偶発的学習（incidental learning） 107
減衰（decay） 134
顕著性（salience） 136
広告の消耗（advertising wear-out） 113
行動学習理論（behavioral learning theories） 108
固定比率強化（fixed-ratio reinforcement） 119
古典的条件づけ（classical conditioning） 109
混合感情（mixed emotions） 136
再生（recall） 141
再認（recognition） 141
シェーピング（shaping） 116
刺激般化（stimulus generalization） 111
刺激弁別（stimulus discrimination） 111
自発的回復（spontaneous recovery） 140
状況依存的想起（state-dependent retrieval） 135
条件刺激（CS）(conditioned stimulus) 109
条件反射（CR）(conditioned response) 109
消費者の混乱（consumer confusion） 115
消滅（extinction） 110
真実の幻想効果（illusion of truth effect） 142
スクリプト（script） 132
正の強化（positive reinforcement） 116
製品ラインの拡張（product line extension） 114
精緻化リハーサル（elaborative rehearsal） 127
想起（retrieval） 123
想起集合（evoked set） 130
短期記憶（STM）(short-term memory) 126
チャンキング（chunking） 127
注意ゲート（attentional gate） 126
長期記憶（LTM）(long-term memory) 127
貯蔵（storage） 123
定間隔強化（fixed-interval reinforcement） 119

道具的条件づけ（instrumental conditioning） 116
認知学習理論（cognitive learning theory） 120
ノスタルジア（nostalgia） 144
ハイブリッド広告（hybrid ads） 137
ハイライト効果（highlighting effect） 135
罰（punishment） 117
ハロー効果（halo effect） 111
反応バイアス（response bias） 142
反復（repetition） 109
ファミリーブランド（family branding） 114
フォン・ラストルフ効果（von Restorff effect） 136
符号化（encoding） 123
負の強化（negative reinforcement） 117
ブランド・エクイティ（brand equity） 112
フリークエンシー・マーケティング（frequency marketing） 120
分散効果（spacing effect） 133
変間隔強化（variable-interval reinforcement） 119
変動比率強化（variable-ratio reinforcement） 119
無条件刺激（UCS）(unconditioned stimulus) 109
モデリング（modeling） 122
物語（narrative） 125
ライセンス付与（licensing） 115
類似パッケージ（look-alike packaging） 115
レトロブランド（retro brand） 144
連想ネットワーク（associative network） 128

復習

1. 無条件刺激と条件刺激の違いは何か？
2. マーケティングにおけるハロー効果の例を１つ挙げなさい．
3. マーケターは消費者が自社のブランドについて学習する可能性を高めるために，反復をどのように利用できるか？

4. CMで流行曲を背景として使って製品を宣伝することは，なぜ必ずしも優れたアイディアとはならないのか？
5. 古典的条件づけと道具的条件づけの違いは何か？
6. 異なる種類の強化は，それぞれどのように学習効果を高めるか？ フリークエンシー・マーケティング戦略は条件づけとどのように関係しているのか？
7. 行動学習理論と認知学習理論の主な違いは何か？
8. 情報処理の3段階を述べなさい．
9. 外部記憶とは何か？ それがなぜマーケターにとって重要なのか？
10. エピソード記憶の例を1つ挙げなさい．
11. 3種類の記憶を挙げ，それらがどのように関係し合って機能するかを説明しなさい．
12. 連想記憶はどのような意味でクモの巣と似ていると言えるのか？
13. ある人がATMを使いたくなる可能性とスキーマとの関連は？
14. なぜ先発ブランドが後発ブランドに比べ，消費者に記憶されるという点で有利か？
15. 消費者がある製品をよく知っている場合，その製品の広告は記憶の再生を高めることもあれば妨げることもある．その理由は？
16. 新しい情報を学習することが，既に学んだことを忘れやすくするのはなぜか？
17. 「ノスタルジア」を定義し，それがなぜマーケティング戦略で広く利用されているのかを説明しなさい．
18. 記憶を測定する2つの基本的な手段を挙げ，その違いを説明しなさい．
19. 広告に対する記憶測定の3つの問題点を挙げなさい．

討議と応用

■ 討論せよ

1. 『第1感「最初の2秒」の「なんとなく」が正しい』の中で，著者のマルコム・グラッドウェルは，グループ・インタビューのようなマーケティング・テクニックは，もてはやされてはいるが効果がないと論じ，その理由として，消費者は通常，製品に対して意識的に考えることなく素早く反応するからだと述べている．したがって，なぜ買うのかを長々と考えさせるより，単純に消費者に優れた第一印象を与える方が効果的ということになる．この点について，あなたはどのように考えるか？

2. ほとんどのCMには背景音楽としてさまざまな楽曲が使われているが，ブルース・スプリングスティーン，レッド・ツェッペリン，U2などのロック界の大御所バンドは，CM用に楽曲を演奏することを拒んだ．U2のマネージャーはこう語っている．「ロックンロールは，自立を表明する文化の最後の砦だ．そのクリエイティブな努力とハードワークを，ソフトドリンクやらビールやら車やらのために使うのは，みっともない」[108]．この問題についてのあなたの考えは？ 自分の好きな曲がCMで流れたら，どのように反応するだろうか？ 製品のマーケティング手段として，この種のノスタルジアの利用は効果的だろうか？ そうだと思う理由，もしくはそうでないと思う理由は？

■ 応用せよ

1. 製品のCMソングに対する記憶テストを考案しなさい．明治ブルガリアヨーグルトやインテルのCMソングのような記憶に残る曲と結びついたブランドのリストを作り，それを友人に読み上げてみたら，彼らはそのうち何曲を覚えているだろう

か？　記憶レベルに驚くことになるかもしれない．

2. ある医師が製品マーケターのページを借り，発展途上国の人たちに石鹸で手を洗う習慣を身につけさせるにはどうしたらよいかアドバイスを求めた．汚れた手が原因の病気や不調（下痢など）で，世界のどこかで15秒に1人，子どもが死んでいる．こうした死の半分ほどは，石鹸を日常的に使うことで防げるのである．そのプロジェクトは，マーケターが保湿液，殺菌シート，消臭スプレー，浄水器，練り歯磨き，ビタミン剤のような製品の習慣的な使用を勧めるときに使っているテクニックを採用した．例えば，ビールのCMは，よく男性が何人か集まっているシーンを描き出す．調査の結果，友人グループと一緒にいると，習慣的な飲酒の引き金になる傾向があると分かったからだ．ガーナの人々が嫌悪を感じたときには，それが手を洗う合図になることが調査によって明らかになった．しかし，多くの発展途上国でそうであるように，穴を掘っただけの簡易式便所にとって代わるトイレは，清潔であることの象徴となっている．そこで，広告キャンペーンの1つには，現代風のトイレの中でさえ，まだばい菌が存在するのだと思い出させるメッセージが含まれた——母親と子どもたちが手に紫色のものをつけてトイレから出てくる．そして，触るものすべてが汚染される．こうした映像は手洗いの習慣を促進し，プロジェクトは石鹸で手を洗う人の数を劇的に増加させることに成功した[109]．公衆衛生，環境，その他の社会問題の改善に取り組んでいる組織は，消費者の学習と習慣行動についての知識を利用して，どのように肯定的な習慣を身につけさせたり強化したりすることができるだろうか？

3. よく知られたブランドネームを持つ製品の重要な特徴のいくつかを明らかにしなさい．こうした特性に基づいて，ブランドの拡張やライセンス付与の機会として考えられるもののリストを作成し，また消費者が受け入れないようなものについても挙げなさい．

4. ノスタルジア性が高い「クラシック」な製品の画像を集め，それを他の人に見せ，自由に連想してもらいなさい．これらの製品が喚起する記憶の種類を分析し，マーケターはこうした連想を製品の宣伝戦略にどのように利用できるかを考えなさい．

参考文献

1. Jenna Goudreau, "These Old Brands Are Poised for a 2011 Comeback: Nostalgia Will Help Sell to Consumers Who Aren't Happy with the Present," *Forbes* (December 31, 2010), http://today.msnbc.msn.com/id/40856091/ns/today-entertainment, accessed April 4, 2011.
2. Robert A. Baron, *Psychology: The Essential Science* (Boston: Allyn & Bacon, 1989).
3. Richard A. Feinberg, "Credit Cards as Spending Facilitating Stimuli: A Conditioning Interpretation," *Journal of Consumer Research* 13 (December 1986): 348-56.
4. R. A. Rescorla, "Pavlovian Conditioning: It's Not What You Think It Is," *American Psychologist* 43 (1988): 151-60; Elnora W. Stuart, Terence A. Shimp, and Randall W. Engle, "Classical Conditioning of Consumer Attitudes: Four Experiments in an Advertising Context," *Journal of Consumer Research* 14 (December 1987): 334-39.
5. C. Janiszewski, H. Noel, and A. G. Sawyer, "A Meta-analysis of the Spacing Effect in Verbal Learning: Implications for Research on Advertising Repetition and Consumer Memory," *Journal of Consumer Research* 30, no. 1 (2003): 138-49.
6. James Ward, Barbara Loken, Ivan Ross, and Tedi Hasapopoulous, "The Influence of Physical

Similarity of Affect and Attribute Perceptions from National Brands to Private Label Brands," in Terence A. Shimp et al., eds., *American Marketing Educators' Conference* (Chicago: American Marketing Association, 1986): 51-56.

7. Judith Lynne Zaichkowsky and Richard Neil Simpson, "The Effect of Experience with a Brand Imitator on the Original Brand," *Marketing Letters* 7, no. 1 (1996): 31-39.

8. Randi Priluck Grossman and Brian D. Till, "The Persistence of Classically Conditioned Brand Attitudes," *Journal of Advertising* 21, no. 1 (1998): 23-31; Chris T. Allen and Thomas J. Madden, "A Closer Look at Classical Conditioning," *Journal of Consumer Research* 12 (December 1985): 301-15; Chester A. Insko and William F. Oakes, "Awareness and the Conditioning of Attitudes," *Journal of Personality & Social Psychology* 4 (November 1966): 487-96; Carolyn K. Staats and Arthur W. Staats, "Meaning Established by Classical Conditioning," *Journal of Experimental Psychology* 54 (July 1957): 74-80.

9. Kevin Lane Keller, "Conceptualizing, Measuring, and Managing Customer-Based Brand Equity," *Journal of Marketing* 57 (January 1993): 1-22.

10. Herbert Krugman, "Low Recall and High Recognition of Advertising," *Journal of Advertising Research* (February-March 1986): 79-80.

11. Brian Steinberg, "Ad Nauseam: Repetition of TV Spots Risks Driving Consumers Away, Fragmenting Media, Smaller Budgets Make for More of the Same Ads," *Crain's Detroit Business* (December 1, 2008), www.Crainsdetroit.Com/Article/20081201/Email01/812010278/1092, accessed December 1, 2008.

12. Gerald J. Gorn, "The Effects of Music in Advertising on Choice Behavior: A Classical Conditioning Approach," *Journal of Marketing* 46 (Winter 1982): 94-101.

13. Noreen Klein, Virginia Tech, personal communication (April 2000); Calvin Bierley, Frances K. McSweeney, and Renee Vannieuwkerk, "Classical Conditioning of Preferences for Stimuli," *Journal of Consumer Research* 12 (December 1985): 316-23; James J. Kellaris and Anthony D. Cox, "The Effects of Background Music in Advertising: A Reassessment," *Journal of Consumer Research* 16 (June 1989): 113-18.

14. Frances K. McSweeney and Calvin Bierley, "Recent Developments in Classical Conditioning," *Journal of Consumer Research* 11 (September 1984): 619-31.

15. Andrew Martin, "Smelling an Opportunity," *New York Times* (December 8, 2010), http://www.nytimes.com/2010/12/09/business/09tide.html?_r51&ref5business, accessed May 7, 2011; Anand Natarajan, "Branding: Interiors by Smith & Wesson," *BusinessWeek* (November 10, 2003): 16; James B. Arndorfer, "Starbucks Wakes Up to Liquor Possibilities," *Advertising Age* (November 22, 2004): 4; Claudia Deutsch, "Will Real Men Buy Mr. Clean?," *New York Times* (September 24, 2003), www.nytimes.com, accessed September 24, 2003.

16. モバイルディズニーウェブサイト（http://www.disney.co.jp/mobile/）.

17. James R. Hagerty, "Zippo Preps for a Post-Smoker World," *Wall Street Journal* (March 8, 2011), http://online.wsj.com/article/SB10001424052748704076804576180411173921454.html?mod5dist_smartbrief&mod5WALL STREET JOURNAL_hp_MIDDLENexttoWhatsNews Third, accessed April 6, 2011.

18. "Look-Alikes Mimic Familiar Packages," *New York Times* (August 9, 1986): D1.

19. Zaichkowsky and Simpson, "The Effect of Experience with a Brand Imitator on the Original Brand," 31-39.

20. Luk Warlop and Joseph W. Alba, "Sincere Flattery: Trade-Dress Imitation and Consumer Choice," *Journal of Consumer Psychology* 14, nos. 1 & 2 (2004): 21-27.

21. Michael Barbaro and Julie Creswell, "Levi's Turns to Suing Its Rivals," *New York Times* (January 29, 2007), www.nytimes.com/2007/01/29/business/29jeans.html, accessed June 30, 2009.

22. For a comprehensive approach to consumer behavior-based operant conditioning principles, see Gordon R. Foxall, "Behavior Analysis and Consumer Psychology," *Journal of Economic Psychology* 15 (March 1994): 5-91.

23. J. Blaise Bergiel and Christine Trosclair, "Instrumental Learning: Its Application to Customer Satisfaction," *Journal of Consumer Marketing* 2 (Fall 1985): 23-28.

24. Suzanne Vranica, "Agencies Don Lab Coats to Reach Consumers, Firms Deploy Scientists Within Creative Groups to Make Messages

Stick," *Wall Street Journal* (June 4, 2007): B8.
25. Cf., for example, E. M. Eisenstein and J. W. Hutchinson, "Action-Based Learning: Goals and Attention in the Acquisition of Market Knowledge," *Journal of Marketing Research* 43, no. 2 (2006): 244-58.
26. Ellen J. Langer, *The Psychology of Control* (Beverly Hills, CA: Sage, 1983).
27. Robert B. Cialdini, Influence: Science and Practice, 2nd ed. (New York: William Morrow, 1984); Y. Rottenstreich, S. Sood, and L. Brenner, "Feeling and Thinking in Memory-Based versus Stimulus-Based Choices," *Journal of Consumer Research* 33, no. 4 (2007): 461-69.
28. Benedict Carey, "Who's Minding the Mind?" *New York Times Online* (July 31, 2007). http://www.nytimes.com/2007/07/31/health/psychology/31subl.html
29. Malcolm Gladwell, *Blink: The Power of Thinking Without Thinking* (New York: Little, Brown, 2005).
30. Chris T. Allen and Thomas J. Madden, "A Closer Look at Classical Conditioning," *Journal of Consumer Research* 12 (December 1985): 301-15; see also Terence A. Shimp, Elnora W. Stuart, and Randall W. Engle, "A Program of Classical Conditioning Experiments Testing Variations in the Conditioned Stimulus and Context," *Journal of Consumer Research* 18 (June 1991): 1-12.
31. Terence A. Shimp, "Neo-Pavlovian Conditioning and Its Implications for Consumer Theory and Research," in Thomas S. Robertson and Harold H. Kassarjian, eds., *Handbook of Consumer Behavior* (Upper Saddle River, NJ: Prentice Hall, 1991).
32. Albert Bandura, *Social Foundations of Thought and Action: A Social Cognitive View* (Upper Saddle River, NJ: Prentice Hall, 1986).
33. Ibid.
34. R. C. Atkinson and I. M. Shiffrin, "Human Memory: A Proposed System and Its Control Processes," in K. W. Spence and J. T. Spence, eds., *The Psychology of Learning and Motivation: Advances in Research and Theory*, vol. 2 (New York: Academic Press, 1968): 89-195.
35. James R. Bettman, "Memory Factors in Consumer Choice: A Review," *Journal of Marketing* (Spring 1979): 37-53. For a study that explores the relative impact of internal versus external memory on brand choice, see Joseph W. Alba, Howard Marmorstein, and Amitava Chattopadhyay, "Transitions in Preference over Time: The Effects of Memory on Message Persuasiveness," *Journal of Marketing Research* 29 (1992): 406-16.
36. Lauren G. Block and Vicki G. Morwitz, "Shopping Lists as an External Memory Aid for Grocery Shopping: Influences on List Writing and List Fulfillment," *Journal of Consumer Psychology* 8, no. 4 (1999): 343-75.
37. Rob Griffiths, "Shop Shop Shopping List Review," macworld.com, http://www.macworld.com/appguide/app.html?id571541&expand5false, accessed May 7, 2011.
38. Kim Robertson, "Recall and Recognition Effects of Brand Name Imagery," *Psychology & Marketing* 4 (Spring 1987): 3-15.
39. Endel Tulving, "Remembering and Knowing the Past," *American Scientist* 77 (July-August 1989): 361.
40. Rashmi Adaval and Robert S. Wyer, Jr., "The Role of Narratives in Consumer Information Processing," *Journal of Consumer Psychology* 7, no. 3 (1998): 207-46; cf. also R. F. Baumeister and L. S. Newman, "How Stories Make Sense of Personal Experiences: Motives that Shape Autobiographical Narratives," *Personality & Social Psychology Bulletin* 20, no. 6 (1994): 676-90; J. Bruner, *Actual Minds, Possible Worlds* (Cambridge, MA: Harvard University Press, 1986).
41. Jennifer Edson Escalas, "Narrative Processing: Building Consumer Connections to Brands," *Journal of Consumer Psychology* 14, nos. 1 & 2 (2004): 168-80.
42. George A. Miller, "The Magical Number Seven, Plus or Minus Two: Some Limits on Our Capacity for Processing Information," *Psychological Review* 63 (1956): 81-97.
43. James N. MacGregor, "Short-Term Memory Capacity: Limitation or Optimization?" *Psychological Review* 94 (1987): 107-8.
44. M. Vanhuele, G. Laurent, and X. Dréze, "Consumers' Immediate Memory for Prices," *Journal of Consumer Research* 33, no. 2 (2006): 163-72.
45. See Catherine A. Cole and Michael J. Houston, "Encoding and Media Effects on Consumer Learning Deficiencies in the Elderly," *Journal of Marketing Research* 24 (February 1987): 55-64;

A. M. Collins and E. F. Loftus, "A Spreading Activation Theory of Semantic Processing," *Psychological Review* 82 (1975): 407-28; Fergus I. M. Craik and Robert S. Lockhart, "Levels of Processing: A Framework for Memory Research," *Journal of Verbal Learning & Verbal Behavior* 11 (1972): 671-84.

46. Kathryn A. Braun, "Post-Experience Advertising Effects on Consumer Memory," *Journal of Consumer Research* 25 (March 1999), 319-34; Kathryn A. Braun-LaTour, Michael S. LaTour, Jacqueline Pickrell, and Elizabeth F. Loftus, "How (and When) Advertising Can Influence Memory for Consumer Experience," *Journal of Advertising* 33, no. 4 (2004): 7-26; Kathryn A. Braun-LaTour, Michael S. LaTour, and George M. Zinkhan, "Using Childhood Memories to Gain Insight into Brand Meaning," *Journal of Marketing* 71 (April 2007): 45-60.

47. Walter A. Henry, "The Effect of Information-Processing Ability on Processing Accuracy," *Journal of Consumer Research* 7 (June 1980): 42-48.

48. T. B. Cornwell, M. S. Humphreys, A. M. Maguire, C. S. Weeks, and C. L. Tellegen, "Sponsorship-Linked Marketing: The Role of Articulation in Memory," *Journal of Consumer Research* 33, no. 3 (2006): 312-21.

49. Kevin Lane Keller, "Memory Factors in Advertising: The Effect of Advertising Retrieval Cues on Brand Evaluations," *Journal of Consumer Research* 14 (December 1987): 316-33. For a discussion of processing operations that occur during brand choice, see Gabriel Biehal and Dipankar Chakravarti, "Consumers' Use of Memory and External Information in Choice: Macro and Micro Perspectives," *Journal of Consumer Research* 12 (March 1986): 382-405.

50. Susan T. Fiske and Shelley E. Taylor, *Social Cognition* (Reading, MA: Addison-Wesley, 1984).

51. Deborah Roedder John and John C. Whitney Jr., "The Development of Consumer Knowledge in Children: A Cognitive Structure Approach," *Journal of Consumer Research* 12 (March 1986): 406-17.

52. Michael R. Solomon, Carol Surprenant, John A. Czepiel, and Evelyn G. Gutman, "A Role Theory Perspective on Dyadic Interactions: The Service Encounter," *Journal of Marketing* 49 (Winter 1985): 99-111.

53. Aaron Baar, "New Product Messages Aren't Making Intended Impressions," *Marketing Daily* (March 6, 2008), http://publications.mediapost.com/Index.Cfm?Fuseaction5Articles.Showarticle&Art_Aid5779, accessed March 6, 2008.

54. S. Danziger, S. Moran, and V. Rafaely, "The Influence of Ease of Retrieval on Judgment as a Function of Attention to Subjective Experience," *Journal of Consumer Psychology* 16, no. 2 (2006): 191-95.

55. Roger W. Morrell, Denise C. Park, and Leonard W. Poon, "Quality of Instructions on Prescription Drug Labels: Effects on Memory and Comprehension in Young and Old Adults," *The Gerontologist* 29 (1989): 345-54.

56. Frank R. Kardes, Gurumurthy Kalyanaram, Murali Chandrashekaran, and Ronald J. Dornoff, "Brand Retrieval, Consideration Set Composition, Consumer Choice, and the Pioneering Advantage" (unpublished manuscript, The University of Cincinnati, Ohio, 1992).

57. Judith Lynne Zaichkowsky and Padma Vipat, "Inferences from Brand Names," paper presented at the European meeting of the Association for Consumer Research, Amsterdam (June 1992).

58. H. Noel, "The Spacing Effect: Enhancing Memory for Repeated Marketing Stimuli," *Journal of Consumer Psychology* 16, no. 3 (2006): 306-20; for an alternative explanation, see S. L. Appleton-Knapp, R. A. Bjork, and T. D. Wickens, "Examining the Spacing Effect in Advertising: Encoding Variability, Retrieval Processes, and Their Interaction," *Journal of Consumer Research* 32, no. 2 (2005): 266-76.

59. Herbert E. Krugman, "Low Recall and High Recognition of Advertising," *Journal of Advertising Research* (February-March 1986): 79-86.

60. Rik G. M. Pieters and Tammo H. A. Bijmolt, "Consumer Memory for Television Advertising: A Field Study of Duration, Serial Position, and Competition Effects," *Journal of Consumer Research* 23 (March 1997): 362-72.

61. 「雑誌の付録を iPad に乗せると音楽スタート ポカリの個性派広告」ITmedia ニュース, 2013 年 7 月 19 日（http://www.itmedia.co.jp/news/articles/1307/19/news115.html）.

62. Raymond R. Burke and Thomas K. Srull, "Competitive Interference and Consumer

Memory for Advertising," *Journal of Consumer Research* 15 (June 1988): 55-68.
63. Eric J. Johnson and J. Edward Russo, "Product Familiarity and Learning New Information," *Journal of Consumer Research* 11 (June 1984): 542-50.
64. Joan Meyers-Levy, "The Influence of Brand Name's Association Set Size and Word Frequency on Brand Memory," *Journal of Consumer Research* 16 (September 1989): 197-208.
65. Michael H. Baumgardner, Michael R. Leippe, David L. Ronis, and Anthony G. Greenwald, "In Search of Reliable Persuasion Effects: II. Associative Interference and Persistence of Persuasion in a Message-Dense Environment," *Journal of Personality & Social Psychology* 45 (September 1983): 524-37.
66. Joseph W. Alba and Amitava Chattopadhyay, "Salience Effects in Brand Recall," *Journal of Marketing Research* 23 (November 1986): 363-70.
67. Margaret Henderson Blair, Allan R. Kuse, David H. Furse, and David W. Stewart, "Advertising in a New and Competitive Environment: Persuading Consumers to Buy," *Business Horizons* 30 (November-December 1987): 20.
68. Kevin Lane Keller, "Memory Factors in Advertising: The Effect of Advertising Retrieval Cues on Brand Evaluations," *Journal of Consumer Research* 14 (December 1987): 316-33.
69. Eric J. Johnson and J. Edward Russo, "Product Familiarity and Learning New Information," *Journal of Consumer Research* 11 (June 1984): 542-50.
70. Eric J. Johnson and J. Edward Russo, "Product Familiarity and Learning New Information," in Kent Monroe, ed., *Advances in Consumer Research* 8 (Ann Arbor, MI: Association for Consumer Research, 1981): 151-55; John G. Lynch and Thomas K. Srull, "Memory and Attentional Factors in Consumer Choice: Concepts and Research Methods," *Journal of Consumer Research* 9 (June 1982): 18-37.
71. Joseph W. Alba and J. Wesley Hutchinson, "Dimensions of Consumer Expertise," *Journal of Consumer Research* 13 (March 1988): 411-54; Julie A. Edell and Kevin Lane Keller, "The Information Processing of Coordinated Media Campaigns," *Journal of Marketing Research* 26 (May 1989): 149-64; cf. also Jeff Galak, Joseph P. Redden, and Justin Kruger, "Variety Amnesia: Recalling Past Variety Can Accelerate Recovery from Satiation," *Journal of Consumer Research* 36, no. 4 (2009): 575-84.
72. Marcus Cunha, Jr., and Juliano Laran, "Asymmetries in the Sequential Learning of Brand Associations: Implications for the Early Entrant Advantage," *Journal of Consumer Research* 35, no. 5 (2009): 788-99; Julie A. Edell and Kevin Lane Keller, "The Information Processing of Coordinated Media Campaigns," *Journal of Marketing Research* 26 (May 1989): 149-64; cf. also Galak, Redden, and Kruger, "Variety Amnesia: Recalling Past Variety Can Accelerate Recovery from Satiation."
73. Cunha, Jr., and Laran, "Asymmetries in the Sequential Learning of Brand Associations: Implications for the Early Entrant Advantage"; Andrew W. Ellis, Selina J. Holmes, and Richard L. Wright, "Age of Acquisition and the Recognition of Brand Names: On the Importance of Being Early," *Journal of Consumer Psychology* 20, no. 1 (2010): 43-52.
74. John G. Lynch and Thomas K. Srull, "Memory and Attentional Factors in Consumer Choice: Concepts and Research Methods," *Journal of Consumer Research* 9 (June 1982): 18-37.
75. Joseph W. Alba and Amitava Chattopadhyay, "Salience Effects in Brand Recall," *Journal of Marketing Research* 23 (November 1986): 363-70; Elizabeth C. Hirschman and Michael R. Solomon, "Utilitarian, Aesthetic, and Familiarity Responses to Verbal versus Visual Advertisements," in Thomas C. Kinnear, ed., *Advances in Consumer Research* 11 (Provo, UT: Association for Consumer Research, 1984): 426-31.
76. Susan E. Heckler and Terry L. Childers, "The Role of Expectancy and Relevancy in Memory for Verbal and Visual Information: What Is Incongruency?" *Journal of Consumer Research* 18 (March 1992): 475-92.
77. Russell H. Fazio, Paul M. Herr, and Martha C. Powell, "On the Development and Strength of Category-Brand Associations in Memory: The Case of Mystery Ads," *Journal of Consumer Psychology* 1, no. 1 (1992): 1-13.
78. Jennifer Aaker, Aimee Drolet, and Dale Griffin, "Recalling Mixed Emotions," *Journal of Consumer Research* 35 (August 2008): 268-78.

79. Alex Mindlin, "Commercials Bask in a Show's Glow," *New York Times Online* (December 17, 2007), www.nytimes.com, accessed December 17, 2008.
80. Suzanne Vranica, "New Ads Take on Tivo, Tie-Ins to TV Shows Aim to Prevent Fast-Forwarding," *Wall Street Journal* (October 5, 2007): B4.
81. Hirschman and Solomon, "Utilitarian, Aesthetic, and Familiarity Responses to Verbal versus Visual Advertisements."
82. Terry Childers and Michael Houston, "Conditions for a Picture-Superiority Effect on Consumer Memory," *Journal of Consumer Research* 11 (September 1984): 643-54; Terry Childers, Susan Heckler, and Michael Houston, "Memory for the Visual and Verbal Components of Print Advertisements," *Psychology & Marketing* 3 (Fall 1986): 147-50.
83. Werner Krober-Riel, "Effects of Emotional Pictorial Elements in Ads Analyzed by Means of Eye Movement Monitoring," in Thomas C. Kinnear, ed., *Advances in Consumer Research* 11 (Provo, UT: Association for Consumer Research, 1984): 591-96.
84. Hans-Bernd Brosius, "Influence of Presentation Features and News Context on Learning from Television News," *Journal of Broadcasting & Electronic Media* 33 (Winter 1989): 1-14.
85. Edward F. McQuarrie and David Glen Mick, "Visual and Verbal Rhetorical Figures under Directed Processing versus Incidental Exposure to Advertising," *Journal of Consumer Research* 29 (March 2003): 579-87; cf. also Ann E. Schlosser, "Learning through Virtual Product Experience: The Role of Imagery on True Versus False Memories," *Journal of Consumer Research* 33, no. 3 (2006): 377-83.
86. Hugo Martin, "Disney's 2011 Marketing Campaign Centers on Family Memories," *Los Angeles Times* (September 23, 2010), http://latimesblogs.latimes.com/money_co/201009/disney-to-market-on-memories.html, accessed April 4, 2011.
87. Russell W. Belk, "Possessions and the Extended Self," *Journal of Consumer Research* 15 (September 1988): 139-68.
88. Morris B. Holbrook and Robert M. Schindler, "Nostalgic Bonding: Exploring the Role of Nostalgia in the Consumption Experience," *Journal of Consumer Behavior* 3, no. 2 (December 2003): 107-27.
89. Alexia Tsotsis, "Flickr Dips Its Toes into Social with Twitter and Facebook 'Share This' Features," *TechCrunch* (March 30, 2011), http://techcrunch.com/2011/03/30/flickr-dips-its-toes-into-social-with-twitter-and-facebook-share-this-features/, accessed April 6, 2011.
90. Sarah Kessler, "Memolane Creates an Automatic Scrapbook of Your Social Media Activity," *Mashable* (March 11, 2011), http://mashable.com/2011/03/11/memolane/, accessed April 4, 2011.
91. Stacy Menzel Baker, Holli C. Karrer, and Ann Veeck, "My Favorite Recipes: Recreating Emotions and Memories through Cooking," *Advances in Consumer Research* 32, no. 1 (2005): 304-5.
92. Russell W. Belk, "The Role of Possessions in Constructing and Maintaining a Sense of Past," in Marvin E. Goldberg, Gerald Gorn, and Richard W. Pollay, eds., *Advances in Consumer Research* 16 (Provo, UT: Association for Consumer Research, 1989): 669-78.
93. "Only 38% of T.V. Audience Links Brands with Ads," *Marketing News* (January 6, 1984): 10.
94. "Terminal Television," *American Demographics* (January 1987): 15.
95. Richard P. Bagozzi and Alvin J. Silk, "Recall, Recognition, and the Measurement of Memory for Print Advertisements," *Marketing Science* 2 (1983): 95-134.
96. Adam Finn, "Print Ad Recognition Readership Scores: An Information Processing Perspective," *Journal of Marketing Research* 25 (May 1988): 168-77.
97. James R. Bettman, "Memory Factors in Consumer Choice: A Review," *Journal of Marketing* (Spring 1979): 37-53.
98. Mark A. Deturck and Gerald M. Goldhaber, "Effectiveness of Product Warning Labels: Effects of Consumers' Information Processing Objectives," *Journal of Consumer Affairs* 23, no. 1 (1989): 111-25.
99. Surendra N. Singh and Gilbert A. Churchill, Jr., "Response-Bias-Free Recognition Tests to Measure Advertising Effects," *Journal of Advertising Research* (June-July 1987): 23-36.
100. William A. Cook, "Telescoping and Memory's Other Tricks," *Journal of Advertising Research* 27 (February-March 1987): 5-8.
101. "On a Diet? Don't Trust Your Memory,"

102. I. Skurnik, C. Yoon, D. C. Park, and N. Schwarz, "How Warnings about False Claims Become Recommendations," *Journal of Consumer Research* 31, no. 4 (2005): 713-24.
103. Hubert A. Zielske and Walter A. Henry, "Remembering and Forgetting Television Ads," *Journal of Advertising Research* 20 (April 1980): 7-13; Cara Greenberg, "Future Worth: Before It's Hot, Grab It," *New York Times* (1992): C1; S. K. List, "More Than Fun and Games," *American Demographics* (August 1992): 44.
104.「「復刻版」熱い,車・食品など続々 定番に安心感」日本経済新聞 2012 年 2 月 23 日 (http://www.nikkei.com/article/DGXNASDD 2107L_T20C12A2MM0000/).
105. Susan L. Holak and William J. Havlena, "Feelings, Fantasies, and Memories: An Examination of the Emotional Components of Nostalgia," *Journal of Business Research* 42 (1998): 217-26.
106. Stephen Brown, Robert V. Kozinets, and John F. Sherry, "Teaching Old Brands New Tricks: Retro Branding and the Revival of Brand Meaning," *Journal of Marketing* 67 (July 2003): 19-33.
107. Robert M. Schindler and Morris B. Holbrook, "Nostalgia for Early Experience as a Determinant of Consumer Preferences," *Psychology & Marketing* 20, no. 4 (April 2003): 275-302; Morris B. Holbrook and Robert M. Schindler, "Some Exploratory Findings on the Development of Musical Tastes," *Journal of Consumer Research* 16 (June 1989): 119-24; Morris B. Holbrook and Robert M. Schindler, "Market Segmentation Based on Age and Attitude Toward the Past: Concepts, Methods, and Findings Concerning Nostalgic Influences on Consumer Tastes," *Journal of Business Research* 37 (September 1996)1: 27-40.
108. Kevin Goldman, "A Few Rockers Refuse to Turn Tunes into Ads," *New York Times* (August 25, 1995): B1.
109. Charles Duhigg, "Warning: Habits May Be Good for You," *New York Times Magazine* (July 17, 2008), www.ntyimes.com/2008/07/13/Business/13habit.html, accessed July 17, 2008.

Psychology Today (October 1989): 12.

第4章 動機づけとグローバルな価値観

この章の目的 | **本章の学習を通じて，以下のことを理解しよう：**

1. 製品が消費者の幅広いニーズを満足させられることを，マーケターは認識することが重要である．
2. 消費者が製品を評価し選択する方法は，その製品への関与の程度，マーケティング・メッセージ，そして（あるいは）購買状況によって決まる．
3. 深く根づいた文化的価値観が，どのような種類の製品やサービスを求めたり，避けたりするのかを規定する．
4. 消費者が自分の所有物に対して与える重要性は，人により異なり，このこと自体が，その人が何を優先してどのように行動するのか，ということに影響を与える．
5. ある文化圏で成功した製品でも，マーケターが現地の消費者の違いを理解できなければ，別の文化圏では失敗するかもしれない．
6. 欧米（特にアメリカ）文化は世界中に大きな影響を与えているが，他国の人々は製品に必ずしも欧米人と同じ意味を与えているわけではない．

　タロウは，マリお気に入りのオシャレな自然食レストランでメニューを眺めながら，男が愛と引き換えに断念できるものは何だろうと考えている．いまやマリは完全なヴィーガン（完全菜食主義者）となり，トンカツや鶏の唐揚げが大好きな肉食系のタロウをベジタリアンに改宗させようとしている．大学でも，野菜と豆腐しかないメニューから逃れることができなくなってきた．寮の食堂ですらベジタリアン用の食事を提供するようになり，タロウが愛してやまない肉料理や脂っこいごちそうに取って代わろうとしているのである．

　マリはすっかり夢中だ．菜食主義になると，不必要な脂肪分をカットできるだけでなく，環境保護にも貢献できるという．環境保護女子にほれ込んでしまったのが，タロウの運のつきだった．彼が，生湯葉オムライスと，特製和風ベジカレーのどちらにしようか，勇気ある決断を下そうとしていると，牛丼特盛りの幻が目の前を通り過ぎていった．

学習の目的 1
製品が消費者の幅広いニーズを満足させられることを，マーケターは認識することが重要である．

動機づけのプロセス：人は何に駆り立てられるのか？

　野菜中心の食生活が体にも心にも地球にもよいと信じているのは，マリだけではないのは間違いない．いまや総人口の約7％がベジタリアンで，肉を避けた食事を取り入れる人が女性と若い世代に多い．通常の肉料理（死んだ動物の肉を使った料理）の他に，ベジタリアンの選択肢を考慮するという消費者も10～20％いる．次のステップであるヴィーガン（完全菜食主義者）のライフスタイルに進む人たちの数はどんどん増えている．「ベジタリアニズム」は，肉（動物を殺す必要のない動物性食品，例えば牛乳，チーズ，バターなども含まれることがある）を排した食事にだけ意味するが，「ヴィーガニズム（完全菜食主義）」は，動物を食べることと動物を残酷に扱うことについての倫理的な信念と結びついている．ヴィーガンは，狩猟や漁業に反対するだけでなく，残酷な動物の訓練に対しても抗議し，サーカスや動物園，ロデオ，レースなどで動物を傷つけることに反対し，薬品や化粧品の動物実験にも反対している[1]．

　ベジタリアンやヴィーガンの消費者は，食らいつくのが好きな人たちに比べればまだ少数派に過ぎないが，アメリカの大企業はベジタリアン食品や動物虐待と無縁の製品への関心の高まりに気づいている．コルゲート社はトムズ・オブ・メイン（添加物や動物性原料を使用しないことで知られるナチュラル派のパーソナルケア製品メーカー）の経営支配権を取得し，ディーン・フーズ社（アメリカ最大の乳製品加工会社）はシルク社とその親会社であるホワイトウェーブ（大手オーガニック食品会社）を買収した．PETA（動物の倫理的扱いを求める人々の会）は，子ども向けの「オンライン・ベジタリアン・スターターキット」など，動物に優しいライフスタイルを促進するためのツールを紹介している[2]．これに対して，牛肉業界は「夕食には牛肉を（Beef. It's What's for Dinner）」キャンペーンと，牛肉消費を促進するウェブサイト（beefitswhatsfordinner.com）で明確にこれに対抗している[3]．消費者のメニューの選択が広範囲にわたる影響を与えていることは間違いない．

　人々に製品を購買させて利用するように促している力は，例えば昼食に何を食べるかの選択のように，一般には直接的なものである．ところが，厳格なベジタリアンの例が示しているように，私たちが消費する基本的な食品でさえ，何を適切で望ましいと思うかについて広く受け入れられた考え方に関わっている．ある場合には，これらの感情的反応が，製品への深い関与を生み出す．消費者は，自分が特定の製品を好み，特定の製品を嫌う

158　セクション 2　個人としての消費者

ように駆り立てている力に，十分に気づいていないことさえある．

　動機づけを理解することは，消費者がなぜその行動をとるのかを理解することである．なぜ橋からバンジージャンプで飛び降りようとする人がいたり，リアリティ番組で競い合おうとしたりする人がいる一方で，将棋をしたり家庭菜園をしたりして休日を過ごす人がいるのか？　渇きを癒すためであれ，退屈しのぎであれ，深い精神的経験をするためであれ，私たちは何らかの理由があって行動している——たとえ自分でも正確にはその理由が分かっていないにしても．マーケティングを学ぶ学生は，その第1日目に，マーケティングの目的は消費者のニーズを満足させることだと教えられる．しかし，そのニーズが何であるか，なぜ存在するのかを見いだせない限り，頭で理解したことは役に立たない．この章では，こうした問題について考える．

　動機づけ（motivation）は，人々を行動に駆り立てるプロセスを意味する．何らかの必要が生じ，それを満足させたいと思うところに動機が存在する．ニーズが一種の緊張状態を生み出し，消費者はその緊張を取り除こうとするのである．このニーズは「実利的（utilitarian）」なもの（例：栄養のために緑の野菜をたくさん食べるなど，何らかの機能的，実際的な恩恵を得ようとする願望）かもしれないし，「快楽的（hedonic）」なもの（例：タロウが牛丼特盛りを恋しがったときのように，感情的な反応や幻想を含む経験的なニーズ）かもしれない．望まれる最終的な状態が，消費者にとっての**目標（goal）**となる．マーケターは，消費者の緊張を緩和する助けになり，期待通りのものを提供する製品やサービスを創出しようとする．

　そのニーズが実利的なものであれ快楽的なものであれ，それが生み出す緊張の程度が，消費者がそれを緩和したいと感じる緊急性を決める．この衝動の程度は**動因（drive）**と

アラブ首長国連邦でのダンキンドーナツの広告．飢えを満たそうという人間の基本的欲求に訴える．

出典：（デザインと発行）Publinet Advertising & Publicity LLC, Dubai, UAE.

呼ばれる．基本的なニーズはさまざまな方法で満足させることができる．そして，個人それぞれが選ぶ手段は，自らの経験と，暮らしている地域の文化によって植え付けられた価値観によって左右される．

こうした個人的・文化的ファクターが結びついて，ニーズのひとつの表われであるウォンツ（want）が生み出される．例えば，飢えは私たち誰もが満足させなければならない基本的ニーズで，食物が不足していることが緊張状態を生み，それはチーズバーガー，ラーメン，刺身，野菜カレーなどを食べることで緩和される．緊張の緩和へと駆り立てる道筋は，文化や個人によって異なる．その人が目的を達すると，緊張が引き下げられて，動機づけは（しばらくの間は）薄れる．動機づけはその「力」，つまり消費者を引っ張る力とその「方向」，つまり消費者が緊張を和らげようとする独自の方法によって表現される．

動機づけの力

ある人が他の目標を排して，1つの目標に達するために使われるエネルギーの強さは，その人の目標を達成しようとする動機づけの強さを反映している．心理学者は，人々がなぜそのように行動するのかを説明する多くの理論を提唱してきた．その多くは，人々は目標に向かうための一定量のエネルギーを持っているという基本的な考えを共有している．

動機づけについての初期の研究は，行動の原動力を「本能」であると考えていた．種に普遍的な生まれつきの行動パターンである．しかし，この見解は現在ではほぼ否定されている．まず，本能の存在は証明するのも否定するのも難しい．本能は，それが説明するはずの行動から推察するしかないためである（この種の堂々巡り的な説明は「トートロジー」と呼ばれる）[4]．これは，消費者がステイタスシンボルとなる製品を買うのは，ステイタスを得るという動機づけによってである，と言うようなもので，満足できる説明とは程遠い．

生物学的ニーズと経験によるニーズ

動因理論（drive theory）は，不快な状況を呼び起こす生物学的ニーズに焦点を当てている（例：午前中のクラスでは空腹でお腹が鳴る）．この緊張の高まりは，それを緩和したいと思う動機づけを与える．この緊張緩和のニーズが人の行動の多くを支配するメカニズムだと考える研究者もいる．

マーケティングという背景では，「緊張」はその人の消費ニーズが満たされないときに存在する不快な精神状態のことを意味する．何も食べずにいると不機嫌になる人がいるかもしれないし，欲しい車を買えないと落胆したり怒ったりする人がいるかもしれない．この状態は目的志向の行動，つまり，不快な状態を軽減するか取り除くかして，ホメオス

コピー：あなたもこんなカラダになれる．ソロフレックスだったら．

このエクササイズ用品の広告は，理想的なボディを見せ（現代の欧米文化に影響されたもの），それを得るための解決法（道具の購入）を提案している．

出典：Soloflex の許可を得て掲載．

タシス（homeostasis）と呼ばれるバランスのとれた状態に戻ろうとする行動を促す．

　もし何かの行動が動因を減じるのであれば，人はその行動を自然に繰り返すようになる（この「強化」のプロセスについては第3章で論じた）．早く授業を終えてお菓子を買って食べたいというあなたの動機づけは，2時間前に食事をしたばかりのときより，24時間何も食べていないときの方が大きくなるだろう．もし実際にクラスを抜け出して，ポテトチップスをむさぼったあと消化不良にでもなれば，次にお菓子が食べたくなっても，同じ行動を繰り返す可能性は低くなるだろう．つまり，動機づけの程度は，現状からゴールまでの距離によって決まるのである．

　動因理論は，その予測と反するような人間の行動を説明しようとするときに，困難にぶつかる．人々は動因を減じるのではなく増幅させるような行動を往々にしてとっている．例えば，「喜びを先延ばしにする」ことがある．もしあなたが，これから高級フレンチに出かける予定であれば，その前にはいくらおなかが空いていてもお菓子をがまんしようと思うかもしれない．

最近では，動機づけについての説明のほとんどは，何が行動に駆り立てるのかを理解する上で，生物学的ニーズではなく，認知的ファクターに注目するようになった．**期待理論**（expectancy theory）は，内からの衝動よりも望ましい結果への期待——肯定的な誘因——が行動の動機づけになると示唆する．消費者が他のものではなく特定の製品を選ぶのは，この選択がより肯定的な結果をもたらしてくれると期待するからである．つまり，ここでは「動因」という言葉は，肉体的・認知的プロセスの両方に広く言及している．

動機は，力だけでなく方向性も持つ．それは，特定のニーズを満足させるために私たちを突き動かすという点で，目標志向である．1つの目的地に到達する道筋は多数あるのだから，企業の目的は，自社が提供するものが目標を達成する最善のチャンスを与えると消費者を説得することになる．例えば，人からほめてもらうという目標の達成に役立たせるためにジーンズを買おうと決めた消費者には，リーバイス，ラングラー，ディーゼルなど多くの選択肢があり，それぞれのブランドが特定の効果をもたらすことを約束している．

ニーズとウォンツ

消費者がニーズを満足させるために選ぶその人独自の道筋は，個人の経歴，学習した経験，文化環境に左右される．同級生の2人が昼食前の講義で同じようにおなかが鳴った場合を考えてみよう．もしどちらも前日の晩から何も食べていなければ，それぞれのニーズ（飢え）の強さは同じくらいのはずだ．しかし，そのニーズを満足させるためにとる手段は，まったく違うものになるかもしれない．1人はマリのようなベジタリアンで，玄米パンにかじりつくところを思い描いているのに，もう1人はタロウのような肉好きで，チーズバーガーとフライドポテトを想像してよだれを垂らしているかもしれない．

消費者は何を必要とするのか？

人間が生命を維持するためには，食料，水，空気，住まいなど，なくてはならない一定の要素がある．これらは「生命活動のニーズ」である．これに対して，生まれ持ってのものではない多くのニーズも存在する．特定の文化の一員になると，「**心因性ニーズ**（psychogenic needs）」が芽生えてくる．これには地位，権力，帰属などのニーズが含まれる．心因性ニーズには属する文化の特性が反映されるが，それが個人の行動に与える影響は環境によってさまざまに異なる．例えば，アメリカの消費者は収入のかなりの割合を，個性を体現するような製品につぎ込むが，日本の消費者は周囲と足並みをそろえて働き，グループの中で突出した存在にならないことを目指すかもしれない．

実利的または快楽的ニーズを満足させることが動機づけになることもある．「実利的ニーズ」に集中しているとき，私たちは製品の客観的な，目に見える特性を強調する．車の燃費，チーズバーガーの脂肪分やカロリーやタンパク質，あるいはブルージーンズの耐

実利的なニーズは非常にシンプル——使い終わった製品は補充しなければならない.

出典：Shalmor Avnon Amichay/Y&R.

久性といったものだ.「快楽的ニーズ」は主観的なもので，こちらは経験に基づく.この場合は，興奮，自信，ファンタジーといったニーズ，おそらくは日常の単調さや決まりごとから逃れたいというニーズに応えてくれる製品に目を向ける[5]. 快楽的ニーズを満たしてくれる製品は数多くある（「快楽主義（Hedonism）」という名の人気のリゾートさえある）．高級ブランドは，ユーザーに楽しみを約束することで，売上を伸ばしている．あなたはアルマーニのスーツやティファニーのブローチをどれだけ「必要」としているだろうか？[6]

もちろん，両方の種類の恩恵を与えてくれることが製品を買う動機づけになることもある．例えば女性が（おそらく政治的に公正な配慮とは言えないが），贅沢なイメージがあるためにミンクのコートを買うときには，長く寒い冬を暖かく過ごさせてくれるからという理由でも選んでいるかもしれない．実際，最近の目新しい消費体験についての調査結果は，普段と違うことをするときでさえ（ベーコンアイスクリームを食べたり，冷え冷えとした氷のホテルに滞在したりなど），私たちがしているのは研究者が**生産性志向（productivity orientation）** と呼ぶものであることを示している．この言葉は，人が常に時間を建設的に使おうと努力していることを表わす．新しいことを試すのは，別のことに進む前に成し遂げたいことの「バケツリスト」から，項目を減らしていく手段というわけである．

動機づけと感情

動機づけは主として生の感情，あるいは社会学者が**情動（affect）** と呼ぶものに突き動かされる．最も基本的なレベルでは，人は肯定的な感情や気分を高め，否定的な感情を軽減しようとする．第3章で論じた学習プロセスに戻って考えれば，私たちの感情的反応が次に起こす行動に影響を与える．肯定的あるいは否定的な方向に私たちを強化するのである．これほど多くのマーケティング活動やマーケティング・メッセージが，気分を替えることと，製品やサービスを情動に結びつけようとする理由も，それが説明してくれる[7]．

第 4 章　動機づけとグローバルな価値観　　*163*

広告メッセージのなかには，健康を害するなど否定的な結果を避けようとする動機づけを与えるものもある．このインドのミントの広告も間違いなくその 1 つだ．

出典：McCann Erickson India.

　JR 東日本グループのファッションビル「ルミネ」は，女の子たちが「胸がキュン」となるコピーを蜷川実花の写真とともにつづる広告ポスターをシリーズで展開している．「新しい服を買うと，違う恋が欲しくなる」「魔法を一着，買って帰ろう」「ワンピースを着た日は，彼とケンカにならない」など，ときめきと切なさが同居した言葉は，若い女性の恋心を代弁したことで評判となった．これらはコピーライター尾形真理子の作品である．彼女がこのシリーズを担当するときにルミネから言われたのは，「駅ビルからファッションビルに生まれ変わりたい」というものであった．そこで，尾形は「女の子たちの気持ちを一番分かっているのはルミネだ」ということを広告で伝えようとしたという[8]．なお，これらのキャッチコピーをモチーフとした小説『試着室で思い出したら本気の恋だと思う』が 2014 年に上梓されている．

　この感情への訴えかけは，人気の TV ドラマにも見られる．『あいのり』のようなリアリティ番組も同様で，こうした番組は視聴者が出演者に感情移入するように促し，彼らとの「関係」を築かせる（30 年以上も続いた『笑っていいとも！』の放送打ち切りのニュースに皆さんがどう感じたのかを思い出してほしい）．したがって，ある意味ではマーケター／プロデューサーは，消費者の感情の力を利用して，それを資本に替えている．つまり，消費者の情動を利用して製品へのロイヤルティを構築しているのである[9]．

ソーシャルメディアはどのように消費者の心をとらえているか

　ソーシャルメディアも，消費者の気分に強く関係している．Facebook や Twitter では，特に嬉しかったり悲しかったりしたときの気持ちを共有したり，メールや LINE で，自分

の気持ちを顔文字「キタ―(°∀°)―!!」で伝えたりすることがあるだろう．日本マクドナルドは 2011 年，「グラコロ冬の陣」キャンペーンを Twitter と連動して展開した．パソコンやスマートフォンでマクドナルドのウェブサイトにある「グラコロ冬の陣」の特設ページに行くと，「グラコロ・チーズ　グラコロが好き！」，「トマトクリーム　グラコロが好き！」，「全部好き！」の 3 種類のツイートの入力画面が用意されている．3 つのうち，どれかを選んで自分の Twitter ID とハッシュタグ（#McD_gracoro）をつけてつぶやくと，店で使える特別クーポンがもれなくプレゼントされる．どれを「好き」と選んだかに応じて，どのクーポンをもらえるのかは変わる(10)．

　最近では，人々が自分の気分を表現するのも，製品への感情的反応を示すのも当たり前のことになったため，こうした投稿は自社製品が消費者をどのような気分にさせているのかをもっと知りたいと考えるマーケターにとっては，かけがえのない情報の宝庫になる．感情分析（sentiment analysis）と呼ばれるテクニックはこの情報を利用している．感情分析とは，ソーシャルメディアを調査して，人々が特定の製品や企業を表現する言葉を収集し分析するプロセスを表わす（「オピニオン・マーケティング」と呼ばれることもある）．人々が特定の感情を持っているときは，その感情に関連した特定の言葉を使う傾向がある．こうした言葉から，研究者はデータをコード化するための単語フレーズ辞典（word-phrase dictionary）（「ライブラリー」とも呼ばれる）を構築している．このプログラムは

アメリカのテレビ番組『ザ・バチェラー』（1 人の男が 25 人の候補者の女性から自分の結婚相手を選ぶリアリティ番組．回を追うごとに候補者が絞り込まれる）では，候補者との感情的な結びつきが視聴者の心の中に生まれるような演出をしている．

出典：© Craig Sjodin/American Broadcasting Companies, Inc.

文章をスキャンして，辞典の中の言葉が含まれているかどうかを明らかにする．

　キヤノンの「パワーショット A540」を対象にした次の例を考えてみてほしい．アメリカの製品評価サイト「エピニオンズ（Epinions）」の評価には，次の発言が含まれていた．「キヤノンのパワーショット A540 は，絞りの機能がよく，解像度も優れている」．感情分析はこの文章から消費者の関心項目を引き出し，キヤノンのパワーショット A540 という製品の関連項目として絞りと解像度を特定する．それぞれの関連項目での消費者の感情が引き出され，絞り機能への感情は「よい」で，解像度への感情は「優れている」である．文字を読み取るソフトウェアがこうした反応を文章から集め，それを他のものと結びつけて，人々が製品についてどのように話しているかを想定する．同様の作業をする感情分析プログラムはいくつかある．「トーンチェック（Tonecheck）」という新しいソフトは，電子メールから探知した感情まで報告している [11]．

動機づけの対立

　目標には「誘発性（valence）」がある．それは肯定的にも否定的にも働くということである．私たちは自分の行動を肯定的な価値を持つと考える目標へと向かわせる．目標に「近づく」ように動機づけがなされ，それを達成するのに役立つような製品を探そうとする．

アプリ「ムード・エージェント（Moodagent）」は，ユーザーの気分に応じてプレイリストをアレンジしてくれる．

出典：Syntonetic Media Solutions A/S, 2011.

しかし，第3章の負の強化の項で見たように，ときには肯定的な結果を達成するのではなく，否定的な結果を「避ける」ことも動機づけになる．ひどい結果を経験する確率を引き下げるような購買決定や消費活動をしようとするのである．例えば，多くの消費者が仲間からの拒絶を避けるために懸命に働いている（否定的目標）．彼らは社会から受け入れられないことを連想させるような製品を避けようとする．デオドラントやマウスウォッシュのような製品の広告は，腋の下の臭いや息の悪臭がもたらす散々な影響を描くことで，消費者に否定的な動機づけを与えようとする．

購買決定には複数の動機づけが含まれるため，消費者は自分が肯定的，否定的な両方の動機づけの板挟みになっていることに気づくこともある[12]．マーケターはこうしたジレンマへの解決策を提供することによって，消費者のニーズを満足させようとする．図4.1が示すように，理解しておくべき動機づけの葛藤（コンフリクト）には3種類ある．それを順番に見ていこう．

接近—接近型コンフリクト

2つの望ましい選択肢の間で選ばなければならないときには，**接近—接近型コンフリクト**（approach-approach conflict）を抱えることになる．学生なら休暇中に帰省するか，友人とスキー旅行に行くかで悩むかもしれない．あるいは，2枚のCDのどちらをダウンロードするかを選ばなければならないかもしれない（1枚分の料金を支払うと仮定して）．**認知的不協和理論**（theory of cognitive dissonance）は，人々は生活に秩序と一貫性を求めるもので，信念や行動が矛盾しているときには「不協和」（緊張）状態が存在するという前提に基づいている．2つの選択肢から選ぶときに生じる葛藤は，「認知的不協和削減」のプロセスを通して解決される．矛盾（不協和）を削減する方法を探し，不快な緊張を取り除くのである．

不協和は，消費者が良いところと悪いところの両方を持つ2つの製品のどちらかを選ぶ必要に迫られたときに生じる．一方を選んで，もう一方を選ばなければ，買った方の製

図4.1 動機づけの葛藤（コンフリクト）の種類

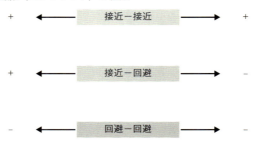

品の悪いところを取り，買わなかった製品の良いところを失うことを意味する．この喪失感が不快さ，つまり取り除きたいという不協和の状態を生む．人は賢い選択をしたのだと自分を納得させようとする傾向があり，選んだものを支持する他の理由を見つけるのである――例えば，選ばなかった製品の方に欠陥があることを見つけたりする（これを「正当化」と呼ぶこともある）．マーケターは接近―接近型コンフリクトを解決するために，いくつかのベネフィットをひとまとめにして提示する．例えば，ライト・ビールの先駆けである米国のビール，ミラー・ライトの「満腹感を与えず」「おいしい」という主張は，それを飲む人に「欲張りな希望をかなえる」ことを許すのである．

　私たちが望む製品やサービスの多くには，否定的な結果もついてくる．毛皮のコートのような贅沢品を買うときは（特に周囲に職を失った人がいたりすれば），罪悪感やこれみよがしな感覚を覚えるかもしれない．あるいは，夜中にラーメンを食べたくて仕方がないときには，暴食家のような気分になるかもしれない．**接近―回避型コンフリクト**（approach-avoidance conflict）は，目標達成を望むが，同時にそれを避けたいと思うときに生じる．

　こうした葛藤の解決策には，フェイクファーの開発のようなものもある．そうすればファッションでの自己表現のために動物を傷つけているという罪悪感を持たずに済む．消費者に「あなたはこうした贅沢にふさわしい」のだと説得することで，多くのマーケターが罪悪感を克服する手伝いをしようとしている．ロレアル化粧品のモデルが「私にはその資格があるの（Because I'm worth it!)」と宣言しているように，「おいしさ×198 kcal×食物せんい」というキャッチコピーの日清食品のカップヌードルライトも，同じような例だろう．

　自分が「板挟み状態でどうしようもない」と感じることもある．どちらも望ましくない2つの選択肢から選ばなければならないこともある．例えば，古い車にもっとお金をかけるか，新しい車を買うか，といったことだ．誰でもこうした選択はできれば避けたいと思うのではないだろうか．マーケターは**回避―回避型コンフリクト**（avoidance-avoidance conflict）に対しては，1つの選択肢を選ぶことで得られる見えないベネフィットを強調するようなメッセージでこの葛藤の解決を提案することが多い（例：車を購入する重荷を軽減するために，低金利クレジットキャンペーンを行う）．

消費者のニーズをどう分類するか

　一部のアナリストが，消費者のすべての行動を説明するために，体系的に追跡できる消費者ニーズの普遍的なリストを定義しようと試みた．心理学者のヘンリー・マレーが開発したその種の分類の1つは，特定の行動につながる20の「心因性ニーズ」（複数が組み合わさった場合もある）を詳述している．これらのニーズには，「自律（autonomy）」（自

立している),「防衛 (defendance)」(批判に対して自分を守る),「遊び (play)」(楽しいと感じる行動をとる) などが含まれる[13].

マレーの分類の枠組みは,心理学者たちが現在使っている「主題統覚テスト (TAT=Thematic Apperception Test)」のような多くの性格診断テストの基礎になっている.TATでは,被験者に4〜6枚の漠然とした絵を見せ,その絵についての4つの直接的な質問に対して答えを書いてもらう:

1 何が起こっていますか?
2 何が原因でこの状況が起こりましたか?
3 何が考えられていますか?
4 このあと何が起こりますか?

コピー:プレミアム・ロースト・コーヒーで.

マクドナルドは同社のコーヒーが生理学的ニーズ——目を覚ます——を満足させることを約束する.

出典:マクドナルド提供.

研究者は次に，それぞれの答えを分析して特定のニーズとの関連を導き出す．このテストの背景となる理論は，人々が中立的な刺激に対して，自らの潜在意識下のニーズを自由に投影する，というものである．それぞれの絵への反応を見ることで，分析者は被験者が達成したいと思っている本当のニーズ，あるいは何であれ頭の中を支配している他のニーズを探り出す．マレーは，誰でも同じ基本的なニーズを持っているが，こうしたニーズの優先順位は人によって異なると考えた[14]．

その他の動機づけからのアプローチは，特定のニーズとその行動への影響に注目する．例えば，目標達成への高いニーズを持つ人は，個人の業績に強い価値を置く[15]．彼らは成功を象徴するような製品やサービスには高いお金を出してもよいと考える．こうした消費アイテムが，自分の目標の実現についてフィードバックを提供するからだ．働く女性に関するある調査によれば，仕事で実績を上げようという意識の高い女性は，ビジネス向けに見える洋服を選ぶ傾向があり，女性らしさを強調するような洋服への関心は低かった[16]．消費者行動に関連する重要なニーズには，他にも次のようなものがある：

- 親和ニーズ（Need for affiliation）――（他の人たちと交わりたいという欲求）[17]．親和ニーズはグループに属する人々に対する製品やサービスと関連してくる．チームスポーツへの参加，バーへの出入り，ショッピングモールに出かけるといった行動である．
- 権力ニーズ（Need for power）――（周囲の環境をコントロールしたいという欲求）[18]．多くの製品やサービスは，周囲を支配している気持ちにさせてくれる（コメディドラマ『となりのサインフェルド』の有名なセリフを借りるなら，私たちは「この分野の支配者だ」！）．こうした製品・サービスは，大きくてパワフルなベンツから，わがままな客のどんな要求にも応えてくれるような高級リゾートなど，広範囲にわたる．
- 独自性ニーズ（Need for uniqueness）――（個人的アイデンティティの主張）[19]．その人の個性を引き出してくれる製品は，独自性ニーズを満足させる．例えば，「カシェ（Cachet）」の香水は，「あなたと同じくらい個性的」と宣伝されている．

マズローの欲求階層理論

心理学者のエイブラハム・マズローが，有名な欲求の階層（hierarchy of needs）理論の研究を始めたそもそもの目的は，個人の成長，そして人がどのように精神的な「至高体験」を得るのかを理解することだった．その後，マーケターが消費者の動機づけを理解するために，彼の理論を応用するようになった[20]．マズローは特定の動機づけを規定する生命活動上および心因性のニーズの階層を提唱した．この階層構造は，発展の順番が固定されていること，つまり，私たちは一定のレベルに達しないと次のより高いニーズを起動させられないことを意味する．マーケターもこの見解を採用した．それは，この階層が（間接的に）人々が求める製品の効用の種類を，彼らの知的・精神的発展の段階ま

たは経済状況に応じて特定してくれるからである[21]。

図4.2は，このモデルを簡潔に示している．それぞれの段階で，人々は製品の異なる種類の効用を求めている．理想的には，階層を1段ずつ上がって，支配的な動機づけが正義や美のような「究極の」目標に達することが望ましい．しかし残念ながら，この状態に到達することは（少なくとも一般的なレベルでは）難しい．たいていの人は「至高体験」の一端を時折垣間見るだけで満足するしかない．49〜60歳の男性を対象にしたある調査では，回答者は自己実現を得るために3種類の行動に取り組んでいることを明らかにした．(1) スポーツなどの身体活動，(2) 地域活動や慈善活動，(3) 大工仕事や改装作業である．これらの活動が職業と関連しているかどうかにかかわらず，焦点が，あまり達成できていない領域に徐々に取って代わるようになる[22]。

欲求の階層と製品のベネフィット

マズローの階層の基本的教訓は，誰であれ，まず基本的なニーズを満足させないと，次のステップに進めないということである（飢えた人は，地位の象徴にも，友情にも，自己実現にも興味を持たない）．つまり消費者は，そのときの自分に何ができるかによって，製品の特性の異なる部分に価値を置く．例えば，東西冷戦時代に東側ブロックに暮らしていた消費者は，現在では贅沢品の映像があふれた環境の中で生活しているが，まだ基本的な必要を満足させることができずにいる．ある調査で，ルーマニアの学生に手に入れたいと思う製品の名前を挙げてもらったところ，彼らの希望リストには，スポーツカー

図4.2　マズローの欲求の階層

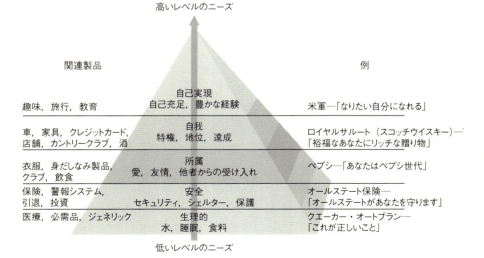

や最新型テレビなどの予想されたアイテムだけでなく，水，石鹸，家具，食べ物などの生活必需品も含まれていた[23]．現在の経済状況では，この階層という視点が，なぜ多くの消費者が友人を感心させられるかどうかよりも，製品の価格と信頼性を重視するのかを説明する助けになる．

欲求の階層を応用する際の問題点

　この欲求の階層のマーケターによる応用は，単純化しすぎている傾向がある．同じ製品や活動で異なるニーズを満足させられる場合にそれが特に顕著になる．例えば，ある調査で，ガーデニングはすべての階層のニーズを満足させられることが分かった[24]：

- 生理的──「私は土いじりをしたい」
- 安全──「私は庭にいると安全に感じる」
- 社会的──「庭で栽培したものを人と共有したい」
- 自尊心──「私は美しいものをつくり出した」
- 自己実現──「私の庭は安らぎを与えてくれる」

　マズローの「欲求の階層」理論を文字通りに取り入れるもう1つの問題は，これが文化によって左右されるという点である．この理論の仮定は西洋文化にのみ当てはまるものかもしれない．他の文化圏では（さらに言えば，欧米文化圏の中でも），特定する階層の順番に異議が唱えられるかもしれない．禁欲の誓いを立てた信仰心のあつい人は，自己実現が生じる前に生理的なニーズが満足されなければならないという考えには必ずしも同意しないだろう．

コピー：愛する人を守ることは，本能です．

マズローのニーズの階層での「安全」ニーズを強調するイタリアでのスバルの広告．

出典：Subaru Italy 提供．

同様に，アジア文化圏では集団の幸福（帰属のニーズ）の方が個人のニーズ（自尊心）よりも高い価値が置かれることが多い．つまり，マーケターが広く取り入れているこの階層理論が役に立つのは，消費状況やライフステージが異なれば，消費者のニーズの優先順位も異なるものだが，それは必ずしも消費者がニーズの階層を上がっていると意味するわけではないと思い出させてくれるからである．

学習の目的 2
消費者が製品を評価し選択する方法は，その製品への関与の程度，マーケティング・メッセージ，そして（あるいは）購買状況によって決まる．

消費者関与

消費者は製品やサービスと強い関係を築くものだろうか？ そうは思わないという人は，次の状況を考えてみてほしい：

- 英ブライトンのある消費者は，「オール・イン・ワン」という名の地元レストランが大のお気に入りで，額にその店の名前と電話番号のタトゥーを入れているほどだ．店のオーナーはこうコメントした．「彼が来店したときには，まっすぐ列の先頭に案内します」[25]．
- 米『Lucky』誌は，靴とファッションアクセサリーのショッピングを専門に扱う雑誌である．創刊号の中央見開きでは，メーク用スポンジの特集を組んだ．編集者はこう説明する．「ゴルフ雑誌を開いて，9番アイアンの見開きページを見るのと同じことです．『Lucky』は女性が日常で関心を持っていることを，特別強烈な印象を与える形で提示しているのです」[26]．
- ガールフレンドにふられたテネシー州の男性は，車と結婚することにした．ところが，彼の計画は頓挫した．フィアンセである愛車の出生地をデトロイト，父親の名をヘンリー・フォード，血液型を10W40と登録したのだが，テネシー州の法律では，法的に結婚できるのは男性と女性だけだったからだ[27]．洗車場でのお熱いハネムーンの夢もかなわなかった．

明らかに，人は製品に強い愛着を覚える．目標達成の動機づけは，それを満足させてくれると思う製品やサービスを手に入れたいという欲求を増す．しかし，誰もが同じだけの動機づけを得るわけではない．ある人はアップルの最新型iPhoneなしでは生きられないと思い，ある人はおそらく3年前のサムスンGALAXYで十分だと思う．

関与（involvement）とは，「個人が固有のニーズ，価値観，興味に基づいて，対象との関係を認識すること」を意味する[28]．「対象（object）」という言葉は，ここでは製品（ま

たはブランド），広告，購買状況など，一般的な意味合いで使っている．消費者はこうした対象のすべてに思い入れを持つことがある．図4.3は，関与を生み出すいくつかのファクターを示している．それは，その人に関する何かかもしれないし，対象についての何か，あるいは購買状況についての何かかもしれない．

対象への関与は，情報を処理する動機づけの程度を反映する(29)．製品についてより多くを知っていることが目標達成を手助けすると感じる分だけ，消費者はそうした情報に注意を向けるように動機づけされる．ある製品への関与が増すと，その製品に関連した広告にさらに注意を払うようになり，その広告をもっとよく理解しようと認知的努力をし，広告に含まれる製品関連情報により注意を集中する(30)．

関与の程度：惰性から熱中へ

消費者の関与の程度によって情報処理の種類が変わる．メッセージの基本的特徴だけを考慮する「単純処理（simple processing）」から，その情報を自分の既存の知識体系に結びつける「精緻化（elaboration）」までさまざまである(31)．

惰性

製品への関与の程度を，マーケティング刺激に対するまったくの無関心を一方の端に，執着をもう一方の端に置いた，連続したつながりと考えてみてほしい．惰性（inertia）は，

図4.3　関与の概念化

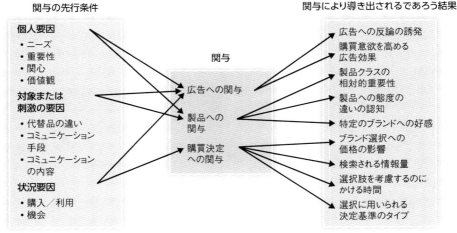

関与 = f（人，状況，目的）

関与の程度は，これら3つの要因の1つか2つ以上に影響される可能性がある．
人，状況，目的要因が重なり合うことで生じやすい．

製品への関与は，その場の状況によっても変化しやすい．「チャーミン」トイレットペーパーは，SitOrSquat.com（キレイな便座なので座って用を出すのか，汚いので中腰でスクワットして用を足すのか，という意味）という，ぴったりの名前がつけられたサイトのスポンサーになっている．このサイトは，旅行者が旅先で最もきれいな公衆トイレを探す手伝いをするもの．ブランドマネージャーはこう説明する．「私たちの目的は，チャーミンを革新的な対話およびソリューションと結びつけ，たとえ旅先でも，消費者にきれいなトイレの利用経験を提供することの重要性を理解したブランドとしての認知を高めることです」．チャーミンによれば，SitOrSquatには10カ国の52,000以上のトイレがリストアップされている．

出典：P&G/Charmin 提供．

最も低い関与での消費を表現する．それに代わる選択肢を考える動機づけに欠けているため，習慣に従って決定を下す．最も高い関与レベルでは，自分にとって大きな意味を持つ人や対象に夢中になる．例えば，有名人（福山雅治など存命中の人の場合もあれば，おそらくはブルース・リーのような故人の場合もあるだろう）への熱烈な憧れは，最も高い関与の程度を示している．

　消費者が製品や広告，ウェブサイトに本当に関与しているときには，彼らはフロー状態（flow state）に入る．この経験はウェブデザイナーにとっての「聖杯」とも言えるだろう．彼らはネットサーファーがそのコンテンツに夢中になって時間が経つのも忘れるようなサイトを作成したいと考えている（願わくは，そのプロセスで商品を買ってくれることを期待して）．フローとは，次のようなクオリティの最善の経験である：

- 遊び心をくすぐられる
- 自分が主導権を握っている感覚
- ひとつのことに集中し熱中できる
- その活動自体を楽しいと感じる
- 時間が歪められた感覚
- 目の前の課題と自分のスキルとの間の勝負[32]

カルト製品

　アップル社が初代 iPhone を売り出したとき，全米のカルト的崇拝者（フィラデルフィア市長も含む）がアップルストアの前に何日も前から並び，何としてでもこの製品を最初に手にする1人になろうとした．ネットで注文すれば3日後には配達されるにもかかわらずである．どういうわけか，タッチスクリーン式のこの携帯電話を手にするのに3日も待つのは長すぎると思ったのだろう．熱烈なアップルファンの消費者がこう認めている．「アップルが売るものなら，食パンだって買うさ」[33]．

　スマートフォンのような便利な製品なら，それも分かる．だが，クッキーならどうだろう？　アメリカのケロッグ社が，絶大な力を持つオレオ社に屈服し，「ハイドロックス」クッキーを市場から撤退させたとき，ケロッグの熱烈なファンは意気消沈した．その1人はウェブサイトにハイドロックスへの熱い思いをこう綴った．「今はクッキーの歴史における暗黒時代だ．そして，『乗り越えるんだ，たかがクッキーじゃないか』と発言する人たちにとっても，ハイドロックスを食べることなくして，生きているとは言えない」[34]．アップル，ハーレーダビッドソン，マノロ・ブラニク（婦人靴高級ブランド．『セックス・アンド・ザ・シティ』のキャリーが愛用していた），ボストン・レッドソックスのような**カルト製品（cult products）**は，消費者のすさまじいまでのロイヤルティ，愛情，そしておそらくは崇拝心すら思いのままにする[35]．

消費者関与の多くの顔

　ウィンターと名乗るフリーランスのソフトウェア・プログラマーが，世界中のスターバックス全店を訪ねるミッションに乗り出した．彼はこれまでのところ，数多くの国の1万を超える店舗を制覇した．カナダのブリティッシュ・コロンビアのあるスターバックスの店舗が翌日閉店になることを知ったときには，すぐに1,400ドルの飛行機代を使ってこの店に向かい，ぎりぎり間に合ってコーヒー1杯を注文した．彼はこの長い冒険を自分のウェブサイト，starbuckseverywhere.net に記録している[36]．

　おそらくウィンターはもっと人生を楽しんだ方がいいのだろう．それでも，彼の情熱は関与というものが多くの形をとることを示している．「電子機器マニア」が新しいマルチメディアPCの最新の仕様についてすべて知りたいと思うときのような認知的な関与の場合もあれば，新しいアルマーニのスーツを思い浮かべただけで鳥肌が立つほどファッションに敏感な人たちに見られる感情的な関与の場合もある．アルマーニを「買う」という行為そのものも，買い物に情熱を燃やす人たちにとっては高い関与になる．

　さらに問題を複雑にしているのは，ナイキやアディダスなどの製品の広告は，それ自体が関与の対象になるということだ（例：泣いたり笑ったりさせる，あるいはより熱心に運

動する気にさせる）．こうしてみると，関与はあいまいな概念のように思える．他のさまざまな要素とからみ合い，人によって異なる意味を持つからである．現在のところ，製品，メッセージ，受け手に関しては，大きく7つの関与タイプに分けられることが合意されている(37)．

製品への関与

「製品への関与」とは，特定の製品への消費者の関心の程度を表わす．多くの販売促進はこのタイプの関与を高めようとするものだ．アメリカの水道配管関連会社ロトルーターの豪華トイレ「ピンプト・アウト・ジョン（Pimped-Out John）」懸賞に当選した女性を思い浮かべてみてほしい（31万8,000人の応募者の中から勝ち取った）．トイレでの経験を快適なものにするための賞品には，次のようなものが含まれていた：

低レベルの関与製品であるじゃがいもへの関与を増すことを期待した，調理済みのポテト食品のドイツの広告．「ポテトから生まれた良いもの」

出典：Unilever/Germany 提供．

- 生ビールサーバー付き，約 120 リットルのアヴァンティ製小型冷蔵庫
- ゲートウェイ製のノートパソコン
- 両面の拡大鏡
- マイクロソフト製 Xbox360 コアシステム
- フィリップ製の高速 DVD プレイヤー
- Tivo シリーズ 2 デジタルビデオレコーダー
- フィリップ製 20 インチ薄型液晶テレビ
- パーソナル扇風機
- アップルの iPod
- iCarta 製トイレットペーパーホルダー付き iPod 用ステレオデッキ
- ベースライン製ペダル健康器具
- ロトルーターのサービスボタン
- メガフォン（家の中にいる者全員が 100 メートル先からでも彼女の声を聞けるように）

　このリストを見る限り，実用的ニーズと快楽的ニーズを同時に満足させることが考えられている．

　マーケターがブランドと個人を密接に結びつけるほど，それだけ高い関与を生み出すことになる．このプロセスは，メーカーが顧客に製品の開発過程に「参加する」ことを促すときには，特に強力になる．コカ・コーラ社が立ち上げたプログラムでは，ロックバンドのマルーン 5 に 24 時間以内に新しい曲を作るように依頼した——ファンの力を借りて，である．ロンドンからライブ放送されたこのプロジェクトは双方向型テクノロジーを使って，新しいシングル曲に使えそうな歌詞，リフ，リズム作りにリスナーが参加した．コカ・コーラ社はこのプログラムを 2,000 万人のファンがついている Facebook のページで宣伝した[38]．

　この種の製品への関与は素晴らしいが，企業はどうしたら数千，数万の顧客のために同じことができるだろうか．**マスカスタマイゼーション（mass customization）**とは，製品やサービスを大量生産価格で個々の顧客のためにパーソナライズすることである[39]．この戦略は幅広い製品とサービスに利用できる．例えば新聞のウェブサイトであれば，読者が読みたいセクションを自分で選べるようにしたり，リーバイスのブルージーンズであれば，左右非対称の体型の顧客のために（みなさんが思うより数が多い），左脚を右脚より 1 インチ長くするサービスを提供したりする．ネスレ日本は，キットカットのパッケージに好きな写真やメッセージを印刷できる「チョコラボキットカット」というサービスをネット上で提供している[40]．

　多くの場合，マーケティングへの適用の際には，関与を測定することが重要になる．例

えば，調査結果を見ると，テレビ番組に熱中する視聴者は，その番組中に流れるCMに対してより肯定的な反応を示すため，これらのスポットCMは視聴者の購買意欲に影響を与える大きなチャンスを与えられる[41]．表4.1は関与の程度を測るために最も広く利用されている評価尺度の1つを示している．

メッセージへの反応による関与

さまざまなメディアプラットフォームは，その伝える内容への消費者の注目の仕方に対して動機づけるという点で，異なる特徴がある．例えば，テレビは「低関与のメディア」と呼ぶことができる．受動的な視聴者は内容に関して比較的少ないコントロールしか与えることができないためである（もっとも録画を早送りし，飛ばし見ることはできるが）．対照的に，印刷媒体は「高関与のメディア」であり，読者は積極的に情報を処理し，自分が読んだことを頭に入れて考えてから先に進む[42]．それどころか，メッセージ（非常によくできた広告を含む）によっては，あまりに関与の程度が高くなって，読者がストーリーに夢中になる物語への感情移入（narrative transportation）の段階へと進むことがある（前述したフロー状態とよく似ている）．最近，実施されたある調査では，自分を幸福だと感じている人たちは，宝くじの広告を見たときにこのプロセスに陥る．いったん没頭すると，彼らをメッセージから引き離すことが難しくなる[43]．強迫観念にとらわれたギャンブラーにとっては良いことではないが，強力な効果があることは間違いない．

ヒップホップ界の大物「ジェイ・Z」の自叙伝『デコーデッド（Decoded）』の宣伝キャンペーンが，メッセージ反応への関与の力を例証する．このキャンペーンは「がらくた集め競争」の形をとり，本の320ページすべてが13の都市の思いがけない場所に印刷された．ニューオリンズの屋上，マイアミのプールの底，ニューヨークのチーズバーガーの包み紙，

表 4.1 関与を測る尺度

私にとって［評価される対象］は		
1. 重要	_:_:_:_:_:_	重要ではない
2. 退屈	_:_:_:_:_:_	興味深い
3. 関連がある	_:_:_:_:_:_	関連がない
4. 興奮する	_:_:_:_:_:_	興奮しない
5. 何も意味しない	_:_:_:_:_:_	多くを意味する
6. 魅力がある	_:_:_:_:_:_	魅力がない
7. 惹かれる	_:_:_:_:_:_	ありきたり
8. 価値がない	_:_:_:_:_:_	貴重
9. 夢中になる	_:_:_:_:_:_	夢中にならない
10. 必要ない	_:_:_:_:_:_	必要

ジェイ・Zの生まれ故郷のバスケットボールのバックボードなどである．隠されたページのすべてを見つけたファンは，ジェイ・Zコンサートのチケット2枚を賞品として受け取り，どの町のコンサートに行ってもよく，有効期限もない[44]．

　製品メッセージへの消費者の関与の程度はそれぞれ異なるが，マーケターはのんびりくつろいでただ良い結果を待っているわけにはいかない．注意を引く程度を増したり減じたりする基本的な要因のいくつかを知ることで，製品情報が消費者に届く可能性を高めるための対策を練ることができる．以下のテクニックのいずれか，あるいはいくつかを組み合わせて使うことにより，関連情報を処理する動機づけを高めることができるだろう[45]：

● 消費者の快楽的ニーズに訴える——第2章で紹介したような感覚に訴える広告は，高いレベルの注意を引くことができる[46]．
● 目新しい刺激，例えば珍しい撮影技術，突然の沈黙，予想外の動きなどをCMに使う——日本コカ・コーラは，2002年から2004年までファンタ学園シリーズというCMを放映していた．これは，ドラマ『3年B組 金八先生』のパロディである．「3年A組 革ジャン先生」「3年D組 激安先生」「3年G組 将軍先生」「3年H組 昼メロ先生」など，およそ学園にはそぐわない教師が教室に登場して，学生を困らせるというストーリーである．このシリーズは，3年連続で全日本シーエム放送連盟のCMフェスティバルで金賞を受賞している[47]．
● 大きな音やすばやい動きなどの目立った刺激をCMで使い，注意を引く——印刷媒体であれば，大きな広告ほど注意を引きやすい．また，白黒よりカラー写真の方が見ている時間が長くなる．
● CMへの関心を高めるためセレブの推薦を得る——第7章で取り上げるように，人は自分が崇拝する人から発信されたものであれば，その情報を処理しようとする気持ちが高まる（おそらくは沢尻エリカであっても）．
● 顧客が感謝する価値を提供する——トイレットペーパー「チャーミン」の販促のために，マンハッタンのタイムズスクエアに設置された公衆トイレは，大勢が喜んで利用した．それより多くの人たち（明らかに時間に余裕のある人たち）がチャーミンのウェブサイトにアクセスして，その画像を確認した[48]．
● 顧客にメッセージをつくってもらう——「消費者生成コンテンツ（consumer-generated content）」は，フリーランサーやファンが好きな製品のCMを独自に撮影するもので，マーケティング界では現在大きなトレンドになっている．この方法は高いレベルの「メッセージへの反応関与」（広告関与とも呼ばれる），つまり，マーケティング・コミュニケーションを処理することへの消費者の関心を生み出す[49]．少なくとも，変化を求めているのなら，消費者の意見を聞いた方がいいだろう．Gap（ギャップ）は，あらかじめファ

消費者行動，私はこう見る
——ローリー・ミーンバー（ジョージメイソン大学）

みなさんはライブパフォーマンスに参加して，パフォーマーの姿やサウンド，衣装，ステージ設定など感覚を刺激するものに圧倒された経験はあるだろうか？　テーマパークや遺跡などを訪ねて，感覚に訴えるデザインに驚いたことは？　車を買って，その内装と外観両方の見かけや感触を楽しんだことは？　これらはすべて審美的消費（aesthetic consumption）の例である．「審美的」とは，ギリシャ語の「aesthesis」がもとになった言葉で，外部環境を五感で認識することを意味する．審美的経験とは本質的に感覚的なものであり，日常的に利用する場所や製品，イベント，アートやパフォーマンスの消費も含まれる．消費者は日常生活を送りながら，審美的経験に身をまかせ，審美的要因に基づいて選択をすることも多い．審美的価値は20世紀後半から21世紀初めにかけて，重要視されるようになった．審美的時代は，日常使うもののデザインや，アップル，ディズニー，さらにはGMといった企業のマーケティングで，経験への関心が高まった時期に生まれたとする意見もある．GMは1990年代後半から2010年に販売を終了するまで，象徴的な「ハマー」ブランドをマーケティングしてきた．消費者の五感に訴える独自の審美的アイデンティティを提供するとき，目的と経験にも審美的価値が含まれる．審美的価値は，パフォーマンス価値，象徴的価値，金銭的価値，あるいはその他の消費特有の，あるいは製品特有の価値に取って代わることはない．その代わりに，審美的価値はこうした他の形の価値を補うものとなる．私が何人かの同僚と行なっている研究は，アート，体験，消費者製品という領域での審美的消費のさまざまな例を検証している．アートの領域では，インタラクティブな美的経験の機会が爆発的に増えている．例えば，マルチメディアやCGプロジェクションを使って，スケール，時間，場所に変化を与え，観客がライブパフォーマンスに五感を通して参加できるようにしたインスタレーションなどがある．「サイバービア・プロダクション」の開発したテクノロジーは，遠く離れたパフォーマー同士を結びつけることができる．

消費者を感覚的体験に参加させることは，アートの世界では何も新しいものではない．しかし，新しいメディアテクノロジーが発達したことで，洗練された五感体験ができる機会が増えている．テーマに基づいた環境も，同様に訪問者に特別な体験を提供する．さまざまな審美的経験を使って消費者の五感を楽しませるのである．例えば，一般公開されている歴史的な建物では，双方向型の展示——製粉所で訪問者が製粉工程を実際に経験したり，映画館で座席が砲撃とともに座席が揺れたり——によって，その時代に生きた人々の生活がどのようなものだったかを生々しく体験できる．また，消費財にも感覚的コンテンツが詰め込まれている．既に述べたように，自動車ブランドのハマーは，軍用車のハンヴィーを模した形をしていて，内も外もその独特なデザインで知られている．ハマーについての私たちの研究では，消費者はこの車が頑丈な内装で，ボディビルダーのように見えると表現した．ありきたりの消費者製品にも審美的価値を与える感覚的クオリティが含ま

れている．例えば，私たちが面接した消費者は，コーヒーメーカーのような製品が，その美しいデザインのためにどれほどの感情的反応を引き出すかについて話し合った．この研究の結果は，消費者が消費の選択をするときには，必ずしも美的製品と工芸品を区別しているわけではなく，独創的な製品にも大量生産製品にも同じような感情的反応を経験することを示唆している．

ンに知らせることなくウェブサイトのロゴを変更したときに，このことを思い知らされた．変更直後から，2,000人以上の顧客がFacebookに不満表明の投稿を始めたのである．Gapは最初のうちは，この決定を覆さないようにしていたが，結局は折れて従来のロゴに戻すことにした．北米地域社長は，「正しい方法で計画を進めなかった」ことを認め，「オンライン・コミュニティとの関係構築の機会」を逃したとコメントした[50]．

メッセージへの関与を高める戦術には他にどのようなものがあるだろう？ ひとつは，消費者の注意を引くために新しいメディアプラットフォームをつくり出すことである．P&Gは，ポテトチップス「プリングルス」の上に，赤と青の食用色素を使ってちょっとした雑学クイズと答えを印刷した．またスピーキングローゼス・インターナショナルという企業は，花びらの上に文字や画像やロゴをレーザープリントする技術の特許を取得した[51]．オーストラリアのある企業は，ナイトクラブがお金を支払って入場した客を特定できるようにハンドスタンプを作った．スタンプにはロゴや広告メッセージが含まれていて，パーティー参加者の手が広告プラットフォームになるというわけだ[52]．

もうひとつの戦術は，メッセージ自体が一種の娯楽になるような**スペクタクル**（spectacles）または「パフォーマンス」を創出することである．ラジオとテレビの初期の時代には，広告は文字通りパフォーマンスだった．ショーの司会者が番組で語るエピソードにマーケティング・メッセージを組み入れたのである．現在，そうしたライブ広告が復活しつつあり，マーケターがうんざりした顧客の気持ちをつかもうと必死に努力している[53]：

- AXE（アックス）のボディケア製品は，ニューヨークの高級リゾート地ハンプトンズにあるナイトクラブと1シーズン通してのスポンサー契約を結んだ．そこは「AXEラウンジ」に早変わりし，DJブースやメニューにブランディングされ，トイレにはAXE製品が置かれた．
- イギリスのある番組で，スカイダイバーの一群が危険なジャンプパフォーマンスを行い，空中にH，O，N，Aの人文字を作った．
- ホンダはペンシルヴェニア州ランカスターに音楽ロードを敷設した．車がその上を走る

と，セメントに刻まれた溝が「ウィリアム・テル序曲」を奏でる仕組みになっている．
- KDDIによるユーザー参加型イベント「FULL CONTROL TOKYO」では，1,500人のユーザーを増上寺に招待して，境内周辺のタクシーや噴水，街灯をリモートコントローラーのようにスマートフォンでコントロールできるという体験を提供した．また，歌手のきゃりーぱみゅぱみゅがスペシャルライブを行い，増上寺をプロジェクションマッピングで彩り，東京タワーのライトを赤や青，黄と色鮮やかにコントロールした[54]．
- マイケル・ジャクソンのアルバム『スリラー』（プロモーションビデオではゾンビたちがダンスパフォーマンスを見せる）の発売25周年記念キャンペーンで，ソニーBMGはロンドンの地下鉄でパフォーマンスを行った．「乗客」の一団が突然ゾンビのようなダンスを踊り出し，群衆の中に消えていくのだ．このビデオ撮影されたシーンがネット上に流れると，他の国での同様のパフォーマンスを誘発し，1週間のうちに100万人以上が一連の動画をダウンロードした．
- ヨーロッパと北米で移動体通信サービスを提供しているTモバイルの同様のキャンペーンで，リヴァプール駅の数百人の通勤客が一斉に踊り始めた．その後の数週間に1,500万人以上がこのパフォーマンスのYouTubeの動画を見た．これらの自発的な（それほど自発的ではないかもしれない）フラッシュモブ（flashmobs）がますます一般的になっている．それがおそらく意味するのは，数百人が突然ダンスや歌を始めるというスペクタクルがほとんど退屈な経験になって，今後は人気が薄れていくということだろう．もう次のものに移ろう，というわけである．

アメリカのファストフードチェーンのデイリークイーンは，消費者の関与の程度を高めるために「DQタイクーン」ゲームの開発に参加した．プレイヤーはゲーム内でファストフード・フランチャイズ店の経営者になることができる．「ピーナツ・バスター・パフェ」を準備したり，注文をとったり，冷蔵庫に補充したり，コーンにアイスクリームをすくったりなど，当たり前の作業を時間内にこなさなければならない．

出典：American Dairy Queen Corporation 提供．

購買状況への関与

「購買状況への関与」は，店舗やウェブサイトとの相互関係のプロセスの間に動機づけに差が生まれることを意味する（買い物の動機づけについては第9章で幅広く論じる）。この種の関与を高める1つの方法は，買い物客が購買時に受け取るメッセージをパーソナライズすることだろう。例えば，店舗内の買い物客に対して，棚から手に取ったものから判断して薦める商品を変更する店員もいる。近い将来には客の容姿を見て何を薦めるべきかが判断できるようになるかもしれない。最新のアプリケーションは，顔認識テクノロジーを活用している。これは買い物客をおおよその年齢と性別によってグループ分けするものである（ヘアスタイルや顔ピアスでソフトが判断に迷うこともある）。鼻や目，頬骨，あごのラインの大きさや形を分析し，それをデータベースと照合して，その人がどのグループに分類されるかを推測する[55]。JR東日本ウォータービジネスの次世代自動販売機は，前面が47インチのタッチパネル式ディスプレイになっており，客が自販機の前に立つと，画像上に「おすすめ」の表示がポップアップされ，その人に合った飲料を薦めてくる。性別・年代や時間帯，その日の気温や天候を判定材料に，例えば，寒い朝に来た若い女性ならホットの無糖紅茶飲料，夕暮れ時に来た中年男性ならドリンク剤を薦めるという[56]。

多くの人がお気に入りのソーシャルメディアサイトにログインするときに，購買状況への関与を経験している。最も成功している新しいアプリケーションのいくつかには，何らかの形のソーシャルゲーム（social game）が含まれる。マルチプレイヤーがゴールを目指して競争するタイプのもので，プレイヤーが参加ルールに従ってオンライン・コミュニ

ニューベルギー・ブルーイングのツアーの参加者は，「ファット・タイア・エール」の広告を実物大にした3D広告の中に入ってポーズをとることができる。ビールを試飲した後の見学者の安全を守るために，すべての小道具は溶接で固定されている[57]。

出典：New Belgium Brewing Company 提供。

ティで結びつく．ほとんどのソーシャルゲームには，いくつかの重要な要素が含まれる：
- 「リーダーボード」——そのゲームの成績上位者のリスト．
- 「達成バッジ」——ゲームのレベルが達成されたことを称えるシンボルで，コミュニティで共有される．
- 「友達リスト」——自分が対戦している相手とその能力のリストで，ゲーム内で連絡をとり合うことができる．

ブランドはこうしたソーシャルゲームをいくつかの方法でマーケティングに利用することができるし，利用すべきでもある．マイクロソフトの検索エンジン「ビング（Bing）」が，Facebook上でこの検索サイトのファンになると「ファームヴィル（FarmVille）」のキャッシュを稼ぐチャンスが得られるという広告を出したときには，初日に42万5,000人の新しいファンが生まれた[58]．

ますます人気を得ているソーシャルゲームの世界で，今後，目にすることのなりそうな戦術の1つが，取引広告（transactional advertising）で，これはリクエストにプレイヤーが反応を示したときに報酬を与えるというものである[59]．提供されるものには，「仮想商品」（プレイヤーがゲーム内で利用したり，友達にプレゼントすることができる），「通貨」（ゲームで先に進むために使う），「暗号」（賞品がある場所の鍵を開けたり，限定されたプレイヤー体験へのアクセスを得られる）などがある．プレイヤーは何かを買ったり，ブランドの「友達」になったり，広告を見たり，アンケートに答えたりすると，仮想商品，

出典：dwphotos/istockphoto.

クラビング（あるいは「レイヴ」）に関するある調査は，生産者と消費者が協力することによって社会的行動がどのように創造されるかを示している．クラビングの習慣は，イギリスで空の倉庫に若者が自発的に集まったことから始まった．こうしたイベントの開催は多くの場所で禁じられているが，消費研究者はプロモーターとクラバーが地元当局と協力して，「違法行為の封じ込め」を可能にしたことを明らかにした．例えば，ドラッグ（特にエクスタシー）の使用を規制したり，暴力を防止するために警備員を配置したりしている[62]．

通貨，暗号をもらえる．プロフラワーズ社は，この取引広告を，プレイフィッシュの「ペットソサイアティ（Pet Society）」ゲームの中でのヴァレンタインデーのプロモーションに使った．ゲーム内から本物の花を誰かに送ったプレイヤーはプレイフィッシュ用の通貨を獲得した[60]．大人気ゲーム「ファームヴィル」は，2011年にやはり大人気のレディ・ガガと提携して，「ガガ・ヴィル（Gaga Ville）」という名前の特別バージョンを立ち上げた．ゲーム内のすべてのエリアに，ユニコーンなどガガをテーマにしたアイテムが散りばめられている．ベストバイから25ドルのゲームカードを買ったファンも，「ボーン・ディス・ウェイ」のアルバムの無料ダウンロード特典を受け取った[61]．

価値観

　サウジアラビアの宗教担当の官僚が，自国の子どもたちはミッキーマウスを見るべきではないと宣言した．このキャラクターは「悪魔の兵士」だからというのがその理由だった[63]．この発言に驚く人は多いだろうが，私たちはこの超保守的なイスラム社会で生活しているわけではない．価値観（value）とは，特定の状況がその反対の状況より好ましいとする信念である．例えば，多くの人が奴隷状態より自由を好むと考えて，まず間違いないだろう．老けて見えるより若く見える製品やサービスを熱心に追い求める人もいる．人それぞれが持つ一連の価値観が，消費活動に非常に大きな役割を果たす．消費者が製品やサービスを買うのは，それらが価値観に関連した目標を達成する助けになるからであることも多い．

　2人の消費者が同じことを信じて同じ行動をとることもある（例：菜食主義）．しかし，両者の行動の奥底にある「信念体系（belief system）」はまったく異なるかもしれない（例：動物愛護主義と健康維持目的）．人々がどの程度まで信念体系を共有しているのかは，個人，社会，また文化に依存する．あることを信じている人は，社会的ネットワークが重なり合うような同じ考えを持つ人を探そうとする．その結果，自分の考えを支持するような情報にさらされる傾向がある（例：環境保護運動家が伐採業者と親しく付き合うことはめったにない）[64]．

学習の目的 3
深く根づいた文化的価値観が，どのような種類の製品やサービスを求めたり，避けたりするのかを規定する．

中心的価値観

　アルメニア系の血を引くアメリカの女優のキム・カーダシアンは，自分の写真が2011年4月に『コスモポリタン・トルコ』の表紙を飾ったことを喜ばなかった．その最大の理由は，雑誌の発行日だった．いくつかの国でオスマントルコ帝国の最末期に起こったとされるアルメニア人の虐殺を追悼する日と重なっていたのである．この雑誌は64カ国で販売されているため，すべての国の読者が内容を同じように受け取るようにするのは困難だ．政治的見解の違いに加えて，マーケターは文化的価値観に対しても敏感でなければならない．国によっては，慎み深さについての社会的基準のために，女性読者が雑誌を夫から隠さなければならないところもある．文化が異なれば，女性，女性らしさ，魅力を定義する考え方が異なり，それが雑誌でどう表現されるのが適切かについても考えが変わってくる．中国版の発行者は，セックスについて言及することを一切，認めていない．したがって中国では，女性の胸の谷間を強調するような写真があれば，そのページを献身的な若者についてのストーリーに差し替える．皮肉なことに，スウェーデン版にも低俗なテーマの記事はごく少ないが，その理由は中国とはまったく正反対だ．スウェーデンの文化は性についてあまりにオープンなため，こうしたテーマがアメリカのように読者の関心を引くことはないのである[65]．

　性のような問題に関する価値観は，アメリカや日本でも同じように重要である：
- 論争を引き起こした米トロージャン社のコンドームCMでは，女性がバーで豚たちの隣に座っていた．その中の1匹が自動販売機からコンドームを買うと，魔法でハンサムな求婚者に変身する．キャッチコピーは「これは進化．必ずコンドームを使用しよう」．CBSとFOXネットワーク，そして地方のNBC系列局のいくつかが，このCMの放映を拒否した[66]．
- BPO（放送倫理・番組向上機構）によれば，AKB48メンバーが口移しでキャンディーをリレーするUHA味覚糖「ぷっちょ」のテレビCMに視聴者からの批判が多く上がったという[67]．
- 日本コカ・コーラが2007年秋から放映していた飲料「からだ巡茶」のテレビCMでは，広末涼子が言った「ブラジャーが透けるほど汗をかいた最後っていつだろう？」というセリフに不快だという批判が上がった．そのため，同社は，翌年から「こんなに汗をかいた最後っていつだろう」というセリフに差し替えた[68]．

あるいは，衛生観念についての価値観を考えてみてほしい．誰でも清潔にしたいと思うものだが，国によっては潔癖すぎるくらいのところもあり，衛生面で手抜きをしていると判断される製品やサービスは受け入れようとしない．イタリアの女性は平均して週に21時間，料理以外の家事を行なう．Ｐ＆Ｇの調査によれば，アメリカ人女性はわずか4時間である．イタリア人女性は少なくとも週に4回，キッチンと浴室の床を掃除するが，アメリカ人女性は1回だけ．イタリア人女性はほとんどすべての洗濯物，靴下やシーツにまでアイロンをかけるのが普通で，他のどの国の女性より掃除用品を買っている．

つまり，彼女たちは掃除用品の理想的な顧客になるはずだ．ユニリーバもそう考えて，イタリアで万能のスプレー式洗剤「シフ（Cif）」を発表したが，失敗に終わった．同じように，Ｐ＆Ｇのベストセラー商品のウェットモップ「スウィフター（Swiffter）」も大失敗だった．どちらの企業もこの市場の求める製品が，時間節約になるものではなく強力な洗剤であることに気づかなかったのである．イタリアの家庭で食器洗い機があるのは30％ほどにすぎない．それは，多くの女性が機械を信用せず，自分の手で洗う方がきれいになると考えているからだとメーカーは分析している．実際に食器洗い機を使っている場合でも，それに入れる前に皿を徹底的に水洗いしておく傾向がある．この価値観についての1つの説明がある．第2次世界大戦後，イタリアは1960年代までは貧しい国のままだった．したがって，豊かな国で人気の出た洗濯機のような労働節約の機器が普及するまでに時間がかかった．イタリアは他のヨーロッパ諸国と比べ，女性が労働市場に進出するのも遅かった．若い女性は外で働くことが増えたものの，今でも母親たちと同じくらいの時間を家事に費やしている．

ユニリーバはなぜイタリアで「シフ」が売れなかったのかをあらためて調査したところ，イタリアの女性はスプレーだけでキッチンのしつこい油汚れが落ちるとも，すべての場所に1種類の洗剤ですむということも信じていないことが分かった（イタリア人の72％が8種類以上の洗剤を使っていた）．ユニリーバは製品の見直しを行い，1種類の万能製品ではなく用途別にバリエーションを持たせて再販売した．イタリア人が頻繁に掃除をすることが分かったので，ボトルサイズも5割増しにし，広告では便利さよりも洗浄力の強さを強調するようにした．Ｐ＆Ｇも「スウィフター」を再発売し，今回は蜜ろうを加えたスウィフターに替え，今ではベストセラー商品になっている．発売から8カ月で500万箱の売上げは，同社の予測の2倍を超えていた[69]．

もちろん，どこの国でも共通する普遍的な価値観もある．健康，知恵，あるいは世界平和を望まない人などいるだろうか．文化を分けるのは，そうした価値観の「相対的重要性」あるいは優先順位である．この優先順位がその文化の価値体系（value system）を構成する[70]．例えば，ある調査によれば，北米では，自立，自己改善，個人的目標の達成に焦点を当てた広告メッセージは好意的に受け入れられ，家族の結束，集団の目標，

他者との調和を強調したものは反発を与えがちだ．韓国の消費者には逆のパターンが見られる[71]．

私たちはすべての文化をそのメンバーが支持する価値体系という点から特徴づける．すべての個人がこうした価値観を平等に支持しているわけではなく，場合によっては，価値観が互いに矛盾し合うように思えることもある（例：アメリカ人は同調と個人主義の両方に価値を置き，2つの間で妥協点を見いだそうとしているように思える）．それでも，1つの国を定義する全体としての中核的価値（core values）を特定することは不可能ではない．自由，若さ，達成，物質主義，活動力といった核となる価値観がアメリカ文化を特徴づけている．

対照的に，日本人はたいてい安全と安心と引き換えに独立を少しばかり譲り渡すことに満足している．子どものこととなると，特にそれが顕著になる．地域が通学路に監視役を配置したり，保護者が子どものかばんにGPS機器や防犯ブザーを取り付けておくのも一般的に見られる光景だ．日本では親の心配を軽減するために，安全管理の充実した多くの屋内パークがある．そうした施設の例である「ファンタジーキッズリゾート」では，警備員，監視カメラ，抗バクテリア処理された砂といった基準が統一されている．入場客はベビーカーの車輪に消毒薬をスプレーし，警備員は入場前に身分証の提示を求める[72]．2011年の大地震と津波被害後の計り知れないストレスと必需品の欠乏の中でも，避難所に孤立した多くの被災者が可能な限り秩序と衛生状態を維持する方法を探し出していた[73]．

何が文化的な価値を持つかを人々はどのように決めるのだろう．自分の属する文化によって支持されている信念や行動を学ぶプロセスは，文化受容（enculturation）と呼ばれている．対照的に，別の文化の価値体系や行動を学ぶプロセス（外国の消費者と市場を理解しようと思う者にとっては最大の優先課題となる）は文化変容（acculturation）と呼ばれる（第13章でさらに詳しく論じる）．両親，友人，教師を含む「社会化エージェント」が，こうした信念を私たちに教える．

もう1つの重要なエージェントはメディアである．広告が伝える価値を見ることで，その文化が重視しているものについて多くを学ぶことができる．例えば，アメリカと中国では，販売戦略が大きく異なる．アメリカの広告は，製品についての事実と信頼できる権威からの推薦を提示することが多い．中国の広告は，感情に訴えるものが多く，わざわざ主張を立証するようなことはしない．アメリカの広告は若者をターゲットにすることが多いのに対して，中国の広告は年配者の知恵を強調することが多い[74]．

価値観と消費者行動はどのように結びつくのか

価値観は重要ではあるが，期待したほどは消費者行動の理解に役立ってこなかった．

その理由の1つは，自由，安全，内なる調和といった漠然とした広い概念は，購買パターン全体に影響を与えがちで，特定の製品カテゴリーの中でのブランドの差別化にはつながりにくいからである．そのため一部の研究者は，安全や幸福のような幅広く支持される「文化的価値観（cultural values）」と，便利なショッピングや迅速なサービスのような「消費に特化した価値観（consumption-specific values）」，そして使いやすさや耐久性のような「製品に特化した価値観（product-specific values）」を区別している．これらは異なる文化圏の人々が自分の所有物に与える相対的重要性に影響する[75]．文化的価値観の変容が消費に与える影響がはっきりと分かる例の1つは，健康の重要性がますます強調されていることだろう．例えば，日本では有機・無添加食品の通信販売「オイシックス」が業績を伸ばしている．

オーストラリアで実施されたある調査で，サーフィン，スノーボード，スケートボードなどのエクストリームスポーツをしている消費者の製品に特化した価値観を詳しく調べている．研究者はブランド選択に影響を与えている支配的な価値観として，自由，帰属意識，優秀性，結びつきの4つを特定した．例えば，ある女性サーファーは帰属意識を重視していた．彼女はサーファー用品の人気ブランドの服を着ていたが，これらのブランドが主流になり，地元色が薄れてもその習慣を変えなかった．対照的に，結びつきを重視するサーファーは，地元のブランドだけを選び，地元のサーフィンイベントを支持するところにそれが表われていた[76]．

洗練さなどのブランドイメージのいくつかの側面は，文化を超えて共有される傾向があるが，場所によって大きく異なる側面もある．日本人は平和に価値を置く傾向が強く，スペイン人は情熱を強調する．また，耐久性という価値を強調するとアメリカ人にアピールすることができる[77]．価値観が（少なくともごく一般的な意味合いにおいては）消費者行動の大部分の原動力となるため，実質的にすべての消費者研究は最終的には価値観を特定し，それを評価することに関連してくる．このセクションでは，研究者が文化的価値観を評価し，この知識をマーケティング戦略に応用する試みのいくつかを取り上げていこうと思う．

ホフステードの文化的次元

　文化による価値観の違いを測るために最も広く使われている方法の1つが，オランダの研究者ヘールト・ホフステードが開発したものである[78]．この方法では，5つの次元で各国に点数をつけ，価値観を比較対照する[79]．
- 権力の格差（power distance）——組織や機関（家族など）の最も力を持たない構成員が，権力が平等に分配されることを受け入れ，期待する程度．
- 個人主義（individualism）——個人が集団に統合される程度．

- 男らしさ（masculinity）――男女別の役割分担．
- 不確実性の回避（uncertainty avoidance）――不確実性やあいまいさへの社会の許容度．
- 長期志向（long-term orientation）――長期志向と関連する価値観は倹約と忍耐．短期志向と結びついた価値は，伝統の尊重，社会的義務の達成，「メンツ」を守ることなどがある．

ロキーチの価値観調査

　心理学者のミルトン・ロキーチは一連の究極的価値（terminal values），すなわち多くの文化圏で共有される望ましい最終状態を明らかにした．「ロキーチ価値観調査（Rokeach Value Survey）」には，一連の手段価値（instrumental values）も含まれる．こちらは最終価値を達成するために必要となる行動を意味する．表4.2は，この2つの価値体系をまとめたものである．

　こうした世界的価値観の違いが，製品の好みやメディア利用の違いに表われると示唆する証拠もある．しかし，マーケティング研究者はロキーチ価値観調査を幅広くは活用してこなかった[80]．その理由の1つは，私たちの社会が大きな文化の中での多くの小さな「消費ミクロカルチャー（consumption microcultures）」に進化し，それぞれが一連のコアバリューを持っているためである（第13章でさらに論じる）．例えばアメリカでは，相当数の人たちが自然で健康的な習慣と代替医療（漢方やカイロプラクティックなど現代西洋医学以外の医療行為の総称）を強く信じている．病気に対する主流の医学的アプローチではなく健康医学に注目するこの傾向が，食べ物の選択から代替医療の利用といった行動，さらには政治・社会問題への意見にも影響する[81]．

価値リスト（LOV）

　価値リスト尺度（LOV = List of Values Scale）は，マーケティングに直接応用できる価値観を引き出す．これは，信奉する価値観に従って消費者セグメントを9つに分け，それぞれの価値を消費者行動の違いに関連づけるものである．これらのセグメントには，帰属意識，興奮，他者との温かい関係，安全などの価値観を重視する消費者がいる．例えば帰属意識を重視する人はこれを重視しない人に比べて年配者が多く，お酒が好きで楽しみを求め，グループ活動を好む傾向が強い．対照的に，興奮を求めるのは若い世代である[82]．

手段目的連鎖モデル

　価値観を取り込んだもう1つの研究アプローチが，手段目的連鎖モデル（means-end chain model）である．このアプローチは，人々は特定の製品属性を（間接的に）最終価

表4.2 究極的価値と道具価値

道具価値	究極的価値
野心的	快適な生活
広い心	刺激的な生活
能力	達成感
陽気	平和な世界
清潔	美しい世界
勇敢	平等
寛容	家族の安全
有益	自由
正直	幸福
想像力に富んだ	内なる調和
自立した	成熟した愛
知的	国の安全
論理的	喜び
愛すべき	救済
従順な	自尊心
礼儀正しい	社会的認知
責任感のある	真の友情
自制心のある	知恵

出 典：Richard W. Pollay, "Measuring the Cultural Values Manifest in Advertising," *Current Issues and Research in Advertising* (1983): 71-92. 許可を得て掲載．すべての権利は CtC Press に帰する．

値に結びつけるという前提に立つ．人は自分が価値を置く最終的な状態（自由や安全など）を得るための手段を選ぶ．つまり、望む目的に達するための手段を提供してくれる限りにおいて製品に価値を置くということである．研究者がラダリング（laddering）と呼ぶテクニックで、消費者が製品の属性とその一般的な影響をどのように連想するかが明らかになる．このアプローチを使い、消費者が製品の機能的属性と望まれる最終状態を結びつける「ラダー（はしご）」を登るのを手助けするのである[83]．消費者のフィードバックに基づいて、研究者は「階層価値マップ」を作る．これは製品の特定の属性がどのように最終状態に結びついているかを示す．

ある調査では、ヨーロッパ3国での消費者の料理用油の認知度調査から導き出した3つの階層価値マップを描いている[84]．ラダリングのテクニックは、製品と価値観の結びつきが国によってどれほど異なるかを示す．オランダ人にとっては、健康が最も重要な最終状態となる．イギリス人も健康を重視するが、彼らは他国の人より倹約することと無駄を省くことに大きな価値を置く．そして、この両国と比べると、フランス人はオリーブ油を自分たちの文化的アイデンティティと結びつける．

シンジケート調査

　多くの企業が，大規模な調査を通じて価値観の変化を追跡している．彼らはこうした調査の結果をマーケターに売り，マーケターは定期的に変化や傾向についての最新データを受け取っている．このアプローチが始まったのは1960年代半ばのことだが，そのきっかけは，アメリカのプレイテックス社がガードル（腹部・腰部の形を整えるための女性用下着）の売上げの落ち込みを心配したことだった．同社は市場調査会社ヤンケロビッチ・スケリー・アンド・ホワイトに，なぜ売上げが低下しているのか調査を委託した．その報告は，外見と自然さに関する価値観が変わったことを原因として挙げていた．プレイテックスはより軽く，締めつけ感の少ない衣類のデザインに取り組み，ヤンケロビッチはこうした種類の変化が幅広い業界に与える影響について追跡を続けた．

　そして徐々に，アメリカ人の態度を追跡する大規模な研究についてのアイディアを固めていった．1970年，同社は4,000人の回答者への2時間の面接に基づき，ヤンケロビッチ「モニター」を考案した[85]．この調査は価値観の変化を拾い上げようとするものである．例えば，アメリカの消費者の間では，忙しすぎる生活を改め，物を買うことを通して他者に認めてもらおうとする考えを捨て，簡素化を求める動きが出ていると報告された．**自発的シンプル生活者**（voluntary simplifiers）は，基本的な物質的必要を満足させてしまえば，それ以上の収入は満足にはつながらないと考える．ガレージにもう1台SUV車を増やす代わりに，彼らはコミュニティ活動，公共サービス，精神的探求の道へ進もうとする（この章の初めに見たマズローの階層での自己実現レベルを思い出してほしい）[86]．このグループに含まれる人たちは，こぢんまりとした家に移り住む高齢者から，職業にがんじがらめに縛られたくない，自由に移動を繰り返す若い専門職まで幅広い．

　現在，他にも多くのシンジケート調査が価値観の変化を追っている．広告代理店が実施しているものもあり，こうした調査を通じて重要な文化トレンドを把握し，顧客に訴えかけるメッセージを考案することに役立てている．こうしたサービスにはVALS2（第6章で詳しく取り上げる），ニューウェイヴ（オグルヴィ＆マザーズ），DDBワールドワイド・コミュニケーションズ・グループが実施するライフスタイル研究などの例がある．

良心的コンシューマリズム：新しいアメリカの中心的価値観？

　日本の消費者もついに環境保護へと動きだしたというのは本当だろうか？　ベルメゾン生活スタイル研究所の調査によれば，今後，少し高くても環境に配慮した商品やサービスを利用購入すると答えたモニターは，62.3％に達した[87]．個人の健康に向ける日本の消費者の意識の高さが，地球環境への関心の高まりと重なり合っている．この新しい価値観を良心的コンシューマリズム（conscientious consumerism）と呼ぶ研究者もいる．

しかし，特に家計がかかわるときには，態度が必ずしも行動につながるわけではないので注意が必要だ（第 7 章参照）．使えるお金が少ないときには，環境に優しい製品や健康的な製品を割高な料金を支払ってまで買おうとは思わないかもしれない．古いことわざにあるように，「地獄への道は善意で敷き詰められている」のである．

文化的クリエイティブ

それでも，少なくともかなり多くの日本人の価値観に変化が見られることは間違いない．マーケターは中でも「ロハス（LOHAS）」と彼らが呼ぶ消費者セグメントに注目してきた．LOHAS は「健康で持続可能な生活スタイル（lifestyle of health and sustainability）」を略した言葉である．このラベルは，環境保護に関心を持ち，持続可能な方法で製品が生産されることを望み，個人的な成長と可能性を高めることにお金を使いたいと考える人たちに使われる．ロハスという言葉自体は，かつてほど使われなくなったが，こういった人々は，オーガニック食品，省エネ機器，ハイブリッド車，エコツーリズムなどの製品の大きな市場となる．アメリカの場合，成人の 16％にあたる 3,500 万人がこのグループを構成していると見積もられている．彼らが 2,000 億ドルを超える社会性の高い製品の市場を作り出している[88]．

多くの企業がこうした欲求に応え，他の機関と「グリーン」パートナーシップを結び，環境に優しい活動を促進している．米クロロックス社は自然保護団体シエラ・クラブと提携し，新しいエコフレンドリーなクロロックス製品ラインを発表し，売上げの一部をクラブに提供している．その洗剤はココナッツやレモンオイルなど天然素材で作られ，リンや漂白剤は含まれず，生物分解可能で，動物実験もされていない．リサイクルできるボトルには，シエラ・クラブの名前とロゴ（大きなセコイアの木と山の頂を組み合わせたもの）が印刷されている[89]．

倫理的な行動はひとまずおくとして，自社製品に含まれるものや，誰がそれを生産しているかに配慮する企業には，その行動への経済的見返りはあるのだろうか？ この問題を検証したある調査によれば，答えはイエスである．研究者が調査対象者に，コーヒー豆の仕入れに際してフェアトレード方針を使っている企業と使っていない企業について説明した．すると，回答者は倫理的に正しい取引を経たコーヒーには 1 ポンド（およそ 450 グラム）につき 1.40 ドル高く支払ってもかまわないと考え，こうした方針に従っていない企業には非常に否定的な感情を持った．オーガニックコットンで作られたシャツについても同様の結果が得られている[90]．

インターブランド社が 2013 年 6 月 12 日に発表した環境ブランドランキング「Best Global Green Brands 2013」によれば，トヨタが 3 年連続で 1 位となっており，同じく自動車メーカーのフォードとホンダが 2 位，3 位と続いている．4 位はパナソニック，5 位

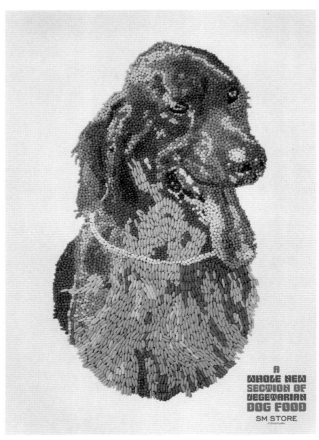

健康への関心の高まりはペットにも及んでいる。これはベジタリアンのペットフードを売るインドの店の広告。

出典：Agency – Out of the Box/Creative Directors – Viral Pandya, Sabu Paul, Guneet Pandya/Art Directors – Viral Pandya, Guneet Pandya/Writers – Sabu Paul, Viral Pandya, Guneet Pandya/Tyographer – Ajay Yadav/Digital Artist – Sunil Singh.

は日産である[91]。

グリーンウォッシング

　不況による打撃は受けたものの，今も多くの消費者が，自分の買うものが環境にどのような影響を与えるのかを心配している．環境に優しい製品により高い代金を支払うかどうかは，盛んに議論されている．マーケターにとっての問題の1つは，自ら招いたものと言ってもいい．消費者は，自社のブランドは環境に配慮していると主張する企業の言葉を信じていないということである．アメリカの消費者の約4分の1は，その製品が宣伝通

りに環境に優しいものかどうかを「知る術がない」と言っている．その疑いはおそらく正しいに違いない．ある報告書によれば，「エコ製品」だと宣伝される消費者製品の95%以上は，調査対象になったおもちゃを含め，宣伝が誤解されるおそれがあるか，不正確だった．別の調査では，環境に優しいと宣伝されている製品の数は，2009年までに73%増加したが，調査対象になった製品の3分の1近くが表示ラベルに誤りがあり，70種類の製品が何の証拠もないままエコであると宣伝していた[92]．

　この種の誇大広告はすべてグリーンウォッシング（greenwashing）と呼ばれるもので，消費者がマーケターの主張を信じない原因となり，場合によっては，エコを強調する製品を避けてさえいる．ある調査では，回答者の71%が，環境への影響についてごまかしがあったと感じる製品については購入をやめると答え，37%はグリーンウォッシングが腹立たしいため，その企業の製品すべてをボイコットする正当な理由になると考えていた[93]．

学習の目的 4
消費者が自分の所有物に対して与える重要性は，人により異なり，このこと自体が，その人が何を優先してどのように行動するのか，ということに影響を与える．

物質主義：「一番たくさんのおもちゃに囲まれて死ぬ人が勝ち」

　物の所有は，消費者の生活で中心的な役割を果たし，所有物を増やそうとする欲求が，価値体系を形作っている．**物質主義**（materialism）は，人々が物の所有を重要視することを表わす[94]．人はたくさんの製品やサービスを手にすることを，当然のことと思ったりもするが，これほど物質的に豊かになったのはつい最近のことだと時には気づくのである．例えば，1950年には，アメリカの家庭の5軒に2軒は電話がなかった．1940年には，完全な屋内水道設備が整っているのは全世帯の半分にすぎなかった．

　第2次世界大戦中，南太平洋の「積荷崇拝（cargo cults）」の信者は，文字通り墜落した飛行機や難破した船から救い出された積荷を崇拝した．祖先が船や飛行機を彼らの島の近くを通るように導いているのだと信じ，それらを自分たちの村へと引き寄せようとしたのである．彼らは本物をおびき寄せるために，藁から偽物の飛行機を作りさえしたらしい[95]．

　現代人はそこまで製品を崇拝することはないだろうが，それでも多くの人が，自分が考える良い生活，物質的に快適な生活を手に入れようと懸命に働いている．若い世代なら，携帯電話や携帯音楽プレイヤーといった便利な機器のない生活など想像もできないだろう．実際，私たちはマーケティングを，消費者に一定の生活水準を提供するシステムだと考えることもできる．そして，ある程度まで，私たちが期待し望む生活水準が，直接の

経験，またはテレビや映画で目にする裕福な登場人物たちの姿を通して，ライフスタイルに影響を与えている[96]．

物質主義者

物質主義的な価値観は，集団より個人の幸福を強調する傾向があり，それが家族または宗教的な価値観に反することもある．この矛盾こそが，物質的価値にこだわる人があまり幸福そうに見えない理由なのかもしれない[97]．さらに物質主義は，小さな子どもや青年期よりも思春期の男女（12～13歳）に最も顕著に見られる．おそらくこれは，彼らが自尊心の低い年齢層でもあることと無関係ではないだろう[98]．

物質主義者は，地位や容姿に関連した意味合いのために，物の所有に価値を置く傾向がある．こうした価値を強調しない人たちは，他人と結びつくか，使って楽しいと感じる製品に価値を置く傾向がある[99]．その結果，強い物質主義的傾向を持つ人は，人前で消費できる高価な製品を好む．この両方のタイプの人がそれぞれ好む特定のアイテムを比較した調査によると，物質主義的でない人は，母親のウェディングドレス，写真アルバム，子どものころに使っていた揺り椅子，庭など，大切に感じるアイテムに価値を置いたのに対して，物質主義の人は貴金属，陶器，別荘などを好んだ[100]．また物質主義の人は，自己アイデンティティを製品と強く結びつけるようである（第5章で詳しく取り上げる）．別の調査では，この価値観を持つ人たちが死を恐れるときには，ブランドへの思い入れがより強くなることが分かった[101]．さらに別の調査報告によれば，自分の所有物に「愛情を覚える」人たちは，孤独や社会的ネットワークの欠如を埋め合わせるために，物との関係に依存している[102]．

物質主義と経済状況

経済危機の副産物の1つは，多くの消費者に物質的な豊かさという価値観に疑いを持たせたことだった．ある女性はこのように述べた．「幸せになるためには大きくなる必要があるという考えは間違っている．物質的な豊かさと幸せはイコールではない」．これは必ずしも人々が物を買うのをやめることを意味するわけではない．しかしおそらく，少なくともしばらくの間は，もっと注意深く物を買うようになるだろう．ある産業アナリストによれば，「『何も考えずに』好きなものを買うという派手な消費から，計算された消費へと移行しつつある」．2010年には，アメリカの消費者は平均して年収の6％以上を貯蓄に回した．経済危機の前の数字は，1～2％にすぎなかった．

皮肉なことに，経済状況の悪化は，少なくとも一部の人を以前よりも幸せにした．消費と幸福の関係性についての調査結果では，物ではなく経験にお金を使ったり，買う前に何を買うかじっくり考えることを楽しんだり，隣人と張り合うことをやめたりしたときに，

幸福感が増すことが示された．ある調査によれば，幸福感と強く結びつく唯一の消費カテゴリーは，レジャー活動だった——休暇，娯楽，スポーツ，ゴルフクラブや釣竿などの装備といったものである．魚釣りは購買パターンの変化と一致する．消費者がこの数年の間に物ではなく経験を選ぶようになったことを示しているからである．例えば，彼らは外に出かけるより家で楽しむことを選ぶかもしれないし，ディズニー・ワールドへの旅行を見送って，自宅の裏庭でバケーションならぬ「ステイケーション（staycation）」を楽しむことだってあるかもしれない．

　もう1つの要因は，消費者がどれだけ多くの「興奮」を買い物から得ているかである．調査による証拠は，消費者が一度の大きな買い物に大金を使うときより，長い期間に小さなものをたくさん買うときの方が，「支出に見合う価値」が得られるという考えを示した．これは，心理学者が快楽的適応（hedonic adaptation）と呼ぶもののためで，基本的には，人は安定したレベルの幸福を維持しようとして，大きさであれ，質の程度であれ，変化に慣れていくことを意味する．つまり，時間が経つにつれ，大きな買い物から得られる快感がなくなり，（感情的には）スタート地点に戻るということである．したがって，今度，ボーナスをもらったり，札束入りの封筒を拾ったりしたら，マウイ島への3週間の旅で散財する代わりに，週末に長めの休暇を繰り返しとるべきなのである[103]．

異文化の価値観

　イノベーションに地理的な境界はない．変革の波は，今では目にも止まらぬ速さで，海を越え砂漠を越えて伝わっていく．マルコ・ポーロが中国から麺を持ち帰り，植民地への入植者がヨーロッパ人にたばこの「喜び」を教えたのと同じように，現在の多国籍企業は外国の消費者に自社製品を求めるように説得することで，新しい市場に食い込もうとする．

　自国文化の原動力を理解するのはそれほど難しくないとしても，こうした問題は他国の消費者が何に動かされるのかを考えると，もっと複雑になる．文化への配慮を無視すると，大きなコストを背負うことになりかねない．マクドナルドなどの最大手の多国籍企業が，世界進出を目指したときに直面する問題を考えてみてほしい．今ではこのアメリカを象徴するファストフードチェーンの国際的な市場は，国内市場よりも大きくなっているにもかかわらず，異文化との衝突に苦労している：

- 1994年のサッカーW杯の期間中，マクドナルドは宣伝用の使い捨て袋にサウジアラビアの国旗を印刷していた．この国旗にはコーランの聖なる言葉が書かれている．世界中のムスリムからこの神聖な国旗を安易に使用したことに抗議が殺到し，マクドナルドは慌てて間違いを正した．

- 2002年，マクドナルドはヒンドゥー教徒をはじめとする団体に対して，訴訟を示談に持ち込む条件の1つとして，1,000万ドルの寄付に合意した．この訴訟にはフライドポテトとハッシュブラウンにベジタリアン用という誤ったラベルが付けられていた問題も含まれていた（実際には肉の残留物が混じった油で調理されていた）．
- これも2002年，マクドナルドはノルウェーのレストランで販売を予定していた新しいマックアフリカ・サンドイッチを突然，販売中止にした．ノルウェーのCEOは，全国テレビ放送で，アフリカで飢餓が増加している時期にこのメニューを出そうとしたのは，「不幸な偶然だった」と認めた．
- インドでは，有名なビーフハンバーガーはほとんど売れない．その代わりに，マクドナルドはピッツァ・マクパフ，マクアロー・ティッキ（スパイシーなポテトのバーガー），パネア・サルサ・マクラップ，そしてクリスピー・チーズバーガーなどの特別メニューを提供している．インドでの中華料理の人気にあやかろうとしたものだ．さらに，マヨネーズは卵抜きで作り，すべての店舗はベジタリアンとノンベジタリアン用に別々の調理場を構えている．ノンベジタリアン側の従業員は，ベジタリアン側に移る前にシャワーを浴びなければならない．
- 2005年，マクドナルドは，韓国やインドネシアなど9カ国で，旧正月にあわせてスパイシーな「プロスペリティ（繁盛・幸運）・バーガー」を発表した．
- 現在，マクドナルドの「ビッグ・テイスティ」バーガーは840カロリーあり，約155グラムのビーフパテに，たっぷりのバーベキューソースとチーズ3枚を使っている．このメニューは最初にスウェーデンで発売され，現在ではヨーロッパの他の地域や南米，オーストラリアでも売られている[104]．
- 日本は健康的な食生活で有名だが，マクドナルドの顧客の多くは，高カロリーのバーガーを好む．一方，アメリカの消費者は新しいダイエット向きの「フルーツ・ウォルナット」サラダを歓迎している．新しい「ビッグ・アメリカ2」のキャンペーンの一端として，日本マクドナルドは713カロリーの「アイダホ・バーガー」（とろけるチーズ，油で揚げたハッシュブラウン，ベーコン，玉ねぎ，コショウとマスタードのソースがトッピングされている）など，アメリカをテーマにしたメニューを販売した[105]．「ビッグ・アメリカ」という言葉の解釈は幅広いようだ．
- フランスでのマクドナルドの広告は，フランスのコミックヒーローである「アステリックス」が，陽気な兵士仲間とマクドナルドで食事している姿を描いたため，冷ややかな反応を引き起こした．このキャラクターは多くの映画で話題になり，アステリックスのテーマパークも人気がある．スポットCMは，意図的に彼がバーガーやフライドポテトを食べているところを見せているわけではないが，フランス人のブロガーたちには不愉快に感じる者もいる[106]．

消費者行動，私はこう見る
──ロン・チャプリン教授（ヴィラノヴァ大学）

　最近の子どもたちは，これまでで最も物質主義的な世代と言っていいだろう．2歳の幼児が既に，多様なカテゴリーの製品やブランドへの強い好みを持つ抜け目ない消費者になる明らかな徴候を見せている．大人を見ると，物を所有することで幸せになれると信じているが，物質主義的な人ほど幸せでないように見える．これは子どもには当てはまるのだろうか？　子どもに見られる物質主義的な傾向にはどのような個人的特質が関係しているのだろうか？　何が原因で，子どもたちは物質主義者になるのだろう？　どのような社交的要因が影響を与えるのだろう（例：親，友だち，メディア，それともマーケティング？）

　私の研究は，幼少期から青年期にかけて，物質主義がどのように発達するかを調べている．「物質主義」とは，その人が利他的な（あるいは）親和的な社会的欲求──地域で人の助けになる，ボランティアをする，幸福を得るなど──を犠牲にして，物質的なものを獲得することに重要性を置くということである．若者の物質主義については多少の研究が存在するが，今のところほとんどが青年を対象にしたものだ．もっと小さい子どもを含めた研究は，まだほんのひと握りが現われ始めたに過ぎない．私は年齢の幅を広くとった研究（例：6～18歳）が理想的だと考えるが，その理由は，親や教育者が，子どもの認知能力と社会的な認識の発達が，彼らが幸福を得るために物質的なものを手に入れることに集中する程度をどのように変化させるかを理解するのを助けてくれるからである．

　研究の結果を信頼できるものにするためには，信頼できる有効な方法を用いなければならない．まだ読み書き能力が十分ではない子どもたちを対象とするのが適切な方法である．したがって，私が関心を持つことの1つは，子どもの物質主義を測るのにより適した評価ツールを開発することである．同僚のデボラ・ローダー・ジョン教授と私は，コラージュ作品に投影させるという方法を見つけ出した．これは簡単に言えば，子どもたちに人，ペット，物体，達成，スポーツ，自分が幸せになる達成から，「幸せ」のコラージュを作るように促すものである．何が自分を幸せにするかを表現するとき，実利主義的な感情よりも，物質自体に重要性を置く子どもは，より物質主義的だとみなされる．コラージュは頭を使った反応を引き出すための，親しみやすく熱中できる作業というだけでなく，社会が否定的とみなす価値観を研究しているという事実を隠すことができる．

　子どもの物質主義を理解することは，多くの理由から今後も重要なテーマになっていくだろう．この10年ほどを見ると，子どもと青少年ほど急速に購買力と影響力が増した消費者セグメントは他にはない．さらに，物質主義は消費研究では公共政策という観点，特に最近の子どもたちの健全な生活と，マーケターが子どもたちに「クール」でありたいなら特定の製品やブランドを持つ必要があると説得しているという懸念から考えると，大きな関心の対象となる．私は今後待ち構えているだろう大きな挑戦を心待ちにしている．より幸福で，物質主義に偏りすぎない子どもたちを育てる恩恵は，非常に大きいと考えるからである．

このセクションでは，他国の文化の力学を理解したいと考えるマーケターが直面する問題のいくつかを取り上げる．さらに，グローバルカルチャーの「アメリカナイゼーション」の影響についても考える．アメリカ（と，ある程度までは西欧）のマーケターは欧米のポップカルチャーを世界中のますます豊かになる消費者に輸出しようとしている．多くの顧客は伝統的な製品を，マクドナルド，リーバイス，MTVなどに先を争って切り替えている．しかし，これから見ていくように，多国籍企業，特にアメリカ企業が成功を収めるには多くの障害が待ち受けている．

自社ブランドのグローバルな特徴を無視する代わりに，企業はそれを戦略的に管理しなければならない．それが不可欠なのは，ほとんどの企業にとって将来の成長は外国市場から得られるからである．2002年，北米，ヨーロッパ，東アジアの先進国の人口は，世界人口63億の15％を占めていた．世界銀行によれば，2030年には，地球の人口は90億人に膨れ上がり，その90％が発展途上国で暮らしていると予測される．

企業が世界中の市場で競争する中，議論が熱を帯びている．組織はそれぞれの文化ごとに別個のマーケティング計画を立てるべきなのだろうか，それとも，1つのプランをすべての場所で使うべきなのだろうか？　両方の見解を簡単に考えてみよう．

標準化戦略

Ｐ＆Ｇが世界の消費者にアピールする最善の方法について戦略を練っているとき，外見，スタイルの好み，願望を共有する，国を超えた大きな消費者セグメントが存在することに気がついた．ティーンエイジャー，仕事と家庭を両立させようとしている女性，そしてベビーブーマー世代などのセグメントである．Ｐ＆Ｇの「グローバル・ヘルス・アンド・フェ

出典：Ford Images.

フォード社は「フォード・フォーカス」の名前でコンパクトカーを世界的に売り出した．ハイブリッド車，プラグイン・ハイブリッド車，電動モデルの各種類がある．フォードは2012年型フォーカスを，本当の意味での初のグローバル製品と呼んでいる．「どこで製造・販売されようと，できるだけ多くの部品を共有することを意図的に目指した」ものだからである．フォーカスを宣伝するテレビCMと印刷広告は，世界中どこでも同じように見える．駐車アシスト機能や，無線ハイパーリンクなど，高度なテクノロジーを強調している[109]．

ミニン・ケア」部門の責任者はこのように説明している．「テクノロジーによって次々と結びついていくグローバル市民が世界中で形成されているのを目にしています．（こうした人々の）違いではなく共通点に注目すれば，重要なビジネス機会がおのずと現われてきます」．例えば，10代の女の子はどこの世界でも思春期の悩みや関心を共有していると分かったので，同社のブランドマネージャーは同じ内容のものを40カ国で制作することにした[107]．

標準化されたマーケティング戦略の支持者は，多くの国，特に先進国では同質化が進んでいるため，同じアプローチが世界中で通用すると主張する．複数の市場で通用する1つのアプローチを開発すれば，企業は規模の経済の恩恵を受けることができる．それぞれの国に別個の戦略を考案するための時間と支出を大幅に削減できるためである[108]．この見解は，文化の共通性に目を向けるエティックな視点（etic perspective）を代表する．文化へのエティックなアプローチは客観的・分析的で，部外者の視点から見た文化の印象を反映する．

現地適応化戦略

米フロリダ州・オーランドのディズニー・ワールドとは違って，パリのウォルト・ディズニー・スタジオのテーマパーク「ディズニーランド・パリ」を訪れた人たちは，ガイドツアーでアメリカ人俳優がナレーションを務める声を聞くことはない．その代わりに，ジェレミー・アイアンズ，イザベラ・ロッセリーニ，ナターシャ・キンスキーらヨーロッパ人俳優の母国語によるコメンタリーが流れる．

ディズニーは，1992年にユーロ・ディズニーパークを開園すると，現地文化に敏感であることの重要性を思い知らされた．この新しいテーマパークが現地の習慣（食事とともにワインを出すなど）に応えていないとして批判されたのである．多くの国からのユーロディズニーへの訪問客は，ほんの些細なことと思えるものに対しても腹を立てた．例えば当初，パークではフランスのソーセージしか売っておらず，それが自分の国のものの方が美味しいと信じるドイツ人やイタリア人などの反感を買った．ユーロディズニーのCEOはこのように説明した．「開園当初は，ディズニーであるというだけで十分だと考えていました．今ではお客様それぞれの文化と旅行習慣を基準に歓迎されなければならないと気づきました」[110]．

ディズニーはこの異文化への配慮について得た教訓を，新しい香港のディズニーランドに活かすことにした．経営陣は風水の専門家に相談し，正門の角度を12度動かした．風水師がそのように変えることでパークは大成功すると請け合ったからである．さらに，鉄道駅からゲートまでの歩道にカーブを加え，正のエネルギーである「気」の流れが入り口を通過して東シナ海に抜けてしまわないようにした．会計カウンターも運を高めるた

めに，角に近い場所や壁際に置いた．園内の建物が完成するたびに香を燃やし，開園日は縁起が良いとされる9月12日を選んだ．パークのメインボールルームの1つは888平方メートルの広さにした．これは中国では8が縁起のよい数字とされているからである．そして，中国人は数字の4を不吉とみなすため，ホテルのエレベーターには4階のボタンがない．ディズニーは，中国では家族の関係性も異なることに気づき，広告の内容も変更した．印刷広告では，祖母，母親，娘がパークでティアラをつけている姿を描いている．中国では，両親と子どもという組み合わせは，階層的な文化のために描きにくい．経営陣は「髪を下ろして気分を開放しても大丈夫なのだということを伝えたかった」と説明する．ストップウォッチを持って現地の視察に出たデザイナーたちは，中国人はアメリカ人より平均10分長く食事に時間をかけることに気づいた．そのためダイニングエリアに700席増やすことにした．現在，ディズニーは上海にまた新しいテーマパークとリゾートを建築している．しかし，ここでは中国人入場者を楽しませるためのさらに多くの変更を加えている．中国政府は新しい施設をアメリカ文化の象徴であるディズニーランドとは似ていないものにすることを要求した．今度のものはメインストリートのような典型的なアメリカの風景を排した唯一のディズニー・パークになるだろう[111]．

ディズニーの経験は，文化の違いを強調するイーミックな視点（emic perspective）を支持するマーケターの見解を裏づける．この見解の支持者は，文化はそれぞれに異なり，独自の価値体系，因習，規制を持つと考える．この見解は，個々の国が「ナショナル・キャラクター」，すなわち独自の行動パターンや個性を持つと論じる[112]．したがって，マーケターはその特定の文化に配慮した戦略を考案しなければならない．文化へのイーミックなアプローチは主観的・経験的である．すなわち，インサイダーとして経験するものとして文化を説明しようとする．

この戦略は，現地で受け入れられるものにするために，時にはメーカーが製造するものを変えたり，小売業者が製品のディスプレイ方法を変えたりしなければならないことを意味する．1990年代初めにウォルマートが海外店舗を開き始めたときには，外国の消費者に対してアメリカ的な製品を提供したが，それが問題になった．サッカー熱の旺盛なブラジルでゴルフクラブを宣伝したり，メキシコでスケート靴を薦めたりしたのである．ドイツ人店員には顧客に笑顔で応対するように訓練したが——これはドイツでは誘いかけているように受け取られる．現在，ウォルマートは現地の好みに合わせるように努力している．中国の店舗では生きたカメやヘビを売り，徒歩や自転車で訪れる買い物客のために無料のシャトルバスを走らせ，冷蔵庫のような大きな商品は自宅配送サービスを提供している[113]．

場合によっては，ある国の消費者は単純に他の国で人気のある製品を嫌うこともあるし，ライフスタイルの違いが，企業に製品デザインの再考を促すこともある．カレー専門

第 4 章　動機づけとグローバルな価値観　　203

中国は最近になって世界第 2 位の経済国の地位を日本から奪い取った．多国籍企業のマーケターたちは中国の消費者向けの新しいブランドを築き始めている．リーバイ・ストラウスは 2010 年秋，よりアクセスしやすいグローバルブランド「dENIZEN（デニゼン）」を，中国を含むアジア 4 国で販売開始した．アジアでの成功に続き，メキシコやアメリカなど，その他の地域にも市場を拡大している．高級ブランドのエルメスは，新たに「Shang Xie」（中国語で「上下」の意）ラインを発表し，ペプシコは，中国市場向けの製品として，中国人の好みに合わせた緑茶風味の「スプリティー（Spritea）」を開発した．

出典：Levi Strauss & Co. 提供．

店チェーン CoCo 壱番屋がタイ国内に展開している店舗では，日本とはまったく違うサービスを提供している．客層が裕福なファミリー層であるため，席はカウンターではなくテーブルにして，カレーだけでなくスパゲティーやオムレツも提供している．またタイ人の好みにあわせて，カレーをご飯の上にかけずに，別々の皿で提供している[114]．飲料メーカーのスナップルが日本で失敗したのは，この飲み物が濁ったように見えることと瓶の中に果肉が浮かんでいるのが嫌われたからだった．同様に，フリトレー社は「ラッフルズ」のポテトチップス（塩気が強すぎる）と「チートス」（日本人は食べた後に指がオレンジ色に染まるのを好まなかった）の日本での販売を中止した[115]．チートスは中国ではまだ売られているが，チーズを含まないものにしている．中国ではチーズは主要食品ではないためだ．その代わりに，「セイヴォリー・アメリカン・クリーム」や「ジャパニーズ・ステーキ」など，中国オリジナルの製品の種類を増やしている[116]．

マーケターにとって重要な文化の違い

　それでは，エミックとエティック，このどちらが正しい見解なのだろうか？　おそらくみなさんの推測通り，最善なのは両方を組み合わせることである[117]．この点に関して考慮すべき重要なことは，消費スタイル（consumer style），すなわち消費行動すべてに影響を与える行動パターン，態度，意見なのだと主張する研究者もいる．それには広告への反応，情報や購買経路の好み，ブランド・ロイヤルティ，価格の考慮などが含まれる．

この意見を持つ研究者は，アメリカ，イギリス，フランス，ドイツからのデータに基づき，大きな4つの消費者スタイルを特定した[118]：
- 価格に敏感な消費者
- 多様性を求める消費者
- ブランドに忠実な消費者
- 情報を求める消費者

アメリカだけでも好みの幅が広いことを考えると，世界中の人がそれぞれ独自の好みを持っていたとしても驚くことではない．パナソニックは，同社の炊飯器は時間が経ってもご飯が固くならないと宣伝していたが，中東の消費者はまさしく少し固くなったご飯を好むことを知った．アメリカ人と違い，ヨーロッパ人はミルクチョコレートよりダークチョコレートを好む．ミルクチョコレートは子どもの食べ物だと思っているのだ．吉野家は，アメリカでは焼き鳥や鉄板焼きを提供し，中国では豚の角煮丼を売っている．ワニ皮のハンドバッグはアジアとヨーロッパでは人気があるが，アメリカでは売れない[119]．

学習の目的 5
ある文化圏で成功した製品でも，マーケターが現地の消費者の違いを理解できなければ，別の文化圏では失敗するかもしれない．

グローバル・マーケティングはうまくいくのか？

では，最終判決は？　グローバル・マーケティングはうまくいくのか，いかないのか？
おそらく，それより適切な質問は，「いつ，うまくいくのか？」だろう．同質的な世界文化という主張は理論的には魅力があるが，現実にはそれほどうまく当てはまらない．その理由の1つは，消費者は国が変われば，しきたりや習慣も変わり，製品を同じようには使用しないからである．例えばケロッグ社は，ブラジルの人々があまり朝食を多くとらず，シリアルはドライスナックとして食べられていることが多いことを知った．

文化の大きな違いは同じ国の中にさえ見られる．アメリカ国内を移動するだけで，まったく異なる国を旅しているかのように感じるものだ．カナダの広告主は，フランス語圏のケベックの消費者をターゲットにするときには，英語圏の消費者に対するものとかなり異なるメッセージにする必要があると分かっている．モントリオールの広告は，トロントのものより性的にきわどい内容のものが多い．これはフランスとイギリスのルーツの違いで，性的描写への態度の違いを反映している[120]．

コカ・コーラなどの大企業の中には，全世界で通用する統一的なイメージをうまくつく

り出したところもある．それでも，このソフトドリンクの最大手企業でさえ，国によって提示方法を微妙に変えている．コカ・コーラのCMは大部分が標準化されているが，現地の代理店がローカル色を強く押し出した編集にすることを認めている[121]．こうした多文化対応の努力が成功するチャンスを高めるため，マーケターは国が違っても共通の「世界観」を持つ消費者を探し出さなければならない．これには，価値判断の基準が比較的国際的あるいは無国籍な人たち，あるいは世界についての情報の多くを世界的な視点を持つメディアから得ている人たちが該当する場合が多い．

　どのような人がこのカテゴリーに属するだろうか．2つの消費者セグメントが有望な候補になりそうだ．(1) 裕福な「グローバル市民」で，旅行や仕事，メディアを通じて世界中のアイディアと接する機会がある人たち．そして，(2) 音楽やファッションの好みが，複数の国に同じ映像を提供しているMTVなどのメディアに強く影響される若い世代である．例えば，ローマやチューリッヒのMTVヨーロッパの視聴者は，ロンドンやルクセンブルクの視聴者と同じ「バズクリップ」をチェックすることができる[122]．

　41カ国で実施された大規模な消費者調査は，人々がグローバルブランドから連想する特徴を明らかにし，消費者が製品を買う際のそうした特徴の相対的重要性も評価した[123]．研究者はグローバルブランドを同じように評価する消費者をグループ分けした．その結果，大きく4つのセグメントが特定された：

- グローバル市民——最大のセグメント（消費者の55％）が，企業の世界的成功を高品質と革新性の表われとして認識している．同時に，彼らは企業が消費者の健康，環境，労働者の権利といった問題に責任ある行動をとっているかどうかに関心を持っている．
- グローバル・ドリーマー——2番目に大きいセグメント（23％）で，グローバルブランドを高品質の製品と結びつけて考え，企業が作り出す神話を信じやすい．グローバル市民ほど，社会的責任には関心を向けない．
- 反グローバル派——消費者の13％は，グローバル企業が高品質の製品を提供しているかどうかに疑念を持っている．彼らはアメリカ的な価値観を押しつけるブランドを嫌い，グローバル企業が責任ある行動をとっているとは信じていない．こうした企業とビジネス関係を持つことを避けようとする．
- グローバル無関心派——残りの9％の消費者は，ブランドのグローバルな属性に基づいて購買決定を行なわない．その代わりに，彼らはローカルブランドを判断するときと同じ基準でグローバル製品を評価し，グローバルな性質を特別な考慮に値するものとはみなさない．

学習の目的 6
欧米（特にアメリカ）文化は世界中に大きな影響を与えているが，他国の人々は製品に必ずしも欧米人と同じ意味を与えているわけではない．

消費文化の普及

　コカ・コーラはアジア諸国の若者の間で最も好まれる飲料で，マクドナルドは彼らのお気に入りのレストランである[124]．NBA（全米プロバスケットボール協会）は，毎年国外でのライセンス商品の売上げが5億ドルに上る[125]．世界の主要都市のどこに行っても，今ではスターバックスを見つけるのは難しくない．

　東京やソウルの通りを歩けば，ナイキの帽子，GapのTシャツ，リーバイスのジーンズが角を曲がるたびに目に入る．アメリカの消費文化の魅力は世界中に広まっている——しかし，さまざまなところで反発を買っているのも事実である．現地の批評家は自国の文化が徐々にアメリカナイズされていくことを嘆く．彼らにとってアメリカ文化は過度な物質主義に見えるのである．フランスのある批評家は，このアメリカ文化の拡散への抵抗を次のようにまとめた．ユーロディズニーは「段ボール，プラスチック，どぎつい色彩で作られたホラーであり，肥満のアメリカ人のために書かれたコミック本からそのまま抜け出してきたチューインガムとばかばかしい民間伝承を形にしたものにすぎない」[126]．

　北京で行われた調査では，12歳未満の子どもの半数近くが，マクドナルドを中国の国内ブランドだと思っていた[127]．欧米（特にアメリカ）はポップカルチャーの総合輸出会社である．多くの消費者が欧米のライフスタイル全般と特に英語を，近代化と洗練の同義語と考え，多くのアメリカのブランドはゆっくりとだが確実に，他国の文化に浸透している．確かに，グローバルブランドのいくつかは世界に普及するあまり，そもそもどの国で生まれたものなのか，あいまいにしか認識されていない．調査では，消費者がハイネケンをドイツのビールだと思い込んでいたり（実際にはオランダ），ノキアを日本のブランドだと答えたりする（実際はフィンランド）ことがよくある[128]．

　アメリカのテレビ番組は世界中で模倣されている．しかし，公平を期して言えば，多くのアメリカの視聴者は，『ビッグ・ブラザー』や『アメリカン・アイドル』のような人気リアリティ番組が，もとはヨーロッパで生まれたアイディアで，アメリカのプロデューサーが輸入したということに気づいていない．実際，『ビッグ・ブラザー』のイギリス版は，番組中にけんかが発生し，同居者が互いに相手を殺すと脅した一件の後，一時的に放送中止になった．ドイツ版では，女性の参加者が麻酔なしで乳首にピアスを開けるところを生放送した後，「恥知らずなのぞき見趣味」だという批判が殺到した[129]．対照的に，『アメリカン・アイドル』の形式をまねたマレーシアの番組は，『イマム・ムーダ（若いリーダー）』

のタイトルがつけられた。参加者は宗教的な問題を討論し、コーランの節を暗誦する。勝者はレコーディング契約を得るわけではなく、イマム（宗教的指導者）としての仕事、サウジアラビアに留学する奨学金、そしてイスラムの聖地メッカへのすべての費用込みの旅を特典として与えられる[130]。

移行経済で姿を現わしつつある消費文化

1980年代初め、ルーマニアの共産党政府は、アメリカのテレビドラマ『ダラス』を放送して、欧米資本主義の退廃ぶりを指摘した。ところが、この戦略は逆効果だった。腹黒い（だがリッチな）J・R・ユーイングが東欧と中東の一部で崇められる偶像となったのである。ブカレスト郊外にある人気の観光地には、大きな白い丸太造りの門があり、そこには（英語で）「サウスフォーク・ランチ（South Fork Ranch）」の名前が掲げられている[131]。欧米の「退廃」には伝染性があるようだ[132]。

60以上の国はGNPが100億ドル未満で、少なくとも135の国際企業がそれより大きな収益を上げている。こうした強力なマーケティング勢力の支配が、**グローバル消費倫理（globalized consumption ethic）**を生み出している。どこへ行っても、高級車、MTVに出演するグラムロックのスター、生活を便利にする最新の機器のイメージが誘いかけてくる。世界中の人々が物質的なライフスタイルの理想を共有し、繁栄を象徴する有名ブランドに価値を見いだし始めている。買い物は、生活必需品を探すための退屈で面倒な作業から、レジャー活動に変わりつつある。こうした誰もが欲しがるアイテムを所有することが——しばしば大きな個人的犠牲を払って——その人の地位を示す（第12章参照）ためのメカニズムとなっている。

共産主義の失墜以降、東欧諸国は、欠乏の長い冬から脱し、豊かさの春が訪れた。しかし、その風景は必ずしもバラ色ではない。**移行経済（transitional economies）**の中に暮らす人々の多くは、消費財を簡単に手に入れることはできない。移行経済という言葉は、中国、ポルトガル、ルーマニアなど、統制された中央経済から自由市場システムに移行しようとしている国を指す。これらの国では、社会的、政治的、経済的な変化が急速に起こり、国民は突然、グローバル・コミュニケーションと外からの市場の圧力にさらされることになった[133]。

この資本主義への移行の影響として、国民は消費財を買うために、余暇を削って以前より懸命に働かなければならなくなったため、自国文化への自信が揺らぎ、また疎外感、苛立ち、大きなストレスを抱えている。欧米の物質文化という罠への憧れは、おそらく東ヨーロッパで最も顕著だろう。共産主義の足枷をかなぐり捨てた人々は、アメリカや西ヨーロッパの憧れの消費財に——お金さえあれば——直接アクセスできるようになった。ある市場アナリストはこう観察している。「旧ソ連圏の人々が夢見ているように、アメリカン・

ドリームはすべての人の自由と正義とはほとんど無関係で,昼メロやシアーズのカタログ通販を意味している」(134)

 2009年に,中国の消費者が欧米ブランドをどのように考えているかの調査が実施された.その結果,人々の解釈は中国と欧米の関係史についての独自の見解に左右されることが分かった.研究者は調査サンプルから4つの異なる物語(テーマ)を特定している:欧米をそれぞれ,解放者として,抑圧者として,従属者として,パートナーとしてとらえたものである.どの見解を支持するかによって,回答者は欧米ブランドを,民主化の道具,支配の道具,アジアの隆盛のシンボル(中国の国内ブランドがけん引力を得ている),あるいは中国がアメリカや西ヨーロッパと提携して経済成長を達成するための道具とみなした(135).

 グローバル消費倫理が広まるにつれ,それぞれの国での儀式や製品の好みが同質化してくる.例えば,イスラム国のトルコの都市部では,クリスマスを祝うところも出てきた.贈り物の交換はこの国では多くの地域で,誕生日でさえ,一般的ではないのにである.中国でも,クリスマス熱が新興中流階級の心をとらえ,物を買い,食べ,パーティーを開く口実にしている.彼らはクリスマスツリー,装飾品,宗教的な品を,先を争うように買っている(ただし,キリストや聖母マリアの像を通りで売っている者たちは,誰が誰だか分かっていないこともある).中国の消費者がクリスマスを受け入れるのは,彼らにとってこの祝日が国際的で現代的だからであって,それが伝統的なキリスト教徒の祝いだからではない.政府がこの習慣を奨励するのも,それが消費を刺激するからだ.祝日をさらに陽気にするために,中国は毎年約10億ドル相当のクリスマス製品を輸出し,中国の工場で生産される75億ドル相当のおもちゃが,世界中のクリスマスツリーの下に置かれている(136).

 この同質化は,いずれはナイロビ,ニューギニア,オランダに住む消費者が,みなニューヨークやナッシュヴィルに住む人と見分けがつかなくなるということなのだろうか? おそらくそうはならないだろう.消費財が意味するものは,地域の習慣や価値観と混じり合うことによって変質するからである.例えば,トルコの都市部に住む女性の中には,洋服を乾かすためにオーブンを使い,食器洗い機を泥のついたホウレンソウを洗うのに使っている人たちもいる.パプアニューギニアの人は,手製の編みバッグ「ビルム」のような伝統的なアイテムと,ミッキーマウスのシャツや野球帽のような欧米のアイテムを組み合わせたファッションを考えるかもしれない(137).こうしたプロセスによって,グローバル化と同質化がローカル文化を圧倒することにはならないだろうが,複数の消費文化があり,それぞれがグローバルを象徴するナイキの「スウォッシュ」と地元製品や意味合いを組み合わせていくことになるだろう.例えば,ベトナムでは,国内のファストフードチェーンが,マクドナルドのアプローチを取り入れながらも,地元産品を含めることで,市場を

支配している．この国で大きな成功を収めているキンドー・ベーカリーは，赤と黄色が目印の店舗で，乾燥イカパンのようなオリジナル製品を売っている．フィリピンでは，バーガーチェーンのジョリビー・フーズが，やはりマクドナルドの外観をまね——本物のマクドナルドよりもよく売れている[138]．

　外国の影響がローカルな意味と融合すると，クレオール化（creolization）が生じる．第 14 章で，現代のキリスト教が異教徒の「クリスマス」ツリーを自分たちの儀式に取り入れたことを取り上げる．インドでは，障害を抱えた物乞いが，三輪オートに乗ってコカ・コーラのボトルを売り，「インディポップ」は伝統的な音楽スタイルとロック，ラップ，レゲエを融合させたハイブリッドポピュラー音楽である[139]．第 13 章で見るように，若いヒスパニック系アメリカ人は，ヒップホップとスパニッシュ・ロックの間を難なく行き来し，メキシコの米にスパゲティソースを合わせ，トルティージャの上にピーナツバターとゼリーを塗っている[140]．コカ・コーラはアルゼンチンで，現地の伝統的なハーブティー「yerba mate」の風味をつけたソフトドリンクを売り出した．これは地元産品を使った製品ポートフォリオを広げる戦略の一端だった[141]．

　クレオール化のプロセスは，現地の人々が自分たちの習慣に合わせようとして，奇妙な製品やサービスに変質させられることもある．例えば，次のようなクレオール化の適用例を考えてみてほしい：
- ペルーでは，インド人の少年がトランジスターラジオに見えるように絵具を塗った石を持ち歩いている．
- パプアニューギニアの高地地方では，部族民がシーバスリーガルの包装紙を太鼓に貼り，鼻輪の代わりにペンテルのペンを差している．
- エチオピアの奥地にあるカト高地の部族は，ビューマスター（70 年前からアメリカにある 3D 写真ビューワー）で『サーカス犬プルート』を見るために料金を支払っている．
- アフリカのスワジ族の王女がズール一族の王と結婚するとき，彼女は伝統に則って額の周りに赤いエボシドリの羽をつけ，ウィンドウバードの羽とオックステールのついたケープを羽織る．しかし，招待客はコダックのムービーカメラで結婚式を録画し，バンドは「サウンド・オブ・ミュージック」を演奏する．
- 日本人は新しく興奮するものに欧米の言葉をつけたがるが，その言葉が何を意味するか分かっていないことさえある．車の名前に「フェアレディ」「グロリア」「ボンゴワゴン」などを使い，消費者は「デオドラント」や「アップルパイ」を買う．広告では買い物客に「ストップ・ルック」を促し，製品は「ユニーク」であることを強調する[142]．コカ・コーラの缶には「I feel Coke & sound special」と書かれ，クリームソーダという名の企業が「死ぬには年をとりすぎた，幸せになるのは早すぎる」のキャッチコピーで製品を売っている[143]．英語の名前を持つ日本の製品には，他にもマウスペット，ポカ

リスエット，アームピット（電子かみそり），ブラウン・グロスフォーム（ヘアカラームース），ヴァージン・ピンク・スペシャル（化粧クリーム），カウブランド（化粧品メーカー），マイ・モーニングウォーター（水のペットボトル）などがある[144]．

章のまとめ

この章を読み終えた時点で，理解しておくべきこと：

1. **マーケターは，製品が消費者の幅広いニーズを満足させられると認識することが重要である．**

    マーケターは，消費者のニーズを満足させようとするが，人々が製品を購入する理由はさまざまである．したがって，消費者の動機を明らかにすることが，ニーズを適切に満足させる製品を作り出すための重要なステップとなる．消費者行動への伝統的アプローチは，製品が合理的なニーズを満足させる能力（実利的動機）に集中してきたが，快楽的動機（例：探究心や楽しみからの行動）もまた，多くの購買決定に重要な役割を果たす．

    マズローの欲求の階層が示しているように，そのときの消費者の状況によって，同じ製品が異なるニーズを満たすこともありうる．この客観的状況（例：基本的な心理的ニーズはすでに満たされた？）に加えて，消費者の製品への関与の程度も考慮に入れなければならない．

2. **消費者が製品を評価し選択する方法は，その製品への関与の程度，マーケティング・メッセージ，そして（あるいは）購買状況によって決まる．**

    製品への関与は非常に低いレベル（購買決定は惰性によってなされる）から，非常に高いレベル（買い物の対象に消費者が非常に強い絆を感じる）まで幅広い．マーケティング戦略は，消費者の製品への思い入れの程度を考慮するだけでなく，マーケティング・メッセージや購買状況への関与の程度も評価しなければならない．

3. **深く根づいた文化的価値観が，どのような種類の製品やサービスを求めるか（避けるか）を左右する．**

    基本的な価値観が消費者の動機づけになることが多い．したがって製品は消費者にとって特別な意味を持つことになる．自分の価値観に関連した何らかの目標——自立や自由など——を達成するのに役立つものと認識されるからである．基本的価値観はそれぞれの社会を特徴づけるもので，その社会のメンバーの多くが支持している．

4. **所有物に与える重要性は消費者によって異なり，この方向性が優先順位と行動に影響を与える．**

    「物質主義」とは，人々が所有物に重要性を与えることを意味する．アメリカ人は物質主義者と呼ばれることが多いが，アメリカでも人口のかなりの割合に価値観の変化を示す兆候が見られる．それとともに，環境に優しい持続可能な製品やサービスへの関心が高まっている．

5. **ある文化圏で成功した製品でも，マーケターが現地の消費者の違いを理解できなければ，別の文化圏では失敗するかもしれない．**

    消費者の文化はライフスタイルの選択に大きな影響を与えるため，国を越えて

ビジネスを行おうとするマーケターは，文化的規範や好みの違いについてできるだけ多く学ばなければならない．重要な問題の1つは，マーケティング戦略をどの程度まで現地の文化に合わせてカスタマイズするかである．エティックな見解を支持する研究者は，多くの国の人が同じ普遍的なメッセージを受け入れると信じている．イーミックな見解を支持する研究者は，個々の文化はそうした標準化を許すにはあまりに違いすぎていると論じる．この見解に従えば，マーケターは現地の価値観や習慣に合わせたアプローチを考案しなければならない．グローバル・マーケティングはこれまでのところ，成功と失敗の繰り返しだった．多くの場合，このアプローチは基本的な価値観に訴えるメッセージであるか，あるいはターゲット市場が地元志向ではなく国際志向の消費者で構成されている場合にうまくいく可能性が高まる．

6. 欧米（特にアメリカ）文化は世界中に大きな影響を与えているが，他国の人々は製品に必ずしも欧米人と同じ意味を与えているわけではない．

　アメリカはポップカルチャーの総合輸出企業である．世界中の消費者がアメリカ製品，特に娯楽関連のものやアメリカのライフスタイルに結びつくアイテム（例：マールボロのたばこ，リーバイスのジーンズ）に飛びついている．世界文化の「アメリカ化」は続いているが，自分たちの文化を失うことを恐れてグローバリゼーションに抵抗を示す人たちもいる．あるいは，こうした新しい製品と伝統の文化的習慣を融合させて「クレオール化」を実践する場合もある．

キーワード

移行経済（transitional economies） 207
イーミックな視点（emic perspective） 202
ウォンツ（want） 159
エティックな視点（etic perspective） 201
男らしさ（masculinity） 190
回避−回避型コンフリクト
　（avoidance-avoidance conflict） 167
快楽的適応（hedonic adaptation） 197
価値観（value） 185
価値体系（value system） 187
価値リスト尺度（List of Values（LOV）Scale）
　190
カルト製品（cult products） 175
感情分析（sentiment analysis） 164
関与（involvement） 172
期待理論（expectancy theory） 161
究極的価値（terminal values） 190
グリーンウォッシング（greenwashing） 195
クレオール化（creolization） 209
グローバル消費倫理
　（globalized consumption ethic） 207
権力の格差（power distance） 189
個人主義（individualism） 189
自発的シンプル生活者（voluntary simplifiers）
　192
手段価値（instrumental values） 190
手段目的連鎖モデル
　（means-end chain model） 190
情動（affect） 162
消費スタイル（consumer style） 203
スペクタクル（spectacles） 181
生産性志向（productivity orientation） 162
接近−回避型コンフリクト
　（approach-avoidance conflict） 167
接近−接近型コンフリクト
　（approach-approach conflict） 166
ソーシャルゲーム（social game） 183
惰性（inertia） 173
単語フレーズ辞典（word-phrase dictionary）

164
中核的価値（core values） 188
長期志向（long-term orientation） 190
動因（drive） 158
動因理論（drive theory） 159
動機づけ（motivation） 158
取引広告（transactional advertising） 184
認知的不協和理論
（theory of cognitive dissonance） 166
不確実性の回避（uncertainty avoidance）
190
物質主義（materialism） 195
フラッシュモブ（flashmobs） 182
フロー状態（flow state） 174
文化受容（enculturation） 188
文化変容（acculturation） 188
ホメオスタシス（homeostasis） 159
マスカスタマイゼーション
（mass customization） 177
目標（goal） 158
物語への感情移入（narrative transportation）
178
誘発性（valence） 165
欲求の階層（マズローの）
（Hierarchy of Needs（Maslow's）） 169
ラダリング（laddering） 191
良心的コンシューマリズム
（conscientious consumerism） 192
ロハス（LOHAS） 193

復習

1. 動機づけとは何か？ 消費者行動とどのように関連するのか？
2. 最近のマーケティング・キャンペーンの例を挙げながら，3種類の動機づけの葛藤を説明しなさい．
3. ニーズとウォンツの違いは何か？
4. 認知的不協和とは何か？
5. マズローの欲求の階層に含まれる各レベルの名前を挙げ，それぞれのレベルに訴えかけるマーケティングの例を1つ挙げなさい．
6. 消費者の関与とは何か？ この概念は動機づけとどのように関連するのか？
7. マーケターは，製品を買うときに消費者がフロー状態に入ることを望む．その理由は？
8. 3種類の消費者の関与とは何か？ それぞれ例を挙げなさい．
9. マーケターが消費者の製品への関与を高めるために使える戦略にはどのようなものがあるか？
10. 価値観とは何か？ なぜマーケターは価値観を気にするのか？
11. 文化受容と文化変容の違いは何か？
12. ロハスとは何か？ このライフスタイルを選ぶ人々がなぜ重要になるのか？
13. マーケティング研究者が価値観を測るために使ってきたテクニックを2つ以上挙げなさい．
14. 物質主義とは何か？ マーケティングとどのように関係するのか？
15. グローバル化についてのエミックの視点とエティックの視点の違いは何か？
16. アメリカはなぜポップカルチャーの総合輸出会社だと言えるのか？
17. 移行経済である国の例を挙げなさい．
18. クレオール化を定義し，その例を挙げなさい．

討議と応用

■ 討論せよ

1. 「環境と菜食主義への大学生の関心は一時的なブームに終わった．『オシャレ』に見せる手段にすぎなかったのだ」．あなたはこの意見に賛成するか？
2. マーケターは，公の場で話すのにふさわしい話題に関して，社会の基準に挑戦し，既成概念の枠を越えようとしている．以前はひそひそと話し合うだけだった製品

が，今では広告や看板に堂々と現われるようになった．女性の生理用品，コンドーム，妊娠検査薬などがその例である．あるデジタル式家庭用妊娠検査キットのCMは，テレビで尿を見せてタブーを打ち破った．液体が検査棒に流れ落ちると，ナレーションの声が入る．「最も洗練されたテクノロジーを駆使し……あなたは尿をかけるだけ」．女性の生理用品の広告は，その機能についてほとんど説明しないことが普通だった（典型的なCMは，白い洋服を着て微笑んだ女性を描いて，その製品がどれほど信頼できるか，漠然としたシグナルを送った）．現在，花王の生理用ナプキン「ロリエ」は，「『吸収力の』ロリエ」というコピーとともに宣伝されている．広告で見せるものについて，どこで線引きをすべきなのだろう？

3. 市場アナリストの何人かは，若い世代の間に価値観の変化が見られることを指摘している．彼らはこの世代が安定性を欠いた生活を送ってきたと論じる．うわべだけの関係に飽き飽きし，伝統に戻ろうとしているのだという．あなたはどのように考えるか？　若者は本当に親の世代（あるいは祖父母の時代？）の価値観に戻りつつあるのだろうか？　こうした変化は結婚や家族観にどのような影響を与えるか？

4. 中核的価値は時代とともに進化する．現在の日本を最もよく表わす3つから5つの中核的価値を挙げなさい．

5. あなたがFacebookのようなソーシャル・ネットワークに参加するとき，マズローの欲求の階層に含まれるニーズのどれを満足させられると思うか？　これらのサイトはそのニーズを満足させるために，今後どのような新しい特徴を加えられるだろうか？

6. 本章では，マーケターが今後活用していくと思われる新しい顔認識テクノロジーについて言及した．買い物客をその外見で分類し，特定の分類に属する人たちにアピールするような広告を提供することに，このテクノロジーを役立てることができるだろう．これによって，無関係の情報を目にする量を減らすことになるため，広告は今より役立つものとなる．しかし，このテクニックには欠点もあるのでは？　消費者がどのような情報を受け取るべきかを決めるために，（例えば）人種的プロファイリングを使うといった問題ある使い方も可能ではないだろうか？

果たして顔認識テクノロジーの潜在的なメリットは，こうした問題ある活用に勝ると言えるだろうか？

7. 激しい競争と市場の飽和状態のため，工業国のマーケターは第三世界の市場を開拓しようとしている．アジアの消費者だけでも，年に900億ドルを消費し，アメリカのたばこ製造会社はこうした市場に容赦なく攻め込んでいる．どこに行っても，欧米的な風景の中にいるグラマーな欧米モデルのたばこ広告が，看板，バス，店先，洋服などに見つかり，たばこ会社は多くのスポーツや文化イベントのスポンサーになっている．歓楽街で，ときにはまだ中学にも行っていないような子どもにまで，たばこや景品を手渡しているたばこ会社まである．たばこなどの製品は国民を害したり，貧しい人たちに生活必需品を買うべきお金を使わせたりする可能性があるが，政府はこうした慣行を認めるべきだろうか？　もしあなたが第三世界の国の通商または公衆衛生担当の役人だとしたら，先進国から輸入される贅沢品の規制策として，どのような指針を提案するか？

■ 応用せよ

1. 衣料品の広告について，さまざまな販促戦略を考案しなさい．それぞれがマズローの欲求の階層のどれか1つのレベルを強調するものであること．
2. 消費者の価値観に訴える広告の例を挙げなさい．それぞれの広告でどのような価値観をターゲットにしているか，またどのような形でアピールしているか？ これはマーケティング・コミュニケーションを考案する効果的なアプローチだろうか？
3. 1人の男性の車への関与レベルが，異なる種類のマーケティング刺激が彼に与える影響にどのように関係するかを述べなさい．関与レベルの低い消費者セグメントに車のバッテリーを売るには，どのような戦略が考えられるか，また，このその戦略は愛車の手入れに余念がない非常に思い入れの強いセグメントの男性向けのものと，どのように異なるだろうか？
4. 有名人のファンクラブのメンバーにインタビューし，彼らの「製品」（その有名人のこと）への関与水準を表現しなさい．また，このグループに訴えるためのマーケティング戦略を考案しなさい．
5. 心理学者のグループが最近になって，マズローの階層を修正する必要があると論じている．彼らは頂点の「自己実現」を削除し，それを「子育て」に置き換えるべきだと主張する．このすぐ下に，「仲間の保持」と「仲間の獲得」が加えられる．彼らはあまりに多くの人々がマズローのトライアングルを，人間の動機づけが実際にどのように働くかを説明するよりは，「野心的」——達成した個人が「すべき」ことの描写——だとみなしていると考える．彼らの見解は革新的だ．もし芸術，音楽，文学の唯一の目的が自己実現だとしたら，それは人類の存続にどんな貢献をするだろう？ この見解の支持者の1人は次のように観察する．「もしあなたが優れた詩人か音楽家なら，複製によって利益が得られる．女性はこの能力を持つ男性に惹かれる．ギターを弾きながらその男性が本当に言っているのは，『私の優秀な遺伝子を見てくれたまえ』ということなのだ」．あなたはどう考えるか？ 物を買い，所有し，なりたい人間になるための動機づけは，最終的には遺伝子プールの存続につながるのだろうか？[145]

参考文献

1. "Vegetarianism in America," *Vegetarian Times*, http://www.vegetariantimes.com/features/archive_of_editorial/667, accessed May 9, 2011.
2. www.petakids.com, accessed May 9, 2011.
3. http://beefitswhatsfordinner.com, accessed May 9, 2011.
4. Robert A. Baron, *Psychology: The Essential Science* (Boston: Allyn & Bacon, 1989).
5. Russell W. Belk, Guliz Ger, and S?ren Askegaard, "The Fire of Desire: A Multisited Inquiry into Consumer Passion," *Journal of Consumer Research* 30 (2003): 326-51; cf. also Yu Chen, "Possession and Access: Consumer Desires and Value Perceptions Regarding Contemporary Art Collection and Exhibit Visits," *Journal of Consumer Research* 35 (April 2009): 925-40.
6. Henrik Hagtvedt and Vanessa M. Patrick, "The Broad Embrace of Luxury: Hedonic Potential as a Driver of Brand Extendibility," *Journal of Consumer Psychology* 19, no. 4 (2009): 608-18.
7. For a study that looks at cross-cultural differences in expression of emotion, cf. Ana Valenzuela, Barbara Mellers, and Judi Strebel (2010), "Pleasurable Surprises: A Cross-Cultural Study of Consumer Responses to Unexpected Incentives," *Journal of Consumer Research* 36, no. 5 (2010): 792-805.
8. リクナビNEXT「プロ論．尾形真理子さん」(https://next.rikunabi.com/proron/1322/proron_1322.html)．

9. Samuel K. Bonsu, Aron Darmody, and Marie-Agnes Parmentier, (2010), "Arrested Emotions in Reality Television," *Consumption Markets & Culture* 13, no. 1 (2010): 91-107.
10. 「マクドナルド，Twitter でつぶやくとクーポンがもらえる『グラコロ冬の陣』を開始」(http://internetcom.jp/wmnews/20111125/1.html).
11. Tracy Tuten and Michael R. Solomon, *Social Media Marketing* (Upper Saddle River, NJ: Pearson Education, 2012); Jennifer Van Grove, "How a Sentiment Analysis Startup Profits by Checking Emotion in E-mail, Mashable (January 20, 2011), http://mashable.com/2011/01/20/lymbix/?utm_source=feedburner&utm_medium=email&utm_campaign=Feed%3A+Mashable+%28Mashable%29, accessed April 29, 2011.
12. Thomas Kramer and Song-Oh Yoon, "Approach-Avoidance Motivation and the Use of Affect as Information," *Journal of Consumer Psychology* 17, no. 2 (2007): 128-38.
13. See Paul T. Costa and Robert R. McCrae, "From Catalog to Classification: Murray's Needs and the Five-Factor Model," *Journal of Personality & Social Psychology* 55 (1988): 258-65; Calvin S. Hall and Gardner Lindzey, Theories of Personality, 2nd ed. (New York: Wiley, 1970); James U. McNeal and Stephen W. McDaniel, "An Analysis of Need-Appeals in Television Advertising," *Journal of the Academy of Marketing Science* 12 (Spring 1984): 176-90.
14. Michael R. Solomon, Judith L. Zaichkowsky, and Rosemary Polegato, *Consumer Behaviour: Buying, Having, and Being–Canadian Edition* (Scarborough, Ontario: Prentice Hall Canada, 1999).
15. See David C. McClelland, *Studies in Motivation* (New York: Appleton-Century-Crofts, 1955).
16. Mary Kay Ericksen and M. Joseph Sirgy, "Achievement Motivation and Clothing Preferences of White-Collar Working Women," in Michael R. Solomon, ed., *The Psychology of Fashion* (Lexington, MA: Lexington Books, 1985): 357-69.
17. See Stanley Schachter, *The Psychology of Affiliation* (Stanford, CA: Stanford University Press, 1959).
18. Eugene M. Fodor and Terry Smith, "The Power Motive as an Influence on Group Decision Making," *Journal of Personality & Social Psychology* 42 (1982): 178-85.
19. C. R. Snyder and Howard L. Fromkin, *Uniqueness: The Human Pursuit of Difference* (New York: Plenum, 1980).
20. Abraham H. Maslow, *Motivation and Personality*, 2nd ed. (New York: Harper & Row, 1970).
21. An integrative view of consumer goal structures and goal-determination processes proposes six discrete levels of goals wherein higher-level (versus lower-level) goals are more abstract, more inclusive, and less mutable. In descending order of abstraction, these goal levels are life themes and values, life projects, current concerns, consumption intentions, benefits sought, and feature preferences. See Cynthia Huffman, S. Ratneshwar, and David Glen Mick, "Consumer Goal Structures and Goal-Determination Processes: An Integrative Framework," in S. Ratneshwar, David Glen Mick, and Cynthia Huffman, eds., *The Why of Consumption* (London: Routledge, 2000): 9-35.
22. Paul Henry, "Magnetic Points for Lifestyle Shaping: The Contribution of Self-Fulfillment, Aspirations and Capabilities," *Qualitative Market Research* 9 no. 2 (2006): 170.
23. Russell W. Belk, "Romanian Consumer Desires and Feelings of Deservingness," in Lavinia Stan, ed., *Romania in Transition* (Hanover, NH: Dartmouth Press, 1997): 191-208, 193.
24. Study conducted in the Horticulture Department at Kansas State University, cited in "Survey Tells Why Gardening's Good," *Vancouver Sun* (April 12, 1997): B12; see also Paul Hewer and Douglas Brownlie, "Constructing 'Hortiporn': On the Aesthetics of Stylized Exteriors," *Advances in Consumer Research* 33, no. 1 (2006).
25. "Forehead Advertisement Pays Off," *Montgomery Advertiser* (May 4, 2000): 7A.
26. Alex Kuczynski, "A New Magazine Celebrates the Rites of Shopping," *New York Times Online* (May 8, 2000). http://www.nytimes.com/2000/05/08/business/media-a-new-magazine-celebrates-the-rites-of-shopping.html?scp=1&sq=A%20New%20Magazine%20Celebrates%20the%20Rites%20of%20Shopping&st=cse, accessed August 24, 2011.
27. "Man Wants to Marry His Car," *Montgomery Advertiser* (March 7, 1999): 11A.
28. Judith Lynne Zaichkowsky, "Measuring the Involvement Construct in Marketing," *Journal of Consumer Research* 12 (December 1985): 341-52.
29. Andrew Mitchell, "Involvement: A Potentially Important Mediator of Consumer Behavior," in

William L. Wilkie, ed., *Advances in Consumer Research* 6 (Provo, UT: Association for Consumer Research, 1979): 191-96.
30. Richard L. Celsi and Jerry C. Olson, "The Role of Involvement in Attention and Comprehension Processes," *Journal of Consumer Research* 15 (September 1988): 210-24.
31. Anthony G. Greenwald and Clark Leavitt, "Audience Involvement in Advertising: Four Levels," *Journal of Consumer Research* 11 (June 1984): 581-92.
32. Mihaly Csikszentmihalyi, *Flow: The Psychology of Optimal Experience* (New York: Harper Collins, 1991); Donna L. Hoffman and Thomas P. Novak, "Marketing in Hypermedia Computer-Mediated Environments: Conceptual Foundations," *Journal of Marketing* (July 1996): 50-68.
33. Jeremy W. Peters, "Gave up Sleep and Maybe a First-Born, but at Least I Have an iPhone," *New York Times Online* (June 30, 2007). http://www.nytimes.com/2007/06/30/technology/30phone.html?scp=1&sq=Gave%20up%20Sleep%20and%20Maybe%20a%20First-Born,%20but%20at%20Least%20I%20Have%20an%20iPhone&st=Search, accessed August 24, 2011.
34. Christopher Rhoads, "The Hydrox Cookie Is Dead, and Fans Won't Get Over It," *Wall Street Journal* (January 19, 2008): A1.
35. Robert W. Pimentel and Kristy E. Reynolds, "A Model for Consumer Devotion: Affective Commitment with Proactive Sustaining Behaviors," *Academy of Marketing Science Review*, no. 5 (2004), www.amsreview.org/articles/pimentel05-2004.pdf
36. starbuckseverywhere.net, accessed May 10, 2011; Julie Jargon, "A Fan Hits a Roadblock on Drive to See Every Starbucks," *Wall Street Journal* (May 23, 2009), http://online.wsj.com/article/SB124301100481847767.html, accessed May 25, 2009.
37. For a discussion of interrelationships between situational and enduring involvement, see Marsha L. Richins, Peter H. Bloch, and Edward F. McQuarrie, "How Enduring and Situational Involvement Combine to Create Involvement Responses," *Journal of Consumer Psychology* 1, no. 2 (1992): 143-53. For more information on the involvement construct, see "Special Issue on Involvement," *Psychology & Marketing* 10, no. 4 (July-August 1993).
38. Todd Wasserman, "Coca-Cola to Help Maroon 5 Crowdsource a New Song," Mashable (March 1, 2011), http://mashable.com/2011/03/01/coca-cola-maroon-5/, accessed April 30, 2011; Page C. Moreau and Kelly B. Herd, "To Each His Own? How Comparisons with Others Influence Consumers' Evaluations of Their Self-Designed Products," *Journal of Consumer Research* 36, no. 5 (2010): 806-19; Wendy Liu and David Gal, "Bringing Us Together or Driving Us Apart: The Effect of Soliciting Consumer Input on Consumers' Propensity to Transact with an Organization," *Journal of Consumer Research* 38 (August 2011, in press).
39. Joseph B. Pine, II, and James H. Gilmore, *Markets of One: Creating Customer-Unique Value through Mass Customization* (Boston: Harvard Business School Press, 2000); www.managingchange.com/masscust/overview.htm, accessed May 30, 2005.
40. http://www.chocollabo.com/pages/about/
41. Kevin J. Clancy, "CPMs Must Bow to 'Involvement' Measurement," *Advertising Age* (January 20, 1992): 26.
42. Herbert E. Krugman, "The Impact of Television Advertising: Learning Without Involvement," *Public Opinion Quarterly* 29 (Fall 1965): 349-56.
43. Brent McFerran, Darren W. Dahl, Gerald J. Gorn, and Heather Honea, "Motivational Determinants of Transportation into Marketing Narratives," *Journal of Consumer Psychology* 20, no. 3 (2010): 306-16.
44. Tyler Gray, "Jay-Z "Decoded': 32 Pages Revealed," *Fast Company* (November 19, 2010), http://www.fastcompany.com/pics/jay-z-decoded-32-pages-revealed#6, accessed August 25, 2011.
45. David W. Stewart and David H. Furse, "Analysis of the Impact of Executional Factors in Advertising Performance," *Journal of Advertising Research* 24 (1984): 23-26; Deborah J. MacInnis, Christine Moorman, and Bernard J. Jaworski, "Enhancing and Measuring Consumers' Motivation, Opportunity, and Ability to Process Brand Information from Ads," *Journal of Marketing* 55 (October 1991): 332-53.
46. Morris B. Holbrook and Elizabeth C. Hirschman, "The Experiential Aspects of Consumption: Consumer Fantasies, Feelings, and Fun," *Journal of Consumer Research* 9 (September 1982): 132-40.
47. 日本コカ・コーラ株式会社ニュースリリース、

2008 年 2 月 12 日（http://j.cocacola.co.jp/corporate/news/news_000331.html）.
48. Louise Story, "Times Sq. Ads Spread via Tourists' Cameras," *New York Times* (December 11, 2006), www.nytimes.com, accessed December 11, 2006.
49. Rajeev Batra and Michael L. Ray, "Operationalizing Involvement as Depth and Quality of Cognitive Responses," in Alice Tybout and Richard Bagozzi, eds., *Advances in Consumer Research* 10 (Ann Arbor, MI: Association for Consumer Research, 1983): 309-13.
50. Quoted in "Gap Scraps New Logo after Online Outcry," *Reuters* (October 12, 2010), http://www.reuters.com/article/2010/10/12/us-gap-idUSTRE69B05Z20101012?utm_source=feedburner&utm_medium=feed&utm_campaign=Feed%3A+Reuters%2FInternetNews+%28News+%2F1US+%2F+Internet+News%29, accessed April 30, 2011.
51. "Read My Chips? Pringles Has Plans to Print Jokes, Trivia on Its Potatoes," *Wall Street Journal* (May 20, 2004): C13; David Serchuk, "A Rose with Another Name," Forbes (December 27, 2004): 52.
52. "Ads That Stay with You," Newsweek (November 19, 2007), www.newsweek.com/Id/68904, accessed November 19, 2007.
53. Stephanie Clifford, "Axe Body Products Puts Its Brand on the Hamptons Club Scene," *New York Times* (May 22, 2009): B6; Alana Semuels, "Honda Finds a Groovy New Way to Pitch Products: The Musical Road," *Los Angeles Times* (October 13, 2008), www.latimes.com/Business/La-Fi-Roads13-2008oct13,0,4147014.Story; accessed October 13, 2008; Eric Pfanner, "A Live Promotion, At 14,000 Feet," *New York Times* (June 6, 2008), www.nytimes.com, accessed June 6, 2008; Les Luchter, "Jameson Whiskey Texts Targets on N.Y. Streets," *Marketing Daily* (August 8, 2008), www.mediapost.com, accessed August 8, 2008; Doreen Carvajal, "Dancers in the Crowd Bring Back 'Thriller,'" *New York Times* (March 10, 2008), www.nytimes.com, accessed March 10, 2008; Eric Pfanner, "When Consumers Help, Ads Are Free," *New York Times* (June 21, 2009), www.nytimes.com, accessed June 22, 2009.
54. 「きゃりーぱみゅぱみゅ増上寺と東京タワーをスマホで操作1500人がハタチを祝福」Fashionsnap.com（http://www.fashionsnap.com/news/2013-01-29/odoroki-kyary/）.
55. "Billboards with Face Recognition Collect Demographic Data in Japan" (July 19, 2010), http://adverlab.blogspot.com/2010/07/billboards-with-face-recognition.html, accessed May 12, 2011; Emily Steel, "The Ad Changes with the Shopper in Front of It," *Wall Street Journal* (August 21, 2008): B7.
56. 清嶋直樹「第1回　自動販売機が"顧客センサー"に／JR東日本ウォータービジネス」『日経情報ストラテジー』2011年4月号, pp.36-38.
57. Karlene Lukovitz, "New Belgium Fat Tire Ale 'Inserts' Fans In Print Ad, *Marketing Daily* (June 2, 2010), http://www.mediapost.com/publications/?fa=Articles.showArticle&art_aid=129339, accessed April 10, 2011.
58. Drew Elliott, "Opportunities for Brands in Social Games," *Ogilvy PR Blog* (May 2010), http://blog.ogilvypr.com/2010/05/opportunities-for-brands-in-social-games/, accessed July 12, 2010.
59. Andiara Petterle, "Reaching Latinos through Virtual Goods," *Media Post* (June 10, 2010), http://www.mediapost.com/publications/?fa5Articles.showArticle&art_aid=129857, accessed July 13, 2010.
60. Adapted from Tracy Tuten and Michael R. Solomon, *Social Media Marketing* (Upper Saddle River, NJ: Pearson Education, 2012).
61. "Gagaville," http://gagaville.org/, accessed May 12, 2011.
62. Christina Goulding, Avi Shankar, Richard Elliott, and Robin Canniford, "The Marketplace Management of Illicit Pleasure," *Journal of Consumer Research* 35 (February 2009): 759-71.
63. Robert F. Worth, "Arab TV Tests Societies' Limits with Depictions of Sex and Equality," *New York Times* (September 26, 2008), www.nytimes.com/2008/09/27/World/Middleeast/27beirut.Html?_R=1&Scp=1&Sq=N..., accessed September 26, 2008.
64. Ajay K. Sirsi, James C. Ward, and Peter H. Reingen, "Microcultural Analysis of Variation in Sharing of Causal Reasoning about Behavior," *Journal of Consumer Research* 22 (March 1996): 345-72.
65. Vercihan Ziflioğlu, "TV Celebrity Kardashian Lashes Out at Turkish Cosmo Cover," *Hürriyet Daily News* (April 12, 2011), http://www.hurriyetdailynews.com/n.php?n=american-tv-personality-angry-for-her-ghotos-on-turkish-

magazine-2011-04-12, accessed May 10, 2011; David Carr, "Romance in *Cosmo's* World Is Translated in Many Ways," *New York Times* (May 26, 2002), www.nytimes.com, accessed May 26, 2002.
66. Quoted in Andrew Adam Newman, "With Condoms in Particular, Local Stations Can Say No," *New York Times* (July 16, 2007), www.nytimes.com, accessed July 16, 2007.
67. 「冷静になろう、木より森見て：『AKB嫌い』の女たちに言いたい」『アエラ』2012年6月4日, p. 31.
68. 「広末の『ブラジャーが…』CM 消費者から『不快』指摘で変更」J-CASTニュース, 2008年1月15日 (http://www.j-cast.com/2008/01/15015578.html).
69. Deborah Ball, "Women in Italy Like to Clean but Shun the Quick and Easy: Convenience Doesn't Sell When Bathrooms Average Four Scrubbings a Week," *Wall Street Journal* (April 25, 2006): A1.
70. Milton Rokeach, *The Nature of Human Values* (New York: Free Press, 1973).
71. Sang-Pil Han and Sharon Shavitt, "Persuasion and Culture: Advertising Appeals in Individualistic and Collectivistic Societies," *Journal of Experimental Social Psychology* 30 (1994): 326-50.
72. Chisaki Watanabe, "Japanese Parents Embrace Ultra-Secure Children's Park," *Philadelphia Inquirer* (September 4, 2006): A2.
73. Jay Alabaster and Ryan Nakashima, "Japanese Comforted or Cramped in Evacuee Shelters," *MSNBC.com* (April 19, 2011), http://www.msnbc.msn.com/id/42672467/ns/world_news-asia-pacific/t/japanese-comforted-or-cramped-evacuee-shelters/, accessed May 10, 2011.
74. Carolyn A. Lin, "Cultural Values Reflected in Chinese and American Television Advertising," *Journal of Advertising* 30 (Winter 2001): 83-94.
75. Donald E. Vinson, Jerome E. Scott, and Lawrence R. Lamont, "The Role of Personal Values in Marketing and Consumer Behavior," *Journal of Marketing* 41 (April 1977): 44-50; John Watson, Steven Lysonski, Tamara Gillan, and Leslie Raymore, "Cultural Values and Important Possessions: A Cross-Cultural Analysis," *Journal of Business Research* 55 (2002): 923-31.
76. Pascale Quester, Michael Beverland, and Francis Farrelly, "Brand-Personal Values Fit and Brand Meanings: Exploring the Role Individual Values Play in Ongoing Brand Loyalty in Extreme Sports Subcultures," *Advances in Consumer Research* 33, no. 1 (2006): 21-28.
77. Jennifer Aaker, Veronica Benet-Martinez, and Jordi Garolera, "Consumption Symbols as Carriers of Culture: A Study of Japanese and Spanish Brand Personality Constructs," *Journal of Personality & Social Psychology* (2001). 81 (3), 492-508.
78. Geert Hofstede, *Culture's Consequences: Comparing Values, Behaviors, Institutions, and Organizations across Nations* (Thousand Oaks, CA: Sage, 2001). For a recent critique of this instrument, cf. Aron M. Levin, Irwin P. Levin, and Michael P. Cook, "Measuring and Accounting for Cross-Country Response Biases in Marketing Food and Drink Products," *International Journal of Consumer Marketing*, in press.
79. Adapted from "What Are Hofstede's Five Cultural Dimensions?," www.geert-hofstede.com, accessed May 22, 2009.
80. B. W. Becker and P. E. Conner, "Personal Values of the Heavy User of Mass Media," *Journal of Advertising Research* 21 (1981): 37-43; Vinson, Scott, and Lamont, "The Role of Personal Values in Marketing and Consumer Behavior."
81. Craig J. Thompson and Maura Troester, "Consumer Value Systems in the Age of Postmodern Fragmentation: The Case of the Natural Health Microculture," *Journal of Consumer Research* 28 (March 2002): 550-71.
82. Sharon E. Beatty, Lynn R. Kahle, Pamela Homer, and Shekhar Misra, "Alternative Measurement Approaches to Consumer Values: The List of Values and the Rokeach Value Survey," *Psychology & Marketing* 2 (1985): 181-200; Lynn R. Kahle and Patricia Kennedy, "Using the List of Values (LOV) to Understand Consumers," *Journal of Consumer Marketing* 2 (Fall 1988): 49-56; Lynn Kahle, Basil Poulos, and Ajay Sukhdial, "Changes in Social Values in the United States During the Past Decade," *Journal of Advertising Research* 28 (February-March 1988): 35-41; see also Wagner A. Kamakura and Jose Alfonso Mazzon, "Value Segmentation: A Model for the Measurement of Values and Value Systems," *Journal of Consumer Research* 18 (September 1991): 28; Jagdish N. Sheth, Bruce I. Newman, and Barbara L. Gross, *Consumption Values and Market Choices: Theory and Applications* (Cincinnati, OH: South-Western, 1991).

83. Thomas J. Reynolds and Jonathan Gutman, "Laddering Theory, Method, Analysis, and Interpretation," *Journal of Advertising Research* (February-March 1988): 11-34; Beth Walker, Richard Celsi, and Jerry Olson, "Exploring the Structural Characteristics of Consumers' Knowledge," in Melanie Wallendorf and Paul Anderson, eds., *Advances in Consumer Research 14* (Provo, UT: Association for Consumer Research, 1986): 17-21; Tania Modesto Veludo-de-Oliveira, Ana Akemi Ikeda, and Marcos Cortez Campomar, "Laddering in the Practice of Marketing Research: Barriers and Solutions," *Qualitative Market Research: An International Journal* 9, no. 3 (2006): 297-306. For a recent critique of this technique, cf. Elin Brandi Sørenson and Søren Askegaard, "Laddering: How (Not) to Do Things with Words," *Qualitative Market Research: An International Journal* 10, no. 1 (2007): 63-77.
84. This example was adapted from Michael R. Solomon, Gary Bamossy, and Søren Askegaard, *Consumer Behaviour: A European Perspective*, 2nd ed. (London: Pearson Education Limited, 2002).
85. "25 Years of Attitude," *Marketing Tools* (November-December 1995): 38-39.
86. Amitai Etzioni, "The Good Society: Goals Beyond Money," *The Futurist* 35, no. 4 (2001): 68-69; D. Elgin, *Voluntary Simplicity: Toward a Way of Life That Is Outwardly Simple, Inwardly Rich* (New York: Quill, 1993); "PNA Trend in Consumer Behavior Called 'Voluntary Simplicity' Poses Challenges for Marketers," *Ascribe Higher Education News Service* (December 6, 2001); Caroline Bekin, Marylyn Carrigan, and Isabelle Szmigin, "Defying Market Sovereignty: Voluntary Simplicity at New Consumption Communities," *Qualitative Market Research* 8, no. 4 (2005): 413.
87. ベルメゾン生活スタイル研究所（2008）『2008年幸せ予報「ココロリッチ」』pp. 8-9.
88. www.lohas.com/about.htm, accessed May 12, 2011.
89. "Deal with Clorox Spurs Sierra Club Feud," *Los Angeles Times* (July 17, 2008), www.latimes.com/Business/La-Fi-Clorox17-2008jul17,0,1163469.Story?Track=Rss, accessed July 17, 2008.
90. Remi Trudel and June Cotte, "Does It Pay to Be Good?," *MIT Sloan Management Review* 61 (Winter 2009): 61-68.
91. 「Toyotaが3年連続世界一！：世界のグリーンブランドのTOP5のうち4つが、日本ブランド！」Interbrandプレスリリース，2013年6月12日（http://www.interbrand.com/Libraries/Press_Release_JP/BGGB2013JPN.sflb.ashx）.
92. Wendy Koch, "'Green' Product Claims Are Often Misleading," *USA Today* (October 26, 2010), http://content.usatoday.com/communities/greenhouse/post/2010/10/green-product-claims/1?csp=34money&utm_source=feedburner&utm_medium=feed&utm_campaign=Feed%3A+UsatodaycomMoney-TopStories+%28Money+-+Top+Stories%29, accessed April 10, 2011.
93. Mark Dolliver, "Thumbs Down on Corporate Green Efforts," *Adweek* (August 31, 2010), http://www.adweek.com/aw/content_display/news/client/e3i84260d4301c885f91b2cd8a712f323cf, accessed April 10, 2011; Sarah Mahoney, "Americans Hate Faux Green Marketers," *Marketing Daily* (March 25, 2011), http://www.mediapost.com/publications/?fa=Articles.showArticle&art_aid=147415&nid=125122, accessed April 10, 2011.
94. Susan Schultz Kleine and Stacy Menzel Baker, "An Integrative Review of Material Possession Attachment," *Academy of Marketing Science Review*, no. 1 (2004).
95. Russell W. Belk, "Possessions and the Extended Self," *Journal of Consumer Research* 15 (September 1988): 139-68; Melanie Wallendorf and Eric J. Arnould, "'My Favorite Things': A Cross-Cultural Inquiry into Object Attachment, Possessiveness, and Social Linkage," *Journal of Consumer Research* 14 (March 1988): 531-47.
96. L. J. Shrum, Jaehoon Lee, James E. Burroughs, and Aric Rindfleisch, "On-line Process Model of Second-Order Cultivation Effects: How Television Cultivates Materialism and Its Consequences of Life Satisfaction," *Human Communication Research* 37 (January 2011): 34-57; L. J. Shrum, James E. Burroughs, and Aric Rindfleisch, "Television's Cultivation of Material Values," *Journal of Consumer Research* 32, no. 3 (2005): 473-79.
97. James E. Burroughs and Aric Rindfleisch, "Materialism and Well-Being: A Conflicting Values Perspective," *Journal of Consumer Research* 29 (December 2002): 348-70.
98. Lan Nguyen Chaplin and Deborah Roedder John,

"Growing Up in a Material World: Age Differences in Materialism in Children and Adolescents," *Journal of Consumer Research* 34 (December 2007): 480-93.
99. Marsha L. Richins, "Special Possessions and the Expression of Material Values," *Journal of Consumer Research* 21 (December 1994): 522-33.
100. *Ibid.*
101. Aric Rindfleisch, James E. Burroughs, and Nancy Wong. "The Safety of Objects: Materialism, Existential Insecurity, and Brand Connection," *Journal of Consumer Research* 36 (June 2009): 1-16.
102. John L. Lastovicka and Nancy J. Sirianni, "Truly, Madly, Deeply: Consumers in the Throes of Material Possession Love," *Journal of Consumer Research* (in press).
103. Stephanie Rosenbloom, "But Will It Make You Happy?," *New York Times* (August 7, 2010), http://www.nytimes.com/2010/08/08/business/08consume.html?pagewanted=1&_r=2&ref=business, accessed April 10, 2011.
104. Peter Gumbel, "Big Mac's Local Flavor," *CNNmoney.com* (May 2, 2008), http://money.cnn.com/2008/04/29/news/companies/big_macs_local.fortune/index.htm, accessed May 2, 2008; Geoffrey A. Fowler, "For Prosperity Burger, McDonald's Tailors Ads to Asian Tastes," *Wall Street Journal* (January 24, 2005), www.wsj.com, accessed January 24, 2005; Saritha Rai, "Tastes of India in U.S. Wrappers," *New York Times* (April 29, 2003), www.nytimes.com, accessed April 29, 2003; Gerard O'Dwyer, "McD's Cancels McAfrika Rollout," *Advertising Age* (September 9, 2002): 14; "McDonald's to Give $10 Million to Settle Vegetarian Lawsuit," *Wall Street Journal* (June 4, 2002), www.wsj.com, accessed June 4, 2002; "Packaging Draws Protest," *Marketing News* (July 4, 1994): 1.
105. Mariko Sanchanta and Yoree Koh, "Beefing Up McDonald's," *Wall Street Journal* (January 12, 2011), http://online.wsj.com/article/SB10001424052748703791904576075450692538030.html, accessed April 10, 2011.
106. Charles Onians, "By Toutatis! Asterix McDonald's Ad Irks French" (August 19, 2010), http://www.google.com/hostednews/afp/article/ALeqM5hmwaTJFdWfl0_J3N6qe2YA6Vximw, accessed April 28, 2011.
107. www.beinggirl.com/en_US/home.jsp, accessed June 25, 2009; Carol Hymowitz, "Marketers Focus More on Global 'Tribes' than on Nationalities," *Wall Street Journal* (December 10, 2007): B1.
108. Theodore Levitt, *The Marketing Imagination* (New York: Free Press, 1983).
109. Stuart Elliott, "Ford Tries a Global Campaign for Its Global Car," *New York Times* (February 24, 2011), http://www.nytimes.com/2011/02/25/business/media/25adco.html?_r=2&ref=business, accessed April 30, 2011.
110. Geoffrey A. Fowler, "Main Street, H.K.: Disney Localizes Mickey to Boost Its Hong Kong Theme Park," *Wall Street Journal* (January 23, 2008): B1; Merissa Marr, "Small World: Disney Rewrites Script to Win Fans in India; China, Latin America Are Also in Turnaround," *Wall Street Journal* (June 11, 2007): A1; Laura M. Holson, "The Feng Shui Kingdom," *New York Times* (April 25, 2005), www.nytimes.com, accessed April 25, 2005; Keith Bradsher, "Disneyland for Chinese Offers a Soup and Lands in a Stew," *New York Times* (June 17, 2005): A1; Paulo Prada and Bruce Orwall, "Disney's New French Theme Park Serves Wine—and Better Sausage," *Wall Street Journal* (March 12, 2002), www.wsj.com, accessed March 12, 2002.
111. David Barboza and Brooks Barnes, "Disney Plans Lavish Park in Shanghai," *New York Times* (April 7, 2011), http://www.nytimes.com/2011/04/08/business/media/08disney.html?pagewanted=1&_r=1&ref=business, accessed April 10, 2011.
112. Terry Clark, "International Marketing and National Character: A Review and Proposal for an Integrative Theory," *Journal of Marketing* 54 (October 1990): 66-79.
113. Geraldo Samor, Cecilie Rohwedder, and Ann Zimmerman, "Innocents Abroad? Walmart's Global Sales Rise as It Learns from Mistakes; No More Ice Skates in Mexico," *Wall Street Journal* (May 16, 2006): B1.
114. 「現場リーダーの仕事術 『店長』図鑑：37 CoCo壱番屋　タイ　ジェネラルマネージャー　浅川幹大」『日経ビジネスアソシエ』2013年2月号, pp. 102-106.
115. Norihiko Shirouzu, "Snapple in Japan: How a Splash Dried Up," *Wall Street Journal* (April 15, 1996): B1.
116. Glenn Collins, "Chinese to Get a Taste of Cheese-Less Cheetos," *New York Times* (September 2, 1994): D4.
117. For a case study that explores how the Guinness

brand does this, cf. John Amis and Michael L. Silk, "Transnational Organization and Symbolic Production: Creating and Managing a Global Brand," *Consumption Markets & Culture* 13, no. 2 (2010): 159-79.
118. Martin McCarty, Martin I. Horn, Mary Kate Szenasy, and Jocelyn Feintuch, "An Exploratory Study of Consumer Style: Country Differences and International Segments," *Journal of Consumer Behaviour* 6, no. 1 (2007): 48.
119. Julie Skur Hill and Joseph M. Winski, "Goodbye Global Ads: Global Village Is Fantasy Land for Marketers," *Advertising Age* (November 16, 1987): 22.
120. Clyde H. Farnsworth, "Yoked in Twin Solitudes: Canada's Two Cultures," *New York Times* (September 18, 1994): E4.
121. Hill and Winski, "Goodbye Global Ads."
122. MTV Europe, personal communication, 1994; see also Teresa J. Domzal and Jerome B. Kernan, "Mirror, Mirror: Some Postmodern Reflections on Global Advertising," *Journal of Advertising* 22 (December 1993): 1-20; Douglas P. Holt, "Consumers' Cultural Differences as Local Systems of Tastes: A Critique of the Personality-Values Approach and an Alternative Framework," *Asia Pacific Advances in Consumer Research* 1 (1994): 1-7.
123. Douglas B. Holt, John A. Quelch, and Earl L. Taylor, "How Global Brands Compete," *Harvard Business Review* (September 2004): 68-75.
124. Normandy Madden, "New GenerAsians Survey Gets Personal with Asia-Pacific Kids," *Advertising Age International* (July 13, 1998): 2.
125. Adam Thompson and Shai Oster, "NBA in China Gets Milk to Sell Hoops," *Wall Street Journal* (January 22, 2007): B1; "They All Want to Be Like Mike," *Fortune* (July 21, 1997): 51-53.
126. Alan Riding, "Only the French Elite Scorn Mickey's Debut," *New York Times* (April 13, 1992): A1.
127. Elisabeth Rosenthal, "Buicks, Starbucks and Fried Chicken, Still China?" *New York Times* (February 25, 2002), www.nytimes.com, accessed February 25, 2002.
128. Special Report, "Brands in an Age of Anti-Americanism," *BusinessWeek* (August 4, 2003): 69-76.
129. Suzanne Kapner, "U.S. TV Shows Losing Potency around World," *New York Times* (January 2, 2003), www.nytimes.com, accessed January 2, 2003; "Big Brother Nipple Sparks Outrage," *BBCNews* (September 10, 2004), www.bbcnews.com, accessed September 10, 2004.
130. Liz Gooch, "A Reality Show Where Islam Is the Biggest Star," *New York Times* (July 28, 2010), http://www.nytimes.com/2010/07/29/world/asia/29imam.html?scp=1&sq=islamic%20reality%20show&st=cse, accessed April 10, 2011.
131. Professor Russell Belk, University of Utah, personal communication, July 25, 1997.
132. Material in this section adapted from Güliz Ger and Russell W. Belk, "I'd Like to Buy the World a Coke: Consumptionscapes of the 'Less Affluent World,'" *Journal of Consumer Policy* 19, no. 3 (1996): 271-304; Russell W. Belk, "Romanian Consumer Desires and Feelings of Deservingness," in Lavinia Stan, ed., *Romania in Transition* (Hanover, NH: Dartmouth Press, 1997): 191-208; see also Güliz Ger, "Human Development and Humane Consumption: Well Being Beyond the Good Life," *Journal of Public Policy & Marketing* 16 (1997): 110-25.
133. Professor Güliz Ger, Bilkent University, Turkey, personal communication, July 25, 1997.
134. Erazim Kohák, "Ashes, Ashes . . . Central Europe after Forty Years," *Daedalus* 121 (Spring 1992): 197-215; Belk, "Romanian Consumer Desires and Feelings of Deservingness."
135. Lily Dong and Kelly Tian, "The Use of Western Brands in Asserting Chinese National Identity," *Journal of Consumer Research* 36 (October 2009).
136. David Murphy, "Christmas's Commercial Side Makes Yuletide a Hit in China," *Wall Street Journal* (December 24, 2002), www.wsj.com, accessed December 24, 2002.
137. This example courtesy of Professor Russell Belk, University of Utah, personal communication, July 25, 1997.
138. James Hookway, "In Vietnam, Fast Food Acts Global, Tastes Local," *Wall Street Journal* (March 12, 2008), http://online.wsj.com/article/Sb120528509133029135.html?mod=mm_hs_marketing_strat, accessed March 12, 2008.
139. Miriam Jordan, "India Decides to Put Its Own Spin on Popular Rock, Rap and Reggae," *Wall Street Journal* (January 5, 2000), www.wsj.com, accessed January 5, 2000; Rasul Bailay, "Coca-Cola Recruits Paraplegics for 'Cola War' in India," *Wall Street Journal* (June 10, 1997).
140. Rick Wartzman, "When You Translate 'Got Milk'

141. Charles Newbery, "Coke Goes Native with New Soft Drink," *Advertising Age* (December 1, 2003): 34.
142. John F. Sherry, Jr., and Eduardo G. Camargo, "May Your Life Be Marvelous: English Language Labelling and the Semiotics of Japanese Promotion," *Journal of Consumer Research* 14 (1987): 174-88.
143. Bill Bryson, "A Taste for Scrambled English," *New York Times* (July 22, 1990): 10; Rose A. Horowitz, "California Beach Culture Rides Wave for Latinos, What Do You Get?" *Wall Street Journal* (June 3, 1999).

of Popularity in Japan," *Journal of Commerce* (August 3, 1989): 17; Elaine Lafferty, "American Casual Seizes Japan: Teen-agers Go for N.F.L. Hats, Batman and the California Look," *Time* (November 13, 1989): 106.
144. Lucy Howard and Gregory Cerio, "Goofy Goods," *Newsweek* (August 15, 1994): 8.
145. Lisa Belkin, "Living to Be a Parent," *New York Times* (September 10, 2010), http://www.nytimes.com/2010/09/12/magazine/12fob-wwln-t.html?_r=1&ref=magazine, accessed April 10, 2011.

PART 2　ニールセン・ナゲット

練習 2
第 4 章　動機づけとグローバルな価値観

シナリオ：Xtr Clean Inc. は，家庭用清掃用品の世界的なメーカーである．経済の停滞で，製造業者も小売業者も消費者を獲得しようと，新しいクリエイティブな販促，割引，価格戦争に訴えている．Xtr Clean は，販売時情報管理（POS）による販促努力と，それが店舗内で消費者の注意を引く効果についてよりよく理解することで，市場での地位を強化することに関心を持っている．

課題：家庭用清掃用品のための POS 努力の効果を上げるための戦略を考案しなさい．この企業は店舗内の販促の相対的な効果について理解を深めることが，効果的な戦略を開発する重要ポイントになると信じている．Xtr Clean は，消費者がなぜ清掃用品を買わないことにするかを理解することにも関心を持っている．

提供されるデータを検討した後で：

1. 家庭用清掃用品を買わない人の数を減らすための方法を提案しなさい．
2. どの店舗内プロモーションを強化すべきかどうかを提案しなさい．
3. この場合に考えられる購買状況への関与の程度を説明しなさい．それが消費者の選択にどう影響しうるだろうか？

POS プロモーションで刺激された購入	効果率
2 つ以上の同製品の購入への割引	46%
2 つ以上の異なる製品の購入への割引	31%
同じ製品の 2 つ目を無料にする	5%
購入総額に対する現金割引	5%
2 番目の製品を半額にする	5%
クレジットカード利用の割引	5%
回答なし	5%

買わない理由	割合（複数回答可）
購入時に製品が品切れだった	34%
家にまだ予備があることを思い出した	23%
価格と類似品を比べて	13%
欲しいものではなかった	4%
本当に必要とする製品かわからなかった	3%
非常に速いペースで消費される製品だから	1%
値段が高い	33%
その他	3%

第5章　自己

この章の目的	本章の学習を通じて，以下のことを理解しよう：
	1. 自己概念は，消費者行動に強い影響を与える．
	2. 製品は自己概念を定義する上で，重要な役割を担うことがある．
	3. 社会が期待する男らしさや女らしさが，購買決定に役立てられている．消費者がこうした社会の期待に応えようとするためである．
	4. 自分の身体をどのように考えるかは，自尊心の中心的要素となる．そして，身体がどのようにあるべきかは，文化によって規定される．
	5. 容姿に関する文化的な期待に応えようとすることは，害にもなりうる．
	6. どの文化も，体の装飾や部分的切除などの伝統を持つ．

　マサコは，午後5時までに顧客に渡すことになっているレポートに集中しようと努力していた．彼女は，この重要な顧客を失うことのないように，懸命に働いてきた．しかし，今日は昨晩のフミヒコとのデートのことを考えてしまい，集中することができない．すべては順調のように思えたのだが，フミヒコは自分のことを恋人候補というよりは，ただの友だちとして見ているような気がしてならない．

　ランチ休憩の間，『with』や『MORE』などの雑誌をめくっていて，かわいい服やメイクアップ，ダイエットなど，魅力的な自分になる方法をテーマにした記事があまりにも多いことにマサコは驚いた．洋服や化粧品広告のほっそりしたモデルたちを見ているうちに，彼女はだんだんと気が滅入ってきた．ページをめくるたびに，美しい女性たちが次々と現われる．もちろん，写真に「修正」が施されていることは明らかだ——現実の女性たちは絶対にこんなふうには見えない．

　落ち込み気味のマサコは，美容整形手術を受けることさえ考えてみた．これまで，自分にまったく魅力がないと思ってきたわけではない．けれども，鼻すじを少し整えて，頬のほくろを取れば，もっと自信を持てるかもしれない．もしかしたら，とびきり美しくなって，がぜん勇気がわいてくるかもしれない．でも待って．マサコはもう一度考えてみた．フミヒコ相手にそこまでする価値があるだろうか？

学習の目的 1
自己概念は，消費者行動に強い影響を与える．

自己とは何か？

　容姿が，自分の「価値」に影響を与えると考えるのは，マサコだけではない．容姿に自信が持てない消費者はたくさんいる．服から車まで，多くの製品を買うのは，自分の一面を強調したり隠したりしようとするためでもある．この章では，消費者の自分に対する考えが，消費者行動にどのような影響を与えるかを見ていく．なかでも，男性あるいは女性としてどのように見え，またどのように行動するのが適切かという社会の期待に応えようとするときの消費者行動に注目していく．

自己は存在するのか？

　レディ・ガガのようにTwitterのフォロワーが1,000万人もいるという人はわずかだろうが，それでも多くの人にFacebookの友達やフォロワーがいるだろう[1]．こうしたソーシャル・ネットワーキング・サービス（SNS）の爆発的な人気により，誰もが自分自身に注意を向け，また自分の日常を他人と共有できるようになった．

　現在では，自分のことを「15分の名声を得るのを待つ潜在的セレブ」と考えることは当たり前になっている．しかし，人間は集団の一部ではなく，一人ひとりが特別であるという考えが発達したのは，中世後期以降（11〜15世紀）のことである．さらに，各自が異なる自己を持つという考えを強調するのは，欧米社会の特徴である[2]．東洋では，多くの文化が「集団的自己」の重要性を強調し，個人のアイデンティティは主に社会的集団から引き出されるものとしている．東洋も西洋も，自己は，内なる私的な自己と外に向けた公的な自己に分けられると考える．異なるのは，どの部分を「本当の自分」とみなすかである．西洋は自己を独立したものとして理解する傾向にあり，人はそれぞれ本質的に異なると強調する．対照的に，東洋は相互依存を重視する傾向にあり，個人のアイデンティティは主に他者との関係に基づいて定義される[3]．例えば，儒教の教えは「顔」の重要性を強調する．これは他者から見た自己のことで，他者の目から見て望ましい自己の状態を維持しなければならない．「面子」という言葉は，成功を世間に示すことを通して達成される社会的評価を意味する．アジアには，特定の社会的階級や職業の者だけに許される衣服や色が存在する国もある．

　こうした伝統は，現在の日本の礼儀マニュアルにも生きている．例えば，異なる地位の人との接し方や適切な服装について，細かいルールがある[4]．また，ビジネスでの身だしなみとは，お客様や同僚が違和感を抱かないことが何よりも大切であり，自分が楽しむ

おしゃれとは根本的に違う．業界ごとにルールがあり，例えば，銀行業界では今も白いシャツが原則であり（「お金を扱う」「信用が大事」といった理由のため），カラーシャツや柄シャツはあまり好まれない[5]．

　自己の捉え方に関する文化の違いを示すため，グローバル調査会社のローパー・スターチ・ワールドワイドは，30カ国の消費者の虚栄心の強さを比較した．結果，ベネズエラの女性が最上位で，65％が自分の容姿についていつも考えていると回答した[6]．ほかに上位を占めた国には，ロシアやメキシコが含まれた．最もスコアが低かったのは，フィリピンとサウジアラビアの消費者で，同じ質問に同意したのはわずか28％だった．

自己概念

　自己概念（self-concept）とは，自分の特性，ならびにそうした特性に基づいて自己をどのように評価するか，ということについての信念である．自己概念が全体的に肯定的な場合でも，特に肯定的に評価できる部分が，誰にでもあるだろう．例えば，マサコは自分の女らしさよりも，職業的なアイデンティティに自信を持っている．

　自己概念は非常に複雑な要素から成っており，その特性は，「満足度」（例：顔の魅力，知的能力），「積極性」（例：自尊心），「強さと安定性」，「正確さ」（例：自己評価が現実とどれだけ一致しているか）などに従って定義される[7]．本章でこれから見ていくように，消費者の自己評価は，特に容姿に関しては，かなり歪められている可能性がある．

　しかし，大部分の人は，自分について適度に肯定的な感情を抱き，また個性や容姿が自分と似ていると感じる人に惹かれる．この傾向は，ある調査でも示されている．研究者は変身用ソフトウェアを使って，アメリカ大統領選などの立候補者の写真を加工した．この技術は，調査参加者と候補者の顔の特徴を組み合わせることができ，出来上がった写真は2人の合成写真であった．修正された候補者の写真を見た参加者は，修正されていない写真を見た参加者より，その候補者を好意的に感じるという結果が出た（参加者は，修正画像に自分の顔が組み込まれていることを知らなかった）[8]．

参加者

ヒラリー・クリントン

合成
（35％参加者，65％クリントン）

調査参加者は，自分の顔が合成された選挙候補者の写真を好む傾向にある．

出典：Prof. Jeremy Bailenson, Stanford University からの写真提供．

自尊心

　自尊心 (self-esteem) は，自己概念の肯定さを指す．自尊心の低い人は，自分が行うことはうまくいかないだろうと思い，困惑，失敗，拒絶を避けようとする．例えば，オーストラリアの食品会社であるサラ・リー社は，新しいケーキ菓子を開発したとき，自尊心の低い消費者は，カロリー管理された菓子を好む傾向にあることを知った．自分ではコントロールできないと考えるからである[9]．最近の調査でも，自分が強い人間だと感じる人は，自分自身にお金を使い（「私にはそれだけの価値がある」），自分を無力だと感じる人は，自分以外にお金を使う傾向にあった[10]．

　フランスの化粧品ブランド，ロレアル・パリは，すべての女性が年齢にとらわれず，いつも前向きに，そして自分らしい人生を送れるように応援することを，ブランドの理念としている[11]．広告の最後に，「あなたには輝く価値があるから」という一節を入れ[12]，女性たちに自信を持つよう語りかけている．

　マーケターは自尊心にどのような影響を与えるのだろうか？　マサコが雑誌で目にしたような広告は，社会的比較 (social comparison) プロセスの引き金になる．このプロセスでは，自分の容姿を人工的なイメージで描かれた誰かと比較して評価する[13]．社会的比較は，人間の基本的な性向である．そのため，多くのマーケターが，基準を求める消費者心理を利用し，たまたま彼らの製品を使用している，幸せで魅力的な人の理想化されたイメージを供給する．「プロアクティブ」の広告キャンペーンが，その良い例だろう．肌が美しいタレントの眞鍋かをりを起用し，彼女も以前はニキビに悩まされていたが，プロアクティブを愛用し始めて悩まなくなったと，彼女自身に語らせている[14]．

　社会的比較プロセスに関するある調査では，美しい女性が映った広告を見た女子大生は，魅力的なモデルが映った広告を見ていない女子大生に比べて，自分の容姿に対する自信を失う傾向にあった[15]．別の調査でも，わずか30分テレビを見ただけで，若い女性は自分の体型や体格の自己評価を変えることが分かった[16]．これは，女性に限ったことではない．男性にも同様の結果が見られたことが報告されている[17]．また，このプロセスは，食べる量を決めるときにも作用する．ある研究では，サービスする店員が太っているかやせているかで，注文する料理の数が変わることが分かった[18]．

　多くの消費者が自尊心を高めようと，達成の証しを積み重ねていこうとする．結果重視で競争の激しい社会では，誰もが常に自分の成功を吹聴する方法を探している．こうした「栄誉のしるし」(badge) は，アメリカでは，車のバンパーステッカー（例えば，「私の息子は優等生だ」）という形でも示される．

理想と現実の自分

　消費者が自分を理想と比べるとき，この判断が自尊心に影響を与える．例えば，「私は自分がなりたいと思っているほど魅力的だろうか」とか，「あるべきほどお金を稼いでいるだろうか」と考えるかもしれない．理想自己（ideal self）とは，自分はどうなりたいかというその人の考えであり，現実自己（actual self）とは，自分が持っている・いない特性についての現実的な評価である．消費者は，現実自己と一致すると思う製品を買うこともあれば，理想自己に近づく上で助けになる製品を買うこともある．また，他人が自分をどのように見るかを「管理」する印象操作（impression management）に取り組むこともある．他者に与える印象をよくするために，洋服や製品を戦略的に選ぶのである[19]．

　印象操作は，仕事，デート，あるいは宗教儀礼など，あらゆる種類の行動に当てはまる．例えばエジプトでは，イスラム教徒の男性にはゼビバ（「干しブドウ」を意味するアラビア語）を持つ人が増えている．これは，眉毛の間にできる濃い色の丸いアザあるいはこぶのことで，毎日の祈りのときに，額を地面に何度も押しつけるためにできる（敬虔なイスラム教徒は，1日に5回祈る）．こぶがもっと目立つように，祈りを増やす者さえいる．額にしるしを持つ人は，自分がいかに敬虔な信者であるかを宣言しているのである．あるエジプトの新聞編集者は，次のように説明している．「このアザは一種の宣言なのです．自分は保守的なイスラム教徒だという個人的な宣言になることもあれば，他者に対して，自分の方がより信仰心が篤いのだ，あるいは自分のようになるべきだと示す方法にもなります」[20]．

　この印象操作は，Facebookやデートで，自分の長所を実際より誇張して表現するときにも見られる．

ファンタジー：理想と現実のギャップを埋める

　ほとんどの人が理想自己と現実自己の矛盾を経験するが，このギャップが特に大きい消費者がいる．彼らは，「ファンタジー・アピール」を取り入れたマーケティング・コミュニケーションの格好のターゲットになる[21]．ファンタジー（fantasy）や空想は，自ら誘導する意識転換である．それは，刺激の欠如を補ったり，現実世界の問題から逃れたりする手段にもなる[22]．ファンタジーに訴えかけることで成功した製品やサービスは数多くある．何かの広告が，経験したことがなく，また興奮を与えてくれる状況に連れていってくれるかもしれない．私たちが買うものは，おもしろかったり，あるいは挑発的だったりする役割を「試す」機会を与えてくれる．また，「ヴァーチャル・メイクオーバー」のような最新技術のおかげで，現実世界で行動に移す前に，イメージチェンジの実験もできるようになった[23]．アメリカの大手小売店には，「ヴァーチャル・ミラー」を試験的に

消費者のファンタジーをかき立てる，ドイツのシャンプーの広告．

出典：JWT/Frankfurt 提供．

取り入れているところもある．これは，どのようなメイクやヘアカラーが似合うかを試せるサービスである．画面の前に立っている人の写真を内蔵カメラで撮影し，その客がさまざまな化粧品――マスカラ，ファンデーション，アイシャドウ，頬紅，リップグロスなど――のバーコードをスキャンすると，それが自動的に写真の顔の適切な部分に現われる．客はその画像をプリントアウトしたり，電子メールで送ったり，あるいは Facebook に投稿したりすることができる．

自己の多面性

　ある意味，1人の人間はたくさんの異なる人間から出来上がっている．あなたの母親は，おそらく午前2時のパーティーに現われる「あなた」を見分けることができないだろう．私たちは，社会的役割が変わるたびに，異なる自己を使い分けている．状況に応じて，行動を変え，使う製品やサービスを変える．自分をどれくらい好きかさえも変わってくる．演じる役割を変えれば，まったく異なる製品が必要になるかもしれない．仕事をしているときには，控え目で優しい香りの香水を使っている女性が，土曜の夜に「魔性の女（ファム・ファタール）」に変身するときには，挑発的な香りを使うというように．

　第1章で見たように，消費者行動を演劇に例える見解では，人を，異なる役割を演じ分ける俳優とみなす．誰もが多くの役割を演じ，役によって，脚本，小道具，衣装が異なる[24]．自己には異なる構成要素，すなわち「役割アイデンティティ」があり，表に出ているのはその一部だけなのである．いくつかの役割（例：夫，上司，学生）は，他よりも重要な中心的役割となるが，それ以外の役割（例：機械オタク，ホームレスの支援者）も，特定の状況においては支配的な役割になる[25]．しかし，役割同士が衝突し合うこともある．

例えば，イギリスに住むイラン出身の若者を対象にしたある調査では，**自己の分裂**（torn self）と呼ばれるものが見つかった．これは伝統的な文化を保持しようとしながらも，欧米的な自由を享受しているというものである(26)．

マーケティング戦略の観点からすれば，消費者が特定の役割を演じるために必要な製品を売り込むためには，適切な役割アイデンティティがアクティブでなければならない．そのための方法の1つは，人々がその役割アイデンティティに気づきやすい場所に広告メッセージを配することである．例えば，栄養ドリンクを売る会社が，マラソン大会でランナーに無料の製品サンプルを配るといったものである．

ヴァーチャル・アイデンティティ

アメリカで影響力があったサイバーパンク小説『スノウ・クラッシュ』で，著者のニール・スティーヴンソンは，「メタヴァース」と呼ばれるヴァーチャル世界をインターネットの後継者として描いた．人々は毎日，メタヴァースで優雅な役割を演じる．主人公は，現実世界ではピザの配達人だが，メタヴァースでは土族の王子で，世界最高の剣士である(27)．大ヒットした映画『アバター』でも，主人公が，車椅子の兵士から3メートルの青い戦士に変身する．

現在，こうした架空の描写が現実のものになりつつある．リアルタイムの双方向型のヴァーチャル世界では，人々はヴァーチャル・アイデンティティ（virtual identities）を演じることができる．世界中で1,100万人以上の人々が「セカンドライフ」のヴァーチャル世界に参加し，また日本人の多くがパズル＆ドラゴンズ（通称「パズドラ」）などのオンライン・ゲームを楽しんでいる(28)．ヴァーチャル世界は，大規模なものになっているといえよう(29)．

こうしたサイトでは，参加者は自分のヴァーチャル・アイデンティティ，すなわち**アバター**（avatars）を作成する．アバターは，自分自身に似せた現実的な姿もあれば，身体的特徴を誇張したもの，羽の生えたドラゴンやスーパーヒーローといった空想的なものまで幅広い．これらインターネット上の自己がどのように消費者行動に影響するか，また，**コンピューター媒介環境**（CMEs = computer-mediated environments）で選ぶアイデンティティが現実世界のアイデンティティとどのように関連づけられているかについては，研究が始まったばかりである．既に分かっているのは，アバターの姿でも，現実世界の自己が他者と接触するときと同じように，他のアバターと接触する傾向にあるということである．例えば，現実世界とまったく同じように，「セカンドライフ」内の男性は，女性と話すときよりも男性と話すときの方が，相手との間に空間を空けている．そして，女性よりも，アイコンタクトの時間が短くなりがちだ．また，アバター同士が接近しすぎたときには，互いに相手と違う方向を向く．現実世界の基準が，確実に，ヴァーチャル世界に

ヴァーチャル世界「ブルー・マーズ（Blue Mars）」の開発者が立ち上げた「アバター・リアリティ（Avatar Reality）」では、iPhoneユーザーが、自分のアバターがどれほど魅力的かを投票することができる．

出典：Avatar Reality, Inc. 提供．

も浸透している[30]．マイクロソフトの「キネクト」のような，コントローラー操作を排除した新しいプラットフォームの出現で，オンラインの自己とオフラインの自己はますます結びついていく．

象徴的な相互作用

　もし一人の人が複数の社会的自己を秘めているのだとしたら，それぞれの自己はどのように発達するのだろうか．ある状況で，どの自己を「稼働させる」か，どのように決めているのだろうか．社会学で発展してきた**象徴的相互作用論**(symbolic interactionism)は，他者との関係が自己形成に大きな役割を果たすことを強調する[31]．この見解に従えば，私たちは象徴的な環境の中に存在している．第2章で見たように，人は環境のなかに存在する象徴を解釈し，状況や対象に意味を当てはめている．社会の構成員として，人は

共有されている意味に合意することを学ぶ．このようにして，赤信号は「止まれ」であること，「黄金のアーチ」はマクドナルドであることを「知る」のである．消費者行動を理解する上で，象徴的相互作用論が重要になるのは，消費者の所有物が，自分自身を評価し，「自分は何者であるか」を決めるときに，重要な役割を果たすからである[32]．

　私たちは，自分のアイデンティティを解釈する．そしてこの解釈は，新しい状況や人々と出会うことにより，常に進化していく．象徴的相互作用論によれば，私たちはこれら複数の意味の間で「交渉」するのである．基本的に，私たちは誰もが「この状況では，私は誰であるか」という問いを投げかける．その答えに対して，周囲にいる人たちは大きな影響を与える．そのため，私たちは最初の問いを，「他の人たちは，私をどのような人間だと考えているか？」という問いに置き換える．そして，他者から期待されている行動に従おうとする．

鏡に映る自己

　一部の衣料店では，双方向型の鏡を，実験的に用いている．客が洋服を選ぶと，鏡に映った客の姿に，洋服が重ね合わされる．試着しなくても，どのように見えるか，鏡を見るだけで分かる．ヴァーチャルの洋服を身に着けた画像は，ウェブサイトに送られ，そこにログインした友人たちは，インスタントメッセージで意見を述べることができる．友人が試着を薦めるアイテムを選び，「魔法の鏡」にそれを映し出すこともできる[33]．

　社会学者は他者の反応を想像するプロセスを，「他者の役割を担う」，あるいは**鏡に映る自己**（looking-glass self）と呼んでいる．この見解によれば，自分を定義したいという欲求が，一種の心理的な音響として作動する．他者からの合図を「跳ね返し」，彼らが持つ印象を自分に投影させて，自分のアイデンティティを読み取っているのである．歪んだ鏡のように，自己評価とは，誰の視点から見るか，そしてその評価をどれだけ正確に予測できるかに左右される．キャリアに自信を持っているマサコのような女性は，ナイトクラブでは不機嫌そうに座っているかもしれない．人が自分のことを，何のセックスアピールもない，野暮ったくて魅力のない女性と見ているのでは，と想像してしまうのだ．「自己成就的予言」作用がここで生まれるのは，「合図」がマサコの実際の行動に影響を与えるからである．もし彼女が自分は魅力的ではないと思っていると，時代遅れの見栄えの悪い洋服を選んでしまい，それが実際に彼女を魅力的に見せなくしてしまう．

自意識

　講義の真っ最中に教室に入っていき，おずおずと空いている席を探している間，クラス全員の目が自分に向いていると感じた経験があるならば，「**自意識**」（self-consciousness）がどのようなものかを理解することができるだろう．対照的に，驚くほど自意識を欠いた

行動をとることもある．例えば，スタジアムで，遊園地で，あるいは大学サークルのパーティーで，自分の行動を意識していれば決してしないようなことをするかもしれない[35]．

他者に伝わる自分のイメージに，とても敏感な人がいる．しかし，他人に与える印象のことなど，まったく考えていないかのように行動する人もいる．表向きの「イメージ」を心配しすぎることは，製品や消費行動の社会的適切さを懸念することにつながることもある．

「公的自己意識」尺度で得点の高い消費者は，低得点の人に比べ，洋服への関心が強く，化粧品を多く使う[36]．ある調査では，公的自己意識の高い消費者は，膣洗浄器やおなら予防薬などのパーソナルケア製品を買いたいという気持ちが強かった．買うのは恥ずかしいが，人前でもっと恥ずかしい思いをすることを避けられるためである[37]．

同様に，「自己モニタリング」で高得点の人は，社会で自分をどのように見せるかについての関心が高い．自分の製品が人からどのように認識されるかについての予測が，購買時の選択に影響を与える[38]．自己モニタリング尺度は，消費者に「人に印象づけるため，あるいは相手を楽しませるために，ショーを演じていると思う」「私はよい俳優になれると思う」などの文言に共感するかどうかをたずねる．驚くことではないが，スポーツ選手やファッションモデルのように，人前に出ることが多いタイプの人たちは，こうした尺度で高得点になる傾向がある[39]．

消費と自己概念

アイデンティティ・マーケティング（identity marketing）とは，消費者が自己アイデンティティのある側面を変えて，ブランドを広告するプロモーション戦略である[40]．以下，いくつかの事例を紹介する．

- イギリスのあるマーケティング会社は，5人に報酬を支払い，1年間，法的な名前を「チュロック（Turok）」に変えてもらった．これはあるビデオゲームの主人公の名前である．
- ニュージーランド航空は，ニュージーランドへの往復航空券と引き換えに，「頭蓋骨の広告ボード」制作への参加者を募った．30人のロサンゼルス在住の参加者が，髪の毛を剃り，頭に航空会社の広告をつけて歩き回った．
- サンフランシスコにあるレストラン「カサ・サンチェス」は，体に店のロゴのタトゥーを入れてきた客には，ランチを生涯無料で提供することにしている．

ケンタッキーフライドチキンは、「ダブルダウン（Double Down）」チキンフィレの販促キャンペーンのために、女子大生を雇い、人間広告塔に仕立てた。彼女たちは、ブランド大使として、おしり部分にメッセージが入ったスウェットパンツをはいていた。

出典：KFC Corporation からの写真提供．

学習の目的2
製品は自己概念を定義する上で，重要な役割を担うことがある．

消費するものは，人を表わす？

　映し出された自己は，自己概念の形成を助ける．つまり，人は，他者が自分をどのように見ているかという想像で自分をとらえている．他者が見るものには，洋服，宝飾品，家具，車などが含まれるため，これらの製品が自己概念の形成に一役買っているということは，理にかなっている．持ち物は，その人をある社会的役割に位置づけ，「私はいま何者か」の問いに答えるのを助ける．

　私たちは，ある人の社会的アイデンティティを特定するために，その人の消費活動に関する情報を活用する．洋服や身だしなみの習慣をチェックし，さらに余暇活動の選択（例：テニスかボーリングか），食べ物の好み（例：納豆とご飯か，ステーキとポテトか），車や家のインテリアなどに基づいて，その人の人柄を推測する．例えば，研究者が調査参加者にある家のリビングルームを見せると，参加者はその家の住人のパーソナリティを驚くほど正確に言い当てる[42]．消費者の製品の使い方が，他者からどのように見られるかということに対して影響を与えるように，同じ製品が自身の自己概念と社会的アイデンティティの形成に役立つのである[43]．

　物に愛着を持つあまり，自己概念を維持する上で，それに依存するようにもなる[44]．

特に，なじみのない状況に置かれたとき，持ち物はお守りのように自分のアイデンティティを強化してくれる．例えば，寮の部屋を個人的なアイテムで飾る学生は，大学を中退することが少ない．知らない環境の中で自己が希薄化することから，個人的アイテムは守ってくれるのかもしれない[45]．ある研究で，さまざまな年齢の子どもを対象に，自分を表わす絵を選ばせ，「私は誰？」のコラージュを作成させたとき，小児期の中期から思春期の子どもは，ブランド商品の写真をより多く組み入れた．そして，年齢が高くなるにつれ，こうした製品への感情は，具体的な関係（例：「私のもの」）から，より洗練された抽象的な関係（例：「私に似ている」）へと変化した[46]．

　消費情報を使って自己を定義することは，社会的アイデンティティをまだ完全に確立できていないとき（例えば，人生で新しい役割を担わなければならなくなったとき）には，特に重要になる．例えば，大学に入学したばかりのころや，長期に及んだ関係が終わって再び恋愛市場に加わるときに，多くの人が感じる不安を想像してみるといい．**象徴的自己完結理論**（symbolic self-completion theory）は，自己定義が不完全な人は，その役割を連想させるシンボルを手に入れて誇示することで，アイデンティティを完成させる傾向にあるとしている[47]．例えば，思春期の少年は，車やたばこなどの「男性的」な製品を使うことで，男らしさを発達させようとする．これらのアイテムは，大人の男性というアイデンティティがまだ不確かな時期に，「社交関係の潤滑油」として機能する．役割になじんでくると，その役割と結びつけて見られるような製品への依存は弱まってくる[48]．

　自己アイデンティティに対する持ち物の貢献は，おそらくこうした物をなくしたときに，最も明らかになる．個人主義を抑え，集団のアイデンティティを奨励する組織（刑務所や軍隊など）が最初にとる行動の1つは，個人の所有物を没収することである[49]．また，強盗や自然災害の犠牲者は，疎外感，落ち込み，または，「侵害された」という感情を持ちやすい．強盗の被害にあったある女性は，「家族を亡くす次に最悪のこと，強姦されたような気分」とコメントした．押し込み強盗の被害者は，隣人たちと比べて，地域への帰属意識が薄れ，プライバシーがないと感じ，また自分の家に誇りが持てなくなる[51]．また，火事，ハリケーン，洪水，地震などの災害に見舞われ，わずかな衣類のほかはすべてを失うような状況に置かれた消費者を対象にした調査からも，所持品の喪失が驚くほど大きな影響を与えることが分かった．

　新しい持ち物を得ることで，アイデンティティ再生のプロセスに取り掛かることをためらう人もいる．被災者へのヒアリングからは，新しい所有物に自己を投資することをためらい，購入するものに特別な思い入れを持たない人たちがいることが明らかになった．ある50代の女性の言葉がこの態度を代表している．「持ち物に愛情を注ぎすぎていたの．もう一度同じような喪失感を味わうなんて耐えられない．いま私が買うものは大切でないものばかり」[52]．

自己と製品の一体化

　多くの消費行動は自己定義と関連しているため，消費者が自分の価値観（第4章参照）と購入する製品を結びつけていたとしても驚くにはあたらない[53]．自己イメージ一致モデル（self-image congruence models）は，製品特性が自己の側面と一致するとき，消費者はその製品を選ぶと示唆している[54]．このモデルは，製品特性と消費者の自己イメージとの「認知的一致」プロセスを前提とする[55]．

　時間の経過とともに，消費者は他者との間に築く絆に等しいものを，製品との間に築くようになる．この関係には，愛情，片思い（憧れを持つが手には入らない），尊敬，そしておそらくは恐怖や憎しみ（例えば，「なぜ私のコンピューターは言うことを聞いてくれないのか」）さえ含まれる[56]．あるブランドと「別れた」後には，そのブランドに対して否定的な感情が強まり，悪口を言ったり，ひどいときには破壊したりなど，ブランドの評判を傷つけるような行動をとることもある[57]．

　スカーフをかぶることを選んだイスラム教徒の女性たちが経験する葛藤を考えると，1枚の布でさえ，個人の美的，政治的，道徳的側面を反映していることが分かる[58]．現代トルコ社会は，イスラム教徒の女性たちに矛盾したメッセージを送っている．コーランは無駄を非難するが，宗教的な規定に従ったスカーフを製造する企業の多くは，季節ごとに新しいデザインを発表し，女性たちに必要以上のスカーフを購入するように促している．さらに女性たちは，スカーフの選択やそのまとい方を通して，自分のファッションセンスを伝えている．ある調査で，トルコの女性たちは，謙虚さと美しさを同時に要求する，あいまいな宗教的原則と折り合いをつけようとすると，緊張を強いられる，と表現した．またスカーフの着用は，男女の適切な役割について，矛盾したイメージを与える．自らの選択によって頭を覆う女性たちは，力を得たように感じている．その一方で，イスラム法が女性たちに体を覆うように説くのは，女性たちが男性の自制心と名誉を脅かさないようにするためである．これは，今も，男性が女性の体を支配し，彼女たちの自由を制限しているということを伝えている[59]．

　調査結果はまちまちだが，理想自己は現実自己よりも意識されているようである．香水など，非常に表現力のある社交用製品の比較基準を見ると，それが分かる．対照的に，現実自己は，日常の機能的製品に表現されやすい．これらの基準は，使用状況によっても変わるだろう[60]．例えば，毎日の通勤には機能的で信頼できる車を欲しいと思うだろうし，夜，デートに出かけるときにはもっと華やかなモデルを好むだろう．

　これまでの調査は，製品利用と自己イメージの一致という考えを支持する傾向が強い．このプロセスを検証するために行われた初期の研究の1つでは，車の所有者の自己評価は，自分の車をどのように感じるかということと一致する傾向にあった[61]．実際，ドイツの

ある調査では，参加者は，運転手の写真を見せられると，その人たちの車を約70%の確率で言い当てることができた[62]．消費者が最も好むビール，石鹸，歯磨き粉，たばこのブランドは，最も好まないブランドと比べて，消費者と一致することも報告されている．お気に入りの店舗と消費者の自己イメージの関係も同様である[63]．消費者と製品の一致性を表わす特性には，荒々しい／繊細，エキサイティング／穏やか，理性的／感情的，堅苦しい／くだけた，などがある[64]．

これらの結果は直感に合うものだが，消費者がいつも自分自身と一致する製品を選ぶと簡単に仮定することはできない．人間的なイメージを持たない，実用的で機能的な製品に対して，消費者が自分の特性を投影しているかどうかは明らかではない．香水などの高価でイメージ重視の製品のブランド・パーソナリティを考えることと，トースターに人間的な特徴を転嫁するのとでは，まったく意味が異なる．

もう1つの問題は，「卵が先か，鶏が先か」の問いである．人が製品を買うのは，それが自分に似ていると思うからなのか，それとも，自分が購入した製品なので，それは自分と似ていると思うのか．個人の自己イメージと購入製品のイメージの類似性は，その製品を所有する時間が長くなるほど強くなるため，後者の説明を除外するわけにはいかない．

拡張自己

既に述べたように，消費者が自分の社会的役割を定義するために使う小道具や背景は，彼らの自己の一部になる．こうした自分の一部とみなされる外部のものが，**拡張自己**（extended self）を構成する．文化によっては，人は文字通り，物を自己に統合する．新しい所持品をなめ，征服した敵の名前を奪い取り，死者を所持品とともに埋葬したりする[65]．

通常，私たちはここまで極端なことはしないが，自分の持ち物を自分の一部であるかのように大切にする人はいる．実際，一部の人は，大事にしている製品の「狂信者」であるというレッテルを，自ら喜んで貼る[66]．例えば，靴を考えてみてほしい．アメリカのトレンディドラマ，『セックス・アンド・ザ・シティ』の主人公キャリーでなくても，多くの人が靴に強いこだわりと愛着を感じているだろう．ある調査によれば，人は自分の靴を，シンデレラのガラスの靴のように，自分を変身させてくれる，魔法の象徴とみなしている．そして研究者は，消費者から集めたデータをもとに，女性は男性よりも，靴の象徴的な意味合いに敏感であると結論づけた．また一般的に，若いときに手に入れた一足の靴——最初の革靴であれ，最初のハイヒールであれ，あるいは最初のカウボーイブーツであれ——は，人生のずっと後になってからも大きな影響力を持つ[67]．

もちろん，靴だけでなく，多くの物——個人の所有物やペット，国の記念碑や名所まで——が消費者のアイデンティティ形成に役立つ．おそらく誰もが，自分の「分身」の

ように感じる大切な持ち物を挙げることができるだろう．それはお気に入りの写真かもしれないし，トロフィー，古いシャツ，車，あるいは猫かもしれない．多くの場合，寝室やオフィスに飾られているものを教えてもらうだけで，その人のかなり正確な「伝記」を書き上げることができる．また，自己概念に影響を与える上で，製品は必ずしも「強い」ものである必要はないことが示されている．ある実験では，ショッピングモールで，女性客に2つの買い物袋のうち1つを持って歩くように依頼した．アメリカの下着ブランド，ヴィクトリアズ・シークレットの袋を受け取った女性たちは，自分が官能的でグラマーな気分になったと言った．別の実験では，MBAの学生が，MIT（Massachusetts Institute of Technology；マサチューセッツ工科大学）のロゴ入りのペンを使って，6週間ノートをとるように指示された．彼らは，学期の終わりに，自分が優秀になったような気がしたと報告した[68]．

拡張自己は4段階で表現される．それは非常に個人的な持ち物から，より大きな社会環境までと幅広い[69]：

1 個人レベル——消費者は，自己定義に多くの個人的な持ち物を含める．これらの製品には，宝飾品，車，洋服などが含まれる．「着るものがその人を表わす」という言葉は，持ち物がその人のアイデンティティの一部になっているという考えを示す．

2 家族レベル——拡張自己のこの部分には，住居や家具などが含まれる．家は，家族の象徴とみなされる．そして住む場所は，自分が何者であるかの中心を成すことが多い．

3 地域レベル——消費者が，自分のことを，住んでいる地域や故郷の町で表現するのも一般的である．この帰属意識は，農家など，コミュニティと密な関係を持つ住人にとって，特に重要だ．

4 集団レベル——特定の社会的集団への愛着も，自己の一部とみなされる．消費者の「サブカルチャー」については，後の章で取り上げる．消費者は，名所，記念碑，スポーツチームなども拡張自己の1つと感じるかもしれない．

このハンドバッグの広告は，お気に入りの製品が「拡張自己」になることを示している．

出典：Francesco Biasia and D'Adda, Lorenzini, Vigorelli BBDO の許可を得て掲載．

学習の目的 3
社会が期待する男らしさや女らしさが，購買決定に役立てられている．消費者がこうした社会の期待に応えようとするためである．

性役割

インド政府は，アックス（Axe；フランスの男性化粧品ブランド）の男性用デオドラントのテレビ CM の放映を禁止した．この CM では，男性が，このブランドのフレグラン

スボディスプレーの1つ,「ダークテンプテーション:甘美なダークチョコレートの香り」を付けると,歩くチョコレート人間に変わる.彼が街を歩いていると,女性たちが駆け寄り,彼をなめ,体のさまざまな部分をかじり取っていく,というCMだった.同じCMは,アルゼンチンとヨーロッパでも流れたが,何の問題もなかった.しかし,伝統的なインド文化は,こうしたあからさまな映像表現を認めないのである.また,「ラーマ神の軍」と呼ばれるヒンズー主義集団のメンバーが,バーにいた女子大生グループを,男性と一緒に酒を飲み,踊っていたからという理由で,攻撃する事件も起こった[70].男女の役割は,明らかに世界共通ではない.

性的アイデンティティは,消費者の自己概念の重要な要素となる.人は,自分が属するジェンダーがどのように行動すべきか,何を着るべきか,どのように話すべきかに関する文化の期待に従うものである.こうした一連の期待は,**性役割**(sex roles)と呼ばれる.もちろん,こうした指針は時代とともに変化するし,社会によっても大きく異なる.インドのような社会では,男と女それぞれの適切な役割が,各ジェンダーの理想的な行動であると考えられている.

ジェンダーの違いが,どの程度持って生まれたものなのかは明らかではないが,多くの消費状況において,それが見られることは間違いない.男女の食べ物の好みを,比べてみてほしい.女性の方が果物を多く食べ,男性は肉を多く食べる.あるフードライターは,「男の食べ物は栽培されない.狩られるか殺されるかである」と表現している[71].食べる量も,男女では大きく異なる.アメリカのハンバーガーチェーン,バーガーキングの主力商品,「ワッパー」のCMに出てくる男性は,おしゃれなレストランでデートしていたところ,「女の食べ物でがまんするには,腹が減りすぎた」と言って,彼女を置き去りにする.ワッパーを食べて力をみなぎらせた男たちの集団が,こぶしを振り上げ,互いにパンチを繰り出し,橋から車を川に落とす.「へそが出べそになるまで肉を食べ続ける」「腹が減った.がまんできない.おれは男だ」と歌いながら[72].また,お酒に求めるものも,男女では異なる.女性は男性よりも,種類の豊富さや雰囲気など,さまざまな側面からお酒を楽しむ[73].宝酒造は,20～30歳代の女性をターゲットに,発泡性の清酒「松竹梅白壁蔵『澪(みお)』スパークリング清酒」を発売した.アルコール度数は5%に抑え,フルーツを思わせる甘さと炭酸のすっきりした口当たりで飲みやすくし,パッケージも300ミリリットルのガラス製の瓶でおしゃれな装いに仕立てた[74][75].

社会化におけるジェンダー差

両親や友人だけではなく,多くのCMが男女の「ジェンダーの社会化」の教訓を提供している.以下,いくつかの例を挙げる.
- アメリカの玩具メーカー,マテルは,着せ替え人形のバービーブランドから子ども用コ

スメを発売した．ナルミヤ・インターナショナルも，玩具メーカーのバンダイとともに，小学校高学年から中学生の女児を対象にしたジュニアコスメ専門店「コスメティックパーラー」を展開している[76]．
- シカゴの ESPN ゾーン（スポーツをテーマにしたレストラン）は，「男の子は男の子らしく，大人の男性は……少年に戻る」をテーマにした，男たちの楽園である．顧客はこの場所を，男性同士で気兼ねなく男性スポーツを楽しみ，仲間意識を育てる聖域とみなしている[77]．
- ソニーの液晶テレビ「ブラビア」の広告は，男性向けと女性向けで異なるエンディングを用意している．男と女が，ショーウィンドウに置かれているブラビアの画面を見ている．互いの存在に気づかないまま，2人は同時に「これはいいね」とつぶやく．突然，画面上に「男性用エンディング」と「女性用エンディング」の2つのボタンが現われる．男性用エンディングでは，スポーツ番組の笑えるシーン，あるいはカンフー映画の漫画パロディが続く．女性用エンディングでは，1950年代の靴をテーマにしたミュージカルか，孤児の命を助ける女医の感動的な映画のシーンが続く[78]．

こうした例から分かるように，メーカーも小売店も，男の子と女の子，男性と女性がどのように見え，どのように行動するのが「正しい」かに関する社会の期待を強調する傾向にある．そして，地理的に近い国であっても，まったく異なるメッセージを送ることがある．例えば，マレーシアとシンガポールの CM を比べると，マレーシアでは工業製品の CM に男性の登場が多いが，シンガポールでは女性が登場することが多い．つまり，

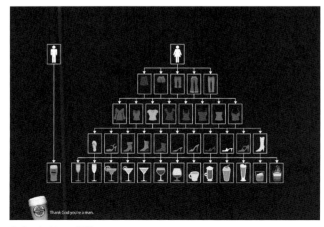

男性トイレに貼られたイスラエルのポスター．男女の性役割に関する文化的な前提が表現されている．

出典：Goldstar 提供．

シンガポールでは，女性の職業上の役割が高く受け入れられていることを示している．この主張を裏づけるものとして，マレーシアの広告は，洗練されたビジネスや職業上の役割で，男性を多く描く傾向にあり，シンガポールでは，男女どちらも平等に描かれていることが分かった[79]．

多くの社会では，男性に，自己主張と支配を強調する**主体的目標**（agentic goals）を追求することを期待している．しかし，女性には，帰属や調和的な関係の育成など，**共同体的目標**（communal goals）に価値を置くように教えている[80]．ある調査では，コンピューターから流れる男性の声は，同じ言葉を読んでいる女性の声と比べて，より正確で権威があると認識されることが確認された．さらに，コンピューター上で作成された称賛の言葉は，読み上げられている声が男性のものだったときに，より高く評価された[81]．また別の調査で，アメリカとオーストラリアの子ども向けテレビCMを分析したところ，男の子を，より知的能力が高く，活動的，積極的，そして役立つ存在として描いていた[82]．

こうした方向性の違いは，成長の初期段階で既に表われている．マテル社が女の子向けの組み立ておもちゃ「イーロ（Ello）」の開発を決めたとき，デザイナーは5〜10歳の女の子たちの遊びパターンを注意深く観察した．このおもちゃは，パステルカラーのさまざまな形のパーツ（四角，丸，三角，波型，花，棒）を組み合わせるもので，家，人，宝石，写真フレームなどが出来上がる．開発者の1人は，次のように説明している．「男の子は，ブロックを積み重ねて，建物などの最終的な目標に向かって作業することを楽しみます．男の子は，体を動かし，キャラクター同士を対決させるような遊び方を好みます．女の子は，ただ積み重ねるという単純作業が好きではありません．キャラクター同士の関係性を考えることを好み，コミュニティやきれいに飾った場所を作ります」[83]．

驚くことではないが，ソーシャルメディアでも，同様の男女の違いが観察できる．女性は他者との関係を築くことに熱中する．全体的なインターネットユーザーには男性の方が多いのだが，女性の方がオンラインで過ごす時間は8％長く，月に平均25時間を費やしている．世界中の女性がオンラインショップのサイトで過ごす時間は，男性よりも20％長い．平均して世界全体の女性ユーザーの76％が，ソーシャル・ネットワークで連絡を取り合っているが，男性は70％である．また，女性は男性よりもSNSで過ごす時間が長く，男性は月4時間だが，女性は平均5.5時間である[84]．

最新の研究では，私たちの脳が，男性と女性に対して異なる反応を示すようにプログラムされていることが示された．このことが，男性が女性を物として扱う傾向の説明になるかもしれない．脳スキャン技術を用いたある実験で，ビキニ姿の女性の写真を男子学生に見せ，脳のどの部分が活性化するかを調べた．活性化された領域は，男性が道具を扱っているときに活動的になる部分と同じだった．さらに，追加調査から，男性はビキニ姿の女性から，三人称の動詞（彼女が「押す」「扱う」「つかむ」）よりも，一人称の動詞（私

が「押す」「扱う」「つかむ」）を連想する傾向にあることが分かった．対照的に，普通の服を着た女性の写真を見せられたときには，三人称の動詞を連想した．これは，彼らが，こうした女性は自分の行動を自分でコントロールしているとみなしていることを示唆する．同じセットの写真を見た女性参加者では，このような違いは見られなかった[85]．

ジェンダーと性的アイデンティティ

　性的アイデンティティは，身体だけでなく心の状態でもある．ある人の生物学的な性別は，**性役割特徴**（sex-typed traits)，すなわち社会が特定の性について連想する特徴を示すかどうかを，完全に決めるわけではない．消費者が持つ，自分の性に関する主観的感情も，決定的な役割を果たす[86]．

　男性であることや女性であることと違って，男らしさや女らしさは生物学的な特徴ではない．ある社会が男らしいと考える行動は，別の社会では異なる反応を引き起こすかもしれない．例えば，アメリカでは，男の友人同士は互いの体に触れないことが一般的だ．ところがラテン諸国やヨーロッパの一部では，男性同士が挨拶として，ハグしたりキスしたりすることが普通に行われている．もっとも，こうした基準も進化し，アメリカのティーンエイジャーの間では，挨拶として男女がハグし合うことが新しい流行になっており，男性同士がブロマンス（bromance）（男性友人間の愛情）について話し合うことも，気にされなくなっている[87]．

性役割製品

　以前，『本物の男はキッシュを食べない（Real Men Don't Eat Quiche)』という本がベストセラーになった．キッシュに限らず，多くの製品が男性向けだったり女性向けだったりする．そうした製品は男らしい，あるいは女らしい特性を持ち，消費者はそれらを特定のジェンダーに結びつけて考える[88]．マーケターも，プリンセス電話，男の子用（女の子用）自転車など，製品を性別で分けようとする．スウェーデンのウォッカ，「トールハンマー」は，このステレオタイプの良い例だろう．トールとは，北欧神話の雷神である．このウォッカは，ずんぐりとした背の低いボトルに入っているが，マーケティング担当副社長は，「力強く，幅広く，丈夫．これこそ男のウォッカ……女々しいウォッカではない」と表現している[89]．また，ゴルフ業界は，成長を続ける女性セグメントに注目し，女性向けのスタイリッシュなゴルフ用品やウェアに力を入れている．ゴルフ用品大手テーラーメイドゴルフは，女性向け新ブランド「ペルフィカ」を投入した．イメージキャラクターにモデルのSHIHOを起用し，ファッションに関心が高い女性をターゲットとした．ドライバーは275グラムと軽量で，またデザインも女性の視点を追求し，ツタと葉をモチーフにした[90]．

女性の性役割

　1949年の映画『アダム氏とマダム』の中で，キャサリン・ヘプバーンは，スタイリッシュで有能な弁護士を演じた．この映画は，女性が仕事で成功し，そして幸せな結婚もできることを描いた，先駆的な作品だった．現在では，女性経営幹部の台頭とともに，女性をターゲットとするマーケターは，伝統的な女性観を変える必要に迫られている．例えばスズキは，急増している経済的自立を果たしたインドの女性たちに，自分用の車を買うようにアピールしている．同社の「ゼン・エスティロ（Zen Estilo）」（エスティロはスペイン語で「スタイリッシュ」の意味）は，パープルフュージョン，ヴァージンブルー，スパークリングオリーブなど，8色から選ぶことができる[91]．

　それでも，伝統的な男女の役割のステレオタイプの死を宣言するのは，まだ早すぎるだろう．これは，女性に公の場では体を完全に覆うことを求め，女性が店で働くのを禁じている，伝統的なイスラム諸国に当てはまる[92]．イラクのモスクでは，「神との誓いを守り」，男性の想像力をかきたてるような服を着ないことに同意した女性には，無料でスカーフが提供される．モスクは，男性が西洋風の衣服を着ている女性を見れば性欲旺盛な野獣に変わり，そうした衣服を着る女性たちは地獄の炎に焼かれる，という考えを広めている．あるイラク人男性は次のように認めている．「そうだ，私は確かにぴっちりしたジーンズをはいている女性がいれば，じろじろ見てしまう．それは大きな問題だ．悪魔の誘惑に負けそうになるということだ」[93]．

　問題をさらに複雑にしているのは，男女の役割が常に変わることである．複雑な現代社会では，「適切な」行動について矛盾するメッセージを受け取ることが多く，私たちは状況に応じて，次々と仮面を取り換えているような状況だ．最近行われた社会で成功している現代の若い女性たち（CYMFA）（contemporary young mainstream female achievers）と題した研究では，女性たちが異なる文脈で果たしているさまざまな役割を明らかにした．例えば，母親または恋愛のパートナーとして，彼女たちは非常に女らしい役割を果たし，タフで無情なビジネスパーソンとしては，男性的な役割を果たし，そして友人としては，男女の役割を同時に果たすかもしれない[94]．

　市場細分化の論理（第1章参照）を理解している者なら，大きな消費者グループを一括りにしてしまうのは，現実的でないと分かっている．この論理は，特に女性に当てはまる．賢いマーケターは，すべての女性消費者が同じように社会化されるわけではないことを知っている．例えば，アメリカの戦略コンサルティング会社，ボストン・コンサルティング・グループは，40地域1万2,000人の女性に対する調査から，女性消費者が6つのセグメント（「エリート女性」「超多忙主婦」「生活エンジョイ派」「自立生計型」「ゆうゆうシニア層」「家計ひっ迫層」）に分けられることを明らかにした[95]．

男性の性役割

　「ファイト・一発！」のキャッチフレーズでおなじみの大正製薬の栄養ドリンク，「リポビタンD」の広告を思い浮かべて欲しい．ここでは筋肉隆々の男子が，断崖絶壁の岩山でロープ1本で仲間を引き上げたり，切れる吊り橋をつなぎとめたりなど，大自然の中で起こる危機一髪を乗り越えるシーンが展開される[96]．この広告では，たくましくて，友情に厚い男の姿が描かれている．アメリカの炭酸飲料，「ドクターペッパー」の新製品キャンペーンでは，「男の秘密基地（Man Cave）」をアメリカの各都市に送り込み，野球場や自動車ショーといった「テストステロン（男性ホルモン）・ゾーン」にトレーラーを駐車させ，男性客に，テレビを見たり，ゲームを楽しんだりする場所を提供した．これに伴う広告キャンペーンでは，筋肉隆々の特殊部隊員風で，宇宙時代の武器を背負った男性がこう問いかける．「やあ，レディーたち，映画はどうだった？　楽しめなかった？　そりゃあ，そうだろう．これは俺たちの映画だからね．そしてドクターペッパー10こそ，俺たち男の飲み物だ」[97]．社会が求める理想的な男性のステレオタイプは，タフで攻撃的で，筋骨たくましく，男らしいスポーツを楽しむ[98]．

　しかし，女性の場合と同様に，真実はより複雑で，「男の中の男」がすべてではない．確かに，**男性優位主義（masculinism）** の研究者は，男性イメージや，男らしさの複雑な文化的意味について研究している[99]．女性と同じように，男性はどのように振る舞い，どのように感じるべきかについて，矛盾するメッセージを受け取っている．最近では，厚生労働省が「イクメンプロジェクト」を立ち上げ，男性がより積極的に育児に関わること

コピー：恋は盲目ではない．もしそうであるならば，化粧品やプッシュアップ・ブラなどという製品は存在しないはず．

女性は，社会の期待に沿った容姿に合わせるために，多くの製品を購入する．

出典：代理店／Downtown Partners Chicago. ライター／Sean Austin. アートディレクター／Joe Stuart and Tom Kim.

ができるよう，啓蒙活動を行っている⁽¹⁰⁰⁾。また企業広告でも，家事や育児に協力し，家族を大切にする父親像が増えている。サッカーの本田圭佑選手が父親を演じ，子どもとふれあう姿を描くオリンパスの広告⁽¹⁰¹⁾や，菅野美穂演じる母親と青木崇高演じる父親の幸せ家族が描かれたダイハツの軽自動車「TANTO（タント）」の広告シリーズ⁽¹⁰²⁾が良い例である⁽¹⁰³⁾。

　アメリカの男性が，日々の消費を通じて，どのように男らしさを追求しているのかを確認した調査もある。その結果，男性たちは3種類の男らしさを理解しようとしていることが示された。それが，「稼ぎ手」「反逆者」「行動の人」で，男性はこのうちどれになるべきかを見極めようとしているのだという。「稼ぎ手」は，アメリカの成功神話から引き出されたもので，立派な態度，市民道徳，物質主義の追求，そして成功が祝福される。反対に，「反逆者」は，反骨心，自立，冒険，力強さを強調する。そして「行動の人」は，他の2つの最善箇所を合体させたものである⁽¹⁰⁴⁾。

　性役割の継続的な変化によって生じた結果の1つは，男性がこれまでになく自分の容姿に関心を持つようになったことだろう。世界全体で，男性は年に77億ドルを身だしなみ製品に支出する。男性用洗顔料，保湿液，日焼け止め，脱毛剤，ボディスプレーなどが，主にヨーロッパ企業によってアメリカに流れ込んでいる。ロレアル・パリは，男性用スキンケア製品が現在，急成長している分野だと報告している。ヨーロッパでは30歳未満の男性の24％がスキンケア製品を使用し，韓国の若い男性の場合，その数字は80％にはね上がる。日本でも，花王が男性向けに「Men's Biore（メンズビオレ）」ブランドを発売し

トヨタ自動車オーストラリアは，四輪駆動車の男らしさを強調している。

出典：Toyota Motor Corporation Australia 提供。

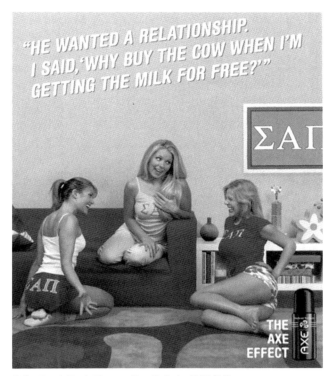

コピー：彼は関係を求めた．私はこう言った．「牛乳をタダでもらえているのに，なぜ牛を買わなければならないの？」と．

Axe の男性用パーソナルケア製品は，男性を性的対象として描き，従来のステレオタイプを逆手にとっている．

出典：Bartle Bogle Hegarty New York aka BBH 提供．

ている．広告のキャッチコピーは，「肌にこだわる男になろう！」で，洗顔料や化粧水，さらには毛穴パックまで，幅広いラインアップが用意されている[105]．経済産業省の「化学工業統計」によれば，男性向けスキンケア化粧品の日本市場は，2008 年で 176 億円（出荷額ベース）である[106]．化粧品全体から見ればその規模はまだ小さいが，右肩上がりの基調が続いている．ファンデーションやアイライナーのような化粧品でさえ，一部のセグメントでは勢いを得ている．もっとも，男性たちはそれらを使っていると認めることには，まだとまどいを感じているようだ．イギリスでは，男性がオフィスで秘密に使える，ボールペンのように見えるメイクアップ製品も発売されている[107]．

両性具有

両性具有（androgyny）は，男性的，女性的特徴の両方を持っていることを表わす[108]．研究者は，ステレオタイプの男性像，女性像に当てはまる「性役割類型の人々」と，性的志向がはっきり定義されない「両性具有の人々」を区別する．どちらか一方の性にう

男性の性役割への期待を伝える，オランダのビール広告．

出典：KesselsKramer, Amsterdam. KesselsKramer, Sabine Gilhuijs, Lauriergracht 39, 1016 RG Amsterdam. The Netherlands.

まく適合できない人たちは，彼らとどう接すれば良いのかが分からない人たちの間で不確かさを生む．ある研究によれば，性役割の仮定は，サイバースペースにも浸透しているという．参加者にチャットルームで別の参加者と交流するように指示し，相手の分身となるアバターを見せた．「明らかに女性」の人物から，はっきりとは性別が分からない人，あごのがっしりした男性まで，アバターはさまざまだった．参加者は，両性具有のアバターを見たときの方が，典型的な男女どちらかの顔をしているアバターを見たときよりも，相手を「信用できない」と判断した(109)．

もちろん，男女の行動の「正常さ」は，文化によって異なる．例えば，アジアでは同性愛の許容度はさまざまだが，女性的な性質を持つ男性をゲイとみなすアジア人は少ない．韓国の消費者を対象にした最近の調査では，40歳未満の男性の66％，女性の57％が，「両性具有」的なライフスタイル（男性が伝統的には女性的とされてきた特徴を持ち，女性が伝統的には男性的とされてきた特徴を持つ）を送っていた．しかし，回答者はそれを性的志向とは結びつけなかった．韓国人は，女性的な関心を持つ男性を「花男」と呼ぶが，これを軽蔑的な言葉だとは思っていない(110)．かつて日本では，「ギャル男」と呼ばれる，ファッションにこだわりを持ち，めかし込んだ若い男性が（彼らは通常，異性愛者である），東京のおしゃれなブティックを渡り歩いていた(111)．

性役割志向の違いは，少なくとも一部の状況においては，マーケティング刺激にどのように反応するかに影響を与える(112)．例えば，女性はより綿密にメッセージ内容を処理する傾向がある．そのため，判断を行うとき，特定の情報に敏感になりがちである．これに対して男性は，全体的なテーマに影響される傾向が強い(113)．さらに性的アイデンティティにおいて，比較的男性的な要素の強い女性は，伝統にとらわれない女性の描き方を

コピー（左）：女性は、静か、落ち着いていて、従順、感謝し、謙虚、敬意を表し、導順、そして、とても、とても、まじめであるべき。

コピー（右）：女性は、明るく、ワイルド、甘え上手、楽しく、エキセントリック、タフ、大胆、そして、とても、とても、ビジャンであるべき。

アメリカのファッションブランド、ビジャン（Bijan）の広告。女性に期待される役割が2つの国でどれほど違うかを対比させることで、性的アイデンティティが文化的な束縛に左右されることを示している。

出典：Bijan Fragrances c/o Fashion World 提供。

している広告を好む[114]。ある調査結果によれば、性役割類型の人々は、広告の登場人物の性役割がどのように描かれているかにより敏感である。ただし、一般的には、女性の方が男性よりも、ジェンダーの役割に敏感であるようだ。

　ある研究で、参加者は表現が男性的、または女性的なビールの広告2種類を見せられた。男性的なバージョンには、「Xビールは攻撃的なフレーバーを持ち、おいしい料理と良き仲間とのひとときにも存在感を主張する」といった文言が含まれた。女性的なバージョンには、「手間をかけて醸造されたXビールは、フルボディでのどごしが優しい」の文言が含まれた。自分を非常に男性的、あるいは非常に女性的と評価した参加者は、それぞれ男性的な言葉、あるいは女性的な言葉で表現されたバージョンを好んだ[115]。一般的に、性役割類型の人々は、自分の行動が社会に定義されるジェンダーの適切さと一致しているかどうかを気にする傾向が高い。

　研究者は、ステレオタイプ的な女性傾向を示す「非伝統的な男性」を特定する尺度を開発した。この尺度には次のような文言が含まれる：
- 私はファッション雑誌を見るのが好きだ。
- わが家では、私が家計を管理している。
- 食事で十分なカルシウムを摂取できているかどうかが気になる。

- 機械を修理するのが得意だ．
- こぶしの殴り合いでは，平均より強い．

それほど驚くことではないが，伝統的な性役割に共感する男性と，伝統にとらわれない考え方をする男性とでは，大きな違いが生じた．他人にどのように見られたいかをたずねられると，「非伝統的な男性」は「伝統的な男性」に比べると，スタイリッシュで洗練されていて，流行に敏感で，トレンドセッターであると見られたがっていた．彼らは，繊細，スピリチュアル，愛情深い，整理上手，そして倹約家とも見られたがっていたが，「アウトドア好き」には見られたがっていなかった[116]．

吸血鬼伝説やゴシックに影響を受けて発展したゴス・サブカルチャー（Goth subculture）は，性的アイデンティティに対する両性具有的なアプローチの例である．このサブカルチャーの成員は，生物学的な性別とは関係なく，さまざまなセクシュアリティを表現する．彼らは，ハイパー・マスキュリニティ（超男性性），ハイパー・フェミニティ（超女性性），両性性（骸骨など）を表現する衣装を身に着ける．吸血鬼の物語も両性具有的で，男性も女性も美を支配したり，あるいは美を追求したりすることができる[117]．

逆転ジェンダー製品

賢いマーケターは，常に製品の新しい市場について考えている．例えば，どちらかのジェンダーだけに販売していた企業が，逆転ジェンダー製品（gender-bending products）（もともと性役割アイテムだったものを，もう一方のジェンダーに適応）のプロモーションを行ない，別のジェンダーに販売することを試すかもしれない．最近の東京ガールズコレクション（TGC）の会場で目を引いているのは，男性の来場客の姿である．ここ数年，男性の消費者行動にも変化が表われてきた．今までは女性向けだと思われていた製品が，男性に売れ始めている[118]．最近の逆転ジェンダー製品の例を挙げてみよう[119]：

- ファッションの嗜好が女性に近づいている若い男性が目立つ．日傘に始まり，スカートやストールも，男性の人気がじわりと高まっている[120]．
- 日本のオンライン専門下着店「ウィッシュルーム（WishRoom）」は，男性の中にこっそりとブラジャーを着けるのを楽しむ人たちがいることを発見し，「メンズプレミアムブラ」を発売した．「男性用ブラを作ってほしい」という要望は，2000年頃から同社に寄せられていた．特に2008年6月頃から，ブラジャーを着用する男性から「集中力が上がる」「リラックスできる」「落ち着く」といった意見が寄せられるようになったため，開発を決めたという[121]．1カ月で約700枚も売れた[122]．
- ネックウエア製造・販売会社，ノーブル・エイペックスは，女性向けネクタイを手掛けている[123]．
- 化粧品メーカー，マンダムの汗ふきシート「ギャツビー　フェイシャルペーパー」は，

女性用あぶらとり紙を男性が使っていたことにヒントを得た[124]．
- 大正製薬は，「リポビタン」シリーズから女性向けの栄養ドリンク，「リポビタンファイン」を発売した．「ファイト一発！」で知られる同社だが，従来の滋養強壮イメージから離れ，脱「オジサン」のイメージを狙った[125]．若い女性層は大正製薬にとって最も苦手な領域だったが[126]，ラベルをピンクにするなど，女性が手に取りやすいデザインを採用し，また味も女性好みのすっきりとした甘さのミックスフルーツ風味に仕上げた[127]．
- アメリカのプラスチック用品のラバーメイドは，ピンセットやクリッパーなど，男性用の身だしなみ製品ラインを発表した．同社のマネージャーは，次のように説明している．「たいていの男性は，女性用に作られたピンセットやクリッパーを買いたいとは思わない．彼らは，男性特有の身だしなみに応え，また，男らしく見える製品を求めているのです」．つまり，男性の手になじむ大きさで，頑丈にできていて，厚みのある足の爪や，余計なところに生えている毛の処理に使えるような道具だ．男性は，ドラッグストアだけでなく，ホームデポでも，こうした製品を買うことができる．

レズビアン，ゲイ，バイセクシュアル，トランスジェンダー（LGBT）の消費者

　アメリカの人気ドラマ『glee（グリー）』に出てくるゲイの登場人物カート（クリス・コルファー）は，LGBTの消費者が直面する問題を世間に広める最も新しいセレブである．こうした問題への理解を促すため，グーグル・クロームは，2011年の「It Gets Better（今より良くなる）」キャンペーンの一部として，LGBTのティーンを支援するビデオを制作した．歌手のレディ・ガガやアダム・ランバート，女優のキャシー・グリフィン，さらには『トイ・ストーリー』のウッディまでもが，このキャンペーンに参加した．中でもオバマ大統領（2014年時）は，YouTubeに動画をアップし，LGBTのティーンたちに「ありのままの君を愛し，大切にしてくれる人たちがいる」ことを伝えている[128]．日本でも，安倍昭恵首相夫人（2014年時）が，LGBTの祭典「東京レインボープライド（Tokyo Rainbow Pride）2014」に参加し，性的少数者に対する支援を表明している[129]．NHKは，「虹色」というLGBT特設ウェブサイトを開設している（http://www.nhk.or.jp/heart-net/lgbt/about/index.html）．現在，LGBT市場は主流になりつつある．

　LGBTの人口を正確に測ることは難しい．その努力自体，論争を巻き起こしてきた[130]．研究者とマーケティング専門家の予測では，アメリカ全人口の4％から8％，すなわち1,100万から2,300万人と幅広い．いずれにしても，アメリカのLGBT市場は，アジア系アメリカ人の人口（現在約1,200万人）と同程度の大きさであるといえよう．LGBTの消費者は，年に2,500億〜3,500億ドルを支出する．ゲイ出版物の購読者に関する調査では，これらの読者は異性愛者と比べて，専門的職業に就いている割合が約12倍，別荘を持っている

割合が 2 倍，ノートパソコンを持っている割合が 8 倍高かった[131]。日本の同性愛者は約 274 万人で，20～59 歳の人口比では 4％に相当するとの試算が出ている（2007 年）。また，消費ベースの市場規模を算出すると，6 兆 6,423 億円にもなるという。国内酒類の市場規模が 6 兆円前後と言われていることからも，その巨大さが分かるだろう[132]。そして，日本でも，LGBT の消費者は可処分所得が高く，購買意欲も旺盛だと言われている[133]。

　アメリカのブランド・コンサルティング会社アステリックスグループは，ゲイ市場の細分化調査を実施した。この調査は，大きな市場では皆が同じだと仮定することは危険であることを思い出させてくれる。調査の結果，5 種類の異なるセグメントが明らかにされた：

1 「スーパーゲイ（Super Gays）」（回答者の 26％）は学歴が高く，高収入で，自分のことを，洗練されている，活動的，複雑，知的，成熟している，リスクをとる，外交的，と表現する。90％近くが「完全にカミングアウトしている」と答え，ほぼ同パーセンテージの人が，ゲイであることは自分が何者であるかの大きな部分を占めると答えている。彼らの約 4 分の 3 は大都市に住んでいる。「積極的に LGBT を代弁する」企業と，最も積極的に結びついているセグメントである。

2 「ハビテーター（Habitaters）」（25％）は，年配で，パートナーと同居生活を送っており，安定した関係であることが多い。自分たちのことを，真剣，現実的，感情豊か，シンプル，伝統的，責任感が強い，成熟している，などの言葉で表現する。郊外に住んでいる率が高く，すべてのセグメントの中で最もよくテレビを見る。従業員の家庭内パートナーへの福利厚生が手厚い企業と結びつきやすい。

3 「ゲイのメインストリーム（Gay Mainstream）」（23％）は，保守的な傾向が強い。「完全にカミングアウトしている」のは半数以下だが，半数以上は安定した関係を築いている。ゲイがストーリーに組み込まれたテレビ番組を好んで見る。

4 「パーティー・ピープル（Party People）」（14％）は，若くて学歴が最も低い。たいていは大都市に住んでいる。自分たちのことを，若い，現実的，シンプル，最先端，外向的，反逆的，リスク好き，などの言葉で表現する。他のセグメントよりも圧倒的に，「ゲイであることは 1 つの選択」という考えに同意する。4 分の 3 が，頻繁に LGBT のバーやクラブを訪れると言い，レストランに使うお金と時間が多い。

5 「クローズド（Closeted）」のセグメント（12％）は，年配の人が多く，「完全にカミングアウトしている」のは 4％にすぎない。自分たちのことを，まじめ，傍観者，伝統的，内向的，成熟している，用心深い，などの言葉で表現する。半数近くが地方に住み，「伝統的なメディアを通じてゲイとレズビアンに手を差し伸べる」企業に共感する[134]。

　欧米企業にとっては，LGBT は，攻略すべき重要ターゲットの 1 つと既になっている。

消費者行動，私はこう見る
——スーザン・ドブシャ（Susan Dobscha）教授（ベントレー大学）

若いカップルが最初の子どもを妊娠したと分かったときの感激は，想像にあまりある．彼らはそのニュースを，病院で医師から知らされるかもしれないし，ドラッグストアで購入した妊娠検査薬で知るかもしれない．妊娠が確認され，友人や親戚にその良い知らせが伝えられると，カップルは新しく家族に加わる子どものために，大計画を始めなければならない．驚くことではないが，このプロセスのかなりの部分において，どのような製品やサービスを買うのか計画し購入しなければならない．新たに親になるためのハウツー本は山のようにあるが，そのほとんどが母親に向けられている．父親になるためのアドバイスを与えてくれる本もあるにはあるが，本の市場は，「子どもの世話をするのは主に母親であり，父親は二番手の役割しか担わない」，といった文化的規範が，今も世間で広く受け入れられていることを反映している．最近の調査では，新米の母親も父親も，親としての責任は平等だと考えているが，彼らの大半は，家事における責任が平等に分担されているとは感じていなかった．性役割は，期待は劇的に変わっていても，現実はそれほど変化していない．

国際的な研究チームであるVOICEグループは，最近，母親に関するグローバル調査を実施し，新米の母親たちに，子どもが生まれるまでのプロセスでの夫の役割について聞いた．回答者の大部分は，夫が「感激していた」とか「参加した」と答えたものの，現実には多くの場合，夫の参加レベルは回答者自身よりも低かった．別の調査は，最初の子どもを迎えるときの購買決定に対する父親の態度を，母親たちがどう認識しているかに焦点を当てた．このデータから分かったのは，妻の認識によれば，男性は消費を「ヴァーチャルなへその緒」として利用しているということだ．もっとも，消費への関与レベルはさまざまで，ほとんどの購買に関与する場合もあれば，限定的な関与に限られる場合，あるいは高額アイテム（特に，旅行の段取りや技術的な製品）に関与するという場合もあった．この調査では，男性はかなり男性化した形で「巣作り」に参加し，妊娠関連の本を読むことは拒否する傾向にあった．しかし何人かは，製品の安全性に関する情報を求めて，インターネットで調べるなどの「リサーチ」活動に従事していた．この研究からは，男性には妊娠といった身体的結びつきが欠如していること，ベビー産業は彼らのためのものではないという認識，メディアの変わらない男性ステレオタイプ，さらには出産前の消費活動に関与するための時間がないなどで，男性にとって親への移行は困難であるという結論が導き出された．

ここで，消費者行動の研究者にとって，興味深い問いが生じる．性役割は，時とともにどのように変わるのか，そして市場はどの程度までこの変化を反映しているのか，あるいは場合によっては変化を妨げるのか，ということである．これまでの研究からは，新米父親向けの書籍は，皮肉交じりのトーンで書かれているのが一般的であることが分かった．それら書籍は，新米父親が，小さな子どもの世話役という新しい役割をまじめに受け取ることができないことを示唆していた．ベビー

用品店も，男性にとっては，どことなく足を踏み入れにくい．乳幼児を世話するという経験が，一般的に，男性にはなく，また赤ん坊が生まれたときに必要なものに関する情報も認識も，一般的に，男性には欠如しているからである．

もし男性が，女性と同じように親となり，子育てに平等の責任を持つという期待を抱くとするならば，新米父親に向けた製品・サービスが欠如していることは，父親たちがそうした役割を担うことを妨げているのだろうか？　先見性のあるマーケターなら，こうしたニーズに応える製品の開発に取り組む機会と見なすだろうか？

レズビアンは平均的な消費者と比べ，自分の車を持っている率が4倍高いという調査結果に基づき，スバル・アメリカはこの市場を集中的にターゲットにする決定を下した．また，アメリカン航空がLGBT層を想定した旅行サイトを設けているほか，フォード・モーターが独自の広告を展開するなど，大手企業も積極的に取り組んでいる．日本航空も2005年から，アメリカで同性愛者向け日本ツアーの需要開拓に乗り出した．アメリカン・エキスプレスのトラベラーズチェック・フォー・トゥーの広告では，1枚のチェックに2人の女性がサインする姿を描いている．フランスのコニャック「グラン・マルニエ」は，「あなたの姉がとうとう再婚する．彼女のフィアンセの名前はジル」といったコピーが書かれた印刷広告を打ち出した[135]．

日本でもLGBT市場を攻める動きが出始めている．ホテルグランヴィア京都は京都市内の臨済宗の寺院，春光院と組み，LGBTの外国人向け挙式プランの取り扱いを2014年から始めた．日本では同性婚が認められていないため，あくまでもセレモニーだが，挙式費用と送迎，貸衣装，ホテルの宿泊3泊込みで，2名77万円のパッケージに，海外から多くの問い合わせがあるという[136]．

「性的マイノリティーにフレンドリーな日本企業はどこか」．アメリカのLGBT関係者にこう聞くと，スバル（富士重工業）の名前が真っ先に挙がる．同社は1990年代から，アメリカで性的マイノリティー向けのPR活動に取り組み，LGBTたちの評価を上げた．そのイメージが日本にも波及し，国内でも根強いファンを獲得している[137]．

学習の目的 4
自分の身体をどのように考えるかは，自尊心の中心的要素となる．そして，身体がどのようにあるべきかは，文化によって規定される．

身体イメージ

　容姿は，自己概念の大きな部分を占める．**身体イメージ**（body image）は，自分の身体に対する消費者の主観的な評価を意味する．自己概念全体がそうであるように，このイメージも必ずしも正確とは限らない．自分のことを実際よりも男らしいと考える男性もいるだろうし，自分が実際より太っていると思う女性もいるだろう．マーケターによっては，消費者が自分の身体イメージを歪める傾向に目をつけ，容姿に対する自信のなさにつけこむこともある．本当の自分と理想的な身体イメージのギャップを広げ，消費者にそのギャップを狭めるような製品やサービスの購入を促すのである．

　身体満足度（body cathexis）は，自分の身体をどのように感じているかを表わす．「カテクシス（cathexis）」は，物やアイディアが感情的に重要性を持つことに言及した言葉である．若い人の自分の身体に対する感情を調べたある調査では，髪と目に最も満足し，ウエストについて最も否定的な感情を抱いていることが分かった．こうした感情は，参加者が使っていた身だしなみ製品とも関連していた．自分の身体に満足している消費者は，ヘアコンディショナー，ヘアドライヤー，香水，日焼け剤，歯の光沢剤，軽石石鹸といった「身づくろい」製品を頻繁に使う傾向が高かった[138]．

美の理想

　他人に見せる自分の身体イメージへの満足度は，自分が属する文化が理想と考えるイメージとどれだけ近いと考えるかに左右される．**美の理想**（ideal of beauty）とは，容姿の特定モデル，すなわち「手本」である．男女どちらにとっても，美の理想には，服装，化粧，ヘアスタイル，肌のトーン（色白か日焼けしているか），身体的特徴（例：胸が大きいか小さいか，筋肉が隆起しているかどうか）などが含まれる．こうした理想に（よくも悪くも）近づきたいという欲求が，多くの購買を駆り立てている．さらに，身体的特徴を見せるプレッシャーが始まる時期は，ますます早まっている．アメリカのカジュアルウェア，アバクロンビー＆フィッチは数年前，10歳未満の子どもにTバック下着を売っていたことで非難された．最近，同じ年齢層の子どもにパッド入りビキニを提供していることに対して，再び批判が殺到した[139]．

日本の禁煙キャンペーン広告. たばこを吸うと容姿が衰えるというメッセージを, 女性たちに伝えている.

出典：McCann Worldgroup Holdings Japan 提供.

美は万国共通か？

「表紙で本を判断することはできない」とはよく言うものの, 人は見かけで判断する. そして, 実際にそうしていることは秘密でも何でもない. 公正かどうかは別として, 私たちは魅力的な人を, より賢く, おもしろく, 能力があると思いがちだ. 研究者は, これを「美は善なり」ステレオタイプと呼ぶ[140]. 確かに, 最近の研究は, この仮定にもいくらかの真実が含まれていることを示唆している. 一般的に, 美しい人は, 平均, または平均以下の容姿の人より幸福であり, 経済学者はその理由の半分を, 彼らがより多く稼ぐからだとしている[141]. この美しさへの偏見は, 男女両方に影響している. 平均以上の容姿の男性は, 平均的な容姿の男性よりも 5% 多く稼ぎ, 容姿が平均以下の人は, 平均的な

人よりも9％収入が少ない．また，アメリカのテキサス大学463学科で，教員に関する評価を，その人の特徴に関する情報（性別，人種，任期の有無など）とともに収集した．学部生に，教員の写真を，身体的魅力という点から評価するように依頼した．結果，容姿の優れた教員は評価が高く，またこの効果は，女性教員より男性教員の方で目立った(142)．

実際，すべての文化がこうした美の偏見を持っている．もっとも，何がトレンディで，何がそうでないかを判断する基準は異なるかもしれない．共産主義の中国では，かつては美人コンテストを「精神的な汚染」として禁じていたが，最近になって「ミス・ワールド」の開催国になっている．中国人は容姿を重視するため，整形手術も商業的な投資とみなされ，手術を受けるためにローンを組むことも珍しくないという(143)．

2004年に発表された研究報告によれば，特定の身体的特徴への好みは遺伝子に「組み込まれ」，その好みは万国共通である傾向が強いという．生まれてから5時間の新生児に，大人が美しいと判断する人とそうでない人の写真を見せると，赤ん坊は魅力的な顔を見つめる時間の方が長かった．特に，健康や若さ，つまり生殖能力や力を連想するような特徴が好まれる傾向にあるようだ．こうした特徴には，大きな目，高い頬骨，細いあごなどが含まれる．民族や人種を越えて，性的な好ましさを合図するもう1つの手掛かりは，顔のバランスがとれているかどうかである．左右対称の顔をしている人は，アンバランスな顔の人と比べて，平均して3～4年早く性体験をする(144)．

男性も，女性の体型を性的な合図として使う傾向にある．進化論の説明では，女性の曲線的な体型は，生殖能力が高い証拠となる．思春期になると，一般的に女性は，ヒップや太ももの周りに「子どもを産むための脂肪」を約15キロ増やす．それが妊娠期間を支えるのに必要な，およそ8万カロリーを供給することになる．多くの多産な女性は，ウエストとヒップの比率が0.6から0.8で，その砂時計型の曲線は男性が高く評価するものでもある．体重の好みは時代とともに変わるが，ウエスト・ヒップ比率はこの範囲にとどまる傾向にある．極細のモデル，ツイッギーでさえ，ウエスト・ヒップ比は0.73だった(145)．

しかし，女性が男性を見るときは，頬から下の部分ががっしりした顔で（力を発する男性ホルモンが集中していることを暗に示す），身長は平均よりわずかに高く，眉が濃い男性を好む．最近の調査でも，女性は男性の特徴がどれだけ男っぽいかによって，結婚の可能性を判断することが分かった．回答者は，男らしい特徴を強調，あるいは目立たなくした，修正デジタル写真を見せられた．すると，角ばったあごや濃い眉毛を持つ人は良い短期パートナーとみなされ，丸顔やふっくらした唇など女性的な特徴を持つ顔の男性は，長期的な関係に至る相手とみなされた．ほとんどの回答者が，男らしい顔の男性は，冒険好きで競争心が強く，けんかをしたり，上司に刃向ったり，妻に隠れて浮気をしたり，子育てに努力しないように見えると答えた．彼女たちは，女性的な顔立ちの男性は，良

い夫，良い親になり，勤勉で，感情的にも支えてくれるパートナーになると考えていた[146]．

　これらの好みが生理学的に引き出されるものであるという，興味深い証拠が次々と得られている．女性の行動と男性の好みは，ホルモン変化と結びついているというのである．女子大生を対象としたある調査では，排卵期と最も女性ホルモンの少ない時期に研究室に来てもらい，それぞれで写真撮影をした．その後，別の男女のグループに，この対の写真を見せ（顔は黒く塗りつぶした），自分を魅力的に見せようとしていると思う方の写真を選んでもらった．すると，排卵期に撮影された写真が選ばれることが多かった．これら写真に写る女性たちは，華やかな洋服やアクセサリーを身に着けている傾向にあった．研究者は，この行動を，においや肌の色の変化で自分が排卵期にあるという合図を発する動物に例えている．別の実験では，日本とスコットランドの女性に，あごの形や眉の濃さなどを修正した男性の顔のCG写真を見てもらった[147]．女性たちは，排卵期には男っぽい顔立ちの男性を好んだが，排卵期以外の時期には好みが変化した．さらに，排卵期の女性は，コンサバな服よりもセクシーな服を選び，男性を他の女性から引き離そうとしている，という研究結果も報告された[148]．

　あごの大きさは別として，身体を「パッケージする」方法は，人によって大きく異なる．そして，そこに入り込むのがマーケターたちである．広告やマスメディアは，どのような美がその時代に好ましいと考えられるべきかを決める上で，重要な役割を果たしている．美の理想は，一種の文化的尺度として機能する．消費者は，自分を何らかの基準（多くの場合，その時々にメディアが勧めるもの）と比べ，それに達していない自分の容姿に不満を覚える．それが彼らの自尊心を低め，場合によっては，魅力的なモデルを目にすることで引き起こされる否定的な感情のために，広告の効果が薄れることもありうる[149]．

　私たちの言語には，こうした文化的な理想を要約した言葉がいくつもある．「大和撫子」「美魔女」「腐女子」などが一例である[150]．男性に対する同様の描写には，「日本男児」「貴公子」「チャラ男」などがある．

西洋的な理想美

　美しさは，美的感覚以上のものだ．私たちは，肌の色や目の形を手掛かりに，その人の地位，洗練度，社交性を推測する．マレーシアのあるテレビCMでは，魅力的な女子大生の姿が映し出される．男性は，「彼女はきれいだ．でも……」と頭の中で考える．すると彼女は，ユニリーバから出ているポンズのスキンライトニング・モイスチャライザー（日本での製品名は「ダブルホワイト」である）をつけ，何段階か色白になって再び現れた．男性は，「なぜもっと早く彼女に気づかなかったんだろう」と考えた．多くのアジアの国では，伝統的に，白い肌を富と地位を表わすものとみなし，濃い肌を畑仕事をする労働者階級と結びつけてきた．このステレオタイプは，現在もまだ残っている．ある調査では，

マレーシアの男性の 74％，香港の男性の 68％，台湾の男性の 55％が，色白の女性を魅力的だと思うと回答した．また，それぞれの国の女性回答者の約 3 分の 1 は，ホワイトニング化粧品を使っていると答えた(151)．

　また，場合によっては，支配的な文化が標榜する美の基準を採用することもある．

　メディアが，グラマーなアメリカ人（白人）セレブのイメージを世界に広めるにつれ，女性たちは西洋的な美の理想——大きな丸い目，細いウエスト，豊かな胸，ブロンドの髪，青い目——を受け入れ，こうした特徴を手に入れるために手術を受けることもいとわなくなった．

- ユニリーバのブランド，ラックス（LUX）の石鹸とオメガ時計の広告塔だったモデルは，初の青い目のミス・タイランドになった．彼女は，混血のタイ人である．今では，彼女のような混血の人たちが，タイのファッションやエンターテインメント業界を支配している．タイ人たちが，丸顔，山形の眉，小さな口といった典型的なタイ人の顔を見限り，西洋風の理想を好むようになったからだ．多くの人が，ブルーのコンタクトレンズを買って，目を強調している．タイで最もセクシーな男女を挙げてもらう調査では，トップスコアの 9 人のうち 7 人が混血だった(152)(153)．

- これまで，ナイジェリアの「最も美しい少女」コンテストの勝者は，「ミス・ワールド」では結果が振るわなかった．国内の関係者は，西洋美が支配するコンテストで，アフリカの女性が優勝するのは無理だろうと諦めていた．ところが，ついにナイジェリアの女性がミス・ワールドのタイトルを勝ち取った．彼女はこのコンテストの 51 年の歴史の中で，初のアフリカ人勝者となった．しかし，その誇りには困惑も混じっていた．新しいミス・ワールドは，アフリカ文化が称賛してきた肉感的な体型の持ち主ではなかったからである．西アフリカと中央アフリカでは，人々は大きな女性を崇める．美人コンテストの出場者の多くは，体重 90 キロを超えている．ニジェールでは，女性は家畜の飼料や特別なビタミンなどを食べて，体を大きくするという．ナイジェリア南東部のカラバリ族は，将来の花嫁を太らせるために，農場に送る．そこで彼女たちは大量の食べ物を与えられ，丸い体型に変えられる．この食事療法を数週間続けた後，すっかり大きくなった花嫁は，誇らしく村の広場をパレードする(154)．あるアフリカ人は次のように述べている．「肉付きの良い体は，繁栄を意味する．痩せた体は，望まないものすべて——貧困，エイズ，その他の病気，みじめさと飢え——を意味する」．ミス・ワールドの勝者は，身長 180 センチで，痩せていた．年配のナイジェリア人は，この女性が魅力的だとはとうてい思えなかった．「黒い肌をした白人の少女」と痛烈な表現を用いる者もいた．しかし，若い世代の感じ方は異なった．彼らにとっては，痩せていることが流行なのだ(155)．

- 日本の小売店は，大きなサイズの在庫を増やし，ファッション業界が「ボン・キュッ・

ボン」と呼ぶ新しいトレンドに遅れまいとしている．メリハリボディを意味するこの言葉は，日本の理想体型が変化していることを表わしている．最近では，曲線美を持つ日本人女性が増えている．現在，日本人女性のヒップサイズの平均は89センチで，一世代前より2.5センチ増えている．20代の女性は，母親より少なくとも2サイズ大きいブラジャーをつける．これに対して，ウエストはますます細くなっている．また，政府の報告書によれば，20歳の女性の身長は，1950年に比べて7センチほど高くなった．こうした変化は，西洋風の食生活の結果である．伝統的な魚，野菜，豆腐といった日本の食事が，現在では赤身肉，乳製品，ドーナツやアイスクリームなどのデザートに取って代わられつつある．日本最大手の下着メーカーであるワコールは，かつては超厚手パッドが入ったブラジャーを売りにしていた．しかし，最近のベストセラーは，20代のグラマーな女性向けの，パッドを少なくして胸の谷間をつくる「ラブブラ」である[156]．

時代と理想美

美しさとは，表面的なものだけではないが，女性たちははるか昔から，表面的な美を得ることに懸命に取り組んできた．食べる量を減らし，足が大きくならないように布で締め，痛みに耐えた．または，くちびるにプレートを差し込んだ．あるいは，ヘアドライヤーの下，鏡の前，または日焼けマシンの光の下で，数えきれないほどの時間を費やした．そして，胸を小さくしたり大きくしたりする手術を受けて，自分の容姿を変え，美しい女性はこう見えるべきという社会の期待に見合うようにした．

理想美によって，歴史の各時代を特徴づけることができる．これは，より大きな文化的な出来事とも関連している．アメリカの歴史を振り返ると，支配的な理想美が時代ごとに変わってきたことが分かる．例えば，現在は，健康でエネルギッシュであることに強調が置かれているが，それとはまったく対照的に，1800年代初期には，病気かと思うほど弱々しく見えることが流行だった．詩人のジョン・キーツは，彼の時代の理想女性を「男性から守ってもらおうと哀れっぽい声を出す，真っ白な子羊」と表現した．別の時代に目を向ければ，歌手で女優のリリアン・ラッセルが流行させた豊満でセクシーな女性，1890年代のギブソン・ガール（長身でほっそりとしており，コルセットを着用することで，S字形カーブ・ラインの豊かな胸，腰，ヒップを持っていた），そして1920年代には，ボーイッシュなフラッパー女性（膝丈の短いスカート，ショートヘアのボブカット，濃いメイクアップなどを好んだ）がもてはやされた[157]．

19世紀の大半は，アメリカ人女性の理想のウエストサイズは約45センチで，そのためにはコルセットをきつく締めなければならなかった．そのため，当時の女性たちは頭痛が続いたり，気絶したりすることもあり，子宮や脊髄に異常が生じることも多かった．現代女性はそれほど大げさに見栄をはるわけではないが，それでもまだハイヒール，ボディワッ

クス，アイリフト，脂肪吸引などの屈辱に耐えている．そして女性たちは，化粧品，洋服，フィットネスクラブ，ファッション雑誌などに大金をつぎ込む．こうした習慣は——正しいかどうかは別として——，時代の美の基準に従おうという女性たちの欲求が，変わらず存在していることを示している．

　私たちの文化は，こうした基準を，直接的または間接的に，あらゆる場所——雑誌の表紙，デパートのショーウィンドウ，テレビ番組など——で伝えている．フェミニストは，バービー人形が，不自然に痩せている状態が理想美だと強調していると非難する．こうした人形の体つきと平均的な女性のサイズを比べると，確かに不自然にひょろ長い[158]．もし伝統的なバービー人形が本物の女性だったら，彼女のボディサイズは 96 - 45 - 86 センチになる．マテル社はバービーに「美容整形手術」を施して，バストの大きさとヒップの小ささを改善したが，それでもまだ十分には補正されていない[159]．しかし，以前よ

大学生のガリア・スレイエンは，大学の摂食障害認知向上イベント用に「実物大」のバービー人形を作った（バスト 99 センチ，ウエスト 46 センチ，ヒップ 84 センチ）．アメリカの NBC（National Broadcasting Company）の「トゥデイ（Today）」ショーのインタビューで，バービー人形にどのような影響を受けて育ったかをたずねられると，ガリアはこうコメントした．「［自分の摂食障害について］バービーを責めるつもりはないけれど……私はブロンドで，目はブルーでなければ，と思い込んでいたの．バービーは私のアイドル．自分自身をどう見るかに影響を与えたことは間違いないわ」．

出典：Galia Slayen 提供．

りはヒップが大きく，胸も小さい，より現実的なバービーを売っている(160)．

　既に見たように，欧米女性の理想的な体型は時代とともに移り変わってきた．それは，ボッティチェリらの絵画で，数百年前のモデルたちの姿を見るとよく分かる．こうした変化は，いわゆる「性的二型マーカー」（男女を区別する身体要素）を定期的に再定義する必要があることを示している．1990年代前半には，論争を呼んだウェイフ・ルック（がりがりに痩せ，顔色が悪く，病的に見えるルック）が流行した．少年のような体型のモデル（特にケイト・モス）が現われた影響が大きかった(161)．また，『プレイボーイ』誌の中央折り込み写真の約50年の歴史を研究したところ，マリリン・モンローの94−58−91センチという砂時計型のグラマーな体が第1号を飾って以来，女性たちは次第に曲線美を失い，中性的な体つきになった．しかし，同誌の広報担当は次のように説明している．「時代の移り変わりとともに，女性たちは以前より運動するようになり，ビジネス界にも進出し，フィットネスにも励むようになったため，体型も変化しました．我々の雑誌は，そうした変化も反映しています」(162)．確かに，1979年から1999年の折り込みページのデータを再検証したところ，痩せていく傾向は落ち着きを見せ，逆行し始めているようであった．それでも，この雑誌に登場するプレイメイトたちは，研究対象となった21年間で，体重がやや増えてはいるが，医療専門家が考える正常体重を大幅に下回っている(163)．

理想は現実になる？

　街で痩せたスーパーモデルに間違われないことに，もううんざり？　それなら，不完全な体型の女性たちの下着姿で注目された，ダヴの「リアルビューティー・キャンペーン」が助けになるかもしれない．ユニリーバがこのキャンペーンを始めたのは，調査の結果，ダヴの広告に登場する女性たちがあまりにも非現実的な容姿だったため，多くの女性が，この製品を使っても効果があるとは信じていないと分かったためだった(164)．同社が，世界中の女性3,200人に自分の容姿を表現するように依頼したところ，ほとんどが「平均」または「普通」と答えた．自分を「美しい」と表現したのは，わずか2％だけだった．ユニリーバのダヴ担当のマーケターたちは，そこに機会を見いだし，女性たちにそのままの自分――しわ，そばかす，妊娠中のおなかなど――を見せることで，不安な気持ちは皆同じなのだと安心させた．キャッチコピーは，「太りすぎ，それとも抜群の存在感？」や「しわだらけ，それとも，すばらしい？」と語りかける．

　ダヴは，1,800人のアメリカ人女性を対象とした，自分の容姿をどのように感じているかを調べる調査のスポンサーにもなった．全体的に，女性たちはありのままの自分に満足しており，こうしたポジティブな感情は，アフリカ系やヒスパニック系，若い女性，そして裕福な女性の間で特に強かった．18歳から39歳の女性の52％は，「美しく見える」という言葉が自分をよく表わしていると回答し，40歳以上の女性の37％も同じように感じ

ていた．さらに，75％の女性が，美しさは外見ではなく，内面と人生を愛することから生まれるという言葉を支持した．女性の美しさを評価する上で，社会が適切な基準を用いていると感じているのは，26％にしかすぎなかった[165]．

しかし，ユニリーバの中国での経験は，容姿の基準が文化に強く根づいていることを改めて思い出させてくれる．ダヴの「リアルビューティー・キャンペーン」は，中国では大失敗だった．その後行った調査から分かったことは，多くの中国人女性は，広告で見る修正された美を，自分も得られると本当に信じていたのだ．そこで同社は，中国で「リアルビューティー・キャンペーン」を中止し，その代わりにアメリカで人気だったコメディ

コピー：スーパーモデルのように見える女性はたった8人．けれども，そう見えない女性は30億人もいる．

ボディショップは，非現実的な理想美に対する反感に共鳴している．

出典：The Body Shop International, plc. の厚意により複製．

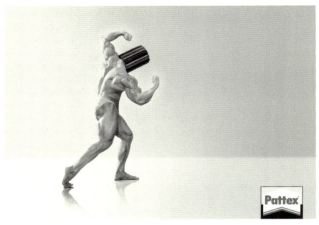

接着剤の強力さを強調するために，男性の理想美を活用したドイツの広告．

出典：DDB Tribal Hamburg 提供．

ドラマ『アグリー・ベティ』の中国版を立ち上げた．『アグリー・ウディ（Ugly Wudi）』は，架空の広告代理店に勤めるリン・ウディが主人公で，彼女は数多くのダヴ製品の助けを借りて，自分の美しさを花開かせようと努力している．ウディを演じる女優は，完璧な肌を持っており，大きすぎる眼鏡と偽物の矯正具を外すと，とても魅力的な女性になる[166]．

男性の理想美

男性の理想美についても，私たちは，顔の容貌，筋肉のつき方，顔ひげという点で区別する．男女両方を対象に，男性の容姿について回答してもらったアメリカの全国調査では，男性の標準的な美として支配的なのは，力強い筋肉質の体だった．ただし女性は，男性が必死になってつけようとしている筋肉よりも，もう少し控え目な方を好んだ[167]．

広告は，男性の理想美に関する支配的イメージを反映することが多い．

出典：Simplot Australia 提供．

広告主は，男性の理想像を頭に刻みつけているようである．広告に登場する男性を分析した研究によると，ほとんどが，力強くて筋肉質の，ステレオタイプの男性を起用していた[168]．

学習の目的 5
容姿に関する文化的な期待に応えようとすることは，害にもなりうる．

身体の改造

　トリンプ・インターナショナル・ジャパンは，2006 年 2 月に男性用ガードル「HOM（オム）ロングガードル」を発売した．女性用と同様，伸縮性の低いパワーネットで，おなかを抑えたり，ヒップアップ効果があったりする商品だ．福助も男性用補整下着のシリーズ「SHAPERS for MEN」を売り出し，ワコールも男性用下着シリーズ「DAMS（ダムス）」に機能性下着のラインを追加した．背景には，男性にも流行の服やおしゃれに関心を持つ人が増え，体形を美しく見せたいというニーズが高まったことがある[169]．エドウインは，美しいジーンズを追求したレディースブランド　SOMETHING（サムシング）から，ボディメイク・ジーンズを発売した．いつも美しくありたいと願う女性のために，最も気になる部分をダイレクトに引き締める，体型補正の着圧機能をジーンズに持たせた[170]．

　多くの消費者が，理想の体型と現実との間にギャップを経験し，容姿を変えようと必死の努力をする．ガードルやブラジャー，化粧品や整形手術，日焼けサロンやダイエット飲料など，おびただしい数の製品やサービスが容姿の改善を約束する．多くのマーケティング活動にとって，身体的な自己概念（そして，消費者が容姿を変えたいと思う気持ち）が重要であることが分かるだろう．

肥満蔑視

　「痩せすぎて困ることも，金持ちになりすぎて困ることもない」という表現で分かるように，私たちの社会は体重に対する強迫観念にとりつかれている．メディアは，痩せていて幸せそうな人たちのイメージを常に押しつけようとする．ある調査では，がんや心臓病，糖尿病よりも，自分の体重のことを気にかける女性回答者が倍以上多かった．自分の容姿に満足していると答えたのは，40％だけだった[171]．

　肥満蔑視（fattism）は，私たちの文化に深く刷り込まれている．早くも保育園の年代から，子どもたちは太った子よりも，車いすや松葉杖の子，あるいは顔に歪みがある子の方を好む．12 歳から 19 歳の女の子を対象にした調査では，55％がダイエットを始めたくなるような広告を「いつも」目にしていると答えた[172]．2011 年のある広告をめぐる論争

は，私たちの痩せたい願望をよく表わしている．ペプシが新しい「痩せた」ダイエットソーダ缶を発表したのだ．さらに，その発表をファッションウィークの開催時期に合わせたのである．ファッションウィークは，痩せたモデルを祝福する業界（モデルたちの中には拒食症で死亡した者もいる）にとっての大きなイベントである．そのため，米国摂食障害協会は抗議し，ペプシは謝罪をするはめになった．この組織は，アップルに対しても，最初のiPod広告キャンペーンを中止するように訴えた．「痩せすぎていけないことも，強すぎていけないこともない」というキャッチコピーを掲げていたからだ[173]．

痩せていることを重視する文化は，世界中で広まっている：

- 伝統的なフィジー文化では，女性の理想的な体型は，上品な言い方をすれば，丈夫であることだった．女性たちの体重が減ると，それは病気の徴候とみなされ，不安の原因となった．しかし，この島にもテレビの衛星放送が届けられるようになり，『メルローズ・プレイス』や『ビバリーヒルズ高校白書』など，痩せた俳優たちが登場するアメリカのテレビ番組が見られるようになった．現在，フィジーの10代の少女たちの間でも，摂食障害が見られるようになった．ある調査によれば，テレビを週に2回か3回見るティーンエイジャーは，そうでない子に比べて，自分を太っていると考える率が50%多かった．調査の参加者は，なりたい体型について話すとき，ヘザー・ロックリア（『メルローズ・プレイス』に出演していたアメリカ人女優）などの名を挙げた[174]．

- フィジーと同じように，エジプト人も伝統的には大きな体の女性を好む傾向にあった．ベリーダンスの伝統も，それを後押ししていた．しかし今では，体重を落とすためのダイエットがブームになっている．エジプトのテレビ局の経営者は，太りすぎの女性ニュースキャスターは3カ月以内に体重を落とさないと，解雇すると言い渡した．

- 日本では現在，企業や地方自治体に，健康診断で40〜74歳のウエスト周りを測ることを義務づけている．政府が発表する基準ライン——男性が85センチ，女性が90センチ——を上回る人は，医療アドバイスを受ける．政府は，将来的には，指導実績が伴わない保険者には，罰則として，後期高齢者医療制度への負担金を増額することを計画している[175][176]．

- ヨーロッパに話を移すと，ダイエットブランドのスリムファストが，一般的なステレオタイプに立ち向かった．イギリスの女性は，肉づきの良い体格なので，ヨーロッパのビーチでは目立つ．イギリスはヨーロッパで肥満率が最も高く，15歳の5分の1近くが太りすぎに分類される．企業はイギリス人女性に，体重を減らさないと，フランス，スペイン，スウェーデンなどヨーロッパ本土のセクシーな女性に負けてしまうと，広告でしかけている．スリムファストの広告の1つでは，フランス人モデルが「私はイギリスの女性が好き．一緒にいると私を引き立ててくれるから」と語る[177]．

美容整形手術

　整形手術を行い，貧相な身体イメージを変えたり，容姿を改善しようとしたりする消費者が増えている[178]．ベネズエラでは，豊胸手術のための銀行ローンの屋外広告を見かけることができる[179]．中国では，中流階級が成長したことで，整形手術は，いまや可処分所得の支出先の第4位である．これを上回るのは，家，車，旅行だけである．最も人気の手術は目を大きく見せるもので，まぶたにひだを入れて，二重にする．若い人たちは，整形手術を高校の卒業祝いとしてねだり，競争の激しい就職市場で優位に立とうとする[180]．

　日本の美容整形市場は，利用者層の拡大とともに利用者数も増加し，医師数および診療所数も増加したため，2007年には2,200億円に達した[181]．美容外科の増加率は，心療内科に次いで2位である．最近は，中高年の男性からの相談が増えているという．顔のシミやたるみを取りたいなど，若返りへの期待が大きい[182]．

　「改善」熱は，若い消費者の間にも広がっている．米形成外科学会は，13〜19歳に対して，毎年1万2,000回のボトックス注射が施されていると報告している．まぶたが異常にひきつっているとか，首の筋肉が無意識に収縮してしまうなど，正当な医学的理由から行なわれる場合もあるのだが，大部分の若い患者がこの治療を選ぶのは，笑うと歯茎が出すぎるとか，えらがはりすぎているなど，自分の欠点と思われる箇所を改善することが目的だ．ティーンエイジャーの中には，ボトックス注射でしわが防げると勘違いしている子もいる[183]．

　実質的には，体のすべての部分が，整形手術の対象にされる．へその再生は，日本の整形手術で人気がある．日本ではへそが重視され，母親が生まれた赤ん坊のへその緒を木箱にしまっておくこともよくある[184]．アメリカでは，関心はほかのところに向かう．男性に人気の手術は，シリコンの胸筋を埋め込むことや，「チキンレッグ」（鶏のように細い足）を改善するためのふくらはぎへのインプラントである[185]．またアメリカは，胸のサイズとセックスアピールを同等視する傾向がある．大きな胸が性的魅力を増すという理由から，豊胸手術を選ぶ女性もいる[186]．副作用の報告などにより，こうした選択は論争を呼んできた．しかし，こうした副作用の可能性が，整形手術を思いとどまらせる効果があるかどうかは不確かだ．多くの企業は，大きな胸の谷間を生み出すプッシュアップ・ブラを宣伝することで，手術に替わる手段を促進している．トリンプ・インターナショナル・ジャパンの「天使のブラ」やワコールの「寄せて，上げる」がうたい文句の「グッドアップブラ」などが有名である[187]．こうした製品は，ワイヤーと内蔵パッドを使って「谷間効果」を高め，望ましい効果を演出する．

学習の目的 6
どの文化も,体の装飾や部分的切除などの伝統を持つ.

体の装飾と切除

どの文化の人も,何らかの形で自分の体を飾ったり変えたりする.自分を飾ることには,多くの目的がある[188]:

- 集団メンバーを,非メンバーと区別する——北米ネイティブ・アメリカンのチヌーク族は,赤ん坊が生まれると1年間,2枚の板で頭を締めつけて,永久に頭の形を変える.現代社会では,ティーンエイジャーが大人と差別化を図るために,独自のヘアスタイルやファッションを取り入れる.

- 個人を社会的な組織に組み入れる——多くの文化には,少年が大人の男性になることを象徴的に表わす成人の儀式がある.ガーナの一部地域では,若者は,体に骸骨のように見える白い線を描き,子ども時代の自分の死を表わす.欧米諸国では,このような儀式に相当するものとして,穏やかな形での自傷行為や危険な活動で勇気を示すことなどがある.

- ジェンダーに位置づける——南米ネイティブ・アメリカンのチクリン族は,男の子のくちびるを大きくするために,ビーズをつないだものを埋め込む.西洋では,女性は女らしさを増すために口紅を塗る[189].現在は,大きくて赤いくちびるは,挑発的で攻撃的なセクシーさを暗に示す.くちびるにコラーゲン注射をしたり,挿入物を入れて,大きく突き出したくちびるにする女性もいる[190].

- 性的アイデンティティを高める——足専門医によれば,ハイヒールは,ひざと腰の問題,背中の痛み,疲労の主たる原因になるという.しかし,現在のハイヒールの使用は,かつて女性らしさを高める目的で行なわれたアジアの纏足の習慣に相当する.ある医師によれば,「[女性は]家に帰っても,すぐにハイヒールを脱ぐことができない.世界中のすべての医師が,今から最後の審判の日まで叫び続けたとしても,女性たちはハイヒールをはき続けるだろう」[191].

- 望まれる社会的行動を示唆する——南米のスヤ族は,耳飾りの着用で,よく耳を傾け,文化に従うことの重要性を強調している.西洋社会では,一部のゲイの男性は,左または右耳にだけイヤリングをつけ,2人の関係でどんな役割を好むか(支配側か従属側か)の合図を送っている.

- 高い地位やランクを示唆する——北米ネイティブ・アメリカンのヒダテス族が着ける羽飾りは,これまでに殺してきた人数を表わしている.アメリカ社会では,目が悪くなくても眼鏡をかけて,地位を高く見せようとすることがある.

● 安心感を与える――消費者は，幸運のお守り，魔除け，うさぎの足などを身に着けて，「悪の目」から自分を守ることがある．同じ理由で，「ワニ笛」のネックレスを着ける女性がいる．

タトゥー

サッカーW杯の応援では，日本国旗のタトゥシールを顔や腕につけている人をよく見かける[192]．以前には，マンダムがコンビニエンスストア専用ブランド「ミチコ　ロンドン」シリーズで，顔や腕に貼るだけでタトゥー感覚が楽しめるシールを販売していた[193]．

タトゥーは，一時的なものと永久に残るものを含めて，現在では人気のある体の装飾法になっている[194]．消費者は，若くても年をとっていても（大部分は若者だが），ボディアートを見せびらかして，自分を表現している．こうした肌のデザインには，原始時代にボディペインティングが果たしていた機能と同じものがある．タトゥー（タヒチのta-tuが語源）は，フォークアート（民芸）に起源がある．つい最近まで，タトゥーの文様は，荒々しいものが多かった．例えば，死を象徴するもの（例：頭蓋骨），動物（特にヒョウ，ワシ，ヘビ），ピンナップ女性，軍事デザインなどである．最近は，SF小説，日本の文字，部族のデザインなどに影響を受けている．

歴史的に，人々はタトゥーを社会的落伍者と結びつけてきた．例えば，6世紀の日本では，犯罪者の顔と腕に入れ墨をした．19世紀の刑務所や20世紀の強制収容所でも，同じ目的でタトゥーは使われた．バイカーやヤクザといった社会の辺境の人々は，こうしたエンブレムを使って，集団のアイデンティティと結束を表現していた．

現在，タトゥーは，自分の冒険的な面を表現する，ほとんど危険がない手段になっている．アメリカの調査会社，ハリス社の調査では，25～29歳のアメリカ人の3分の1，30～39歳の4分の1がタトゥーをしている．タトゥーを誇示する回答者としない回答者を比べた場合，後者はタトゥーをしている人を変人で反抗的だと考える傾向にあった．対照的に，実際にタトゥーをしている人の3分の1は，タトゥーをしていることで自分がセクシーになった気がすると答えている[195]．日本でも，サッカーのデビッド・ベッカム選手ら海外スポーツ選手が火付け役となり，ピアスや髪のカラーリングと同じファッションとして，若者を中心に広まった[196]．

タトゥー派がますます増えるにつれ，後になってから，この決断を悔やむ人が現われることは避けられない．タトゥーの除去を希望するのは，名前を入れた場合が最も多い．残念ながら――今のところは――タトゥーは入れるよりも除去する方が難しい．数万円したタトゥーを除去するのに数十万円かかることもあり，何度もレーザー施術に通わなければならない．特殊なレーザー機器が，タトゥーの色素を粒子に分解し，体のリンパ系によって排除される．完全に除去するには，平均8回の施術が必要で，異なる色のインクに異な

るレーザーを用い,少なくとも1カ月の間隔をおかなければならない[197].

ボディピアス

体をさまざまな種類の金属片で飾ることは,反主流派の習慣がファッション表現に発展したものである.歴史家は,この西海岸のアングラ(アンダーグラウンド)の流行が主流となったきっかけを,エアロスミスの1993年の曲「クライイン」のプロモーションビデオとしている.この映像で,女優のアリシア・シルヴァーストーンは,へそリングとタトゥーの両方をしている[198].ピアスは,へそに突き刺すリングから,金属のポストを頭皮に挿入するインプラントまでと幅広い.

歪められた身体イメージ

若いブラジル人女性4人が,2カ月の間に拒食症で死亡したことが広く報じられ,体型イメージと摂食障害に関する世界的な論争に火をつけた.最初の死亡者は21歳のモデルで,身長は173センチだったが,日本のファッション誌の撮影中に倒れたときには,体重が36キロほどしかなかった.スペインでは,政府がボディマス指数(BMI.体重と身長の関係から算出される,肥満度を表す体格指数)の著しく低い女性モデルの活動を禁止し,論争を巻き起こした.これは,18歳未満の女性モデルのBMI値を17.4以上,18歳以上は18.5以上に規制するものだった.18歳以上の174センチのモデルであれば,体重は57キロ以上なければならない.そこでユニリーバは,「ラックス」のボディソープ,や「スリムファスト」のダイエットドリンクなどで,いわゆるサイズ0のモデルを広告に起用することを禁止した[199].

自尊心と容姿の関係を重視するあまり,望ましい体型を手に入れようとして,健康を犠牲にする人たちがいる.特に女性は,容姿が自身の価値を反映するという,メディアのメッセージをうのみにしやすい.そのため,多くの歪められた身体イメージが,女性の間で生じているとしても驚くことではない.

男性は,自分の体型,理想の体型,そして女性の目に最も魅力的に映ると思う体型の3つにあまり差がない.対照的に,女性は,男性に最も魅力的に映ると思う体型や理想体型を,実際の体型よりもずっと痩せているものと考える[200].ある調査では,女子大生の3分の2が,体重を管理するために,不健康なダイエット法を取り入れていることを認めた.スリムなイメージを伝える広告メッセージが,体重に対する劣等感を生み出し,こうした行動に駆り立てる一因になっている[201].

研究者は歪められた身体イメージを,若い女性の間に増えている摂食障害と結びつけている.「拒食症」の人たちは,自分が太りすぎていると考え,もっと痩せようと思い,飢餓状態に陥る.この状況は,やがて「過食症」に転じることが多い.これは2段階の

ボディピアスは，世界中の若者にとって，自己表現の1つになってきた．

出典：Tatoo Arts Magazine and Art and Ink Enterprise の許可を得て掲載．

プロセスから引き起こされる．まず，（通常は人に隠れて）大食いをする．一度に5,000カロリーを摂取することも珍しくない．その後，嘔吐，下剤の乱用，絶食，過度の運動など，女性たちがコントロールを取り戻すための「パージ」（浄化）プロセスが生じる．

　厚生労働省の調査によれば，摂食障害は，1980年からの20年間に約10倍の増加が見られている．年齢層で見ると，神経性食欲不振症は10代，神経性過食症は20代が多く，また，推定発症年齢を見ると10代の占める割合が年々増加し，若年発症の傾向を示している．すでに10歳から発症する例もまれではなくなったという[202]．

　摂食障害の男女比は1対20であり，一般的に90％以上が女性と報告されている[203]．しかし，身体イメージに関する悩みは，男性の間にも，私たちが考える以上に広まっている．心理学者は，若い男性（平均して15歳から）の間に**身体醜形障害**（body dysmorphic disorder)（自分の容姿が醜いという考えにとりつかれる症状）が増えていることを報告している．この障害の徴候としては，何度も鏡を見たり，自分で奇形だと思い込んでいる部分を隠そうとしたりすることが含まれる．男性の摂食障害は，特に体重管理を要求される騎手やボクサーなどの運動選手に多い[204]．

章のまとめ

この章を読み終えた時点で，理解しているべきこと：

1. **自己概念は，消費者行動に強い影響を与える．**

   消費者の自己概念には，自分に対する態度が投影されている．これらの態度が肯定的か否定的かで，多くの購買決定が影響される．製品で自尊心を高めることもできるし，自分に「ご褒美」を与えることもできる．

2. **製品は自己概念を定義する上で，重要な役割を担うことがある．**

   消費者は，自分の個性と似ていると思う製品を買うことが多い．この自己の象徴的相互作用という見方は，1人の人間には多くの自己があり，それぞれの役割を演じるための小道具として，さまざまな製品を必要としていることも意味する．私たちは自分の身体以外にも，多くのものを自分の一部とみなす．貴重品，車，家，あるいはスポーツチーム，または国の記念碑さえ，自己を定義するために使い，これらを拡張自己として自身に組み込んでいる．

3. **社会が期待する男らしさや女らしさが，購買決定に役立てられている．消費者がこうした社会の期待に応えようとするためである．**

   個人の性的アイデンティティは，自己定義の中心的な要素になる．男らしさや女らしさの概念は，主に社会によって形作られ，「性役割類型」の製品やサービスを手にするように導く．

   メディアは，男女の「適切な」行動を教える上で，重要な役割を果たす．伝統的な女性の役割は，広告表現で永らえてきたが，この状況は変化しつつある．男性についても，メディアは必ずしも正確に描いているわけではない．

4. **自分の身体をどのように考えるかは，自尊心の中心的要素となる．そして，身体がどのようにあるべきかは，文化によって規定される．**

   自分の身体をどのように見ているかも，自己イメージへのフィードバックとなる．文化は特定の理想美を伝え，消費者はそれを得ようと懸命に努力する．消費者の行動には，ダイエット，美容整形手術，ボディピアス，タトゥーなど，身体を操作するものが含まれる．

5. **容姿に関する文化的な期待に応えようとすることは，害にもなりうる．**

   文化が求める理想に見合うように必死になることで，極端な行動に走ることもある．その一般的な表われとして摂食障害があり，特に女性は，痩せたいという願望にとりつかれることが多い．

6. **どの文化も，体の装飾や部分的切除などの伝統を持つ．**

体の装飾や切除は，集団メンバーが非メンバーとの差別化を図る，社会的な組織の中での個人の地位，あるいはジェンダーの分類（例：同性愛者であること）を示す，さらには安心感や幸運のお守りとしての機能を果たす，といったことがある．

キーワード

アイデンティティ・マーケティング（identity marketing）　233
アバター（avatars）　230
印象操作（impression management）　228
ヴァーチャル・アイデンティティ（virtual identities）　230
栄誉のしるし（badges）　227
鏡に映る自己（looking-glass self）　232
拡張自己（extended self）　237
逆転ジェンダー製品（gender-bending products）　250
共同体的目標（communal goals）　242
現実自己（actual self）　228
ゴス・サブカルチャー（Goth subculture）　250
コンピューター媒介環境（computer-mediated environments（CMEs））　230
自己イメージ一致モデル（self-image congruence models）　236
自己概念（self-concept）　226
自己の分裂（torn self）　230
自尊心（self-esteem）　227
社会的比較（social comparison）　227
社会で成功している現代の若い女性たち（CYMFA）（comtemporary young mainstream female achievers）　244
主体的目標（agentic goals）　242
象徴的自己完結理論（symbolic self-completion theory）　235
象徴的相互作用論（symbolic interactionism）　231
身体イメージ（body image）　255
身体醜形障害（body dysmorphic disorder）　271
身体満足度（body cathexis）　255
性役割（sex roles）　240
性役割特徴（sex-typed traits）　243
男性優位主義（masculinism）　245
美の理想（ideal of beauty）　255
肥満蔑視（fattism）　265
ファンタジー（fantasy）　228
ブロマンス（bromance）　243
メトロセクシュアル（metrosexual）　274
理想自己（ideal self）　228
両性具有（androgyny）　247

復習

1. 東洋文化と西洋文化では，人々の自己の考え方はどのように異なるか？
2. 自己概念を表現する3つの側面を挙げなさい．
3. 理想自己と現実自己を比較しなさい．購入を考えるときに，自己タイプを参照として用いるような製品を3つ挙げなさい．
4. 「鏡に映る自己」の意味は？
5. 自己に対する感情は，人々が買う特定のブランドにどのように影響するか？
6. 拡張自己を定義し，その例を3つ挙げなさい．
7. 主体的目標と共同体的目標の違いは何か？
8. 男らしさ／女らしさは生物学的な区別か？　その理由，あるいはそうでない理由は？
9. 性役割類型製品の例を2つ挙げなさい．
10. 身体満足度とは何か？
11. アメリカで理想とされる美は，この50年で変化しただろうか？　もしそうなら，どのように？
12. 肥満蔑視とは何か？

13. タトゥーの起源を述べなさい．

討議と応用
■ 討論せよ

1. この10年で最も注目されるマーケティング業界用語の1つは，間違いなくメトロセクシュアル（metrosexual）だろう．これはファッション，インテリア，グルメ，身だしなみなどに強い関心を持つ，ストレート（異性愛者）の都会の男性を表わす言葉である．1994年に，イギリスのサッカー選手で象徴的存在でもあるデビッド・ベッカムが，メトロセクシュアルだと宣言したときに，この造語が使われた．この記事のライターは，「ベッカムは，サッカーの技術だけでなく，妻ヴィクトリアのサロン，ピンクのマニキュア，パンティーを身に着けることでも有名だ」と書いた[205]．メトロセクシュアル現象はどれほど広まっているのだろうか．あなたの周りには，メトロセクシュアルな男性がいるだろうか？

2. あなたの仲間内では，西洋の理想美がどれほど定着しているだろうか？ この理想は，現在，どのように変化しているだろうか？

3. 一部の歴史家や社会評論家は，現在の極端な痩せ願望は，道徳に基づいていると論じている．彼らは，太った人に汚名を着せる社会の風潮を，セイラムの魔女裁判（無実とされる人々が次々と告発され，裁判にかけられた経緯は，集団心理の暴走例として引用されることが多い）やマッカーシズム（1950年代の偏執的な反共産主義運動）になぞらえる．こうした評論家は，肥満の定義は，時代によって恣意的に変えられてきたと論じる．確かに，少し太り気味なことは，以前なら健康だとみなされていた．ふっくらした体型は，かつては裕福な貴族を連想させるものだった（フランスのルイ16世は，体にパッドをあてて大きく見せていたという）．それが今では，食生活の乱れと結びつけて考えられるようになった[206]．あなたの考えを述べなさい．

4. セクスティング（sexting；性的なテキストメッセージまたは写真を携帯電話で送る行為であり，SEXとtextingの混成語）について心配する官庁は，セクスティングをする若者を，児童ポルノの配布という理由で訴追しようとしている．セクスティングは消費者の自己概念をどう投影しているだろうか？ これは懸念すべき問題とみなすべきだろうか？

5. ファストフード店は，もし消費者が肥満の原因になったと訴えた場合，責任を負うべきだろうか？

6. 自意識の創造は，試着室で試着する消費者とどのように関連づけられるだろうか？ 鏡の前で変身した自分を楽しむ行為は，人々の製品選択に影響を与えるだろうか？ なぜか？

7. マーケターが自己陶酔を促すことは，倫理的に認められるだろうか？

8. これまで，ゲイの消費者をターゲットにした広告は，ゲイ専門メディアだけに配布されてきた．もしあなたがマーケティング責任者ならば，総人口のかなりの割合を占めるゲイの消費者に訴えかけるために，主流メディアも使うだろうか？ それとも，この習慣に強く反対する人たちもいることを考えれば，マーケターはゲイの人たちをそもそも考慮しないべきだろうか？

9. 一部の消費者団体が，痩せすぎのモデルの起用に抗議している．こうした痩せすぎの女性たちが，「ウェイフ・ルック」を得たいと思う女性たちを，無理なダイエットに駆り立てているという理由からである．これに対して，人々が幻想と現

実を区別できないと仮定するのは、彼らに対する侮辱だと反論する評論家もいる。あなたはどう考えるか？
10. 性は売ることができるのだろうか？ アメリカの下着メーカーのヴィクトリアズ・シークレットが、ウェブ上で大胆で挑発的な下着のファッションショーを流したときには、150万人がサイトにアクセスし、システムがダウンした。なかには、こうした肌の露出を好まない人もいる。ある消費者は、ボーイフレンドと一緒にテレビを見ていたときに、このファッションショーのCMが流れ、気まずい思いをした、と話した。「不快だったというよりは、自分がさげすまされた気分になったの」。もちろん、ヴィクトリアズ・シークレットはそのリスクを覚悟していた。というのも、同社の見積もりによれば、売上の90％を女性客が占めているからだ。製品を売るために、あからさまに性を強調することについて、あなたはどう考えるか？ この戦術は、男性でなく、女性消費者をターゲットにするときには、効果があるだろうか？ どのような状況下なら、性をマーケティング戦略として使っても良いだろうか？
11. 一部の運動家は、男性をターゲットにしたAxeのマーケティングに反対している。CMが女性をおとしめていると、彼らは考えている。対照的に、ダヴの広告キャンペーンは、少女たちの健康的な身体イメージを促進したという理由で称賛された。お気づきだろうか？ Axeもダヴも、ユニリーバのブランドである。大手企業が1つのブランドで女性に対して肯定的なメッセージを送り、別のブランドで異なるメッセージを送るのは、偽善的だろうか[207]？

■ 応用せよ

1. 男性または女性をテーマにしたテレビCMをいくつか見て、登場人物に反対の役割を担わせてみよう（男性のパートを女性に演じさせるなど）。性類型の行動に、何か違いは見られるだろうか？
2. 友人または家族の「消費伝記」を作りなさい。お気に入りの持ち物の写真リストを作り、その人の人柄を、リストの情報だけで表現できるかを試しなさい。
3. 強盗の被害にあった人、あるいは地震、火山噴火、土砂災害などの自然災害で持ち物を失った人にインタビューしてみよう。損失は、彼らにどのような影響を与えただろうか？ また彼らは、どのように持ち物を再構築しただろうか？ 同様に、クラスでも調査してみよう。家やマンションが火事にあい、持ち物のうち1つだけを持って逃げるとしたら、何を持ち出すか？
4. 自尊心をくすぐる広告の例を挙げ、考えられる効果を評価しなさい。

参考文献

1. http://wiki.answers.com/Q/Who_has_the_most_Twitter_followers, accessed May 28, 2011.
2. Harry C. Triandis, "The Self and Social Behavior in Differing Cultural Contexts," *Psychological Review* 96, no. 3 (1989): 506-20; H. Markus and S. Kitayama, "Culture and the Self: Implications for Cognition, Emotion, and Motivation," *Psychological Review* 98 (1991): 224-53.
3. Markus and Kitayama, "Culture and the Self."
4. Nancy Wong and Aaron Ahuvia, "A Cross-Cultural Approach to Materialism and the Self," in Dominique Bouchet, ed., *Cultural Dimensions of International Marketing* (Denmark: Odense University, 1995): 68-89.
5. 「丸の内と渋谷、ビジネスマナーの違い　新社会人へ役立つマナー入門」『AERA』2007

年4月2日号, p.130.
6. Lisa M. Keefe, "You're So Vain," *Marketing News* (February 28, 2000): 8.
7. Morris Rosenberg, *Conceiving the Self* (New York: Basic Books, 1979); M. Joseph Sirgy, "Self-Concept in Consumer Behavior: A Critical Review," *Journal of Consumer Research* 9 (December 1982): 287-300; www.mediapost.com, accessed February 15, 2007; Roy F. Baumeister, Dianne M. Tice, and Debra G. Hutton, "Self-Presentational Motivations and Personality Differences in Self-Esteem," *Journal of Personality* 57 (September 1989): 547-75; Ronald J. Faber, "Are Self-Esteem Appeals Appealing?" in Leonard N. Reid, ed., *Proceedings of the 1992 Conference of the American Academy of Advertising* (1992): 230-35.
8. Jeremy N. Bailenson, Shanto Iyengar, Nick Yee, and Nathan A. Collins, "Facial Similarity Between Candidates Causes Influence," *Public Opinion Quarterly* 72, no. 5 (2008): 935-61.
9. Emily Yoffe, "You Are What You Buy," *Newsweek* (June 4, 1990): 59.
10. Derek D. Rucker, David Dubois, and Adam D. Galinsky, "Generous Paupers and Stingy Princes: Power Drives Consumer Spending on Self versus Others," *Journal of Consumer Research* 37, no. 6 (April 2011): 1015-1029.
11. http://www.lorealparisjapan.jp/brand/
12. エルセーヴ ダメージケア PRO LOREAL PARIS x ジェニファー・ロペス (30秒). http://www.lorealparisjapan.jp/cm/
13. Michael Hafner, "How Dissimilar Others May Still Resemble the Self: Assimilation and Contrast after Social Comparison," *Journal of Consumer Psychology* 14, nos. 1 & 2 (2004): 187-96.
14. http://www.eshopping.ne.jp/others/proactiv.html https://www.youtube.com/watch?v=RFkKRvinLvY
15. Marsha L. Richins, "Social Comparison and the Idealized Images of Advertising," *Journal of Consumer Research* 18 (June 1991): 71-83; Mary C. Martin and Patricia F. Kennedy, "Advertising and Social Comparison: Consequences for Female Preadolescents and Adolescents," *Psychology & Marketing* 10 (November-December 1993): 513-30.
16. Philip N. Myers, Jr., and Frank A. Biocca, "The Elastic Body Image: The Effect of Television Advertising and Programming on Body Image Distortions in Young Women," *Journal of Communication* 42 (Summer 1992): 108-33.
17. Charles S. Gulas and Kim McKeage, "Extending Social Comparison: An Examination of the Unintended Consequences of Idealized Advertising Imagery," *Journal of Advertising* 29 (Summer 2000): 17-28.
18. Brent McFerran, Darren W. Dahl, Gavan J. Fitzsimons, and Andrea C. Morales, "Might an Overweight Waitress Make You Eat More? How the Body Type of Others Is Sufficient to Alter Our Food Consumption," *Journal of Consumer Psychology* 20, no. 2 (2010), 146-51; cf. also Michael Häfner and Debra Trampe, "When Thinking Is Beneficial and When It IsIzed Advertising Models," *Journal of Consumer Psychology* 19, no. 4 (2009): 619-28.
19. Erving Goffman, *The Presentation of Self in Everyday Life* (New York: Doubleday, 1959).
20. Michael Slackman, "Fashion and Faith Meet, on Foreheads of the Pious," *New York Times* (December 18, 2007), www.nytimes.com, accessed December 18, 2007.
21. Harrison G. Gough, Mario Fioravanti, and Renato Lazzari, "Some Implications of Self versus Ideal-Self Congruence on the Revised Adjective Check List," *Journal of Personality & Social Psychology* 44, no. 6 (1983): 1214-20.
22. Steven Jay Lynn and Judith W. Rhue, "Daydream Believers," *Psychology Today* (September 1985): 14.
23. www.taaz.com, accessed May 29, 2009; www.dailymakeover.com, accessed May 29, 2009.
24. Erving Goffman, *The Presentation of Self in Everyday Life* (Garden City, NY: Doubleday, 1959); Michael R. Solomon, "The Role of Products as Social Stimuli: A Symbolic Interactionism Perspective," *Journal of Consumer Research* 10 (December 1983): 319-29.
25. A. Reed, "Activating the Self-Importance of Consumer Selves: Exploring Identity Salience Effects on Judgments," *Journal of Consumer Research* 31, no. 2 (2004): 286-95.
26. Aliakbar Jafari and Christina Goulding, "'We Are Not Terrorists!' UK-Based Iranians, Consumption Practices and the 'Torn Self,'" *Consumption Markets & Culture* 11 (June 2008): 73-91.
27. Neal Stephenson, *Snow Crash* (New York: Bantam Books, 1992).
28. http://www.gungho.jp/pad/
29. "Virtual World Web Reaches 50,000 Virtual

Worlds," *San Francisco Chronicle* (March 31, 2011), http://www.sfgate.com/cgi-bin/article.cgi?f=/g/a/2011/03/31/prweb8256005.DTL, accessed May 28, 2011.

30. Natalie Wood and Michael R. Solomon, eds., *Virtual Social Identity* (Newport Beach, CA: Sage, 2010); Peter Svensson, "Study: Virtual Men Are Standoffish Too," *MyFox* 21 (February 2007), http://matei.org/ithink/2007/02/22/study-virtual-men-are-standoffish-too-yahoo-news/, accessed February 22, 2007.

31. George H. Mead, *Mind, Self and Society* (Chicago: University of Chicago Press, 1934).

32. Debra A. Laverie, Robert E. Kleine, and Susan Schultz Kleine, "Reexamination and Extension of Kleine, Kleine, and Kernan's Social Identity Model of Mundane Consumption: The Mediating Role of the Appraisal Process," *Journal of Consumer Research* 28 (March 2002): 659-69.

33. Natasha Singer, "If the Mirror Could Talk (It Can)," *New York Times* (March 18, 2007), www.nytimes.com, accessed March 18, 2007.

34. Charles H. Cooley, *Human Nature and the Social Order* (New York: Scribner's, 1902).

35. J. G. Hull and A. S. Levy, "The Organizational Functions of the Self: An Alternative to the Duval and Wicklund Model of Self-Awareness," *Journal of Personality & Social Psychology* 37 (1979): 756-68; Jay G. Hull, Ronald R. Van Treuren, Susan J. Ashford, Pamela Propsom, and Bruce W. Andrus, "Self-Consciousness and the Processing of Self-Relevant Information," *Journal of Personality & Social Psychology* 54, no. 3 (1988): 452-65.

36. Arnold W. Buss, *Self-Consciousness and Social Anxiety* (San Francisco: Freeman, 1980); Lynn Carol Miller and Cathryn Leigh Cox, "Public Self-Consciousness and Makeup Use," *Personality & Social Psychology Bulletin* 8, no. 4 (1982): 748-51; Michael R. Solomon and John Schopler, "Self-Consciousness and Clothing," *Personality & Social Psychology Bulletin* 8, no. 3 (1982): 508-14.

37. Loraine Lau-Gesk and Aimee Drolet, "The Publicly Self-Conscious Consumer: Prepare to Be Embarrassed," *Journal of Consumer Psychology* 18 (April 2008): 127-36.

38. Morris B. Holbrook, Michael R. Solomon, and Stephen Bell, "A Re-?Examination of Self-Monitoring and Judgments of Furniture Designs," *Home Economics Research Journal* 19 (September 1990): 6-16; Mark Snyder, "Self-Monitoring Processes," in Leonard Berkowitz, ed., *Advances in Experimental Social Psychology* (New York: Academic Press, 1979): 85-128.

39. Mark Snyder and Steve Gangestad, "On the Nature of Self-Monitoring: Matters of Assessment, Matters of Validity," *Journal of Personality & Social Psychology* 51 (1986): 125-39; Timothy R. Graeff, "Image Congruence Effects on Product Evaluations: The Role of Self-Monitoring and Public/Private Consumption," *Psychology & Marketing* 13 (August 1996): 481-99; Richard G. Netemeyer, Scot Burton, and Donald R. Lichtenstein, "Trait Aspects of Vanity: Measurement and Relevance to Consumer Behavior," *Journal of Consumer Research* 21 (March 1995): 612-26.

40. "Video Game Company Tries Human Branding," *New York Times* (August 12, 2002), www.nytimes.com, accessed August 12, 2002; Angela Orend-Cunningham, "Corporate Logo Tattoos: Literal Corporate Branding?," *Consumers, Commodities & Consumption* 5, no. 1 (December 2003); www.airnewzealand.com/aboutus/mediacentre/cranial-billboards-campaign.htm, accessed May 29, 2009.

41. "KFC Deploys Human Billboards," *Marketing Daily* (September 22, 2010), http://www.mediapost.com/publications/?fa=Articles.showArticle&art_aid=136160&nid=118926, accessed April 10, 2011.

42. Jack L. Nasar, "Symbolic Meanings of House Styles," *Environment & Behavior* 21 (May 1989): 235-57; E. K. Sadalla, B. Verschure, and J. Burroughs, "Identity Symbolism in Housing," *Environment & Behavior* 19 (1987): 579-87.

43. Solomon, "The Role of Products as Social Stimuli"; Robert E. Kleine III, Susan Schultz-Kleine, and Jerome B. Kernan, "Mundane Consumption and the Self: A Social-Identity Perspective," *Journal of Consumer Psychology* 2, no. 3 (1993): 209-35; Newell D. Wright, C. B. Claiborne, and M. Joseph Sirgy, "The Effects of Product Symbolism on Consumer Self-Concept," in John F. Sherry Jr. and Brian Sternthal, eds., *Advances in Consumer Research 19* (Provo, UT: Association for Consumer Research, 1992): 311-18; Susan Fournier, "A Person-Based Relationship Framework for Strategic Brand Management" (doctoral dissertation, University of Florida, 1994).

44. A. Dwayne Ball and Lori H. Tasaki, "The Role and Measurement of ?Attachment in Consumer Behavior," *Journal of Consumer Psychology* 1, no. 2 (1992): 155-72.
45. William B. Hansen and Irwin Altman, "Decorating Personal Places: A Descriptive Analysis," *Environment & Behavior* 8 (December 1976): 491-504.
46. Lan Nguyen Chaplin and Deborah Roedder John, "The Development of Self-Brand Connections in Children and Adolescents," *Journal of Consumer Research* 32 (June 2005): 119-29.
47. R. A. Wicklund and P. M. Gollwitzer, *Symbolic Self-Completion* (Hillsdale, NJ: Erlbaum, 1982).
48. Paul Glader, "Avid Boarders Bypass Branded Gear," *Wall Street Journal* (July 27, 2007): B1.
49. Erving Goffman, *Asylums* (New York: Doubleday, 1961).
50. Floyd Rudmin, "Property Crime Victimization Impact on Self, on Attachment, and on Territorial Dominance," *CPA Highlights, Victims of Crime Supplement* 9, no. 2 (1987): 4-7.
51. Barbara B. Brown, "House and Block as Territory," paper presented at the Conference of the Association for Consumer Research, San Francisco, 1982.
52. Shay Sayre and David Horne, "I Shop, Therefore I Am: The Role of Possessions for Self-Definition," in Shay Sayre and David Horne, eds., *Earth, Wind, and Fire and Water: Perspectives on Natural Disaster* (Pasadena, CA: Open Door Publishers, 1996), 353-70; cf. also Jill G. Klein and Laura Huang, "After All Is Lost: Meeting the Material Needs of Adolescent Disaster Survivors," *Journal of Public Policy & Marketing* 26, no. 1 (Spring 2007): 1-12.
53. Deborah A. Prentice, "Psychological Correspondence of Possessions, Attitudes, and Values," *Journal of Personality & Social Psychology* 53, no. 6 (1987): 993-1002.
54. Jennifer L. Aaker, "The Malleable Self: The Role of Self-Expression in Persuasion," *Journal of Marketing Research* 36 (February 1999): 45-57; Sak Onkvisit and John Shaw, "Self-Concept and Image Congruence: Some Research and Managerial Implications," *Journal of Consumer Marketing* 4 (Winter 1987): 13-24. For a related treatment of congruence between advertising appeals and self-concept, see George M. Zinkhan and Jae W. Hong, "Self-Concept and Advertising Effectiveness: A Conceptual Model of Congruency, Conspicuousness, and Response Mode," in Rebecca H. Holman and Michael R. Solomon, eds., *Advances in Consumer Research* 18 (Provo, UT: Association for Consumer Research, 1991): 348-54.
55. C. B. Claiborne and M. Joseph Sirgy, "Self-Image Congruence as a Model of Consumer Attitude Formation and Behavior: A Conceptual Review and Guide for Further Research," paper presented at the Academy of Marketing Science Conference, New Orleans, 1990.
56. Susan Fournier, and Julie L. Yao, "Reviving Brand Loyalty: A Reconceptualization within the Framework of Consumer-Brand Relationships," *International Journal of Research in Marketing* 14, no. 5 (December 1997): 451-72; Caryl E. Rusbult, "A Longitudinal Test of the Investment Model: The Development (and Deterioration) of Satisfaction and Commitment in Heterosexual Involvements," *Journal of Personality & Social Psychology* 45, no. 1 (1983): 101-17.
57. Allison R. Johnson, Maggie Matear, and Matthew Thomson, "A Coal in the Heart: Self-Relevance as a Post-Exit Predictor of Consumer Anti-Brand Actions," *Journal of Consumer Research* 38, no. 1 (June 2011): 108-125.
58. Özlem Sandikci and Güliz Ger, "Aesthetics, Ethics and Politics of the Turkish Headscarf," in Susanne Küchler and Daniel Miller, eds., *Clothing as Material Culture* (Oxford, UK: Berg, 2005): Chapter 4.
59. Marc Lacey, "Where Showing Skin Doesn't Sell, a New Style is a Hit," *New York Times* (March 20, 2006), www.nytimes.com.
60. Jennifer L. Aaker, "The Malleable Self: The Role of Self-Expression in Persuasion," *Journal of Marketing Research* 36 (February 1999): 45-57.
61. A. L. E. Birdwell, "A Study of Influence of Image Congruence on Consumer Choice," *Journal of Business* 41 (January 1964): 76-88; Edward L. Grubb and Gregg Hupp, "Perception of Self, Generalized Stereotypes, and Brand Selection," *Journal of Marketing Research* 5 (February 1986): 58-63.
62. Benedict Carey, "With That Saucy Swagger, She Must Drive a Porsche," *New York Times* (June 13, 2006), www.nytimes.com, accessed June 13, 2006.
63. Ira J. Dolich, "Congruence Relationship between Self-Image and Product Brands," *Journal of Marketing Research* 6 (February 1969): 80-84;

Danny N. Bellenger, Earle Steinberg, and Wilbur W. Stanton, "The Congruence of Store Image and Self Image as It Relates to Store Loyalty," *Journal of Retailing* 52, no. 1 (1976): 17-32; Ronald J. Dornoff and Ronald L. Tatham, "Congruence between Personal Image and Store Image," *Journal of the Market Research Society* 14, no. 1 (1972): 45-52.

64. Naresh K. Malhotra, "A Scale to Measure Self-Concepts, Person Concepts, and Product Concepts," *Journal of Marketing Research* 18 (November 1981): 456-64.

65. Ernest Beaglehole, *Property: A Study in Social Psychology* (New York: Macmillan, 1932).

66. Scott Smith, Dan Fisher, and S. Jason Cole, "The Lived Meanings of Fanaticism: Understanding the Complex Role of Labels and Categories in Defining the Self in Consumer Culture," *Consumption, Markets & Culture* 10 (June 2007): 77-94.

67. Russell W. Belk, "Shoes and Self," *Advances in Consumer Research* (2003): 27-33.

68. Park Ji Kyung and Deborah Roedder John, "Got to Get You into My Life: Do Brand Personalities Rub Off on Consumers?" *Journal of Consumer Research* 37, no. 4 (2010), 655-69.

69. Russell W. Belk, "Possessions and the Extended Self," *Journal of Consumer Research* 15 (September 1988): 139-68.

70. Somini Sengupta, "Attack on Women at an Indian Bar Intensifies a Clash of Cultures," *New York Times* (February 8, 2009), www.nytimes.com, accessed February 8, 2009; Niraj Sheth and Tariq Engineer, "As the Selling Gets Hot, India Tries to Keep Cool, New-Age Dilemma: Too Sexy? Just Fun? The Chocolate Man," *Wall Street Journal* (September 9, 2008), www.wsj.com, accessed September 9, 2008.

71. Diane Goldner, "What Men and Women Really Want . . . to Eat," *New York Times* (March 2, 1994): C1(2).

72. Nina M. Lentini, "McDonald's Tests 'Angus Third Pounder' in California," *Marketing Daily* (March 27, 2007), www.mediapost.com, accessed March 27, 2007.

73. 「お伴は「ソフト化」「ジュース化」したお酒 20代の酒離れに歯止めの兆し＜特集＞」『日経消費ウオッチャー』2012年2月10日号、pp. 4-13.

74. 「宝酒造、日本酒「松竹梅白壁蔵」――おしゃれな装い、味は深く（ロングセラーに挑む）」日経産業新聞2012年9月13日、p.8.

75. 「発泡性の清酒を宝酒造が再発売」日本経済新聞2011年6月8日地方経済面（京都・滋賀）、p.45.

76. http://www.web-across.com/todays/d6eo3n000000anqq.html
http://www.narumiya-net.co.jp/company/license.html

77. John F. Sherry, Jr., Robert V. Kozinets, Adam Duhachek, Benet DeBerry-Spence, Krittinee Nuttavuthisit, and Diana Storm, "Gendered Behavior in a Male Preserve: Role Playing at ESPN Zone Chicago," *Journal of Consumer Psychology* 14, nos. 1 & 2 (2004): 151-58.

78. Suzanne Vranica, "Sony Tries to Lure DVR Ad-Skippers," *Wall Street Journal* (September 20, 2006): A20.

79. Thomas Tsu Wee Tan, Lee Boon Ling, and Eleanor Phua Cheay Theng, "Gender-Role Portrayals in Malaysian and Singaporean Television Commercials: An International Advertising Perspective," *Journal of Business Research* 55 (2002): 853-61.

80. Joan Meyers-Levy, "The Influence of Sex Roles on Judgment," *Journal of Consumer Research* 14 (March 1988): 522-30.

81. Anne Eisenberg, "Mars and Venus, on the Net: Gender Stereotypes Prevail," *New York Times* (October 12, 2000), www.nytimes.com, accessed October 12, 2000.

82. Beverly A. Browne, "Gender Stereotypes in Advertising on Children's Television in the 1990s: A Cross-National Analysis," *Journal of Advertising* 27 (Spring 1998): 83-97.

83. Lisa Bannon, "Mattel Sees Untapped Market for Blocks: Little Girls," *Wall Street Journal* (June 6, 2002): B1.

84. Gavin O'Malley, "Study: Men Are from Hulu, Women Are from Facebook," *Online Media Daily* (July 28, 2010), http://www.mediapost.com/publications/?fa=Articles.showArticle&art_aid=132841&nid=117095, accessed April 10, 2011.

85. Elizabeth Landau, "Men See Bikini-Clad Women as Objects, Psychologists Say," *CNN* (February 19, 2009), www.cnnhealth.com, accessed February 19, 2009.

86. Eileen Fischer and Stephen J. Arnold, "Sex, Gender Identity, Gender Role Attitudes, and Consumer Behavior," *Psychology & Marketing* 11 (March-April 1994): 163-82.

87. Sarah Kershaw, "For Teenagers, Hello Means 'How about a Hug?'" *New York Times* (May 27, 2009), www.nytimes.com, accessed May 28, 2009.
88. Clifford Nass, Youngme Moon, and Nancy Green, "Are Machines Gender Neutral? Gender-Stereotypic Responses to Computers with Voices," *Journal of Applied Social Psychology* 27, no. 10 (1997): 864-76; Kathleen Debevec and Easwar Iyer, "Sex Roles and Consumer Perceptions of Promotions, Products, and Self: What Do We Know and Where Should We Be Headed," in Richard J. Lutz, ed., *Advances in Consumer Research* 13 (Provo, UT: Association for Consumer Research, 1986): 210-14; Joseph A. Bellizzi and Laura Milner, "Gender Positioning of a Traditionally Male-Dominant Product," *Journal of Advertising Research* (June-July 1991): 72-79.
89. Hillary Chura, "Barton's New High-End Vodka Exudes a 'Macho Personality,'" *Advertising Age* (May 1, 2000): 8; www.thorshammervodka.com, accessed May 29, 2009.
90. 「日本女性向けゴルフクラブ、テーラーメイド、新ブランド発売」『日経MJ』（流通新聞）2009年11月13日号、p.9.
91. Eric Bellman, "Suzuki's Stylish Compacts Captivate India's Women," *Wall Street Journal* (May 11, 2007): B1.
92. Craig S. Smith, "Underneath, Saudi Women Keep Their Secrets," *New York Times* (December 3, 2002), www.nytimes.com, accessed December 3, 2002.
93. John Leland and Duraid Adnan, "Mannequins Wear a Message for Iraq's Women," *New York Times* (February 8, 2011), http://www.nytimes.com/2011/02/09/world/middleeast/09baghdad.html?_r=1&scp=1&sq=mannequin&st=cse, accessed April 10, 2011.
94. Marylouise Caldwell, Ingeborg Astrid Kelppe, and Paul Henry, "Prosuming Multiple Gender Role Identities: A Multi-Country Written and Audio-Visual Exploration of Contemporary Young Mainstream Female Achievers," *Consumption, Markets & Culture* 10 (June 2007): 95-115.
95. マイケルJ.シルバースタイン、ケイト・セイヤー、鈴木英介訳（2010）．『女性の消費力が世界経済を動かす』（*Diamond Harvard Business Review*）．October, pp. 88-102.
96. 大正製薬（2014）．「リポビタンD博物館：広告館」（http://www.taisho.co.jp/lipovitan/museum/advertising/index.html）．
97. Natalie Zmuda, "Can Dr Pepper's Mid-Cal Soda Score a 10 with Men?," *Advertising Age* (February 21, 2011), http://adage.com/article/news/dr-pepper-10-avoid-marketing-missteps-pepsi-coke/148983/, accessed April 10, 2011.
98. www.mavtv.com, accessed May 28, 2011.
99. Barbara B. Stern, "Masculinism(s) and the Male Image: What Does It Mean to Be a Man?," in Tom Reichert and Jacqueline Lambiase, eds., *Sex in Advertising: Multi-Disciplinary Perspectives on the Erotic Appeal* (Mahwah, NJ: Erlbaum, 2003): 215-228.
100. http://ikumen-project.jp/index.html
101. オリンパスイメージング株式会社（2014）．「"撮るという、アイラブユー。"「OM-D E-M10」テレビCM」（http://www.olympus.co.jp/jp/info/2014a/if140305omdj.jsp）．
102. ダイハツ工業株式会社（2014）．「「メルヘンハウス」篇」（http://www.daihatsu.co.jp/cm/tanto/index_02.htm）；「「抱っこ」篇」（http://www.daihatsu.co.jp/cm/tanto/index_03.htm）．
103. Andrew Martin, "As the Web Turns," *New York Times* (January 12, 2011), http://www.nytimes.com/2011/01/13/business/13advice.html?_r=2&ref=media, accessed April 10, 2011; www.manofthehouse.com, accessed May 28, 2011.
104. Douglas B. Holt and Craig J. Thompson, "Man-of-Action Heroes: The Pursuit of Heroic Masculinity in Everyday Consumption," *Journal of Consumer Research* 31 (September): 425-40.
105. 花王株式会社（2014）．http://www.kao.co.jp/biore/mens/
106. 「リポート-フィーチャー-後半-年代超え広がる「美」市場-女性化する男たち」『日経ビジネス』2009年10月5日号、pp.130-133.
107. Vivian Manning-Schaffel, "Metrosexuals: A Well-Groomed Market?," *Brand Channel* (May 22, 2006), www.brandchannel.com, accessed May 22, 2006; Jack Neff, "A Lipstick Index for Men? Philips' Norelco Posits that Guys Are Growing Beards to Protest Recession," *Advertising Age* (April 2, 2009), www.adage.com, accessed April 2, 2009; Aaron Baar, "Move Over, Ladies; Men Are Walking Down Beauty Aisles," *Marketing Daily* (December 22, 2008), www.mediapost.com, accessed December 22, 2008.
108. Sandra L. Bem, "The Measurement of Psychological Androgyny," *Journal of Consulting & Clinical Psychology* 42 (1974): 155-62; Deborah E. S. Frable, "Sex Typing and Gender

Ideology: Two Facets of the Individual's Gender Psychology That Go Together," *Journal of Personality & Social Psychology* 56, no. 1 (1989): 95-108.
109. "Gender-Bending Avatars Suffer Lack of Trust," *SAWF News* (July 11, 2007), http://news.sawf.org/Lifestyle/39848.aspx, accessed July 11, 2007.
110. Geoffrey A. Fowler, "Asia's Lipstick Lads," *Wall Street Journal* (May 27, 2005), www.wsj.com, accessed May 27, 2005.
111. Matt Alt and Hiroko Yoda, "Big Primpin' in Tokyo," *Wired* (May 2007): 46.
112. See D. Bruce Carter and Gary D. Levy, "Cognitive Aspects of Early Sex-Role Development: The Influence of Gender Schemas on Preschoolers' Memories and Preferences for Sex-Typed Toys and Activities," *Child Development* 59 (1988): 782-92; Bernd H. Schmitt, France Le Clerc, and Laurette Dube-Rioux, "Sex Typing and Consumer Behavior: A Test of Gender Schema Theory," *Journal of Consumer Research* 15 (June 1988): 122-27.
113. Carol Gilligan, In a Different *Voice: Psychological Theory and Women's Development* (Cambridge, MA: Harvard University Press, 1982); Joan Meyers-Levy and Durairaj Maheswaran, "Exploring Differences in Males' and Females' Processing Strategies," *Journal of Consumer Research* 18 (June 1991): 63-70.
114. Lynn J. Jaffe and Paul D. Berger, "Impact on Purchase Intent of Sex-Role Identity and Product Positioning," *Psychology & Marketing* (Fall 1988): 259-71; Lynn J. Jaffe, "The Unique Predictive Ability of Sex-Role Identity in Explaining Women's Response to Advertising," *Psychology & Marketing* 11 (September-October 1994): 467-82.
115. Leila T. Worth, Jeanne Smith, and Diane M. Mackie, "Gender Schematicity and Preference for Gender-Typed Products," *Psychology & Marketing* 9 (January 1992): 17-30.
116. Qimei Chen, Shelly Rodgers, and William D. Wells, "Better Than Sex: Identifying Within-Gender Differences Creates More Targeted Segmentation," *Marketing Research* (Winter 2004): 17-22.
117. Christina Goulding and Michael Saren, "Performing Identity: An Analysis of Gender Expressions at the Whitby Goth Festival," *Consumption, Markets & Culture* 12 (March 2009): 27-46; Ayalla Ruvio and Russell Belk, "Conflicting Selves and the Role of Possessions: Exploring Transgenders' Self-Identity Conflict," in Darren W. Dahl, Gita V. Johar, and Stijn M. J. van Osselaer, eds., *Advances in Consumer Research* 38 (Duluth, MN: Association for Consumer Research, 2010).
118. 「リポート・フィーチャー－後半－年代超え広がる「美」市場－女性化する男たち」『日経ビジネス』2009年10月5日号．pp.130-133.
119. Rupal Parekh, "Gender-Bending Brands an Easy Way to Increase Product Reach," *Advertising Age* (March 2, 2009), www.adage.com, accessed March 2, 2009; Sarah Mahoney, "Best Buy Opens Store Designed for Women," *Marketing Daily* (October 6, 2008), www.mediapost.com, accessed October 6, 2008; Kevin Helliker, "The Solution to Hunting's Woes? Setting Sights on Women," *Wall Street Journal* (October 1, 2008), http://online.wsj.com/Article/Sb122281550760292225.Html?Mod=Dist_?Smartbrief, accessed October 2, 2008; Stephanie Clifford, "Frito-Lay Tries to Enter the Minds (and Lunch Bags) of Women," *New York Times* (February 24, 2009), www.nytimes.com, accessed February 24, 2009; Karl Greenberg, "Harley Says Guys Ride Back Seat in May," *Marketing Daily* (February 3, 2009), www.mediapost.com, accessed February 3, 2009.
120. 「リポート・フィーチャー－後半－年代超え広がる「美」市場－女性化する男たち」『日経ビジネス』2009年10月5日号．pp.130-133.
121. 「男性用ブラに注文殺到　発売から3週間で500枚」2008/11/25 ITmedia New
122. 「［緩話急題］ブラジャーをする男たち「草食化」は生物的必然？」東京読売新聞2008年12月9日朝刊p.15.
123. 「女性用ネクタイ．伝統工芸と組む．ネックウエアのノーブル社．西陣織など「生活用品に．」」『日経MJ』（流通新聞）2014年4月21日号．p.7.
124. 「マンダム．ギャツビーフェイシャルペーパー－顔さっぱり．シェア7割（イイネ）」『日経MJ』（流通新聞）2014年6月18日号．p.7.
125. 「健康路線で新CM『ファイト一発』だけじゃない　大正製薬」東京新聞2007年5月30日朝刊．p.9.
126. 「欲しくなる「お試し」－サイト駆使感想吸い上げ．仮想通貨と交換．無人配布マシン」『日経MJ』（流通新聞）2007年4月13日号．p.1
127. 「大正製薬．ノンシュガーで低カロリーの医薬部外品ドリンク剤「リポビタンファイン」を発売」2005年10月20日プレスリリース．

128. Ben Parr, "Google Chrome Commercial Lets Gay Teens Know 'It Gets Better,'" Mashable.com, http://mashable.com/2011/05/04/google-chrome-it-gets-better/, accessed May 28, 2011.
129. 「安倍首相夫人，都内のLGBTパレードに参加」『AFPBB NEWS』2014年4月28日.
130. Projections of the incidence of homosexuality in the general population often are influenced by assumptions of the researchers, as well as the methodology they employ (e.g., self-report, behavioral measures, fantasy measures). For a discussion of these factors, see Edward O. Laumann, John H. Gagnon, Robert T. Michael, and Stuart Michaels, *The Social Organization of Homosexuality* (Chicago: University of Chicago Press, 1994).
131. For a recent academic study of this subculture, cf. Steven M. Kates, "The Dynamics of Brand Legitimacy: An Interpretive Study in the Gay Men's Community," Journal of Consumer Research 31 (September 2004): 455–64.
132. 「時流超流・トレンド-巨大市場「LGBT」とは 年間6兆6000億円,同性愛者の国内市場」『日経ビジネス』2007年2月26日号, p.14.
133. 「第2特集-LGBT 眠れる市場を掘り起こせ—起こし—Lesbian Gay Bisexual Transgender 眠れる市場を掘り起こせ」『日経ビジネス』2007年4月16日号, pp.88-89.
134. Karlene Lukovitz, "Consumer Preferences Vary among Gay/Lesbian Segments," *Marketing Daily* (October 24, 2007), www.mediapost.com/publications/?fa=Articles.showArticle&art_aid=69729; accessed October 24, 2007.
135. Ellen Byron, "Cognac and a Splash of Controversy," *Wall Street Journal* (April 29, 2004): B5.
136. 「LGBT市場広がる可能性-規模5.7兆円-観光, 金融などで期待」『FujiSankei Business i.』2014年5月19日号, p.1.
137. 「第2特集-LGBT 眠れる市場を掘り起こせ—第1章-動き出す6兆円ビジネス」『日経ビジネス』2014年4月16日号, pp.90-91.
138. Dennis W. Rook, "Body Cathexis and Market Segmentation," in Michael R. Solomon, ed., *The Psychology of Fashion* (Lexington, MA: Lexington Books, 1985): 233-41; for research that examines how body image influences the likelihood of using virtual models, cf. Ellen C. Garbarino and Jos? Antonio Rosa, "Body Esteem, Body Image Discrepancy and Body Boundary Aberration as Influencers of the Perceived Accuracy of Virtual Models," working paper, Weatherhead School of Management, Case Western Reserve University (2006).
139. Nina Mandell, "Padded Swimsuits for All? Abercrombie and Fitch Marketing Padded Tops to Young Girls," *New York Daily News* (March 27, 2011), http://www.nydailynews.com/lifestyle/fashion/2011/03/27/2011-03-27_padded_swimsuits_for_all_abercrombie_and_fitch_marketing_padded_tops_to_young_gi.html, accessed April 10, 2011.
140. Karen K. Dion, "What Is Beautiful Is Good," *Journal of Personality & Social Psychology* 24 (December 1972): 285-90.
141. Sharon Jayson, "Study: Beautiful People Cash in on Their Looks," *USA Today* (March 31, 2011), http://www.usatoday.com/money/perfi/basics/2011-03-30-beauty30_ST_N.htm, accessed April 10, 2011.
142. Hal R. Varian, "The Hunk Differential," *New York Times* (August 28, 2003), www.nytimes.com, accessed August 28, 2003.
143. "Saving Face," *The Economist* (July 10, 2004): 55.
144. Emily Flynn, "Beauty: Babes Spot Babes," *Newsweek* (September 20, 2004): 10.
145. For some results that provide exceptions to this overall phenomenon, cf. Elizabeth Cashdan, "Waist-to-Hip Ratio across Cultures: Trade-Offs between Androgen- and Estrogen-Dependent Traits," *Current Anthropology* 49, no. 6 (2008): 1099-1107.
146. Abigail W. Leonard, "How Women Pick Mates vs. Flings," *LiveScience* (January 2, 2007), www.livescience.com/health/070102_facial_features.html, accessed January 3, 2007.
147. Corky Siemaszko, "Depends on the Day: Women's Sex Drive a Very Cyclical Thing," *New York Daily News* (June 24, 1999): 3.
148. http://science.netscape.com/story/2006/10/10/fertile-women-dress-to-impress, accessed February 1, 2007; Kristina M. Durante, Vladas Griskevicius, Sarah E. Hill, Carin Perilloux, and Norman P. Li, "Ovulation, Female Competition, and Product Choice: Hormonal Influences on Consumer Behavior," *Journal of Consumer Research* 37 (April 2011): 921-34.
149. Amanda B. Bower, "Highly Attractive Models in Advertising and the Women Who Loathe Them: The Implications of Negative Affect for Spokesperson Effectiveness," *Journal of*

Advertising 30 (Fall 2001): 51-63.
150. Basil G. Englis, Michael R. Solomon, and Richard D. Ashmore, "Beauty before the Eyes of Beholders: The Cultural Encoding of Beauty Types in Magazine Advertising and Music Television," *Journal of Advertising* 23 (June 1994): 49-64; Michael R. Solomon, Richard Ashmore, and Laura Longo, "The Beauty Match-Up Hypothesis: Congruence between Types of Beauty and Product Images in Advertising," *Journal of Advertising* 21 (December 1992): 23-34.
151. Thomas Fuller, "A Vision of Pale Beauty Carries Risks for Asia's Women," *International Herald Tribune Online* (May 14, 2006), accessed May 16, 2006.
152. Seth Mydans, "Oh Blue-Eyed Thais, Flaunt Your Western Genes!" *New York Times* (August 29, 2002), www.nytimes.com, accessed August 29, 2002.
153. Fuller, "A Vision of Pale Beauty Carries Risks for Asia's Women."
154. Norimitsu Onishi, "Globalization of Beauty Makes Slimness Trendy," *New York Times* (October 3, 2002), www.nytimes.com, accessed October 3, 2002.
155. Ellen Knickermeyer, "Full-Figured Females Favored," *Opelika-Auburn News* (August 7, 2001).
156. Amy Chozick, "; "The 'Love Bra' Catches Fire," *Wall Street Journal* (May 7, 2007): A1.
157. Lois W. Banner, *American Beauty* (Chicago: University of Chicago Press, 1980); for a philosophical perspective, see Barry Vacker and Wayne R. Key, "Beauty and the Beholder: The Pursuit of Beauty through Commodities," *Psychology & Marketing* 10 (November-December 1993): 471-94.
158. Elaine L. Pedersen and Nancy L. Markee, "Fashion Dolls: Communicators of Ideals of Beauty and Fashion," paper presented at the International Conference on Marketing Meaning, Indianapolis, IN, 1989; Dalma Heyn, "Body Hate," *Ms.* (August 1989): 34; Mary C. Martin and James W. Gentry, "Assessing the Internalization of Physical Attractiveness Norms," *Proceedings of the American Marketing Association Summer Educators' Conference* (Summer 1994): 59-65.
159. Lisa Bannon, "Barbie Is Getting Body Work, and Mattel Says She'll Be 'Rad,'" *Wall Street Journal*

Interactive Edition (November 17, 1997).
160. Lisa Bannon, "Will New Clothes, Bellybutton Create 'Turn Around' Barbie," *Wall Street Journal Interactive Edition* (February 17, 2000). ditto
161. "Report Delivers Skinny on Miss America," *Montgomery Advertiser* (March 22, 2000): 5A.
162. "Study: Playboy Models Losing Hourglass Figures," CNN.com (December 20, 2002), www.CNN.com.
163. Anthony H. Ahrensa, Sarah F. Etua, James J. Graya, James E. Mosimanna, Mia Foley Sypecka, and Claire V. Wisemanb, "Cultural Representations of Thinness in Women, Redux: *Playboy* Magazine's Depiction of Beauty from 1979 to 1999," *Body Image* (September 2006): 229-35.
164. Erin White, "Dove 'Firms' with Zaftig Models: Unilever Brand Launches European Ads Employing Non-Supermodel Bodies," *Wall Street Journal* (April 21, 2004): B3.
165. "The Dove Report: Challenging Beauty," *Unilever* 2004, www.dove.com/real_beauty/article.asp? id=430, accessed June 15, 2005.
166. Geoffrey A. Fowler, "Unilever Gives 'Ugly Betty' a Product-Plug Makeover in China," *Wall Street Journal* (December 29, 2008), www.wsj.com, accessed December 29, 2008.
167. Jill Neimark, "The Beefcaking of America," *Psychology Today* (November-December 1994): 32.
168. Richard H. Kolbe and Paul J. Albanese, "Man to Man: A Content Analysis of Sole-Male Images in Male-Audience Magazines," *Journal of Advertising* 25 (Winter 1996): 1-20.
169. 「まるごと応援くらし塾：中高年のジーンズ，格好よく一体形劣化，工夫でカバー－筋肉の衰え，正しい姿勢保つ」京都新聞朝刊 2008 年 5 月 14 日 p.14.
170. 「エドウイン，着圧機能のボディメイク・ジーンズ「SOMETHING ボディメイク・ストーリー」を発売」2010 年 12 月 17 日プレスリリース.
171. Jack Loechner, "Appearance and Weight Trumps Disease in Women's Concerns," Center for Media Research (May 26, 2008), http://blogs.mediapost.com/Research_Brief/?P=1714, accessed May 26, 2008.
172. David Goetzl, "Teen Girls Pan Ad Images of Women," *Advertising Age* (September 13, 1999): 32; Carey Goldberg, "Citing Intolerance, Obese

People Take Steps to Press Cause," *New York Times* (November 5, 2000). http://www.nytimes.com/2000/11/05/us/fat-people-say-an-intolerant-world-condemns-them-on-first-sight.html, accessed September 1, 2011.
173. Shirley S. Wang, "Diet Pepsi's 'Skinny Can' Campaign Riles Eating Disorders Group," *Wall Street Journal* (February 15, 2011), http://blogs.WallStreetJournal.com/health/2011/02/15/diet-pepsis-skinny-can-campaign-riles-eating-disorders-group/, accessed April 10, 2011.
174. "Fat-Phobia in the Fijis: TV-Thin Is In," *Newsweek* (May 31, 1999): 70.
175.「肥満と負債，強い相関．経済的選択を反映―大阪大学教授池田新介氏（経済教室）」日本経済新聞2008年4月8日朝刊，p.25.
176. Norimitsu Onishi, "Japan, Seeking Trim Waists, Measures Millions," *New York Times* (June 13, 2008), www.nytimes.com, accessed June 13, 2008.
177. Erin White and Deborah Ball, "Slim-Fast Pounds Home Tough Talk Ads Aimed at U.K. Women," *Wall Street Journal* (May 28, 2004): B3.
178. John W. Schouten, "Selves in Transition: Symbolic Consumption in Personal Rites of Passage and Identity Reconstruction," *Journal of Consumer Research* 17 (March 1991): 412-25; Janet Whitman, "Extreme Makeovers Blur Line between Medicine and Cosmetics," *Wall Street Journal* (January 7, 2004), www.wsj.com, accessed January 7, 2004.
179. Simon Romero, "Chávez Tries to Rally Venezuela against a New Enemy: Breast Lifts," *New York Times* (March 14, 2011), http://www.nytimes.com/2011/03/15/world/americas/15venezuela.html?scp=1&sq=breast&st=cse, accessed April 10, 2011.
180. Sharon Lafranierek, "For Many Chinese, New Wealth and a Fresh Face," *New York Times* (April 23, 2011), http://www.nytimes.com/2011/04/24/world/asia/24beijing.html?_r=1&ref=todayspaper, accessed April 29, 2011.
181. 日本能率協会総合研究所 マーケティング・データ・バンク「MDB市場情報レポート：美容整形」(http://jmar-bi.com/report/226R1862.html).
182.「美容整形市場，男性需要で拡大？（ビジネスPlus）」日経産業新聞2007年10月26日，p.1.
183. Catherine Saint Louis, "This Teenage Girl Uses Botox. No, She's Not Alone," *New York Times* (August 11, 2010), http://www.nytimes.com/2010/08/12/fashion/12SKIN.html?_r=1&scp=2&sq=botox&st=cse, accessed April 10, 2011.
184. Jane E. Brody, "Notions of Beauty Transcend Culture, New Study Suggests," *New York Times* (March 21, 1994): A14; Norihiko Shirouzu, "Reconstruction Boom in Tokyo: Perfecting Imperfect Belly-Buttons," *Wall Street Journal* (October 4, 1995): B1.
185. Emily Yoffe, "Valley of the Silicon Dolls," *Newsweek* (November 26, 1990): 72.
186. Jerry Adler, "New Bodies for Sale," *Newsweek* (May 27, 1985): 64.
187.「技術―体形補正機能付き下着―寄せ・上げるブラ大ヒット　腹部押さえる男性用も」『日経ビジネス』1996年2月19日号．pp.53-55.
188. Ruth P. Rubinstein, "Color, Circumcision, Tattoos, and Scars," in Michael R. Solomon, ed., *The Psychology of Fashion* (Lexington, MA: Lexington Books, 1985): 243-54; Peter H. Bloch and Marsha L. Richins, "You Look 'Mahvelous': The Pursuit of Beauty and Marketing Concept," *Psychology & Marketing* 9 (January 1992): 3-16.
189. Sondra Farganis, "Lip Service: The Evolution of Pouting, Pursing, and Painting Lips Red," *Health* (November 1988): 48-51.
190. Michael Gross, "Those Lips, Those Eyebrows; New Face of 1989 (New Look of Fashion Models)," *New York Times Magazine* (February 13, 1989): 24.
191. "High Heels: Ecstasy's Worth the Agony," *New York Post* (December 31, 1981).
192.「サッカー観戦を盛り上げる！　ペイント風タトゥーを自作する方法」誠　Biz. ID，2012年6月5日．
193.「マンダム，タトゥー・シールを発売．コンビニ専用ブランドシリーズ」化学工業日報1999年7月2日，p.4.
194. Dannie Kjeldgaard and Anders Bengtsson, "Consuming the Fashion Tattoo," in Geeta Menon and Akshay R. Rao, eds., *Advances in Consumer Research* 32 (Duluth, MN: Association for Consumer Research, 2005): 172-77.
195. "Three in Ten Americans with a Tattoo Say Having One Makes Them Feel Sexier," (February 12, 2008), www.harrisinteractive.com/harris_poll/index.asp?PID=868, accessed May 29, 2009.
196.「〈発信2005　タトゥー事情〉上：変わる価値観―「怖い」から「格好いい」」北海道新聞朝刊（全道）2005年3月8日．p.32.
197. Natasha Singer, "Erasing Tattoos, Out of Regret

or for a New Canvas," *New York Times* (June 17, 2007), www.nytimes.com, accessed June 17, 2007.
198. www.pathfinder.com:80/altculture/aentries/p/piercing.html, accessed August 22, 1997.
199. Caroline Muspratt, "Unilever Bans 'Size Zero' Models in Ads," *London Telegraph* (May 9, 2007), www.telegraph.co.uk, accessed May 9, 2007; Larry Rohter, "Burst of High-Profile Anorexia Deaths Unsettles Brazil," *New York Times* (December 30, 2006), www.nytimes.com, accessed December 30, 2006; Eric Wilson, "Doctors Fault Designers' Stance over Thin Models," *New York Times* (January 9, 2007), www.nytimes.com, accessed January 9, 2007.
200. Debra A. Zellner, Debra F. Harner, and Robbie I. Adler, "Effects of Eating Abnormalities and Gender on Perceptions of Desirable Body Shape," *Journal of Abnormal Psychology* 98 (February 1989): 93-96.
201. Robin T. Peterson, "Bulimia and Anorexia in an Advertising Context," *Journal of Business Ethics* 6 (1987): 495-504.
202. 厚生労働省〈http://www.mhlw.go.jp/kokoro/speciality/detail_eat.html〉.
203. 同上..
204. Judy Folkenberg, "Bulimia: Not for Women Only," *Psychology Today* (March 1984): 10.
205. "Defining Metro Sexuality," *Metrosource* (September/October/ November 2003).
206. Dinitia Smith, "Demonizing Fat in the War on Weight," *New York Times* (May 1, 2004), www.nytimes.com, accessed May 1, 2004.
207. Stephanie Clifford, "Axe Body Products Puts Its Brand on the Hamptons Club Scene," *New York Times* (May 22, 2009): B6.

第6章　パーソナリティとサイコグラフィクス

この章の目的	本章の学習を通じて，以下のことを理解しよう：
	1. 消費者のパーソナリティは，マーケティングに対する反応に影響を与える．しかし，このことをマーケティングに生かそうとする努力の結果は，まちまちである．
2. サイコグラフィクスは，単純なデモグラフィクスのデータ以上に，マーケターがさまざまな消費者セグメントを理解し，働きかけるのに役立つ．
3. 消費者の活動は，人と社会の両方に害を与えることがある．

　大手広告代理店の重役であるサチコとヒロシは，新規顧客の開拓を祝して，全社員に支給される高額ボーナスの使い道について話し合っている．ほとんどの代理店が，新しいビジネスどころか人員を削減しているご時世に，なんと景気の良い話だろう．ヒロシは命知らずの冒険家を気取り，アメリカのコロラド州へのスリル満載の旅にボーナスをつぎ込もうと計画している．彼はそこで，恐ろしいほどの高さからのバンジージャンプに挑戦するのだ．サチコは，最近はまっているサーフィンに使うつもりだ．「私はコロラドのバンジージャンプはすでに経験してしまったし，今年は湘南の海で波を待つことにするわ」．
　2人の友人であるマリは，最先端のホームシアターシステムを熱心に調べていた．サチコとヒロシは，自分たちがマリと随分と違うことに驚いた．マリはせっかくの休暇を，感傷的な映画を見たり，読書をしたりして過ごすことに満足している．3人の給料は同じくらいで，サチコとマリは，大学で同じサークルだった．それなのに，どうしてこれほどまでに，好みが違うのだろうか．サチコとヒロシは思った．きっと，アイスクリームにチョコレート味とバニラ味があるのは，こうした好みの違いによるものに違いない，と．

学習の目的 1
消費者のパーソナリティは，マーケティングに対する反応に影響を与える．しかし，このことをマーケティングに生かそうとする努力の結果はまちまちである．

パーソナリティ

　サチコとヒロシは，余暇の新しい過ごし方を常に探している人たちの代表である．ハラハラドキドキの経験を提供するアドベンチャー産業にとって，彼らの欲求は大きなビジネス機会を意味する[1]．サチコとヒロシは，物静かな友人のマリと，なぜこれほどまでに違うのだろうか．その答えの1つは，パーソナリティ（personality）という概念にあるかもしれない．これは，個人の心理的特性，そしてその特性が周囲への反応に対して与える影響を意味する．すべての人が，パーソナリティを持っているのだろうか．確かに，私たちが出会う人の中には，それが疑わしい人もいないわけではない．実際のところ，心理学者には，パーソナリティの概念は根拠がないと主張する人もいる．人は必ずしもすべての状況で同じように振る舞うわけではないので，パーソナリティは人々を分類する便利な方法でしかないのだと，彼らは論じる．

　直感的に，この議論は受け入れることが少々難しい．なぜなら，私たちは他者を限られた状況下で見ることの方が多く，そのときはいつも同じような行動を目にすることが多いためである．しかし，人がいつも一貫した行動をとるわけではないことは，誰でも知っている．興奮して激しい感情を見せるときもあるだろうし，責任ある態度で行動するときもあるだろう．すべての心理学者が，パーソナリティという考えを捨て去ったわけではないが，現在では多くの研究者が，人の基本的な特性はパズルの一部にしかすぎないと認識し，状況という要因が，行動を決める上で大きな役割を果たしていると考えるようになった[2]．それでも，マーケティング戦略にパーソナリティという要素が含まれることは変わらない．

フロイト理論

　ジークムント・フロイトは，パーソナリティの大部分は，身体的ニーズを満足させたいという欲求と，責任ある社会の構成員として機能する必要性といった，根本的な対立から生じるという理論を提唱した．この葛藤は，3つの精神構造の間で生じる．それぞれを簡単にまとめておこう．

フロイトの精神構造理論

　イド（id）は，本能的な欲望を表わす．イドは快楽原則（pleasure principle）に従って

消費者行動，私はこう見る
——ドナ・L・ホフマン教授（カリフォルニア大学リバーサイド校）

消費者はソーシャルメディアを，なぜ，そして，どのように使っているのか．ソーシャルメディアのアプリケーションが急増し，オンライン上の交流がますます進化を続けている．消費者行動の研究者は，消費者がソーシャルメディアをどのように利用しているのかを理解することで，消費者の動機，ソーシャルメディアの目標，そして，幸福な生活を結びつける，理論的モデルを構築できると考えている．そうしたモデルの必要性は，ますます緊急性を帯びている．ソーシャルメディアへの参加方法が続々と生み出される中，マーケターは，アプリケーションに消費者の基本的ニーズを満たす要素を組み入れ，最もポジティブな結果につなげようと取り組んでいる．

同僚のトム・ノヴァク教授と私は，ソーシャルメディアの本質的な双方向性は，4つの高次目標——つながり（connect），創造（create），消費（consume），コントロール（control）——の達成に役立つと主張してきた．ソーシャルメディアのこの「4C」能力は，なぜこれほど多くの人が，これほど多くの時間を，ソーシャルメディアに費やしているのか，なぜソーシャルメディアがこれほど人気なのか，といったことに対する理由の一部を提供する．最近になって，ソーシャルメディアに関する研究が驚くほど増えているが，何がその利用を駆り立て，またその利用が主観的幸福感とどのように関連しているのかといった，概念的枠組みに焦点を置いた研究は少ない．

このギャップを埋めるため，我々は，消費者の動機によって，さまざまなソーシャルメディア利用の目標がどのように駆り立てられるのか，そしてこれら目標と主観的幸福感がどのように関連しているのかを検証するために，2つの大規模調査を実施した．ソーシャルメディアによってニーズを満たされている個人は，幸福感に対するポジティブな影響を経験しているはずである．（この論理は，過去に私たちが実施した調査で追究した「最適なオンライン経験」という考えと関連している．その調査では，ネットサーフィンでフロー状態を経験する人は，こうした強力なオンライン経験を得ることができない人と比べ，ポジティブな結果を得ることが分かった）．どちらの研究でも，消費者のソーシャルメディア目標を整理する上で「4C」を使っている．

最初の調査では，「人とつながる」といった根本的な社会的動機，「自立と能力」といった基本的ニーズ，内発的動機づけと外発的動機づけに対する志向，そして，社会的アイデンティティにおける自尊心の2つの側面，といった文脈でのソーシャルメディアの利用目的を検証した．結果，「つながる」という目標（社会的目標）は，関係性に対するニーズ，外的な力によってコントロールされているという認知（外的統制）他者と結びつきたいという本質的な動機，そして自分が属するソーシャルメディアのグループに対するポジティブな評価（私的な集合的自尊心）と関連していることを示した．消費者の目標「創造」への追求は，自立，能力，関係性ニーズ，外的統制，高いソーシャルメディア関与，自己意識への貢献（アイデンティティに対する自尊

心）と関連している．「消費」目標（非社会的目標）は，内発的に動機づけられ，自立や能力とは負の方向に関連づけられているようである．「コントロール」目標は，自立と能力ニーズを満たし，外発的動機づけとソーシャルメディアの知識と関連づけられる．

第2の調査では，「4C」のソーシャルメディア目標の優先順位が異なる人が，幸福感に対する認識でも異なるかを検証した．その結果，異なるソーシャルメディア目標の追求と主観的幸福感に関連が見られ（「つながり」セグメントと「創造」セグメントが最も幸福である），オンライン上の相互関係に関する高次目標では違いが見られた（「つながり」セグメントは人との相互関係を追求することに喜びを感じ，「創造」セグメントはコンテンツとの相互関係の追求に喜びを感じる）．

それぞれのソーシャルメディア目標は，異なるニーズと動機に支えられ，また幸福感の認識に等しく関連しているわけではないという我々の発見は，研究とマーケティングの実践に重要な示唆を持つ．この結果は，ソーシャルメディアへの参加増加が幸福感を高めるのかどうか，もしそうであるならば，どのように高めるのかを，研究者が理解する助けになるかもしれない．マーケティング・マネージャーは，ソーシャルメディアが「キラーアプリ」の可能性を提供していると信じている．そして，どうしたらもっと「ソーシャル」なアプリを開発できるかということが，繰り返し問われている．この研究結果を活用し，ソーシャルメディア目標と，双方向型メディア環境でのマーケティング努力に対する消費者の反応との関係を調べることで，マーケティング戦略の焦点を絞るのに役立てることができるだろう．

作用する．つまり，喜びを最大化し，痛みを避けたいという基本的欲求が，行動を導く．イドは，自己中心的で非論理的である．人の心理的エネルギーを，結果を考慮することなく，喜ばしい行動へと向かわせる．

　超自我（superego） は，イドへの抵抗勢力で，本質的にはその人の良心を表わす．社会的なルールを取り込み，イドが利己的な喜びを追求するのを防ごうとする．

　最後に，**自我（ego）** は，イドと超自我の間をとりなすシステムで，基本的には誘惑と美徳の闘いの審判員と捉えられる．自我は**現実原則（reality principle）** に従って，こうした対立のバランスをとろうとする．つまり，イドを満足させつつ，それを周囲から受け入れられるものにする方法を見つけるのである．これらの対立は，無意識レベルで生じる．そのため，人は必ずしも自分の行動の根本に気づいているわけではない．

　消費者行動の研究者は，フロイト理論の一部を取り入れてきた．彼の理論は，無意識レベルの潜在的購買動機に焦点を当てることができる．これが意味するのは，消費者は特定の製品を選ぶ本当の動機を，他人に告げることはできないかもしれないということである．またフロイトの見解は，イドの欲求と超自我の抑制を調和させるために，自我が製品シンボリズムに依存する，という可能性も提起する．潜在的な欲求を象徴する製品を使うことで，社会的には受容されない欲求のはけ口を手にし，禁断の実を代替経験する

コピー：
イド
パーティー人生を欲する，良い映画を待ち焦がれる，モーツァルトのCDを熱望する，キャビアのカナッペを切望する，高級フィレ肉を欲する，リキュールを求める，ゴディバのチョコレートを熱望する，深い眠りを欲する．

超自我
仕事にいくべき，オフィスに電話するべき，クライアントに電話するべき，提案書を書くべき，提案書をブラッシュアップするべき，提案書をファックスするべき，提案書をメールするべき，一時的にリラックスするべき．

この広告は，快楽的満足への欲求（イドに代表される）と合理的でタスク志向の活動（超自我に代表される）の葛藤に注目している．

出典：United Airlines の許可を得て掲載．

のである．

ときに葉巻はただの葉巻でしかない

　マーケティングに応用されるフロイト理論の大部分は，製品が性的に象徴されるものと関連している．例えば，スポーツカーを所有することは，性的満足の代用（特に「中年の危機」に直面している男性に当てはまる）と考える分析者もいる．確かに，自分の車への愛着が，並外れて強い人はいる．日産「インフィニティ」の広告は，車が，消費者の機能面に対するニーズだけでなく，性的ニーズをも満たすことができるという考えを強化している．彼らは，「金属シートと欲望を掛け合わせると，どうなるだろうか」と広告で表現した．また，男性的なシンボリズム（「男根象徴（phallic symbols）」）に焦点を合

わせることで，女性にアピールするアプローチもある．フロイトは，「ときに葉巻はただの葉巻でしかない」と冗談を言ったものの，フロイトの考えを応用したマーケティングの多くは，性器に似た物（男性性器として葉巻，木，刀など，女性性器としてトンネルなど）を使っている．このアプローチは，フロイトの夢分析から来たもので，彼は，夢が豊かな象徴的ストーリーという形で，欲求を抑圧していると信じていた．

モチベーション・リサーチ（動機づけの研究）

　1950年代のモチベーション・リサーチ（motivational research）は，製品と広告をより深く理解することを目的とした，フロイト理論を借りた市場調査法である．このアプローチは，無意識の動機を強調する，精神分析的解釈を採用した．これは，人は社会的には受け入れられないニーズを，受け入れられる形（製品での代用を含む）に変えるという前提に立つ．

　この調査は，消費者との「深層面接（depth interviews）」に依存する．多くの消費者に一般的な質問をし，代表的な統計サンプルの回答と比べるのと違い，モチベーション・リサーチではごく少数の人にだけ話を聞く．そして，それぞれのインフォーマント（情報提供者）の購買動機について，深く探っていく．深層面接は，数時間かけることもある．それは，インフォーマントが自分の潜在的な動機について，すぐには正確に答えられないだろうという仮定に基づいている．訓練された面接官は，質問と解釈を通して，その答えを引き出す．

　20世紀前半のウィーンで，フロイトの弟子たちとともに訓練を受けた精神分析者のアーネスト・ディヒターが，この研究の先駆者だった．ディヒターは，230以上の異なる製品について，深層面接による研究を行った．そしてその発見の多くが，実際のマーケティング戦略に組み込まれた[3]．例えば，村上春樹の『1Q84』で何度も取り上げられたように，アメリカのガソリンブランド，エッソ（世界最大の民間石油会社，エクソンモービルが使用する商標名．ペットマークは虎で，「エッソタイガー」または「タンゴタイガー」と呼ばれる）は何年も，消費者に「タンクにタイガーを」と強調してきた．これは，ディヒターが，性的意味合いを感じさせる，力強い動物の象徴に対して，人々が肯定的に反応することを発見したからである．表6.1に，ディヒターが明らかにした主な消費動機をまとめている．

　広告代理店が，サブリミナル知覚研究（第2章参照）で行ったのと同じ方法で実施したモチベーション・リサーチに対して，異議を唱える批評家もいた．このアプローチは，広告主に消費者を操る力を与える，と彼らは批判した[4]．しかし，多くの消費者行動研究者は，この研究は，厳密さと有効性に欠けると感じた．解釈があまりにも主観的だったためである[5]．分析者は少数のグループに面接した後，自分の判断に基づいて結論を

表6.1 モチベーション・リサーチによる消費動機の特定

動機	連想される製品
力・男らしさ・精力	力：糖分が高い製品やたっぷりの朝食（エネルギーを充電），ボウリング，電車，改造車，電動工具． 男らしさ・精力：コーヒー，赤身の肉，頑丈な靴，モデルガン，女性に毛皮のコートを買う，カミソリで髭を剃る．
安全	アイスクリーム（愛されている子どもに返った気分になる），きちんとアイロンがかけられたシャツでいっぱいの引き出し，本物の漆喰の壁（保護されている気分になる），家庭料理，病院での治療．
エロティシズム	スイーツ（なめる），手袋（女性が服を脱ぐ1つの形），女性のたばこに火をつける男性（緊張に満ちた瞬間を生み，それがプレッシャーから解放感へと変わる）．
道徳的純潔・清潔さ	白いパン，コットンの布地（純潔さを暗示），強力な家庭用洗剤（使用後，主婦が道徳性を感じる），入浴（イエス・キリストに十字架刑を宣告したポンテオ・ピラトが，手についた血を洗い流したことと同じ），オートミール（犠牲，美徳）．
社会的受容	仲間意識：アイスクリーム（楽しみを分かち合う），コーヒー． 愛情：おもちゃ（子どもへの愛情を表わす），砂糖とハチミツ（愛情を表わす言葉）． 受容：石鹸，化粧品．
個性	グルメ，外国車，シガレット入れ，ウォッカ，香水，万年筆．
地位	スコッチ・ウィスキー：潰瘍，心臓発作，消化不良（高ストレスの重要な仕事に就いていることを示す），カーペット（農民のように地べたで生活をしていないことを示す）．
女性らしさ	ケーキとクッキー，人形，シルク，お茶，骨董品．
報酬	たばこ，キャンディ，アルコール，アイスクリーム，クッキー．
環境の支配	台所用品，船，スポーツ用品，ライター．
非疎外感（何かとつながっていると感じたい欲求）	家の内装，スキー，朝のラジオ放送（世界とつながっていると感じる）．
魔法・神秘	スープ（癒しパワーを持つ），絵画（部屋の雰囲気を変える），炭酸飲料（発泡性という不思議な感覚），ウォッカ（ロマンティックな歴史），プレゼントの包みを開けること．

出 典：Jeffery F. Durgee, "Interpreting Dichter's Interpretations: An Analysis of consumption symbolism," in *The Handbook of Consumer Motivation, Marketing and Semiotics: Selected Papers from the Copenhagen Symposium*, eds. Hanne Hartvig-Larsen, David Glen Mick, and Christian Alstead（Copenhagen, 1991）．

出していた．そのため，この発見がより大きな市場に一般化できるのかについては，疑いが持たれた．さらに，当初のモチベーション・リサーチの研究者は，正統派のフロイト理論に強く影響されていたため，彼らの解釈には常に性的なテーマが含まれていた．性的な部分を強調すると，他の行動に駆り立てる動機を見逃しやすくなる．それでも，モチベーション・リサーチは，一部のマーケターにとって，次のような理由で，魅力的であった：

- モチベーション・リサーチは，大規模な量的データの収集に比べて，費用がかからない．

インタビューとデータ処理のコストが，比較的安くすむからである．
- モチベーション・リサーチで得られる知見は，深層ニーズにアピールし，より強力に消費者を惹きつけるマーケティング戦略の開発を助けるかもしれない．ターゲット市場の全消費者に対して有効でなかったとしても，顧客に共感してもらえる広告コピーを開発したいと考える広告主にとっては，これらインサイトは貴重なものとなる．
- モチベーション・リサーチから得られる発見のいくつかは，直感的にありえると思えるものである．例えば，人はコーヒーを人との交流と結びつけて考え，プルーンは老いを思わせるために避け，また男性は最初に手に入れた車を初めて性的な自由を得た若者と同等視する，といった結論が導き出された．

欠点はあるものの，現在もモチベーション・リサーチを利用している企業は存在する．例えば，「泡でごきぶりを瞬時に隠してしまう殺虫剤」の例を見てみよう[6]．メーカーは，「いかに早くごきぶりを殺せるかどうか」といった即効性を重視していたが，主婦にとっては「ごきぶりが早く死ぬことよりも，目の前から見えなくなることの方が重要である」ということが分かった．これは，開発者と主婦が対話を重ねるうちに見えてきたことである．当初は，主婦自身も気づいていなかった．またライオンも，消費者とのインタビューを重ね，インサイトを捉えて，既存商品との差異化に成功した．2010年1月に発売された洗濯用コンパクト液体洗剤「トップ　ナノックス」である[7]．それまでの宣伝広告では，油汚れの除去や白さなど，「目に見える汚れ」を落とす機能をうたったものが多かった．しかしライオンは，主婦たちが洗剤に求める特徴や機能が年々変わっていることを，インタビューなどから突き止めていた．そして，「見えないにおい汚れ」への強さを全面に押し出し，大ヒットにつなげた．

モチベーション・リサーチは，より厳密な研究アプローチの理解を深める予備的なテクニックとして使うとき，最も役に立つと考えられている．

新フロイト派の理論

フロイト理論は，その後のパーソナリティ理論に大きな影響を与えた．フロイトは，行動を説明するものは，表面から隠れたところに潜んでいるという理解の扉を開いた．しかし，彼の同僚や学生の多くは，個人のパーソナリティは，性的な葛藤をどのように解決するかということよりも，他者との関係をどのように対処するかによって影響されると感じていた．これら理論家たちは，新フロイト派と呼ばれる．

カレン・ホーナイ

最も傑出した新フロイト派の1人が，カレン・ホーナイだった．この先駆的な精神分析家は，人を「他者に向かって動く」（追従型），「他者から離れる」（遊離型），あるいは「他

者に対抗する」（自己主張型）のいずれかとして描写した[8]．確かに，初期の調査では，追従型の人たちはブランド品に向かいやすく，遊離型の人はお茶をよく飲む，といったことが分かった．また，自己主張型に分類された男性は，男っぽく力強いブランドを好むことが分かった[9]．

その他の有名な新フロイト派には，アルフレッド・アドラー（最大の動機づけは，他者に対する劣等感を克服することと提唱），ハリー・スタック・サリヴァンら（社会的関係での不安を軽減するために，パーソナリティがいかに進化するかに焦点を当てた）がいる[10]．

カール・ユング

カール・ユングもフロイトの弟子の1人で，フロイトの後継者として訓練を受けた．しかしユングは，パーソナリティの性的側面を強調するフロイト理論を受け入れることができず，それも原因となって，フロイトと袂を分かつこととなった．ユングは独自の心理療法論を発展させ，それを「分析心理学（analytical psychology）」と名づけた．

彼は，過去の世代の経験の蓄積が，現在の私たちを形作っていると信じた．そして，誰もが「集合無意識（collective unconscious）」を共有すると主張した．要するに，祖先から受け継いだ記憶の倉庫である．例えば，多くの人が暗闇を怖がるのは，彼らの遠い祖先が，それを怖がる理由を持っていたからだと，ユングなら論じるだろう．これら共有される記憶が元型（archetypes），すなわち，普遍的に認識される思考や行動パターンを生み出す．元型には，生と死，悪魔など，神話や物語，そして夢の中に頻繁に現れるものが含まれる．

ユングの思想はやや強引とも思われるが，実際，広告メッセージには元型が多く含まれている．例えば，ユングと彼の支持者が明らかにした元型には，「老賢者」（old wise man）や「大地の母」（earth mother）などがある[11]．これらのイメージは，魔法使い，尊敬される教師，「母なる自然」のようなキャラクターを使う広告に頻繁に現れる．最近の『ハリー・ポッター』や『ロード・オブ・ザ・リング』の人気も，こうしたイメージの力を物語る．

大手広告代理店のヤング・アンド・ルビカム（Y&R）は，図6.1で示される「ブランドアセット元型」モデルで，元型アプローチを使っている．このモデルは，元型における不健康な関係，ならびに健康的な関係を提示している．健康的なパーソナリティとは，元型が呼応する「影」を圧倒するものである．不健康なパーソナリティとは，1つ以上の「影」が支配するときに生じる．ブランドの「影」が支配している状態とは，ブランドを健康的なパーソナリティに導く行動が必要という，広告代理店への合図でもある．これは，精神的に病んだ人にカウンセリングを提供することと似ている．Y&Rは，このアプローチに

図 6.1　ブランドアセット評価元型

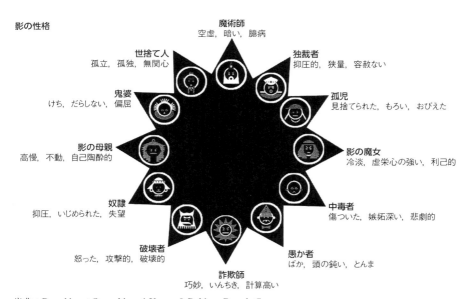

出典：BrandAsset Consulting: A Young & Rubican Brands Company.

多くの利点があると感じている:
- 元型は,文化や時代を超えて,人間の普遍的な心理に基づいている.そのため,このアプローチを使うと,ブランド(多国籍であることも多い)のパーソナリティを理解することが容易になる.
- 元型は,ブランド・コミュニケーションの責任者に即座に理解される.実際,責任者クラスの優れた者たちは,ブランドをどう考えるかということにおいて,元型を既に組み入れている.「ブランドアセット元型」モデルは,残りの者が彼らに追いつくのを助ける.
- 「ブランドアセット元型」モデルをより客観的なブランド認知測定と結びつけることで,マーケティングの意思決定者は,Y&Rの修正提案が具体的なビジネス目標の達成につながるという確信を持つことができる.
- ブランド・パーソナリティの健全さを測ることで,ブランドがトラブルを抱えているかどうかを,ときには市場の指標より数年早く「初期警告」として知ることができる.これによって,マーケティング・マネージャーはブランドを適切に修正する上で,十分な時間を得ることができる[12].

特性理論

マッチ・ドットコム(match.com)のようなオンライン結婚仲介サービスは,「パーソナリティ・ファイル」を作成して,共通点のある会員を紹介してくれる.このパーソナリティへのアプローチは,パーソナリティ特性(personality traits)を量的に測定することに重点を置いている.パーソナリティ特性は,個人を特定する明らかな特徴と定義されている.

特性理論のマーケティングへの応用例としては,イーロイヤルティ(eLoyalty)が使っているテクニックがある.コールセンター用のツールやサービスを開発しているこの企業は,電話をかけてくる人のプロフィールを蓄積し,そのパーソナリティ・タイプに最もよく対処できるカスタマーサービスのオペレーターを選び出している.このシステムは,「プロセス・コミュニケーション・モデル」と呼ばれる方法論に基づいている.この方法論は,NASAが宇宙飛行士候補を選別したり,ビル・クリントン元大統領が彼のスピーチ原稿を調整したりするために使ったものである.システムの開発者は,人を6つのパーソナリティ・タイプ(それぞれが異なるコミュニケーション・スタイルやストレスのきっかけを持っている)に分類した.これは,話している相手のパーソナリティ・タイプを知っていると,その人に効果的に作用するコミュニケーション・スタイルに修正できるという考えに基づいている.例えば,「ワーカホリック」タイプは,仕事第一に考える人たちである.カスタマーサービスが,「ワーカホリック」タイプの人と世間話で親密感を高めようとすると,そのアプローチは逆効果となる.対照的に,「反応者」タイプは人との関係を重視

第6章 パーソナリティとサイコグラフィクス　　297

する人たちで，ビジネスに取り掛かる前に，相手の感情をうまく捉えられないオペレーターは，最初から失敗が決まったようなものである．このシステムは，電話をかけてきた人の話し方パターンを自動分析してパーソナリティ・タイプを特定し，その人がもう一度かけてきたときには，そのタイプの対処が上手なオペレーターに直接つながるようにしている[13]．

　重要なパーソナリティ特性には，どのようなものがあるだろうか．まず，「外向的」か「内向的」かで，人を表現できる．章の冒頭のエピソードで言えば，マリは「内向的」（物静かで控えめ）なのに対し，同僚のサチコは「外向的」な性格と言える[14]．これまでの調査は，その人の考え方と適合する広告メッセージは，より説得力があることを示している[15]．

　調査会社マインドセット・メディアによれば，パーソナリティ特性は，年齢，性別，収

コピー：エルファ（elfa）の導入後
同じスペース，同じ荷物なのに，美しくて機能的なクローゼットに転換！

このドイツ企業が販売している製品は，整頓好きな人にアピールする．

出典：The Container Store による写真提供．

入などのデモグラフィクス特性よりも，消費者が選ぶメディアの優れた指標になるという．また，消費者がよく見るテレビ番組も，その人のパーソナリティやその人が好むブランドを，マーケターが得る手掛かりとなる．消費者は，支配的なパーソナリティ特性と一致する（と知覚する）ブランド・イメージを選ぶ傾向にあるため，マーケターにとっては，有益な情報となる．

消費者行動と関連した特性の中には，「革新性（innovativeness）」（新しいことを試すのを好む程度），「物質主義（materialism）」（第4章で述べたように，製品を取得し，所有することにどれだけの価値を置くか），「自意識（self-consciousness）」（第5章で論じたように，他者の目に映る自己イメージを，自分で意図的に観察し，制御する程度），「認知ニーズ（need for cognition）」（物事について考えるのが好きな程度．拡大解釈すると，ブランド情報の処理に必要な努力を行う程度）などがある[16]．

倹約

消費者行動に関連したもう1つの特性に，「倹約（frugality）」がある．倹約好きな人は，気まぐれでものを買うことをしない．彼らは，既に持っているものをうまく利用することを選ぶ．例えば，このパーソナリティ・タイプは，シャワーにかける時間を決めたり，家で食べ残したものを職場のランチに持っていったりなどの節約方法を好む傾向にある[17]．経済不況の時期には，多くの人が「内なる倹約家」を表に出して，お金を節約する方法を探し求める．実際，2008年の大不況が迫り来る時期には，「倹約」という言葉のグーグル検索が2,500％増加した．以前は，多くの人が，高級車や高級ブランドの靴（あるいはその両方）に散財していたが，ほとんどの人は経済が改善しても倹約傾向を続けるだろうと，多くのアナリストが予測している．この予測はどの程度，正確だろうか．その答えは，どれほどの人が，経済が回復するまで支出を「ひと休み」する人ではなく，本当に倹約的なパーソナリティを持っているかによるだろう．

消費者行動研究における特性理論の問題点

消費者行動の研究者は，消費者をさまざまな特性で分類する．このアプローチは，市場のセグメンテーションに応用することができる．例えば，自動車メーカーが，あるパーソナリティ特性を持つドライバーは特定の特徴を持つ車を好むと知れば，この情報を有利に利用することができるだろう．消費者が自分のパーソナリティの延長線上にある製品を買うという考えは，直感的には正しいように思える．後に見るように，多くのマーケティング・マネージャーがこの考えを取り入れ，異なるタイプの消費者にアピールする「ブランド・パーソナリティ」を構築しようとしている．

残念ながら，標準的なパーソナリティ特性尺度を用いた，消費者の製品選択の予測は，

限定的な成功という程度にとどまった．多くの場合，マーケティング・リサーチャーは，測定されたパーソナリティ特性を基に，消費者の行動を予測することはできなかった．この結果については，いくつかの論理的な説明が考えられる[18]．
- 測定尺度の多くは，十分に有効とは言えない，あるいは信頼性に欠ける．そのため，測定すべきことを適切に測定することができず，結果にばらつきが生じた．
- 心理学者は，特定の人たちに対して，パーソナリティ・テストを考案することが多い（精神的に病んでいる人など）．マーケターはそれを「借用」して，より一般的な人に応用する．そのため，テストとの関連性が疑わしいものになった．
- マーケターは，適切な条件下でテストを実施していないことが多い．適切な訓練を受けていない人が，教室やキッチンで，調査を行っているかもしれない．
- 研究者は，状況やニーズに従って，テスト内容に修正を加えることがある．その過程で，質問項目を追加または削除したり，変数を変更したりするかもしれない．その場の思いつきによる変更は，測定の有効性を引き下げ，他の消費者サンプルの結果と比べる能力も引き下げることになる．
- 多くの特性尺度は，全般的な傾向について調べるものである（感情の安定性や内向性など）．マーケターは，その結果を使って，特定のブランド購入について予測しなければならない．
- 多くの場合，マーケターは，こうした測定をどのように消費者行動に結びつけるかを事前にまとめないまま，消費者に多数の項目に答えさせている．その後，「ショットガン・アプローチ」を使って，興味深く思えることを追跡する．どの統計学者も同意するだろうが，このアプローチは偶然に頼るもので，結果が歪められ，別の研究で再現されることはないかもしれない．

多くの研究が意味ある結果を出さずに終わったことで，パーソナリティ測定の利用をやめるマーケティング・リサーチャーが多くなった．しかし，期待をまだ捨てきれずにいる研究者もいる．最近になって（主にヨーロッパで），過去の間違いから学ぼうとする努力がなされている．研究者は，経済活動と関連があると思われるパーソナリティ特性に特化し，測定の正確性を増やそうと努力している．そのために1つのパーソナリティ尺度に依存するのではなく，複数の行動尺度を含めようとしている．さらに，パーソナリティ特性から分ることについては，期待を持ちすぎないようにしている．今では，それを役立つものとするためには，個人的なデータを社会的・経済的状況の情報と統合しなければならないと考えるようになった[19]．その結果，最近は，パーソナリティ特性を消費者行動と関連づけることに，以前よりも大きな成功を収めているものもある（例えば，若い男性のアルコール消費や新しい健康食品を試そうとする意思）[20]．

ブランド・パーソナリティ

　アップルのユーザーは，非ユーザーよりも優れているのだろうか．周りに「アップル中毒」の知り合いがいると言う人は多いだろう．彼らは，原始的な PC やアンドロイドの携帯電話を使っている「無教養」の大衆をばかにすることを好む．実際，2 万人を対象にした調査の結果によれば，iPad ユーザーは不親切で，人に共感を示すことが少ない「利己的なエリート」と表現されている．同調査は，彼らのことを「裕福，高学歴，権力志向でやり手，洗練され，不親切で，利他愛に欠ける 30 〜 50 歳世代．自己中心的な仕事中毒で，ビジネスと金儲けに圧倒的な関心を持ち，権力と達成を重視し，通りを渡る人を手助けするようなことはない」とも表現している[21]．たまたま成功したブランドに惹かれる人たちに対して，なんとも手厳しい表現ではないか．製品には，パーソナリティがあるのだろうか．所有者の特性に，影響を与えるのだろうか．少し時代をさかのぼって，この興味深い問いの答えを探すことにしよう．

　1886 年，マーケティングの歴史における記念碑的な出来事が起こった．クエーカー・オーツマンが，はじめてシリアル箱の上に姿を現わしたのである．19 世紀のアメリカでは，クエーカー教徒は，抜け目ないが公正な人たちだと評判で，行商人はときにこの宗教集団のメンバーのような服を着て，彼らの信用の高さを利用した．アメリカのシリアル会社，クエーカーオーツカンパニーが，このクエーカー教徒のイメージをパッケージに「借用」しようと決めたとき，消費者も同じ連想をしてくれるだろうと期待していた[22]．

　現在，何千ものブランドが，個人や集団のパーソナリティ特性を借用して，消費者に連想してもらいたいブランド・イメージを伝えている．ブランド・パーソナリティ（brand personality）とは，製品を人間であるかのように見立てて与える特性のことである．広告代理店は，次のようなメモを書いて，クライアントをどのように描くかについて考えた．この描写から，これが誰のことか，言い当てることができるだろうか．「彼はクリエイティブで……予測不能……それにいたずらっ子だ……歩いたり話したりするだけでなく，歌ったり，ブラッシングしたり，ウインクしたり，ポインターのような小さな道具を使って仕事をすることも……楽器を演奏することもできる……彼の歩き方は『自信たっぷり』で……彼はパン生地でできていて，ひとかたまりになることもできる」[23]（ちなみに，答えはアメリカの老舗製粉会社であるピルズベリー社のイメージ・キャラクター，ピルズベリー・ドゥボーイである）．

　ポップカルチャーの有名人には，マクドナルドのドナルド・マクドナルドなど，昔からなじみのあるブランドの広告塔が含まれる[24]．こうしたパーソナリティは，新しい意味を持たせるために，定期的にイメージチェンジが図られる．例えば，スナック菓子「ベビースターラーメン」のイメージ・キャラクターは，1988 年に一新されている．1959 年の発

売以来，長年使われた女の子のキャラクター「ベビーちゃん」から，現在の「ベイちゃん」（中華風の服を着た男の子）と「ビーちゃん」（女の子）に一新された．定番のチキン味から，「カレー」「みそ」などに味を広げるたびに，ベイちゃんも服のデザインを変え，字が読めない幼い子供にも味が想像できるようにした．これまでに売り出されたベビースターは，地域限定商品やサイズの違いまで含めると，累計 3 千種類以上である．ベイちゃん，ビーちゃんの服も，約 50 種類にのぼる[25][26]．

人と同じように，ブランド・パーソナリティは時間とともに変化する．状況がどれほど変わるかを理解してもらうために，1993 年にアメリカ人が最もスタイリッシュだと考えていたブランドのランキングを紹介しよう：

1　リーバイス
2　ナイキ
3　バグルボーイ
4　ゲス
5　L.A. ギア

2008 年のトップ 5 は，このように変わっていた．

1　ヴィクトリアズ・シークレット
2　ラルフローレン
3　ナインウエスト
4　カルバンクライン
5　コーチ[27]

ブランド・パーソナリティをうまく作り上げることが，ブランド・ロイヤルティを築くカギになることが多い．だが，それを達成するのは，言うほど簡単ではない．その理由の 1 つは，多くの消費者（特に若い世代）が非常に敏感な「BS 探知機」（BS は bullshit の略）を備えているためである．ブランドが，その主張に沿っていなかったり，どこか本物感に欠けていたりすると，警告が発せられる．これが起こると，マーケター側の戦略は，「消費者の反乱」という逆効果を招くことになりかねない．消費者は，ウェブサイトでブランドを攻撃したり，YouTube にそのブランドをからかうようなパロディ動画を投稿したりする．一部の研究者が，この現象にドッペルゲンガー・ブランド・イメージ（Doppelganger brand image）（オリジナルのように見えるが，実際にはそれを批判するもの）と名づけた．

ブランド・パーソナリティに対する人々の感情は，「ブランド・エクイティ（brand equity）」の一部となる．これは，消費者が記憶の中にあるブランドに対して，どれほど強く，好ましく，また特別なつながりを保っているか，そして，ノンブランド（ジェネリッ

パーソナリティ特性		低	高
誠実	堅実 正直 健全 元気		
刺激	大胆 活発 想像力豊か 最新		
能力	信頼 知的 成功		
洗練	上流階級 魅力的		
たくましさ	アウトドア 丈夫		

最近の調査から，ワインボトルのラベルのデザインによって，消費者が連想するワインのパーソナリティが大きく異なることが分かった．

出　典：Ulrich R. Orth & Keven Malkewitz, *Journal of Marketing*（May 2008, Vol. 72, p.73）American Marketing Association. 許可を得て掲載.

ク）の製品ではなく，そのブランドの製品にどの程度，余分にお金を出す気があるかという程度を表わす[28]．強いブランドを構築することは，優れたビジネスである．信じられなければ，次のことを考えてみてほしい．1997年10月に株式市場が大暴落した後，フォーチュン1,000社のうち760社に対して調査を実施した．結果，強固な企業ブランドを築いていた企業（例えば，マイクロソフトやGE）は市場シェアを拡大していたのに対し，企業ブランドが弱いところは平均して10億ドルを失っていた[29]．

それでは，人々はブランドをどのように考えているのだろうか．広告主はこのことに強い関心を持っている．そのため，広告代理店はキャンペーンを展開する前に，ときおり広範囲な消費者調査を実施し，消費者がブランドとどのように関わっているかを理解するのに役立てている．オムニコムグループ（世界最大の広告会社グループ）の一員であるDDBワールドワイド・コミュニケーションズは，1万4,000人の消費者を対象にした「ブランド・キャピタル」と呼ばれるグローバル調査を実施している．アメリカの大手総合広告代理店であるレオ・バーネット・ワールドワイドの「ブランド・ストック」プロジェクトには，2万8,000人への面接が含まれる．イギリスのロンドンに本拠地を置く広告代理店，WWPグループは「ブランドZ」，Y&Rは「ブランドアセット・ヴァリュエイター」を使っている．DDBの世界的なブランド・プランニング・ディレクターは次のように観察する．「我々は，個々の消費者にマーケティングを行っているだけではない．社会全体に対して，マーケティングを行っているのである．私がブランドをどのように感じるかは，人々がそのブランドをどのように感じるかということと直接関係しているし，影響されもする」[30]．人を評価するのに，「温かみ」と「能力」という2つの基本的な判断基準を用いるように，消費者が企業に対する認識を形成するときにも同じ基準を採用している，と論じる研究者もいる．ある調査からは，非営利企業は営利企業より温かみはあるが，能力は劣ると認識されていることが分かった[31]．表6.2は，消費者が知覚するブランド・パーソナリティに影響を与えるために，マーケターが取れるいくつかの行動を示している．

消費者は，さまざまな製品カテゴリーのブランドの特性を比較するために，次のような人間の性格をブランドに当てはめている[32]：
- 時代遅れ，健全，伝統的
- 驚きに満ちた，活気のある，流行に敏感な
- まじめ，知的，有能
- 優雅，ロマンティック，セクシー
- 荒々しい，アウトドア好き，タフ，運動能力が高い

消費者は，生命のない製品（パーソナルケア製品から，キッチン用品などのありきたりな機能的製品まで）のすべてに，人間的な特性を無理なく当てはめているようである．ア

表 6.2　ブランド態度から推論されるパーソナリティ特性

ブランドの行動	特性の推論
再ポジショニングが何度か行われている．または，スローガンを繰り返し変える．	気まぐれ，精神分裂症
広告で同じキャラクターを使い続ける．	なじみ深い，居心地がよい
価格が高く，限定的な流通戦略をとる．	気取った，洗練された
頻繁にセールを行う．	安い，洗練されていない
製品ラインが豊富．	多目的，融通がきく
リサイクル原料を使う．	有益，支援的
使いやすいパッケージが特徴．消費者目線の広告．	温かい，近づきやすい
シーズンごとにセールを実施する．	計画的，実用的
5年間保証や無料のお客様相談室の提供．	信頼できる，頼もしい

出典：Susan Fournier, "A Consumer-Brand Relationship Framework for Strategic Brand Management," University of Florida, 1994（未刊行の博士論文）に基づいて作成．

　メリカの家電メーカー，ワールプール・コーポレーションの調査結果によれば，消費者は，同社の製品を競合ブランドと比べて，よりフェミニンだと感じている．同社の製品を人として想像してみてほしいと言われたとき，多くの回答者が，「郊外に住む，現代的で家庭的な，魅力的だが派手ではない女性」と表現した．対照的に，同社の「キッチンエイド」ブランドについては，「専門職として働き，現代的で，優雅で裕福，クラシック音楽と演劇を好む女性」と表現した[33]．

　特徴的なブランド・パーソナリティを築いた製品は，競合製品の中で際立ち，長期にわたるロイヤルティを生み出すことができる．しかしパーソナリティの分析は，ブランドの弱点を明らかにすることにも役立てられる．それは機能的な品質とは関係がない．例えばスポーツウェア・ブランドのアディダスは，グループ・インタビューに参加した子どもたちに，「アディダスが生き物になってパーティーにやってきたとしたら，何をするだろう」とたずねてみた．子どもたちは，「アディダスは仲間と一緒にビール樽のあたりにたむろして，女の子のうわさ話をする」と答えた．しかし，「残念ながら，女の子と実際に一緒にいるのはナイキだ」と答えた[34]．この結果から，アディダスのブランドマネージャーは，ブランド・イメージの修正が必要であることに気づいた．このプロセスは，**アニミズム（animism）**（生命のない物体に，生命を与えるような品質を割り当てること）にたとえることができる[35]．

　私たちは，物を「**擬人化（anthropomorphize）**」（人間的な特性を物に当てはめる）する傾向がある．漫画のキャラクターや謎めいた創造物を，人と同視し，またそれらが人間的な感情を持っているかのように考えるかもしれない．自分のパソコンが，自分より優れ

第6章　パーソナリティとサイコグラフィクス　　305

ているということが分かったときに感じる苛立ちを考えてみて欲しい．パソコンが，彼らの気を狂わせようと陰謀を企んでいる，と感じる人だっているかもしれない．広告代理店のグレイ・アドバタイジングは，ある調査で，消費者が長距離通信を動物にたとえるとき，通信会社のAT＆Tをライオンに，MCI（Microwave Communications, Inc.）をヘビに，携帯電話事業者のスプリントをピューマとして思い描くことが分かった．グレイはこの結果を踏まえて，スプリントを，ライバル会社のような攻撃的なアプローチをとるのではなく，「より多くのビジネスのお手伝いをする」会社として位置づけた(36)．

　ある意味で，ブランド・パーソナリティは，市場におけるブランドの地位に関する宣言でもある．これを理解することが，マーケティング戦略には不可欠となる．消費者が，ブランドをメーカーが意図したように認識していないときには，特にそれが重要となる．メーカーは，製品の「再ポジショニング（reposition）」を試みなければならない（例：パーソナリティのイメージチェンジ）．北欧スウェーデンの自動車メーカー，ボルボが今まさに直面しているのもこの問題である．同社の車は，安全性で定評があるが，「ドライバーを夢中にさせる車」や「セクシーな車」とは認識されていない．「安全で頑丈」というブランド・パーソナリティでは，セクシーなコンバーチブルを売るのは難しい．そこでイギリスの広告では，従来の認識を変えようと，「欲，ねたみ，嫉妬，ボルボの危険性」というコピーを使った．しかし，人の場合と同じように，パーソナリティの変化を納得させるのは簡単ではない．ボルボは何年も，ブランド・イメージを華やかにしようと努力してきたが，大部分の消費者はそれを信じてはいない．イギリスでの初期の試みの1つとして，同社は，ボルボが断崖でヘリコプターを引っ張っているアクティブな映像と，「安全なセックス」のコピーを組み合わせた．しかし，市場調査の結果を見る限り，人々はこの新しい

広告主は，鮮烈なイメージを使って，ブランド・パーソナリティの一部を伝えようとする．

出典：Mattel 提供．

イメージを信用していなかった．あるブランド・コンサルタントは次のように話す．「祖父母が最新のダンスを踊りこなそうとしているのを見たときのような気持ちになる．ちょっとおもしろいが，とまどいも覚える」[37]．それでも，ボルボはセクシーなブランドへの転身を図ろうと努力を続けている．新しい S60 モデルは「ノーティ（Nauthy;「いたずら好き」「わんぱく」「きわどい」「わいせつ」「みだらな」といった意味がある）S60」と名づけられ，ヨーロッパでの発表に際し，ロンドン，パリ，ミラノ，ベルリン，マドリードでアングラパーティーを主催した．パーティー参加者が知らなかったのは，ボルボが各会場で，客の行儀の悪さ（naughtiness），適応性，大胆さ，自信，好奇心，欲求を測定するために，実験を実施しており，またそれを映像に収めていたということである．3,000人以上のゲストがこっそり映像に撮られ，どの都市の住民が最もルールを破りやすいかが確認された（この映像は，ボルボ「Subject360」YouTube チャンネルで見ることができる）．結果を言ってしまうと，公式な「ヨーロッパにおける行儀悪さの首都」になったのはパリだった[38]．

学習の目的 2
サイコグラフィクスは，単純なデモグラフィクスのデータ以上に，マーケターがさまざまな消費者セグメントを理解し，働きかけるのに役立つ．

サイコグラフィクス

　アメリカの高級車ブランド，キャデラックが SUV 車（Sport Utility Vehicle，スポーツ用多目的車）「エスカレード」を発表したとき，評論家はこの伝統的なラグジュアリー・ブランドとトラックの奇妙な取り合わせを嘲笑した．しかし消費者は，この車をヒップホップのライフスタイルと結びつけた．アメリカの，歌手で女優でもあるジェニファー・ロペス，ヒップホップ・デュオのアウトキャスト，そしてラッパーのジェイ・Z などのアーティストが曲の中でこの車に触れた．3 年後，キャデラックはこの路線をさらに進め，全長 6 メートルの「エスカレード EXT」を 5 万ドルの店頭価格で売り出した．

　エスカレードのブランドマネージャーは，高級ピックアップトラックのターゲット顧客を，SUV 購入者の若干，現実的なバージョン，と表現している．それぞれの所有者は，同じ 200 万ドルの家にお隣さんとして住んでいるかもしれない．しかし，典型的な高級SUV 車のドライバーは，年齢は 50 歳前後，ハーバードで MBA を取得し，ゴルフクラブの会員で，大学時代の友人との付き合いを維持し，隣人たちと同等の暮らしができるように懸命に働いている．これに対して，高級ピックアップ車のドライバーは，5 歳ほど若く，父親の建設会社を受け継ぎ，18 歳のときから働いている．大学は出ているかもしれないし，

出ていないかもしれない．SUV車のドライバーと違い，高校時代の友人たちと今も付き合っている[39]．

　この例が示すように，異なるライフスタイルのグループにアピールする製品を開発すると，効果的な場合がある．単純にその人の収入を知るだけでは，キャデラックのSUV（エスカレード），あるいはセダン（「エルドラド」）のどちらを運転するかは予測できない．サチコ，ヒロシ，マリの選択からも分かるように，消費者は同じデモグラフィクスの特徴を共有していたとしても，ライフスタイルはまったく異なるかもしれない．そのため，マーケターは，デモグラフィクスのデータに「息を吹き込み」，製品やサービスの好みを共有する消費者セグメントを特定して理解し，ターゲットとする必要がある．

　この章の序盤で，製品選択に影響を与えうる消費者のパーソナリティの違いのいくつかについて論じた．マーケターが，パーソナリティの違いをライフスタイルの知識と結びつければ，消費者セグメントを見通す強力なレンズを手にしたことになる．例えばアディダスは，シューズの購入者をライフスタイルの違いで表現し，「ギアヘッド」(Gearheads)（高機能シューズに価値を置く，年配の本格的なランナー），「ポップガール」(Popgirls)（ショッピングモールをうろつくのが好きで，スケッチャーズの靴を履いている10代前半の少女），「ファステディアス・エクレクタス」(Fastidious Eclectus)（流行に敏感なボヘミアンタイプで，最先端の特徴的な製品を好む）などと名づけて，各セグメントのニーズに応えようとしている[40]．企業が，顧客をライフスタイルによって分類し，分かりやすいラベルを貼るのは，クリエイティブ・企画部門の人たちに，どのように各グループに訴えかけられるかをすばやく伝えるための，一般的な手法になっている[41]．

　このサイコグラフィクス（psychographics）と呼ばれるアプローチには，「心理学的，社会学的，人類学的な要素を使って……セグメント別の特性を知り，彼らの製品，人物，イデオロギーについての考え，あるいは特有の態度やメディア利用の特徴的な決定の仕方によって，市場をセグメンテーションする」ことが含まれる[42]．

サイコグラフィクスの起源

　マーケターが最初にサイコグラフィクスの調査方法を開発したのは，1960年代から1970年代のことで，それによってモチベーション・リサーチと量的調査といった，2つの消費者調査の欠点を補おうとした．モチベーション・リサーチは，集中的な1対1のインタビューや投影テストから，少数の人たちに関する多くの情報を引き出す．しかし，既に見たように，この情報は多くの場合，特定の状況についてのもので，信頼性に欠けているかもしれない．その対極にある量的調査，または大規模な人口統計調査は，多くの人についてのわずかな情報しか引き出せない．ある研究者は，次のように述べている．「なぜ人々がライバル会社のコーンフレークを食べるのかを知りたいマーケティング・マネー

コピー：あなたのような寝室を.

このスペインの広告が示すように，マーケターは，サイコグラフィクス分析によって，消費者アイデンティティを反映した製品やスタイルを組み合わせている.

出典：Ad Agency:SCPF, 写真／Biel Capllonch, モデル／Mamen Bayer.

ジャーは，『回答者の32％は味，21％はフレーバー，15％は食感，10％は価格と答え，22％は分からないと答えたか無回答だった』と告げられた」[43].

マーケターは，多くのサイコグラフィクス変数を使って，消費者をセグメンテーションするが，それは，表面的な特徴だけでなく，消費者が製品を購買・利用する動機づけまでを探ろうとするものである．デモグラフィクスのデータは「誰」が買うかを教えてくれるが，サイコグラフィクスのデータは「なぜ」彼らが買うのかを教えてくれるのである[44].

サイコグラフィクス分析の実施法

ライフスタイルによる市場セグメンテーションの初期の試みは，標準的な心理学的尺度

（心理学者が病状や人格障害を診断するのに用いる）を「借用」し，製品の利用に関連づけた．章の前半で見たように，そうした努力は概して失望させられた．これらの尺度は，日常の消費者行動に関連づけることを目的としていなかったため，人々の購買を説明する上ではあまり役に立たなかった．このテクニックは，実際の消費者行動に関係する変数を含めてこそ，効果を発揮する．もし家庭用清掃製品の購買について理解しようと思うなら，人格障害のテストをするよりも，家の掃除についての態度をたずねた方が良いということである．

心理学的な研究は，いくつかの異なる形式でなされる：
- **ライフスタイル・プロフィール**——ある製品のユーザーと非ユーザーを分ける特徴を探す．
- **製品特定・プロフィール**——製品に関連した側面から，ターゲットを特徴づける．
- **ライフスタイル・セグメンテーション**——多数の回答者サンプルを，全般的な嗜好の同質性に基づいて分類する．
- **製品特定・セグメンテーション調査**——製品カテゴリー別に，質問を考案する．例えば，胃薬について調査したい場合には，「私は心配性だ」という項目を，「心配しすぎたときに，胃の調子が悪くなる」という項目に置き換える．これによって，競合ブランドとの差別化をより洗練されたものにすることができる[45]．

AIO

最近のサイコグラフィクス調査の多くは，次の３つの変数で消費者をグループ化しようとする．それがAIO——活動（activities），関心（interests），意見（opinions）——である．マーケターは，多数のサンプルのデータを使って，活動や製品利用パターンという点で似ている顧客のプロフィールを作成する[46]．表6.3は，一般的に使われているAIOをリストにしたものである．

消費者をAIOカテゴリーに分類するために，調査者は，参加者に長い項目リストを渡し，それぞれについてどの程度同意するかをたずねる．彼らが，どのように時間を使い，何に関心を持ち，重要と考えるか，また自分や周囲の世界をどのように見ているかを明らかにすることにより，その人のライフスタイルを「要約する」ことができる．

一般的に，サイコグラフィクス分析を実施するための第一ステップは，どのライフスタイル・セグメントが，大きい顧客層を形成するのかを明らかにすることである．マーケターは，80対20の法則（80/20 rule）と呼ばれる基本原則（製品ユーザーの20％が，製品販売個数の80％を担っている）に従って，誰がブランドを利用しているかを特定し，利用程度によって消費者をヘビー，ミドル，ライトユーザーにセグメント化する．さらに，その製品の利用パターンと製品への態度についても明らかにする．多くの場合，少数の

表6.3 ライフスタイルの側面

活動	関心	意見	デモグラフィクス
仕事	家族	彼ら自身	年齢
趣味	家	社会問題	教育
社会イベント	仕事	政治	収入
休暇	コミュニティ	ビジネス	職業
エンターテインメント	休暇	経済	家族人数
クラブ会員	ファッション	教育	住居
地域	食事	製品	地理
買い物	メディア	将来	都市の規模
スポーツ	達成	文化	ライフステージ

出典：William D. Wells and Douglas J. Tigert, "Activities, Interests, and Opinions," *Journal of Advertising Research* 11（August 1971）: 27-35. ©1971 by The Advertising Research Foundation. 許可を得て掲載.

ライフスタイル・セグメントでブランドユーザーの大半を説明できる[47]．したがって，たとえ比較的少数であったとしても，マーケターは，これらヘビーユーザーを主要ターゲットとする．

ヘビーユーザーを特定し，理解すると，次にこれら消費者がどのようにブランドに関与しているかを細かく考える．ヘビーユーザーの製品利用理由は，それぞれがまったく異なっているかもしれない．そのため，その製品やサービスを利用することから得られる「便益（benefit）」という点から，彼らをさらに分類する．例えば，ウォーキングシューズが流行し始めた頃，マーケターは，すべての購入者が基本的には「燃えつきたジョガー」だと仮定していた．しかし，後のサイコグラフィクス調査によって，実際にはいくつかの「ウォーカー」グループが存在し，歩いて職場に行く人たちもいれば，趣味として歩いている人たちもいることが明らかにされた．この発見から，ナイキの「ヘルスウォーカーズ（Healthwalkers）」など，異なるセグメントをターゲットにした製品ラインが生まれることになった．

サイコグラフィクス・データをどう使うか？

マーケターは，サイコグラフィクス・データを，いくつかの形で利用している：

- **ターゲット市場の定義**――単純な人口統計（例：中年男性），あるいは製品利用に関する描写（例：リピーター）を超えたターゲティングが可能となる．
- **市場の新しい見方の創造**――マーケターは，「典型的な」顧客を想定して，戦略を考案することがある．このステレオタイプは，必ずしも正しくないかもしれない．実際の顧客は，こうした仮定に一致しない可能性があるためである．例えば，女性用フェイ

クリームのマーケターは，若くて社交的な女性にアピールするような広告を制作していたところ，実際のヘビーユーザーはもっと年配の未亡人だと知って驚くかもしれない．

● **製品のポジショニング**——サイコグラフィクス情報に基づいて，個人のライフスタイルに適した製品の特徴を強調する．例えば，いつも人といることを好むライフスタイルの人たちをターゲットにしたいと考える企業は，この社交的なニーズを満たす製品特徴を重点的に宣伝することができる．

● **製品特徴をより良く伝える**——サイコグラフィクス情報は，広告の制作者たちに，役立つアイディアを与える．アーティストやコピーライターは，無味乾燥な統計数字を見るよりも，ターゲットとする消費者のイメージを豊かに思い描くことができる．例えば，アメリカのビール会社，シュリッツ（Schlitz）が実施した調査では，ビールをよく飲む人は，めったに人生の喜びを感じないという傾向を示した．その結果，ビール会社は「一度出かければ，あらゆる喜びに手が届く」というコピーの CM を制作した[48]．

● **製品戦略の考案**——消費者のライフスタイルに，製品がどのように適合する・しないかを理解することで，マーケターは新しい製品機会を明らかにし，メディア戦略を練り，消費パターンに最も適合する環境を創造することができる．

● **社会的・政治的マーケティング**——サイコグラフィクスによるセグメンテーションは，政治的キャンペーンの重要なツールになるかもしれない．政策決定者はこのテクニックを使って，ドラッグの使用や過度のギャンブルといった悪習慣を持つ消費者の共通性を見いだすことに役立てることもできる．18歳から24歳の男性を対象にした，あるサイコグラフィクス研究の結果は，有害行動の根絶に役立てるために，サイコグラフィクスを利用できる可能性を強調している．「道楽者」「順応型」「オタク」「問題児」といった4つのグループにセグメント化したところ，「道楽者」グループは，「飲酒は楽しい」と考える傾向が強く，飲酒運転で事故を起こす可能性は低く，また飲酒は異性を引きつける魅力を増すと信じていることが分かった．このグループは，ロックコンサートやパーティーで酒を飲むことが多い．同研究から，彼らが MTV やロックアルバムを流すラジオを好むことも分かったので，「道楽者」に訴えかけることが容易になった[49]．

サイコグラフィクスによるセグメンテーション類型

マーケターは，共通のライフスタイルを持つ消費者グループを特定し，彼らに働きかけるために，常に新しい理解を得ようとしている．このため，多くの調査会社や広告代理店が，独自の「セグメンテーション類型（segmentation typologies）」を開発している．対象者は一連の質問に答え，調査者は回答に基づいて，彼らをライフスタイルのグループに分類する．質問には通常，AIO，特定ブランドへの感情に関連した事項，好きな有名人，メディアの好みなどが含まれる．顧客ならびに潜在顧客についてもっと知りたいと思

う企業は,そうした調査結果を買って,マーケティングに役立てることができる.

こうした類型の多くは,表面的には,互いに似通ったものとなっている.通常は5～6種類のセグメントに分類され,各セグメントの特徴が分かる名前が与えられる.クライアント企業は,その「代表的な」メンバーのプロフィールを受け取る.残念ながら,各調査会社が作成した類型を,比較評価することは難しい.「特許」で守られている場合が多いからだ.つまり,情報は買い取った企業が保有し,そこから分かったことは部外者とは共有されない.ライフスタイルという点から消費者を分類する,典型的なアプローチの例をいくつか見てみよう:

おそらく,最もよく知られたセグメンテーション・システムが,SBIインターナショナルが開発した**価値とライフスタイル・システム**(VALS2)(The Values and Lifestyles System)だろう.SBIは,中絶権利などのさまざまな社会問題に対する消費者の賛同を調べた調査から,VALSシステムを構築した.しかし,その約10年後,消費者を分類するために使った社会問題は,前ほど消費者行動の予測因子にならなくなった.そこで,消費者をセグメンテーションする上でもっと強力な方法を探した.結果,「私は刺激に満ちた生活を好む」といった特定ライフスタイルの指標の方が,社会的価値観にどれだけ賛同するかを調べるよりも,購買行動の予測因子として優れているという発見に至った.

現在のVALS2システムは,39項目の質問(35がサイコグラフィクスで,4つがデモグラフィクス)を使い,アメリカ人の成人を明確な特徴を持つグループに分類している.図6.2が示すように,資源(収入,教育,活力レベル,購買意欲など)を縦軸に,自己志向を横軸にして,グループの類型を配置している.

3つの自己志向タイプが,横方向を構成する.「理想(ideals)」志向の消費者は,購買決定を行う上で信念体系に依存し,人からどのように見られるかは気にしない.「達成(achievement)」志向の消費者は,競争心が強い.自分の決定が仲間からどのように見られるかを考慮に入れ,選択に自分がどう投影されるかを気にする.「自己表現(self-expression)」志向の消費者は,購買の感情的側面と,製品やサービスから個人的に得られる満足を重視する.

- **革新者(innovators)**——VALS2のトップに位置するセグメントで,多くの資源を持つ成功者.このセグメントは,社会問題への関心が強く,変化に柔軟に対処する.

次の3つのセグメントも十分な資源を持つが,生活態度はそれぞれ異なる[50].
- **哲学者(thinkers)**——現状の生活への満足度が高く,内省的で,安定している.
- **達成者(achievers)**——キャリア志向で,リスクや自己発見よりも,予測可能であることを好む.
- **体験者(experiencers)**——衝動的で,若く,型破りで,危険な体験を楽しむ.

次の4つのセグメントは資源が少ない：
- 信念の人（believers）――原則を重視し，定評のあるブランドを好む．
- 努力家（strivers）――達成者と似ているが，資源は少ない．他者に認めてもらうことを非常に気にかけている．
- 創造者（makers）――行動志向で，エネルギーを自己充足のために使う．車の中で仕事をしたり，自分で野菜を育てたり，家を自分で建てたりする．
- 奮闘者（strugglers）――経済的には最底辺に位置する．その瞬間のニーズを満たすことに最大の関心があり，生き残るために必要な基本的物資以上のものを取得する能力に欠ける．

VALS2 システムは，サチコやヒロシのような人たちを理解する上では役立つ方法である．SBI の分析によれば，アメリカ人成人の 12％がスリルを求める人たちで，「体験者」

図 6.2　VALS2

出典：SRI International, Menlo Park, CA.

のセグメントに属し，「私は刺激に満ちた生活を好む」「新しいことを試すのが好きだ」などの文言に同意する傾向が強い．「体験者」はルールを破ることを好み，ジェットスキーやバンジージャンプのような危険なスポーツに惹かれる．それほど驚きはしないが，18歳から34歳の3分の1は，このセグメントに属する．したがって，若い世代にアピールしようとしている多くのマーケターは，このセグメントに関心を寄せている．自分がVALS2のどのタイプかを知りたければ，www.strategicbusinessinsights.com/vals/presurvey.shtml で確認できる．

VALS2が役立てられた例としては，いすゞ自動車がSUV車「ロデオ」のマーケティングで，「体験者」に照準を合わせたことが挙げられる．「体験者」の多くは，他人を傷つけない形で，ルールを壊すことに喜びを見いだす．いすゞ自動車は，ドライバーがそのようなことを実現できる車として，「ロデオ」を位置づけた．この主張を後押しするために，広告では，水たまりで飛び跳ねたり，はさみを持って走り回ったり，線の外側にはみ出して色を塗っている子どもたちの姿を描いたりしている[51]．いすゞ自動車の売上は，このキャンペーン後に急上昇した．

ジオデモグラフィ

ジオデモグラフィ（geodemography）は，消費者の支出データやその他の社会経済的要因，そして彼らが住む地域の地理的情報を結びつけた分析テクニックで，消費パターンを共有する消費者を特定するために使われる．「類は友を呼ぶ」の前提に基づいたアプローチである．つまり，ニーズや好みを共有する人々は，近隣地域に住む傾向にあるため，同種の人たちが住む「小地域」を見つけだせば，ダイレクトメール等の方法で，より経済的にマーケティングを実施することが可能になる．

集団化テクニックとして人気があるものの1つが，アメリカの調査会社，クラリスタス社（現在はニールセン社）が開発したPRIZM NE（PRIZMは，郵便番号による潜在地域市場指数［Potential Rating Index by Zip Market］を意味する）システムである．このシステムは，アメリカ国内のすべての郵便番号を，最も裕福な「名門貴族の地所」から，最も低所得の「公的援助」まで，66カテゴリーのどれかに分類した[52]．（クラリスタス社は，アメリカの民族的・経済的多様性の拡大を反映させるため，元の40カテゴリーから拡大させた．新たに加えられた分類には，「アメリカンドリーム」「若い知識階級」などがある[53]．）

地域によって，年金からジップロックまで，住民の消費には顕著な違いが見られる．このシステムは，収入，家の価値，職業（社会的階級の指標となる）によって，各セグメントをZQ（Zip Quality；郵便番号品質）尺度でランク分けしている．表6.4は，2つのセグメント間で消費パターンがどれほど劇的に異なるかを示している．この表は，第3位の

セグメント「毛皮＆ステーションワゴン」と，下から3番目のセグメント「たばこロード」の消費データを比較している．アメリカ在住者は，自分の郵便番号のランキングをMyBestSegments.com で確認することができる[54]．

この2つのセグメントの消費者は，ある製品に関しては同じ比率で購入するかもしれない．しかし，この同質性は，他の製品を考慮したときには消えてしまう．このことから，市場を本当に理解するためには，製品カテゴリー別の購買データやデモグラフィクス・データ以上のものに目を向ける必要があることが強調される．

行動ターゲティング

ライフスタイル・マーケティングの中でも，最も新しく，最も人気のあるものが**行動ターゲティング**（behavioral targeting）である．顧客一人ひとりのそれまでの活動に基づいて，ウェブサイトやケーブルテレビの広告をカスタマイズして提供するものである[55]．アメリカのケーブルテレビ最大手のコムキャスト（Comcast Corporation）が実施した長期的

表6.4　2つのPRIZMセグメントの比較

「毛皮＆ステーションワゴン」（ZQ3）		「たばこロード」（ZQ38）	
ニューリッチ，40～50代の親		人種が混合した，南部の農業の町	
テニスコート，プール，庭つきの新興分譲地		リサイクルショップ，食堂，コインランドリーなどがある小さなダウンタウン，屋内水道設備のない掘立小屋タイプの住宅	
サンプル地域：		サンプル地域：	
プラノ市，テキサス州（75075）		ベルゾニ市，ミシシッピ州（39038）	
ダンウッディ市，ジョージア州（30338）		ウォレントン市，ノースカロライナ州（27589）	
ニーダム市，マサチューセッツ州（02192）		ゲイツ市，ヴァージニア州（27937）	
高利用	低利用	高利用	低利用
カントリークラブ	オートバイ	バス旅行	編み物
ワインのケース買い	便秘薬	喘息治療薬	ライブ劇場
庭用の家具	フィルターなしのたばこ	モルト酒	煙探知機
雑誌『グルメ（Gourmet）』	噛みたばこ	雑誌『グリット（Grit）』	雑誌『Ms.』
BMW 5シリーズ	雑誌『ハンティング（Hunting）』	妊娠検査薬	フェラーリ
ライ麦パン	シボレーのシュベット	ポンティアックのボンヴィル	全粒粉のパン
無添加シリアル	缶入りシチュー	ショートニング	メキシコ料理

注：利用率は40セグメントの平均消費から指数化したもの．
出典："A Comparison of Two Prizm Clusters" from *The Clustering of America* by Michael J. Weiss. 著作権 ©1988 by Michael J. Weiss. Sagalyn Literacy Agency の許可を得て再版．

調査によれば，ターゲット広告を受け取った人は，従来の広告を見た人に比べ，チャンネルをあまり変えない傾向にあると報告した[56]．カスタマイズされたメッセージは，広告主の注目を集めている．アメリカの放送局，CBSのモバイルサイトは，参加者の携帯電話を追跡する目的で，SNSのループト（Loopt）と提携すると発表した．アイディアとしては，個々の消費者に合わせたプロモーションを考案し，彼らが特定の店舗やレストランに入ると，特別なサービスが提供されるというものである[57]．

人々のインターネット・アクセスを追跡できるテクノロジーが進化を続けるにつれ，どのサイトにアクセスしたかというデータに基づいて，特定のメッセージを送るマーケターの能力も進化している．消費者は，テニスラケットであろうと，銀行ローンであろうと，過去に興味を示した製品カテゴリーの広告を目にすることがますます増えていく．広告業界は，このテクニックをパーソナライズされた再ターゲティング（personalized retargeting）と呼んでいる．これも一種の行動ターゲティングだが，一般的な関心に基づいてメッセージを送る他のテクニックとは異なり，再ターゲティング広告は，過去にチェックした製品そのものに関連したメッセージが送られてくる．まるで企業が私たちのすぐ後ろに座って，サイトからサイトへと移動する様子を，つぶさに観察しているかのようである．実際どのように機能しているかといえば，ザッポス（Zappos.com）のような通販サイトにアクセスし，スティーブ・マデンの靴をチェックすると，そのアイテムにリンクされているブラウザーにクッキーが挿入される．そして，次にコンピューターを使うときには，広告システムが同アイテムの広告を掲示するというわけである．このシステムは，2009年にグーグルが導入し，現在では，アドワーズ（AdWords；グーグルが広告主に対して提供しているクリック課金広告サービス）のネットワークを使っているすべての広告主が利用できるようになっている[58]．

学習の目的3
消費者の活動は，人と社会の両方に害を与えることがある．

消費者行動の負の側面

2008年末，ニューヨークにあるウォルマート（アメリカのスーパーマーケット）の店頭には，クリスマスセールのため，大勢の客が集まっていた．ドアが開いたとたん，店内の棚から安売り商品を取ろうと客が殺到し，パート店員1名が踏みつけられて死亡した．遺族は，安全対策が不十分な上に，ウォルマートが「大勢の客を引き寄せるためのマーケティングと広告戦略を使い，興奮状態と混乱を招く環境を引き起こした」と非難し，訴えた[59]．人々は，お買い得品を手に入れるために，どこまでしでかすのだろうか．

研究者や政府機関，業界関係者の努力にもかかわらず，消費者の最大の敵は消費者自身になることがある．私たちは，人を合理的な意思決定者とみなし，自分や家族，社会の幸福を最大化してくれる製品やサービスを得るために，努力を続けていると思っている．しかし現実には，消費者の欲望，選択，ならびに行動は，人にとっても，また，彼らが暮らしている社会にとっても，否定的な影響を及ぼすことが少なくない．

こうした行動には，比較的害が少ないものもあるし，面倒な事態を引き起こすものもある．過度の飲酒や喫煙などの有害行動は，社会的プレッシャーが原因かもしれない．また，お金に価値を置く文化が，万引きや保険詐欺のような行動を促すのかもしれない．そして，手に入るはずもない理想美や成功を見せつけられると，自分に対する不満が高まるのかもしれない．こうした問題については後の章でも触れるが，ここで，消費者行動の「負の側面」のいくつかを確認しておこう．

消費者テロリズム

2001年の同時多発テロは，自由主義経済への警鐘となった．この事件で，金融，電気，供給ネットワークの混乱が，従来型の戦争よりも，私たちの生活により大きなダメージを与える可能性があることを思い知らされた．こうした攻撃には，意図的なものもあれば，そうでないものもある．ヨーロッパで発生した狂牛病による経済への衝撃は，今もまだ牛肉産業を揺るがしている[60]．アメリカのシンクタンク，ランド研究所やその他のアナリストたちは，アメリカの食料供給の脆弱さがバイオテロリズム（bioterrorism）の標的になる危険を指摘している[61]．

2001年のアメリカ炭疽菌事件（9月18日と10月9日の2度に分けて，アメリカの大手テレビ局や出版社，上院議員に対し，炭疽菌が封入された容器の入った封筒が送りつけられた事件．この炭疽菌の感染により，5名が肺炭疽を発症し死亡，17名が負傷）が起こる前から，製品に含まれる有害物質は，市場を人質にする恐れがあった．この戦術が，アメリカで最初に消費者の関心を引いたのは1982年のことである．タイレノール（ジョンソン・エンド・ジョンソンの鎮痛剤）に青酸カリが混入され，7人が死亡した．その10年後，ダイエットペプシにシリンジが入っているという通報が，23州で50件以上あり，ペプシは必死の対応でその危機を乗り越えた．徹底した広報活動で，シリンジが製造過程で混入されることはありえない，と消費者を説得することに成功した．証拠として公開された店内監視カメラの映像には，店員の目を盗んで，客の1人がダイエットペプシの缶にシリンジを入れている様子が映っていた[62]．ペプシの断固とした態度は，このような危機には，すばやく正面から対応することが重要であることを示している．

消費依存

多くの人は，依存症と聞くとドラッグやアルコールと結びつけて考える．しかし，抱える問題から（たとえ一時的であっても）逃れようとしたり，何かのニーズを満たしたりするために，消費者は実質的にはどのような製品やサービスでも利用することができ，また，その依存の度合いが極端に強くなることもある．リップクリーム依存者のサポートグループまであって，250人ものメンバーが活動しているほどだ[63]．**消費依存症**（consumer addiction）とは，製品やサービスへの生理的，心理的依存状態を表わす．多くの企業が，こうした中毒性のある製品や悪い習慣の解決法となる製品を売って，利益を上げている．

テクノロジー依存

テクノロジーでさえ，依存症を引き起こす．スマートフォンを使っている人なら，誰でもそれが分かるだろう．中高生に急速に広がった無料通話・チャットアプリ「LINE（ラ

若者に，動物用鎮静剤ケタミンの使用を思いとどまらせようとするシンガポールの広告．

出典：Saatchi & Saatchi of Singaporeの許可を得て掲載．

イン）」も，依存の問題が指摘されている．厚生労働省の調査によると，ネット依存の中学生は6％，高校生は9.4％にも上るという[64]．同調査で，中高生にいつスマートフォンを利用しているかを聞いたところ，50％が起床した後すぐにスマートフォンを確認し，布団に入ってからも50％以上が使っていると答えた．「メッセージを読んだら（相手の画面に）『既読』の印がつく．返信しなくては，という強迫観念に襲われてしまいます」[65]．ソーシャルメディア依存と，薬物依存の類似性を指摘する心理学者もいて，その快楽を奪われると禁断症状が引き起こされるという．ある研究者は，次のように述べている．「誰でも依存症になる可能性がある．ヘロインであれ，走ることであれ，ジャンクフードであれ，ソーシャルメディアであれ，自分好みのドラッグが現われるのを待っているのである」[66]．現在，ソーシャルメディア依存症が最も多い国はどこだろうか．ニールセンによれば，答えはイタリアで，1人当たりのFacebook利用率がどの国よりも高い．当地の心理学者は，依存症になると現実世界を忘れ，昼も夜も仮想世界と結びついていることを選ぶと言っている．イタリアの1,600万人のFacebookユーザーは，月に平均6時間27分，Facebookで過ごしている[67]．「信奉者」はどんどん増えているので，問題は今後も増えていくだろう．

　インターネット依存症は，韓国では既に数年前から大きな問題となっている．韓国では，90％の住宅が，安くて高速のブロードバンド回線に接続されている．多くの若者の社会生活は，「PC房」（街中の至るところにある，薄暗いインターネットカフェ）を中心に回っている．政府の調査によれば，18歳未満の韓国人の最大30％が，インターネット中毒になっている恐れがあるという．実際，既に多くの若者に中毒症状が見られ，コンピューターから離れることができず，少しでも長くオンラインにとどまろうとしており，ログインできないときには，怒りや苛立ちなどの禁断症状を見せている．何日もオンラインゲームを続け，本当に過労死してしまった事例もある[68]．

強迫的消費

　消費者の中には，文字通り「買い物をするために生まれてきた」という表現がぴったりな人もいる．彼らが買い物をするのは，買い物が楽しいからとか，必要があって，というわけではなく，買い物せずにはいられないからだ．**強迫的消費**（compulsive consumption）は，緊張や不安，うつ，退屈から逃れようとして，過剰なまでに買い物を繰り返すことを意味する[69]．「買い物依存症」の人たちは，ドラッグやアルコール依存の人たちと同じように，買い物に依存する[70]．「強迫性買い物障害（CSD：compulsive shopping disorder）」と診断されたある男性は，2,000本以上のスパナを買って，1本も使っていなかった．カウンセラーの報告によると，CSDと診断されるのは，4対1で女性の方が多い．また，女性は人間関係を改善することに役立つ洋服や化粧品に惹かれることが

多く，男性は力を得たいという願望があるため，機器や道具，銃などに魅せられるのだという．

アメリカでは，20人に1人の成人が，実際には必要ではなく，また欲しいと思っているわけでもない製品を買ってしまうのを止められないという．強迫的買い物症は，自尊心の低さに関係していると考える研究者もいる．アメリカでは，成人人口の2〜16％に，この症状が見られると推測されている[71]．薬物依存と同じように，買い物の衝動を抑えられないという消費者もいる．それがアルコールであれ，たばこ，チョコレート，ダイエットコーラ，リップクリームであれ，製品が消費者をコントロールするのである．買い物という行為そのものでさえ，人によっては，中毒的な経験になるのである．否定的で破滅的な消費者行動には，3つの共通する特徴がある[72]：

1　その行動は，自分が選択した結果ではない．
2　その行動から得られる満足は，一時的なものに終わる．
3　後になってから，強い後悔や罪悪感を覚える．

ギャンブルは，消費社会のあらゆる層に広がる消費依存の例だろう．カジノでも，スロットマシンでも，スポーツに賭けることでも（友人同士，またはノミ屋を通してでも），あるいは宝くじを買うことでさえ，過度なギャンブルは人生を台無しにする．極端になると，ギャンブルは自己卑下，借金，離婚，育児放棄などにつながりかねない．ある心理学者によれば，ギャンブラーは，典型的な依存症のサイクルを示す．彼らは，ギャンブルをしているときには「躁」の状態になり，ギャンブルをやめたときには気分が落ち込む（「鬱」）．このことが，再びスリルを求めて，ギャンブルに戻ることにつながる．しかし，薬物依存と違って，ギャンブル依存の人たちが乱用するのはお金なのである．

消費される消費者

消費される消費者（consumed consumers）とは，自らの意思によるものかどうかは別として，市場での商業的利益のために利用または搾取される人たちのことを言う．消費者自身が売り買いされる対象になるという状況は，小人をショーの見せ物にする巡回興行から，臓器や赤ん坊の売買までと幅広い．そのいくつかを挙げてみよう：

- 売春婦——売春への支出は，アメリカだけでも毎年200億ドルと見積もられている．アメリカの靴メーカー全体の売上に匹敵する額である[73]．
- 臓器，血液，髪の毛の提供——ある見積もりによれば，自分の体の再利用できる部分をすべて販売すると，4,600万ドルの価値になるという[74]．アメリカでは，数百万人が血液を売っている．臓器売買（腎臓など）も活気のある市場である．また，かつら用に髪の毛を売る女性たちもいる[75]．

- 赤ん坊の販売——不妊夫婦の代わりに，人工授精をして出産することで，数千人の代理母が報酬を受け取ってきた．18歳から25歳の出産能力のある女性は，3カ月に1回，卵子を1つ提供すれば，毎回7,000ドルを受け取ることができる．8年続ければ，32個の卵子提供で22万4,000ドルの報酬ということになる(76)．ドイツでは，生後8カ月の息子をeBayのオークションに出そうとした夫婦が逮捕された．彼らは単なる冗談だったと主張したが，eBayのページには「赤ん坊—直接の受け取りに限る．泣きすぎで困っているので，生まれたばかりの赤ん坊を売ります．男児，身長70cm」とコメントされていた(77)．

違法行為

多くの消費者行動は，自滅的だったり社会的な害を与えたりするだけではなく，違法でもある．消費者が企業に対して犯す犯罪行為の損害額は，毎年400億ドルを超えると見積もられる．広告代理店のマッキャン・エリクソンがアメリカで実施した調査では，次のような情報が得られた(78)：
- 91％の人が，日常的に嘘をついていると認めている．3人に1人は体重について，4人に1人は収入について嘘をつき，21％が年齢をごまかしている．9％の人が髪の色についてまで嘘を言っていた．
- アメリカ人の10人に4人は，税金控除のために保険料を水増しして申告したことがある．
- 19％は，入場料を払わずに劇場に入り込んだことがあると言っている．

コピー：2066年にビンラディンが捕まえられる．その瞬間を生きて見よう．今すぐ喫煙を辞めよう．

ブラジルのニコチン中毒撲滅広告キャンペーン．現実は，予定より早く進んでいるようだ．

出典：ADESF Association for Smoker Awareness; Neoqama/BBH.

- 5人に3人以上の人が，本当は何もしていないのに，業績を自分の手柄にしたことがあると認めた．

消費者の窃盗と詐欺

　2014年6月，LINEのアカウント乗っ取り事件が多発した．何者かが他人のIDでLINEにログインし，その人のふりをして，家族や友人に「プリペイドカードを買うのを手伝ってほしい」などと呼びかける．メッセージを受け取った相手も，LINE上で親しくしている人からの依頼なので，つい応じてしまう[79]．このいわゆる「先払い詐欺（advance-fee fraud）」に引っ掛かったとき，あなたのお金は持ち主が変わることになる．詐欺師は，多くの人から莫大なお金をだまし取ることに成功している．オンラインでもオフラインでも，詐欺がはびこっている．

　最も一般的なのは，店舗から製品を盗むことである．5秒に1回，どこかで，誰かが，万引きをしている．シュリンケージ（shrinkage）というのは，万引きや，従業員の盗みによる，在庫や現金の損失を意味する業界用語である．小売店にとってこれは深刻な問題で，損失分は価格の増加という形で，消費者に転嫁されている．ショッピングモールは，警備に毎年600万ドルをかけている．平均的な4人家族は，シュリンケージを補うための価格の上乗せに，年間300ドルも払っている[80]．

　万引きは，間違いなく，アメリカで最も急増している犯罪だ．ある調査によれば，万引きは年間を通して発生しており，小売業界の年間の損失総額は90億ドルにも上る．最も頻繁に盗まれているのは，たばこ，運動シューズ，ブランド物の洋服，デザイナーズ・ジーンズ，下着などである．一度の窃盗で盗まれる製品の平均金額は，1995年の調査では20ドル36セントだったのが，現在は58ドル43セントに上がっている[81]．ヨーロッパでも，問題は深刻だ．小売業界全体で，毎年100万人を優に超える万引き犯を捕まえている．イギリスは，シュリンケージ率（年間の売上に対する割合）が最も高く，ノルウェー，ギリシャ，フランスがそれに続く．最もシュリンケージ率が低いのは，スイスとオーストリアである[82]．

　万引きの大部分は，プロの窃盗犯によるものではなく，また盗んだ品物を本当に必要とする人によるものでもない[83]．アメリカでは，毎年約200万人が万引きで逮捕されている．しかし実際には，逮捕1件に対して，通報されなかった件数が18件あると見積もられている[84]．逮捕者の4分の3は中高年で，スリルを求めて，あるいは愛情の代用品として，万引きをしている．万引きは，青少年層にも多く見られる．調査結果を見ると，10代の万引きは，友だちに誘われてといった理由が多い．また，万引きが道徳的に間違ったことだという認識が欠けている場合，その行為は多くなる傾向にある[85]．

　品物の交換や，返品の方針を利用して，詐欺を働く人たちはどうだろうか．ゲス（GUESS

やスポーツ・オーソリティ（Sports Authority）といった大手小売店は，新しいソフトウェアを導入し，買い物客の返品記録を追跡できるようにしている．買った服を「一度だけ着てから返品しに来る」シリアル・ワードローバー（serial wardrober），製品の値札を付け替えて，それを返品してもっと高いお金をとろうとする客，返品するときに偽物または古いレシートを持ってくる客に対して，断固とした措置をとろうとしているのだ．小売業界は，こうした形の詐欺的行為のために，年間およそ160億ドルを失っている．小売業界のアナリストは，返品の約9％は不正なものと推測している[86]．

反消費活動

有害な消費者行動のいくつかは，反消費（anticonsumption）という形をとる．製品やサービスを，わざと損なったり傷つけたりするものだ．反消費主義の行動は，建物や地下鉄にスプレーで落書きをするといった，比較的おとなしいものから，製品への毒物混入や大企業を屈服させるコンピューターウイルス攻撃まで，広い範囲に及ぶ．政治的抗議という形をとることもある．運動家は，自分たちが不健全あるいは不道徳だと感じるものの屋外看板や広告を，修正したり破壊したりする．例えば，マイノリティが多く住む地域の聖職者団体は，近隣でのたばこや酒の広告の急増に対して，抗議集会を組織したりする．こうした抗議には，たばこや酒を宣伝する屋外広告の損壊も含まれることがある．

章のまとめ

この章を読み終えた時点で，理解しているべきこと：

1. **消費者のパーソナリティは，マーケティングに対する反応に影響を与える．しかし，このことをマーケティングに生かそうとする努力の結果は，まちまちである．**

    パーソナリティの概念は，その人の心理的な特性と，その特性が周囲への反応にどのような影響を与えるかを表わすものである．パーソナリティの違いに基づいたマーケティング戦略は，いつも成功するわけではない．その理由の一部は，パーソナリティ特性を測定し，消費という文脈に応用する方法にある．フロイトの心理学やその派生的理論に基づいたテクニックを使って，少数の消費者サンプルに見られる違いを理解しようとする分析者もいれば，洗練された量的調査方法を使って，多数のサンプルをより客観的に評価しようとする分析者もいる．

2. **サイコグラフィクスは，単純なデモグラフィクスのデータ以上に，マーケターがさまざまな消費者セグメントを理解し，働きかけるのに役立つ．**

    サイコグラフィクスは，消費者を観察可能な特徴（デモグラフィクス）でなく，心理的変数から分類を行う．マーケターは，消費者セグメントを特定し，彼らをブランドや製品の好み，メディア利用，余暇活動，政治や宗教などの問題に対する態度，という点で識別するシステムを考案してきた．

3. **消費者の活動は，人と社会の両方に害を与えることがある．**

消費者は，教科書では理性的で見識のある意思決定者として描かれることが多い．しかし，実際の消費者行動には，人や社会にとって有害なものもある．消費者行動の「負の側面」には，テロリズム，依存症，人を商品として搾取（消費される消費者），窃盗や破壊行為（反消費）などがある．

キーワード

アニミズム（animism） 304
イド（id） 287
AIO 309
快楽原則（pleasure principle） 287
価値とライフスタイル・システム
　（VALS2）（The Values and Lifestyles System） 312
強迫的消費（compulsive consumption） 319
元型（archetypes） 294
現実原則（reality principle） 289
行動ターゲティング（behavioral targeting） 315
サイコグラフィクス（psychographics） 307
ジオデモグラフィ（geodemography） 314
自我（ego） 289
シュリンケージ（shrinkage） 322
消費依存症（consumer addiction） 318
消費される消費者（consumed consumers） 320
シリアル・ワードローバー
　（serial wardrobers） 323
超自我（superego） 289
ドッペルゲンガー・ブランド・イメージ
　（Doppelganger brand image） 301
パーソナライズされた再ターゲティング
　（personalized retargeting） 316
パーソナリティ（personality） 287
パーソナリティ特性（personality traits） 296
バイオテロリズム（bioterrorism） 317
80対20の法則（80/20 rule） 309

反消費（anticonsumption） 323
ブランド・パーソナリティ
　（brand personality） 300
PRIZM NE 314
モチベーション・リサーチ
　（motivational research） 291

復習

1. イド・超自我・自我を説明しなさい．また，フロイト理論によれば，これらはどのように機能するのだろうか．
2. モチベーション・リサーチとは何か．このアプローチを使ったマーケティング調査の例を挙げなさい．
3. マーケターと関連があるパーソナリティ特性を3つ挙げ，説明しなさい．
4. マーケティングに特性理論をあてはめるときに起こる問題を3つ挙げなさい．
5. ブランド・パーソナリティを定義し，例を2つ挙げなさい．
6. サイコグラフィクスを定義し，マーケターがそれを活用できる方法を3つ挙げ，説明しなさい．
7. AIOの3つの具体的な変数は何か．
8. VALS2とは何か．また，マーケターはそれをどのように活用しているか．
9. 飲酒者が摂取するアルコールの量は，毎日の過剰摂取から，たまにパーティで1杯飲む程度まで，まちまちである．この商品カテゴリーに80対20ルールがどのようにあてはまるのか，説明しなさい．
10. 消費依存症を定義し，例を2つ挙げなさい．
11. 消費される消費者の例は何か．
12. シュリンケージとは何か．それはなぜ問題なのか．
13. 反消費を定義し，その例を2つ挙げなさい．

討議と応用

■ 討論せよ

1. ニューヨークのある中国人経営の食料雑貨店で，警備員や店員に万引きを疑われた客が，身分証明書を差し押さえられた。その後，盗もうとしたとされる商品を持たされ，写真を撮影された。店員は，この写真を掲示する，あるいは警察を呼ぶと脅して，万引き容疑をかけられた人にお金を払わせようとした[87]。この方法は，倫理的な反応を引き出し，万引きを抑制する効果を持つだろうか。

2. ジオデモグラフィのテクニックは，同じ地域に住む人たちが，ほかのことでも共通点を持つという前提に立っている。なぜ，このような前提が成り立つのだろうか。また，それはどの程度，正確だろうか。

3. 行動ターゲティングのテクニックは，消費者がどのウェブサイトにアクセスしているかを知ることで，広範囲の情報を得ることができる。この「知識の力」は，消費者のプライバシーに関する倫理的問題につながるだろうか。政府は，こうした個人情報へのアクセスを規制すべきだろうか。消費者には，これらのデータへのアクセスを制限する権利があるだろうか。

4. 組織や個人は，有害な習慣を支持するようなウェブサイトを開設することを認められるべきだろうか。アルカイダのような集団が，インターネットでメンバーをリクルートすることは認められるべきだろうか。その理由は何か。

5. ある起業家が，自分が開設したウェブサイトで，ファッションモデルの卵子をオークションにかけたことが世界的なニュースになった。このサイトは，魅力的な赤ん坊を望む人たちをターゲットにしたものだった。彼らは，そうすることで子孫が社会で成功する可能性が高まると信じているのである。人間の売買も，消費者行動の1つにすぎないのだろうか。このサービスが，将来成功する子どもを得るチャンスを最大化する効率的な方法だという考えに，あなたは同意するだろうか。この種のマーケティング活動は，認められるべきだろうか。あなたなら，自分の卵子や精子をウェブサイトで売ってもよいと考えるか。

■ 応用せよ

1. 同じ製品カテゴリーで，3つのブランドに対して，ブランド・パーソナリティ一覧を作りなさい。各ブランドのパーソナリティ10項目について，何人かの消費者に評価してもらいなさい。そこからどのような違いが明らかになるだろうか。これらのパーソナリティは，製品を差異化するための広告やパッケージ戦略と関連を持つだろうか。

2. 製品と特定のライフスタイルを結びつけようとしている，最近の広告例を集めなさい。マーケターは，どのようにこの目標を達成しているだろうか。

3. 政治的キャンペーンで，サイコグラフィクス分析が使われることもある。最近の大きな選挙で，候補者が使ったマーケティング戦略を調べなさい。そのキャンペーンは，有権者を価値観といった観点でセグメンテーションしているだろうか。この情報をコミュニケーション戦略に使ったという証拠を探してみよう。

4. 「信念の人」「達成者」「体験者」「創造者」の各VALS2セグメントをターゲットにした化粧品の広告例をそれぞれ集めなさい。各セグメントに対する基本的な働きかけには，どのような違いが見られるだろうか。

参考文献

1. For an interesting ethnographic account of skydiving as a voluntary high-risk consumption activity, see Richard L. Celsi, Randall L. Rose, and Thomas W. Leigh, "An Exploration of High-Risk Leisure Consumption Through Skydiving," *Journal of Consumer Research* 20 (June 1993): 1-23.
2. See J. Aronoff and J. P. Wilson, *Personality in the Social Process* (Hillsdale, NJ: Erlbaum, 1985); Walter Mischel, *Personality and Assessment* (New York: Wiley, 1968).
3. Ernest Dichter, *A Strategy of Desire* (Garden City, NY: Doubleday, 1960); Ernest Dichter, *The Handbook of Consumer Motivations* (New York: ?McGraw-Hill, 1964); Jeffrey J. Durgee, "Interpreting Dichter's Interpretations: An Analysis of Consumption Symbolism," in *The Handbook of Consumer Motivations* (unpublished manuscript, Rensselaer Polytechnic Institute, Troy, New York, 1989); Pierre Martineau, *Motivation in Advertising* (New York: McGraw-Hill, 1957).
4. Vance Packard, *The Hidden Persuaders* (New York: D. McKay, 1957).
5. Harold Kassarjian, "Personality and Consumer Behavior: A Review," *Journal of Marketing Research* 8 (November 1971): 409-18.
6. 「特集2―顧客至上主義再考―顧客の半歩先を行くテクニック―潜在ニーズを引き出す調査の秘策:上野啓子（インタービュー代表）」『日経ビズテック』2004年11月11日号, pp.124-127.
7. 「特集―顧客のインサイトをつかめ!―手法編 ライオン，大日本印刷，北海道日本ハムファイターズ―定性調査重ね，「見えない汚れ」に着目:ライオン エスノグラフィー」『日経情報ストラテジー』2010年8月29日号, pp.44-49.
8. Karen Horney, *Neurosis and Human Growth* (New York: Norton, 1950).
9. Joel B. Cohen, "An Interpersonal Orientation to the Study of Consumer Behavior," *Journal of Marketing Research* 6 (August 1967): 270-78; Pradeep K. Tyagi, "Validation of the CAD Instrument: A Replication," in Richard P. Bagozzi and Alice M. Tybout, eds., *Advances in Consumer Research 10* (Ann Arbor, MI: Association for Consumer Research, 1983): 112-14.
10. For a comprehensive review of classic perspectives on personality theory, see Calvin S. Hall and Gardner Lindzey, *Theories of Personality*, 2nd ed. (New York: Wiley, 1970).
11. See Carl G. Jung, "The Archetypes and the Collective Unconscious," in H. Read, M. Fordham, and G. Adler, eds., *Collected Works*, vol. 9, part 1 (Princeton, NJ: Princeton University Press, 1959).
12. This material was contributed by Rebecca H. Holman, senior vice president and director, Consumer Knowledge Structures, The Knowledge Group, Young & Rubicam Brands, July 2005.
13. E. B. Boyd, "How a Personality Test Designed to Pick Astronauts Is Taking the Pain out of Customer Support," *Fast Company* (December 1, 2010), http://www.fastcompany.com/1706766/how-a-system-designed-to-weed-out-nasa-astronauts-is-taking-the-pain-out-of-customer-support-call=partner5homepage_newsletter, accessed April 13, 2011.
14. For an application of trait theory, cf. Adam Duhachek and Dawn Iacobucci, "Consumer Personality and Coping: Testing Rival Theories of Process," *Journal of Consumer Psychology* 15, no. 1 (2005): 52-63.
15. S. Christian Wheeler, Richard E. Petty, and George Y. Bizer, "Self-Schema Matching and Attitude Change: Situational and Dispositional Determinants of Message Elaboration," *Journal of Consumer Research* 31 (March, 2005): 787-97.
16. Linda L. Price and Nancy Ridgway, "Development of a Scale to Measure Innovativeness," in Richard P. Bagozzi and Alice M. Tybout, eds., *Advances in Consumer Research 10* (Ann Arbor, MI: Association for Consumer Research, 1983): 679-84; Russell W. Belk, "Three Scales to Measure Constructs Related to Materialism: Reliability, Validity, and Relationships to Measures of Happiness," in Thomas C. Kinnear, ed., *Advances in Consumer Research 11* (Ann Arbor, MI: Association for Consumer Research, 1984): 291; Mark Snyder, "Self-Monitoring Processes," in Leonard Berkowitz, ed., *Advances in Experimental Social Psychology* (New York: Academic Press, 1979), 85-128; Gordon R. Foxall and Ronald E. Goldsmith, "Personality and Consumer Research: Another Look," *Journal of the Market Research*

Society 30, no. 2 (1988): 111-25; Ronald E. Goldsmith and Charles F. Hofacker, "Measuring Consumer Innovativeness," *Journal of the Academy of Marketing Science* 19, no. 3 (1991): 209-21; Curtis P. Haugtvedt, Richard E. Petty, and John T. Cacioppo, "Need for Cognition and Advertising: Understanding the Role of Personality Variables in Consumer Behavior," *Journal of Consumer Psychology* 1, no. 3 (1992): 239-60.

17. John L. Lastovicka, Lance A. Bettencourt, Renee Shaw Hughner, and Ronald J. Kuntze, "Lifestyle of the Tight and Frugal: Theory and Measurement," *Journal of Consumer Research* 26 (June 1999): 85-98; The Hartman Group, "The Continuing Economic Maelstrom & the US Consumer: Implications for CPG, Restaurant and Retail January 2009," 9 http://www.hartman-group.com/publications/white-papers/the-continuing-?economic-maelstrom-the-us-consumer, accessed September 3, 2011; ?Joseph Lazzaro, "US Savings Rate Soars to 14-Year High," *Daily Finance* (June 1, 2009), www.dailyfinance.com/2009/06/01/us-savings-rate-soars-to-14-year-high, accessed June 1, 2009; Andrea K. Walker, "Economy Breeds a Frugal Consumer," *Baltimore Sun* (April 20, 2009), www.baltimoresun.com/business/bal-te.bz.shoppinghabits19apr20,0,1577826.story, accessed June 1, 2009.

18. Jacob Jacoby, "Personality and Consumer Behavior: How Not to Find Relationships," in *Purdue Papers in Consumer Psychology*, no. 102 (Lafayette, IN: Purdue University, 1969); Harold H. Kassarjian and Mary Jane Sheffet, "Personality and Consumer Behavior: An Update," in Harold H. Kassarjian and Thomas S. Robertson, eds., *Perspectives in Consumer Behavior*, 4th ed. (Glenview, IL: Scott Foresman, 1991): 291-353; John Lastovicka and Erich Joachimsthaler, "Improving the Detection of Personality Behavior Relationships in Consumer Research," *Journal of Consumer Research* 14 (March 1988): 583-87. For an approach that ties the notion of personality more directly to marketing issues, see Jennifer L. Aaker, "Dimensions of Brand Personality," *Journal of Marketing Research* 34 (August 1997): 347-57.

19. See Girish N. Punj and David W. Stewart, "An Interaction Framework of Consumer Decision-Making," *Journal of Consumer Research* 10 (September 1983): 181-96.

20. J. F. Allsopp, "The Distribution of On-Licence Beer and Cider Consumption and Its Personality Determinants Among Young Men," *European Journal of Marketing* 20, no. 3 (1986): 44-62; Gordon R. Foxall and Ronald E. Goldsmith, "Personality and Consumer Research: Another Look," *Journal of the Market Research Society* 30, no. 2 (April 1988): 111-25.

21. Quoted in Stuart O'Brien, "iPad Owners are 'Self-Centered Workaholics,'" *Mobile Entertainment* (July 30, 2010), http://www.mobile-ent.biz/news/read/ipad-owners-are-self-centered-workaholics, accessed April 13, 2011.

22. Thomas Hine, "Why We Buy: The Silent Persuasion of Boxes, Bottles, Cans, and Tubes," *Worth* (May 1995): 78-83.

23. Bradley Johnson, "They All Have Half-Baked Ideas," *Advertising Age* (May 12, 1997): 8.

24. Yongjun Sung and Spencer F. Tinkham, "Brand Personality Structures in the United States and Korea: Common and Culture-Specific Factors," *Journal of Consumer Psychology* 15, no. 4 (2005): 334-50; Beverly T. ?Venable, Gregory M. Rose, Victoria D. Bush, and Faye W. Gilbert, "The Role of Brand Personality in Charitable Giving: An Assessment and Validation," *Journal of the Academy of Marketing Science* 33 (July 2005): 295-312.

25. 「ヒットの秘密―ベビースターラーメン 麺かじれば懐かしの味：名古屋」朝日新聞 2014年1月26日朝刊．p.6.

26. Quoted in Stuart Elliott, "A 1950s Brand Mascot Fights 21st-Century Indigestion," *New York Times* (March 5, 2008), www.nytimes.com, accessed March 5, 2008.

27. Susan Nelson, "Our Changing View of Style," *Marketing Daily* (February 17, 2009), www.mediapost.com, accessed February 17, 2009.

28. Kevin L. Keller, "Conceptualization, Measuring, and Managing Customer-Based Brand Equity," *Journal of Marketing* 57 (January 1993): 1-22.

29. Linda Keslar, "What's in a Name?," *Individual Investor* (April 1999): 101-2.

30. Kathryn Kranhold, "Agencies Beef up Brand Research to Identify Consumer Preferences," *Wall Street Journal Interactive Edition* (March 9, 2000), accessed March 9, 2000.

31. Jennifer Aaker, Kathleen D. Vohs, and Cassie Mogilner (2010), "Nonprofits Are Seen as Warm and For-Profits as Competent: Firm Stereotypes

32. Jennifer L. Aaker, "Dimensions of Brand Personality," *Journal of Marketing Research* 34 (August 1997): 347-57.
33. Tim Triplett, "Brand Personality Must Be Managed or It Will Assume a Life of Its Own," *Marketing News* (May 9, 1994): 9.
34. Seth Stevenson, "How to Beat Nike," *New York Times* (January 5, 2003), www.nytimes.com, accessed January 5, 2003.
35. Susan Fournier, "Consumers and Their Brands: Developing Relationship Theory in Consumer Research," *Journal of Consumer Research* 24, no. 4 (March 1998): 343-73.
36. Rebecca Piirto Heath, "The Frontiers of Psychographics," *American Demographics* (July 1996): 38-43.
37. Quoted in Erin White, "Volvo Sheds Safe Image for New, Dangerous Ads," *Wall Street Journal* (June 14, 2002), www.wsj.com, accessed June 14, 2002; Viknesh Vijayenthiran, "Volvo's Upmarket Plans Hindered by Brand Image, Poor CO2 Emissions," *Motor Authority* (November 24, 2008), www.motorauthority.com/volvo-continuing-with-plans-to-move-upmarket.html, accessed June 1, 2009.
38. Shirley Brady, "Volvo's Naughty S60 Experiment," *BrandChannel* (July 28, 2010), http://www.brandchannel.com/home/post/2010/07/28/Volvo-Naughty-S60-Experiment.aspx, accessed April 13, 2011.
39. Danny Hakim, "Cadillac, Too, Shifting Focus to Trucks," *New York Times* (December 21, 2001) http://www.nytimes.com/2001/12/21/business/cadillac-too-shifting-focus-to-trucks.html, accessed September 3, 2011.
40. Stevenson, "How to Beat Nike."
41. Helen Coster, "The $25 Water Bottle," *Forbes* (March 19, 2009), www.forbes.com, accessed March 19, 2009; www.mysigg.com, accessed June 3, 2009.
42. See Lewis Alpert and Ronald Gatty, "Product Positioning by Behavioral Life Styles," *Journal of Marketing* 33 (April 1969): 65-69; Emanuel H. Demby, "Psychographics Revisited: The Birth of a Technique," *Marketing News* (January 2, 1989): 21; William D. Wells, "Backward Segmentation," in Johan Arndt, ed., *Insights into Consumer Behavior* (Boston: Allyn & Bacon, 1968): 85-100.
43. William D. Wells and Douglas J. Tigert, "Activities, Interests, and Opinions," *Journal of Advertising Research* 11 (August 1971): 27.
44. Ian Pearson, "Social Studies: Psychographics in Advertising," *Canadian Business* (December 1985): 67.
45. Rebecca Piirto Heath, "Psychographics: Qu'est-Ce Que C'est?," *Marketing Tools* (November-December 1995).
46. Alfred S. Boote, "Psychographics: Mind over Matter," *American Demographics* (April 1980): 26-29; William D. Wells, "Psychographics: A Critical Review," *Journal of Marketing Research* 12 (May 1975): 196-213.
47. Joseph T. Plummer, "The Concept and Application of Life Style Segmentation," *Journal of Marketing* 38 (January 1974): 33-37.
48. Berkeley Rice, "The Selling of Lifestyles," *Psychology Today* (March 1988): 46.
49. John L. Lastovicka, John P. Murry, Erich A. Joachimsthaler, Gurav Bhalla, and Jim Scheurich, "A Lifestyle Typology to Model Young Male Drinking and Driving," *Journal of Consumer Research* 14 (September 1987): 257-63.
50. Martha Farnsworth Riche, "VALS 2," *American Demographics* (July 1989): 25. Additional information provided by William D. Guns, Director, Business Intelligence Center, SBI Consulting, Inc., personal communication, May 1997.
51. Rebecca Piirto Heath, "You Can Buy a Thrill: Chasing the Ultimate Rush," *American Demographics* (June 1997): 47-51.
52. Michael J. Weiss, *The Clustering of America* (New York: Harper & Row, 1988).
53. Christina Del Valle, "They Know Where You Live and How You Buy," *BusinessWeek* (February 7, 1994): 89; www.claritas.com, accessed June 3, 2005.
54. www.claritas.com/MyBestSegments/Default.jsp, accessed June 3, 2009.
55. Stephanie Kang and Vishesh Kumar, "TV Learning Importance of Targeting," *Wall Street Journal* (April 4, 2008): B7.
56. Laura M. Holson, "In CBS Test, Mobile Ads Find Users," *New York Times* (February 6, 2008), www.nytimes.com, accessed February 6, 2008.
57. Emily Steel and Vishesh Kumar, "Targeted Ads Raise Privacy Concerns, Pressure Could Imperil Online Strategy Shared by Phone and Cable-TV Firms," *Wall Street Journal* (July 8, 2008): B1.
58. Miguel Helft and Tanzina Vega, "Retargeting Ads

Follow Surfers to Other Sites," *New York Times* (August 29, 2010), http://www.nytimes.com/2010/08/30/technology/30adstalk.html?_r51&ref5media, accessed April 13, 2011.
59. Jack Neff, "Lawsuit: Marketing Blamed in Wal-Mart Trampling Death," *Advertising Age* (December 4, 2008), www.adage.com, accessed December 4, 2008; www.Freerepublic.Com/Focus/F-News/ 2142920/Posts, accessed December 4, 2008.
60. "Japan Calls for Tighter Food Security Against Mad Cow Disease," *Xinhua News Agency* (May 20, 2002), www.xinhuanet.com/English, accessed June 29, 2002.
61. Kenneth E. Nusbaum, James C. Wright, and Michael R. Solomon, "Attitudes of Food Animal Veterinarians to Continuing Education in Agriterrorism," paper presented at the 53rd Annual Meeting of the Animal Disease Research Workers in Southern States, University of Florida (February 2001).
62. Betty Mohr, "The Pepsi Challenge: Managing a Crisis," *Prepared Foods* (March 1994): 13.
63. http://www.experienceproject.com/groups/Am-Addicted-To-Chapstick/34083, accessed May 29, 2011.
64. 「時論公論—心配　中高生のスマホ依存」NHKニュース解説 2013年8月30日.
65. 「中高生が語る LINE 生活　返信しなきゃと強迫観念・大半「寝る時も近くに」」朝日新聞 2014年3月6日朝刊. p.32.
66. Erik Sass, "Woman Kills Baby for Interrupting FarmVille," *Social Media & Marketing Daily* (October 28, 2010), http://www.mediapost.com/publications/?fa=Articles.showArticle&art_aid=138502&nid=120184, accessed April 30, 2011.
67. "Psychiatrists Drafted in to Treat Italian Facebook Addicts," *The Drum* (November 19, 2010), http://www.thedrum.co.uk/news/2010/11/19/16713-psychiatrists-drafted-in-to-treat-italian-facebook-addicts/, accessed February 23, 2011.
68. Martin Fackler, "In Korea, A Boot Camp Cure for Web Obsession," *New York Times* (November 18, 2007), www.nytimes.com/2007/11/18/Technology/18rehab.Html, accessed November 19, 2007.
69. Derek N. Hassay and Malcolm C. Smith, "Compulsive Buying: An Examination of the Consumption Motive," *Psychology & Marketing* 13 (December 1996): 741-52.
70. Nancy M. Ridgway, Monika Kukar-Kinney, and Kent B. Monroe, "An Expanded Conceptualization and a New Measure of Compulsive Buying," *Journal of Consumer Research* 35, no. 4 (2008): 622-39; Thomas C. O'Guinn and Ronald J. Faber, "Compulsive Buying: A Phenomenological Explanation," *Journal of Consumer Research* 16 (September 1989): 154.
71. Curtis L. Taylor, "Guys Who Buy, Buy, Buy," Newsday (October 6, 2006); Jim Thornton, "Buy Now, Pay Later," Men's Health (December, 2004): 109-12.
72. Georgia Witkin, "The Shopping Fix," *Health* (May 1988): 73; see also Arch G. Woodside and Randolph J. Trappey III, "Compulsive Consumption of a Consumer Service: An Exploratory Study of Chronic Horse Race Track Gambling Behavior," working paper #90-MKTG-04, A. B. Freeman School of Business, Tulane University (1990); Rajan Nataraajan and Brent G. Goff, "Manifestations of Compulsiveness in the Consumer-Marketplace Domain," *Psychology & Marketing* 9 (January 1992): 31-44; Joann Ellison Rodgers, "Addiction: A Whole New View," *Psychology Today* (September-October 1994): 32.
73. Helen Reynolds, *The Economics of Prostitution* (Springfield, IL: Thomas, 1986).
74. Patrick Di Justo, "How to Sell Your Body for $46 Million," *Wired* (August 2003): 47.
75. Amy Harmon, "Illegal Kidney Auction Pops up on eBay's Site," *New York Times* (September 3, 1999), www.nytimes.com, accessed September 3, 1999.
76. Di Justo, "How to Sell Your Body for $46 Million."
77. Reuters, "German Parents Offer Baby on eBay," *New York Times* (May 25, 2008), www.nytimes.com/2008/05/25/world/europe/ 25ebayby.html?_r=1&scp=1&sq=baby..., accessed May 25, 2008.
78. "Advertisers Face up to the New Morality: Making the Pitch," *Bloomberg* (July 8, 1997).
79. 「特集1—あなたの「お金」が危ない—第2部：脅し取る・だまし取る」『日経パソコン』2014年7月28日号. pp.32-35.
80. "Shoplifting: Bess Myerson's Arrest Highlights a Multibillion-Dollar Problem That Many Stores Won't Talk About," *Life* (August 1988): 32.
81. "New Survey Shows Shoplifting Is a Year-Round Problem," *Business Wire* (April 12, 1998).

82. "Customer Not King, But Thief," *Marketing News* (December 9, 2002): 4.
83. Catherine A. Cole, "Deterrence and Consumer Fraud," *Journal of Retailing* 65 (Spring 1989): 107-20; Stephen J. Grove, Scott J. Vitell, and David Strutton, "Non-Normative Consumer Behavior and the Techniques of Neutralization," in Terry Childers et al., eds., *Marketing Theory and Practice*, 1989 AMA Winter Educators' Conference (Chicago: American Marketing Association, 1989): 131-35.
84. Mark Curnutte, "The Scope of the Shoplifting Problems," *Gannett News Service* (November 29, 1997).
85. Anthony D. Cox, Dena Cox, Ronald D. Anderson, and George P. Moschis, "Social Influences on Adolescent Shoplifting—Theory, Evidence, and Implications for the Retail Industry," *Journal of Retailing* 69 (Summer 1993): 234-46.
86. Stephanie Kang, "New Return Policy: Retailers Say 'No' to Serial Exchangers," *Wall Street Journal* (November 29, 2004): B1.
87. Corey Kilgannon and Jeffrey E. Singer, "Stores' Treatment of Shoplifters Tests Rights," *New York Times* (June 21, 2010), http://www.nytimes.com/2010/06/22/nyregion/22shoplift.html?emc=eta1, accessed April 13, 2011.

セクション3 ● 意思決定者としての消費者

　このセクションでは，消費者がどのように消費について意思決定をしているのかを探り，このプロセスにおいて他者が及ぼしている多くの影響について論じる。第7章では，マーケターがいかに消費者の態度（製品やメッセージへの評価）を形成または変化させているか，そして，個人としての消費者がどのように市場と絶え間なく対話しているかを論じる。第8章では，意思決定における一連の基本的ステップに注目する。第9章では，消費者が置かれる特定の状況がいかに意思決定に影響を与えるか，また自身の選択の失敗についてどのように評価しているかを考える。第10章では，さらに，消費者が，他者，特に同僚や家族と共同で下す購買決定の多くの例に目を向ける。

ここからの章は──

第7章 ● 態度と説得
第8章 ● 意思決定
第9章 ● 購入と処分
第10章 ● 組織・家庭における意思決定

第7章 ● 態度と説得

この章の目的 | **本章の学習を通じて，以下のことを理解しよう：**

1. 消費研究者にとって，態度の本質と力を理解することは重要である．
2. 態度は見かけよりも複雑である．
3. 消費者はいくつかの方法で態度を形成する．
4. 態度を構成するすべての要素で一貫性を保とうとする欲求が，要素の一部を変えようとする動機づけになる．
5. 特定の要素を明らかにし，それを結びつけて消費者の製品やブランドに対する全般的態度を予測するために，態度モデルが使われている．
6. コミュニケーション・モデルは，消費者の製品やサービスへの態度を変化させたいと考えるマーケターにとって重要となる要素のいくつかを明らかにする．
7. メッセージを処理する消費者は，もはやマーケターがかつて考えていたような情報の受動的な受け手ではなくなった．
8. いくつかの要因がメッセージの発信源の有効性に影響する．
9. マーケターがメッセージを構築する方法が，その説得力の強さを決める．
10. 視聴者の特性は，メッセージの発信源あるいはメッセージそのものの本質が効果的かどうかを決める助けになる．

　リノは，今日届いた郵便物を選り分けている．クレジットカードの請求書，広告の手紙，不動産物件のチラシ，そしてクレジットカードの勧誘．ああ，あった！　ずっと待ち続けていた封筒．友人のエリコが勤める広告代理店での豪華なパーティーの招待状だ．これに参加すれば，業界の人たちと知り合い，会話を交わし，ネットワークを築き，もしかしたら仕事のオファーさえ受けられるかもしれない．でも，何を着ていこう？　好みの可愛いファッションは，彼女が想像するセレブな雰囲気にはふさわしくないように思える．リノには，何か助けが必要だった．そこで，ごく自然に思いついたことからはじめた．まずTwitterで，友人たちにこのイベントについての情報が欲しいと頼んだ．次に，パソコンを立ち上げて，「ファッションリーダー」たちが今シーズンのファッションに何をすすめているか，ブログをいくつかチェックした．モデルの梨花のブログ「RINKA HAPPY LIFE」をながめているうちに，彼女のデザインする「MAISON DE REEFUR」のフラワープリント・ドレスに心を奪われた．そのブランドのブログの中で紹介されて

いたドレスシャツとスリムパンツを合わせたオールホワイトのコーディネートも悪くない。少しアダルトだが，雑誌『VERY』のサイト内にある滝沢眞規子のオフィシャルブログで見つけた，彼女が着ているジャケットとパンツのスタイリングで颯爽と登場すれば，注目を浴びること間違いなしだ。リノはサイトの写真数枚をすばやくコピーして，それをFacebookのページに投稿して意見を求めた。ファッションに詳しい人たちだけでなく，「普通の人たち」の現実的な反応も得られるところが楽しい。

学習の目的1
消費研究者にとって，態度の本質と力を理解することは重要である。

態度の力

　「態度」という言葉はさまざまな文脈で使われる。友人があなたに「中絶問題についてのあなたの態度は？」とたずねるかもしれない。親から「ねえ，その態度は何なの」と叱られるかもしれない。店のハッピーアワー（飲食店で酒類割引を行う時間帯）のことを，アメリカでは婉曲的に「態度を決めるための時間（an attitude adjustment period）」と表現するバーもある。だが，このテキストの目的からは，態度（attitude）とは，（自分自身を含む）人，物，広告，問題についての永続的な全般的評価を表わす[1]。人々が一定の態度を持ちうる対象は何であれ，態度対象（A_o）（attitude object）と呼ばれる。

　態度が永続するものと表現されているのは，長期にわたって持続される傾向があるためである。全般的とされるのは，大きな騒音を聞いたなどの瞬間的な出来事だけに適用されるものではないからである。もっとも時間が経てば，大きな騒音すべてに否定的な態度が形成される可能性はある。消費者は特定の製品に対する特有の行動から（例：歯磨きには，クリアクリーンではなくクリニカを使うなど），より一般的な消費に関連した行動まで（例：歯はどれほど頻繁に磨くべきか），広い範囲の対象への態度を持つ。態度は誰とデートするか，どの音楽を聴くか，アルミ缶をリサイクルするか，消費研究を生涯の仕事に選ぶか，などを決定する助けになる。この章では，態度の内容や，どのように態度を身につけるか，そしてどのようにそれを評価するかを考察していく。また，態度と行動の間の驚くほど複雑な関係のいくつかを検証し，さらにこうした態度をマーケターがどのように変えることができるかに注目する。

　心理学者のダニエル・カッツは，態度がどのように社会的行動を容易にするかを説明する態度の機能理論（functional theory of attitudes）を提唱した[2]。この実用的なアプローチによれば，態度が存在するのは，その人にとって何らかの機能を果たすからである。将来にも同様の状況に対処する必要があるだろうと考える消費者は，それを見越して態度

を形成し始める可能性が大きい [3]. 別の2人が同じ対象に対して同じ態度を示したとしても，その理由はまったく異なるかもしれない．その結果，マーケターにとっては，消費者の態度を変えようとする前に，なぜ彼らがその態度をとるようになったのかを知ることが助けになる．態度が果たす機能のいくつかを挙げてみよう：

- **実用的機能**——実用的機能（utilitarian function）は，第3章で学んだ報酬と罰の基本原則に関連している．喜びや痛みを与えるというだけの理由で，消費者の製品への態度が形成されることがある．例えば，チーズバーガーを食べて，その味が気に入れば，チーズバーガーへの肯定的な態度が生まれる．製品の便益（例：「飲むほどにDRY，辛口，生」アサヒスーパードライ）をストレートに強調する広告は，実用的機能をアピールしている．
- **価値表出機能**——価値表出機能（value-expressive function）を果たす態度は，消費者の中心的価値観（第4章）または自己概念（第5章）と関連している．この場合は，その製品が人としての自分について語ってくれる（例：「アップルのノートパソコンMacBookを使うのはどんなタイプの男性だろう？」）ために，製品への態度を形成する．価値表出機能は，第6章で論じたサイコグラフィクス分析とも深く関連している．消費者が特定の社会的アイデンティティを表現するために，行動，関心，意見をどのように培うかを考察するものである．
- **自我防衛機能**——外的な脅威あるいな内的な感情から自分を守るために形成される態度は，自我防衛機能（ego-defensive function）を持つ．初期のマーケティング研究によれば，アメリカの1950年代の家庭の主婦は，インスタントコーヒーの利用をためらっていたが，その理由は能力ある主婦という自己概念を脅かすからだった（これはもはや大部分の女性にとって大きな問題ではなくなっているだろう！） [4] 男性に「マッチョ」なイメージをもたらす製品（例：ハーレーダビッドソンのバイク）は，自分の男らしさについての不安感に訴えかける．もう1つの例は，人前で脇の臭いがばれた時の悲惨で恥ずかしい結果を強調するデオドラント製品の広告である．
- **知識機能**——秩序，構造，あるいは意味を必要とするために態度を形成することもある．知識機能（knowledge function）は，その人があいまいな状況に置かれたとき（例：カジュアルなパンツスタイルで職場に行ってもいいが，当社らしいスタイルが必要），あるいは新しい製品に出会ったとき（例：「大正製薬から新しい鎮痛剤のお知らせです」）に適用される．

学習の目的 2
態度は見かけよりも複雑である.

態度の ABC モデル

スバル・オブ・アメリカが新しいマーケティング戦略に取り組み始めたとき,自動車を買う人の大部分はこのブランドについて聞いたことはあるものの,感情的な結びつきを持つ消費者はわずかしかいなかった.しかし,実際にスバルの車を所有している人はこのブランドへの熱い思いを持ち,ときには愛情さえも表現していた.非所有者にこの感情的な結びつきを鼓舞しようと,新しいキャンペーンでは,車の購入プロセスの3段階——スバルは「心（heart）」「頭（head）」「財布（wallet）」と呼ぶ——にいる人に向けてそれぞれ異なるアピールを考案した.「心」のステージは,車への所有者の愛情を強調し,CMでは車への愛着を示す個人的ストーリーを共有する.「頭」のステージの広告は,対照的に特定のモデルの合理的側面を示し,信頼性や経済性といった点で,所有者にどれだけの便益が与えられるかを強調する.そして,「財布」のステージの広告は,実際にスバルを購入する場合の金銭的な詳細について触れる.例えば地元ディーラーからの特別なサービスを説明するなどである[5].

スバルのキャンペーンに見られるように,態度には,感情,行動,認知の3つの構成要素がある.感情（affect）は,消費者が態度対象に対してどのように感じるかを表わす.行動（behavior）は,それに対して行動を起こす意図を表わす（だが,後に論じるように,意図が必ずしも実際の行動につながるとは限らない）.認知（cognition）は,消費者が態度対象について真実だと信じることである.この3つの態度の構成要素は態度の ABC モデル（ABC model of attitudes）と覚えることができる.

ABC モデルは,認知,感情,行動の相関関係を強調する.消費者の製品への態度は,それについての認知（信念）を明らかにするだけでは決められない.例えば,買い物客はあるビデオカメラに38倍のズームレンズ,オートフォーカス機能,手ブレ補正機能がついていることを「知っている」が,ただそれを知っているというだけでは,その人がこうした属性をどのように感じているか（良い,悪い,無関心）,あるいは実際にそのビデオカメラを買う気になるかどうかはわからない.

効果の階層モデル

認知,感情,行動のうち,どれが最初に来るのだろう? 状況によって最初に来る要素が変わることが分かっている.態度の研究者は,3つの構成要素の相対的影響力を説明するため,効果の階層モデル（hierarchy of effects）という概念を発達させた.この理論

は，それぞれの階層ごとに，決まった一連のステップで態度が形成されることを明らかにする．図7.1 はこれら3つの階層を要約したものである．

標準的学習階層

考える→感じる→行動する．標準的学習階層（standard learning hierarchy）は，人が製品の決定に問題解決プロセスとしてアプローチするという仮説に基づく．まず，製品に関連する特性について知識を蓄積し，信念を形成する．次に，こうした信念を評価して，その製品への感情を形成する[6]．そして，好感が持てる特性を提供する製品を買うなどの関連した態度をとる．この階層は，消費者が購買決定を下すときの関与レベルが高いという前提に立つ[7]．多くの情報を求め，注意深く代替案と比べ，思慮深い決定に至るのである．

低関与階層

行動する→感じる→考える．効果の低関与階層（low-involvement hierarchy of effects）は，消費者は最初から特定のブランドを強く好むことはなく，限られた知識に基づいて行動し，その製品を購入してから評価するのだと考える[8]．態度は行動的学習を通して形成され，良い経験か悪い経験かで当初の選択が強化される．

消費者が製品に関する一連の信念を注意深く組み立てるほどには，多くの決定を重視しておらず，購入後に製品を評価している可能性を理解することは重要である．これは，信念に影響を与え，製品の特定について注意深く情報を伝えるというマーケターの配慮のすべてが無駄になるかもしれないことを意味する．消費者はそうした情報に必ずしも

図7.1 効果階層モデル

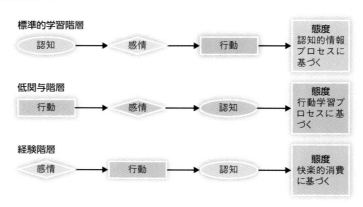

コピー：「ステーキは，わたしたちの人生そのものだ．あなたにただ求めるのは，あなたのランチをわたしたちのステーキにすることだけだ．

ニューヨークの有名なレストラン「スミス・アンド・ウォレンスキー」の広告．マーケターおよび製品やサービスに関係する者は，顧客よりも関与度が高い場合が多いことを強調している．

出典：Smith & Wollensky Steak House 提供．

　注意を払うとは限らない．購買決定を下すときには，単純な刺激と反応の結びつきによって行動している可能性が高いということである．例えば，キッチンペーパーを選ぶ消費者は，店舗の棚にあるすべてのブランドを系統的に比べるのではなく，「リードって便利だな」と思い出すだけかもしれない．消費者には他に考えるべきことがいくらでもあるのだ．

　消費者の低関与という概念は，マーケターにとっては受け入れがたいことかもしれない．自分たちがマーケティングしているものが，それを買う人たちにとってはそれほど重要ではないなどと，誰が喜んで認められるだろうか？　例えば，ガムやキャットフードのブランドマネージャーなら，消費者が自社製品をそれほど考慮せずに購入しているとは信じがたいかもしれない．なぜならば，そのマネージャー自身は，その製品を考えることに1日の大部分の時間（おそらくは眠っている時間も）を費やしているのだから．

　皮肉なことに，マーケターにとって，この低関与という厚い雲の向こうに見える光は，消費者はこうした状況下ではブランドに関連した複雑なたくさんの情報を処理する気にはならず，その代わりに行動学習の原則によって気持ちが揺れ動くということである．例えば，条件づけされたブランドネームや購入時のディスプレイへの単純な反応によって決定を下している（第3章を参照）．

経験階層

 感じる→行動する→考える．効果の経験階層（experiential hierarchy of effects）に従えば，消費者は感情的な反応をもとに行動を起こす．経験階層の見解は，パッケージデザイン，広告，ブランドネーム，そして経験が生じる環境の性格のような漠然とした製品属性が，消費者のブランドへの態度の形成に影響することを強調する．こうした反応は，その製品が（任天堂のWiiのように）刺激を与えるなどの快楽的動機づけに基づくものかもしれない．

 伝達者が表現する感情でさえ影響を及ぼす．例えば，笑顔は伝染する．幸せそうな人たちの伝えるメッセージは「感情的伝染（emotional contagion）」と呼ばれるプロセスで，製品への態度を良い方向に強化する[9]．多くの研究で，その人がマーケティング・メッセージを見聞きするときの気分が，その広告の情報処理，見た情報を覚えている可能性，広告されたアイテムや関連製品に対して将来どのように感じるかに影響することが示された[10]．

学習の目的 3
消費者はいくつかの方法で態度を形成する．

態度はどのように形成されるのか

 誰でも多くの態度を身につけるが，普通はそれがどのように形成されたかに疑いを持つことはない．ペプシネックスはコカ・コーラよりも美味しいとか，オルタナティヴ・ミュージックは魂を解放するなどという確信を持って生まれてくるわけではないことは明らかだ．そうした態度はどこからやってくるのだろう？

 態度は作用を及ぼす特定の効果の階層によって，いくつかの異なる方法で形成される．第3章で考察したように，伝統的条件づけによってブランドへの態度が形成されるかもしれない．マーケターはペプシの名前のような態度対象を，耳に残る音楽やCM（「おいしいところがいい．ペプシネックス」）と繰り返し組み合わせる．あるいは，道具的条件づけで態度を形成するかもしれない．この場合，マーケターは消費者が態度対象を消費したとき（例：ペプシをゴクゴク飲んで，のどの渇きが癒された）に強化を行う．あるいは，この学習は非常に複雑な認知プロセスの結果かもしれない．例えばティーンエイジャーは，友人，または福山雅治のようにメディアに出て推薦する人たちの真似をするかもしれない．彼らがペプシを飲むのは，それによってペプシのCMが描いている望ましいライフスタイルを自分も得られると信じているからである．

すべての態度は平等につくられているわけではない

　すべての態度が同じような過程で形成されているわけではないため，態度の種類を識別することが重要になる(11)．ある消費者はブランド・ロイヤルティが高く，態度対象に長く肯定的な態度をとり続けるかもしれない．この場合は，この関与を弱めることは困難になる．しかし，別の女性はもっと気まぐれな消費者で，ある製品に対してまあまあ肯定的な態度を示しているかもしれないが，もっと良いものが見つかったときには，あっさりと気移りする．このセクションでは，態度の強弱の違いを考え，態度がどのように形成され，どのように他の態度に関連しているかを説明するために研究者が使っている主だった理論を簡単に見直すことにする．

　消費者の態度への「コミットメント（commitment）」の程度はさまざまで，それは態度対象への関与レベルと関連している（第4章参照）(12)．コミットメントの3つのレベルを見てみよう：

1 **従属**——関与の最も低いレベルである従属（compliance）では，報酬を得る，または罰を避けることに役立つために態度を形成する．この態度はうわべだけのもので，他人が自分の行動の観察をやめたとき，または別の選択肢が手に入るようになったときに変化しやすい．ペプシを飲むのはカフェで販売しているのがペプシだからで，コカ・コーラを買うためにわざわざ別の場所に行こうとは思わない，といった場合が考えられる．

2 **同一化**——同一化（identification）が起こるのは，別の誰か，またはグループの期待に応えようとして態度を形成する場合である．特定の製品を選んだ場合の悲惨な社会的影響を描いた広告は，消費者が望ましいモデルの行動を真似することに期待している（第11章でさらに論じる）．

3 **内部化**——内部化（internalization）と呼ばれる高レベルの関与では，深く根づいた態度が価値体系の一部となる．これらの態度はその人にとって特に重要であるために，変えることが非常に難しい．（今もマーケティングのテキストで標準的に取り上げられる素材となっている）1980年代のコカ・コーラの大失敗は，マーケターが強く根ざした態度の扱いを誤るときに何が起こり得るかを例証している．このケースでは，コカ・コーラは甘い味（ペプシの方に当てはまる特徴）を好みがちな若い世代の消費者ニーズに応えるため，味の調合を変えることにした．厳密なブラインド・テストを実施した結果，どのブランドを飲んでいるか分からない人たちは新しい調合の方を好んだが，驚いたことに，ニューコークが発売になると，根っからのコカ・コーラファンからの激しい抗議を招くことになった．明らかに，こうしたファンにとってのブランドへのロイヤルティは，わずかな味の違いという問題

だけではない．ブランドは彼らの社会的アイデンティティと同一視され，強烈な愛着とノスタルジックな性質を持つようになっていた．

学習の目的 4
態度を構成するすべての要素で一貫性を保とうとする欲求が，要素の一部を変えようとする動機づけになる．

一貫性の原則

　あなたは，誰かが「ペプシはお気に入りのソフトドリンクだ．すごくまずい」とか，「彼氏が大好き．あの人，これまで出会った人の中で一番のバカなの」などと言うのを聞いたことがあるだろうか？　おそらくないだろう（少なくとも，そのカップルが結婚するまでは）．それは，このような発言は信念と評価が一致していないからである．認知的一貫性の原則（principle of cognitive consistency）によれば，人は思考と感情と行動の間に調和を求めるため，これらの要素の一貫性を維持するように動機づけられる．この欲求は，必要であれば，他の経験と矛盾しないように認知，感情，行動を変化させることを意味する．その彼氏がへまをしていかにも恋愛にうとい振る舞いをするかもしれないが，彼女は（最終的には）彼を許す道を見つけるか，あるいは別れてしまうのである．一貫性の原則は，人がまったくの真空状態の中で態度を形成しているのではないことを思い出させてくれる．形成する態度が，既に持っている他の態度にどの程度うまく適合するかが大きな要因になる．

　認知的不協和理論（theory of cognitive dissonance）は，人が自分の態度や行動の矛盾に直面すると，この「不協和」を解決するために何らかの行動を起こすとしている．おそらくは態度や行動を変えることで一貫性を回復するのである．この理論は，消費者行動に重要な影響を及ぼす．人はよく，製品やサービスへの自分の態度と，実際にしたり買ったりすることの間に何らかの対立が生じる状況に直面する[13]．

　この理論によれば，不協和の不快な感情を軽減しようとする動機づけは，信念と感情が一致するような道を求めさせる．この理論は 2 つの認知的要素が衝突する状況に焦点を当てている．「認知的要素（cognitive element）」には，その人が自分について信じていること，とる行動，あるいは周囲の観察などが含まれる．例えば「私は喫煙ががんの原因になることを知っている」と「私はたばこを吸う」という 2 つの認知的要素は調和しない．この心理的な矛盾が不快な感情を引き起こし，喫煙者はそれを軽減しようとする．不協和の程度は，不協和の要素の重要性や数に左右される[14]．言い換えれば，矛盾を軽減しようとするプレッシャーが高まるような高関与の状況だと，不協和を観察しやすい．

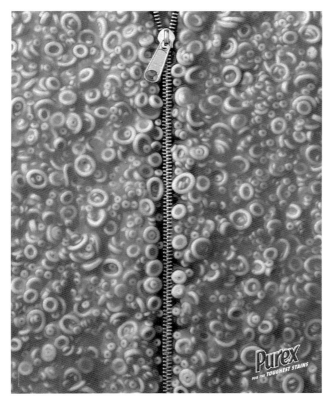

コピー：*頑強な汚れのための「ピュレックス」.*

消費者の注意をとらえ, ブランド認知を高めるために, 広告はクリエイティブなイメージに訴えることが多くなる.

出典：Energy BBDO 提供.

　不協和を軽減するには, その要素を削除 (eliminating), 追加 (adding), 変化 (changing) させる. 例えば, 喫煙をやめたり (削除), 大叔母さんが 90 歳で死ぬ日までたばこを吸っていたことを思い出したり (追加) する. あるいは, がんと喫煙を結びつける研究に対して疑いを持ち, この結びつきに反論しようとする業界のスポンサーによる研究の方を信じるかもしれない (変化).

　不協和理論は, なぜ製品の評価が購入した後で高まる傾向があるのかを説明している. 「私は愚かな間違いを犯した」という認知的要素は, 「私は愚かな人間ではない」という要素と矛盾する. したがって, 何かが自分のものになった後で, それを好きになる理由をもっと探そうとする. 競馬についての有名な研究がこの「購買後の不協和」を例証している. 賭けをする人は, 投票券を買う前より買った後の方が, 自分の選んだ馬を高く評価し, 結果に自信を持っていた. その選択にはお金がかかっているので, 選んだ選択肢の魅力を選ばなかった選択肢より高めることで, 不協和を軽減しようとするのである [15].

この現象は，消費者が自分の決定を正当化できるように助けを求めているということを暗に示してもいる．したがってマーケターは，購買後の顧客に，その決定を支持するような追加的強化を提供すべきということになる．

自己知覚理論

人々は認知的不協和を軽減させることを動機づけされているから，いつも行動と矛盾しないように態度を変化させているのだろうか？ 自己知覚理論（self-perception theory）は，不協和の効果について別の説明を提供する[16]．この理論は，他人の行動を観察してその人の態度を理解するように，自分の行動を観察することを通して態度を決めるという前提に立つ．何かを買ったり消費したのなら（自分の自由な意思でその選択をしたと仮定して），その対象に対して肯定的な態度をとらなければならないと推測して，一貫性を維持する．つまり，自分に対してこのように言っているということだ．「どうやら自分はFacebookに夢中になっているみたいだ．生活しているうちの半分の時間をこれに使っているようだし」

自己知覚理論は，**段階的勧誘法（foot-in-the-door technique）**と呼ばれる営業戦術の効果を説明する手掛かりになる．営業マンは，小さな要請に同意する消費者はもっと大きな要請にも応じやすくなることを知っている[17]．この戦術の名前は，戸別訪問のセールスの習慣から来ている．営業マンはドアの中に足を踏み入れることで，見込み客（になってくれることを望む人たち）がドアを閉めづらくなるようにする．優秀な営業担当者は，ドアを開いて話を聞いてくれるように説得できる顧客であれば，注文を取りつけやすいと知っている．最初の小さな要請に同意することで，顧客は相手の話を聞く意思があるという合図を送っているのである．注文することは，「私はうちのドアをノックする営業マンから何かを買う意思がある人物だ」という自己知覚と一致する[18]．最近の調査からも，営業マンが消費者に選択肢を並べ，選んでもらうように促すと，これらの決定は認知的な要求となり，自分の行動を観察するために持っている資源を使わせる．その結果，ターゲットはより簡単な決定を選択することになる．つまり，場合によっては，なぜそうすべきではないかの理由を探すよりも，要請に応じる方が簡単かもしれないのだ[19]．

社会的判断理論

社会的判断理論（social judgment theory）も，人々は態度対象についての新しい情報を，既に知っていること，感じていることに照らし合わせて同化させると考える[20]．当初の態度は基本の枠組みとして作用し，新しい情報はこの基準に従って分類される．箱が重いという判断が他の箱の重さに左右されるように，態度対象を評価するときには主観的な基準を用いている．

この理論の重要な側面の1つは，情報が受け入れられるか否かの判断は，人によって異なるということである．それぞれの人が，基準となる態度を中心に受容領域と拒否領域（latitudes of acceptance and rejection）を形成する．受容領域に当てはまる考えは好意的に考え評価するが，それを外れるものはただちに拒否する傾向がある．人々は受容領域にあるメッセージを認知しやすく，実際よりも自分の考えと一致するものとみなす．この誇張は「同化効果（assimilation effect）」と呼ばれている．

　一方，拒否領域にあるメッセージは，実際よりももっと受け入れがたいものとして見る傾向がある．これは，「対比効果（contrast effect）」と呼ばれる誇張につながる[21]．態度対象への関与が高いほど，消費者の受容領域は狭くなる．言い換えれば，消費者は自分の立ち位置から遠くにある考えは受け入れなくなり，既に持っている情報と少し異なるだけでも反感を持つようになる．目の肥えた買い手は，受容領域が狭い（例：「ジーンズ通は，LEVI'S 501しかジーンズと認めない」）．しかし，比較的関与の低い消費者は，広い範囲の選択肢を考慮するので，ブランドにはあまりこだわらず，頻繁に好みのブランドを変える傾向が強い．

バランス理論

　あなたは，「友だちの友だちは，みな友だちだ」という表現を聞いたことがあるだろうか？「敵の敵は味方」というのは？　バランス理論（balance theory）は，人々がどのように異なる態度対象の関係を認識するか，また，これらが矛盾しないように（あるいは「バランスがとれるように」）どれほど態度を変えているかに注目する[22]．この見解には3つの要素の間の（常に認識者の主観的な視点からの）関係が含まれるため，その結果出来上がる態度体系は「トライアド（triads）」と呼ばれる．トライアドには（1）ある人とその認識，（2）態度対象，（3）他者や他の対象が含まれる．この理論では，人はトライアドの要素の関係が調和的であることを求めると規定する．もしバランスが崩れていれば緊張が生まれ，それがバランスを回復するという動機づけを与え，認識を変えることにつながる．

　各要素は2つの方法のどちらかで結びつけられる．「単位関係（unit relation）」では，人は何らかの形で態度対象と結びついている（信念と似ている）．「感情関係（sentiment relation）」では，人は態度対象に好きか嫌いかの感情を表現する．デート中のカップルを見れば，肯定的な感情関係を持っていると認識できるだろう．結婚すれば，その2人は肯定的な単位関係を持つようになり，離婚すれば，単位関係が断たれるということになる．

　バランス理論の働きを見るために，次のシナリオを考えてみよう：
- アヤカは，消費者行動の講義を受講しているジュンとデートしたいと思っている．バランス理論の用語を使って言えば，アヤカはジュンに対して肯定的な感情関係を持っている．

- ある日，ジュンがイヤリングを着けて講義に現われた．ジュンはイヤリングに対して肯定的な単位関係を持っている．
- アヤカはイヤリングを着けている男性が好きではない．彼女は男性のイヤリングに対して否定的な感情関係を持っている．

　バランス理論によれば，アヤカはバランスの崩れたトライアドに直面している．図7.2が示すように，彼女はトライアドの何らかの側面を修正することで，バランスを回復しなければというプレッシャーを経験する．その方法として，アヤカはジュンのことなど好きではないのだと結論することができるだろう．あるいは，ジュンを好きだという気持ちから，男性のイヤリングは実際にはかなりクールなものだと考えを変えることもできる．または，彼はバンドのメンバーとしてイヤリングを着けているのだと結論づけて，ジュンとイヤリングの単位関係を否定することも可能かもしれない（自由選択という要素を引き下げるのである）．さらには，ジュンの友人のリョウタ（イヤリングは着けていないが，ものすごいタトゥーを入れている）とのデートを受け入れて，「その場から去る」ことを選ぶこともできる．この理論はアヤカがどのルートを選ぶかを特定しないが，彼女はバランスを取り戻すために，認識のどれかを変えるだろうと予測する．この例は，態度の変化を極端に単純化したものだが，多くの消費者行動の現象を説明する助けになる．

　バランス理論は，バランスのとれた認識を持っている場合には，人の態度は安定しがちだが，矛盾を経験したときには態度を変えやすいことを示唆している．またこの理論は，なぜ消費者が肯定的な価値を持つ対象に自分を結びつけたがるかを説明する．人気のある製品との単位関係を形成することが（例：ファッショナブルな洋服を買ったり着たりする，派手な車を運転する，ミュージシャンの取り巻き集団に加わるなど），他の人々のトライアドに自分も肯定的な感情関係として含んでもらえるチャンスを高めるかもしれない．

　この「バランスをとるための行動」が，有名人を広告に起用するマーケティングの中核にある．マーケターはスターの人気にあやかって製品に消費者を引きつけようとし，非営利団体は有名人を使って有害な行動を思いとどまらせようとしたりする[23]．この戦略については，この章の後半でさらに詳しく論じる．ここでは，製品と有名人の間に単位関係を築くことは，その有名人への支持者の意見が肯定的なものから否定的なものに変化したときには，逆効果になりうることを頭にとどめておこう．例えば，マドンナが宗教とセックスがらみの音楽ビデオで物議をかもしたときに，ペプシは彼女の広告起用を中止した．お騒がせセレブのパリス・ヒルトンや，SMAPの草彅剛が逮捕されたときにも，同じことが起こった．この戦略は，人々が製品と有名人の単位関係に疑いを持ったときにもトラブルが生じる．例えば，故マイケル・ジャクソンがペプシの広告に起用されていたことがあるが，彼は後にソーダさえ飲まないと告白している．

図 7.2　バランス理論

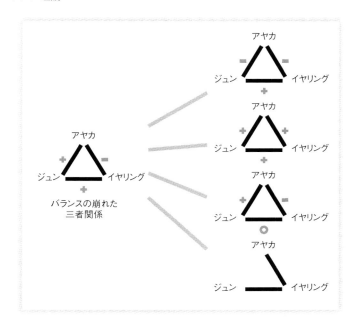

学習の目的 5
特定の要素を明らかにし，それを結びつけて消費者の製品やブランドに対する全般的態度を予測するために，態度モデルが使われている．

態度モデル

　マーケット・リサーチャーが消費者のビール・ブランドへの態度を評価したい場合，バーに行って，何人かの客に「スーパードライをどう思いますか？」と単純にたずねることもできるだろう．しかし，既に見たように，人の態度はもっと複雑なものである．問題の 1 つは，多くの特性や品質が製品やサービスに結びつけられているため，そのうちのどの要素の重要性が高い（あるいは低い）かは個人によって異なるということである（「おなかが膨れない！」「それなのにおいしい」）．また，ある人が態度対象に何らかの行動を起こすと決めるときには，自分の家族や友人が認めてくれるかどうかなど，他の要因がその行動に影響を与えるかもしれない．「態度モデル（attitude models）」は，人々の態度対象の評価に影響を与える複数の異なる要素の結びつきを明らかにする．

多属性態度モデル

シンプルな反応は，必ずしもなぜ消費者が製品について特定の感情を持つのか，その消費者の態度を変えるためにマーケターに何ができるかなど私たちが知る必要のあるすべてを教えてくれるわけではない．製品についての消費者の信念が（正確さは問わない），その評価のカギとなる．ワーナー・ランバート社（現在は，ジョンソン・エンド・ジョンソンの製品）は，口臭予防の「リステリン」のためのリサーチを実施したときに，そのことに気がついた．調査会社は 37 家族の協力を得てバスルームにカメラを設置し，日常の行動を観察した（もしかしたら，いまなら YouTube をチェックするだけでも同じ調査ができたかもしれない）．「リステリン」とライバル製品の「スコープ」の両方を買った参加者は，息がよい香りになるようにマウスウォッシュを使ったと答えた．しかし，「スコープ」のユーザーは，口に含んでクチュクチュしてからすぐ吐き出すのに対し，「リステリン」のユーザーは，しばらく口の中に液体を含んだままにしておく傾向があった（ある回答者は車に乗り込むまで口に含んだままで，1 ブロック先の下水にようやく吐き出した）．これらの結果から，リステリンというブランドには，まだ薬というイメージが残っていることが分かった[24]．

態度はあまりに複雑なので，マーケティング・リサーチャーは**多属性態度モデル**（multiattribute attitude model）を使って理解しようとするかもしれない．このタイプのモデルは，消費者の態度対象 (A_o) への態度は，そのいくつかの属性についての信念に左右されると考える．多属性モデルを使うときには，これらの特定の信念を明らかにし，それを結びつけることで消費者の全般的態度を測定できるとみなされる．このモデルがどう働くかを，大学というあなたにとって非常になじみのある複雑な態度対象に対する評価を例に考えてみよう．

基本的な多属性モデルには 3 つの特定要素が含まれる[25]．

- 「属性（attributes）」は A_o の特徴である．リサーチャーは多くの消費者が A_o を評価するときに用いる属性を明らかにしようとする．例えば，大学の属性の 1 つは，学術面での評価である．
- 「信念（beliefs）」は特定の A_o についての認識である（通常はそれと似たようなものとの比較による）．信念による測定法は，そのブランドが持つ特定の属性を消費者がどの程度認識しているかを評価する．例えば，ある学生はノースカロライナ大学の学術レベルが高いと信じるかもしれない（あるいは，ここでは一貫性理論が働いているかもしれない．このテキストの謙虚な著者はこの大学で博士号を取得したので！）．
- 「重要性の重み（importance weights）」は，1 つの属性の消費者にとっての相対的優先性を反映する．人々は A_o について多くの属性を考慮するかもしれないが，中でも特

に重視される属性があるだろう（そして，その属性に大きな重みを与える）．さらに，こうした重視度は消費者によって異なることが多い．例えば，大学の場合には，ある学生は研究機会を強調するが，別の学生にとっては運動プログラムがより大きなウエイトを占めるかもしれないのだ．

フィッシュバイン・モデル．最も影響力ある多属性態度モデルは，中心となった開発者の名前をとって「フィッシュバイン・モデル（Fishbein Model）」と呼ばれている[26]．このモデルは態度の3要素を測定する．
- 人々がある A_o に持つ「際立った信念（salient beliefs）」（例：評価の間に，その人が考慮する対象についての信念）．
- 特定の対象が重要な属性を持つ可能性を表わす「対象と態度のリンケージ（object-attribute linkages）」．
- 重要な属性それぞれの「評価（evaluation）」．

これら3要素を組み合わせることで，消費者の対象への全般的態度が計算される（リサーチャーがこの計算式の正確さを増すためにどのような修正を加えているかについては後述する）．基本的な公式はこうである：

$$A_{jk} = \Sigma \beta_{ijk} I_{ik}$$

i ＝属性
j ＝ブランド
k ＝消費者
I ＝消費者 k によって属性 i に与えらえる重要性
β ＝ブランド j が属性 i を有する程度についての消費者 k の信念
A ＝特定の消費者 k のブランド j に対する態度スコア

　全般的な態度スコア（A）は，消費者が考慮したすべてのブランドの各属性の評価に，その属性への重要性の評価を掛け算することによって得られる．
　この基本的な多属性態度モデルがどのように働いているかを理解するために，アメリカ留学のために高校3年生がどの大学に入学したいと考えているかを予測してみることにしよう．いくつか受験した末に，マサコは4つの大学からの合格通知を得た．今，彼女はその4校のどこを選ぶかを決めなければならない．そこでまず，彼女がそれぞれの大学に対して態度を形成するときに，どの属性を考慮するかを知ることが必要だろう．次にマサコに，それぞれの属性についての各大学の評価を格付けしてもらうように頼むことができる．そして，彼女にとってのその属性の相対的重要性を決める．

それぞれの属性の得点を計算することで（相対的重要性によって各属性のウエイトをつけた後で），各大学への全般的な態度スコアを計算する．表7.1はこの想定上の格付けを示している．この分析に基づけば，マサコはスミス大学に対して最も好意的な態度を持っている．彼女は明らかに，運動プログラムが充実していたり，パーティーの楽しい雰囲気があったりする大学よりも，学術レベルの評判が確固とした女子大に入学したいと思うタイプだ．

多属性態度モデルのマーケティングへの応用

あなたがマサコの考慮対象になった別の大学，ノースランド大学のマーケティング・ディレクターだったとしよう．あなたは大学のイメージを改善するために，この分析から得られたデータをどのように使うことができるだろう？

総体的優位にある属性を利用する． もし入学見込みのある学生が，特定の属性についてあるブランドを優れているとみなすのであれば，マーケターはマサコのような消費者に対して，この特定の属性が重要なのだと説得する必要がある．例えば，マサコはノースランド大学の社交的な雰囲気を高く評価しているが，彼女はこの属性が自分の大学生活にとって価値ある側面だとは思っていない．ノースランド大学のマーケティング・ディレクターとして，あなたは活動的な社交生活，多様性ある経験，あるいは大学時代の強い友人ネットワークは，将来のビジネスに役立つと強調することができるだろう．

製品と態度のリンケージの認識を強化する． マーケターは，自分のブランドを消費者が特定の属性を結びつけていないと気づくことがある．彼らは広告キャンペーンで特定のクオリティを消費者に強調することで，この問題に取り組むことが多い（例：「リニューア

表7.1　基本的多属性モデル：マサコの大学選び

属性（i）	重要性（I）	信念（B）			
		スミス	プリンストン	ラトガース	ノースランド
学術的評価	6	8	9	6	3
女子大	7	9	3	3	3
費用	4	2	2	6	9
祖父の家からの距離	3	2	2	6	9
運動プログラム	1	1	2	5	1
パーティーの雰囲気	2	1	3	7	9
図書館施設	5	7	9	7	2
態度スコア		163	142	153	131

ル！」）．マサコは明らかに，ノースランド大学の学術的クオリティ，運動プログラム，図書館設備を高く評価していない．こうした認識を改善するために情報キャンペーンを考案することもできるだろう（例：「ノースランド大学についての知られざる真実」）．

新しい属性を加える． 製品マーケターは，製品特徴を付け加えることで競合製品との差別化を図ろうとすることが多い．ノースランド大学は，地元コミュニティとの結びつきの強さを利用して，経営学専攻の学生には実践的なインターンシップ・プログラムを提供できるというような，何らかのユニークな側面を強調できるかもしれない．

競争相手の格付けに影響を及ぼす． 最後に，競争相手の高い格付けを「比較広告（comparative advertising）」戦略によって引き下げることができる．この場合，地域の多くの大学の授業料のリストを掲げ，ノースランド大学の学生に与える経済的メリットを強調する広告を出すことができるだろう．

態度は行動を予測するか？

　消費研究者は，長年多属性態度モデルを使ってきたが，常に大きな問題がつきまとっていた．多くの場合，態度は行動を予測しないということである．「Do as I say, not as I do（私の言うようにしなさい，私のするようにではなく）」を示す典型的な例では，多くの学生の何かに対する報告された態度と，実際の行動の間には，あまり関連性が認められなかった．失望のあまり，消費者の行動を理解するのに，態度がいくらかでも役立つのか疑いを持った研究者もいる．

　この態度と行動の疑わしい結びつきは，広告主にとっては大きな頭痛の種である．消費者はCMを気に入っても，製品を買うわけではない．例えば，アメリカでここ数年，最も人気のあったテレビCMの1つは，元バスケットボール選手のシャキール・オニールを起用したペプシのものだった．ペプシはこのスポットCMなどの広告に1年で6,700万ドルを使ったが，ペプシコーラの売上げは2％近く落ち，ライバルのコカ・コーラの売上げは同じ時期に8％上昇した[27]．

拡張型フィッシュバイン・モデル

　多属性態度モデルの問題への反応として，研究者はフィッシュバイン・モデルにあれこれ手を加え，その予測能力の改善に取り組んだ．この新しいヴァージョンは**合理的行動理論**（theory of reasoned action）と呼ばれている[28]．このモデルはオリジナルへの重要な追加がなされており，まだ完成とは言えないものの，予測能力が大幅に改善された[29]．修正部分のいくつかを見てみよう．

意図と行動

　第4章で論じた動機づけと同様に，態度には方向性と強さがある．ある人が態度対象を好き，あるいは嫌いになる自信と確信には程度の差がある．強固に保たれた態度ともっと表面的な態度を区別することは助けになるだろう．特に強い確信とともに一定の態度を示す人は，それに基づいて行動しやすい．例えば，環境問題とマーケティング活動についてのある研究では，リサイクルなど，環境に対して責任ある行動に関する感情を強い確信を持って表明する消費者は，態度と行動的意図の間に大きな一貫性を示すことが分かった[30]．

　しかし，意図された行動を邪魔するような要因はいくらでもある．例えば，アップルの新型 iPhone を買おうとお金を貯めていたとする．本気で買おうと意気込んでいたのだが，思いがけないことが起こる．職を失うかもしれないし，アップルストアへ向かう途中で強盗に遭うかもしれない．あるいは店に着いたら，もう売り切れているかもしれない．そうであれば，消費者の意図を知るよりも過去の購買行動を知る方が，将来の行動をもっと正確に予測すると分かっても驚きはしないだろう（これが，購買歴に基づいて見込み顧客を特定するダイレクトマーケティングのテクニックの基礎になっている）．合理的行動理論は，「行動の意図」を測ることを目的にしている．したがって，特定の予測不能の要因（強盗など）が将来を100％正確に予測する能力を制限するということを認識している．

社会的圧力

　おそらくもっと重要なことは，この理論がある人の行動に及ぼす他者の影響力を認識していることだろう．誰も認めたくはないだろうが，他者からどのような行動を期待されているのだろうと考えることで，自分の好みをくつがえすこともあるかもしれない．いくつかの研究アプローチは，人々の「人前での（public）」態度と購買決定は，彼らが個人的に行なう場合とどれほど異なるかを評価している．例えば，ある企業は「エンジニアド・シアター（engineered theater）」と呼ばれるテクニックを使っている．リサーチャーはバーなど，人々が製品を使っている実際の場所に行き，バーテンダーに「間違って」飲み物を持っていくように頼み，消費者の新ブランドへの「生の反応」と，社会的な背景でそのブランドを消費することへの反応を観察する[31]．

　マサコの大学の選択に戻って考えれば，表7.1では彼女が女子大に行くことに圧倒的に肯定的であることが分かる．しかし，彼女がこの選択は受け入れられないと感じれば（おそらく友人たちから，頭がおかしいんじゃない？　と言われて），結論を出すときに自分の以前の好みを無視するか，割り引いて考えるかもしれない．研究者は**主観的規範（SN）**（subjective norm）という新しい要素を付け加え，他者が自分をどう考えるかということの影響を考慮に入れる．SN の測定には次の2つの要素が使われる．(1)「規範的信念

コピー：『ボクは，ヘルメットを絶対かぶらない．間抜けに見えるからね（ファン・ディン　精神年齢2歳）』．毎年12,000もの人々が路上で亡くなり，30,000人が重傷を負っている．それは，多くの家族が幸せでなくなることを意味する．家族は，愛する人の死によって苦しめられたり，減収あるいは一生消えない脳障害の親戚を当然ケアすることになって，不自由な生活になったりする．悲しい真実はこれらのケースの大部分が，単純にヘルメット着用によって防ぐことができたことだ．あなたがそれについて考える時，言い逃れはない．ヘルメットをかぶろう．言い逃れはない．

ヘルメットをかぶることへの人々の態度に訴えかけるため，社会的圧力（主観的規範）を採用しているベトナムの広告．

出典：Ogilvy & Mather/Asia Injury Prevention Foundation; Photo by Pro-1 Studio.

（normative belief ＝ NB）」の強さ．何らかの行動をとるべき，あるいはとるべきではないと他者がどれだけ強く思っているか．(2) その信念の「期待に応えようとする動機づけ（motivation to comply ＝ MC）」（例：消費者が購買を評価するときに，他者の予想される反応をどれほど考慮に入れるか）．

購買への態度

　新しいモデルは，製品自体への態度だけでなく，購買行動への態度（A_{act}）（attitude toward the act of buying）も測っている．言い換えれば，購買によって認知される結果に注目している．ある対象を買うことや使うことについてどのように感じるかを知ることは，ただ消費者のその対象自体への評価を知ることよりも有効である[32]．

　この区別を理解するために，安全なセックスとコンドームの使用についての大学生の態度を知りたいマーケティング・リサーチャーを例に挙げてみよう．面接した大学生の多

くは，おそらくコンドームの使用に対して肯定的な態度を示すだろうが，こうした反応から，これらの回答者が実際にコンドームを買ったり使用したりすると結論できるだろうか？　同じ学生たちに実際にコンドームを買う可能性がどれくらいあるかを直接たずねた方が，正確な結果を得られるかもしれない．ある人はコンドームに対して肯定的な A_o を持ちながらも，困惑やとまどいのために A_{act}（態度対象を入手するという行為への態度）は否定的かもしれない．

合理的行動理論で行動を予測することへの障害

　フィッシュバイン・モデルが改善されているにもかかわらず，研究者が誤用すれば，問題が生じる．第6章のパーソナリティ特性の評価についての項で示したのと同様に，研究者は，モデルの意図に沿わないにもかかわらず，あるいは人間の行動についての特定の仮定が満たされないにもかかわらず，態度モデルを使うことがある[33]．それ以外にも行動予測の障害となるものとして次のようなものがある：

- そのモデルが，既存研究が測定してきた行動の結果（例：体重の減少）ではなく，実際の行動（例：ダイエットサプリを服用する）を予測しようとする場合．
- 購買に他の人の協力が必要とされるときなど，結果が当人のコントロールを超えている場合がある．例えば，ある女性がローンを組みたいと思っているが，提供してくれる銀行が見つからない場合は，この意図は価値をもたない．
- 行動は意図的なものという基本的仮定は，さまざまなケースで無効になるかもしれない．衝動的な行為や，状況の突然の変化，新しいものへの目移り，単純なリピート購入などが，そうした例である．ある調査では，来客，天候の変化，特定の食品が健康に良いという記事を読んだことなど，予想外の出来事が実際の行動に大きな影響を与えることが分かった[34]．
- 態度の評価は，A_o という点でも，その行動が生じる時期という点でも，予想される行動とは実際には一致しない．一般的な問題の1つに，研究者が採用する抽象レベルの違いがある．例えば，ある人のスポーツカーへの態度は，その人がBMW Z4を購入するかどうかの予測にはならない．態度と行動の意図との間に見られる特殊性のレベルを一致させることが非常に重要になる．
- 同様の問題は，態度測定の「時間軸」とも関連する．一般には，態度測定とそれが評価する行動との間の時間が長くなるほど，関係性は弱くなる．例えば，消費者に今後5年以内ではなく，翌週に家を買うつもりがあるかどうかをたずねてみると，予測性は大きく改善する．
- 広告を通して間接的に形成したものよりも，A_o との直接的・個人的に経験した方が，態度予測が強固になる[35]．「態度アクセシビリティ理論（attitude accessibility

perspective)」によれば，行動はその人が A_o と遭遇した状況下での直感的な認知が作用したものである．態度が対象の評価を導くが，そのためにはその対象に遭遇したときに記憶が活性化することが条件となる．これらの発見から，消費者にマーケティング・コミュニケーションで最大限に働きかけるだけでなく，製品を試してみようと思わせる戦略（例：消費者に製品を自宅で試してみることを奨励する製品サンプリングの提供，味見，試験運転など）の重要性が強調される．

さらに，多くの研究者が欧米の消費者を想定した合理的行動理論を採用している．しかし，態度モデルに本来備わる一定の前提は，他国の消費者には必ずしも当てはまらない．いくつかの文化的障壁が合理的行動理論の普遍性を減じている[36]：

- このモデルは消費者の自発的な行為を予測する．しかし，文化によっては，試験を受けること，軍に入隊すること，あるいは予防接種を受けること，さらには結婚相手を選ぶことまで，多くの活動は必ずしも自発的なものではない．
- 主観的規範の相対的重要性は，文化によって異なるかもしれない．例えば，アジアの文化は調和と面子に価値を置くため，自分の選択への他者の予想される反応を含む主観的規範は，消費者の多くにとって行動に大きな影響を与えるだろう．実際，シンガポールの選挙の間に実施された調査では，有権者の投票意図を評価したところ，かなり正確な予想になった．これらの意図は，有権者の候補者への態度，政党への態度，主観的規範といった要因に影響され，シンガポールでは社会のメンバーの間の協調性と密接な結びつきが含まれる．
- このモデルは行動の意図を測定するものなので，消費者が実際に将来の行動を前もって計画しているという前提に立っている．意図という概念は，消費者は直線的な時間感覚を持っていると仮定する．過去，現在，将来という時間軸で考えるということである．しかし，第9章で論じるが，すべての文化がこの時間の観念に従うわけではない．
- 意図を形成する消費者は，自分の行動をコントロールしていると暗に主張している．文化によっては（例：イスラム教徒の人たち），消費者は運命論者である傾向が強く，必ずしも自由意思の概念を信じていない．実際に，アメリカ，ヨルダン，タイの学生を比較したある調査では，運命論と将来についての意思についての前提に文化的な違いが見られた．

消費を試みる

態度と行動の関係については，異なる見解を提唱している研究者もいる．例えば，研究者本人が多経路固着調整（MPAA）モデル（multiple pathway anchoring and adjustment model）と呼ぶモデルは，態度形成には，外から内（対象中心）や，内から

外(人物中心)などの,複数の経路があることを強調している(37).

また別の理論は,消費者の目標と,その達成に必要だと信じる行動に焦点を当てて,こうした問題に取り組もうとしている.試行理論(theory of trying)は,合理的行動モデルの行動基準を,目標に到達する試みで置き換えるべきだと主張する.図7.3が示すように,この見解は,追加的な要因が意図と実行の間に割って入ることを認識し,人的または環境的な障害が,目標達成を妨げる可能性があるとしている.例えば,体重を落とそうとしている人は,数々の問題に対処しなければならないだろう.彼は自分がやせられると信じていないかもしれない.料理好きの友人がいて,アパートの部屋に美味しそうな食べ物をいつも残していくかもしれない.友人が彼のダイエットの試みに嫉妬して,たくさん食べるように促すかもしれない.あるいは遺伝的に肥満になりやすい家系で,カロリーを減らすだけでは望ましい結果が得られないかもしれない(38).

マーケターはどのように消費者の態度を変えるのか?

「買うなら今!」 広告主は消費者の態度を変えようと,そして,もちろん製品を買ってもらおうと,常日頃から広告メッセージを浴びせ続けている.こうした説得の試みは,論理的な主張もあれば,視覚を刺激する映像もあり,また自分と似た人物が脅かそうとするものから,有名人が魅惑させようとするものまで幅広い.ここからは,マーケティング・コミュニケーションの効果を測るのに役立つ諸々の要因について考察していこう.マーケ

図7.3 試行理論

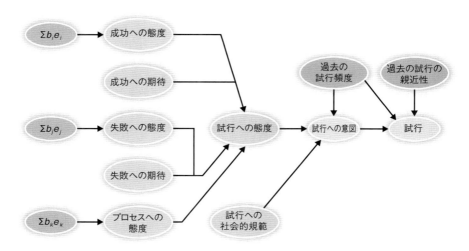

ティング・コミュニケーションは消費者に新しい態度を形成させたり，それまでの態度を変化させたりするのか．もしそうなら，どのような方法を使うのか．これらを知るのに役立つ基本的な側面を重点的に論じる．

説得（persuasion）には，態度を変化させるための積極的な試みが含まれる．これはもちろん，多くのマーケティング・コミュニケーションにとって第一の仕事になる．マーケターがどのようにこれを達成しているのかについては後述するが，ここでは人々が気持ちを変化させる，あるいは要請に応じるように影響を及ぼす基本的な心理学的原則についての考察を通じて，その準備をしておこう[39]：

- **相互依存性**——何かを受け取ると，こちらからも与えようという気持ちが強くなる．郵便による調査票にお金を入れておくと，金銭的な動機づけを含めない場合に比べて回答率は平均65％上がる．
- **希少性**——人間と同じように，製品は入手が難しいほど魅力的になる．チョコレートチップクッキーの質について評価するように消費者に依頼すると，クッキーを1枚だけもらった参加者は，同じクッキーを複数枚もらった参加者よりも高く評価した．消費者が「限定版」に価値を置く傾向も，この心理が説明している．
- **権威**——消費者は権威のある情報源からの情報をより信じやすい．ニューヨーク・タイムズ紙が何かの問題に関する記事を掲載すると，アメリカの世論調査の結果が2％も変化するのはこのためである．
- **一貫性**——この章の前半で見たように，人々は何かについて自分が言うことと行動することが矛盾しないようにしようとする．障害者支援の寄付金集めをしているイスラエルの学生たちが，実際に寄付を求める2週間前に，この活動を支援する嘆願書に署名をしてもらうと，寄付金は通常その地域で集まる額の2倍になった．
- **好意**——自分の好きな人や尊敬する人には同意する．ある調査では，ルックスの良いボランティアは，容姿の魅力的ではない他のボランティアの2倍の寄付金を集めた．
- **合意**——自分が何をするかを決める前に，他人がどうしているかを考える．慈善活動への寄付リストに知り合いの名前を見た場合の方が，寄付をする可能性が高くなる．

決断，決断：巧妙なコミュニケーションの選択肢

アウディが若いドライバーをターゲットにした新しいコンバーチブル（屋根の開閉ができる車）の広告キャンペーンを企画したいと考えているとしよう．このキャンペーンでは，車をどうしても欲しいと思うようなメッセージを考案しなければならない．多くの選択肢の中からこの車を買うように説得する力強いメッセージにするために，いくつかの点を明らかにしておく必要がある：

- 誰がこの広告の車を運転するのか？　F1のドライバー？　キャリアウーマン？　ヒッ

プホップのスター？　メッセージの発信源が，消費者がこの製品を受け入れるかどうかを左右する．
- メッセージをどのように構築すべきなのか？　他のドライバーがクールな車を乗り回しているのに，自分はおんぼろ車のまま置き去りにされているという否定的な結果を強調すべきだろうか？　それとも，既に市場に出ている車と直接比べるのがよいのか，あるいは意志の強そうな女性エグゼクティブが，アウディで高速を走っていると，見知らぬ魅力的な男性と出会うというファンタジーを提供すべきだろうか？
- どのメディアを使うべきだろう？　雑誌広告？　テレビCM？　訪問販売？　ウェブサイトへの広告掲載？　Facebook グループを作る？　ブロガーを説得して何か好意的なことを書いてもらう？　アウディのショールームで Foursquare でチェックインした買い物客に何かプレゼントを渡す？　印刷広告を制作するとしたら，『ヴォーグ』に載せるべきだろうか，それとも『婦人画報』か，それとも『カーグラフィック』か？　「何」を言うかと同じくらい，「どこ」で言うかが，ときには重要になる．理想的には，売ろうとしているものと，その広告を提示するメディアの特性が一致していることが望ましい．例えば，高級雑誌に掲載する広告は，製品の全体的イメージとクオリティについてメッセージを伝えたいときには効果的になる．これに対して，専門誌は実際的な特徴を伝えたいときにより効果を発揮する[40]．
- ターゲット市場のどんな特徴が，そのメンバーに広告を受け入れさせるだろうか？　もしターゲットユーザーが日常生活に不満を持っていれば，空想的なアピールをより受け入れやすくなる．彼らに上昇志向が強ければ，CM には車が走り抜けていくのをうっとりと称賛の目で見守る通行人を入れた方がいいだろう．

学習の目的 6
コミュニケーション・モデルは，消費者の製品やサービスへの態度を変化させたいと考えるマーケターにとって重要となる要素のいくつかを明らかにする．

コミュニケーションの要素

　マーケターは伝統的に，図 7.4 で示されるコミュニケーション・モデル（communications model）に依存している．このモデルは顧客とのコミュニケーションのために管理する必要のある要素を特定する．その1つが，コミュニケーションの「発信源（source）」，もう1つが「メッセージ（message）」そのものである．何かを言う方法は数多くあり，メッセージの構築法がその受け取られ方に大きな影響を与える．メッセージは「媒体（medium）」を通して伝えられなければならず，それはテレビ，ラジオ，雑誌，屋外看板，個人的コン

図 7.4　伝統的コミュニケーション・モデル

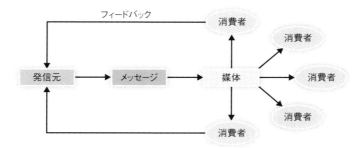

タクト，ポケットティシュのラベルまでさまざまな形がある．1人またはそれ以上の「受け手（receivers）」（例えばリノ）が自分の経験に照らしてメッセージを解釈する．最後に，発信源は「フィードバック（feedback）」を受け取り，受け手の反応を見て，必要であればメッセージのいくつかの側面に修正を加える．

新たな見解：双方向型のコミュニケーション

　リノは戸口に届く「くず郵便物」の大半を無視することができたが，すべてのマーケティング・メッセージを避けるわけではなく，自分が見たいと思うものを選び出していた．伝

出典：The BURGER KING の商標と画像は使用許可を得て掲載．

バイラルマーケティング（viral marketing）は，消費者がソーシャルネットワーク上で，自分がクールだと思ったり，興味を持ったり，あるいは単純に面白いと感じた広告メッセージを広めることを期待するものである．アメリカのバーガーキングの「服従するチキン」のバイラルキャンペーンは，同社のチキンバーガーを宣伝するアプリとして大成功した．ボックスに命令を書き込むと，"チキン"がリアルタイムでそれを実行する仕組みだった．

統的なコミュニケーション・モデルは，完全に間違っているわけではないが，物語のすべてを語るわけでもない．特に現在の双方向型のコミュニケーションが盛んな世界では，消費者は以前よりずっと多くの選択肢を持ち，どのメッセージを処理することを「選ぶ」かを以前より自分でコントロールできるようになった[41]．

実際に，パーミッション・マーケティング（permission marketing）と呼ばれる人気の戦略を用いるマーケターは，既に話を聞くことに同意してくれた消費者とのコミュニケーションの方がずっと成功率が高いことを認めている．メッセージを聞くことを「断る」消費者は，おそらくそもそも見込みの薄い客なのである[42]．対照的に，もっと知りたいという消費者は，自分が見聞きすることを選んだマーケティング・コミュニケーションを受け入れやすい．パーミッション・マーケティングの概念が教えてくれるように，消費者は情報を与えられるのをただ座って待っている必要はない．どのメッセージを見るか，それをいつ見るかを選ぶことができ，その選択の権利をますます行使するようになっている．

社会学者は――通常はテレビなどの放送メディアを通じて――一度に多くの受け手に情報を伝えるマスコミュニケーションを理解するために伝統的モデルを開発した．この見解は，基本的には広告を，販売前に買い手に情報を伝達するプロセスとみなしている．メッセージは「生もの」で，大勢の視聴者に同じメッセージを繰り返し見せた後，次の新しいキャンペーンが始まる時点でそのメッセージは「消滅」する．これから見ていくように，このモデルは現在の「ナローキャスト（narrowcast）」時代には同じようには機能しない．これは非常に狭い範囲のグループに対して（ときには一度に 1 人に対してということもある），細かく調整したメッセージを送るものである．

学習の目的 7
メッセージを処理する消費者は，もはやマーケターがかつて考えていたような情報の受動的な受け手ではなくなった．

あなたが最後に Facebook に投稿したのはいつだろう？　刺激的なテクノロジーと社会の発展のおかげで，消費者がコミュニケーションに積極的な役割を果たすようになってきたことで，受動的な消費者というイメージを再考しなければならなくなっている．言い換えれば，消費者はコミュニケーション・プロセスにおいて，かなりの程度，単なるながら族ではなく「パートナー」になっているということである．消費者のインプットが，自分と同じような人たちが受け取るメッセージを形作るのを助け，さらにはテレビや新聞を通してそうしたメッセージが送られるのを待つのではなく，消費者が自ら求めることもできる．図 7.5 は，双方向性コミュニケーションの最新のアプローチの例を示している．

このコミュニケーション革命の初期の貢献者は，小さな手持ちのリモコンだった．家庭

用ビデオデッキ（覚えているだろうか？）が普及し始めたとき，突然，消費者は自分が見たい番組に——いつ見るかを含めて——よりインプットを与えられるようになり，テレビ局はいつ視聴者がお気に入りの番組を見るかについて決定権を持たなくなった．巨人の試合と同じ時間だからといって，月9の最新ドラマを諦めなくてもよくなったのである．

　もちろん，この時代以降，消費者がメディア環境をコントロールする能力は急激に増している．「ディーガ（DIGA）」のようなDVDレコーダーを使って，好きなときにテレビ番組を見ている大勢の視聴者のどれだけが，CMをとばして再生していることだろう[43]．他にも，今後，多くの視聴者が，オンデマンドサービスや，ペイ・パー・ヴューというインターネットを通して好きな番組を自由に観られるサービスでのアクセスを選んでいくかもしれない．通販番組で，ジュエリーについて，どれだけ素晴らしいものかを視聴者に電話で意見を述べるように促すと，それがライブで放映される．今では発信者番号通知と留守番電話機能によって，夕食時の電話を受けるかどうかを決めることができるし，電話に出る前に相手がセールス目的かどうかを知ることもできる．ウェブを少し閲覧してみれば，世界中で仲間を見つけることができ，製品の情報を求めることも，あるいはプロダクト・デザイナーやマーケット・リサーチャーに意見を述べることさえできる．

新しいメッセージ・フォーマット

　文字と映像の両方で情報伝達の新しい手段が広がったことで，マーケターはテレビ，屋外看板，雑誌などの伝統的広告に代わる刺激的なマーケティングができるようになった[44]．マーケターが製品やサービスを携帯電話，スマートフォン，iPadなどのワイヤレス機器を通じて宣伝するmコマース（M-Commerce）（モバイル・コマース）が人気を得ている．アメリカではまだ始まったばかりだが，ヨーロッパやアジアの消費者は既に，携帯電話を通して世界と結びついている．日本では，携帯電話のおサイフケータイの機能を使って自動販売機からコーラを買ったり，画面にマクドナルドのクーポンを提示して，割引サービスを得たりしている．中国では，携帯電話は重要な社会的地位の象徴ともなり，葬儀では親類が携帯電話をかたどった紙を燃やし，個人が来世でも携帯電話を使えるようにしている．

図7.5　新しいコミュニケーション・モデル

もしあなたが Facebook, Twitter, LINE を利用しているのであれば（その可能性はかなり高いだろう），あなたはアナリストが今後 5 年間にソーシャルメディア（social media）のアプリケーションを使用すると予測する 1 億人の 1 人である[45]。このソーシャルメディアという分類は，ユーザーがコンテンツを作成し，それを大勢の人たちと共有できるようなテクノロジーを指す．アメリカやその他の先進国でのソーシャルメディアの広がりは著しく，これらのプラットフォームを通常の電子メールより頻繁に利用する人が増え，また，こうしたネットワークで過ごす時間もインターネットへのアクセス全体よりも速いペースで増えている[46]．ソーシャルメディア・プラットフォームには次のものが含まれる：

- ブログ（blogs）――ユーザーが日常的にウェブ上にメッセージを投稿する．ブログは草の根運動としてスタートし，個人がごく日常の平凡なことから深刻な社会問題まで，意見を共有する場所となった．2012 年には，アメリカのインターネットユーザー全体の 3 分の 2 が，定期的にブログに投稿したり読んだりしていると推定される[47]．
- 動画ブログ（video blogging）（Vlogging）―― YouTube のような動画サイト，フリッカー（Flickr）のような写真共有サイトに，映像や写真を投稿する．
- ポッドキャスティング（podcasting）――自分で制作したラジオ番組を，コンピューターや iPod で聞いてもらえる．
- 仮想世界（virtual worlds）――実体験のように感じられる 3D デジタル環境（例：セカンドライフ）．2011 年初めの時点で，既に世界中で 10 億人以上の人が（そう，10 億だ）少なくとも 1 つの仮想世界に登録していた．
- Twitter（ツイッター）――投稿は 140 字までに制限される．会員は 1 億 7,500 万人を超え，著名人（きゃりーぱみゅぱみゅや有吉弘行など）がフォロワーに向けて「つぶやく／ツイートする」ことが増えたため，ますます成長を続けている[48]．
- ウィジェット（widgets）――ユーザーが自分のデスクトップにダウンロードしたり，ブログやプロフィールページに組み込んだりできる小さなプログラムで，一定形式のライブコンテンツをインポートできる．ガジェットとも呼ばれる．例えば，J リーグのブロガーは，自分のブログに J リーグ公式サイトのウィジェットをダウンロードすると，最新の試合日程や結果が表示される．
- トランスメディア・フォーマット（transmedia formats）――次々と新しいフォーマットが開発されたことで，クリエイティブなマーケターは複数のフォーマットを組み合わせて，より魅力的な形のサービスに進化させ，消費者の自己表現やキャンペーン参加を可能にした．このアプローチはトランスメディア・ストーリーテリング（transmedia storytelling）の形をとることもある．これには，ウェブサイト，ブログ，電子メール，録音された電話音声，公共の場所にある落書きなど，幅広いコミュニケーションメディ

アが含まれる．これらは代替現実ゲーム（ARGs）（alternate reality games）であることが多く，数千人規模の参加者が仮想ストーリーや謎解きの競争に参加する．アメリカで成功したARGキャンペーンの例としては，ナイン・インチ・ネイルズ（Nine Inch Nails）というバンドがアルバム『Year Zero』の宣伝で使ったものが挙げられる．ゲームのプレイヤーは手掛かりを見つけ，あるウェブサイトに誘導する電話を直接受ける．そこで「未来」からのメッセージを受け取るという仕掛けだ．最初の手掛かりはこのバンドのヨーロッパツアーのプロモーションTシャツの背中に仕込まれていた．Tシャツの背中にはいくつかの文字がハイライトされ，「I am trying to believe（私は信じようとしている）」の文章になる．ファンはこれを見てウェブサイト「iamtryingtobelieve」にアクセスし，そこでは「ペアピン（Parepin）」という薬物の名前が表示されている．これは『Year Zero』のストーリーの中で，人々の心を曇らせるために水道に混入される薬物だ[49]．コンサートのトイレに置かれたUSBメモリーのような別の手掛かりも，すべてバンドへと導き，それがまた別のウェブサイトにつながって，プリントできるステッカー，ポスターなどがダウンロードできるようになっている．最後には，プレイヤーの一部が特別な携帯電話を入手する．これが鳴ってバスに乗るように指示が与えられると，行き着く先はバンドの特別なライブパフォーマンスの会場で，ドラムロールとともに迎え入れられる[50]．

学習の目的 8
いくつかの要因がメッセージの発信源の有効性に影響する．

発信源

メッセージを受け取る方法が，「カタツムリ郵便（snail mail）」（ネットユーザーが従来の郵便サービスをばかにして使う言葉）であれ，電子メールやSMSの投稿であれ，もし別々の人が同じ言葉を言ったり書いたりしたときは，一般常識として，そのメッセージの影響力は誰の発言かによって決まる．研究者は50年以上前から「発信源効果（source effects）」の力を論じてきた．同じメッセージを異なる発信源に委ねた際に，それを聞いた人に生じる態度の変化の程度を測定すると，伝達者のどの特徴が態度の変化をもたらすかを特定することができる[51]．

ほとんどの状況で，メッセージの発信源は，受け手がそれを受け入れるかどうかに大きな影響を与えうる．したがってマーケターは，その専門家であり，魅力的であり，有名であり，さらには好感が持てて信頼できる消費者の「代表」となるような女性を，スポークスパーソンとして選ぶ．「信憑性（credibility）」と「魅力（attractiveness）」は，特に重

要な発信源の特徴となる（例：伝達者のことをどれくらい信じ，どれくらい好きになれるだろう）[52]．

　メッセージの発信者を選ぶ際に，信憑性と魅力のどちらを強調すべきか，マーケティングの専門家はどのように決めているのだろう？　受け手のニーズと発信者が提供する潜在的報酬は一致しているべきだろう．例えば，魅力的な発信者は，社会的受容や他人の意見に敏感な受け手には効果が大きいだろうし，内向的な人々に話しかけるのであれば，専門家の意見がより効果を発揮するだろう[53]．しかし，いくら信憑性のある発信者でも，あまりに多くの製品を推奨してしまうと，その人の信用がなくなってしまう[54]．

　発信者の選び方は製品の種類によっても変わるかもしれない．ポジティブな発信者は，リスクを引き下げ，メッセージの全般的受容性を高めるが，ある特別なタイプの発信者は，別のタイプのリスクを引き下げる効果を持つ．掃除機のような高い性能リスクを持つ実用的製品への態度を変えたいときには，専門家の意見が効果的になる．これらの製品は複雑で，期待通りには使いやすくないかもしれないからである．ジュエリーや家具のような社会的リスクの高い製品の場合は，ユーザーはそれが他人に与える印象に関心があるため，有名人の起用が効果を発する．あるいは，「典型的」な消費者は，受け手と同じような人たちと認識されるため，クッキーのような低リスクの日用品をすすめる現実的な声として，魅力的な発信源になる[55]．

発信源の信憑性

　発信源の信憑性（source credibility）は，伝達者の専門知識，客観性，信用度を指す．この側面は，この人物には能力があり，競合する製品を評価するときに自分の必要とする情報を与えてくれるという消費者の信念と関連する．誠実さは，企業が社会に何らかの形で利するような「企業の社会的責任（CSR = corporate social responsibility）」活動を宣伝するときには，特に重要である．消費者が，その企業は純粋に良いことをしていると信じれば，企業のイメージは急激にアップする．しかし，この努力は，もし人々がその組織の動機に疑いを持てば，逆効果になりうる（例：その企業が言葉ほどには実際に行動を起こしていないと人々が感じたとき）[56]．それほど驚くことではないが，人々が嘘の広告を経験すると，その不信感はその発信源からの他のメッセージ，あるいは他の発信源にも広がる．それは，広告全般があまり信用できないと考えるからで，他のマーケターにとっては井戸に毒を入れられる実例となる[57]．

　信憑性のある発信源は，消費者がまだその製品についてよく知らず，意見を形成していない場合に特に説得力を持つ[58]．実際に最近の調査では，消費者にある企業が利益を上げていると伝えるだけでも，広告でその企業が主張する言葉を信用するようになることがわかった[59]．

第 7 章 態度と説得　363

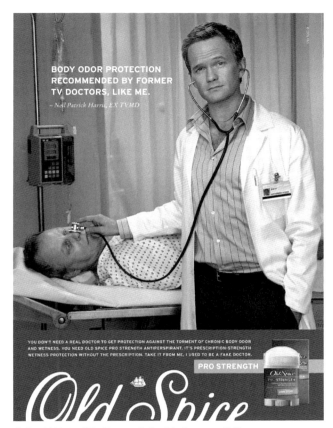

コピー：体臭予防対策，TV で医者を演じた私がお勧めする．ニール・パトリック・ハリス TV での元医者役．

慢性の体臭や汗かきについてのあなたの悩みには，本当の医者は必要ない．あなたに必要なのは，オールドスパイス・プロストレングス発汗抑制剤なのだ．処方箋いらずだが処方箋薬ぐらい強力な発汗予防剤だ．偽医者だけど，私の言葉を信じなさい．

テレビで医師を演じる俳優が，信頼できる伝達者になるかもしれない．

出典：Old Spice/The Procter & Gamble Company 提供．

　信憑性を生むために広く使われているテクニックの 1 つが，専門家や有名人を雇ってその製品を宣伝してもらうことである．この種の推薦を得るのは安くはない．とはいえ，この投資は通常はそれだけの価値をもたらす．市場アナリストはそうした契約の情報から，その企業に見込まれる利益性を評価する．それが期待されるリターンに影響を及ぼすからである．平均して，専門家や有名人からのお墨付きが株収益に与える影響は非常に明確なものであるため，彼らを雇うコストを埋め合わせることができる[60]．確かに，マーケティングへの有名人の起用についての最新のアメリカでの報告によれば，有名人が登場する広告は，そうでない広告に比べて，消費者へのリーチ（到達率）が 9.4％高くなった．アメリカにおいて 2009 〜 2010 年に掲載された約 8 万の印刷広告を分析したスターチ・アドバタイジング・リサーチ社は，「消費者に広告を読んでもらうという第 1 の目的に関しては，データを見る限り，有名人のお墨付きは読者層に大きな変化をもたらす」と結論

した(61)．有名人が惹き付ける力はもともと「脳に組み込まれている」とさえ言えるかもしれない．ある調査では，普通の顔と比べ，有名な顔の方が，人間の脳の注意を引きやすく，その顔が出てくる広告イメージについての情報をより効率的に処理することが分かった(62)．有名人は企業の広告の認知度を高め，企業イメージとブランド態度の両方を強化する(63)．有名人のお墨付き戦略は，類似した製品の中で差別化を図るには効果的な方法になりうる．これは，消費者が多くの競合製品の違いを実際にははっきり認識していない場合に，特に重要になる．ブランドが製品の寿命の成熟期に入ったときには往々にしてこの状況が生じるからである．

さらに，初期の証拠が示すところによれば，有名人は消費者がソーシャルメディアから受け取るメッセージにも，同じ影響を及ぼす．ある調査では，有名人がFacebookやTwitterでブランドを推薦するメッセージを友人やフォロワーに直接発すると，ソーシャルメディアのページに通常の広告として掲載される場合と比べて，ずっと高い効果が見られた(64)．

一般に，発信源が力強いほど態度の変化を生みやすいが，このルールには例外がある．ときには，発信源は不快なのだが，それでも広告としては効果的という場合がある．例えば，平城遷都1300年祭に向け誕生した，シカの角が生えた童子のキャラクターである「せんとくん」が，その例だ．当初は「本気で気持ち悪い」と言われたが，雑貨や食品などの関連商品も多く発売され，最終的には人気者となった(65)．いくつかの例では，肯定的な発信源とそうでもない発信源の間の態度変化に与える影響力の違いは，時間を経るにつれて消えていく．しばらくすると，消費者は否定的な発信源について「忘れ」，いずれにしても態度を変えるのである．このプロセスはスリーパー効果（sleeper effect）と呼ばれている(66)．

©NARA pref.

コピー：「知れば知るほど奈良はおもしろい」

奈良県マスコットキャラクターせんとくん．

どのような要因が信憑性に影響を与えるのか？

　メッセージの信憑性は，発信者の資格が推薦している製品と関連があると消費者が認めたときに増す．この結びつきは，推薦者や製品について人々が持っているかもしれない他の懸念を払拭する．ロナルド・ビッグスは，1963 年にイギリスで起こった大列車強盗事件の犯人の 1 人だと主張して有名になり，ブラジルでドアの鍵を製造する企業の広報として成功した——なにせ自分が得意とする分野なのだから！ [67]

　ある消費者セグメントに信頼されることが，別のセグメントには嫌われる場合があることも知っておかなければならない．反抗的な，あるいは逸脱した有名人は，まさにその理由のために一部のセグメントには魅力的に映るかもしれない．トミー・ヒルフィガーは，新しいファッションラインを立ち上げるときに，反抗的で，路上で生きる術を身につけたイメージを押し出すために，ラッパーのスヌープ・ドッグ（彼は殺人の罪を問われ無罪になった経験がある）と，元麻薬依存症で窃盗犯のクーリオをショーのモデルとして起用した [68]．親たちはこうしたメッセージの発信者を歓迎しないかもしれないが，それこそが狙いではないだろうか？

　製品の属性についての消費者の信念は，発信者が偏見を持っていると認めたときには弱くなる [69]．「知識バイアス（knowledge bias）」は，発信者のそのトピックについての知識が正確ではないことを示唆する．「報告バイアス（reporting bias）」は，発信者は必要な知識を持っているが，それを正確に伝えようとする意図は疑わしいと思われるときに生じる．その例としては，ラケットメーカーが有名テニス選手にお金を払って，その製品だけを使ってもらう場合などが考えられる．発信者の信憑性は十分にあるが，消費者が専門家のことを「金で雇われた者」とみなすときには真実味が減じる．もう 1 つの可能な方法としては，テレビのインタビューで製品について言及する有名人に対して，それらの製品の製造元と何らかのつながりがあるかどうか情報開示を求めることができるだろう．さらには，無料製品を受け取って，それを自分のブログで推薦するブロガーには，それを無料で入手したことを記録することを義務づける [70]．

発信源の魅力：「美しいものは優れている」

　イギリスの乳製品会社が，セックス・ピストルズのリードヴォーカルのジョニー・ロットンを，バターのテレビ CM に起用した．このパンク界の伝説の男が製品（ロットン（腐った）バター？）を宣伝すると，売上は 85 ％増しになった [71]．発信源の魅力（source attractiveness）とは，受け手が伝達者に与える社会的「価値」を表わす．この価値はその人物の外見，個性，社会的地位，または受け手との同質性に関連している（私たちは自分と似ている人の言うことにはよく耳を傾ける）．

ジョニー・ロットンのような発信者が受け手にアピールするのは，彼らがクールだったり，賢かったり，あるいはただ有名だからだ．しかし，多くは単純に見た目が魅力的なために受け入れられている．どこを見回しても，美しい人たちが何かを買うように私たちを説得しようとしている．第5章で示したように，現代社会は外見の魅力に非常に高い価値を置く．見かけのよい人たちは普通の人よりも，賢く，格好よく，幸せだと思われる．これは「ハロー効果（後光効果，halo effect）」の一例で，1つの側面で高く評価される人は，他のことでも秀でているとみなされることを意味する．この効果は，この章の前半で論じた一貫性の原則という点からも説明できる．人に対する評価は一貫している方が快適に感じられるのである．

　間違いなく，美しさは売りになる．それでは，この効果はどのように働くのだろうか[72]．説明の1つは，外見の魅力が合図となって受け手の注意をメッセージに引きつけるために，情報処理を容易にしたり修正したりするということである．ただし，消費者は魅力的なモデルが出ている広告にはより注意を向けるが，必ずしも広告のコピーまでは読んでいないと示す証拠もある[73]．言い換えれば，きれいな人が出ている広告には気づきやすいが，それを読むとは限らないということである．ハンサムな人を見るのは楽しむかもしれないが，こうした肯定的な感情は必ずしも製品態度や購買意図に影響を与えるわけではない[74]．

　しかし，適切な状況であれば，美しさは情報の真の発信源になりうる．広告される製品が実際に魅力やセクシュアリティ（性的関心）を高める（あるいはマーケターがそう主張する）場合には特にその傾向が強い[75]．「社会的適応理論（social adaptation perspective）」は，その情報がメッセージの主題を評価するのに役立つと感じるのであれば，受け手はその情報を重く受け取るという前提に立つ．第2章で見たように，認知努力を最小限にするために，人は関係がない情報を除外しようとする．したがって，こうした状況下では，魅力的な推奨者が適切な情報を与えれば，これが中心的なタスクに関連した合図となる．例えば，発信源の魅力は香水やコロン（魅力が関連している製品）の広告への態度に影響を与えるが，コーヒーの広告（魅力は無関係）には影響を与えない[76]．

スターの力：コミュニケーション発信者としての有名人

　有名人はホットプレートから香水まで，あらゆるものを宣伝している．一貫性の原則についての考察が示すように，こうしたメッセージは，その有名人と製品の間に論理的結びつきがある場合により効果的になる．ボブ・ディラン——「君らをだます広告看板は／君ならできると思わせる／これまで誰もできなかったことを／君なら手に入れられるのだと……」のような歌詞を書いている（曲名は「It's Alright, Ma (I'm Only Bleeding)」）——が，アメリカでヴィクトリアズ・シークレットの下着の広告に登場したときには（そ

う，本当に登場したのである），マーケターは消費者行動のテキストを読み直すべきだったのかもしれない[77]．

スターの力が働くのは，有名人が「文化的意味（cultural meanings）」を体現しているからで，彼らは地位や社会的階級（庶民派アイドル），ジェンダー（木村拓哉のような「男前」），年齢（少年っぽいマイケル・J・フォックス），あるいは個性派タイプ（ビートたけし）といった重要な分類を象徴する．製品の意味合いはこのように，スターを仲介役にして製造者から消費者へと伝えられる[78]．

人間以外の推奨者

有名人は効果的な推奨者になりうるが，彼らを起用することには不利な点もある．既に説明したように，彼らがイメージと違う製品を宣伝したり，自分が好きではない製品を（お金のために）使ったりはしないだろうと消費者が考え始めたときには，彼らの動機は疑わしいものになる．有名人がスキャンダルに巻き込まれたり，ブランドの望むイメージから逸脱したりすることもあるだろう．アメリカでの「牛乳食育教育プログラム」は，メアリー・ケイト・オルセンとアシュリー・オルセンの姉妹を「ミルクを飲んだ？」の広告キャンペーンに起用していたが，メアリー・ケイトが詳細を公表されることのない健康問題で治療施設に入院したことで，そのキャンペーンを打ち切った．

こうした理由のため，マーケターはアニメのキャラクターやマスコットなど，人間以外の情報発信者に目を向けることもある．スポーツチームや企業向けのコスチュームキャラクターを製造している企業のマーケティング・ディレクターは，「マスコットならリハビリ施設に入る心配をしなくてよい」と指摘する[79]．研究者は著名な広告キャラクター（spokescharacters）が，実際に，視聴者にその広告の主張を思い出させたり，より高いブランド態度を生み出したりする効果があると報告している[80]．日本でいえば，ソフトバンクモバイルのお父さん（犬），チキンラーメンのひよこちゃん，ローソンのあきこちゃんなどが当てはまるだろう．

第5章で見たように，生身の人間に代わる人気広告塔として，「アバター」の人気はますます高まっている．「アバター」は超人的あるいは動物の姿をして現われる神を表わすヒンドゥー語だが，コンピュータ分野では，ネット上のグラフィックな世界の中を動き回れる自分の分身となるキャラクターを意味する．「セカンドライフ」「アメーバピグ」のような仮想世界に参加する消費者は，自分の個性，欲求，ファンタジーを反映させたアバターをデザインする．

生身のモデルではなく仮想アバターを使う利点には，ターゲットオーディエンスのニーズに合わせてリアルタイムでアバターを変化させられるということもある．広告という観点から見れば，本物の人間を雇うよりも費用対効果が高い．そして，対個人販売および

カスタマーサービスという観点からすると，一度に複数の顧客を扱うことができ，地理的な制限を受けることもなく，週7日，1日24時間体制で稼働できるので，企業のスタッフや販売員は他の活動に時間を使うことができる[81]．

学習の目的9
マーケターがメッセージを構築する方法が，その説得力の強さを決める．

メッセージ

1,000本以上のCMについての大々的な調査の結果，CMメッセージが説得力を持つかどうかを決める要因が明らかになった．最も重要な特徴は，そのコミュニケーションが製品のユニークな属性や便益を強調しているかどうかである[82]．表7.2は，CMメッセージのその他の優れた要素と悪い要素のいくつかを挙げている．

消費者はCMが混乱を招いていると感じるようになっているが，さらに悪いのは，迷惑だと感じることである．気に障る広告についての画期的な研究で，ゴールデンタイムにネットワーク局で流れるCMのうち，消費者から否定的な反応を持たれたCM500本以上が調査された．最も苛立たしい種類のCMは，女性向け生理用品，痔の薬，通じ薬，女性の下着のものだった．研究者は次のことをその主たる理由として挙げている：

- CMがデリケートな製品（例：痔の薬）を見せ，その利用を強調している．
- 状況が不自然，または誇張された表現が使われている．
- 登場人物の1人が，容姿，知識，洗練度などで，けなされている．
- 結婚などの重要な人間関係が脅かされる．
- 肉体的な不快感が生々しく示される．
- 議論や敵対的な登場人物のために，CMが不快な緊張を作り出している．
- 魅力に欠ける，または共感できない人物を描いている．
- 性的な要素を示唆するシーンが含まれる．
- CMのキャスティングや提示の仕方のクオリティが低い．

メッセージの性格自体も視聴者の態度に影響を与える．これらの変数には，「何」を伝えるかだけでなく，「どのように」メッセージを伝えるかも含まれる．マーケターの目的と製品の性質によって，メッセージの種類が変われば結果も変わる．例えば最近のアメリカの調査では，公共放送で2年にわたって4回の呼びかけがなされた募金活動に関する実際の視聴者の反応を調べている．最も効果的な呼びかけは，その局への募金が寄付者ではなくコミュニティの人たちの役に立つことを強調し，肯定的な感情（愛や自尊心）で

表7.2 よいメッセージ，悪いメッセージの特徴

肯定的な効果をもたらすもの	否定的な効果をもたらすもの
利用の便利さを示す	要素，成分，栄養価などの過度な情報
新製品や改善された特徴を見せる	屋外の設定（メッセージが伝わりにくい）
背景のキャスティング （人物ではなくメッセージを主役にする）	画面上に登場する人物が多すぎる
他の製品との間接的な比較	グラフを使った説明
使用中の製品をデモンストレーションする	
目に見える結果を見せる（例：ハリのある髪）	
俳優が普通の人物を演じている	
主役は登場させない （製品により多くの時間をかける）	

出典：David W. Stewart and David H. Furse, "The Effects of Television Advertising Execution on Recall, Comprehension, and Persuasion," *Psychology & Marketing* 2 (Fall 1985): 135-60. Copyright? 1985 by John Wiley & Sons, Inc. 許可を得て再印刷．

はなく否定的な感情を引き起こすもの（危惧や罪悪感）だった[83]．明らかに，状況が変わればこうした結果も変わるだろう．ここでのポイントは，メッセージの内容そのものも重要だということである．

マーケターはメッセージを考案するにあたり，いくつかの重要な課題に直面する：

- メッセージは言葉で伝えるべきか，それとも映像で伝えるべきか？
- メッセージはどれくらいの頻度で繰り返すべきか？
- 結論を示すべきか，視聴者の判断に任せるべきか？
- 議論の両方の立場を提示すべきか？
- 競合製品とはっきりと比較すべきか？
- あからさまな性的アピールを含めるべきか？
- 恐怖のような否定的な感情をかき立てるべきか？
- 議論とイメージはどれほど具体的，あるいは鮮烈であるべきか？
- ユーモアは必要だろうか？

メッセージをどのように送るか？

映像か言葉か？　「百聞は一見に如かず」という名言は，特にメッセージの伝達者が受け手の感情的反応に影響を与えたいと思っているときには，ビジュアルが大きな効果を持つという考えを表わしている．この理由から，広告主は鮮やかなイラストや写真を利用することが多い[84]．

しかし，1枚の絵は，事実としての情報を伝えるときには，必ずしも効果的とは言い切

れない．同じ情報を含む広告であっても，マーケターがそれをビジュアルで表現するか言葉で表現するかによって，消費者の異なる反応を引き出す．言葉を使うと，製品の実用的側面の評価に影響を与え，ビジュアルを使うと，美的評価に影響を与える．言語的要素は，それに付随する映像によって，特にイラストに「枠組みを与える」(すなわち，画像の中のメッセージがコピーと強く関連づけられる) ことで強化されるときにより効果的になる[85]．

言葉によるメッセージは，処理により多くの努力を要するため，印刷媒体によるコンテンツのように，読者が本当にその広告に注意を払う高関与の状況に最も適している．言葉を使った素材は急速に記憶が薄れていく．したがって，こうしたメッセージが望ましい効果を得るには，より頻繁な露出が必要になる．対照的に，ビジュアルイメージは，受け手がエンコード（第3章参照）の間に情報を「チャンク（一塊）」にしやすい．チャンクすることで時間が経ってからの記憶の引き出しを容易にする[86]．

力強い描写やグラフィックは注意を引き，記憶に強く残りやすい．これは「鮮やかな」イメージがメンタルイメージを活性化する傾向があるからかもしれない．これに対して抽象的な刺激はこのプロセスを抑制する[87]．例えば，グーグル，ノキア，フランステレコムのインターネット部門「オレンジ」などの大手企業は，バス停，公衆電話ブース，鉄道駅，空港などで，通行人がポスターとインタラクションできるような広告キャンペーンを実験している．現時点では，スマートフォン向けの無線アプリや着信音を配布する新しいフォーマットを使っている．しかし，屋外広告主やマーケターは，ゲーム，ビデオ広告，クーポンなどの配布のためにも広告が使え，現実の製品や仮想製品やサービスを売る手段にもなりうると言っている．ボストンで見られるグーグルのポスターは，「ここで待たなければならないあなた，退屈する心配はありません」と書かれている．そして，この地域に設置された無料 Wi-Fi ルーターを通じて，モバイルアプリをダウンロードできる[88]．もちろん，この効果は良いことばかりではない．マーケターが派手なイメージで提供する否定的な情報は，後に，より否定的な評価につながるかもしれない[89]．

広告コピーで具体的に提示される製品の属性も，その属性の重要性に影響を与える．

出典：DDB, London 提供．

コピー：ハーベイ・ニコルズ百貨店セール，今日から開始 50％オフ．

イギリスのファッション商品の広告．生々しい（そして，ちょっと怖い）イメージでメッセージを伝えている．

それがより多くの注意を引くからである．例えば，ある調査では，参加者が同じ時計の2種類の広告コピーを読まされた．「業界関係者によれば，時計の故障4回のうち3回は，水が入り込んだことが原因」と説明しているコピーは，単純に「業界関係者によれば，時計の故障の多くは，水が入り込んだことが原因」とだけ言っているコピーよりも効果が大きかった[90]．

　メッセージを繰り返す？　反復はマーケターにとっては両刃の剣になりうる．第3章で触れたように，消費者が学習するには通常，複数回の刺激を受けることが必要となる．「慣れ過ぎは侮りのもと（Familiarity breeds contempt.）」という言い方に反して，人々はなじみのあるものを好む傾向がある．最初は特に夢中になったわけでもないものに対しても，それは同じである[91]．心理学者はこれを「単純接触（mere exposure）」現象と呼んでいる．

　広告主は，成熟した製品カテゴリーにおいても反復の肯定的影響があると考えている．製品情報を繰り返すことで，たとえ新しいことを言わなくても，消費者のブランド認知は高まる[92]．しかし，第2章で見たように，繰り返しが度を越すと「習慣化（馴化）」が生まれ，消費者は飽きや疲れのために，それ以上その刺激に注意を払わなくなる．過度の露出は公告の消耗を引き起こし，あまりに何度も見せると，広告への否定的反応という結果につながるかもしれない[93]．

　二要因理論（two-factor theory）は，なじみ深さと退屈の間の微妙な境界線を説明する．マーケターが繰り返し同じ広告を消費者に見せると，異なった2つの心理学的プロセスが作用する．反復の肯定的作用は，親近感を増して製品についての不確かさを軽減することである．否定的作用は，時間が経つにつれて，広告を見るたびに退屈感が増していくということである．どこかの時点で，退屈量はメッセージが引き下げる不確かさの量を超え，その結果，広告の消耗が起こる．図7.6はこのパターンを表現したものである．その効果は，それぞれの露出が時間的に長いとき（60秒のCMなど）に特に顕著になる[94]．

　この理論は，反復の際の露出量を制限すれば（例：長いCMの代わりに15秒CMを使うなど），この問題を克服できることを示唆する．さらには，時間の経過に伴って広告の内容をわずかに変化させれば，親近感を維持し，退屈さを軽減できることも示している．それぞれのスポットCMの内容は異なっても，共通したキャンペーンのテーマに沿ったものを制作するのである．製品について複数の異なる広告を見る受け手は，同じ情報を繰り返し見るだけの受け手よりも，製品の属性についてのより多くの情報を吸収し，そのブランドについて肯定的な考えを持つ．この追加的情報は，競合ブランドからの反撃に直面しても，態度を変えることへの抵抗心を生む[95]．

議論をどのように組み立てるのか？

　多くのマーケティング・メッセージは，討論や裁判と似ている．発信者が主張をし，受

信者に意見を変えるように説得を試みる．誰もが疑いなく推察するように，その主張をどのように提示するかが，何を言うかと同じくらい重要になることもある．

　大部分のメッセージは，その製品の強みとなる属性を1つか2つ単純に説明するか，製品を買うべき理由を述べるだけに終わる．これらは「支持的議論（supportive argument）」と呼ばれる．これに代わるのは「両面提示メッセージ（two-sided message）」で，強みと弱みの両方の情報を提示する．両面広告はかなり効果的であることが調査結果から分かっているが，これを使うマーケターはほとんどいない[96]．

　なぜマーケターは広告スペースを使って，製品の弱みとなる属性を宣伝しようとするのだろう？　適切な状況下であれば，最初に弱みを取り上げて，次にそれを否定する**論駁的議論（refutational arguments）**をすると，非常に効果的になる．このアプローチは，「報告バイアス（reporting bias）」を減じるため，発信者の信頼性を増すことができる．さらに，製品に懐疑的な消費者は，うわべだけ飾ったメッセージよりも，バランスのとれた主張の方を受け入れやすく感じるかもしれない[97]．例えば，アメリカのGM（ゼネラルモーターズ）が破綻を公表したとき，広告ではこう宣言されていた．「すべてを正直にお話ししましょう．どんな企業もこうしたことは経験したくありません」[98]．専門家が自分たちの立場を強く論じるときには，自分が正しいことをはっきりと述べるよりも，不確かさを表現した方が，実際にはメッセージがより効果的に伝わることが研究によって示されている[99]．

　これは，マーケターが調子に乗って，製品の深刻な問題を告白すべきだという意味ではない（もっとも，認めるべき大きな欠陥がない方が望ましいだろう）．典型的な論駁戦略では，問題を生じさせるかもしれないような，あるいは消費者が競合製品と比べたときに短所と感じられるような比較的小さな属性について論じる．そして，肯定的な，より重要な属性でこうした欠点を論駁する．例えば，アメリカのエイビス（Avis）は，「第2位」

図7.6　メッセージ反復の2要因理論

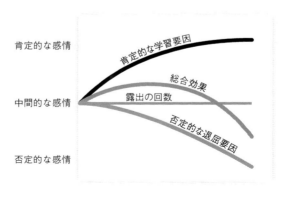

のレンタカー会社であることを主張したときに多くの走行距離を稼ぎ，フォルクスワーゲンの広告は，同社の車の1台のグローブ・ボックスのクロムめっきにひっかき傷があったので，「不良品」とけなした[100]．両面提示戦略は，視聴者が高い教育を受けている人々である場合に最も効果を発揮するようだ（おそらく彼らは，バランスのとれた議論により好印象を持つ）[101]．そして，受け手がまだその製品のファンでない段階で使うのが最も良い——欠点について，詳しいファンに説明をしてしまうと，不必要な疑いを抱かせることになるかもしれない．

　議論は結論を提示すべきだろうか，それとも，マーケターはただ事実だけを提示し，消費者自身の結論に任せるべきだろうか？　ただ情報を与えられるのではなく，自ら推察しようとする消費者は，より強い，より受容的な態度を形成するだろう．その一方で，結論をあいまいにしておくと，消費者が望ましい態度を形成しない可能性を増すことになる．

　この問題に対する反応は，消費者の広告を処理しようとする動機づけと，議論の複雑さの程度によって決まる．もしメッセージが個人的な関係の深いものであれば，人々はそれに注意を向け，自発的に推論しようとする．しかし，議論についていくのが難しいと感じるか，動機づけに欠けているときには，広告で結論を引き出す方が安全と言えるだろう[102]．

　ライバル製品と比較すべきだろうか？　アメリカでは1971年，FTC（Federal Trade Commission）が広告主に対し，広告に競合ブランドの名前を入れるガイドラインを発行した．政府がこの行動に踏み切った理由は，広告で消費者に与えられる情報を改善するためで，実際に最近の調査では，少なくとも一部の状況においては，このタイプの提示がより知識に基づいた意思決定につながると示す証拠も見られる[103]．

　比較広告（comparative advertising）は，2つ以上のよく知られたブランドを比較し，1つか2つの特徴についてどちらが優れているかを比較する戦術である[104]．最近のペプシネックスゼロのテレビCMは，このアプローチを使っていた．CMは，ペプシネックスゼロとコカ・コーラゼロを並べて，「どちらが美味しいのか？」という挑戦的なテロップから始まる．青（ペプシ）と赤（コーラ）のジャケットを着た人々が集まる会場が映しだされ，「500名のユーザーがゼロコーラを飲み比べた」とテロップが出る．画面下には，「ユーザーとはコーラ飲料週1回以上飲用者，ゼロコーラとはカロリーゼロのコーラ飲料を指します」と注意書きが示される．両陣営が緊張の面持ちで待つ静まり返った会場の中，舞台の女性に紙が渡され，「その答えが今，明かされる…」とテロップが表示され，さらに緊張を盛り上げる．おもむろに舞台の女性は「ペプシ」と言い，青のジャケットの人々が歓喜し総立ちとなり，舞台スクリーンに青が61%，赤が39%の円グラフが映し出される．画面下には，調査日時や対象者（都内のコーラ飲料週1回以上飲用者500名），手法（ブラインド・テスト），質問項目（どちらの方が「美味しい」と思われますか？），調査機関

と調査の詳細が示される．歓喜の中，「この勝利は偶然か，必然なのか」，「答えは未来にある」，そして「Forever Challenge」と強調され，ペプシネックスゼロの画像で終わる[105]．調査の結果，こうした戦略は既に肯定的なブランドイメージを持つ製品の場合により効果的であることが分かった[106]．

　この戦略は両刃の剣で，スポンサーが否定的な，あるいは不快な方法でこの競争を描いた場合，特に悪い方に転びかねない．比較広告の中には好ましい態度の変化を生むものも確かにあるが，消費者にあまり信じてもらえないかもしれず，また「発信者の品位の低下（source derogation）」を引き起こすかもしれない（つまり，消費者は偏ったメッセージの信憑性に疑いを抱く可能性がある）[107]．地域によっては，消費者が対決的なアプローチを好まないために，比較広告がほとんど使われないところもある．

メッセージのアピールの種類

　説得力あるメッセージは，消費者の琴線に触れることもあれば，恐怖心を与えることもある．笑わせもすれば，涙を誘いもする．もっと知りたいと思わせることもあるだろう．このセクションでは，伝達者が利用できる広告アピールの種類を考察していくことにする．

感情的アピールと理性的アピール

　日本ではコルゲート歯磨きで有名なコルゲート・パルモリーブ社の「トータル（Total）」ブランドは，歯肉炎を予防すると主張する最初の歯磨き粉で，これによってコルゲートはＰ＆Ｇの「クレスト」を数十年間ではじめてリードした．コルゲート社は当初，トータルの殺菌効果を強調し，科学的根拠を示して新しい製品を宣伝していた．しかし，新しい広告では，優しい音楽が背景に流れる中，元モデルのブルック・シールズが２人の子ども（彼女の本当の子どもではない）と一緒にはしゃいでいる．彼女はこのように語りかける．「健康的な笑顔が私にはとても大切．女優としてだけでなく母親としても」[108]．

　頭に働きかける広告と，心に働きかける広告．どちらがより効果的なのだろう？　その答えは，製品の性質と消費者のその製品との関係性によって変わってくるだろう．理性的アピールと感情的アピールの効果を正確に測ることは難しい．広告の内容を思い出すという点では，「感じる」広告より「考える」広告の方が有利になる傾向があるが，従来の広告効果の測定法（例：翌日にどれだけ覚えているかなど）では，感情に訴える広告の累積的効果を評価するには不十分かもしれない．こうした自由回答形式の測定法は，認知的反応を評価するものなので，反応がはっきりしない場合には，感情に訴える広告を不利に評価するかもしれない[109]．

性的アピール

　Twitter 上をにぎわせた最近のキャンペーンでは，アメリカのウォッカメーカーのスカイスピリッツ（Skyy Spirits）が，印刷広告と屋外広告で，赤いタイツに赤いハイヒールを履いた女性（太ももから下だけ見える）が，巨大な青いウォッカのボトルと性的に交わる姿を描いた．これを見た評論家の1人はこう非難した．「ばかばかしいの一言だ．これではポルノと変わらない．未成年の子どもたちがこれを見れば，スカイを飲むことと性的能力を結びつけるだろう」[110]．

　「性は売れる」という一般認識に従い，香水から自動車まで，多くの製品のマーケティング・コミュニケーションは，微妙なほのめかしから大胆な肌の露出まで，官能的なイメージを次々と送り出す．もちろん，性的アピールの広まりは国によって異なる．アメリカの企業でさえ，自国では考えないような広告を他国で使うことがある．例えば，アメリカ製の「Lee」のジーンズをヨーロッパで売り込むために考案されたセクシーな広告キャンペーンでは，お尻をむき出しにしたシリーズが制作された．お尻がジーンズを選ぶことができるとすれば，Lee のジーンズを選ぶだろうというコンセプトに基づいたメッセージである．「Lee のジーンズをはくとお尻が心地よくなる」[111]．

　おそらく驚くにはあたらないが，印刷広告での女性のヌードは，女性の消費者の間では否定的な感情と緊張を生み，男性の反応はより肯定的だ．ただし，セックスに対して寛容な態度の女性はこの種の広告を受け入れる傾向がある[112]．別の調査では，お互い様と言える結果が示され，男性は広告に出てくるヌードの男性を嫌い，女性は裸の男性に好意的に反応した——ただし，全裸に対してはそうではなかった[113]．女性は根拠のない性欲を見せられた場合より，愛情ある関係という背景で見せられたときの方が，性的なテーマに肯定的な反応を示した[114]．

　結局のところ，セックスは効果があるのだろうか？　官能的な内容は確かにその広告への注意を引きはするが，実際には逆効果になるかもしれない．2010 年のある調査では，回答者の 61％という圧倒的過半数が，広告の性的イメージはその製品を買う気を失わせると答えた[115]．皮肉なことに，挑発的な写真は効果がありすぎることもある．あまりに注意を引くあまり，広告の内容についての情報処理と記憶の喚起を妨げるのである．性的アピールは，マーケターが単純に注意を引くための「仕掛け」として使う場合には，効果を発揮しないように思える．しかし，製品それ自体がセックスと関係のある場合（例：下着やバイアグラ）には，効果があるようだ[116]．

　ある調査会社が，男性と女性が性的テーマを含む広告をどのように見ているか，そして，それが広告の効果に影響があるとすれば，どのような影響を与えるかを調べ上げた．この調査の一部として，研究者は特別なソフトウェアを使って，10 種類の印刷広告を見て

コピー：*白熱電球を使うのを止めて．そしたらこんな広告をしなくてもすむから．*

明らかに心に訴えかけるドバイの広告．

出典：Y&R Dubai 提供．

いる回答者の視線の動きを追った．サンプルとなった広告はアメリカのもので，5つの製品カテゴリーのそれぞれにつき2種類の広告，一方は性的なもの，もう一方は性的な要素のないもので構成されていた．回答者が性的な広告を見ると，男性は文章を無視して，代わりに女性の写真に集中する傾向があり，これに対して女性の回答者は，最初に広告の文章を読む傾向があった．男性は性的な広告の方が好きだといい，広告されている製品を好み，その製品を実際に買いたいと思うことが多かった．女性はすべての製品カテゴリーで，性的な広告をそうでない広告よりも低く評価した[117]．

ユーモラスなアピール

　携帯電話通話料割引サービス訴求のソフトバンクモバイルのテレビ CM で，鳥取からの留学生「タダ（トリンドル玲奈）」が「こっちの学生はスマホも 3 年無料なんだ」とつぶやく．上戸彩から「鳥取では違うの」と聞かれ，タダが「鳥取はまだ糸電話」と答え，砂丘で人々が糸電話で話すシーンが流される．お父さん犬が「本当か」と勘ぐると，タダは「そんなわけないじゃん」と返し，お父さんにキスしお父さんが照れて終わる．ネット上では，鳥取県民や鳥取出身者が「鳥取はまだ糸電話」という内容が鳥取を侮辱しており不快に感じていると話題になった[118]．

　ユーモアは効果があるのか？　一般に，ユーモラスな広告は注意を引く．ある調査によれば，ユーモラスなアルコール飲料の広告の認知スコアは，平均より高かった．しかし，ユーモアが記憶や製品態度に重要な影響を与えるかどうかについては，どちらとも言いがたい[119]．ばかげた広告が意見を変えるかもしれない理由の 1 つは，それが気晴らしになるからである．愉快な広告は反論（消費者がそのメッセージに同意しない理由を考えること）を寄せつけない．したがって，製品に対する否定的な考えを思いつかないため，メッセージを受け入れる可能性が増すことになる[120]．

　ユーモアは，その広告がブランドを特定し，愉快な素材がメッセージを「圧倒して」しまうことがない場合に効果を発揮する傾向がある．この危険はコピーの要点から気を逸らせてしまう美しいモデルたちについて論じたこととよく似ている．見込み客をからかったりしないような，穏やかな形のユーモアならいつも効果を上げる．最後に，ユーモアは，製品イメージに適したものであるべきだ．1 つ助言をするなら，葬儀屋や銀行はユーモアを避けるべきだろう．政府の公的資金援助を受けた企業も．

恐怖のアピール

　アメリカでのフォルクスワーゲンの「ジェッタ（Jetta）」の安全性を宣伝する広告キャンペーンは，本当に人々の注意を引いた．このスポット CM は，おしゃべりをしながら運転をしている人たちの視点から，車の衝突事故を生々しく描写した．警告なしに別の車が突然現われて，ものすごい勢いで衝突するのである．シリーズの 1 つでは，視聴者は乗車していた人の頭がエアバッグに打ちつけられるところを目にする．驚いた顔の乗客と，つぶれたジェッタと，「Safe happens（安全が生まれる）」というコピーで CM は締めくくられる．この広告はあまりに生々しいため，消費者がフォルクスワーゲンに電話をかけてきて，俳優がけがをしなかったかどうか問い合わせたほどだった[121]．

　恐怖アピール（fear appeals）は，消費者が行動や態度を変えない限り起こりうる否定的な結果を強調する．広告でもよく使われているが，ソーシャルマーケティングで使われ

ることがより一般的で，禁煙とか，避妊具を使うこととか，（飲み会の帰りにしらふの人に車で送ってもらい）飲酒運転を避けることなど，健康的なライフスタイルに変えることを訴えかけるものが多い．アメリカ食品医薬品局（FDA）は25年ぶりに，たばこの広告と包装に関する新しいガイドラインを発表することを決め，攻撃的な恐怖アピール戦術を使おうとしている．現在，たばこのパッケージ（と広告）でたばこの害で苦しんでいる人々の姿を直接描くための，恐ろしいイメージを選んでいるところだ．その1つでは，末期のがん患者が「たばこはがんの原因になる」というコピーとともに登場する[122]．

　この戦術は怖がらせて禁煙を思いとどまらせる効果はあるかもしれないが，恐怖アピールはマーケターにとって，もっと一般的な意味で効果的なのだろうか？　大部分の研究者はこの点については，こうした否定的メッセージが最も効果を上げるのは，広告が脅威を穏やかに伝え，同時にその問題への解決策を提示する場合だとしている．そうでないと，消費者はその脅威を解決したり避けたりするために何もできないのだから，広告を拒絶することになる[123]．

　弱い脅威が効果のない場合は，その行為による有害な結果の描き方が不十分なためかもしれない．強い脅しに効き目がない場合には，あまりに生々しく描いているために，勧めている行動の変化についての情報処理を妨げているのかもしれない．受け手はそのメッセージが自分に当てはまらない理由を探すことに忙しく，提示される解決策に注意を払わないのである[124]．例えば，エイズについての不安の程度を操る実験では，広告が穏やかな脅しを使ったときに，被験者はコンドームの広告を最も好意的に評価した．「セックスはリスキー」（穏やかな脅し）であるためにコンドームの使用を促すコピーは，製品の細やかさを強調する弱い脅威や，エイズによる確実な死を論じる強い脅威よりも，より多くの態度の変化につながった[125]．

　同様に，恐怖戦術は一般にはティーンエイジャーに酒やドラッグの利用をやめるように説得する効果的な方法ではない．彼らは単純にメッセージを拒絶したり，自分との関係性を否定したりする[126]．しかし，ドラッグ防止メッセージの社会的脅威と肉体的脅威への青少年の反応を調査したところ，社会的脅威（仲間はずれにされることなど）がより効果的な戦略であることが分かった[127]．

アート形式のメッセージ：暗喩の利用

　小説家，詩人，芸術家と同じように，マーケターもストーリーを語る．彼らのコミュニケーションは，漠然とした製品の恩恵を表現するため，ストーリーという形をとる．したがって，ストーリーテラーは，消費者がメッセージをしっかり受け取れるように具体的な形で表現しなければならない．

　広告のクリエイティブたちは（意識的かどうかにかかわらず），こうしたメッセージを

伝えるために，よく知られた文学的な仕掛けを用いる．例えば，アフラックのアヒルや，チキンラーメンのひよこちゃん，ソフトバンクモバイルのお父さん（犬），くまモンなどのキャラクターは，製品やサービスを擬人化したものともいえる．多くの広告は寓話（allegory）の形をとる．抽象的な特徴やコンセプトを，人物，動物，野菜，物に代えてストーリーにするのである．

　暗喩（metaphor）は，2つの似ていないものを「AはBである」のように直接的に結びつけるもので，直喩（simile）は，2つのものを「AはBのようである」と比較する．AとBはどれほど似ていなくても，暗喩が強調する何らかの質を共有している．暗喩を使うと，日常の出来事に意味あるイメージを与えることができる．株式市場では，「ホワイトナイト」が，「乗っ取り防止策」によって「敵対的買収者」と闘う．ケロッグのキャラクターであるトニー・ザ・タイガーはシリアルとパワーを結びつけ，アメリカのオールステート保険は「オールステートと一緒ならあなたは安全」と請け合う[128]．

　レゾナンス（resonance）は広告主が頻繁に利用するもう1つの文学的ツールで，関連のある映像と言葉遊びを組み合わせて提示するものである．暗喩は何らかの形で共通性のある2つのものを結びつけることで，一方にもう一方の意味合いを与えるのに対して，レゾナンスは二重の意味を持つ要素を取り入れる．だじゃれのように，同じような音を持つが意味の異なる2語を組み合わせるのである．例えば，ダイエット・ストロベリーケーキの広告には，「ベリード（埋もれた）トレジャー」というコピーが使えるかもしれない．このブランドには埋もれた宝と同じように，貴重なものが隠されているというイメージを連想させるのである．アシックスの運動靴の広告は，ジョギングしている女性の姿とともに「女性がこの国をランニングすべきだ（We believe women should be running the

中国の洗剤の広告．手錠の暗喩を利用し，見る者に「手洗いの重荷から自由になろう」と呼びかけている．

出典：Saatchi & Saatchi 提供．

country)」のコピーを使った（run には経営するの意味もある）．文章は期待されるものとは異なるために，視聴者は緊張や不確かさを感じるが，最後には言葉遊びだと分かる仕組みである．消費者が「そうだったのか」と意味を理解してしまうと，その広告がもっと直接的にメッセージを伝える方がよかったと思うかもしれない[129]．小説家や芸術家が言葉や絵でストーリーを語るときと同じように，マーケターは消費者に語りかけるいくつかの方法を選ぶことができる．広告主は他のアート形式のように CM を構成する．メッセージを伝えるために文学や芸術の手法を借りるのである．重要な区別の1つに「ドラマ」と「レクチャー」がある[130]．レクチャーは，スピーチのようなもので，情報発信者が聴衆に直接語りかけ，製品について説明したり，それを買うように説得したりする．レクチャーは，説得の意図をはっきり伝えるため，聴衆側もそのまま受け取る．聴衆は，それが自分たちに動機づけを与えることを目的にしたものだと理解した上で，メッセージの長所と発信者の信憑性を品定めする．そのプロセスで認知的反応が生じ（例：「コカ・コーラは彼にあれを言わせるためにいくら支払ったのだろう？」），反論に打ち勝って自分の信念と一貫すると分かれば，訴えかけを受け入れる．

　対照的に，ドラマは，演劇や映画と似ている．レクチャーは聴衆との間に少し距離を置くのに対して，ドラマは聴衆を行動に引き込む．想像上の設定の中で，登場人物が間接的に聴衆に語りかけ，製品やサービスについて互いに関わり合うのである．ドラマは聴衆を感情的に巻き込むために，体験的なものになる．「変換性広告（transformational advertising）」の手法は，製品の利用経験を何か主観的な感覚と結びつけるように受け手を刺激する．テレビに登場するシルエットの俳優が，iPod を聞きながらエネルギッシュなダンスを踊るのを見たときのような感情である．

学習の目的 10
視聴者の特性は，メッセージの発信源あるいはメッセージそのものの本質が効果的かどうかを決める助けになる．

発信者とメッセージ：売るのはステーキか，それともジュージュー焼ける音か

　コミュニケーション・モデルの2つの主要要素，発信者とメッセージについて，ここまで論じてきた．最終的に消費者に態度を変えさせるのは，どの要素だろう？ 「何」を言うべきかに気を使うべきなのか，それとも「どのように」伝えるか，そして「誰」が伝えるかが重要なのだろうか？

　意外なことに，それは場合による，というものだ．第4章で見たように，消費者の関与レベルが，メッセージを受け取ったときにどちらの認知プロセスを活性化させるかを決め

消費者行動，私はこう見る
――エドワード・マコーリー教授（サンタクララ大学）

この仕事を始めて間もない頃，私は雑誌広告の「言葉遊び」に魅せられた．語呂合わせ，押韻，そして，広告の見出しにあふれるもっと複雑な比喩．実際のところ，古代ギリシア人によって分類された比喩の実質的にすべての種類が，現在のアメリカ広告の見出しに見つかった．しかし，これはどうしてなのだろう？　要するに，広告主は大きなプレッシャーを背負っているのだ．彼らは消費者にほんの1秒か2秒でも広告に目を留めてもらおうという絶望的な期待にしばしば大金を投じなければならない．なぜ複雑な言葉遊びにこだわり，混乱を招いたり，消費者を遠ざけたりするリスクを負うのか？

その答えを，同僚のデイヴィッド・ミック教授と私は発見した．人間の特徴的なコミュニケーションとしてのマスメディア広告の神髄がそこにある[131]．思い出さなければならないのは，誰も雑誌広告を見ることは義務づけられておらず，それに時間をかける必要もないということだ．それは学校にいるときとは正反対の状況である．学校では注意を払わなければならない．そうしないと落第してしまう．広告主が語呂合わせ，韻，その他の言葉遊びを広告の見出しで使うのは，そのためだ．こうした言葉遊びは，注意を引くための誘惑として機能する．ジョークが分かるのは楽しいものだ．その結果，消費者は少し長く広告を見て，残り全部を読むことはなくても，少なくとも1つのポイントくらいは吸収する．そして，ほんの小さな楽しみがそのブランドと結びつけられる．

伝統的な消費研究は，被験者が広告全体を読むことを強いられるような実験の枠組みに縛られていた．その場合には，言葉遊びの重要性を見つけることはできない．消費研究の障害として残ると私が考える，それに関連したもう1つの問題は，言葉を使っての説得に過度な注目が向けられていることである．最近の雑誌の全面カラー広告を開いてみると，どれほど多くの言葉をそこに見るだろう？　それほど多くはないはずだ．目に入るのは，CGソフトで極端な加工が施された，綿密に計算された写真画像だろう．それだけでなく，視覚的な遊び，視覚的な暗喩，すなわち言葉遊びの写真版が使われている．同僚のバーバラ・フィリップ教授と私は，広告主にとって，言葉ではなく映像で宣伝するのが賢いかもしれないと思う理由を示してきた．簡潔に言えば，絵による説得のあいまいさがより大きな効果を生むのである．読者は広告を理解するために，あれこれ推測しなければならないからだ[132]．

私が消費研究の仕事を楽しいと思うのは，現実を相手にできるからである．どの広告も，誰かが自分の仕事を守るために切羽詰った状態で，懸命に働き，目に見えない大勢の消費者に自分が制作した広告を1秒でも2秒でも長く見てもらおうとする試みなのである．私個人は，科学的な理解を発達させる期待が最も高いのは，こうした現実の説得の努力についての研究だと思っている．

る．これが今度は，コミュニケーションのどの側面を処理するかに影響する．分かれ道に差しかかった旅人のように，消費者はどちらかの道を選ぶ．その方向が，マーケティング・コミュニケーションのどの側面が効果を発揮し，どの側面が聞き流されてしまうかを決める．

精緻化見込みモデル（ELM）(elaboration likelihood model)は，高関与の状況下では，説得への「中心ルート（central route）」を通ると仮定する．低関与の状況下では，その代わりに「周辺ルート（peripheral route）」をとる．図7.7はこのモデルを表わしている[133]．

説得への中心ルート

ELMによれば，説得を試みるメッセージの情報が自分に関係があるか興味を持つものであれば，消費者はそれに注意を向ける．この場合には，マーケターが提示する主張に集中して，その内容に「認知的反応」が生じる．妊娠中の女性が，妊娠中の飲酒の危険について警告するラジオのメッセージを聞けば，「彼女は正しい．私は妊娠中なのだから，お酒を飲むのをやめるべきなのだ」と思うかもしれない．あるいは次のように反論するかもしれない．「こんな話はでたらめだわ．私の母は私がお腹にいたときに毎晩カクテルを飲んでいたけれど，私は無事に生まれてきたもの」．メッセージに対する反論を思いつけば，彼女がメッセージに屈する可能性は低いが，メッセージを支持するさらなる主張を思いつけば，受け入れる可能性が高くなる[134]．

説得への中心ルートには，この章の前半で論じた効果の標準的階層が含まれる．このモデルが，消費者は注意深く信念を形成・評価し，その結果としての強い態度が自分の行動を導くという前提に立つことを思い出してほしい．それが意味するのは，広告が提示する主張の質といったメッセージの要因が，態度を変化させるかどうかを決めるという

図7.7 説得の精緻化見込みモデル（ELM）

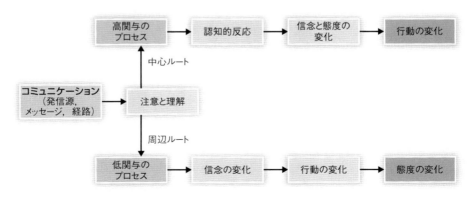

ことである．その話題について既に知識を持っていれば，メッセージについてもっとよく考え，反論の数も多くなる[135]．

説得への周辺ルート

対照的に，マーケターの主張についてあまり考える気にならない場合は，周辺ルートをとる．この場合には，メッセージにどう反応するかを決めるために，他の手掛かりを利用する傾向がある．例えば，製品パッケージ，発信者の魅力，あるいはメッセージが現れる背景などである．実際のメッセージとは無関係の情報源を，メッセージを取り巻くものという意味で「周辺手掛かり（peripheral cues）」と呼ぶ．

説得への周辺ルートは，第4章で論じた低関与の矛盾を強調する．つまり，製品について気にかけないときには，それが提示されるスタイル（例：誰が推薦しているか，あるいはどんなビジュアルを用いているか）が重要性を増す．つまり，マーケターが「セクシーな」パッケージをデザインしたから，人気のある有名人を広告に起用しているから，刺激的な買い物環境を創出したから，という理由で，低関与の製品を買うかもしれないということである．もう一度繰り返すと，ELMの基本的な見解は，高関与の消費者は「ステーキ」を求め（例：論理的な強い主張），低関与の消費者は，「ジュージューいう音」を求める（例：パッケージの色やイメージ，有名人の推薦など）というものだ．しかし，同じコミュニケーションの変数でも，態度対象との関係性によって，中心手掛かりにも周辺手掛かりにもなるということを覚えておいた方がよい．モデルの身体的魅力は車のCMでは周辺手掛かりになるだろうが，彼女の美しさは，魅力を増すことが製品の恩恵であるシャンプーのような製品にとっては中心手掛かりにもなるだろう[136]．

章のまとめ

この章を読み終えた時点で，理解しているべきこと：

1. **消費研究者にとって，態度の本質と力を理解することは重要である．**

　「態度」は対象や製品を肯定的あるいは否定的に評価する傾向のことである．人は，製品やサービスへの態度を形成し，こうした態度が購入するかどうかを決めることが多い．

2. **態度は見かけよりも複雑である．**

　態度は，信念，感情，行動的意図の3つの構成要素からなる．

3. **消費者はいくつかの方法で態度を形成する．**

　態度の研究者は伝統的に，決められたプロセスで人は態度を学ぶと仮定してきた．まず，態度対象についての信念を形成し（認知），次に対象を評価し（感情），そして行動を起こす（行動）．しかし，消費者の関与の程度と状況によって，態度は効果の階層にも影響される．態度形成のカギとなるのは，消費者にとっての態度の機能である（例：実用的か，それとも自我を守るためか）．

4. **態度を構成するすべての要素で一貫性を保とうとする欲求が、要素の一部を変えようとする動機づけになる.**

態度形成の重要原則の1つは、態度の構成要素の間の一貫性を保つことである。つまり、人は1つの態度が他の態度と矛盾しないように、その一部を修正する。認知的不協和理論、自己知覚理論、バランス理論など、態度への理論的アプローチは、一貫性の追求という不可欠な役割を強調する.

5. **特定の要素を明らかにし、それを結びつけて消費者の製品やブランドに対する全般的態度を予測するために、態度モデルが使われている.**

多属性態度モデルは、態度の複雑さを浮き彫りにする。これらは、人々の持つ一連の信念を明らかにし、それらを結びつけて、全体的な態度を予測しようとするものである。研究者は主観的規範や態度尺度の特異性のような要因を統合して、態度測定法の予測性を改善している.

6. **コミュニケーション・モデルは、消費者の製品やサービスへの態度を変化させたいと考えるマーケターにとって重要となる要素のいくつかを明らかにする.**

「説得」は消費者の態度を変えようとする試みを指す。コミュニケーション・モデルは、マーケターが意味を伝えるために必要とする要素を特定する。これには、発信者、メッセージ、媒体、受信者、フィードバックなどが含まれる.

7. **メッセージを処理する消費者は、もはやマーケターがかつて考えていたような情報の受動的な受け手ではなくなった.**

コミュニケーションの伝統的な見方は、受け手をこのプロセスの受動的な要素とみなしてきた。双方向型の新しいコミュニケーションの発達によって、消費者が製品の情報を取得したり、企業との関係性を築いたりする上で演じる積極的な役割を考慮する必要が生じている。パーミッション・マーケティングの支持者は、既に製品について学ぶことに感心を示している消費者にメッセージを送る方が、こうした勧誘に「冷淡」な消費者に働きかけるよりも効果が大きいと論じる.

8. **いくつかの要因がメッセージの発信源の有効性に影響する.**

情報発信源の効果を決める2つの重要な特徴は、魅力と信憑性である。有名人はこの目的に役立つこともあるが、彼らは必ずしもマーケターが望むほど信憑性が高くはない。消費者がバズ（クチコミ）として受け取るマーケティング・メッセージは（信頼できて消費者が生み出したもの）、消費者が誇大広告（信憑性に欠け、偏りがあり、企業が生成したもの）と分類するものよりも効果が大きくなる傾向がある.

9. **マーケターがメッセージを構築する方法が、その説得力の強さを決める.**

メッセージの効果を決めるのに役立つ要素には次のものが含まれる。メッセージを言葉で伝えるのか映像で伝えるか、感情的アピールを使うのか理性的アピールを使うか、反復の頻度、結論を示すかどうか、議論の両サイドを提示するか、恐怖・ユーモア・性的アピールを含めるかどうか。広告メッセージは、ドラマ、レクチャー、暗喩、寓話、レゾナンスなど、芸術や文学的な要素を取り入れることが多い.

10. 視聴者の特性は，メッセージの発信源あるいはメッセージそのものの本質が効果的かどうかを決める助けになる．

　　発信源とメッセージの相対的影響力は，受け手のそのコミュニケーションへの関与の程度に左右される．精緻化見込みモデル（ELM）は，発信源の効果は低関与の消費者への影響が大きくなり，より高関与の消費者は実際のメッセージに注意を向け，その要素を処理しようとすることが多いことを示している．

キーワード

暗喩（metaphor）　379
ウィジェット（widgets）　360
mコマース（M-commerce）　359
仮想世界（virtual worlds）360
価値表出機能（value-expressive function）　334
感情（affect）　335
恐怖アピール（fear appeals）　377
寓話（allegory）　379
効果の階層モデル（hierarchy of effects）　335
効果の経験階層
　（experiential hierarchy of effects）　338
効果の低関与階層
　（low-involvement hierarchy of effects）　336
広告キャラクター（spokescharacters）　367
行動（behavior）　335
購買行動への態度
　（A_{act}）（attitude toward the act of buying）　351
合理的行動理論（theory of reasoned action）　349
コミュニケーション・モデル
　（communications model）　356
自我防衛機能（ego-defensive function）　334
試行理論（theory of trying）　354
自己知覚理論（self-perception theory）　342

実用的機能（utilitarian function）　334
社会的判断理論（social judgment theory）　342
従属（compliance）　339
主観的規範（SN）（subjective norm）　350
受容領域と拒否領域
　（latitudes of acceptance and rejection）　343
スリーパー効果（sleeper effect）　364
精緻化見込みモデル
　（ELM）（elaboration likelihood model）　382
説得（persuasion）　335
ソーシャルメディア（social media）　360
代替現実ゲーム
　（ARGs）（alternate reality games）　361
態度（attitude）　333
態度対象（A_o）（attitude object）　333
態度のABCモデル（ABC model of attitudes）　335
態度の機能理論
　（functional theory of attitudes）　333
多経路固着調整モデル（multiple pathway anchoring and adjustment（MPAA）model）　353
多属性態度モデル
　（multiattribute attitude models）　346
段階的勧誘法（foot-in-the-door-technique）　342
知識機能（knowledge function）　334
直喩（simile）　379
Twitter（ツイッター）　360
同一化（identification）　339
動画ブログ（video blogging）（vlogging）　360
トランスメディア・ストーリーテリング
　（transmedia storytelling）　360
トランスメディア・フォーマット
　（transmedia formats）　360
内部化（internalization）　339
二要因理論（two-factor theory）　371
認知（cognition）　335
認知的一貫性の原則

（principle of cognitive consistency） 340
認知的不協和理論
    （theory of cognitive dissonance） 340
パーミッション・マーケティング
    （permission marketing） 358
発信源の信憑性（source credibility） 362
発信源の魅力（source attractiveness） 365
バランス理論（balance theory） 343
比較広告（comparative advertising） 373
標準的学習階層
    （standard learning hierarchy） 336
ブログ（blogs） 360
ポッドキャスティング（podcasting） 360
レゾナンス（resonance） 379
論駁的議論（refutational arguments） 372

復習

1. 自我防衛機能に，態度はどのような役割を果たすか？
2. 態度のABCモデルを表現しなさい．
3. 態度の3つの階層を挙げ，その主な違いを描写しなさい．
4. 態度への関与レベルは，長期的にその態度がある製品についての考え方の一部になる可能性にどう影響を与えるか？
5. 場合によっては，買った後で製品への態度を強化することがある．認知的不協和理論はこの変化をどう説明しているか？
6. 段階的勧誘法とは何か？ 自己知覚理論は，この効果とどのように関連しているか？
7. 受容領域と拒否領域とは何か？ 消費者の製品への関与レベルは受容領域にどのように影響するか？
8. バランス理論に従えば，トライアドのバランスの有無をどのように見分けることができるか？
9. 多属性態度モデルを表現し，その主たる要素を挙げなさい．
10. 「私の言うようにしなさい，私のするようにではなく」．この言葉は態度モデルとどのように関連しているか？
11. 主観的規範とは何か？ それは態度にどのように影響するか？
12. ある人の行動を予測する際に，たとえその人の態度が分かっていても生じる3つの障害とは何か？
13. 合理的行動理論を説明しなさい．これを非西洋文化に当てはめた場合，理論として価値のあるとはおそらく言えないのはなぜなのか？
14. 説得に関連する3つの心理学的原則を挙げなさい．
15. 伝統的なコミュニケーション・モデルの要素を説明しなさい．最新のモデルはそれとどの程度異なるか？
16. ブログとは何か？ マーケターはこれをどのように利用することができるか？
17. 発信源の信憑性とは何か？ 発信源が信用できるかどうかについての決定に影響を与える2つの要素とは何か？
18. バズと誇大広告の違いは何か？ この違いは「企業パラドックス」とどのように関連するか？
19. ハロー効果とは何か？ なぜこれが生じるのか？
20. アバターとは何か？ なぜ広告主は有名人を起用する代わりにアバターを使うことを選ぶのか？
21. マーケターがメッセージをビジュアルで提示すべきときと，言葉で提示すべきときは，どのような場合か？
22. 二要因理論は，メッセージの反復の態度変更への影響をどのように説明しているか？
23. 二面的メッセージ，一面的メッセージは，それぞれどのような場合に使うべきか？
24. ユーモラスな広告は効果があるか？ もしそうならば，どのような状況で？
25. マーケターは消費者を説得するために，

恐怖をアピールしようと試みるべきだろうか？
26. マーケターはなぜ，説得力あるメッセージを考案するために暗喩を使うのか？このテクニックの例を2つ挙げなさい．
27. レクチャーとドラマの違いは何か？
28. 精緻化見込みモデルを説明し，「何」を伝えるかと，「どのように」伝えるかの相対的重要性にどのように関係するかを要約しなさい．

討議と応用

■ 討論せよ

1. この章で概要を述べた効果の階層を対比しなさい．マーケティング・ミックスを選ぶとき，マーケターはこれらの異なる状況をどのように考慮に入れるべきか？
2. 多くの大学が，企業を利用して，キャンパスのウェブサイトと電子メールサービスを運営している．企業はこれらのサービスを，大学に対して少額あるいは無料で提供している．しかしこれは論争の的になっている．大手企業がお金を払ってサイトに広告を掲載しているからである．それによって，選択の余地なく製品メッセージにさらされる大勢の学生の態度に影響を与える機会をマーケターは得る．大学の経営陣は，自分たちではサービスを提供できないからと主張する．学生は学費援助の申請や講義の登録をオンラインですませたいと考える．そうしたサービスを提供しない大学は，学生を集めることが難しくなるかもしれない．あなたはこの状況をどのように考えるだろうか？　企業はあなたが学費を払っている学校を通じて，あなたの視聴へのアクセスを与えられるべきだろうか？　そのおかげで便利なオンラインサービスを利用できるのであれば，賛成できるだろうか？
3. スマートフォンが普及するにつれ，広告主はこのプラットフォームの追跡を始めるようになった．iPhoneやiPadに登場した最初のiAd（アップルによるモバイル端末に対応した広告プラットフォーム）が，初期の報告によれば，うまく機能しているようだ．ある調査では（アップルが資金を出した），キャンベルのiAdを受け取った消費者は，テレビ広告を見ただけの消費者より，内容を覚えている割合が2倍以上高いことが分かった．回答者が広告された製品を買うという割合も4倍になった⁽¹³⁷⁾．消費者として，これは良いことなのか，悪いことなのか？　自分のスマートフォンに広告が送られることを，あなたならどう感じるか？　これがもっと一般的になったら，この新しい広告媒体に市場はどう反応すると思うか？
4. ニューヨーク市保健局が資金提供した反喫煙のスポットCMは，多くの視聴者にとっては一線を越えたものに映った．このCMでは，幼い少年が激しく泣いているのに，大人たちが通り過ぎている映像が流れ，ナレーションの声が言う．「これが，あなたのお子さんが1分間，あなたとの姿を見失ったときに感じることです．生涯あなたを失ったらどうなるかを想像してみてください」

  この広告は大きな論争になった．子どもがただ演技をしているのか，広告のプロデューサーがカメラのために涙を流すように仕向けたのかが分からなかったからだ．この「スケアード・ストレイト」広告（"scared stratit" advertising）と呼ばれるジャンルは，禁煙のような不健康な習慣を抑制するように人々を説得する効果的な方法だろうか？
5. コカ・コーラは，子どもをターゲットにしたマーケティングで，評判の悪いポルノ映画に言及したために，親たちから告

発され，イギリスでのインターネット・キャンペーンを中止した．ドクターペッパーの宣伝で，若いソーシャルメディア・ユーザーに働きかける努力の一環として，コカ・コーラ社は同意を得たユーザーのFacebookのアカウントを引き継ぎ，「私の特別な毛布をなくした．どうしたら眠れるのだろう」「シャワー中におしっこすることのどこが悪いのだろう？」のような少し困惑するような質問を投稿した．しかし，14歳の娘のページに，ハードコアポルノに直接言及したメッセージがあるのを親が見つけたことで，この戦術は逆効果になり，コカ・コーラはプロモーションを中止せざるをえなくなった(138)．

飽きっぽい若者たち，サイバースペースであらゆる種類のメッセージにさらされている若者たちの注意を引くにはどうしたらいいのだろう？ マーケターは，ソーシャルメディア上で若者たちに語りかけようとする際には，どのようなガイドラインに（もしあるとすれば）従うべきなのだろう？

6. 「フログ（flog）」は企業がブランドにまつわるうわさを流すための偽のブログのことを言う．これは倫理的な手段だろうか？

7. スリーパー効果は，人々が情報源をどれほど肯定的に評価しているかについて，あまり心配する必要はないと示唆している．同様に，広報に関しては，「どんな宣伝もよい宣伝（any publicity is good publicity．）」という言葉がある．あなたはこれに同意するか？

8. マーケターに比較広告戦略を使うことを助言すべきだと思う状況について討論しなさい．

9. 米国医師会は，サンビーム社が製造した一連の健康関連製品のスポンサーになることに同意し，嵐のような論争を巻き起こした（のちに決定は撤回された）．事業団体や職能団体，ジャーナリスト，大学教授らが，数ある製品の中で特定の製品を推奨することに問題はないのだろうか？

10. マーケターはコミュニケーション戦略に，理性的アピールと感情的アピールのどちらを組み入れるかを決めなければならない．どちらか一方がより適していると思われる状況にはどのようなものが挙げられるか？

11. 非常に多くの企業が，消費者を説得するためのコミュニケーション源として有名人に依存している．特に若者をターゲットにするときには，広告塔となる有名人は「クール」なミュージシャン，アスリート，映画スターであることが多い．あなたの考えでは，現在最も効果的な推奨者となる有名人は誰だろう？ その理由は？ 最も効果がないと思う有名人は？ またその理由は？

12. 時計ブランドのスイスレジェンドは，有名人にカラフルな時計を着けさせている．その方法の1つは，何かの授賞式で製品を手渡すことだ．広報担当者はこの習慣を「お楽しみ袋（gifting the talent）」と呼んでいる．企業はスターたちに無料の製品がいっぱい詰め込まれた「お楽しみ袋」を手渡す(139)．推薦を得るために「タレントに贈り物」をする習慣を，あなたはどう思うか？ これは賢明な戦略だろうか？ こうした贈り物を有名人が受け取ることは倫理的に問題がないのだろうか？

■ 応用せよ

1. 誰かの行動が，その人の態度と一貫していないものを考えなさい（例：過食や喫煙についての態度，あるいは，自分を目立たせる目的で，あるいは地位を得るた

1. (続き）めに何かを買うこと）．その人に，なぜその行動をとったかを詳しく語ってもらい，どのようにして矛盾を解決しているかを明らかにしなさい．
2. 競合する自動車に対する態度調査を考案し，それぞれのモデルの長所と欠点を明らかにしなさい．
3. 地元レストランの多属性モデルを構築しなさい．その発見に基づいて，レストラン経営者がこの章で表現した戦略を通して，店のイメージを改善できるような提案を考えること．
4. japander.com のようなサイトで，自国では売り込まないような製品を推薦している有名人を見つけなさい．友人かクラスメイトにそれぞれの有名人の魅力を評価してもらい，その後にこの広告を見せ，もう一度評価をし直してもらうと，スターの「ブランドイメージ」は，陳腐な広告と対になったことで変わるだろうか？ その結果から，有名人のクライアントの中から誰を広告塔に選ぶべきかについて，経営者にどんな助言を与えられるだろうか？
5. 政府機関は，もしドライバーが飲酒したら，同行したしらふの人に代わって運転してもらうよう奨励したいと考えている．説得力あるコミュニケーションの構築について，あなたならその機関にどのようなアドバイスをするだろう？ コミュニケーションの構成，どこでそれを見せるべきか，誰がそれを届けるべきかなど，重要だと思う要素を討論しなさい．恐怖アピールは使うべきだろうか？ もしそうなら，どのように？
6. マーケターはなぜ製品について否定的な発言をすることも考えるべきなのだろう？ この戦略が使えるのはどのような場合だろうか？ その例を見つけられるだろうか？
7. 製品を売るために，性的アピールに依存している広告を集めなさい．実際の製品の恩恵を，どの程度の頻度で伝えているだろうか？
8. 友人に，CM を見ながら声に出して意見を言ってもらうように頼み，論駁のプロセスを観察しなさい．広告のそれぞれのポイントに反応してもらったり，メッセージの主張への反応を書き出してもらったりすると，広告の主張に関して，どの程度の懐疑が見出されるだろうか？
9. 1つのテレビ局が2時間に流すCMをすべてリストアップし，それぞれを製品カテゴリーに分け，ドラマを使っているかレクチャーしているかを判断しなさい．広告が使っているメッセージの種類を描写し（例：両面的主張），現われる広告塔のタイプを追跡すること（例：テレビ俳優,有名人,アニメキャラクター）．マーケターが現在取り入れている説得戦術の支配的な形式について，どのような結論が引き出せるだろうか？
10. 暗喩やレゾナンスを使用している広告の例を集めなさい．あなたはこれらの広告を効果的だと感じるだろうか？ あなたがその製品をマーケティングする立場だとしたら，より直接的な，「強引に売り込む」アプローチを使う広告の方がより快適に感じるだろうか？
11. 文化的カテゴリー（例：ピエロ,母親など）を代表するのに適していると思う現在の有名人の名前を挙げなさい．それぞれが効果的に宣伝できると感じる特定のブランドは何だろう？
12. インターネット通販サイト，オンラインゲーム，「アメーバピグ」のようなオンラインコミュニティなどで，参加者がサイバースペースで自分を見せるために選ぶアバターを調べなさい．人々が選ぶアバターで最も多いものは何だろう？ 現実

的なキャラクターだろうか，それとも想像上のキャラクターだろうか？　男性だろうか，女性だろうか？　それぞれのタイプのウェブサイトで，最も効果的だと思うアバターの種類はどのようなものだろう？　その理由は？

参考文献

1. Robert A. Baron and Donn Byrne, *Social Psychology: Understanding Human Interaction*, 5th ed. (Boston: Allyn & Bacon, 1987).
2. Daniel Katz, "The Functional Approach to the Study of Attitudes," *Public Opinion Quarterly* 24 (Summer 1960): 163-204, Richard J. Lutz, "Changing Brand Attitudes through Modification of Cognitive Structure," *Journal of Consumer Research* 1 (March 1975): 49-59.
3. Russell H. Fazio, T. N. Lenn, and E. A. Effrein, "Spontaneous Attitude Formation," *Social Cognition* 2 (1984): 214-34.
4. Sharon Shavitt, "The Role of Attitude Objects in Attitude Functions," *Journal of Experimental Social Psychology* 26 (1990): 124-48; see also J. S. Johar and M. Joseph Sirgy, "Value Expressive versus Utilitarian Advertising Appeals: When and Why to Use Which Appeal," *Journal of Advertising* 20 (September 1991): 23-34.
5. Aaron Baar, "New Subaru Campaign Takes Aim with Cupid's Arrow," *Marketing Daily* (April 28, 2008), http://publications.mediapost.com/Index.Cfm?Fuseaction=Articles.San&S=81435&Nid=420..., accessed April 28, 2008.
6. Michael Ray, "Marketing Communications and the Hierarchy-of-Effects," in P. Clarke, ed., *New Models for Mass Communications* (Beverly Hills, CA: Sage, 1973), 147-76.
7. Herbert Krugman, "The Impact of Television Advertising: Learning without Involvement," *Public Opinion Quarterly* 29 (Fall 1965): 349-56; Robert Lavidge and Gary Steiner, "A Model for Predictive Measurements of Advertising Effectiveness," *Journal of Marketing* 25 (October 1961): 59-62.
8. Stephanie Thompson, "Bad Breakup? There, There, B&J Know Just How You Feel," *Advertising Age* (January 24, 2005): 8.
9. For some recent studies, see Andrew B. Aylesworth and Scott B. MacKenzie, "Context Is Key: The Effect of Program-Induced Mood on Thoughts about the Ad," *Journal of Advertising* 27 (Summer 1998): 17; Angela Y. Lee and Brian Sternthal, "The Effects of Positive Mood on Memory," *Journal of Consumer Research* 26 (September 1999): 115-28; Michael J. Barone, Paul W. Miniard, and Jean B. Romeo, "The Influence of Positive Mood on Brand Extension Evaluations," *Journal of Consumer Research* 26 (March 2000): 386-401. For a study that compared the effectiveness of emotional appeals across cultures, see Jennifer L. Aaker and Patti Williams, "Empathy versus Pride: The Influence of Emotional Appeals across Cultures," *Journal of Consumer Research* 25 (December 1998): 241-61. For research that relates mood (depression) to acceptance of health-related messages, see Punam Anand Keller, Isaac M. Lipkus, and Barbara K. Rimer, "Depressive Realism and Health Risk Accuracy: The Negative Consequences of Positive Mood," *Journal of Consumer Research* 29 (June 2002): 57-69.
10. Punam Anand, Morris B. Holbrook, and Debra Stephens, "The Formation of Affective Judgments: The Cognitive-Affective Model versus the Independence Hypothesis," *Journal of Consumer Research* 15 (December 1988): 386-91; Richard S. Lazarus, "Thoughts on the Relations between Emotion and Cognition," *American Psychologist* 37, no. 9 (1982): 1019-24; Robert B. Zajonc, "Feeling and Thinking: Preferences Need No Inferences," *American Psychologist* 35, no. 2 (1980): 151-75.
11. See Sharon E. Beatty and Lynn R. Kahle, "Alternative Hierarchies of the Attitude-Behavior Relationship: The Impact of Brand Commitment and Habit," *Journal of the Academy of Marketing Science* 16 (Summer 1988): 1-10.
12. J. R. Priester, D. Nayakankuppan, M. A. Fleming, and J. Godek, "The A(2)SC(2) Model: The Influence of Attitudes and Attitude Strength on Consideration Set Choice," *Journal of Consumer Research* 30, no. 4 (2004): 574-87.
13. Chester A. Insko and John Schopler, *Experimental Social Psychology* (New York: Academic Press, 1972).
14. Ibid.
15. Robert E. Knox and James A. Inkster, "Postdecision Dissonance at Post Time," *Journal of Personality & Social Psychology* 8, no. 4

(1968): 319-23.
16. Daryl J. Bem, "Self-Perception Theory," in Leonard Berkowitz, ed., *Advances in Experimental Social Psychology* (New York: Academic Press, 1972): 1-62; cf. more recently Keisha M. Cutright, Eugenia C. Wu, Jillian C. Banfield, Aaron C. Kay, and Gavan J. Fitzsimons, "When Your World Must Be Defended: Choosing Products to Justify the System," *Journal of Consumer Research* 38, no. 1 (June 2011): 62-77.
17. Jonathan L. Freedman and Scott C. Fraser, "Compliance without Pressure: The Foot-in-the-Door Technique," *Journal of Personality & Social Psychology* 4 (August 1966): 195-202. For further consideration of possible explanations for this effect, see William DeJong, "An Examination of Self-Perception Mediation of the Foot-in-the-Door Effect," *Journal of Personality & Social Psychology* 37 (December 1979): 221-31; Alice M. Tybout, Brian Sternthal, and Bobby J. Calder, "Information Availability as a Determinant of Multiple-Request Effectiveness," *Journal of Marketing Research* 20 (August 1988): 280-90.
18. David H. Furse, David W. Stewart, and David L. Rados, "Effects of Foot-in-the-Door, Cash Incentives and Follow-ups on Survey Response," *Journal of Marketing Research* 18 (November 1981): 473-78; Carol A. Scott, "The Effects of Trial and Incentives on Repeat Purchase Behavior," *Journal of Marketing Research* 13 (August 1976): 263-69.
19. Bob Fennis, Loes Janssen, and Kathleen D. Vohs, "Acts of Benevolence: A Limited-Resource Account of Compliance with Charitable Requests," *Journal of Consumer Research* (2009): 906-25.
20. See Joan Meyers-Levy and Brian Sternthal, "A Two-Factor Explanation of Assimilation and Contrast Effects," *Journal of Marketing Research* 30 (August 1993): 359-68.
21. Mark B. Traylor, "Product Involvement and Brand Commitment," *Journal of Advertising Research* (December 1981): 51-56.
22. Fritz Heider, *The Psychology of Interpersonal Relations* (New York: Wiley, 1958).
23. Debra Z. Basil and Paul M. Herr, "Attitudinal Balance and Cause-Related Marketing: An Empirical Application of Balance Theory," *Journal of Consumer Psychology* 16, no. 4 (2006): 391-403.
24. Leslie Kaufman, "Enough Talk," *Newsweek* (August 18, 1997): 48-49.
25. Allan Wicker, "Attitudes versus Actions: The Relationship of Verbal and Overt Behavioral Responses to Attitude Objects," *Journal of Social Issues* 25 (Autumn 1969): 65.
26. M. Fishbein, "An Investigation of the Relationships between Beliefs about an Object and the Attitude toward that Object," *Human Relations* 16 (1983): 233-40.
27. Laura Bird, "Loved the Ad. May (or May Not) Buy the Product," *Wall Street Journal* (April 7, 1994): B1.
28. Icek Ajzen and Martin Fishbein, "Attitude-Behavior Relations: A Theoretical Analysis and Review of Empirical Research," *Psychological Bulletin* 84 (September 1977): 888-918.
29. Morris B. Holbrook and William J. Havlena, "Assessing the Real-to-Artificial Generalizability of Multi-Attribute Attitude Models in Tests of New Product Designs," *Journal of Marketing Research* 25 (February 1988): 25-35; Terence A. Shimp and Alican Kavas, "The Theory of Reasoned Action Applied to Coupon Usage," *Journal of Consumer Research* 11 (December 1984): 795-809.
30. R. P. Abelson, "Conviction," *American Psychologist* 43 (1988): 267-75; R. E. Petty and J. A. Krosnick, *Attitude Strength: Antecedents and Consequences* (Mahwah, NJ: Erlbaum, 1995); Ida E. Berger and Linda F. Alwitt, "Attitude Conviction: A Self-Reflective Measure of Attitude Strength," *Journal of Social Behavior & Personality* 11, no. 3 (1996): 557-72.
31. Andy Greenfield, "The Naked Truth (Studying Consumer Behavior)," *Brandweek* (October 13, 1997): 22; Michael J. Ryan and Edward H. Bonfield, "The Fishbein Extended Model and Consumer Behavior," *Journal of Consumer Research* 2 (1975): 118-36.
32. Blair H. Sheppard, Jon Hartwick, and Paul R. Warshaw, "The Theory of Reasoned Action: A Meta-Analysis of Past Research with Recommendations for Modifications and Future Research," *Journal of Consumer Research* 15 (December 1988): 325-43.
33. Joseph A. Cote, James McCullough, and Michael Reilly, "Effects of Unexpected Situations on Behavior-Intention Differences: A Garbology Analysis," *Journal of Consumer Research* 12 (September 1985): 188-94.
34. Robert E. Smith and William R. Swinyard,

"Attitude-Behavior Consistency: The Impact of Product Trial versus Advertising," *Journal of Marketing Research* 20 (August 1983): 257-67.

35. For a recent similar application, cf. N. T. Tavassoli and G. J. Fitzsimons, "Spoken and Typed Expressions of Repeated Attitudes: Matching Response Modes Leads to Attitude Retrieval versus Construction," *Journal of Consumer Research* 33, no. 2 (2006): 179-87.

36. Kulwant Singh, Siew Meng Leong, Chin Tiong Tan, and Kwei Cheong Wong, "A Theory of Reasoned Action Perspective of Voting Behavior: Model and Empirical Test," *Psychology & Marketing* 12, no. 1 (January 1995): 37-51; Joseph A. Cote and Patriya S. Tansuhaj, "Culture Bound Assumptions in Behavior Intention Models," in Thom Srull, ed., *Advances in Consumer Research* 16 (Provo, UT: Association for Consumer Research, 1989): 105-9.

37. Joel B. Cohen and Americus Reed, "A Multiple Pathway Anchoring and Adjustment (MPAA) Model of Attitude Generation and Recruitment," *Journal of Consumer Research* 33 (June 2006): 1-15.

38. Richard P. Bagozzi and Paul R. Warshaw, "Trying to Consume," *Journal of Consumer Research* 17 (September 1990): 127-40.

39. Robert B. Cialdini and Kelton V. L. Rhoads, "Human Behavior and the Marketplace," *Marketing Research* (Fall 2001): 13.

40. Gert Assmus, "An Empirical Investigation into the Perception of Vehicle Source Effects," *Journal of Advertising* 7 (Winter 1978): 4-10. For a more thorough discussion of the pros and cons of different media, see Stephen Baker, *Systematic Approach to Advertising Creativity* (New York: McGraw-Hill, 1979).

41. Alladi Venkatesh, Ruby Roy Dholakia, and Nikhilesh Dholakia, "New Visions of Information Technology and Postmodernism: Implications for Advertising and Marketing Communications," in Walter Brenner and Lutz Kolbe, eds., *The Information Superhighway and Private Households: Case Studies of Business Impacts* (Heidelberg: Physica-Verlag, 1996): 319-37; Donna L. Hoffman and Thomas P. Novak, "Marketing in Hypermedia Computer-Mediated Environments: Conceptual Foundations," *Journal of Marketing* 60, no. 3 (July 1996): 50-68. For an early theoretical discussion of interactivity in communications paradigms, see R. Aubrey Fisher, *Perspectives on Human Communication* (New York: Macmillan, 1978).

42. Seth Godin, *Permission Marketing: Turning Strangers into Friends, and Friends into Customers* (New York: Simon & Schuster, 1999).

43. Brad Stone, "The War for Your TV," *Newsweek* (July 29, 2002): 46-47.

44. Geoffrey A. Fowler, "Asia's Mobile Ads," *Wall Street Journal* (April 25, 2005), www.wsj.com, accessed April 25, 2005; Brooks Barnes, "Coming to Your Cell: Paris Hilton," *Wall Street Journal* (March 17, 2005), www.wsj.com, accessed March 17, 2005; Alice Z. Cuneo, "Marketers Dial in to Messaging," *Advertising Age* (November 1, 2004): 18; Stephen Baker and Heather Green, "Blogs Will Change Your Business," *BusinessWeek* (May 2, 2005): 56.

45. "The People's Revolution: Implications of Web 2.0 and Social Media Applications," *Strategy Analytics* (2008).

46. "Social Nets and Blogs More Popular than E-Mail," March 17, 2009, www.emarketer.com, accessed March 17, 2009.

47. "U.S. Blog Readers 2007-2012," *Emarketer* (April 15, 2009), www.emarketer.com, accessed April 15, 2009.

48. Nicholas Carlson, "Chart of the Day: How Many Users Does Twitter REALLY Have?," *Business Insider SAI* (March 31, 2011), http://www.businessinsider.com/chart-of-the-day-how-many-users-does-twitter-really-have-2011-3, accessed May 30, 2011.

49. http://www.iamtryingtobelieve.com/, accessed May 30, 2011.

50. Jon Zahlaway, "Nine Inch Nails' Year Zero Plot Hits the Web," *SoundSpike*, February 22, 2007, http://www.livedaily.com/news/11570.html?t=102, accessed May 30, 2011.

51. Carl I. Hovland and W. Weiss, "The Influence of Source Credibility on Communication Effectiveness," *Public Opinion Quarterly* 15 (1952): 635-50; for a recent treatment, cf. Yong-Soon Kang and Paul M. Herr, "Beauty and the Beholder: Toward an Integrative Model of Communication Source Effects," *Journal of Consumer Research* 33 (June 2006): 123-30.

52. Herbert Kelman, "Processes of Opinion Change," *Public Opinion Quarterly* 25 (Spring 1961): 57-78; Susan M. Petroshius and Kenneth E. Crocker, "An Empirical Analysis of Spokesperson Characteristics on Advertisement and Product

Evaluations," *Journal of the Academy of Marketing Science* 17 (Summer 1989): 217-26.

53. Kenneth G. DeBono and Richard J. Harnish, "Source Expertise, Source Attractiveness, and the Processing of Persuasive Information: A Functional Approach," *Journal of Personality & Social Psychology* 55, no. 4 (1988): 541-46.

54. Joseph R. Priester and Richard E. Petty, "The Influence of Spokesperson Trustworthiness on Message Elaboration, Attitude Strength, and Advertising Effectiveness," *Journal of Consumer Psychology* 13, no. 4 (2003): 408-21.

55. Hershey H. Friedman and Linda Friedman, "Endorser Effectiveness by Product Type," *Journal of Advertising Research* 19, no. 5 (1979): 63-71. For a study that looked at nontarget market effects—the effects of advertising intended for other market segments—see Jennifer L. Aaker, Anne M. Brumbaugh, and Sonya A. Grier, "Non-Target Markets and Viewer Distinctiveness: The Impact of Target Marketing on Advertising Attitudes," *Journal of Consumer Psychology* 9, no. 3 (2000): 127-40.

56. Yeosun Yoon, Zeynep Gurhan-Canli, and Norbert Schwarz, "The Effect of Corporate Social Responsibility (CSR) Activities on Companies with Bad Reputations," *Journal of Consumer Psychology* 16, no. 4 (2006): 377-90.

57. Peter R. Darke and Robin J. B. Ritchie, "The Defensive Consumer: Advertising Deception, Defensive Processing, and Distrust," *Journal of Marketing Research* 44 (February 2007): 114-27.

58. S. Ratneshwar and Shelly Chaiken, "Comprehension's Role in Persuasion: The Case of Its Moderating Effect on the Persuasive Impact of Source Cues," *Journal of Consumer Research* 18 (June 1991): 52-62.

59. Steven S. Posavac, Michal Herzenstein, Frank R. Kardes, and Suresh Sundaram, "Profits and Halos: The Role of Firm Profitability Information in Consumer Inference," *Journal of Consumer Psychology* 20, no. 3 (2010): 327-37.

60. Jagdish Agrawal and Wagner A. Kamakura, "The Economic Worth of Celebrity Endorsers: An Event Study Analysis," *Journal of Marketing* 59 (July 1995): 56-62.

61. "Report: Charlie Sheen May Not Shine, But Stars are Aligned as Print Ad Activists," *NYSportsJournalism.com* (February 25, 2011), http://nysportsjournalism.squarespace.com/study-stars-shine-in-print-ads/?SSScrollPosition=0&VK=94964620, accessed April 30, 2011.

62. Heather Buttle, Jane E. Raymond, and Shai Danziger, "Do Famous Faces Capture Attention?," paper presented at Association for Consumer Research Conference, Columbus, OH (October 1999).

63. Michael A. Kamins, "Celebrity and Noncelebrity Advertising in a Two-Sided Context," *Journal of Advertising Research* 29 (June-July 1989): 34; Joseph M. Kamen, A. C. Azhari, and J. R. Kragh, "What a Spokesman Does for a Sponsor," *Journal of Advertising Research* 15, no. 2 (1975): 17-24; Lynn Langmeyer and Mary Walker, "A First Step to Identify the Meaning in Celebrity Endorsers," in Rebecca H. Holman and Michael R. Solomon, eds., *Advances in Consumer Research* 18 (Provo, UT: Association for Consumer Research, 1991): 364-71.

64. Joe Mandese, "Tweet This: Social Endorsements Beat Social Media Ad Buys," *Online Media Daily* (March 10, 2011), http://www.mediapost.com/publications/?fa=Articles.showArticle&art_aid=146459&nid=124651, accessed April 30, 2011.

65. 「2010年ヒット商品番付——殊勲賞、せんとくん、はやぶさ」2010年12月8日、3ページ、「異形ゆるキャラ、異常な存在感——『せんとくん』は先輩格、不評跳ね返し人気者に」『日経MJ』2014年2月5日号、p.20.

66. Anthony R. Pratkanis, Anthony G. Greenwald, Michael R. Leippe, and Michael H. Baumgardner, "In Search of Reliable Persuasion Effects: III. The Sleeper Effect Is Dead, Long Live the Sleeper Effect," *Journal of Personality & Social Psychology* 54 (1988): 203-18.

67. "Robber Makes It Biggs in Ad," *Advertising Age* (May 29, 1989): 26.

68. Robert LaFranco, "MTV Conquers Madison Avenue," *Forbes* (June 3, 1996): 138.

69. Alice H. Eagly, Andy Wood, and Shelly Chaiken, "Causal Inferences about Communicators and Their Effect in Opinion Change," *Journal of Personality & Social Psychology* 36, no. 4 (1978): 424-35.

70. Ira Teinowitz, "'Results May Vary' Won't Be Enough under New FTC Rules, Proposed Changes Could Put Squeeze on Ads for Diet Plans and Fitness Equipment," *Advertising Age* (March 12, 2009), www.adage.com, accessed March 12, 2009.

71. Patrick Loughran, "Sex Pistol Sends Dairy Crest Butter Sales Soaring," *Times of London* (February 3, 2009), www.timesonline.co.uk, accessed February 4, 2009.
72. Michael J. Baker and Gilbert A. Churchill, Jr., "The Impact of Physically Attractive Models on Advertising Evaluations," *Journal of Marketing Research* 14 (November 1977): 538-55; Marjorie J. Caballero and William M. Pride, "Selected Effects of Salesperson Sex and Attractiveness in Direct Mail Advertisements," *Journal of Marketing* 48 (January 1984): 94-100; W. Benoy Joseph, "The Credibility of Physically Attractive Communicators: A Review," *Journal of Advertising* 11, no. 3 (1982): 15-24; Lynn R. Kahle and Pamela M. Homer, "Physical Attractiveness of the Celebrity Endorser: A Social Adaptation Perspective," *Journal of Consumer Research* 11 (March 1985): 954-61; Judson Mills and Eliot Aronson, "Opinion Change as a Function of Communicator's Attractiveness and Desire to Influence," *Journal of Personality & Social Psychology* 1 (1965): 173-77.
73. Leonard N. Reid and Lawrence C. Soley, "Decorative Models and the Readership of Magazine Ads," *Journal of Advertising Research* 23, no. 2 (1983): 27-32.
74. Marjorie J. Caballero, James R. Lumpkin, and Charles S. Madden, "Using Physical Attractiveness as an Advertising Tool: An Empirical Test of the Attraction Phenomenon," *Journal of Advertising Research* (August-?September 1989): 16-22.
75. Baker and Churchill, Jr., "The Impact of Physically Attractive Models on Advertising Evaluations"; George E. Belch, Michael A. Belch, and Angelina Villareal, "Effects of Advertising Communications: Review of Research," in *Research in Marketing 9* (Greenwich, CT: JAI Press, 1987): 59-117; A. E. Courtney and T. W. Whipple, *Sex Stereotyping in Advertising* (Lexington, MA: Lexington Books, 1983).
76. Lynn R. Kahle and Pamela M. Homer, "Physical Attractiveness of the Celebrity Endorser: A Social Adaptation Perspective," *Journal of Consumer Research* 11 (March 1985): 954-61.
77. Brian Steinberg, "Bob Dylan Gets Tangled Up in Pink: Victoria's Secret Campaign Drafts Counterculture Hero; Just Like the Rolling Stones," *Wall Street Journal* (April 2, 2004): B3.
78. Grant McCracken, "Who Is the Celebrity Endorser? Cultural Foundations of the Endorsement Process," *Journal of Consumer Research* 16, no. 3 (December 1989): 310-21.
79. Nat Ives, "Marketers Run to Pull the Plug When Celebrity Endorsers Say the Darnedest Things," *New York Times* (July 16, 2004), www.nytimes.com, accessed July 16, 2004.
80. Judith A. Garretson and Scot Burton, "The Role of Spokescharacters as Advertisement and Package Cues in Integrated Marketing Communications," *Journal of Marketing* 69 (October, 2005): 118-32.
81. Natalie T. Wood and Michael R. Solomon, eds., *Virtual Social Identity* (Newport, CA: Sage, 2010).
82. Kathy Crosett, "Consumers Confused by TV Commercials," *Adology* (October 4, 2010), http://www.marketingforecast.com/archives/7538, accessed May 30, 2011; David W. Stewart and David H. Furse, "The Effects of Television Advertising Execution on Recall, Comprehension, and Persuasion," *Psychology & Marketing* 2 (Fall 1985): 135-60.
83. Robert J. Fisher, Mark Vandenbosch, and Kersi D. Antia, "An Empathy-Helping Perspective on Consumers' Responses to Fund-Raising Appeals," *Journal of Consumer Research* 35, no. 3 (2008): 519-31.
84. R. C. Grass and W. H. Wallace, "Advertising Communication: Print vs. TV," *Journal of Advertising Research* 14 (1974): 19-23.
85. Elizabeth C. Hirschman and Michael R. Solomon, "Utilitarian, Aesthetic, and Familiarity Responses to Verbal versus Visual Advertisements," in Thomas C. Kinnear, ed., *Advances in Consumer Research* 11 (Provo, UT: Association for Consumer Research, 1984): 426-31.
86. Terry L. Childers and Michael J. Houston, "Conditions for a Picture-Superiority Effect on Consumer Memory," *Journal of Consumer Research* 11 (September 1984): 643-54.
87. John R. Rossiter and Larry Percy, "Attitude Change through Visual Imagery in Advertising," *Journal of Advertising Research* 9, no. 2 (1980): 10-16.
88. Spencer E. Ante, "Billboards Join Wired Age," *Wall Street Journal* (February 4, 2011), http://professional.wsj.com/article/SB10001424052748703652104576122091475061666.html?mg=reno-wsj, accessed April 15, 2011.
89. Jolita Kiselius and Brian Sternthal, "Examining

the Vividness Controversy: An Availability-Valence Interpretation," *Journal of Consumer Research* 12 (March 1986): 418-31.
90. Scott B. MacKenzie, "The Role of Attention in Mediating the Effect of Advertising on Attribute Importance," *Journal of Consumer Research* 13 (September 1986): 174-95.
91. Robert B. Zajonc, "Attitudinal Effects of Mere Exposure," *Journal of Personality & Social Psychology* 8 (1968): 1-29.
92. Giles D'Souza and Ram C. Rao, "Can Repeating an Advertisement More Frequently Than the Competition Affect Brand Preference in a Mature Market?" *Journal of Marketing* 59 (April 1995): 32-42.
93. George E. Belch, "The Effects of Television Commercial Repetition on Cognitive Response and Message Acceptance," *Journal of Consumer Research* 9 (June 1982): 56-65; Marian Burke and Julie Edell, "Ad Reactions over Time: Capturing Changes in the Real World," *Journal of Consumer Research* 13 (June 1986): 114-18; Herbert Krugman, "Why Three Exposures May Be Enough," *Journal of Advertising Research* 12 (December 1972): 11-14.
94. Robert F. Bornstein, "Exposure and Affect: Overview and Meta-Analysis of Research, 1968-1987," *Psychological Bulletin* 106, no. 2 (1989): 265-89; Arno Rethans, John Swasy, and Lawrence Marks, "Effects of Television Commercial Repetition, Receiver Knowledge, and Commercial Length: A Test of the Two-Factor Model," *Journal of Marketing Research* 23 (February 1986): 50-61.
95. Curtis P. Haugtvedt, David W. Schumann, Wendy L. Schneier, and Wendy L. Warren, "Advertising Repetition and Variation Strategies: Implications for Understanding Attitude Strength," *Journal of Consumer Research* 21 (June 1994): 176-89.
96. Linda L. Golden and Mark I. Alpert, "Comparative Analysis of the Relative Effectiveness of One- and Two-Sided Communication for Contrasting Products," *Journal of Advertising* 16 (1987): 18-25; Michael A. Kamins, "Celebrity and Noncelebrity Advertising in a Two-Sided Context," *Journal of Advertising Research* 29 (June-July 1989): 34; Robert B. Settle and Linda L. Golden, "Attribution Theory and Advertiser Credibility," *Journal of Marketing Research* 11 (May 1974): 181-85.

97. Cf. Alan G. Sawyer, "The Effects of Repetition of Refutational and Supportive Advertising Appeals," *Journal of Marketing Research* 10 (February 1973): 23-33; George J. Szybillo and Richard Heslin, "Resistance to Persuasion: Inoculation Theory in a Marketing Context," *Journal of Marketing Research* 10 (November 1973): 396-403.
98. Rupal Parekh and Jean Halliday, "New Ad Introduces Consumers to 'New GM,'" *Advertising Age* (June 1, 2009), http://adage.com/article?article_id=137010, accessed June 6, 2009.
99. Uma R. Karmarkar and Zakary L. Tormala, "Believe Me, I Have No Idea What I'm Talking About: The Effects of Source Certainty on Consumer Involvement and Persuasion," *Journal of Consumer Research* 36 (April 2009): 1033-49.
100. Golden and Alpert, "Comparative Analysis of the Relative Effectiveness of One- and Two-Sided Communication for Contrasting Products"; Gita Venkataramani Johar and Anne L. Roggeveen, "Changing False Beliefs from Repeated Advertising: The Role of Claim-Refutation Alignment," *Journal of Consumer Psychology* 17, no. 2 (2007): 118-27.
101. George E. Belch, Michael A. Belch, and Angelina Villareal, "Effects of Advertising Communications: Review of Research," in *Research in Marketing* 9 (Greenwich, CT: JAI Press, 1987): 59-117.
102. Frank R. Kardes, "Spontaneous Inference Processes in Advertising: The Effects of Conclusion Omission and Involvement on Persuasion," *Journal of Consumer Research* 15 (September 1988): 225-33.
103. Belch, Belch, and Villareal, "Effects of Advertising Communications: Review of Research"; Cornelia Pechmann and Gabriel Esteban, "Persuasion Processes Associated with Direct Comparative and Noncomparative Advertising and Implications for Advertising Effectiveness," *Journal of Consumer Psychology* 2, no. 4 (1994): 403-32.
104. Cornelia Dröge and Rene Y. Darmon, "Associative Positioning Strategies through Comparative Advertising: Attribute vs. Overall Similarity Approaches," *Journal of Marketing Research* 24 (1987): 377-89; D. Muehling and N. Kangun, "The Multidimensionality of Comparative Advertising: Implications for the FTC," *Journal of Public Policy & Marketing*

(1985): 112-28; Beth A. Walker and Helen H. Anderson, "Reconceptualizing Comparative Advertising: A Framework and Theory of Effects," in Rebecca H. Holman and Michael R. Solomon, eds., *Advances in Consumer Research* 18 (Provo, UT: Association for Consumer Research, 1991): 342-47; William L. Wilkie and Paul W. Farris, "Comparison Advertising: Problems and Potential," *Journal of Marketing* 39 (October 1975): 7-15; R. G. Wyckham, "Implied Superiority Claims," *Journal of Advertising Research* (February-March 1987): 54-63.

105. ペプシ比較調査結果・CM（http://www.pepsi.co.jp/hikaku/）.

106. Mehmet I. Yagci, Abhijit Biswas, and Sujay Dutta, "Effects of Comparative Advertising Format on Consumer Responses: The Moderating Effects of Brand Image and Attribute Relevance," *Journal of Business Research* 62, no. 8 (August 2009): 768-74.

107. Stephen A. Goodwin and Michael Etgar, "An Experimental Investigation of Comparative Advertising: Impact of Message Appeal, Information Load, and Utility of Product Class," *Journal of Marketing Research* 17 (May 1980): 187-202; Gerald J. Gorn and Charles B. Weinberg, "The Impact of Comparative Advertising on Perception and Attitude: Some Positive Findings," *Journal of Consumer Research* 11 (September 1984): 719-27; Terence A. Shimp and David C. Dyer, "The Effects of Comparative Advertising Mediated by Market Position of Sponsoring Brand," *Journal of Advertising* 3 (Summer 1978): 13-19; R. Dale Wilson, "An Empirical Evaluation of Comparative Advertising Messages: Subjects' Responses to Perceptual Dimensions," in B. B. Anderson, ed., *Advances in Consumer Research* 3 (Ann Arbor, MI: Association for Consumer Research, 1976): 53-57.

108. Louise Kramer, "In a Battle of Toothpastes, It's Information vs. Emotion," *New York Times* (January 17, 2007): C6.

109. H. Zielske, "Does Day-After Recall Penalize 'Feeling' Ads?" *Journal of Advertising Research* 22 (1982): 19-22.

110. Bruce Horovitz, "Skyy Pushes the Envelope with Sexy Ad Campaign," *USA Today* (September 28, 2010), http://www.usatoday.com/money/advertising/2010-09-28-vodka28_ST_N.htm?csp=34money&utm_source=feedburner&utm_medium=feed&utm_campaign=Feed%3A+UsatodaycomMoney-TopStories+%28Money+-+Top+Stories%29, accessed April 15, 2011.

111. Allessandra Galloni, "Lee's Cheeky Ads Are Central to New European Campaign," *Wall Street Journal* (March 15, 2002), www.wsj.com, accessed March 15, 2002.

112. Belch, Belch, and Villareal, "Effects of Advertising Communications: Review of Research"; Courtney and Whipple, *Sex Stereotyping in Advertising*; Michael S. LaTour, "Female Nudity in Print Advertising: An Analysis of Gender Differences in Arousal and Ad Response," *Psychology & Marketing* 7, no. 1 (1990): 65-81; B. G. Yovovich, "Sex in Advertising—The Power and the Perils," *Advertising Age* (May 2, 1983): M4-M5. For an interesting interpretive analysis, see Richard Elliott and Mark Ritson, "Practicing Existential Consumption: The Lived Meaning of Sexuality in Advertising," in Frank R. Kardes and Mita Sujan, eds., *Advances in Consumer Behavior* 22 (1995): 740-45; Jaideep Sengupta and Darren W. Dahl, "Gender-Related Reactions to Gratuitous Sex Appeals," *Journal of Consumer Psychology* 18 (2008): 62-78.

113. Penny M. Simpson, Steve Horton, and Gene Brown, "Male Nudity in Advertisements: A Modified Replication and Extension of Gender and Product Effects," *Journal of the Academy of Marketing Science* 24, no. 3 (1996): 257-62.

114. Jaideep Sengupta and Darren W. Dahl, "Gender-Related Reactions to Gratuitous Sex Appeals," *Journal of Consumer Psychology* 18 (2008): 62-78; Darren W. Dahl, Jaideep Sengupta, and Kathleen Vohs, "Sex in Advertising: Gender Differences and the Role of Relationship Commitment," *Journal of Consumer Research* 36 (August 2009): 215-231.

115. Mark Dolliver, "Seeing Too Much Sex in Ads, or Too Little?" *Adweek* (December 6, 2010), http://teens.adweek.com/aw/content_display/data-center/research/e3i5b647315f27310efc8f6df37dcb48e9b accessed April 15, 2011.

116. Michael S. LaTour and Tony L. Henthorne, "Ethical Judgments of Sexual Appeals in Print Advertising," *Journal of Advertising* 23, no. 3 (September 1994): 81-90.

117. "Does Sex Really Sell?" *Adweek* (October 17, 2005): 17.

118. 『月刊CM INDEX』2012年4月号, ネットリサー

チニュース（http://www.netresearchnews.com/archives/3908200.html）.
119. Thomas J. Madden, "Humor in Advertising: An Experimental Analysis," working paper, no. 83-27, University of Massachusetts, 1984; Thomas J. Madden and Marc G. Weinberger, "The Effects of Humor on Attention in Magazine Advertising," *Journal of Advertising* 11, no. 3 (1982): 8-14; Weinberger and Spotts, "Humor in U.S. versus U.K. TV Commercials" Journal of Advertising 18 (2), 1989: 39-44; see also Ashesh Mukherjee and Laurette Dubé, "The Use of Humor in Threat-Related Advertising" (unpublished manuscript, McGill University, June 2002).
120. David Gardner, "The Distraction Hypothesis in Marketing," *Journal of Advertising Research* 10 (1970): 25-30.
121. Brian Steinberg, "VW Uses Shock Treatment to Sell Jetta's Safety," *Wall Street Journal* (April 19, 2006): B4.
122. Lindsay Goldwert, "FDA to Require Graphic Images on Cigarette Packages to Deter Smoking," *New York Daily News* (November 10, 2010), http://www.nydailynews.com/lifestyle/health/2010/11/10/2010-11-10_fda_proposes_putting_graphic_images_onto_package_of_cigarettes_to_deter_smoking.html, accessed April 15, 2011.
123. Michael L. Ray and William L. Wilkie, "Fear: The Potential of an Appeal Neglected by Marketing," *Journal of Marketing* 34, no. 1 (1970): 54-62.
124. Punam Anand Keller and Lauren Goldberg Block, "Increasing the Effectiveness of Fear Appeals: The Effect of Arousal and Elaboration," *Journal of Consumer Research* 22 (March 1996): 448-59.
125. Ronald Paul Hill, "An Exploration of the Relationship between AIDS-Related Anxiety and the Evaluation of Condom Advertisements," *Journal of Advertising* 17, no. 4 (1988): 35-42.
126. Randall Rothenberg, "Talking Too Tough on Life's Risks?" *New York Times* (February 16, 1990): D1.
127. Denise D. Schoenbachler and Tommy E. Whittler, "Adolescent Processing of Social and Physical Threat Communications," *Journal of Advertising* 25, no. 4 (Winter 1996): 37-54.
128. Barbara B. Stern, "Medieval Allegory: Roots of Advertising Strategy for the Mass Market," *Journal of Marketing* 52 (July 1988): 84-94.
129. Edward F. McQuarrie and David Glen Mick, "On Resonance: A Critical Pluralistic Inquiry into Advertising Rhetoric," *Journal of Consumer Research* 19 (September 1992): 180-97.
130. John Deighton, Daniel Romer, and Josh McQueen, "Using Drama to Persuade," *Journal of Consumer Research* 16 (December 1989): 335-43.
131. Edward F. McQuarrie and David Glen Mick, "On Resonance: A Critical Pluralistic Inquiry into Advertising Rhetoric," *Journal of Consumer Research* 19 (September 1992): 180-97.
132. Barbara J. Phillips and Edward F. McQuarrie, "Beyond Visual Metaphor: A New Typology of Visual Rhetoric in Advertising," *Marketing Theory* 4 (March/June 2004): 113-36.
133. Richard E. Petty, John T. Cacioppo, and David Schumann, "Central and Peripheral Routes to Advertising Effectiveness: The Moderating Role of Involvement," *Journal of Consumer Research* 10, no. 2 (1983): 135-46.
134. Jerry C. Olson, Daniel R. Toy, and Philip A. Dover, "Do Cognitive Responses Mediate the Effects of Advertising Content on Cognitive Structure?" *Journal of Consumer Research* 9, no. 3 (1982): 245-62.
135. Julie A. Edell and Andrew A. Mitchell, "An Information Processing Approach to Cognitive Responses," in S. C. Jain, ed., *Research Frontiers in Marketing: Dialogues and Directions* (Chicago, IL: American Marketing Association, 1978).
136. Richard E. Petty, John T. Cacioppo, Constantine Sedikides, and Alan J. Strathman, "Affect and Persuasion: A Contemporary Perspective," *American Behavioral Scientist* 31, no. 3 (1988): 355-71.
137. Kunur Patel, "Apple, Campbell's Say iAds Twice as Effective as TV," *Ad Age Digital* (February 3, 2011), http://adage.com/article/digital/apple-campbell-s-iads-effective-tv/148630/, accessed April 15, 2011.
138. Vikram Dodd, "Coca-Cola Forced to Pull Facebook Promotion after Porn References," *Guardian.co.uk* (July 18, 2010), http://www.guardian.co.uk/business/2010/jul/18/coca-cola-facebook-promotion-porn, accessed April 15, 2011.
139. Rob Walker, "The Gifted Ones," *New York Times Magazine* (November 14, 2004), www.nytimes.com, accessed September 29, 2007.

PART 3　ニールセン・ナゲット

練習#3　第7章　態度と説得

シナリオ：ヘルシー・クリーン社は「ジャーム・デストラクター（Germ Destructor）」ブランドで，表面消毒製品では強いプレゼンスを維持している．この企業にとって，殺菌製品を完全に網羅するようにラインを拡充し，このカテゴリーの最大手としての認知を獲得するには，ハンドソープ市場に参入することが重要となる．ヘルシー・クリーンは，手を触れなくてよいディスペンサーで，ハンドウォッシュ市場に参入するための調査を望んでいる．

課題：ヘルシー・クリーンは，さまざまな製品属性と製品コンセプトの一般的な受容についての消費者の知覚をもっとよく理解したいと思っている．とりわけ，パフォーマンスの競争的優位を達成できるポジションを見つけたいと考えている．また，調整が必要な製品属性，あるいはそれが影響を及ぼそうとする消費者の知覚を明らかにしたいとも考えている．

提供されたデータを検討した後で：

1. ヘルシー・クリーンが，新製品の発表を進める場合に，販促活動で強調すべき製品の属性を明らかにしなさい．
2. 再検討が考慮されるべき製品属性を（もしあれば）特定しなさい．
3. この章で論じた多属性モデルのマーケティングへの応用のうち，データからはどれが提案に適しているだろうか？

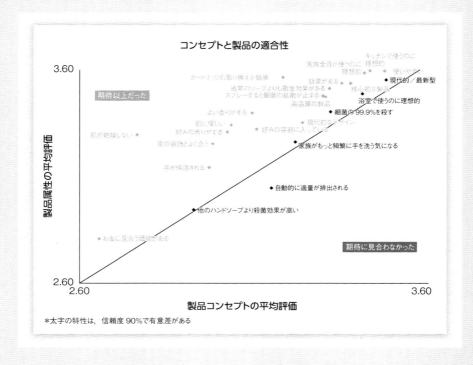

＊太字の特性は，信頼度90％で有意差がある

第 8 章　意思決定

この章の目的	本章の学習を通じて，以下のことを理解しよう：
	1. 消費者の意思決定は消費者行動の中心だが，製品を評価し選ぶ方法（そして，こうした選択に際してどれだけ考慮するか）は，目新しさや決定に含まれるリスクなどによって，さまざまに異なる．
	2. 購買決定は，実際には一連の段階から成り，競合する選択肢のうち最終的に 1 つの製品の選抜に至る．
	3. 意思決定は必ずしも合理的なものではない．
	4. オンライン情報源へのアクセスは，何を買うかの決定方法に変化をもたらしている．
	5. 人が決定を下すときには，よく知られた「基準」に従うことが多い．
	6. 消費者は競合する選択肢を評価するときに，異なる決定ルールを用いる．

　ハルはもううんざりしていた．この 13 インチの小さな液晶テレビを見るのは，もう限界だ．AKB48 の歌っているシーンを，いくら目を細めて見ても，画面上で，推しメン（一推しのメンバー）の島崎遥香の動きを見落としてしまう．極めつけは，映画『マトリックス』を借りてみても，ウォシャウスキー兄弟が監督する，その壮大な世界の臨場感や，キアヌ・リーブスの独特なアクションの迫力を充分に味わえないことだ．友人のリョウタの部屋のホームシアターで，続編となる『マトリックス リローデッド』を見たとき，ハルは自分がいままで何を見逃していたかにようやく気がついた．予算があろうとなかろうと，行動を起こすべきときがきた．男にはほかのものより優先すべきことがあるのだ．

　まず，どこを見るべきか．当然，ウェブだ．ハルは価格.com などの価格比較サイトをいくつかチェックした．選択肢を狭めると，今度は特定の商品を詳しく調べてみた．おそらく，大きな新しい家電量販店に行けば，（手の届く値段での）いい買い物ができるだろう．店舗に到着すると，ハルはまっすぐ奥の「テレビコーナー」に向かった．途中にある電子レンジや DVD レコーダー，ステレオの陳列棚は何も目に入らない．何分もしないうちに，ベストの制服を着た販売員が近づいてくる．助けを借りてもいいのだが，ハルは「ただ見ているだけだ」と告げる．こうした販売員は自分が何を欲しいかも理解せず，ただ売り込もうとするだけのように思えてしまうのだ．

　ハルは 50 インチの液晶テレビのいくつかの特徴を調べてみた．友人のユウスケが製品 A を持っていて，気に入っていた．それから姉のヒサコは，製品 C はやめるように忠

告してくれた．ハルは製品Aが，3D視聴，録画，スリープタイマー，画面上の番組表，ピクチャー・イン・ピクチャーなどの機能が満載されていることに気づいたが，もう少し安い製品Bを選ぶことにした．こちらは彼の空想をかき立てる特別な機能を備えているからだ．映画館で使われているマルチサラウンドスピーカーシステムのような音声再生機能である．

その日の夜遅く，ハルは幸せいっぱいな気持ちでソファーに座り，『アメトーーク』で，司会の宮迫博之とケンドーコバヤシのゆるい掛け合いを見た．ソファーに寝そべったままでも，テレビをだらだらと長時間見て過ごすこともできるのだ．

学習の目的1
消費者の意思決定は消費者行動の中心だが，製品を評価し選ぶ方法（そして，こうした選択に際してどれだけ考慮するか）は，目新しさや決定に含まれるリスクなどによって，さまざまに異なる．

消費者は問題解決者

消費者が物を買うのは，問題を解決するための反応であり，ハルの場合はそれが新しいテレビが必要なことだった．彼の状況は，私たちが毎日の生活で遭遇するものとそれほど変わらない（休みの日に何も決めないと決めたとしたら，それもまた決断になる）．彼は何かを購入したいと気づき，それを実行するための一連の段階を経て結論に至った．このステップは，(1) 問題の認識，(2) 情報検索，(3) 代替案の評価，(4) 製品選択，と表現できる．もちろん，決断した後で，その結果がプロセスの最終段階に影響を与え，選択がどうだったかに基づいて学習が生じる．この学習プロセスが，当然ながら，将来同様の決断の必要が生じたときに同じ選択をする可能性を高める．そして，それが繰り返されていく．

図8.1は，この意思決定プロセスを簡単にまとめたものである．この章を始めるにあたり，購買決定を下すときに消費者が用いる，いくつかの異なるアプローチをまとめておこう．その後で，決定プロセスにおける3段階のステップに焦点を移すことにする：

1　問題，あるいは製品の必要性はどのように認識されるか．
2　製品選択についての情報をどのように探すか．
3　決定にたどり着くために，代替案をどのように評価するか．

購買決定には特に重要なものもあるため，それぞれの決定に注ぐ努力の量は異なる．

ときには,意思決定プロセスはほとんど自動的と言ってもよく,非常にわずかな情報に基づいて,瞬時に判断を下す.また別のときには,何を買うかを決めるのは,フルタイムの仕事にも似た長いプロセスになる.新しい家,車,あるいは iPhone とアンドロイド携帯のどちらにするかといった重要な購買決定になると,文字通り何日も,何週間も,悩み抜くことがある.

この集中的な意思決定プロセスは,あまりに多くの選択肢が用意される現在の環境では,ますます複雑なものになっている.皮肉なことに,現在の多くの消費者にとって,直面する最大の問題は,選択肢が少なすぎることではなく,多すぎることになった.この選択肢の豊富さは,消費者ハイパー選択(hyperchoice)と呼ばれる.これは,手に入る選択肢の数が多くて,消費者が心理的エネルギーを消耗させるような選択を繰り返すことを強いられ,賢明な判断をする能力が奪われてしまう状況を表わす[1].

消費者は,選択肢が多いことは良いことだと考えがちだが,実際には,それが好まれるかどうかは国によっても異なる.誰かが代わりに難しい選択をしてくれることを好む文

図 8.1　消費者の意思決定ステージ

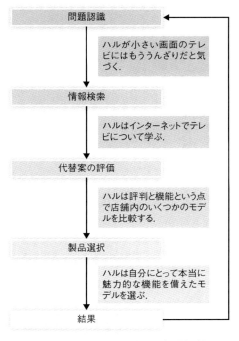

購買は問題への反応である。

出典:Darko Novakovic/Shutterstock.

化もある。例えば、ある調査で、異なる医療文化を持つアメリカとフランスの消費者を比較した。アメリカでは患者の自主性を重んじることが基本だったのに対して、フランスでは、患者に代わって医師が重要な決定を下すことが一般的だった。重体の子どもの生命維持装置を外すかどうかを決めなければならなかった家族についても調べている。アメリカの親は、この困難な選択をする権利を主張したが、彼らは決定を医師に任せたフランスの親よりも、悲しみへの対処に苦しむことになった[2]。

意思決定に関する見解

消費研究者は、意思決定を理解するために**合理的パースペクティブ**(rational perspective)を採用するのが一般的である。この見解によれば、消費者はある製品について既に知っていることに、できるだけ多くの情報を冷静に注意深く組み入れ、それぞれの代替案の長所と短所を慎重に検討し、満足のいく決定を下す。この伝統的な見解は、検索プロセスに「情報の経済性(enocomics of information)」アプローチを用いる。このアプローチは、賢明な判断を下すために、消費者は必要なデータをできるだけ多く集めると仮定する。追加的情報の価値に期待を抱き、そうすることの報酬がコストを上回るまで検索を続ける(エコノミストはこれを「有用性」と呼ぶ)。この功利主義的な仮定は、消費者がまず最も貴重な情報を集めることを意味し、追加の情報は既に知っていることを補強すると思うときにだけ吸収する[3]。言い換えれば、そのプロセスが煩わしいもの、時間を使い過ぎるものでない限りにおいて、できるだけ多くの情報を集めようとするということである[4]。

この合理性を見る限り、消費者がどのように情報を取得しているか、どのように信念を形成しているか、製品選択にどのような基準を用いているかを理解するためには、意思決定の段階を注意深く研究すべきであることを指し示す。そうすれば、企業は適切な属性を強調する製品を開発することができ、マーケターは顧客が最も欲している情報を、

最も効果的なフォーマットで提供するプロモーション戦略を考案することができる[5]．

これですべてうまくいくように思えるが，この見解はどこまで妥当なのだろうか？　確かに，私たちが何かを買うときにはこうした意思決定プロセスに従うが，この合理的なプロセスは多くの購買決定を正確に描写していない[6]．消費者は何かを買うときに，毎回この綿密なプロセスに従うわけではない．もしそうだとすれば，生活のすべてを決定ばかりして過ごさなければならない．それでは最終的に買うと決めたものを楽しむ時間もほとんど残らないことになる．消費者の購買行動の中には，目的が論理的ではないために，単純に「合理的」に見えないものもある（へそピアスは，ビーチタオルを掛けるためのものでないだろう）．また，事前の計画はまったくなしで何かのアイテムを購入するようなこともある．あなたはスーパーのレジに並んでいるときに，食べたら太りそうなチョコレートを買い物かごに衝動的に放り入れたことはないだろうか？（ヒント：スナックがレジ前に置いてあるのはそのためだ）

他にも，合理的モデルの予測とは矛盾するような行動がある．例えば，最初の衝動買いによって，（ニーズを満足させたことで買う量が減るのではなく）もっと多く買う可能性が高まるのは，**購買推進力**（purchase momentum）のためである．これは「エンジンがかかり」，金遣いが荒くなることに等しい（誰でも経験があるはずだ）[7]．研究からは，人々は**認知処理様式**（cognitive processing style）という点でも異なることが示唆されている．論理的規則を使って情報を分析的に，連続的に処理する「合理的認知様式（rational system of cognition）」の人もいれば，より総体的に，並行的に処理する「経験的認知様式（experiential system of cognition）」の人もいる[8]．

今では，意思決定者が実際には一連の戦略レパートリーを持っていることが分かった．「構築的処理（constructive processing）」と呼ぶ思考プロセスで，消費者はその時々の選択に必要な努力を評価し，その仕事をするために使う認知的「努力」の量を調整する[9]．その作業が熟慮による合理的アプローチを必要とするときは，そのための頭脳を投資し，そうでないときには，こうした選択を「自動化する」学習された反応に戻るか，近道を探す．

第4章で論じたように，人々は低関与の状況下でも決断を下している．こうした状況の多くでは，決定は環境的な手掛かり（第3章参照）への学習からくる反応である．例えば，格好よく見えるというだけで何かを衝動的に買う場合などがある．このタイプの決定は**行動的影響パースペクティブ**（behavioral influence perspective）として説明される．こうした状況下では，経営者やマーケターは，第7章で説明した周辺手掛かりに集中した方がよい．つまり，製品についての詳細な事実よりも，注意をとらえるパッケージを重視するということである（第7章で述べたように，「ステーキ」ではなく「ジュージューいう音」を売る）[10]．

別の場合には、決定に強く関与はしているが、合理的に自分の選択を説明できないこともある。例えば、伝統的なアプローチは芸術、音楽、あるいは配偶者の選択を説明することに苦労している（「彼女はいったいなぜ「彼」を選んだのだろう？」）。このような場合、1つのクオリティだけで決断したわけではない。**経験的パースペクティブ**（experiential perspective）は「ゲシュタルト」、つまり製品やサービスの全体性を強調する（第2章参照）(11)。こうした背景では、マーケターは消費者の製品やサービスへの感情的反応を評価し、肯定的な感情的反応を生み出すようなものの提供を考える必要がある。

消費決定の種類

意思決定プロセスを理解するには、消費者が毎回の決定に注ぐ努力の量について考えることが役立つだろう。消費研究者はこれを、一方の端に「習慣的意思決定（habitual decision making）」、もう一方の端に「拡張的問題解決（extended problem solving）」がある連続体として考える。多くの決定はその間のどこかに収まり、これは「限定的問題解決（limited problem solving）」と表現される。図 8.2 はこの連続体を示している。

拡張的問題解決

拡張的問題解決（extended problem solving）を含む決定は、伝統的な意思決定理論とほぼ一致する。表 8.1 が示すように、消費者が下す決定が自己概念（第5章参照）と関連しているときには、通常はこのプロセスを開始し、結果は何らかの形でリスキーかもしれないと感じる。そうした場合には、記憶からも（内的検索）、グーグルのような外部の情報源からも（外部検索）、できるだけ多くの情報を集めようとする。そして、選択肢となる製品を注意深く評価する。あるときにはブランド属性の1つに注目し、自分の選択から得られる望ましい結果に、それぞれのブランドの属性がどのくらい近いかを知ろうとする。

図 8.2 購買決定行動の連続体

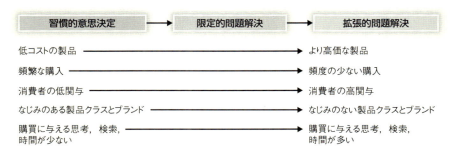

この数年で，オンライン上では拡張的問題解決の大きな成長が見られる．これは主に，ソーシャルメディア・プラットフォームでプレイする複雑なゲームの爆発的人気が原因となっている．ソーシャルゲーム（social game）は，複数のプレイヤーが目標到達を競い合うゲームで，参加のルールが定義され，参加者のコミュニティがオンライン上で結びつく．mixi の「サンシャイン牧場」をはじめ GREE の「釣り★スタ」，Mobage の「怪盗ロワイヤル」が有名だ．ソーシャルゲームの驚異的な成長は，mixi や GREE, Mobage（DeNA），Facebook などのゲーム・プラットフォームに負うところが大きいため，ソーシャルゲームはソーシャルネットワークの中で人々がプレイするゲームと考えられることがある．しかし，マイクロソフトの「Xbox Live with Kinect」のような，その他のゲームフォーマットも，社会的要素を取り入れ，地理的に離れた他のプレイヤーとオンラインでプレイしたり，ソーシャルプロフィールでゲーム成績を共有したりすることができる[12]．

これらの新しい拡張的問題解決の新しいプラットフォームを理解することは重要である．なぜならば，多くのアナリストが，ゲームベースド・マーケティング（game-based marketing）が加速するに伴い，今後数年の間にこれらが消費者に語りかけるための非常に重要な場所になると感じているからだ．ブランドはソーシャルゲームを利用して，いくつかの方法でマーケティングをすることができるし，そうすべきでもある．ゲームはターゲットオーディエンス，広範囲へのリーチ，高レベルの関与，邪魔にならない販促方法，そして，ブランドファンと接触する方法を与えてくれる．既に数多くの企業が，メッセージをゲームのプレイに組み込むようなフォーマットを実験している．

限定的問題解決

限定的問題解決（limited problem solving）は通常，より直接的でシンプルなものである．

表 8.1　限定的問題解決と拡張的問題解決の違い

	限定的問題解決	拡張的問題解決
動機づけ	低リスクと低関与	高リスクと高関与
情報検索	わずかな検索 受動的に処理される情報 店舗での決定	拡大的な検索 積極的に処理される情報 店舗訪問前に複数の情報源から助言を求める．
代替案の評価	弱い信念 最も重要な基準だけを用いる． 代替案を基本的に同様のものとして認識 非賠償型戦略が用いられる．	強い信念 多くの基準を用いる． 代替案の間に大きな違いを認識 賠償型戦略が用いられる．
購買	限られた買い物時間，セルフサービスを好む場合も． 店舗のディスプレイに選択が影響されることもある．	必要なら多くの店舗を見て回る 店員とのコミュニケーションを好む場合が多い．

この場合，消費者は情報を探そうとか，代替案のそれぞれを熱心に評価しようとかいう気持ちは強くない．その代わりにシンプルな「決定ルール（decision rules）」を使って選択することが多い．これらの認知的な近道（これについては後述する）によって，何かを決定する必要が生じたときに毎回ゼロからスタートする代わりに，一般的な指針を頼りにすることができる．

習慣的意思決定

拡張的問題解決にも，限定的問題解決にも，ある程度の情報検索と検討が含まれる．しかし，選択のスペクトラムのもう一方の端には，**習慣的意思決定（habitual decision making）**があり，この場合，選択は意識的な努力がほとんどまったくない状態でなされる．多くの購買決定は習慣化され，買い物かごを見るまで決定を下したことに気づかないかもしれない．こうした選択は意識的なコントロールがないまま決められるため，研究者はこのプロセスを「自動性（automaticity）」と呼ぶ[13]．

この種の思考を伴わない活動は，多くの場合，危険に思えるか，良くても愚かに見えるかもしれないが，実は意味を成している．習慣的な行動を繰り返すことで，私たちは日常の購買決定に使う時間とエネルギーを最小限にしている．しかし習慣的意思決定は，マーケターが古い課題に対して新しい手法を紹介しようとするときには，問題を呈することになる．この状況では，マーケターはそれまでの習慣を「解凍」し，新しい習慣に置き換えるように消費者を説得しなければならない．例えば，銀行の窓口に行く代わりにATMを利用したり，ガソリンスタンドで店員に給油を任せる代わりに，セルフサービスを利用したりするように促す，といったことである．

ブラジルの抜け毛予防製品の広告．薄毛になることを深刻に心配する男性にアピールしている．

出典：Art Director: Pedro Vargens, Creative Directors: Bruno Richter and VictorVicente.

学習の目的 2
購買決定は，実際には一連の段階から成り，競合する選択肢のうち最終的に 1 つの製品の選抜に至る．

意思決定プロセスのステップ

　ハルは突然目が覚めて，新しいテレビが欲しくなったわけではない．彼は新しいテレビの必要を感じてから，実際に購入するまでの間に数ステップを経ている．このプロセスの基本的ステップを見直してみよう．

問題認識

　アメリカにおけるフォードのハイブリッドモデル「フュージョン」のプロモーション計画は，新しい車を買おうとは——少なくとも今のところは——考えていない人々をターゲットにしていた．テレビ CM では，アメリカの自動車業界が「アッパー・ファンネル（upper funnel）」と名づけた購入見込みのある顧客をターゲットにした（ファンネルは漏斗のこと．見込み客たちが受注へと絞り込まれる様子を「セールスファネル」とたとえて呼んでいる）．調査の結果，アメリカ人ドライバーの多くがまだ「フュージョン」のことを知らないことが分かった．だがフォードは，消費者が新しい車を買うと決めたときには，契約にこぎつけられると自信を持っている．問題は，消費者に車を買いたいという気にさせられるかどうかだった．そこで，まだそこに存在しない欲求を生み出すために，特別なウェブサイトにアクセスした人が，旅行と新しい「フュージョン」を賞金として獲得できるようにした．

消費者に問題認識を促すオランダの広告．彼らはすぐに映画を観に出かけなければならない．

出典：cKesselsKramer, Amsterdam.

フォードが Twitter と Facebook でその懸賞を宣伝すると，開始から2週間で，およそ7万人が車についての情報を求めてきた[14]。

問題認識（problem recognition）は，フォードが「アッパーファンネル」と呼ぶ人たちが，現状と望む状態との間の大きな隔たりを経験するときに生じる．ここからそこへ行くためには，問題の大小，簡単か複雑かにかかわらず，その解決が必要だと気づく．高速道路上で予想外のガソリン切れに遭遇したドライバーは，問題を抱えることになる．自分の車に対して，機械的には何の問題はなくても，そのイメージに不満を持つドライバーと同じだ．ハルのテレビのクオリティは変わらなかったが，彼が「比較基準」を変えたために，その結果として解決すべき新しい問題が生じた．自分のテレビ体験をどのように改善すべきかである．

図8.3は，問題の生じる道筋を示している．ガソリンを切らした人は，自分の「現状」のクオリティの低下を経験している（必要の認識）．対照的に，新しい見栄えのよい車を欲しいと思う人は，自分の「理想状態」を上げている（機会の認識）．どちらにしても，現状と理想の間には大きな溝がある[15]．ハルは機会の認識のために問題を知覚した．彼は求めるテレビのクオリティという点で理想状態を上げたのである．

必要の認識はいくつかの形で生じる．使っている製品の在庫を切らしたり，自分のニーズを十分に満足させてくれない製品を買ったり，新しいニーズや欲求があると気づいたときに，その人は現状が低下したと気づく．例えば，家を買うのであれば，それと同時に多くの新しいものを買う必要が出てくるため，他の選択肢が雪崩のように押し寄せてくる．それなのに余分なお金は残っていない．対照的に，機会の認識は，異なる製品，あるいはより質の高い製品に出会ったときに生じることが多い．例えば，大学に入ったり，新し

図8.3　問題認識：現状と理想状態の間のシフト

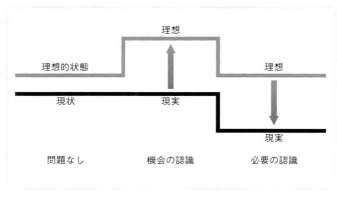

い仕事に就いたりしたときの状況の変化によって生じる．参照基準が変わるために，新しい環境に適したものを買おうとするのである．大学生が就活や入社に向けて，ガラケーからスマートフォンに変更しようとする行動は，まさにその例である．

情報検索

問題を認識した消費者は，それを解決するための情報を必要とする．**情報検索 (information search)** は，消費者が妥当な決定を下すための適切なデータを求めて自分の周囲の環境を調査するプロセスである．このセクションでは，この検索に含まれる要因のいくつかを考察することにする(16)．

情報検索の種類

ニーズを認識したときには，特定の情報を求めて市場を調べるかもしれない（「購買前探索（prepurchase search）」と呼ばれるプロセス）．しかし，多くの人，特に買い物慣れしている人は，それを眺めること自体を楽しんでいる．彼らは市場の最新情報に通じていたいのである．こうした買い物依存の人たちは「継続的探索（ongoing search）」に従事している(17)．

内部検索と外部検索を区別することも役に立つ．消費文化の中で生活し，購買経験を積み重ねてきたことで，消費者は多くの製品について，既に記憶の中にある程度の知識を持っている．購買決定に直面したときには，「内部検索（internal search）」をして，自分の記憶の貯蔵庫をスキャンし，選択肢の製品それぞれについての情報を集めようとするだろう（第3章参照）．しかし通常は，最も市場に通じた消費者であっても，この知識

ドバイのこの広告は，消費者が普段あまり考えないニーズ——下水管をきれいにすること——を思い出させる．

出典：TBWA/RAAD, Dubai 提供．

を外部検索で補強する必要がある．そこで，広告，友人，あるいはただ人々を観察することから情報を手に入れようとする．フィンランドの調査では，隣人の購買決定が消費者の意思決定に影響を与えることが示された[18]．

意図的な検索と「偶発的な」検索． 消費者は「指向型学習（directed learning）」のために製品について知っているかもしれない．それ以前に，関連情報を既に検索したことがあるという場合である．例えば，前月に子どもの1人に誕生ケーキを買った親は，おそらく今月のもう1人の子どもの誕生日にはどのケーキを買うのがいいか，既にアイディアを持っているだろう．

しかし，別のときには，もっと受動的な形で情報を取得している．現在のところは直接の関心を持たない製品であっても，広告やパッケージ，宣伝活動を見たりしているうちに「偶発的学習（incidental learning）」につながっていく．条件刺激にさらされ，他人の観察を続けているだけで，当面は必要とされない多くの情報を学ぶことになる（頭の中から離れないたくさんのCMソングを思い起こしてみてほしい）．マーケターにとって，これは少量ずつでも一定の広告を続けることのメリットとなる．消費者が実際にそれを必要とするときまでに，製品へのなじみを確立し維持するのである．

消費者は場合によっては製品カテゴリーに詳しくなり（あるいは少なくとも自分がそう信じるようになり），追加的な情報検索をしないこともある．しかし，より一般には，すでに持っている知識だけでは適切な決定を下すには十分ではなく，したがってさらなる情報を求めて他のところを見なければならない．助言を求める情報源はさまざまである．人ではなく，マーケターが仕掛けた小売店やカタログかもしれない．友人や家族かもしれない．あるいは幅広い消費財の比較検討調査を掲載するアメリカの『コンシューマー・リポート』誌のような，偏見をもたない第三者かもしれない[19]．

オンライン検索

製品情報を求めてオンライン検索をするときには，広告主の格好の標的になっている．買いたいという欲求を宣言しているも同然だからだ．これを認識し，多くの企業がGoogle，Yahoo!，gooなどの**検索エンジン**（search engines）にお金を払い，彼らのブランドネームを探しているユーザーに広告を見せている．しかし，アメリカのダブルクリック社（オンライン・マーケティング会社）が，人々が実際に何を検索しているかを詳しく調べてみたところ，特定のブランドネームを検索していることはめったにないことが分かった．その代わりに，多くの購買前検索は，「ハードドライブ」などのジャンルだけを入力していた．消費者は初期の段階でこうした検索をして，実際の購買の直前に特定のブランドネーム検索を立て続けに行う傾向があるようだ[20]．

驚くことではないが，最近ではソーシャルメディアが検索プロセスで重要な役割を果たしている．消費者の約60％は，Googleなどの検索エンジンに検索ワードを書き込んでオンライン処理を始める．40％は，より多くの情報を求めてブログ，YouTube，Twitter，Facebookなどの他のソーシャルメディアを利用する．この時点での目的は，技術的な説明や性能の情報を集めることではなく，その製品カテゴリーについて他の人の意見を求め，評判の悪いブランドを選択肢から除外することである．さらに，あるブランドを買った後には，そのプロセスでソーシャルメディアを利用している人の4分の3は，その企業のFacebookページで製品についてフォローし，将来の購入の際まで関係を維持しようとする[21]．

学習の目的3
意思決定は必ずしも合理的なものではない．

消費者はいつも合理的に検索しているのか？

　ここまで見てきたように，消費者は必ずしも合理的な検索プロセスを経ているわけではない．欲しいものを選ぶ前にすべての選択肢を注意深く見極めるわけではなく，実際には，ほとんどの製品を購入する際の外部検索の量は驚くほど少ない．もっと情報を得ていれば役に立っていたかもしれない場合であっても同様である．低所得の消費者は間違った買い物をすれば失うものが大きいはずだが，実際には経済的に余裕のある人よりも購買前の検索量が少ない[22]．

　最も広く用いられる区別は，最善の結果を引き出す（最大化（maximizing））ための意思決定戦略と，十分と思える解決で満足し，意思決定プロセスのコストを引き下げる戦略である．後者は満足解（satisficing solution）と呼ばれ，経済学者のハーバート・サイモンは，1956年にこの理論でノーベル賞を受賞している．すべての可能な要因を天秤にかけるだけの資源（特に時間）を持つことはほとんどないため，消費者は十分と思える解決法に落ち着くことで満足することが多い．意思決定についてのこの見解は限定合理性（bounded rationality）と呼ばれる．これらの2つの極端な見解は，マーケティングと小売戦略にとって大きな意味合いを持つ．企業がとるべきまったく異なるアプローチを示唆するためである．最大化の方は，第4章で論じた高関与の消費者の場合とよく似ている．決定の前に可能な限りの情報を集めようとする人たちである．対照的に，十分と思える解決策で満足する人は，まあまあのものを選ぶシンプルな近道（これについては後述する）を使って生活を優先する低関与の消費者と似ている．最近の調査では，最大化の追求者はあまりに徹底していて，現在の選択をするのに過去の経験をあてにはしないことが示

検索アプリは消費者のあらゆる種類の決定を手助けする．このアプリは犬の正しい犬種の検索を簡単にしてくれる．

出典：Dog Breed comparison/FindTheBest.

された．毎回の購買決定で，選択肢の検討をゼロから始めるのである．研究者はこれをシシューポス効果（Sisyphus Effect）と呼んでいる[23]．シシューポスはギリシア神話の有名な登場人物で，彼は大きな岩を永遠に山の上に押し上げる罰を与えられる．頂上までもう少しというところで岩がふもとまで転げ落ちてしまうので，また最初から始めなければならない（長文の期末レポートがもう少しで完成というところで，パソコンがフリーズしてしまうようなものだ）．

　我々の友人ハルのように，多くの消費者は十分と思えるもので満足する方に当てはまり，普通は店を１軒か２軒訪ねるだけですませ，とりわけ時間的な制約がある場合には，購買決定の前に第三者からの公平な情報を求めることはめったにない[24]．このパターンは，電化製品や自動車などの耐久財についての購買決定のときに多く，これらの製品が大きな投資を意味してもそれは変わらない．オーストラリアでの車の購入者についての調査では，３分の１以上の人が購入前に車を見に行ったのは２回以下だった[25]．

外部検索を避けるこの傾向は，消費者が洋服のような象徴的アイテムの購入を検討するときには，それほど強くない．こうした場合には，驚くことではないが，人々はかなりの情報検索をこなす．ただし，その中には友人の意見を聞くというものが多く含まれる[26]．かかるお金は多くはないかもしれないが，人々はこうした自己表現に関する決定で間違った選択をしたときには，悲惨な社会的結果を招くものとみなしているのかもしれない．これについてはすぐに後述するが，リスクの程度が高いわけである．

　さらに，現在利用しているブランドがニーズを満足させていたとしても，「ブランド・スイッチング（brand switching）」をすることはよくある．イギリスのビール会社「バス・エクスポート」は，アメリカのビール市場を研究し，多くの愛飲家は決まった1つの銘柄ではなく，2～6の好みのブランドがあることを発見した[27]．

　ときには，新しいことを単純に試したいだけで，刺激として，あるいは退屈を紛らすための方法として多様性を求めることもあるようだ．なじみのブランドよりも新しい代替品を選ぼうとするヴァラエティ・シーキング（variety seeking）で，好みの製品からそうでもない製品へとシフトすることもある．これは，好みのブランドに飽き飽きする以前に生じることもある．研究の結果，人々は予測できないこと自体を報酬と考えるため，楽しみよりも多様性を選ぶ気持ちがあると分かった[28]．実際に，消費者はもう楽しめなくなるほど同じアイテムを消費することがよくあるが，マーケターは彼らに過去に消費した多くの代替品を思い出させることで，この**多様化健忘症（variety amnesia）**に対抗することができる[29]．

　消費者は気分の良いとき，あるいは他に気持ちを向けるべきことが起こっていないときには多様性を求める傾向がある[30]．食品や飲料の場合には，「**感覚特異性満腹感（sensory-specific satiety）**」のために新しいものを試そうと決めることがある．簡単に言えば，これは食べたばかりの食べ物の喜びはすぐに飽きてしまうが，また食べていないものの喜びは変わらないことを意味する[31]．したがって，好みはあっても，それとは別に他の可能性を試してみたいという気持ちがある．しかし，意思決定の状況があいまいなとき，あるいは競合ブランドの情報が少ないときには，安全な選択肢を選ぶ傾向がある．図8.4は，アメリカの『アドバタイジング・エイジ』誌が実施した調査で，消費者が選択肢の中から選ぶときに最も重要と考えるブランド属性を示している．

心の会計：意思決定プロセスにおける先入観

　次のシナリオを考えてみてほしい．あなたはJリーグの試合の無料チケットを手に入れた．しかし，直前になって，突然の暴風雨でスタジアムまでたどり着くのが危険な状況になった．あなたはそれでも行くだろうか？　次に，今度はまったく同じ試合でまったく同じ暴風雨の状況だが，あなたはそのチケットを大枚はたいて買っていたとする．この場合

図 8.4　アドバタイジング・エイジの世論調査：ブランド属性の重要性

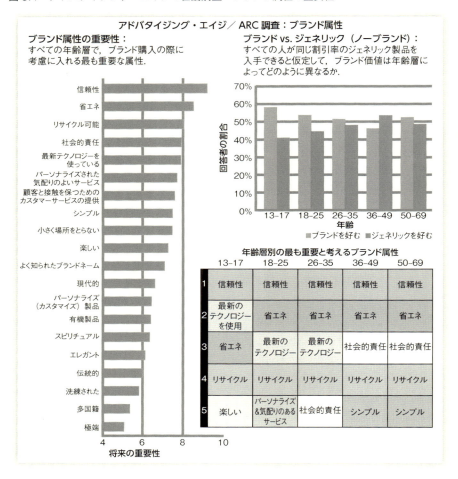

はどんな嵐でもスタジアムに向かうだろうか？

　人々のこの状況，あるいは同様に困難な状況への反応を分析することは，メンタル・アカウンティング（mental accounting）の原則を表わす．このプロセスは，私たちが問題を提起する方法（これをフレーミング（framing）と呼ぶ）と，それに損得のどちらの言葉が使われているかが，意思決定に影響を与えることを示している[32]．例えば，人々はチケットを無料でもらったときよりも，自分でお金を出して買ったときの方が，自分の安全をリスクにさらしがちであることが分かっている．チケットで大きな得をしたかどうかにかかわらず，リスクは同じなのだから，これは不合理な選択だ．そのことに気づかな

いのは，最も筋金入りのファンくらいだろう．この意思決定の先入観を，研究者は「サンクコストの誤謬（sunk-cost fallacy）」と呼んでいる．何かにお金を支払ったのであれば，それを無駄にしたくないという気持ちを表わす．

行動経済学

　最近になって，多くの決定は最大化戦略に基づいてはいないことが分かり，**行動経済学（behavioral economics）**の分野が勢いを取り戻すことにつながった．行動経済学は心理学と経済学を組み合わせたもので，消費者がどのように経済的な決断をするかを研究するものである．伝統的な経済学のアプローチとは違って，このハイブリッド理論は，消費者の決定は必ずしも価格や質などの「論理的」な要因に基づいてはいないと考える．それよりも，決定は消費者の感情，あるいは環境の中の非常に微妙な手掛かりに影響され，それが特定の製品に向かわせ，別の製品からは遠ざける効果をもたらす．無数の本やブログ，大ベストセラーの『Freakonomics』（邦訳『ヤバい経済学』，東洋経済新報社，2006 年），『Predictably Irrational』（邦訳『予想どおりに不合理』，早川書房，2008 年）は，この論理的とは言えない消費者という見解を打ち出している[33]．

　後述するように，行動経済学の原則の多くは，個々の消費者が購買決定に持ち込む先入観と経験とともに，選択が考慮される方法に目を向けている（これについては「フレーミング」としてすでに言及した）．行動経済学の「父」，ダニエル・カーネマン（その独創的な研究でノーベル経済学賞を受賞）は，フレーミングの一種である**アンカリング（anchoring）**の例を挙げている．これは，人々がある数字を与えられると，その数字を将来の判断の基準に使う傾向のことをいう．カーネマンは，人々に世界で最も高い木は 270 メートルを超えるかどうかたずねると，ほとんどの人はそれがあまりに高すぎると正しく推測したと記している．しかし，この質問で非常に高い木のことを考えさせたので，おそらくは 150 メートルの木と聞くと小さいと感じてしまう．彼が 30 メートルを「アンカー」の数字として使っていたとしたら，反対の考えを抱かせていただろう[34]．

　現在と将来のどちらに目を向けるかも，問題をどのようなフレームで見るかが，選択とそれについてどのように感じるかに影響を与えているもう 1 つの例となる．**遠視（hyperopia）**（遠くに目の焦点が合う状態を表わす医学用語）の状況は，将来の準備にとりつかれるあまり，現在を楽しむことをできない状態を表現する．この現象についての研究に参加した大学生は，自分が冬休みの間にアルバイトをせず，勉強せず，お金を貯めもしなかったことを後悔していた．しかし，研究者が 1 年後にこの休暇のことを考えたらどう思うかを想像してみるように言うと，彼らの最大の後悔は，思い切り楽しまなかったことか，旅をしなかったことだった．別の研究では，女性の参加者が 3 カ月後に当選番号が発表される宝くじを受け取った．彼女たちはあらかじめ，当たったときの賞品 2 つの

うち、どちらかを選ばなければならなかった。85ドルの現金か、スパでのマッサージかフェイシャルエステを利用できる80ドルのクーポン券である。85ドルの現金があればスパの施術を受けられ、まだ5ドルの差額があると分かっていても、女性たちの3分の1は、クーポン券の方を選んだ。別の状況でも同様の結果が出ることが分かった。現金と賞金（ワインや食事券）のどちらかを選ばなければならないとき、多くの人が、現金の方が割のいい取引だと分かっていても贅沢を選んだのである。参加者の1人はこう説明した。「現金を選べば、家賃に消えてしまうから」[35]。

　もう1つの先入観に「損失回避（loss aversion）」がある。これは、利益よりも損失を強調することをいう。例えば、ほとんどの人にとって、お金を失うことの不快さは、お金を得る喜びよりも大きい。プロスペクト理論（prospect theory）は、人々がどのように決断を下すのかを、損得という点での有用性を彼らがどう定義するかという点から考える。消費者は、その選択で得るものよりも失うものという側面を示されると、決断によるリスクの評価が変わってくる[36]。この先入観の例として、次の選択を考えてみてほしい。それぞれについて、あなたは安全を選ぶだろうか、ギャンブルを選ぶだろうか？

- 選択1 ── 30ドルと、コインをトスするチャンスを与えられる。表が出れば9ドルを得られ、裏が出れば9ドルを失う。
- 選択2 ── 30ドルをすぐ受け取るか、コイントスで39ドルを得るか21ドルを得るかを選ぶ。

　ある調査では、選択1を得た人の70％がギャンブルを選んだが、選択2を得た人では43％だけだった。だが、確率はどちらの選択の場合も同じである！　異なるのは「人のお金でプレイする」ことを好むということ。つまり、誰か他人の資金を使っているときには、より大きなリスクをとる気持ちになる。したがって、合理的な意思決定理論とは逆に、私たちはその出所によってお金に異なる価値を与える。例えば、ロレックスの60万円の時計にボーナスをつぎ込むことを選んだ人でも、自分の銀行預金を下ろしてまでその時計を買おうとはしない。

　最後に、メンタル・アカウンティングの研究は、たとえ私たちが完全な合理的意思決定者だとしても、外部からの影響が選択に影響を与えうるとしている。研究者は調査参加者に次のシナリオの2つのヴァージョンのうち1つを与えた：

　あなたは暑い日にビーチに寝転んでいる。飲み物は水しかない。この1時間、あなたは好みのビールの冷えたビンがあれば、どんなにいいだろうと思い続けてきた。すると、一緒にいた人が立ち上がって電話をかけに行き、近くに1軒しかないビールを売っている場所からビールを買ってこようか、とたずねてくれた（与えられたヴァージョンによっ

消費者行動，私はこう見る
――ギャヴァン・フィッツシモンズ教授（デューク大学）

　長い間，消費研究者は消費者を，意識的な思考マシーンとして考えてきた．何が自分にとって重要かを考え，そうした側面から代替案を評価し，決定を下す人たちという意味だ．しかし最近になって，ますます多くの消費研究者が誤りとみなされることの多かった古い理論に立ち戻り始めている．つまり，消費者の生活で起こっていることの多くは，本人の意識的な選択を伴わないということである．

　消費者が意識的な認識以外のことに影響されているという考えは，多くの消費者に恐怖を与える．そのため，かなりの抵抗を受けてきた．それでも，消費者が自分では気づかない刺激によって影響され，気づかないうちに頭の中で処理がなされ，意識しないままに行動に移していることを示すデータが次々と現われている（例：多くの習慣的行動を考えてみてほしい）．これらの無意識のプロセスは，消費者にとって適応可能で役立つことも多いが，ときには有害なこともある．

　私自身の研究室からの最近の興味深い事例には，潜在意識下で消費者をブランドロゴにさらしたものがある（いくつかの調査で，アップルかIBMのロゴを使った）．偶然ロゴを目にすることは日常的に起こっている（最近の調査では，平均的なアメリカ人で1日に3,000から1万回に上ると推定される）．したがって，それが消費者の行動に何らかの意味ある形で影響を与えるのかどうかに私たちは興味を引かれた．実験では，現実の状況を再現するために，アップルやIBMのロゴを画面上に10〜50ミリ秒というほんの短い瞬間だけ表示した．参加者はブランドを見たという意識的な経験は持たず，ただ画面の左か右にボックスが見えたと思うだけだった．この実験の結果から，無意識にアップルのロゴにさらされることで，消費者はIBMのロゴを同じように見せられた消費者より，ずっとクリエイティブになることが分かった．この偶発的ブランド露出（incidental brand exposure）は消費者に目標を与え，満足するまで積極的に追い求めるように刺激する．同様の研究で，この偶発的ブランド露出の結果として，特定のブランドの選択が劇的に増加することが示された．

　無意識の消費者行動に関する将来の研究は，消費者が意識せずに影響される領域を実証していくことになるだろう．自分が非難された，疲れた，圧倒されたと感じる状況で，消費者は無意識下で影響を受ける準備を整えている．それが残念なことに，ほとんどの消費者にとって例外ではなくデフォルト状態になる．最も興味深い疑問は，どのように無意識のプロセスが働くか，そしてどのようなときにそれが有効で，どのようなときに有害かということである．もしこのプロセスが役に立つのであれば，消費者，企業，公共政策決定者は，それをどのように受け入れ，奨励することができるだろう？　例えば多くの消費者が，もっとクリエイティブになりたい，より速くなりたいと思い，意図的にアップルやスピード（Speedo）のロゴを自分の周囲に配置するかもしれない．時間が経つと，これらのロゴにさらされていることが無意識の影響を及ぼし，いつの間にか自分がクリエイティブになったり機敏になったりしたことに気づくかもしれない．逆にもしこうした露出が有害なら，その効果を抑制するために何ができ

るだろう? 予備的証拠は,露出前の警告が,　　　を抑えることを示している.
少なくとも部分的にはこうした無意識の効果

て,豪華なリゾートホテルか,小さなみすぼらしい食料品店のどちらかになる).彼は,ビールは値段が高いかもしれないから,いくらなら払うか,と聞いてきた.あなたは彼にいくらと答えるだろう? 調査では,豪華なリゾートホテルのヴァージョンを読んだ参加者は中央値で2ドル65セントと答えたが,食料品店のヴァージョンを読んだ参加者は1ドル50セントしか払うつもりがないと答えた.どちらのヴァージョンも消費行為は同じで,ビールも同じ,それにビーチで飲むのだから「雰囲気」を消費することもない[37].これは合理的思考とは無縁である.

研究者は消費者の決定にバイアスを与える要因を突き止めることに取り組み——その多くが,意識レベル以下で作用していることが分かった.多くの研究者が,嫌悪という原始的な感情は,汚染から人間を守るために発達したと信じている.長い年月の間に,人間は腐った肉や病原菌と結びつく食べ物を避けることを学んだ.その結果,ほんのちょっとした嫌な臭いでも,普遍的な反応——鼻にしわを寄せ,上唇を丸め,舌を出す——を引き起こす.鼻にしわを寄せるのは,病原菌が鼻の穴を通して体内に入るのを防ぐためで,舌を突き出すのは,腐った食べ物を吐き出す助けになり,嘔吐する前と共通している.そう,あなたはもうすっかり気分が悪くなったところだろうが,これがマーケティングと説得にどのように関係しているというのだろう(と,不機嫌にたずねるかもしれない).嫌悪感は私たちの判断にも強力な影響を与えるのである.この感情を経験する人は,非道徳な行為や違反者への判断が厳しくなる.ある実験では,嫌な臭いのする部屋か,汚れた食べ物の容器が散らかったデスクに座った人は,履歴書に嘘を書いたり,路上で見つけた財布を自分のものにしたりするといった行為に対して,清潔な環境の中で同じことを判断するように言われた人よりも,不道徳とみなした.別の研究では,無作為で選ばれた回答者に質問項目を完成するように依頼した調査で,ハンドソープの前に立っている人の方が,廊下の別の場所に立っている人よりも保守的な回答をした[38].科学者は人や製品の判断に影響を与える同様の微妙な環境的手掛かりの研究を続けている.例えば,実験の前に冷たい水のカップを持った人は,温かいコーヒーのカップを渡された人よりも,人や物に対して「冷たい」判断をする.

どれだけ検索するのか?

一般的なルールとして,購入が重要なものになるとき,購入するものについてよりよく知る必要があるとき,あるいは関連情報を集めるのが簡単なときに,検索量は多くなる[39].

購入しようとしているものの製品カテゴリーにかかわらず，人によってこなそうとする検索量に違いがある．他の条件が同じであれば，若くて教育レベルの高い人で，買い物や調べもののプロセスを楽しむ人は，より情報検索に時間をかける傾向がある．女性は男性よりたくさん検索し，また，スタイルや自己イメージに大きな価値を置く人も，その傾向が強い[40]．

製品について何かを知ることがきっかけとなって，消費者を検索に駆り立てるのだろうか？ この問いへの答えは，最初に思うほど明確ではない．製品に精通している人と初心者では，意思決定にまったく異なる手続きを用いる．製品についてあまり知らない初心者は，それについてもっと知りたいと考える．しかし，精通している人はその製品カテゴリーにずっとなじみがあるため，取得する新しい製品情報の意味をよりよく理解するはずだ．

それでは，どちらがより多く検索するのだろう？ 答えは，どちらでもない．検索量が最も多いのは，製品についてある程度の知識を持っている消費者である．知識と外部検索努力の間には，図8.5が示すような逆U字型の関係が見られる．限定的な経験しか持たない人は，徹底した検索をしても理解できないだろうと感じる．それどころか，どこから始めてよいかも分からないかもしれない．購買前にあまりリサーチに時間をかけなかったハルが，この典型例だ．彼は1つの店を訪れ，既になじみのあるブランドだけを見ていた．そして，製品のごく少数の特徴にだけ集中していた[41]．

精通者は決定にどの情報が関連するかをよく理解しているので，「選択的検索（selective search）」を行う．つまり，彼らの努力はより焦点が定まり，効率的だということである．対照的に，初心者は選択肢を区別するために，他人の意見や「非機能的な」特性――ブランドネームや価格――に依存しがちになる．最後に，不慣れな消費者は「ボトムアップ」ではなく，「トップダウン」方式で情報を処理するかもしれない．彼らは詳細よりも全体

図8.5 情報検索量と製品知識の関係

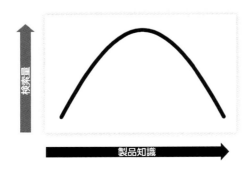

に目を向ける．例えば，広告が提供する技術的な情報量に，その主張の実際の重要性よりも強く印象づけられるかもしれない[42]．

皮肉なことに，購入前に製品についての詳細情報を持つ人は，あいまいな情報だけを得て買った人に比べて，購入後の満足度は高くない．人は自分が正しい買い物をしたと感じたいので，いわゆる**無知の幸福効果**（blissful ignorance effect）が生じる．もし製品の性能を正確に知っていれば，欠点を正当化するのは簡単なことではない．ある実験では，被験者の一部はハンドローションについてメーカーの主張を聞かされ，別個の研究で50％の人がその効果を得たという情報を得た．別の被験者グループは，メーカーの同じ主張を聞かされたが，独立した研究の結果はまだ入手できていないと告げられた．情報を少なく与えられた人たち（後者のグループ）の方が，製品の効果への期待度が高かった．言い換えれば，何かについて多くを知らない方が，それを好きになるように自分を説得す

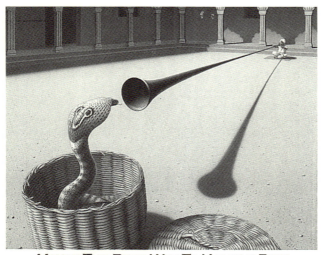

オフィス用コピー機を買うことの知覚リスクを減じるための方法として，ノーリスクを保証するミノルタの広告．

出典：Minolta Corporation 提供．

知覚リスク

一般に，集中的な検索を含む購買決定には，知覚リスク (perceived risk)，すなわち，ある製品やサービスを利用したら，あるいはしなかったら，否定的な結果を招くかもしれないという考えも伴う．これは，その製品が高価だった場合や，複雑すぎて理解できないという場合に生じるかもしれない．あるいは，自分が選んだものを人に見られるので，自分がひどい選択をしたときには恥ずかしい思いをするという要因の場合もある[44]．

図8.6は5種類のリストを挙げている．客観的（例：身体的な危険），主観的（例：人前で恥をかく）な要因とともに，それぞれのタイプが影響しがちな製品も記した．知覚リスクは，大きな「リスク資本」を持つ消費者にとっては，それほど大きな問題にはならない．彼らにとってひどい選択で失うものはそれほど大きくないからである．例えば，非常に自信家の人は，仲間がクールだと思わないようなブランドを選んでも，気弱で自信のない人ほどは心配しないだろう．

図8.6　5種類の知覚リスク

	リスクに最も敏感な購入者	リスクに最も左右される購買
金銭的リスク	お金と財産で構成されるリスク資産．比較的低収入か富裕層が最も敏感．	相当額の出費を求める高額チケットはこのタイプのリスクの影響を受けやすい．
機能的リスク	同じ機能を果たすか，ニーズに応える代替方法があることで構成されるリスク資産．実用主義の消費者が最も敏感．	その購入や使用に際し，購入者の関与が求められる製品が最もこのリスクの影響を受ける．
身体的リスク	身体的な活力，健康，バイタリティからなるリスク資産．年配者，体が弱かったり健康を損なっていたりする人が最も影響を受ける．	機械や電気的な製品（車や可燃物），薬品，医療，飲食物などが最も影響を受ける．
社会的リスク	自尊心や自信から成るリスク資産．不安定で不確かな消費者が最も影響を受ける．	人目につく製品や象徴的な製品（洋服，ジュエリー，車，スポーツ用品など）が最も社会的リスクの影響を受けやすい．
心理的リスク	所属や地位から成るリスク資産．自尊心や仲間への魅力に欠ける人が最も影響を受ける．	罪悪感を与えるような高価な個人向け贅沢品，耐久品，自制や犠牲を要求するサービスが最も影響を受ける．

多くの選択肢の中からどのように決めるのか？

　購買決定に消費者が注ぐ努力の大部分は，実際にいくつかの選択肢の中から製品を選ぶ段階で生じる．この選択は簡単ではないかもしれない．現代の消費社会は選択肢にあふれている．場合によっては，文字通り数百ものブランド（たばこなど），あるいは同じブランドでも異なるバリエーション（口紅の色など）の中から選ぶことになるかもしれない．

　友人に香水ブランドを思いつくかぎりすべて挙げてもらうと，それが分かるはずだ．すぐに3から5ぐらいの名前が出てきて，そのあと少し考えてから，追加でいくつかを思い出すだろう．おそらく最初の2つぐらいのブランドは非常になじみのあるもので，きっと実際にそのどれかを使っている．彼女のリストには，嫌いなブランドも1つか2つは含まれているかもしれない．香りが好きではないとか，おしゃれではないと思うから，逆に思い浮かぶのである．そして，市場には彼女がまったく名前を挙げなかったブランドがまだ無数にあることも忘れてはいけない．

　あなたの友人が香水を買いに店に行くとしたら，彼女は最初にリストアップしたブランドのいくつか，あるいはほとんどを買うことを考えるだろう．香水コーナーにいる間に注意を引くものがあれば，新しい2，3の選択肢にも目を向けるかもしれない（例えば，彼女が通路を歩いてきたときに，従業員がサンプルを持って「待ち構えて」いるときなど）．

　消費者はどの基準が重要なのかをどのように決めているのだろう？　そして，どのように買う製品の候補を受け入れられる数にまで狭めて，最終的に1つのものに決めるのだろう？　答えは，使う意思決定プロセスによって変わってくる，というものである．拡張的問題解決を採用する人は，いくつかのブランドを注意深く評価するだろうし，習慣的意思決定をする人なら，他の選択肢を考慮に入れることなくいつものブランドに落ち着くだろう．さらに，手に入る選択肢の間に矛盾を感じて，否定的な感情が生じるような状況では，より拡張的な処理を行うことが証拠で示されている．これは，困難なトレードオフが生じるときに起こりやすい．例えば，バイパス手術を受けるリスクと，手術が成功した場合に生活が改善される見込みとの間で選択しなければならないときなどが考えられる[45]．

　消費者が既に知っていて思い浮かべる代替案は**想起集合**（evoked set）と呼ばれ，実際に考慮する代替案は**考慮集合**（consideration set）と呼ばれる（多くの場合，消費者は知っているブランドすべてを真剣に考えるわけではない．そのブランドが予算の範囲外だったり，ひどい経験があったりするためである）[46]．ハルがテレビの技術的側面についてはよく知らなかったことを思い出してほしい．彼は少数の大手ブランドだけを記憶していた．そのうち，2つは受け入れられる選択肢で，もう1つは違った．

コピー：そこの下水臭い奴．制汗剤のこと聞いたことなかった？

社会的リスクを訴えかけるイギリスの広告．

出典：cAbbot Mead Vickers BBDO, London．広告制作／Simon Langley, Richard Morgan, John Offenbach．

　消費者は驚くほど少ない数の選択肢しか考えないことが多い．手に入る選択肢が多すぎるほどそうなりやすい．ある国際比較研究によれば，人々は一般に少ない選択肢しか考慮に入れないが，その量は製品カテゴリーによっても国によっても異なる．例えば，アメリカの平均的なビール消費者は3ブランドだけを考慮し，カナダの消費者は平均7ブランドを考慮する．対照的に，ノルウェーの自動車購入者は2つの選択肢だけを検討したが，アメリカの消費者は決断前に平均して8以上のモデルを検討していた[47]．アメリカ人はビールよりも車についての方が，好みがうるさいということになる．

　明らかな理由によって，自分のブランドがターゲット市場の想起集合に含まれないと気づいたマーケターには，心配の種が生まれる．良い第一印象を与えられるチャンスは一度しかない．消費者が一度考慮に入れて否定した製品を，想起集合に再び入れることは

あまりない。以前，考えて排除したものよりも，新しいブランドを加えるだろう。そうなると，マーケターが効果的な情報を補ってもあまり効果がない[48]。消費者が一度否定した製品に2度目のチャンスを与えようとしないこの事実が，新製品を発表する最初の段階から首尾よく売り込むことがいかに重要であるかをマーケターに教えている。

韓国の現代自動車の広告キャンペーンは，企業がブランドを消費者の考慮集合に入れてもらうために，どれほど懸命になっているかの例を提供してくれる。最近ではクオリティの面でも高い評価を得ている現代自動車だが，多くの人はまだ低コストの車とみなしている。「Think About It（考えてみよう）」キャンペーンは，「ロゴはあなたが誰かではなく，どんな車かを物語っている」や「自動車メーカーが道路脇でのサービスに料金を求めるのは，彼ら自身を助けているにすぎないのでは？」といった率直な宣言を通して，同社の古くからの信念をもう一度考えてもらうように消費者に訴えかけるものだった。現代自動車のアメリカでのマーケティング担当副社長はこう語る。「ブランドの山をシャッフルす

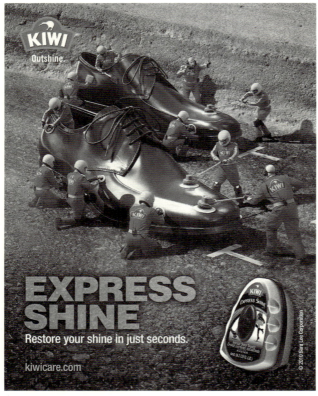

コピー：高速の輝き。ほんの数秒であなたの輝きを元に戻します。

日常の問題に解決策を提供するキーウィ（Kiwi）のカナダの広告。

出典：Sara Lee Corporation 提供。

サンキストのレモンジュースの広告．塩の代替品として再ポジショニングすることで，製品の新しいカテゴリーを確立しようとしている．

出典：Sunkist Growers 提供．

べき説得力ある理由を人々に与えない限り，消費者は新しいブランドに切り替えるより，なじみのあるブランドにしがみつく」(49)．

製品をどのようにカテゴリー分けしているか？

　消費者が製品情報を処理するときには，それだけを孤立させて処理するわけではない．彼らはそのアイテムや同様の製品について既に知っていることと照らして，属性を評価する．特定の 35 mm カメラの購入を考えている人は，それを使い捨てカメラではなく他の 35 mm カメラと比較するだろう．消費者は製品を分類した「カテゴリー」の中から比較対象となる他の製品を決めるため，ブランドを頭の中でどのように分類するかが，それを評価するうえで大きな役割を果たす．これらの分類は製品属性の種類に基づき，外観（例：銀と金の包装のチョコレートは高級品とみなす），価格（最後に 98 円がつく価格のアイテムは，00 円で終わる製品より安いとみなす），あるいは以前に学習したこととの結びつき（「ポルシェ」という名前がついていれば，高価に違いない）などが含まれる(50)．

　消費者の想起集合の中の製品は，似たような特徴を共有していることが多い．このプロセスは，何と比べるかによって製品を助けることもあれば，価値を失わせもする．例えば，ある調査では，約 25% の消費者が，マリファナの原料になるのと同じ植物に由来する麻で作られた製品だと分かれば，それを買いたくないと答えた（繊維の麻にはマリファナの効果はないのだが）．消費者は新しい製品に出会うと，新しいカテゴリーを作るよりは，既存のカテゴリーに組み入れようとする(51)．もちろん，そのことが，新しい形のテクノロジーが乗り越えなければならないハードルになる．電子レンジ，MP3 プレイヤー，GPS を人々が買うようになるまでに，彼らはまず，それがどのカテゴリーに属するかを考えなければならなかった．

　消費者がこの情報を知識構造（knowledge structure）の中で認知的にどう反映させるかを理解することは重要である．この用語は，消費者が持つ一連の信念と，それを頭の

中でどのように整理しているかを示す(52).こうした知識体系については第4章で論じた.その構成がマーケターにとって重要なのは,彼らが消費者に製品を正しく分類してほしいからである.例えば,アメリカのゼネラルフーズ社は「Jell-O(ジェロー)」の新しいフレーバーとしてクランベリー・オレンジなどを発表したときに,それを「Jell-O ゼラチンフレーバー・フォー・サラダ」の名称にした.残念ながら,消費者はその名前を見てこの製品を「デザート」ではなく「サラダ」に分類したため,この製品はサラダ用にだけ使われるようになってしまった.ゼネラルフーズ社はこの製品ラインを廃止することにした(53).

一般に,消費者は認知体型の中で1つの製品を3つの層のどれかに組み入れる.この考えを理解するために,アイスクリームコーンについての次の質問に,人々がどのように反応するかを考えてみてほしい――同じ特徴を持つ製品にはどんなものがあるか? アイスクリームコーンの替わりに食べるものとしてはどれを考えるか?

こうした質問は,見かけよりも複雑かもしれない.あるレベルでは,コーンはリンゴに似ているかもしれない.どちらもデザートに位置づけられるからだ.別のレベルでは,コーンはパイに似ている.デザートとして食べることができ,どちらも食べると太るからだ.また別のレベルでは,アイスクリームサンデーに似ていると思うかもしれない.どちらもデザートになり,アイスクリームからできていて,どちらも食べると太る.図8.7はこうした3つのレベルを示している.

「太るデザート」のカテゴリーに連想させる食べ物が,夕食後に何を食べるかの決定に影響を与えることは分かりやすい.中間の「基本カテゴリー」は,製品の分類に最も役立つものだろう.このレベルでは,同グループのまとめる項目は,共通する要素が多いが,それでもまだ幅広い代替案を考えることができる.より広い「上位カテゴリー」はより抽象的で,もっと狭い「下位カテゴリー」には個々のブランドが含まれることが多い(54).もちろん,すべてのアイテムが1つのカテゴリーにすんなり収まるわけではない.アップルパイとチェリーパイはどちらもパイの種類だが,アップルパイの方が「パイ」の下位カ

図8.7 デザートの抽象的カテゴリーの階層

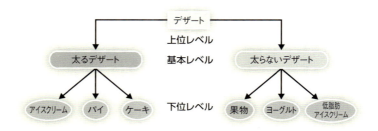

テゴリーとして優れた例だろう．これはアップルパイの方がより「典型的な」例となるからで，たいていの人はパイの種類としてチェリーよりもアップルを思い浮かべる．対照的に，本当のパイの専門家なら，カテゴリーの典型的な例と典型的ではない例を知っているだろう[55]．

製品分類の戦略的意味合い

　消費者が製品を分類する方法は戦略的な意味合いを多く持つ．それはこのプロセスが，消費者が自社の製品とどの製品を比べるか，また誰を好きで誰を好きでないかを決めるために用いる基準にも影響を与えるからである．

製品をポジショニングする．「ポジショニング戦略」の成功は，消費者にある製品を与えられたカテゴリー内で考えるように促すマーケターの能力にかかっている．例えば，オレンジジュース業界はオレンジジュースを1日中楽しめる飲み物として再ポジショニングしようと努力した（「もう朝食だけのものではない」）．しかし，ソフトドリンク業界は，ソーダを朝食に適した飲み物として位置づけるために反対の試みをしている．彼らは消費者の「朝食用飲み物」カテゴリーに，オレンジジュース，グレープフルーツジュース，コーヒーとともにソーダを並べようとしている．もちろん，この戦略は裏目に出るおそれがある．ペプシがアメリカで「ペプシA.M.」を発売し，コーヒーの代用品にしようとしたときがそうだった．ペプシを朝の飲み物に分類するという狙いがうまくいきすぎたために，顧客はそれ以外の時間には飲もうとしなくなり，この製品は失敗に終わった[56]．

競争相手を特定する．抽象的な上位カテゴリーのレベルでは，多くの製品がそのカテゴリー入りを目指して競い合う．「エンターテインメント」というカテゴリーは，ボウリングとバレエの両方を含むかもしれないが，この2つの活動を置き換えられると考える人は多くはない．しかし，表面的にはまったく違うように見える製品やサービスが，実際には消費者が自由に使えるお金をめぐって，より広いレベルで競争し合っている．ボウリングとバレエは多くの人にとって取り換えのきくものではないが，交響楽団は「文化イベント」という上位カテゴリーにみずからを位置づけることによって，バレエのシーズンチケットを持っている人たちを引き離そうとするかもしれない[57]．

　また，消費者は競合しないカテゴリーの間の選択に直面するかもしれない．その場合，それぞれの選択肢の属性を直接関連づけることができない（リンゴとオレンジを比較するという違うものを比較しても意味がないことをいう古くからの問題がそうだ）．両方のアイテムを含む重複するカテゴリーを作り出し（例：エンターテインメント，価値，役に立つ），その上位カテゴリーの比較という点で個々の選択肢を評価すると，プロセスが簡

単になる[58].

代表例となる製品をつくる．アップルパイとチェリーパイのケースで見たように，もしある製品が1つのカテゴリーの代表的な例となるのであれば，それは消費者にとってよりなじみがあり，認識するのも思い出すのも容易になる[59].カテゴリー代表例（category exemplars）の特徴は，人々がそのカテゴリー全般をどのように考えるかに不均衡な影響を与えがちである，というものだ[60].ある意味で，1つのカテゴリーを強く連想させるブランドは，「支配的」になる．そのブランドがそのカテゴリーに属するすべての製品の評価に用いる基準を定義するのである．

しかし，ほんの少し典型から外れることは，必ずしも悪いことではない．その製品カテゴリーの中でやや珍しい製品は，より多くの情報処理と肯定的な評価を刺激するかもしれない．当たり前と思うほどなじみがあるわけではなく，かといって，まったく考慮から外すほど異なってはいないからである[61].矛盾の大きいブランド（一般的に琥珀色であるモルトウイスキーにおいて，透明のモルトウイスキー「ジーマ（Zima）」など）は，独自のポジションを占めるかもしれず，少し違うという程度のものは（例：小規模の地ビール製造など），一般的なカテゴリーの中で特異なポジションを占める[62].

店舗内に製品を置く．製品の分類は，欲しい製品を探す場所という点で，消費者の期待に影響を与えうる．製品がはっきりと分類されないと（例：ラグは家具だろうか？），探すのが難しくなるし，見つけたときに何のために使うものだろうと悩ませるかもしれない．例えば，犬に与える前に買い主が解凍して調理しなければならない冷凍ドッグフードは，市場で失敗した．その理由の1つは，ドッグフードを食料品店の「人間のための冷凍食品」の売場で買うという考えに人々がなじめなかったからかもしれない．

製品選択：代替品の中からどう選ぶのか？

あるカテゴリーの中で関連する選択肢を集め，評価した後は，最終的にどれか1つを選ばなければならない[63].消費者の選択を導く決定ルールは，非常にシンプルですばやいものから，集中力と認知プロセスを必要とする複雑なものまで，幅があるということを思い出してほしい[64].企業はますます多くの特徴を持つ製品で圧倒してくるので，消費者の決定が簡単になることは決してない．私たちは50ものボタンがあるリモコンを使い，数百もの謎だらけの機能と1冊の本ほどのマニュアル付きのカメラを扱い，スペースシャトル並みのダッシュボードが付いた車を運転する．専門家はこの複雑さのスパイラルを**機能過多（feature creep）**と呼ぶ．機能の拡充が非生産的である証拠として，オランダの電機・家電メーカーであるフィリップスは，製品の購入者が返品にくる製品の少なくとも

半分は，どこにも不備はなく，消費者は単純にその使い方が分からないのだということを知った．さらに悪いことに，購入者はその製品の使い方を知るのに平均20分しか使おうとせず，それで分からないと投げ出してしまう．

なぜ企業はこの問題を避けようとしないのか？　理由の1つは，機能が多いほど優れていると考えがちだからだろう．消費者は製品を家に持ち帰ってはじめて，シンプルさの価値を理解するのである．ある調査では，消費者に複雑さが異なる3種類のデジタル機器の中から選んでもらった．すると，60％以上が最も機能の多いモデルを選んだ．次に，その製品の25あるカスタマイズ機能の中から好きなだけ選ぶ機会を与えられると，参加者は平均して20の機能を選んだ．しかし，実際にこの機器を使ってみると，大部分のオプション機能はただイライラさせられるだけだった．結局，よりシンプルな製品の方が満足度は高いという結果になった[65]．ことわざにあるとおり，「シンプル　イズ　ベスト」である．

評価基準

ハルがいくつかのテレビを見たとき，彼は1つか2つの特徴に集中し，それ以外のことは完全に無視していた．彼は選択肢を狭めて，2つのブランドネームしか考慮の対象にしなかった．そして，製品Aと製品Bの2つから，映画館で使われているマルチサラウンドスピーカーシステムのような音声再生機能のある方を選んだ．

評価基準（evaluative criteria）は競合する選択肢それぞれのメリットを判断するために消費者が用いる特徴である．ハルが代替製品を比較したとき，彼は非常に機能的な特徴（「このテレビは録画機能付きか？」）から経験的なもの（「このテレビの音声再生は映

風船ガムの決定要因属性の1つを示すインドネシアの広告．

出典：FCB Jakarta Indonesia からの下絵提供．

画館にいるような気分にさせてくれるか？」）まで，幅広い基準の中から選ぶことができた．

もう1つの重要なポイントは，製品が互いに「異なる」基準が，「似ている」部分よりも決定プロセスに大きな比重を占めるということである．もし考慮するすべてのブランドが1つの特徴でどれも等しく優れていれば（例：もしすべてのテレビが録画機能付きだったら？），ハルは1つの製品を選び出す別の理由を見つけなければならない．**決定要因属性**（determinant attributes）は，多くの選択肢を差別化するために実際に用いる特徴である．

マーケターは決定要因属性としてどの基準を用いるべきかについて，消費者を教育する．例えば，アメリカのチャーチ＆ドワイトが実施した消費者調査で，多くの消費者が天然素材を使っていることを決定要因属性とみなしていることが分かった．そこで，チャーチ＆ドワイトは，既に「アーム＆ハンマー」ブランドとして製造していた，ベーキングソーダから作った歯磨き粉の販促に力を入れた[66]．ボディショップや，ロクシタンが打ち出す自然派化粧品も同様であろう[67]．

ときには，企業が決定要因属性を創出することもある．アメリカのペプシコーラはソーダの缶に賞味期限をスタンプすることでこれを達成した．この業界の人々は缶に問題が生じるずっと以前にすべての缶の98％を飲みきると見積もっているが，ペプシは古い缶入りソーダほどひどいものはないと消費者を説得する広告と販促キャンペーンに2,500万ドルも費やした．キャンペーン開始から半年後，驚くなかれ，独立した機関の調査で，回答者の61％が賞味期限の表示はソフトドリンクの重要な属性だと感じていることが分かった[68]．新しい決定基準を効果的に提唱するためには，マーケターは3種類の情報を伝えなければならない[69]：

1 その属性に関してはブランド間で大きな違いがあることを指摘するべきである．
2 消費者に意思決定ルールを提供すべきである．もし……（競合ブランドの間で決める）のなら，……（この属性を基準として使う）というように．
3 その人がそれ以前の機会に決定を下した方法と矛盾しないルールを伝えるべきである．そうしないと，あまりに頭を使わなければならなくなり，すすめられたことを無視する可能性が高い．

ニューロマーケティング：脳は代替品にどう反応するのか

あなたの脳には「買うボタン」があるだろうか？　グーグル，CBS（アメリカの放送局），ディズニー，フリトレー（スナック菓子メーカー）などの一部の企業は，それを知るために神経科学者とチームを組んできた[70]．ニューロマーケティング（neuromarketing）は「機能的磁気共鳴画像法（fMRI）」という脳画像機器を使って，頭脳労働をしているときの血液の流れを追う．この数年の間に，研究者はへんとう体，海馬，視床下部などの脳

の部位が，記憶，感情，生化学物質のダイナミックな交換台になっていることを発見した．これらの相互に結びついた神経が，恐怖，パニック，高揚感，社会的な圧力が人々の選択に影響を与える方法を形づくる．

科学者はこのスキャン画像から，人が顔を認識したり，曲を聞いたり，何かを決定したり，偽りを感じ取ったりしたときに，脳の特定の場所の血流が増すことを知った．彼らは現在，このテクノロジーを利用して，消費者の映画の予告編への反応，自動車の選択，美しい顔のアピール度，さらには特定のブランドへのロイヤルティまでを測定しようと努めている．買い物客が仮想店舗を回っているときの脳の活動を記録したイギリスの研究者は，スーパーマーケットの棚からどの製品をつかむか決める際に活動的になる脳の部位を特定したと主張している．ダイムラークライスラーは車の写真を見ているときの男性の脳をスキャンし，スポーツカーが脳の報酬中枢を活性化させたと確信した．同社の研究者は，最も人気のある車種――ポルシェやフェラーリタイプのスポーツカー――が，顔認識をつかさどる脳の部位の活動を刺激することを発見した．その実験を実施した心理学者はこうコメントしている．「彼らは車を見たときに，顔を思い出していた．車のヘッドライトは目のように見える」

競合するソフトドリンクブランドを飲んだときの人の脳をスキャンした調査では，ブランドへのロイヤルティが，たとえ非常に基本的な心理学的レベルであっても，どのように反応に影響するかが示された．コカ・コーラとペプシをブラインド（ブランド名を隠した）テイストした 67 人の被験者の脳スキャン画像を見ると，それぞれのソフトドリンクが脳の報酬中枢を刺激し，参加者はどちらを好むかについては半々に分かれた．4 人に 3 人はコカ・コーラの方が好きだと言っていたにもかかわらずである．彼らの飲んでいるのがコカ・コーラだと告げられると，記憶をつかさどる脳の部位が活性化し，この活動が単純に味の手掛かりに反応する領域を圧倒した．この場合，コカ・コーラの強いブランド・アイデンティティが回答者の味覚受容体からの反応に勝ったということになる．

別の研究では，セレブの写真が，靴，車，椅子，腕時計，サングラス，ハンドバッグ，水のボトルの写真のときと同じ脳の回路を刺激したと報告された．これらのものは，アイデンティティや社会的イメージと結びついている大脳皮質の活動を刺激する．さらには回答に基づいて消費者のタイプを特定することにも成功した．一方の端には，「クール」な製品とセレブには強烈に反応するが，「クールではない」写真にはまったく反応しない人たちがいた．研究者はこのタイプの参加者を「クールばか」と名づけた．彼らは衝動買いや強迫的な買い物をすることが多い．もう一方の端にいるのは，スタイリッシュではないアイテムにだけ脳が反応した人々だった．このパターンは，心配性や神経症的になりがちな人にうまく適合する．

多くの研究者が，このテクノロジーが消費研究にとってどれだけ役立つかについては

今も懐疑的である．もし実際に消費者のブランドの好みを，彼らの脳の反応を見ることで追跡できるのなら，消費者が言うことよりも（少なくとも脳が）することに焦点を当てた新しい研究テクニックの興味深い機会が数多く生まれることだろう．

学習の目的 4
オンライン情報源へのアクセスは，何を買うかの決定方法に変化をもたらしている．

サイバーメディアリー

「ホームシアター」のようなフレーズを Google などの検索エンジンに打ち込んだことがある人なら誰でも知っているように，ウェブは莫大な量の製品や商店についての情報を瞬時に引き出すことができる．実際のところ（「ハイパー選択」の問題について前述したように），最近のウェブ閲覧者が直面する最大の課題は，選択を広げることではなく狭めることになっている．サイバースペースでは，シンプル化がカギとなる．

無数のウェブサイトが存在し，ものすごい人数が毎日ネットサーフィンをしているのであれば，人々は情報をどのように整理し，何をクリックするかをどのように決めているのだろう？　サイバーメディアリー（cybermediary）がその答えになることが多い．これはオンライン上の市場情報をフィルターにかけ整理するのを助ける媒介となるもので，顧客が代替案をより効率的に特定し評価できるようにする[71]．多くの消費者が定期的に価格.com のような価格比較サイトにアクセスしている．こうしたサイトでは，特定のアイテムを売っているオンラインショップとその提供価格がリストアップされている[72]．

サイバーメディアリーはいくつかの異なる形式を持つ[73]：

- Yahoo! や goo などの「ポータルサイト」は，異なる幅広いサイトをまとめる全般的なサービスを提供する．
- 「フォーラム」「ファンクラブ」「ユーザーグループ」は，製品関連の意見交換の場を提供し，顧客が選択肢を選別するのを助ける（詳しくは第10章を参照）．顧客の製品についての評価が満足とロイヤリティの主たる牽引役となることは明らかだ．ある大規模な調査では，大手ウェブサイトから特定の製品を買った回答者の約半数が，ウェブ上のクチコミ情報を見たことを覚えていた．このグループのオンラインショッピング体験の満足度は，クチコミ情報を覚えていなかった購入者より5％高かった[74]．もう1つの長所は，消費者がより広い範囲の選択肢を経験しようとすることである．それと同時に，「大ヒット」するには至らなかった映画，書籍，CD などがもっと売れる．例えば，アメリカのオンライン DVD レンタル会社のネットフリックス（Netflix）では，人々が注文する映画の約3分の2は，他のユーザーが推薦したものだった．実際に，ネット

フリックスのレンタルの 70 〜 80％は，最近リリースされたものではなく 3 万 8,000 本のバックカタログから来ている(75)．

このネット上のクチコミ情報という側面は，1 つの新しい思考法に火をつける重要な要因になった．あるライターがそれをロングテール（long tail）と呼んだ(76)．この戦略の基本的なアイディアは，利益を上げるために，もう大ヒット作（大当たりの映画やベストセラー書籍）だけに依存する必要がない，ということである．企業はごく少数の消費者からの需要があるアイテムを少量ずつ売ることからも——それと同時に別のアイテムも売ることができれば——利益を上げることができる．例えば，アメリカにおいて，アマゾンは 370 万タイトルの書籍の在庫を維持している．アメリカの大手書店のバーンズ＆ノーブルの実店舗では 10 万タイトルにすぎない．これらの大部分は 2,000 〜 3,000 部しか売れないものだが，バーンズ＆ノーブルにはない 360 万タイトルが，アマゾンの収益の 4 分の 1 を占めている．ロングテールの別の例としては，地ビール醸造所や，人気アニメやドラマなどの古い番組を再放送することで利益を上げているテレビ局などがある．

知的エージェント（intelligent agents）は洗練されたソフトウェアプログラムで，「協調フィルタリング（collaborative filtering）」のテクノロジーを使って，過去のユーザーの行動に基づいて新しい購買を推薦する(77)．アマゾンに新しい本の推薦を認めると，サイトは知的エージェントを使って，あなたやあなたに似た人が過去に購入したものに基づいて読むべき小説を提案するという仕組みである．協調フィルタリングの技術はまだ始まったばかりだ．今後数年で，消費者の意思決定プロセスを単純化するウェブベースの新しい方法を数多く目にすることになるだろう（あとは誰かが，あなたがショッピング・ボット（最適な価格を求めて，ウェブ上の商品・サービスをくまなく探すソフトのこと）のおかげで見つけるすばらしい製品のすべての支払いをする簡単な方法を思いついてくれれば言うことはない！）．

研究者は，消費者がネット上で情報をどのように探しているか，特に多くのオンラインエージェントから受け取る推薦にどのように反応し，どのように製品選択に役立てているかを理解しようと懸命に努めている．電子的リコメンデーション・エージェント（electronic recommendation agent）は，ユーザーに自分の好みを伝えてもらうことで，意思決定者の製品カテゴリー別の属性の好みを理解しようとするソフトウェアツールで，与えられたデータに基づいて，これらの基準に見合う代替案を選別し，そのリストを提供する．これらのエージェントは実際に消費者の意思決定に影響を与えるように思えるが，快楽的属性（デザインや味）よりも実用的属性（栄養価などの機能）に基づいた提案をするときの方が，より効果が高いことを証拠が示している(78)．

開発者は常に電子的リコメンデーション・エージェントの能力改善に取り組み，消費者

が好むような新しいものを提案しているが、消費者は今も製品を検討するときには他者の意見に頼っている。オンラインショッピング利用者の約80%は、購入前にクチコミ評価を見て検討している。こうした評価を提供する人たちは、ブランド・アドボケート（brand advocates）と呼ばれる。Yahoo! ではオンラインで時間を過ごす人の40%はブランド提唱者で、彼らがそれ以外の1人か2人の購買決定に影響を与えていると見積もられる。この影響力を認めて戦略を調整しようとするマーケターは、それだけの価値があることを知った。例えば、アメリカのペット用品店のペトコ（PETCO）がオンライン広告に消費者のクチコミを含めたところ、クリック率が500%増加した[79]。

　ユーザーレビューに対する需要の急増が、今度はローカルビジネス情報のYelp（イェルプ）、レストラン情報の食べログ、旅行情報のトリップアドバイザー、家電情報の価格.comといったクチコミベースのサイトの創設を刺激している。例えば、Yelpは、街角のカフェから犬のトリマーまで、あらゆる店舗についての400万以上のレビューを提供している。こうしたサイトに投稿する時間のある人たちは、お金のためにそうしているわけではないが、優れた推薦への称賛という形で収入を生み出す。この報酬システムのことを、アナリストは評判経済（reputation economy）と呼んでいる。大勢の消費者がかなりの時間を割いてウィキペディアの項目を編集したり、ブランド提唱者として貢献したり、YouTubeに動画を投稿したりしているが、彼らはそのプロセスを楽しみ、知識アドバイザーとしての自分の評判を高めるためにそうしている[80]。

学習の目的5
人が決定を下すときには、よく知られた「基準」に従うことが多い。

ヒューリスティクス：メンタルな近道

　消費者は購買決定のたびに、頭の中で複雑なシミュレーションをしているのだろうか？
　最低限度の満足について既に論じたことを思い出してほしい。私たちは完璧ではないが十分とは思える選択で「妥協」することが何度もあるのではないだろうか？ ウェブサイトが正しい場所に導いてくれることを期待できないときには、選択をシンプルにするために他の決定ルールを使うことがよくある。例えば、ハルは長々と情報検索を続ける代わりに、いくつかの仮定をした。なかでも、彼は行きつけの家電量販店だけでも選択肢が十分すぎるほどあると考えたので、ライバル店にまでわざわざ選択の幅を広げようとは思わなかった[81]。

　限定的問題解決が選択前に生じるときには特に、消費者はすばやい決定を下すためにヒューリスティクス（heuristics）、すなわち自分の過去の経験をもとに頭の中に既にある

おおまかな基準に立ち戻る．これらのルールは非常に一般的なもの（「高価格の製品は高品質である」とか「前回と同じブランドを買おう」）から，非常に限定的なもの（「ドミノピザを買おう．母がいつも買っていたブランドだから」）まで幅広い[82]．ときには，こうした近道は最善の選択にはつながらないかもしれない．例えば，誰か知人が特定の車で問題を抱えたことがあると知っている人は，自分が車を買うときに，その車を買えば自分も同じようなトラブルに見舞われるだろうと思い，そのモデルが実際には優れた修理記録を持っていることを時間をかけて突き止めたりはしない[83]．

消費者は製品シグナルにどのように依存しているか

　消費者が頻繁に使用する近道の1つは，目にする属性から製品の隠れた側面を推察することである．こうした場合，目に見える要素は製品シグナル（product signal）として何らかの潜在的なクオリティを伝える．中古車を売ろうとするときに，車の外観をぴかぴ

コピー：パーティーでは，すべてが黄色になって欲しい．黄色がこれまでで最もかわいい色なので，黄色の風船や黄色のカップ，ケーキの上に黄色のアイシングが欲しい．ピンクを除いて！
パーティーでは，すべてがピンクになって欲しい．

消費者は経験則から自動的に好みの色やブランドを選ぶなどして，選択をシンプルにしている．

出典：iParty Retail Store Corp. 提供．

かにしておくのも，そのためだ．見込み客は車のメカニカルな状態を外観で判断することが多い．本当はぴかぴかのぽんこつ車を運転することになるかもしれないのに(84)．

　不完全な製品情報だけしか与えられていないときには，「共変動」(両者には関係がある)についての信念に基づいて判断を下すことが多い．これは実際には互いに影響するかもしれないし，そうではないかもしれない出来事を連想づけることを意味する(85)．例えば，買い物客は製品の質をメーカーの歴史の古さによって判断するかもしれない．製品の良し悪しと関連している消費者が信じやすい他のシグナルや属性には，よく知られたブランドネーム，原産国，価格，製品を売る小売店などが含まれる．残念ながら，消費者の多くは共変動の見積もり方が得意ではなく，証拠は反対のことを示しているのに誤った信念にしがみつくことが多い．第7章で論じた一貫性の原則とも似たプロセスで，消費者は自分の求めているものだけを見ようとする．言い換えれば，自分の推量を裏づける製品情報だけを探し，既に考えていることと矛盾する情報は無視するか，何らかの言い訳で排除してしまう(86)．例えば，ある調査では，スナックフードのパッケージをたくさんのクッキーとともに見た人は，そのボックスには実際にはもっと多くのクッキーが入っていると思い込んだ(87)．

マーケット・ビリーフ：多く支払うほどよいのか？

　消費者は，企業，製品，店舗について常に思い込みを形成している．これらのマーケット・ビリーフ(market beliefs)が，購買決定を導く近道になる．グリーンウォッシング(うわべだけの環境配慮行動)についての例が示すように，これらの信念は必ずしも正確とは限らない(88)．ハルが大きな「家電量販店」での買い物を選んだことを思い出してほしい．それは彼が，専門店よりも品揃えが豊富だろうと思い込んだからだ．表8.2は，研究者が明らかにしたマーケット・ビリーフのいくつかをリストアップしている．このうちのどれだけ多くに，あなたも当てはまるだろうか？

　高価格は高品質を意味するのか？　価格と質を結びつける仮定は，最も一般的なマーケット・ビリーフの1つだろう(89)．実際，初心者の消費者は価格を「唯一の」関連製品属性と考えるかもしれない．精通している者もこの情報を考慮するが，彼らは価格を，質の幅が広い製品(例：タオル)を評価するときの情報価値として使っている．質のレベルが標準化されていたり，厳密に規制されていたりするときには(例：今治タオル)，決定の際に価格を考慮に入れない．大部分においては，この信念は正しいことが示され，実際に支払った額に応じたものを手にすることが多い．しかし，このことには注意しなければならない——価格と質の関連は常に正しいというわけではない(90)．

表 8.2　マーケット・ビリーフ（market beliefs）の一般的な例

ブランド	・すべてのブランドは基本的に同じである． ・ジェネリック（ノーブランド）製品は，異なるラベルをつけて低価格で売られるネームブランドである． ・最善のブランドは最も買われているものだ． ・不確かなときには，国産ブランドが常に安全な選択になる．
店舗	・専門店は最善のブランドを知るためには良い場所だが，欲しいものが分かったときには，アウトレット店で買うほうが安い． ・店舗の特徴は，ウィンドウディスプレイに反映される． ・専門店の店員は，他の店の店員より知識が豊富である． ・大きな店は小さな店より買いやすい価格をつけている． ・地元経営の店舗はサービスが優れている． ・1つの製品で価値あるものを提供している店は，すべてのアイテムで優れた価値を提供している． ・信用買いと返品方針は，大型のデパートが最も寛大である． ・開業したばかりの店は通常魅力的な価格をつけている．
価格／割引／セール	・セールは通常，あまり売れない商品をさばくために実施される． ・常にセールをしている店で買っても，あまり倹約にはならない． ・1つの店の中では，高価格は通常は高品質を意味する．
広告と販売促進	・「強引な売り込み（ハードセル）」をする広告は，低品質の製品を連想させる． ・「景品」になるアイテムは，あまり価値がない（無料であっても）． ・クーポンは店から提供されるものではないので，顧客にとって本当の倹約を意味する． ・派手に広告された製品を買うときには，高品質ではなくラベルにお金を払っている．
製品／パッケージ	・大型の容器は小さいサイズのものと比べ，ほとんどいつも単価が安い． ・新製品は発表当初は高価である．時間が経つにつれ価格が下がる傾向にある． ・製品に何を求めるかが自分ではっきりしないときには，追加機能に投資するのが優れた考えになる．おそらく，あとになってからそれが欲しくなるからだ． ・一般に，合成製品は天然素材のものよりも質が劣る． ・市場に出たばかりの製品は避けた方がいい．メーカーが不良部分を修正するのに少し時間がかかるからだ．

出典：Calvin P. Duncan, "Consumer Market Beliefs: A Review of the Literature and an Agenda for Future Research," in Marvin E. Goldberg, Gerald Gorn, and Richard W. Pollay eds., *Advances in Consumer Research* 17 (Provo, UT: Association for Consumer Research, 1990) : 729-35.

製品シグナルとしての原産国

　ワインには，本当に個性があるだろうか？　最近は安い外国産の輸入食品が市場にあふれているので，日本のワイナリーならそう願うだろう．彼らは，消費者がフランス産の輸入ワインや，ブラジル産の輸入コーヒー，アラスカ産のサケを好むことを知っている．そこで,国産のワインを好むように消費者を説得したいと考える．長野県にあるワイナリー「ヴィラデスト　ガーデンファームアンドワイナリー」では，目の前に広がるブドウ畑から作られたワインとともに自社の農園でとれた野菜やハーブをメインにした食事が提供さ

れ，好評を博している(91)．

　生産者の「住所」が大事である．イタリア製の靴，スイス製の時計，フランス製の衣服，ドイツ製の高級車を買うことが好まれる．原産国（country of origin）が意思決定プロセスにおける決定要因になることも多い．消費者は特定のアイテムと特定の国と結びつけて考え，これらの国から来た製品は，その思い込みを利用しようとする．消費者自身の製品カテゴリーとの経験が，この属性の効果を和らげる．他の情報が入手できるときは，精通している者は原産国情報を無視することが多いが，初心者はそれに依存し続ける．しかし，他の情報が手に入らないか，あいまいな場合には，精通している者も初心者も製

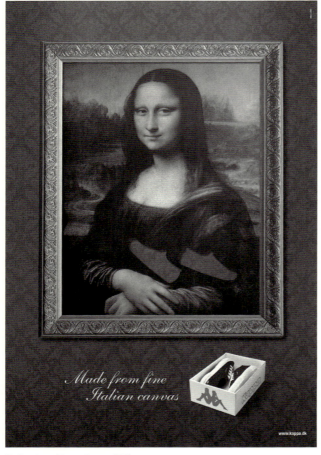

コピー：**素晴らしいイタリア製のキャンバスから作られました．**

製品のアドレスが重要であることを思い出させるオランダの靴の広告．

出典：Grey/Copenhagen 提供．

品の生産地を決定に役立てる.

「スワデシ」は，19世紀のインドで，イギリスがこの国をいくつかの地方に分割しようとしたときに，それへの抵抗として始まった民族主義運動である．運動の支持者はコカ・コーラなどの多国籍ブランドをボイコットし，インド製品を買うことで自分たちのイデオロギーを表現した．男性は「オールドスパイス」（コロンやアフターシェーブ）や「ジレット」を買う代わりに，「ゴドレジ（Godrej）」や「エマニ（Emani）」のシェイビングクリームを買い，女性は「ハロー」「オールクリア」「サンシルク」「ヘッド＆ショルダーズ」「パンテーン」などのインドで売られている欧米ブランドではなく，「ラクメ」「ニルマ」「ヴェルヴェット」などのシャンプーを使う[92]．自文化中心主義（ethnocentrism）は，外国よりも自国の製品や人物を好む傾向を意味する．自文化中心主義の消費者は外国産の製品を買うことが間違ったことだと考えがちで，その主な理由はそれによって国内経済に否定的な影響を与えるかもしれないからである．

「日本製品を買うこと」の望ましさを強調するマーケティング・キャンペーンは，明らかに自文化中心主義の消費者にアピールする．「消費者自文化中心主義スケール（CETSCALE＝Consumer Ethnocentric Scale）」はこの特質を測定している．自文化中心主義の消費者は次のような文面に同意する[93]：

- 外国産の製品を購入することは非日本的だ．
- すべての輸入品に制限がかけられるべきだ．
- 外国産の製品を買う日本人は，同じ日本人を失業に追い込むことに責任がある[94]．

なじみのブランドネームを選ぶのは，ロイヤルティからか習慣からか？

あるブランドと恋に落ちると，生涯のお気に入りになるかもしれない．ボストン・コンサルティング・グループが30製品カテゴリーのマーケットリーダーを対象に実施した調査によると，1930年にナンバーワンだった27のブランド（P＆Gのアイボリー石鹸やキャンベルスープ）が，50年以上たってもまだトップの地位にいた[95]．明らかに，「名の知れたブランドネームを選ぶ」ことは強力な経験則になる．この調査が示すように，いくつかのブランドはある意味では「よく知られていること」で知られている．消費者は，これほど多くの人が選ぶ製品なら，良いものに違いないと考えるのである．

消費者が競合ブランドよりナンバーワンブランドを好む傾向は非常に強く，科学者が地震学や言語学のような他の学問分野で見つけるパターンと似ているように思える．このパターンを表わすのが，ジップの法則（Zipf's Law）である．1930年代，ジョージ・キングズリー・ジップという言語学者が，一般的なカテゴリーを表現する名詞の前につける冠詞の「the」（最もよく使われる英単語）は，「of」（第2位）の約2倍，「and」（第3位）の約3倍の頻度で使われることを発見した．それ以降，科学者は地震の規模と頻度をは

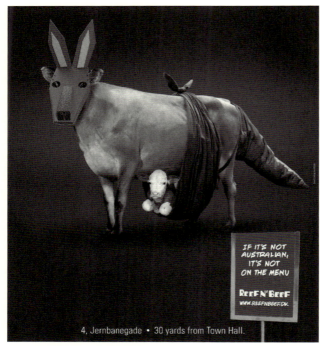

コピー：オーストラリア産でないものはメニューに載っていません．

マーケターは，このデンマークのレストランのように，しばしば原産国という手掛かりに基づいた消費者の期待に働きかける．

出典：Reef 'N Beef/Saatchi. 提供．

じめ，さまざまな自然現象や人工現象に同様の関係を見つけてきた．

　あるマーケティング・リサーチャーが，ジップの法則を消費者行動に応用することにした．彼の企業はオーストラリアの消費者に，使用しているトイレットペーパーとインスタントコーヒーのブランドを挙げ，好みの順にランク付けしてもらった．モデルが予測するように，人々は最上位の選択のトイレットペーパーに第2位のブランドのおよそ2倍の予算を使い，2位のブランドには3位のブランドの約2倍を，3位のブランドには4位のブランドの約2倍の予算を使っていた．このことから導き出される結論の1つは，そのカテゴリーで第2位から第1位に格上げされるブランドは，第4位から第3位に上がるブランドよりも，売上げが大幅にアップするということである．そして，市場を支配するブランドはすぐ後ろにいる競合ブランドより50％利益性が高いということになる[96]．

惰性：怠け者の消費者

　消費者の多くは，店に行くたびに同じブランドを買う傾向がある．多くの場合，これは惰性（inertiia）によるもので，単純に手間がかからないので，習慣から同じブランドを

買い続ける（第4章参照）．もしもっと安い製品が目に入れば（あるいは，もしいつもの製品が品切れだったら），気持ちを変えることをためらわない．この切り替えを促そうとする競合ブランドは，それほど苦労なくそれを達成できる．なぜならば，買い物客は適切な誘因があれば，ためらわずに新しいブランドに飛びつくからだ．実際，ある業界関係者はこの多様性を求めてブランドにこだわらない消費者を「ブランド・スラット」（slutはふしだら女，尻軽女の意）と呼んでいる．少しばかりきつい言い方だが，言いたいことは分かる[97]．

ブランド・ロイヤルティ：絶対確実な「友人」

この種の「混乱」は，もし本当のブランド・ロイヤルティが存在すれば生じないだろう．惰性とは対照的に，ブランド・ロイヤルティ（brand loyalty）は，同じブランドを買い続けるという意識的な決定を反映する反復的な購買行動を表わす[98]．この定義は，消費者は定期的にそのブランドを買うというだけでなく，ただ習慣から買うよりも強い肯定的態度をそのブランドに対して示していることを意味する．実際のところ，ブランドに忠実な消費者は単純に肯定的な態度をとるだけにとどまらないことさえある．その製品に夢中になっているのだ．これらの感情的な絆のために，真に忠実なユーザーは，企業がブランドを変更したり，デザインを変えたり，（あろうことか）好みのブランドを廃止したりすると，激しく反応する[99]．

学習の目的6
消費者は競合する選択肢を評価するときに，異なる決定ルールを用いる．

重要と思うときに用いる決定ルール

競合する製品の中からどれかを選ぶときには，決定の複雑さと，その選択がどれほど重要かによって異なる基準を用いていることが分かった．シンプルな経験則を使うこともあるが，代替案を注意深く検討することもある．深く考えて決定を下すときに用いるプロセスは，2つのカテゴリーに分けられる．「代償型（compensatory）」と「非代償型（noncompensatory）」である．こうしたルールのいくつかを議論する助けにするために，表8.3ではハルが考慮したテレビの属性を要約している．それでは，こうしたルールがどのように異なるブランド選択につながるかを見てみよう．

消費者が非代償型決定ルール（noncompensatory decision rules）を使うのは，ある属性で低水準の製品は，たとえ別の属性で優れていてもこの欠点を補えないと感じるときである．言い換えれば，何らかの基本的な基準に達しないものについては，すべての選

表8.3 テレビの仮説上の代替案

属性	重要性ランキング	ブランド査定		
		製品A	製品B	製品C
画面サイズ	1	とてもよい	とてもよい	とてもよい
音声再生	2	よくない	とてもよい	よい
ブランドの評判	3	とてもよい	とてもよい	よくない
画面上の番組表	4	とてもよい	よくない	よくない
3D視聴	5	よい	よい	よい
録画	6	とてもよい	よくない	よい

択肢を単純に排除する.「よく知られたブランドだけを買う」という決定ルールを使うハルのような消費者は,たとえ既存のものと同等か優れているものでも,新しいブランドを考慮しようとしない.製品カテゴリーになじみがないか,複雑な情報を処理しようとはあまり思わないときには,消費者はシンプルな,次に要約するような非代償型ルールを用いる[100].

辞書編纂型ルール. 消費者が「辞書編纂型ルール」を用いるときには,最も重要な属性に関して最も優れているブランドを選ぶ.もし2つ以上のブランドがその属性で同程度に優れていれば,次に重要な属性で比較する.この選択プロセスは,引き分け状態が崩れるまで続く.ハルの場合には,製品Aと製品B,製品Cのすべてのモデルが,彼の最も重要と考える属性(50インチ画面)では引き分けだったので,2番目に重要と考える属性,つまり音声再生機能で順位を決めた.

属性による排除ルール.「属性による排除ルール (elimination-by-aspects rule)」を使うときには,購入者はやはり最も重要な属性についてブランドを評価する.しかし,この場合には,特定の切り捨てポイントを設ける.例えば,もしハルがテレビの録画機能にもっと関心を持っていれば(つまり,それが重要性のランクでもっと高い位置にあれば),彼は自分の選択が「録画機能付きでなければならない」と定めただろう.ハルが悩んだ製品Aにはこの機能があり,製品Bにはなかったので,彼は製品Aを選んでいたはずだ.

連結型ルール. これまでの2つのルールは属性による処理を含むが,「連結型ルール (conjunctive rule)」はブランドによる処理を含む.属性による排除ルールの手続きと同じように,意思決定の過程でそれぞれの属性について切り捨てポイントを設定する.あるブランドがすべての基準を満たしていれば選ぶが,いずれかの基準を満たしていないブランドは拒否する.もしどのブランドも基準を満たしていなければ,選択を遅らせるか,

決定ルールを変えるか，適応する基準を変更するかもしれない．

　もしハルが，すべての属性に関して「よい」以上の査定でなければならないと考えていたとしたら，手に入る選択肢のどれも選ぶことができなかっただろう．その場合には，予算内でこうした高い基準を満たす製品を手に入れるのは不可能だと認め，決定ルールを変えていたかもしれない．おそらくハルは，画面上の番組表や録画機能はなしですませられると決め，再び製品Bを考えたことだろう．

代償型決定ルール

　非代償型ルールとは違い，**代償型決定ルール（compensatory decision rules）**は，製品にその欠点を補うチャンスを与える．このルールを採用する消費者は，購買への関与が高く，したがって，より厳しい方法で全体像の考慮という努力をする気持ちがある[101]．

　もし，製品特徴の良い面と悪い面が相殺されることを認めれば，まったく異なる選択にたどり着く．例えば，もしハルが映画館のような音声かどうかに関心がなかったとしたら，彼は製品Aを選んでいたかもしれない．しかし，このブランドはこの重要性の高い属性を持っていなかったので，彼が非代償型ルールを使っているときには，勝ち目はなかった．

　研究者は代償型ルールの2つの基本タイプを明らかにしている．もし消費者が肯定的な属性を最も多く備えた代替案を選ぶのであれば，その人は「**単純加算ルール（simple additive rule）**」を使っている．これは，情報を処理する能力または動機づけが限定されているときに最もよく使われる．消費者にとってのこのアプローチの欠点の1つは，これらの属性のいくつかは大きな意味を持つものでも重要なものでもないかもしれないということである．製品の恩恵を長々と述べる広告は，説得力はあるかもしれないが，挙げている恩恵の多くは実際にはその製品クラスでは標準的なものなのである．

　「**重みつき加算ルール（weighted additive rule）**」はより複雑である[102]．このルールを用いるときには，消費者は肯定的に評価した属性の相対的重要性も考慮に入れている．基本的には重要性の重みによってブランドの査定を高めている．もしこのプロセスに聞き覚えがあると思うなら，それも当然だろう．この計算プロセスは，第7章で説明した多属性態度モデルによく似ている．

章のまとめ

　この章を読み終えた時点で，理解しているべきこと：

1. 消費者の意思決定は消費者行動の中心だが，製品を評価し選ぶ方法（そして，こうした選択に際してどれだけ考慮するか）は，目新しさや決定に含まれるリスクなどによって，さまざまに異なる．

　消費者はほとんどいつも製品について決断を下さなければならない．こうした決定のいくつかは非常に重要なもので，多大な努力を投じるが，ほとんど自動的なプロセスで決めているものもある．意

思決定の作業は，さらに複雑なものになる．消費者ハイパー選択によって特徴づけられる市場環境で多くの決断をしなければならないからである．

意思決定の理論は，人々が時間をかけて身につける習慣に注目するものから，消費者が選択の前に情報を注意深く集め分析しなければならない大きなリスクを伴う新奇な状況まで，さまざまある．消費者の決断はかなりの部分が自動化され，その大部分を習慣によってこなしている．この傾向は，マーケターがサイレント・コマースを可能にする洗練された製品を発表するようになったことで，ますます加速している．サイレント・コマースは，製品が文字通り，自らの購買決定をしている状況である（例：故障した機器が修理人に直接コンタクトをとる）．

2. **購買決定は，実際には一連の段階から成り立っており，競合する選択肢の中から最終的に１つの製品の選択に至る．**

典型的な決定プロセスはいくつかの段階を経る．第一が問題認識で，何らかの行動をとらなければならないと気づく．この認識は，現在持っているものの不備，あるいは何か新しいものへの欲求を持つときに生じるかもしれない．

消費者が問題を認識し，何らかの行動を必要とするほど重要だとみなせば，情報検索のプロセスを始める．この検索は自分が以前に同様の問題を解決するために何をしたか記憶をたどるという単純なものから，集中的な実地調査でさまざまな情報源からできるだけ多くの情報を集めて検討することまで幅広い．多くのケースで，人々は驚くほどわずかな検索作業しかしていない．その代わりに，彼らはブランドネームや価格のようなさまざまな近道に依存するか，単純に他人の選択を模倣する．

代替案評価の段階では，考慮する代替製品が想起集合を構成する．その中に含まれるものは，通常同じ特徴を共有し，同じカテゴリーに分類される．その人が頭の中で製品をどう分類するかが，どの代替案を考慮するかに影響を与え，通常は特定のいくつかのブランドをこうしたカテゴリーに強く結びつける（つまり，カテゴリーを代表するブランドということ）．

3. **意思決定は必ずしも合理的なものではない．**

行動経済学の分野の研究は，意思決定が必ずしも厳密には合理的ではないことを示している．メンタル・アカウンティングの原則は，問題が提示される（「フレーミング」と呼ばれる）方法と，それが損得という点で提示されるかどうかで，決定に影響することを示している．

4. **オンライン情報源へのアクセスは，何を買うかの決定方法に変化をもたらしている．**

ワールド・ワイド・ウェブ（WWW）は，多くの消費者が情報を検索する方法を変えた．現在では，私たちの問題はより多くの情報を探すことより，過度の詳細を省くことになっている．価格比較サイトと知的エージェントが，検索プロセスをフィルターにかけ導く助けになる．消費者は意思決定プロセスを簡素化する方法として，莫大な量の情報を選別するための，ポータルサイトのようなサイバーメディアリーに依存するかもしれない．

5. **人が決定を下すときには，深く学習された「経験則」を当てにすることが多い．**

非常に多くの場合に，消費者は意思決

定を簡素化するために経験則，つまり頭の中にある大まかな基準を使う．長い時間をかけて多くのマーケット・ビリーフを発達させてもいる．最も一般的な信念は，価格を見ることで質を決められると考えていることである．他の経験則には，よく知られたブランドネームや製品の原産国を質のシグナルとして使うものもある．1つのブランドを長期間買い続けているときには，このパターンは真のブランド・ロイヤルティの結果であることもあれば，単純にそれが最も簡単だからという惰性にすぎないかもしれない．

6. **消費者は競合する選択肢を評価するときに，異なる決定ルールを用いる．**

　消費者が最終的に代替案の中から製品を選択しなければならなくなると，いくつかの決定ルールのうちのどれかを使う．非代償型ルールは，選んだ基準のどれかに満たない代替案を除外する．代償型ルールは，高関与の状況に取り入れられることが多く，全体を見て最善の選択に到達するために，それぞれの代替案のよい点と悪い点を考慮するために使われる．

キーワード

アンカリング（anchoring）　415
ヴァラエティ・シーキング（variety seeking）　413
遠視（hyperopia）　415
拡張的問題解決（extended problem solving）　404
カテゴリー代表例（category exemplars）　428
機能過多（feature creep）　428
偶発的ブランド露出（incidental brand exposure）　417
経験的パースペクティブ（experiential perspective）　404
決定要因属性（determinant attributes）　430
ゲームベースド・マーケティング（game-based marketing）　405
検索エンジン（search engines）　410
原産国（country of origin）　438
限定合理性（bounded rationalty）　411
限定的問題解決（limited problem solving）　405
行動経済学（behavioral economics）　415
行動的影響パースペクティブ（behavioral influence perspective）　403
購買推進力（purchase momentum）　403
合理的パースペクティブ（rational perspective）　402
考慮集合（consideration set）　422
最大化（maximizing）　411
サイバーメディアリー（cybermediary）　432
シシューポス効果（Sisyphus Effect）　412
ジップの法則（Zipf's Law）　439
自文化中心主義（ethnocentrism）　439
習慣的意思決定（habitual decision making）　406
消費者ハイパー選択（consumer hyperchoice）　401
情報検索（information search）　409
製品シグナル（product signal）　435
想起集合（evoked set）　422
ソーシャルゲーム（social game）　405
代償型決定ルール（compensatory decision rules）　443
惰性（inertia）　440
多様化健忘症（variety amnesia）　413
知覚リスク（perceived risk）　421
知識構造（knowledge structure）　425
知的エージェント（intelligent agents）　433
電子的リコメンデーション・エージェント（electronic recommendation agent）　433
ニューロマーケティング（neuromarketing）　430

認知処理様式（cognitive processing style）403
非代償型決定ルール（noncompensatory decision rules）441
ヒューリスティクス（heuristics）434
評価基準（evaluative criteria）429
評判経済（reputation economy）434
ブランド・アドボケート（brand advocates）434
ブランド・ロイヤルティ（brand loyalty）441
フレーミング（framing）414
プロスペクト理論（prospect theory）416
マーケット・ビリーフ（market beliefs）436
満足解（satisficing）411
無知の幸福効果（blissful ignorance effect）420
メンタル・アカウンティング（mental accounting）414
問題認識（problem recognition）408
ロングテール（long tail）433

復習

1. なぜ「頭を使わない」意思決定が，実際には何を買うかを熟慮するより効率的になりうると言えるのか？
2. 合理的意思決定モデルのステップを答えなさい．
3. 購買推進力とは何か，それは合理的意思決定モデルにどう関連しているか（あるいはしていないか）？
4. 意思決定における行動的影響理論と経験理論の違いは何か？　それぞれの理論で説明できる購買タイプの例を挙げなさい．
5. 消費者にとって問題が生じる２つの形を挙げなさい．
6. サンクコストの誤謬の例を挙げなさい．
7. プロスペクト理論とは何か？　それは人が合理的意思決定者だという主張を支持するだろうか？
8. 消費者の知識レベルと，ある製品についての情報検索量との関係を表現しなさい．
9. 知覚リスクの３つの種類と，それぞれの例を１つ挙げなさい．
10. 「マーケターは製品を市場に発表する時点で，その製品が約束通りのものを確実に提供するようにしなければならない」．この言葉は消費者の想起集合について私たちが知っていることとどのように関連しているか？
11. 上位カテゴリー，基本カテゴリー，下位カテゴリーの違いを表現しなさい．
12. カテゴリー事例の例を挙げなさい．
13. 消費者が製品の質のシグナルとして使う製品属性を３つ，それぞれの例を１つずつ挙げなさい．
14. ブランドネームはヒューリスティクスとしてどのように働くか？
15. 惰性とブランド・ロイヤルティの違いを表現しなさい．
16. 非代償型決定ルールと代償型決定ルールの違いは何か？　それぞれ１つ例を挙げなさい．

討議と応用

■ 討論せよ

1. この章は，現在の消費者の多くにとって，十分な選択肢がないことではなく，選択肢がありすぎることが大きな問題だと論じている．あなたは同意するか？　何事も行き過ぎはよくないのだろうか？
2. アメリカの消費者団体のコマーシャル・アラート（Commercial Alert）は，ニューロマーケティングには非常に批判的な立場をとっている．この団体の事務局長はこう書いている．「もし企業のマーケターや政治コンサルタントが文字通り私たちの脳の中をのぞき，スーパーマーケットや投票所での選択につながるような神経

活動を図に示すことができるとしたら，この国はどのようになっていくだろう？彼らが何らかの手段でこの神経活動を刺激し，私たちの行動を自分たちの目標に役立つものに変えられるとしたら？」[103] あなたはどのように考えるか？ ニューロマーケティングは危険だろうか？

3. もし人々が必ずしもいつも合理的な意思決定者でないのなら，彼らがどのように購買決定をしているかを研究する努力は価値があるだろうか？ マーケターは経験的消費を理解し，この知識をマーケティング戦略に役立てるために，どのようなテクニックを取り入れることができるだろう？

4. 消費者の想起集合に，既に拒絶された製品を入れるのは，なぜ難しいのだろう？

    この目標を達成するために，マーケターはどんな戦略をとれるだろう？

5. 2つの非代償型決定ルールについて，その違いを中心に討論しなさい．その一方を使うことで，製品選択はどのように変わってくるだろう？

6. ソーシャルゲームは将来どのようになっていくだろう？ これらの活動のマーケティング活動への可能性をあなたはどのように評価するか？

7. テクノロジーには私たちの生活を容易にする可能性がある．インターネット上で本当に関心を引く情報にアクセスするために，がらくたを選り分けて減らしてくれるからである．しかし，私たちや私たちによく似た人たちが過去の選んだものだけに基づいて推薦する知的エージェントは私たちに制限を与え，セレンディピティを通じて何かに遭遇するチャンスを引き下げてしまう（例：聞いたことのないテーマの本や，いつも聴いているものとは異なるタイプの音楽グループ）．「ショッピング・ボット」の拡散は，似たようなものばかりを提供することで，消費者の生活を予想可能なものにしすぎているのだろうか？ もしそうなら，これは問題だろうか？

8. ブログやウェブサイト上への製品評価の投稿の多くは，偽者だったり消費者の意見を変えるために投稿されていることが明らかになってきた．もし消費者が自分の購買決定に役立てるために，他の消費者のクチコミを頼りにする傾向が増しているのなら，これは大きな問題だろうか？

    もしあるとすれば，マーケターはこの問題をつぼみのうちに摘み取るためにどのようなステップをとれるだろう？

9. この章では，人々は環境の中の非常に微妙な手掛かりに反応し，これらの効果にまったく気づかないこともあると記している．マーケターはこれらの影響を利用することができるだろうか，あるいは利用すべきだろうか？

■ 応用せよ

1. ウェブ上の電子的リコメンデーション・エージェントの例をいくつか見つけ，評価しなさい．それらは役に立つだろうか？

    あなたが閲覧するサイトのどのような特徴が，それを見なければ買っていなかったであろう製品を買いたいと思わせるだろうか？

2. 過去に，いくつかの中国製製品（歯磨き粉やおもちゃを含む）が，危険または死に至るおそれもあるとして回収された．ある調査では，アメリカ人回答者の約30%が，この騒ぎの結果，一部の中国製製品の購入をやめた，あるいは普段から中国から来た製品は買っていないと答えた[104]．もし中国政府が自国産の製品の評判になされたダメージを回復するために，あなたをコンサルタントに雇ったとしたら，あなたはどのような行動をすす

3. 表8.2のマーケット・ビリーフのリストを参考に，調査を実施しなさい．人々はこうした信念に同意するだろうか，そしてこれらは人々の購買決定にどれほどの影響を与えているだろう？
4. ペプシは賞味期限の表示を取り入れ，これが重要な製品属性であることを消費者に訴えようとした．別の製品カテゴリーのための同様の戦略として，まったく新しい製品属性を考案しなさい．あなたなら，その属性を顧客にどのように伝えるだろうか？
5. この章が表現している製品分類の3つのレベルを定義しなさい．フィットネス・クラブ用にこの3レベルを図表に表わすとどうなるか？
6. 定期的に食料品店で買い物をしている友人か親を選び，一学期間の一般的な消費財の購入を記録しなさい．購買の一貫性から見て，どれかの製品カテゴリーにブランド・ロイヤルティの証拠が見つかるだろうか？ もしそうなら，その人にこれらの購買についてたずね，その選択が真のブランド・ロイヤルティか，惰性かを判断しなさい．この2つを区別するために，どのようなテクニックが使えるだろうか？
7. 3人のグループを作り，1つの製品を選んで，消費者意思決定の3種類のアプローチ（合理的，経験的，行動的影響）のそれぞれに基づいたマーケティングプランを考案しなさい．3つの理論が強調するものの間で最大の違いは何か？ あなたが選んだ製品のための最も可能性の高い問題解決活動のタイプはどれだろう？ 製品のどのような特徴がそうさせるのか？
8. 大きな買い物をしようとしている人を探し，何を買うかを決める前に利用する情報源のすべてを時系列でリストにしなさい．その人が使っている情報源の種類はどう特徴づけられるだろう（内部検索か外部検索か，メディアを利用しているか人脈を利用しているか）？ どの情報源がその人の購買決定に最も影響を与えたと思われるか？
9. 原産国のステレオタイプを調査しなさい．5カ国のリストを作り，人々に国から連想される製品をたずねてみると，製品をどのように評価しているだろう？ また，これらの製品に考えられる属性は何か？

原産国のステレオタイプの力は，別の形でも示される．ある製品について，特徴などを含む要約を作り，人々に質，購買の可能性などをたずねなさい．製品についての表現を，原産国だけを変えたヴァージョンで試してみると，それによって評価は変わるだろうか？
10. 友人の1人に最近の買い物で，他のものではなくそのブランドを選ぶために使われたプロセスをすべて話してもらいなさい．この描写に基づいて，その友人が用いた可能性が最も高い決定ルールが突き止められるだろうか？
11. 意思決定における先入観についてのセクションで述べたシナリオの1つを，10〜20人に示しなさい．あなたが得る結果は，この章で報告されたものと比べてどうだろう？
12. あなたが最近オンラインで購入した製品を思い出して，情報検索のプロセスを表現しなさい．その製品が欲しい，または必要だと認識したきっかけは何だっただろう？ 代替案をどう評価したか？ 最終的にオンラインで購入することにしたのか？ その理由，またはそうしなかった理由は？ 従来の店舗ではなくオンラインで何かを買おうと思う要因にはどのようなものがあるだろう？

参考文献

1. David Glen Mick, Susan M. Broniarczyk, and Jonathan Haidt, "Choose, Choose, Choose, Choose, Choose, Choose, Choose: Emerging and Prospective Research on the Deleterious Effects of Living in Consumer Hyperchoice," *Journal of Business Ethics* 52 (2004): 207-11; see also Barry Schwartz, *The Paradox of Choice: Why More Is Less* (New York: Ecco, 2005).
2. Simona Botti, Kristina Orfali, and Sheena S. Iyengar, "Tragic Choices: Autonomy and Emotional Responses to Medical Decisions," *Journal of Consumer Research* 36 (October 2009): 337-52; cf. also Hazel Rose Markus and Barry Schwartz, "Does Choice Mean Freedom and Well Being" *Journal of Consumer Research* 37, no. 2 (2010): 344-55.
3. Itamar Simonson, Joel Huber, and John Payne, "The Relationship between Prior Brand Knowledge and Information Acquisition Order," *Journal of Consumer Research* 14 (March 1988): 566-78.
4. John R. Hauser, Glenn L. Urban, and Bruce D. Weinberg, "How Consumers Allocate Their Time when Searching for Information," *Journal of Marketing Research* 30 (November 1993): 452-66; George J. Stigler, "The Economics of Information," *Journal of Political Economy* 69 (June 1961): 213-25. For a set of studies focusing on online search costs, see John G. Lynch, Jr., and Dan Ariely, "Wine Online: Search Costs and Competition on Price, Quality, and Distribution," *Marketing Science* 19, no. 1 (2000): 83-103.
5. John C. Mowen, "Beyond Consumer Decision-Making," *Journal of Consumer Marketing* 5, no. 1 (1988): 15-25.
6. Richard W. Olshavsky and Donald H. Granbois, "Consumer Decision-Making—Fact or Fiction," *Journal of Consumer Research* 6 (September 1989): 93-100.
7. Ravi Dhar, Joel Huber, and Uzma Khan, "The Shopping Momentum Effect," paper presented at the Association for Consumer Research, Atlanta, GA, October 2002.
8. Thomas P. Novak and Donna L. Hoffman, "The Fit of Thinking Style and Situation: New Measures of Situation-Specific Experiential and Rational Cognition," *Journal of Consumer Research* 36 (December 2009): 56-72.
9. James R. Bettman, "The Decision Maker Who Came in from the Cold" (presidential address), in Leigh McAllister and Michael Rothschild, eds., *Advances in Consumer Research 20* (Provo, UT: Association for Consumer Research, 1993): 7-11; John W. Payne, James R. Bettman, and Eric J. Johnson, "Behavioral Decision Research: A Constructive Processing Perspective," *Annual Review of Psychology* 4 (1992): 87-131. For an overview of recent developments in individual choice models, see Robert J. Meyers and Barbara E. Kahn, "Probabilistic Models of Consumer Choice Behavior," in Thomas S. Robertson and Harold H. Kassarjian, eds., *Handbook of Consumer Behavior* (Upper Saddle River, NJ: Prentice Hall, 1991): 85-123.
10. Mowen, "Beyond Consumer Decision-Making."
11. The Fits-Like-a-Glove (FLAG) framework is a decision-making perspective that views consumer decisions as a holistic process shaped by the person's unique context; cf. Douglas E. Allen, "Toward a Theory of Consumer Choice as Sociohistorically Shaped Practical Experience: The Fits-Like-a-Glove (FLAG) Framework," *Journal of Consumer Research* 28 (March 2002): 515-32.
12. Material in this section is adapted and abridged from Tracy Tuten and Michael R. Solomon, *Social Media Marketing* (Upper Saddle River, NJ: Pearson Education, 2012).
13. Joseph W. Alba and J. Wesley Hutchinson, "Dimensions of Consumer Expertise," *Journal of Consumer Research* 13 (March 1988): 411-54.
14. Jean Halliday, "With Fusion Campaign, Ford Targets 'Upper Funnel' Car Buyers: $60M to $80M Ad Blitz Aimed at Consumers Not Yet Ready to Buy New Vehicle," *Advertising Age* (March 2, 2009), www.advertisingage.com, accessed March 2, 2009.
15. Gordon C. Bruner, II, and Richard J. Pomazal, "Problem Recognition: The Crucial First Stage of the Consumer Decision Process," *Journal of Consumer Marketing* 5, no. 1 (1988): 53-63.
16. For a study that examined tradeoffs in search behavior among different channels, cf. Judi Strebel, Tulin Erdem, and Joffre Swait, "Consumer Search in High Technology Markets: Exploring the Use of Traditional Information Channels," *Journal of Consumer Psychology* 14, nos. 1 & 2 (2004): 96-104.

17. Peter H. Bloch, Daniel L. Sherrell, and Nancy M. Ridgway, "Consumer Search: An Extended Framework," *Journal of Consumer Research* 13 (June 1986): 119-26.
18. David Leonhardt, "The Neighbors as Marketing Powerhouses," *New York Times* (June 13, 2005), www.nytimes.com, accessed June 13, 2005.
19. Girish Punj, "Presearch Decision-Making in Consumer Durable Purchases," *Journal of Consumer Marketing* 4 (Winter 1987): 71-82.
20. Laurie Peterson, "Study Places Value on Marketing at Consumer Research Stage," *Marketing Daily* (June 27, 2007), www.mediapost.com, accessed June 27, 2007.
21. Greg Sterling, "Search + Social Media Increases CTR by 94 Percent: Report," *Search Engine Land* (February 28, 2011), http://searchengineland.com/search-social-media-increases-ctr-by-94-percent-report-66231?utm_source=feedburner&utm_medium=feed&utm_campaign=Feed%3A+search engineland+%28Search+Engine+Land%3A+Main+Feed%29, accessed April 30, 2011.
22. Alex Mindlin, "Buyers Search Online, but Not by Brand," *New York Times* (March 13, 2006), www.nytimes.com, accessed March 13, 2006.
23. Francois A. Carrillat, Daniel M. Ladik, and Renaud Legoux, "When the Decision Ball Keeps Rolling: An Investigation of the Sisyphus Effect among Maximizing Consumers," *Marketing Letters* (September 2010): 1-14.
24. Cathy J. Cobb and Wayne D. Hoyer, "Direct Observation of Search Behavior," *Psychology & Marketing* 2 (Fall 1985): 161-79.
25. Sharon E. Beatty and Scott M. Smith, "External Search Effort: An Investigation across Several Product Categories," *Journal of Consumer Research* 14 (June 1987): 83-95; William L. Moore and Donald R. Lehmann, "Individual Differences in Search Behavior for a Nondurable," *Journal of Consumer Research* 7 (December 1980): 296-307.
26. Geoffrey C. Kiel and Roger A. Layton, "Dimensions of Consumer Information Seeking Behavior," *Journal of Marketing Research* 28 (May 1981): 233-39; see also Narasimhan Srinivasan and Brian T. Ratchford, "An Empirical Test of a Model of External Search for Automobiles," *Journal of Consumer Research* 18 (September 1991): 233-42.
27. David F. Midgley, "Patterns of Interpersonal Information Seeking for the Purchase of a Symbolic Product," *Journal of Marketing Research* 20 (February 1983): 74-83.
28. Cyndee Miller, "Scotland to U.S.: 'This Tennent's for You,'" *Marketing News* (August 29, 1994): 26.
29. Jeff Galak, Joseph P. Redden, and Justin Kruger (2009), "Variety Amnesia: Recalling Past Variety Can Accelerate Recovery from Satiation," *Journal of Consumer Research* 36, no. 4 (2009): 575-84.
30. Rebecca K. Ratner, Barbara E. Kahn, and Daniel Kahneman, "Choosing Less-Preferred Experiences for the Sake of Variety," *Journal of Consumer Research* 26 (June 1999): 1-15.
31. Harper A. Roehm and Michelle L. Roehm, "Revisiting the Effect of Positive Mood on Variety Seeking," *Journal of Consumer Research* 32 (September 2005): 330-36; Satya Menon and Barbara E. Kahn, "The Impact of Context on Variety Seeking in Product Choices," *Journal of Consumer Research* 22 (December 1995): 285-95; Barbara E. Kahn and Alice M. Isen, "The Influence of Positive Affect on Variety Seeking among Safe, Enjoyable Products," *Journal of Consumer Research* 20 (September 1993): 257-70.
32. J. Jeffrey Inman, "The Role of Sensory-Specific Satiety in Consumer Variety Seeking among Flavors" (unpublished manuscript, A. C. Nielsen Center for Marketing Research, University of Wisconsin-Madison, July 1999).
33. Steven J. Levitt and Stephen G. Dubner, *Freakonomics: A Rogue Economist Explores the Hidden Side of Everything* (New York, NY: Harper Perennial, 2009); Dan Ariely, *Predictably Irrational: The Hidden Forces That Shape Our Decisions* (New York, NY: HarperCollins, 2008).
34. Beth Snyder Bulik, "Behavioral Economics Helping Marketers Better Understand Consumers Practice Gives Advertisers Insight into Shoppers' Brand Selection," *Ad Age CMO Strategy* (July 26, 2010), http://adage.com/article/cmo-strategy/behavioral-economics-helping-marketers-understand-consumers/145091/, accessed April 17, 2011; cf. also Robin L. Soster, Ashwani Monga and William O. Bearden, "Tracking Costs of Time and Money: How Accounting Periods Affect Mental Accounting," *Journal of Consumer Research* 37, no. 4 (2010): 712-21.
35. Quoted in John Tierney, "Oversaving, a Burden for Our Times," *New York Times* (March 23, 2009), www.nytimes.com/2009/03/24/

36. Gary Belsky, "Why Smart People Make Major Money Mistakes," *Money* (July 1995): 76; Richard Thaler and Eric J. Johnson, "Gambling with the House Money or Trying to Break Even: The Effects of Prior Outcomes on Risky Choice," *Management Science* 36 (June 1990): 643-60; Richard Thaler, "Mental Accounting and Consumer Choice," *Marketing Science* 4 (Summer 1985): 199-214.
37. Daniel Kahneman and Amos Tversky, "Prospect Theory: An Analysis of Decision under Risk," *Econometrica* 47 (March 1979): 263-91; Timothy B. Heath, Subimal Chatterjee, and Karen Russo France, "Mental Accounting and Changes in Price: The Frame Dependence of Reference Dependence," *Journal of Consumer Research* 22, no. 1 (June 1995): 90-97.
38. Peter Lieberman and David Pizarro, "All Politics Is Olfactory," *New York Times* (October 23, 2010), http://www.nytimes.com/2010/10/24/opinion/24pizarro.html?_r=1&ref=todayspaper, accessed April 29, 2011.
39. Thaler, "Mental Accounting and Consumer Choice," p. 206.
40. Girish N. Punj and Richard Staelin, "A Model of Consumer Search Behavior for New Automobiles," *Journal of Consumer Research* 9 (March 1983): 366-80. For recent work on online search that decomposes search strategies in terms of type of good, cf. Peng Huang, Nicholas H. Lurie, and Sabyasachi Mitra, "Searching for Experience on the Web: An Empirical Examination of Consumer Behavior for Search and Experience Goods," *Journal of Marketing*, 73 (March 2009), 55-69.
41. Cobb and Hoyer, "Direct Observation of Search Behavior"; Moore and Lehmann, "Individual Differences in Search Behavior for a Nondurable"; Punj and Staelin, "A Model of Consumer Search Behavior for New Automobiles"; Brian T. Ratchford, M. S. Lee, and D. Toluca, "The Impact of the Internet on Information Search for Automobiles," *Journal of Marketing Research* 40, no. 2 (2003): 193-209.
42. James R. Bettman and C. Whan Park, "Effects of Prior Knowledge and Experience and Phase of the Choice Process on Consumer Decision Processes: A Protocol Analysis," *Journal of Consumer Research* 7 (December 1980): 234-48.
43. Alina Tugend, "Some Blissful Ignorance Can Cure Chronic Buyer's Remorse," *New York Times* (March 15, 2008), www.nytimes.com/2008/03/15/Business/15shortcuts.Html?Scp=1&Sq=Tugend&St=Nyt, accessed March 15, 2008.
44. Alba and Hutchinson, "Dimensions of Consumer Expertise"; Bettman and Park, "Effects of Prior Knowledge and Experience and Phase of the Choice Process on Consumer Decision Processes"; Merrie Brucks, "The Effects of Product Class Knowledge on Information Search Behavior," *Journal of Consumer Research* 12 (June 1985): 1-16; Joel E. Urbany, Peter R. Dickson, and William L. Wilkie, "Buyer Uncertainty and Information Search," *Journal of Consumer Research* 16 (September 1989): 208-15.
45. For an interpretive treatment of risk, cf. Craig J. Thompson, "Consumer Risk Perceptions in a Community of Reflexive Doubt," *Journal of Consumer Research* 32, no. 2 (2005): 235.
46. Mary Frances Luce, James R. Bettman, and John W. Payne, "Choice Processing in Emotionally Difficult Decisions," *Journal of Experimental Psychology: Learning, Memory, & Cognition* 23 (March 1997): 384-405; example provided by Professor James Bettman, personal communication (December 17, 1997).
47. Some research suggests that structural elements of the information available, such as the number and distribution of attribute levels, will influence how items in a consideration set are processed; cf. Nicholas H. Lurie, "Decision-Making in Information-Rich Environments: The Role of Information Structure," *Journal of Consumer Research* 30 (March 2004): 473-86.
48. John R. Hauser and Birger Wernerfelt, "An Evaluation Cost Model of Consideration Sets," *Journal of Consumer Research* 16 (March 1990): 393-408.
49. Robert J. Sutton, "Using Empirical Data to Investigate the Likelihood of Brands Being Admitted or Readmitted into an Established Evoked Set," *Journal of the Academy of Marketing Science* 15 (Fall 1987): 82.
50. Cf., for example, Kenneth C. Manning and David E. Sprott, "Price Endings, Left-Digit Effects, and Choice," *Journal of Consumer Research* 36, no. 2 (2009): 328-35; Sandra J. Milberg, Francisca Sinn, and Ronald C. Goodstein, "Consumer Reactions to Brand Extensions in a Competitive

Context: Does Fit Still Matter?" *Journal of Consumer Research* 37, no. 3 (2010): 543-53; David Sleeth-Keppler and Christian S. Wheeler, "A Multidimensional Association Approach to Sequential Consumer Judgments," *Journal of Consumer Psychology* 21, no. 1 (2011): 14-23; Aner Sela, Jonah Berger, and Wendy Liu, "Variety, Vice, and Virtue: How Assortment Size Influences Option Choice," *Journal of Consumer Research* 35, no. 6 (2009): 941-51.
51. Stuart Elliott, "A Brand Tries to Invite Thought," *New York Times* (September 7, 2007), www.nytimes.com, accessed September 7, 2007.
52. Cyndee Miller, "Hemp Is Latest Buzzword," *Marketing News* (March 17, 1997): 1.
53. Alba and Hutchison, "Dimensions of Consumer Expertise"; Joel B. Cohen and Kunal Basu, "Alternative Models of Categorization: Toward a Contingent Processing Framework," *Journal of Consumer Research* 13 (March 1987): 455-72.
54. Robert M. McMath, "The Perils of Typecasting," *American Demographics* (February 1997): 60.
55. Eleanor Rosch, "Principles of Categorization," in E. Rosch and B. B. Lloyd, eds., *Recognition and Categorization* (Hillsdale, NJ: Erlbaum, 1978); cf. also Joseph Lajos, Zsolt Katona, Amitava Chattopadhyay, and Miklos Savary, "Category Activation Model: A Spreading Activation Network Model of Subcategory Positioning when Categorization Uncertainty Is High," *Journal of Consumer Research* 36, no. 1 (June 2009): 122-36.
56. Michael R. Solomon, "Mapping Product Constellations: A Social Categorization Approach to Symbolic Consumption," *Psychology & Marketing* 5, no. 3 (1988): 233-58.
57. McMath, "The Perils of Typecasting."
58. Elizabeth C. Hirschman and Michael R. Solomon, "Competition and Cooperation among Culture Production Systems," in Ronald F. Bush and Shelby D. Hunt, eds., *Marketing Theory: Philosophy of Science Perspectives* (Chicago: American Marketing Association, 1982): 269-72.
59. Michael D. Johnson, "The Differential Processing of Product Category and Noncomparable Choice Alternatives," *Journal of Consumer Research* 16 (December 1989): 300-39.
60. Mita Sujan, "Consumer Knowledge: Effects on Evaluation Strategies Mediating Consumer Judgments," *Journal of Consumer Research* 12 (June 1985): 31-46.
61. Rosch, "Principles of Categorization."
62. Joan Meyers-Levy and Alice M. Tybout, "Schema Congruity as a Basis for Product Evaluation," *Journal of Consumer Research* 16 (June 1989): 39-55.
63. Mita Sujan and James R. Bettman, "The Effects of Brand Positioning Strategies on Consumers' Brand and Category Perceptions: Some Insights from Schema Research," *Journal of Marketing Research* 26 (November 1989): 454-67.
64. See William P. Putsis, Jr., and Narasimhan Srinivasan, "Buying or Just Browsing? The Duration of Purchase Deliberation," *Journal of Marketing Research* 31 (August 1994): 393-402.
65. Robert E. Smith, "Integrating Information from Advertising and Trial: Processes and Effects on Consumer Response to Product Information," *Journal of Marketing Research* 30 (May 1993): 204-19.
66. Ronald Alsop, "How Boss's Deeds Buff a Firm's Reputation," *Wall Street Journal* (January 31, 2007): B1.
67. 「ロクシタン（仏自然派化粧品メーカー）「南仏」で世界を攻める」『日経ビジネス』2010年10月18日号, pp.50-54.
68. Jack Trout, "Marketing in Tough Times," *Boardroom Reports* 2 (October 1992): 8.
69. Stuart Elliott, "Pepsi-Cola to Stamp Dates for Freshness on Soda Cans," *New York Times* (March 31, 1994): D1; Emily DeNitto, "Pepsi's Gamble Hits Freshness Dating Jackpot," *Advertising Age* (September 19, 1994): 50.
70. Natasha Singer, "Making Ads That Whisper to the Brain," *New York Times* (November 13, 2010), http://www.nytimes.com/2010/11/14/business/14stream.html?_r=1&ref=technology, accessed April 17, 2011; Martin Reimann, Andreas Aholt, Carolin Neuhaus, Thorsten Teichert, and Bernd Weber, "On the Use of Functional Magnetic Resonance Imaging in Consumer Research: Review, Procedures and Own Empirical Results" (unpublished manuscript, 2009); Robert Lee Hotz, "Searching for the Why of Buy," Los Angeles Times Online (February 27, 2005), www.latimes.com/news/science/la-sci-brain27feb27,0,3899978.story?coll=la-home-headlines; Sandra Blakeslee, "If You Have a 'Buy Button' in Your Brain, What Pushes It?" *New York Times* (October 19, 2004), www.nytimes.com, accessed October 19, 2004; Clive Thompson, "There's a Sucker Born in

Every Medial Prefrontal Cortex," *New York Times* (October 26, 2003), www.nytimes.com, accessed September 29, 2007.
71. www.neurosciencemarketing.com/blog, accessed June 7, 2009; Hotz, "Searching for the Why of Buy"; Blakeslee, "If You Have a 'Buy Button' in Your Brain, What Pushes It?"; Thompson, "There's a Sucker Born in Every Medial Prefrontal Cortex."
72. Michael Porter, *Competitive Advantage* (New York: Free Press, 1985).
73. Linda Stern, "Wanna Deal? Click Here," *Newsweek* (March 22, 2004): 65.
74. Material in this section was adapted from Michael R. Solomon and Elnora W. Stuart, *Welcome to Marketing.com: The Brave New World of E-Commerce* (Upper Saddle River, NJ: Prentice Hall, 2001).
75. "Customer Product Reviews Drive Online Satisfaction and Conversion," *Marketing Daily* (January 24, 2007), www.mediapost.com, accessed January 24, 2007.
76. Chris Anderson, *The Long Tail: Why the Future of Business Is Selling Less of More* (New York: Hyperion, 2006).
77. Jeffrey M. O'Brien, "You're Sooooooo Predictable," *Fortune* (November 27, 2006): 230.
78. Joseph Lajos, Amitava Chattopadhyay, and Kishore Sengupta, "When Electronic Recommendation Agents Backfire: Negative Effects on Choice Satisfaction, Attitudes, and Purchase Intentions," *INSEAD Working Paper Series* (2009).
79. Emily Burg, "Leverage User-Generated Content to Boost Brands," *Marketing Daily* (March 13, 2007), www.mediapost.com, accessed March 13, 2007.
80. Sangkil Moon, Paul K. Bergey, and Dawn Iacobucci, "Dynamic Effects among Movie Ratings, Movie Revenues, and Viewer Satisfaction," *Journal of Marketing* 74 (January 2010): 108-21; http://www.yelp.com/search?find_desc=restaurants&find_loc=Philadelphia%2C+PA&action_search=Search, accessed May 31, 2011; Anya Kamenetz, "The Perils and Promise of the Reputation Economy," *Fast Company* (December 3, 2008), www.fastcompany.com/magazine/131/on-the-internet-everyone-knows-youre-a-dog.html, accessed December 3, 2008.
81. Laurie J. Flynn, "Like This? You'll Hate That (Not All Web Recommendations Are Welcome)," *New York Times* (January 23, 2006), www.nytimes.com, accessed January 23, 2006. For fairly recent work that uses consumers' self-reported need for cognition as a moderator of heuristic usage, cf. Aimee Drolet, Mary Frances Luce, and Itamar Simonson, "When Does Choice Reveal Preference? Moderators of Heuristic vs. Goal Based Choice," *Journal of Consumer Research* (June 2009): 137-47.
82. Robert A. Baron, *Psychology: The Essential Science* (Boston: Allyn & Bacon, 1989); Valerie S. Folkes, "The Availability Heuristic and Perceived Risk," *Journal of Consumer Research* 15 (June 1989): 13-23; Kahneman and Tversky, "Prospect Theory: An Analysis of Decision under Risk."
83. Wayne D. Hoyer, "An Examination of Consumer Decision-Making for a Common Repeat Purchase Product," *Journal of Consumer Research* 11 (December 1984): 822-29; Calvin P. Duncan, "Consumer Market Beliefs: A Review of the Literature and an Agenda for Future Research," in Marvin E. Goldberg, Gerald Gorn, and Richard W. Pollay, eds., *Advances in Consumer Research* 17 (Provo, UT: Association for Consumer Research, 1990): 729-35; Frank Alpert, "Consumer Market Beliefs and Their Managerial Implications: An Empirical Examination," *Journal of Consumer Marketing* 10, no. 2 (1993): 56-70.
84. Michael R. Solomon, Sarah Drenan, and Chester A. Insko, "Popular Induction: When Is Consensus Information Informative?" *Journal of Personality* 49, no. 2 (1981): 212-24.
85. Beales et al., "Consumer Search and Public Policy," *Journal of Consumer Research* 8 (1981), 1 (June): 11-22.
86. Gary T. Ford and Ruth Ann Smith, "Inferential Beliefs in Consumer Evaluations: An Assessment of Alternative Processing Strategies," *Journal of Consumer Research* 14 (December 1987): 363-71; Deborah Roedder John, Carol A. Scott, and James R. Bettman, "Sampling Data for Covariation Assessment: The Effects of Prior Beliefs on Search Patterns," *Journal of Consumer Research* 13 (June 1986): 38-47; Gary L. Sullivan and Kenneth J. Berger, "An Investigation of the Determinants of Cue Utilization," *Psychology & Marketing* 4 (Spring 1987): 63-74.
87. Adriana V. Madzharov and Lauren G. Block,

"Effects of Product Unit Image on Consumption of Snack Foods," *Journal of Consumer Psychology* 20, no. 4 (2010): 398-409.

88. John, Scott, and Bettman, "Sampling Data for Covariation Assessment."
89. Duncan, "Consumer Market Beliefs."
90. Chr. Hjorth-Andersen, "Price as a Risk Indicator," *Journal of Consumer Policy* 10 (1987): 267-81; David M. Gardner, "Is There a Generalized Price-Quality Relationship?," *Journal of Marketing Research* 8 (May 1971): 241-43;Kent B. Monroe, "Buyers' Subjective Perceptions of Price," *Journal of Marketing Research* 10 (1973): 70-80.
91. 玉村豊男（2008）『里山ビジネス』集英社.
92. Rohit Varman and Russell W. Belk, "Nationalism and Ideology in an Anti-Consumption Movement," *Journal of Consumer Research* 36 (December 2009): 686-700.
93. Items excerpted from Terence A. Shimp and Subhash Sharma, "Consumer Ethnocentrism: Construction and Validation of the CETSCALE," *Journal of Marketing Research* 24 (August 1987): 282.
94. See Sung-Tai Hong and Dong Kyoon Kang, "Country-of-Origin Influences on Product Evaluations: The Impact of Animosity and Perceptions of Industriousness Brutality on Judgments of Typical and Atypical Products," *Journal of Consumer Psychology* 16, no. 3, (2006): 232-39; Richard Jackson Harris, Bettina Garner-Earl, Sara J. Sprick, and Collette Carroll, "Effects of Foreign Product Names and Country-of-Origin Attributions on Advertisement Evaluations," *Psychology & Marketing* 11 (March-April 1994): 129-45; Terence A. Shimp, Saeed Samiee, and Thomas J. Madden, "Countries and Their Products: A Cognitive Structure Perspective," *Journal of the Academy of Marketing Science* 21 (Fall 1993): 323-30; Durairaj Maheswaran, "Country of Origin as a Stereotype: Effects of Consumer Expertise and Attribute Strength on Product Evaluations," *Journal of Consumer Research* 21 (September 1994): 354-65; Ingrid M. Martin and Sevgin Eroglu, "Measuring a Multi-Dimensional Construct: Country Image," *Journal of Business Research* 28 (1993): 191-210; Richard Ettenson, Janet Wagner, and Gary Gaeth, "Evaluating the Effect of Country of Origin and the 'Made in the U.S.A.' Campaign: A Conjoint Approach," *Journal of Retailing* 64 (Spring 1988): 85-100; C. Min Han and Vern Terpstra, "Country-of-Origin Effects for Uni-National and Bi-National Products," *Journal of International Business* 19 (Summer 1988): 235-55; Michelle A. Morganosky and Michelle M. Lazarde, "Foreign-Made Apparel: Influences on Consumers' Perceptions of Brand and Store Quality," *International Journal of Advertising* 6 (Fall 1987): 339-48.
95. Adam Bryant, "Message in a Beer Bottle," *Newsweek* (May 29, 2000): 43.
96. Richard W. Stevenson, "The Brands with Billion-Dollar Names," *New York Times* (October 28, 1988): A1; Eric Pfanner, "Zipf's Law, or the Considerable Value of Being Top Dog, as Applied to Branding," *New York Times* (May 21, 2007); Ronald Alsop, "Enduring Brands Hold Their Allure by Sticking Close to Their Roots," *Wall Street Journal*, centennial ed. (1989): B4.
97. Greg Morago, "The Brand Sluts—Many Who Covet Their Retailers' Garb No Longer Look at the Logo," *Hartford Courant on the Web* (January 1, 2007), http://articles.courant.com/2007-01-01/features/0701010538_1_brand-envy-trend, accessed September 10, 2011.
98. Jacob Jacoby and Robert Chestnut, *Brand Loyalty: Measurement and Management* (New York: Wiley, 1978).
99. Ibid.
100. C. Whan Park, "The Effect of Individual and Situation-Related Factors on Consumer Selection of Judgmental Models," *Journal of Marketing Research* 13 (May 1976): 144-51.
101. For an examination of cultural differences in analytical versus holistic attribute evaluation, cf. Alokparna Basu Monga and Deborah Roedder John. "Cultural Differences in Brand Extension Evaluation: The Influence of Analytic versus Holistic Thinking." *Journal of Consumer Research* 33 (March 2007): 529-36.
102. Joseph W. Alba and Howard Marmorstein, "The Effects of Frequency Knowledge on Consumer Decision-Making," *Journal of Consumer Research* 14 (June 1987): 14-25.
103. Blakeslee, "If You Have a 'Buy Button' in Your Brain, What Pushes It?"
104. "Americans Are Open to Chinese Goods, Poll Finds," *New York Times* (October 22, 2007), www.nytimes.com/2007/10/22/business/22bizpoll.html?ex=1350705600&en=1615df5334b6437f&ei=5088&partner=rssnyt&emc=rss, accessed October 22, 2007.

第9章　購入と処分

この章の目的	本章の学習を通じて，以下のことを理解しよう：
	1. 多くの要因が購入時の消費者の意思決定プロセスに影響を与える．
	2. 消費者が製品について既に知っていること，信じていることに加えて，店舗やウェブサイトが提供する情報も，購買決定に強い影響を与える．
	3. 販売員は消費者の購買に強く関わっていることが多い．
	4. マーケターは消費者が製品を買う前だけでなく，買った後の評価にも留意しなければならない．
	5. 消費者が必要なくなった製品や欲しくなくなった製品を処分することは，マーケターにとっても公共政策決定者にとっても大きな問題である．

　ノボルは本当に興奮している．待ちに待った日がとうとうやってきた．車を買うのだ！
　彼はもう何週間も前から「ガリバー」の駐車場に停めてあるシルバーのトヨタ「プリウス」に目をつけていた．値札には250万円と書かれているが，ノボルはおそらく200万円でこの中古車を手に入れられるだろうと踏んでいた．いまだに人気のあるプリウスだが，この車種は既に古いモデルであり，多くの人がメンテナンスが難しくなっていると考えているはずだ．ガリバーにしても，早くこの自動車を売ってしまいたいと思っているように見える．
　ノボルはウェブ上で下調べをした．まず，カー・センサー（carsensor.net）で同様の中古プリウスの価格を調べ，彼の住む地域で売りに出ている何台かの車を探してみた．準備万端の状態で店に行くことで，自分がたくさんの情報を持っていることを販売員に示せるだろうと思っている．
　ノボルは値段交渉を内心恐れていたが，自分の希望額で販売員と折り合いをつけられるのではないかと期待していた．自分の望む車の本当の市場価格を知っているからだ．ガリバーに行くと，すべての車の上に，今日は出血大サービスデーという大きな広告が掲げられていた．思っていたより，物事はスムーズに運びそうだ．希望額よりさらに安くなることさえ期待できる．女性販売員がやってきて，ヨウコという名だと自己紹介されると彼は驚いた．派手な上着を着た中年男性を相手にするものと思い込んでいたのだ（これが，彼が抱く中古車販売員の典型的なイメージだ）．だが，これはさらなる幸運かもしれない．自分と同年代の女性が相手なら，それほど強硬な態度をとる必要はないだろうと判断した．

ノボルが 180 万円という額を提示すると，ヨウコは，これほど良い車をそんなに安く売るとクビになってしまう，と言って笑い出した．ヨウコがこの車を気に入っているのを見て，ノボルはますます絶対にこれを手に入れなければ，と思った．

ノボルは最終的に 230 万円で契約書にサインした．なんという試練だったことか．それでもまあ，少なくともヨウコを値札よりは安く売るように説得することができた，と彼は自分に言い聞かせた．それに1年か2年後には，自分で修理してもっと高く売れるかもしれない．あのネットサーフィンは本当に役に立った．彼は自分が思っていたよりもタフな交渉ができたことに満足していた．

学習の目的 1
購入時の多くの要因が消費者の意思決定プロセスに大きな影響を与える．

消費者行動に状況が及ぼす効果

現在の買い手市場においても，多くの消費者は車を買うという行為を怖がっている．実際，アメリカの調査会社によると，すべての小売経験の中で，この取引が最も不安をかき立て，最も満足度の少ないものであるという結果が出ている[1]．しかし，今まさに変化が起ころうとしている．ディーラーが車のショールームの変革に乗り出しているのだ．ノボルのように車の購入を考える消費者は，インターネットの購入サービスにログインし，彼らのために交渉してくれるブローカーに電話し，大型ディスカウント店で車を買うことができる．

車を買うというノボルの経験は，この章で論じるいくつかの概念を説明している．購入は簡単なルーチン（決まりきった手続き）の問題ではないし，単純に店に行ってすばやく選ぶというものではない．図 9.1 が示すように，多くの文脈的要因が選択に影響を与える．

図 9.1 購買と購買後の活動に関連する問題

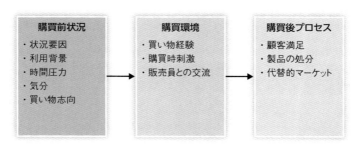

その時の気分もあれば，時間的な制限があるかどうか，その製品を必要とする特別な理由があるかどうかといった要因もある．車や家を買う場合のように，購買状況によっては，販売員や仲介業者が最終的な選択に重要な役割を果たす．さらに最近では，ディーラーや店舗に行く前に，ウェブ上で製品や価格情報を調べている人たちも多い．

しかも，販売は購入時点で終わらない．重要な消費者行動の多くは，製品を家に持ち帰ってから起きる．購入者は製品を実際に使ってみて，それに満足できるかどうかを判断する．満足のプロセスは，機転のきくマーケターにとっては特に重要になる．彼らは，製品を一度だけ売るのではなく，顧客との良好な関係を築いて，将来また買ってもらうことが成功へのカギだと気づいている．そして，ノボルが車の転売価値について考えたように，消費者がどのように製品を処分し，彼らが欲しいものを手に入れるためにどれくらい中古市場（中古車ディーラーなど）を利用しているかについても考えなければならない．この章ではこれらの問題を考察していく．

「消費状況（consumption situation）」には，買い手，売り手，製品またはサービスだけでなく，購買理由，物理的環境の影響，といった多くの要因が含まれる[2]．常識的に考えて，消費者は特定の状況に見合うような購買をしようとする．賢明なマーケターはこうしたパターンを理解し，消費者が最も買おうと思う状況を想定してマーケティング計画を練る．例えば，日本で多くの文庫本が夏場に集中的に宣伝活動をするのは，子どもたちが夏休みの間に読書感想文を書かなくてはならないことを知っているからだ．消費者の気分は1日の間でも劇的に変化することがある．そのため，時間が変われば，マーケターが提供するものに多かれ少なかれ興味を持つかもしれない．ソーシャルメディア・プラットフォームも，状況の変化にすばやく対応する方法を模索している．Facebookは，ユーザーの近況アップデート（「いまなにしてる？」）とウォール投稿に基づいてリアルタイムでのターゲット広告を実験している．仕事終わりに「さあ，エビスを飲む時間だ！」と投稿するユーザーは，ただちにサッポロビールや他のビール会社の広告を目にすることになるかもしれない[3][4]．

ある調査では，研究者が「1日再現法（day reconstruction method）」と呼ぶ手法を使い，こうした変化を追跡した．この調査では，900人以上の働く女性が，朝，新聞を読んだことから，夜，テレビの前で眠りに落ちたことまで1日にしたすべてのことを，日記に記録した．さらにその翌日，彼女らはそれぞれの日記の内容を振り返り，その時にどのように感じたかを評価した（困惑した，満足など）．全体として，この調査の参加者は，朝目覚めたときには少し不機嫌だが，すぐに穏やかな満足感を覚えることが分かった．この気分は1日を通して徐々に高まるが，ときおり心配，苛立ち，怒りなどで中断されることがある．驚くにはあたらないが，通勤中や宿題など退屈な活動をしているときには満足度が低く，セックスや友人との社交時間が最もリラックスして楽しい時間と評価された．しか

し、以前の調査結果に反して、女性は買い物をしている時や電話で話している時よりも、テレビを見ている時の方が幸せに感じていた。子どもの世話の評価は低く、料理よりも下で、宿題とそう変わらなかった。その他、興味深い発見として、人々は総じて幸せで、これらの評価は、家計の収入や職の安全といった要因にはそれほど影響されない。日常の気分を最も乱す２つの要因は、睡眠不足と仕事の厳しい期限だった[5]。

製品とその使用状況の関係に加えて、消費者が環境や状況を真剣に考慮するもう１つの理由は、「状況的自己イメージ（situational self-image）」——その時点で演じる役割——が、何を買いたいか、消費したいかを決める助けになっているからである（第５章参照）[6]。デート相手に印象づけようと「粋な男」の役割を演じる男性は、気前よくお金を使い、ビールではなくシャンパンを注文し、花を買うかもしれない。これは、友人とつるんでいるときには絶対に考えないような行動。友人とならば、ビールを飲みながら、「気の合う仲間のひとり」の役割を演じるだろう。

こうした使用状況を体系的に明らかにしていけば、それらが作り出す特定のニーズに応えるための市場細分化戦略を考案することができる。例えば、環境に合わせて家具の選択は変わり、都会のアパート、ビーチハウス、社内の重役室では、異なるスタイルのものが選ばれる。同様に、オートバイについても、どの状況で用いられるのかによって欲しいものが変わってくる。通勤用、オフロードバイクとして乗る、あるいは農場で使うか高速を走るか、などである[7]。

表9.1は、使用状況に応じて、マーケターがどのように細分化戦略を調整しているかの１つの例を示している。人々がある製品を利用する主な背景（例：日焼けローションであればスキーと日光浴）とその製品を利用する異なるタイプの人々をリストアップすると、それぞれの状況で強調すべき製品特徴を明らかにするマトリックスができる。夏の間は、ローション・メーカーは、ボトルが水に浮くのでなくしにくいという特徴を宣伝し、冬になると凍らない成分配合を宣伝することができるかもしれない。

社会的環境と物理的環境

消費者の物理的・社会的環境は、特定の製品を使う動機と、それをどのように評価するかの両方に影響する。重要な手掛かりには、直接的な環境もあれば、そこにいる他の消費者の数や属性も含まれる。物理的環境のいくつかの側面、例えば装飾、におい、温度なども消費に大きな影響を与える。ある調査では、ラスベガスのカジノで部屋に特定の香りを漂わせると、客がより多くのお金をスロットマシンに投入するという結果さえ出た[8]。こうした要因については、この章の後半の、消費者行動にとって店舗デザインがいかに重要かを論じる部分でさらに詳しく考察することにする。

しかし、物理的手掛かりだけでなく、特定のグループや社会的背景も購買決定の多く

表9.1 日焼けローションに関する人と状況による細分化マトリックス

状況	人： 低年齢の子ども		ティーンエイジャー		成人女性		成人男性		ベネフィット／特徴
	色白の肌	浅黒い肌	色白の肌	浅黒い肌	色白の肌	浅黒い肌	色白の肌	浅黒い肌	
ビーチ／ボートでの日光浴	虫よけ配合				夏向きの香水				a. 製品が風焼け保護にも使える b. 配合と容器に耐熱性がある c. 容器が水に浮かび目立つ（なくなりにくい）
自宅プールサイドでの日光浴					保湿液配合				a. 大きなポンプ式の容器 b. 木材、コンクリート、家具に触れても染みにならない
太陽灯で肌を焼く					保湿剤及びマッサージオイル配合				a. ランプの種類専用のデザイン b. 人工日焼け成分を含む
スキー					冬向きの香水				a. 特別な光線と天候からの保護 b. 凍結防止成分の配合
ベネフィット／特徴	特別な保護 a. 日焼けさせないことが決定的に重要 b. 配合が有毒ではない		特別な保護 a. ジーンズのポケットに収まる b. オピニオンリーダーが使う		特別な保護 女性用香水		特別な保護 男性用香水		

出　典：Peter R. Dickson, "Person-Situation: Segmentation's Missing Link," *Journal of Marketing* 46 (Fall 1983) : 62. より．American Marketing の許可を得て掲載．

に重要な影響を与える．場合によっては，**同伴消費者（co-consumer）**，つまり他の消費者の存在のあるなしだけでも，事実上の製品属性になる．特権的な顧客に対してプライバシーを約束するプライベートリゾートやブティックを考えてみてほしい．逆に，他人が存在することが肯定的な価値をもたらすこともある．観客がまばらな野球場やがらがらのバーは，気落ちする光景になるだろう．

　ところで，あなたは大勢の群衆の中に入り込んで，パニック状態に陥った経験はあるだろうか？　消費環境に大勢の人がいると，「**生理的覚醒レベル（physiological arousal levels）**」が上がる．こうした環境の後押しは，良い結果になるかもしれないし悪い結果になるかもしれない．どのような経験になるかは，この覚醒をどのように「解釈」するかに

よるのである．この理由から，「密集（density）」と「過密（crowding）」を区別することが重要になる．前者は，1つの場所を占める人々の実際の人数を意味する．これに対して後者の過密状態の生理的な不快さは，密集が否定的な影響を与える場合にのみ生じる[9]．例えば，75人用に考えられた教室に100人の生徒を詰め込めば，全員が不快な状況になるだろう．その一方で，パーティーに同じ人数が集まれば，同じ大きさの部屋に入るのだとしても，楽しい時間を過ごせるかもしれない．実際に，最近のある調査では，密集した消費者は店舗内でより変化に富んだ独創的な選択をするという反応さえ見られることが示唆された．おそらく，閉じ込められた感覚に抵抗しているのだろう[10]．

　さらに，その店やサービスをひいきにする人や，その製品を使う人のタイプが，他の消費者の評価に影響する．消費者は，その店の利用客を観察することで，その店のことを推測する．そのため，レストランによっては，ディナーに訪れた男性客にジャケット着用を求めるところもあり（着てこなかった客には安っぽいジャケットを貸し出す），「ホット」なナイトスポットの用心棒は，クラブに適した「見かけ」をしているかどうかで，列に並ぶ人から中に入れる客を選び出す．

オンライン技術の新たな影響

　アメリカでは，フォースクエア（Foursquare）のような地理空間アプリケーションによって，繰り返し1つの場所を訪れることが一種のスポーツのようなものに変わってきた．熱心なユーザーは「市長（Mayor）」の肩書を獲得するために，できるだけ多くチェックインしようと競い合っている．賢い小売店は，チェックインする人には，たとえ「市長」ではないにしても，何らかの報酬を与える方が良いと考え始めている．アメリカのナチュラル＆オーガニック系食料品スーパーマーケット・チェーンであるホールフーズなど60の商業施設が，アメリカン・エキスプレスと提携して，Foursquareでチェックインして店で何か買う顧客にキャッシュバックを提供している．これらのプラットフォームはまだ一般の人々の認知度は低いが，他の位置情報モバイルサービス（GPSナビや天気情報，店舗の位置情報など）は間違いなく広く受け入れられている．既にアメリカの消費者でGPS機能つきの機器を所有している人の半数以上が，こうしたサービスを利用し，このグループの3分の1は，このサービスを利用して何かを買うか，クーポンを申し込んだことがある．

一時的要因

　時間は消費者の最も貴重な資源の1つである．私たちは「時間をつくる」や「時間を使う」という言い方をし，頻繁に「時は金なり」だと人々に思い起こさせる．常識で考え

れば，私たちは時間をかけられる贅沢に恵まれている時には，何を買うかについてよく考える．しかし一方で，普通は慎重な買い物客であっても，クリスマスイヴの午後9時に買うプレゼントがあれば，ショッピングモールを駆け回って棚に残っているものを何でもつかむだろう．同じ論理がネットショッピングにも当てはまる．ちなみに，メールによる広告の開封率（open rates）は1日の時間によって異なり，ピークタイムは平日の昼ごろである（おそらく働いている人の多くが昼食休みをとっている時間）[11]．

経済時間

　時間は経済的な変数であり，さまざまな活動に振り分けなければならない資源である．人々は満足度を最大化しようとして，自分の時間を異なる作業に配分する．もちろん，その配分決定は人によって異なる．いつも遊んでいるように見える人もいれば，仕事中毒の人もいる．個人的な優先順位が**タイムスタイル**（timestyle）を決める[12]．住む国が異なれば，この資源の使い方も異なる．ある社会学者がタイムスタイルの調査の一環として，世界31都市の生活ペースを比較した[13]．彼と助手は，歩行者が18メートルを歩くのにかかる時間と，郵便局員が切手を1枚売るのにかかる時間を調べた．そして，これらの結果をもとにして，最も速い国と最も遅い国は次のようだと主張した：
- 最も速い国──（1）スイス，（2）アイルランド，（3）ドイツ，（4）日本，（5）イタリア
- 最も遅い国──（31）メキシコ，（30）インドネシア，（29）ブラジル，（28）エルサルバドル，（27）シリア

　多くの消費者は，以前よりも時間に追われていると感じている．マーケターはこの感覚を**時間貧乏**（time poverty）と名づけた．ただ，この問題は，かなり感覚的なものであるようにみえる．現実は，人々はただ時間を使うための選択肢を多く持ちすぎ，これらの選択の重圧に押しつぶされそうに感じているということなのである．19世紀初めの平均的な労働時間は1日10時間（週6日）だった．女性は週に27時間を家事に使っていたが，現在はそれと比べて週5時間以上少ない．もちろん，これは家事を手伝う夫が増えているからでもあり，価値観の変化によって，以前ほど徹底的に家をきれいに保つことを重要とみなさない家庭も多くなったことも影響している（第4章参照）．皮肉なことに，夫たちは以前よりも家事を手伝うようになったにも関わらず，既婚女性は，独身女性よりも家事に多くの時間を費やしている（世話をする子どもがいることが関係している）．既婚男性と独身女性は毎週ほぼ同量の家事を行ない，（驚くべきことに）独身男性が家事をする時間が最も少ない（週に7～8時間）．それでも，アメリカ人の約3分の1は，常に時間に追われていると報告し，1964年の25％よりそう感じる人の割合は増えている[14]．

心理的時間

「楽しい時間はあっという間に過ぎる」．しかし別の状況では（授業がそうであるように？）永遠に続くように感じられる．人々の時間感覚は非常に主観的なもので，差し迫った優先順位とニーズが，時間が過ぎていく速さを決める．マーケターにとって，時間の流動性を理解することは重要になる．ものを買いたくなるタイミングがあるからである．

ある研究で，アメリカ人女性グループのタイムスタイルがどのように消費選択に影響を与えるかを調べてみた[15]ところ，時間の4つの側面が明らかにされた．（1）「社会的側面（social demension）」は，個人の時間が「自分のための時間」と「他人のため（あるいは他人と一緒にいるため）の時間」のどちらに分類されるかを表わす．（2）「時制的側面」（temporal orientation）は，過去，現在，未来の相対的重要性を表わす．（3）「計画的側面」（planning orientation）は，分析的計画から自発的計画まで，時間の管理スタイルを示す．（4）「ポリクロニック的側面」（polychronic orientation）は，一度に1つのことだけすることを好む人と，マルチタスキングを好む人を区別する．女性たちに面接し，観察した後で，研究者は参加者の時間の考え方を5つのメタファーで示した：

- **圧力鍋としての時間**——このタイプの女性は大抵，計画が分析的で，他人のことを考え，一度に1つのことをするモノクロニック（monochronic）的である．買い物を秩序立てて考え，プレッシャーを感じることがよくあり，矛盾を抱える．
- **地図としての時間**——このタイプの女性は，大抵分析的な計画者であり，未来志向でポリクロニック（polychronic）なタイムスタイルを持つ．広範囲にわたる情報検索や比較購買に時間を費やすことが多い．
- **鏡としての時間**——このグループに属する女性も分析的な計画者で，ポリクロニックな傾向を持つ．しかし，このグループは過去志向で，時間の使う際はリスクを回避しようとするため，通常は自分のよく知る信頼できる製品やサービスに忠実である．そして，利便性のある製品を好む．
- **川としての時間**——このタイプの女性は，計画は大抵自発的で，現在中心に考える．買い物は無計画で，1回にかける時間は短く，頻繁に買い物に行く．
- **祝宴としての時間**——このタイプの女性は，現在志向の分析的計画者である．感覚的な喜びと満足を追求し，快楽的消費と多様性に価値を置く．

時間の経験は文化の影響を色濃く受ける．世界中の人々が時間の経過について異なる認識を持っている．西洋諸国の大部分の消費者にとって，時間は規則正しく分割されたものである．朝起きて，学校や職場に行き，家に帰り，夕食を食べ，外出し，就寝し，朝になればまた目覚める，というように繰り返されていく．この見方は「線型分割可能時間

コピー：食べる暇もない？お手伝いしましょう。

時間貧乏はマルチタスクを可能にするための多くの新しい製品（携帯スープなど）の機会を創出する。

出典：Cambell Soup Company 提供．

(linear separable time)」と呼ばれる．出来事は秩序だって連続的に発生するという考え方である．そこには過去，現在，未来のはっきりした区分がある．「まさかの時の備えとして」という言葉が示すように，人々は多くの活動を後に生じる何らかの目的のための手段と捉える．

　この見解は自然なものにみえるが，すべての人がそれを共有するわけではない．国や文化によっては，「手続き的時間（procedural time）」で動き，時計を完全に無視する．これらの人々は単純に「正しい時間がきたときに」何かをすると決める．例えばブルンジ（中部アフリカの内陸に位置する国）の人々は，「水飲み場から牛たちが戻ってきたとき」に合わせて手筈を整えたりする．もしマダガスカルの人に，市場に行くのにどれくらい時間がかかるかをたずねれば，「米を炊くのにかかる時間」などという答えが返ってくるだろう．

　また，「循環的（circular/cyclic）」な時間の認識では，季節の変化のような自然のサイ

クルが人々の時間感覚を支配する（多くのヒスパニック文化が共有している見解である）．こうした認識を持つ消費者にとっては，未来という概念は意味を成さない．時間は現在と同じように過ぎるはずのもので，未来の価値という概念が存在しないため，消費者は将来手に入るかもしれない優れた製品よりも，今すぐ手に入る劣った製品を買うことを好む．また，循環的な時間に従って動き，線型の将来という考え方をしない人々に，保険に加入したり，将来に備えて蓄えるように説得したりするのは困難になる．

人々の時間についての考え方が異なることを理解するために，アンデス高地の先住民の言葉アイマラ語を話す人々のことを考えてみよう．彼らは未来を後ろにあるものとみなし，過去を前にあるものとみなしている．アイマラは，未来を，後ろや後の時間を意味する「qhipa pacha/timpu」と呼び，過去を，前にある時間を意味する「nayra pacha/timpu」と呼ぶ．そして，過去のことを思い出すときには前に向けた手振りで示し，未来について話すときには後ろを指す．人類学者によれば，この文化に属する人々は，主に自分が知っていることと知らないことで物事を区別し，前にあるものは自分自身の目で見られるものと考える．したがって，過去については知っているので，それは彼らの前にあるものとなる．将来は未知のものなので，それは彼らの目には見えない後ろにあるものとなる[16]．

図9.2のスケッチは，研究者が大学生に時間の絵を描くように指示したときの結果である．左上の絵は，手続き的時間を表わしたもので，左から右という方向性は欠如していて，過去，現在，未来という感覚もほとんどない．中央の3つの絵は循環的時間を示し，定期的なサイクルを規定する印がある．下の絵は線型時間を表し，分割された時間が左から右へはっきりした連続性を持って動いている[17]．

時間の心理的側面——実際にどのようにそれを経験するか——は，行列についての数学的研究である**待ち行列理論**（queuing theory）の重要な要素である．誰でも知っているように，待つという経験は，その後に手に入れるものについての評価に大きな影響を与える．長い待ち時間がもたらす感情は，その評価を悪いものに変えるかもしれない[18]．アメリカのNCR社が実施した調査では，地元のデパートや自動車の地域店で待たされることが最も嫌われていることが分かった．小売店で列に並ぶことが僅差で2位につけ，それに続くのが，クリニックや病院での受付，空港のチェックイン，ファストフード店で注文の順番を待つことであった．平均すると，消費者はサービスを得るために年に2日分の時間を列に並んで過ごしている．そして，半数の人は，列に並ぶことで毎週30分から2時間，時間を無駄にしていると思っている[19]．

マーケターは心理的な待ち時間を減らすための「トリック」を用いる．これらのテクニックは，列の長さの感じ方を変えるものから，待つことから注意を逸らすような気晴らしになるものまでさまざまである[20]：

図 9.2　時間のスケッチ

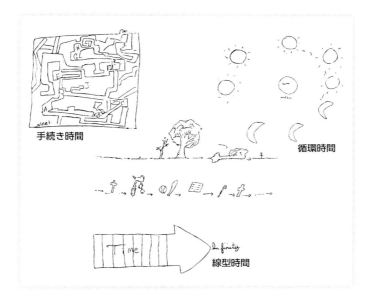

出　典：Esther S. Page-Wood, Carol J. Kaufman, and Paul M. Lane, (1990) "The Art of Time," *Proceedings of the 1990 Academy of Marketing science* conference, ed B.J. Dunlap, Vol. xiii, Cullowhee, NC: Academy of Marketing Science, 56-61. ?1990 Academy of Marketing Science. 許可を得て掲載.

- あるホテルチェーンは，エレベーターの待ち時間が長いという苦情があまりに多かったため，エレベーターホールに鏡を設置した．自分の姿をチェックしたいという人間の自然な習慣により，実際の待ち時間は変わっていないのに苦情の数は減った．
- 飛行機の乗客は手荷物受け取りの待ち時間に苦情を言うことが多い．ある空港では，飛行機から荷物受け取り所まで歩いて1分かかり，そこで7分待つ．空港がレイアウトを変えて荷物受け取り所まで歩く時間を6分，待ち時間が2分になるようにすると，苦情は消えてなくなった[21]．
- レストランチェーンはファストフードに「ファスト」を取り戻そうと奮闘している．特に力を入れているのが，収益の65％を占めるまでになったドライブスルーである．アメリカで25のファストフードチェーンのサービススピードをランキング調査した結果，メニューボードから店を出るまで，平均して203.6秒かかった．スピードアップを図りつつ料理がこぼれることを減らすため，マクドナルドは車のカップホルダーにぴったり収まる容器入りのサラダを考案した．バーガーキングは，客が車を発進する前に注文通りの商品がきたかチェックしやすいように，透明の袋を実験している[22]．

待ち行列理論は，文化の違いを考慮に入れなければならない．文化は，列に並んでいる間の行動に影響を与えるからである．例えば，香港のある研究者は，アジア人や集団行動を尊ぶ文化圏の人々は，自分の状況を周囲の人の状況と比較すると論じている．つまり，彼らは長い列に並んで辛抱強く待つ傾向があり，自分の前にいる人の数より，自分の後ろにいる人の数と自分の状況を比べがちだ．対照的に，アメリカ人や個人主義的な社会に住む人たちは，こうした「社会的比較（social comparison）」を行わない．彼らは，必ずしも自分の後ろに人がたくさんいることを良いと思うわけではないが，自分の前にたくさんの人がいる方が不快になるのである．ディズニーの重役は，ヨーロッパでも国によって異なる振る舞いをすると述べている．ディズニーランド・パリでは，イギリス人の客は整然と並ぶが，フランス人やイタリア人は「自分が最前列になれないアトラクションは決して見なかった」[23]．

学習の目的 2
消費者が製品について既に知っていること，信じていることに加えて，店舗やウェブサイトが提供する情報も，購買決定に強い影響を与える．

買い物経験

購買時の気分は，消費者の購買意思決定に本当に大きな影響を与える[24]．第4章で，人は特定の目標を達成させるために行動しているのだと論じたことを思い出してほしい．それが信じられない人は，空腹状態のときに食料品店で買い物をしてみるといい．あるいは，ストレスを抱えているときに物事を決定してみれば，心理状態が情報処理と問題解決能力をどれほど減じさせるかが分かるだろう[25]．

「喜び」と「覚醒」という2つの基本的要因が，消費者が消費環境に肯定的に反応するか，否定的に反応するかどうかを決める[26]．すなわち，ある状況を楽しめるかどうか，刺激を感じられるかどうかを決めるのである．図9.3が示すように，喜びと覚醒レベルの結びつきの違いによって，さまざまな感情状態が生まれる．覚醒状況は，肯定的な状況か否定的な状況かによって疲れにもなれば興奮にもなる（例：通りで行われているのが暴動である場合と，祭りである場合）．つまり，特定の気分は喜びと覚醒の何らかの組み合わせなのである．幸福な状態は，喜びが大きくて覚醒が抑えめな場合であり，高揚感は，両方のレベルが高いことを意味する[27]．気分の状態（肯定的あるいは否定的）は製品やサービスの判断に先入観を与える[28]．簡単に言えば，気分が良いときにはより肯定的な評価を与えるということである（ビジネスで接待が盛んなのは，これで説明できるだろう）．

店舗デザイン，天候，恋人とのけんか，といった多くの要因が気分に影響する．音楽

図9.3 感情状態の次元

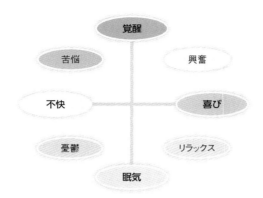

とテレビ番組もそうである(29)．楽しい音楽を聞いたり，楽しい番組を見たりした時は，CMや製品により肯定的に反応する(30)．そして，気分の良い時には，広告を入念にチェックしない．メッセージの詳細にはあまり注意を向けず，ヒューリスティクスにより依存する（第8章参照）(31)．

マーケティングへの消費者の感情的反応はとても重要である．一部のハイテク企業は，ほんの一瞬（30分の1秒）の気分を研究し，広告や新製品を目にするときの顔の表情を分析している．例えば，「本当の笑顔（true smile）」（上まぶたのリラックス状態を含む）と「社交の笑顔（social smile）」（口の周辺だけの笑顔）の違いを探すことで，幸福度を測っている．P&Gは柔軟剤レノアの商品開発を行った際，このテクニックを用いている．消費者の言葉よりも表情に注目してモニター調査を行ったのだ．モニターの目の輝きや顔の引きつりなどから，言葉では語られない隠れた本音を見つけ出し，商品に反映した．レノアの防臭機能やパッケージデザインは，この表情分析の成果である(32)(33)．

状況が厳しいと，買い物にも厳しくなる

買い物自体を楽しむために買い物をする人もいれば，買い物嫌いの人もいる．買い物は必要な製品やサービスを入手する手段だが，買い物の社会的動機も同様に重要である．買い物は，実際的理由（機能的，具体的）か，快楽的理由（楽しい，目に見えない）かのどちらかでなされる(34)．

結局，人々は買い物が大嫌いなのか，それとも大好きなのか？　消費者は，買い物への全般的態度を表す買い物志向（shopping orientation）で細分化することができる．この志向性は考慮する製品カテゴリーや店舗タイプによって変わってくる．車を買いに行く

ことが嫌いだが，セレクトショップをのぞくのは大好きという人がいるかもしれない．買い物客の動機づけが，魅力を感じる買い物環境の種類に影響を与える．例えば，何かをすばやく見つけて買いたいと思っている人は，大音量の音楽や明るい色，複雑なレイアウトを迷惑だと思うかもしれないが，店の中を見て回りたいと思っている人は，感覚を刺激するこの環境を楽しむかもしれない[35]．

研究者が買い物の動機づけを評価する項目のいくつかは，買い物をする多様な理由を表している．快楽的価値を測る項目の１つが「買い物の間，狩りをしているかのような興奮を感じた」である．この種類の感覚を，機能的価値を測る「この買い物で，私は望んでいたことを達成した」と比べると，２つの側面がはっきりと対照的であることが分かる[36]．快楽的な買い物の動機には，次のものが含まれる[37]：

- **社会的経験**——イオンモールのようなショッピングセンターやデパートは，人々が集まる場所として，集会所や公園などから取って代わった．アメリカでも，多くの人（特に郊外や地方に住む人）には，余暇を過ごす場所がほとんどない[38]．
- **共通の関心を共有する**——店舗は，共通の趣味を持つ人々が意見交換できるような特別な品物を提供することが多い．
- **人を集める呼び物**——ショッピングセンターは自然に人々が集まる場所になる．ショッピングモールはティーンエイジャーにとってお気に入りの「たまり場」だ．一方で，年配層にとってはきちんと管理された安全な運動環境になる．最近ではいくつかのモールが開店前のモールをウォーキングコースとして市民に提供している．日本でもイオンモールがこれを採用し，インストラクターを招いてイベントを開催するなど，さらに市民の健康増進に貢献している[39]．
- **すぐに得られるステイタス**——販売員なら誰でも知っているように，何か買うわけではないが，店員との会話を楽しむ客がいる．紳士服売り場の店員はこのように助言する．「相手のサイズを覚えておき，前回何を売ったかも覚えておく．彼らに自分がお得意様なのだと思わせること．それに成功すれば，その客はまた戻ってくる．誰でも重要人物扱いされるとうれしいものだ」[40]．何が買い物を楽しい経験にするかを理解するために，女性客に踏み込んだ面接調査をした研究チームは，動機の１つがロールプレイングであることを発見した．例えば，ある回答者はドレスアップして高級ブティックに出かける．自分が裕福な女性であるふりをして，店員にちやほやされたいからである[41]．
- **狩りのスリル**——市場に通じていることに誇りを持っている人もいる．冒頭で車を購入したノブルとは違って，彼らは徹底的に値段交渉をするのが好きでたまらないかもしれない．

第 9 章 購入と処分　469

e コマース：ネットで買うか，店舗で買うか

　今日では，ちょっとした文房具から自動車に至るまで，あらゆるものがウェブサイトで売られるようになっている。マーケターは，オンラインが自分たちのビジネスにどのように影響するかを常に議論している(42)。彼らは，オンラインショッピングが従来の小売販売に取って代わるのか，それとも相互に補い合うのか，あるいはいつか人気が薄れて，自分の子どもたちに笑われるような一時的流行に終わるのか（もちろん，これは可能性としては低いだろうが）を考えて，眠れぬ夜を過ごしている。

　留意しておくべきことの1つは，ものを取得する経験はオフラインとオンラインではかなり異なるかもしれないということである。2つの世界の違いは，カジノでのギャンブルとオンラインでのギャンブルを比べるとはっきり分かる。こうした経験を調べるために研究者が30人のギャンブラーに面接調査したところ，両者は著しく対照的だった。カジノでのギャンブルが好きな人は仲間のギャンブラーとの連帯意識が非常に強く，社交的経験という性格が強かった。オンラインのギャンブラーは，インターネットの匿名性を好んでいる。カジノのギャンブラーはカジノの感覚的な体験と興奮に惹きつけられ，オンライン・ギャンブラーは家にいるという安心感と支配感により惹かれる。カジノのギャンブラーはカジノの雰囲気は友好的であると語り，オンラインにとどまるギャンブラーは，本物のカジノは嘲りやいじめなどが横行する雰囲気が悪いところだろうと予想した(43)。どちらのグループも楽しみながら金儲けをすることを目指しているが，経験していることは大きく違うと言っていいだろう。

　マーケターにとっては，オンラインコマースの成長は両刃の剣になりうる。確かに，物理的に遠く離れた場所にいても，世界中の顧客に働きかけることができる。その一方で，今では通りの店舗だけでなく，世界中に広がる無数のウェブサイトとの競争を強いられている。また，顧客が製品をメーカーや卸売業者から直接手に入れる際には，仲介業者（その企業の製品を扱い，利ざやを上乗せした価格で売る店舗ベースの小売業者）(44)が省かれる。

　それでは，e コマースサイトが成功するにはどうしたらよいのだろう？　実店舗のライバルには不可能な付加価値を顧客に提供しているネットショップもある。JINS や ZOFF では，眼鏡の着せ替えサービスをインターネット上で提供していた。自分の写真をパソコンに取り込んで，その写真にさまざまな眼鏡の画像を組み合わせることができるのである（今はいずれも停止されているようだ）(45)(46)。その他，ギルト・グループ（Gilt Groupe）のようなファッションサイトは，買い手と売り手を直接結びつけ，デザイナーが顧客の好みの変化にすばやく反応することができる(47)。

　より一般的には，オンライン購買客は，次のようなウェブサイトを重視する：

- 商品をクリックすると，価格，サイズ，色，在庫などの詳細情報が得られるウィンドウが開く．
- 商品をクリックすると，今いるページを離れることなく買い物かごに商品を加えることができる．
- 美しい写真，製品の描写その他の詳細説明を通して，商品を「感じる」ことができる．
- 自分の購買に関連したすべてのデータが1つのページに表示される．何ページにもわたってチェックしなくていい．
- 複数の製品をコーディネートしたときにどのように見えるかを，1つのページで写真を見ながらチェックできる[48]．

表9.2では，eコマースの長所と欠点をまとめている．従来の買い物の仕方がまだeコマースに取って代わられていないことは明らかである．現実世界の小売店は，買い物客に仮想世界では（今のところはまだ）手に入らないものを与えるために，努力しなければならない．ここで，彼らがどのようにそれを達成しているかに目を向けてみよう．

劇場としての小売店

アメリカのいくつかのショッピングモールでは，買い物客は短パンにビーチサンダル姿

表9.2　eコマースの長所と短所

eコマースの恩恵	eコマースの制限
消費者にとって 24時間買い物ができる 移動の必要がない どこからでも関連情報が瞬時に受け取れる 製品の選択肢が多い 発展途上国でも多くの製品が手に入る 価格情報が多い 低価格なので裕福でない人も購入できる 仮想オークションに参加 配達が速い 電子コミュニティ	**消費者にとって** 安全性の欠如 詐欺 商品に触れることができない コンピューター画面上で正確な色が反映されていない 注文して返品するとコストが高い 人間関係が壊れる可能性
マーケターにとって 世界が市場になる ビジネスのコストが引き下げられる 専門化したビジネスが成功できる リアルタイムの価格設置	**マーケターにとって** 安全性の欠如 利益を得るにはサイトの維持が必要 価格競争が激しい 従来の小売店との対立 法的問題が解決されない

出典：Michael R. Solomon and Elnora W. Stuart, *Welcome to Marketing.com: The Brave New World of E-Commerce*（Upper Saddle River, NJ: Prentice Hall, 2001）．より

でやってくる．彼らは巨大な波をつくる機械「フローライダー（Flowrider）」に乗りに来るのだ[49]．ショッピングセンターの開発者はこのようなアトラクションの力を借りて，客をモールに取り戻そうとしている．顧客を奪い合う競争は，ウェブサイトや通販カタログ，テレビショッピングなど続々と増えているため，ますます厳しくなっている．

　こうした新しい形のショッピングを提供する競争相手に対して，従来の店舗はどのように戦うことができるだろうか？　多くのモールは巨大な娯楽センターとなり，もはや伝統的な商店は後からの付け足しのようにさえ見えることがある．最近では，郊外のモールにメリーゴーランド，ミニゴルフ，スケートリンク，バッティングセンターがあることも珍しくない．アメリカのチョコレート菓子メーカーであるハーシー（Hershey）は，ニューヨークのタイムズスクエアのど真ん中に即席の工場をオープンした．そこには4つの蒸気機械と100メートルを超える長さのネオンライト，そしてチョコレート好きを驚かせるメッセージが流れる動く掲示板がある[50]．日本でも，江崎グリコ，森永製菓，カルビーなどは，東京駅やお台場などにアンテナショップをオープンし，焼き立ての菓子を販売するなどの新しい体験型のお店を開いている．

　顧客を楽しませるという目標の達成のために，多くの店舗が買い物客をファンタジーの世界に誘い込むか，何らかの刺激を与える想像性ある環境を作り出そうと全力で取り組んでいる．この戦略は小売業のテーマ化（retail theming）と呼ばれる．4つの基本的なテーマ化テクニックを以下に紹介する：

1　「ランドスケープ・テーマ（landscape themes）」は，自然，地球，動物，肉体などのイメージから作られる．釣具屋で，実際に魚のいる池を設置することなどが考えられる．
2　「マーケットスケープ・テーマ（marketscape themes）」は，人工の場所を模して築かれる．例えば，ラスベガスの「ベネチアンホテル」では，本物のイタリアの都市の一部を贅沢に再現している．
3　「サイバースペース・テーマ（cyberspace themes）」は，ICTをイメージして築かれる．ネット上のeリテイリングサイトが参考になるだろう．
4　「マインドスケープ・テーマ（mindscape themes）」は，抽象的なアイディアやコンセプト，内省やファンタジーを利用したもので，スピリチュアルなニュアンスを持たせることが多い．健康施設などでよく見ることができる[51]．

　人気のテーマ戦略の1つは，店舗を快適な「居場所（being space）」に変えることである．「居場所」と考えた時に思い浮かぶのは，おそらくスターバックスだろう．このコーヒーチェーンの掲げる目標は，人々の「第3の居場所」，すなわち，家と職場に加えて多

くの時間を過ごす場所になることである．スターバックスは店内にくつろげる椅子やWi-Fiを備えた店舗の先駆けとなった[52]．

　スターバックスはともかく，ますますせわしくなる日常生活を反映し，こうした「居場所」の多くは現われては消えていく．それも意図的にである．世界のあらゆる場所で，ポップアップ・ストア（pop-up store）が急増している．通常，これらの店舗は一時的な施設で，数日から数週間だけ店を開き，飽きられる前に撤退する．「スウォッチ・インスタントストア」は大都市で限定版の時計を売り，大勢に注目される前に閉店して，また別の「クール」な場所へと移動していく．オランダのビールブランド「ドメルシュ（Dommelsch）」は，ポップアップ・コンサートを企画した．ファンが缶やボトル，コースターで見つけたバーコードをウェブサイト上で入力すると，コンサートの日時と場所を知ることができる．あるいは大学キャンパスにさえ，ポップアップ・ストアが出現している[53]．

店舗イメージ

　多くの店舗が客の争奪戦を繰り広げているなか，消費者はどのように店舗を選ぶことができるだろうか．製品と同じように（第6章参照），店舗にも「パーソナリティ」がある．非常に明確なイメージを持つ店もあれば（良いことも悪いこともある），個性がなく群の中に埋没しているような店もある．どのような要因がこのパーソナリティ，あるいは**店舗イメージ**（store image）を形作るのだろう？　店舗イメージの重要な側面には，場所，品揃え，販売スタッフの知識や親しみやすさなどが挙げられる[54]．

　こうしたデザイン的な特徴が組み合わされて，店舗全体の印象を作り出す．消費者が店舗について考えるとき，「そうだな，あの場所は便利さという点ではかなりよい．店員はまあまあで，サービスはいい方だ」などとは普通は言わない．「あそこは大嫌い」とか「あそこで買い物をすると楽しい」というように考える．消費者はすぐに店の全体的な印象をとらえ，そこで得る感情は，店の返品方針やクレジットカードが使えるかどうかといったことよりも，内装や通路で見かける客層など，漠然としたことに関わっていることが多いかもしれない．その結果，常に考慮集合（第8章参照）に現われる店もあれば，まったく考慮に入れない店（「あそこで買い物をするのはオタクだけだ」）も出てくる[55]．

雰囲気

　小売店は客に入ってきてもらい，長くとどまってもらいたいと思っている．工夫を凝らした店舗デザインによって，買い物客が見て回るスペースが増え，刺激的なディスプレイが客を通路に長くとどめるだろう．この「カーブアピール」（人の目を引く外観）が，そのまま収益に反映される．研究者が携帯電話の位置情報機能を使って，食料品店の買い物客の店内の動きを追跡したところ，1％長くとどまると，売上げが1.3％上昇することを

消費者行動，私はこう見る
——セレ・オトネス教授（イリノイ大学アーバナ・シャンペーン校）

　小売店はブランド・ロイヤルティや反復購買の可能性といった，消費者の重要な態度や行動に肯定的な影響を与えるために，どのような店舗内経験を提供することができるだろう？　この疑問に関連した研究トピックの1つは，小売店が消費者の経験を形作るために，どのような店舗内の儀式を利用しているかである．「儀式（rituals）」とは，私たちが長期的に繰り返す，自己を表現するためのドラマティックな行動である（儀式についてさらに詳しくは，第14章を参照）．

　私たちの研究は，こうしたタイプの儀式が実際にどのように消費者のブランド経験に影響するかを調べている．そのために，従業員や顧客のために考案された儀式を利用し，これら利害関係者との関係を強化し，効率性を改善し，競争相手との差別化を図っている20以上の小売店やサービスプロバイダーを面接してきた．消費者がどのように儀式に抵抗するか，どのように他の買い物客や小売店とともに儀式を共創するか（例えばビルド・ア・ベアは，自分で作り出したぬいぐるみの身だしなみを整える儀式に参加者が取り組む），こうした儀式が実際に消費者の小売店での経験を高めるのか，そうだとしたらどのように高めるのか，といった問題が，私たちの研究テーマである．戦略的な見地からは，買い物経験を儀式化することによって，小売店が割増料金を請求できるかどうか，顧客に対して何か間違いを犯した場合に，それを簡単に許してもらえるようになるか，マーケティング・コミュニケーションへの予算配分を減らすことができるかどうかが，研究対象になる．したがって，次にあなたがマーブル・スラブ・クリーマリー（アイスクリーム店のフランチャイズチェーン）の列に並ぶときや，ひいきのメキシカンレストランで，「バースデー・ソンブレロ」をかぶるときには，思い出してほしい．あなたは儀式に取り込まれているのだと．

　発見した．

　もちろん，店側は買い物客を長年観察してきて，多くのことを知っている．例えば，スーパーマーケットの入り口からすぐの場所は「減圧ゾーン（decompression zone）」と呼ばれる．買い物客は店に入るとこの場所でスローダウンし，周囲を観察する傾向がある．そこで店舗デザイナーは，この場所にはたくさんの広告を用意しておく．本格的に買い物モードに入ったところで，客が目にするのは生鮮食品コーナーである．しかし，果物や野菜は傷みやすいため，本来なら買うのを最後に回すのが理にかなっている．それをあえて先に用意するのは，新鮮で健康的な食品は人々の気分を良くする（正しいことをしているとも思わせる）からである．その後，買い物かごにポテトチップスやクッキーを放り入れても罪の意識が少なくてすむわけだ．[56]

マーケターは店舗イメージが小売ミックスの中でも非常に重要な部分だと分かっているので、雰囲気（atomospherics）、すなわち「買い手に特定の効果を与える空間とそのさまざまな側面を意識したデザイン」に注意を払う[57]。これには色、におい、音などが含まれる。例えば、赤いインテリアの店は人々を緊張させる傾向があり、青い装飾は気持ちを落ち着かせる[58]。第2章で説明したように、いくつかの調査は、におい（臭覚手掛かり）が店の環境の評価に影響を与えることを示している[59]。

店の雰囲気は、何を買うかにも影響を与える。ある調査で、買い物客に店に入ってからの5分間でどれだけの喜びを感じたかをたずねてみたところ、店内を楽しんだ人ほど時間とお金を使っていた[60]。買い物の娯楽的価値を高めるために（そして、オンラインで買っている人を実店舗に取り戻すために）、店舗によってはアクティビティ・ストア（activity stores）を提供し、消費者がそこで買う製品やサービスの製造に参加できるようにしている。そのよく知られた例が「ビルド・ア・ベア・ワークショップ（Build-A-Bear Workshop）」チェーンで、店舗で客がクマのぬいぐるみに好きな衣装を着せることができる[61]。

小売店は店舗デザインに工夫を凝らして、客を引き寄せようとする。薄い色は広々として静かな雰囲気を与え、明るい色のサインは興奮を生む[62]。ウォルマートでは、人工灯を備えた通常店よりも、自然光を取り入れた実験店舗の売上げの方が多いことに気がついた[63]。店内の照明が明るい店では、客がより多くの商品を、より丁寧に見るという調査結果もある[64]。

視覚的な刺激のほかにも、あらゆる種類の感覚的な手掛かりが、小売店での経験に影響を与える[65]。例えば、カントリー＆ウエスタンのバーによく行く客は、ゆっくりした曲がかかっているときの方がより多く飲む。研究者によれば、「大酒飲みは、スローで物悲しい、自分を憐れむような曲を聞くことを好む」という[66]。音楽も食習慣に影響する。別の調査では、大音響のテンポの速い曲を聞くディナー客はたくさん食べる傾向があり、モーツァルトやブラームスを聞きながら食べる客は、より少ない量をゆっくり食べた。

店舗内の意思決定

広告を通して消費者に「前もって売り込む」努力をしているにもかかわらず、多くの場合、購買に強い影響を与えるのは店舗内の環境であることに多くのマーケターが気づきつつある。例えば女性たちは、どの洋服を買うかを決めるときに、店のディスプレイが主要な情報源になると考える[67]。この影響は、食品を買う時にはさらに強くなる。アナリストの推測によれば、買い物客はスーパーマーケットで買う品の約3分の2を、通路を歩きながら決めている[68]。食料品店に行く顧客には心の予算（mental budget）がある。調査結果によれば、通常、この心の予算は、既にリスト化されたものと、「店舗内のゆとり」

部分から成り立っているという．つまり，支出する量は前もって決めているが，本当に欲しいと思うものに出会ったときに備えて，予定外の購入に使える予算を心の中に持っているということである．したがって，店舗は客が会計の列に近づいたときに，何か買い忘れていたことを思い出させるように，試食をすすめたり，表示を出したりして，心の予算をすべて使い切るように働きかけた方がいい[69]．

スマートフォン用のモバイル・ショッピング・アプリ（mobile shopping apps）は，商品の場所を教えたり，モール内で最も近いトイレの場所を示したり，セール品を探すなど，買い物客をガイドする．車をどこに駐車したかを教えてくれるものもあれば，特定の店に行くと報酬ポイントをくれるアプリもある．こうしたアプリは，長い会計待ちの列や役に立たない店員など，実店舗から顧客を遠ざけてしまう深刻な問題も解決する．ある調査では，店での買い物の10回に3回近くで，客が会計に並ぶうちにイライラして買うのをやめ，平均132ドルが支出されずに終わるという結果が出ている．この調査ではさらに，モバイルコンピューターを手にした店員から案内を受けた客の40％以上が，買い物経験が改善されたと考えていることが分かった．それから困ったことでもあるが，販売員の半数以上が，オンラインショッピングのツールを利用することで，顧客が店員よりも製品について詳しくなっているとも認めた[70]．

マーケターは，顧客が決定を下すその瞬間に関与できるように努力している．世界最大の酒造メーカーであるディアジオ（Diageo）は，バーの客の60％は，注文をする数秒前まで，何を飲むかを決めていないということを知った[71]．

自発的なショッピング

買い物客が店内で突然何かを買おうと決めるときには，次の2つのうちどちらかのプロセスが考えられる：

1 店のレイアウトになじみがないときや，時間に追われているときに，**非計画購買**（unplanned buying）をする．あるいは，棚にある商品を見て，それが必要だったことを思い出すかもしれない．非計画購買の約3分の1は，買い物客が店内にいる間に新しいニーズを認識することで生じる[72]．
2 どうしても抑えられない突然の衝動に駆られたときには，**衝動購買**（impulse buying）に走る．

小売店は，飴やガムのような，いわゆる「衝動買いアイテム（impulse items）」をよくレジ近くに置いている．同様に，多くのスーパーマーケットが，商品をよく見てもらうために広い通路を設け，最も広い通路には最も利幅の大きい商品を置く傾向がある．客が日常的に買うような利益のあまり出ないアイテムは，狭い通路に配置し，カートがすばや

図9.4 ある消費者の衝動購買のイメージ

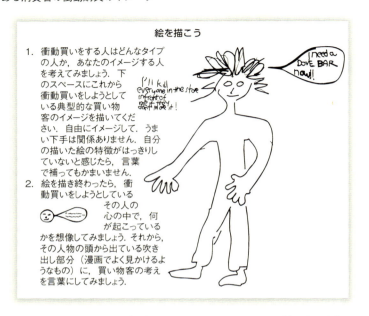

出典：Dennis Rook, "Is Impulse Buying (Yet) a Useful Marketing Concept?"（未発表の草稿．University of Southern California, Los Angeles, 1990）: Fig. 7-A.

く通り抜けるようにしている[73]．逆に，不健康なスナック菓子やファストフードの衝動買いを抑制したいと思う政策決定者へのヒントは，クレジットカードの使用を制限することである．合計1,000家庭の6カ月間の実際の買い物行動を分析した調査では，客が支払いにクレジットカードかデビットカードを使う際には，買い物かごに入れられる衝動買いあるいは不健康と思われる食品の割合が増加した[74]．また，別の調査で，何かを買い控えた買い物客は，後になってからそのご褒美として自分を甘やかした買い物をしがちであることが分かった[75]．

購買時刺激

よくデザインされた店内ディスプレイは，10％もの衝動買いを増やす．アメリカ企業が購買時（POP）刺激（point-of-purchase stimuli）に年間190億ドルも費やしているのも，まさにそのためである[76]．

POPは，入念な製品ディスプレイ，デモンストレーション，クーポン配布機，あるいは食料品のコーナーで新しいクッキーの無料サンプルを手渡す店員など，さまざまな形を

とりうる．現在，POP支出のペースはこれまで以上に速くなっている．P＆G，コカ・コーラ，3M，ウォルマートなどの主要企業のマーケターの連合が，赤外線センサーを使って，店内のマーケティング効果を測っている．小売店は，自分の店に出入りする客の数を以前から数えてきた．そして，製品のバーコードデータを使って，客が何を買っているかを追跡する．しかし，大手の消費財企業は，どれほどの客が実際に販促ディスプレイに目を留めているかも把握し，その効果を評価したいと考えている．こうしたセンサーをごまかすことは可能だが（誰かが店の反対側までただ横切っただけかどうかはまだ分からない），測定システムはますます洗練されている(77)．

買い物客の意思決定におけるPOPの重要性は，なぜマーケティング・ミックスの中での製品パッケージの役割が増しているかを説明する．今やパッケージは，機能的なものからファンタジーを提供するものに変わってきている：

- 過去100年間に，ペプシは，缶と，それ以前のボトルを合わせて，デザインを10回しか変更していなかった．現在は数週おきにデザインを変えている．また，缶を開けたときにその飲料のフレーバーに合わせたアロマが香るような缶を実験している．「ワイルド・チェリー・ペプシ」からはチェリーの香りがするというようにである．
- ハギーズのハンドソープ「ヘンリー・ザ・ヒッポ」のボトルは，子どもたちにどれくらい長く手を洗ったらよいかを示すために，20秒間光が点滅するようになっている．
- 日本でも，キリンビールの「氷結」ではダイヤカット缶が採用されている．缶を開けたときに，氷が割れたような音が鳴るようになっている．

学習の目的3
販売員は消費者の購買に強く関わっていることが多い．

販売員：舞台の主役

冒頭のノボルの事例が示すように，販売員は小売りに関するドラマの最も重要な登場

NXTのボディウォッシュ／モイスチャライザーの缶は，店の陳列棚の上でライトが点灯する．

出典：NXT/Clio Designs Incorporated 提供．

チックバーガー無料券　店内での意思決定を促すモバイルクーポンの発行がますます増えている．

出典：Hardees 提供．

人物の1人である(78)．第1章で見たように，交換理論はどこにでも価値の交換が含まれていることを強調する．すべての参加者が相手に何かを差し出し，見返りに何かを受け取ることを期待しているのだ(79)．（有能な）販売員は，その専門的なアドバイスによって買い物客の選択を容易にさせる．

　買い手と売り手の状況では，両者が「アイデンティティ交渉（identity negotiation）」を行ない，それぞれの役割に関して何らかの合意に達しなければならない(80)．例えば，もしヨウコが自分が専門家であることを示せば，彼女はノボルとの関係において，より大きな影響力を行使するだろう．販売員の役割（と能力）を定義するのに役立つ要素には，年齢，容姿，学歴，売りたいという動機づけなどがある(81)．その他に重要な変数は，売り手と買い手の間の同質性である．実際には，誕生日が同じであるとか同じ町で育ったといった**偶発的類似**（incidental similarity）でさえ，売れる確率を高めることがある(82)．

　さらに，有能な販売員は，顧客の特性と好みをよく知っていることが多く，彼らは個々の顧客のニーズに応えるアプローチを採用する(83)．適応能力は，顧客と販売員の「**交流スタイル**（interaction styles）」が異なるときには，特に不可欠になる(84)．人と交流するときの自己主張の強さは，それぞれ異なる．一方には，まったく自己主張をしない人たちがいて，不満を口にすれば社会的に受け入れられないと信じ，販売という状況に身を置くとびくびくするかもしれない．自己主張の強い人は，断固とした，だが相手を威嚇しない形で自分の意見をはっきり言うことが多い．攻撃的な人は自分の思い通りにならないと，横柄な態度をとったり威嚇的になったりする（誰でもこうした人に出会ったことはあるだろう）(85)．

学習の目的 4
マーケターは消費者が製品を買う前だけでなく，買った後の評価にも留意しなければならない．

購買後の満足

　アメリカの 480 人の最高マーケティング責任者（CMO）に対する調査において，そのうちの58％の責任者が，顧客の満足度が改善されても従業員に報酬を与えていないと答えた．また3分の1以上が顧客間のクチコミを追跡する方法を持たず，顧客の苦情の解決を得意とすると答えたのは，30％にも満たなかった[86]．

　研究者が顧客満足／不満足（CS/D）（consumer satisfaction/dissatisfaction）と呼ぶ購買後の製品についての全体的な感じ方は，明らかに将来の行動に大きな役割を果たす．何であれ，最初に失敗したものをもう一度売るのは難しい．消費者は自分が買ったものを実際に使ってみて，日常の消費行動に組み入れてから評価する[87]．その経験をわざわざ人に話したりブログに投稿したりするかどうかに関わらず，消費者一人ひとりが製品の評価者なのである．

　顧客満足度の高い企業は，競争的優位に立つことができる．競合が顧客に向ける注意を怠っている場合には特にそうである．カナダの金融業界で顧客満足度についての5年にわたる調査では，典型的な結果が現われた．より良いサービスを提供する銀行は，他と比べて大きな「財布のシェア」を誇っていた（つまり，顧客が所得の大きな割合を銀行に預けている）[88]．

　優れたマーケターは，顧客がなぜ不満足なのかの理由を常に探して，改善しようとしている[89]．例えば，アメリカのユナイテッド航空の広告代理店は，人々を苛立たせる飛行機の旅の要素を明らかにしたいと考えた．研究者が得意客にクレヨンと地図を渡して，長距離旅行の段階別に，ストレスと怒りを感じた部分には暖色，満足と穏やかな気分になった部分には寒色で色分けしてもらった．多くの客は客室を穏やかな水色で塗ったが，チケットカウンターはオレンジ，待合エリアは真っ赤に塗った．そこで，ユナイテッドは機内での経験よりも，全体的なオペレーションの改善に取り組むことにした[90]．

クオリティとは何か？

　消費者は当然クオリティと価値を求めている[91]．しかし，これらの言葉は捉えどころがなく，明確に定義することが難しい．クオリティを推測する手掛かりになるものは，ブランドネーム，価格，製品保証など幅広く，広告に企業がどれだけ投資しているかをもとにすることさえある[92]．

マーケターは,「クオリティ」という言葉を「良い」を意味する万能の言葉として使っているようにみえる．幅広く，不明瞭な使われ方をしているために,「クオリティ」は意味のない主張になりかねない．そもそも良いとはどういうことなのか？

混乱をさらに深めるかのように，顧客が満足するかどうかは，製品やサービスの機能だけでは決まらない．期待不一致モデル（expectancy disconfirmation model）によれば，消費者はその製品を用いた過去の経験，あるいは特定のクオリティを推測させるようなその製品についてのコミュニケーションに基づいて，製品の性能に関する信念を形成する[93]．製品が思っていた通りの実績では，特に評価しないかもしれない．製品が期待に沿わないと，否定的な感情を生み出す．逆に，期待以上の働きが見られると満足を感じる．

この理論を理解するために，レストランの良し悪しを決める場合のことを考えてみてほしい．高級レストランならば，汚れひとつない輝くばかりのグラスを期待するであろうから，汚れたグラスだったら気分を害するだろう．しかし，地元で行きつけの飲食店なら，少々傷ついたビールグラスでもそれほど気にならない．さらに，それもこの店の「魅力」なのだと思うことさえある．

このことは,「期待を管理する」ことがいかに重要かを示している．顧客の不満足は，製品やサービスを提供する間違った期待のせいかもしれない．完璧な企業など存在しない．すべてが常に完璧であると考えるのは（企業の中には完璧とはかけ離れているところもあるが），単純に現実的ではない．

顧客が期待しすぎるときに，企業がとりうる戦略はさまざまである．提供する製品の幅やクオリティを改善することで需要に応えるか，顧客の期待を変えるか，あるいは，もし顧客のニーズに応えることが不可能なら,「顧客を切り捨てる」かのどれかを選ぶことができる（銀行とクレジットカード会社は，アカウントを保つのに十分なお金を稼げない顧客を見つけたときには，よくこの方法をとる）[94]．マーケターはどのように顧客の期待を変えられるだろう？ 例えば，ウエイターは，注文した料理はあまり量が多くないと食事客に前もって告げておくことができるだろうし，車の販売員は買い手に対して，ならし期間には変なにおいがするかもしれないと伝えておくことができる．企業は「控え目な約束（underpromise）」という戦術をとることもできる．ゼロックスは，日常的に，サービススタッフが訪問するまでにかかる時間を長めに見積もっていた．予想より1日早くスタッフが着くと，それで顧客に印象づけることができる．

製品が期待通りに働かなかったり，安全ではないことが分かった（例えば，農薬が混入した冷凍食品など）時には，満足していないという表現は控えめすぎるものになる．こうした状況では，ただちに行動を起こさないと，永久に信用を失うことになる．もし企業が問題に真摯に対応すれば，消費者はそれを評価する．その例としては，アメリカで1982年に起きたタイレノール毒物混入事件などが挙げられる．この事件では，注意喚起

のための大規模な告知活動と，商品の改良が直ちに行われた[95]．逆に，もしその企業がもたもたしたり，隠蔽したりすれば，腹立たしさが深まる．エンロン事件や，日本では雪印の牛肉偽装問題，さらに大きなところでは，いわゆる薬害エイズ問題がそうであろう．

不満足の消費者には何ができるか？

　失くしたズボンに5,400万ドル？　ワシントンDCの判事が，近所のドライクリーニング店がピンストライプのスーツのズボンを失くしたことに対して5,400万ドルの賠償金支払いを求めて訴訟を起こし，ニュースの見出しを飾った．彼は，消費者保護法によって，数千万ドルを請求する権利があると主張した．訴訟は数カ月続いたが，最終的に原告は何も得ることはできなかった[96]．アメリカでは訴訟が多すぎると不満を述べる人々もいる．

　もしあなたが製品やサービスに満足できなかったら何ができるだろう？　3つの行動が可能である（ときには複数の手段をとることもできる）[97]：

1　**声による反応**——小売店に対して直接補償を求める（例：返金など）．
2　**内輪の反応**——自分の不満足を友人に話し，その製品とそれを買った店をボイコットする．
3　**第三者の反応**——ズボンを失った判事のように，商店に対して法的行動を起こす，行政機関や第三者機関に苦情を申し出る，新聞に投書する，など．

　ある調査で，経済学部の学生が企業に苦情の手紙を書いた．企業がその返答として無料のサンプルを送ると，学生の評価はかなり改善した．しかし，謝罪の手紙だけで品物がない場合，この改善は見られなかった．さらに悪いことに，何の返答も受け取れなかった学生は，以前よりさらに否定的なイメージを持つようになった．この結果から，何もしないよりは，何らかの反応を示すほうが望ましいことが分かる[98]．

　多くの要因が，どの選択肢を選ぶかに影響を与える．安価な製品に問題が生じた場合より，家庭の耐久財，車，洋服などの高価な製品に不満足を感じた場合の方が，人々は行動を起こしやすい[99]．皮肉なことに，店全体に満足している客は，何か悪い経験をしたときに苦情を言う可能性が高い．彼らが時間をかけて不満を表明するのは，その店とつながりがあると感じているからだ．年配の人々は苦情を言いやすく，店が実際に問題を解決するだろうと信じる傾向が強い．そして，もし企業が問題を解決すれば，苦情を述べなかったときよりも，その店がさらに好きになる[100]．

　しかし，もし消費者が，店が自分の苦情に対応してくれないだろうと思っていれば，けんかをするよりも，単純に買い物する店を変えることを選びがちになる[101]．したがってマーケターは，不満があれば申し出るように顧客に奨励すべきである．人々は肯定的な出

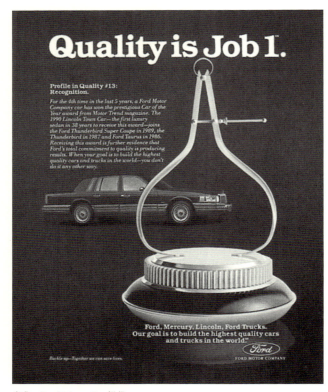

コピー：品質こそが第一の仕事．

基本的な品質の良さを強調するフォードの広告．

出典：Ford Motor Co. 提供．

来事を自慢するよりも，否定的な未解決の経験を友人に告げて，話を広めることが多い[102]．

TQM：現場へ行く

消費者満足を研究している多くのアナリスト，あるいは消費者満足向上のために新製品やサービスを開発している人たちは，消費者が周囲の環境と実際にどう接しているかについての理解が不可欠だと認識している．そこで，グループ・インタビューを実施するために少数の消費者に施設に来てもらい，新しいアイテムを試してもらう間，スタッフが鏡の向こうからその様子を観察する．しかし，一部の研究者は，製品を消費している人々を実際の環境の中で観察できるようなアプローチを好む．この考え方のもとになった日本の総合的品質管理（TQM = total quality management）は，エラー率を下げ，品質を向上させることを目的にした一連の複雑な管理手続きを意味する．

より深い洞察を得るため，研究者は**現場**（gemba）へ行く．これは「情報の真の源」を意味する日本語である．この哲学に従えば，マーケターやデザイナーは，実験室の被験者に疑似的環境の中で製品を使ってもらうよりも，消費者が実際に製品やサービスを利用している場所に出かけることが不可欠になる．

図9.5 は，このアイディアの実際例を示したものだ．主要空港でカフェテリアを営業しているホストフーズ社が，チームを「現場」へ送り，問題の所在を突き止めることになった．チームは客が店の中に入ってから，メニューを見て，食器をとり，支払をすませ，テーブルを探すまでを追跡した．その結果分かったのは，この施設にはレイアウト変更が必要だということだった．例えば，多くの1人客が共通して直面する問題が明らかになった．食べ物を選ぶ列で荷物を下に置くと，食べ物を取りながら荷物にも注意を向けるのが難しいため，あせってしまうのである．さっそく，食べ物エリアとテーブルの間の見通しを改善するように店のレイアウトが変更された[103]．

図9.5 「現場」へ行く

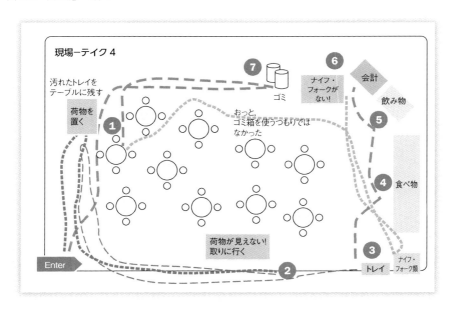

出典：cQuality Function Development Institute. 許可を得て使用．

学習の目的 5
消費者が必要なくなった製品や欲しくなくなった製品を処分することは，マーケターにとっても公共政策決定者にとっても大きな問題である．

製品の処分

　人は製品によっては強い愛着を持つので，処分するのがつらく感じることもある．持ち物はアイデンティティのよりどころとなる．私たちの過去は物の中に生きているのである[104]．日本では，使い古した縫い針，箸，時にはコンピューターチップを「引退」させる儀式として，長年の働きに感謝して燃やす習慣がある[105]．

　それでも，どこかの時点で持ち物を処分しなければならないときがくる．その理由は，役目を果たし終えたからということもあれば，もう自分にはふさわしくないと考えたからということもあるだろう（新婚カップルが本格的な住まいに「アップグレード」する場合など）．便利であることはもちろん，環境への配慮も求められるようになったため，カミソリの刃から紙おむつまで，製品の処分を容易にできるかどうかが製品の重要な属性になってきた．同時に，使い終わったときに環境を傷つけない持続可能な製品への需要が新しい市場を生み出し，より優れた代替案を考える起業家には新しい機会をもたらしている．

　例えば，アメリカのテラ・サイクル（Terra Cycle）という企業は，「エキゾティックな」製品を売っている．そのラベルに使われている重要な素材は「液化した虫のフン」である．この企業を設立したのは，25歳の大学中退者だった．テラ・サイクルはリサイクルしたプラスチックボトルをパッケージに使った肥料を作っている．そのボトルの多くは，その会社が企画した全国でのリサイクル運動で集めたものである．テラ・サイクルは，廃棄物をパッケージにした排泄物は「究極のエコ製品」だと主張している．肥料はシュレッダーにかけられた新聞紙，残飯などを入れた容器から作られたもので，この廃棄物を食べる虫が消化する．その結果の「フン」が，すばらしい肥料になるのである[106]．

処分の選択肢

　消費者は，まだ古いものが使えるのに新しい製品を入手することが多い．おそらくそれは物質主義社会の特徴の1つなのだろう．物を取り換える理由には，新しい機能が欲しくなったから，環境の変化（例：壁を塗り替えたキッチンに冷蔵庫の色が合わなくなった），その人の役割や自己イメージの変化などがある[107]．

　製品の処分の問題は，公共政策にも関わっている．私たちは使い捨て社会に住んでいる．そこでは，環境問題が生じており，不幸な廃棄物の山ができている．ある調査では，消

費者が買う食料品の12%が消費されずに捨てられているという．そうした**廃棄製品**（abandoned products）の3分の2は，特定のレシピなどの特別な目的があって買われたものの，計画が変更されたために捨てられている(108)．別の調査では，成人の15%が，自分には「収集癖（pack rats）」があると認め，64%が特定のものを集めていると答えた．対照的に，20%の人はできるだけごみを貯めないようにすぐに捨てていると答えている．最も物を貯めがちなのは，年配の人たちと独り暮らしの人たちである(109)．

消費者にリサイクルを訓練することが多くの国の重要事項になってきた．日本では，住民がごみを44もの種類に分別している地域がある．例えば，靴下を片方捨てるときには燃えるゴミに入るが，一足を捨てるときには古着に分類される．その靴下は「破れておらず，左と右が揃っている場合に限る」とされている(110)．

ある調査では，消費者がリサイクルをするときの関連目標を調べている．この調査は第4章で説明した手段目的連鎖モデル分析を使い，消費者がどのように特定の道具的目的をより抽象的な最終価値に結びつけているのかを明らかにした．その結果，最も重要な低レベルの目標は「埋め立て地が一杯になるのを避ける」「ゴミを減らす」「素材を再利用する」「環境を救う」だった．彼らはこうした目標を「健康を促進し病気を避ける」「長寿の達成」「将来の世代への貢献」という最終価値に結びつけていた．

別の調査では，リサイクルにかかるであろう手間の量が重要であることが分かった．この実際的な側面が，リサイクルの意図を予測する上で，リサイクルや環境への一般的な態度よりも重要であった(111)．これらをもとにすれば，社会的マーケターが環境に責任ある行動をとるように人々を促すような，潜在的な価値観を刺激する広告コピーやその他のメッセージを考案することが容易になるだろう(112)．もちろん，プランを容易にする1つの方法は，リサイクルする消費者に報酬を与えることである．ギャップ（Gap）は，コットン・インク（Cotton Incorporated）と提携して古いデニムを集め，新しい家を建てるのに役立てている．この取引の消費者にとっての魅力として，デニムを寄付すると，新しく購入するジーンズが30%割引に，ギャップのFacebookページに掲載されているパンツを購入すると40%の割引が得られる(113)．

ラテラル・サイクリング

ラテラル・サイクリング（lateral cycling）では，1人の消費者が自分の持っている何かを，誰かが持っている別の何かと交換する．他人のものを再利用することは，使い捨て社会では特に重要である(114)．伝統的な考えのマーケターは，中古品の売り手にあまり注意を向けることはないが，環境への配慮，品質への需要，コストとファッションへの意識の高さが，こうした「二次」市場をより重要なものにしている(115)．実際に，この**アンダーグラウンド経済**（underground economy）はアメリカのGNPの3〜30%，他国のGDP

の高くて70%を占めると見積もられる.

　アメリカだけでも,3,500以上のフリーマーケットが開かれ,カリフォルニア州の60エーカーの広さを誇るオレンジ郡マーケットプレイスのような巨大なマーケットも10カ所を超え,総売上げは全国で100億ドルに上る[116].その他の成長分野には,中古コンピューターやテキストの学生マーケットや,スキーの交換マーケットがあり,後者では数百万ドル相当の価値がある中古のスキー用具が交換されている.中古店主の新しい世代は,中古のオフィス用品から捨てられたキッチンシンクまで,あらゆるものの市場を開拓している.多くは政府の助成金を得て始まった非営利事業である.再利用開発団体（Reuse Development Organization, redo.org）という事業者団体が彼らを後押ししている[117].

　ソーシャルメディア・プラットフォームでも,数多くの共有サイト（sharing sites）で,地域の人々が物を共有,交換,レンタルすることができる.実際にある調査では,こうしたサイトに参加する人々は,コミュニティの一員という意識が高まるという点でも恩恵を得られるとしている.Twitter（これも1つのコミュニティである）にメッセージを投稿すると,満足感を喚起する神経伝達物質オキシトシンが分泌され,肯定的な社会的な絆を感じさせると考えられている.研究者は,「例えウェブを通したものであっても,ストレスホルモンが引き下げられ,オンラインで出会う人との本物の生理的な関係を感じている」ことを観察した[118].

　自分たちのことをフリーガン（freegans）（この言葉は,すべての動物製品を拒否するveganを真似たもの）と呼ぶ反消費主義の人たちにとっては,ラテラル・サイクリングは文字通り,ライフスタイルを伴っている.フリーガンは現代のゴミ回収者であり,企業と消費主義に反対する政治的宣言として,廃棄されたものを利用して暮らしている.彼らはスーパーマーケットのゴミをあさり,私たちが日常的に捨ててしまう少し痛んだ食品や消費期限を少しだけ過ぎただけの缶詰製品を食べ,店舗やレストランと交渉して余った食べ物をもらっている.さらには,捨てられた服を着て,通りで拾ったものを家の中で使っている.彼らは人々が不必要なものについて投稿しているサイトをチェックして,たくさんのものが捨てられている場所の情報を得たり,いわゆる「フリーミート（freemeets）」（誰もお金では交換しないフリーマーケット）に出向いたりする[119].

　もし持ち物が本当に自分の一部になるなら,こうした大事な物とどうやって別れたらよいのだろう？　物と別れることは,一種の宣言になるかもしれない（元パートナーからもらった物を捨てることを考えてみてほしい）.ある調査が明らかにしたところでは,「物」に強い愛着を持つ人は,「プロの整理人（professional organizer）」に助けてもらって,生活からゴミを取り除くこともある.整理人はそれまでの生活の思い出からその人を引き離して,先へ進めるように手助けしてくれる仲介人の役割を果たす[120].

　消費者がどのように**放棄儀式**（divestment rituals）を実践しているかを調べた研究者

もいて，消費者は宝物にしてきたものを売ったり人にあげたりできるようになるまで，段階的に距離をとるようにしていた（儀式については第14章でさらに論じる）．第6章のブランド・パーソナリティの説明で述べたように，物を擬人化することが，それを生きているかのように扱う原因になっている．ある研究では，自分の車を擬人化された言葉で考える消費者は，それを買い替える気分にならなかった．したがって，多くの人が知るように，貴重なものをついに手放すときがきたとき，これは強い痛みを伴うことになる．古い友人に別れを告げるようなものだ[121]．

それでは，どうしたらその痛みを軽減できるだろう？　ガレージセールで物を売る気になった人たちの観察を通して，研究者たちは次の儀式が行われていることを確認した：

- 象徴的な移転儀式（iconic transfer ritual）――売る前に，写真やビデオをとる．
- 場所移動の儀式（transition-place ritual）――捨てる前に，ガレージや屋根裏部屋といった場所に移動させる．
- 儀式的な清掃（ritual cleansing）――洗う，アイロンをかける，あるいは，細部までラッピングする．

章のまとめ

この章を読み終えた時点で，理解しているべきこと：

1. **多くの要因が購入時の消費者の意思決定プロセスに大きな影響を与える．**

    多くの要因が購買に影響を与える．これには消費者の購買に先立つ感情も含まれる（例：気分，時間圧力，買い物への考え方）．時間は貴重な資源で，決定にどれだけの努力を注ぎ情報検索するかは，時間によって決められることも多い．気分は店舗環境が生み出す喜びや覚醒の程度に左右される．

    製品を使用する際の文脈は，細分化の1つの変数になる．消費者は利用方法に応じて，購入する製品に異なる属性を求める．他人（同伴消費者）の存在の有無と，その人たちのタイプも，消費者の決定に影響を及ぼす．

    買い物経験は，購買決定の重要な部分である．多くの場合，小売店は劇場と似ている．消費者の店舗や製品の評価は，目にする「パフォーマンス」の種類にかかっている．俳優（販売員），設定（店舗環境），筋書き（ディスプレイ）がこの評価に影響する．ブランド・パーソナリティと同じように，便利さ，洗練度，販売員の専門知識のような多くの要因が店舗イメージを決める．実店舗以外のショッピング形式が増えて競争が激しくなる中，優れた買い物経験を創出することがますます重要になってきた．オンラインショッピングの重要性が増しているが，当然，良い面（例：便利）もあれば悪い面（例：安全性）もある．

2. **買い物客が製品について既に知っていること，信じていることに加えて，店舗やウェブサイトが提供する情報も購買決定に強い影響を与える．**

    消費者は，実際に店舗に行くまで購買

決定をしていないことが多いため，購買時（POP）刺激が非常に重要な販売ツールになる．これには，製品サンプル，凝ったパッケージディスプレイ，地理情報ベースのメディア，「シェルフ・トーカー」（店頭の棚に設置されるPOP）のような店舗内の宣伝素材が含まれる．POP刺激は衝動買いを促すのに役に立ち，消費者に突然その製品が欲しく思わせる．モバイル・ショッピング・アプリも重要な役割を果たすようになってきた．

3. **販売員は消費者の購買に強く関わっていることが多い．**

　　消費者と販売員との接触は，複雑で重要なプロセスである．その結果は，販売員と消費者の共通性や，どれほど信頼されるかといった要因に左右される．

4. **マーケターは消費者が製品を買う前だけでなく，買った後の評価にも留意しなければならない．**

　　買った製品への全体的感情が，顧客満足／不満足を決める．多くの要因が製品の品質の認識に影響を与える．価格，ブランドネーム，製品の性能などが含まれる．満足度は，製品のパフォーマンスへの期待にどれだけ一致するかによって決まる．

5. **消費者が必要なくなった製品や欲しくなくなった製品を処分することは，マーケターにとっても公共政策決定者にとっても大きな問題である．**

　　製品の処分はますます重要な問題になっている．消費者の環境意識が高まるにつれ，リサイクルが1つの重要な選択肢になる．ラテラル・サイクリングは，中古品を買ったり売ったり，交換したりするときに生じる．

キーワード

アクティビティ・ストア（activity stores）　474
アンダーグラウンド経済
　（underground economy）　485
居場所（being space）　471
開封率（open rates）　461
買い物志向（shopping orientation）　467
期待不一致モデル
　（expectancy disconfirmation model）　480
共有サイト（sharing sites）　486
偶発的類似（incidental similarity）　478
現場（gemba）　483
購買時刺激
　（point-of-purchase（POP）stimuli）　476
小売業のテーマ化（retail theming）　471
顧客満足／不満足（consumer satisfaction/
　dissatisfaction（CS/D））　479
心の予算（mental budgets）　474
時間貧乏（time poverty）　461
衝動購買（impulse buying）　475
総合的品質管理
　（total quality management（TQM））　482
タイムスタイル（timestyle）　461
店舗イメージ（store image）　472
同伴消費者（co-consumers）　459
廃棄製品（abandoned products）　485
非計画購買（unplanned buying）　475
フリーガン（freegans）　486
雰囲気（atmospherics）　474
放棄儀式（divestment rituals）　486
ポップアップ・ストア（pop-up stores）　472
待ち行列理論（queuing theory）　464
モバイル・ショッピング・アプリ
　（mobile shopping apps）　475
ラテラル・サイクリング（lateral cycling）　485

復習

1. 状況による自己イメージとは何を意味するか？　この現象の例を1つ挙げなさい．
2. 密集と過密の違いを表現しなさい．この

違いが購買環境とどのように関係するのか？
3. 時間貧乏とは何か？　それが購買決定にどう影響するのか？
4. 購買環境に肯定的に反応するか否定的に反応するかを決める2つの側面とは何か？
5. 買い物の3タイプの動機づけとは何か？　その例を1つずつ挙げなさい．
6. eコマースの長所と短所にはどのようなものがあるか？
7. 店舗イメージを決めるのに役立つ3つの要素を挙げなさい．
8. 非計画購買と衝動購買の違いは何か？
9. 消費者の製品の質についての事前の期待は，購買後の満足度にどのように影響するか？
10. 購入した物が不満足な場合，消費者がとりうる3つの行動を挙げなさい．
11. アングラ経済とは何か？　なぜそれがマーケターにとって重要なのか？

討議と応用

■ 討論せよ

1. 消費者はいつも正しいのか？　そう考える（もしくは考えない）理由は何か？
2. ポップアップ・ストアはただの流行で終わるだろうか，それとも，長く支持される小売コンセプトになるだろうか？
3. この章で説明された買い物の動機づけについて討論しなさい．こうした動機づけに適応するために，小売店はどのように戦略を調整することができるだろう？
4. 接客する従業員に制服着用を求める方針の，良い点と悪い点を挙げなさい．
5. 買い物客として，あなたがこれまでに出会った例外的に良い（もしくは悪い）販売員を考えてみると，他の販売員と比べて彼らにはどのような異なる特徴があっただろうか？
6. 「タイムスタイル」という概念について討論しなさい．自分自身の経験から，タイムスタイルによってどのように消費者を細分化できるだろうか？
7. あるアメリカの男性用衣料品店は，現在，男性客に長く店内にとどまってもらうため，無料の酒を提供している[122]．買い物前の客を酔っぱらわせるのは倫理的と言えるだろうか？
8. 文化による時間の概念の違いを比較しなさい．こうした時間的枠組みは，それぞれのマーケティング戦略にとってどのような意味を持つだろう？
9. 「使い捨て消費社会」から創造的リサイクルへの移行は，マーケターにとって多くの機会を創出する．いくつか例を挙げなさい．
10. 小売店の中には，特定のイメージをつくり上げる努力をし，これにぴったり合う従業員を選ぶところもある．例えば，アバクロンビー＆フィッチは，小ざっぱりとしたいかにもアメリカ的なイメージと結びつけようとしている．ある訴訟で，アバクロンビー＆フィッチは組織的に「ブランドの代表として販売フロアで働く資格のあるマイノリティの応募者を雇うことを拒否し，マイノリティが応募することを思いとどまらせている」と非難された（アバクロンビー側は，「差別にはゼロ・トレランスの立場（いかなる些細な差別も認めない）をとっている」と返答した）[123]．レストランチェーンのフーターズは，魅力的な女性ウエイトレスばかりを雇うことで知られている．小売店はたとえそれが特定のタイプの人々（例：非白人，男性）を販売フロアから排除することになっても，店のイメージに合う従業員を雇う権利を有するだろうか？
11. 将来のショッピングモールは，製品を買うというよりは，物理的なセッティング

自体を探検する場となるだろう。これは、小売環境が単純に製品を売る場所ではなく、ブランドイメージを構築する場所にならなければならないということである。買い物客に与える感情的・感覚的経験を高めるために、店舗が採用できる戦略にはどのようなものがあるか？

12. 多くの企業が、宣伝費をますます消費者の購買時点に投入するようになっている。店舗の中には、会計カウンターでビデオ画像を流したり、買い物カートにコンピューターモニターを取り付けたり、フロアに広告を貼り付けたりしているところもある。また消費者は、買い物をしない環境でもますます広告にさらされるようになっている。ニューヨークのヘルスクラブは、ヘルスクラブ・メディア・ネットワークスの広告を流していたテレビモニターを撤去せざるをえなくなった。エクササイズをしていた人たちが、そのプログラムがワークアウトの妨げになると苦情を申し入れたためだ。あなたはこうしたイノベーションをわずらわしく感じるだろうか？ どの時点から、買い物客は抵抗を示し、静かな落ち着いた環境で買い物を要求するだろうか？ むしろ逆に、「不干渉」の買い物環境を約束する店舗には可能性があるだろうか？

13. 裁判によって、特別利益団体にショッピングモールでチラシ等を配布することを禁じる場合がある。モールの経営者は、こうしたセンターは私有地であると主張する。しかし、団体側は、モールは現代版のタウンスクエアであり、公共フォーラムの場であると訴える。この言論の自由の問題を含む最近の訴訟の事例を見つけ、賛否の論争を調べなさい。公共フォーラムとしてのモールの現在の位置づけはどうなっているか？ この概念にあなたは同意するだろうか？

■ 応用せよ

1. 地域のショッピングモールで人々の自然の動きを観察しなさい。モールの従業員と顧客の行動を観察し、目についた非販売行動を記録しなさい（例：特別なパフォーマンス、展示、交流など）。この行動はモールのビジネスに貢献するだろうか、しないだろうか？

2. 地域の競合する衣料店を3店選び、そのイメージ研究をしなさい。消費者のグループに一連の属性について各店舗を評価してもらい、この評価を同じグラフ上に記す。店舗の経営者の注意を引く競争的優位点と不利点にはどのようなものがあるか？

3. 表9.1をモデルにして、香水ブランドのための人と状況による細分化を試みなさい。

4. 地域の店舗が活用している待ち行列理論の応用例を見つけなさい。列に並んでいる消費者に話を聞き、その経験がサービスの満足度にどのような影響を与えるかを調べなさい。

5. 多くの小売店は、店舗内にたくさんの商品を置いたとき、それが消費者には魅力的に見えるものと信じている。アメリカの小売りチェーンのJ.C.ペニーは、何もなかった壁にジュエリーとアクセサリーのディスプレイを設けた。オールドネイビーは、水のボトル、キャンディ、ランチボックスなどの商品の列を追加した。アメリカの家電量販店ベストバイでは、薄型テレビや小さなスピーカーが占めていた狭いスペースに、セグウェイや自転車のようなかさばる商品を詰め込み、そのインパクトを実験さえしている。ウォルマートは最近になって、突然の方向転換をした。通路の中央にあった色とりどりのアイテムを排除し、陳列商品全体を9％減らして、店舗の大改装を実施した。

消費者はすっきりとした清潔な印象が気に入ったが，1つだけ問題があった．買う量が減ったのである．ウォルマートの重役の1人はこうコメントした．「客はこの経験を気に入った．ただ買う量が減っただけだ．そして，それは一般に良い長期戦略とは言えない」．現在，ウォルマートは再び商品数を増やし，以前のように通路に商品を積み上げている(124)．こうした店舗の在庫戦略についてあなたはどう考えるか？ 西友，ジャスコ，ヨドバシカメラなど，地域の「大箱」店を訪ね，可能であれば，買い物客にそこでの経験について聞きなさい．店舗内で商品を探すのに苦労しただろうか？ 乱雑な陳列を楽しんだだろうか？ 山積みの商品の中から選び出さなければならないことを，「宝探し」のように感じているだろうか？ あなたが店舗をデザインするとしたら，そこでの買い物が容易になるような在庫戦略をどのように考案するだろう？

6. フリーマーケットやガレージセールでものを売っている人に，強い愛着を持つ品物をたずね，こうした品物を売りに出すためにした別れの儀式について語ってもらいなさい．

7. 電気式のコーヒーメーカーを使ってコーヒーを入れるところを観察しなさい．こうした経験から，消費者の製品体験を改善するような新しいコーヒーメーカーを使っている人を3人探し，「現場」に行って彼らが自宅でその機器でコーヒーをいれるところを実際に観察しなさい．この観察に基づいて，顧客の満足を高めるために，新製品のデザイナーにどのような提案ができるだろうか？

参考文献

1. Keith Naughton, "Revolution in the Showroom," *BusinessWeek* (February 19, 1996): 70.
2. Pradeep Kakkar and Richard J. Lutz, "Situational Influence on Consumer Behavior: A Review," in Harold H. Kassarjian and Thomas S. Robertson, eds., *Perspectives in Consumer Behavior*, 3rd ed. (Glenview, IL: Scott, Foresman, 1981): 204-14.
3. 「サッポロビール，フェイスブックで「いいね！」10倍のなぜ」日本経済新聞電子版 2012年8月17日．
4. Christopher Heine, "Will Facebook Ads Soon Reflect 'What's On Your Mind?,'" *ClickZ* (March 23, 2011), http://www.clickz.com/clickz/news/2036901/facebook-ads-soon-reflect-whats-mind, accessed April 17, 2011.
5. Benedict Carey, "TV Time, Unlike Child Care, Ranks High in Mood Study," *New York Times* (December 3, 2004), www.nytimes.com, accessed December 3, 2004.
6. Carolyn Turner Schenk and Rebecca H. Holman, "A Sociological Approach to Brand Choice: The Concept of Situational Self-Image," in Jerry C. Olson, ed., *Advances in Consumer Research* 7 (Ann Arbor, MI: Association for Consumer Research, 1980): 610-14.
7. Peter R. Dickson, "Person-Situation: Segmentation's Missing Link," *Journal of Marketing* 46 (Fall 1982): 56-64.
8. Alan R. Hirsch, "Effects of Ambient Odors on Slot-Machine Usage in a Las Vegas Casino," *Psychology & Marketing* 12 (October 1995): 585-94.
9. Daniel Stokols, "On the Distinction between Density and Crowding: Some Implications for Future Research," *Psychological Review* 79 (1972): 275-77.
10. Jonathan Levav and Rui (Juliet) Zhu, "Seeking Freedom through Variety," *Journal of Consumer Research* 36, no. 4 (2009): 600-10.
11. Tanya Irwin, "ReachMail: Email Marketers Should Focus on Mid-Day," *Marketing Daily* (March 17, 2011), http://www.mediapost.com/publications/?fa=Articles.showArticle&art_aid=146883&nid=124807, accessed April 18, 2011.
12. Laurence P. Feldman and Jacob Hornik, "The Use of Time: An Integrated Conceptual Model," *Journal of Consumer Research* 7 (March 1981): 407-19; see also Michelle M. Bergadaa, "The Role of Time in the Action of the Consumer,"

Journal of Consumer Research 17 (December 1990): 289-302.

13. Alan Zarembo, "What If There Weren't Any Clocks to Watch?" *Newsweek* (June 30, 1997): 14; based on research reported in Robert Levine, *A Geography of Time: The Temporal Misadventures of a Social Psychologist, or How Every Culture Keeps Time Just a Little Bit Differently* (New York: Basic Books, 1997).
14. Deborah Kotz, "Wives Do More Housework, Study Shows," *U.S. News & World Report* (April 7, 2008), http://health.usnews.com/blogs/on-women/2008/04/07/wives-do-more-housework-study-shows.html, accessed June 8, 2009; John P. Robinson, "Time Squeeze," *Advertising Age* (February 1990): 30-33.
15. June S. Cotte, S. Ratneshwar, and David Glen Mick, "The Times of Their Lives: Phenomenological and Metaphorical Characteristics of Consumer Timestyles," *Journal of Consumer Research* 31 (September 2004): 333-45.
16. James Gorman, "Does This Mean People Turned Off, Tuned Out and Dropped In?" *New York Times* (June 27, 2006), www.nytimes.com, accessed June 27, 2006.
17. Robert J. Graham, "The Role of Perception of Time in Consumer Research," *Journal of Consumer Research* 7 (March 1981): 335-42; Esther S. Page-Wood, Paul M. Lane, and Carol J. Kaufman, "The Art of Time," in B. J. Dunlap, ed., *Proceedings of the 1990 Academy of Marketing Science Conference 13* (Cullowhee, NC: Academy of Marketing Science, 1990): 56-61.
18. Dhruv Grewal, Julie Baker, Michael Levy, and Glenn B. Voss, "The Effects of Wait Expectations and Store Atmosphere Evaluations on Patronage Intentions in Service-Intensive Retail Store," *Journal of Retailing* 79 (2003): 259-68; cf. also Shirley Taylor, "Waiting for Service: The Relationship Between Delays and Evaluations of Service," *Journal of Marketing* 58 (April 1994): 56-69.
19. "We're Hating the Waiting; 43% Prefer Self-Service," *Marketing Daily* (January 23, 2007), www.mediapost.com, accessed January 23, 2007.
20. David H. Maister, "The Psychology of Waiting Lines," in John A. Czepiel, Michael R. Solomon, and Carol F. Surprenant, eds., *The Service Encounter: Managing Employee/Customer Interaction in Service Businesses* (Lexington, MA: Lexington Books, 1985): 113-24.
21. David Leonhardt, "Airlines Using Technology in a Push for Shorter Lines," *New York Times* (May 8, 2000), www.nytimes.com, accessed May 8, 2000.
22. Jennifer Ordonez, "An Efficiency Drive: Fast-Food Lanes, Equipped with Timers, Get Even Faster," *Wall Street Journal* (May 18, 2000), www.wsj.com, accessed May 18, 2000.
23. Henry Fountain, quoted in "The Ultimate Body Language: How You Line Up for Mickey," *New York Times* (September 18, 2005), www.nytimes.com, accessed September 18, 2005.
24. Laurette Dube and Bernd H. Schmitt, "The Processing of Emotional and Cognitive Aspects of Product Usage in Satisfaction Judgments," in Rebecca H. Holman and Michael R. Solomon, eds., *Advances in Consumer Research 18* (Provo, UT: Association for Consumer Research, 1991): 52-56; Lalita A. Manrai and Meryl P. Gardner, "The Influence of Affect on Attributions for Product Failure," in Rebecca H. Holman and Michael R. Solomon, eds., *Advances in Consumer Research 18* (Provo, UT: Association for Consumer Research, 1991): 249-54.
25. Kevin G. Celuch and Linda S. Showers, "It's Time to Stress Stress: The Stress-Purchase/Consumption Relationship," in Rebecca H. Holman and Michael R. Solomon, eds., *Advances in Consumer Research 18* (Provo, UT: Association for Consumer Research, 1991): 284-89; Lawrence R. Lepisto, J. Kathleen Stuenkel, and Linda K. Anglin, "Stress: An Ignored Situational Influence," in Rebecca H. Holman and Michael R. Solomon, eds., *Advances in Consumer Research 18* (Provo, UT: Association for Consumer Research, 1991): 296-302.
26. Velitchka D. Kaltcheva and Barton A. Weitz, "When Should a Retailer Create an Exciting Store Environment?" *Journal of Marketing* 70 (January 2006): 107-18.
27. John D. Mayer and Yvonne N. Gaschke, "The Experience and Meta-Experience of Mood," *Journal of Personality & Social Psychology* 55 (July 1988): 102-11.
28. Meryl Paula Gardner, "Mood States and Consumer Behavior: A Critical Review," *Journal of Consumer Research* 12 (December 1985): 281-300; Scott Dawson, Peter H. Bloch, and Nancy M. Ridgway, "Shopping Motives,

Emotional States, and Retail Outcomes," *Journal of Retailing* 66 (Winter 1990): 408-27; Patricia A. Knowles, Stephen J. Grove, and W. Jeffrey Burroughs, "An Experimental Examination of Mood States on Retrieval and Evaluation of Advertisement and Brand Information," *Journal of the Academy of Marketing Science* 21 (April 1993): 135-43; Paul W. Miniard, Sunil Bhatla, and Deepak Sirdeskmuhk, "Mood as a Determinant of Postconsumption Product Evaluations: Mood Effects and Their Dependency on the Affective Intensity of the Consumption Experience," *Journal of Consumer Psychology* 1, no. 2 (1992): 173-95; Mary T. Curren and Katrin R. Harich, "Consumers' Mood States: The Mitigating Influence of Personal Relevance on Product Evaluations," *Psychology & Marketing* 11 (March-April 1994): 91-107; Gerald J. Gorn, Marvin E. Goldberg, and Kunal Basu, "Mood, Awareness, and Product Evaluation," *Journal of Consumer Psychology* 2, no. 3 (1993): 237-56.

29. Gordon C. Bruner, "Music, Mood, and Marketing," *Journal of Marketing* 54 (October 1990): 94-104; Basil G. Englis, "Music Television and Its Influences on Consumers, Consumer Culture, and the Transmission of Consumption Messages," in Rebecca H. Holman and Michael R. Solomon, eds., *Advances in Consumer Research 18* (Provo, UT: Association for Consumer Research, 1991): 111-14.

30. Marvin E. Goldberg and Gerald J. Gorn, "Happy and Sad TV Programs: How They Affect Reactions to Commercials," *Journal of Consumer Research* 14 (December 1987): 387-403; Gorn, Goldberg, and Basu, "Mood, Awareness, and Product Evaluation"; Curren and Harich, "Consumers' Mood States."

31. Rajeev Batra and Douglas M. Stayman, "The Role of Mood in Advertising Effectiveness," *Journal of Consumer Research* 17 (September 1990): 203; John P. Murry, Jr., and Peter A. Dacin, "Cognitive Moderators of Negative-Emotion Effects: Implications for Understanding Media Context," *Journal of Consumer Research* 22 (March 1996): 439-47; see also Curren and Harich, "Consumers' Mood States"; Gorn, Goldberg, and Basu, "Mood, Awareness, and Product Evaluation."

32. 「消費者の本音は言葉より表情に現れる」『日経情報ストラテジー』2011 年 8 月号. pp.48-49.

33. Jeffrey Zaslow, "Happiness Inc.," *Wall Street Journal* (March 18, 2006): P1.

34. For a scale to assess these dimensions of the shopping experience, see Barry J. Babin, William R. Darden, and Mitch Griffin, "Work and/or Fun: Measuring Hedonic and Utilitarian Shopping Value," *Journal of Consumer Research* 20 (March 1994): 644-56.

35. Kaltcheva and Weitz, "When Should a Retailer Create an Exciting Store Environment?"

36. Babin, Darden, and Griffin, "Work and/or Fun."

37. Edward M. Tauber, "Why Do People Shop?" *Journal of Marketing* 36 (October 1972): 47-48.

38. Ann Zimmerman and Laura Stevens, "Attention, Shoppers: Bored College Kids Competing in Aisle 6," *Wall Street Journal* (February 23, 2005). http://professional.wsj.com/article/SB110911598024661430-H9jfYNklaF4oJ2sZ32IaqiAm5.html?mg=reno-wsj, accessed September 11, 2011.

39. 「イオンモール橿原 モールウォーキング 地域の健康＆コミュニティ」自社 HP（kashihara-aeonmall.com/news/event/458）.

40. Robert C. Prus, *Making Sales: Influence as Interpersonal Accomplishment* (Newbury Park, CA: Sage Publications, 1989): 225.

41. Michael-Lee Johnstone and Denise M Conroy, "Dressing for the Thrill: An Exploration of Why Women Dress Up to Go Shopping," *Journal of Consumer Behaviour* 4, no. 4 (2005): 234.

42. Some material in this section was adapted from Michael R. Solomon and Elnora W. Stuart, *Welcome to Marketing.com: The Brave New World of E-Commerce* (Upper Saddle River, NJ: Prentice Hall, 2001).

43. June Cotte and Kathryn A. Latour, "Blackjack in the Kitchen: Understanding Online versus Casino Gambling," *Journal of Consumer Research* 35 (February 2009): 742-58.

44. Rebecca K. Ratner, Barbara E. Kahn, and Daniel Kahneman, "Choosing Less-Preferred Experiences for the Sake of Variety," *Journal of Consumer Research* 26 (June 1999): 1-15.

45. 「JINS（ジンズ）vs Zoff（ゾフ）メガネのネットバーチャル試着 徹底比較」（www.glafas.com/news/topics/120321jinssalondemegane_zoffmirror.html）.

46. "Total Immersion and eBay Bring Virtual 'See It On' Feature to eBay's Fashion App," *Business Wire* (February 1, 2011), http://www.businesswire.com/news/home/20110201006053/en/Total-Immersion-eBay-Bring-Virtual-%E2%80%98See-

On%E2%80%99, accessed June 3, 2011.
47. Alisa Gould-Simon, "How Fashion Retailers Are Redefining E-Commerce with Social Media," *Mashable.com* (March 7, 2011), http://mashable.com/2011/03/07/fashion-retailers-social-e-commerce/, accessed April 17, 2011.
48. www.allurent.com/newsDetail.php?newsid=20, accessed January 29, 2007. No - but can we leave it without a cite as it's common sense (or because I say so?). . . .
49. Stephanie Rosenbloom, "Malls Test Experimental Waters to Fill Vacancies," *New York Times* (April 4, 2009), www.nytimes.com/2009/04/05/business/05mall.html?_r=1, accessed April 4, 2009.
50. Vanessa O'Connell, "Fictional Hershey Factory Will Send Kisses to ?Broadway," *Wall Street Journal* (August 5, 2002), www.wsj.com, accessed August 5, 2002.
51. Millie Creighton, "The Seed of Creative Lifestyle Shopping: Wrapping Consumerism in Japanese Store Layouts," in John F. Sherry Jr., ed., *Servicescapes: The Concept of Place in Contemporary Markets* (Lincolnwood, IL: NTC Business Books, 1998): 199-228; also cf. Robert V. Kozinets, John F. Sherry, Diana Storm, Adam Duhachek, Krittinee Nuttavuthisit, and Benet DeBerry-Spence, "Ludic Agency and Retail Spectacle," *Journal of Consumer Research* 31 (December 2004): 658-72.
52. http://www.paragraphny.com/, accessed June 3, 2011.
53. Jennifer Saranow, "Retailers Give It the Old College Try," *Wall Street Journal* (August 28, 2008): B8; *March 2007 Trend Briefing*, www.trendwatching.com/briefing, accessed March 30, 2007.
54. Most measures of store image are quite similar to other attitude measures discussed in Chapter 7. For an excellent bibliography of store image studies, see Mary R. Zimmer and Linda L. Golden, "Impressions of Retail Stores: A Content Analysis of Consumer Images," *Journal of Retailing* 64 (Fall 1988): 265-93.
55. Spiggle and Sewall, "A Choice Sets Model of Retail Selection."
56. "The Science of Shopping: The Way the Brain Buys," *The Economist* (December 18, 2008), www.economist.com, accessed February 2, 2009.
57. Philip Kotler, "Atmospherics as a Marketing Tool," *Journal of Retailing* (Winter 1973-74): 10; Anna Mattila and Jochen Wirtz, "Congruency of Scent and Music as a Driver of In-Store Evaluations and Behavior," *Journal of Retailing* 77, no. 2 (2001): 273-89; J. Duncan Herrington, "An Integrative Path Model of the Effects of Retail Environments on Shopper Behavior," in Robert L. King, ed., *Marketing: Toward the Twenty-First Century* (Richmond, VA: Southern Marketing Association, 1991): 58-62; see also Ann E. Schlosser, "Applying the Functional Theory of Attitudes to Understanding the Influence of Store Atmosphere on Store Inferences," *Journal of Consumer Psychology* 7, no. 4 (1998): 345-69.
58. Joseph A. Bellizzi and Robert E. Hite, "Environmental Color, Consumer Feelings, and Purchase Likelihood," *Psychology & Marketing* 9 (September-October 1992): 347-63.
59. See Eric R. Spangenberg, Ayn E. Crowley, and Pamela W. Henderson, "Improving the Store Environment: Do Olfactory Cues Affect Evaluations and Behaviors?" *Journal of Marketing* 60 (April 1996): 67-80, for a study that assessed olfaction in a controlled, simulated store environment.
60. Robert J. Donovan, John R. Rossiter, Gilian Marcoolyn, and Andrew Nesdale, "Store Atmosphere and Purchasing Behavior," *Journal of Retailing* 70, no. 3 (1994): 283-94.
61. 黒岩健一郎・水越康介『マーケティングをつかむ』有斐閣.
62. Deborah Blumenthal, "Scenic Design for In-Store Try-ons," *New York Times* (April 9, 1988): N9.
63. John Pierson, "If Sun Shines in, Workers Work Better, Buyers Buy More," *Wall Street Journal* (November 20, 1995): B1.
64. Charles S. Areni and David Kim, "The Influence of In-Store Lighting on Consumers' Examination of Merchandise in a Wine Store," *International Journal of Research in Marketing* 11, no. 2 (March 1994): 117-25.
65. Charles S. Areni and David Kim, "The Influence of In-Store Lighting on Consumers' Examination of Merchandise in a Wine Store," *International Journal of Research in Marketing* 11, no. 2 (March 1994): 117-25.
66. "Slow Music Makes Fast Drinkers," *Psychology Today* (March 1989): 18.
67. "Through the Looking Glass," *Lifestyle Monitor* 16 (Fall-Winter 2002).
68. Jennifer Lach, "Meet You in Aisle Three,"

69. Karen M. Stilley, J. Jeffrey Inman, and Kirk L. Wakefield, "Planning to Make Unplanned Purchases? The Role of In-Store Slack in Budget Deviation," *Journal of Consumer Research* 37, no. 2 (2010): 264-78.
70. "Motorola Survey: Shoppers Better Connected to Information than Store Associates," *Chain Store Age* (January 17, 2011), http://www.chainstoreage.com/article/motorola-survey-shoppers-better-connected-information-store-associates, accessed April 30, 2011; Kris Hudson, "Malls Test Apps to Aid Shoppers," *Wall Street Journal* (April 26, 2011), http://online.wsj.com/article/SB10001424052748704336504576258740640080926.html?mod=dist_smartbrief, accessed April 29, 2011.
71. Ernest Beck, "Diageo Attempts to Reinvent the Bar in an Effort to Increase Spirits Sales," *Wall Street Journal* (February 23, 2001), www.wsj.com, accessed October 1, 2007.
72. Easwar S. Iyer, "Unplanned Purchasing: Knowledge of Shopping Environment and Time Pressure," *Journal of Retailing* 65 (Spring 1989): 40-57; C. Whan Park, Easwar S. Iyer, and Daniel C. Smith, "The Effects of Situational Factors on In-Store Grocery Shopping," *Journal of Consumer Research* 15 (March 1989): 422-33.
73. Matt Richtel, "At Starbucks, Songs of Instant Gratification," *New York Times* (October 1, 2007), www.nytimes.com, accessed October 1, 2007.
74. Manoj Thomas, Kalpesh Kaushik Desai, and Satheeshkumar Seenivasan, "How Credit Card Payments Increase Unhealthy Food Purchases: Visceral Regulation of Vices," *Journal of Consumer Research* 38, no. 1 (June 2011): _126-139.
75. Mukhopadhyay Anirban and Gita Venkataramani Johar, "Indulgence as Self-Reward for Prior Shopping Restraint: A Justification-Based Mechanism," *Journal of Consumer Psychology* 19, no. 3 (2009): 334-45.
76. Emily Steel, "Luring Shoppers to Stores," *Wall Street Journal* (August 26, 2010), http://online.wsj.com/article/SB10001424052748704540904575451841980063132.html, accessed April 18, 2011.
77. Ellen Byron and Suzanne Vranica, "Scanners Check Out Who's Browsing Marketers, Retailers Test Sensors to Weigh Reach of In-Store Promotions," *Wall Street Journal* (September 27, 2006): B2; cf. also www.popai.com/index.php?option=com_content&view=frontpage&Itemid=1, accessed June 9, 2009.
78. Cf. Robert B. Cialdini, *Influence: Science and Practice*, 2nd ed. (Glenview, IL: Scott, Foresman, 1988).
79. Richard P. Bagozzi, "Marketing as Exchange," *Journal of Marketing* 39 (October 1975): 32-39; Peter M. Blau, *Exchange and Power in Social Life* (New York: Wiley, 1964); Marjorie Caballero and Alan J. Resnik, "The Attraction Paradigm in Dyadic Exchange," *Psychology & Marketing* 3, no. 1 (1986): 17-34; George C. Homans, "Social Behavior as Exchange," *American Journal of Sociology* 63 (1958): 597-606; Paul H. Schurr and Julie L. Ozanne, "Influences on Exchange Processes: Buyers' Preconceptions of a Seller's Trustworthiness and Bargaining Toughness," *Journal of Consumer Research* 11 (March 1985): 939-53; Arch G. Woodside and J. W. Davenport, "The Effect of Salesman Similarity and Expertise on Consumer Purchasing Behavior," *Journal of Marketing Research* 8 (1974): 433-36.
80. Mary Jo Bitner, Bernard H. Booms, and Mary Stansfield Tetreault, "The Service Encounter: Diagnosing Favorable and Unfavorable Incidents," *Journal of Marketing* 54 (January 1990): 7-84; Robert C. Prus, *Making Sales* (Newbury Park, CA: Sage Publications, 1989); Arch G. Woodside and James L. Taylor, "Identity Negotiations in Buyer-Seller Interactions," in Elizabeth C. Hirschman and Morris B. Holbrook, eds., *Advances in Consumer Research 12* (Provo, UT: Association for Consumer Research, 1985): 443-49.
81. Barry J. Babin, James S. Boles, and William R. Darden, "Salesperson Stereotypes, Consumer Emotions, and Their Impact on Information Processing," *Journal of the Academy of Marketing Science* 23, no. 2 (1995): 94-105; Gilbert A. Churchill, Jr., Neil M. Ford, Steven W. Hartley, and Orville C. Walker, Jr., "The Determinants of Salesperson Performance: A Meta-Analysis," *Journal of Marketing Research* 22 (May 1985): 103-18.
82. Jiang Lan, Joandrea Hoegg, Darren W. Dahl, and Amitava Chattopadhyay, "The Persuasive Role of Incidental Similarity on Attitudes and Purchase Intentions in a Sales Context," *Journal of Consumer Research* 36, no. 5 (2010): 778-91.
83. Siew Meng Leong, Paul S. Busch, and Deborah Roedder John, "Knowledge Bases and

Salesperson Effectiveness: A Script-Theoretic Analysis," *Journal of Marketing Research* 26 (May 1989): 164; Harish Sujan, Mita Sujan, and James R. Bettman, "Knowledge Structure Differences Between More Effective and Less Effective Salespeople," *Journal of Marketing Research* 25 (February 1988): 81-86; Robert Saxe and Barton Weitz, "The SOCCO Scale: A Measure of the Customer Orientation of Salespeople," *Journal of Marketing Research* 19 (August 1982): 343-51; David M. Szymanski, "Determinants of Selling Effectiveness: The Importance of Declarative Knowledge to the Personal Selling Concept," *Journal of Marketing* 52 (January 1988): 64-77; Barton A. Weitz, "Effectiveness in Sales Interactions: A Contingency Framework," *Journal of Marketing* 45 (Winter 1981): 85-103.

84. Jagdish N. Sheth, "Buyer-Seller Interaction: A Conceptual Framework," in *Advances in Consumer Research 3* (Cincinnati, OH: Association for Consumer Research, 1976): 382-86; Kaylene C. Williams and Rosann L. Spiro, "Communication Style in the Salesperson-Customer Dyad," *Journal of Marketing Research* 22 (November 1985): 434-42.

85. Marsha L. Richins, "An Analysis of Consumer Interaction Styles in the Marketplace," *Journal of Consumer Research* 10 (June 1983): 73-82.

86. "Voice of the Consumer Not Leveraged," Center for Media Research (February 3, 2009), www.mediapost.com, accessed February 3, 2009.

87. Rama Jayanti and Anita Jackson, "Service Satisfaction: Investigation of Three Models," in Rebecca H. Holman and Michael R. Solomon, eds., *Advances in Consumer Research 18* (Provo, UT: Association for Consumer Research, 1991): 603-10; David K. Tse, Franco M. Nicosia, and Peter C. Wilton, "Consumer Satisfaction as a Process," *Psychology & Marketing* 7 (Fall 1990): 177-93. For a treatment of satisfaction issues from a more interpretive perspective, see Susan Fournier and David Mick, "Rediscovering Satisfaction," *Journal of Marketing* 63 (October 1999): 5-23.

88. Bruce Cooil, Timothy L. Keiningham, Lerzan Aksoy, and Michael Hsu, "A Longitudinal Analysis of Customer Satisfaction and Share of Wallet: Investigating the Moderating Effect of Customer Characteristics," *Journal of Marketing* 71 (January 2007): 67-83. For a study that looks at consumer variables moderating this relationship, cf. Kathleen Seiders, Glenn B. Voss, Dhruv Grewal, and Andrea L. Godfrey, "Do Satisfied Customers Buy More? Examining Moderating Influences in a Retailing Context," *Journal of Marketing* 69 (October 2005): 26-43.

89. Constance L. Hayes, "Service Takes a Holiday," *New York Times* (December 23, 1998): C1.

90. Leslie Kaufman, "Enough Talk," *Newsweek* (August 18, 1997): 48-49.

91. Robert Jacobson and David A. Aaker, "The Strategic Role of Product Quality," *Journal of Marketing* 51 (October 1987): 31-44. For a review of issues regarding the measurement of service quality, see J. Joseph Cronin, Jr., and Steven A. Taylor, "Measuring Service Quality: A Reexamination and Extension," *Journal of Marketing* 56 (July 1992): 55-68.

92. Amna Kirmani and Peter Wright, "Money Talks: Perceived Advertising Expense and Expected Product Quality," *Journal of Consumer Research* 16 (December 1989): 344-53; Donald R. Lichtenstein and Scot Burton, "The Relationship Between Perceived and Objective Price-Quality," *Journal of Marketing Research* 26 (November 1989): 429-43; Akshay R. Rao and Kent B. Monroe, "The Effect of Price, Brand Name, and Store Name on Buyers' Perceptions of Product Quality: An Integrative Review," *Journal of Marketing Research* 26 (August 1989): 351-57; Shelby Hunt, "Post-Transactional Communication and Dissonance Reduction," *Journal of Marketing* 34 (January 1970): 46-51; Daniel E. Innis and H. Rao Unnava, "The Usefulness of Product Warranties for Reputable and New Brands," in Rebecca H. Holman and Michael R. Solomon, eds., *Advances in Consumer Research 18* (Provo, UT: Association for Consumer Research, 1991): 317-22; Terence A. Shimp and William O. Bearden, "Warranty and Other Extrinsic Cue Effects on Consumers' Risk Perceptions," *Journal of Consumer Research* 9 (June 1982): 38-46.

93. Gilbert A. Churchill, Jr., and Carol F. Surprenant, "An Investigation into the Determinants of Customer Satisfaction," *Journal of Marketing Research* 19 (November 1983): 491-504; John E. Swan and I. Frederick Trawick, "Disconfirmation of Expectations and Satisfaction with a Retail Service," *Journal of Retailing* 57 (Fall 1981): 49-67; Peter C. Wilton and David K. Tse, "Models

of Consumer Satisfaction Formation: An Extension," *Journal of Marketing Research* 25 (May 1988): 204-12. For a discussion of what may occur when customers evaluate a new service for which comparison standards do not yet exist, see Ann L. McGill and Dawn Iacobucci, "The Role of Post-Experience Comparison Standards in the Evaluation of Unfamiliar Services," in John F. Sherry, Jr., and Brian Sternthal, eds., *Advances in Consumer Research 19* (Provo, UT: Association for Consumer Research, 1992): 570-78; William Boulding, Ajay Kalra, Richard Staelin, and Valarie A. Zeithaml, "A Dynamic Process Model of Service Quality: From Expectations to Behavioral Intentions," *Journal of Marketing Research* 30 (February 1993): 7-27.
94. Jagdish N. Sheth and Banwari Mittal, "A Framework for Managing Customer Expectations," *Journal of Market Focused Management* 1 (1996): 137-58.
95. 「タイレノールものがたり」タイレノール HP (http://tylenol.jp/story02.html).
96. Ariel Sabar, "In Case of Missing Trousers, Aggrieved Party Loses Again," *New York Times* (June 26, 2007), www.nytimes.com, accessed June 26, 2007.
97. Mary C. Gilly and Betsy D. Gelb, "Post-Purchase Consumer Processes and the Complaining Consumer," *Journal of Consumer Research* 9 (December 1982): 323-28; Diane Halstead and Cornelia Droge, "Consumer Attitudes Toward Complaining and the Prediction of Multiple Complaint Responses," in Rebecca H. Holman and Michael R. Solomon, eds., *Advances in Consumer Research 18* (Provo, UT: Association for Consumer Research, 1991): 210-16; Jagdip Singh, "Consumer Complaint Intentions and Behavior: Definitional and Taxonomical Issues," *Journal of Marketing* 52 (January 1988): 93-107.
98. Gary L. Clark, Peter F. Kaminski, and David R. Rink, "Consumer Complaints: Advice on How Companies Should Respond Based on an Empirical Study," *Journal of Services Marketing* 6 (Winter 1992): 41-54.
99. Alan Andreasen and Arthur Best, "Consumers Complain—Does Business Respond?" *Harvard Business Review* 55 (July-August 1977): 93-101.
100. Tibbett L. Speer, "They Complain Because They Care," *American Demographics* (May 1996): 13-14; cf. also Yany Grégoire, Thomas M. Tripp, and Renaud Legoux, "When Customer Love Turns into Lasting Hate: The Effects of Relationship Strength and Time on Customer Revenge and Avoidance," *Journal of Marketing* 73 (November 2009): 18-32.
101. Ingrid Martin, "Expert-Novice Differences in Complaint Scripts," in Rebecca H. Holman and Michael R. Solomon, eds., *Advances in Consumer Research 18* (Provo, UT: Association for Consumer Research, 1991): 225-31; Marsha L. Richins, "A Multivariate Analysis of Responses to Dissatisfaction," *Journal of the Academy of Marketing Science* 15 (Fall 1987): 24-31.
102. John A. Schibrowsky and Richard S. Lapidus, "Gaining a Competitive Advantage by Analyzing Aggregate Complaints," *Journal of Consumer Marketing* 11 (1994): 15-26; Clay M. Voorhees, Michael K. Brady, and David M. Horowitz, "A Voice from the Silent Masses: An Exploratory and Comparative Analysis of Noncomplainers," *Journal of the Academy of Marketing Science* 34 (Fall 2006): 514-27.
103. Material adapted from a presentation by Glenn H. Mazur, QFD Institute, 2002.
104. Russell W. Belk, "The Role of Possessions in Constructing and Maintaining a Sense of Past," in Marvin E. Goldberg, Gerald Gorn, and Richard W. Pollay, eds., *Advances in Consumer Research 17* (Provo, UT: Association for Consumer Research, 1989): 669-76.
105. David E. Sanger, "For a Job Well Done, Japanese Enshrine the Chip," *New York Times* (December 11, 1990): A4.
106. Rob Walker, "The Worm Turns," *New York Times Magazine* (May 20, 2007), accessed May 20, 2007; www.terracycle.net, accessed June 4, 2011.
107. Jacob Jacoby, Carol K. Berning, and Thomas F. Dietvorst, "What about Disposition?" *Journal of Marketing* 41 (April 1977): 22-28.
108. Brian Wansink, S. Adam Brasel, and Steven Amjad, "The Mystery of the Cabinet Castaway: Why We Buy Products We Never Use," *Journal of Family & Consumer Sciences* 92, no. 1 (2000): 104-7.
109. Jennifer Lach, "Welcome to the Hoard Fest," *American Demographics* (April 2000): 8-9.
110. Norimitsu Onishi, "How Do Japanese Dump Trash? Let Us Count the Myriad Ways," *New York Times* (May 12, 2005), www.nytimes.com, accessed May 12, 2005.
111. Debra J. Dahab, James W. Gentry, and Wanru Su,

"New Ways to Reach Non-Recyclers: An Extension of the Model of Reasoned Action to Recycling Behaviors," in *Advances in Consumer Research* Volume 22, eds. Frank R. Kardes and Mita Sujan, Provo, UT: Association for Consumer Research, Pages: 251-256.
112. Richard P. Bagozzi and Pratibha A. Dabholkar, "Consumer Recycling Goals and Their Effect on Decisions to Recycle," *Psychology & Marketing* 11, no. 4 (1994): 313-40; see also L. J. Shrum, Tina M. Lowrey, and John A. McCarty, "Recycling as a Marketing Problem: A Framework for Strategy Development," *Psychology & Marketing* 11 (July-August 1994): 393-416; Dahab, Gentry, and Su, "New Ways to Reach Non-Recyclers."
113. "Gap Asks Consumers to Recycle Their Jeans," *RetailingToday.com* (October 5, 2010), http://www.retailingtoday.com/article/gap-asks-consumers-recycle-their-jeans, accessed April 18, 2011.
114. John F. Sherry, Jr., "A Sociocultural Analysis of a Midwestern American Flea Market," *Journal of Consumer Research* 17 (June 1990): 13-30.
115. Allan J. Magrath, "If Used Product Sellers Ever Get Organized, Watch Out," *Marketing News* (June 25, 1990): 9; Kevin McCrohan and James D. Smith, "Consumer Participation in the Informal Economy," *Journal of the Academy of Marketing Science* 15 (Winter 1990): 62.
116. John F. Sherry, Jr., "Dealers and Dealing in a Periodic Market: Informal Retailing in Ethnographic Perspective," *Journal of Retailing* 66 (Summer 1990): 174.
117. www.redo.org, accessed June 4, 2011.
118. Quoted in Jenna Wortham, "Neighborly Borrowing, Over the Online Fence," *New York Times* (August 28, 2010), http://www.nytimes.com/2010/08/29/business/29ping.html?_r=1&scp=1&sq=collaborative%20consumption&st=cse, accessed April 18, 2011; www.snapgoods.com, accessed June 4, 2011; www.neighborgoods.com, accessed June 4, 2011; www.sharesomesugar.com, accessed June 4, 2011.
119. http://freegan.info/?page_id=2, accessed June 9, 2009; Steven Kurutz, "Not Buying It," *New York Times* (June 21, 2007), www.nytimes.com, accessed June 21, 2007.
120. Russell W. Belk, Joon Yong Seo, and Eric Li. "Dirty Little Secret: Home Chaos and Professional Organizers," *Consumption, Markets and Culture* 10 (June 2007): 133-40.
121. Jesse Chandler and Norbert Schwarz, "Use Does Not Wear Ragged the Fabric of Friendship: Thinking of Objects as Alive Makes People Less Willing to Replace Them," *Journal of Consumer Psychology* 20, no. 2 (2010): 138-45.
122. Ray A. Smith, "Belly Up to the Bar and Buy Some Jeans," *Wall Street Journal* (April 2, 2009), http://online.wsj.com/article/SB123862311574879951.html, accessed April 2, 2009.
123. Shelly Branch, "Maybe Sex Doesn't Sell, A&F Is Discovering," *Wall Street Journal* (December 12, 2003), www.wsj.com, accessed December 12, 2003.
124. Quoted in Stephanie Clifford, "Stuff Piled in the Aisle? It's There to Get You to Spend More," *New York Times* (April 7, 2011), http://www.nytimes.com/2011/04/08/business/08clutter.html?_r=1&hp=&adxnnl=1&adxnnlx=1302264052-gF+9E6s92AG9nsm5jbyIpg, accessed April 18, 2011.

ニールセン・ナゲット

練習#4　第9章　購入と処分

シナリオ： バブルス（Bubbles）は，ソフトドリンク業界では認知度の高いプレミアムブランドである．このブランドは経済不況と競合会社スクイーズ（Squeeze）からのプレッシャーによって苦戦を強いられている．この傾向がこのまま続けば，来年には250万ドルの損失を出すことが見込まれる．

課題： バブルスは広告宣伝費をもっと効果的，効率的に使い，売上げの減少を食い止め，業績を安定させるにはどうしたらよいかを模索している．カギとなる問題は，この目的を達成するために，どのプロモーションに集中するか，そして，どの小売店に協力を求めるかである．

提供されたデータを考察した後で：

1. バブルスの4つの小売店でのプロモーションの相対的成果を分析しなさい．
2. この章で説明した自発的購買のどちらかのタイプが，このケースで働いていると考えるか？　そう考える（考えない）理由は？
3. なぜ購買時刺激がこの製品カテゴリーと強く結びついていると考えるのか？

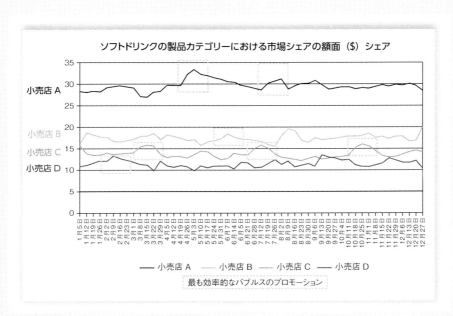

小売店での販売の額面（$）シェア――ソフトドリンク

小売店の販売シェアはバブルスのプロモーション時にピークに達する．それに続くスクイーズのプロモーションは小売店にとってそれほど強い影響は与えない．

第10章　組織・家庭における意思決定

この章の目的　本章の学習を通じて，以下のことを理解しよう：

1. マーケターは，1人ではなく複数の消費者の行動を理解しなければならないことが多い．
2. 個人だけでなく企業も購買決定を行う．
3. 家族についての伝統的な考えは時代遅れになった．
4. 人口統計上の重要な特徴の多くは，家族と家族構成に関するものである．
5. 家族の購買決定に際しては，一人ひとりが異なる役割と影響力を持つ．
6. 子どもたちは成長の過程で，何をどのように消費するかを学ぶ．

　チホはこれ以上ないほど緊張している．今晩，彼女とパートナーのダイスケは，新居のアパートで初めてのホームパーティーを催すことになっていて，その時間が刻々と迫っているのだ．何人かの家族や親類は，チホが親元を離れて男性と同棲することに批判的だった．だから，このパーティーが失敗に終わるようなことがあれば，彼らはここぞとばかり「だから言ったじゃない」と勝ち誇るに違いない．

　ダイスケとこのアパートに暮らし始めてからの生活は，バラ色というわけではなかった．これはちょっとした謎でもある．2人が同僚として働いている出版社では，ダイスケのデスクはきちんと整理され，きれいに片づいているのだが，私生活となるとまた別の話になる．彼は改めるべき点は改めようと本当に努力をしているのだが，チホは自分のためにも，掃除の割合を増やすことになっていた．さらに，食料品の買い物に関しては，ダイスケがまったく信用できないことを思い知らされた．彼は長々としたリストを手に店に行っても，ビールとポテトチップスを抱えて帰ってくる．会社のためにコンピューターの大口購入の交渉している男性なら，予算を守り，家のために正しい買い物をする分別が備わってしかるべきではないのか？　さらに苛立たせるのは，新しく（彼女のボーナスで）買おうとしている大型テレビならば，1週間かけても情報を得ようとするのに，ダイニング用の家具を検討するときには，耳を引っ張りでもしないと聞いてくれない．さらに追い打ちをかけるように，高い買い物になる場合は，チホの選択にすぐにケチをつけてくる．

　こんな調子のダイスケが，彼女がまだ会社で働いている間，本当に約束通り部屋の片づけをし，料理の手はずを整えておいてくれるだろうか？　チホはクックパッドのおも

てなし料理セクションから,両親が好みそうなレシピをダウンロードして,すてきなテーブルセッティングのアイディアまで書き留めていた[1].後はダイスケ次第だ.彼がリビングルームのソファーから自分が脱ぎ捨てた靴下を拾い上げることを覚えてくれていたらいいのだが.今晩は2人の関係が本当に試される夜になるかもしれない.チホは編集会議に向かいながら,ため息をもらした.新しい家庭を築いてからというもの,人間関係というものについて間違いなく多くのことを学んできた.一緒に暮らすということは,ロマンス小説で読むよりもずっと山あり谷ありなのだ.

学習の目的1
マーケターは,1人ではなく複数の消費者の行動を理解しなければならないことが多い.

組織の意思決定

　チホがダイスケとの生活で経験している試練と苦難は,多くの消費者の意思決定に共通する特徴を示している.第8章で詳しく考察した個人の意思決定プロセスは,あまりに単純化されすぎていたかもしれない.実際の状況では,最初の問題認識から情報検索,代替品の評価,そして製品選択までの問題解決過程に,2人以上の人々が参加していることが多いからである.さらに多くの場合,決定に参加する人たちが同じ好みを持つわけでも,同じ消費の優先順位を持つわけでもないことが問題を複雑にしている.あなたもこれまでに,誰かと,どの店で食事をするかを決めたり,どちらが食器を洗う順番かについて言い争ったりしたことがあれば,ピンとくるものがあるだろう.今では「食べログ」や「ぐるなび」のサイトにはレストランのクチコミがたくさん載っているのに,それでも合意に達するのは容易ではない.

　この章では「集団的意思決定（collective decision making）」,すなわち複数の消費者が利用する製品やサービスを2人以上で選ぶ意思決定について考察していく.章の前半では,1人または少数が大きなグループを代表して決定を行う組織の意思決定に焦点を当てる.次に,私たちが属する最も重要な組織,つまり家族の意思決定に目を向ける.家族全員にかかわる決定をメンバー間でどのように交渉するのか,また現代の家族生活の大きな変化がこのプロセスにどのような影響を与えているかを考える.そして,子どもたちが,どのように消費者になることを学んでいくのかを考察して締めくくる.

　なぜ,大企業と小さな家族をひとまとめに扱うのだろう？　両者の重要な共通点の1つは,どちらの場合も,組織のための製品やサービスを選ぶときには,個人やグループが異なる役割を演じるということである[2].何を決定するかによって,その選択過程にはグループの全員が含まれるかもしれないし,複雑なプロセスの中で重要な役割を果たす

メンバーが変わるかもしれない．これらの役割には次のようなものがある：
- **発案者**（initiator）――アイデアを持ち出したり，ニーズを明らかにしたりする人．
- **門番役**（gatekeeper）――情報を検索し，グループが共有する情報の流れを管理する人．組織においては，見込みのある業者や製品を特定してグループ全体の審議にかける．
- **影響者**（influencer）――結論を一定の方向に動かそうとする人．他の人よりその問題に深い関わりを持っている人がいるかもしれない．自分の意見を通す力も人によって異なる．
- **購買者**（buyer）――実際に購買をする人．その製品を自分も使う場合もあれば，使わない場合もある．
- **使用者**（user）――実際に製品やサービスを消費する人．

学習の目的 2
個人だけでなく企業も購買決定を行う．

組織購買者と意思決定

　企業やその他の団体の多くの従業員は，日常的に購買決定を行っている．**組織購買者**（organizational buyers）とは，ダイスケのように企業の製造，流通，再販売の過程で使用される物品やサービスを，会社を代表して購入する人たちを指す．彼らは企業，政府機関，病院，小売店などの組織のニーズに応える B2B マーケター（business-to-business marketers）から購入する．量的な面から言えば，B2B は非常に大きなビジネスが繰り広げられる場所である．アメリカでは，およそ 2 兆ドル相当の製品やサービスが組織間で移動し，実際に最終消費者の購買量を上回る．

　組織購買者には大きな責任がある．彼らは取引をしたい業者を決め，これらの供給業者からどのような商材を購入するかを決める．考慮する商材は小さな事務用品（箱ではなくケースで注文する）から，数百億円のコンピューターシステムまで，価格と重要性は幅広い．したがってマーケターは，こうした組織購買者がどのように重要な決定を下しているかを理解する必要がある．

　多くの要因が組織購買者の状況認識に影響を与える．例えば，供給業者への期待（例：製品の質，その企業の従業員の能力と行動，その業者との以前の取引での経験），その会社の社風（例：どのような報酬体系があるか，何に価値を置くか），購買担当者自身の実績の評価（例：リスクを負えるかどうか）などが挙げられる[3]．

　一般の消費者と同様に，組織購買者も学習プロセスに従い，周囲の人と情報を共有し，最善の選択についての信念と想定を共有する「組織の記憶」を発達させる[4]．週末に家

コピー：キャプテン・マイクロタービン．地球を救う為に働くチームを率いる組織は購買決定のためにチームを作ることが多い．

出典：Capstone Turbine Corporation 提供．

族と一緒に買い物に行くときに「マーケット・ビリーフ（market belief）」が影響を与えるのと（第8章参照）同じことがオフィスでも起こる．彼は（おそらく同僚と一緒に）情報を検索し，代替案を評価し，決定を下して問題を解決する[5]．もちろん，2つの状況には重要な違いもいくつかある．

組織の意思決定は消費者の意思決定とどのように異なるか？

組織や企業の購買決定と個人の購買決定の主な違いをまとめておこう[6]：
- 企業の購買決定には多くの人が関与することが多い．実際に購入をする人，直接または間接的にこの決定に影響を与える人，製品やサービスを実際に利用する従業員などである．
- 組織や企業は，製品カテゴリーについての詳細な知識を技術的仕様書に求めることが

多い.
- 衝動購買はめったにない（企業の購買者は，鉛パイプやシリコンチップに突然「散財したくなる」ようなことはない）．彼らはプロであり，過去の経験をもとに決断し，選択肢を注意深く検討する．
- 購買者のキャリアがその判断にかかわっているという意味で，決定には時にリスクが伴う.
- 取扱高は相当な額になる．個人消費者の食料品やローンの支払い額などとは比較にならない．100～250程度の組織的な顧客の購入が供給業者の売上高の半分以上を占め，彼らの供給業者への影響力は大きい．
- B2Bマーケティングは，広告やその他の形の販促活動よりも人的販売を重視する．組織購買者との取引の場合は，最終消費者へ販売する場合よりも，直接顔を合わせての交渉を求められることが多くなる．

組織が行う購買決定を理解しようと思うならば，以上のような重要な特徴を考慮しなければならない．しかし，そうは言うものの，実際には組織購買者と一般の消費者には多くの共通点もある．組織の購買決定は，確かに個人の消費選択と比べれば，経済的，機能的要素が重要になりやすいが，感情的な要素も影響する．組織購買者は部外者には合理的モデルで動いているように見えるかもしれないが，時には，彼らもブランド・ロイヤルティ，特定の供給業者や営業担当者との長期にわたる関係，あるいは美的な好みに基づいて決定を下すことがある．財政的な指標に基づいて，企業の価値について計算された判断を冷静に下すように思われている投資家でさえ，時には他の要素に影響される．例えば，従業員によりよい労働環境を提供している企業や，何らかの面で普通とは異なる企業に肩入れするかもしれない[7]．

組織購買者はどのように行動するのか

最終消費者と同じように，内部刺激と外部刺激の両方が組織購買者に影響を与える．内部刺激には，担当者の心理面の性質，例えばリスクのある決断を下す意志，職務経験，訓練などが含まれる．外部刺激には，経済の全般的影響やその業界の技術環境，さらには彼が働く組織の社風などが含まれる．もう1つの要因は文化的なもので，国が変わればビジネスの基準も大きく異なる．例えば，アメリカ人は，ヨーロッパやアジアの人たちと比べ，取引先との関係がよりくだけたものになる傾向がある．

当然，組織購買者の意思決定プロセスは，何を買う必要があるのかによって決まる．消費者の購買と同じように，新しい複雑な決定になるほど，あるいは危険が高くなるほど，情報検索や代替案の評価にかける努力が大きくなる．しかし，定期的な購買で決まった

業者との取引になると，情報検索も努力も大幅に減らすことができる[8]．複雑な組織決定では，一般に担当者グループ（購買センター（buying center）の人員）がそれぞれ異なる役割を果たす．後に考察するように，この共同関与は家族の意思決定と似たところがある．家族の場合も，重要な購買には複数のメンバーが参加することが多い．

購買クラスの枠組み

購買クラス理論（buyclass theory of purchasing）を適用すると，組織の購買決定は最も単純なものから最も複雑なものまで3種類に分けることができる．意思決定の3つの側面が，組織購買者の購買戦略を決める[9]：

1　決定前に集めなければならない情報のレベル
2　すべての可能な選択肢をどれだけ真剣に考慮する必要があるか
3　その購買への慣れ

コピー：高いところに届くパワーが必要でしたら，我々にご相談を．

この重機メーカーの広告が示すように，産業財マーケターもその気があればクリエイティヴになれる．

出典：Komatsu Europe の許可を得て使用．

これら3つの側面はいずれも，購買者が決定を下すときに必要となる認知努力に関連している[10]．それぞれの購買タイプは，第8章で論じた習慣的意思決定，限定的問題解決，拡張的問題解決と呼応する．表10.1はこれらの戦略をまとめたものである．

- 単純反復購買（straight rebuy）は習慣的意思決定で，事前に決めた再注文のレベルに在庫が達したときなどに自動的に選択される．既存の業者からの供給が満足できる限り，情報検索や評価はほとんど行われない．
- 修正再購買（modified rebuy）の状況には，限定的意思決定が含まれる．製品やサービスを再購入しようと思っているが，内容に多少の修正を加えたいときに生じる．この決定には少数の業者についての限定された情報検索が含まれるかもしれない．おそらく最終的な決定は1人または2人が下す．
- 新規購買（new task）には拡張的問題解決が適用される．企業は同様の決定を以前に下したことがないので，製品が期待通りの働きをしなかったり，コストが大きすぎたりする深刻なリスクがある．そこで，専門知識を持つ人員からなる購買センターが指名され，選択肢の評価を行う．決定に至るまでにかなりの情報を集めることが一般的である．

B2B e コマース

B2B e コマース（business-to-business e-commerce）は，2つ以上の企業や組織の間でのインターネット取引を指す．これには，情報，製品，サービス，支払いのやりとりが含まれる．インターネットは，企業が他の企業とコミュニケーションを図る方法，そして他の人々と情報を共有する方法までを変革した．B2B e コマースの取引の約半分は，数多くの供給者と購買者が参加するオークション，入札，交換の形をとる[11]．例えば，ワールドワイド・リテール・エクスチェンジ（WWRE）に加盟するターゲットやギャップなどの50以上の大手企業は，オンライン・コミュニティに参加しながら，商業取引を行っている．この協力体制により，加盟社は製品開発，製品プランニング，在庫補充で提携することができる[12]．

表10.1 組織の購買決定の種類

購買状況	努力の程度	リスク	購買者の関与
単純反復購買	習慣的意思決定	低	自動的再注文
修正再購買	限定的問題解決	低～中	1人～数人
新規購買	拡張的問題解決	高	多数

出　典：Patrick J. Robinson, Charles W. Faris, and Yoram Wind, *Industrial Buying and Creative Marketing* (Boston: Allyn & Bacon, 1967).

オープンソース革命

　B2B e コマースの最もシンプルな形態として，インターネット上には製品やサービスのオンラインカタログが提供されている．デル・コンピュータのような企業は，自社のウェブサイトを使って，オンラインのテクニカルサポート，製品情報，注文状況，法人顧客へのカスタマーサービスを提供している．初期の段階で，デルは顧客セグメントごとに個別のインターネットサービスを提供することで，顧客のニーズにより効果的に応えることができると気がついた．現在のデルのウェブサイトでは，購入者が属する顧客セグメント（自宅，ホームオフィス，政府，中小企業，教育機関）によって製品が推薦される．デルは，ハードコピーのマニュアルの配布をインターネットサイトからのダウンロードに切り替えたことで，年に数百万ドルのコストを省いている．また大口顧客に対しては個別のパスワードで保護されたページを提供し，法人顧客が技術的サポートを求めたり注文したりできるようにしている[13]．

　最終ユーザーの間でソーシャル・ネットワークの利用が広まるにつれ，企業もこうしたアプローチを採用し始めている．実際に 2010 年のアメリカの調査では，企業の 86% が B2B マーケティング・コミュニケーションの一部としてソーシャルメディアを使っていた．ただし，大部分はまだ実験的な利用にとどまっている[14]．

　アメリカの広告代理店のアベニュー A レイザーフィッシュは，企業内ネットワークとしてオープンソースのウィキ (wiki) のプラットフォームを導入した．これは複数の人がウェブページ上でドキュメントを変更することができ，またこうした変更を追跡できるようにしたものである（もちろん，最も有名なウィキはウィキペディアだろう）．インテルや SAP のようなハイテク企業は，会議を録音して従業員がそれを iPod にダウンロードし，上司に意見できるような実験をしている．そして，「グーグル・ドックス (GoogleDocs)」のようなオンラインドキュメントは，ウェブページにアクセスして同僚の会議メモを読み，それに自分の意見を加えることもできる．企業によっては，Facebook を自社の従業員のイントラネットサイトとして使っているところさえある[15]．

予測市場

　集団の知恵は個人の知恵にいつも勝るのだろうか？　予測市場 (prediction market) は，最も注目されている組織の意思決定テクニックの 1 つである．このアプローチは，その業界についての知識を持つ人々が集まれば，誰か 1 人による将来の予測より正しくなると主張する．

　予測市場の枠組みでは，マイクロソフト，ヒューレットパッカードといった企業が，自社の従業員を「トレーダー」とみなして権限を与えている．株式市場と同じように，トレー

ダーは彼らが将来の販売状況を予測し，どの新製品が成功するか，流通チャネルの他の企業がどう行動するかに賭けをし，もしその「株の銘柄選び」が成功すれば，金銭的報酬を受け取ることもある．例えば，アメリカの大手製薬会社であるイーライリリーは，失敗の可能性が高い新薬の開発に，定期的に数百万ドルを投資する．成功する少数の薬は，他の薬の損失を補うだけの売上を達成しなければならない．したがって，できるだけ早い段階で勝者と敗者を選別することができれば，それだけ大きな利益を上げることができる．イーライリリーでは，薬品開発に携わる約50人の従業員——化学者，生物学者，プロジェクトマネージャーを含む——が，国内市場で6種類の模擬薬品を取引する実験を実施した[16]．誰でもアクセスできる予測市場のイントレード（intrade.com）では，参加者が政治家の選挙，金融の動向，さらには希少ワインや美術作品の市場価格の結果に賭けをしている．あるいは，ハリウッド・ストック・エクスチェンジ（hsx.com）にアクセスしてみれば，トレーダーがどのセレブや新作映画が成功すると考えているかが分かる[17]．

クラウドソーシング

　もうひとつの新しいやり方として，社内の研究者が扱えない問題を，世界中の専門家を集めて解決することもできるようになっている．生産を下請け会社にアウトソースするのと同じように，企業はクラウドソーシング（crowdsourcing）している．例えばデルの「アイディアストーム（Ideastorm）」のサイトは，世界中の専門家から解決策や新製品のアイデアを求め，技術仲介会社のナインシグマは，多くの企業から技術的貢献を募って製品のイノベーションを加速しようとしている[18]．

学習の目的3
家族についての伝統的な考えは時代遅れになった．

家族

　2010年，アメリカ社会は大きな節目を迎えた．アメリカの世帯で結婚した夫婦の占める割合が48%になったのである．1950年には，夫婦世帯が78%を占めていた．新しい国勢調査のデータは伝統的な家族，すなわち夫婦と子どもの世帯の占める割合が5分の1になっていることも明らかにした．こちらは1950年には43%だった[19]．この変化は家族という形態が時代遅れになったことを意味しているのだろうか？　日本では，2010年において，約5,184万世帯のうち，夫婦，および夫婦と子どもからなる核家族世帯は2,464万世帯である．これに核家族以外の世帯531万件も加えれば，全体の過半数を超える．一方で長期的には，やはり，単独世帯や，母子家庭や父子家庭が増加している．

現実には，多くの別の形態の家族が増えているということだろう．伝統的な家族形態はすたれ，話し相手になり社会的サポートを与え合う兄弟姉妹，親しい友人，その他の親類が一緒に暮らすケースが増えていると論じる専門家もいる．親類ではない人々のグループが「計画的家族（intentional families）」を築き，日常的に食事を一緒にとったり，休日を一緒に過ごしたりしている場合もある[20]．一部の人にとっては，手料理を食べるために一緒に時間を過ごすという行為が，家族を定義する中心的役割を果たす[21]．

学習の目的4
人口統計上の重要な特徴の多くは，家族と家族構成に関するものである．

現代の家族

かつては拡大家族（extended family）が最も一般的な家族単位で，家族3代が一緒に暮らし，叔父叔母，いとこが含まれることもあった．1940年代に始まった『サザエさん』を思い出してみよう．その後，1970年代には，『ドラえもん』にみられるような両親と1人以上の子ども（おそらくはドラえもんも）で構成される核家族（nuclear family）が，日本でも拡大家族に取って代わっていた．しかし，ドラえもんの時代からも，さらに多くの変化が生じている．多くの人が昔のホームドラマに典型的な家族のイメージを持ち続けていることは変わらないが，人口統計データを見ると，この「理想の」家族のイメージはもはや現実的ではないことが分かる．日本でも，人が住む住居を，居住者の関係性にかかわらず，すべて世帯（household）とみなしている．つまり，ひとり暮らし，3人のルー

アメリカンガール（American Girl）は現代的な人形の他にもさまざまな時代の人形を売っている．人気の理由の1つは，あらゆる年代の消費者が，この人形に家族が結びつく機会を見いだしているからだという[22]．

出典：American Girl Inc. の許可を得て再版．

ムメイト，2人の愛し合うカップルでも，世帯を構成する．

　既に見たように，制度としての結婚も進化している．厚生労働省の発表によれば，2010年で25～29歳の女性の60.3%は未婚であり，1970年の18.1%，1980年の24.0%から大幅に増加している．1970年には初婚年齢の平均年齢は男性が26.9歳で，女性が24.2歳だったが，2013年には男性は30.9歳，女性は29.3歳になっている[23][24]．

　人々が恋愛関係に至る（あるいは抜け出す）方法も進化を続け，相手探しでは出会い系サイトやソーシャル・ネットワークに依存する人が増えている．アメリカの出会い系サイトの「マッチ・ドットコム（Match.com）」の調査によれば，2010年に結婚したカップルの6組に1組は，オンラインで出会った[25]．しかし，アメリカの別の出会い系サイト「OKキューピッド（OK Cupid）」の調査によれば，Twitterのアクティブユーザー同士のロマンチックな関係は，その他の出会いの場合と比べ長続きしない[26]．サイバースペースで出会う人たちは，別の選択肢を探そうと気の向くままにクリックすることに慣れているからかもしれない．日本でも多くの出会い系サイトが登場するとともに，リアルでも，婚活という言葉が広まり，街コンなどがまちおこしと合わせて行われるようになっている．

　また，厳しい経済状況も一因となって，子どもたちが大学卒業後も親元に住み続けることも多くなっている．アメリカの人口統計学者はこのように親元に戻る子どもたちをブーメラン・キッズ（boomerang kids）と呼んでいる（放り投げても，また戻ってくる）．日本では，同様の若者をパラサイトシングルと呼ぶ[27]．最近の労働市場の縮小のため（幸運にも最初の職にありついた者でも，その職がなくなることがある），多くの若者は大学の卒業資格があれば自動的に自活できるという前提を考え直すことを余儀なくされている[28]．さらに，多くの成人男女が子どもだけではなく自分の両親の世話も見ている[29]．中年層の人々をサンドイッチ世代（Sandwich Generation）と命名する者もいる．自分の上の世代と下の世代の両方を世話しなければならないからだ．

家族の人数

　家族の人数は，教育レベル，避妊の有用性，宗教などの要因に影響される．人口統計学者は出生率（fertility rate）を，妊娠可能年齢の女性1,000人当たりの1年間の出産数と定義している．マーケターはこの出生率を用いた合計特殊出生率（女性が一生のうちに出産する子どもの平均数）に注目して，出生パターンが将来の製品需要にどのように影響するかを考える．

　世界全体を見ると，最近では多くの女性が小さい家族を望むようになっていることが調査結果に表われている．この傾向は，過去数十年で合計特殊出生率が急落している日本やヨーロッパ諸国にとっては問題だ．皮肉なことに，多くの発展途上国では人口が急増しているのに，先進工業国は将来高齢者を支える若い労働者が減少するという危機に

第10章 組織・家庭における意思決定　*511*

直面している．人口レベルが一定レベルを保つには，合計特殊出生率は 2.0，すなわち 2 人の子どもが両親に代わらなければならない．スペイン，スウェーデン，ドイツ，ギリシャなどではそれが達成できておらず，合計特殊出生率は 1.4 以下にとどまっている．日本も 2012 年に 16 年ぶりに 1.4 を超えたが，依然として低水準にある(30)．一方で，アメリカの合計特殊出生率は 2.1 である．2007 年のアメリカの出生数は過去最大だった．ただし，この数字は出産適齢期の女性の数が多かったことがその要因と考えられる(31)．

国によっては，多くの子どもを持つように国民を奨励しているところもある．例えばス

コピー：*両親のところに戻るならば9.5ユーロ．出て行くのも9.5ユーロ．*

エジンバラまで片道9.5ユーロ（ナショナル・エクスプレス）．多くのブーメラン・キッズが家に戻って親と一緒に暮らしている——自発的であろうとなかろうと．

出典：著作権 Cdp-Travissully Ltd.

ペインは大家族家庭の公共料金を安くしたり、家を買おうとしている若い夫婦を援助したり、新しい幼稚園や保育園を次々と建設したりしている。イタリア政府は出産休暇をとっている母親に半年間、給与全額に近い補助金を支給しているが、多くの女性はそれでも子どもをたくさん産むことを拒否している。カトリックの国で大家族が多かった過去の時代からの変化には多くの理由がある。避妊や中絶が容易になったこと、離婚が一般的になったこと、以前なら孫の面倒を見てくれていた祖父母たちが、旅行など自分たちの楽しみを追求するようになったことなどである。イタリア人男性の多くが30代になっても母親と一緒に暮らしているため、彼らは結婚しても家事を手伝わないという事実を挙げている専門家もいる[32]。

アメリカでは国立健康統計センターが、妊娠可能年齢で「自分の意志で子どもを持たない」女性の割合が上昇していることを確認した。40～44歳で子どもがいない女性は20%で、30年前と比べ倍に増えている。高学歴の女性は子どもを持たない傾向が強いことも同じ調査で分かった。2006年に出産した女性のうち、36%は別居中か、未亡人か、離婚したか、独身者だった[33]。

日本でも、少子化に歯止めをかけるべく、例えば父親の育児参加を推奨するイクメン・プロジェクトや、育児休業の取得を促進する法改正などが進められている。しかし現状、男性の育児休業の取得率は2012年度で1.89%にとどまり、かつ、その取得日数は5日以下が4割以上を占めている[34]。

子どものいない夫婦は、一部の企業にとっては魅力的な市場セグメントになる。いわゆるDINKS（double income, no kids）（子どものいない共働き夫婦）は、子どものいる共働き夫婦に比べ、平均して教育レベルが高い。アメリカ国勢調査局によれば、子どものいない夫婦の30%は夫婦とも大学出で、子どものいる夫婦の場合は17%である。子どもがいないと専門職や管理職にもつきやすい（子どものいる共働き夫婦の16%に比べて24%）。小さな子ども連れの家族の入店を認めない店舗も見かけることができる。しかし、子どものいない夫婦の多くは、しばしば、子ども優先の社会から冷たく扱われていると感じる。ここ最近、彼らは「チャイルドフリー・バイ・チョイス（Childfree by Choice）」のようなネットワークを形成して、このライフスタイルをサポートしている[35]。

動物も人と同じ：人間以外の家族

アメリカの世帯の3分の1近くは、少なくともペットを1匹飼っている。そして飼い主の92%はペットを家族だと考え、83%はペットに話しかけるときに、自分のことを「ママ」とか「パパ」と呼んでいる[36]。多くの人がペットは自分の感情を共有してくれる相手だと考える。家の中で飼っている犬や猫の4分の3は、特別な日や誕生日にプレゼントを受け取っているという[37]。この10年で家計のペットへの支出は倍になり、現在はペット

著者の飼っているパグ，ケルビー・レイ．

業界がおもちゃや菓子業界よりも収益を上げている（年およそ400億ドル）．日本でも，関連市場まで含めれば1兆4,223億円市場に達するとも言われている[38]．経済不況の間も消費者はペットに犠牲を強いることはせず，これまで以上にペットフードやその他のサービスにお金をかけている．ペット業界のマーケティングの例を紹介しよう[39]：

- ケンネルズ（Kennels）は，ペットのためのスパのように見える．いくつかの施設では，犬たちはハイキングをしたり，泳いだり，音楽を聴いたり，テレビを見たり，さらにはペディキュアまでしてもらうことができる（仕上げのネイルポリッシュ付きだ）．暖房の入ったタイルの床とハイテクの空調設備も当たり前だ．
- 4本脚の仲間が天に迎えられるときには何が起こるだろう？　最近の流行の1つは，死んだペットを埋葬や火葬にするのではなく，フリーズドライにするというものだ．遺族は動物の友人を永久ペットにすることで，失った悲しみに対処し，彼らとの絆を維持できると話している．一度ドライにされるとペットの体は腐敗することがないので，ソファーの上の特別の場所に居続けることができる．
- 日本でもペット葬儀は行われるようになっているが，同時に問題も生じ始めている．自宅でお別れと火葬ができる「移動火葬車」を用いたビジネスが現われており，周囲への悪臭や煤煙を引き起こしているのである．行政による規制が検討され始めている[40]．

家族のライフサイクル

家族の人数（子どもと大人），年齢，外で何人が働いているかなど，多くの要因が家族の支出に影響を与える．夫婦にとって特に重要な2つの要因は，(1) 子どもがいるかどうか，(2) 女性が働いているかどうか，である．

コピー：夏の「犬の日」よ，さようなら．

ペット・エアウェイズ（Pet Airways）は，初のペット専用航空会社である．「乗客」はペット専用機のビーチクラフト機にペットアテンダントと一緒に搭乗する．猫と犬のセクションは分かれているが，ファーストクラスのキャビンはない [41]．

出典：Pet Airways, Inc.

家族のライフサイクルモデル

　マーケターは家族のニーズと支出が時間とともに変わることを認識しており，世帯を細分化する**家族ライフサイクル（FLC）**（family life cycle）の概念を取り入れている．FLCは，収入の傾向と家族構成を需要の変化と結びつける．年を取るごとに，製品や活動に対する選好やニーズは変化する傾向がある．20代には，多くの製品やサービスへの支出が平均より少ない．これは彼らの世帯がまだ小さく収入が少ないためである．収入はその後（少なくとも退職するまでは）上昇し，したがって年数が経つにつれ支出に余裕が出てくる．年配の消費者は，高級食品や高級家具のような贅沢品への1人当たりの支出が多くなる [42]．さらに，家族を持つ頃の購入の多くは繰り返す必要がない．例えば，大型の電化製品のような耐久財は，必要にならない限り買い換えない．

　チホとダイスケが一緒に暮らすようになって気づいたように，ライフスタイルという点からは，重要な出来事によって彼らの役割関係は変化していく．最初の子どもの誕生のほか，重要な出来事には，最後の子どもの独立，配偶者の死，主な稼ぎ手の引退，離婚などが挙げられる．

　人々がこのようにライフステージを進んでいくにつれ，レジャー，食品，耐久財，サービスへの支出に大きな変化が見られる [43]．こうした変化の一部は，単純に機能的ニーズの多様化に帰することもできるが，1つの役割から別の役割に移行することによって生まれるニーズの変化もある．例えば，子どもを産んだばかりの母親は，妊娠中と出産後に自己概念が大きく変化する．この変化によって生じる新しいアイデンティティが，消費に影

響を与える[44].

購買へのライフサイクル効果

　時間の経過に伴う特定の製品カテゴリーの需要の変化を予測したいときには，人々の長期的な優先順位の変化を把握できればよい．例えば子どものいない夫婦が外食や休暇に使っていたお金は，子どもが生まれてからはまったく別の購買へと向かう．その時には，華やかで楽しい夜は記憶の彼方の出来事になっているだろう．皮肉なことに，アメリカの娯楽産業は若い消費者の心と財布をつかむことに注力しているが，本当にパーティーが好きなのは，高齢者である．家長が65〜74歳の世帯は，主な稼ぎ手が25歳以下の世帯に比べ，平均して娯楽費に多くを使っている（これについては第13章でさらに論じる）[45].

　研究者はずっと前から，家族のライフステージを表現するいくつかのモデルを提唱してきたが，あまり成果は得られなかった．それは女性の役割の変化，代替的なライフスタイルの発達，子どものいない夫婦や子どもを持つことを先延ばしにする夫婦の増加，片親の家庭といった重要な社会的傾向を考慮に入れなかったためである．これらの変化を十分に表現するには，4つの変数に注目する必要がある．（1）年齢，（2）配偶者の有無，（3）同居中の子どもの有無，（4）子どもがいる場合はその年齢，である．さらに結婚については，長期的な関係にあるすべての同居カップルを含むように定義を緩和すべきだろう．ルームメイトは「結婚している」とはみなされないかもしれないが，マーケティング目的からすれば，家計を1つにしている男女，同性愛の男性または女性同士のカップルも同様に考えなければならない．見方を改めれば，さらに多くの家族形態を含めたカテゴリーを明らかにできる[46]．これらのカテゴリーに分類される消費者は，消費パターンがそれ

南アフリカではとてもペットが大切にされる.

出典：Euro RSCG South Africa 提供.

ぞれはっきりと異なる．アメリカの場合，次のような消費パターンが見られる．
- 若い独身者と新婚夫婦は，エクササイズをすることが多い．また，バーやコンサート，映画，レストランにもよく出かけ，お酒を飲む．20代の人々がアメリカの家計支出に占める割合は4%にも満たないが，彼らの支出は衣料品，電子機器，ガソリンのようなカテゴリーでは平均を上回る[47]．
- 小さい子どものいる家族は，果物，ジュース，ヨーグルトなどの健康食品の消費が多い．片親と成長した子どものいる世帯はジャンクフードをよく買う．家，車，その他の耐久財の金銭的価値は，独身者と片親家庭では低いが，子どものいる家族，あるいは子どものいない夫婦というステージに移行すると上昇する．

学習の目的5
家族の購買決定に際しては，一人ひとりが異なる役割と影響力を持つ．

家族の意思決定

　家庭内の意思決定プロセスは，ビジネス会議によく似ている．話し合うべき特定の議題が提示され，メンバーが各自の優先順位や課題に基づいて支持する行動を表明し，企業内の駆け引きにも匹敵するような権力闘争が繰り広げられるかもしれない．それが従来型の家族であれ，アパートをシェアしている学生であれ，集団に属する個人は，生活のほぼ全領域で，企業の購買エージェント，エンジニア，会計責任者などと同じような異なる役割を演じる．

　アメリカで，シボレーがミニバン「ベンチャー（Venture）」の魅力をドライバーに売り込もうとした際には，ごく自然な家族生活を観察するために人類学者のチームを送り出した．一般には，ミニバンの買い手は実用性を重視すると思われている．彼らは値ごろ感，さまざまな機能，ゆったりしたスペースを気にかける．だが，学者たちが発見したことは違っていた．人々は車を家族の一員とみなしていたのである．消費者にミニバンを何かに例えるように促すと，多くがハンググライダーの写真を選んだ．自由で活動的な家族を象徴しているように見えるからだ．ベンチャーの広告コピーは「Let's go（さあ，行こう）」に決まった[48]．

　家族が下す決断は基本的に2つに分かれる

1 合意に基づく購買決定（consensual purchase decision）では，望ましい購買については全員が合意し，どのようにそれを実現させるかという点においてだけ意見が異なる．この状況では，全員が満足する方法を見つけるまで問題解決に取り組み，代替案を考慮する可能性が高い．例えば犬を飼うことを家族で決める時には，何

人かが（それが誰かは想像がつくだろう）誰が世話をするのかについて懸念を口にする．解決策は，表を作って各自に特定の仕事を割り振ることだろう．
2　**調整による購買決定**（accommodative purchase decision）では，各自がそれぞれ異なる好みや優先事項を持ち，全員のニーズを満足させる購買について合意できない．そこで彼らは交渉，強制，妥協案の提示などを使って，何を買うか，誰がそれを使うかについて合意を得る．各自のニーズと好みが完全に一致しない時には対立が生じる．家計の支出や予算はこうした話し合いの最も一般的な対立要因だが，テレビのチャンネル選択も僅差で2位につけている[49]．

重要な決断だったり，これまでに経験したことのない種類の問題だったりすると，あるいは誰かが代替案の良し悪しについて強硬な意見を持っていたりすると，購買決定は家族間の対立を生じさせる[50]．家族の意思決定にどれほど対立が含まれるかを決める特徴的な要因には，次のようなものが考えられる：[51]

- **ニーズの違い**――（グループ内の各個人の投資レベル）：ティーンエイジャーは，寮暮らしの大学生よりも，家族が家で使う物に関して大きな関心を持つだろう．
- **製品関与と効用**――（自分のニーズを満足させるためにその製品をどれだけ使うか）：コーヒー好きの母親は，コーラばかり飲んでいるティーンエイジャーの息子よりも，明らかに新しいコーヒーメーカーを買うことへの関心が大きい．
- **責任**――（調達，管理，支払などに対する）：その決定が長期的な影響と関与を含むものである場合には意見が対立しやすい．例えば，犬を飼うという家族の決定は，誰が散歩に連れていき，誰が責任を持って餌を与えるかをめぐって意見が一致しないかもしれない．
- **権限**――（あるいは家族の誰か1人が残りの人たちに影響を及ぼす程度）：伝統的な家族では，夫が妻よりも力を持ち，妻は年長の子どもよりも権限を持つことが多かった．誰かがそのグループ内で持つ権限を自分の優先事項を満足させるために使い続けるときには，対立が生じるかもしれない．例えば，子どもが誕生日に携帯型ゲーム機「ニンテンドーDS」を買ってもらえないと自分の人生はもう終わりだと思っていれば，かんしゃくを起こすかもしれない．

家族の意思決定に関する分析では，家族のメンバーが相互に構築する**家族アイデンティティ**（family identity）にさらに注目する[52]．この見解に従えば（これは第1章で論じた消費者行動への役割理論のアプローチと似ている），家族の儀式，物語（自分たち家族について語るストーリー），日常の相互交流が，その家族の構造と特徴（家族生活の特徴的な日常）を維持することを助ける．このアプローチのマーケターにとっての価値は，製品

やサービスがどれだけ家族アイデンティティを定義するために使われているかを改めて浮き彫りにしてくれることにある．例えば，父親は毎週土曜日の午後には小さい子どもたちを連れてアイスクリームを買いに行くかもしれない．するとこれが，彼らの関係性を定義する予測可能な儀式になる．あるいは，子どもたちが家で遊んでいるときに，母親がその騒がしさを避けるために iPod を聞くことで気持ちを和らげようとするかもしれない．または HDD レコーダーなどテレビ録画機器があれば，誰がテレビのチャンネル決定権を持つかを決めるのに，家族が妥協点を見いだすことができ，「結婚生活を救って」くれるかもしれない．

消費者ネットワークとしての家族

　企業が家族に似ていることは既に述べた（ただし企業の中には機能不全に陥っているところもある）．そこで研究者は，家族を消費者ネットワーク（consumer networks）として捉えてみることにした．商業の場では，こうしたネットワークは製品やサービスを介して，集団的アイデンティティの目標を達成することに貢献する．集団の目標追求が個人の利益を補うというよりは競合するものになることも認識されている．研究者は，この概念を家族の休暇という状況に適用し，どうしたら家族のメンバー間の目的を調和させられるかを理解しようと試みた（特に，休暇の目的に個人的な目標と，他のメンバーとの協力を必要とする目標が含まれる場合）．

　家族の休暇を「耐えた」経験のある人なら，全員が最大限楽しめるようにすることは，どんな決議よりも複雑になりうることが理解できるだろう．ここでは，全員の目標が達成されるように製品やサービスをカスタマイズすることが目標になる．例えば，1 つの解決策は，各自が並行的に活動できるように状況を整理することだろう．家族は，関連はしているがレベルの異なる目標を各自が達成するために，同時に同じような活動に参加できる．ナイキは，走るという経験に基づいて家族のメンバーが集団的，相関的，個人的アイデンティティを築くことを助ける．グループプランニングをコーディネートし，コミュニティのウェブサイトに記録をアップデートし，個別のルート計画を立てる柔軟性のあるオンラインツールを通して，ネットワークの満足を高めている．集団または個人として同じ活動に参加することで，メンバーはそれぞれ異なるレベルの目標に取り組みながらも，その集団の特徴を強化して団結力を高めることができる．こうしたアプローチは，全員を満足させるが実は誰も最大限の幸せを得ることのないサービスよりも成功する可能性が大きい[53]．

性役割と意思決定における責任

　インド人の作曲家 A・R・ラフマーンがヒット映画『スラムドッグ＄ミリオネア』の音

楽でアカデミー賞2部門を受賞したとき，彼は母親に感謝の言葉を述べた……その後で思い出したように，妻への感謝も付け加えた．インドの文化は，母親が息子を溺愛する傾向が強い．成功した男性が日常的に母親に助言を求めることも珍しくなく，大物実業家の何人かは，自分の母親を取締役に据えている．ヒンドゥー教は力強い女神の存在を強調し，多くの市民がこの国を母なるインドと呼ぶ．明らかに，家族単位では年長の意思決定者が家の中でも外でも大きな権限を持つ．若者が最初の就職面接に親を連れていくことも多い[54]．アメリカでもヘリコプター・ママ（helicopter moms）たちの数が増え続ければ，おそらくこれとさほど変わらない状況になるだろう．ヘリコプター・ママは，自分の子どもの上空で「ホバリング」して見守り，場合によっては就職面接を含む子どもの生活全般に口出しをする過保護の母親たちである[55]．

それでは，家族では誰が「主導権を握る（ウェア・ザ・パンツ）」なのか？ 時には，夫と妻のどちらが決定権を持つのかが明らかではないこともある．事実，多くの男性は文字通りパンツをはいているが，それを買うのは妻である．アメリカの衣料ブランドのハガー（Haggar）の調査で，既婚女性の半数近くは，夫のパンツを，夫と買い物をしていないときに買っていることが分かった．そこで，ハガーは女性誌にメンズウェア製品の広告の掲載を始めた．伊藤忠もまた，紳士服は男性が買うものだと思っていたが，むしろ女性や子どもが生地を選んでいることに気づいた[56]．そこで堅苦しい名前を改めて，「イヴ・サンローラン」とスーツの生地を名づけるとよく売れるようになった．家族の誰かが家族全員が使う製品を選ぶとき，この行動は個人による意思決定（autonomic decision）と呼ばれる．伝統的な家庭では，車を選ぶときには男性が絶対的な責任を持ち，装飾品の選択は女性の役割になる．休暇の目的地のようなメンバーによる意思決定（syncretic decisions）では，夫婦両方が決定に加わるかもしれない．休暇，家，器具，家具，電化製品，長距離電話サービスなどでは，通常，この形で意思決定が行われる．夫婦の教育レベルが高くなると，共同で決定を下すことが多くなる[57]．

個人による意思決定の比率は，確実に女性の方に傾いている．妻が財布のひもを握っている家庭が多いのは，今に始まったことではない．しかし，この妻の優位が加速しているのは，以前とは違い，多くの女性が稼ぎ手にもなっているからだろう．現在，アメリカの労働人口の50％近くを女性が占める．そして，高給の管理職や専門職者の過半数は女性である．大学を卒業してさらに高い学位を取得する人々の男女比は，男性2人に対して，女性は3人である．全般的に女性の収入はまだ男性より少ないが，3分の1は夫よりも多く稼いでいる．この変化は世界共通のもので，女性が新興市場を支配するというシーコノミー（sheconomy）の時代に入ったと論じるアナリストもいる．ただし日本はまだまだであり，女性の労働力人口に占める割合は約43％にとどまり[58]，女性の管理的職業従事者は12％に満たない[59]．

アメリカの 30 〜 44 歳を対象にした調査では，夫が主たる，あるいは唯一の稼ぎ手である場合，家計の支出決定は夫婦間でほぼ平等に分けられる．夫が約 3 分の 1，妻が 3 分の 1 の決定を下し，残りの 3 分の 1 は共同で決定する．しかし，妻が夫より稼いでいる 22％の世帯では，何に支出するかについて妻が夫の 2 倍多くの決定を下していた．女性の稼ぎが多くなるほど，お金を管理する額が指数関数的に増えていく．この変化は，男性が支配してきた領域にも見られる．家庭用電化製品市場の 2,000 億ドルの売上のうち，女性による購買が半数近くを占め，家の修繕では 2,560 億ドルのうち 1,050 億ドルを女性が占める．NFL ファンの 44％は女性である[60]．対照的に，市場で概して無視されることの多い独身男性が，実は強力な勢力になっている．現在，男性の 10 人に 3 人は独身で，彼らの 80％以上が家計の大きな支出決定を自分だけで下している——少なくとも今のところは[61]．日本では，生涯未婚率（50 歳時の未婚率）は男性で 20％を超えている（女性は 10％程度）[62]．

伝統的な男女の役割はどの程度変化しているのだろう？　最近の徴候では相当な変化が見られるようだ．男女は家庭生活と仕事のバランスに関して，ますます同様の態度を示すようになっている．ジェンダー革命はジェンダーの収斂（gender convergence）に到達していると論じる専門家もいる．最近の研究を総括した見解では，アメリカの男女の間には相違点よりも類似点の方が多くなったと報告している．働く母親が増えて家事をする時間が減っているのに対し，男性は働く時間が減り，今も女性に比べれば負担はずっと少ないとはいえ，父親の世代より家事や子育てに参加する時間が増えていることは，ほとんどの人が認識している[63]．

いずれにしても，夫婦のどちらかが死亡したあとは，残った 1 人が意思決定に大きな影響力を持つのが一般的である．ただし，アイルランドのある調査では，多くの未亡人が死んだ夫の存在を今も感じ，家の中のことについて日常的に「話し合っている」と発言した[64]．『レッドブック』誌が実施したグループ・インタビューに参加した既婚女性たちのコメントを見ると，個人による意思決定とメンバーによる意思決定の背景にある力学が垣間見える：

- 「ちょうど階段部分の工事が終わったところで，とても大きなプロジェクトだったわ．建設会社は（私の夫に）話をしようとして，私には話しかけようとしなかった．それで，私は言ったの．『失礼，私もここにいるんですけど！』って」．
- 「今，家を探しているところなのですが，町のどちら側にすべきか，どれくらいの大きさの家が良いかを決めているところです．これについては夫婦 2 人で決めます．私の母のときとはまったく違います」[65]．

マーケターは家族の中で誰が購買決定を下すのかを見極める必要がある．この情報が，

誰をターゲットにすべきか，夫婦の両方に働きかける必要があるかどうかを教えてくれるからである．例えば1950年代のマーケティング・リサーチは，女性が家計の購買決定に大きな役割を果たし始めていることを示していた．それに対応して，芝刈り機のメーカーは，怪我をするのではという女性の恐怖心を和らげるために，強力な芝刈り機ではなくロータリー式芝刈り機の販売に重点を移した．刃とエンジンが表に出ていないロータリー式が広告に登場するようになり，その広告には若い女性と笑顔の祖母たちが芝を刈っている姿が写っている[66]．

研究者は，夫と妻のどちらが**家計の財務責任者（FFO）**（family financial officer），つまり，その家の請求書を管理し，余剰資金の使い道を決める役割を果たしているかに注意を向ける．新婚家庭はこの役割を分担する傾向があり，その後の時間の経過に伴い，夫婦のどちらかがこの責任を引き受けるようになる[67]．伝統的な家庭（特に教育レベルの低い家庭）では，女性が家計の管理に主な責任を持つ．つまり男性がお金を稼ぎ，女性がそれを使うということで，夫婦それぞれが特定の活動に「専門化」する[68]．

現代的な男女の役割基準が用いられている家族では，このパターンは異なる．これらのカップルは，家の管理活動に両方が参加すべきだと考える．この場合，夫は家の修繕やゴミの廃棄のような以前から「男性的」とみなされてきた作業に加えて，洗濯，掃除，食品の買い出しなどにも責任を持つようになる[69]．意思決定の共有は現在のアメリカ人夫婦では標準的になっている．調査によれば，パートナーを持つ女性の94％は，家具選びでは自分が決めるか2人で一緒に決めていると回答したが（これはそれほど大きな驚きではない），それだけでなく，81％は貯蓄や投資，74％はどの車を買うかについても決定に参加していると答えた[70]．

働く母親は往々にして，ジャグリング・ライフスタイル（juggling lifestyle）と研究者が呼ぶ状況で奮闘している．その社会で理想とされる母親像と職業意識の間で，罪の意識にかられながら懸命に調和を図ろうとするのである[71]．アメリカでは，平均的な働く女性は，平均的な働く男性と比べて家事と子育てに2倍の時間を費やしている．また，外で働いていない平均的な母親と比べて，睡眠時間が1時間少ない[72]．

文化的な背景が，夫と妻のどちらが購買決定に責任を持つかに大きな影響を与える．例えば，民族意識の高いヒスパニック系の夫婦の間では，夫が意思決定を支配する傾向がある．ベトナム系アメリカ人も伝統的なモデルに従いがちで，大きな購買に関しては男性が決定し，女性は家を維持する予算を得る．アメリカと中国の夫婦間の意思決定を比べた調査では，アメリカの女性は中国人より「妻が決める」状況が多いと報告した．広告・マーケティング戦略は，「誰がボスか」についての仮定を反映することが多い．次の例が文化間の違いを表わしている[73]：

- コカ・コーラ社は，ブラジルで実施した大規模な調査プロジェクトに基づいて，南米

の女性にアピールするキャンペーンを考案した．同社は母親のカンガルーが，家族のための買い物をする女性たちの関心を最も引くだろうと判断した．ブラジルでの35億ドルの売上の80%を彼女たちが占めているのである．グループ・インタビューに参加した女性たちが，自分たちが家庭で使うほとんどすべての製品を買っているのに，メディアからは無視されていると感じると発言したことで，コカ・コーラは「ママは何でも知っている」をテーマにキャンペーンを展開した．

- インドのプログラム「バタフライ（Butterfly）」は，村の治療師を巻き込んで，現地の女性たちに産児制限のためのピルを利用するように説得している．大きな障害は，女性たちがこうした決定を自分で下すことに慣れていないということである．村のある住民の反応がその典型的なものである．「避妊薬を飲んだことはありません．夫が決めるでしょう」．

- 最近ではアジア人女性も家庭の外で働くことが増えているが，男性が家事をしている姿を見せる広告は，アジアではまだリスクが大きい．韓国の電気掃除機の広告は，女性が床に寝そべっている姿を見せる．彼女は美容のために顔にキュウリのスライスを貼りつけているが，その周りで夫が掃除機をかけている．韓国の女性は，この広告が気に入らなかった．現地の広告担当重役が述べたように，女性たちはこの広告を「家庭での女性のリーダーシップ」への挑戦と受け取ったのである．

一般に夫と妻のどちらかが決定するか，2人で共同決定するかを決める要因は4つある(74)：

1　男女の役割のステレオタイプ——伝統的な男女の役割のステレオタイプを信じる夫婦は，男女にタイプが分かれる製品（第5章で述べたように「男らしい」また

母，妻，主婦，家庭教師，おかかえ運転手，被雇用者，PTAのメンバー，（犯罪防止のための）地域住民による監視オーガナイザー，地元ボランティア，環境保護主義者，消費者，意思決定者，購買エージェント

何が見えますか？　いろいろ見えますね
家族の世話をするものとして，母親は多くの責任を抱える．

出典：KidCare TV 提供．

は「女らしい」とみなされる製品）については個人的な決定を下す傾向がある．
2 **夫婦の資源**——家計により多くの貢献をしている方が，より大きな影響力を持つ．
3 **経験**——意思決定単位としての経験のある夫婦は，個人的な決定をより頻繁に下す．
4 **社会経済的状態**——中流家庭は上流階級や低所得階級と比べて，夫婦共同で決定を下すことが多い．

このように意思決定における男女の責任には最近になって変化が見られるが，女性たちが**親族ネットワーク**（kin-network system）の継続に主たる責任を負っていることはまだ変わっていない．妻たちは直近家族と拡大家族の両方の結びつきを維持し，親類間の訪問の調整をし，家族のメンバーと連絡をとり合い，挨拶状を送り，親類の集まりを手配する[75]．この組織的な役割は，女性たちが家族の余暇活動についての重要な決定を下したり，家族ぐるみで付き合う相手を決めたりすることが多いことを示している．

共同意思決定におけるヒューリスティクス

共同的理想（synoptic ideal）は，夫と妻が同じ考えを共有し，共同意思決定者として行動することを求める．この見解によれば，夫婦は徹底的に選択肢を比較し，お互いに明確に定義された役割を与え合い，双方にとってしっかりと利益になる消費決定を下す．夫婦は合理的，分析的に行動し，可能な限り多くの情報を使って共同効用を最大化する．あなたは実際にこうした夫婦を知っているだろうか？　現実の夫婦の意思決定は，できるだけ対立を招かないような選択肢をとることの方が多いかもしれない．夫婦は決定を「下す」というよりは，決定に「到達する」．研究者はこのプロセスをシンプルに「泥縄式」と呼んでいる[76]．

意思決定プロセスを簡素化するためのテクニックの1つは，「ヒューリスティクス（heuristics）」（第8章参照）を使うことである．夫婦が新しい家を選ぶ際の意思決定パターンを見ると，夫婦がどのようにヒューリスティクスを用いているかが分かる．

夫婦は，微妙で定義しにくい材料ではなく，明快で客観的な部分に共通する好みを確認しようとする．例えば，2人は新しい家に必要な寝室の数については容易に合意するが，家がどのように見えるべきかについては合意することが難しい．

夫婦は，それぞれが特定の義務や決定責任を持つ「タスク専門化（task specialization）」について交渉し，相手の「なわばり」を侵害しないようにする．多くの夫婦では，性別による役割分担で領域が決まる．例えば，妻は自分たちの必要条件に見合う家を下見し，夫がローンを得られるかを決める．

一方が相手の希望に譲歩する可能性は，それぞれがどれほど真剣に特定の結果を望ん

消費者行動，私はこう見る
──── アラディ・ヴェンカテシュ教授（カリフォルニア大学アーバイン校）

新しいテクノロジーが家庭にも普及したことで，新たな用語が次々と生まれている．例えば，スマートホーム，ホームオートメーション，デジタルホーム，デジタルリビング，ネットワークドホーム，未来の家，スマート家電などである．テクノロジーの世界をさらに複雑にしているのは，私たちが今まさに目にしているソーシャルメディアの急成長である（Facebook, Myspace, YouTube など）．「スマートホーム・テクノロジー」という言葉は，ソーシャルメディアや同様のテクノロジーを表現するときに使われる．スマートホーム・テクノロジーは，関係する業界の種類によって異なる方向に発展してきたが，すべてに共通するテーマがいくつかある．例えば家族の買い物行動──ネットでの製品情報検索から支払い，休暇の計画，コミュニケーションまで──には，新しいテクノロジーを使ってみようとする多くの活動が含まれる．これらの状況はすべて，私たちが理解してきた過去50年もしくは60年間の家庭生活が根本から変化しようとしていることを指し示しているように思われる．こうした変化の一部は，テクノロジーの進化の結果かもしれない．

スマートホームというコンセプトには，スマート家電，マルチメディアシステム，エネルギー装置，センサー，照明システム，センサー&制御システム，そして，プログラム可能な知能マシンの基本的性質を体現したホームロボットなどが組み込まれる．しかし，こうした技術の実現はあまり成功しているとは言えず，少し開発がゆっくりすぎる．それでも最近の進歩を見ると，スマートホームのコンセプトは現実に近づき，真剣に考慮すべきものになっていることが示唆されている．

これらの発展の歴史を振り返ると，すべての進化の起源は1980年代初期までさかのぼることができる．つまり，家庭にPCが導入されたことである．さまざまな家庭用電化製品が普及したのも同じ時期だった．重要なものを少しだけ挙げるならば，ビデオデッキ，電子レンジ，留守番電話，ケーブルテレビがある．それ以来，多くのことが起こってきた．1990年代にはインターネットの到来によりテクノロジーシーンが劇的に変化し，家庭と外部環境を結ぶ基礎が築かれた．21世紀の初めには携帯電話と無線通信技術によって，テクノロジーはさらに境界を押し広げた．可能性は無限にあるように思える．このとどまることのないテクノロジーの進化の波の中で，新しいテクノロジーが家庭のドアをノックするようになったことで，多少の警戒心も引き起こされているはずだ．私たちのこれまでの研究は，家族は自分の家を「過度にハイテク化する」ことには気が進まないが，同時に現在の行動パターンに合うテクノロジーは歓迎し，おそらくは家族生活に付加価値を与えると考えていることを示している．必要なのは，テクノロジーが「多すぎる」ことと「少なすぎる」ことの間のバランスなのである．

以上のような発展を考えると，テクノロジーの家庭への拡散はまだ消費者研究分野の未探検領域として残っている．研究者にとっては次のような課題がある：

● スマートホームのテクノロジーはどのように家庭の中に拡散するのか？
● 新しいテクノロジーが家に入り込むことで，

家族はどのように変わるのか？
- イノベーターとは誰のことか？　彼らの製品やサービスの特徴は何か？
- テクノロジーの最適な導入と利用のモデルとは何か？

- これらの新しい変化の中で，家族の役割はどのように変わるか？
- ソーシャルメディアの観点から製品広告への示唆は何か？

でいるかにかかっている．相手に影響力を行使できるのは，多くの場合，相手がその結果にそこまで興味を持っていないからである．別の状況でならば，彼らは望むことのためにもっと戦おうとするだろう（言い換えれば「争いを選択する」）[77]．どちらかが強烈な思い入れがある場合には，相手に影響を与えようとするより，強く望むものを手に入れるために，それほど思い入れの強くないものを「交換条件」にする．例えばキッチンのデザインにそれほど関心のない夫は，その点では妻に譲歩して，代わりに駐車場のデザインを決めさせてもらうことを条件にする．

学習の目的 6
子どもたちは成長の過程で，何をどのように消費するかを学ぶ．

意思決定者としての子どもたち：消費者になる訓練をしている人たち

　自動車メーカーは新しい車を買うように消費者を説得しようとする一方で，運転するにはまだ若すぎる層に取り入ることにも時間をかける．多くのメーカーが，体育館のような子ども向けのエリア，若い人たちが頻繁にアクセスしているソーシャル・ネットワークサイト，土曜の朝のアニメ番組などに広告を出している．レースゲーム「グランツーリスモ」では，自動車メーカーが設計データを提供しており，本物そっくりのクルマで遊べるようになっている[78]．アメリカのニコロデオン（子ども向けケーブルテレビチャンネル）が実施した調査によれば，今では3分の2近くの親が，車の購買決定に子どもが「積極的に参加している」ことを認めたということはちょっとした驚きの事実である[79]．
　町で子どもたちと一緒に食料品の買い物を「楽しんだ」経験のある人なら誰でも，子どもが親の買うものに発言権を持つ（ときには大きな泣き声を上げて訴える）ことを知っている．子どもたちは3つの市場に関わっている[80]：

1　一次市場（Primary Market）――子どもたちは，おもちゃ，洋服，映画，ゲームなど，自分自身のウォンツやニーズを満たすために支出する．M&Mキャンディのマーケターは実際に誰が製品を買っているのかを知り，背の低い子どもたちでも届く低い位置に自動販売機のコイン投入口をデザインし直したことで，売上が劇的

に増加した[81].
2 **影響市場（Influence Market）**——親の譲歩（parental yielding）は，意思決定者の親が子どもの要求に「屈する」ということである[82]．この親の譲歩により多くの製品選択が生まれる．子どもたちの要求の90%は特定のブランドに対するものだからである．子どもたちは，年4,530億ドル相当の家族の購買に直接の影響を与えていると見積もられる．子どもが親と一緒に買い物に行くと，平均して2分に1回の割合で何かを買ってほしいとねだる[83]．こうした調査を踏まえてかどうかは分からないが，子どもたちが企画・制作をしたという「正しいピザのおねだり」をする方法についてのCMを，日本ではドミノ・ピザが2012年に配信している[84]．

親が子どもに屈するかどうかは，その家の家族関係による部分もある．子育てのスタイルは，自由放任から厳格なしつけまで幅広く，親が子どもに与える責任の度合いも家庭によって異なる[85]．収入レベルも関係し，最も低所得層の子どもたちは，高所得世帯の子どもたちよりもブランド購買に大きな発言権を持つ．子どもたちにすぐに説得される親は，広告の影響を最も受けやすい人たちでもある．

ある調査では，子どもたちが購買をねだるために使っている戦略が明らかにされた．大部分の子は単純に何かが欲しいと訴えるが，それ以外の戦術として，テレビで見たと言う，兄弟や友だちが持っていると言う，代わりに家のお手伝いをすると言う，などが挙げられている．買い物かごに欲しい製品を直接入れておねだりし続けるのは少し見え透いているが，実に「説得力ある」行動とも言える[86]．さらに，子どもたちが消費にもたらす影響力は文化によっても左右される．アメリカのような個人主義を重視する国で生活する子どもは，より直接的な影響力を持ちやすく，日本のような集団文化の国の子どもたちは，もっと間接的な方法で主張する[87]．

3 **将来市場（Future Market）**——子どもたちは成長して大人になる．そこで，抜け目のないマーケターは，早いうちから子どもたちにブランド・ロイヤルティを持たせようとする．先にみた自動車の広告のように，自動車を運転できるようになる前から，ブランドの売り込みは始まっている．それは親への影響を期待するものであるとともに，彼ら自身の将来を見越したマーケティングである．

消費者の社会化

子どもたちが多くの市場活動で主役になっていることをみてきたが，彼らは自分が好きなもの，欲しいものを，どのように知るのだろう？　子どもたちは，最初から消費者としてのスキルを持って生まれてくるわけではない．**消費者の社会化**（consumer socialization）は，「市場でうまくやるためのスキル，知識，態度を子どもたちが身につ

ける」プロセスを指す．この知識はどこからやってくるのだろう？　友人や教師は，確実にこのプロセスに影響している．例えば，子どもたちは一緒になって消費財について語り，その傾向は大きくなるほど増していく[88]．しかし，特に幼い子どもにとっては，社会化の主たる源は家族とメディアの2つである．

親の影響

　親は消費者の社会化に直接的にも間接的にも影響を与える．彼らは，消費についての自分たちの価値観を意識して子どもに植えつけようとする．また，親は，子どもがどのくらいテレビ，販売員，友だちなどの他の情報源と接触するかも決めることができる[89]．子どもの購買決定への関与についての文化的な期待は，親がいつどのように子どもを消費者として社会化するかに影響を及ぼす．例えば，ギリシャやインドのような伝統的文化の国では，アメリカやオーストラリアよりも，子どもに消費者関連のスキルや広告の理解力を身につけさせるのはかなり後になってからでいいと考える[90]．

　大人は観察学習の重要なモデルにもなる（第3章参照）．子どもたちは親の行動を見て，それを真似することで，消費について学んでいく．マーケターはこのプロセスに合わせて，大人向け製品の子ども向けヴァージョンを作ることがある．こうした製品の好みの「受け継ぎ」が，ブランド・ロイヤルティを育てるのに役立つ．母親と娘の製品選択の調査からも，世代間で影響があることが分かっている[91]．

　消費者の社会化のプロセスは幼児のころから始まる．子どもは2歳になるころには自分の欲しいものを要求するようになり，5歳ころまでには，大部分の子が親や祖父母の助けを借りて物を買うようになる．8歳までには，ほとんどの子が自分で何かを買っている[92]．図10.1は，子どもが消費者に変わる一連のステップをまとめたものである[93]：

　親たちは，子どもを社会化する際に異なったスタイルをとる．

- 「権威主義の親（authoritarian parents）」は，敵対的，拘束的で，愛情をあまり示さない．彼らは子どもと温かい関係を築かず，子どもの見る誇大宣伝を監視し，広告に対して否定的な見解を持つ傾向がある．
- 「放任主義の親（neglecting parents）」も，子どもとの関係は希薄で，子どもたちのすることにあまり口出しをしない．
- 「子どもに甘い親（indulgent parents）」は，子どもと消費に関連したことをよく話し，あまり厳しく制限しない．子どもはあまり干渉されることなく市場について学ぶべきだと考えている．

テレビとウェブ：電子的ベビーシッター

　広告は子どもがまだ小さいうちから影響を及ぼし始める．既に見たように，多くのマー

図 10.1　最も早い開始年齢と中央値による消費者の成長の 5 つのステージ
消費者が生まれる
子どもたちは生後 1 カ月から親と一緒に買い物に行き始め，4 歳ではもう自分でものを買っている．

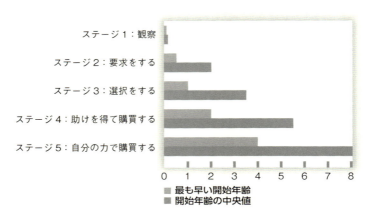

ケターは子どもたちに自社製品を売り込んで，生涯続く習慣を身につけさせようとする．フランスでは，ある出来事が論争を巻き起こした．マクドナルドが女性誌『ファム・アクチュエル』誌に掲載した広告で，子どもとマクドナルドの店に来る機会を制限するように親たちに呼びかけたのである．「過度にジャンクフードを食べる理由も，週に 2 度以上マクドナルドに来る理由もありません」．一方で，アメリカのマクドナルドの広報担当は，この見解には同意していないと述べた[94]．だが，それは残念なことだ．というのも，国立衛生研究所が資金提供したある調査では，子どもをターゲットにしたファストフードの広告を禁じれば，国民の肥満率が 18％も引き下げられると予測されたからである[95]．

イギリスでは，2 つの調査で，テレビ広告が 5 ～ 11 歳の 152 人の子どもの食習慣に与える影響を比較した．どちらの調査でも，子どもたちはアニメの前に 10 本の広告を見せられた．一方のグループには，映像の前におもちゃの広告を見せ，もう一方のグループには，おもちゃの代わりに子ども番組の間によく流される食べ物の CM を見せた．2 週間の間隔をあけて，子どもたちに低脂肪と高脂肪のスナック――ブドウ，チーズ味のスナック，チョコレート，ポテトチップスなど――を載せたテーブルから好きなものを好きなだけ食べていいと話した．食べ物の CM を見た 5 ～ 7 歳の子どもたちは，おもちゃの CM を見た子たちより摂取カロリーが 14 ～ 17％高かった．9 ～ 11 歳の子どもたちでは結果はもっと明らかだった．食べ物の CM を見た子どもたちは，おもちゃの CM を見た子どもたちより，摂取カロリーが 84 ～ 134％も多かったのである[96]．

既に見たように，子どもたちの多くは，自分の時間をテレビとコンピューターに使っている（そして携帯電話にも）．アメリカでは 5 歳以下の子の約 80％が少なくとも週に 1 回，

インターネットを使っている．もっと年長の兄や姉と同じように，小さな子もマルチタスキングを得意とする．ニールセンの調査によれば，2～11歳の子どもの36％がオンライン・コンテンツとテレビを同時に見ている[97]．

性役割の社会化

　子どもたちはジェンダー・アイデンティティの概念を，研究者がこれまで考えてきた以上に早い年齢で（場合によっては1歳で）身につける．3歳になるころには，大部分のアメリカの子どもたちは走っているトラックを男性的，料理や掃除を女性的なものとして分類している[98]．漫画が描くキャラクターでさえ，弱々しいキャラクターはフリルのついたドレスを着るようになる[99]．

　子どもの遊びが果たす機能の1つは，大人の予行練習をすることである．子どもたちは将来担うかもしれない役割を演じ，他人が自分に何を期待しているかについて学ぶ．おもちゃ業界は，子どもたちがこの役割を演じるために使う小道具を提供する[100]．これらのおもちゃは，社会が男女それぞれに何を期待するかを反映し，子どもたちに教えている．就学前の男の子と女の子はおもちゃの好みでは大きな違いを見せないが，5歳を過ぎると別々の道を歩み始める．女の子は人形を選ぶようになり，男の子は「アクションフィギュア」やハイテク製品に興味を示す．

　業界の評論家は，こうした刷り込みを男性がおもちゃ産業を支配しているからだと批判するが，おもちゃメーカーの重役は，単純に子どもたちの自然な好みに対応しているだ

Barbie.comでは，女の子は自分のアバターと部屋をカスタマイズできる[101]．

出典：Mattel提供．

けだと反論する(102). 確かに,男の子と女の子のステレオタイプを避けようとする20年に及ぶ試みの後,多くの企業が,男女の違いは避けられないものだと結論を下したように見える. トイザらスは1万人の子どもたちにヒアリングした後で,新しい店舗デザインを発表した. このチェーンは,今では「ガールズワールド」と「ボーイズワールド」という2つのセクションに店内を分けている. FOXファミリーチャンネルの会長は,「男の子と女の子は異なる. それぞれが特別であることを祝福するのは素晴らしいことだ」と述べている. 男の子は戦いや競争に興味を持ち,女の子は創造性や人間関係に興味を持つ. 専門家はこれを「男性と女性の遊びパターン」と呼ぶ(103).

　人形メーカーは,おもちゃが消費者の社会化に果たす強力な役割を認識している. 小さな女の子に対して,「表面的」なファンタジーの世界ではなく,現実の世界について教えるようなキャラクターを作っているところもある. キャリアウーマンになったバービーの再登場は,この企業が社会化をしっかり考慮に入れていることを示している. マテル社は1964年にバービー人形の宇宙飛行士を,1999年に航空パイロットを発売したが,一般的な仕事は取り扱ってこなかった. 現在,女の子たちは「ワーキングウーマン・バービー」を選んで遊ぶことができる. このバービーにはミニチュアのコンピューターや携帯電話,さらには金融について理解するためのCD-ROMまでついてくる. 彼女はグレーのスーツを着ているが,裏返すと赤いドレスに変わり,また靴を赤い厚底靴にはき替えることができる. 仕事が終わってからケンと夜の冒険に出かけることができる(104).

認知的発達

　子どもが成熟した「大人」としての消費決定をする能力は,当然ながら年齢とともに増していく(大人がいつも成熟した決定を下しているというわけではない). マーケターは,子どもを認知発達段階(stage of cognitive development),すなわち複雑な概念を理解する能力という点で細分化する. 本当に小さな子どもたちが消費に関連した情報を驚くほどよく学ぶことを示す証拠もある(105).

　スイスの心理学者ジャン・ピアジェは,子どもは明確に区分された認知発達に関する段階を経ながら成長するという理論を提唱した第一人者だった(106). 認知発達を実証する有名な実験で,ピアジェは短くてずんぐりしたグラスに入ったレモネードを背の高い薄型のグラスに注いだ. 実際の容量はどちらも同じである. グラスの形で中身が決まるとまだ信じる5歳の子は,最初のグラスより背の高いグラスの方がいっぱい入っていると考えた. 彼らは,ピアジェが「発達の前操作期段階(preoperational stage of development)」と呼ぶ段階にいる. 対照的に,6歳の子はまだ不確かだが,7歳になるとレモネードの量は変わっていないことが分かっていた.

　発達に関する専門家の多くは,子どもたちがこのような固定された段階を同様に通過

する必要があるとはもはや信じていない．すなわち，子どもによって，情報処理能力，あるいは情報を貯めたり記憶から引き出す能力は異なる（第3章参照）．このアプローチを支持する研究者は，発達の3段階を以下のように明らかにしている[107]：

1 限定的（limited）── 6歳未満の子どもは情報の保存と呼び出しの能力を持っていない．
2 手掛かり（cued）── 6～12歳の子はこうした能力を持っているが，そうするように促された場合にのみ使うことができる．
3 戦略的（strategic）── 12歳以上の子は自発的に情報の保存と呼び出しを行うことができる．

　この一連の発達段階は，子どもは大人と同じようには考えず，情報を大人と同じように使うことは期待できないという考えを裏づける．さらに，彼らは，製品情報に遭遇したときに大人と同じ結論に至るわけでもない．子どもたちはテレビで見るものが「本物」ではないとは気づいておらず，その結果，メッセージに説得されやすくなる．小さい子どもはメディアが描くものと現実を区別することができないため，MTVの『ラグナ・ビーチ』（若者の華やかな生活を描いたティーンドラマ）や『スポンジボブ・スクエアパンツ』（アメリカで人気のあったアニメ映画）を見ているうちに，番組が描くイメージを現実のものとして受け入れる[108]．子どもはさらに，大人になることについて理想化されたイメージを目にする．大人向けの番組やCMが彼らに大きな影響を与え，例えば大人の口紅のCMを見る小さい女の子は，口紅と美しさを結びつける[109]．

　研究の結果は，子どもたちのブランドネームの理解は年齢とともに進化するという見解を裏づける．子どもたちは，ブランドネームによる関連づけを早い段階から学ぶ．最初は，ブランドネームは単純な知覚的手掛かりとして機能し，なじみのある製品とその特徴を覚えることに使われる．8歳ぐらいになると，製品の目に見えない抽象的な特徴を特定する「ブランドの概念的意味（conceptual brand meanings）」が彼らの認識に入り込んでくる．それからさらに数年経つと，自分の考えや判断をそこに統合するようになる．12歳になる頃には，ブランドを概念的，象徴的レベルで考え，これらの意味をブランドに関する判断に組み込んでいる[110]．

マーケティング・リサーチと子どもたち

　ウォルト・ディズニーは最近，人類学者のチームを集めて6～14歳の少年を18カ月にわたって調査した．ここ数年は『ハンナ・モンタナ』や『リトル・マーメイド』など女の子向けの作品が多かったディズニーだが，年500億ドル規模の市場セグメントにもっと足がかりをつかみたいと考えていた（少年たちへリーチを広げるために，最近ではマー

ベル・コミックを買収した)．少年たちを自然な状況で観察した結果，調査チームはこの市場をうまく捉えた番組にするために，小さいが重要な変更を加えることを提案した：

- テレビドラマ『アーロン・ストーン』の主役は平凡なバスケットボール選手だ．調査チームは，少年たちは簡単に勝利をつかむ人物より，自分を成長させようと努力している人物に共感することを発見した．
- このドラマの俳優たちは，今ではスケートボードの裏側を上に向けて持ち運んでいる．現実世界の少年たちが，自分のボードがパーソナライズしていることを誇示するためにそうしているからだ．
- ディズニー XD のウェブサイトのゲームセクションには，トロフィーケースが用意されている．プレイヤーが自分の成果を他のプレイヤーと共有したがっていることを発見したからである[111]．

大人と比べて，子どもたちはマーケット・リサーチャーにとっては困難な調査対象になる．自分の行動についての子どもたち自身の報告は信頼性に欠け，記憶が不確かで，抽象的な質問を理解しないこともよくある[112]．ヨーロッパではマーケターが子どもにインタビューを行うことを制限している国もあるため，こうした国ではこの種のデータを集めることさえ難しい．それでもディズニーが発見したように，マーケット・リサーチをするだけの価値はある[113]．

製品テスト

子どもを対象にしたリサーチの中でも特に役立つのは製品テストである．子どもの被験者は，どの製品が人気が出るかについて，貴重な予測を提供してくれる．マーケターは，子どもたちがおもちゃで遊ぶところを観察したり，グループ・インタビューで話しかけたりしてこうした理解を得る．アメリカのおもちゃ会社であるフィッシャープライス社は「プレイラボ (Playlab)」と呼ぶ託児所を運営し，子どもたち (4,000 人の待機リストから選ばれた子たち) が新しいおもちゃで遊んでいるところをスタッフがマジックミラー越しに観察している[114]．

メッセージの理解

子どもたちは製品関連の情報の処理能力がそれぞれ異なるため，広告主の直接的なアピールは深刻な倫理的問題を引き起こす[115]．子どもの擁護グループは，7 歳未満の子どもは CM の説得的な意図を理解せず，既に見たように CM と番組を区別できないと主張する．したがって，彼らのブランドの好みを変えることは，ある批評家が言っているように「バケツの中の魚を撃つ (いともたやすい)」と例えられる[116]．図 10.2 は，CM は自

分たちを説得しようとしているということについて，子どもたちが理解しているかどうかを調べたものである．

米連邦取引委員会（FTC）は1970年代から子どもたちを守るために行動を開始した．委員会は「子ども」番組（最も多いのは土曜の朝のテレビ）の間のCMを制限し，番組とCMを明確に区分する「セパレーター」を義務づけた（例：「CMの後にまた戻ってくるよ」という言葉を入れる）．ところが，レーガン政権下で規制緩和と企業寄りの風潮が強かった1980年代前半には，FTCは態度を一変させた．1990年の「子どものテレビ法（Children's Television Act）」はこうした規制の一部を回復したが，マーケターの子どもに対する見方は，彼らを市場の影響から守るよりというよりも，「子供の顧客」として見るほうが圧倒的だと批判されている[117]．

しかし，明るい側面も存在する．食品会社は自分たちが子どもの肥満の原因の一部になっていることを認め，このますます深刻化する問題のために行動を起こし始めた．コカ・コーラ，ペプシ，マクドナルド，ネスレなどの多くの企業が，ビジネス改善連盟の「子どもの食品・飲料イニシアティブ」に参加している．これらの企業は，11歳以下の子どもへのマーケティングについては，政府またはアメリカ心臓協会の「健康」食品の基準を満たす製品だけに制限すると誓約している．さらに，この合意は子どもをターゲットにした広告に第三者がライセンス交付したキャラクターを使用することを規制し，小学校やビデオゲームのような場所で製品の画像を使用することを厳しく制限している[118]．親や消費者グループからの抵抗がますます目立つようになり，物質主義と子どもの社会化への

図10.2 研究者がCMの意図についての子どもたちの認識を測るために使っているスケッチの例．

考え方が変化するにつれ，おそらく他の産業もより責任あるガイドラインをこれから採用するようになるだろう．

章のまとめ

この章を読み終えた時点で，理解しているべきこと：

1. **マーケターは，1人ではなく複数の消費者の行動を理解しなければならないことが多い．**

    現実には，多くの購買決定は1人ではなく2人以上で行っている．2人以上が製品やサービスを評価，選択，使用するものは集団的意思決定と呼ばれ，組織や家族では各自がそれぞれ異なる役割を果たす．これらの役割には門番役，影響者，購買者，使用者などがある．

2. **個人だけでなく企業も購買決定を行う．**

    組織購買者は，会社や団体を代表して購買を決定する人たちである．私生活での意思決定に影響を与える多くの要因が，組織購買者にも影響するものの，組織の選択はより合理的になる傾向がある．彼らの決定には財政的なリスクが含まれることが多く，選択が複雑になるほど意思決定に参加する人数が多くなる．組織の決定に注がれる認知的努力の量は，個人の性格のような内部要因と，その会社のリスク許容度などの外部要因の両方と関係している．最も重要な要因は，その企業が買いたいと思っているものの種類である．求められる問題解決の程度は，購買する製品やサービスが単純な再注文（単純反復購買）か，多少の修正を加えた再注文（修正再購買）か，これまで買ったことがないものや複雑でリスクの高いもの（新規購買）かによって決まる．オンライン購買サイトは，組織の意思決定者がB2B eコマースでの製品情報を収集・評価する方法に革命をもたらした．

3. **家族についての伝統的な考えは時代遅れになった．**

    世帯数とその種類は，多くの国々で変化している．結婚や子どもをつくる時期が遅くなり，また家族構成も変化して，片親家庭が増えている．大きな傾向は日本も変わらない．人々のニーズが人生の各段階でどう変わっていくかに注目した「家族ライフサイクル」の新しい理論の登場により，マーケターはターゲティング戦略を考案する際に，ゲイとレズビアン，離婚者，子どものいない夫婦のような消費者セグメントにも注力する必要がある．

4. **人口統計上の重要な特徴の多くは，家族と家族構成に関するものである．**

    いくつかの重要な要素は，家族構成に関連している（例：出生率，結婚率，離婚率）．「世帯」は人が住む居住単位を表す．

5. **家族の購買決定に際しては，一人ひとりが異なる役割と影響力を持つ．**

    マーケターは，家族がどのように決定を下しているのかを理解しなければならない．特に夫と妻は異なる優先順位を持ち，努力と権限という点での影響力もその時々で異なる．子どもたちも幅広い購買決定に影響を及ぼすようになっている．

6. 子どもたちは成長の過程で，何をどのように消費するかを学ぶ．

　子どもたちは，社会化のプロセスを通して消費者になることを学ぶ．親や友人からの影響もあるが，マスメディアと広告の影響もある．子どもたちを説得するのは非常に簡単なので，子どもへのマーケティングの倫理的側面については，消費者，研究者，マーケティング実務者の間で盛んに議論されている．ただし，日本では，こうした議論はまだ遅れているといえるかもしれない．

キーワード

ウィキ（wiki）　507
影響者（influencer）　502
親の譲歩（parental yielding）　526
核家族（nuclear family）　509
拡大家族（extended family）　509
家計の財務責任者
　（FFO）（family financial officer）　521
家族アイデンティティ（family identity）　517
家族ライフサイクル（FLC）（family life cycle）　514
共同的理想（synoptic ideal）　523
クラウドソーシング（crowdsourcing）　508
合意に基づく購買決定
　（consensual purchase decision）　516
購買クラス理論
　（buyclass theory of purchasing）　505
購買者（buyer）　502
購買センター（buying center）　505
個人による意思決定（autonomic decision）　519
サンドイッチ世代（Sandwich Generation）　510
ジェンダーの収斂（gender convergence）　520
シーコノミー（sheconomy）　519
ジャグリング・ライフスタイル
　（juggling lifestyle）　521
修正再購買（modified rebuy）　506
出生率（fertility rate）　510
使用者（user）　502
消費者ネットワーク（customer networks）　518
消費者の社会化（consumer socialization）　526
新規購買（new task）　506
親族ネットワーク（kin-network system）　523
世帯（household）　509
組織購買者（organizational buyers）　502
単純反復購買（straight rebuy）　506
調整による購買決定
　（accommodative purchase decision）　517
DINKS（DINKS）（double income, no kids）　512
認知発達段階
　（stage of cognitive development）　530
発案者（initiator）　502
B2B eコマース
　（business-to-business（B2B）e-commerce）　506
B2Bマーケター
　（business-to-business（B2B）marketers）　502
ブーメラン・キッズ（boomerang kids）　510
ヘリコプター・ママ（helicopter moms）　519
メンバーによる意思決定
　（syncretic decisions）　519
門番役（gatekeeper）　502
予測市場（prediction market）　507

復習

1. 組織購買者の購買決定に影響を与える要因にはどのようなものがあるか？
2. 予測市場とは何か？
3. 購買の購買クラス理論を簡単にまとめなさい．それぞれのクラスで購買決定はどのように違うか？

4. 組織の決定が個人の消費者の決定と異なる部分はどこか？ 似ているところはどこか？
5. 組織の意思決定プロセスで従業員が演じる役割を少なくとも3つ挙げなさい．
6. 核家族とは何か？ 拡大家族とはどのように違うのか？
7. 1国の出生率はどのように計算されるか？ 人口の減少を防ぐために必要となる合計特殊出生率は？
8. ブーメラン・キッズやパラサイトシングルとは何か？
9. FLCとは何か？ マーケターにとってなぜこれが重要なのか？
10. FLCの各段階を理解しようとするときに，考慮しなければならない変数をいくつか挙げなさい．
11. 合意に基づく購買決定と調整による購買決定の違いは何か？ 家族が意思決定する際にどの程度の対立が生じるかを決める要因をいくつか挙げなさい．
12. 個人による意思決定とメンバーによる意思決定の違いは何か？
13. 家庭内の責任の配分という点で，「伝統的な」夫婦と「現代的な」夫婦の違いをいくつか挙げなさい．
14. 決定を夫婦共同で下すか，どちらか片方が下すかを決める要因にはどのようなものがあるか？
15. 親族ネットワークとは何か？
16. 夫婦が決定を下すときに用いるヒューリスティクスを説明し，その例を1つ挙げなさい．
17. 子どもたちがマーケターにとって重要なセグメントになる理由を3つ挙げなさい．
18. 消費者の社会化とは何か？ このプロセスで重要なプレイヤーになるのは誰か？ おもちゃはどのように貢献するか？
19. 認知発達段階とは何か，これがマーケティング・メッセージの理解にどう関連するかを説明しなさい．
20. 子どもを対象にしたマーケティング・リサーチが難しい理由は何か？

討議と応用

■ 討論せよ

1. 家族という単位はもう死滅したのか？
2. 自ら望んで子どもを持たない選択の良い点と悪い点を討論しなさい．この考え方を支持する人は利己的なのか？
3. この章ではさまざまなマーケティングの実践に言及した．8〜12歳の女の子をターゲットに特別にデザインされた女性用生理用品の販売もその1つである．マーケターは子どもたちから子どもらしく過ごす時期を奪っているのだろうか？
4. 米国防総省は国民からの反発を受けて，論争を巻き起こしたある研究プログラムを中止した．このプログラムは，テロ活動の予測市場の創設を意図したものだった．中止の決定は当然のものだろうか？そう思う，あるいはそう思わない理由は？
5. 子どもたちがオンラインで過ごす時間は長すぎるだろうか？ そう思う，あるいはそう思わない理由は？
6. マーケット・リサーチは子どもに対しても実施されるべきだと思うか？ あなたの意見を正当化する理由を挙げなさい．
7. マーケターは，教育機関に製品やサービスを無料で提供して，無料で宣伝してもらっていることを批判されてきた．あなたの意見では，これは公正な交換だろうか，それとも，企業は学校に通う子どもたちに影響を及ぼすことを禁じられるべきだろうか？
8. 次の5つの製品カテゴリー——食料品，自動車，休暇，家具，電化製品——のそれぞれについて，子どもがいるかどうかが夫婦の選択にどのような影響を与えるかを考えなさい．

9. マーケターが離婚したばかりの夫婦を特定してターゲットにするとき，彼らは夫婦の状況をどのように利用できるか？ 夫婦にとって実際に役立つと考えられる例があるだろうか？ あなたの考えを裏づける例を挙げなさい．
10. 企業の購買決定は完全に合理的なものである．美的または主観的な要因がこのプロセスに入り込むことはないし，そうあるべきでもない．あなたはこの考えに同意するか？
11. 家から離れて暮らす大学生は，代理「家族」を持っていると考えることができる．親，配偶者，あるいは他の学生と一緒に暮らしているかどうかで，大学の代理「家族」内での意思決定はどのように決められるか？ 学生の誰かが母親，父親，子どもの役割を演じるのだろうか？ 決定が必要になった実際の例と，メンバーが演じた役割を説明しなさい．

■ 応用せよ

1. 若い夫婦と年配の夫婦 2 組への取材を手配し，5 つの製品カテゴリー（食料品，家具，電化製品，休暇，自動車）をリストにした回答用紙を準備して，各カテゴリーの購買決定を夫婦共同でしているか，どちらか一方が決めているかを夫と妻それぞれに個別にたずねなさい．どちらか 1 人が決めている場合には，それが夫と妻のどちらなのかも確認すること．誰が決定を下すかについての夫婦の間の合意という点から 2 組の夫婦の回答を比べなさい．2 組の夫婦の間で共同的な決定と独断的な決定の数に違いはあるだろうか？ 調査で分かったことと結論を報告しなさい．
2. 3 つの製品カテゴリーでの家族をターゲットにした広告と，同じアイテムで家族をテーマにしていないブランドの広告を探し，2 つのアプローチの効果予想を比較するレポートを作成しなさい．家族を強調することで効果が高まるのはどの製品カテゴリーだろうか？
3. 3 組の夫婦を選び，夫と妻それぞれに，両方の親族のすべてのいとこ，またいとこの名前を挙げてもらいなさい．その結果から，親族ネットワークの維持に関する男女の相対的役割についてどんな結論が導き出されるだろうか？
4. 地元の食料品店のシリアルのコーナーでの親と子の様子を観察しなさい．欲しいものを示した子どもの数，それをどのように表現したか，親がどう反応したか，子どもが選んだものを買った親の数を記録したレポートを作成しなさい．
5. 民放テレビ局の子ども向け番組を 3 時間見て，この章の最後の項で取り上げた倫理的な問題という観点から，CM で使われているマーケティング・テクニックを評価しなさい．そこから分かったことと自分の結論を報告しなさい．
6. 製品カテゴリーを 1 つ選び，この章で説明したライフサイクル・ステージを使って，各ステージで消費者の購買決定に影響を与えそうな変数のリストを作成しなさい．
7. 現代の家族構成の重要な変化を 3 つを挙げなさい．それぞれについて製品コミュニケーション，小売イノベーション，その他のマーケティングミックスで，この変化を意識しているように見えるマーケターの例を見つけなさい．可能であれば，こうした進化に遅れをとっているように見えるマーケターの例も見つけなさい．

参考文献

1. www.epicurious.com, accessed June 4, 2011; www.marthastewart.com, accessed June 4, 2011.
2. Fred E. Webster and Yoram Wind, *Organizational Buying Behavior* (Upper Saddle River, NJ: Prentice Hall, 1972).
3. See J. Joseph Cronin, Jr., and Michael H. Morris, "Satisfying Customer Expectations: The Effect on Conflict and Repurchase Intentions in Industrial Marketing Channels," *Journal of the Academy of Marketing Science* 17 (Winter 1989): 41-49; Thomas W. Leigh and Patrick F. McGraw, "Mapping the Procedural Knowledge of Industrial Sales Personnel: A Script-Theoretic Investigation," *Journal of Marketing* 53 (January 1989): 16-34; William J. Qualls and Christopher P. Puto, "Organizational Climate and Decision Framing: An Integrated Approach to Analyzing Industrial Buying," *Journal of Marketing Research* 26 (May 1989): 179-92.
4. James M. Sinkula, "Market Information Processing and Organizational Learning," *Journal of Marketing* 58 (January 1994): 35-45.
5. Allen M. Weiss and Jan B. Heide, "The Nature of Organizational Search in High Technology Markets," *Journal of Marketing Research* 30 (May 1993): 220-33; Jennifer K. Glazing and Paul N. Bloom, "Buying Group Information Source Reliance," *Proceedings of the American Marketing Association Educators' Conference* (Summer 1994): 454.
6. B. Charles Ames and James D. Hlaracek, *Managerial Marketing for Industrial Firms* (New York: Random House Business Division, 1984); Edward F. Fern and James R. Brown, "The Industrial/Consumer Marketing Dichotomy: A Case of Insufficient Justification," *Journal of Marketing* 48 (Spring 1984): 68-77.
7. Jaakko Aspara, "Aesthetics of Stock Investments," *Consumption Markets & Culture* 12 (June 2009): 99-131.
8. Daniel H. McQuiston, "Novelty, Complexity, and Importance as Causal Determinants of Industrial Buyer Behavior," *Journal of Marketing* 53 (April 1989): 66-79.
9. Patrick J. Robinson, Charles W. Faris, and Yoram Wind, *Industrial Buying and Creative Marketing* (Boston: Allyn & Bacon, 1967).
10. Erin Anderson, Wujin Chu, and Barton Weitz, "Industrial Purchasing: An Empirical Examination of the Buyclass Framework," *Journal of Marketing* 51 (July 1987): 71-86.
11. Steven J. Kafka, Bruce D. Temkin, Matthew R. Sanders, Jeremy Sharrard, and Tobias O. Brown, "eMarketplaces Boost B2B Trade," *The Forrester Report* (Cambridge, MA: Forrester Research, Inc., February 2000).12. http://wwre.globalsources.com/, accessed June 14, 2011; http://company.monster.com/wre, accessed June 16, 2009.
12. http://wwre.globalsources.com/, accessed June 14, 2011; http://company.monster.com/wre, accessed June 16, 2009.
13. http://www.dell.com/us/business/p/, accessed June 14, 2011.
14. "New Survey Finds B2B Marketers Gaining Ground in Social Media," *White Horse* (May 18, 2010), http://www.whitehorse.com/_templates/t_press_release.aspx?id=1523, accessed April 19, 2011.
15. Sean Silverthorne, "Facebook as Corporate Intranet—It's Starting to Happen," *The View from Harvard Business* (December 18, 2007), http://blogs.bnet.com/harvard/?p=158, accessed June 15, 2009; Vauhini Vara, "Offices Co-Opt Consumer Web Tools Like 'Wikis' and Social Networking," *Wall Street Journal* (September 12, 2006), www.wsj.com, accessed September 12, 2006.
16. Barbara Kiviat, "The End of Management," *Time Inside Business* (July 12, 2004), www.time.com/time/magazine/article/0,9171,994658,00.html, accessed October 5, 2007.
17. www.intrade.com, accessed June 4, 2011; www.hsx.com, accessed June 4, 2011.
18. www.ideastorm.com, accessed June 4, 2011; www.ninesigma.com, accessed June 4, 2011.
19. Sabrina Tavernise, "Married Couples Are No Longer a Majority, Census Finds," *New York Times* (May 26, 2011), http://www.nytimes.com/2011/05/26/us/26marry.html?_r=2&scp=1&sq=marriage%20rate&st=cse, accessed June 4, 2011.
20. Ellen Graham, "Craving Closer Ties, Strangers Come Together as Family," *Wall Street Journal* (March 4, 1996): B1.
21. Risto Moisio, Eric J. Arnould, and Linda L. Price, "Between Mothers and Markets: Constructing Family Identity through Homemade Food," *Journal of Consumer Culture* 4, no. 3 (2004):

361-84.
22. Nina Diamond, John F. Sherry, Jr., Albert M. Muniz, Jr., Mary Ann McGrath, Robert V. Kozinets, and Stefania Borghini, "American Girl and the Brand Gestalt: Closing the Loop on Sociocultural Branding Research," *Journal of Marketing* 73 (May 2009): 118-34.
23. 「平成25年人口動態統計月報年計」(http://www.mhlw.go.jp/toukei/saikin/hw/jinkou/geppo/nengai13/).「平成22年国勢調査」(http://www.stat.go.jp/data/kokusei/2010/index.htm).
24. Sabrina Tavernise, "Study Finds Women Slower to Wed, and Divorce Easing," *New York Times* (May 18, 2011), http://www.nytimes.com/2011/05/19/us/19marriage.html?_r=1&scp=1&sq=age%20of%20marriage&st=cse, accessed June 4, 2011.
25. "Match.com Releases Study on Trends in Online Dating," *Dating Site Reviews* (April 30, 2010), http://www.datingsitesreviews.com/article.php?story=Match-Releases-Study-Trends-Online-Datin, accessed June 14, 2011.
26. Ben Parr, "Twitter Users Have Shorter Relationships," *Mashable* (April 20, 2011), http://mashable.com/2011/04/19/active-twitter-users-have-shorter-relationships-stats/?utm_source=feedburner&utm_medium=email&utm_campaign=Feed%3A+Mashable+%28Mashable%29, accessed April 30, 2011.
27. 山田昌弘 (1999)『パラサイトシングル』(筑摩新書).
28. Bella English, "The Boomerang Kids," *Boston Globe* (January 13, 2009), www.boston.com/lifestyle/family/articles/2009/01/13/the_boomerang_kids/?page=2, accessed June 16, 2009.
29. "Mothers Bearing a Second Burden," *New York Times* (May 14, 1989): 26.
30. 「出生率が16年ぶり1.4超 12年、出生数は最少更新」日本経済新聞2013年6月5日(http://www.nikkei.com/article/DGXNASFS05044_V00C13A6MM8000/).
31. Erik Eckholm, "'07 U.S. Births Break Baby Boom Record," *New York Times* (March 18, 2009), www.nytimes.com/2009/03/19/health/19birth.html?_r=1, accessed March 18, 2009.
32. Frank Bruni, "Persistent Drop in Fertility Reshapes Europe's Future," *New York Times* (December 26, 2002), www.nytimes.com, accessed December 26, 2002.
33. Katie Zezima, "More Women Than Ever Are Childless, Census Finds," *New York Times* (August 18, 2008), www.nytimes.com, accessed August 19, 2008.
34. 「男性の育休取得が激減…背後に「パタハラ」」日本経済新聞2013年8月5日 (www.nikkei.com/article/DGXNASFK3100C_R30C13A7000000/).
35. P. Paul, "Childless by Choice," *American Demographics* (November 2001): 45-48, 50; www.childfreebychoice.com, accessed June 16, 2009.
36. Rebecca Gardyn, "Animal Magnetism," *American Demographics* (May 2002): 31-37.
37. For a review, cf. Russell W. Belk, "Metaphoric Relationships with Pets," *Society & Animals* 4, no. 2 (1996): 121-46.
38. 「矢野経済ペットビジネスに関する調査結果2013」(http://www.yano.co.jp/press/press.php/001226).
39. "Pets Win Prizes as Recession Bites," *Virgin Money* (April 23, 2009), http://uk.virginmoney.com/virgin/news-centre/press-releases/2009/Pets_win_prizes_as_recession_bites.jsp, accessed June 16, 2009; Carla Baranauckas, "A Dog's Life, Upgraded," *New York Times* (September 24, 2006), www.nytimes.com, accessed September 24, 2006; Thom Forbes, "PetSmart's Hotels Offer Doggies the Lap of Luxury," *Marketing Daily* (December 28, 2006), http://www.mediapost.com/publications/?fa=Articles.printFriendly&art_aid=53099, accessed December 28, 2006; Stephanie Thompson, "What's Next, Pup Tents in Bryant Park?" *Advertising Age* (January 29, 2007): 4; Maryann Mott, "Catering to the Consumers with Animal Appetites," *New York Times on the Web* (November 14, 2004), http://www.nytimes.com/2004/11/14/business/yourmoney/14pet.html, accessed September 9, 2011; http://www.k9waterco.com/, accessed June 14, 2011; Jim Carlton, "For Finicky Drinkers, Water from the Tap Isn't Tasty Enough," *Wall Street Journal* (March 11, 2005), www.wsj.com, accessed March 11, 2005.
40. 「「ペット葬儀」狂想曲」『日経ビジネス』2012年3月2日号 (business.nikkeibp.co.jp/article/topics/20120228/229233/).
41. http://petairways.com/, accessed June 14, 2011.
42. Brad Edmondson, "Do the Math," *American Demographics* (October 1999): 50-56.
43. www.thebump.com, accessed June 4, 2011; www.

theknot.com, accessed June 4, 2011; Edmondson, "Do the Math."

44. The VOICE Group, "Buying into Motherhood? Problematic Consumption and Ambivalence in Transitional Phases," *Consumption Markets & Culture* 13, no. 4 (2010): 373-97.

45. Cheryl Russell, "The New Consumer Paradigm," *American Demographics* (April 1999): 50.

46. These categories are an adapted version of an FLC model proposed by Gilly and Enis (1982). Based on a recent empirical comparison of several competing models, Schaninger and Danko found that this framework outperformed others, especially in terms of its treatment of nonconventional households, though they recommend several improvements to this model as well. See Gilly and Enis, "Recycling the Family Life Cycle" Mary C. Gilly, Ben M. Enis (1982), "Recycling The Family Life Cycle: A Proposal For Redefinition", in Advances in Consumer Research Volume 09, eds. Andrew Mitchell, Ann Abor : Association for Consumer Research, Pages: 271-276.; Schaninger and Danko, "A Conceptual and Empirical Comparison of Alternate Household Life Cycle Models" *Journal of Consumer Research*. 19, 4 (March1993): 580-94; Scott D. Roberts, Patricia K. Voli, and Kerenami Johnson, "Beyond the Family Life Cycle: An Inventory of Variables for Defining the Family as a Consumption Unit," in Victoria L. Crittenden, ed., *Developments in Marketing Science 15* (Coral Gables, FL: Academy of Marketing Science, 1992): 71-75; George P. Moschis. "Life Course Perspectives on Consumer Behaviour," *Journal of the Academy of Marketing Science* 35 (2007): 295-307.

47. Edmondson, "Do the Math."

48. Jennifer Lach, "Intelligence Agents," *American Demographics* (March 1999): 52-60; for a detailed ethnographic study of how households assimilate products, cf. Jennifer Chang Coupland, "Invisible Brands: An Ethnography of Households and the Brands in Their Kitchen Pantries," *Journal of Consumer Research* 33, no. 2 (2005): 106.

49. Shannon Dortch, "Money and Marital Discord," *American Demographics* (October 1994): 11.

50. For research on factors affecting how much influence adolescents exert in family decision making, see Ellen Foxman, Patriya Tansuhaj, and Karin M. Ekstrom, "Family Members' Perceptions of Adolescents' Influence in Family Decision-Making," *Journal of Consumer Research* 15 (March 1989): 482-91; Sharon E. Beatty and Salil Talpade, "Adolescent Influence in Family Decision-Making: A Replication with Extension," *Journal of Consumer Research* 21 (September 1994): 332-41; for a recent study that compared the influence of parents versus siblings, cf. June Cotte and S. L. Wood, "Families and Innovative Consumer Behavior: A Triadic Analysis of Sibling and Parental Influence," *Journal of Consumer Research* 31, no. 1 (2004): 78-86.

51. Daniel Seymour and Greg Lessne, "Spousal Conflict Arousal: Scale Development," *Journal of Consumer Research* 11 (December 1984): 810-21.

52. Amber M. Epp and Linda L. Price, "Family Identity: A Framework of Identity Interplay in Consumption Practices," *Journal of Consumer Research* 35 (June 2008): 50-70; Robert Lohrer, "Haggar Targets Women with $8M Media Campaign," *Daily News Record* (January 8, 1997): 1.

53. Amber M. Epp and Linda L. Price, "Designing Solutions around Customer Network Identity Goals," *Journal of Marketing* 75, no. 2 (March 2011): 36-54.

54. Heather Timmons, "The Hand That Rocks the Cradle Can Call the Shots," *New York Times* (April 3, 2009), http://www.nytimes.com/2009/04/04/business/global/04indiamom.html?scp=113&sq=&st=nyt, accessed April 3, 2009.

55. www.urbanbaby.com/talk/posts/51108366, accessed June 16, 2009; "Helicopter Moms vs. Free-Range Kids," *Newsweek.com* (April 21, 2008), www.newsweek.com/id/133103, accessed June 16, 2009.

56. 「カリスマが激怒!「アルマーニ争奪戦」秘話—伊藤忠商事社長」『プレジデントオンライン』2012年7月2日（news.livedoor.com/article/detail/6712840/）.

57. Diane Crispell, "Dual-Earner Diversity," *American Demographics* (July 1995): 32-37.

58. 「労働力調査基本集計 2014年5月分」（http://www.stat.go.jp/data/roudou/sokuhou/tsuki/index.htm）.

59. 「男女共同参画白書 平成25年版」（www.gender.go.jp/about_danjo/whitepaper/h25/zentai/html/honpen/b1_s02_02.html）.

60. Belinda Luscombe, "Woman Power: The Rise of

the Sheconomy," *Time Magazine* (November 22, 2010), http://www.time.com/time/magazine/article/0,9171,2030913-3,00.html, accessed April 19, 2011; Sarah Mahoney, "New Rules of Mama Marketing: Older, Greener," *Marketing Daily* (July 12, 2010), http://www.mediapost.com/publications/?fa=Articles.showArticle&art_aid=131754, accessed April 19, 2011.
61. Tanya Irwin, "Study: Men Defy Marketing Stereotypes," *Marketing Daily* (April 25, 2011), http://www.mediapost.com/publications/?fa=Articles.showArticle&art_aid=149272&nid=126106, accessed April 30, 2011.
62. 「人口統計資料集 2014」(http://www.ipss.go.jp/syoushika/tohkei/Popular/).
63. Patricia Cohen, "Signs of D?tente in the Battle Between Venus and Mars," *New York Times* (May 31, 2007), www.nytimes.com, accessed May 31, 2007; for a detailed look at couples' goal-setting with regard to artificial reproductive technologies, cf. Eileen Fisher, Cele C. Otnes, and Linda Tuncay, "Pursuing Parenthood: Integrating Cultural and Cognitive Perspectives on Persistent Goal Striving," *Journal of Consumer Research* 34, no. 4 (2007): 425-40.
64. Darach Turley, "Dialogue with the Departed," *European Advances in Consumer Research* 2 (1995): 10-13.
65. "Wives and Money," *American Demographics* (December 1997): 34; for a more recent study of decision making among lesbian couples, cf. Robert Wilkes and Debra A. Laverie, "Purchasing Decisions in Non-Traditional Households: The Case of Lesbian Couples," *Journal of Consumer Behaviour* 6, no. 1 (2007): 60-73.
66. Thomas Hine, *Populuxe* (New York: Knopf, 1986).
67. Boutilier, "Targeting Families: Marketing to and Through the New Family."
68. Karlene Lukovitz, "Women in Wealthy Homes Make 2 of 3 Buying Decisions," *Marketing Daily* (May 15, 2008), www.mediapost.com, accessed May 15, 2008; Dennis L. Rosen and Donald H. Granbois, "Determinants of Role Structure in Family Financial Management," *Journal of Consumer Research* 10 (September 1983): 253-58; Robert F. Bales, *Interaction Process Analysis: A Method for the Study of Small Groups* (Reading, MA: Addison-Wesley, 1950). For a cross-gender comparison of food shopping strategies, see Rosemary Polegato and Judith L. Zaichkowsky, "Family Food Shopping: Strategies Used by Husbands and Wives," *Journal of Consumer Affairs* 28, no. 2 (1994): 278-99.
69. Alma S. Baron, "Working Parents: Shifting Traditional Roles," *Business* 37 (January-March 1987): 36; William J. Qualls, "Household Decision Behavior: The Impact of Husbands' and Wives' Sex Role Orientation," *Journal of Consumer Research* 14 (September 1987): 264-79; Charles M. Schaninger and W. Christian Buss, "The Relationship of Sex-Role Norms to Household Task Allocation," *Psychology & Marketing* 2 (Summer 1985): 93-104.
70. Jennifer Steinhauer, "Mars and Venus: Who Is 'the Decider'?" *New York Times* (April 26, 2006), www.nytimes.com, accessed April 26, 2006; "Tailor-Made," *Advertising Age* (September 23, 2002): 14.
71. Craig J. Thompson, "Caring Consumers: Gendered Consumption Meanings and the Juggling Lifestyle," *Journal of Consumer Research* 22 (March 1996): 388-407.
72. Edmund L. Andrews, "Survey Confirms It: Women Outjuggle Men," *New York Times* (September 15, 2004), www.nytimes.com, accessed September 15, 2004.
73. Miriam Jordan, "India's Medicine Men Market an Array of Contraceptives," *Wall Street Journal Interactive Edition* (September 21, 1999); Patricia Winters Lauro, "Sports Geared to Parents Replace Stodgy with Cool," *New York Times* (January 3, 2000), www.nytimes.com, accessed January 3, 2000; Cynthia Webster, "Effects of Hispanic Ethnic Identification on Marital Roles in the Purchase Decision Process," *Journal of Consumer Research* 21 (September 1994): 319-31. For a study that examined the effects of family depictions in advertising among Hispanic consumers, see Gary D. Gregory and James M. Munch, "Cultural Values in International Advertising: An Examination of Familial Norms and Roles in Mexico," *Psychology & Marketing* 14 (March 1997): 99-120; John Steere, "How Asian-Americans Make Purchase Decisions," Marketing News (March 13, 1995): 9; John B. Ford, Michael S. LaTour, and Tony L. Henthorne, "Perception of Marital Roles in Purchase Decision Processes: A Cross-Cultural Study," *Journal of the Academy of Marketing Science* 23 (Spring 1995): 120-31; Chankon Kim and

Hanjoon Lee, "A Taxonomy of Couples Based on Influence Strategies: The Case of Home Purchase," *Journal of Business Research* 36 (June 1996): 157-68; Claudia Penteado, "Coke Taps Maternal Instinct with New Latin American Ads," *Advertising Age International* (January 1997): 15.
74. Gary L. Sullivan and P. J. O'Connor, "The Family Purchase Decision Process: A Cross-Cultural Review and Framework for Research," *Southwest Journal of Business & Economics* (Fall 1988): 43; Marilyn Lavin, "Husband-Dominant, Wife-Dominant, Joint," *Journal of Consumer Marketing* 10, no. 3 (1993): 33-42.
75. Micaela DiLeonardo, "The Female World of Cards and Holidays: Women, Families, and the Work of Kinship," *Signs* 12 (Spring 1942): 440-53.
76. C. Whan Park, "Joint Decisions in Home Purchasing: A Muddling-Through Process," *Journal of Consumer Research* 9 (September 1982): 151-62; see also William J. Qualls and Francoise Jaffe, "Measuring Conflict in Household Decision Behavior: Read My Lips and Read My Mind," in John F. Sherry Jr. and Brian Sternthal, eds., *Advances in Consumer Research 19* (Provo, UT: Association for Consumer Research, 1992): 522-31.
77. Kim P. Corfman and Donald R. Lehmann, "Models of Cooperative Group Decision-Making and Relative Influence: An Experimental Investigation of Family Purchase Decisions," *Journal of Consumer Research* 14 (June 1987): 1-13.
78. 「特集―任天堂VSアップル…ゲームが破る閉塞 医療・車・広告も巻き込み「新世界」創造 ―第2章―異業種巻き込む全方位の"磁力"」『日経ビジネス』2008年10月13日号, pp.28-33.
79. http://whyville.net/smmk/nice, accessed June 14, 2011; Jennifer Saranow, "'This Is the Car We Want, Mommy'—Car Makers Direct More Ads at Kids (And Their Parents)," *Wall Street Journal* (November 9, 2006): D1.
80. James U. McNeal, "Tapping the Three Kids' Markets," *American Demographics* (April 1998): 3, 737-41.
81. Harris Curtis, "Making Kids Street Smart," *Newsweek* (September 16, 2002): 10.
82. Kay L. Palan and Robert E. Wilkes, "Adolescent-Parent Interaction in Family Decision-Making," *Journal of Consumer Research* 24 (September 1997): 159-69; cf. also Tiffany Meyers, "Kids Gaining Voice in How Home Looks," *Advertising Age* (March 29, 2004): S4.
83. Russell N. Laczniak and Kay M. Palan, "Under the Influence," *Marketing Research* (Spring 2004): 34-39.
84. Stephanie Thompson, "Mrs. Butterworth's Changes Her Target," *Advertising Age* (December 20, 1999): 44.
85. Adrienne W. Fawcett, "Kids Sway One in Three Parents to Buy Stuff (Duh)," http://www.mediapost.com/publications/?fa=Articles.showArticle&art_aid=55549&passFuseAction=PublicationsSearch.showSearchReslts&art_searched=&page_number=0, accessed February 15, 2007; Les Carlson, Ann Walsh, Russell N. Laczniak, and Sanford Grossbart, "Family Communication Patterns and Marketplace Motivations, Attitudes, and Behaviors of Children and Mothers," *Journal of Consumer Affairs* 28, no. 1 (1994): 25-53; see also Roy L. Moore and George P. Moschis, "The Role of Family Communication in Consumer Learning," *Journal of Communication* 31 (Autumn 1981): 42-51.
86. Leslie Isler, Edward T. Popper, and Scott Ward, "Children's Purchase Requests and Parental Responses: Results from a Diary Study," *Journal of Advertising Research* 27 (October-November 1987): 28-39.
87. Gregory M. Rose, "Consumer Socialization, Parental Style, and Development Timetables in the United States and Japan," *Journal of Marketing* 63, no. 3 (1999): 105-19; Gregory M. Rose, Vassilis Dalakis, and Fredric Kropp, "Consumer Socialization and Parental Style across Cultures: Findings from Australia, Greece, and India," *Journal of Consumer Psychology* 13, no. 4 (2003): 366-76.
88. Thomas Lipscomb, "Indicators of Materialism in Children's Free Speech: Age and Gender Comparisons," *Journal of Consumer Marketing* (Fall 1988): 41-46.
89. George P. Moschis, "The Role of Family Communication in Consumer Socialization of Children and Adolescents," *Journal of Consumer Research* 11 (March 1985): 898-913.
90. Gregory M. Rose, Vassilis Dalakas, and Fredric Kropp, "A Five-Nation Study of Developmental Timetables, Reciprocal Communication and Consumer Socialization," *Journal of Business Research* 55 (2002): 943-49.
91. Elizabeth S. Moore, William L. Wilkie, and

Richard J. Lutz, "Passing the Torch: Intergenerational Influences as a Source of Brand Equity," *Journal of Marketing* 66 (April 2002): 17-37.
92. James U. McNeal and Chyon-Hwa Yeh, "Born to Shop," *American Demographics* (June 1993): 34-39.
93. Kari Greenberg, "Study: Kids Influence Family's Use of Media," *Marketing Daily* (June 10, 2010), http://www.mediapost.com/publications/?fa=Articles.showArticle&art_aid=129877, accessed April 19, 2011; Les Carlson, Sanford Grossbart, and J. Kathleen Stuenkel, "The Role of Parental Socialization Types on Differential Family Communication Patterns Regarding Consumption," *Journal of Consumer Psychology* 1, no. 1 (1992): 31-52; cf. also Sonya A. Grier, Janell Mensinger, Shirley H. Huang, Shiriki K. Kumanyika, and Nicolas Stettler, "Fast-Food Marketing and Children's Fast-Food Consumption: Exploring Parents' Influences in an Ethnically Diverse Sample," *Journal of Public Policy & Marketing* 26 (Fall 2007): 221-235.
94. Marian Burros, "McDonald's France Puts Its Mouth Where Its Money Is," *New York Times* (October 30, 2002), www.nytimes.com, accessed October 30, 2002.
95. Emily Bryson York, "NIH: Banning Fast Food Ads Will Make Kids Less Fat," *Advertising Age* (November 19, 2008), http://adage.com/results.php?endeca=1&return=endeca&search_offset=0&search_order_by=score&search_advanced=1&searchprop=AdAgeAll&search_phrase=banning+fast+food+ads+will+make+kids+less+fat&searchmode=matchall&sortby=date&range=adage&variable=90&date_range=specific&date_begin=11%2F19%2F08&date_end=&x=42&y=20, accessed November 24, 2008.
96. Andrew Martin, "Kellogg to Curb Marketing of Foods to Children," *New York Times* (June 14, 2007), www.nytimes.com, accessed June 14, 2007; Tara Parker-Pope, "Watching Food Ads on TV May Program Kids to Overeat," *Wall Street Journal* (July 10, 2007): D1.
97. Erik Sass, "Four Out of Five Kids Ages Five and Under Are on the Web," *Marketing Daily* (March 17, 2011), http://www.mediapost.com/publications/?fa=Articles.showArticle&art_aid=146941&nid=124844, accessed April 19, 2011.

98. Glenn Collins, "New Studies on 'Girl Toys' and 'Boy Toys,'" *New York Times* (February 13, 1984): D1.
99. Susan B. Kaiser, "Clothing and the Social Organization of Gender Perception: A Developmental Approach," *Clothing & Textiles Research Journal* 7 (Winter 1989): 46-56.
100. Lori Schwartz and William Markham, "Sex Stereotyping in Children's Toy Advertisements," *Sex Roles* 12 (January 1985): 157-70.
101. http://www.barbie.com/activities/friends/, accessed June 14, 2011.
102. Joseph Pereira, "Oh Boy! In Toyland, You Get More if You're Male," Wall Street Journal (September 23, 1994): B1; Joseph Pereira, "Girls' Favorite Playthings: Dolls, Dolls, and Dolls," *Wall Street Journal* (September 23, 1994): B1.
103. Lisa Bannon, "More Kids' Marketers Pitch Number of Single-Sex Products," *Wall Street Journal* (February 14, 2000), www.wsj.com, accessed February 14, 2000.
104. www.amazon.com/Mattel-Working-Woman-Barbie-Doll/dp/B001871UEO, accessed June 16, 2009; Constance L. Hayes, "A Role Model's Clothes: Barbie Goes Professional," *New York Times* (April 1, 2000), www.nytimes.com, accessed April 1, 2000.
105. Laura A. Peracchio, "How Do Young Children Learn to Be Consumers? A Script-Processing Approach," *Journal of Consumer Research* 18 (March 1992): 425-40; Laura A. Peracchio, "Young Children's Processing of a Televised Narrative: Is a Picture Really Worth a Thousand Words?," *Journal of Consumer Research* 20 (September 1993): 281-93; see also M. Carole Macklin, "The Effects of an Advertising Retrieval Cue on Young Children's Memory and Brand Evaluations," *Psychology & Marketing* 11 (May-June 1994): 291-311.
106. Jean Piaget, "The Child and Modern Physics," *Scientific American* 196, no. 3 (1957): 46-51; see also Kenneth D. Bahn, "How and When Do Brand Perceptions and Preferences First Form? A Cognitive Developmental Investigation," *Journal of Consumer Research* 13 (December 1986): 382-93.
107. Deborah L. Roedder, "Age Differences in Children's Responses to Television Advertising: An Information-Processing Approach," *Journal of Consumer Research* 8 (September 1981): 144-53; see also Deborah Roedder John and Ramnath

Lakshmi-Ratan, "Age Differences in Children's Choice Behavior: The Impact of Available Alternatives," *Journal of Marketing Research* 29 (May 1992): 216-26; Jennifer Gregan-Paxton and Deborah Roedder John, "Are Young Children Adaptive Decision Makers? A Study of Age Differences in Information Search Behavior," *Journal of Consumer Research* 21, no. 4 (1995): 567-80.

108. For a study on the effects of commercial programming on creative play, cf. Patricia M. Greenfield, Emily Yut, Mabel Chung, Deborah Land, Holly Kreider, Maurice Pantoja, and Kris Horsley, "The Program-Length Commercial: A Study of the Effects of Television/Toy Tie-Ins on Imaginative Play," *Psychology & Marketing* 7 (Winter 1990): 237-56.

109. Gerald J. Gorn and Renee Florsheim, "The Effects of Commercials for Adult Products on Children," *Journal of Consumer Research* 11 (March 1985): 962-67. For a study that assessed the impact of violent commercials on children, see V. Kanti Prasad and Lois J. Smith, "Television Commercials in Violent Programming: An Experimental Evaluation of Their Effects on Children," *Journal of the Academy of Marketing Science* 22, no. 4 (1994): 340-51.

110. Gwen Bachmannn Achenreiner and Deborah Roedder John, "The Meaning of Brand Names to Children: A Developmental Investigation," *Journal of Consumer Psychology* 13, no. 3 (2003): 205-19.

111. Brooks Barnes, "Disney Expert Uses Science to Draw Boy Viewers," *New York Times* (April 13, 2009), www.nytimes.com/2009/04/14/arts/television/14boys.html?scp=1&sq=Brooks%20Barnes,%20%93Disney%20Expert%20Uses%20Science%20to%20Draw%20Boy%20Viewers,%94%20&st=cse, accessed April 13, 2009.

112. Janet Simons, "Youth Marketing: Children's Clothes Follow the Latest Fashion," *Advertising Age* (February 14, 1985): 16.

113. For details regarding the design of research on children, see Laura A. Peracchio, "Designing Research to Reveal the Young Child's Emerging Competence," *Psychology & Marketing* 7 (Winter 1990): 257-76.

114. Laura Shapiro, "Where Little Boys Can Play with Nail Polish," *Newsweek* (May 28, 1990): 62.

115. Gary Armstrong and Merrie Brucks, "Dealing with Children's Advertising: Public Policy Issues and Alternatives," *Journal of Public Policy & Marketing* 7 (1988): 98-113.

116. Bonnie Reece, "Children and Shopping: Some Public Policy Questions," *Journal of Public Policy & Marketing* (1986): 185-94.

117. Daniel Cook, University of Illinois, personal communication, December 2002; Daniel Cook, "Contradictions and Conundrums of the Child Consumer: The Emergent Centrality of an Enigma in the 1990s," paper presented at the Association for Consumer Research, October 2002.

118. http://www.bbb.org/us/children-food-beverage-advertising-initiative/, accessed June 14, 2011; John Eggerton, "Sara Lee Agrees to Limit Food Marketing to Kids," *Broadcasting & Cable* (September 23, 2010), http://www.broadcastingcable.com/article/457541-Sara_Lee_Agrees_to_Limit_Food_Marketing_to_Kids.php, accessed April 19, 2011.

セクション 4 ● 消費者とサブカルチャー

　このセクションでは，消費者の社会的アイデンティティに影響を与える外的要因に焦点を当てる．第 11 章は集団プロセスを概観し，消費者が買う物を選んだり人に見せたりする時に，なぜ他人の期待に応えようとするのかを論じる．第 12 章ではライフスタイルを規定する変数に注目し，消費者が自分で稼いだお金で買いたいと思うものに，社会階級がいかに強く影響しているかを考察する．第 13 章では民族的，人種的，宗教的アイデンティティが人物形成をどのように助けているかを論じる．第 14 章では，1 つの文化に属することが購買行動にいかに強い影響を与えているかを考える．

ここからの章は──

第 11 章　集団とソーシャルメディア
第 12 章　社会階級とライフスタイル
第 13 章　サブカルチャー
第 14 章　文化

第11章　集団とソーシャルメディア

この章の目的	本章の学習を通じて，以下のことを理解しよう：
	1. 他人や集団，とりわけ何らかの社会的な力を持つ人たちは，私たちの購買意思決定にしばしば影響を及ぼす．
	2. 消費者は製品やサービスへの興味を共有する他人を探そうとする．
	3. 消費者は他人の行動に合わせるために製品を買ったり使ったりしようとする．
	4. ある特定の人々が，他人の製品選択に影響を与えやすい．
	5. 他の消費者が製品について語ること（良いことも悪いことも）が，目にする広告よりも大きな影響を与えることが多い．
	6. オンライン・テクノロジーがクチコミの力を増大させている．
	7. ソーシャルメディアは企業と消費者の関わり方を変えつつある．

　タカシは秘密の生活を送っている．普段の彼は大手投資会社のお堅い株式アナリストだ．将来も仕事が得られるかどうかを心配しながら週の大半を過ごしているので，最近は仕事のストレスが大きくなっている．しかし，昼間の仕事は，彼が本当に情熱を注いでいるものにかかる費用を捻出するためのものだ．それは，愛車のハーレーダビッドソン・ロード・グライド・カスタムで走ることである．彼のFacebookへの投稿は，仕事をする代わりにどれだけ愛車でツーリングに出たいかを昼休みに嘆いているものばかりだ（上司が彼に友達リクエストを送ってこないことを願いながら）．

　金曜の夜がやってくると，トゥモローランドのスーツとはお別れだ．黒いレザーに着替えたタカシは，レクサスから宝物のハーレーに乗り換える．HOG（ハーレー・オーナーズ・グループ）の献身的なメンバーであるタカシは，ハーレー乗りのグループ「RUBs」(rich urban bikers＝リッチな都会のバイカーたち)に所属している．このグループでは全員がハーレーのバッジを付けた高級なレザーベストを着て，注文生産の「ローライダー」を所有している．ちょうど今週，タカシはハーレーのグッズを販売する「モータークローズ・マーチャンダイズ」のウェブページで，新作の穴あきレザージャケットをついに買ったところだ[1]．ハーレーのウェブページの1つにはこう書かれている．「会社の製品を買ってもらうのと，会社のロゴのタトゥーを体に入れてもらうのでは，まったく意味が違う」．タカシはハーレーグッズをもっと買いたい気持ちを何とか抑え込んだ．ベスト，眼鏡類，

ベルト，バックル，スカーフ，時計，ジュエリー，さらには家庭用品まで売っているのだ（「家もロードの一部」）．彼は仲間のレンの新築祝いに，調理用のペッパーミルを贈ったほどだ．

　タカシはソーシャルメディアの仲間たちが，自分がハーレー乗りであることをみんなに知ってもらおうと必死になっていることに気がついた．日本で行われている「カスタムコンテスト」は，ハーレー乗りが愛車をカスタマイズした正規販売店を通じて，その愛車の写真やコメントをウェブ上にアップロードするとともに，閲覧者には気に入った1台に投票してもらうという仕組みである．閲覧者は各車両を採点したり，お気に入りのハーレーを登録したりするだけでなく，FacebookやTwitterでその1台について情報発信することができる．結果として，その「いいね！」やツイートを見た他の人もまた，コンテストの投票者になるのだ．こうしてソーシャルメディアを介して，仲間は自分の「自慢の1台」への投票が増えるよう，躍起になっている[2]．タカシは自分も彼らのようになろうとファッションにお金をつぎ込んでいるが，それだけの価値はある．RUBのメンバーたちとは本物の仲間意識を感じることができる．彼らは2列フォーメーションでバイクラリーへと一緒に向かう．ラリーには30万人もの熱烈なバイカーたちが集まってくる．大勢で一緒に走るときの，パワーがみなぎる感じといったら！　これこそ反骨精神だ！　もちろん，さまざまな専門職に就いている仲間との遠出の間にビジネスネットワークを築くという恩恵もある．彼らもまた週末を楽しみにしているのだ[3]．

学習の目的1
他人や集団，とりわけ何らかの社会的な権力を持つ人たちは，私たちの購買意思決定にしばしば影響を及ぼす．

準拠集団

　人間は社会的な生き物である．私たちは集団に属し，他人を喜ばせようとし，他人の行動から人前でとるべき行動の手掛かりを得ようとする．実際，その場に「溶け込みたい」という欲求や，憧れの個人や集団に自分を同化させたいという思いが，消費者行動の多くの動機づけになっている．認めてもらいたいと思う集団のメンバーを喜ばせるためには，努力を惜しまないだろう[4]．

　タカシのバイカーグループは，彼のアイデンティティの重要な一部になっている．そして，このグループのメンバーであることが，彼の購買意思決定の多くに影響を与えている．彼はRUBになってから，バイクの部品とアクセサリーに何十万円もつぎ込んできた．仲間のライダーたちとは消費選択を通してつながっている．したがってまったく知らない

者同士でも，会うとすぐに強い結びつきを感じる．バイク雑誌のアメリカン・アイロンの出版者はこう考える．「ハーレーを買うのは優れたバイクだからではない．家族の一員になるためだ」[5]．

　タカシが手本にするのは，バイカーなら誰でもよいというわけではない．彼にその種の影響を与えられるのは，彼が本当に親近感を覚えるバイカーだけだ．例えばタカシのグループは，労働者階級のライダーたちが大きなハーレーのタトゥーを見せびらかすような荒くれ者たちのグループとはまったく接点がない．また，夫婦で楽しんでいるようなバイカーたちとも，礼儀正しく挨拶する程度の関係しか持たない．この人たちは快適さを求めて走るので，バイクにはラジオ，温めたハンドル，床板などがついている．基本的に，タカシにとってはRUBだけが準拠集団だ．

　準拠集団（reference group）は，「その人の評価，願望，行動に重要な影響を持つと認識される実在または想像上の個人または集団」を指す[6]．準拠集団は「情報的」「功利的」「価値表出的」という3つの面で影響を与える．表11.1はこれらの影響をまとめたものである．この章では，仲間のバイカーであれ，職場の同僚であれ，友人，家族，あるいはただの知人であれ，他人がどのように私たちの購買意思決定に影響を与えるかに焦点を当てる．集団の一員になることでその人の好みがどのように形成されるかについて，人は他人に受け入れてもらいたいと望むから，あるいは会ったこともない有名人の行動を真似しようとするから，といった理由から考えていく．また，マーケターは，どのようにしてこういう人たちを見つけ，彼らの協力を得て消費者を購買に走らせようとしているのかについても探っていく．

学習の目的2
消費者は製品やサービスへの興味を共有する他人を探そうとする．

準拠集団はいつ重要になるのか？

　禁煙プログラムについてのアメリカの最近の研究結果は，準拠集団の影響の強さをはっきりと物語る．この研究では，グループに参加すると禁煙しやすいことが分かった．1人が禁煙するとそれが連鎖反応を生み，その人のネットワークにいる他の人もタバコをやめようとするのである．研究者は喫煙者と非喫煙者を30年以上にわたって追跡し，彼らの親類，同僚，友人のネットワークも追跡した．その結果，時間の経過とともに喫煙者同士が集まり始めることが分かった（人数は平均3人）．アメリカ全体の喫煙率がこの間に劇的に減少し，サンプルになった喫煙者グループの数も減っていったが，残っているグループは同じ規模だった．このことから，人々は個人ではなくグループごとに禁煙する傾向が

表 11.1 準拠集団の影響力の3つの形態

情報的影響	・個人はさまざまなブランドについての情報を，専門職者の協会や独立した専門家団体から求める． ・個人は職業としてその製品とかかわっている人からの情報を求める． ・個人はブランド関連の知識や経験を（ブランドAの機能はブランドBと比べてどうかなど），そのブランドについての信頼できる情報を持つ友人，隣人，親類，同僚に求める． ・個人が選ぶブランドは，独立した試験実施機関（家庭実用誌『グッド・ハウスキーピング（Good Housekeeping）』など）の認証シールがあるかどうかに左右される． ・その分野の専門家の行動を観察すること（警察が運転している車や，修理人が買っているテレビのブランドなど）が，ブランド選択に影響する．
功利的影響	・同僚の期待に応えようとするため，個人の購買のブランド決定は同僚の好みに影響される． ・個人の購買のブランド決定は，社交関係にある人たちの好みに影響される． ・個人の購買のブランド決定は，家族の好みに影響される． ・人から期待されていることに応えようとすることが，個人のブランド選択に影響する．
価値表出的影響	・個人は特定のブランドの購入や利用が，人が自分に対して持つイメージを高めると考える． ・個人は特定のブランドを購入または利用する人が，自分も持ちたいと思う性格を備えていると考える． ・広告で特定のブランドを使っている人たちを見て，その人たちのようになれたらいいと感じることがある． ・特定のブランドを購入している人たちが，人から称賛されたり尊敬されたりしていると感じることがある． ・特定のブランドを購入することを通して，他人に自分はどのような人間か，どのような人間になりたいかを示せるのではないかと感じる（スポーツ選手，成功したビジネスパーソン，良い親など）．

出　典：C. Whan Park and V. Parker Lessig, "Students and Housewives: Differences in Susceptibility to Reference Group Influence," *Journal of Consumer Research* 4 September 1977）: 102. 著作権 © 1977 JCR, Inc. シカゴ大学出版の許可を得て再版．

あると分かる．驚くことではないが，さまざまな社会的結びつきの中でも特に影響力を持つ関係がある．禁煙した配偶者は友人より大きな影響を与えるし，友人は兄弟よりも影響力が大きい．同僚は全員が知り合いの小規模な会社の場合に限り，影響力を持つ[7]．

準拠集団の影響は，すべての種類の製品や消費活動に同じように働くわけではない．例えば，それほど複雑ではなく，知覚リスク（第8章参照）が少ないか，購入前に試すことのできる製品を選ぶときには，他人の考えを考慮に入れることはあまりない[8]．さらに，他人が何を好むかを知っていることは，全般的なレベルで影響を与えるかもしれないし（例：コンピューターを持っているかいないか，ジャンクフードを食べるか健康食品を食べるか），別のときには，この知識が製品カテゴリーの中で特定のブランドに向かわせるかもしれない（例：リーバイスのジーンズかディーゼルのジーンズか，マールボロを

吸うかヴァージニアスリムを吸うか).

　なぜ準拠集団はこれほど説得力を持つのだろう？　その答えは彼らが他者に及ぼす潜在的な力にある．**社会的影響力**（social power）は，他者の活動を変える能力のことを指す[9]．相手がその意志を持つかどうかにかかわらず，その相手に何かをさせる力を持つことができれば，その人に対して力を持っていることになる．次に挙げるパワーの分類は，ある人が他者に力を及ぼすのはなぜか，その影響がどれほど自発的なものか，またその力の発生源となる人がそばにいなくても影響力があるかどうかを区別することに役立つだろう[10]．

- **準拠パワー**──タカシの仲間のバイカーが彼の好みに影響を与えたように，もし集団内の1人の人物の人柄を称賛していれば，その行動を手本として真似しようとする（例：洋服，車，レジャー活動の選択）．どの集団でも，その中で傑出した人物は，その人が薦める製品（例：レディ・ガガによるポラロイドの推奨），特徴的なファッション（例：きゃりーぱみゅぱみゅの着るカラフルな服），または支持する大義名分（例：黒柳徹子のユニセフ支援）を通して，他者の消費者行動に影響を及ぼす．消費者は彼らと同じになろうとして行動や買うものを変えるため，**準拠パワー**（referent power）は多くのマーケティング戦略にとって重要になる．

- **情報パワー**──誰かが知りたいと思うことを知っていれば，それだけで情報パワー（information power）を持っていることになる．『WWD』などの業界誌の編集者たちは大きな力を持っていることが多い．デザイナーや企業の運命を左右できるだけの編集権限や情報を広める能力があるためだ．情報パワーを持つ人は「真実」（と想定されるもの）へのアクセスが可能なために，消費者の意見に影響を及ぼすことができる．

- **正統パワー**──ときには社会の合意として，警察官，兵士，そして大学教授にも権限という力が与えられることがある．制服には，消費者に対して権限を行使する**正統パワー**（legitimate power）がある．病院なら，患者に対する立場を高めるために医学生に白衣を着るように指導するといったことだ[11]．マーケターはこの形のパワーを「借用」して，消費者に影響を及ぼしている．例えば，医師の白衣を着たモデルを広告に登場させれば，宣伝する製品に正統性や権限のオーラを加えることができる（「私は医師ではないが，テレビで医師を演じている」）．

- **専門家パワー**──インターネットの一時的ユーザーを引きつけるために，USロボティクス社はイギリスの物理学者スティーヴン・ホーキング博士と契約して，自社のモデムを推薦してもらった．重役の1人はこのようにコメントしている．「私たちは信頼を生みたかったのです．そこでロボティクスのテクノロジーを利用している時代の先見者たちを見つけ，消費者に対してこれによって彼らの生活がどれほど生産的になったかを語ってもらいました」．ルー・ゲーリック病を患い，音声合成装置を通して話をしてい

るホーキング博士は，あるテレビCMでこう語る．「私の体はこの椅子に縛りつけられているかもしれないが，私の心はインターネットのおかげで宇宙の果てまででも行くことができる」(12)．博士の**専門家パワー**（expert power）は，彼がその領域について持つ知識から来ている．このことからも，多くの人がその分野の専門家によるレストラン，書籍，映画，車の評価に重きを置く理由が分かる．ただし，ブログやウィキペディアのようなオープンソースの参照サイトが登場してからは，誰が本当に専門家なのかを見極めるのはずっと困難になった(13)．

- **報酬パワー**──正の強化（第3章参照）を与える手段を持つ個人や集団は**報酬パワー**（reward power）を持っている．報酬は，無人島で素人が生き残りを競うテレビ番組『サバイバー』の参加者がメンバーに島からの追放者に選ばれるような目に見えるものかもしれないし，アイドル発掘テレビ番組『アメリカン・アイドル』の審査員が参加者に送る賛辞のような目に見えないものかもしれない．

- **強制パワー**──社会的あるいは身体的な脅しによって誰かに影響を与えるときには，**強制パワー**（coercive power）を行使している．脅しは短期的には効果を発することが多いが，長くは続かない傾向がある．いじめっ子がその場から立ち去るとすぐに，我々はもとの行動に戻るからだ．幸いにも，マーケターはこのタイプのパワーに依存することはめったにない（営業マンからの迷惑電話を数に入れなければ）．しかし，このパワーの要素は第7章で紹介した恐怖アピールや，「押しの強さ」で目的を達成しようとする威嚇的な営業マンに見ることができる．

医師は専門家パワーを持っており，白衣のもたらす正統パワーがさらにこれを強化している．

出典：Jupiterimages/Thinkstock.

準拠集団の種類

　通常，集団は2人以上で形成されるが，準拠集団という用語はより広い意味で，社会的な手掛かりを提供する外部からの影響すべてを表わすために使われる[14]．対象となる人物は多くの人に感化する文化的な人物かもしれないし（例：ミッシェル・オバマ），消費者の周辺だけで影響力を与える1人または集団かもしれない（例：タカシのバイカークラブ）．消費に影響を与える準拠集団には親やオートバイ愛好者仲間なども含まれる．

　単純に自分と似ていると思う人から影響を受けることもある．信号待ちで自分と同じ車種の隣に車を止めたとき，温かい気持ちになったことはないだろうか？　同じブランドのユーザーに絆を感じる理由の1つは，少し自己陶酔的な人が多いからだが，やはり自分自身を思い出させる人や製品には魅力を感じるものだ．これにより，名前がたまたま同じ人に縁を感じる理由にも説明がつく．**名前文字効果（name-letter effect）**についての研究から，他のすべての条件が同じなら，自分の名前または頭文字だけでも共通している人の方がそうでない人より好きになることが分かった．インターネットの電話帳や社会保障記録のような大規模なデータベースを調べてみると，ジョンソンという名前の人はジョンソンという名前の人と結婚することが多く，ヴァージニアという名前の女性はヴァージニア州に住む（引っ越す）ことが多く，名字がレーンという名の人は「ストリート」ではなく「レーン」という言葉がつく住所に住むことが多いと分かった．2000年のアメリカ大統領選挙中には，名字がBで始まる人はジョージ・ブッシュに献金することが多く，Gで始まる名前の人はアル・ゴアに献金することが多かった[15]．

　明らかに影響力の大きい集団や個人が存在し，幅広い消費者の購買意思決定に影響を与えている．例えば，親は子どもの結婚への態度やどの大学に行くかのような多くの重要な問題について，子どもの価値観の形成に決定的な役割を果たすかもしれない．これは**規範的影響（normative influence）**と呼ばれるもので，つまり準拠集団が根本的な行動基準を設定し強化するのを助けている．対照的にハーレーダビッドソンのクラブは，メンバーが特定のオートバイを買うという決定に影響を与えるため，**比較的影響（comparative influence）**を発揮する[16]．

ブランド・コミュニティと消費者の「族」

　人気のXbox用ゲーム「ハロー2（Halo 2）」を発表する前に，バンジースタジオはウェブサイトを立ち上げてストーリーラインを説明していた．しかし，そこにはちょっとした仕掛けがあった．ストーリーは「コヴナント」（ゲームの中で地球への攻撃準備をしている宇宙人）の視点から，彼らの言葉で書かれていたのである．48時間以内には世界中の熱心なゲーマーがチャットルームで，暗号を解いて文章を翻訳するための情報を共有し

ていた．そして，150万人以上が発表前にゲームを予約注文していた[17]．この協力的な努力は消費者行動の重要なトレンドを示している．

ブランド・コミュニティ（brand community）は，ある製品の利用または関心に基づいた一連の社交関係を共有する消費者グループである．他のコミュニティとは違い，企画されたイベントや，ジープやハーレーダビッドソンなどのコミュニティ志向の企業がスポンサーを務めるブランドフェスタ（brandfests）で短期間だけ会う機会を除いては，メンバーは地理的に近い場所には住んでいない．これらのイベントは，製品への同じ情熱を共有する仲間との一体感を高めるのに役立つ．実質的にどのような製品カテゴリーにも熱狂的なブランド・コミュニティが見つかる（ときには既に存在しないブランドに捧げるものもある）．例えばアップル・ニュートン（生産終了した個人用携帯情報端末）やBMWミニ（車）などがある．

研究者は，こうしたイベントに参加する人々は結果として製品をより好意的に捉え，これがブランド・ロイヤルティを高めることを知った．彼らは製品の欠陥やサービスクオリティの低下も許す傾向があり，競合製品が同等以上だと分かっても，ブランドを変えようとは思わない．さらに，これらのコミュニティのメンバーは感情的にその企業に肩入れし，いわば「ブランド伝道者」となってマーケティング・メッセージを周囲に広めていく[18]．ブランド・コミュニティのメンバーは製品のクチコミを広めるのを助け，彼らの発言が製品をよりよく使ったりカスタマイズしたりすることにもつながるため，実際に自分を含むコミュニティのメンバーに付加価値を創出することになる．例えば経験豊富なユーザーは製品を最大限に楽しむ方法を「新米」たちに伝授し，満足した参加者のネットワークからますます多くの人が恩恵を得られるようにしているのが一般的である．また，メンバーはコミュニティから学ぶ力を得ることもある．例えば甲状腺の病気に苦しんでおり，自分の治療についての情報をあまり得ておらず準備ができていない人たちを観察した結果，同じ健康問題を共有する人たちのオンライン・コミュニティに参加した後に，より活発に関与し，より多くの情報を得た状態で治療についての決定を下すようになった[19]．図11.1は，この集団的価値創造（collective value creation）のプロセスを表わしている[20]．

消費者の「族」（consumer tribe）の概念は，ブランド・コミュニティの考えと似ている．これはライフスタイルを共有し，1つの活動や製品への忠誠を通して互いに親近感を持つ人たちの集団である．1980年代の「竹の子族」や2000年頃の「ヤマンバギャル」のように，「族」は不安定で短命で終わることもよくあるが，少なくとも一時的には，メンバーは感情，道徳的信条，生活様式，そしてもちろん，「族」への所属の重要な要素である特定製品の消費を共有することを通して，他人との一体感を持つ．

企業，特に若者狙いの企業は「族」のマーケティング戦略（tribal marketing strategy）を使い，自分たちの製品をスノーボーダーのグループなどに結びつける．しかし，年配の

図 11.1 ブランド・コミュニティにおける集団的価値創成のプロセス

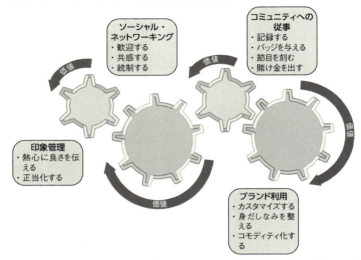

出典：『Journal of Marketing』の発行元．米国マーケティング協会発行の許可を得て再印刷．Schau, Hope Jensen, Albert M. Muniz, and Eric J. Arnould, September 2009, 73, 30-51.

メンバーのいる「族」もたくさんある．例えば，ヨーロッパの「ポルシェ」のようなカルト製品（第4章参照）を祝福するために集まる車好きや，自分も有名シェフのウルフギャング・パックのようになりたいと考える世界中の人たちと料理への情熱を共有する「食通（foodies）」たちがいる[21]．

所属集団 VS 期待集団

所属集団（membership reference group）は実際に知っている人たちで構成されるのに対して，期待集団（aspirational reference group）直接の知り合いではないがとにかく尊敬している人たちからなる．これらの人々には，成功した実業家，スポーツ選手，パフォーマー，その他，世界を揺るがすようなことを成し遂げた人なら誰でも当てはまる．驚くことではないが，準拠集団によるアピールを重視しているマーケティング努力の多くは，非常に目立ち，広く称賛されている人物に集中する（知名度のあるスポーツ選手や俳優など）．これらの人々をブランドと結びつけ，彼らが使っているか推薦する製品もまた，この同じ称賛を受けられるようにするのである．例えば，マイアミ・ヒートのスター選手ドウェイン・ウェイドを偶像視しているアマチュアのバスケットボール選手なら，「エアジョーダン 12・ドウェイン・ウェイド・PE シューズ」によだれをたらすだろう[22]．「重役」の役割にあこがれる経済学部の学生を対象にした調査では，彼らが「理想自己」（第 5 章

消費者行動，私はこう見る
――― ジョン・ショーテン教授（ポートランド大学）

　純粋な個人の重要性などというものは存在しない．個人が意味を創出するとすれば，物，言葉，感情，経験など，その意味が既に社会的集団によって打ち出されている共有言語からそうしている．同様に，個人の消費者意思決定というものも存在しない．個人は社会が提供する選択肢の中から，自分が社会集団の一員として学び，疑い，受け入れ，あるいは拒絶してきた価値観や期待に基づいて消費対象を選んでいる．

　私たちは集団やコミュニティのいくつかを選び，他者も私たちを選ぶ．最後にはどの集団でも，メンバーシップの特徴が常に交渉の的になる．どんな種類のコミュニティも，しばしば市場と重なり合うか，市場を創出する．共有されるニーズや欲求への反応として，消費者が集まり，創造性と労働力を利用し，新しい製品やサービスを生み出す．最善のケースでは，コミュニティの創造力は文化的な変化を通してとてつもなく良いことを達成する．ロハス（健康で持続可能なライフスタイル）のコミュニティはそうした社会集団の例で，消費者と企業の両方で構成されている．ロハス・ドットコム（lohas.com）にアクセスすると，このコミュニティの目標や影響についてもっと多くのことを知ることができる．

　現在，私たちが直面している最大の課題は，私の考える限り，人々の消費の増大と，それを支える地球の自然環境の急速な衰退との衝突である．私は耐久性のある人類の将来のための現実的な最大の希望は，コミュニティが許容できる消費者行動のモードを再定義し，積極的かつ創造的にそれを実現させるだけでなく，現在，私たちの存在の基礎をなしているこうした習慣にとって好ましいものにすることだと思う．

　私にとってコミュニティの最も興奮させる側面は，個人の購買から社会的・環境的正義を求めるグローバルな運動まで，変革を引き起こすダイナミズムとパワーである．最近の私の研究は，そうした「目的を持ったコミュニティ」に向いている．例えば，3年以上前からダイアン・マーティンとともに，ウォルマートを環境にとってより持続可能な企業にすると決意した人々の集団を研究対象にしている．自己選択したコミュニティのメンバーには，ウォルマートの重役やアソシエート，そのサプライチェーンの主要メンバー，環境運動家，学識者などが含まれる．こうした広範な参加者をまとめるのは，カーボンニュートラル，ゼロ廃棄，地球の限りある資源の持続可能な利用を支える製品といった共通の目標である．これまでのところ，これらの集団は圧倒的な結果を残し，ウォルマートが埋立地に持ち込むゴミを何百万トンも減らし，化石燃料の使用量も劇的に削減し，より持続可能な製品を開発し，それでいて（ウォルマートのミッションに忠実に）経済不況の時期にあっても顧客に低価格の製品を提供しつつ利益を上げ続けている．walmartstores.com/sustainability とそのリンクの Sustainable Value Networks にアクセスすると，現在も進行中の努力についてさらに詳しく知ることができる．

参照）と結びつける製品と，本物の重役が使用していると考える製品の間には強い関連があることが分かった[23]．もちろん，ソーシャルメディアの利用が増すにつれ，「知り合い」と「友達」の境界があいまいになる．それでも，オフラインであれオンラインであれ，人は自分と似ている人を探そうとする．実際にある調査では，Twitter のユーザーは自分の気分を共有している人をフォローする傾向があることさえ分かった．幸せな人は幸せな人にリツイートや返信をすることが多く，悲しかったりさみしかったりする人は，否定的な感情を投稿する人に対して同じことをする傾向がある[24]．

　私たちは自分と似ている人と自分を比較しようとするため，消費活動が情報パワーを持つ「普通」の人を起用する販売促進戦略も多い．それでは，自分の知るどの人が所属集団に含まれるかは，どのように予測できるのだろう？　いくつかの要因がその予測を簡単にしてくれる：

● **近接**——人々の間の物理的距離が縮まり接触の機会が増すと，関係性を築く可能性が高くなる．この物理的な近さを近接(propinquity)と呼ぶ．集合住宅における友情パターンについての初期の研究では，この要因の強い効果が確認された．他のすべての条件が同じなら，住民は2軒先に住む人より隣に住む人と親しくなる可能性がずっと高い．さらに，階段の隣の部屋に住む人は，廊下の奥の部屋に住む人より多くの人と親しくなった（おそらく住民が階段を使っているときに「ばったり出くわす」ことが多かったからだろう）[25]．

● **単純接触**——私たちは頻繁に出会う人や物を好きになる．社会学者はこの傾向を**単純接触現象**（mere exposure phenomenon）と呼ぶ[26]．接触の頻度が多くなると，たとえ意図していなくても，その人特有の準拠対象を決めるのを助ける．美術作品や政治家の選挙候補者を評価するときにも同じ効果が得られる[27]．ある調査では予備選の候補者のメディア露出量を用いるだけで勝者の83%を予測することができた[28]．

● **集団の結束**——結束（cohesiveness）は，1つの集団のメンバーが互いに魅力を感じる度合いと，個々のメンバーがこの集団に属することにどれだけの価値を置いているかを表わす．個人にとってのその集団の価値が増すと，集団が個人の消費決定に影響を与える可能性も増す．また，小さな集団ほど結束が強くなる傾向がある．これは大きな集団になると，個々のメンバーの貢献度がそれほど重要でないか目立たないことが多いからである．同様に，集団がしばしばメンバーを選ばれた少数だけに限定しようとすることもあり，これは実際に参加する人たちにとってのメンバーシップの価値が増すことになる．

肯定的な集団 VS 否定的な集団

　準拠集団は人々の購買決定に肯定的，否定的両方の影響を与える．ほとんどの場合，人々

は自分の行動を集団から期待されていると思うことに合わせようとする。しかし，**拒否集団**（avoidance groups）から距離を置きたいと思えば，わざと反対のことをすることもある。例えば自分の嫌いな集団の装いや様式を注意深く研究し（例：「オタク」「ジャンキー」「プレッピー」），その集団の一員に見られるかもしれないようなものはきっちり避けるかもしれない。反抗的な若者たちは，親が望むこととは反対の行動をとって自立を宣言する。ある研究では，酒を飲むこととジャンクフードを食べることが拒否集団のメンバーと結びつけられるときには，大学1年生はあまり酒を飲まないと報告し，レストランの客は食べたら太る食べ物をあまり選ばなかった[29]。

否定的な準拠集団から距離を置こうとする気持ちは，肯定的な準拠集団を喜ばせたいという気持ちと同じくらい，あるいはそれ以上に強くなるかもしれない[30]。広告が競合製品を使っている好ましくない人物を登場させることが多いのはそのためである。この種の広告は，その人物が買っている製品に近づかずにいれば，同じような人間になることを避けることができるとほのめかしている。かつてアメリカで人気の出た本のタイトル『本物の男はキッシュを食べない』が，それを思い出させてくれる[31]。

消費者は集団行動を好む

集団で行うと多くのことを成し遂げることができる。その簡単な理由を1つ挙げるなら，多くの人が集まれば，それだけ1人のメンバーが目立って注意を引くことがなくなるからだ。大きな集団に属する人たちの行動への制約が少ないのもそれで説明がつく。例えば，ハロウィーンの仮装パーティーのときの方が，すぐに自分だと人から分かる場合と比べて大胆な行動をとることがある。この現象は**没個性化**（deindividuation）と呼ばれ，個人のアイデンティティが集団の中に埋もれるプロセスを意味する。

社会的手抜き（social loafing）も同様の効果がある。これは，自分の貢献が大きな集団的努力の一部にすぎないときには仕事にあまり熱意を注がなくなることを意味する[32]。このことは，あなたも授業のグループワークで経験したことがあるかもしれない。接客係は社会的手抜きを痛いほどよく分かっている。集団で食事をする人々は，1人で食べるときよりも1人当たりのチップが安くなる傾向がある[33]。このため，アメリカでは多くのレストランが，6人以上のグループには固定額のチップを自動的に加算するようにしている。

さらに，集団の一員として下す決断は，それぞれが個人で選ぶものとは異なる傾向がある。**リスキー・シフト効果**（risky shift effect）は，問題をグループで話し合ったあとには，他人と話さずに個々のメンバーが決断を下すときに比べて，リスクの大きい選択肢を考慮する傾向が見られることを表わす[34]。心理学者はこの傾向についていくつかの説明を提供している。1つの可能性は，社会的手抜きと同様のことが起こっているという見

解だ．決定にかかわる人数が多くなるほど個々の人間の結果に対する責任は小さくなるため，それが「責任の拡散（diffusion of responsibility）」につながる⁽³⁵⁾．銃殺隊が使うライフルの少なくとも1つに空砲を入れておく習慣は，囚人の死に対する個々の兵士の責任を拡散することを目的としている．誰が実際に死の銃弾を撃ったかが分からなくなるからだ．もう1つの説明は，我々の文化では，よりリスクの大きな行動が評価されるという説明で，「価値仮説（value hypothesis）」と呼ばれる．それゆえ，集団で決定を下すときにはこの期待に応えようとするというものである⁽³⁶⁾．

リスキー・シフトについての研究結果はまちまちである．一般的には，集団の討論が決定の一極化（decision polarization）を増すことが分かった．これはグループのメンバーが討論前に傾いていた方向が（リスキーな選択であれ保守的な選択であれ），グループで話し合った後により極端になることを意味する．製品購買に関する集団での討論は，低リスクの製品の場合にはリスキー・シフトを生むが，高リスクの製品に関しては保守的な集団的決定を生み出すことが多い⁽³⁷⁾．

集団で行動するときには買い物行動でさえ変化する．少なくとも誰かもう1人と一緒に買い物をする人は無計画の購買が多くなりがちで，より多くのものを買い，1人のときよりも店舗内の多くのエリアをカバーするようになる⁽³⁸⁾．規範的・情報的両方の社会的影響力がこれを説明する．集団のメンバーは他のメンバーから認めてもらおうとして何かを買うかもしれないし，集団でいると単純により多くの製品や店舗を見せられることになるかもしれない．どちらにしても，小売店は抜け目なくグループでのショッピングを奨励している．

コスチュームは本当の身元を隠し，没個性化を促す．

出典：Sergei Bachlakov/Shutterstock.

アメリカで有名なタッパーウェア・パーティー（タッパーウェア社の社員が消費者の自宅を訪問する商品説明販売会）が，集団の圧力を利用して売上を伸ばそうとするホームショッピング・パーティー（home shopping party）の成功例だろう[39]．これは友人や知人の家に集まった人たちに対して，企業の営業担当が販売プレゼンテーションを行うものである．ホームショッピング・パーティーは情報的な社会的影響力があるためにうまくいく．参加者は特定の製品の使い方について情報を与えてくれる人の行動をモデルにする．これは比較的同質的な集団（例：近所の主婦たちなど）がパーティーに参加しているからである．自分の行動が人から観察されているので，ここでは規範的な社会的影響力も働く．集団のメンバーが次々と「屈する」ことで，行動を人に合わせなければというプレッシャーはどんどん強くなる（このプロセスは「バンドワゴン効果（bandwagon effect）」と呼ばれる）．

さらに，こうしたパーティーは没個性化やリスキー・シフトを活性化するかもしれない．集団にはまり込むと，普段の自分なら考慮しないような新製品を試してみることに同意するかもしれない．これと同じ力学が，タッパーウェア社が生み出した訪問販売テクニックの新潮流の背景にある．それはアメリカで人気を博しているプチ整形パーティーである．顔面の神経を麻痺させて（少なくとも3～6カ月間は）しわを目立たなくするボトックス注射の人気は，皮膚科専門医や整形外科医が「往診」と称して参加する集まりを催すことでますます盛り上がりを見せている．患者にとってカクテルを飲みながら美容注射をすれば，注射の不安がいくらか軽減される．パーティーに集まった他の参加者にけしかけられて試そうとする参加者が増え，医師は1時間に10人ものしわを伸ばすことができる．ボトックスのマーケティング戦略を担当した広告会社の重役は，所属集団からの説得の方が，有名人の広告塔を使った伝統的な広告でボトックス注射を宣伝するよりも効果が大きいと説明する．「自分の隣人が使っていると考える方がより説得力があるのでしょう」[40]と．

学習の目的3
消費者は他人の行動に合わせるために製品を買ったり使ったりしようとする．

順応

1830年ごろのパリに暮らした初期のボヘミアンたちは，人とは異なる行動をとることを目指していた．当時を代表する人物の1人は，ひもにつないだロブスターを連れて王宮の庭を散歩したことで有名になった．彼の友人は人間の頭蓋骨に入れたワインを飲み，パンを奇妙な形にカットし，屋根裏部屋の床の上に広げたテントの中で眠った[41]．私た

ちが行ったことのあるアパートでの話のようにも聞こえる.

どの時代にも「わが道を行く」タイプの人はいるものだが,ほとんどの人はどのように行動し,どのように見えるべきかに関して,社会の期待に応えようとする(もちろん,ちょっとした部分に自分なりのアレンジを加えるが).順応(conformity)は,実在の,または想像上の集団からの圧力を受けて信念や行動を変えることを表わす.社会を機能させるために,その構成員は規範(norm),すなわち行動を律する非公式のルールをつくる.こうしたルールなしでは混乱に陥るだろう.赤信号で止まるなどのシンプルな規範が存在しなかった場合の混乱を想像してみてほしい.

私たちは毎日,多くの小さなことに順応しているが,いつもそれに気づいているとは限らない.暗黙のルールが消費の多くの側面を支配している.洋服など身に着けるものの適切な着こなしに関する規範の他に,贈り物(愛する人からは誕生日プレゼントを期待し,それが実現しないと腹を立てる),性的役割(最初のデートでは男性がおごることが多い),衛生観念(友人たちからは定期的にシャワーを浴びることを期待される)などが含まれる.さらにはオンライン世界でも順応を観察することができる.研究の結果,消費者は既に人気のある製品を見たときの方が関心を持ちやすいことが分かった.

ある調査では,大勢の Facebook ユーザーがどのようにアプリを取り入れて自分のページをカスタマイズしているかが分析された.1時間ごとに追跡すると,5,000万人のユーザーが2,700のアプリをインストールしていた.あるアプリの1日当たりのインストール数が55に達すると,その人気が急上昇し始めることも分かった.Facebook 上では,自分の「友達」が新しいアプリを導入するとそれが通知され,最も人気のあるアプリのリストも見ることができる.人気のあるアプリを知らせるこのシステムが,さらに多くのユーザーがソフトをダウンロードする大きな誘因になっていることは間違いない[42].

それでも,私たちはいつも他人の行動を真似しているわけではない.それでは何が私たちを順応させようとするのだろうか.いくつかの共通する要因を挙げてみよう[43]:

- **文化的圧力**——文化によって順応を求める程度は異なる.1960年代のアメリカのスローガン「自分の思い通りにやればいい」は,順応をやめて個人主義に向かおうという運動を反映したものだった.対照的に日本社会では,個人のニーズより集団としての幸福と忠誠が強調される.
- **逸脱の恐怖**——逸脱した行為をとると集団から「制裁」措置をとられると信じる人もいるだろう.若者が誰かを自分たちと「違う」から仲間はずれにしたり,企業や大学が「チームプレイヤー」ではないからという理由で誰かの昇進を先送りしたりするのは,珍しいことではない.
- **コミットメント**——集団に身を捧げ,そこに所属することの価値を見いだす人が増えるほど,その集団の望みに従おうとする気持ちが強くなる.ロック歌手の親衛隊や,テ

レビで説教する人の信奉者は，自分の崇める人が望むことなら何でもしようとするかもしれない．テロリストなら大義のために死も辞さないだろう．利害関心最小の原理（principle of least interest）によれば，関係の維持に最も関心の低い人が最も大きな力を持つ．これは，相手に拒絶されることを気にしないからである[44]．あなたもこれを次のデートのときに思い出すとよい．

- **集団の統一感，規模，専門知識**——集団が力を得るにつれ，メンバーの順応は増す．「群集心理」が働くときには特に，多数派の要求に抵抗するのは難しくなる．
- **個人間の影響力への感受性**——この特性は他人に自分を評価してもらいたいという個人のニーズを表わす．この特性を持っていない消費者は「役割期待から解放された（role-relaxed）」人たちだ．年配で裕福で，自信に満ちている人にこのタイプが多い．スバルはこのタイプの消費者にもアピールするコミュニケーション戦略を考案した．アメリカのCMの1つでは男性がこう宣言する．「私は車が欲しいだけなんだ……ウッドパネルがどうとか，隣人から一目置かれるとか言うのはやめてくれ．彼らはただの隣人であり，ヒーローではないんだから」[45]．

学習の目的 4
ある特定の人々が，他人の製品選択に影響を与えやすい．

オピニオン・リーダーシップ

アイスクリームチェーンのコールドストーン・クリーマリーは，日本に進出したときにアメリカとは異なるブランド・イメージを想定した．ファッション意識の高いOLの間で人気が出るように，落ち着いてクールなイメージを持たせようとしたのである．日本ではOLの影響力が非常に大きく，彼女たちの新製品への反応が成否を分ける．この集団を取り込むために，コールドストーンは若い女性向けのファッションショーのスポンサーになり（モデルたちがこのチェーンのカロリーの高いデザートを味見した後でも，ドレスを着ることができると仮定して），ファッション雑誌はこの店舗で写真撮影を行った[46]．

消費者は個人的な情報源から影響を受けるが，誰からでも購買の助言を求めるわけではない．新しいタブレット端末を買うと決めたのなら，OSやアプリに詳しい友人からアドバイスを求めるだろう．この友人は洗練されたデバイス一式を持っているかもしれないし，『日経トレンディ』などの専門誌を購読し，暇さえあれば家電量販店をぶらついて過ごしているかもしれない．しかしあなたには，スタイリッシュだと評判で，暇な時間には『GQ』を読み，流行のブティックで買い物をする友人もいるかもしれない．あなたはタブレット端末のことで彼にたずねることはしないだろうが，秋物の新しい服の買い物には彼

に付き合ってもらうだろう.

　製品について詳しく，他人がそのアドバイスに真剣に耳を傾けるような人を，誰もが知っているだろう．日本でも OL の中に 1 人はいるようなこの人こそ，オピニオン・リーダー（opinion leader）であり，他人の態度や行動に頻繁に影響を与えうる人物である[47]．確かに，他の人よりその推薦の言葉が重く受け取られる人たちがいる．オピニオン・リーダーはこの章で既に論じた社会的影響力を持つため，非常に貴重な情報源になる：

- 彼らは専門分野の能力があるため，専門家パワーを持つ[48]．
- 彼らは偏見なしで製品情報を選別し，評価し，合成するので，情報パワーを持つ[49]．
- 彼らは社会的に活発で，コミュニティでもよく交流している[50]．
- 彼らはコミュニティグループやクラブで役職に就いており，家の外でも活動的である．その結果，その社会的立場のために正統パワーを行使する．
- 彼らは価値観や信念という点でその消費者と似ているため，準拠パワーを持つ．オピニオン・リーダーは製品カテゴリーへの関心や専門知識によって際立っているが，彼らは「異質」であるより「同質」であることで，より説得力を持つということには留意しておきたい．同類性（homophily）は，2 人の人が教育，社会的地位，信念という点で似ている程度を表わす[51]．効果的なオピニオン・リーダーは，彼らが影響を与える人たちよりわずかに地位や教育レベルが高いことが多いが，異なる社会階級に属するほどの大きな違いはない．
- オピニオン・リーダーは最初に新製品を買う人になることが多く，したがって彼らは多くのリスクを背負う．彼らの経験が，それほど勇敢ではない残りの人たちの不確かさを取り除いてくれる．企業がスポンサーとなるコミュニケーションは製品の肯定的な側面だけに焦点を当てがちだが，オピニオン・リーダーの直接の経験は製品の性能について肯定的な情報と否定的な情報の両方を知らせてくれることが多い．このように彼らには「下心」がないため，より信頼できる．

オピニオン・リーダーの影響力はどれほど強いか

　大丸松坂屋百貨店は，百貨店になじみの薄い 20 〜 30 歳代の女性をターゲットにした衣料品売り場「うふふガールズ」を導入するにあたり，ブログやイベントでクチコミを広める手法を活用した．まず定期的には，大丸心斎橋店などの 4 店舗に外部のブロガーを 1 名ずつ配置し，店舗ごとのブログで売場や商品について情報発信してもらった．加えて，大きな販促イベントの開催時には，カリスマブロガーを招待し，自身のブログに書いてもらった．さらに，東京ガールズコレクションの関西版とも言える「神戸コレクション」の運営会社と組み，うふふの商品だけで構成する店内ファッションショーを開催した．こうして引き付けた消費者には「うふふガールズカード」を発行し，ポイントを貯められるよ

うにするだけでなく，そのうち約 8 割のメール会員にはイベント情報やクーポン付きのメールを配信し，来店を促している(52)．

　社会科学者がオピニオン・リーダーという概念を最初に生み出した時には，彼らはコミュニティで影響力のある特定の者が集団のメンバーの態度全般に影響を与えることを想定していた．しかし，その後の研究では，あらゆる種類の購買についてその人の推薦が求められるような「万能型オピニオン・リーダー (generalized opinion leader)」が存在するという仮定に疑いが投げかけられた．多くの分野で専門家になる能力がある人はごくわずかしかいない（本人はそう思ってはいないかもしれないが）．社会学者は限られた分野の専門家を意味する「単形的 (monomorphic)」な人と，いくつかの分野の専門家である「多形的 (polymorphic)」な人を区別する(53)．しかし多形的なオピニオン・リーダーであっても，電子機器やファッションなど，1 つの大きなカテゴリーに集中するのが普通である．例えばアメリカの調査会社メディアマーク・リサーチ＆インテリジェンスは，アメリカの成人人口の 10.5％が「影響力のある者のビッグサークル」を形成し，個人のお金にかかわる決定に重要な影響を与えていると推計した(54)．

　オピニオン・リーダーシップについての研究は一般に，複数の製品カテゴリーにまたがるオピニオン・リーダーは確かに存在するが，専門知識は類似のカテゴリーに集中する傾向があることを示している．すべての分野に通じたオピニオン・リーダーを見つけることはめったにない．家電のオピニオン・リーダーは家庭用掃除機にはその役割を果たすが，化粧品にまでは及ばない．対照的に，洋服選びに影響力を持つファッションのオピニオン・リーダーには，推薦する化粧品をたずねることはあっても，電子レンジについての意見を求めることはあまりないだろう(55)．

　伝統的なオピニオン・リーダーシップについての見解が見直されていることは，このプロセスが一部の研究者が考えているほど明確ではないことを示している(56)．当初の理論の枠組みは**影響の 2 段階の流れモデル (two step flow model of influence)** と呼ばれる．この見解は，「影響者 (influencer)」の小さなグループは大勢の人々の意見を変える力を持つために情報を広めるのだと提唱する．このプロセスについて集中的なコンピューター・シミュレーションを実施した研究者たちは，影響者による影響よりも，影響を受ける人たち同士の単純な意見交換が影響の原動力になっていることを発見した．彼らはお互いに積極的に情報を交換し，**影響ネットワーク (influence network)** の一部としてオピニオン・リーダーとの双方向の対話にも参加する．これらの会話が**情報カスケード (information cascades)** を生み出し，一片の情報が一連の連鎖の引き金になる（雪崩のように）．

　消費研究者や社会学者がこうしたネットワークの力学について議論を続けていることは注目に値する．例えば，多くの人たちが 1 つの製品についてツイートするときには，ど

れほど影響力があるかはまだ結論が出ていない。一方、「クラウト（Klout）」というオンライン・サービスは、一人ひとりがどれほど影響力を持つかを正確に測定していると主張する。このサービスは、640万のTwitterのフォロワーを抱えるポップ界のスター、ジャスティン・ビーバーに、100という満点のスコアを与えている。あなたもサイトにアクセスして、自分にどれだけ影響力があるかをチェックしてみるといいだろう[57]。最近では多くのマーケターが重要な影響者を見つけ出し、彼らにブランドについての発言を広めてもらおうとしているが、単純に自分のメッセージをできるだけ多くの人に伝える方がより生産的だと考える人たちもいる。何がカスケードの引き金になるかを予測するのは非常に難しいため、単純にできるだけ広く言葉を届けることでリスクを回避した方がよいというのが彼らの考えだ[58]。この問題には引き続き注目すべきだろう。インターネットの影響を理解するための研究は、新しいプラットフォームの勢いに懸命についていこうとしている。

オピニオン・リーダーの種類

　オピニオン・リーダーの役割についての初期の概念は、不活発で一方通行のプロセスを前提にしていたことは既に述べた。オピニオン・リーダーはマスメディアからの情報を吸収し、そのデータをオピニオンの受け手に伝える。この見解は、消費者が果たす機能にはさまざまな種類があることを見誤っている。

　オピニオン・リーダーは、自分の推薦する製品を買うこともあれば、買わないこともある。初期の購買者は「イノベーター（innovators）」になる傾向もある。彼らはリスクを好み、新しいことにチャレンジする。研究者は初期の購買者でもあるオピニオン・リーダーを「革新的コミュニケーター（innovative communicators）」と呼ぶ。ある調査では、ファッション製品の革新的コミュニケーターとなる男子大学生の特徴を明らかにした。彼らは、新しい男性用ファッションを真っ先に取り入れ、他の学生は彼らの先導に従って自分も買おうと考える。このタイプのリーダーの特徴には次のものが含まれる[59]：

- 社交的である。
- 外見にこだわり自己陶酔的なところがある（つまり自分が大好きで自己中心的である）。
- ロックカルチャーに心酔している。
- 『プレイボーイ』や『スポーツ・イラストレーテッド』をよく読む。
- 他の学生より持っている洋服の数が多く、幅広いスタイルを楽しむ傾向がある。

　オピニオン・リーダーは「オピニオン・シーカー（opinion seekers）」（オピニオンを求める人）でもある。彼らは一般に1つの製品カテゴリーへの思い入れが強く、積極的に情報を集める。その結果、人と製品について話すことが多くなり、他人の意見も求める[60]。

オピニオン・リーダーについての古い固定的な見解に反して，製品に関連した会話のほとんどは1人が一方的に話すという「講義」の形をとらない．製品関連の会話の多くは堅苦しい講釈ではなく，気軽な交流の中で交わされる[61]．ある調査で特に活発にオピニオンを求める対象は食料品であることが分かったが，オピニオンを求める人の3分の2は自分のことをオピニオン・リーダーとみなしていることも明らかになった[62]．

マーケットの達人

ヴァセリン（Vaseline）の新しいローション「クリニカルセラピー（Clinical Therapy）」の広告キャンペーンでは，アラスカの小さな町の社会ネットワークをマッピングした．コディアックの町で営業担当が店先で無料のボトルを配布し，受け取った人にその製品を薦めたい町民の名前を告げてもらう．このプロセスを通して，町の多くの人が名前を挙げた女性こそが情報源だと分かった[63]．

ヴァセリンが見つけたアラスカの女性は**マーケットの達人**（market maven）と呼ばれる人であり，あらゆる種類の市場情報を人に伝えることを好む．こうした買い物好きの人たちは必ずしも特定の製品に興味があるわけではなく，また必ずしも真っ先に購入する人たちというわけでもない．彼らは単純に市場で起こっていることに通じていたいのである．したがって，どこで，どのように製品を入手することができるか確実な知識を持っているという点で，万能型オピニオン・リーダーに近い役割を果たす．研究者はそれぞれの項目に同意するかしないかをたずねる次の評価尺度を使い，マーケットの達人を特定している[64]：

1 新しいブランドや製品を友人に紹介するのが好きだ．
2 さまざまな製品についての情報を提供することで，人を助けるのが好きである．
3 人から製品，買う場所，あるいはセールについての情報をたずねられる．
4 いくつかの種類の製品について，どこで最も得する買い物ができるかとたずねられた場合，それを教えることができる．
5 新製品やセールのこととなると，友人たちは私のことをよい情報源だと考えている．

代理消費者

他人の購買決定に影響を与える普通の消費者のほかに，「代理消費者」と呼ばれるマーケティング仲介者が何を買うべきかを導くこともある．**代理消費者**（surrogate consumer）は，購買意思決定にインプットを与えてもらうために雇う人のことを言う．オピニオン・リーダーやマーケットの達人とは異なり，代理消費者の助言に対しては，通常，報酬を支払う．インテリア・デコレーター，株式ブローカー，プロの買い付け人，進学する大学選びを支援するコンサルタントなども代理消費者である．

彼らが実際に誰かのために買い物をするかどうかにかかわらず，彼らの推薦は非常に影響力がある．彼らの意見を求める消費者は，基本的には情報探索，代替案の評価，実際の購買などのいくつか，あるいはすべての意思決定に関するコントロール権を放棄する．例えば，クライアントはインテリア・デコレーターに家の改装を委ねたり，株式ブローカーに自分の代わりに買いか売りかの重要な決断を任せたりするかもしれない．消費者に製品やサービスを売り込むときに，マーケターは代理消費者のことを見落としやすい．これは大きな間違いになりうる．なぜなら，実際に製品情報を選別してクライアントに購買を勧めている代理消費者に注意を向けるべきときに，最終消費者にコミュニケーションを集中し，ターゲットを見誤っているからである[65]．

オピニオン・リーダーをどのように見つけるか

残念ながら，ほとんどのオピニオン・リーダーは，有名人ではなく普通の消費者なので，探し出すのは難しい．有名人や影響力のある企業の重役は，当然ながら見つけやすい．その人物は国中で，あるいは少なくともある地域では，有名だったり刊行物に掲載されたりしている．対照的に，オピニオン・リーダーは地元レベルで活動し，市場セグメント全体ではなく小さな消費者グループだけに影響を与えているかもしれない．味の素ゼネラルフーヅ（AGF）は，コーヒーの新商品「ブレンディ香るブラック」の販売促進のため，商品サンプルを無償提供するブロガーとして次の2つのタイプを選別した．1つめは，ネット上で影響力のあるブロガーである．この選別には，ブログ記事のデータベースを持つニフティに支援を仰いだ．ニフティは，書き込まれたコメントの数やリンクされた数といった「量」に加え，コーヒーや健康などの話題で記事を書いているという「質」にも注目し，20人のブロガーを割り出した．2つめは，AGFに興味を持っているブロガーである．これは，1日に1,000ページビュー以上のアクセスがあるブロガー1,100人を登録会員として持つサイバーバズという会社で，AGF商品の試飲希望者を募ってもらい，80人を選別した．同社は今後，商品を取り上げたブログ記事の数やその記事へのアクセス数を測るとともに，記事の内容が肯定的か否定的かを分析したりする予定であり，こういった点でブログの方が「マス広告よりも細かい効果を分析できると期待している」という[66]．

大きな市場の中で特定のオピニオン・リーダーを見つけるのは難しいため，その試みのほとんどは，代わりに「探索的調査（exploratory studies）」に集中する．研究者は代表的なオピニオン・リーダーのプロフィールを特定して，それをより広い市場に一般化するのである．例えば金融に関するオピニオン・リーダーを探していたある企業は，彼らがコンピューターを使って自分の財政を管理している傾向があることを発見した．彼らは日常的に自分の投資を追跡していることが多く，投資に関する本を読んだりテレビ番組を

見たりしていることも分かった[67]．

自己評価法（Self-Designation）

　オピニオン・リーダーを特定するのに最もよく使われるテクニックは，単純に個々の消費者に自分をオピニオン・リーダーと考えているかどうかをたずねることである．1つの製品カテゴリーへの強い関心を示す回答者はオピニオン・リーダーである可能性が高いが，そう自称する人たちを見つける調査結果については疑いを持ってながめる必要がある．中には自分の重要性と影響力を誇張して語りたがる人もいるし，あるいは本当は影響力があるのに，それを認めないか，自分がどうなのか意識していない人もいるかもしれない[68]．

　問題は他にもある．製品についての助言を与えるからといって，他の人がその助言に従うとは限らない．誰かが本物のオピニオン・リーダーとみなされるためには，オピニオン・シーカーが実際にその人の助言を聞き入れなければならない．そこで，自己評価法に代わって，集団から数名のメンバー（主要回答者）を選んで，彼らにオピニオン・リーダーをたずねるという方法がある．このアプローチが成功するかどうかは，集団の正確な知識を持っている人を見つけられるかどうかにかかっている．

　自己評価法は，より体系的な分析（ある人の自己評価に対して他の人が同意するかどうかをたずねることで信頼性を確かめられる）ほどには信頼できないが，オピニオン・リーダーの見込みがある大きなグループに対して簡単に適用できるという利点がある．図11.2は研究者がこの種の自己評価に使っている測定尺度の1つを示している．

ソシオメトリー

　戯曲『六次の隔たり（Six Degrees of Separation）』は，地球上の誰もが間接的にすべての人を知っている，あるいは少なくともその人を知っている人を知っているという仮説に基づいている．実際に社会学者は，人には平均して1,500人の知り合いがいて，5人か6人が間に入ればアメリカ中のどの2人でも結びつけられると推測している[69]．

　ソシオメトリック法（sociometric methods）は，集団内のコミュニケーション・パターンを追跡するもので，このテクニックを使うことで研究者は集団のメンバー間の交流の詳細を体系的に調べることができる．既に紹介したアラスカでのヴァセリンのキャンペーンと同様に，消費者に面接して，彼らが誰に製品情報をたずねているかを明らかにする方法をとる．多くの場合，1人か2人がマップ上の「ノード」として浮かび上がる．それが，マーケターの探しているオピニオン・リーダーということになる．この方法は最も正確なものだが，実施するのは非常に困難で費用がかかる．なぜならば小さな集団の相互交流パターンを非常に詳しく研究する必要があるからだ．そのため，ソシオメトリック法を最

図 11.2　オピニオン・リーダー尺度

あなたが友人や隣人と_____について与え合う影響に関連して，自分自身に最も当てはまるものを選んでください．

1. 一般に，あなたは_____について友人や隣人と話しますか？
   5　頻繁に　4　3　2　1　まったくない
2. あなたが友人や隣人と_____について話す時，あなたは：
   5　詳細な情報を与える　4　3　2　1　ほとんど情報を与えない
3. 過去6カ月間に，あなたは新しい_____について，何人の人と話しましたか？
   5　たくさんの人に話した　4　3　2　1　誰にも話していない
4. 自分の友人たちと比べ，新しい_____について，あなたはどれくらい質問されると思いますか？
   5　質問される可能性がかなり高い　4　3　2　1　質問される可能性がまったくない
5. 新しい_____について議論する時に，次のどれが最も起こる可能性が高いですか？
   5　あなたが友人たちに_____について話す　4　3　2　1　友人があなたに_____について話す
6. 全体的に，あなたの友人や隣人との会話すべてにおいて，あなたは：
   5　アドバイス源として頻繁に利用される　4　3　2　1　アドバイス源として利用されない

もうまく適用できるのは，病院，刑務所，軍の基地など，メンバーが他の社会的ネットワークからほぼ孤立している，閉鎖的で自己完結型の環境ということになる．

最近の肥満に関するソシオメトリック研究は（禁煙者のグループに関してこの章で紹介したものと同様のもの），社会的ネットワークがいかに人々の行動に影響を与えているかについて顕著な例を提供している．研究者は，1971年から2003年までの自分の健康状態を詳しく記録した「フラミンガム心臓研究」に参加した1万2,000人以上のサンプルを分析した．その結果，肥満はウイルスのように人から人へと広がることが分かった（このような形で消費者の傾向が広がることについては後述する）．研究者は誰が誰と友人か，誰が誰の配偶者，兄弟，隣人か，そして各人の30年間の体重を調べることで，参加者が肥満になったとしたら，その年月の間に何が起こったかを突き止めることができた．するとどうだろう．1人が太ると親しい友人も太る傾向があったのである．親しい友人の体重が増えたときにその人も肥満になる確率は57％も増加したのである．友人の影響は，たとえ何百キロも離れたところに住んでいたとしても変わらなかった．研究者はこの「社会的感染（social contagion）」効果の理由を，親友が太るとそれが正常な体重についての認識を変えるため，自分も数キロ増えてもあまり気にしなくなるからだと考えている．この話の教訓は，やせた人と付き合おう，というものである[70]．

医師，会計士，弁護士，さらには芝生管理会社やクリーニングサービスのようなサービス産業のマーケターなど，多くの専門職者がビジネスを得るために，主にクチコミの力に依存している．多くの場合，消費者は友人や同僚にサービス企業を推薦する．またビジネスパーソンが顧客に推薦することもある．例えばある調査では，医師を選ぶときに広告を参考にすると答えた人は 0.2 ％にすぎなかった．彼らはまずは家族や友人の助言を当てにする[71]．

ソシオメトリック分析を使うのは，「紹介活動（referral behavior）」をよりよく理解し，ある人の評判がどのようにコミュニティに広がるかという点における強みと弱みを特定するためである[72]．「ネットワーク分析（network analysis）」は，社会体系の中でのコミュニケーションに焦点を当て，「紹介ネットワーク（referral network）」の中での人々の関係を考慮し，その「つながりの強さ（tie strength）」を測る．ネットワークがどのように購買行動に導くかを理解するために，アメリカの女子学生クラブ会館（女子学生クラブ（sorority）とは，奉仕活動を行ったり寮生活を送ったりする社交クラブのこと）に一緒に住む女性たちに対して研究者が実施した調査を例に挙げてみよう．クラブの中のサブグループ，すなわち「クリーク（cliques）」は，さまざまな製品の好みを共有することが多く，場合によっては「プライベートな」（表立って見せることはない）製品の選択でさえ共有していた（おそらく学生会館でバスルームを共有しているためだろう）[73]．

つながりの強さ（tie strength）は，人々の間の絆の性質を表わす．「強いつながり（strong primary）」（例：配偶者）から，「弱いつながり（weak secondary）」（例：めったに会わない知人）まで範囲は広い．強いつながりは重要だが，弱いつながりも「橋渡し機能（bridging function）」を果たすために重要である．消費者はこの種の結びつきによってサブグループ間のアクセスを得る．例えば，あなたには主要な準拠集団としていつも会う友人グループがあるとする（強いつながり）．もしあなたがテニスに興味を持てば，その友人の1人があなたをテニスチームに所属している彼女の寮の友人グループに紹介してくれるかもしれない．その結果，あなたはこの橋渡し機能を通して彼らの貴重な専門知識へのアクセスを得ることになる．この紹介プロセスが「弱いつながりの強さ（strength of weak ties）」を示している．

オンラインのオピニオン・リーダーたち

インターネットはオピニオン・リーダーの力をさらに強める．野球選手にステロイドを（合法的なものだけ）与えるようなものである．聞こえる範囲にいる人たちだけに働きかける代わりに，影響力を持つ人々は，今や世界中の数千人，数万人の意見を変えることができる．ネット上のグループでは，オピニオン・リーダーはパワーユーザー（power user）と呼ばれることもある．彼らは強いコミュニケーション・ネットワークを持っていて，

それが大勢の消費者の購買意思決定に直接または間接の影響を与えている[74]。

オフラインの場合と同じように、パワーユーザーは職場でもコミュニティでも積極的な参加者である。彼らの社会的ネットワークは大きく、よく発達している。他のメンバーは彼らを信頼し、特定のトピック1つか2つについての信頼できる情報源とみなす。彼らは知的好奇心を自然に身につけ、それが彼らを新しい情報源へと導く。そして、彼らはおそろしくたくさんのブランド関連コンテンツを投稿する。アメリカの調査会社フォレスター・リサーチはこれらのブランドに特化したコメントを影響インプレッション（influence impressions）と名づけた。広告用語では、「インプレッション」は広告メッセージを見ること、またはメッセージの露出回数を意味する。アメリカの調査会社フォレスター社によれば、アメリカの消費者はお互いに自分の日常を語り合い、決まってブランドがからんだエピソードや経験を話すうちに、年に2,560億の影響インプレッションを生み出している[75]。容易に想像できるように、これらのインプレッションは主としてパワーユーザーによって引き出される。わずか6.2%のユーザーだけで、ネット上のブランドへの言及の約80%を占める。フォレスター社はこれらの影響者をマスコネクター（mass connectors）と呼んでいる。

アメリカの旅行予約サイトトラベロシティ（Travelocity）はオンライン消費者の取り込みと、はずみ効果の引き出しをねらって、マスコットキャラクターの「ローミング・ノーム（"Roaming Gnome", 放浪する小人）」を担ぎ出した。この広告塔は（おそらく）アフラックのアヒルの方が自分よりFacebookの友達が多いことに憤慨したのだろう。そこで、トラベロシティは「国際ノームデー」を創設した。このノームのページには、その記念日までに友達数を上回るという目標を達せられることを願って、ファンたちに彼の嘆願を友達とシェアしてくれるように呼びかけた。

出典：©2011 Travelocity.com LP.

マスコネクターが影響インプレッションを広めるうちに，はずみ効果（momentum effect）によってメッセージのインパクトは増大する[76]．影響者は，ブログに投稿したり，ウィジェットを共有したり，ブランドロゴを自分のFacebookページに掲載したりする．友人がそれをシェアし，その友人がまたそれをシェアする．もし1つのブランドが好まれ，話題性があり，クチコミに値するときには，そのブランドへの無報酬のクチコミにはずみがつき，莫大なメディア価値が生まれうる．

学習の目的 5
他の消費者が製品について語ること（良いことも悪いことも）が，目にする広告よりも大きな影響を与えることが多い．

クチコミ

　有楽製菓は少し苦味のある大人向けのチョコレート菓子を開発し，「ブラックサンダー」と名づけて1994年に発売した．だが，宣伝予算の乏しい中小メーカーのため認知度が低かったことと，当時の主要な販売チャネルは駄菓子屋であり，苦味が子どもには受け入れられなかったことから，販売は不振に終わった．そこで同社は，30円という低価格と，若者が集まるという点から，大学生協という販売チャネルに転換したところ，京都大学生協で菓子部門売上トップになったり，2006年には「生協の白石さん」（東京農工大学の生協職員で，学生の投書に面白おかしく返信したことで有名になった白石昌則氏）に取り上げられたりするなど，学生の間で人気が出た．かつては商談に応じなかったり，売れ行きが悪いためすぐに取り扱いをやめたりしたコンビニも，大学生協での販売実績を基にセブンイレブンが九州限定での試験販売に応じ，その結果が再び好評を博したことから，全国販売さらには他のコンビニチェーンでの販売に至った．2009年には年間販売個数が1億個を突破するなど，今では有名なヒット商品の1つとなっている[77][78]．
　また，2014年の東京マラソンに協賛したドールは，「極撰（ごくせん）」というブランド名の大会公認バナナ9万1,000本をコース上で無償提供しただけでなく，事前に抽選された200人のランナーにはゴール後に「バナナトロフィー」を贈ることにした[79]．これは，極撰バナナの皮の表面に，ランナーの氏名，完走タイム（速報値），家族や友人のメッセージを印刷するというものである．当選したランナーのシューズにチップを取り付けることで，完走と同時にそのランナーのFacebookに完走したことが自動で投稿され，友人はこれに祝福メッセージを寄せることができる（それゆえ，Facebookのアカウントを持っていることが応募条件の1つだった）[80]．このメッセージを含む文字は食用可食性インクを用いてインクジェットプリンターでバナナに印刷されため，そのまま食べることもでき

る. 同社の狙いどおり,このニュースは発表直後からFacebookやTwitter上で話題となり,幸運にも当選したランナーはもちろんその写真を自慢げにアップロードした. 結果, 72万人にこの情報が届いたと言われる[81].

ブラックサンダーや極撰の成功物語が示すように,「うわさ」はヒット製品を生み出す. クチコミ (word-of-mouth) (WOM) は,個人が他の個人に向けて発する製品情報のことを言う. 知っている人からの言葉なので,クチコミは公式のマーケティングチャネルを通したものよりも信頼性が高く, 頼りになる. そして,広告とは異なり,これらの推薦には従った方がよいという社会的プレッシャーとともにメッセージが伝わってくる[82].

皮肉なことに,マーケターが高額予算をつぎ込んで制作する贅沢な広告よりも,クチコミの方がはるかに強力だ. その影響力は消費財の全売上高の3分の2に及ぶ[84]. ある調査では,面接した人の69％が1年間に少なくとも1回は個人的な推薦に基づいてレストランを選んだと回答し,36％は誰かの意見を参考にしてコンピューターのハードウェアとソフトウェアを決めたと答えた. また22％は友人や知人の助言を得て旅行先を決めたと答えた[85].

出典：Andrew Rich/istockphoto.com

アメリカのバーシティは,チアリーダーたちにとっての人気サプライヤーブランドである. この企業はティーンエイジャーの女の子たちが何を買うかをどのように決めているかを知るために,大規模な調査を実施している. ここでは驚くことは何もない. 回答者の半分は,毎日1時間以上メールを送り,別の3分の1はオンラインで1時間交流している. 44％は実際に電話で話して過ごす時間は15分未満だった（まだ電話を使う人がいるのだろうか？）. 少女たちが気に入ったブランドを見つけたときには, 4分の3がそれを友人にも薦めると回答した. 半数近くはそのブランドのウェブサイトのファンになり, 55％は「もしある製品について好ましい投稿を見たら,それを買うように影響を受ける」という文章に同意した. バーシティのマーケティング担当重役はこのようにコメントした.「ソーシャルメディアを通じてアイディアを広めるということになると,ティーンの女の子たちが最も先を走っている. 交流や自己表現や関係構築のためにオンラインで過ごす時間が最も長い. 電子メールも使い慣れているし,ウェブサイトで写真を共有したり,ブログやコミュニティにコメントを書き込んだり,自分自身についてブログに書いたり,オンライン日記をつけたりすることが男の子の2倍も多い」[83]と.

普段の１日の自分の会話の内容についてよく考えてみれば，おそらくあなたも友人，家族，同僚と話すことの多くは製品に関連したことだと分かるだろう．誰かの服について褒め，どこで買ったのかをたずねたり，友人に新しいレストランを薦めたり，隣人に銀行でのひどい対応について不満を述べたりするときには，あなたもクチコミに参加している．タカシのバイク関連の購買の多くは，彼の仲間の RUB からのコメントや助言に左右されていたことを思い出してほしい．マーケターはずっと以前からクチコミの力に気づいていたが，最近では人々が自社製品を好み，それについて話してくれるのをじっと待っている代わりに，より積極的にクチコミを促進し，コントロールしようとしている．アメリカのバズエージェント（BuzzAgent）のような企業は，新製品を試して自分の好きなものについてのクチコミを広める数千人の「エージェント」をリストアップしている[86]．最近の洗練されたマーケターの多くは，クチコミを細かく追跡している．例えば，現在進行中のトークトラック（TalkTrack）研究は，製品カテゴリーごとに消費者がどのブランドについて最も多くコメントしているかを報告している．１万4,000人の女性へのオンライン調査の結果，中年層（ベビーブーマー）の女性はパッケージに包まれた食品ブランドの中ではクラフトについて，また美容製品の中ではＰ＆Ｇのブランド「オレイ（Olay）」について，最もよく語っていた[87]．

　1950年代ごろから，コミュニケーション理論の支持者たちは，消費者が何を買うかは主として広告で決まるという仮説に異議を唱えていた．基本的に，広告は新製品への選好を作り出す時よりも，既存製品への愛着を増やそうとする時に，より効果的である[88]．企業および消費者の購買状況についての研究では，人以外の情報源からの情報はブランド認知を高めるには重要だが，消費者は評価や選択といった詰めの段階ではクチコミに頼っていることが強調されている[89]．非常に単純なことだが，消費者は人から製品についての肯定的な情報を多く受け取るほど，その製品を選ぶ可能性が高くなる[90]．

　他人の意見の影響は，ときには自分の認識より強くなることさえある．家具の選択についてのある調査では，友人たちがどれほどその家具を気に入るかという推測が，自分がどう思うかよりも購買のよりよい予測因子になっていた[91]．さらに，消費者が１つのブランドを推薦する理由は，メーカーを驚かせる類のものもある．アメリカのソフトドリンク「マウンテンデュー」が経験したのもその１つだった．このブランドが若い消費者の間で人気があるのは，カフェイン含有量が高いという「うわさ」のためなのだ．ある広告担当重役はこのように説明した．「カフェインの話はマウンテンデューのテレビＣＭのどれにも出てこない．この飲料はクチコミでヒットしたものだ」[92]．

　クチコミは，消費者が比較的その製品カテゴリーになじみがないときに，特に力を発揮する．新製品（例：抜け毛防止の医薬品）や，技術的に複雑な製品（例：スマートフォン）の場合にそれが起こりやすい．購買についての迷いを減らす１つの方法は，それについ

て話すことである．話すことで購買を支持する理由が生まれ，他人からその決定への支持を得ることができる．例えば，住宅用ソーラー温水システムの購入意図についての最も信頼できる予測因子は，その人の知人でソーラーシステムを使っている人の数である[93]．

製品について話す理由はいくつかある[94]：
- 何らかの種類の製品や活動に夢中になり，それを話すことを楽しんでいる．コンピューター・ハッカー，熱狂的なサッカーファン，「ファッションプレート」（流行の最先端のおしゃれを楽しむ人たち）などは，自分が特に関心を持つことへ会話を引き寄せるという共通の能力を持っているようだ．
- ある製品について知識があり，それを人に教える手段として会話を利用している．この場合，クチコミはときとして自分の専門知識で他人を印象づけたい人のエゴを満足させることもある．
- 他人への純粋な心配りから議論を始めることもある．自分が大事だと思う人たちには彼らにとって良いものを買って欲しいし，お金を無駄にして欲しくないと思うものだろう．

社名が示すように，アメリカのバズエージェント（BzzAgent）は消費者をリクルートして，クライアントのための「クチコミ」を生み出している．bzzagent.com で登録できる．

出典：© 2009 Bzzagent.

学習の目的 6
オンライン・テクノロジーがクチコミの力を増大させている.

否定的なクチコミ：うわさの力

　クチコミはマーケターにとって両刃の剣である．消費者の間での非公式の議論は，製品や店舗を成功させもすれば失敗させもする．さらに，消費者は否定的なクチコミ（negative word-of-mouth）を肯定的なコメントよりも重く受け取る．ホワイトハウスの消費者問題局によれば，不満のある顧客の90%はその企業と二度と関係を持とうとしない．こうした人たちのそれぞれが，自分の不満を少なくとも9人と共有し，また不満を持つ顧客の13%は否定的な経験について30人以上の人に話している[95]．

　新しい製品やサービスについて考える時には特に，肯定的な情報よりも否定的な情報に注意を向けやすく，ひどい経験については人に教えたくなる[96]．研究結果が示すところによれば，否定的なクチコミはその企業の広告の信頼性を引き下げ，消費者の購入意欲だけでなく製品への態度にも影響を与える[97]．デルがこのことを思い知らされたのは，ブロガーたちが同社の製品の品質とサービスレベルについて非難したときだった．その不満の声をメディアが取り上げて拡大した[98]．

　デルが思い知らされたように，ネット上で否定的なクチコミを広げるのは信じられないほどたやすい．不満を持つ消費者や元従業員の多くが，ただ自分の悲惨な話を他人と共有することだけを目的にウェブサイトを立ち上げている．例えば，ダンキンドーナツについての不満を述べるためのサイトがあまりに人気が出たために，ダンキンドーナツはその悪い評判をコントロールするためにサイトを買収した．その男性がサイトを立ち上げたそもそもの理由は，コーヒーにスキムミルクがついてこなかったというだけのことだった[99]．walmartsucks.comのような40の不満サイトを詳しく調査したところその基本的なテーマには3つがあることが分かった[100]：

1　不当な仕打ち（in justice）——抗議者はその会社と連絡をとろうとしたが実を結ばなかったことについて話すことが多い．
2　アイデンティティ（identity）——投稿者は，違反者（往々にして経営幹部）をただの無能力な人としてではなく，悪人として特徴づける．
3　主体性（agency）——個々のウェブサイトの創始者は，ある企業への怒りを共有する人たちとの集団的アイデンティティを生み出そうとしている．彼らは十字軍とヒロイズムのテーマを喚起し，消費者に害を与える企業が罰されずにいる現状を変える力が自分たちにはあるのだと，多くの人に訴えている．

消費者行動，私はこう見る
―――― プラヴィーン・アガルワル教授（ミネソタドゥルース大学）

　購買決定意思をする時には自分1人で行動していると信じたがる人が多いが，事実を言えば，私たちの購買意思決定は他人から大きな影響を受けている．個人間の影響についての従来の論文は，意思決定におけるクチコミ（WOM）の役割を分析している．私たちはいつも友人や家族に助言や情報を求めている．多くの人はオピニオン・リーダーとして，他人の意思決定を助けてさえいる．

　WOMコミュニケーションという背景では，交換されるメッセージが詳細にわたるものか，全般的な性質を伝えるものかは重要だろうか？　例えば，もし誰かが特定の携帯電話用バッテリーが平均以上に優れたものだと伝えたいと思ったときに，「この携帯電話のバッテリーは平均より長くもつ」という全体的な情報を与えるのと，「この携帯電話のバッテリーは平均的なものと比べ5時間長くもつ」のようにもっと特定の情報を与えるのとでは違いを生むだろうか？　私たちの研究は，クチコミは特定の情報を含む時により効果的なことを示している．興味深いことに，この利点はメッセージの送り手が専門家と見られたり，受け手と強い社会的つながりを持つ場合には，消滅する．

　個人間の影響についての研究の関連領域で，同僚と私は，人々が意思決定を意図的に他人に委ねる状況を分析している．これは自分では決定しないことを決め，代わりに誰かに決めてもらうという意味で，意見を求めることとは異なる．意思決定の作業が託される個人は「代理購買者（surrogate buyers）」と呼ばれる．ワードローブ・コンサルタント，インテリア・デコレーター，株式ブローカー，ワインのソムリエなどが，最終ユーザーが誰かに選択を委任する例として一般的なものだろう．どのような状況が決定の委託を促進するのだろう？　私たちの研究では，ユーザーと代理人の専門知識の差が大きいとき，また代理人が信頼でき責任感があるとみなされたときに，委託レベルが高くなることが示された．代理人が依頼主のニーズとウォンツに合わせて提案内容をカスタマイズすることも助けになる．

　企業は自社製品について買い手や最終ユーザーがどんなことを話しているかを，どうしたら知ることができるだろう？　インターネットのない時代には，人々の一般的な感情を推し量るのは難しかったが，オンラインで入手できる莫大な数の意見，批評，推薦のおかげで，ブランド周辺に構築されるクチコミに対する要約的評価を得るという興味深い機会が生まれるようになった．しかし問題は，入手できる情報量があまりに多いため，それを選別し結論を引き出すのが極端に困難になっていることだ．私たちの研究はこの厄介な問題に取り組んでいる．そして，テキストメッセージの語彙とコンピューター言語の分析に基づいて，莫大な量の情報を取り入れても，それをマネージャーが自社ブランドについてどのようなクチコミが広がっているかの追跡に使うことのできるシンプルな指標に変換するメカニズムを開発することができた[101]．

Hoaxkill.com は，作り話を追跡し，製品のうわさの誤りを暴くための専用ウェブサイトである．

出典：Joroen Siking Hoaxkill.com 提供．

　1930 年代には，「噂を広めるプロ」を雇い，クライアントの製品を宣伝し，ライバル製品を批判するクチコミキャンペーンを企画する企業もあった[102]．最近では，「テラファム（Terra Femme）」という名前の 100％コットン製の無塩素漂白タンポンをマーケティングしているバイオビジネス・インターナショナル（Bio Business International）というカナダの小さな会社が，アメリカの競合メーカー製のタンポンにはダイオキシンが含まれているというメッセージを女性たちに広めるように促した．この製品が危険だとする主張を裏づける証拠はほとんどなかったが，うわさの結果として P＆G は数千件の苦情を受け取った[103]．

　情報は消費者が次々と伝達していくうちに変化することが多い．その結果，最後の方のメッセージは通常，最初のものとは似ても似つかないものになる．イギリスの心理学者フレデリック・バートレットは「連続再生（serial reproduction）」の手法を使って，コンテンツがどのように変化するかを検証した．多くの人が子どものころに遊んだ「伝言ゲーム」と同じように，彼は被験者に 1 枚の絵や 1 つのストーリーを再現するように指示を与えた．次に別の被験者にこの再現した方を真似するように言い，このプロセスを何度か繰り返した．図 11.3 は 1 つのメッセージが人伝えされていくにつれ，どう変わっていくかを表わしたものである．バートレットは，歪曲はほとんどいつも一定のパターンに従っていることに気がついた．あいまいな形からより伝統的な形へと変化する傾向があったのである．これは被験者が自分の中に既にあるスキーマと一致させようとするために生じる（第 2 章参照）．彼はこのプロセスを「同化（assimilation）」と呼び，人々が詳細を省いて構造をシンプルにする「平均化（leveling）」，あるいは突出した部分を誇張する「強調化（sharpening）」に取り組んでいる時に生じやすいことを観察した．

図 11.3　誤った情報の伝達

うわさの構築

　数年前におけるおもちゃ会社の新製品発表方法はこうである．春の見本市の間に暑い夏の休暇シーズン用のおもちゃを発表し，11～12月にかけてゴールデンタイムの漫画番組の間に子ども向けおもちゃのテレビ CM を集中させ，必死の形相の親たちがトイザらスの列に群がるのをくつろいで眺め，それを報じるニュースがさらに多くの売上を刺激するのを待つ．
　だが，現在のおもちゃ業界はこうである．シルバーリット・トイズ（Silverlit Toys）という香港の企業が 30 ドルの「ピコー Z（Picoo Z）ヘリコプター」を作った．すると，ある時点で「ピコー」という言葉をグーグルで検索すると 10 万 9,000 もの URL がヒットし，その多くがハマッシャー・シュレマー（Hammacher-Schlemmer）や，トイザらスのような世界的な大手ギフト小売店のオンラインサイトへとリンクされていた．あなたはこの大きな露出が，綿密に計画された販売促進戦略の結果だと思うだろうか？　よく考えた方がよい．おおかたの推測では，シカゴの 28 歳の技術者がピコー Z のうわさを流し始めた

とされている．彼は趣味の掲示板でこのヘリコプターについて読み，自分でも買ってみた．そして数カ月後，YouTube にこのおもちゃを自分で撮った動画を投稿した．それから2週間以内に彼の友人の 15 人もこのおもちゃを買い，自分で撮った動画を投稿し，また元の動画にも視聴者の注意を向けた．新鮮でエキサイティングなネット上の会話をあおっているネット通販企業がこのおもちゃに注目し，動画に自社サイトのリンクを付け加えた．2, 3カ月のうちにはピコー Z の動画が数百も投稿され，100 万人以上の人が見るに至った[104]．

　デフ・ジャム・レコード（Def Jam）をはじめとするレコード会社は，ヒップホップのアルバムを宣伝するために，リリース前に何カ月かをかけてうわさを広めた．まず DJ にコピーを渡した．そうすると，彼らはそれを「ミックス版」にし，路上で売った．もし若者が気に入れば，今度はこうした「ストリートにいるファンたち」がクラブ DJ に売り込む．公式リリース日が近づくと，彼らのようなファンのグループが街中にポスターを貼りまくる．彼らは電柱，ビルの横壁，車のフロントガラスに，新アルバムのリリースを知らせる宣伝素材を貼っていく[105]．このようなストリートでの宣伝戦略は 1970 年代半ばに始まった．クール・ハークやアフリカ・バンバータのような先駆け的な DJ が落書きスタイルのチラシでパーティーを宣伝した．アイス・キューブはこう語っている．「おれはアーティストとして成功したが，今も通りの子どもたちに音楽を少し聞かせて，ラジオで流れる前におれの真似をさせるのが好きだ」[106]と．

　この種の草の根の努力が，「ゲリラ・マーケティング（guerilla marketing）」の中心にある．通常ではない手段や場所を使って製品を売り込むものだ．この用語は，マーケターが無防備な消費者を「待ち伏せて攻撃する」という意味を持つ．こうしたキャンペーンはしばしば地元の本当の消費者グループをスカウトする．彼らは一種のいわばストリート劇場やその他の活動に参加することに同意し，他の消費者にも製品やサービスを利用するように説得する．例えばトヨタ自動車の「サイオン（Scion）」では，ストリートチームが駐車したり，20 代の消費者がこのブランドの映像やマルチプレイヤーゲームをウェブサイトでチェックしたくなるような場所のあちらこちらに派手なポスターを貼ったりして，若者に接触している[107]．

　現在，大企業はゲリラ・マーケティングを大いに利用している．この戦略は従来型の広告ではリーチできない若い消費者を取り込む時には特に効果がある．ネット上でうわさを築き上げたゲリラ戦略としては例えば，P & G のクチコミ専門部署「トレマー」は，若い人々の間に製品についてのコメントを広めている．この部署は 13 〜 19 歳の 30 万人近くの子どもたちを募集し，学校のカフェテリア，お泊り会，携帯電話，電子メールなどで製品への支持を伝えさせている．これらの選ばれた会員（「トレモリット」と呼ばれる）は映画や音楽から（レニー・クラヴィッツやコールドプレイの新作についてなど），ミルクや潤滑油までほとんど何についても話題にし，それを無料でやってくれる．トレマーは

交友範囲が広く、口が達者な子どもたちを探している。登録する子どもたちは質問票に記入するが、その質問には友だちの人数、家族構成、毎日連絡をとっている知り合いの数などが含まれる（トレモリットは友達リストに平均170人の名前を挙げる。10代の子の平均は30人だ）。Ｐ＆Ｇは手助けをしてくれた子どもたちに、限定版のミュージックミックスや、シャンプーや安物の時計などの小物を渡している[108]。

バイラル（伝染）・マーケティング（viral marketing）は、ウェブサイトへの訪問者にサイト上の情報を友人に送ってもらい、さらに多くの消費者に製品のことを知ってもらおうという戦術である。通常は見る人を楽しませるものか、単純に風変わりなオンライン・コンテンツを作成して仕掛ける。

ソーシャルメディア革命

あなたは今日もおそらくソーシャルメディアで交流したことだろう。自分のFacebookページをチェックし、ツイートし、食べログでレストラン評を読み、あるいは「艦隊これ

上のようなかわいらしい小型キリン（lap giraffe）を見つけたことがあるだろうか？ このキリンとソコブロフスキー農場についての情報がネット上に出回ると、たくさんの人たちがこの珍しいペットを探すようになった。農場は小さくておとなしい小型キリンを育てている。注意：小型キリンなどというものは存在しない。このでっち上げは、アメリカ最大のケーブルテレビ局ディレクTVのマーケティング・キャンペーンの一部だった。まず手始めに、金持ちだが「動物園の入場料をケチるのも好きな」ロシア人が登場するテレビCMが放映された。CMの最後に、彼は小型犬ほどの大きさのキリンにキスをする。ディレクTVがそれに続いて送り出した作り物のウェブサイトでは、ペットの写真と、農場でキリンたちに餌をやるところが「ライブ」で流された。この小さなペットを欲しいと思った人たちが50万人以上もウェイティングリストに登録した。彼らがまだペットの到着を待っているのかどうかは分からないが、ディレクTVは間違いなく多くの露出の機会を得た[109]。

出典：DIRECTV提供。

くしょん〜艦これ〜」で敵の艦艇を撃破したのなら(110), あなたはソーシャルメディア革命の一部である. 消費者の市場との, あるいは消費者同士でのかかわり方がソーシャルメディアによって変わりつつある. ソーシャルメディアをハードウェア（アンドロイドのスマートフォンなど）か, ソフトウェア（ウィキペディアなど）で定義する場合もあるが, 実際にはソーシャルメディアとは何よりも「コミュニティ」にかかわることである. メンバーが集団で参加して, ともにサイトを構築し維持している(111).

ソーシャルメディアとコミュニティ

　キャンディブランドの「スキットルズ (Skittles)」は, ウェブサイトをソーシャルメディアのハブに変え, その過程で製品の認知度を大いに引き上げた. 企業が作成したコンテンツを見る代わりに, サイト訪問者は Twitter へのリンクを見つけ, スキットルズについてのツイートを（よいものも悪いものも）読むことができる. 別のリンクは YouTube やフリッカー (Flickr) のスキットルズの動画や写真へと導く. そこで「友達」をクリックすれば, 直接このブランドの Facebook ページへと案内される(112).

　スキットルズのようなマーケターは, 戦略をウェブ 2.0 環境に適応させようと, つまずきながら進んでいる. これらの新しいコミュニケーション・プラットフォームは, Facebook のようなソーシャル・ネットワーキング・サイト, グルーポンのようなソーシャル・ショッピング・サイト, そしてアメリカの MTV が放送したリアリティ番組『ラグナ・ビーチ』を仮想世界で楽しむサイトまで, さまざまな種類がある. ただし, いずれもいくつかの基本的な特徴は共有している:

- ユーザーの数が増えるにつれて改善される. 例えば共通の関心を持つ人が何を買っているかに基づいて読む本を薦めるアマゾンのシステムは, 検索画面を利用する人をより多く追跡するほど優れたものになる.
- 人の目が通貨になる. グーグルは検索語を打ち込んだ後に広告を見た人の数に従って, 広告主に料金を課している.
- 無料で, 永遠のテスト段階にある. オンライン百科事典のウィキペディアは他人の間違いを「修正する」自発的編集者によって常に更新されている.
- 「分類法 (taxonomy)」(既に確立されているラベリング階層) よりも, フォークソノミー ("folksonomy", タグ付けによるネット情報の分類法) に従って項目を分類する. サイトはユーザーにコンテンツの選別を任せる. Pandora.com のリスナーは彼ら自身の「ラジオ局」をつくり出し, そこでは彼らが選ぶアーティストの曲が, 他の類似したアーティストたちの曲とともにかけられる(113). フリッカーに自分の写真を投稿する人たちは, その写真を最もよく表現すると思う表題とともにタグ付けする.

いくつかの点で，オンライン・コミュニティは現実世界で見かけるものと大差がない．メリアム・ウェブスター辞典（もちろんオンライン版）は，コミュニティ（community）を「関心，地理，職業，共通の歴史，政治的・経済的関心事によって個人が結びついた集団」と定義している．実際に，ある社会科学者はオンライン・コミュニティについて，「人々がオンライン上で仲間意識によってつながり，支援的・社交的関係を結び，オンラインでの活動に意味，所属，アイデンティティを与える」場所として，サイバープレイス（cyberplace）に言及している[114]．

学習の目的7
ソーシャルメディアは企業と消費者の関わり方を変えつつある．

ソーシャル・ネットワーク

ソーシャルメディアの社会的な骨組みをじっくり見てみよう．それぞれのアプリケーションはソーシャル・ネットワーク（social network）で構成されている．これは1つ以上の関係性で結びついた社会的に関連を持つノードの集合体である[115]．ノード（nodes）は，ネットワークのメンバーを表す（例：600万人強のFacebookユーザー）．メンバー（ネットワーク単位（network units）とも呼ばれる）は，相互関係（あるいはつながり（ties））によって結びついている．関係性は親族関係，友情，感情的なつながり，共通の体験，共通の趣味や関心など，さまざまなことに基づいている．コミュニティを考えるとき，私たちは人々を考えがちだが，原則としてネットワークのメンバーは組織，記事，国，部署，あるいはその他の定義可能な単位にもなりうる．その好例は大学の同窓会だろう．団体は，ネットワークで結びついた個人または組織のコミュニティを指す．ソーシャル・ネットワークは，ときにはソーシャルグラフ（social graphs）と呼ばれることもあるが，この用語はネットワークの各単位の相関図に言及しているのかもしれない．

ネットワークのノードは相互関係（interactions）を経験する．これは話をする，一緒にイベントに参加する，一緒に働くなどの行動ベースの結びつきである．もしあなたがトリッピース（trippiece.com）に登録して旅行プランを企画し，それを見た他人が企画に参加すれば，あなたは別のノードと相互関係を結んでいるということになる．企画が完成するとともに参加者も集まったら，トリッピースと提携する旅行会社がオリジナルツアーを組んでくれる．ツアーが終わると，その旅行企画がアップロードされるが，これをお気に入り登録する人が現われたら，あなたはこのツアーに参加しなかった他のノードとも相互関係を持つことになる[116]．相互関係は本質的に参加型のもので，ネットワークのメンバー間の活動の共有である．

ノード間にはフロー（flow）が生じる．フローとは，ネットワークのメンバー間の資源，情報，または影響の交換を意味する．あなたはFacebook上でニュースをシェアし，自分の近況を語り，好みの本や映画，写真，動画，言葉についての意見を述べる．あなたがコンテンツをシェアするときには，あなたは自分のネットワーク内にフローを生み出している．ソーシャルメディアでは，これらのコミュニケーションのフローは，常に多くの方向に，しばしば複数のプラットフォーム上へと向かう．これがメディアの多重送信性（media multiplexity）と呼ばれる状況である．フローは単純な双方向や3方向ではない．コミュニティ全体，ネットワーク内のリストや集団，あるいは何人かの個人に別々に広がっていく．コミュニケーションの流れはコミュニティ・プラットフォームの外でも生じる．オンライン・コミュニティはウェブ空間全体に存在するかもしれないが，コミュニケーションの流れは電子メール，テキストメッセージ，仮想世界，あるいはオンラインのメンバーが実際に顔を合わせるミートアップ（meetups）（オフ会）のように，他の領域にも広がるかもしれない．

マーケターにとってフローは特に重要である．情報の共有，販売促進素材の提供，社会的影響の源泉という点で，フローはソーシャル・ネットワーク・システムの最も動きのある要素であるからである．この社会的影響（誰かの試みの結果として1人の態度または行動が変わる）の程度は，他のノードの力や魅力によって異なる．

ソーシャル・オブジェクト理論（social object theory）は，人々と対象との間の関係を活性化する方法があれば，ソーシャル・ネットワークはさらに強力なコミュニティになるだろうと示唆する．この見解が言う「オブジェクト（object）」とは，共通の関心事であり，その第一の機能は人々の相互関係の仲介役となることである．すべての関係にはその中に埋め込まれたソーシャル・オブジェクトがある．オンライン世界では，例えばFacebookのようなサイトは，関係性がサイトの枠組みの中で成長するように，いくつかの異なる形式のオブジェクトのための場所を提供する．Facebookの大成功の原動力となった1つの要因は，イベント，家族と友達，クイズなど，ユーザーがシェアする非常に多くのオブジェクトを提供していることだった．その他のソーシャル・ネットワーキング・サイト（SNS）は，より専門化された，限定的なオブジェクトを提供する．これらのSNSのそれぞれが，どのように対象をそのミッションの一部として組み込んでいるかを考えてみてほしい．Flickrのユーザーがこのコミュニティに参加するのは，写真を共有したいからだ．投稿される画像はプラットフォームに意味を与え，人々の訪問を促すオブジェクトになる．YouTubeが中心に置くソーシャル・オブジェクトは動画ということになる．

オブジェクトの社会性（object sociality），すなわち1つのオブジェクトがソーシャルメディアで共有される度合いは，サイト上での人々の関係性を，飼い犬の写真やオルタナティブ・ミュージックの歴史について詳述するウェブサイトのブックマークのような特

別なオブジェクトと結びつけている点で，当然ながらオーディエンス特有の関心事と関連している．オーディエンスは少なくともある程度，その分野に特化するようになる．ただし重要なのは，オブジェクトの社会性を重視する SNS は，情熱中心主義（passion-centric）になりやすい．つまり，こうしたコミュニティに参加する人たちは，オブジェクトへの関心を共有するだけでなく，おそらくはそれにとりつかれている可能性が高い．趣味にいくらでも時間を注ぎ込む人や，スター・ウォーズの登場人物，ヴィンテージワインに（外部の人の目からは）異常に思えるほどの執着を見せる人がいるのは誰もが知るところである．

オンライン・コミュニティの性格

オンラインであれ現実世界であれ，すべてのコミュニティは重要な特徴を共有している．それは，参加者がメンバー意識，お互いへの親近感（オンライン・グループの場合は，メンバーが物理的には何千キロも離れているかもしれないが），そしてほとんどの場合に，コミュニティの活動への何らかの関心を経験するということである．メンバーは共通のミッションのために，あるいは単純に同じ地域に住んでいるから，同じサークルに属しているからという理由で一体感を覚える（例：クラスメイツ・ドットコム（Classmates.com）は，同じ高校に通った人たちを結びつける）．

コミュニティはメンバーの帰属意識，資源の獲得，娯楽，情報へのニーズに応える．とりわけコミュニティは社交の場である．オンラインでもオフラインでも，メンバーが参加し，討論し，共有し，お互いに交流すること，そして，新しいメンバーをコミュニティに迎えることで成長する．メンバーの参加の程度はそれぞれ異なるが，メンバーの出入りが活動的になるほどコミュニティは健全になる．

ソーシャルメディアはオンライン・コミュニティの炎を燃やし続けるための燃料を提供する．ウェブ 1.0 時代には，人々は多くのサイトにアクセスして興味を引くコンテンツを得た．しかし，これらは本当の意味でのコミュニティではなかった．なぜなら情報の流れが一方通行だったからである．現在のウェブ 2.0 環境では全てが変化し，双方向型のプラットフォームがオンライン・コミュニティを以下の基本的特徴を持つものに発展させた[117]：

- **会話**――コミュニティはメンバー間のコミュニケーションによって成長する．これらの会話は話すことか書くことのどちらかではなく，この2つの混合に基づいている．AIM（AOL のインスタントメッセンジャー）や Facebook を通じて友人とコミュニケーションをとる時には，実際には相手と「話した」と感じるかもしれない．
- **実在性**――オンライン・コミュニティは現実の場所ではなく仮想世界に存在するが，優れたコミュニティは目に見える特徴を備え，実際にどこかの場所にいるような感覚を生み出す．これは現実世界の 3D 描写を伴う仮想世界に特に当てはまるが，掲示板グループのような視覚的にシンプルな形態のオンライン・コミュニティにも当てはまる．実在

性（presence）は，人々がコンピューターの介在する環境またはCG環境で交流するときに経験する効果として定義される[118]．ソーシャルメディア・サイトはユーザー間の接触を可能にし，その環境をリアルにすることで実在性を高める[119]．

- **集団的関心**——オフライン・コミュニティが家族，宗教的信念，社会活動，趣味，目標，住んでいる場所などに基づいて形成されるように，オンライン・コミュニティもメンバーを結びつける共通性を必要とする．これらのグループは対象がインディーズのバンドであれ，白ワインであれ，オープンソース・アプリであれ，何かへの情熱を共有するために集まっている．
- **民主主義**——ほとんどのオンライン・コミュニティの政治モデルは民主的である．リーダーは一般メンバーの間に築かれる評判によって自然に浮かび上がる．ここでいう民主主義（democracy）とは，人々による支配を表現する言葉である．リーダーはグループにどれだけ価値を付加できるかの能力に基づいて，コミュニティによって任命されるか選ばれる．例えば日本のアニメに関連した画像の共有や対話を目的とした，英語圏向けオンライン掲示板サイトの「4chan」では，「moot」の名前で投稿している人物がリーダーだと広く認識されている．彼のリーダーシップはコミュニティの創設者という役割だけでなく，継続的な参加と貢献の質の高さからきている．

  ソーシャルメディアの水平的な構造のために，プラットフォームに何が現れるかをコントロールする力は，少数のエリートから多数のユーザーへとシフトする．メディアの民主化（media democratization）は，雑誌社や新聞社のような従来のメディアではなく，ソーシャル・コミュニティのメンバーがコンテンツの制作，配布，人気をコントロールしていることを意味する．
- **行動基準**——仮想コミュニティを運営していくためには行動を律するルールが必要になる．これらのルールのいくつかは，はっきりと明記されているが（例：eBayでアイテムを買うなら，その支払いをする法的契約に同意したことになる），多くのルールは暗黙のものだ．シンプルな例としては，すべてのアルファベットを大文字にして怒りを表わすフレーミング（flaming，「炎上」）型の投稿は控えるべきとされている．
- **参加レベル**——オンライン・コミュニティが成長するためには，メンバーの多くが参加しなければならない．そうしないとサイトは新鮮な素材を提供できなくなり，やがて交流が滞ってしまう．しかし，参加者を増やすのは課題にもなりうる．ほとんどのユーザーはラーカー（lurkers）である．これは他人が投稿したコンテンツは吸収するが，通常は自分からは投稿しない人を指す．典型的なコミュニティのユーザーで定期的に参加しているのはわずか1%，ごくたまに投稿する人は9%という調査結果が出ている．残りの90%はサイトで何が起こっているかを観察するだけで，したがって彼らはあまりコミュニティに価値を付け加えない——せいぜい，サイトが広告主にスペースを買い

取るように説得する時に強調する「アクセス数」を増やすだけである．では，サイトはどうしたらラーカーをアクティブユーザーに変えられるだろう？　参加するのが簡単になるほど，コミュニティは訪問者の多くに活動を生み出すことができる．これは，参加の仕方に幅を持たせるという意味でもある．Facebook はいくつかの参加形式を考え出したオンライン・コミュニティの例だろう．メンバーは近況を投稿する（非常に簡単），コメントする，写真をアップロードする，ノートやリンクをシェアする，ソーシャルゲームをプレイする，クイズに答える，プロフィールを飾る，動画を投稿する，イベントを企画する（少し困難）などの，さまざまな形で参加できる．

● **群衆の力**――ソーシャルメディアは市場と消費者の関係を根本から変革した．企業は顧客に一方的に売り込むのではなく，顧客と一緒に売り込みをする．多くの組織はこの変化に抵抗しているが，**集合知（wisdom of crowds）**という考え方に基づいた新しいビジネスモデルを構築しているところもある（この言葉は同名の書籍から生まれた）．この理論では，正しい状況下では，集団はその中の最も賢い1人よりも賢いと論じる．これが本当なら，大勢の消費者がいれば成功する製品を予測できるということになる[120]．例えばクリエイターとメーカーをマッチングする空想生活（cuusoo.com）では，クリエイターが商品アイディアを投稿すると，それに対する投票数に応じて，実現化に向けたステップが進む．まず100票獲得すると，同社のサイトに加えてブログでもその商品企画が紹介される．500票獲得すると，製品化に向けて，メーカーから販売金額や販売ロット数などに関する仮の見積もりが提示される．1,000票の投票が集まると，実際に製品化してくれるメーカーを2カ月間同社が探してくれる．こうして製品化のめどがついたら，サイトで予約を受け付け，予約が一定数に達すると販売が成立する[121]．

世界の中の数千もの仮想世界の住人が，洋服，家具，家，車など，アバターが必要とするものを何でもデザインし，制作し，購入する．そして多くがそれを現実世界では夢でしか見られなかったような「ゴージャス」なスタイルで行っている．先見の明のあるマーケターは，これらのプラットフォームが自分たちの製品を，現実世界であれ仮想世界であれ，人々の生活に紹介するために用いる次のステージだと理解している．例えば現在，東京を再現した3D仮想空間「meet-me」のプレイヤーは，仮想空間上で，土地を買い，家を建て，内装や家具を整えたりするだけでなく，車を買い，外出して釣りをしたり，街で出会った他のプレイヤーと会話を楽しんだりできる[122]．車など本物の商品を買うことを加速させるためのこの種のプラットフォームの利用は，まだ開拓されていない領域である．こうした3D環境の仮想世界が開発中のものも含めて150以上に増えたことで，Facebook のような他のソーシャル・ネットワークが近い将来にこちらのプラットフォームに移ってくるかもしれない．コンピューター経由であれ携帯電話を通してであれ，「友達」

はひとまとまりになり（少なくともアバター同士が），どこにいようと（授業中ではないと願うが）物を買い，それを比較するだろう．これは単なる一時的流行ではない．2011年時点で，世界で10億人以上が少なくとも1つの仮想世界に登録していた．

章のまとめ

この章を読み終えた時点で，理解しているべきこと：

1. **他人や集団，とりわけ何らかの社会的な権力を持つ人たちは，私たちの購買意思決定にしばしば影響を及ぼす．**

    消費者は，多くの異なる集団に属したり憧れたりしている．そして，集団に受け入れてもらいたいという欲求がしばしば購買意思決定に駆り立てる．その意見や行動が消費者にとって特に重要になる個人や集団は，準拠集団と呼ばれる．公式な集団，非公式な集団の両方が個人の購買意思決定に影響を与えるが，製品が人目につく度合い，特定の購買への準拠集団の関係といった要因が，その集団の影響力の大きさを決める．

    個人はそれぞれが持つ社会的影響力の分だけ集団に影響を与える．社会的影響力には，情報パワー，準拠パワー，正統パワー，専門パワー，報酬パワー，強制パワーがある．

2. **消費者は製品やサービスへの興味を共有する他人を探そうとする．**

    ブランド・コミュニティは製品への思い入れを共有する消費者を結びつける．企業がこの種のコミュニティを奨励するために企画するブランドフェストは，ブランド・ロイヤルティを築き，集団のメンバーシップを強化することができる．

3. **消費者は他人の行動に合わせるために製品を買ったり使ったりしようとする．**

    消費者は2つの基本的な理由により他人の欲求に応じる：

    （1）他人の行動をそれが正しい行動の仕方と考えて手本にする人たちは，情報パワーのためにそれに準じる．（2）他人の期待に応えようとしたり，集団に受け入れられたいために順応したりする人たちは，規範的な社会的影響力を受けている．集団のメンバーは，個人であればしないようなことをしばしばする．それは彼ら個々人のアイデンティティが集団と混じり合うことで没個性化したからである．

4. **ある特定の人々が，他人の製品選択に影響を与えやすい．**

    製品について知識を持ち，その意見が高く評価されるオピニオン・リーダーは，他人の選択に影響を与えやすい．特定のオピニオン・リーダーは見つけるのがやや難しいが，彼らの一般的特徴を知っているマーケターは，メディアと販促戦略で彼らをターゲットにすることを試みることができる．他の影響者には，市場で起こっている全般への関心が高いマーケットの達人や，購買について助言を与えることで報酬を受け取る代理消費者などが含まれる．

5. **他の消費者が製品について語ること（良いことも悪いことも）が，目にする広告よりも大きな影響を与えることが多い．**

    私たちの製品知識のほとんどは，広告よりはクチコミを通して得たものだ．消費者は日常の会話で製品に関連した情報

を交換することが多い．ゲリラ・マーケティング戦略は，消費者を取り込んで情報を広める手助けをしてもらい，クチコミを加速させようとする．クチコミはしばしば消費者の製品認知度を高めることに役立つが，ダメージを与えるような製品のうわさや否定的なクチコミが広まると，企業を傷つけもする．

6. **オンライン・テクノロジーがクチコミの力を増大させている．**

　インターネットは消費者が数多くの準拠集団と接触する機会を拡大した．仮想消費コミュニティは共通の絆——通常は特定の製品やサービス，その関連知識への熱狂——で人々を結びつける．新しいマーケティング戦略は，ウェブの力を利用して非常にすばやく消費者から消費者へと情報を広めようとしている．バイラル・マーケティング戦略は製品，サービス，ウェブサイトなどを企業の代わりに宣伝してもらうのに個人の協力を求める．ブログでは消費者が製品についての自分の考えを簡単に投稿でき，人に読んでもらうことができる．

7. **ソーシャルメディアは企業と消費者の関わり方を変えつつある．**

　メンバーが情報を投稿し，同じ関心や意見を共有する人と交流するソーシャル・ネットワーキングは，マーケティングについての考え方を変革している．ウェブ2.0が発達するにつれ，企業と消費者はますます直接接触するようになった．集合知という考え方では，正しい状況であれば，集団はその中の最も賢い個人よりも賢いと論じる．これが本当であれば，大勢の消費者がいれば，成功する製品を予測できることを意味する[123]．ある意味で多くのソーシャル・ネットワーキング・サイトは，メンバー同士で，購買意思決定に影響を与え合わせている．

キーワード

影響インプレッション
　（influence impressions）　570
影響ネットワーク（influence network）　563
影響の2段階の流れモデル
　（two step flow model of influence）　563
オピニオン・リーダー（opinion leader）　562
オブジェクトの社会性（object sociality）　583
期待集団（aspirational reference group）　554
規範（norms）　560
規範的影響（normative influence）　552
強制パワー（coercive power）　551
拒否集団（avoidance groups）　557
近接（propinquity）　556
クチコミ（word-of-mouth（WOM））　572
結束（cohesiveness）　556
決定の一極化（decision polarization）　558
コミュニティ（community）　582
サイバープレイス（cyberplace）　582
実在性（presence）　584
社会的影響力（social power）　550
社会的手抜き（social loafing）　557
集合知（wisdom of crowds）　586
集団的価値創造（collective value creation）
　553
準拠集団（reference group）　548
準拠パワー（referent power）　550
順応（conformity）　560
情熱中心主義（passion-centric）　584
消費者の「族」（consumer tribe）　553
情報カスケード（information cascades）　563
情報パワー（information power）　550
所属集団（membership reference group）
　554
正統パワー（legitimate power）　550
専門家パワー（expert power）　551
相互関係（interactions）　582

「族」のマーケティング戦略
　（tribal marketing strategy）　553
ソシオメトリック法（sociometric methods）
　567
ソーシャル・オブジェクト理論
　（social object theory）　583
ソーシャル・ネットワーク（social network）
　582
ソーシャルグラフ（social graphs）　582
代理消費者（surrogate consumer）　565
単純接触現象（mere exposure phenomenon）
　556
つながり（ties）　582
つながりの強さ（tie strength）　569
同類性（homophily）　562
都市伝説（urban myth）　591
名前文字効果（name-letter effect）　552
ネットワーク単位（network units）　582
ノード（nodes）　582
バイラル（伝染）・マーケティング
　（viral marketing）　580
はずみ効果（momentum effect）　571
パワーユーザー（power users）　569
比較的影響（comparative influence）　552
否定的なクチコミ（negative word-of-mouth）
　575
フォークソノミー（folksonomy）　581
ブランド・コミュニティ（brand community）
　553
ブランドフェスタ（brandfests）　553
フレーミング（flaming）　585
フロー（flows）　583
報酬パワー（reword power）　551
没個性化（deindividuation）　557
ホームショッピング・パーティー
　（home shopping party）　559
マーケットの達人（market maven）　565
マスコネクター（Mass Connectors）　570
ミートアップ（meetups）　583
民主主義（democracy）　585
メディアの多重送信性（media multiplexity）
　583
メディアの民主化（media democratization）
　585
ラーカー（lurkers）　585
利害関心最小の原理
　（principle of least interest）　561
リスキー・シフト効果（risky shift effect）
　557

復習

1. 準拠集団が個人の購買意思決定を左右するかどうかに影響を与える2つの側面を挙げなさい．
2. 社会的影響力の種類を3つ選び，それぞれについて例を1つ挙げなさい．
3. 大きな公式の集団と小さな非公式の集団では，どちらが私たちの行動により大きな影響を与えると思うか？　その理由は？
4. ブランド・コミュニティとは何か？　なぜそれがマーケターにとっての関心事となるのか？
5. 所属集団と期待集団の違いを表現し，それぞれの例を挙げなさい．
6. ある人が別の消費者の所属集団の一部となる要因を1つ挙げなさい．
7. 「没個性化」を定義し，この効果の例を1つ挙げなさい．
8. リスキー・シフトとは何か？　友人との買い物にこれがどう関連しているか？
9. 社会的影響力の中の，規範的影響と情報的影響の違いは何か？
10. 「順応」を定義し，その例を1つ挙げなさい．なぜ人々が順応するのか，その理由を3つ挙げなさい．
11. 「利害関心最小の原則」は，あなたの恋愛がうまくいくかどうかにどう関係するか？
12. 「社会的比較」とは何か？　消費者は通

常，どういうタイプの人と自分を比べるだろうか？
13. 自立していることと順応しないことの違いは何か？
14. クチコミとは何か？ どのような形で広告よりも効果的になるか？
15. 肯定的なクチコミと否定的なクチコミでは，どちらがより強力か？
16. マーケターが肯定的なクチコミを奨励するためにインターネットを使う方法を説明しなさい．
17. バイラル・マーケティングとは何か？ ゲリラ・マーケティングとは？ それぞれの例を1つ挙げなさい．
18. オピニオン・リーダーとは何か？ 彼らが消費者の意見に強い影響を与える理由を3つ挙げなさい．オピニオン・リーダーの特徴にはどんなものがあるか？
19. 万能型オピニオン・リーダーのようなものは存在するのか？ そう考える，あるいは考えない理由は？
20. オピニオン・リーダーとオピニオン・シーカーの関係性は？
21. マーケットの達人と代理消費者の違いは？
22. マーケターは製品やサービスの宣伝にオピニオン・リーダーをどう利用できるか？
23. ソシオメトリック法とは何か？ どのような状況でそれを使うことが意味をなすか？

討議と応用

■ 討論せよ

1. NHKが2012年に実施した生活時間調査によると，20〜30歳代男女のうち30%が，日曜に1日2時間以上インターネットを利用する「長時間利用者」であった．この層のインターネット平均利用時間は4時間5分であり，ネット利用が1日2時間未満の「短時間利用者」（平均53分）や「非利用者」（同0分）と比べて長かった．他方，日曜の「会話・交際」の時間は，「短時間利用者」と「非利用者」がそれぞれ平均54分，44分だったのに対し，「長時間利用者」は35分と最も短かった[124]．この問題についてのあなたの考えは？ インターネットの利用が増えることは，社会における個人間の関係に肯定的，否定的な影響のどちらを与えるだろうか？

2. 没個性化は，例えば大きなサークルに属する学生が学園祭で羽目を外し，キャンパス内で飲んだり騒いだりすることを促すという考えに，あなたは同意するか？ 大学はこの行動を抑制するために何ができるだろう，またすべきだろうか？

3. 特定のブランドの靴や洋服をスポーツ選手が身に着けることは，学生その他のファンに強力な影響を与える．選手がどの運動用品ブランドを着るべきかを決めている高校や大学のコーチは，報酬を支払われるべきだろうか？

4. 友人や隣人に商品を買うように圧力をかけるホームショッピング・パーティーは，倫理的に問題はないだろうか？

5. 郷ひろみの渋谷駅前でのゲリラライブは，警察から道路使用許可を得ていなかったこともあり，大きな混乱を招いた．ゲリラ・マーケティング戦術が行き過ぎになるのはどのような場合だろうか？ あるいは，無感覚な消費者の注意をとらえるための競争が激化する中で，公正なゲームと言えるのはどこまでだろう？

6. モバイル・ソーシャル・ネットマーケティングは，テクノロジーの次のフロンティアとなり，企業は競ってFacebookのようなプラットフォームを携帯電話にも導入しようとしている．モバイル・ソーシャルネットワークが魅力を持つのは，一部にはユーザーが現実世界のどこにいるのかを正確に特定できるからだ．例えば

Facebook は，友達の写真，動画，その他の情報だけでなく「今どこにいる？」機能で現在地を表示することができる．このテクノロジーの進歩によって，いくつかの魅力的なマーケティングの可能性が開けたが，おそらくそれは倫理面で警鐘を鳴らすものでもあるだろう．あなたは自分の居場所が他人に知られるような世界へ移行するのは避けられないということについて，その機会と脅威をどう考えるだろうか？

7. ウォルマートは，女性が店に近づくと命の危険があると警告する作り話のメールが拡散したため対応に追われた．このオンライン上のうわさは，明らかに数年前に電子メールを通して広められた**都市伝説**（urban myth）（多くの人が真実として受け入れているが，何の根拠もない「事実」）に端を発したものだった．ある時点でウォルマートが Twitter の注目トピックの第5位に入ったことが，この神話の広がりを示している[125]．もしあなたがウォルマートのコミュニケーション担当重役だとしたら，この種の広報の悪夢にどのように対処するか？

■ 応用せよ

1. 社会的規範の暗黙の力は，それに違反した時に初めて明らかになることが多い．この結果を直接目撃するために，次のうちのどれかを試しなさい――エレベーターで後ろの壁を向いて立つ，メイン料理の前にデザートを出す，友人宅でのディナーでお金を支払う，授業にパジャマ姿で出席する，「今日が人生最悪の日になればいいね！」と誰かに言う．
2. 自分の仲間にとっての拒否集団を特定しなさい．あなたは自分や友人がこうしたグループを思い浮かべて下した消費についての意思決定を挙げることができるだろうか？
3. キャンパスでのファッション・リーダーを特定しよう．彼らはこの章で示したプロフィールに合っているだろうか？
4. 大学の寮か近所でソシオメトリック分析を実施しなさい．音楽やクルマなどの1つの製品カテゴリーを選び，それぞれに情報を共有している個人の名を挙げてもらうのだ．こうしたコミュニケーションの道筋すべてを体系的に追跡し，役立つ情報を与えてくれる人として名前が挙がる個人を特定して，誰がオピニオン・リーダーかを突き止めなさい．
5. あなたはリスキー・シフトを具体的に示すことができるだろうか？　友人グループを集めて，それぞれに1から7までのスコアで論議を呼んでいる新製品を試してみる気持ちがあるかどうかを個別にたずねなさい（例：人の腕に埋め込んだチップによって機能するクレジットカードなど）．次に，グループに製品について話し合ってもらい，もう一度評価し直してもらいなさい．もし平均スコアが変化していれば，リスキー・リフトを観察したことになる．
6. ヘアスタイリストなどのサービス業の準拠パターンを追跡しなさい．顧客はどのようにその人物を選んでいるだろうか？
　何人かの顧客をビジネスパーソンに紹介したオピニオン・リーダーを特定できるかどうか試してみよう．サービス業に従事する人はこのプロセスを自分のビジネスを成長させるためにどのように利用できるだろうか？

参考文献

1. http://www.harley-davidson.com/browse/browse_categories.jsp?WebLogicSession=N3ErFgFyvT2Aiw6MWlyasMkqOsqqZrbOvNQIoR4HpGugrh1zxE0o!-36114594!hiwpbmsp04.ihd.hd!7005!8005&FOLDER%3C%3Efolder_id=1408474395439177&locale=en_US&bmUID=1308066867683&bmLocale=en_US, accessed June 15, 2011.
2. ハーレーカスタムコンテスト http://custom-contest.harley-davidson.co.jp/
3. Details adapted from John W. Schouten and James H. McAlexander, "Market Impact of a Consumption Subculture: The Harley-Davidson Mystique," in Fred van Raaij and Gary Bamossy, eds., *Proceedings of the 1992 European Conference of the Association for Consumer Research* (Amsterdam, 1992); John W. Schouten and James H. McAlexander, "Subcultures of Consumption: An Ethnography of the New Bikers," *Journal of Consumer Research* 22 (June 1995): 43-61. See also Kelly Barron, "Hog Wild," *Forbes* (May 15, 2000), http://www.forbes.com/forbes/2000/0515/6511068a.html.
4. Joel B. Cohen and Ellen Golden, "Informational Social Influence and Product Evaluation," *Journal of Applied Psychology* 56 (February 1972): 54-59; Robert E. Burnkrant and Alain Cousineau, "Informational and Normative Social Influence in Buyer Behavior," *Journal of Consumer Research* 2 (December 1975): 206-15; Peter H. Reingen, "Test of a List Procedure for Inducing Compliance with a Request to Donate Money," *Journal of Applied Psychology* 67 (1982): 110-18.
5. Dyan Machan, "Is the Hog Going Soft?," *Forbes* (March 10, 1997): 114-19.
6. C. Whan Park and V. Parker Lessig, "Students and Housewives: Differences in Susceptibility to Reference Group Influence," *Journal of Consumer Research* 4 (September 1977): 102-10.
7. Gina Kolata, "Study Finds Big Social Factor in Quitting Smoking," *New York Times* (May 22, 2008), www.nytimes.com/2008/05/22/science/22smoke.html?ex=1369195200&en=0a10910fcde1a1ac&ei=5124&partner=permalink&exprod=permalink, accessed May 22, 2008.
8. Jeffrey D. Ford and Elwood A. Ellis, "A Re-examination of Group Influence on Member Brand Preference," *Journal of Marketing Research* 17 (February 1980): 125-32; Thomas S. Robertson, *Innovative Behavior and Communication* (New York: Holt, Rinehart & Winston, 1980), ch. 8.
9. Kenneth J. Gergen and Mary Gergen, *Social Psychology* (New York: Harcourt Brace Jovanovich, 1981): 312.
10. J. R. P. French, Jr., and B. Raven, "The Bases of Social Power," in D. Cartwright, ed., *Studies in Social Power* (Ann Arbor, MI: Institute for Social Research, 1959): 150-67.
11. Michael R. Solomon, "Packaging the Service Provider," *The Service Industries Journal* 5 (March 1985): 64-72.
12. Tamar Charry, "Unconventional Spokesmen Talk up U.S. Robotics' Fast Modems in a New TV Campaign," *New York Times* (February 6, 1997), http://www.nytimes.com/1997/02/06/business/unconventional-spokesmen-talk-up-us-robotics-fast-modems-in-a-new-tv-campaign.html?scp=44&sq=Tamar1Charry&st=nyt, accessed September 13, 2011.
13. Patricia M. West and Susan M. Broniarczyk, "Integrating Multiple Opinions: The Role of Aspiration Level on Consumer Response to Critic Consensus," *Journal of Consumer Research* 25 (June 1998): 38-51.
14. Gergen and Gergen, *Social Psychology*.
15. Stephanie Rosenbloom, "Names That Match Forge a Bond on the Internet," *New York Times*, (April 10, 2008), www.nytimes.com/2008/04/10/us/10names.html?ref=us, accessed April 10, 2008.
16. Harold H. Kelley, "Two Functions of Reference Groups," in Harold Proshansky and Bernard Siedenberg, eds., *Basic Studies in Social Psychology* (New York: Holt, Rinehart & Winston, 1965): 210-14.
17. http://halo.xbox.com/en-us/intel/titles/halo2, accessed June 15, 2011; Kris Oser, "Microsoft's Halo 2 Soars on Viral Push," *Advertising Age* (October 25, 2004): 46.
18. Hope Jensen Schau, Albert M. Muñiz, Jr., and Eric J. Arnould, "How Brand Community Practices Create Value," *Journal of Marketing* 73 (September 2009), 30-51; John W. Schouten, James H. McAlexander, and Harold F. Koenig. "Transcendent Customer Experience and Brand Community." *Journal of the Academy of Marketing Science* 35 (2007): 357-68; James H.

McAlexander, John W. Schouten, and Harold F. Koenig, "Building Brand Community," *Journal of Marketing* 66 (January 2002): 38-54; Albert Muñiz and Thomas O'Guinn, "Brand Community," *Journal of Consumer Research* (March 2001): 412-32; Scott A. Thompson and Rajiv K. Sinha, "Brand Communities and New Product Adoption: The Influence and Limits of Oppositional Loyalty," *Journal of Marketing* 72 (November 2008): 65-80.

19. Rama K. Jayanti and Jagdip Singh, "Framework for Distributed Consumer Learning in Online Communities," *Journal of Consumer Research* 36, no. 6 (2010): 1058-81.

20. Schau, Muñiz, and Arnould, "How Brand Community Practices Create Value."

21. Veronique Cova and Bernard Cova, "Tribal Aspects of Postmodern Consumption Research: The Case of French In-Line Roller Skaters," *Journal of Consumer Behavior* 1 (June 2001): 67-76.

22. http://www.sneakerfiles.com/2011/06/15/air-jordan-xii-12-dwyane-wade-player-exclusive/, accessed June 15, 2011; Jennifer Edson Escalas and James R. Bettman, "You Are What You Eat: The Influence of Reference Groups on Consumers' Connections to Brands," *Journal of Consumer Psychology* 13, no. 3 (2003): 339-48.

23. A. Benton Cocanougher and Grady D. Bruce, "Socially Distant Reference Groups and Consumer Aspirations," *Journal of Marketing Research* 8 (August 1971): 79-81.

24. Nick Bilton, "Twitter Users Congregate Based on Mood, Study Says," *New York Times* (March 16, 2011), http://bits.blogs.nytimes.com/2011/03/16/twitter-users-congregate-based-on-mood-study-says/, accessed April 29, 2011.

25. A. Benton Cocanougher and Grady D. Bruce, "Socially Distant Reference Groups and Consumer Aspirations," *Journal of Marketing Research* 8 (August 1971): 79-81.

26. R. B. Zajonc, H. M. Markus, and W. Wilson, "Exposure Effects and Associative Learning," *Journal of Experimental Social Psychology* 10 (1974): 248-63.

27. D. J. Stang, "Methodological Factors in Mere Exposure Research," *Psychological Bulletin* 81 (1974): 1014-25; R. B. Zajonc, P. Shaver, C. Tavris, and D. Van Kreveid, "Exposure, Satiation and Stimulus Discriminability," *Journal of Personality & Social Psychology* 21 (1972): 270-80.

28. J. E. Grush, K. L. McKeogh, and R. F. Ahlering, "Extrapolating Laboratory Exposure Research to Actual Political Elections," *Journal of Personality & Social Psychology* 36 (1978): 257-70.

29. Jonah Berger and Lindsay Rand, "Shifting Signals to Help Health: Using Identity Signaling to Reduce Risky Health Behaviors," *Journal of Consumer Research* 35, no. 3 (2008): 509-18.

30. Basil G. Englis and Michael R. Solomon, "To Be and Not to Be: Reference Group Stereotyping and the Clustering of America," *Journal of Advertising* 24 (Spring 1995): 13-28; Michael R. Solomon and Basil G. Englis, "I Am Not, Therefore I Am: The Role of Anti-Consumption in the Process of Self-Definition" (special session at the Association for Consumer Research meetings, October 1996, Tucson, Arizona); cf. also Brendan Richardson and Darach Turley, "Support Your Local Team: Resistance, Subculture and the Desire for Distinction," *Advances in Consumer Research* 33, no. 1 (2006): 175-80.

31. Bruce Feirstein, *Real Men Don't Eat Quiche* (New York: Pocket Books, 1982); www.auntiefashions.com, accessed December 31, 2002; Katherine White and Darren W. Dahl, "Are All Out-Groups Created Equal? Consumer Identity and Dissociative Influence," *Journal of Consumer Research* 34 (December 2007): 525-36.

32. B. Latane, K. Williams, and S. Harkins, "Many Hands Make Light the Work: The Causes and Consequences of Social Loafing," *Journal of Personality & Social Psychology* 37 (1979): 822-32.

33. S. Freeman, M. Walker, R. Borden, and B. Latane, "Diffusion of Responsibility and Restaurant Tipping: Cheaper by the Bunch," *Personality & Social Psychology Bulletin* 1 (1978): 584-87.

34. Nathan Kogan and Michael A. Wallach, "Risky Shift Phenomenon in Small Decision-Making Groups: A Test of the Information Exchange Hypothesis," *Journal of Experimental Social Psychology* 3 (January 1967): 75-84; Nathan Kogan and Michael A. Wallach, *Risk Taking* (New York: Holt, Rinehart & Winston, 1964); Arch G. Woodside and M. Wayne DeLozier, "Effects of Word-of-Mouth Advertising on Consumer Risk Taking," *Journal of Advertising* (Fall 1976): 12-19.

35. Kogan and Wallach, *Risk Taking*.
36. Roger Brown, *Social Psychology* (New York: Free Press, 1965).
37. David L. Johnson and I. R. Andrews, "Risky Shift Phenomenon Tested with Consumer Product Stimuli," *Journal of Personality & Social Psychology* 20 (1971): 382-85; see also Vithala R. Rao and Joel H. Steckel, "A Polarization Model for Describing Group Preferences," *Journal of Consumer Research* 18 (June 1991): 108-18.
38. Donald H. Granbois, "Improving the Study of Customer In-Store Behavior," *Journal of Marketing* 32 (October 1968): 28-32; Tamara F. Mangleburg, Patricia M. Doney, and Terry Bristol, "Shopping with Friends and Teens' Susceptibility to Peer Influence," *Journal of Retailing* 80 (2004): 101-16.
39. Len Strazewski, "Tupperware Locks in New Strategy," *Advertising Age* (February 8, 1988): 30.
40. Melanie Wells, "Smooth Operator," *Forbes* (May 13, 2002): 167-68.
41. Luc Sante, "Be Different! (Like Everyone Else!)," *New York Times Magazine* (October 17, 1999), www.nytimes.com, accessed October 3, 2007.
42. Tanya Irwin, "Study: Facebook Users Show 'Herding Instinct,'" *Marketing Daily* (October 12, 2010), http://www.mediapost.com/publications/?fa=Articles.showArticle&art_aid=137340&nid=119587, accessed April 29, 2011.
43. For a study that attempted to measure individual differences in proclivity to conformity, see William O. Bearden, Richard G. Netemeyer, and Jesse E. Teel, "Measurement of Consumer Susceptibility to Interpersonal Influence," *Journal of Consumer Research* 15 (March 1989): 473-81.
44. John W. Thibaut and Harold H. Kelley, *The Social Psychology of Groups* (New York: Wiley, 1959); W. W. Waller and R. Hill, *The Family, a Dynamic Interpretation* (New York: Dryden, 1951).
45. Bearden, Netemeyer, and Teel, "Measurement of Consumer Susceptibility to Interpersonal Influence"; Lynn R. Kahle, "Observations: Role-Relaxed Consumers: A Trend of the Nineties," *Journal of Advertising Research* (March-April 1995): 66-71; Lynn R. Kahle and Aviv Shoham, "Observations: Role-Relaxed Consumers: Empirical Evidence," *Journal of Advertising Research* (May-June 1995): 59-62.
46. Amy Chozick, "Cold Stone Aims to Be Hip in Japan Ice-Cream Chain, Uses Word-of-Mouth as Part of Bid for an Urban Image," *Wall Street Journal* (December 14, 2006): B10.
47. Everett M. Rogers, *Diffusion of Innovations*, 3rd ed. (New York: Free Press, 1983); cf. also Duncan J. Watts and Peter Sheridan Dodds, "Influentials, Networks, and Public Opinion Formation," *Journal of Consumer Research* 34 (December 2007): 441-58; Morris B. Holbrook and Michela Addis, "Taste versus the Market: An Extension of Research on the Consumption of Popular Culture," *Journal of Consumer Research* 34 (October 2007): 415-24.
48. Dorothy Leonard-Barton, "Experts as Negative Opinion Leaders in the Diffusion of a Technological Innovation," *Journal of Consumer Research* 11 (March 1985): 914-26; Rogers, *Diffusion of Innovations*; cf. also Jan Kratzer and Christopher Lettl, "Distinctive Roles of Lead Users and Opinion Leaders in the Social Networks of Schoolchildren," *Journal of Consumer Research* 36 December (2009): 646-59.
49. Herbert Menzel, "Interpersonal and Unplanned Communications: Indispensable or Obsolete?," in Edward B. Roberts, ed., *Biomedical Innovation* (Cambridge, MA: MIT Press, 1981), 155-63.
50. Meera P. Venkatraman, "Opinion Leaders, Adopters, and Communicative Adopters: A Role Analysis," *Psychology & Marketing* 6 (Spring 1989): 51-68.
51. Rogers, *Diffusion of Innovations*.
52. 『日経MJ』「大丸松坂屋，若い女性を集客」2011年10月21日.
53. Robert Merton, *Social Theory and Social Structure* (Glencoe, IL: Free Press, 1957).
54. Center for Media Research, "Inconspicuous, But Influential" (December 26, 2008), www.mediapost.com, accessed December 26, 2008.
55. Charles W. King and John O. Summers, "Overlap of Opinion Leadership across Consumer Product Categories," *Journal of Marketing Research* 7 (February 1970): 43-50.; see also Ronald E. Goldsmith, Jeanne R. Heitmeyer, and Jon B. Freiden, "Social Values and Fashion Leadership," *Clothing & Textiles Research Journal* 10 (Fall 1991): 37-45; J. O. Summers, "Identity of Women's Clothing Fashion Opinion Leaders," *Journal of Marketing Research* 7 (1970): 178-85.
56. Duncan J. Watts and Peter Sheridan Dodds, "Influentials, Networks, and Public Opinion Formation," *Journal of Consumer Research* 34 (December 2007): 441-58.

57. http://klout.com/home, accessed June 15, 2011.
58. Matthew Creamer, "Your Followers Are No Measure of Your Influence," *Advertising Age* (January 3, 2011), http://adage.com/article/special-?report-influencers-2010/facebook-followers-measure-influence/147957/, accessed April 30, 2011.
59. Steven A. Baumgarten, "The Innovative Communicator in the Diffusion Process," *Journal of Marketing Research* 12 (February 1975): 12-18.
60. Laura J. Yale and Mary C. Gilly, "Dyadic Perceptions in Personal Source Information Search," *Journal of Business Research* 32 (1995): 225-37.
61. Russell W. Belk, "Occurrence of Word-of-Mouth Buyer Behavior as a Function of Situation and Advertising Stimuli," in Fred C. Allvine, ed., *Combined Proceedings of the American Marketing Association*, series no. 33 (Chicago: American Marketing Association, 1971): 419-22.
62. Lawrence F. Feick, Linda L. Price, and Robin A. Higie, "People Who Use People: The Other Side of Opinion Leadership," in Richard J. Lutz, ed., *Advances in Consumer Research 13* (Provo, UT: Association for Consumer Research, 1986): 301-5.
63. Stephanie Clifford, "Spreading the Word (and the Lotion) in Small-Town Alaska," *New York Times* (October 8, 2008), www.nytimes.com/2008/10/09/business/media/09adco.html, accessed October 9, 2008.
64. For discussion of the market maven construct, see Lawrence F. Feick and Linda L. Price, "The Market Maven," *Managing* (July 1985): 10; scale items adapted from Lawrence F. Feick and Linda L. Price, "The Market Maven: A Diffuser of Marketplace Information," *Journal of Marketing* 51 (January 1987): 83-87; Ronald A. Clark, Ronald E. Goldsmith, and Elizabeth B. Goldsmith, "Market Mavenism and Consumer Self-Confidence," *Journal of Consumer Behavior* 7 (2008): 239-48.
65. Michael R. Solomon, "The Missing Link: Surrogate Consumers in the Marketing Chain," *Journal of Marketing* 50 (October 1986): 208-18.
66. 「Web2.0 で顧客をつかめ 広がる『消費者参加型』」『日経コンピュータ』2007 年 10 月 15 日号.
67. Barbara Stern and Stephen J. Gould, "The Consumer as Financial Opinion Leader," *Journal of Retail Banking* 10 (1988): 47-49.
68. William R. Darden and Fred D. Reynolds, "Predicting Opinion Leadership for Men's Apparel Fashions," *Journal of Marketing Research* 1 (August 1972): 324-28. A modified version of the opinion leadership scale with improved reliability and validity appears in Terry L. Childers, "Assessment of the Psychometric Properties of an Opinion Leadership Scale," *Journal of Marketing Research* 23 (May 1986): 184-88.
69. Dan Seligman, "Me and Monica," *Forbes* (March 23, 1998): 76.
70. Gina Kolata, "Find Yourself Packing It On? Blame Friends," *New York Times* (July 26, 2007), www.nytimes.com, accessed July 26, 2007.
71. "Referrals Top Ads as Influence on Patients' Doctor Selections," *Marketing News* (January 30, 1987): 22.
72. Peter H. Reingen and Jerome B. Kernan, "Analysis of Referral Networks in Marketing: Methods and Illustration," *Journal of Marketing Research* 23 (November 1986): 370-78.
73. Peter H. Reingen, Brian L. Foster, Jacqueline Johnson Brown, and Stephen B. Seidman, "Brand Congruence in Interpersonal Relations: A Social Network Analysis," *Journal of Consumer Research* 11 (December 1984): 771-83; see also James C. Ward and Peter H. Reingen, "Sociocognitive Analysis of Group Decision-Making among Consumers," *Journal of Consumer Research* 17 (December 1990): 245-62.
74. Ed Keller and Jon Berry. *The Influentials* (New York: Simon & Schuster, 2003).
75. "Introducing Peer Influence Analysis: 500 Billion Peer Impressions Each Year," *Empowered*, (April 20, 2010), http://forrester.typepad.com/groundswell/2010/04/introducing-peer-influence-analysis.html, accessed December 31, 2010.
76. "MySpace, Isobar & Carat, Never Ending Friending: A Journey into Social Networking," http://creative.myspace.com/groups/_ms/nef/images/40161_nef_onlinebook.pdf, accessed December 31, 2010; cf. also Malcolm Gladwell, *The Tipping Point* (New York: Little, Brown, 2000).
77. 「大学生協でのヒットが救った――『ブラックサンダー』成長の裏側」Business Media 誠（http://bizmakoto.jp/makoto/articles/1102/22/news007_3.html）.
78. J-Net21「飲食品でヒット商品をつくる」http://

j-net21.smrj.go.jp/develop/foods/entry/2012111401.html
79. ドール「ニュースリリース 2014年1月23日」（https://www.dole.co.jp/company_info/news/2014/news_0123.html）.
80. ドール facebook ページ（https://www.facebook.com/Dole.japan/photos/a.260235507362346.83334.238724279513469/704895869562972/?type=1&relevant_count=1）.
81. 「世界に1つだけの"バナナトロフィー"で購入意向80%超を実現したブランドキャンペーン」AdGang（http://adgang.jp/2014/05/63492.html?utm_source=antenna）.
82. Johan Arndt, "Role of Product-Related Conversations in the Diffusion of a New Product," *Journal of Marketing Research* 4 (August 1967): 291-95.
83. Quoted in Sheila Shayon, "Teen Girls: Shopping and Texting, Texting and Shopping," *BrandChannel* (November 26, 2010), http://www.brandchannel.com/home/post/2010/11/26/Teen-Girls-Snapshot-Shopping-and-Social-Media.aspx, accessed February 23, 2011.
84. John Gaffney, "The Cool Kids Are Doing It. Should You?" *Asiaweek* (November 23, 2001): 1.
85. Douglas R. Pruden and Terry G. Vavra, "Controlling the Grapevine," *MM* (July-August 2004): 23-30.
86. www.bzzagent.com, accessed June 15, 2011.
87. Les Luchter, "Kraft, Folgers, Olay Top Baby Boomer Gals' WOM," *Marketing Daily*, (November 18, 2008), www.mediapost.com/publications/?fa=Articles.showArticle&art_aid=95000, accessed November 18, 2008.
88. Elihu Katz and Paul F. Lazarsfeld, *Personal Influence* (Glencoe, IL: Free Press, 1955).
89. John A. Martilla, "Word-of-Mouth Communication in the Industrial Adoption Process," *Journal of Marketing Research* 8 (March 1971): 173-78; see also Marsha L. Richins, "Negative Word-of-Mouth by Dissatisfied Consumers: A Pilot Study," *Journal of Marketing* 47 (Winter 1983): 68-78.
90. Arndt, "Role of Product-Related Conversations in the Diffusion of a New Product."
91. James H. Myers and Thomas S. Robertson, "Dimensions of Opinion Leadership," *Journal of Marketing Research* 9 (February 1972): 41-46.
92. Ellen Neuborne, "Generation Y," *BusinessWeek* (February 15, 1999): 86.
93. Leonard-Barton, "Experts as Negative Opinion Leaders in the Diffusion of a Technological Innovation."
94. James F. Engel, Robert J. Kegerreis, and Roger D. Blackwell, "Word-of-Mouth Communication by the Innovator," *Journal of Marketing* 33 (July 1969): 15-19; cf. also Rajdeep Growl, Thomas W. Cline, and Anthony Davies, "Early-Entrant Advantage, Word-of-Mouth Communication, Brand Similarity, and the Consumer Decision Making Process," *Journal of Consumer Psychology* 13, no. 3 (2003): 187-97.
95. Chip Walker, "Word-of-Mouth," *American Demographics* (July 1995): 38-44; Albert M. Muñiz, Jr., Thomas O'Guinn, and Gary Alan Fine, "Rumor in Brand Community," in Donald A. Hantula, ed., *Advances in Theory and Methodology in Social and Organizational Psychology: A Tribute to Ralph Rosnow* (Mahwah, NJ: Erlbaum, 2005); cf. also Gaby A. C. Schellekens, Peeter W. J. Verlegh, and Ale Smidts, "Language Abstraction in Word of Mouth," *Journal of Consumer Research* 37, no. 2 (2010): 207-23.
96. Richard J. Lutz, "Changing Brand Attitudes through Modification of Cognitive Structure," *Journal of Consumer Research* 1 (March 1975): 49-59. For some suggested remedies to bad publicity, see Mitch Griffin, Barry J. Babin, and Jill S. Attaway, "An Empirical Investigation of the Impact of Negative Public Publicity on Consumer Attitudes and Intentions," in Rebecca H. Holman and Michael R. Solomon, eds., *Advances in Consumer Research 18* (Provo, UT: Association for Consumer Research, 1991): 334-41; Alice M. Tybout, Bobby J. Calder, and Brian Sternthal, "Using Information Processing Theory to Design Marketing Strategies," *Journal of Marketing Research* 18 (1981): 73-79; see also Russell N. Laczniak, Thomas E. DeCarlo, and Sridhar N. Ramaswami, "Consumers' Responses to Negative Word-of-Mouth Communication: An Attribution Theory Perspective," *Journal of Consumer Psychology* 11, no. 1 (2001): 57-73.
97. Robert E. Smith and Christine A. Vogt, "The Effects of Integrating Advertising and Negative Word-of-Mouth Communications on Message Processing and Response," *Journal of Consumer Psychology* 4, no. 2 (1995): 133-51; Paula Fitzgerald Bone, "Word-of-Mouth Effects on Short-Term and Long-Term Product Judgments," *Journal of Business Research* 32 (1995): 213-23.

98. Keith Schneider, "Brands for the Chattering Masses," *New York Times* (December 17, 2006), www.nytimes.com, accessed October 3, 2007.
99. "Dunkin' Donuts Buys Out Critical Web Site," *New York Times* (August 27, 1999), www.nytimes.com, accessed August 27, 1999. For a discussion of ways to assess negative WOM online, cf. David M. Boush and Lynn R. Kahle, "Evaluating Negative Information in Online Consumer Discussions: From Qualitative Analysis to Signal Detection," *Journal of EuroMarketing* 11, no. 2 (2001): 89-105.
100. James C. Ward and Amy L. Ostrom, "Complaining to the Masses: The Role of Protest Framing in Customer-Created Complaint Web Sites," *Journal of Consumer Research* 33, no. 2 (2006): 220.
101. Sung-Youl Jun, Taihoon Cha, and Praveen Aggarwal, "How Much Better? The Effect of Tensile Information on Word-of-Mouth Effectiveness," *Journal of Marketing Theory & Practice* 19, no. 3 (2011): 263-77; Praveen Aggarwal, Rajiv Vaidyanathan, and Alladi Venkatesh, "Using Lexical-Semantic Analysis to Derive Online Brand Perceptions: An Application to Retail Marketing Research," *Journal of Retailing* 85, no. 2 (2009): 145-58; Praveen Aggarwal and Tridib Mazumdar, "Delegation of Purchase Tasks: An Empirical Investigation," *Psychology & Marketing* 25, no. 1 (2008): 73-95.
102. King and Summers, "Overlap of Opinion Leadership across Consumer Product Categories."
103. Michael Fumento, "Tampon Terrorism," *Forbes* (May 17, 1999): 170.
104. youtube.com/watch?v=y6t1R3yB-cs, accessed June 15, 2011.
105. Sonia Murray, "Street Marketing Does the Trick," *Advertising Age* (March 20, 2000): S12.
106. "Taking to the Streets," *Newsweek* (November 2, 1998): 70-73.
107. Karl Greenberg, "Scion's Web-Based Pre-Launch Scorns Tradition," *Marketing Daily* (March 6, 2007), www.mediapost.com, accessed March 6, 2007.
108. Melanie Wells, "Wabbing," *Forbes* (February 2, 2004): 84-88; Jeff Leeds, "The Next Hit Song? Ask P&G," *New York Times* (November 8, 2004), www.nytimes.com, accessed November 8, 2004.
109. Michael Waltzer, "Petite Lap Giraffe: A Tiny Viral Marketing Success," Brandchannel (April 5, 2011), http://www.brandchannel.com/home/post/2011/04/05/Petite-Lap-Giraffe.aspx, accessed June 15, 2011.
110. http://www.dmm.com/netgame/feature/kancolle.html
111. The material in this section is adapted from Tracy Tuten and Michael R. Solomon, *Social Media Marketing* (Englewood Cliffs, NJ: Pearson, 2012).
112. Karlene Lukovitz, "Marketers Praise Skittles' Gutsy Site Move," *Marketing Daily* (March 3, 2009), www.mediapost.com, accessed March 3, 2009.
113. www.pandora.com, accessed June 15, 2011.
114. Barry Wellman, "Physical Place and Cyberplace: The Rise of Personalized Networking," *International Journal of Urban & Regional Research* 24, no. 2 (2001): 227-52.
115. Alexandra Marin and Barry Wellman, "Social Network Analysis: An Introduction," in *Handbook of Social Network Analysis* (London: Sage, 2010).
116. https://trippiece.com/
117. John Coate, "Cyberspace Innkeeping: Building Online Community" (1998), http://www.cervisa.com/innkeeping, accessed December 31, 2010.
118. T. B. Sheridan, "Further Musings on the Psychophysics of Presence," *Presence: Teleoperators and Virtual Environments* 5 (1994): 241-46.
119. Matthew Lombard and Theresa Ditton, "At the Heart of It All: The Concept of Presence," *Journal of Computer Mediated Communication* 3, no. 2 (1973), http://jcmc.indiana.edu/vol3/issue2/lombard.html, accessed December 31, 2010.
120. James Surowiecki, *The Wisdom of Crowds* (New York: Anchor, 2005); Jeff Howe, "The Rise of Crowdsourcing," *Wired* (June 2006), www.wired.com/wired/archive/14.06/crowds.html, accessed October 3, 2007.
121. https://cuusoo.com/
122. http://www.meet-me.jp/
123. Surowiecki, *The Wisdom of Crowds*; Howe, "The Rise of Crowdsourcing."
124. http://www.nhk.or.jp/bunken/summary/research/report/2013_04/20130403.pdf
125. Jack Neff, "Will Text Rumor Scare Off Wal-Mart Customers? Messaging Hoax in at Least 16 States Warns Women They Could Be Killed," *Advertising Age* (March 19, 2009), www.adage.com; accessed March 19, 2009; Choe Sang-Hun, "Web Rumors Tied to Korean Actress's Suicide,"

New York Times (October 2, 2008), http://www.nytimes.com/2008/10/03/world/asia/03actress.html?scp=1&sq=web%20rumors%20tied%20to%20Korean%20actress&st=cse, accessed October 3, 2008; The Associated Press, "Fighting the Web Bullying That Led to a Suicide," *New York Times* (June 1, 2008), http://www.nytimes.com/2008/06/01/us/01internet.html?scp=1&sq=Fighting%20the%20Web%20Bullying%20That%20Led%20to%20a%20Suicide&st=cse, accessed June 1, 2008.

第12章　社会階級とライフスタイル

この章の目的　本章の学習を通じて，以下のことを理解しよう：

1. 個人的状況と社会的状況の双方が，消費者のお金の使い方に影響を与える．
2. 社会での立ち位置を雄弁に語ってくれる社会階級によって，消費者をグループ分けすることができる．
3. 自分の社会階級または所属したいと思っている社会階級を表現したいという欲求が，製品の好き嫌いに影響を与える．
4. 消費者のライフスタイルは多くのマーケティング戦略のカギとなる．
5. 企業がライフスタイル・マーケティング戦略を考案する時には，個々の購買を知るよりも消費パターンを明らかにする方が役立つこともある．

　ついに大切なこの日がやってきた！　タイチはミユの両親のイシハラ夫妻と会うために彼女の家に行くことになっているのだ．彼はミユが働く証券会社の仕事を請け負ったことがあり，その時にミユに一目ぼれした．茅場町で実社会の厳しさを学んできたタイチに対し，ミユはミッション系の大学を出たばかりで，2人の育った背景はまったく異なっていたが，それでもうまくやっていけそうな気がした．ミユは裕福な家の出であることをほのめかしたが，タイチは怖気づかなかった．彼の周囲には少々危ない橋を渡って数千万円を稼ぎ出すまでに成功した男たちがたくさんいた．シルクのスーツを着て，札束をこれみよがしに振り，高価でモダンな鏡つき家具やら何やらがある家に住む大物もう1人くらい，対処できるだろう．

　ミユの実家に着いた時，タイチはカーブを描く私道に駐車してあるベンツを探した．だが，彼が目にしたのはおんぼろの軽自動車だけだ．使用人の誰かのものだろう．家に中に入ったタイチは，内装も家具が非常に質素で，すべてが古ぼけていることに驚いた．色あせたオリエンタルなラグが玄関ホールに敷かれ，家具はどれも本当に古いものばかりに見える．

　タイチはミユの父親に会ってもっと驚いた．彼は映画の中でよく見る金持ちのように，イシハラ氏がタキシードでも着て，大きなブランデーグラスを手にしているところを想像していたのだ．それを見越して，自分は一張羅の光沢のあるイタリア製スーツを着て，多少は金回りがよさそうに見せるために大きなキュービックジルコニアのカフスもつけていた．ミユの父親が古いしわだらけのカーディガンにテニスシューズという姿で書斎から出てきたときには，タイチは彼がこれまで見てきた成功者たちとは違うことに気がついた．

学習の目的 1
個人的状況と，社会的状況の双方が，消費者のお金の使い方に影響を与える．

消費者の支出と経済行動

　タイチのイシハラ家での驚きの経験が示すように，お金の使い方はいくらでもある．また，お金を持つ人と持たない人の間には大きな隔たりがある．そしておそらく，もとから裕福な人と「苦労して稼ぎ出した」人の間にも同じくらい大きな差がある．この章を始めるにあたり，まず簡単に，全般的な経済状況がお金の使い方にどう影響するかを考えていく．次に，「金持ちは違う」(The rich are different) という古くからある言葉が示すように，社会的な地位によって消費の形がどのように異なるかを探っていく．こうした消費の違いは独自の「ライフスタイル」を生み出すのを助ける．ライフスタイルは時間とお金をどう配分するかを選ぶ上での大まかなパターンを表わす．これはマーケターが理解すべき重要な概念で，章の終わりではライフスタイル・マーケティングの力学にも目を向ける．

収入パターン

　よく言われる言葉に「どれだけやせても，どれだけ金持ちになっても，十分ではない」がある．今では状況は疑わしいが，全体として平均的なアメリカ人の生活水準は上昇し続けている．ただし，多くの消費者がアメリカンドリームへの完全なチケットを手にしているわけではない．2つの要因が（全体の）上昇傾向に貢献している．女性の役割の変化と教育機会の拡大である[1]．

- 就学前の子どもを持つ母親が労働力として急成長している．さらに彼女たちの多くが医療や建築業など，かつては男性がほぼ独占していた高給の職に就いている．大部分の専門職では女性は今も少数派だが，その数はますます増えている．働く女性の数の着実な増加は，中・上流家庭が急増している大きな原因となっている．
- 教育もまた，誰がより大きな経済のパイの分け前を手に入れるかの決定要因になる．大学への進学は大きな犠牲を強いるが，それでも長期的には報われる．アメリカでは，大卒者は高卒者と比べ，生涯収入が50％多い．高校を卒業していない女性は，大学の学位を持っている女性の40％しか稼いでいない[2]．だから絶対に卒業しよう！

金を使うべきか使わざるべきか，それが問題だ

　消費者の製品やサービスへの需要は，購買能力と購買意欲の両方によって決まる．生活必需品の需要はほぼ安定する傾向にあるが，今はお金を使うのに適した時期ではないと感じた時には，他の支出を先延ばしにしたり取りやめたりする[3]．例えば新しい車を

すぐに買う代わりに，もう1年，今のおんぼろ車で「間に合わせる」ことに決めるかもしれない．主要食品を箱売りする大型ディスカウントショップのような店舗でさえ，買い物客が買い控えする時には痛みを感じる．コストコのような店舗は，紙タオルや納豆の売上は安定していても，消費者が値引きジュエリーや洋服を買わなくなったことで巨額の損失を計上する[4]．

可処分所得（discretionary income）は，快適な生活水準を維持するのに必要最低限な家計の支出を差し引いた余剰資金のことを指す．総務省が2013年に実施した「家計調査」によると，実収入から直接税，社会保険料などの非消費支出を差し引いた可処分所得は，総世帯のうち勤労者世帯において月平均約38万1千円である[5]．人口の平均年齢と収入レベルが上がると，平均的な家計のお金の使い道は変化する．最も顕著な変化は食品や衣料品ではなく，住まいや交通費に多くの予算を配分するようになることだ（注意：これは高収入の家庭が食品と衣料品をあまり買わなくなるということではない．これらの製品カテゴリーに支出する「比率」が下がっているというだけである）．

お金に対する個人の態度

2009年の大不況後は特に，多くの消費者が個人または集団としての将来に疑念を抱き，今持っているものに懸命にしがみつこうとしている．もちろん，すべての人がお金とその重要性について同じ態度を示すわけではない．1円でさえ手放すのを惜しむほどの**ケチ**（tightwads）（現金を支払うときに本当に感情的な痛みを経験する人たち）もいれば，目に入るものを何でも買うことに喜びを覚える**浪費家**（spendthrifts）もいる．この問題についての研究では，（ステレオタイプはさておき）アメリカ人の場合，ケチが浪費家を数で上回っていることが分かった．男性は女性よりもケチであることが多く，年配の人や教育レベルの高い人はケチなことが多い．ただ倹約家というだけの人と，ケチはどうしたら見分けがつくだろう？　研究者の1人はこのように表現している．「証拠を見るかぎり，倹約家は節約する喜びに駆り立てられ，ケチはお金を支払う痛みを避けようとしている」[6]．

全ての人が経済不況に同じように反応すると考えるのは，認識が甘すぎるだろう．イギリスの調査会社M＆Cサーチは，支出と貯蓄に関して異なる態度と行動を示す8つの消費者セグメントを特定した[7]：

1 急激な減量派（26％）——状況が改善するまでは不必要な支出すべてをカットしようとする．
2 倹約派（13％）——ライフスタイルを維持したいと考え，犠牲を払うことはためらう．そこでブランドを少し安い物に格下げするが，欲しいものを買うことはやめない．
3 節制派（15％）——大きな買い物は延期するがクレジット払いで物を買い，支払

いを先延ばしにする.
4 バランス重視派（9%）——いくつかの製品カテゴリーを犠牲にして別のカテゴリーのものを買う.
5 ご褒美派（12%）——節約が必要なことは分かっているが，予算を組むことを苦手と感じる．そのため節約できた時には自分に小さな褒美を与える.
6 口実派（12%）——お金を使いたい気持ちはあるが，新しいモデルが出たからとか，本当によい買い物だからなど，買う正当な理由を必要とする.
7 現実逃避派（9%）——現実を否定する．ほとんどは若い消費者で，クレジットカードが使える限り買い続ける.
8 貪欲派（4%）——店をぐるぐる見て回って，格安の値をつけている店で安売り商品を買おうとする.

　お金は複雑な心理学的意味合いを持つ．成功または失敗，社会的受容，安全，愛，自由，そして性的アピールにまで重ね合わせて考えられる[8]．お金関連の病気を専門にするセラピストもいて，彼らによれば，自分の成功に罪悪感を覚え，この感情を和らげるために，わざとひどい投資をする人さえいるらしい．その他のお金がらみの症状には「破滅恐怖症（atephobia）」，「盗賊恐怖症（harpaxophobia）」（強盗の犠牲になることの恐怖），「貧困恐怖症（peniaphobia）」，「金（色）恐怖症（aurophobia）」などがある[9]．
　お金を「社会的資源（social resource）」とみなす研究アプローチで，社会に受け入れられる必要とお金に対する感情の間の興味深い関係性を調べたものがある．実験の1つでは，まず被験者はあるグループから拒絶されたか受け入れられたかのどちらかだと信じるように導かれた．その後，彼らは，自分のお金に対する欲求が投影されるような数々のテストに取り組んだ．結果は，グループから拒絶されたと感じた人たちの方が，お金への強い欲求を示した．別の実験では，被験者は本当のお金か紙の束のどちらかを数え，その後に身体的な痛みを与えられた．すると，お金を数えた人たちは，ただ紙を数えただけの人たちよりも，痛みの感じ方が少なかった[10]．

消費者の信頼

　第8章で見たように，**行動経済学（behavioral economics）**（経済心理学と呼ばれることもある）の分野では，経済的決定の「人間的な」側面が研究される．心理学者ジョージ・カトーナの先駆的研究によるこの研究分野は，消費者の動機や将来の予想が現在の支出にどのような影響を与えるか，またこうした個々の決定がどのように社会の経済的健全性に影響するかに注目する[11]．
　将来がどうなるかについての消費者の考えが，**消費者景況感（consumer confidence）**

の指標になる．この測定法は，楽観的な人，悲観的な人がそれぞれ将来の経済的健全性にどのように反応するか，自分の将来をどのように予測するかを反映する．こうした景況感が重要なのは，自分の意思で購買する時に，どれだけのお金を経済に注ぎ込むかに影響を与えるからである．

多くの企業が消費者の支出予測を重くとらえ，定期的な調査で消費者の意向を探っている．アメリカでは全国産業審議会やミシガン大学調査研究センターなどが，日本では内閣府が，消費者景況感の調査を実施している．こうした調査では，次のような質問が消費者に投げかけられる[12]：

- あなたと家族の経済的状況は1年前より良くなっていると思いますか，悪くなっていると思いますか？
- 1年後には今より良くなっていると思いますか，悪くなっていると思いますか？
- 今は，家具や冷蔵庫のような大型の家庭用製品を買うのに良い時期だと思いますか，悪い時期だと思いますか？
- 今後1年以内に車を買う予定はありますか？

今のように人々が自分の生活の見通しと経済状況について悲観的になっている時期には，支出を抑えて借金をしないようにする傾向がある．しかし，将来について楽観的になると，消費者は貯蓄を減らし，借金をして，好きな物を買う．全般的な貯蓄率に影響を与える要因には次のものがある：

1 個々の消費者が個人的な状況について悲観的か楽観的か（例：相続で突然資産が増えると楽観的になる）
2 不況のような世界的な出来事
3 貯蓄に対する態度の文化による違い（例：日本人はアメリカ人より貯蓄率が高い．ただし，アメリカ人もここ何年かで収入から貯蓄に回す割合が確実に増えている）

不況とその余波

2008年秋に起こった「リーマン・ショック」は世界的な金融危機を招いた．消費支出の変化が，消費者行動の風景を変えたことを認めなければならない．総務省の「家計調査」では，総世帯のうち勤労者世帯は2008年に，月平均で約40万3千円の可処分所得を得て，うち約29万1千円を消費に支出していた．ところが2009年になると，それぞれ約38万4千円，約28万4千円に減少した[13]．人々は可能なかぎりの倹約に走り始めた．今ではしまむらやForever21で服を買い，「節約はじめの一歩」「350日の節約生活」[14]などの倹約を奨励するウェブサイトを訪ねることが基本とされている[15]．

一般の認識には反して，すべての人が不況で苦しんだわけではない．そして，消費者

はみな同じように支出を減らしたわけでもない．多くの人は単純に優先順位を変えただけだ（おそらく，それに加えてクレジットカードでの買い物を減らしただろう）．今までのところ，どの企業が痛手を負い，どの企業が不況から逆に利益を得ているのだろうか？数年前，シティグループの戦略家が，ごく少数の裕福な人たちによって牽引される経済を表現する言葉として，プルトノミー（plutonomy）という造語を使った．スタンダード＆プアーズ（S＆P）500種株価指数を手本にして，彼らはブルガリやポルシェなどのラグジュアリーブランドの株価で構成される「バスケット取引」を作った．残念ながら，こうした裕福な人々の多くは現在ではそれほどリッチではない．それでも，中国など新興経済国における需要に支えられて売上が好調な伸びを示し始め，高級品カテゴリーの回復の兆候を目にするようになった[16]．

対照的に，別のアナリストのチームは「貧しい人がより貧しくなる指数」を開発した．このバスケットは，一般の人が苦しんでいる時に繁栄する小売店や1ドル（100円）ショップ，質屋などの22銘柄で構成されている．S＆P指数が40％下落した時期に，こちらの指数は9％という高リターンを生み出した．すべての人が損をしたわけではない．例えば消費者が食費を安く上げようとすると，マクドナルドのようなファストフードチェーンが繁盛する．人々は高価なコンサートチケットは買わなくなるかもしれないが，それでも映画ぐらいの贅沢はする．映画の興行収入もかなり上向いた．

最後に，消費者は価格により敏感になってはいるが，不況が訪れる前に重視されるようになっていた企業の社会的責任の重視という考えを放棄するかどうかは分からない．ある世界的調査では，消費者の10人中7人が不況下でも価値があると思う大義へは時間とお金を（もっと多く）かけてもよいと答え，半数以上が優れた環境意識を示すブランドにはより多くを支払ってもよいと答えた．また家計に関して非常に心配していると言っているアメリカの消費者の10人に8人近くが，環境に優しいブランドに切り替えるつもりがあると答えた．余談として，ブランド・ロイヤルティを獲得し，同時に社会的責任を果たしたいと思っているマーケターは，大変な努力が必要である．世界中の回答者の中で，優れた大義を支持するブランドをどれか1つでも挙げることができたのは，3分の1にすぎなかったためだ[17]．

学習の目的 2
社会での立ち位置を雄弁に語ってくれる社会階級によって，消費者をグループ分けすることができる．

社会階級の構造

　すべての社会は「持つ者」(haves) と「持たざる者」(have-nots) に分けられる（ただし，「持つ」量は相対的だ）．アメリカは「すべての者は平等に創られている」土地だが，それでも他の人より特権を享受している人たちがいるように思える．日本でもタイチのイシハラ家との出会いが示すように，収入，家族の背景，職業など複雑な変数の組み合わせが，社会におけるその人の地位を決める．

　あなたが社会構造に占める場所は，どれだけのお金を使うかだけでなく，どのように使うかで決まってくる．タイチはイシハラ家を訪ねたとき，明らかに大金持ちであるこの一家が，それを見せびらかそうとはしていないことに驚いた．彼らの質素な生活は，いわゆる「資産家」のトレードマークである．長く資産を保有してきた人たちは，それを持っていることを世間に証明する必要はない．対照的に，比較的最近になってから富を得た人の場合，その戦利品の使い道はまったく異なるだろう．

序列を選ぶ

　動物の世界では，最も自己主張が強いか最も攻撃的な動物が他の動物を支配し，食料や生活空間，さらには交配の相手さえも最初に選ぶことで社会構造が発達する．例えば，ニワトリにははっきり定義された「主従関係による階層 (dominance-submission hierarchy)」がある．この階層構造の中で，個々の雌鶏が自分より上の階層のすべての雄鶏に従い，自分より下の階層のすべての雄鶏を支配する（そこから序列 (pecking order) という言葉が生まれた）[18]．

　人間もそれほど大きくは変わらない．人間も社会における相対的地位によって序列構造を発達させる．この序列が教育，住宅，消費財のような資源へのアクセスを決めるのである．人々は自分の序列を引き上げるために社会の階段を上ろうとする．自分の運命を改善し，また多くの場合に自分がそうしたことを他人に知らせようとする欲求が，多くのマーケティング戦略の中核にある．

　マーケターが市場細分化の目的のために社会をグループ分けするように，社会学者は人々の相対的な社会的・経済的資源という点から社会の分類を表現する．これらの分類のいくつかには政治的権力が含まれ，純粋に経済的な区別を軸にしている分類もある．19世紀の経済理論家カール・マルクスは，その人の「生産手段」との関係性が社会にお

ける地位を決めると論じた。「持つ者」は資源を支配し，他人の労働を使って自分の特権的な立場を維持する。「持たざる者」は生存のために自分が働かなければならないため，これらの人々は，もし社会システムを変えられるのならば，得るものが最も大きい。ドイツの社会学者マックス・ヴェーバーは，人々による階級の分け方は一面的ではないことを示した。特権や「社会的名誉」（彼はこれを「地位集団（status groups）」と呼んだ）が含まれるものもあれば，権力（党派），富と財産（階級）を軸にしているものもある[19]。

社会階級（social class）という言葉は，より一般的には社会における人々の全般的な序列を表現するために使われる。同じ社会階級に属する人々は，コミュニティにおける社会的立場もほぼ同等である。彼らはおよそ同等の職業に就き，似たようなライフスタイルを送り，収入レベルも同じ程度で共通の好みを持つ傾向がある。そして同じ階級の人々と交流し，生き方に関する多くの考えと価値観を共有する[20]。

「類は友を呼ぶ」という言葉は本当である。私たちは自分と同じ社会階級の相手と結婚することが多い。この傾向を社会学者は同型配偶（homogamy），あるいは「同類婚（assortative mating）」と呼ぶ。既婚の高校中退者の90%を優に超える人たちが，やはり高校を中退したか高校までしか出ていない相手と結婚している。この対極に目を向けると，最も高学歴のアメリカ人で，高校を出ていない相手と結婚している人の割合は1%にも満たない[21]。

社会階級は資産状況であると同時に地位に関するものでもある。タイチが目にしたように，階級は人が自分のお金をどのように使うか，社会の中での自分の役割をどのように定義するかの問題でもある。社会のメンバーの一部が裕福であるとか，人と「違う」と

この広告は，レジャー活動と好みの飲料についても社会階級による違いがあることを示している。

出典：Libbey Glass Co. 提供．

いう考えは気に入らないかもしれないが，大部分の消費者は，異なる社会階級が存在することも，階級が消費に影響を与えることも認めている．研究者がある裕福な女性に社会階級を定義するように言うと，彼女はこのように表現した：

　　社会階級はどの学校に通ったか，その学校までの距離がどの位だったかを意味するのだと思います．つまり知性です．どこに住んでいるかは，子どもをどの学校に入れるかを決めます．趣味もそうです．例えばスキーはスノーモービルより上ですね．……これは単にお金だけのことではありません．誰もその人について確かなことは分からないのですから[22]．

　学校にはすべての運を持っているように思える子がいる．彼らは特権，高級車，たくさんの小遣い，人気のクラスメートとのデートなど，多くの資源へのアクセスを得る．職場では，同僚の誰かが昇進して高い給与をもらい，駐車スペース，大きなオフィス，重役用トイレへの鍵といった特権を手にする．

　確かにほぼ全ての状況で，他の人より高くランクされる人が現れる——たとえ彼らがTwitterのフォロワーの数が多いというだけであっても．社会の人員配置パターンは，相対的地位，権力，グループの統制力のおかげで，一部のメンバーが他のメンバーより多くの資源を得るようにできている[23]．**社会階層（social stratification）**のプロセスはこの人工的な分類の生成を意味しており，「希少な資源が社会的地位によって不平等に分配される社会的システムで，その地位は貴重な資源の分け前という点で多かれ少なかれ永続的に格付けされる」[24]．「評判経済（reputation economy）」が形成するにつれ，オフライン，オンラインの両方にこうした区別が見られるようになった．この用語が，人々がネット上に投稿し，そのコメントが他人から高く評価された時に稼ぐ「通貨」に言及したものであることを思い出してほしい[25]．小売店はその店の製品やサービスを購入する能力という点から顧客を「選別する」かもしれない（例：一部の投資会社は一定の資産を持つ顧客だけを受け入れる）．あるいは，裕福な人たちだけがネット上で互いにアクセスでき，それ以外の人を排除するソーシャル・ネットワーキング・サービス（SNS）「ASmallWorld.net（アズスモールワールド）」を考えてみてほしい．これは招待された人たちだけにメンバー資格が限定されたサイトだが，15万人の登録ユーザーを抱えるまでに成長している．サイトの創設者はこれを社会的エリートのためのFacebookとして宣伝した．最近の投稿のいくつかを見ると，その理由を理解できる．ある人はこう書いていた．「スイスでのイベントのために高級スポーツカーを20台レンタルしなければなりません……車は，マセラティ，フェラーリ，ランボルギーニ，アストンマーティンに限ります！」．別のある人はこう書いていた．「どなたか個人で島を所有したいという方がいらっしゃれば，私がフィ

ジーに1島持っています」．金持ちは，やはり違うものだ⁽²⁶⁾．

獲得的地位と生得的地位

あなたが属するグループに話を戻そう．おそらくあなたは多くの例から，一部の人は普通の人より多くを手にしているように見え，別の一部の人はあまり運に恵まれていないということに同意するだろう．これらの資源のいくつかはおそらく，賢明に働くか勤勉によって稼ぎ出した「獲得的地位（achieved status）」だ．しかし，もともと裕福な家に生まれたという幸運のために資産を手にしている人たちもいる．そうした幸運は「生得的地位（ascribed status）」と呼ばれる．

報酬が「選び抜かれた」エリートに行くのであれ，たまたま上司と縁があった誰かに行くのであれ，社会的集団の中で富の配分が平等になることはめったにない．ほとんどの集団は地位階層（status hierarchy）の構造を持ち，その中では誰かが誰かより恵まれている．彼らは権威や権力を持っているかもしれないし，あるいは他のメンバーが彼らを好きだったり尊敬していたりするのかもしれない．

社会的流動性

消費財へのアクセスという点では，世界中で上昇傾向が見られる．しかし，実際にはどの程度まで1つの社会階級から別の階級への移動が可能なのだろう？　インドのような社会では社会階級を変えることは難しいが，アメリカでは「誰でも大統領になれる」という言葉が好まれる（ただし元大統領の親類であれば，そのチャンスは大きくなるだろう）．社会的流動性（social mobility）は，「個人がひとつの社会階級から別の社会階級に移行する」ことを意味する⁽²⁷⁾．

アメリカでは，富は相続するよりも自分で築き上げることの方が多い．

出典：The Phoenix Companies, Inc. 提供．

「水平的移動（horizontal mobility）」は，ある人が1つのポジションから社会階級がほぼ同等の別のポジションに移動することを意味する．例えば，看護師が小学校の先生になるような場合である．「下方移動（downward mobility）」は，もちろん誰も望まない移動だが，残念ながらこのパターンはかなり頻繁に目にする．例えば農民や失業者が福祉に頼ったり，ホームレスに加わったりする場合などがある．ある推定によれば，230万～350万人のアメリカ人が1年以内にホームレス状態を経験するとされている[28]．

がっかりするようなこの傾向にもかかわらず，人口統計を見ると，アメリカには全体として「上方移動（upward mobility）」が存在するはずだ．中流・上流階級は下級階級よりも再生率が低く（すなわち家族当たりの子どもの数が少ない．統計学者はこれを「生殖力の差異（differential fertility）」と呼ぶ），彼らは家族の人数を人口維持水準より下に制限する傾向がある（つまり，子どもが1人だけということが多い）．したがって，下級階級にいる人たちがより高い階級のポジションを埋めなければならないということになる[29]．

しかし全体として見れば，労働者階級の子孫は労働者階級で，ホワイトカラー職の子孫はホワイトカラーになる傾向がある[30]．人々は確かに時間をかけて自分の地位を改善させていくが，通常これらの上昇は上の階級へ飛び移るほどの勢いはない．例外は，その人が自分より相当裕福な相手と結婚する場合である．この「シンデレラ物語」はアメリカ社会では人気のテーマで，映画（『プリティ・ウーマン』や『メイド・イン・マンハッタン』）や人気テレビ番組（『ザ・バチェラー』など）にも使われている．

アメリカの階級構造

アメリカは「理論的には」，厳格に，客観的に定義された階級制度を持たない．しかし，アメリカ人は所得の配分という点に関しては，安定した階級構造を維持する傾向がある．それでも他のいくつかの国とは違って，変化するのはグループ（民族的，人種的，宗教的）の地位で，時代によって社会構造の中の異なる場所を占める[31]．W・ロイド・ワーナーという社会学者が1941年に最も影響力のあるアメリカの階級分類を提唱した．ワーナーは6つの社会階級を特定している[32]：

1　アッパー・アッパー（上流階級の上）
2　ロウワー・アッパー（上流階級の下）
3　アッパー・ミドル（中流階級の上）
4　ロウワー・ミドル（中流階級の下）
5　アッパー・ロウワー（下流階級の上）
6　ロウワー・ロウワー（下流階級の下）

これらの分類は，金銭，教育，贅沢品などの資源へのアクセスが，社会階級のはしご

をロウワー・ロウワーからアッパー・アッパーへと上るにつれて増えていくことを意味する．例えば，アメリカの家計の最も裕福な上位20％が，総所得の半分ほどを占めている．対照的に，最も貧しい20％は3％を占めるにすぎない．しかし，これらの数字は物語の一部を語るだけだ．貧しい家庭でも非課税所得を得ている場合があり，あるいは，たまたま失業中で，一時的に所得が少ないという場合もある．他の要因も考慮して所得を調整し，1人当たりのデータを見ると（最上位カテゴリーの世帯人員は平均3.1人だが，最底辺のカテゴリーでは1.7人である），最も裕福な人たちが実際には最も貧しい人の4倍を消費している[33]．

他の社会科学者たちも，このシステム構造についてこれまでにさまざまなタイプを提唱してきたが，今でもまだ，これらの6つのレベルは私たちが階級をどのように考えているかを，かなりよくまとめている．ただし，それぞれのカテゴリーに入る消費者の比率は時代によって変動する．図12.1はアメリカの階級構造についての1つの見解を示している．

世界の階級構造

どの社会にも製品やサービスへの人々のアクセスを決める，何らかの種類の階級構造がある．いくつかの重要な例を簡単に見ておこう．

図12.1　アメリカの階級構造についての伝統的な見方

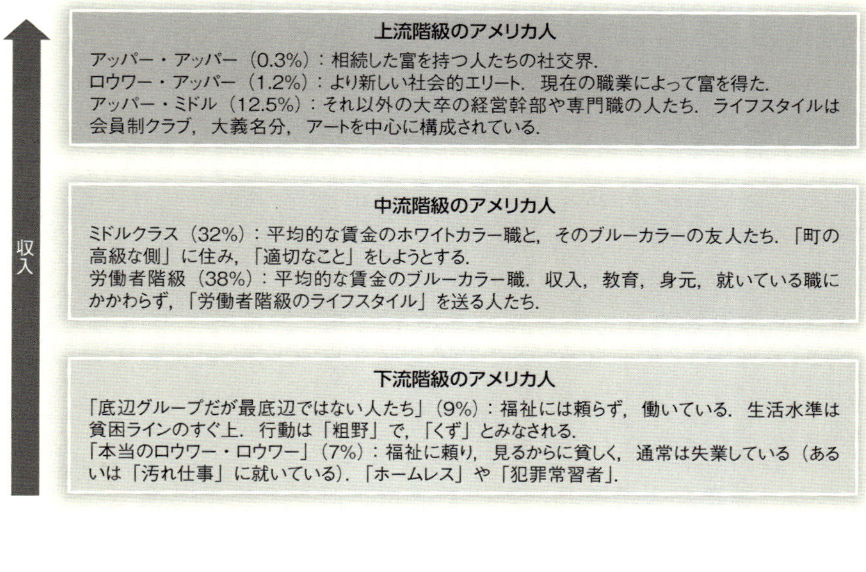

上流階級のアメリカ人
アッパー・アッパー（0.3％）：相続した富を持つ人たちの社交界．
ロウワー・アッパー（1.2％）：より新しい社会的エリート．現在の職業によって富を得た．
アッパー・ミドル（12.5％）：それ以外の大卒の経営幹部や専門職の人たち．ライフスタイルは会員制クラブ，大義名分，アートを中心に構成されている．

中流階級のアメリカ人
ミドルクラス（32％）：平均的な賃金のホワイトカラー職と，そのブルーカラーの友人たち．「町の高級な側」に住み，「適切なこと」をしようとする．
労働者階級（38％）：平均的な賃金のブルーカラー職．収入，教育，身元，就いている職にかかわらず，「労働者階級のライフスタイル」を送る人たち．

下流階級のアメリカ人
「底辺グループだが最底辺ではない人たち」（9％）：福祉には頼らず，働いている．生活水準は貧困ラインのすぐ上．行動は「粗野」で，「くず」とみなされる．
「本当のロウワー・ロウワー」（7％）：福祉に頼り，見るからに貧しく，通常は失業している（あるいは「汚れ仕事」に就いている）．「ホームレス」や「犯罪常習者」．

収入

中国

　中国の経済ブームは，あっというまに1億3千万人規模の中流階級を生み出し，アナリストは10年後にはこの数字が4億人以上に増加すると推測している．文化大革命の時代には，毛沢東の赤軍がほんの小さな財産——懐中時計や絹のスカーフ——でさえ，「ブルジョワ意識」の証拠として差し押さえた．1990年代初期に急な変化が訪れ，毛沢東の後継者の鄧小平が新しい中国の信条となる言葉を口にした．「金持ちになるのは光栄なことだ（到富光栄）」と．

　中国ではコストが安いので，アメリカで貧困ラインとされる1万4,000ドルを下回る年収の家族でも中流階級の暮らしができ，スタイリッシュな洋服，中国製のカラーテレビ，DVDプレイヤー，携帯電話を持つことができる．もっと裕福な中国の起業家は，1本25ドル（平均的中国人労働者の月給の4分の1に相当）で売っているキューバの「コイーバ」の葉巻をくゆらしている．活気あふれる上海では，新しく生まれた「ヤッピー」たちが子どもをゴルフのレッスンに送り出し，マセラティやフェラーリのショールームを訪れ，ルイ・ヴィトン，ヒューゴ・ボス，プラダで高級品を買い，くつろぎの時間を求めてエヴィアンのスパへ向かう前にハーゲンダッツに寄ってアイスクリームを買う．このブランド品への傾倒を説明する文化の違いの1つは，アジア人は社会的な地位を周囲に伝えることに非常に熱心で，よく知られたブランドネームはその役に立つということである．アメリカにおいても，アジアからの移民やアジア系アメリカ人は，他のアメリカ人と比べてノーブランド製品よりブランド製品を好むという調査結果が報告されている[34]．

　中国の消費者が最もクールなブランドとして認めているナイキは，中国の中流階級の成長によって莫大な利益を上げている．ナイキのシューズは成功のシンボルで，中国では1日に1.5店舗が新しくオープンしている．ナイキがこの地位を獲得するためには長い時間を要し，最初は中国の一流スポーツ選手に製品を提供し，プロバスケットボールリーグの全てのチームのスポンサーになることから始めた．それでも，ファッション・アイコンになること（そして，靴1足に平均月収の2倍を使うように消費者に説得すること）は，スポーツがそれほど盛んではない国では至難の業である．そこでナイキはNBA（中国で試合のテレビ中継が始まっていた）と提携し，マイケル・ジョーダンのような選手に中国を訪問させた．こうしてゆっくりとだが確実に，スポーツ通の中国人がスニーカーのことを「ナイキ」と呼ぶようになっていった[35]．

日本

　日本はブランド意識の非常に強い国で，高級なデザイナーブランドに信じられないほど人気が集まる．2011年の津波による破壊的被害で，多くの日本人の間では贅沢品の需要

が減少したものの，トップブランドへの愛着は1970年代から始まっていた．当時は日本が経済ブームに沸き，多くの日本人が欧米の高級小物を初めて買う余裕が生まれた時期だった．それ以降の長期に及ぶ不況により，富の幻想を持ち，将来への不安を忘れるために，小さな贅沢にお金を使う心理的なニーズをかき立てられたと分析するアナリストもいる．日本では独身の働く女性が贅沢品支出のかなりの部分を占める．25～29歳の日本人女性の4分の3は，自宅外で働いている．第11章で見たように，これらのOLたちは親と一緒に住むことでお金を倹約できるため，洋服，アクセサリー，休暇に充てる現金を手元に残すことができる[36]．

中東

日本とは対照的に，アラブ人女性が外で働くことは珍しい．そのため，欧米の最新の贅沢ブランドを探すことが，お金を持つ人たちにとっては大きなレジャー活動になる．店舗に入ると試着室が広く，買い物についてくる友人や家族のための前室も備えている．欧米の贅沢ブランドは中東全域で拡大を続け，ファッション業界のお得意様になっている国もいくつかある．サックス・フィフス・アベニューやジョルジオ・アルマーニなどの高級小売店は，この成長市場の需要に応えるために豪華な店舗を運営している．しかし，衣料品店は文化的，宗教的な違いを考慮に入れなければならない．ミッソーニのコレクションでは，必ず長いパンツとスカート，頭と肩を覆う軽いショール付きのイブニングドレスを含めるようにしている．広告とディスプレイも選択肢が限られていて，官能的なイメージは使えない．厳格な宗教文化を持つサウジアラビアでは，マネキンがジェンダーを表わすことも人間の形をしていることも認められない．サックスのリヤドの店舗に置かれたマネキンには頭と指がない．2階建ての店舗の半分は男性立ち入り禁止になっている[37]．

イギリス

イギリスは極端に階級意識の高い国で，少なくとも最近までは相続した地位と家系があらかじめ消費パターンを決めていた．上流階級に属する人たちはイートンやオックスフォードなどで教育を受け，『マイ・フェア・レディ』のヘンリー・ヒギンズ教授のような話し方をする．この厳格な階級構造の名残は今も目にすることができる．「フーレイ・ヘンリー」と呼ばれる上流階級の若い男性たちがウィンザー城でポロを楽しみ，世襲議員が今も下院を支配している．

しかし，相続した富による支配はイギリスの伝統的な貴族社会で薄れているように見え，リチャード・ブランソン（ヴァージン帝国の創設者）のような起業家が経済を再定義している．イギリスはアメリカと同様，不況によって大打撃を被った．そして新たに倹約が強調されるようになったことで，人々の優先順位は変わりつつある．さらに，2009年

に議員たちの経費乱用が明るみに出て，大衆の怒りを買った．ある下院議員は，自分が所有する城の周囲の堀を掃除するための 2,000 ポンドを経費として請求し，そのために国民の税金が使われていた[38]．

　ユニリーバやダノングループなどの大手企業のマーケターは，イギリス人がチャブ (chavs) と呼ぶ，より下流の階級に焦点を定めている．この名称は，バーバリーのような有名ブランドのアイテムとトレーニングウェアを組み合わせたファッションを好む，下級階級に属する若い男女に対して使われる．彼らのスタイルを代表する有名人には，サッカー選手のデイヴィッド・ベッカムと彼の妻ヴィクトリア（ポッシュ・スパイス）などがいる．趣味が悪いと言われている彼らだが，可処分所得の大部分をファッション，食べ物，最新機器に使うので，マーケターは歓迎している．イギリス人が100年前からベーコンサンドイッチやフライドポテトにかけている「HPソース」を作っているフランスのダノンは，チャブ文化におもねる一連の広告シリーズを制作した．その1つでは，ビュッフェ式の結婚パーティーでソースの奪い合いをしている姿が，別のものでは派手に着飾ったサッカー選手の妻たちがパーティーで猫のようにはしゃぐ姿が，それぞれ描かれた[39]．ダノンはこの広告に出演してもらうために，リバプールの路上で「チャビー」な人たちを見つけて声をかけた．

インド

　インド経済は世界的不況にもかかわらず活況を呈し，人口の半分近くは1日1.25ドル以下で生活しているとはいえ，豊かになった消費者が世界的な高級ブランドに群がっている．グッチ，ジミーチュウ，エルメスのようなブランドが，高級ホテルや新しい最高級ショッピングモールに先を争って出店するようになった．こうした場所では貧しい客を入れないように入口に警備員を置いている[40]．

　最近の混乱が，インド社会の急速な変化を物語っている．『ヴォーグ・インディア』は貧しい人々が贅沢品に取り囲まれている16ページの特集記事を組んだ．歯のない老女がフェンディのよだれかけをした子どもを抱いている．1万ドル以上もするエルメスのバッグを持った女性が，他の2人と一緒にオートバイに乗っている．路上の物乞いがバーバリーの傘をつかんでいる．コラムニストはこの記事を「悪趣味というだけでなく，まったく不愉快だ」と非難した．この雑誌の編集者は撮影の意図を，「ファッションはもう金持ちの特権ではない．誰にでも手に入り，誰でも美しくなれる」と説明した[41]．

　ボリウッドの大スターの1人，シャールク・カーンは，数千ドルもする高級時計ブランド「タグホイヤー」の「ブランド大使」を務める．彼はインド版『クイズ・ミリオネア』で，それを景品として配った．この番組はヒット映画『スラムドッグ＄ミリオネア』のストーリーにも組み込まれている．インドの経済成長はごく最近のことである．イギリスから独

立後，何十年も社会主義的で伝統的な経済体制が続いていた．現在，若い消費者は MTV を見て，世界的なファッション誌を読み，クレジットカードの力を楽しんでいる——インドのクレジットカード利用は，過去5年間に30％も増加した[42]．

学習の目的3
自分の社会階級または所属したいと思っている社会階級を表現したいという欲求が，製品の好き嫌いに影響を与える．

社会階級と消費者行動

　特定のブランドや店舗を特定の階級と結びつけることは，ますます困難になっている．市場の変化のために，うわべだけで，消費者が買う製品を基にその人を特定の階級に正確に分類するのは難しくなった．多くの消費者にとって，以前は手の届かなかったものが「手の届く贅沢」になったためである．あなたの周囲を見回してみてほしい．高価なルイ・ヴィトンやコーチのバッグを買って，夕食にはラーメンを食べている女子大生がいるのではないだろうか？　さらに状況を複雑にしているのは，裕福な家族が西友でワインを買い，ドン・キホーテでバスタオルを買い，この厳しい経済状況下で格安品を手に入れたことを誇らしく，満足に思っているかもしれないことである[43]．贅沢ブランドはより多くの消費者を引きつけるために価格を下げ，大衆ブランドはやや値段を上げている．H＆Mは2004年にカール・ラガーフェルドとコラボレーションして以来，ステラ・マッカートニーや川久保玲などのデザイナーと組んだコラボ商品を展開してきた．2014年秋にはアレキサンダー・ワンによるラインが展開されると発表されている[44]．

　世界的な所得配分の広範な変化がこの動きの原動力になっている．これまでは，豊かな人と貧しい人の間には大きな溝があるのが一般的だった．そのどちらに自分が含まれるのかもはっきりしていた．今では韓国や中国などの多くの経済新興国で所得が増えたことと，高品質の消費財やサービスの価格が下がったことが結びついて，市場が公平な場所になっている．現在の不況は別として，世界中のますます多くの消費者がグローバル経済に参加している．最大の新興市場は BRIC 諸国（BRIC nations）の略称で呼ばれるブラジル，ロシア，インド，中国である．これらの4カ国が現在，60兆ドル規模の世界経済の15％を占めているが，20年以内にはヨーロッパやアメリカ経済を追い抜くだろうと予測されている[45]．

　この変化により，ある程度の勢いをまだ保っている大量消費製品への需要が加速している．H＆M，ザラ，ロレアルのような企業は，アナリストが**大衆階級**（mass class）と名づける消費者セグメントに快適さを与える製品を提供している．大衆階級は，大学

教育，住宅，高級車までは手が届かなくても，高品質の製品を買えるだけの購買力を身につけた世界中の大勢の消費者を表わす．例えば，マス・マーケットは数々の低価格乗用車を生み出した．南米には現地版の「フォルクスワーゲン・ビートル」がある（彼らは愛着を込めて「エル・ウエビート（小さな卵）」と呼んでいる）．インドの消費者には「マルチ 800」がある (4,860 ドルという安さ)．そしてフィアットの「ワールドカー」である「パリオ（Palio）」は，ブラジル，アルゼンチン，インド，中国，トルコなどの新興国をターゲットにしている[46]．

社会階級の要素

ある人の社会階級を考えるときには，多くの情報を考慮に入れるものだ．中でも重要な 2 つの要因が職業と収入である．それぞれを簡単に見てみよう．

職業的名声

人々が何をして生活しているかによって分類する（好むかどうかにかかわらず）システムでは，「職業的名声（occupational prestige）」は彼らの「価値」を評価する 1 つの方法になる．職業の階層は，時代と文化を超えてかなり一定している傾向がある．研究者はブラジル，ガーナ，グアム，日本，トルコといった多くの国に職業的名声の類似性を見いだしている[47]．

典型的なランキングでは，さまざまな専門職または業種（例：大企業の CEO，医師，大学教授）がトップに位置する．一方，底辺近くに位置する職には，靴磨き，溝掘り，ゴミ収集などがある．職業は余暇の使い方，家計の配分，スポーツの好み，政治的方向性とも強く結びついているため，社会学者の多くはこれを唯一にして最良の社会階級の指標とみなしている．

収入

富の分配は社会学者とマーケターにとって大きな関心の的となる．これによって，どのグループが最大の購買力と市場可能性を持つかが決まるからである．階級にかかわらず富が公平に配分されることは決してない．既に見たように，収入それ自体が社会階級のよい指標となることはあまりない．お金をどのように使うかの方が，どれだけ使うかよりも多くを教えるからで，それがこの後で論じていく何よりも重要なライフスタイル要素である．それでも，人々は自分の好みを表現する製品やサービスを取得するためのお金を必要とするため，収入が重要であることは変わらない．アメリカの消費者は豊かになるとともに，より高齢になっている．これらの変化が消費の好みに影響を与え続けていく．

このオーストリアの銀行のように，多くの企業が上流階級の消費者に積極的にアピールしている．

出典：Bank Austria Creditanstalt AG. 提供．写真／Gunter Parth.

所得と社会階級の関連性

富と階級は同一視されることが多いが，社会階級の他の側面と所得との正確な関係性ははっきりしておらず，それについては社会学者の間で意見が分かれている[48]．この2つは決して同義語ではない．お金をたくさん持っている人の多くが，高い社会階級に這い上がるためにものを買おうとするのはそのためだ．問題の1つは，家族の稼ぎ手が増えて世帯収入が増えても，新たに加わった稼ぎ手の仕事の賃金が，稼ぎ頭の仕事の賃金を上回ることはあまりないということだ．さらに，その人たちは，必ずしも自分の稼ぎを家族全体の共通の目的のために差し出すわけではない[49]．

さて，それでは富と階級のどちらが消費者行動の優れた予測因子となるのだろう？その答えは売ろうとしている製品の種類によっても変わってくる．消費者はそれを主に機能的価値（それが何であるか）のために買うのだろうか，それとも象徴的価値（それが他者に伝える印象）のために買うのだろうか？

- 社会階級は，象徴的側面を持つ低〜中価格の製品（例：化粧品，酒類）の優れた予測

因子になる.
- 所得は，地位や象徴的側面を持たない大きな支出（例：主な家電）の優れた予測因子になる.
- 高価な象徴的な製品（例：車，家）の購買を予測するためには，社会階級と所得の両方のデータを必要とする.

階級による世界観の違い

　世界観（worldview）は，社会階級を区別する1つの方法になる．一般的に労働者階級（例：ロウワー・ミドル）の世界観は，身近な環境に制限されている．例えば労働者階級の男性は，地元のスポーツ選手をヒーローとして挙げることが多く，知らない土地に長い休暇旅行に出かけることはあまりない[50]．新しい冷蔵庫やテレビなどの直接的なニーズが，購買行動の中心になる傾向がある．一方，より上の階級はより長期的な目標，例えば大学の学費や退職後の生活のために貯蓄する[51]．労働者階級の消費者は親類からの感情的な支えに依存し，世界全体より地元コミュニティに自分を位置づける傾向がある．彼らは保守的で家族を大切にし，自分の家と財産の維持が家の規模に関係なく優先される．

　消費者の社会階級と権利意識の関係に注目したある調査では，下級階級の男性は自分の将来は自分の力次第という意識をあまり持っていないことが分かった．回答者は，「能力ある行動者（potent actors）」（自分には自分の状況に影響を及ぼす行動をとる能力があると信じている人たち）から，「無能力の反応者（impotent reactors）」（経済状況に流されると感じている人たち）まで，さまざまなタイプに分かれた．この方向性は消費者行動にも影響していた．例えば，能力ある行動者と思われる専門職の人たちは，投資して成長する機会を逃さなかった．彼らは広い視野を持って投資に当たり，予算を戦略的に組んでいた[52]．

　彼らは物質的には豊かかもしれないが，労働者階級の人たちは社会的地位が自分より上の人たちを必ずしも羨望の目で見ていない[53]．高い地位に適したライフスタイルを維持することを，その努力の価値がないとみなしているのかもしれない．ある労働者階級の消費者はこうコメントした．「あの人たちの人生は忙しすぎる．神経がまいったり，アルコール依存症になったり．地位やら洋服やらパーティーやら，期待される生活を維持するのは大変に違いない．彼らのような生活を送りたいとは思わないね」[54]．

　この人物は正しいかもしれない．良いものはすべて高い地位と富を持つ人たちの手に渡っているように見えるが，全体像はそれほど明快ではない．社会科学者のエミール・デュルケームは，自殺率は裕福な人たちの方が高いことを指摘した．彼は1897年に「最も快適な生活に恵まれている者が最も苦しむ」と書いている[55]．デュルケームの知恵は今もまだ正しいかもしれない．いくら富を持っていても，ストレスを抱えていたり不幸せに見

618 セクション 4　消費者とサブカルチャー

買えるかどうかにかかわらず，今も多くの消費者が贅沢品に憧れている．

出典：Harry Winston Jewelers 提供．

えたりする人がたくさんいる．この状況は**金持ち病（affluenza）**と呼ばれることもある[56]．

　多くのマーケターは裕福な高所得者市場をターゲットにしようとする．これは確かに意味がある．なぜなら，こうした消費者——不況の波を受けてもまだ職を失っていない人たち——は間違いなく，高い利ざやを生む高価な製品に支出するだけの資源を持っているからだ．しかし，高収入の人たち全員を同じ市場セグメントに入れようとするのは間違っている．既に述べたように，社会階級には絶対的な収入以上のことが含まれる．それは生き方の問題でもあり，いくつかの要因——どこでお金を使うか，どのようにお金を稼ぐか，どのくらい長くお金に恵まれてきたか——がその人の関心と支出の優先順位に大きな影響を与える[57]．

　パーティー三昧で過ごしているという裕福な人たちのステレオタイプに反して，ある研究が明らかにした典型的な富裕層は，57歳で自営の仕事をしており，世帯収入の中央値は13万1,000ドル．成人してからの生活の大部分を同じ妻と一緒に過ごし，スーツにかけるお金は399ドルを超えず，靴に140ドル以上をかけることはなく，フォードの「エクスプローラー」を運転している（謙虚な億万長者の投資家ウォーレン・バフェットが思い浮かぶ）．興味深いことに，豊かな人の多くは自分を金持ちだと思っていない．研究者が気づいた1つの傾向は，こうした人々は贅沢品を買いはするが，日用品はケチるということである．日本の例で言うならば，靴は伊勢丹で買うが，デオドラントはマツモトキヨシ

で買うといった具合だ[58]。

SBIコンサルティング・ビジネス・インテリジェンスは，贅沢品への態度に基づいて消費者を3つのグループに分類している：

1. **贅沢品は機能的だ**——このグループの消費者は，長持ちして価値が残るものを買うことにお金を使う．徹底した購買前リサーチを行い，感情的・衝動的な選択に走らず合理的な決定を下す．
2. **贅沢品は報酬だ**——このグループの消費者は，最初のグループよりは若いが，第3のグループよりは年上である．「私がこれを稼いだ」と言うために贅沢品を使う．成功して，その成功を他人に見せつけたいという欲求が，高級車や高級住宅街にある家など，これみよがしの贅沢品を購入する動機づけになっている．
3. **贅沢品はわがままだ**——3つの中では最も小さなこのグループは，若い消費者が多く，他の2つのグループより男性の占める割合がわずかに大きい．この人たちにとって贅沢品を所有する目的は，極端な浪費で自己耽溺にふけることである．このグループは自分の個性を表現し，人に気づいてもらえるようなものには割高な料金を払ってもよいと考える．感情的なアプローチで贅沢品に支出するため，他の2つのグループよりも衝動買いする傾向がある[59]．

タイチが気づいたように，もとから裕福だった人は財産の使い方がまったく異なる．資産家の家族（例：ロックフェラー家，鳩山家など）は主に相続した財産で暮らしている[60]．あるコメンテーターはこのグループを「隠遁階級」と呼んだ[61]．アメリカでは1930年代の大恐慌後，資産を持つ家族は自らの富を誇示することに慎重になった．彼らの多くは，今もマンハッタンに見ることができる大邸宅から逃げ出し（改装されたヴァンダービルト家の邸宅は現在，ラルフローレンのフラッグシップ店になっている），ヴァージニア州，コネティカット州，ニュージャージー州などの目立たない土地に移っていった．

富だけではこれらの社会集団の中で傑出した地位を得るには十分ではない．公共の福祉や慈善事業などでの家族の歴史を示す必要があり，こうした目に見える貢献が，寄付者に一種の不死性をもたらす（例：ロックフェラー大学，カーネギー・ホール，ホイットニー美術館など）[62]．資産家は富よりも祖先と家系によって自分たちを差別化している[63]．そして（イシハラ家のように），その地位は安泰である．ある意味で，彼らは生涯裕福であることを教え込まれている．

資産を持つ人たちとは対照的に，現在では「働く富裕層」がたくさんいる[64]．ビル・ゲイツ，マーク・ザッカーバーグ，先に見たリチャード・ブランソン（ヴァージン・グループの創設者）のような有名人がその代表だ．勤労と少しばかりの幸運で「ボロ着から富へ」を実現したホレイショ・アルジャーの神話は，今もアメリカ社会で力を持っている．ヒュー

消費者行動，私はこう見る
―――――ジョージ・ローウェンスタイン教授（カーネギーメロン大学）

普通のアメリカ人は，読書や映画よりも，宝くじに多くのお金を使っている．2003年には宝くじへの支出総額はほぼ450億ドル，1人当たり155ドルにも達した．さらに，宝くじ購入者は低所得層に偏っており，ある調査では，年収1万ドル未満の人たちが5万ドル以上の人の3倍も多く宝くじに支出していることが分かった．

なぜ宝くじはこれほど魅力的なのだろう？ そして，なぜ特に低所得の人たちに人気なのだろう？ 同僚のエミリー・ヘイズリー，ロメル・モスタファと私は，この疑問を追究することにした．宝くじの魅力の1つは，一般的なくじ券なら1ドルで買えることだと私たちは仮定した．たとえ所得の低い人にとっても，微々たる金額だ．そこで私たちはピッツバーグのグレイハウンド（長距離バス会社）のバスターミナルに行き，バス利用者に対して，5ドルの謝礼と引き換えにピッツバーグについての意見調査に協力してくれるかどうかをたずねた．その後，彼らに5枚までの宝くじ券を買う機会を与えた．一部の被験者には5ドルを渡し，どれだけ多くのチケットを買うか，選択肢の中から選んでもらった（0枚から5枚）．それ以外の被験者には，一度に1ドルずつ，5回に分けて5ドルを与え，そのたびにその1ドルで宝くじを買いたいかどうかたずねた．後者の条件の被験者は，前者に比べて宝くじを2倍多く購入した．もちろん，1ドルは大きなお金ではないが，統計が示すように，多くの人は毎日毎日そのお金をしぶしぶ支払っている．

このことが，宝くじの魅力を説明する助けになる．宝くじは還元率が最も低いにもかかわらず，アメリカでは飛び抜けて人気の高いギャンブルである．とはいえ，この発見はなぜ低所得の人たちが宝くじを買おうとするのかの説明にはならない．私たちは2つの追跡調査でこの疑問を解き明かそうとした．宝くじを買う人たちに低所得者が圧倒的に多いのは，より裕福な人たちと比べ，どれほど小さくても，それが彼らにとって自分の経済状況を劇的に改善する唯一の機会であるためだろうと私たちは推論した．最初の調査では，グレイハウンドの利用者に年収をたずねることから始めたが，1万ドル刻みで最高を5万ドル以上とする選択肢を使い，彼らを少しリッチな気分にさせた．別のグループには，5万ドル刻みで最高を100万ドル以上とするスケールを使い，自分を貧乏な気分にさせた．自分を貧しいと感じた人たちは，平均して2倍多くの宝くじを買った．2番目の調査は，宝くじが低所得層にとって魅力的なのは，高所得の人たちと勝つ確率が同じだからという理由もあるだろうと想定して行ったものだ（生活の他の側面ではリッチな人たちの方が有利なことばかりだ）．そこで，この事実を思い出させるために，バスの利用客に貧しい人と金持ちのどちらか一方が，あるいは両方とも得をしないような生活領域についてたずね，その1つに「ギャンブル」の選択肢を設けた．宝くじはすべての人に等しい確率を与えるというこの目立たない手掛かりを与えられた回答者は，やはり多く券を買うという結果が出た．

残念な事実は，宝くじの払戻金は1ドルにつき50セントでしかなく，投資対象としては最悪なことである．景気の悪い年の株式投資

よりまだ悪い．それでもアメリカ人の21％，そして年収2万5,000ドル未満の人の38％が，宝くじは老後の資金として数千ドルを蓄積できる唯一の道だと答えた．給料日払いのローン，購入選択権付き賃貸住居，質屋，税金分即時割引サービスと並び，宝くじは貧しい人たちの経済状況を悪化させる可能性もある多くの商業的で国家的な事業の1つである．

レットパッカードの2人の創立者が最初に仕事場にしたガレージの実物を見せるCMが多くの人々の琴線に触れるのは，その理由のためだ．

　実際に「自力で大成する」人は大勢いるが，彼らは富と社会的地位を得た後に，しばしば問題に直面する（ただし人が思うほど最悪の問題ではない）．「成り金」という呼び名は，最近になって富を獲得したものの，それをどのように使うかについて長年の訓練の恩恵を受けていない消費者を表現する言葉である．

　あわれな成り金（nouveau riche）たち．彼らの多くが「地位をめぐる不安（status anxiety）」に苦しんでいる．新たな文化的環境に常に目を配り，自分が「正しい」行動をとり，「正しい」洋服を着て，「正しい」場所にいるのを見られ，「正しい」ケータリングを使っているかなどをいつも確かめずにはいられない[65]．彼らのこれ見よがしの消費は「象徴的自己完結（symbolic self-completion）」の例である．自分の振る舞いが「正しい」かどうか内心では確信を持てないという不安を埋めるために，「格式」があると思えるシンボルを示そうとするのである[66]．上海などの中国の大都市では，新しい富を誇示する手段として，人前でパジャマを着る人たちがいる．ある消費者はこう説明した．「こうした服を買えるのは都市の住民だけ．農村ではまだ古い作業服を着て寝ている」[67]．

「そのフォークは何に使うのですか？」：嗜好文化，コード，文化資本

　嗜好文化（taste culture）は，消費者を美的・知的な好みという点から表現する．この概念は，社会階級別の消費選択の，重要だが時として微妙な違いを明らかにするのを手伝ってくれる[68]．例えば，67万5,000世帯のデータを使って社会階級の違いを総合的に分析した調査では，前述の大衆階級の現象を支持する結果が出た．上流階級およびアッパー・ミドル階級と，中流階級および労働者階級の間の消費パターンの違いは消えつつある．しかし，消費者がどのように可処分所得と余暇を使っているかという点では，明らかな違いがまだ見られる．上流階級およびアッパー・ミドル階級の人々は美術館や舞台演劇をよく見に行き，中流階級の消費者はキャンプや釣りを好む．上流階級はラジオで報道番組を聴くことが多く，中流階級はカントリーミュージックを流す局を選ぶことが多い[69]．

　嗜好文化という視点はエリート主義に偏っていると指摘し，これを好まない社会評論家もいる．ベートーベンとビースティ・ボーイズの芸術的価値の比較はさておくとして，

消費者が文学，芸術，音楽，レジャー活動，家の装飾の好みによって自分自身を分類していることを認識しておくことは非常に役に立つ．実際，第11章で論じた何千ものオンライン・ブランド・コミュニティの存在こそ，消費者がいつも分類をしている何よりの証拠だろう．

社会階級による嗜好の違いについての有名な研究の1つでは，研究者が持ち家所有者の家に行って，リビングルームに座り，収入と職業についてたずねながら，家財の目録を作っていった．図12.2が示すように，何らかの規則性を持っているように思われる家具や装飾品を特定していくと，それが消費者の社会的地位によって異なることに気がついた．例えば比較的低い階級の家のリビングには，宗教的な小物，造花，静物のポートレートなどが飾ってあることが多く，上流階級の家では抽象画，彫刻，モダンな家具を見るこ

図12.2　リビングルームの内装に見られるクラスターと社会階級

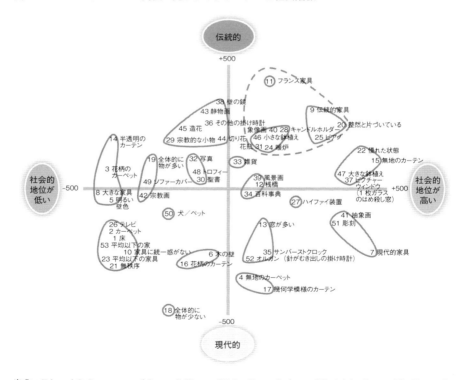

出典：Edward O. Laumann and James S. House, "Living Room Styles and Social Attributes: The Patterning of Material Artifacts in a Modern Urban Community," Sociology and Social Research 54（April 1970）: 321-42. Copyright, University of Southern California, April 1970.

とが多かった[70]。

　社会階級へのもう1つのアプローチは，階級によって異なる「コード（codes）」（消費者が意味を表現または解釈する方法）に集中している。マーケターにとってこうしたコードを解読することは重要で，それができれば，ターゲットとする消費者グループにアピールする概念や用語を使うことができる。階級による違いを頭に入れて構築するマーケティング・アピールは，まったく異なるメッセージを送るという結果につながる。例えば下流階級をターゲットにした生命保険の広告は，シンプルで直接的な用語を使い，保険契約を結んで安心している堅実な家族を描くかもしれない。より上の階級向けのアピールは，もっと裕福な年配の夫婦が子どもや孫の写真に囲まれている姿を描くかもしれない。そして，将来のための計画が満足を引き出すことを伝えるコピーを添えるだろう。

　製品の便益を伝えるこの2つの方法には，異なる種類のコードが組み込まれている。限定コード（restricted codes）は対象の内容に集中し，対象間の関係性については触れない。精密コード（elaborated codes）はもっと複雑で，より洗練された世界観に依存する。これらのコードの違いは，消費者が時間，社会的関係，対象といった基本的コンセプトにアプローチする方法にも拡大される。表12.1はこれらの2つの種類のコードの違

表12.1　限定コードと精密コードの効果

	限定コード	精密コード
一般的な特徴	対象の記述と中身を強調 言外の意味を持つ（文脈に依存する）	対象の分析と対象間の相互関係を強調（階層的秩序と手段の結びつきなど） 明確な意味を持つ
言語	限定詞（形容詞や副詞など）をほとんど用いない 具体的，描写的，目に見える象徴化を用いる	人間的，個人的な修飾語に富んだ言語を持つ 幅広い語彙，複雑な概念の階層を用いる
社会的関係	公式の役割よりも個人の属性を強調	公式の役割構成，手段的関係を強調
時間	現在を強調。将来については一般的な概念しか持たない	現在の活動は将来の報酬を得る手段だという関係を強調
物理的空間	他の部屋や場所から見て部屋や空間を位置づける（「前室」「角の店」など）	利用法に基づいて部屋や空間を位置づける。空間の公式な秩序づけをする（「ダイニング」「金融街」など）
マーケターにとっての意味合い	製品に備わった質，中身（あるいは信頼性，「本物」の持つ良さ），広告塔を強調 ライフスタイル全体に製品がどれほど適合するかを強調 シンプルな形容詞，描写を用いる	自主的な評価基準を用いて他の製品との違い，優れた点を強調 製品は離れたところにある便益を得る手段だというつながりを強調 複雑な形容詞，記述語を用いる

出　典：Jeffrey F. Durgee, "How Consumer Sub-Cultures Code Reality: A Look at Some Code Types," in Richard J. Lutz ed., *Advances in Consumer Research*, 13 (Provo, UT: Association of Consumer Research, 1986)：322.

いをまとめたものである.

　すべての嗜好文化が平等に創られているわけではないことは明らかだ. 上流階級は社会における彼らの特権的地位を永続させられる資源へのアクセスを持つ. フランスの思想家ピエール・ブルデューは, 人々が資源, すなわち「資本（capital）」を求めてどのように競争するかを詳細に論じた. ブルデューは大規模な調査によって人々の富を追跡し, この「経済資本」を娯楽や芸術の好みのパターンと関連づけた. そして,「嗜好」は地位の目印になる力, すなわちハビトゥス（habitus）で, それが階級ごとに異なる消費の好みを生み出すのだと結論づけた. その後のアメリカの消費者の分析も, この関係をほぼ裏づけるものだった. 例えば, 高所得者は平均的な消費者と比べて劇場に足を運ぶことが多く, 低所得者はレスリングの試合を見に行くことが多い[71].

　経済資本（財源）に加えて, ブルデューは社会関係資本（social capital）（組織との提携やネットワーク）の重要性を指摘した. 野心に満ちた専門職の人たちが, ビジネスチャンスの多くがグリーン上で生まれることを知っているのでゴルフを覚えることも, 社会関係資本がいかに機能するかを示している. 多くの人は純粋にボールを打つことを楽しむが, 現実には多くのビジネス交渉がコース上で交わされ, 重役たちはこのコミュニティに加わることで利益を得ている（ビジネススクールの中には,「ゴルフのエチケット」についての講義を提供しているところさえある）. 社会関係資本は限られた人のための保護された資源になる傾向が強い. 多くのカントリークラブでは, 会員になるにはお金があり余っているだけでは十分ではない. 現会員からの推薦も必要で, したがって組織が（公正かどうかは分からないが）, 誰がその輪に加わり, ロッカールームに入ることができるかを制限している.

　ブルデューは, 文化資本（cultural capital）の影響についても思い出させてくれる. 文化資本は, 特徴的かつ社会的には稀な一連の嗜好や習慣——ある人を上流階級に迎え入れることを認める「洗練された」行動の知識——のことを指す[72]. 社会のエリートたちは一連のスキルを身につけて権力と権威ある地位を確保し, それを自分の子どもたちに引き渡す（エチケットのレッスンや社交界デビューの舞踏会を考えてみるとよい）. これらの資源は, その階級のメンバーが資源へのアクセスを制限するため, 価値を増すことになる. エリート大学への入学をかけて人々がこれほど激しく競争する理由も, 一部はこれで説明がつく. 認めたくはないが, 金持ちはやはり違うのである.

オンラインの社会関係資本

　一般に, コミュニティは人々がそこに参加したいと思う誘因になる社会関係資本を豊富に提供できるときに, より健全で望ましいものになる. これはオンライン世界にも当てはまる. 体が大きくがっしりしたナイトクラブの用心棒が, 誰が店の中に入れるのにふさ

わしいかを決めるようなものと考えるとよいだろう．オンライン世界では，ブロガーは多くの他人が彼らの投稿を高く評価し，リツイートしてくれるときに社会関係資本を獲得する[73]．そして会員制のカントリークラブと同様に，アクセスを認める人を限定するオンライン・ゲーティッド・コミュニティ（online gated communities）は，テストに合格する少数の幸運な人に高い社会関係資本を与えているかもしれない．

　オンラインの社会関係資本がどのように働くかを理解するために，無印良品を例に挙げてみよう．消費者はスマートフォンにダウンロードしたアプリ「MUJI passport」のIDを買い物時に提示すると，「MUJIショッピングポイント」がもらえる．買わなくとも，店舗に来店しチェックインするだけで，「MUJIマイル」が溜まる．このマイルが溜まると，買い物に使えるショッピングポイントに変換できる．また，Webサイト上の「my MUJI」で商品レビューを書くと，やはりマイルが溜まる．この「my MUJI」には，Facebook，Twitter，mixiのいずれかのアカウントで接続する仕組みとなっており，商品レビューを書く以外に「ほしい！」「持ってる」をクリックする仕組みもある点が特徴的である．よって，友人がどのような商品を持っているのか，どのようなレビューを書いているのかを閲覧できるのだ[74]．ただしソーシャルメディア・プラットフォームは他の流行製品と同じで，多くの場合，徐々に勢いを失い人気が薄れていく．これについては第14章でさらに論じる．勢いが衰えると，コミュニティの参加人数は大きく落ち込む[75]．mixiのアクティブユーザーが減っていることを思い出してみれば，プラットフォームがほとんど一夜にして魅力を失うことがあるのも理解できるだろう[76]．

ステータス・シンボル

　消費者は自分自身，職業上の実績，容姿，そして物質的生活レベルを他人と比較して自己評価する傾向がある．「隣人に負けるな（Keeping up with the Joneses）」という言葉は，自分の生活水準を近所の人たちと比べ，できれば少し上でありたいと思うことを意味する．

　富や名声を得るだけでは十分ではないことがよくある．重要なのは，人より多くを持っていることだ．ある研究では，「ロイヤルティ・プログラム（loyalty programs）」（例：航空会社が飛行マイル数によって顧客に特別な地位を与えるなど）に人々が与える価値の少なくとも一部は，他のメンバーと比較した場合の自分のレベルに基づいて決められることが示された．被験者は，1つの階級だけしかないプログラムの「ゴールド・ステータス」を与えられるか，「シルバー」の階級もあるプログラムの「ゴールド」のどちらかに割り振られた．どちらのグループも「ゴールド」ではあったが，下のレベルもあるプログラムに割り振られた人の方が，満足度が高かった[77]．

　物を買う主たる動機づけは，それを楽しむことよりもむしろ，自分がそれを買えるだけの余裕があると他人に示すことである．こういった製品はステータス・シンボル（status symbols）となる．車のバンパーに貼られるステッカーで人気の言葉．「死ぬ時に一番多くおもちゃを持っている者が勝ち（He who dies with the most toys, wins.）」は，達成の証を蓄積したいという欲求をよく表わしている．ステータスを求める気持ちは，自分がこれだけ成功したということを他人に示せると思う製品やサービスを獲得する重要な動機づけになる．2008年に実施された調査では，自分の生活の他の側面がうまくいっていなかったり不確かだったりしたときには特に，自己概念を支えるステータス・シンボルを頼りにすることが示された．オークションに参加した被験者は，自分には力がないと感じているとこの欠点を補うためにアイテムの購入により多くを投資した[78]．

本物のブランド品を買った人は，自分にとって価値のあるハンドバッグや時計の偽物を通りで何度も見かけた時に，どのように反応するだろうか？ インドやタイで高級ブランド品を買ってきた消費者に面接したところ，それに対処する3つの戦略が明らかになった：

1. 逃避（flight）——偽物のブランドを買うステータスの低い人だと誤解されたくないため，そのブランド品を使うのをやめる．
2. 再宣言（reclamation）——そのブランドとの付き合いが長いことをわざわざ強調するが，そのイメージが傷つけられたことへの不満を表明する．
3. ブランド否定（abranding）——本当に高いステータスの人は高価なロゴを示す必要がなく，そうする人は自分の低いステータスを露呈していると考えるため，贅沢品であることを分からないようにする．

この章で既に論じたように，大衆階級市場の成長は，多くの贅沢品が低所得者向け市場にまで下りてきたことを意味する．これは，先進国の消費者がステータス・シンボルにもはや憧れないということなのだろうか？ そうではないだろう．市場は相変わらず高価格な製品やサービスを送り出し続けている．例えばイタリアの家具ブランドであるカッシーナは富裕層に人気で，100万円前後のソファが売れ筋だという[79]．

もちろん，ステータス・シンボルとみなされる製品は文化や土地によって異なる：

- ほとんどのアメリカ人にとって，今はもう生産されていないハマー（Hummer）は過剰さのシンボルだったが，イラク人は今もこの巨大な高燃費車を権力の魅力的なシンボルとみなしている．イラクのハマー販売員はこう話す．「イラクでは，人は車によって判断される．そして，車を持たない男は男ではない」．
- 中国では，子どもたちがステータス・シンボルである（政府による一人っ子政策がその理由の一部である）．両親は自分たちの甘やかされた子どもを見せびらかそうとし，「小さな皇帝」を贅沢品で飾り立てる．中国の家族は可処分所得の3分の1から半分を子どものために使う[80]．
- インドネシアでは，多くの国と同様，携帯電話がステータス・シンボルだ．しかし，こ

の国ではしゃれた iPhone の代わりに，ユーザーが「レンガ」と呼ぶ 10 年も前のノキアのモデルが使われている．この「スマートフォン」は欧米では人気が出なかった．ごつくて大きいデザインが時代遅れに見られたからだ．ところがジャカルタでは，その重量こそが人々に好かれている．230 グラムもあるこの携帯電話はポケットにはおさまらず，モデルや政治家などのセレブが手にしていると非常に目につく．ノキアは金メッキしたモデルを 2,500 ドルで売っている．ステータス・シンボルの世界では，他人が持っていないものであれば何でも貴重なのである[81]．

20 世紀初め，社会批評家のソースティン・ヴェブレンが，消費自体を目的にした消費という概念を初めて紹介した．ヴェブレンの考えでは，消費者は**妬みを起こさせるような区別**（invidious distinction）のために物を買う．つまり，物を買うことで富や権力を誇示し，他人の嫉妬を誘うのである．贅沢品を買えるだけの能力を持つのだという目に見える証拠をつきつけようとする人々の欲求を表わすために，ヴェブレンは**顕示的消費**（conspicuous consumption）という言葉を作った．ヴェブレンの見解は，彼の時代の過剰な物質主義からきたものだった．彼が目にしていたのは，J・P・モルガン，ヘンリー・クレイ・フリック，ウィリアム・ヴァンダービルトらが巨大な金融帝国を築き，競うように贅沢なパーティーを開いて富を誇示していた「ロバー・バロン（悪徳資本家）」の時代だった．こうした出来事のいくつかは伝説になっている．その代表的なものを紹介しよう：

次のような話が繰り返し新聞で報じられた．馬の背でディナーを食べた．飼い犬のための宴会を開いた，ゲストのディナーナプキンに 100 ドル札がたたんで入れてあった，自分のテーブルにチンパンジーを座らせて注意を引く女主人がいた，露出の多い服を着た娘がガラスの水槽で泳いだり大きなパイから出てきたりした，高額紙幣を燃やした炎で厳かに葉巻の火をつけるパーティーだった[82]．

当時は本当に贅沢を楽しんでいたように思える．そして，周囲の物事が変われば変わるほど，彼らの方は変わらずにいるのかもしれない．最近の AIG，エンロン，ワールドコム，タイコなどの大企業のスキャンダルの波は，多くの消費者を激怒させた．多くの従業員がレイオフされている時に，経営幹部たちは大いに楽しんでいたからである．タイコの CEO が自分の妻のために 100 万ドルの誕生パーティーを開いたという話は，ロバー・バロンのパーティーと気味の悪いほどよく似ている．伝えられるところによると，そのパーティーはローマの剣闘士をテーマにし，ミケランジェロのダビデ像を模した氷の彫刻のペニスから流れるウォッカがクリスタルのグラスに注がれたという．彼のニューヨークのアパートメントにある 6,000 ドルのシャワーカーテン，2,200 ドルの金箔を貼ったゴミ箱，1

万7,100ドルの「旅行用化粧箱」の費用も会社が負担した[83]．

　この顕示的消費現象は，ヴェブレンが**有閑階級（leisure class）** と名づけた人たち，すなわち働くことをタブーと考える人たちの間で最も顕著だった．マルクス主義の用語では，そうした態度は，自分を生産そのものではなく，生産手段の所有または管理と結びつけたいという欲求を反映している．したがって，資源を管理する者は「アイドルリッチ（"idle rich"，怠け者の金持ち）」という言葉が示すように，生活のために自ら働かなければならないことを示唆するようないかなる証拠も避けようとする．

　ヴェブレンの見解では，妻も経済的資源である．金持ちの男性は自分の富を宣伝する手段として，妻を高価な洋服，大げさな家，贅沢三昧の生活で飾り立てようとする．彼は女性のこうした「装飾的な」役割を批判した（現在なら，同じ役割を果たす一部の夫たちを同じように批判しただろう）．ハイヒールの靴，タイトなコルセット，後ろに長く引きずるドレス，凝りに凝ったヘアスタイルなどの流行は，すべて裕福な女性たちが助けなしでは動くことさえできなくし，ましてや手作業などできないようにするための策略だった．同じように，中国の纏足の習慣は，貴族の女性たちが歩けないようにすることが目的だった．移動する時には，使用人が彼女たちを運んだ．

　消費者はステータスの象徴を示す方法として顕示的消費を行うが，こうしたシンボルがどれだけ目立つかは，大きくて目につくエンブレムから，まったくロゴのないものまで，製品によって異なる．エリート階級の内情に通じた人たちは，誰かがステータス・シンボルを示せば，それが微細なものであってもすぐに見分けることができる．例えばバッグや時計の特徴的なデザインは，「控えめなシグナル」である．対照的に，派手に飾り立てて嫌でも目につくような形でステータスを誇示する必要を感じる人もいる．この場合，彼らは「これ見よがしのシグナル」を使っている．ある研究者チームがこの違いをブランド・プロミネンス（brand prominence）と名づけた．彼らは消費者を富とステータスへのニーズに基づいて4つの消費グループに分類した（貴族，成り上がり，気取り屋，プロレタリア）．贅沢品に関するデータを分析すると，ブランド・プロミネンスはそれぞれの階級で異なる価値を与えられていることが分かった．ルイ・ヴィトン，グッチ，メルセデスのようなブランドは，広告や製品自体でどれだけあからさまにステータスをアピールするか（例：目立つロゴなど）という点で異なる．この章で既に述べた「資産家」と「成り金」をもう一度考えてみると，より裕福でステータスをそれほど必要としていない人たち（貴族）が「控えめなシグナル」を好み，過度の誇示を避けているのも驚くことではない．ステータス・ブランドのマーケターは，こうした違いを理解する必要がある．彼らの顧客は目立つロゴや顕示的消費の目に見える手掛かりとなる製品に価値を置いたり置かなかったりするからだ[84]．図12.3はこれらの4つの消費タイプをまとめたもので，研究者が調査で用いた対照的な1組の製品——グッチのサングラスの「控えめな」モデルと「これ

このフランスの広告は，犬でさえ「トロフィーワイフ（富を誇示するための若く美しい妻）」と結婚することをほのめかしている．

出　典：Mars Petfood: Account Director Mars Dog: Karine Lecomte; Brand Manager Frolic: Maud Roussel CLM-BBDO: Creative Directors: Gilles Fichteberg and Jean-Francois sacco; Sales Team: Julien Lemoine, Marie Lautier, Judith Romero, and Thomas Laurent; Artistic Director: Lucie Valloton; Copywriter: Julien Perrard; Art Buyer: Sylvie Etchemaite; Producer: Sylvie Etchemaite; Photographer: Clive Stewart; Post-Production: Clive Stewart/Picto; Communication Contact: Lauren Weber.

図 12.3　ステータス・シグナリングの類型

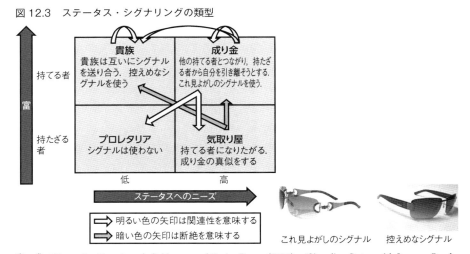

出　典：Young Jee Han, Joseph C. Nunes, and Xavier Dreza（2010）, "Signaling Status with Luxury Goods: The Role of Brand Prominence," *Journal of Marketing*, 74（July）, 15-30, from Figures 2 and 3.

見よがしの」モデル——を紹介している.

　ヴェブレンは，太平洋沿岸北西部に住むクワキュートル族について書かれた人類学研究からインスピレーションを得た.「ポトラッチ（potlach）」と呼ばれる儀式で，招待した側の主人は自分の富を誇示し，客に法外な贈り物を与える．多くを分け与えるほど，彼の地位は高くなる．時にはより過激な戦略をとって，富を見せびらかすこともある．人前で自分の財産を破壊し，どれだけ持っているかを示すのである．

　そして，状況はますます複雑な様相を呈する．なぜなら，客は同等の価値の贈り物を返さなければならないため，贅沢な「ポトラッチ」を提供できる者は自分より貧しいライバルを招いて，恥をかかせることができるのだ．不運な客はやがては破産に追い込まれる．それだけの余裕がないのに，相手と同じだけのものを与えなければならないからだ．もしこの習慣が「原始的」に思えるとしたら，現代の結婚式について思い起こしてほしい．たとえ自分たちの老後の蓄えを削ってでも，親は大金をつぎ込んで贅沢なパーティーを開き，自分の娘に「最高」の，あるいは最も派手な結婚式を開こうと競い合うのが一般的である．

　「ポトラッチ」の儀式と同じように，現代でも自分が余剰資産を持っていることを他人に示したいという欲求は，それを誇示する証拠へのニーズを生み出す．その結果，非建設的な目的のためにできるだけ多くの資源を使おうとする消費活動を優先してしまうかもしれない．このように，使えるだけの資産を持っていることを他人に見せつける消費を「顕示的浪費（conspicuous waste）」という．ヴェブレンはこのように書いている．「ポリネシア人の酋長の中には，体型を維持するストレスのために，自分の手で食べ物を口に運ぶよりも，飢える方を好む者もいると言われる」[85].

　ステータス・シンボルを蓄積しようとする競争が激化すると，時にはギアを切り替えリバースに入れることが最善の戦術になることもある．そのための1つの方法は，意図的にステータス・シンボルを避けること，すなわち，それを嘲ることでステータスを求めることである．社会学者はこの洗練された形の顕示的消費をパロディ・ディスプレイ（parody display）と呼ぶ[86]．これによって，古い破れたブルージーンズ（というよりも，古くて破れて見えるようにメーカーがストーンウォッシュでダメージを与えていることが多い）が流行したり，上流階級の間でジープのような「実用的な」車が好まれたり，レッドウィング（Red Wing）のブーツのような労働者階級向けのブランドに人気が集まる．

社会階級をどう判定するか？

　社会階級は多くの要因に依存する複雑な概念なため，社会学者の間でそれを判定する最善の方法について合意が得られないのも不思議ではない．初期の測定法としては，1940年代の「地位特性指数（Index of Status Characteristics）」や1950年代の「社会的地

位指数（Index of Social Position）」がある．これらの指数は個人的な特徴（例：収入，住居タイプ）を組み合わせて1つの階級に当てはめようとするものだが，その構成の正確さについては研究者の間でまだ論争の的になっている．細分化という目的のためには，教育と収入レベルによる判定がステータスを組み合わせた測定法と同じくらい機能すると主張する研究もある[87]．図12.4は，一般に用いられている測定法を示している．

一般にアメリカの消費者は，ほとんど悩むことなく自分を労働者階級（ロウワー・ミドル）または中流階級のどちらかと考える[88]．自分を労働者階級とみなす消費者の比率は，1960年ごろまでは上昇傾向にあったが，それ以降は減少している．比較的特権的な職に就いているブルーカラー労働者は，今も自分を労働者階級とみなしがちだが，彼らの収入レベルは多くのホワイトカラー職と変わらない[89]．この事実は「労働者階級」や「中流階級」というラベルが非常に主観的なものであることを示している．このラベルは，少なくとも経済的豊かさについてと同じくらい，自己アイデンティティについても物語っているのだ．

社会階級判定の問題

市場調査の専門家は，異なる社会階級の人は区別がつくと早くから提唱してきた．こうした階級の区別は今も存在するが，既に見たように，他のこと（ブランドの好みなど）は変化した．残念ながら，社会階級の測定法の多くはひどく時代遅れになり，現在ではほとんど役に立たない[90]．

その理由の1つは，社会学者が伝統的な核家族を想定して階級測定法を考案したからである．核家族には，働き盛りの稼ぎ手である男性と，専業主婦の女性が含まれる．これらの測定法では，（第10章で見たように）最近多くなってきた共働きの家族，若い一人暮らしの独身者，女性が稼ぎ頭になっている家庭を説明することが難しい．

もう1つの問題は，社会がますます匿名性を強めていることである．初期の研究は「評判を基にする方法」に頼り，研究者は1つの地域内で集中的な面接調査を実施し，個人の評判と身元について情報を集めた（ソシオメトリック法については第11章を参照）．彼らはその情報を使い，人々の相互関係のパターンを追跡し，地域内の社会的立場についての総合的な見解を導き出した．しかし，現在の多くのコミュニティではこの調査を実施するのはほぼ不可能である．妥協案の1つは，面接で集めたデモグラフィクスデータに，その人の成功と生活水準についての面接官の主観的な印象を結びつけることだろう．

一例として，図12.4の項目を参照してほしい．この質問票の正確さの大部分は，特に回答者の居住環境に関する内容の正確さについては，主に面接官の判断にかかっている．この場合，面接官自身の状況が比較基準に影響を及ぼすため，それが回答者に対して持つ印象に偏見を与える可能性がある．さらに，この質問票は非常に主観的な言葉を用い

図12.4　コンピューター化されたステータス指数の例

面接官は自分の判断で回答者とその家族に最もよく当てはまると思うコードナンバー（コンピューター用）を丸で囲む。回答者に職業について詳細に質問した後，評価を開始する．面接官は回答者に自分の言葉で近隣地域について描写するように指示し，さらに収入を尋ねる——8段階に分けた年収が書かれたカードを提示する——その反応を記録する．もしその回答が過大評価ないし過小評価されていると面接官が感じた場合には，「より適切と思われる判断」とその説明を書き添える．

教育：	回答者（年齢）	回答者の配偶者（年齢）
小学校（8年以下）	……1　R's Age	……1　Spouse's Age
高校（9〜11年）	……2	……2
高校卒業（12年）	……3	……3
高校卒業後の教育（ビジネス，看護，技術などの専門学校，1年間の大学通学）	……4	……4
2，3年間の大学通学——文系準学士	……5	……5
4年制大学卒業（文学士号／理学士号）	……7	……7
修士課程または5年の専門学位	……8	……8
博士号または6/7年の専門学位	……9	……9

世帯主の職業の階層：世帯主の職業的地位に対する面接官による判断
　（回答者の描写——退職している場合や，回答者が未亡人の場合は，夫の元の職業を尋ねる：_____）
継続的な失業状態——「日雇い」労働者，未熟練；福祉依存　……0
継続的に雇用されているが，重要ではない半熟練職；管理人，最低賃金の工場労働，サービス職（ガソリンスタンドの店員など）　……1
平均的能力が求められる組み立てライン工員，バスやトラックの運転手，警察官や消防士，配達員，大工，れんが職人　……2
熟練の職人（電気技師），小規模の請負業者，工場主任，低賃金の販売員，事務職，郵便局職員　……3
非常に小さい企業の経営者（従業員2〜4人），技術者，販売員，事務職，平均月収の公務員　……4
中間管理職，教師，ソーシャルワーカー，軽度の専門職　……5
企業の職員，中規模企業の経営者（従業員10〜20人），中程度の成功を収めた専門職（歯科医，技師など）　……7
企業幹部，専門職の世界の「大きな成功者」（一流の医師や弁護士），「成功」企業の経営者　……9

居住地域：コミュニティの目から見た評判という点での近隣地区についての面接官の印象
スラム街：生活保護受給者，一般労働者　……1
完全な労働者階級：スラム街ではないが，非常に貧しい住宅　……2
ブルーカラーが支配的で少数のホワイトカラーが混じる　……3
ホワイトカラーが支配的で少数の高賃金のブルーカラーが混じる　……4
より高級なホワイトカラー地域：重役は少ないが，ブルーカラーはほとんどいない　……5
高級な地域：専門職の人たちや高給の管理職　……7
「裕福な」あるいは「社交界」タイプの近隣環境　　　　　　　　　　　　　　合計スコア_____

家族の年収総額：

$5,000未満	……1	$20,000〜$24,	……5
$5,000〜$9,999	……2	$25,000〜$34,999	……6
$10,000〜$14,999	……3	$35,000〜$49,999	……7
$15,000〜$19,999	……4	$50,000〜	……8

推定されるステータス_____

（面接官の判定：_____と説明_____）
回答者の婚姻状態：既婚_____離婚／別居_____死別_____独身_____（コード：___）

ている.「スラム街の（slummy）」や「卓越した（excellent）」は客観的な評価ではない.これらの潜在的な問題は，適切な訓練を受けた面接官が必要であることを強調する．また，おそらくは同じ地域を複数の判定者が担当して，有効性を高める試みも必要になるだろう．

どのグループの人であれ，誰かを社会階級に割り振る時の問題の1つは，彼らが関連のある側面のすべてで同じ立場を示していない場合があることである．ある人はステータスの低い民族グループの出身ながら，高いステータスの職に就いているかもしれない．別のある人は高校も出ていないが，町の高級住宅地に住んでいるかもしれない．社会学者は階級の不一致の影響を評価するために地位の結晶化（status crystallization）の概念を用いる[91]．この概念は，指標が矛盾を示す時には，ストレスが生じると考える．こうした「バランスのとれていない」人が生活のそれぞれの側面から得る報酬は，変わりやすく予測不能であるためだ．こうした非一貫性を示す人は，よりしっかりと社会的地位が定まっている人たちよりも社会の変化に対して受動的になりやすい．

ある人の社会階級が自分では満たせない期待を生む時にも，関連した問題が生じる．一部の人は，自分の社会階級に期待されている以上の収入を得ていることで，自分は不幸せではないと気づく．これは「過大特権（overprivileged）」を得ていることを意味し，自分の属する階級の中央値よりも，少なくとも25〜30%収入が多いことと定義されている[92]．対照的に「過小特権（underprivileged）」の消費者は，中央値よりも少なくとも15%収入が少なく，一定の地位にあるという印象を保つために収入の大部分を使っている．例えば，「ハウス・プア（house-poor）」と呼ばれる人たちは，贅沢な家にお金を使うあまり，そこに備える家具を買えない人たちのことをいう．現在，多くの持ち家所有者は，残念ながらこの立場に置かれている．2010年には287万人のアメリカ人が家を差し押さえられ，その数は確実に増え続けている[93]．

伝統的に，家族の社会階級は夫によって定義され，妻たちはそれに合わせなければならない．女性は夫を通して社会的ステータスを得る[94]．実際に，外見の魅力的な女性たちは，外見の魅力的な男性たちと比べ，結婚によって社会階級を格段に上昇させる（上方婚（hierogamy））．女性たちは性的アピールという資源——歴史的に女性たちが持つことを認められてきた数少ない資産の1つ——を，男性の経済的資源と交換するのである[95]．

現代世界では，この仮定の正確さは非常に疑わしい．今では多くの女性が家族の幸せに男性と同等の貢献を果たし，夫と同等，または夫以上の地位で働いている．働く女性が自分の家庭のステータスを主観的に評価する時には，自分と夫の地位の平均をとる傾向がある[96]．それにもかかわらず，「結婚市場」にいる人が選択肢を評価する時には，（タイチとミユが気づいたように）結婚相手の社会階級が重要な「製品属性」になる．

社会階級の細分化の問題点：まとめ

　社会階級が消費者を分類する重要な方法であることは変わらない．多くのマーケティング戦略は特定の社会階級をターゲットにする．しかし，ほとんどの場合に，マーケターは社会階級についての情報を有効に活用できていない．その理由を挙げてみよう：

- ステータスの非一貫性を無視している．
- 世代間の流動性を無視している．
- 主観的な社会階級（つまり，消費者が実際に所属する階級ではなく，自分はそこに所属するとみなしている階級）を無視している．
- 属する階級を変えたいという消費者の願望を無視している．
- 働く妻の社会的ステータスを無視している．

学習の目的 4
消費者のライフスタイルは多くのマーケティング戦略のカギとなる．

ライフスタイル

　社会階級が消費者の購買や活動の重要な決定要因であることは間違いないが，それだけがすべてではない．収入や教育などの社会階級の指標では似通った2人が，まったく異なる消費選択をするのは珍しいことではない．これらの重要な違いが，第6章で論じたサイコグラフィクス研究のタイプ分けの動機づけになった．消費者のAIO（行動，関心，意見）が，年齢や性別などのデモグラフィクスデータではよく似ている人たちをより詳細に理解するために大きな役割を果たす．

　同じ大学に通い同じような背景を持つ学生でも，まったく異なるタイプの学生がいる．例えば，アメリカの大学生であれば，次のように分けられるかもしれない[97]：

- 「メトロ（Metro）」：バナナリパブリックの店の前を通ると，中に入って何か買わずにはいられない．靴は20足，サングラスや時計は6つくらい持ち，男物の財布を持ち歩く．理髪店ではハイライトを入れられないので，美容院に行く．彼女のために子羊とリゾットのディナーを作り，朝食にはエッグベネディクトを用意する．すべて手作りだ．単にひげを剃るだけでなく，角質取りや保湿もする．
- 「ヘッシャー（Hesher）」：リーボックを履き，アシッド・ウォッシュド・ジーンズにヘビーメタル界の「神」と呼ばれるバンド「ジューダス・プリースト」のTシャツを着て，髪型は襟足だけを伸ばした「マレットヘア」．まだ両親の家の地下に住み，日本の星野楽器のギターブランド「アイバニーズ」のギターを思い切り楽しみ，5年は走ってな

いシボレーの「ノヴァ」をおそらく持っている．
● 「エモ（Emo）」：凝った歌詞と聞き取れないギターリフを組み合わせたハイピッチのソフトコア・パンク・ミュージックに夢中．タイトなウールのセーターにタイトなジーンズ，（夏でも）かゆくなるようなスカーフを巻き，好みのブランドのわざと引き裂いたスニーカーに角ばった黒縁の眼鏡というスタイルを好む．グリースぎらぎらの洗っていない髪は，少なくとも顔の5分の3を斜めに覆っていなければならない．

ライフスタイル：私たちは何者で，何をするのか

　伝統的な社会では，階級，身分制度，村，あるいは家族が，個人の消費選択の大部分を支配していた．しかし，現在の消費社会では，それぞれが自由に自分を定義する製品，サービス，行動を選び，他人とコミュニケーションを図るための社会的アイデンティティを生み出している．ある人の製品やサービスの選択は，その人がどのような人か，どのようなタイプの人間になりたいと思っているか，さらにはどのような人たちを避けたいと思っているかを宣言するに等しい．

　ライフスタイル（lifestyle）は，時間とお金をどのように使うかについての個人の選択を反映する消費パターンを定義する．経済的な意味でのライフスタイルは，異なる製品やサービスのカテゴリー間で，および，あるカテゴリー内の特定の製品やサービスに，支出をどのように配分するかを反映する[98]．もう1つの区別は，消費者をより広い消費パターンで定義する．例えば，支出総額の大部分を食べ物に消費している人と，高度なテクノロジー，あるいは娯楽や教育などの情報関連の製品に消費している人などで区別するものである[99]．

　マーケターは，消費者が自分の好きなことをするためにどれくらいの時間をかけられるか，余暇にする行動として何を選ぶかという点でもライフスタイルを考える．一般に，消費者は経済的な損失を補うという理由からも，これまで以上に懸命に働いている．32～43歳の人が最も長く，平均して週に55時間働いている．ハリス世論調査は1973年からアメリカ人の余暇を追跡しており，最初の調査では，人々が余暇に費やす時間の中央値は週26時間だった．2008年には，この数字は週16時間に減っていた．少なくなった余暇をどのように使っているかも興味深い．アメリカ人の30％は好きな活動に読書を挙げ，24％はテレビ鑑賞，17％は家族や子どもと過ごすこと，と答えた．コンピューター関連の活動にも多くの時間を費やしているが，調査結果を見ると，コンピューターや電話で仕事の「確認」をしている時間も相当増えているのに，これを労働時間には含めていなかった[100]．

　ライフスタイル・マーケティング・パースペクティヴ（lifestyle marketing perspective）は，人々は好きな行動，余暇や可処分所得の使い方に基づいて，自分を特定のグループに位置づけるとみなしている[101]．ニッチ市場をターゲットにした雑誌や，特殊な関心事を専門に扱うウェブサイトの急増は，現代社会の選択肢の幅広さを反映している．その

否定的側面は，新聞業界にとって明らかだ．人々がほとんどの情報をオンラインで得るようになったため，既にいくつかの大手出版社が印刷版の休刊に追い込まれた．

集団アイデンティティとしてのライフスタイル

　経済的アプローチは，社会全般における優先課題の変化を追跡したい時には役立つが，ライフスタイル・グループの分類につながる象徴的な意味を含めたり明らかにしたりすることはない．ライフスタイルは，可処分所得をどのように配分するかだけのものではない．社会の中で自分は何者か，何者ではないかを宣言するものでもある．集団アイデンティティは，趣味に熱中している人であれ，スポーツ選手であれ，ドラッグ常用者であれ，表現上の象徴主義という性格を帯びていく．社会学者はそうした自己定義を表現するために，「ライフスタイル」や「ステータス文化」など，多くの用語を使っている[102]．

　類似した社会的・経済的環境にいる人たちの多くは，全般的な消費パターンが似ているかもしれない．それでも，それぞれがそのパターンに独特な「ひねり」を加え，ライフ

コピー：ジェイコしかない．なぜならあなたはあなただから．

このRV車（キャンピングカー）の広告は，レジャー活動への時間とお金の支出配分によって，市場セグメントがいかに定義されるかを示している．RV車のディーラーがここには「あなたを語る」車があると訴えるこの広告は，RV車を愛する人たちは，このライフスタイルを連想させる活動から自己アイデンティティの相当な部分を築いていることを意味している．

出典：Jayco Inc. 提供．

消費者行動,私はこう見る

────リサ・ボルトン教授(ペンシルヴェニア州立大学)
────アメリカス・リード2世教授(ペンシルヴェニア大学)

「ブランディング」の概念はマーケティングの基本であり,あるカテゴリー内の各製品の利点を伝え,違いを明らかにする。しかし,時にはカテゴリーのラベル自体が消費者にとって予期せぬ結果をもたらすこともある。例えば「健康的なライフスタイル」を追求する消費者——特に健康面のいくつかの症状が重なり(高コレステロールと肥満など)大きな危険に直面している人たち——の状況を考えてみてほしい。

私たちは,治療法に関するラベルが健康的なライフスタイルに影響するかどうかを調べてきた。同じ治療法でも,「薬」と「サプリメント」のどちらのラベルを使うかで消費者の反応が変わるのか,想像してほしい。それが運動の計画や何を食べるかに影響を与えるのだろうか? もし与えるのなら,いかにして?

「薬」のラベルがついた医薬品を考える時,消費者はその医薬品に関連した健康リスクを割り引く傾向があり(高脂肪食品の健康リスクなど)、その結果,リスクの高い行動をとることが多くなる(高脂肪の食事など)。皮肉なことに,大きな健康上のリスクを抱える消費者(高コレステロールや肥満)ほど,この医薬品マーケティングの「ブーメラン効果」がより顕著に見られるようになっている。言い換えれば,治療薬は助けようと思っている消費者の多くに害を与えるということである。

リスクにさらされている消費者は,薬をリスキーな行動からリスクを取り除くもの,モノポリーでいえば「刑務所からの釈放カード」だと認識している。つまり,もっとチーズケーキを持ってきてくれ,ということだ[103]。ブーメラン効果は実際の行動にも見られる。ある調査では,治療薬の広告を1つ見せただけで,被験者はM&Mのキャンディを多く食べた[104]。

対照的に,「サプリメント」のラベルはブーメラン効果をもたらさない[105]。消費者はこのラベルが,サプリメント療法は何らかのライフスタイルの変化とともに用いられなければならないことを「意味する」ものだと気づいているようだ(より健康的な食習慣,運動を増やすなど)。サプリメントは健康的なライフスタイルを損なうことはないように思えるが,研究者はサプリメント・マーケティングには今後の調査が必要な問題があることを認めている(この分野はいくぶん評判が悪い)。

消費者の健康と幸福な生活に与える否定的な影響は別として,ブーメラン効果はマーケターにとって重要な意味合いを持つ。マーケターがより責任あるアプローチをとると,健康的な行動に与えるブーメラン効果を「無効にする」のを助けるだろうか?

図 12.5 ライフスタイルのトレンド

世界中の多くのマーケターが，オフラインとオンラインの両方で新しいトレンドに目を光らせ，近い将来，および長期的に消費者行動の動向に影響を与えそうなものを特定しようとしている．イギリスに拠点を置くブランド・コンサルティング会社のキャンバス 8 は，ライフスタイルの変化について定期的にレポートを発行している．この図は 2011 年発行のレポートに見られた 4 つのトレンドを示している．

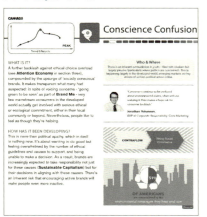
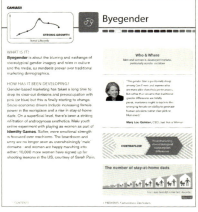
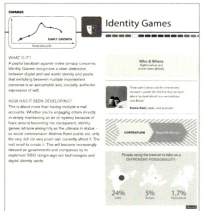

出典：Keeping TABS ©Canvas 8 2011.

スタイルに個性を与えている．例えば「典型的な」大学生は（そうしたものがあると仮定して），友人たちと同じような服を着て，同じ場所にたむろし，同じ食べ物を好むが，それでもマラソンや切手収集に情熱を燃やしたり，アシッド・ジャズに入れ込んだりして，自分を独自の存在にしている．

ライフスタイルは不変のものではない．第4章で論じたような深く根づいた価値観とは異なり，人々の嗜好や好みは時間とともに進化する．実際，時が経てば，現在の消費パターンを笑うようになるかもしれない．もしそれが信じられないのなら，5年か10年前の自分や友人を振り返ってみるといい．あんな洋服をどこで見つけてきたのだろうと思うのではないだろうか？　人々の身体的健康状態，社会活動主義，男女の性別役割，家庭生活や家族の重要性などに関する態度は間違いなく変化していくため，マーケターは継続的に社会風潮をチェックして，この変化がどこに向かっていくのかを予測しなければならない．

学習の目的 5
企業がライフスタイル・マーケティング戦略を考案する時には，個々の購買を知るよりも消費パターンを明らかにする方が役立つこともある．

製品はライフスタイルの基礎的要素

　私たちは誰でも，自分の音楽の選択がライフスタイルについて多くを物語ることを知っている．そして現在，音楽制作とは全く関係のないブランドのいくつかが音楽ビジネスに参入し，音楽表現とブランド・ロイヤルティの結びつきを強化している．ナイキは「ナイキ＋（プラス）・オリジナルラン」シリーズのためのワークアウト用オリジナル曲の制作を委託した．この曲はアップルのiTunesミュージックストアで買うことができる．またアップルと提携して売り出した「ナイキ＋」には，インソールの下に「ナイキ＋」用iPodセンサーを入れるための内蔵ポケットをつけた．これで好みの音楽を聴きながら，自分のランニングを記録したり目標設定をしたりできる．さらにナイキは，ヨガ，ダンス，ウェイ

図 12.6　消費スタイル

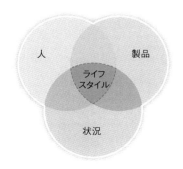

トトレーニングなどの運動に使う音楽とコーチのナレーション入りCDも発売した[106]。ライバルのコンバースはレコーディングスタジオを建設して新人バンドが無料でレコーディングできる場を提供し，シューズと音楽アーティストの関係性を深めている（ラモーンズからザ・ストロークスまで，何世代にもわたるバンドがコンバースを履いてきた）[107]。

これらは製品ユーザーのコミュニティ意識を刺激しているという点で，賢い戦略といえる（あなたがFacebookのアカウントを律儀にチェックする理由を考えてみるとよい）。消費者は特定のライフスタイルを連想させるという理由で製品を選ぶことがよくある．この理由のために，ライフスタイル・マーケティング戦略は，製品を既存の消費パターンに適合させるようにポジショニングし，さまざまな製品と状況に関連したブランド・パーソナリティを創出している．

ライフスタイル・マーケティングの目標は，消費者が生活を楽しみ，社会的アイデンティティを表現するための自分独自の方法を追求できるようにすることである．したがって，この戦略のカギとなるのは，自分の好きな社会的環境の中で製品を使う人たちをターゲットにすることである．マーケターは古くから，ゴルフのラウンド，家族のバーベキュー，ヒップホップのエリートが集まる優雅なクラブの夕べなど，特定の社交的イベントに製品を関連づけたいと考えてきた[108]．このように人，製品，状況が結びついて，図12.6の図が示すような「消費スタイル（consumption style）」が表現される．

人々のさまざまな製品カテゴリーの選択を観察すると，彼らがライフスタイルを定義するためにどのように製品を使っているかの全体像が明らかになる．ライフスタイル・マーケティング・パースペクティヴは，消費者を理解するためには「行動パターン」を見なければならないと考える．ある研究ではそれをこのように表現している．「すべてのものに

出典：General Electric 提供．

インテリアデザイナーは，部屋の調度品を選ぶ時に消費コンステレーションを頼りにする．装飾品として選ぶ多くのカテゴリーの製品——電化製品，家具，雑貨，さらには芸術品——には統一感を持たせ，特定の見た目のイメージを伝えるようにする．

は意味がある．だが，それ自体では何も意味しない……意味はすべてのものの間の関係性にある．ちょうど音楽が1つの音符ではなく，多くの音が結びつくことで形になるように」(109)．

確かに，多くの製品やサービスには「相性」があるように思える．通常，それは同じタイプの人々がそれを選ぶ傾向があるからである．多くの場合，製品は「対」になる製品がないと「意味をなさない」ように見えるし（例：ファストフードと紙皿，あるいはスーツとネクタイ），まったく異なるパーソナリティを持つ製品と組み合わされると調和が感じられない（例：「わかば」や「ピース」といったタバコと純金のライター）．

したがって，ライフスタイル・マーケティングでは，消費者が特定のライフスタイルと結びつける一連の製品やサービスを明らかにすることも重要になる．実際に，研究から得られた証拠は，比較的魅力のない製品であっても，消費者がそれを自分の好きな他の製品と結びつける時には魅力を持つことを示している(110)．多くの異なるカテゴリーのものを調和させて1つのライフスタイルを表現することが，大切なデートのためにファッションのコーディネート（靴，洋服，香水），部屋の装飾（テーブル，カーペット，壁紙），レストランのデザイン（メニュー，雰囲気，フロアスタッフの制服）など，多くの消費決定の中心にある．今では多くの人が，製品を機能だけでなく，デザインが他のものとどのように調和するかという点からも評価する．

このようなカテゴリー間の関係を理解するマーケターは，他の企業とのコラボレーションで2つ以上のアイテムを同時に宣伝する**コ・ブランディング戦略**（co-branding strategies）を用いる．広告の中で両方の宣伝キャラクターにチームを組ませることすらある．例えばソフトバンクモバイルはサントリーの缶コーヒーブランド「BOSS（ボス）」と組み，それぞれのCMでかねてよりおなじみの「宇宙人ジョーンズ」と「お父さん犬」が登場するコラボCMを作ったり，携帯電話購入者に「お父さん犬」が印刷された「ボス　レインボーマウンテンブレンド」をプレゼントしたりするキャンペーンを実施したりした(111)．

異なる製品の象徴的意味合いが相互関係を持つとき，**製品の補完性**（product complementarity）が生じる(112)．消費者は自分の社会的役割を定義し，伝え，実行するために，これらの**消費コンステレーション**（consumption constellation，星座のような消費財の集まり）と呼ばれる一連の製品を利用する（「コンステレーション」とは「星座」の意．1つずつではなく星座のようにいくつか組み合わされて消費される財を指す）(113)．例えば，1980年代のアメリカの「ヤッピー（Young Urban Professional）」は，ロレックスの時計，BMWの車，グッチのブリーフケース，スカッシュのラケット，生のバジルペースト，白ワイン，ブリチーズ（フランスのブリ地方のチーズ）のような製品イメージと結びつけられた．最近の日本でも，パラビオンやクリスプの服を着た「森ガール」に同様の

コンステレーションを見つけることができる．最近の人たちはヤッピーと分類されることを避けようと努力しているが，この社会的役割は1980年代の文化的価値観と消費者の優先順位を定義するのに大きな影響を与えた[114]．子どもたちでさえ消費コンステレーションを作り出すのが得意で，成長するにつれ，これらの認知体系に含めるブランドが多くなることも研究から分かっている．

章のまとめ

この章を読み終えた時点で，理解しているべきこと：

1. **個人的状況と，社会的状況の双方が，消費者のお金の使い方に影響を与える．**

    行動経済学は，消費者が自分のお金の使い方をどのように決めているかに注目する研究分野である．消費者景況感——経済全般の先行き予測だけでなく，自分の個人的状況に関する感情も含まれる——が，製品やサービスを購入するかどうか，借金をするか，貯蓄するかなどの決定に影響を与える．

2. **社会での立ち位置を雄弁に語ってくれる社会階級によって，消費者をグループ分けすることができる．**

    消費者の社会階級は，社会における立ち位置を表わす．教育，職業，収入などの要因が属する階級を決める．

    ほぼすべてのグループが相対的な優越さ，権力，貴重な資源へのアクセスという点でメンバーを選別している．この社会階層が地位の階級を生み，消費者は所属する階級によって好む製品が変わってくる．

    所得は社会階級の重要な指標ではあるものの，その関係性は完全ではない．居住地域，文化的関心，世界観のような要因も社会階級を決める．世界のどの国でも所得の配分は常に変化するため，社会階級を区別するのは難しくなりつつある．成功する製品の多くは，マーケターが「大衆階級」（贅沢品を多少なりとも買えるだけの所得がある人たち）を呼ぶ新興グループにアピールしているからこそ，成功を収めている．

3. **自分の社会階級または所属したいと思っている社会階級を表現したいという欲求が，製品の好き嫌いに影響を与える．**

    人が意図的に貴重な資源を使い尽くすことで自分のステータスを周囲に示そうとする顕示的消費は，物を買うことでより高い「成り金」の階級に上がるための1つの手段となる．「成り金」階級は，裕福な家系のために高い社会的流動性を得たのではなく，比較的最近になって財産を得た人たちで，顕示的消費をすることが最も多い．

    消費者は他人に対して自分の地位を伝えるためにステータス・シンボル（ふつうは希少な製品やサービス）を利用する．「パロディ・ディスプレイ」は，意図的に高級製品を避けることでステータスを求めるときに使われる．

4. **消費者のライフスタイルは多くのマーケティング戦略のカギとなる．**

    消費者の「ライフスタイル」は，その人が時間とお金をどのように使うか，消費選択が価値観や好みをどのように反映しているかを表わす．ライフスタイル研

究は，社会の消費の好みを追跡するためにも，特定の製品やサービスを異なるセグメントにポジショニングするためにも役立つ．マーケターはライフスタイルの違いに基づいて市場を細分化する．その時には AIO（行動，関心，意見）から消費者をグループ分けすることが多い．

5. 企業がライフスタイル・マーケティング戦略を考案する時には，個々の購買を知るよりも消費パターンを明らかにする方が役立つこともある．

　消費者は相互に関連した製品や活動を自分の社会的役割と結びつけ，「消費コンステレーション」を形成する．製品やサービスを購入するときには，それをコンステレーションと結びつけ，したがって自分が好ましいと思うライフスタイルとリンクさせている．「ジオデモグラフィ（geodemography）」には，地理的・人口統計的なデータを使って，同様のサイコグラフィクス特徴を持つ消費者集団を明らかにする一連のテクニックが含まれる．

キーワード

オンライン・ゲーティッド・コミュニティ（online gated communities）　625
可処分所得（discretionary income）　601
金持ち病（affluenza）　618
ケチ（tightwads）　601
顕示的消費（conspicuous consumption）　627
限定コード（restricted codes）　623
コ・ブランディング戦略（co-branding strategies）　641
行動経済学（behavioral economics）　602
嗜好文化（taste culture）　621
社会階級（social class）　606
社会階層（social stratification）　607
社会関係資本（social capital）　624
社会的流動性（social mobility）　608

消費コンステレーション（consumption constellation）　641
消費者景況感（consumer confidence）　602
ステータス・シンボル（status symbols）　625
製品の補完性（product complementarity）　641
精密コード（elaborated codes）　623
世界観（worldview）　617
大衆階級（mass class）　614
地位階層（status hierarchy）　608
地位の結晶化（status crystallization）　633
チャブ（chavs）　613
同型配偶（homogamy）　606
成り金（nouveau riches）　621
妬みを起こさせるような区別（invidious distinction）　627
ハビトゥス（habitus）　624
パロディ・ディスプレイ（parody display）　630
ブランド・プロミネンス（brand prominence）　628
BRIC 諸国（BRIC nations）　614
プルトノミー（plutonomy）　604
文化資本（cultural capital）　624
有閑階級（leisure class）　628
ライフスタイル（lifestyle）　635
ライフスタイル・マーケティング・パースペクティヴ（lifestyle marketing perspective）　635
浪費家（spendthrifts）　601

復習

1. 女性はアメリカ社会全体の所得増加にどのような貢献を果たしてきたか？
2. 可処分所得とは何かを定義しなさい．
3. 消費者景況感はどのように消費者行動に影響するか？
4. 序列とは何か？
5. 社会階級とは何か？　収入とは異なるのか？　もしそうだとしたら，どのように

異なるのか？
6. 獲得的地位と生得的地位の違いは何か？
7. 大衆階級という用語の意味を説明し，この現象を引き起こす原因を要約しなさい．
8. 社会的流動性を定義し，それが取りうる形を説明しなさい．
9. 社会階級の最善の指標となる変数は何か？ その他の重要な指標には何があるか？
10. 収入が増えてもその人の社会階級が変わらないことがあるのはなぜか？
11. 社会階級を判定する場合の問題点をいくつか挙げなさい．
12. ブルーカラーとホワイトカラーの消費者の世界観はどのように異なるか？
13. ライフスタイルとは何か？
14. 限定コードと精密コードの違いを説明し，それぞれの例を1つずつ挙げなさい．
15. 文化資本とは何か？ なぜエチケットを学ぶクラスに参加することがそれを蓄積することになるのか？
16. 「資産家」と「成り金」の消費者を，あなたはどのように区別するか？
17. 顕示的消費とは何か？ 最近の例を挙げなさい．
18. パロディ・ディスプレイの最近の例を挙げなさい．
19. ライフスタイルは所得とどのように異なるか？
20. ライフスタイル・マーケティング戦略の基礎となる哲学は？

討議と応用

■ 討論せよ

1. 現代社会で社会階級を判定する上での障害には何があるだろう？ これらの障害を克服する方法について討論しなさい．
2. あなたはどのように人々の社会階級を振り分けるか？ そうした振り分け自体をしようと思うか？ 社会階級を決めるための消費に関連した手掛かりにはどのようなものがあるだろう（例：洋服，話し方，車など）．
3. 現在の経済状況では，自分のお金を――使えるお金があると仮定して――ひけらかすことはいくぶん不作法な行動になってきた．これは贅沢品のようなステータス・シンボルが過去のものになったことを意味するのだろうか？ そのように考える，あるいは考えない理由は？
4. ソースティン・ヴェブレンは，男性は女性を「トロフィーワイフ（trophy wives）」（若く美しい女性を着飾らせて妻にすること）として，自分の富を誇示するために利用していると論じた．この主張は現在にも当てはまるだろうか？
5. この章では，低所得者層をターゲットにする時に「隣の芝生は青く見える」戦略が有効だと考えるマーケターもいると論じた．貴重な資源を必需品以外のものに浪費する余裕のない消費者を選別するのは，どこまで倫理的に許されるだろうか？
   どのような状況下で，この細分化戦略を奨励あるいは抑制すべきだろうか？
6. ステータス・シンボルとは，ロレックスの時計や高級スポーツカーのような，他人に自分の資産や特権を示すことに価値を置く製品を意味する．あなたの所属集団はステータス・シンボルに価値を置いているだろうか？ そう思う，あるいはそう思わない理由は？ もしそう思うのであれば，あなたと同年代の消費者にとってのステータス・シンボルとしてどのような製品を思い浮かべるか？ 携帯電話は多くの若者にとってステータス・シンボルになっているというこの章の主張に，あなたは同意するか？

■ 応用せよ

1. 図 12.4 のステータス指数を使い，可能であれば両親を含め，あなたが知っている人たちの社会階級を判定しなさい．数人の友人たちにも彼らの知人に対して同様の情報をまとめてもらうように頼んでみよう（できれば出身地の異なる人たちが望ましい）．回答を比較すると，どれくらいの類似性が見られるだろうか？ 違いが見られた場合，それをどのように説明するか？
2. 職業のリストを作り，さまざまな専攻の学生（経営学領域とそれ以外の両方）にこれらの職をランク付けするように頼んでみよう．学生の専攻分野によってランキングに違いが現われるだろうか？
3. 異なる社会階級の消費者を描く広告を集めなさい．こうした広告の現実とそれが現われるメディアについて，どのような一般論が導かれるだろうか？
4. 大学生をターゲットにしたメディアを使い，この社会的役割のための消費コンステレーションを具体的に考えてみなさい．どのような組み合わせの製品，活動，関心が「典型的な」大学生を描く広告に現れることが多いだろうか？ このコンステレーションはどれくらい現実に即しているだろう？
5. エクストリーム・スポーツ，YouTube，ブログ，完全菜食主義（veganism）．あなたは将来何が人気になりそうだと予測するか？ あなたの大学で最近目にするようになったライフスタイルのトレンドを挙げ，それを詳細に表現し，あなたの予測の根拠を示しなさい．このトレンドに特徴的なスタイルや製品は何だろう？

参考文献

1. Data in this section adapted from Fabian Linden, Consumer *Affluence: The Next Wave* (New York: The Conference Board, 1994). For additional information about U.S. income statistics, access Occupational Employment and Wage Estimates at www.bls.gov/oes/oes_data.htm.
2. Mary Bowler, "Women's Earnings: An Overview," *Monthly Labor Review* 122 (December 1999): 13-22.
3. Christopher D. Carroll, "How Does Future Income Affect Current Consumption?," *Quarterly Journal of Economics* 109 (February 1994): 111-47.
4. "Costco Net Falls on Weak Discretionary Spending," *Reuters* (May 28, 2009), www.reuters.com/article/newsOne/idUSTRE54R1GJ20090528, accessed June 17, 2009.
5. http://www.stat.go.jp/data/kakei/2013np/gaikyo/pdf/gk01.pdf
6. Quoted in Philip Jackman, "What Makes a Tightwad? Study Finds That People Who Are Stingy Report Feeling Emotional Pain When Spending Money," *Toronto Globe & Mail* (March 19, 2008), www.theglobeandmail.com, accessed March 22, 2008. http://webuser.bus.umich.edu/srick/Globe%20and%20Mail%203-19-08.pdf, accessed September 24, 2011.
7. Center for Media Research, "Coping with Recession" (June 3, 2009), www.mediapost.com, accessed June 3, 2009.
8. José F. Medina, Joel Saegert, and Alicia Gresham, "Comparison of Mexican-American and Anglo-American Attitudes toward Money," *Journal of Consumer Affairs* 30, no. 1 (1996): 124-45.
9. Kirk Johnson, "Sit Down. Breathe Deeply. This Is Really Scary Stuff," *New York Times* (April 16, 1995): F5; cf. also Matthew J. Bernthal, David Crockett, and Randall L. Rose, "Credit Cards as Lifestyle Facilitators," *Journal of Consumer Research* 32 (June 2005): 130-45.
10. Xinyue Zhou, Kathleen D. Vohs, and Roy F. Baumeister, "The Symbolic Power of Money: Reminders of Money Alter Social Distress and Physical Pain," *Psychological Science* 20, no. 6 (2009): 700-6.
11. Fred van Raaij, "Economic Psychology," *Journal of Economic Psychology* 1 (1981): 1-24.
12. Richard T. Curtin, "Indicators of Consumer Behavior: The University of Michigan Surveys of

Consumers," *Public Opinion Quarterly* (1982): 340-52.
13. http://www.e-stat.go.jp/SG1/estat/List.do ? lid=000001119483
14. AllAbout「人気節約サイトに迫る！」http://allabout.co.jp/gm/gc/58750/
15. Matt Richtel, "Austere Times? Perfect," *New York Times* (April 10, 2009), www.nytimes.com/2009/04/11/business/economy/11cheap.html?_r=1, accessed April 10, 2009; www.stretcher.com, accessed June 17, 2009; www.allthingsfrugal.com, accessed June 17, 2009; www.frugalmom.net, accessed June 17, 2009.
16. Elizabeth Holmes, "Luxury Goods Sparkle," *Wall Street Journal* (May 4, 2011), http://professional.wsj.com/article/SB10001424052748703834804576300941315031916.html?mg=reno-secaucus-wsj, accessed June 16, 2011.
17. Michael Bush, "Consumers Continue to Stand by Their Causes During Downturn, Survey Says People Will Still Pay More if They Support Brand's Beliefs," *Advertising Age* (November 17, 2008), http://adage.com/article/news/consumers-continue-stand-downturn/132587/, accessed November 17, 2008; Rob Cox and Aliza Rosenbaum, "The Beneficiaries of the Downturn," *New York Times* (December 28, 2008), www.nytimes.com, accessed December 28, 2008.
18. Floyd L. Ruch and Philip G. Zimbardo, *Psychology and Life*, 8th ed. (Glenview, IL: Scott Foresman, 1971).
19. Jonathan H. Turner, *Sociology: Studying the Human System*, 2nd ed. (Santa Monica, CA: Goodyear, 1981).
20. Richard P. Coleman, "The Continuing Significance of Social Class to Marketing," *Journal of Consumer Research* 10 (December 1983): 265-80; Turner, *Sociology: Studying the Human System*.
21. Rebecca Gardyn, "The Mating Game," *American Demographics* (July-August 2002): 33-34.
22. Richard P. Coleman and Lee Rainwater, *Standing in America: New Dimensions of Class* (New York: Basic Books, 1978), 89.
23. Coleman and Rainwater, *Standing in America: New Dimensions of Class*.
24. Turner, *Sociology: Studying the Human System*.
25. Anya Kamenetz, "The Perils and Promise of the Reputation Economy," *Fast Company* (November 25, 2008), www.fastcompany.com/magazine/131/on-the-internet-everyone-knows-youre-a-dog.html, accessed June 17, 2009.
26. Ruth LaFerla, "A Facebook for the Few," *New York Times* (September 6, 2007), www.nytimes.com, accessed September 6, 2007; www.asmallworld.net, accessed June 16, 2011.
27. Turner, *Sociology: Studying the Human System*, 260.
28. See Ronald Paul Hill and Mark Stamey, "The Homeless in America: An Examination of Possessions and Consumption Behaviors," *Journal of Consumer Research* 17 (December 1990): 303-21; "The Homeless Facts and Figures," NOW (May 2, 2007), www.ask.com/bar?q=What+Percentage+of+Americans+Are+Homeless&page=1&qsrc=6&ab=0&u=http://www.pbs.org/now/shows/305/homeless-facts.html, accessed June 17, 2009.
29. Joseph Kahl, *The American Class Structure* (New York: Holt, Rinehart & Winston, 1961).
30. Leonard Beeghley, *Social Stratification in America: A Critical Analysis of Theory and Research* (Santa Monica, CA: Goodyear, 1978).
31. James Fallows, "A Talent for Disorder (Class Structure)," *U.S. News & World Report* (February 1, 1988): 83.
32. Coleman, "The Continuing Significance of Social Class to Marketing"; W. Lloyd Warner and Paul S. Lunt, eds., *The Social Life of a Modern Community* (New Haven, CT: Yale University Press, 1941).
33. W. Michael Cox and Richard Alm, "You Are What You Spend," *New York Times* (February 10, 2008), www.nytimes.com/2008/02/10/opinion/10cox.html?scp=1&sq=you+are+what+you+, accessed February 10, 2008.
34. Heejung S. Kim and Aimee Drolet, "Cultural Differences in Preferences for Brand Name versus Generic Products," *Personality & Social Psychology Bulletin* 35, no. 12 (December 2009): 1555-66.
35. Howard W. French, "Chinese Children Learn Class, Minus the Struggle," *New York Times* (September 22, 2006), www.nytimes.com, accessed September 22, 2006; Bay Fang, "The Shanghai High Life," *U.S. News & World Report* (June 20, 2005), www.usnews.com/usnews/biztech/articles/050620/20china.b2.htm, accessed June 20, 2005; Janine Gibson, "Den of Equity," *The Guardian* (May 12, 2001), http://travel.guardian.co.uk/cities/story/0,7450,489488,00.

36. Sebastian Moffett, "The Japanese Paradox: Pinched by Economic Slump, Women Buy More Handbags from Vuitton, Prada, Hermes," *Wall Street Journal* (September 23, 2003), *www.wsj.com*, accessed September 23, 2003.
37. Cecilie Rohwedder, "Design Houses Build Stores, Pamper Demanding Shoppers in Fashion-Industry Hot Spot," *Wall Street Journal* (January 23, 2004), *www.wsj.com*, accessed January 23, 2004.
38. Frank Skinner, "Take Not the Moat Out of the Tory's Eye," *Times of London* (May 15, 2009), *www.timesonline.co.uk/tol/comment/columnists/frank_skinner/article6289313.ece*, accessed June 17, 2009.
39. Robert Guy Matthews, "Bawdy British Ads Target Hot Youth," *Wall Street Journal* (April 20, 2005): B9.
40. Heather Timmons, "Vogue's Fashion Photos Spark Debate in India," *New York Times* (August 31, 2008), *www.nytimes.com/2008/09/01/business/worldbusiness/01vogue.html?_r=1&ref=busi*; accessed September 1, 2008.
41. Quoted in Timmons, "Vogue's Fashion Photos Spark Debate in India."
42. Eric Bellman, "Name Game: As Economy Grows, India Goes for Designer Goods," *Wall Street Journal* (March 27, 2007): A1.
43. Jennifer Steinhauer, "When the Joneses Wear Jeans," *New York Times* (May 29, 2005), *www.nytimes.com*, accessed May 29, 2005.
44. http://news.livedoor.com/article/detail/4992686/, http://about.hm.com/en/news/newsroom/news.html/en/alexander-wang-x-hm.html
45. Gleb Bryanski and Guy Faulconbridge, "BRIC Demands More Clout, Steers Clear of Dollar Talk," *Reuters* (June 16, 2009), *www.reuters.com/article/ousiv/idUSTRE55F47D20090616*, accessed June 17, 2009; Guy Faulconbridge, "BRIC Seeks Global Voice at First Summit," *Reuters* (June 14, 2009), *http://www.reuters.com/article/2009/06/14/us-russia-bric-idUSLE11928120090614*, accessed June 17, 2009.
46. Paul F. Nunes, Brian A. Johnson, and R. Timothy S. Breene, "Moneyed Masses," *Harvard Business Review* (July-August 2004): 94-104; *Trend Update: Massclusivity*, report from Reinier Evers and Trendwatching.com, Zyman Institute of Brand Science, Emory University, *www.zibs.com*, accessed February 25, 2005.
47. Coleman and Rainwater, *Standing in America: New Dimensions of Class*.
48. See Coleman, "The Continuing Significance of Social Class to Marketing"; Charles M. Schaninger, "Social Class versus Income Revisited: An Empirical Investigation," *Journal of Marketing Research* 18 (May 1981): 192-208.
49. Coleman, "The Continuing Significance of Social Class to Marketing."
50. Ibid.
51. Jeffrey F. Durgee, "How Consumer Sub-Cultures Code Reality: A Look at Some Code Types," in Richard J. Lutz, ed., *Advances in Consumer Research 13* (Provo, UT: Association for Consumer Research, 1986): 332-37.
52. Paul C. Henry, "Social Class, Market Situation, and Consumers' Metaphors of (Dis) Empowerment," *Journal of Consumer Research* 31 (March 2005): 766-78.
53. David Halle, *America's Working Man: Work, Home, and Politics among Blue-Collar Owners* (Chicago: University of Chicago Press, 1984); David Montgomery, "America's Working Man," *Monthly Review* (1985): 1.
54. Coleman and Rainwater, *Standing in America: New Dimensions of Class*, 139.
55. Roger Brown, *Social Psychology* (New York: Free Press, 1965).
56. Kit R. Roane, "Affluenza Strikes Kids," *U.S. News & World Report* (March 20, 2000): 55.
57. "Reading the Buyer's Mind," *U.S. News & World Report* (March 16, 1987): 59.
58. Shelly Reese, "The Many Faces of Affluence," *Marketing Tools* (November-December 1997): 44-48.
59. Rebecca Gardyn, "Oh, the Good Life," *American Demographics* (November 2002): 34.
60. Paul Fussell, *Class: A Guide through the American Status System* (New York: Summit Books, 1983): 29.
61. Ibid.
62. Elizabeth C. Hirschman, "Secular Immortality and the American Ideology of Affluence," *Journal of Consumer Research* 17 (June 1990):

31-42.
63. Coleman and Rainwater, *Standing in America: New Dimensions of Class*, 150.
64. Kerry A. Dolan, "The World's Working Rich," *Forbes* (July 3, 2000): 162.
65. Jason DeParle, "Spy Anxiety: The Smart Magazine That Makes Smart People Nervous about Their Standing," *Washingtonian Monthly* (February 1989): 10.
66. For an examination of retailing issues related to the need for status, cf. Jacqueline Kilsheimer Eastman, Leisa Reinecke Flynn, and Ronald E. Goldsmith, "Shopping for Status: The Retail Managerial Implications," *Association of Marketing Theory & Practice* (Spring 1994): 125-30; also cf. Wilfred Amaldoss and Sanjay Jain, "Pricing of Conspicuous Goods: A Competitive Analysis of Social Effects," *Journal of Marketing Research* 42 (February 2005): 30-42.
67. Martin Fackler, "Pajamas: Not Just for Sleep Anymore," *Opelika-Auburn News* (September 13, 2002): 7A.
68. Herbert J. Gans, "Popular Culture in America: Social Problem in a Mass Society or Social Asset in a Pluralist Society?," in Howard S. Becker, ed., *Social Problems: A Modern Approach* (New York: Wiley, 1966).
69. Eugene Sivadas, George Mathew, and David J. Curry, "A Preliminary Examination of the Continuing Significance of Social Class to Marketing: A Geodemographic Replication," *Journal of Consumer Marketing* 41, no. 6 (1997): 463-79.
70. Edward O. Laumann and James S. House, "Living Room Styles and Social Attributes: The Patterning of Material Artifacts in a Modern Urban Community," *Sociology & Social Research* 54 (April 1970): 321-42; see also Stephen S. Bell, Morris B. Holbrook, and Michael R. Solomon, "Combining Esthetic and Social Value to Explain Preferences for Product Styles with the Incorporation of Personality and Ensemble Effects," *Journal of Social Behavior & Personality* 6 (1991): 243-74.
71. Morris B. Holbrook, Michael J. Weiss, and John Habich, "Class-Related Distinctions in American Cultural Tastes," *Empirical Studies of the Arts* 22, no. 1 (2004): 91-115.
72. Pierre Bourdieu, Distinction: *A Social Critique of the Judgment of Taste* (Cambridge, UK: Cambridge University Press, 1984); cf. also Douglas B. Holt, "Does Cultural Capital Structure American Consumption?," *Journal of Consumer Research* 1 (June 1998): 1-25; Tuba Ustuner and Douglas B. Holt, "Toward a Theory of Status Consumption in Less Industrialized Countries," *Journal of Consumer Research* 37, no. 1 (2010): 37-56; James S. Coleman, "Social Capital in the Creation of Human Capital," *American Journal of Sociology* 94 (1988): 95-120.
73. Charla Mathwick, Caroline Wiertz, and Ko de Ruyter, "Social Capital Production in a Virtual P3 Community," *Journal of Consumer Research* 34 (April 2008): 832-49; cf. also Jonah Berger and Morgan Ward, "Subtle Signals of Inconspicuous Consumption," *Journal of Consumer Research* 37, no. 4 (2010): 555-69.
74. MUJI passport については http://www.muji.net/passport/. My MUJI については http://www.muji.net/mt/contact/mymuji/015089.html. http://business.nikkeibp.co.jp/article/nmgp/20111115/223877/
75. Nicole Ellison, Charles Steinfield, and Cliff Lampe, "The Benefits of Facebook 'Friends': Social Capital and College Students' Use of Online Social Network Sites," *Journal of Computer-Mediated Communication* 12 (2007): 1143-68.
76. http://techse7en.com/archives/4365390.html. http://www.garbagenews.net/archives/1995081.html
77. Xavier Dréze and Joseph C. Nunes, "Feeling Superior: The Impact of Loyalty Program Structure on Consumers' Perceptions of Status," *Journal of Consumer Research* (April 2009): 890-905.
78. Derek Rucker and Adam D. Galinsky, "Desire to Acquire: Powerlessness and Compensatory Consumption," *Journal of Consumer Research* 35 (August 2008): 257-67.
79. http://www.j-cast.com/2014/03/22199835.html ? p=all
80. "Western Companies Compete to Win Business of Chinese Babies," *Wall Street Journal Interactive Edition* (May 15, 1998).
81. Tom Wright, "Ringing Up Sales in Indonesia: Nokia's Bulky Smart Phones Find Niche Following There as Business Status Symbol," *Wall Street Journal* (May 22, 2007): B1.
82. John Brooks, *Showing Off in America* (Boston, MA: Little, Brown, 1981), 13.

83. Naughton Keith, "The Perk Wars," *Newsweek* (September 30, 2002): 42-46.
84. Young Jee Han, Joseph C. Nunes, and Xavier Dreza, "Signaling Status with Luxury Goods: The Role of Brand Prominence," *Journal of Marketing* 74 (July 2010): 15-30.
85. Thorstein Veblen, *The Theory of the Leisure Class* (1899; reprint, New York: New American Library, 1953): 45.
86. Brooks, *Showing Off in America*.
87. John Mager and Lynn R. Kahle, "Is the Whole More Than the Sum of the Parts? Re-evaluating Social Status in Marketing," *Journal of Business Psychology* 10 (Fall 1995): 3-18.
88. Beeghley, *Social Stratification in America: A Critical Analysis of Theory and Research*.
89. R. Vanneman and F. C. Pampel, "The American Perception of Class and Status," *American Sociological Review* 42 (June 1977): 422-37.
90. Coleman, "The Continuing Significance of Social Class to Marketing"; Donald W. Hendon, Emelda L. Williams, and Douglas E. Huffman, "Social Class System Revisited," *Journal of Business Research* 17 (November 1988): 259.
91. Gerhard E. Lenski, "Status Crystallization: A Non-Vertical Dimension of Social Status," *American Sociological Review* 19 (August 1954): 405-12.
92. Richard P. Coleman, "The Significance of Social Stratification in Selling," in Martin L. Bell, ed., *Marketing: A Maturing Discipline: Proceedings of the American Marketing Association 43rd National Conference* (Chicago: American Marketing Association, 1960): 171-84.
93. Dan Levy and Prashant Gopal, "Foreclosure Filings in U.S. May Jump 20% from Record 2010 as Crisis Peaks," *Bloomberg* (January 13, 2011), http://www.bloomberg.com/news/2011-01-13/u-s-foreclosure-filings-may-jump-20-this-year-as-crisis-peaks.html, accessed June 17, 2011.
94. E. Barth and W. Watson, "Questionable Assumptions in the Theory of Social Stratification," *Pacific Sociological Review* 7 (Spring 1964): 10-16.
95. Zick Rubin, "Do American Women Marry Up?," *American Sociological Review* 33 (1968): 750-60.
96. K. U. Ritter and L. L. Hargens, "Occupational Positions and Class Identifications of Married Working Women: A Test of the Asymmetry Hypothesis," *American Journal of Sociology* 80 (January 1975): 934-48.
97. These definitions are adapted from entries in *The Urban Dictionary*, www.urbandictionary.com, accessed June 17, 2011.
98. Benjamin D. Zablocki and Rosabeth Moss Kanter, "The Differentiation of Life-Styles," *Annual Review of Sociology* (1976): 269-97.
99. Mary Twe Douglas and Baron C. Isherwood, *The World of Goods* (New York: Basic Books, 1979).
100. Center for Media Research, "Precious Little Time," (December 24, 2008), www.mediapost.com, accessed December 24, 2008.
101. Zablocki and Kanter, "The Differentiation of Life-Styles."
102. Richard A. Peterson, "Revitalizing the Culture Concept," *Annual Review of Sociology* 5 (1979): 137-66.
103. Lisa E. Bolton, Joel B. Cohen, and Paul N. Bloom, "Does Marketing Products as Remedies Create 'Get Out of Jail Free Cards'?," *Journal of Consumer Research* 33 (June 2006): 71-81.
104. Amit Bhattacharjee, Lisa E. Bolton, and Americus Reed, II, "License to Lapse: The Effects of Weight Management Product Marketing on a Healthy Lifestyle," working paper, *Wharton*, 2009.
105. Lisa E. Bolton, Americus Reed II, Kevin Volpp, and Katrina Armstrong, "How Does Drug and Supplement Marketing Affect a Healthy Lifestyle?," *Journal of Consumer Research* 34, no. 5 (2008): 713-26.
106. Stephanie Kang and Ethan Smith, "Music for Runners, Volume 2: Nike Releases Second Recording," *Wall Street Journal* (October 23, 2006): B6; http://nikeplus.nike.com/nikeplus/#tutorials, accessed July 6, 2007.
107. Ben Sisario, "Looking to a Sneaker for a Band's Big Break," *New York Times* (October 6, 2010), http://www.nytimes.com/2010/10/10/arts/music/10brand.html?_r=1&emc=eta1, accessed April 30, 2011.
108. William Leiss, Stephen Kline, and Sut Jhally, *Social Communication in Advertising* (Toronto: Methuen, 1986).
109. Douglas and Isherwood, *The World of Goods*, quoted on pp. 72-73.
110. Christopher K. Hsee and France Leclerc, "Will Products Look More Attractive When Presented Separately or Together?," *Journal of Consumer Research* 25 (September 1998): 175-86.
111. ソフトバンクモバイル「プレスリリース 2012 年 8 月 20 日」(http://www.softbank.jp/corp/

group/sbm/news/press/2012/20120820_01/).
112. Michael R. Solomon, "The Role of Products as Social Stimuli: A Symbolic Interactionism Perspective," *Journal of Consumer Research* 10 (December 1983): 319-29.
113. Michael R. Solomon and Henry Assael, "The Forest or the Trees? A Gestalt Approach to Symbolic Consumption," in Jean Umiker-Sebeok, ed., *Marketing and Semiotics: New Directions in the Study of Signs for Sale* (Berlin: Mouton de Gruyter, 1988), 189-218; Michael R. Solomon, "Mapping Product Constellations: A Social Categorization Approach to Symbolic Consumption," *Psychology & Marketing* 5, no. 3 (1988): 233-58; see also Stephen C. Cosmas, "Life Styles and Consumption Patterns," *Journal of Consumer Research* 8, no. 4 (March 1982): 453-55.
114. Russell W. Belk, "Yuppies as Arbiters of the Emerging Consumption Style," in Richard J. Lutz, ed., *Advances in Consumer Research 13* (Provo, UT: Association for Consumer Research, 1986): 514-19.

第13章　サブカルチャー

この章の目的	本章の学習を通じて，以下のことを理解しよう：
	1. 何らかの組織や活動に対する関心を共有するマイクロカルチャーへの共鳴が，何を買うかに影響を与える．
	2. 民族，人種，宗教サブカルチャーに属することで，しばしば消費者行動が方向付けられる．
	3. 多くのマーケティング・メッセージは民族的・人種的アイデンティティに働きかける．
	4. アメリカにおける重要な民族・人種サブカルチャーとして，アフリカ系，ヒスパニック系，アジア系の3つがある．
	5. マーケターは消費者に語りかける際に，宗教的・精神的テーマをますます使うようになっている．
	6. 同年代であれば，多くのことについて人々には共通点がある．
	7. ティーンエイジャーはマーケターにとって重要な年齢セグメントである．
	8. ベビーブーマーは経済的に最も力を持つ年齢セグメントであり続けている．
	9. 高齢者は市場セグメントとして重要性を増しつつある．

　日曜日，アカネは朝早く目覚めると，慌ただしくなりそうな1日を目の前に気持ちを引き締めた．母親はいつも通り仕事があるので，買い物と夕食の準備を娘のアカネに手伝ってもらいたいと考えている．もちろん，兄のキョウスケは手伝いを頼まれることはない．これは女性の仕事なのだから．

　家族みんなが集まるとなると，やるべきことは沢山ある．特に片付けておきたい用事がある日曜日には，アカネはふと思うことがある．たまには母が調理済みの食品を使ってくれないものかと．しかし，母は手作りの料理でないと気が済まない．最高の料理で家族をもてなすために，手軽な調理済みの食品を使うことはめったにないのである．

　アカネはあきらめて，着替えをしながらケーブルテレビで韓国のテレビドラマ『シークレット・ガーデン』を見て，それから麻布にある食料雑貨店に行き，ファッション雑誌を買った．アカネの住む地域には，外国の雑誌を取り揃えた本屋があり，彼女が愛読する『セッシ』が置いてある．次は，母から頼まれた食料品だ．買物リストには「ヤンニョム（調味料）」や「コウライニンジン」など，何度も買っている材料の名前が記されているので，予定よりも早く買い物は終わりそうだ．運が良ければショッピングセンターに

行って,「ビックバン」の新しいアルバムを買う時間があるかもしれない.料理をしながらこの CD を聴くのだ.

アカネは思わず微笑んだ.東京は素晴らしい街だ.それに「カジョク(家族)」と食事をしながらゆったりと過ごす時間ほど素敵なことがあるだろうか?

学習の目的 1
何らかの組織や活動に対する関心を共有するマイクロカルチャーへの共鳴が,何を買うかに影響を与える.

サブカルチャー,マイクロカルチャー,消費者アイデンティティ

アカネは東京に住んでいる.ソウルではない.東京に住む外国人の数は 40 万人ほどに達し,そのうち韓国人は 10 万人近くにのぼる[1].東京では,数多くのテレビ局を通じて韓国ドラマを見ることができる.

アカネのように韓国人を母や父に持つ日本人は,この国に住む他の人種・民族グループと多くの共通点がある.彼らは,日本人と同じように国民の祝日を祝い,オリンピックではその時の状況によって日本代表チームを応援するかもしれない.国籍だけでなく,国の社会構造の複雑さも消費の意思決定に影響を与える.特にアメリカは,イタリア系,アイルランド系アメリカ人から,モルモン教徒やセブンスデー・アドヴェンティスト信者まで,数百の人種・民族グループで構成される「メルティングポット」である.

社会の中でどのグループに属するかが,その人を特徴付ける.サブカルチャー(subculture)とは,メンバーが特定の信念と経験を共有し,それによって他から切り離されるグループのことである.誰もが,年齢,人種,民族的なバックグラウンド,居住場所に基づいて,多くのサブカルチャーに属している.アカネが受け継いできた韓国の伝統や慣習は,彼女の日常経験と消費選好に大きな影響を及ぼしている.

デモグラフィクス(人口統計)に基づいたサブカルチャー(通常は自動的に決定されるもの)とは対照的に,マイクロカルチャー(microculture)に属する人たちは,ライフスタイルや審美的な選好を共有する.その好例は,「美ジョガー」と呼ばれるマラソン好きの女性たちが属するマイクロカルチャーである.このグループに属するのは,走る姿のかわいさや美しさを重視する女性で,色鮮やかなブレーカーやスカートなど身につけて走り,おしゃれを楽しむことに意味を見出している.この「美ジョガー」という言葉自体は,あるファッション雑誌の造語であると言われている.現在,ランニング専門雑誌,ファッション雑誌,ライフスタイル雑誌などで特集が組まれ,また,大手企業は熱心にこうしたおしゃれ好きの「美ジョガー」たちにアピールしている.例えば,東京マラソンの関連イ

ベント「東京ランナーズコレクション」では，アシックスやナイキといったメーカー8社が，アウトドア風のパーカーや裾がフリル状になったワンピースなど，普段着としても楽しめる商品を提案した[2][3]．

マイクロカルチャーには，独自の規範，言葉，象徴的に用いる製品がある．アメリカ西部に存在する現代の「マウンテンマン」に関する研究は，マイクロカルチャーがそのメンバーに対して強い拘束力を持っている点を明らかにしている．このグループに属する人たちは，週末に山奥の隠れ家で過ごすという習慣を通して強い一体感を築いている．彼らはそこで，ティピ（平原に住むアメリカインディアンの部族が利用する移動用住居の一種），バッファローの毛皮，バックスキンのレギンス，ビーズ付きのモカシンなど，本物のアイテムを身に着けることで，仲間の山男たちの間にコミュニティ意識を生み出している[4]．

こうしたマイクロカルチャーは，架空のキャラクターやイベントを中心に結束を深めることも多く，拡張自己（第5章参照）の定義において重要な役割を果たす．多くのマイクロカルチャーが，伝統的な神話，あるいは，ロックバンドX JAPANやハローキティといった，それほど神話的ではない世界やキャラクターを集団崇拝することで成長している．

トレンドの研究者は，急速に変化する興味深いマイクロカルチャーを日本で発見した．日本では若い女性が多くの流行のきっかけをつくり，それがやがて世界に広がっていく．その1つが「腐女子」である．こうした女性たちは，メイクや洋服の代わりに，ボーイズラブなどの女性向けコミック，小物，アクションフィギュアを集めてオタクの世界に入り込んでいる．もう1つは，人気を集めつつあるコスプレ（cosplay）という一種のパフォーマンスアートである．彼女たちは，仮想のキャラクターを細部まで再現した衣装を身につける．こうした衣装は，マンガ，アニメなどの登場人物を真似したものが多いが，『マトリックス』『スター・ウォーズ』『ハリー・ポッター』，さらには『エース・ベンチュラ』などの映画の登場人物になりきったコスプレもある（東京のメイドカフェではウェイトレスがメイドの格好をしている）．このロール・プレイングのサブカルチャーは，欧米でも様々な形で見られ，アニメやコミックのイベント，人気の高い「ゴス（goth）」のサブカルチャーもあれば，性的なロール・プレイングの場合もある（看護師の制服を着た女性など）[5]．

学習の目的 2
民族，人種，宗教サブカルチャーに属することで，しばしば消費者行動が方向付けられる．

民族・人種サブカルチャー

マクドナルドのマーケティング最高責任者（CMO）は次のように指摘している．「民族グループに属する消費者がトレンドを生み出すことが多い．したがって，市場に参入する

方法について考える時に，こうした消費者がその方向性を決める手助けをしてくれる」．彼は，マイノリティの消費者からのフィードバックが，マクドナルドのメニューと広告のアイデアとなり，それがあらゆる消費者に対して行うマーケティングにもつながっていくと述べている．実際に，アメリカでのマクドナルドの戦略は，「Leading with Ethnic Insights（民族的な理解を示して業界をリードする）」と呼ばれている．同社のグループ・インタビューには，黒人，ヒスパニック系，アジア系の消費者が数多く選ばれる．マーケターに対しては，アメリカの人口がアフリカ系，ヒスパニック系，アジア系の3つだけで構成されているという前提を置いて販売方法を考えるように指示している．例えば，マクドナルドの最新のスムージー（シャーベット状の飲み物）に使われる果物の組み合わせは，マイノリティ・コミュニティの味の好みを反映している．2010年にアメリカでコーヒードリンクを重点的に販売した際には，モカのような甘めのドリンクという点を広告で強調した．その理由は，アフリカ系アメリカ人の共感を得るメッセージにするためである．民族的な習慣は主流文化の広告でも利用されている．「大切な日（Big Day）」というタイトルのCMでは，結婚式に出席した少年が，新郎新婦がキスしてほうきを飛び越えるのを見て，退屈そうな顔をしている．この行動はアフリカ系アメリカ人の結婚式の伝統である．席に着いた少年の目は，ハッピーミールを見つけた時に輝きを取り戻す[6]．

　民族サブカルチャー（ethnic subculture）とは，メンバーとそれ以外の人が特徴的なカテゴリーと認める共通の文化や遺伝的な結びつきを共有する，永続的な消費者グループのことである[7]．日本のような国では，国民の大部分が同質的な文化を共有しているために，エスニシティは主流文化とほぼ同義語になる（もっとも，日本でさえ規模が比較的大きなマイノリティ人口を抱えている．その代表が，朝鮮，韓国系の人々である）．アメリカのような多民族国家の社会では，多くの異なる文化がその中に取り込まれているため，消費者は自分が属するサブカルチャーのアイデンティティが支配的な主流文化の中で埋没しないように懸命に努力している．

　マクドナルドに代表される企業のマーケターは，主流社会を再構築していくような文化の多様性を無視することはできない．アメリカの民族的マイノリティは，製品やサービスに年間6,000億ドルを支出する．したがって企業は，彼らの独自のニーズに合わせた製品やコミュニケーション戦略を策定しなければならない．しかも，この広大な市場は成長し続けている．今ではアメリカの人口の10％を移民が占め，2050年には13％にまで増加すると予測されている[8]．国勢調査局は，自分をヒスパニック，黒人，アジア系，ネイティブ・アメリカン，ネイティブ・ハワイアン，太平洋諸島民とみなすアメリカ人の数が，2042年までに非ヒスパニックの白人の数を上回ると推測している．さらに2050年までには，自分を多人種とみなす人がアメリカ人口の4％を占めることが推測されている[9]．子どもたちの間では，多人種人口は2000年以降，50％近い増加率で420万人に達し，この

国で最も急成長している若年層グループとなっている。自分を白人と黒人の両方と考える人の数は，2000年から134％増加し，180万人になった[10]。

この重要な変化は，広告主に対して既存の戦略について再考を促す。以前は，実質的にすべての消費者が西ヨーロッパからやってきたコーカシア人と仮定されていた。例えば，P＆Gは1956年に「クレスト」の歯磨き粉の発売50周年の祝福イベントとして，アメリカの有名画家ノーマン・ロックウェルがイラストを描いた，りんごのほっぺたの初代「クレスト坊や」を復活させた。現在では，キューバ生まれの少女がこのキャラクターを務めている。同社の外部委員会が彼女を選んだのは，輝くような笑顔のためだったが，主流のアメリカ人像が今ではヒスパニック系であるという事実が大きな意味を持っていた[11]。

これらのセグメントに対して製品やサービスを宣伝する時には，彼らの言葉を話すことが優れたビジネス戦略になるだろう。調査によれば，民族グループの消費者は，特定のメディアから製品の情報を得ていることが繰り返し確認されている。例えば，カリフォルニアのエスニック人口の63％は，日常的にネイティブ言語のテレビを見て，3分の1は少なくとも週に1回は自分の母語の新聞を読んでいる[12]。こうしたメディアを利用している人々が理想的と見なす広告は，彼らの日常的なコミュニケーション手段と合致したものである。

サブカルチャー間の重要な違いの1つは，グループの抽象性あるいは具体性の程度である。こうした違いについて社会学者は，基本的に次のような区別をしている。ハイコンテクスト文化（high-context culture）では，グループのメンバーは緊密に結びつき，話される言葉以上の意味を伝え合う。言葉よりもシンボルやジェスチャーが重要なメッセージを伝える。対照的に，ローコンテクスト文化（low-context culture）のメンバーは言葉を頼りにする傾向がある。アングロサクソンの人たち（ローコンテクストであることが多い）と比べ，多くのマイノリティ文化はハイコンテクストに分類される。彼らは口承文化の伝統を持つため，広告を見る時に，コピーが伝える以上の微妙なニュアンスを敏感に感じ取るのである[13]。

学習の目的3
多くのマーケティング・メッセージは民族的・人種的アイデンティティに働きかける。

エスニシティとマーケティング戦略

マーケターが戦略を策定する時に消費者の人種的・民族的な違いを明確に考慮に入れるべきである，という考えには違和感を覚える人もいる。しかし現実を見れば，こうしたサブカルチャーに属することで，消費者のニーズとウォンツの多くが形成されている。例

えば，マイノリティ・グループのメンバーは，自分の属するグループを代表する広告塔が信頼できると感じているために，ブランドに対してより肯定的な態度を形成している[14]．しかし，マーケターは民族・人種グループのメンバーをすべて同一視してはいけない．こうした一般化は現状を捉えてはおらず，働きかけたいと思っている人々を遠ざけることにもなりかねない[15]．

今日，エスニック・マーケティングが流行しているが，アメリカのような「メルティングポット」の社会において，民族グループを明確に定義しターゲットにすることは必ずしも容易なことではない．2000年のアメリカの国勢調査では，約700万人が自分は2つ以上の人種に属すると回答し，また，白人，黒人，アジア系，韓国系，サモア系など，調査票に記載された特定の人種に自分を当てはめることを拒否した[18]．

プロゴルファーのタイガー・ウッズの人気は，アメリカでのエスニック・アイデンティティの複雑さを物語っている．彼はアフリカ系アメリカ人のロールモデル（「模範となる人」の意）として称賛されているが，実際には多人種主義のモデルである．彼の母親はタイ人で，さらにコーカシア人とインド人を祖先に持つ．その他の人気のある混血のセレブには，俳優のキアヌ・リーヴス（ハワイ，中国，コーカシアン），歌手のマライア・キャリー（アフリカ系アメリカ人，ベネズエラ，コーカシアン），歌手のメイ・ジェイ（日本人，イラン人，トルコ人，ロシア人，スペイン人，イギリス人）などがいる[19][20]．

ある特定のエスニック・アピールを用いて市場に投入する製品が，そのサブカルチャー以外の消費者に使われることもある．脱エスニック化（deethnicization）は，特定の民族グループと結びつけられていた製品がその起源を離れて，他のグループにも受け入れられる時に生じる．例えば，ユダヤ人の主食であったベーグルが，今では誰でも食べるようになった．最近では，ハラペーニョ・ベーグル，ブルーベリー・ベーグル，さらには聖パトリックデーのためのグリーン・ベーグルが販売されている[21]．ベーグルは，今ではアメリカ人の朝食の3〜6%を占め，ブルーガーズやアインシュタイン・ノア・ベーグルなどのチェーン店は，数年前にはベーグルの名前すら聞いたことがなかったような都市で数百の店舗をオープンしている[22]．日本では国産小麦を使用したソフトベーグルが数多く販売されている．パスコは，消費者がチーズやチョコを挟んだり，トースターで焼いたりして，自分好みのものにアレンジ可能な「マイベーグル」を販売している．同社のウェブサイトには，料理研究家による数十種類のレシピが掲載されている[23]．

歴史を通して，支配的なアメリカ文化は，移民たちに彼らの出自を捨て去り，主流社会に溶け込むように圧力をかけてきた．20世紀初めには，セオドア・ルーズベルト大統領が次のように述べている．「我々はアメリカ人になるドイツ人やアイルランド人を歓迎する．ドイツ人やアイルランド人のままでいようとする者たちに関心はない」[24]

実際に，アメリカでの歴史が比較的長い民族グループは，出身国に対する帰属意識が

消費者行動,私はこう見る
――――ソニア・グリア教授(アメリカン大学)

　文化が多様化する現代社会で,マーケターが特定の消費者グループに焦点を合わせることの社会的意味は何であろうか? ターゲット・マーケティングが効果的なマーケティング戦略の中心に位置づけられているのは,多様で洗練された消費者に対して,もはや「フリーサイズ」のマーケティング・アプローチは効果が上がらないという認識がその背景にある.ターゲット戦略は,商業活動(例:「この製品を買う」)や社会行動(例:体重増加を抑制するために果物と野菜を食べる量を増やす),あるいは,この2つの組み合わせ(例:「この製品を買うと,収益の10%が慈善活動に提供される」)を刺激しようとするものである.競争の激化,製品の拡散,困難な経済的状況によって,マーケターが自社の製品やサービスを見込み客にアピールすることが難しくなってきている.

　さらに,行動を変えるエージェントとしてのソーシャル・マーケティングが,特定の消費者グループが抱える一連の社会的課題に取り組む手段として,ターゲット・マーケティングの必要性を強めてきた.私の研究は,どのように,またどの程度まで,ターゲティング・マーケティング戦略が,人種や民族によって,特にアフリカ系アメリカ人として定義される消費者に向けられているかをテーマにしている.多様な領域(例:肥満,エスニック製品の広まり,がん予防,サービスの差別)の調査を通して,社会に対するターゲット・マーケティングの肯定的・否定的な影響について体系的に研究している.

　私の最初の疑問は,「消費者はターゲットになったグループのメンバーである時に(あるいはそうでない時に),ターゲット広告にどのような反応を示すか」ということであった.この研究では,人々が人種的なターゲット広告を解釈する時の心理学的プロセスはそれぞれ異なり,自分の属する人種,その人種グループの社会的地位,その他の人種グループとの親近感によって広告に対して異なる態度をとることを示した[16].これらの発見から次の疑問が生じた.消費者セグメント別に異なる製品,宣伝,アクセスを強調するターゲット・マーケティングは,ターゲットとなる消費者の間にどのようなマーケティング環境の違いを生むのか,そして,それは社会的マーケティング努力が意図するような,社会に貢献する行動の変化を促そうとする力に対して抵抗勢力になっているのか,という疑問である.

　現在,私はターゲット・マーケティングが民族的マイノリティと主流グループの間に存在する健康上の不公平の是正にいかに貢献できるか,この問題の解決に役立てられるかどうかを,肥満の問題に着目して研究している.アフリカ系アメリカ人とヒスパニック系の子どもと大人の肥満率は,白人に比べて非常に高い.この不均衡は,単に収入や教育の違いから生じたのではない.最も,これらの要素も影響を与えていることは事実である.肥満予防に狙いを定めたソーシャル・マーケティング・プログラムは,健康的な食品を多くとり,栄養価の低い食品を減らすことを促進することが多い.それでは,そうした戦略における不健康な食品のターゲット・マーケットの役割は何なのだろうか(「予防を予防することになるのか?」).アフリカ系アメリカ人のマー

ケティング環境を総合的に見直した結果，食品のターゲット・マーケティングは全体として考えた場合，アフリカ系アメリカ人の消費者が健康的な食事をする能力を損なう可能性があることが分かった[17]。アフリカ系の消費者に向けられたマーケターの宣伝戦略は，キャンディ，ソーダ，スナックのような低コスト・低栄養価の食品の認知を高めることを強調し，健康志向のメッセージをあまり含んでいない。また，その食品の流通と価格戦略からは，アフリカ系の消費者が健康的な食品を購買する能力に制限を加える可能性があることも明らかになった。選択肢が狭められれば，どの消費者であれ，健康的に食べることは間違いなく困難になる。

現在，進めている研究では，ターゲット・マーケティングがコミュニティレベルにおいて健康的な行動を奨励するためにどのように使われるかを調査している。そうした戦略は個人の食習慣を変えるだけでなく，健康的な食生活を支援するターゲット・マーケティングが増えれば，コミュニティを支援するものになる。私は双方向性のターゲティング努力にも注目している。テクノロジーの進歩がターゲット・マーケティングのプロセスに変化をもたらすにつれて，消費者の反応が健康上重要な行動を容易にするのか後退させるのかを理解することが重要になる。ターゲット・マーケティングが意図していなかった影響，とりわけ特定のターゲット・セグメントの間に見られる累計的な影響の理解を通して，このマーケティングが商業的・社会的マーケターの両方に対して利益となる戦略になりうるし，社会に重要な変化への取り組みを促す助けになると私は信じている。私の研究がそうした理解に役立ち，また，社会的に責任のあるマーケティング戦略の考案，効果的なソーシャル・マーケティング努力，世界中に公平な市場をつくり出すことに貢献できることを願っている。

薄れ，自分たちをアメリカ社会の主流とみなす傾向がある。アメリカの国勢調査において，自らの起源と考える国・地域を2つまで書くように回答者に求めると，アイルランド人，ドイツ人，その他のヨーロッパ人と答える人の数は明らかに減少している。他のサブカルチャーと比べて，こうした国の出身者の多くは自分を「アメリカ人」と呼ぶようになっている[25]。

歴史的に，アメリカへの移民の多くはヨーロッパ諸国から渡ってきたが，移民のパターンは劇的に変化した。新しい移民にはアジア系やヒスパニック系が圧倒的に多い。こうした移民がアメリカ社会に定着するに伴い，マーケターは彼らの消費パターンを追跡し，それに従って戦略を調整しようとしている。これらの新移民（アラブ系，アジア系，ロシア系，カリブ諸国の出身者など）に対しては，彼らの母語でマーケティングをするのが最善の方法となる。彼らは地理的にまとまって暮らす傾向があるため，働きかけやすくもある。例えば，キューバ人はマイアミとジャージーシティに住む傾向があり，ボルティモアで最も数が多いのは韓国からの移民である。デンバーには同数のベトナム人とメキシコ人が集まっている。彼らは，情報と助言を主に地元のコミュニティから得ており，特にクチコミ

民族的・人種的なステレオタイプ

　2014 年に放送が始まった全日本空輸のテレビ CM は，マーケターが（意図的か否かにかかわらず）いかに民族的・人種的ステレオタイプを利用してコミュニケーション戦略を策定しているかを示している．この CM では，日本人の男性タレントが高い付け鼻と金髪のかつらをつけて外国人に扮する姿が描かれている．視聴者からの抗議を受け，CM は内容を差し替えて放送された[26]．

　多くのサブカルチャーには，一般の人たちが連想する強力なステレオタイプがある．この場合，外部者はそのグループのメンバーが他にはない特性を備えていると考える．残念ながら，伝達者がその特性を表現する時に，先入観や意図によって肯定的にも否定的にも受け取られる．例えば，アメリカにおけるスコットランド人のステレオタイプは概して肯定的であり，彼らの倹約の習慣は肯定的に見られる傾向がある．3M（スリーエム）は，製品の価値を伝えるために，こうしたスコットランドのイメージを利用した（例：スコッチテープ）．アメリカのスコッチ・インという格安のモーテルチェーンも同様である．しかし，スコットランド人の「パーソナリティ」は，イギリス人やアイルランド人にとってまったく異なる意味を持つかもしれない．ある人にとっての「倹約」は，別の人にとっては「けち」としてみなされる．

　かつてマーケターは特定の製品の特性を伝えるために，民族的なシンボルを使っていた．例えば，アフリカ系アメリカ人を卑屈な人たちとして，さらにメキシコ人を無法者として描く際に，あからさまに下品なイメージを採用した[27]．パンケーキミックスを売るのは黒人女性の「ジャマイマおばさん」で，ホットシリアルの「クリーム・オブ・ウィート（Cream of Wheat）」を売るのは，ラスタスという名前のにやけた黒人のシェフであった．「ゴールド・ダスト・ツインズ（Gold Dust Twins）」は黒人のわんぱく小僧たちで，彼らはリーバ・ブラザーズの粉石鹸を売り歩き，またピルズベリーは，インジャン・オレンジや出っ歯のチャイニーズ・チェリーのようなキャラクターを使って，水で薄めて飲む粉ジュースを販売した[28]．公民権運動がマイノリティに権利を与え，彼らの経済状況の改善がマーケターの関心を引くようになると，これらの否定的なステレオタイプは消えていった．例えば，スナック菓子メーカーのフリトレーはヒスパニック・コミュニティからの抗議を受けて，1971 年に「フリトー・バンディット」のキャラクターを廃止し，1989 年にクエーカーフーズは「ジェマイマおばさん」のイメージを大幅に変えた．

　日本では，カルピスが 1924 年から使用していた「黒人マーク」と呼ばれたイラストの広告を，差別問題を理由に 1990 年に使用を中止した．この「カルピス」の広告には，黒人男性と思われるキャラクターがグラス入りのカルピスをストローで飲んでいる様子が描

かれていた[29].

　残念ながら，今でも誤ったイメージが伝えられることがある．2011年にイギリスでキャドバリーが広告キャンペーンで引き起こした混乱は，人々がステレオタイプに対していかに敏感に反応するかを示している．キャドバリーのデイリー・ミルクチョコレート「ブリス（Bliss）」の印刷・屋外広告では，「ナオミの上を行く，街の新しい主役」というコピーが使われていた．スーパーモデルのナオミ・キャンベルを含め，多くの人がこの広告の人種差別的な響きに反感を覚えた．ナオミ・キャンベルは，この広告は「どのレベルでも趣味の悪さが目立ったし，なかでも私をチョコレートバーに喩えているところが最悪」と批判した．キャドバリーは，歌姫としての彼女の評判を軽くからかうことを意図したのであって，彼女の肌の色と結びつける意図はまったくなかったと弁明した．イギリスの広告を監視する業界団体は，このメッセージは人種差別主義ではないと判断したが，キャドバリーは全世界的なボイコットに発展するのを恐れ，広告を回収し，ナオミ・キャンベルに謝罪するという対応を選択した[30]．

文化変容のプロセス

　文化変容（acculturation）とは，外国から来た人がある国の文化環境に適応するプロセスのことである[31]．グローバル化が進む社会において，マーケターにとってこのプロセスは重要な意味を持つ．人々が他の地域に移住すると，新しい居住場所に素早く同化するか，この同化プロセスに抵抗を示して主流文化から距離を置こうとする．例えば，新たにアメリカに来た人たちは，古いやり方（消費者行動を含む）を捨て去ることに対して複雑な思いを持ったり，対立的感情が生じたりする．小売のホームデポは，ヒスパニック市場向けのキャンペーンをセグメント化し，「文化変容したヒスパニック（2世，3世のアメリカ人）」に対しては，スペイン語を話す人たち向けのものとは異なる広告を制作している[32]．

　「エスノグラフィー（ethnography）」という調査方法を用いたメキシコ移民に対する調査で，アメリカでの生活に適応していく彼らの文化変容について分析したものがある[33]．面接会場ではなく，日常の自然な状況の中でインタビューを行ったリサーチャーは，回答者に両面的な感情が顕著に見られたことを報告した．移民たちは，仕事や子どもの教育の機会にも恵まれ，生活の質が改善されたことについては満足している．その一方で，メキシコを離れたことに対して，苦くも楽しいという複雑な感情を抱いている．彼らは，友人，祝祭日，食べ物，そしてなじみのある環境で暮らすことによって，得られる快適さを懐かしがっていた．また別の調査では，ボーイズ・アンド・ガールズ・クラブと米国歯科医師会が共同出資した口腔衛生促進キャンペーンに対して，ヒスパニック系の子どもたちがどのように反応するかを調べた．その結果，文化的な適応がそれほど進んでいない

移民は，キャンペーンで薦められる通りに自分の行動を変えようとする傾向が見られた．その理由は，彼らがこれらの変化を社会的受容のための重要な手段とみなしているからである(34)．

多くの要因が移行プロセスの性質に影響を与える．その人が英語を話すかどうかといった個人的な差によって，順応がどれほど困難になるかが変わってくる．**文化変容エージェント**（acculturation agents），すなわち新しい文化を教える人々や施設との接触も重要である．こうしたエージェントの一方には，家族，友人，教会，地元の商店，あるいはスペイン語メディアなど，消費者を出身国と結びつける「出身国の文化（culture of origin）」（アカネの場合では韓国）からのものである．もう一方には，「移住国の文化（culture of immigration）」（アカネの場合では日本）のエージェントがいて，消費者が新しい環境の中で上手く生活できるように手助けする．公立学校，英語メディア，政府機関などがこれに該当する．

移民が新しい環境に適応するまでには，いくつかのプロセスを経ることになる．「移動（movement）」は，人々が物理的に1つの場所から別の場所へ移る動機となる要因である．この場合，人々がメキシコを離れるのは仕事が少ないためであり，また子どもたちに良い教育を受けさせたいと望むからでもある．移住してきた人々は，まず「移行（translation）」の必要性に直面する．これは，彼らが新しい環境で生きていくために一連のルールを学ぶことを意味する．具体的には，異なる通貨を見分けたり，なじみのない衣服のスタイルが備える社会的意味を理解したりする．この文化的学習が「適応（adaptation）」のプロセスへとつながる．これによって人々は新しい消費パターンを身につける．例えば，調査対象になったメキシコ人女性の一部は，アメリカに移住すると短パンやズボンを穿くようになった．この消費パターンはメキシコにおいて顔をしかめられる習慣である．

文化変容プロセスにおいて，多くの移民は「同化（assimilation）」を経験する．製品，習慣，そして主流文化として認める価値観を受け入れるのである．同時に，彼らは出身国と結びつく習慣を「維持（maintenance）」しようとする．アカネのように，韓国の移民たちは母国の人たちとの接触を維持し，その多くが韓国料理を食べ，韓国語で書かれた新聞を読む．彼らの韓国文化との一体感は，「抵抗（resistance）」の原因になるかもしれない．韓国人としてのアイデンティティを隠し，新しい役割を担うプレッシャーに抵抗を示すのである．最後に，移民たちは（自発的かどうかは別として），「分離（segregation）」の傾向を示すようになり，主流の日本の消費者とは物理的に離れた場所で生活し，買い物をする傾向が強くなる．これらのプロセスを考えると，エスニシティは流動的な概念であり，サブカルチャーのメンバーは常にその境界線を動かしていることが分かる．

進歩的学習モデル（progressive learning model）は，文化変容プロセスを理解する上で役に立つ．この理論では，人は新しい文化との接触が増すにつれて，徐々にそれを学

んでいくと考える．したがって，人々が文化に適応する時には，母国の文化の習慣と新しいホストカルチャー（host culture）の習慣を融合させていく[35]．購買傾向，価値を置いている製品の属性，メディアの好み，そしてブランド・ロイヤルティに関する調査結果は，概ねこのパターンを支持するものであった[36]．民族的アイデンティティの強さを考慮に入れた研究では，強い民族的アイデンティティを維持する消費者は，同化が進んだ消費者と次のような点で異なることが明らかにされた[37]：

- ビジネス全般に対して否定的な態度をとる（比較的所得レベルが低いことから生じる欲求不満が影響している可能性がある）．
- 母語のメディアへのアクセスが多い．
- ブランド・ロイヤルティが強い．
- 一流のブランドを好む傾向が強い．
- 自分の属する民族グループだけを対象にした宣伝を行うブランドを買う傾向が強い．

文化変容プロセスは，同じ国の中で移動する時にも生じる．引越しには，古い習慣を捨て，友人との物理的関係を断ち，新しい場所にいる人々の行動に適応する難しさがあるだろう．

地方から都市に移住してきたトルコ人についての研究は，人々が生活の変化となじみのない環境にいかにして適応していくかを良く示している．この研究では，移住先の土地や生活環境を居心地良く，自分を受け入れてくれる場所と感じられるものに変えていくプロセスをウォーミング（warming）と称している．研究の調査対象者は，冷たく，よそよそしい家をいかにして「güzel」（「美しくて優れている」「現代的で温かい」の意）の状態に変えていったかを説明した．例えば，彼らはかつて属していた村の生活を象徴するものを新しい家に持ち込む．彼らは村の人々が花嫁の持参金（dowry）として伝統的に手作りしていた刺繍やレースを施した布で家の中を覆っていた．移民の家には，故郷の家よりもこうした伝統的なものが多く見られた．というのも，それを新しい現代的な機器を飾るために使っていたからである．持参金としての布は，伝統的な規範や村の友人や家族の社会的ネットワークを象徴している．このように，「冷たい」現代的製品を過去のものと組み合わせることで，なじみのないものがなじみのあるものに変わっていくのである[38]．

また別の研究では，母国を離れることを強いられ，計画も財産もないまま外国で生活を始めた人々の苦境に注目した[39]．「見知らぬ土地の異人たち」である彼らは，基本的にゼロから再出発し，新しい社会生活を始めなければならない．研究者たちは，オーストラリアの難民シェルターで生活する国から来た難民たちについて，詳細な調査を実施した．その結果，自分自身の経験がトラウマになっているティーンエイジャーは，それに

対処するために順応的な消費戦略を用いていることが分かった．例えば，思春期の若者（少年を含む）すべてが，自分を慰めるためにぬいぐるみを持っていた．さらに彼らは，自分のコミュニティを表わすイヤリングをつけていた．

学習の目的 4
アメリカにおける重要な民族・人種サブカルチャーとして，アフリカ系，ヒスパニック系，アジア系の3つがある．

アメリカの民族サブカルチャーの「ビッグ3」

アフリカ系，ヒスパニック系，アジア系の人たちが，アメリカの成長の原動力になっている．ヒスパニック系は，今ではアメリカの総人口の12.5％を占める最大の民族サブカルチャーになった[40]．アジア系アメリカ人は人口のわずか3.6％と，絶対数としては少ないが，急成長している人種グループである[41]．

アフリカ系アメリカ人

アフリカ系アメリカ人は人口の12％を占め，アメリカにおいて重要な人種サブカルチャーを構成している[42]．彼らは消費者として，確かに白人とは重要な違いが存在するものの，アフリカ系の市場は多くのマーケターが信じているほど同質的なものではない．実際に，黒人と白人の違いは大きな幻想だと主張する評論家もいる．一部の例外を除き，どちらのグループも全般的な消費パターンは変わらない．どちらも，収入の約3分の2を住宅，交通，食品に支出する[43]．

観察される違いは，所得の格差，アフリカ系が都市周辺に集中して居住する傾向，あるいは第12章で取り上げた社会階級という側面から生じるものである．また，これらの違いはアフリカ系の消費者が経済的に豊かになるにつれ減少している．多数派の白人よりは低いものの，アフリカ系の世帯所得の中央値はこれまでになく高い水準になった．

それにもかかわらず，黒人と白人の消費の優先順位と市場での行動に関しては，マーケターの注意を引く明らかな違いがある[44]．P＆Gは，アフリカ系アメリカ人女性向けに「My Black Is Beautiful」というプログラムを展開した．なぜなら，調査の結果，アフリカ系の女性は主流メディアが自分たちを十分に代表していないと考えていることが明らかになったからである．調査に応じた女性の4分の3は，番組や広告がアフリカ系の女性を他の人種グループよりも否定的に描いていると感じ，これらのメッセージがティーンエイジャーに与える否定的な影響を心配していた[45]．

こうした違いが微妙ではありながらも重要になることがある．コーヒーメイトは，アフ

リカ系アメリカ人は白人消費者に比べて，コーヒーに砂糖とミルクを入れて飲むことが多いと分かり，アメリカ系メディアでキャンペーンを実施した．それによって，このセグメントでの売上と市場シェアは2桁の伸びを示した[46]．ボルボ・ノースアメリカは，アフリカ系アメリカ人の子どもの死亡原因で最も多いのが車の衝突事故であり，他の人種グループと比べてアフリカ系はシートベルトの着用率が半分ほどでしかないことを知り，彼らをターゲットにした初の広告キャンペーンを策定した[47]．

ユニリーバは，サブカルチャーによって「身体満足度」（第5章参照）がどのように異なるかを調査し，アフリカ系アメリカ人にとって肌が深い意味を持つことに気がついた．エッセンス誌が実施した調査では，18〜64歳の1,400人以上のアフリカ系アメリカ人女性に自分の肌を表現してもらったところ，最も一般的な解答は「美しい（beautiful）」（59%）で，30%が「強い（strong)」と回答した．この調査では，アフリカ系アメリカ人女性が肌を「最も重要」（49%）と位置づけていることも分かった．髪や体型，メイク，洋服などよりも重視していたのである．3分の1の回答者は，肌は自分に受け継がれた遺産であると語り，4分の1は誇りの源であると述べ，さらにおよそ半数のアフリカ系アメリカ人が，自分の肌は自分が誰であるかを物語り，自分のアイデンティティだと言っている．この深い愛着は「私の肌は私の歴史そのもの」や「私の肌は両親から受け継ぎ，彼らの愛を外に向けて表現するもの」といった投稿からも明らかであろう[48]．

ヒスパニック系アメリカ人

ヒスパニック（hispanic）という言葉は包括的なものであり，多くの異なるバックグラウンドを持つ人々が含まれている．ヒスパニック系アメリカ人の60%近くはメキシコ人を祖先に持つ．次に大きなグループを構成するプエルトリコ人はヒスパニック人口の10%弱にすぎない．国勢調査でこのカテゴリーに含まれるグループは，その他に中央アメリカ人，ドミニカ人，南米人，キューバ人などがいる．

ヒスパニック系のサブカルチャーは，多くのマーケターが最近まで無視していた眠れる巨人である．2010年の国勢調査によれば，現在のヒスパニック人口は5,000万人，すなわち6人に1人のアメリカ住民がヒスパニックであり，2000年の調査と比べて42%，増加している．現在では非ヒスパニック系の白人に次ぎ，国内で2番目に大きい消費市場に成長している．アメリカのヒスパニックの3人に1人以上は18歳未満の子どもである．これは，彼らが親の世代より早く文化変容することを意味する．既に半数近くが英語を話すことに不自由していない．また彼らは地理的に固まって生活することが多いため，マーケターにとって到達するのが容易なセグメントである．

かつてのヒスパニック系アメリカ人に対するマーケティング努力は，控え目に言っても成功とはいえず，逆効果ですらあった．企業は広告を適切に翻訳したり，広告主が意図

第 13 章　サブカルチャー　　665

したニュアンスを捉えたコピーを作るという段階でつまずいた．この段階での失敗は今では起こりにくい．というのも，マーケターがこのセグメントに語りかける要領を掴み，ヒスパニック系の人材を登用して正しいメッセージの広告を手掛けるようになったからである．次のような翻訳上の大きな失敗は，アングロサクソン系の人々に見過ごされてしまっていた[49]．

- パーデュー・ファームズのスローガン「柔らかいチキンを作るにはタフな男が必要だ」は，「愛情のこもったチキンを作るには性的に興奮した男が必要だ」に翻訳された．
- バドワイザーは「ビールの女王」になった．
- ブラニフ航空（現在は破綻）が快適なレザーシートの宣伝に使った「Sentado en cuero」というスローガンは，「裸でお座りください」の意味になる．
- クアーズの「クアーズでくつろごう」のスローガンは，スペイン語では「クアーズで下

ヒスパニック系の消費者は主流市場に急速に参加し始めている．

出典：Latina Magazine 提供．

痴しよう」となる.

　成功した広告キャンペーンの中でも，ヒスパニック系のサブカルチャーに対してはかなり工夫している場合がある．例えば，カリフォルニア州牛乳協会は，大成功した「Got Milk（牛乳は飲んだ）?」キャンペーンを，当初，ヒスパニックの消費者がまったく評価していないことを知った．痛烈で皮肉なユーモアは彼らの文化に存在しないからである．さらに，牛乳が欠乏するという考えは，ヒスパニック系の主婦にとって笑いごとではなかった．なぜなら，もし牛乳を切らしたら家族を失望させることになるからである．さらに悪いことに，「Got Milk?」は「あなたは授乳している?」という意味にもとれるため，協会はスペイン語での広告を「あなたは今日，家族に十分な牛乳を飲ませましたか?」というキャッチコピーに作り直し，さらに家のキッチンでフランを作っている穏やかなシーンの

コピー：たまには塩とコショウを嫉妬させちゃえ.

ゴヤフーズのネイビーブルーのラベルは，ラテン系家族の間で長年親しまれてきたが，新しい広告キャンペーンとともに，より広い一般市場に参入した．その75年の歴史で初めて，ゴヤはその努力にモバイルテクノロジーを使うことになった．一般市場でのゴヤフーズの最大のマーケティング努力は，多くの食品会社とは逆行するものであった．他の会社はアメリカで増えつつあるラテン市場をターゲットにしていた．ゴヤはこの市場に対して重点的にマーケティングを続けながらも，開拓すべき新しい市場を探している．

出典：Goya Foods, Inc. 提供．

描写に変えた⁽⁵⁰⁾.

この重要な民族的サブカルチャーに働きかける最近のマーケティング努力の中でも代表的なものを挙げておこう：

- ウォルマートはフェニックスとヒューストンに，初のヒスパニック向けスーパーマーケット「スーペルメルカド・デ・ウォルマート（Supermercado de Walmart）」をオープンした⁽⁵¹⁾.
- AT＆Tは，グラミー賞受賞歌手ナタリア・ヒメネスを起用したスペイン語広告キャンペーンを展開した⁽⁵²⁾.
- ロレアルUSAは，スペイン語テレビ局テレムンド・コミュニケーションズ・グループと提携して，同局の主力番組「テレノベラ（telenovelas）」（毎日のプライムタイムに放送される人気連続ドラマ）の初のオフィシャルファンクラブ「クラブ・デ・ノベレラス」のスポンサーになった⁽⁵³⁾.

アジア系アメリカ人

アメリカのマーケターが最初にヒスパニック市場に到達しようとする際に直面した問題は，アジア系アメリカ人をターゲットにした時に再び生じた.

- コカ・コーラのスローガン「Coke Adds Life」は，日本語では「コークはあなたの先祖を死から甦らせる」という意味に翻訳された.
- ケンタッキーフライドチキンは，中国で「指をなめたくなるほどおいしい」チキンと宣伝したが，中国人は指をなめるのは礼儀正しくないと考える.

アジア人は急速に成長する人口グループというだけでなく，どの民族サブカルチャーと比べても経済的に豊かで教育レベルが高く，技術関係の仕事に就いている割合が高い．アジア系世帯の約32％は所得が5万ドル以上であるが，全人口では29％である．このセグメントの購買力は年間2,530億ドルと見積もられる．そうした理由もあって，証券会社のチャールズ・シュワブは，コールセンターに中国語，韓国語，ベトナム語を話す人材を300人以上雇い入れている⁽⁵⁴⁾.

こうした市場の潜在能力の存在にもかかわらず，このグループは異なる言語と方言を用いる文化的に多様なサブグループで構成されているため，マーケティングは難しくなる⁽⁵⁵⁾.「アジア系」という言葉は20もの民族グループに対して使われ，その中で最大のグループが中国人であり，フィリピン人，日本人がそれに続く．フィリピン人は日常的に英語を話す唯一のアジア人で，ヒスパニックのように，多くのアジア系住民は母語のメディアを好む．アジア系アメリカ人が最も多く話す言語は，北京官話，韓国語，日本語，ベトナム語である．

アジア系の消費者はすべての人種・民族グループの中で最も頻繁に買い物をするだけでなく，最もブランドを意識する．ほぼ半数（43%）が買い物をする時にブランドネームに着目して探すと言っている．しかし，興味深いことに，彼らはブランド・ロイヤルティが最も低いグループでもある．アジア系の4分の1はブランドを頻繁に変えると回答しているが，ヒスパニック系では22%，アフリカ系では20%，白人では17%である．そして，アジア系消費者は外見を最も気にかける．4分の1以上（26%）が，近所の人から受け入れられると思うものを買うと言っているが，この数字はヒスパニック系とアフリカ系では12%，白人では10%にすぎない．あるアジア系アメリカ人の広告担当重役は次にように述べている．「豊かになったアジア系はステータスに非常に敏感になり，BMWやメルセデス・ベンツ，フランスの高級コニャックやスコッチウイスキーのような一流ブランドにお金をかけている」[56]．アジア系セレブを起用した広告は特に大きな効果を発揮する．リーボックがプロテニスプレイヤーのマイケル・チャンを広告で使い，アジア系アメリカ人の売上げが急増した．

学習の目的 5
マーケターは消費者に語りかける際に，宗教的・精神的テーマをますます使うようになっている．

宗教サブカルチャー

最近になって，メル・ギブソン監督の映画『パッション』や小説『ダ・ヴィンチ・コード』，さらにはブロードウェイのヒット作『ザ・ブック・オブ・モルモン（The Book of Mormon）』などの成功に見られるように，宗教的，スピリチュアル的なポップカルチャーがアメリカで爆発的な人気を得ている[57]．これまで宗教を伝染病のように避けてきた主流文化のマーケターたちが，今では教会に通う信徒に熱心に働きかけている．

製品を「崇拝する」ために，組織的な宗教に積極的に参加する必要はない．アップル・ニュートンのブランド・コミュニティは，特に「カルト製品」の場合に宗教的なテーマが日常の消費にどれほど浸透しているかを物語る．アップルは何年も前に「ニュートン」というPDA（個人用の携帯情報端末）の生産を終了したが，多くの熱心なユーザーが今もなお信仰を捨てずにいる．ある研究者らが，この製品だけについて語るチャットルームの投稿を調査した結果，メッセージの中心は超自然的，宗教的，魔術的なテーマであり，ブランドの創造主の復帰の他にも，このブランドに生じた奇跡のようなパフォーマンスと生命力に関する投稿が多かった．最も多い投稿は，切れたはずのニュートンのバッテリーが魔法のように蘇ったというものである．ここで，リストサーブ（電子メーリングソフ

ウェア）に投稿された「もう1つのバッテリーの奇跡」の内容の一部を紹介しよう：

> 受け取ったアップル・ニュートン 2100 のバッテリーは死んでいるように見えた……熱か何かでやられ，動けばラッキーと思っていた．「チャージ」している間，一度アダプターを抜き，インジケーターがバッテリーで稼働中と表示されたところで，また接続する．しばらくすると「充電中」の表示になった．……何度か繰り返すうちに，バッテリーのチャージャーが左から右へと動き，10 分以内にフル充電になった！……それから 4 時間ぶっ続けでニュートンを使ったが，何の問題もなかった．不思議だ．もう 1 つのニュートンのバッテリーの奇跡のように思える．信念を貫けば報われる[58]．

組織的な宗教に加えて，数多くの多様なグループが消費者に対して同様の機能を果たしている．そして，このようなグループの場合も，広い意味で宗教的な原則に基づいている（「アルコール依存者更生会」のような依存症の支援グループに採用され成功を収めている 12 ステップ・プログラムなど）．世界最大の減量支援グループであるウェイト・ウォッチャーズは営利ビジネスではあるものの，**精神療法モデル**（spiritual-therapeutic model）に従っている[59]．

事実，一部の人にとってブランドのロゴは，十字架やダビデの星のような宗教的シンボルが信者に果たすのと同じ機能を持っている可能性がある．それほど信仰心の強くない人たちにとって，商業ブランドの目に見えるしるし（marker）は，信仰の象徴的表現と同じように，一種の自己表現の手段となり，自分の価値を示すものとなる．あるフィールド調査では，100 万人当たりのアップルの店舗数と，メイシーズやギャップなどのブランドの店舗の数を複数の地域で分析し，「ブランド・ディスカウント店舗率」と呼ぶ比較統計法を考案した．その後，収入，教育，都市化の違いを調整した上で，ブランド信仰の大まかな測定値を，1,000 人当たりの信徒数と自己申告での教会やシナゴーグ（ユダヤ教会）への参加と比較した．その結果，すべての地域で，ブランド信仰と宗教性の間には負の関係があることが明らかになった．つまり，ブランド活動が活発な地域は，組織的な宗教への参加が少ない傾向にある．

その後，研究チームは一連の実験調査を行い，ブランドがこうした宗教的経験の代用になるのか否かを判断した．この実験では第 8 章で論じた一種のプライミングを使い，被験者は活動に従事する前に 1 つのトピックを考えるように促される．ある調査では，大学生のグループの一方は，「あなたの宗教はあなた自身にとって何を意味するか」というテーマについて短いエッセイを書くように求められ，もう一方のグループは，毎日の過ごし方について書くよう指示された．それぞれのグループはその後，買い物に出かけたという想定で，一度に見せられる 2 つの製品，すなわち全国ブランドと店舗ブランドのどちら

かを選んでもらった。製品は，サングラス，時計，靴下など，自己表現の手段にもなるものと，パン，電池，イブプロフェンといった機能的な製品だった。最初に宗教について考えさせられたグループは，自己表現を目的としたブランド製品を選ぶことが少なかった。別のオンライン調査でも，自己申告で宗教心が強いと答えた参加者の一部は，宗教心が弱かった人たちに比べてブランド製品を選択することが明らかになった[60]。

組織的な宗教と消費

マーケターはこれまで組織的な宗教を集中的に調査することはなかったが，おそらくそれは宗教を話題にすることをタブーとみなす人が多いためであろう[61]。あるリサーチ責任者は次のように記している。「宗教はセックスや政治と並んで，あからさまに話すべきではない3大タブーの1つである」[62]。タブーかどうかは別として，少なくとも食事や服装に求められる宗教的な規範は，実際に特定の製品に対する需要を生み出す。例えば，現在市場に出回っている8万6,000種類のコーシャ食品（ユダヤ教で定められている食べ物）を買う600万人の消費者のうち，ユダヤ人は3分の1にも満たない。プロテスタントの一派セブンスデー・アドヴェンティスト信者とイスラム教徒にも食べ物に関するよく似た制限があり，他の消費者は単純にコーシャ食品を高品質なものと考えている。ペパリッ

「コンフェッション（告解）」は，ローマカトリック・アプリの名前であり（カトリック教会の承認を得ている），悔悛の典礼に参加すると，パスワードで保護されたステップごとの秘跡ガイドが提供される．

出典：Little I Apps 提供．

ジファームのようなアメリカを代表する大手食品メーカーが,幅広い種類のコーシャ製品を提供しているのもそうした背景がある[63].日本では,酒類メーカーの加藤吉平商店や菊水酒造などが,日本酒や酒粕についてコーシャ認定を取得し,ユダヤ教の人だけでなく,国内外の市場において健康志向の消費者を開拓しようとしている.なぜなら,コーシャ認定を取得するためには,認定機関による製造プロセスの厳格なチェックが必要なため,それを通過したことはユダヤ教以外の消費者にも安心感を与えるからである[64].

宗教サブカルチャーは,食品の他にも,消費者のパーソナリティ,性的なものへの態度,出生率と家族構成,所得,政治的見解といった側面に影響を与える.教会のリーダーは消費を奨励することができるが,さらに重要なことは,消費を抑制することもできることである.時にはそれが強力な効果を発揮する.アメリカのディズニーは,南部バプテスト連盟がすべての信徒にディズニーのボイコットを求めることを表決した際に,こうした運動がどれほど効果を上げるかを知った[65].教会はテーマパークでの「ゲイ・デー」への抗議のために反ミッキー運動を開始し,ディズニーは放送を通して過激な同性愛主義を宣伝しているという見解を示した.すぐに,アメリカ家族連盟,アセンブリーズ・オブ・ゴッド総会,ホーリネス教会,宗教的権利・公民権を求めるカトリック連盟,フリーウィル・バプテストなど他の団体もこの運動に参加した.ボイコットの影響は大きく,ディズニーは4,000人の従業員を一時的に解雇せざるを得なかった[66].

生まれ変わった消費者

大規模な教会は,最近になって自ら攻撃的にマーケティングをするようになった.アメリカには400程の**巨大教会**(megachurches)がある.それぞれが週に2,000人以上の信徒を集め(日曜礼拝に2万人以上が集まるところもある),18億5,000万ドルの年間収入を得ている[67].ある教会のマーケティング・コンサルタントは次のように説明している.「ベビーブーマーは教会をスーパーマーケットのように考えている.彼らは選択肢が豊富で,便利であることを望む.スーパーマーケットのセーフウェイが週に一時間しか開いていなかったら,1つの製品しか置いていなかったら,それが英語で説明されていなかったら,と想像してみてほしい」[68].明らかに宗教はビッグビジネスである.

アメリカで最も宗教的であるマーケティング活動は,「born-again(生まれ変わった)」キリスト教徒に見られる.彼らは聖書の言葉通りに従い,キリストを信じることでもう一度生まれ変わったことを認識する.アメリカでは最も急成長している宗教的な組織である.ある調査会社は,アメリカの2億3,500万人のキリスト教徒のうち7,200万人がこのタイプの信者であると報告している[69].

福音主義の運動の力強さは,これらの消費者に到達しようとする多くのマーケターから関心を集めた.信仰に基づくマーケティング戦略を採用した企業には,ファイザー,メル

ク，タイソン，スマッカーズ，複数の大手自動車メーカー，さらにはフィットネスチェーンのカーブスなどが含まれる．スズキはオートバイと SUV ラインの宣伝のために，クリスチャンのロックバンド「カットレス（kutless）」の全国ツアーのスポンサーを務めた[70]．

この勢いを増す運動は，キリスト教関連のマーケティングと商品のブームにも火をつけた．キリスト教の書店は年間 20 億ドルを超える収益を上げ，ボーンアゲインの広まり（特に若い福音派が多い）によって，宗教的な製品が主流文化の店舗に流れ込むようになった．商店は若い世代に向けて常にメッセージを新しくしている（ある T シャツには手と釘の絵が描かれ，「ボディピアスが私の命を救った」と書かれている）．カリフォルニアのチェーン店「C28」の名前は，新約聖書のコロサイ人への手紙 2 章 8 節からとったものである．「人間の言い伝えにすぎない哲学，つまり，うわべだけの騙すような事によって人のとりこにされないように気をつけなさい．それは，世を支配する霊に従っており，キリストに従うものではありません」（新共同訳）．C28 には現代的なデザインと聖書の言葉を組み合わせた独自のハウスブランド「ナット・オブ・ディス・ワールド（Not of This World）」がある．経営者は，自身の店で数百人がボーンアゲインのキリスト教徒になったと主張する．「我々のミッションは，イエスの寛大さと真実と愛を共有することだ．モールほどそれに適した場所が他にあるだろうか？」[71]．

イスラム教徒へのマーケティング

イスラム教徒は，2030 年までに地球の人口の 4 分の 1 を占めることが予想されている．そして，同じ期間にアメリカのイスラム教徒の人口は倍増すると分析されている．仮に，移民パターンとイスラム教徒の比較的高い出生率が続けば，アメリカにおけるイスラム教徒の人口は 260 万人から 620 万人に増加する計算になる．ヨーロッパ諸国の中には，イスラム教徒の人口が全体の 10% を超えると見積もられる国もある[72]．したがって，イスラム教徒は真剣に考慮すべき消費者市場であると言えるだろう．

ナイキは 1996 年の新製品の発表で，のちに伝説ともなった間違いを犯した．靴底のロゴに，アラビア文字で書かれた「アラー」に似ていると思われるイスラム教徒の人々が描かれていたのである．イスラム教徒は足を不浄なものとみなすため，ナイキは世界中で 80 万足のシューズを回収することになった．現在，この宗教サブカルチャーのニーズに注意深く応えようとする企業が増えている．例えば，マレーシアではサンシルクの「ライヴリー・クリーン・アンド・フレッシュ（Lively Clean & Fresh）」シャンプーの CM に笑顔を見せる若い女性が登場する（しかし，髪は一筋すら見えない）．彼女の頭は完全に「トゥドゥン（tudung）」と呼ばれる，この国のイスラム教徒の女性たちが使うスカーフで覆われている．サンシルクの売り込みポイントは，トゥドゥンをかぶる人たちの共通の悩みである頭部と髪の余計な脂分を取り去るというものであった．

コーシャ認定での成功を目にした一部のイスラム教徒は，ハラール（halal）食品（イスラム法で認められた食品）も主流文化の消費者にアピールできるかもしれないと考えている．イスラム食品栄養協会は，ハラール製品と認定されたものに「三日月のM」マークをつけているが，これは最大のコーシャ認証機関のオーソドックス・ユニオンの「O」マークと近似している．コーシャもハラールも，信者は豚肉を食べることが禁じられ，どちらも肉を処理する場合に同じような儀式に従わなければならない．信仰心の篤いユダヤ教徒は，牛乳と肉を混ぜることはせず，貝は食べない．敬虔なイスラム教徒は酒類を飲まない．どちらのグループも猛禽類は食べる (73)．

ハラールという文字は，牛乳，水，市販薬，休日，粉末洗剤，ティッシュ，化粧品，ウェブサイト，音楽など，多くの日用品，サービス，活動に使われつつある．多くの大手企業が，正式な認証を受けることで，食品だけではなく，あらゆる製品がハラールであることを消費者に示して安心させている．

- 味の素は，インドネシアで販売する調味料に対してハラールの認証マークを付けることをイスラム学者協会から許可された．なぜなら，かつて同社の調味料には豚の成分が入っていたが，現地での大きな反発を踏まえて，それを大豆成分に変更したからである (74)．
- ノキアは，中東と北アフリカ市場向けに，1日5回の祈りの時間を知らせるアラーム，2冊のイスラム電子書籍，ラマダン中にSMSのグリーティングカードを送れる電子カードアプリを備えた携帯電話を発表した．
- 広告会社オグルヴィ＆メイザーは，最近，新しく開設したプロジェクト「オグルヴィ・ノー

ハラールの証明付きの食品・製品を見かけることが多くなった．

出典：kotoyamagami/Fotolia.

ル」(ノールはアラビア語で「光」を意味する)を,「世界初のカスタムメイドのイスラム・ブランディング」と表現している. 同社は, イスラム教徒の消費者へのブランドのアピール度を評価するノール指数も開発した. この指数は, 30 の良く知られているブランドがどれほどイスラム法「シャリア」に適合しているかに関して, 消費者の評価に基づいて構成されている. ユニリーバの「リプトン」ティーが最上位につけ, ネスレがそれに続く. オグルヴィの調査では, 若いイスラム教徒の消費者は同年代の欧米人とは異なり, 宗教の核となる価値観に忠実であり続けることで, 現代世界でより大きな成功を達成できると信じていることが明らかになった [75].

学習の目的 6
同年代であれば, 多くのことについて人々には共通点がある.

年齢サブカルチャー

　育った時代が同じであることで, 同年代の人々との絆が築かれる. ニーズや好みは年を重ねるにつれて変化するが, 同年代の人とはその変化を共有することが多い(自分は決して年をとらないと思っている人も中にはいるが). そのため, 年齢はアイデンティティの重要な一部となる. 他のすべての条件が同じであれば, 自分より年齢が大幅に違う人たちよりも, 同年代の人たちとの方が共通点は多い. これらの類似性は, マーケターにとっての機会を生み出すこともあれば(ソーシャルメディア会社の重役に尋ねてみれば分かる), 警告を発することもある. 例えば, 若い消費者は年配の人たちほど日常ベースでコーヒーを多く飲まない [76].

　マーケターは年齢グループに対して, 彼らの言語でコミュニケーションを行わなければならない. ソニーは, 若い人たちの注意を引くには, ビーチバレーのようなイベントのスポンサーになる必要があることをようやく理解した. このエレクトロニクス業界の巨人が最初にアメリカのカーステレオ市場に参入した時, 彼らはこれまで通り, 技術や品質の高さを強調した売り込みをした. この戦略はまったく効果を上げず, こうした製品を買う消費者の半分を占める 16 〜 24 歳の若者世代からは退屈に思われるだけであった. ソニーは 10 年経っても市場シェア 7 位という地位に低迷していた. そしてようやく市場を理解した彼らは, 全面的にアプローチを修正し, 最終的にはカーステレオ部門の収益を倍増することに成功した [77].

　この成功を収めたキャンペーンは, エレクトロニクス部門を消費者のライフステージごとに再編するというソニーの新しい戦略決定から生まれたものであった. 製品ごとに担当者を割り振るのではなく, ジェネレーション Y (25 歳未満), 若い専門職と DINKS (25

〜34歳の子どものいない共働き夫婦), ファミリー層 (35〜54歳), 年配層 (55歳以上) など, 消費者の年齢別セグメントによってグループ分けをしたのである[78]. 本項ではいくつかの重要な年齢グループの特徴を探り, マーケターが幅広い年齢サブカルチャーに働きかけるために, どのように戦略を変更していったのかを考察する.

年齢コホート (age cohort) は, 同様の経験を共有する同年代の人々で構成される. 彼らは文化を代表する文化的アイコン (例: おニャン子クラブ vs. AKB48), 重要な歴史的出来事 (例: 東京オリンピック (1964年) vs. 2002 FIFA ワールドカップ) などの記憶の多くを共有する. 人々を年齢コホートに割り振る普遍的に受け入れられる方法は存在しないが, 誰でも「私の世代」という言葉を聞い時に, それが何を意味するかをイメージできるだろう. マーケターは, 特定の年齢コホートをターゲットにした製品やサービスを提供することがある. 彼らが所有している物は, 特定の年齢層の人々と自分を一体化させ, ライフステージごとに変わる優先順位やニーズを表現することにも役立つ[79].

アナリストが年齢コホートを表現する際には一般的なコンセンサスがあるが, 彼らが消費者を世代別のカテゴリーに分類するために用いるラベルや境界線となる年月日は主観的なものである. アメリカでは, 大まかなものとして次のような分類がある[80]:

- 戦前世代 (The Interbellum Generation) ―― 20世紀初めに生まれた人たち.
- 沈黙の世代 (The Silent Generation) ―― 二度の世界大戦の間に生まれた人たち.
- 戦争ベビー世代 (The War Baby Generation) ―― 第二次大戦中に生まれた人たち.
- ベビーブーマー世代 (The Baby Boom Generation) ―― 1946〜1964年に生まれた人たち.
- ジェネレーション X (Generation X) ―― 1965〜1985年に生まれた人たち.
- ジェネレーション Y (Generation Y) ―― 1986〜2002年に生まれた人たち.
- ジェネレーション Z (Generation Z) ―― 2003年以降に生まれた人たち.

同じ内容の製品やサービスであっても, 感じる魅力は年齢層ごとに違いがあるだろうし, マーケターが用いる言語やイメージも彼らには届かないだろう. 場合によっては, 年齢コホート別のキャンペーンが考案されることもある. 例えば, 電気シェーバーのノレルコ (Norelco) を提供するフィリップスは, 若い男性が同社の消費者ベースの核となる年配の男性と比べて, 電気シェーバーをあまり使わないことに気がついた. そこで, 二方面のキャンペーンを策定した. 一方では, 若い男性に剃刀から電気シェーバーに切り替えるように促し, もう一方では, 年配の顧客のロイヤルティを維持するように心がけた.

同じ年齢グループに属する消費者は, ほぼ同じ時期に人生の重要な転換点に直面するため, マーケターが彼らにアピールするために用いる価値やシンボルは, 強烈なノスタルジアを喚起する (第3章参照). 30歳以上の成人は特にこの戦略に影響されやすい[81].

表 13.1　ノスタルジア尺度

尺度項目
以前のようには生産されていない.
昔の方が良い世の中であった.
製品は見かけ倒しの物になりつつある.
技術変化は明るい未来を約束する（逆転尺度）.
歴史を通して人間の幸福度は着実に増してきた（逆転尺度）.
我々は生活の質の減退を経験している.
GNP の堅実な成長は人間の幸福を増す（逆転尺度）.
現代ビジネスは常により良い明日を築き上げている（逆転尺度）.

出　典：Morris B. Holbrook and Robert M. Schindler, "Age, Sex, and Attitude toward the Past as Predictors of Consumers' Aesthetic Tastes for Cultural Products," *Journal of Marketing Research* 31（August 1994）: 416. 著作権©1994 American Marketing Association. *Journal of Marketing Research* の許可を得て再版. American Marketing Association 発行.
注意：項目ごとに，強い不同意（1）から強い同意（9）までの9段階から選び，スコアが合計される.

しかし第3章で見たように，過去の思い出は年配層だけでなく若者にも影響を与える. 実際に，年齢に関係なく，人よりもノスタルジックな気分になりやすい人たちがいることが調査から明らかにされている. 表13.1は，ノスタルジアが個々の消費者に与える影響を測定するために研究者が用いている尺度である.

学習の目的 7
ティーンエイジャーはマーケターにとって重要な年齢セグメントである.

若者市場

　1956年，アメリカでは「ティーンエイジ」という言葉が一般的なボキャブラリーに加わった. 驚くことに，ティーンエイジャーという概念は非常に新しいものである. 人は子どもから大人へと移行するが，多くの文化ではこの突然の変化を何らかの儀礼や儀式（第14章で論じる）によって目に見える形にしている.

　『セブンティーン』誌は1944年にアメリカで創刊された. 創刊者は，当時の若い女性が母親の小さなクローンにはなりたくないと考えていることに気がついた. 第二次大戦後，ティーンエイジャーの抵抗と服従の間に生じた葛藤は，後ろになでつけた髪で思わせぶりに腰を回すエルビス・プレスリーと，典型的な優等生で真っ白な歯のパット・ブーンが人気を二分していたことに現われていた（図13.1参照）.

　世界には大きな若者市場が広がっている. 彼らは1,000億ドルの購買力を持っている. この購買力の大半が「心地良くさせてくれる」製品に向けられる. 主に，化粧品，ポスター，

ファストフードなどで，これにノーズリングなどが含まれる場合がある．ティーンは，幅広い製品に関心を持ち，それを手に入れるのに必要なお金を持っているため，多くのマーケターが熱心に彼らにアピールしている．さらに，クチコミの力が最も重視されるのがこのセグメントである（第11章参照）．ある大規模な調査では，2009～2010年の間に13～17歳の78％が「メディア＆エンターテインメント」ブランドについてクチコミを利用していた．全年齢層ではこの数字は57％に留まった[82]．

この年齢期を経験してきた人なら誰でも分かるように，思春期と青年期は最善の時期でもあるし最悪の時期でもある．子どもの役割を離れて大人の役割を担う準備を始める時に多くの劇的な変化が生じる．こうした移行が自分自身に対して確信が持てず，何かに帰属して，自分の特別なアイデンティティを見つけなければならないという差し迫ったニーズが生まれる．この年齢層では，活動，友人，洋服の選択が重要になり，ティーンは常に「正しく」見える外見や行動の手掛かりを同年代の仲間や広告に求めている．ティーン向けの広告では，典型的にアクション志向で，その製品を使っている「人気」のティーンのグループが描かれる．

この年齢サブカルチャーの消費者は，実験，帰属，自立，責任，他者の承認など，多くのニーズを持つ．製品を使用することは，これらのニーズを満たすための重要な手段になる．例えば，子どもたちの多くはたばこを吸うことをステータスとみなしている．というのも，それまで見てきた多くの映画がこの習慣を美化しているからである．ある調査で

図13.1 アメリカのティーンエイジャー人口

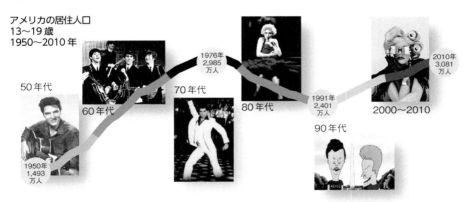

出典：左から順に．©Mary Evans Picture Library/Alamy; akva/Shutterstock.com; ©Photos 12/Alamy; ©Trinity Mirror/Mirrorpix/Alamy; Everett Collection Inc.; Zoran Karapancev/Shutterstock.

は，9年生（中学3年に相当）にたばこを吸うシーンが登場する映画のオリジナル映像を見せるか，もしくは，このシーンをカットした映像を見せた場合，俳優の喫煙シーンを見た子どもたちは喫煙者の社会的ステータスを認識し，自分もたばこを吸いたいという欲求を高めたことが明らかになった[83]．

あらゆる文化において，ティーンエイジャーが子どもから大人へと移行するプロセスで，発達に伴う根本的な問題に直面する．歴史を通じて，若者は不安，親の権威，仲間からのプレッシャーと闘ってきた．調査会社のティーンエイジ・リサーチ・アンリミテッド（TRU）によれば，ティーンにとっての最も重要な社会問題は，エイズ，人種問題，児童虐待，中絶，環境の5つである．最近のティーンは，特に非伝統的な形態の家族構成で，買い物，料理，家事に大きな責任を負っている場合には，家族の責任という点でも対処しなければならない．広告会社のサーチ＆サーチは，すべてのティーンに共通する基本的な4つの葛藤を明らかにした：

- **自立か帰属か**——ティーンは自立しなければならない．そのために家族から離れようとする．しかし，孤独を避けるために，同年代の仲間のような支援の構造に自分を関連づける必要もある．
- **抵抗と服従**——ティーンは外見や行動に関する社会的規範に抵抗する必要性を感じるが，それでも仲間に受け入れられるように適応する必要性も感じている．彼らは，ロックテイストのアパレルやアクセサリーなどを取り扱うホットトピックのような小売チェーン店で販売している反抗的なイメージを助長する「大胆な」製品を称賛する．
- **理想主義と実用主義**——ティーンは大人を偽善者とみなし，自分たちは誠実であると考える．世界がどうあるべきかについての考えと，周囲の現実との間で妥協点を見出そうとする．
- **ナルシシズムと親密さ**——ティーンは外見とニーズにこだわる傾向がある．しかし，意味ある形で他者と結びつきたいという願望も持つ[84]．

これらのニーズは互いに衝突し，時には不快な形で対立することもある（髪型が決まらない日のティーンエイジャーほど意地の悪いものはない）．ある研究者は，青少年が消費規範や価値観に関する情報を交換するメカニズムとして「嘲り」の役割に着目した．その結果，青少年は（中学校時代に始まることが多いのだが）消費規範に背いた仲間を追放したり，見えない存在にしたり，戒める目的で「嘲り」を用いることが分かった．この痛みを伴うプロセスの結果の1つとして，子どもたちは憧れのグループと回避するグループに関するステレオタイプを内在化する（第11章参照）．そして，自分の消費パターンを大幅に変えて前者と一致させようとし，後者から切り離そうとする．調査対象となった子どもの1人は，白いスニーカーを履いていたことを仲間に冷やかされると，すぐによ

りスタイリッシュな黒いスニーカーに買い替えた[85]．

　ティーンは常に権威を疑う「代表」を持っているが，ある人が抵抗しても別の誰かはそれに従わないことは肝に命じておくべきである．秩序に対する反抗に関しては，それをどこまで望ましいと感じるかは文化によって大きな違いが見られる[86]．例えば，アジアのティーンエイジャーの多くは，彼らが今まさに入ろうとしている中流階級に対して，必ずしも抵抗することに価値を置くわけではない．上半身裸の男性がロックコンサートでボディサーフをしたり，店舗の通路でショッピングカートを乗り回したりするような，他の国では成功したコカ・コーラのティーン向けの広告が，シンガポールの子どもたちにはまったく受け入れられなかった．彼らにとって，この広告はあまりに乱暴すぎたのである．

ジェネレーションY

　新しいスマイルフェイスのロゴを含め，ペプシが最近になって実施したブランドの改革は，いわゆるジェネレーションY（Gen Y）を明確に意識したものであった．若者は常にペプシの生命線であり，「君こそペプシ世代（You're in the Pepsi Generation）」のキャッチフレーズに始まり，時代とともにそれが「ジェネレーション・ネクスト」から「新しいジェネレーションの選択」へと進化した．しかし，その流れがここ数年の間にやせ細ってきている．なぜなら，若者の嗜好がエナジードリンクと栄養分の入った水へと傾いているからである．ペプシの調査では，この年齢グループ（ミレニアルズ（Millennials）やエコーブーマー（Echo Boomers）とも呼ばれる）は将来について楽観的であることが分かった．彼らの大半が肯定的な将来像を維持する重要性について同意していた．ペプシは，ミレニアルズの95％が「変化（change）」という言葉に肯定的なイメージを連想し，「新しい」「発展」「希望」「興奮」のような別の言葉と結びつけて考えた．

　ジェネレーションYは，1984年から2002年に生まれた世代を指す．彼らは既にアメリカの人口の3分の1を占め，自分と親のお金を合わせて年間1,700億ドルを支出している．彼らは，自由気ままであることと「仲間」と常につながっていることの両方に価値を置く「ジャグラー」である．広告代理店のサーチ＆サーチは，この新しいタイプのライフスタイルをコネクシティ（connexity）と名づけている．USBポートに直接プラグインすれば，アップロードやダウンロードも可能な若者向けの「サイオン」をトヨタが開発した時，トヨタの調査関係者はエコーブーマーが車の中で生活していることを知った．例えば，ジェネレーションYの4分の1は，車の中に着替え一式を常備している．そこで，トヨタの設計者は，サイオンを車付きの家に見たて，学生たちが授業の合間に昼寝をできるようにフロントシートをフルリクライニングにし，コンピューターを接続できる15ボルトのコンセントを装備した[87]．

　親の世代や年上の兄弟たちとは違って，ジェネレーションYは比較的伝統的な価値観

を持つ傾向があり，抵抗するよりは適応することを好む．本章の前半で取り上げたように，彼らの文化変容エージェントはチームワーク（団体スポーツ，コミュニティ・サービスなど）を強調する．ティーンエイジャーの暴力犯罪は 60 〜 70％も減少した．たばこやアルコールの使用は，10 代の妊娠と同様に，これまでになく低い状況にある．エコーブーマーの 10 人に 5 人は，政府を信頼していると述べ，ほぼ全員が父親と母親を信頼している(88)．

最近のティーンはテレビを見ながら育ち，年上の世代より「好みがうるさい」ため，マーケターはこのグループに働きかける際に押しの強いアピールを避けなければならない．恩着せがましくなく，信頼できると判断されたメッセージだけが受け入れられる．ある研究者は次のようにまとめている．「彼らは瞬時に製品を見極める警告機能を備えている．……店に入るとすぐに，それが格好良いか悪いかを判断し，欲しいかどうかもすぐに決まる．彼らは多くの広告が嘘と誇張だらけであることを知っている」(89)．

それでは，若い消費者に働きかけるためのルールにはどのようなものがあるだろうか？ (90)

- **ルール 1：見下した態度をとらない**──若い消費者は製品について自分で結論を出すことを好む．あるティーンはこのように語っている．「誰かに何かをするように言われ

出典：Lorillard Tobacco Corp. c/o Lowe Worldwide 提供．

コピー：ティーンだったらタバコってイケてるでしょ．

マーケターは，喫煙やドラッグの使用のような，行動に影響を与えるメッセージを作成して公共政策に影響を与えることがある．このモザイクは，ロリラード・タバコの青年喫煙防止プログラムを宣伝するために使われた．

るのは好きではない．ドラッグとかセックスに関する CM は説教っぽい．彼らに何がわかる？　それに，大きなパーティーに招いて製品を使ってみるように言われるのも好きではない．そんな方法は上手くいかない」．

- **ルール2：偽らない．ブランド・イメージに忠実であること**——子どもたちは正直な話を好む．有言実行の企業が好印象を持たれる．P&G はデオドラント製品の「オールド・スパイス・ハイ・エンデュランス（Old Spice High Endurance）」にキャッシュバックを保証し，フリーダイヤルの 1-800-PROVEIT の専用の電話番号を設けることで，この価値観に訴えた．
- **ルール3：楽しませる．双方向型のコミュニケーションを心がけ，相手を軽んじない**——ジェネレーションYは，予想外の場所でブランドを見つけることを好む．魅力的な広告を見つけることが，彼らがテレビ番組を見る理由の1つなのである．さらに知りたければウェブサイトをチェックする．
- **ルール4：彼らがどのような体験をしているかに対して，控えめな理解を示す**——ハーシーのミント「アイスブレーカー」の CM は，男性がクラブで見知らぬ女性に近づくときの緊張を和らげるミントの効果を，それとなく伝える．彼はこう言って自分を勇気づける．「幸運のパンツをはいている．ドラッグはやっていない．よだれも垂らしていない．落ち着け．息は臭わないか？」．
- **ルール5：本物であり，お金に見合うものを与えられることを示す**——ミレニアルズは説得力のある大義やミッションと結びつく組織に刺激を受ける．彼らにとっては企業を信頼できることが重要になる．「行動がすべて．言葉だけの約束は意味がない」．ある調査では，セレブのお墨付きやお願いで，運動に寄付をする気になると答えたのは，わずか2％にすぎなかった[91]．

トゥイーン

このように企業は，トゥイーン（tweens）と呼ばれる，アメリカでは2,700万人にのぼる8～14歳の子どもたちの購買力を把握している．トゥイーンは子どもと思春期の「間」の世代であり，両方の年齢グループの特徴を備えている．

女性用下着などの小売ブランドのヴィクトリアズ・シークレットのマーケティング・キャンペーンは，子どもでも大人でもなく，完全なティーンでもない消費者にマーケターが対応する際の微妙な境界線を示している．この小売チェーンが少女向けの下着のライン「ピンク（Pink）」を発表した時，アバクロンビー&フィッチが子どもサイズのTバッグ下着を販売した後に生じた過熱した反応を避けたいと考えた．そこで，オハイオ州立大学，UCLA，ペンシルヴェニア州立大学などに通う20数人の女子大生をブランド大使として採用した．彼女たちはトゥイーンたちのロールモデルになった．「チーム・ピンク」を結

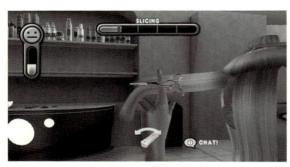

ヘアサロン限定で販売されているロレアルのブランド「レッドケン」は，8～16歳の少女をターゲットにした任天堂 Wii／DS 用のヘアスタイリングとシミュレーションゲーム「ビジーシザーズ（Busy Scissors）」を開発した．このロールプレイングゲームでは，プレイヤーはハリウッドのサロン経営者になり，「優雅でエキセントリックな顧客」のスタイリングをすることができる．適切なカット，カラーリング，シャンプーのテクニックを使って顧客に素敵な髪で過ごす1日を与えられれば（25のスタイルから選ぶ），ポイントを獲得する．

出典：Busy Bizzy, LLC. 提供．

成した彼女たちは，無料の景品のチラシを配り，人気テレビ番組の特別試写会のチケットを手渡し，キャンパス内に 1,000 個のピンクのぬいぐるみを隠すといったイベントを企画した．「私に期待されているのは，別の種類の大義を支持すること」と，ある大使は大学新聞で説明している．「その大義というのが，ホームレスや子どもの貧困や飢餓ではなくて，下着だったの」[92]．

キャンパスの重要人物

　広告主は大学生を口説くために，キャンパスでのマーケティングに年間約1億ドルを使っている．それには理由がある．アメリカの場合，大学生全体で，スナックや飲料に年間 110 億ドル，パーソナルケア製品に 40 億ドル，CD やテープに 30 億ドルを使っているのである．彼らの 70% はノートパソコンを所有している．多くの学生はお金と自由な時間を持っている．ごく普通の学生の平均的な1日を見ると，彼らは授業に 1.7 時間，勉強に 1.6 時間を使う．この「平均的な」学生は，自分の好きなアイテムに月 287 ドルを支出している．あるマーケティング担当重役は次のように捉えている．「彼らは今，新しい製品を試してみようという気持ちが強い．……彼らを取り込むには絶好の時期だ」．大学は多くの企業にとって魅力のある市場である．なぜなら，親元を離れて新たに消費市場に参加した彼らは，洗剤などの製品カテゴリーにおいて確固としたブランド・ロイヤルティをまだ築いていないからである[93]．

　しかしながら，大学生は新聞などの従来のメディアでは到達することが難しいため，マーケターにとっては特別な課題を投げかける存在でもある．大学生の 99% は，少なく

とも週に数回はインターネットにアクセスし，毎日アクセスする学生は90％にものぼる．学生専門のウェブサイトは，大学生の生活の場や遊び場に到達できるため人気を得ている[94]．こうしたネットワークは，大学生のユーモアのセンスに働きかける，決して上品とはいえないプログラムを提供している．『ブリジット・ザ・ミジェット（Bridget the Midget）』は，元ポルノスターで今はロック歌手を目指す小柄な女性の生活を追う番組であり，『ハーフ・ベイクト（Half Baked）』というタイトルの反マーサ・スチュワートの料理番組では，シャキール・オニールやリサ・ローブなどのセレブのレシピを紹介している[95]．この大学生市場の力を評価するために，ニールセン・メディアリサーチは現在，家を離れて暮らす大学生をテレビ視聴率調査に含めている．ニールセンによれば，大学生は週に平均24.3時間，テレビを見ている[96]．

いかにして若者市場をリサーチするか

若者市場を専門とする調査会社は革新的でなければならない．ミレニアルズの多くは，伝統的な調査手法に対して反応を示さないからである．アメリカのピザハットは，役員室にティーンを招待して，重役たちと一緒にランチを食べてもらい，完璧だと思うピザについて意見を聞いている．P＆Gはウェブサイトを通して子どもたちが何を考えているかを学んだ．「トレマー（Tremor）」と呼ばれるプログラムを展開し，そのウェブサイトでティーンを募り，商品のプレゼントと引き換えにクチコミを広めてもらっている[97]．収集されたデータは，同社の事業活動だけでなく，外部企業や団体からの受託業務，共同研究などに活かされている．パルコは長らく独自の調査手法を用いてきた．それは，1980年から現在に至るまで毎月1回行ってきた「定点観測」である．この調査では，同じ場所（渋谷，新宿，原宿の3箇所）で主に若者のファッションに着目する．身につけているモノの観察や写真撮影だけでなく，流行のアイテムの着用率を算出したり，深層インタビューによって悩みや夢を把握したりしている[98]．

これらすべてのテクニックは，ティーンによるクールの定義と関連している．それは，若者を対象にしたマーケティングにおいて大事ではあるが非常に難しいことでもある．ある調査では，アメリカとオランダの若者に何が「クール」で何が「クールではない」のかについてエッセイを書いてもらい，クールの意味を表わすコラージュを作成してもらった[99]．その結果，若者たちにとって「クール」という言葉は複数の意味を持っていた．共通する要素には，カリスマ性があること，コントロールしていること，少しお高くとまっていることが含まれる．回答者の多くは，クールであることは常に動くターゲットである，ということについても同意した．つまり，クールであろうとするほど，クールではなくなるのである．彼らが実際にどのように回答したか，そのいくつかを紹介しよう：

- 「クールとは，リラックスして，どんな状況でも平然とボスの役割を果たし，そのオー

ラを発していること」(オランダ人女性)
- 「クールとは,あいつは『何かを持っている』と人から認識されること.マッチョだったり,トレンディだったり,ヒップだったり」(オランダ人男性)
- 「人と違っているが,あまり違いすぎてはいない.自分の流儀を持ち,そのために目立ちはするが,目立とうと必死になってはいない」(アメリカ人男性)
- 「クールであるためには,それに見合う人物でなければならない.雑誌やテレビで見るもの,ステレオで聴くものを反映した自分のアイデンティティをつくり出さなければならない」(アメリカ人男性)

マーケターはティーンを「訓練中の消費者」とみなしている.なぜなら,青少年期の間に強いブランド・ロイヤルティが築かれることが多いからである.あるブランドに夢中になるティーンエイジャーは,その後も継続して同じブランドを買い続けるかもしれない.そうしたロイヤルティは,この重要な時期に彼らが選ばなかった他のブランドが入り込もうとする時に障壁となる.そのため,広告主は消費者を「囲い込む」ことを通して,将来に渡り自動的に自社のブランドを選んでもらうようにする.あるティーン雑誌の広告ディレクターは次のように表現している.「我々は……習慣は捨てるより始める方が簡単だ,といつも言っている」[100].

ジェネレーションX

ジェネレーションX(Gen X)は4,600万人のアメリカ人で構成される.このグループの名前は,1991年のダグラス・クープランドのベストセラー小説『ジェネレーションX:加速された文化のための物語たち』からとったものである.疎外感と怠惰という特徴や『クルーレス』のような映画,そして,マリリン・マンソンのような音楽グループが示すステレオタイプによって,彼らは「スラッカー(怠け者)」や「ベビーバスター」とも呼ばれている[101].

広告主は,世俗的なジェネレーションXのコホートに無視されないように,必死の努力を重ねてきた.マーケターの多くが『ギリガン君SOS(Gilligan's Island)』のような古いテレビ番組を参考にしたり,無頓着に見せようと野球帽を後ろ前にかぶり,だらしない格好をした俳優を登場させるCMでアピールした.しかし,このアプローチは逆に多くの男性を遠ざけることになった.というのも,彼らのことを,何もすることがなく,座って古いテレビ番組の再放送を見ているだけの人たちのように描いたからである.

現在,ジェネレーションXは成長し,文化を変えるような数多くの製品を生み出し,グーグル,YouTube,アマゾンなどの企業を動かしている.この世代に向けられてきた不当な非難は,それを嘆く最近の本のタイトルに上手くまとめられている:『Xが世界を救う:ジェ

ネレーションXが不当な目に遭いながらも、上手くやっている理由（X Saves the World: How Generation X Got the Shaft but Can Still Keep Everything from Sucking)』[102].

熟年市場

レスチレン（Restylane）は、しわを目立たなくするための皮下注射としてアメリカで最も売れている。消費者に対して直接この製品を販売しようとした最初のメーカーは、新しいメディアの流行に乗って、多くの中年層の卓越した能力を認める多面キャンペーンを開始した。まず、伝統的なテレビのスポットCMでは、ビフォー・アフターの比較とともに、女性がこの治療を受けてからどれほど頻繁に男性たちに注目されたのかを語る。次の戦術は、ある女性が50歳の誕生日に撮影したと思われる、YouTube上の動画を活用したものであった。その動画では、誕生祝いのビデオレターを撮影している彼女の息子が、母親が若い男とソファの上でキスしている姿が描かれている。動画を見る人はこれが広告だとは最後の15秒まで分からない。そして最後の仕掛けは、「アメリカで最もホットなママ」を選ぶコンテストである。参加者はウェブサイトに動画を投稿し、勝者は現金と一年間の無料の施術、そしてモデルエージェンシーとの面接の権利を得ることができる[103]。最近の母親たちは必ずしもジューン・クレバー（1950年代の典型的な家族を描いたホームドラマ『ビーバーちゃん』に登場する理想の母親）というわけではない。熟年の消費者の変わりゆく顔をより間近に眺めてみよう。中には以前ほど熟年ではない人たちもいる。

学習の目的8
ベビーブーマーは経済的に最も力を持つ年齢セグメントであり続けている。

ベビーブーマー

アメリカにおけるベビーブーマー（Baby Boomer）の年齢コホートは、第二次世界大戦直後から1950年代にかけて、経済が上向きの平和で安定した時代に親が家庭を築いた人たちで構成される。一般的に、人々が世の中の状況に信頼を感じている時には、子どもが欲しいという気になるため、この時代に分娩室の「ブーム」期が到来した。1960～70年代にティーンエイジャーとなった「ウッドストック世代」は、スタイル、政治、消費者としての態度に革命をもたらした。彼らの成長とともに、1960年代における言論の自由運動とヒッピーから、1980年代のレーガノミクスとヤッピーまで、新しく多様な文化が生まれ、現在は年を重ねているものの、ベビーブーマーは現在もなおポピュラーカルチャーに影響を与え続けている。

この世代はそれ以前の世代と比べて、より活動的で健康的である。ベビーブーマーは、

何らかのスポーツ活動に従事している割合が全国平均よりも6％高い[104]．そして現在，彼らは収入のピークにある．MTVの，年配向けの音楽ビデオネットワーク「VH1」のCMは次のように語る．「現実逃避のためにLSDを使用していた世代は……今や現実に向き合うために制酸薬を飲む世代である」．

35〜44歳の消費者は，家，車，娯楽への支出が最も多い．ベビーブーマーは，家を飾ることに忙しく，家具や住居設備に支出する総額のおよそ40％はベビーブーマー世帯のものである．さらに，45〜54歳の消費者はどの年齢層と比べても，食品（平均より30％多い），衣料（平均より38％多い），退職後のプログラム（平均より57％多い）にお金を使っている[105]．中年層の消費者の経済への影響力を理解するために，このことを考えてみてほしい．現在の支出レベルで，35〜54歳の持ち家所有者の人口が1％増えると，消費者支出の総額が89億ドル増える．

しかし皮肉なことに，多くのマーケターはこの極めて重要なグループを見過ごしている．例えば，ベビーブーマーは消費財の38.5％を支出しているが，ニールセン社は35〜64

コピー：*自分が若いと感じているあなたにペプシを*．

この1962年のペプシの広告は，60年代に成人を迎えたベビーブーマーの若い力がアメリカ文化を形作ろうとしていることを強調している．

出典：Pepsico提供．

第 13 章　サブカルチャー　　687

コピー：この服を身につけていたことを覚えていますか？　そのときこれを付けていたでしょう？

イギリスのエイズ啓蒙メッセージ．50 歳以上の男性をターゲットにしている．

出典：FPA．

歳をターゲットにした広告支出は現在 5% にすぎないと見積もっている．ニールセンの調査によると，ベビーブーマーは CPG カテゴリーの 1,083 のうち 1,023 を支配し，1 日にビデオを 9.34 時間見ている．この数字はどの年齢層よりも高い．彼らは，すべてのテレビ視聴者，インターネット・ユーザー，ソーシャルメディア・ユーザー，Twitter・ユーザーの 3 分の 1 を構成し，インターネットのブロードバンド回線の利用率も非常に高い．ニールセンのある重役は次のように述べている．「マーケターは退職年齢に近づいているベビーブーマーが，ただ穏やかに，和やかに年をとっていくだけであると考えがちであるが，それは事実とは異なる．我々の行動データから得られたすべての証拠は，彼らが活動的な消費者であり続けることを示している．彼らは健康状態も良好で，退職金をめぐってさまざまな問題を抱えているが，それでも今後はより豊かになるはずだ．長期にわたって重要なセグメントであることは変わらないだろう」[106]．また別の調査では，ベビーブーマーの大多数がブランドに「驚きと喜び」を期待していることが明らかになった．彼らが特に

688　セクション4　消費者とサブカルチャー

コピー：私はBotoxの化粧品に心を奪われていた．

ベビーブーマーの多くが若々しい外見を維持することに関心を持ち，そのために多大な努力をしている．

出典：Botox Cosmetics. Allergan Inc. の許可を得て掲載．

魅力的に感じる製品には，家庭用清掃用具セットのスウィッファー（Swiffer），コーヒーメーカーのキューリグ（Keurig），有機食品のエイミーズキッチン，ダヴ，トレーダー・ジョーズなどがある(107)．

学習の目的9
高齢者は市場セグメントとして重要性を増しつつある．

グレーマーケット

　年配の女性が暗いアパートの部屋に座り，テレビからは昼メロが流れている．2，3日に一度，彼女は関節炎を患う手で，鍵がかけられたドアを開け，通りの角の店まで歩き，お茶，牛乳，シリアルなどの必需品を買う．もちろん，選ぶのは一番安い商品である．彼女は多くの時間をロッキング・チェアに座って過ごし，亡くなった夫を思い出して悲しみにくれ，一緒に過ごした幸せだった日々に思いを馳せる．

　これがあなたの抱く典型的な高齢消費者のイメージであろうか？　最近までは，多くのマーケターがそのように考えていた．彼らは若者市場に熱心に働きかけるばかりで，高齢者市場を見過ごしていたのである．しかし，高齢化が進み，人々が長く健康的な老後を送るようになったことで，競争環境は急速に変わりつつある．多くの企業が孤独で気の毒な高齢者という古いステレオタイプを修正しようとしている．新しく，かつ，より正確な高齢者のイメージは，人生を満喫することに意欲を燃やす活動的な人たちで，彼らの多くが製品やサービスを買う手段と意志を持つ積極的な消費者であり，好みのブランドには長年にわたりロイヤルティを維持する．例えば，ソニーは売上の3分の1を50歳以

上の消費者が占めていることが分かり，年配層をターゲットにした．そして，この市場は今もなお成長を続けている．アメリカでは7秒に1人が50歳になっている計算である[108]．

国連は，世界中で最も急速に成長している集団として，60歳以上の人口をあげている．現在，60歳以上の世界人口は約7億人にのぼる．今世紀半ばまでには20億人になる．アメリカでは2030年までに，人口の20％が65歳以上になると推定されている[109]．さらに2100年までには，100歳を超えた人の数が500万人になる見込みである[110]．今の時点ですでにグレーマーケット（gray market）の影響を感じ取ることができる．高齢者層が可処分所得の50％以上を占め，50歳以上の消費者は世界全体で年に4,000億ドル使っている[111]．アメリカおいて熟年市場は，ベビーブーマー世代に次ぎ，2番目に急成長している市場セグメントである．ライフスタイルが（少なくとも一部の人は）健康的になり，医療診断と治療が進歩し，高齢者がとるべき適切な行動について社会の期待が変わったことで，人々はより長く健康的な人生を送るようになった．

年齢の高い消費者の経済的影響力を考えれば，若い消費者ばかりを追いかけて，高齢者を無視しているマーケターの多さには驚くばかりである．高齢者はブランド・ロイヤルティの最も高い年齢グループなのである．彼らは頻繁に1つのブランドを買い，選ぶブラ

ダヴの石鹸は，欧米社会の「若さは美しい」というステレオタイプに異議を唱えている．

出典：Unilever提供．

ンドや商店は少なく，伝統のあるブランドを選択することが多い(112)．そうであっても，最近の広告キャンペーンは，未だにこうした購入者をアピールの対象にしていない．50歳以上の人々は必需品以外への支出では総額の半分を占め，若者よりテレビを見て映画に行き，より多くのCDを買っているにもかかわらず，広告のターゲット市場とされる割合は10%にも満たない(113)．

　そのような傾向にようやく変化の兆しが見られる．クラフト，ロレアル，P＆G，ターゲットのような大手企業が50歳以上の市場に照準を合わせ始めた．彼らの関心は不況によってさらに高まった．というのも，住宅ローンの支払いを終えた人々の方が，明日一時的に解雇されるかもしれない若者よりも魅力的に見え始めたからである．ニールセン社の重役の言葉を借りれば，「この経済状況下では予算の制約を受けるため，マーケターはブランド・ロイヤルティを築くことを考える代わりに，今日の売上につながることに予算を投じようとするだろう」(114)．

　急成長するグレーマーケットの恩恵を最も受ける領域には，運動施設，クルーズと観光，整形美容手術とエステ，学習機会を提供するハウツー本と大学の講座などがある．多くの製品カテゴリーにおいて，高齢者は他の年齢層と比べてお金を使っている．55～64歳の持ち家所有者は，1人当たりの支出が平均より15%多い．女性用衣料品に対しては，

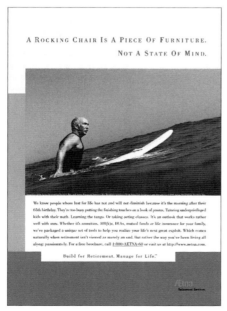

コピー：ロッキングチェアーは1つの家具である．心の状態ではない．

「年齢は気持ち次第」という言葉があるように，この広告は人の知覚年齢と実年齢が必ずしも一致しないことを示している．

出典：Atena US Healthcare 提供．

平均的な消費者より56％も多く支出しており，祖父母となった彼らは25〜44歳の人たちよりも，おもちゃや遊び道具を数多く買っている[115]．

調査結果では，年齢は体よりも気持ちの問題であるという一般認識を裏づける．その人の精神面と行動レベルは，実年齢（実際に生きてきた年数）よりも寿命と生活の質により大きな関係性がある．それこそが，自分が何歳だと「感じる」かという**知覚年齢**（perceived age）が優れた尺度として使われる理由である．ある研究者は，「感覚的な年齢（feel-age）」（自分が何歳だと感じるか）と「見た目の年齢（look-age）」（その人が何歳に見えるか）を含む，複数の側面から知覚年齢を測定しようとしている[116]．消費者は，年を重ねる程，実年齢より若く感じるようになる．そのため，多くのマーケティング・キャンペーンでは，年齢に相応しいことよりも製品の便益を強調する．なぜなら，大半の消費者は自分の実年齢をターゲットにした製品を身近には感じないからである[117]．彼らは，年を重ねても美しさとバイタリティを求めて，気力が充実している熟年世代のセレブを称賛する．化粧品メーカーのエイボン（Avon）は最近，60歳以上の女性をターゲットにした新製品の「アニュープラチナ（Anew Platinum）」の広告に，ジャクリーン・ビセットを起用した．ディオールの広告には，セクシー女優のシャロン・ストーンが登場する[118]．

グリーティング市場で世界トップシェアを誇るホールマークのマーケティング・グループは金脈を発見したと感じた．約7,800万人のベビーブーマーが50歳になろうとしていることに気づいた彼らは，高齢者の自己像を引き立たせるために，「あなたの人生の時間」カードを作成した．カードには，年齢より若く見える高齢者たちが，ビーチで跳ね回ったり，プールに飛び込んだりする姿が描かれていた．しかし，ホールマークは小さい事ではあるが重要な心理的側面を見逃していた．自尊心の高い高齢者は，自分が「高齢者向けカード」のコーナーにいるところを友人に見られたくないと思っていたのである．結局，この製品ラインは廃止に追い込まれた[120]．

この失敗は，高齢者の心理を理解することの重要性を示している．ある研究者は，熟年の消費者に共通する重要な価値観のいくつかを指摘している．マーケティング戦略を成功させるには，以下の1つ，もしくは，複数の要因を結びつけるべきである[121]：

- **自立**——高齢の消費者は，活動的な生活を送り，自立していたいと考える．アメリカの日用品大手キンバリークラークが発売した失禁用下着「ディペンド（Depend）」の広告戦略は，女優のジューン・アリソンのようなシニアのセレブを起用し，失禁の心配をせずにゴルフやパーティーを楽しんでいる姿を描いている．
- **つながり**——高齢の消費者は友人や家族との絆を大事にする．食品メーカーのクエーカーオーツは，俳優のウィルフォード・ブリムリーが若い世代に正しい食生活について祖父母のような助言を与える姿を描いて，この価値観に訴えかけ成功した．
- **利他主義**——高齢の消費者は世の中に何か恩返しをしたいと考えている．スリフティ・

出典：Christina Richards/Shutterstock.

最近の調査において，消費者アイデンティティの再生 (consumer identity renaissance) が調査された．これは，退職した人たちが経験するアイデンティティの再定義のプロセスを意味する．調査では，アイデンティティ再生には2つの異なるタイプがあることが明らかになった．回復（以前のアイデンティティの再活性化）と新生（まったく新しい人生プロジェクトの追求）である．多くの退職者は喪失（職業的アイデンティティ，配偶者などの）に向き合わなければならないが，彼らの多くは先へ進むことに集中する．そして，そのための一連の戦略をとる．例えば，家族や友人との関係を（多くの場合はインターネット上で）再構築したり，自己表現に取り組んだりする．後者に関しては，若い時に時間がなくて十分に追い求められなかった活動を再び始めたり，新しいスキルを学んだり，あるいは，都市部に引っ越して文化活動を楽しんだりすることなどがある[119]．

カー・レンタルは，調査の結果，年配の消費者の40％以上がシニア市民センターに行くライトバンに，割引料金を提供しているレンタカー会社を選ぶことを知った．この調査に基づいて，同社は「友人を送ってあげよう（Give a Friend a Lift）」プログラムを立ち上げて大成功を収めた．

高齢者の多くが，一般に考えられている以上に活動的で，多様な生活を送っている．その60％近くがボランティア活動に参加し，65〜72歳の4人に1人は今もなお仕事を持ち，1,400万人以上が孫の面倒を見ている[122]．収入だけでは高齢者の購買力を表せな

いことを覚えてくべきだろう．年配の消費者は，若い消費者が収入の面で直面する財政的な義務の多くからすでに解放されている．65 歳以上の消費者の 80% は自分の家を持っている．さらに，子育ても既に終わっている．人気のバンパーステッカーが誇らしげに宣言するように，「我々は子どもたちの遺産を使っている」のである．

製品は，そのデザインが身体的制約に配慮したものである場合に高齢者から共感を得ることができる．パッケージは，体が弱かったり関節炎を患ったりしている人たちにとって，特に扱いづらいことが多い．さらに，製品のサイズは独り暮らしの高齢者には大きすぎるため，クーポンは家族向け製品にしか使えないことが多い．

高齢者の中には，プルタブ式の缶や，押し開け式の牛乳を上手く扱えない人もいる．ジップロックのパッケージや透明ラップも扱いにくい．パッケージは文字が読みやすく，軽くて小さいものでなければならない．そして，デザイナーは色のコントラストに注意する必要がある．なぜなら，年をとると目のレンズがわずかに黄色味を帯びてくるため，パッケージの背景色が見えづらくなるからである．彼らにとって，青，緑，紫の識別が特に難しい．パッケージや広告の背景色が近くなる程，見えづらくなり，注意を引きにくくなる．

日本の年齢サブカルチャー

アメリカとは異なり，日本における年齢サブカルチャーの分類としては以下のようなものがある：[123]

- 団塊の世代——1947 〜 1949 年に生まれた人たち．
- しらけ世代——1950 〜 1964 年に生まれた人たち．
- バブル世代——1965 〜 1969 年に生まれた人たち．
- 氷河期世代（ロスジェネ世代）——1970 〜 1982 年に生まれた人たち．
- ゆとり世代——1987 〜 2003 年に生まれた人たち．

日本では 1997 年以降，65 歳以上の人口が 14 歳以下の人口を上回っており，成長を続けている市場セグメントになっている[124]．このセグメントの中心になっているのが「団塊の世代」である．第一次ベビーブーム時代（1947 〜 1949 年）に生まれ，800 万人にのぼるこの世代は，時間もお金も比較的余裕のある人が多い．

旅行会社クラブツーリズムは，「団塊の世代」の「アクティブシニア層」3,000 人を組織化し，消費者調査の事業を始めた．顧客の 70% が 50 歳以上という同社の基盤を利用して，アンケート調査やインタビュー調査のサービスを，食品やアパレルなどの消費財メーカー，観光に力を入れる自治体に提供する．同社はかつて企業から調査を依頼され，お菓子や翻訳機などの開発に協力していた経験がある[125]．また，富士フイルムは，エイジングケアを目的とした「アスタリフト（ASTALIFT）」のテレビ CM に，松田聖子や中島

消費者行動，私はこう見る
———— ジョージ・モスチス教授（ジョージア州立大学）

　消費者行動の研究者は，特定の時期あるいはライフステージにいる個人を，彼らが人生のその時々に経験する，あるいは，期待する出来事や状況と切り離して研究するのが一般的である．研究者は，人生経験がその後の消費者行動パターンを形作ることを認めてきたが，一生を通じての消費者行動を調査する十分な手段を持っていなかった．ライフコースの消費研究は非常に横断的なものである．つまり，異なる年齢グループの消費者行動に着目して，年齢カテゴリーの間に存在する違いを観察することに制限されている．この方法では，ライフステージによって消費者行動が，なぜ，どのように変化するのかという問題を扱えていない．

　しかし最近になって，さまざまな学問分野の研究者が行動研究にライフコース・パラダイム（life course paradigm）を採用するケースが増えている．この見解は，それぞれのライフステージやある時点での行動を，人生初期の行動や初期の状況への反応が生み出したものとして捉えて，個人が社会状況や環境に適応する方法とみなす．ライフコースモデルは，大きな出来事を経験することで変わる生活状況が，身体的，社会的，感情的な要求と，適応すべき状況を生み出すことを示唆する．思考パターンと行動の進化と変化は，多様な要求と状況に対するその人の適応の結果と見ることもでき，その適応が，社交メカニズムやプロセスの変化，ストレスと反応への対処，発達や成長や衰えを引き起こす．

　ライフコース・アプローチは，消費選択を含む人生初期の経験が現在の消費者行動のパターンにどのような影響を与えるのかを理解するのに役立つ．私たちは，初期のライフステージと関連づけ，歴史的・文化的文脈と関連づけて消費者行動を研究し，時間と文脈が変化をもたらすプロセスを検証することができる．特に，このアプローチは消費者が消費パターンを発展あるいは変化させるタイミング，期間，連続性，歴史的文脈，安定，状況を考慮することで，ライフステージでの消費者行動の安定性，発展，変化に関連した問題を研究するために利用することができる．マーケターは，ライフステージによって消費者に対するアピールの方法を変える必要がある．なぜなら，消費者のニーズは経験してきた出来事や状況によって変わってくるからである．それまでの人生経験，例えば，未亡人になったり退職したりすることなどが，人々の考え方，消費ニーズ，さまざまなタイプのマーケティングへの反応に影響を与える．

みゆきを起用した．2人が起用された理由は，「いつまでも変わらずに生き生きと活躍を続ける姿」が製品コンセプトに適合していたからである[126]．

　「団塊の世代」とは対照的に，クールかつ薄いイメージから「しらけ世代」と呼ばれた

のが 1950〜1964 年に生まれた人たちである．70 年代中頃以降に大学に入学したこの世代は，学生運動が沈静化し，政治的な議論に関心が薄く，上の世代からは「三無主義」世代（無気力・無関心・無感動）と言われた．しかし 1970 年代には，女性誌『アンアン』や『ノンノ』，男性誌『ポパイ』などが創刊され，若者たちのファッションやライフスタイルに大きな影響を与えた．例えば，『アンアン』や『ノンノ』では，カラー写真を使って旅行特集を組んだため，両誌を持って鎌倉などの観光地を訪れる女性が増え，「アンノン族」と呼ばれるほどの社会現象になった[127]．

若者市場に到達する難しさは先にも説明したが，彼らの親の世代，すなわち「バブル世代」にアピールし，ローティーンの市場（9〜15 歳）や大学生の市場を開拓しようとする企業もある．ナルミヤ・インターナショナルは，1995 年に「エンジェルブルー」という女子児童向けのファッションブランドを立ち上げた．小学校高学年から中学生の女子にかけては子どもの成長段階であり，短期間の市場であるため参入する企業が少なかった．同社は，学生時代からファッション雑誌でおしゃれを楽しんでいた「バブル世代」の親が娘の指南役になっていることに着目し，雑誌の読者モデルの企画を立ち上げた．一回の募集で 3,000 人程が集まり，その中からローティーンのカリスマ的な読者モデルが誕生し，販売当初は彼女らが着用したナルミヤの商品は早い時期に完売した．現在では，専用サイト「ガールズフェスオンライン」においてオーディションで選ばれた小中学生のウェブモデルを起用した販売促進を実施している．同社のアパレル・イーコマース営業部の上席部長は次のように説明する．「従来の通販サイトは商品の写真を掲載するだけで，コーディネートを提案してこなかった．着こなしを見せることで親や子どもたちがより商品を選びやすくなる」[128]．

また，資生堂は就職活動を控える学生に対して「母から娘へ，贈る肌」キャンペーンを実施した．これは，母親と一緒に来店し，「人生の先輩であり，メークの先輩であるお母さまのちからをかりて」メークのカウンセリングが受けられる機会をデパートにある SHISEIDO カウンターで提供するというものである．そこには，母が娘を応援できるような機会を提供するという同社の想いが込められている[129]．

生まれた時期に着目すると，アメリカのジェネレーション X の一部に相当するのが「氷河期世代」である．この世代の中でも，第二次ベビーブーム時代（1971〜1974 年）に生まれた「団塊ジュニア」は，物質的に豊かな時代に育った人たちである．その後に生まれた「ポスト団塊ジュニア」（1975〜1979 年）とともに，彼らは地味で消費意欲が低い世代としてみなされてきた．「バブル世代」に多少憧れを抱きつつも，バブルっぽいと周りから見られたくない心理があるという調査結果もある．そうした特徴を備えた世代に消費を促すために，特に女性をターゲットにした雑誌が数多く出されている．幻冬舎の子会社 gift の雑誌『ドレス』は，既に 40 歳前後になった彼女らに，「これみよがし」という

バブル世代の消費ではない「女っぽり」を強調している(130).

この「氷河期世代」と1987年以降に生まれた「ゆとり世代」に挟まれた世代が「プレッシャー世代」である．幼少期にバブル経済が崩壊し，経済が低迷する中で成長してきたために，プレッシャーに耐えて生きる気力があるという意味で，この名が付けられた．彼らは，学生の頃からインターネットや携帯電話に触れており，友達とのコミュニケーションを頻繁に行う．そのため，友達との関係の維持にかなり気を使っている(131).

「ゆとり世代」は，一般的に2002年度の学習指導要領のもとで公教育を受けた世代を指す．この世代の特徴としては，長期的な不景気を背景に成長してきたために，無駄な出費はせず，現実主義的になっている点が指摘されている．こうした特徴を持つ世代に向けてホンダは，ハイブリッドスポーツ車「CR-Z」を発売した際に，性能スペックの説明をカタログの後ろにまわし，開発ストーリーを開発現場の写真を使って丁寧に説明した．また日産自動車は，電気自動車「リーフ」のプロモーションとして，ブログやTwitterなどを通じて，性能だけでなく，電気自動車そのものの歴史や地球環境と自動車の諸問題など，幅広い情報を提供した．同社の担当者は次のように説明する．「上の世代では当たり前となっている，クルマにまつわる歴史や開発，マーケティングの経緯のようなトリビアが，意外にも若者のフックとなるという気づきが何度もあった」(132).

ある調査によると，特に20歳を迎える「ゆとり世代」が，お気に入りのものの1つとして，自分で購入したものではなく，誰かにもらったものをあげていた(133)．ものを買わない世代とも呼ばれる彼らを観察し，ヒアリングを行い，それを商品開発に活かして生まれたのが「デコポッキー」である．江崎グリコは，女子高校生たちよってデコレーションされたポッキーがファッション雑誌で紹介されていたことを掴んだ．同社のウェブサイトには，「ともだち」「ありがとね」「スマートママ」など，20種類以上の「デコポッキー」の作り方が写真や動画で紹介されている．友人との繋がりを意識してチョコを交換しあう「友チョコ」としてこの製品を位置づけている(134).

章のまとめ

この章を読み終えた時点で，理解しているべきこと：

1. **何らかの組織や活動に対する関心を共有するマイクロカルチャーへの共鳴が，何を買うかに影響を与える．**

    マイクロカルチャーは，特定の芸術やポピュラーカルチャー，趣味に参加したり親近感を抱いたりする消費者のコミュニティである．

2. **民族，人種，宗教サブカルチャーに属することで，しばしば消費者行動が方向付けられる．**

    消費者は特徴やアイデンティティを共有する多くのグループに共感を覚える．サブカルチャーは社会の中に存在する大きなグループであり，消費者がどのようなグループに属しているかということが，

個人の消費決定に関する貴重な手掛かりをマーケターに与える．その人の民族，人種，宗教的なバックグラウンドが，アイデンティティの大きな構成要素になることが多い．

3. **多くのマーケティング・メッセージは民族的・人種的アイデンティティに働きかける．**

    アメリカにおける大きな民族・人種サブカルチャーは，アフリカ系，ヒスパニック系，アジア系の3つであるが，最近のマーケターはそれ以外の多様なバックグラウンドを持つ消費者にも注目している．複数の民族的なバックグラウンドを持つと主張する人々は，サブカルチャー間の伝統的な境界線を曖昧にしていくだろう．

4. **アメリカにおける重要な民族・人種サブカルチャーとして，アフリカ系，ヒスパニック系，アジア系の3つがある．**

    アフリカ系アメリカ人は非常に重要な市場セグメントである．彼らの支出パターンはいくつかの点で白人と大きく異なり，パーソナルケア製品のような製品カテゴリーでは平均以上の消費者となる．

    ヒスパニック系とアジア系は，マーケターが積極的に働きかけている民族サブカルチャーで，どちらのグループも急成長している．しかし，数字の上ではヒスパニック系がアメリカ最大の民族セグメントとなっている．アジア系アメリカ人は全般的に教育レベルが高く，ヒスパニック系の社会経済的地位も高まっている．

    ヒスパニック市場に到達するためには，主流アメリカ社会への文化変容の程度と，ヒスパニック系のサブグループ（例：プエルトリコ人，キューバ人，メキシコ人）の間の重要な文化的違いを認識することが必要である．

    アジア系やヒスパニック系は家族を極めて重視しており，受け継いできたものを理解し，伝統的な家族的価値観を強調する広告を受け入れる傾向がある．

5. **マーケターは消費者に語りかける際に，宗教的・精神的テーマをますます使うようになっている．**

    精神性の追求は，書籍，音楽，映画を含む製品カテゴリーの需要に影響を与える．宗教的アイデンティティの消費者行動への影響は明確ではないが，宗教サブカルチャーの間には実際にいくつかの違いが見られる．マーケターは，異なる宗派に属する人々にアピールするために宗教的シンボルを使う際には，信者の敏感な反応を考慮する必要がある．

6. **同年代であれば，多くのことについて人々には共通点がある．**

    同時代に育った消費者は共通の年齢コホートに属するために，多くの文化的記憶を共有する．そのため彼らは，こうした経験を思い出させるようなノスタルジックなマーケティングに対して，良い反応を見せるかもしれない．

7. **ティーンエイジャーはマーケターにとって重要な年齢セグメントである．**

    ティーンエイジャーは子どもから大人へと移行するプロセスにおり，自己概念は不安定になりやすい．彼らは自分が認められ，自立を主張できるような製品を受け入れる．多くのティーンはお金を稼いでいるが，家計への義務をほとんど持たないため，チューインガム，洋服や音楽など，必需品ではない，あるいは自己表現の助けになる多くの製品において，

特に重要なセグメントになる．家族構成の変化のために，多くのティーンは家族の日常的な買い物にも責任を負うようになっている．大学生は重要なセグメントではあるが，到達するのが難しい市場でもある．多くの場合，彼らは初めて1人暮らしを開始するため，新しい生活場所を整えるために重要な消費決定を下す．8～14歳の子どもはトゥィーンと呼ばれ，洋服，CD，その他「心地良く感じる」製品の購入者となる．多くの若者は，ライフスタイルや製品の好みに影響を与える若者集団（youth tribes）に属する．

8. **ベビーブーマーは経済的に最も力を持つ年齢セグメントであり続けている．**

　　ベビーブーマーは，規模と経済力があるために最も力を持つ年齢セグメントである．彼らは，住宅，保育，自動車，洋服，その他多くの製品需要に影響を与え続けている．

9. **高齢者は市場セグメントとして重要性を増しつつある．**

　　高齢化が進むにつれて，高齢消費者のニーズが重要になってきている．多くのマーケターは，高齢者は不活発で消費が少ないというステレオタイプに縛られ，このセグメントを見過ごしている．このステレオタイプは現状を捉えきれていない．多くの高齢者は，健康的で，活力に満ち，新製品や新しい経験に対して関心が高く，それを購入するだけの収入がある．この年齢層のサブカルチャーに対するマーケティング・アピールは，消費者の知覚年齢に焦点を合わせるのが良い．知覚年齢は実年齢よりも若くなる傾向がある．このグループは，イメージ先行型の曖昧な宣伝に対して疑いを持ちやすいため，マーケターは製品の具体的な便益を強調すべきである．

キーワード

ウォーミング（warming）　662
エコーブーマー（Echo Boomers）　679
巨大教会（megachurches）　671
グレーマーケット（gray market）　689
コスプレ（cosplay）　653
コネクシティ（connexity）　679
サブカルチャー（subculture）　652
ジェネレーションX（Gen X）　684
ジェネレーションY（Gen Y）　679
消費者アイデンティティの再生
　（consumer identity renaissance）　692
進歩的学習モデル
　（progressive learning model）　661
精神療法モデル（spiritual-therapeutic model）
　669
脱エスニック化（deethnicization）　656
知覚年齢（perceived age）　691
トゥィーン（tweens）　681
年齢コホート（age cohort）　675
ハイコンテクスト文化（high-context culture）
　655
ハラール（halal）　673
ヒスパニック（Hispanic）　664
文化変容（acculturation）　660
文化変容エージェント（acculturation agents）
　661
ベビーブーマー（Baby Boomer）　685
ホストカルチャー（host culture）　662
マイクロカルチャー（microculture）　652
ミレニアルズ（Millennials）　679
民族サブカルチャー（ethnic subculture）　654
ライフコース・パラダイム
　（life course paradigm）　694
ローコンテクスト文化（low-context culture）
　655

復習

1. サブカルチャーとは何か？ マイクロカルチャーとはどのように違うのか？
2. ハイコンテクスト文化とローコンテクスト文化の違いは何か？ その例を1つ挙げなさい．
3. 消費者が属する民族サブカルチャーを特定するのが難しいのはなぜか？
4. 脱エスニック化とは何か？ 例を1つ挙げなさい．
5. ヒスパニック系アメリカ人の消費者は，なぜマーケターにとって魅力的なのか？
6. 文化変容（acculturation）とは何か？ 文化適応（enculturation）とはどのように異なるのか？
7. 文化変容エージェントとはどのような人たちか？ 例を2つ挙げなさい．
8. 移住者が新しいホストカルチャーに同化するプロセスを説明しなさい．
9. なぜアジア系アメリカ人は市場セグメントとして魅力的なのか？ なぜマーケターは彼らに到達するのが困難なのか？
10. 消費者の特定の製品への忠誠は，なぜ宗教的な儀式の1つの形に例えられるのか？
11. 宗教サブカルチャーはどのようにして消費決定に影響を与えるか？
12. 年齢コホートとは何か？ なぜそれがマーケターの関心対象となるのか？
13. ティーンが直面する3つの基本的葛藤と，それぞれの例を挙げなさい．
14. ジェネレーションYは，年長の兄や姉たちの世代とどのように異なるか？
15. トゥイーンとは何か？ なぜ多くのマーケターが彼らに関心を示すのか？
16. マーケターにとって，大学生と接触する効率的な方法をいくつか挙げなさい．
17. 高齢者市場の豊かさと活力が増すことで，最も恩恵を受ける業界をいくつか挙げなさい．

討議と応用

■ 討論せよ

1. 産業界の専門家の中には，買い手がその元の意味を知らなくても，他の文化のシンボルを借用することは受け入れらると感じる人たちもいる．彼らは，ホストカルチャーの中でさえ，これらの意味については意見の相違が多いと論じている．あなたはどのように考えるか？
2. 暴力的な筋書きを含むビデオゲームにおいてアフリカ系アメリカ人の登場人物が目立つのは，アフリカ系の登場するビデオゲームの範囲の狭さを考えれば驚くべきことである．ある調査では，1,500のビデオゲームの登場人物のうち，288人がアフリカ系の男性で，その83％がアスリートであった[135]．あなたはこれを問題と考えるか，もしそうなら，どのようにこの問題に対処すべきか？
3. 宗教グループのメンバーは，メーカーが世俗的な製品の市場シェアを拡大するために習慣的に用いるマーケティング・テクニックに対して適応すべきだろうか？ そう思う，あるいは思わない理由は？
4. 数年前，RJレイノルズはアフリカ系アメリカ人消費者向けに「アップタウン」という名前のメンソールたばこをテスト販売すると発表した．同社によれば，アフリカ系消費者の70％は平均より2倍メンソールを好む．市場調査によって，アフリカ系の人たちはこのたばこのパッケージを底から開ける傾向があることが明らかになったため，アップタウンはフィルターを下向きにして包装することにした．しかし，民間の健康支援グループと政府の役人からの抗議で，このプランは中止に追い込まれた．企業はたばこのような有害な製品の売上を伸ばすために，サブカルチャーの特徴を利用する権利を持つだろうか？ 市場コンセプトに従う実質

的にすべての企業が，あらかじめ選ばれたセグメントのニーズと好みに合わせた製品をデザインしていることについてはどうだろう？

5. ゼネラルモーターズのGMC部門は，「シエラ・クルー・キャブ」と「シエラ・デナリ」のピックアップトラックを宣伝するために，アフリカ系アメリカ人市場をターゲットにした広告キャンペーンを実施した．ピックアップの広告の多くは，車が轍（わだち）のできた裏道を突進したり，干し草やボートを引っ張っているような力仕事をしている様子を描いている．しかし，このキャンペーンでは，トラックは都会の風景の中をヒップホップのBGMを流しながら進んでいく．憧れの目で眺める通行人を尻目に，トラックは道路を逸れて高層ビルの側面を垂直にのぼり，屋上で空に向かって飛び上がったと思ったら，反対側の側面に着地して再び走り出す[136]．これほど強いステレオタイプ（つまり「ブルーカラー」の田舎の男たちがピックアップを運転する）を覆す広告は，どれほど信用されるだろうか？

6. 人道団体の「国境なき医師団」がセントラルパークに，テント，診療所，便所を設置して，難民キャンプを再現した[137]．このような代理経験を消費者にさせることの長所と短所は何か？

7. 宗教的シンボルが広告に登場することに反対する人たちもいる．例えば，フランスでクルマ「ゴルフ」を再販売するために作られたフォルクスワーゲンの広告では，「新しいゴルフが生まれたことを喜ぼう」というキャッチコピーが使われた[138]．フランスの聖職者グループが同社を訴え，1万枚の屋外看板広告が撤去された．訴訟に参加した聖職者の1人はこのように語っている．「広告の専門家はショックを与えるために聖なるものに狙いを定めた．セックスではもう効き目がないからだ」．あなたは同意するか？宗教は製品を売り込むために使われるべきだろうか？この戦略は効果的だろうか，それとも攻撃的だろうか？もし効果があるとしたら，いつどこでならふさわしいだろう？

8. 本章ではハラール製品を作ることで，イスラム教徒の消費者にアピールしようとする味の素の取り組みを紹介した．日本人がイスラム教徒に対してとる政治的態度を考えた時，これは危険な戦略だろうか，それとも勇気ある行動だろうか？このアプローチの潜在的な落とし穴は何であろうか？あなたならそれにどのように対処するか？

9. 大学生をターゲットにすることの良い面と悪い面は何か？あなたが成功すると考える，あるいは，失敗すると考えるマーケティング戦略を明らかにしなさい．成功と失敗を分ける特徴は何か？

10. 「コカイン」という名前のエナジードリンクは，食品医薬品局（FDA）が店舗からの回収を命じる前にクチコミでかなりの注目を集めた．現在，このドリンクは復活している．ただし今回は，FDAの基準を満たすものに変更した．「合法の代替品」というタグラインを取り除き，缶に反ドラッグの警告ラベルを加えて，ウェブサイトからはFDAが承認していない健康への効用の言葉を削除したのである[139]．このアングラ文化へのあからさまな言及は，妥当なマーケティング戦略と呼べるだろうか？これが成功するとしたら，それはなぜか？他の企業も真似すべきだろうか？

11. なぜ「団塊世代」は消費文化に重要な影響を与えるのだろう？

12. 「ゆとり世代はクルマやブランド品に関心

がない．ネットサーフィンし，友だちにメールを送り，だらだらとテレビ番組を見て過ごすことに満足しているように思える」．この発言はどれほど正確だろうか？

13. 2005年に公開された映画『ALWAYS 三丁目の夕日』は大ヒットを記録した．この映画は，夢と希望の象徴である東京タワーが建設されている時代に東京下町に暮らす人々の愛や感動の物語である．なぜ成功を収めたのか？ この映画は各年齢サブカルチャーにおいてどのような意味を持っていたのか？

14. 少子化が進む日本で，ティーンたちが大きな消費者市場を構成すると仮定するのは現実的だろうか？ マーケターはこの年齢サブカルチャーをどのように細分化できるだろう？ 彼らに向けたマーケティング戦略を考案する際に，考慮しておくべき重要な変数にはどのようなものがあるか？

■ 応用せよ

1. メッセージを伝えるために民族的または宗教的ステレオタイプに依存するマーケティング刺激の最近の例を見つけなさい．これらのアピールはどれほど効果的だろうか？

2. 民族的ステレオタイプの力を理解するために，独自の世論調査を実施しなさい．民族グループに対しては，それぞれのグループを最も特徴づける特性（パーソナリティや製品を含む）を匿名で答えてもらう．それぞれのグループの名前を挙げて，すぐに思い浮かぶものを答えてもらう自由連想という手法を用いるのが良いだろう．回答者の間にどれだけの合意が見られるだろうか？ 挙げられた特徴は，どの程度まで否定的なステレオタイプから生じているもの，あるいはそれを反映するものだろうか？ そのグループのメンバーと非メンバーの間の，民族グループに対する連想を比較しなさい．

3. 外国から移住した消費者（おそらくは一家）を見つけ，ホストカルチャーにどのように適応したかを尋ねてみよう．特に，時間の経過とともに彼らの消費習慣はどのように変わっただろうか？

4. 高齢の消費者をターゲットにした広告の好例と悪例を見つけなさい．広告はどの程度，高齢者をステレオタイプ化しているだろうか？ 広告やその他の宣伝のどの要素がこのグループに到達し説得する効果を決めているだろうか？

5. もしあなたが「クール」な製品を特定する調査を担当するマーケティング・リサーチャーだとしたら，どのようにこの課題に対処するだろうか？ あなたは本章で紹介した若者たちの「クール」の定義に同意するか？

6. ナイキ，ペプシ，リーバイ・ストラウスなどの確立したブランドのマーケターは，ジェネレーションYの消費者に頭を抱えている．イメージ構築キャンペーン（例：50 Cent がリーボックを推薦する）は以前ほどの効果がない．ジェネレーションYにアピールしたいマーケターに，あなたならどのような助言を与えるか？ すべきこと，すべきでないことは？ 成功する，あるいは失敗するマーケティングの例を挙げることができるだろうか？

7. 引退生活を送っている人たち何人かに話を聞きなさい．彼らはどのように自己アイデンティティを再構築しているだろう？ 彼らの欲求はマーケターにどのような機会を提供するだろうか？

参考文献

1. 東京都の統計「外国人人口平成 26 年」（http://www.toukei.metro.tokyo.jp/gaikoku/2014/ga14010000.htm），アクセス日：2014 年 10 月 3 日．
2. 「街駆けるカラフル「美ジョガー」ウエア充実」読売新聞 2010 年 3 月 3 日東京夕刊，p.4．「「美ジョガー」へ，このウエア：新宿でファッションショー」朝日新聞 2010 年 1 月 25 日東京西部・1 地方，p.25．
3. www.bullz-eye.com/cars/tuner_cars.htm, accessed June 18, 2009; Brian Steinberg, "Pioneer's Hot-Rod Ads Too Cool for Mainstream," *Wall Street Journal* (March 14, 2003), www.wsj.com, accessed March 14, 2003; Mireya Navarro, "Advertisers Carve Out a New Segment," *New York Times* (May 22, 2003), www.nytimes.com, accessed May 22, 2003.
4. Russell W. Belk and Janeen Arnold Costa, "The Mountain Man Myth: A Contemporary Consuming Fantasy," *Journal of Consumer Research* 25 (1998): 218-40.
5. "Cosplay," www.cosplay.com, accessed June 20, 2011; www.acparadise.com, accessed June 20, 2011; Lisa Katayama, "Anatomy of a Nerd; Japanese Schoolgirl Watch," *Wired* (March 2006), www.wired.com/wired/archive/14.03/play.html?pg=3, accessed October 6, 2007.
6. Burt Helm, "Ethnic Marketing: McDonald's Is Lovin' It," *Bloomberg Businessweek* (July 8, 2010), http://www.businessweek.com/magazine/content/10_29/b4187022876832.htm, accessed April 24, 2011.
7. See Frederik Barth, *Ethnic Groups and Boundaries: The Social Organization of Culture Difference* (London: Allen & Unwin, 1969); Janeen A. Costa and Gary J. Bamossy, "Perspectives on Ethnicity, Nationalism, and Cultural Identity," in J. A. Costa and G. J. Bamossy, eds., *Marketing in a Multicultural World: Ethnicity, Nationalism, and Cultural Identity* (Thousand Oaks, CA: Sage, 1995): 3-26; Michel Laroche, Annamma Joy, Michael Hui, and Chankon Kim, "An Examination of Ethnicity Measures: Convergent Validity and Cross-Cultural Equivalence," in Rebecca H. Holman and Michael R. Solomon, eds., *Advances in Consumer Research 18* (Provo, Utah: Association for Consumer Research, 1991): 150-57; Melanie Wallendorf and Michael Reilly, "Ethnic Migration, Assimilation, and Consumption," *Journal of Consumer Research* 10 (December 1983): 292-302; Milton J. Yinger, "Ethnicity," *Annual Review of Sociology* 11 (1985): 151-80.
8. D'Vera Cohn, "2100 Census Forecast: Minorities Expected to Account for 60% of U.S. Population," *Washington Post* (January 13, 2000): A5.
9. Sam Roberts, "In a Generation, Minorities May Be the U.S. Majority," *New York Times* (August 13, 2008), http://www.nytimes.com/2008/08/14/washington/14census.html?scp=1&sq=In%20a%20Generation,%20Minorities%20May%20Be%20the%20U.S.%20Majority&st=cse&gwh=F531FD97BA1C0FB38BB78D5D88A0AD16, accessed August 14, 2008.
10. Susan Saulny, "Census Data Presents Rise in Multiracial Population of Youths," *New York Times* (March 24, 2011), http://www.nytimes.com/2011/03/25/us/25race.html?_r=2&ref=census, accessed April 24, 2011.
11. Brian Sternberg, "P&G Brushes up Iconic Image of 'Crest Kid' in New Campaign," *Wall Street Journal* (March 29, 2005), www.wsj.com, accessed March 29, 2005.
12. Pui-Wing Tam, "The Growth in Ethnic Media Usage Poses Important Business Decisions," *Wall Street Journal* (April 23, 2002), www.wsj.com, accessed April 23, 2002.
13. Steve Rabin, "How to Sell across Cultures," *American Demographics* (March 1994): 56-57.
14. Rohit Deshpandé and Douglas M. Stayman, "A Tale of Two Cities: Distinctiveness Theory and Advertising Effectiveness," *Journal of Marketing Research* 31 (February 1994): 57-64.
15. Warren Brown, "The Potholes of Multicultural Marketing," *Washington Post* (June 10, 2007): G2.
16. Sonya A. Grier and Anne Brumbaugh, "Compared to Whom? The Impact of Status on Third Person Effects in Advertising Persuasion in a South African Context," *Journal of Consumer Behavior* 6, no. 1 (February 2007): 5-18; Sonya A. Grier, Anne Brumbaugh, and C. Thornton, "Crossover Dreams: Consumer Responses to Ethnic-Oriented Products," *Journal of Marketing* 70, no. 2 (April 2006): 35-51; Sonya A. Grier and Rohit Deshpandé, "Social Dimensions of Consumer Distinctiveness: The Influence of

Social Status on Group Identity and Advertising Persuasion," *Journal of Marketing Research* 38 (May 2001): 216-24; Jennifer A. Aaker, Anne Brumbaugh, and Sonya A. Grier, "Non-Target Market Effects and Viewer Distinctiveness: The Impact of Target Marketing on Attitudes," *Journal of Consumer Psychology* 9, no. 3 (2000): 127-40; Sonya A. Grier and Anne Brumbaugh, "Noticing Cultural Differences: Advertising Meanings Created by the Target and Non-Target Markets," *Journal of Advertising* 28, no. 1 (Spring 1999): 79-93.

17. Sonya A. Grier and S. K. Kumanyika, "The Context for Choice: Health Implications of Targeted Food and Beverage Marketing to African Americans," *American Journal of Public Health* 98, no. 9 (September 2008): 1616-29.

18. J. Raymond, "The Multicultural Report," *American Demographics* (November 2001): S3, S4, S6.

19. Ibid.

20. May J. 公式ウェブサイト「PROFILE」（http://www.may-j.com/profile）．アクセス日：2014年6月20日．

21. Eils Lotozo, "The Jalapeño Bagel and Other Artifacts," *New York Times* (June 26, 1990): C1.

22. Dana Canedy, "The Shmeering of America," *New York Times* (December 26, 1996): D1.

23. 敷島製パン株式会社公式ウェブサイト「パスコ：商品情報 MY BAGEL」（http://www.pasconet.co.jp/system/bread/index.cgi?action=bread_view&key=1375702363）．アクセス日：2014年5月17日．

24. Peter Schrag, *The Decline of the WASP* (New York: Simon & Schuster, 1971): 20.

25. "Nation's European Identity Falls by the Wayside," *Montgomery Advertiser* (June 8, 2002): A5.

26. 「全日空，CM取りやめ：外国人扮した演出に苦情」朝日新聞2014年1月21日夕刊，p.10.

27. Marty Westerman, "Death of the Frito Bandito," *American Demographics* (March 1989): 28.

28. Stuart Elliott, "Uncle Ben, Board Chairman," *New York Times* (March 30, 2007), www.nytimes.com, accessed March 30, 2007.

29. カルピス株式会社公式ウェブサイト「企業情報：1910年代～1930年代：カルピス」（http://www.calpis.co.jp/corporate/history/chronology）．アクセス日：2014年6月15日．

30. Adam Sherwin, "ASA Says Cadbury Was Not Racist When It Compared Campbell to Chocolate Bar," *The Independent* (June 21, 2011, http://www.independent.co.uk/news/media/advertising/asa-says-cadbury-was-not-racist-when-it-compared-campbell-to-chocolate-bar-2300278.html, accessed June 22, 2011.

31. See Lisa Peñaloza, "*Atravesando Fronteras*/Border Crossings: A Critical Ethnographic Exploration of the Consumer Acculturation of Mexican Immigrants," *Journal of Consumer Research* 21 (June 1994): 32-54; Lisa Peñaloza and Mary C. Gilly, "Marketer Acculturation: The Changer and the Changed," *Journal of Marketing* 63 (July 1999): 84-104; Carol Kaufman-Scarborough, "Eat Bitter Food and Give Birth to a Girl; Eat Sweet Things and Give Birth to a Cavalryman: Multicultural Health Care Issues for Consumer Behavior," *Advances in Consumer Research* 32, no.1 (2005): 226-69; Søren Askegaard, Eric J. Arnould, and Dannie Kjeldgaard, "Postassimilationist Ethnic Consumer Research: Qualifications and Extensions," *Journal of Consumer Research* 32, no. 1 (2005): 160.

32. Stuart Elliott, "1,200 Marketers Can't Be Wrong: The Future Is in Consumer Behavior," *New York Times* (October 15, 2007), www.nytimes.com, accessed October 15, 2007.

33. Peñaloza, "*Atravesando Fronteras*/Border Crossings."

34. Shuili Du, Sankar Sen, and C. B. Bhattacharya, "Exploring the Social and Business Returns of a Corporate Oral Health Initiative Aimed at Disadvantaged Hispanic Families," *Journal of Consumer Research* 35 (October 2008): 483-94.

35. Wallendorf and Reilly, "Ethnic Migration, Assimilation, and Consumption."

36. Ronald J. Faber, Thomas C. O'Guinn, and John A. McCarty, "Ethnicity, Acculturation and the Importance of Product Attributes," *Psychology & Marketing* 4 (Summer 1987): 121-34; Humberto Valencia, "Developing an Index to Measure Hispanicness," in Elizabeth C. Hirschman and Morris B. Holbrook, eds., *Advances in Consumer Research* 12 (Provo, Utah: Association for Consumer Research, 1985): 118-21.

37. Rohit Deshpandé, Wayne D. Hoyer, and Naveen Donthu, "The Intensity of Ethnic Affiliation: A Study of the Sociology of Hispanic Consumption," *Journal of Consumer Research* 13 (September 1986): 214-20.

38. Güliz Ger, "Warming: Making the New Familiar

and Moral," *Journal of European Ethnology* (special issue of the journal Ethnologia Europea), Richard Wilk and Orvar Lofgren, eds. (forthcoming). 35 1-2: 19-21.
39. Elisabeth Kriechbaum-Vitellozzi and Robert Kreuzbauer, "Poverty Consumption: Consumer Behavior of Refugees in Industrialized Countries," *Advances in Consumer Research* 33, no. 1 (2006); cf. also L. Wamwara-Mbugua, T. Wakiuru, Bettina Cornwell, and Gregory Boller, "Triple Acculturation: The Role of African Americans in the Consumer Acculturation of Kenyan Immigrants," *Advances in Consumer Research* 33, no. 1 (2006).
40. U.S. Census Bureau, *Census 2000 Brief: Overview of Race and Hispanic Origin* (U.S. Department of Commerce, Economics and Statistics Administration, March 2001).
41. Robert Pear, "New Look at the U.S. in 2050: Bigger, Older and Less White," *New York Times* (December 4, 1992): A1.
42. U.S. Census Bureau, *Census 2000 Brief: Overview of Race and Hispanic Origin.*
43. William O'Hare, "Blacks and Whites: One Market or Two?," *American Demographics* (March 1987): 44-48.
44. For studies on racial differences in consumption, see Robert E. Pitts, D. Joel Whalen, Robert O'Keefe, and Vernon Murray, "Black and White Response to Culturally Targeted Television Commercials: A Values-Based Approach," *Psychology & Marketing* 6 (Winter 1989): 311-28; Melvin T. Stith and Ronald E. Goldsmith, "Race, Sex, and Fashion Innovativeness: A Replication," *Psychology & Marketing* 6 (Winter 1989): 249-62.
45. www.myblackisbeautiful.com, accessed June 18, 2009; Karl Greenberg, "P&G Borrows 'Black Power' Phrase for Campaign," *Marketing Daily*, (August 10, 2007), www.mediapost.com, accessed August 10, 2007.
46. Bob Jones, "Black Gold," *Entrepreneur* (July 1994): 62-65.
47. Jean Halliday, "Volvo to Buckle Up African-Americans," *Advertising Age* (February 14, 2000): 28.
48. www.skinvoice.com, accessed June 18, 2009; Sarah Mahoney, "Unilever Finds Skin Takes on Deep Meaning among Black Women," *Marketing Daily* (May 23, 2007), www.mediapost.com, accessed May 23, 2007.
49. Schwartz, "Hispanic Opportunities. Joe Schwartz American Demographics (May 1987): 56-59.
50. Rick Wartzman, "When You Translate 'Got Milk' for Latinos, What Do You Get?," *Wall Street Journal* (June 3, 1999), www.wsj.com, accessed June 3, 1999.
51. Jonathan Birchall, "Wal-Mart looks to Hispanic Market," *Financial Times* (March 12, 2009), www.ft.com/cms/s/0/bd371350-0f2c-11de-ba10-0000779fd2ac,dwp_uuid=02e16f4a-46f9-11da-b8e5-00000e2511c8.html?nclick_check=1, accessed March 12, 2009.
52. Aaron Baar, "AT&T Enlists Jimenez in Hispanic Campaign," *Marketing Daily* (April 5, 2011), http://www.mediapost.com/publications/?fa=Articles.showArticle&art_aid=148053&nid=125449, accessed April 24, 2011.
53. Stuart Elliot, "Pretty as a (Census) Picture," *New York Times* (March 28, 2011), http://www.nytimes.com/2011/03/29/business/media/28adnewsletter1.html?nl=business&adxnnl=1&emc=ata1&ref=advertisingemail&adxnnlx=1303681253-toqoRVw+PthkndBiYU0ctQ#, accessed April 24, 2011.
54. Hassan Fattah, "Asia Rising," *American Demographics* (July-August 2002), http://findarticles.com/p/articles/mi_m4021/is_2002_July_1/ai_89374125/?tag=content;col1, accessed October 6, 2007.
55. For a recent discussion of Asian identity, cf. Julien Cayla and Giana M. Eckhardt, "Asian Brands and the Shaping of a Transnational Imagined Community," *Journal of Consumer Research* 35 (August 2008): 216-30.
56. Donald Dougherty, "The Orient Express," *The Marketer* (July/August 1990): 14.
57. Dan Brown, *The Da Vinci Code* (New York: Doubleday, 2003).
58. Albert M. Muñiz, Jr., and Hope Jensen Schau, "Religiosity in the Abandoned Apple Newton Brand Community," *Journal of Consumer Research* 31 (March 2005): 737-47.
59. Risto Moisio and Mariam Beruchashvili (2010), "Questing for Well-Being at Weight Watchers: The Role of the Spiritual-Therapeutic Model in a Support Group," *Journal of Consumer Research* 36, no. 5 (2010): 857-75.
60. Ron Shachar, T?lin Erdem, Keisha M. Cutright, and Gavan J. Fitzsimons, "Brands: The Opiate of the Non-Religious Masses?," *Marketing*

Science 30, no. 1 (January-February 2011): 92-111.

61. For a couple of exceptions, see Michael J. Dotson and Eva M. Hyatt, "Religious Symbols as Peripheral Cues in Advertising: A Replication of the Elaboration Likelihood Model," *Journal of Business Research* 48 (2000): 63-68; Elizabeth C. Hirschman, "Religious Affiliation and Consumption Processes: An Initial Paradigm," *Research in Marketing* (Greenwich, CT: JAI Press, 1983): 131-70.

62. Quoted in Joe Mandese, "MindShare Turns SoulShare, Puts Faith in Evangelicals," *Media Daily News* (May 15, 2008), http://www.mediapost.com/publications/index.cfm?fa=Articles.showArticle&art_aid=82586&passFuseAction=PublicationsSearch.showSearchReslts&art_searched=&page_number=0, accessed May 15, 2008.

63. Yochi Dreazen, "Kosher-Food Marketers Aim More Messages at Non-Jews," *Wall Street Journal* (July 30, 1999), www.wsj.com, accessed July 30, 1999.

64. 菊水酒造株式会社ニュースリリース「コーシャ認定取得いたしました」2011年02月14日（http://www.kikusui-sake.com/home/jp/news/info/2011/02140911.html），アクセス日：2014年5月24日．
"ハラル"の次はユダヤ教の戒律"コーシャ"－ジェトロ，認証取得法調査へ」日刊工業新聞 Business Line 2014年4月4日（http://www.nikkan.co.jp/news/nkx1520140404agav.html），アクセス日：2014年5月24日．

65. www.religioustolerance.org/new1_966.htm, accessed October 6, 2007; www.erlc.com/WhoSBC/Resolutions/1997/97Disney.htm, accessed October 6, 2007.

66. Alex Johnson, "Southern Baptists End 8-Year Disney Boycott," *MSNBC* (June 22, 2005), www.msnbc.com, accessed October 6, 2007.

67. Patricia Leigh Brown, "Megachurches as Minitowns: Full-Service Havens from Family Stress Compete with Communities," *New York Times* (May 9, 2002): D1; Edward Gilbreath, "The New Capital of Evangelicalism: Move Over, Wheaton and Colorado Springs—Dallas, Texas, Has More Megachurches, Megaseminaries, and Mega-Christian Activity Than Any Other American City," *Christianity Today* (May 21, 2002): 38; Tim W. Ferguson, "Spiritual Reality: Mainstream Media Are Awakening to the Avid and Expanding Interest in Religion in the U.S.," *Forbes* (January 27, 1997): 70.

68. Richard Cimino and Don Lattin, *Shopping for Faith: American Religion in the New Millennium* (New York: Jossey-Bass, 2002).

69. Michael Fielding, "The Halo," *Marketing News* (February 1, 2005): 18-20.

70. Mandese, "MindShare Turns SoulShare, Puts Faith in Evangelicals"; Karlene Lukovitz, "Evangelicals More Diverse Than Might Be Assumed," *Marketing Daily* (November 7, 2007), http://www.mediapost.com/publications/?fa=Articles.showArticle&art_aid=70553, accessed November 7, 2007.

71. Rob Walker, "Cross Selling," *New York Times Magazine* (March 6, 2005), www.nytimes.com, accessed March 6, 2005; John Leland, "At Festivals, Faith, Rock and T-Shirts Take Center Stage," *New York Times* (July 5, 2004), www.nytimes.com, accessed July 5, 2004.

72. Cathy Lynn Grossman, "Number of U.S. Muslims to Double," *USA Today* (January 27, 2011), http://www.usatoday.com/news/religion/2011-01-27-1Amuslim27_ST_N.htm, accessed June 22, 2011.

73. Barry Newman, "Halal Meets Kosher in Health-Food Aisle," *Wall Street Journal* (May 5, 2006): B1; Louise Story, "Rewriting the Ad for Muslim-Americans," *New York Times Online* (April 28, 2007), www.nytimes.com, accessed April 28, 2007.

74. 「インドネシアのイスラム教総本山，『味の素』新商品を認証：豚酵素事件，収拾へ」読売新聞2001年2月20日東京朝刊，p.2.

75. Liz Gooch, "Advertisers Seek to Speak to Muslim Consumers," *New York Times* (August 11, 2010), http://www.nytimes.com/2010/08/12/business/media/12branding.html?pagewanted=1&_r=1&ref=media, accessed April 25, 2011.

76. Karlene Lukovitz, "Coffee Marketers Need to Woo Young Adults," *Marketing Daily* (October 8, 2010), http://www.mediapost.com/publications/?fa=Articles.showArticle&art_aid=137318, accessed April 29, 2011.

77. Shelly Reese, "The Lost Generation," *Marketing Tools* (April 1997): 50.

78. Toby Elkin, "Sony Marketing Aims at Lifestyle Segments," *Advertising Age* (March 18, 2002): 3.

79. Anil Mathur, George P. Moschis, and Euehun Lee, "Life Events and Brand Preference Changes," *Journal of Consumer Behavior* 3, no. 2 (December 2003): 129-41; James W. Gentry,

Stacey Menzel Baker, and Frederic B. Kraft, "The Role of Possessions in Creating, Maintaining, and Preserving Identity: Variations over the Life Course," in Frank Kardes and Mita Sujan, eds., *Advances in Consumer Research 22* (Provo, Utah: Association for Consumer Research, 1995): 413-18.

80. Cf. Neil Howe and William Strauss, *Generations: The History of America's Future, 1584 to 2069* (New York: Harper Perennial, 1992). The yearly ranges in this list are the author's synthesis of a variety of generational schemes and as such are approximations.

81. Bickley Townsend, "*Ou Sont les Neiges D'antan?* (Where Are the Snows of Yesteryear?)," *American Demographics* (October 1988): 2.

82. Mark Dolliver, "Teens Deliver Brand Word of Mouth," *Adweek* (September 22, 2010), http://www.adweek.com/aw/content_display/news/agency/e3ied4f9346f54dc08e29df7add99b3b b28#, accessed February 23, 2011.

83. Cornelia Pechmann and Chuan-Fong Shih, "Smoking Scenes in Movies and Antismoking Advertisements Before Movies: Effects on Youth," *Journal of Marketing* 63 (July 1999): 1-13.

84. Junu Bryan Kim, "For Savvy Teens: Real Life, Real Solutions," *New York Times* (August 23, 1993): S1.

85. Excerpted from David B. Wooten, "From Labeling Possessions to Possessing Labels: Ridicule and Socialization among Adolescents," *Journal of Consumer Research* 33 (September 2006): 188-98.

86. For a look at localized versus global youth culture dynamics in Scandinavia, cf. Dannie Kjeldgaard and Søren Askegaard, "The Glocalization of Youth Culture: The Global Youth Segment as Structures of Common Difference," *Journal of Consumer Research* 33, no. 2 (2006): 231.

87. Michael J. Weiss, "To Be About to Be," *American Demographics* (September 2003): 29-48.

88. Steve Kroft, "The Echo Boomers," *CBS News* (October 3, 2004), www.cbsnews.com, accessed October 3, 2004.

89. Cyndee Miller, "Phat Is Where It's at for Today's Teen Market," *Marketing News* (August 15, 1994): 6; see also Tamara F. Mangleburg and Terry Bristol, "Socialization and Adolescents' Skepticism Toward Advertising," *Journal of Advertising* 27 (Fall 1998): 11; see also Gil McWilliam and John Deighton, "Alloy.com: Marketing to Generation Y," *Journal of Interactive Marketing* 14 (Spring 2000): 74-83.

90. Adapted from Gerry Khermouch, "Didja C That Kewl Ad?," *BusinessWeek* (August 26, 2002): 158-60.

91. Aaron Baar, "Gen Y Donors Rely on Trust, Not Celebrity," *Marketing Daily* (April 7, 2011), http://www.mediapost.com/publications/?fa=Articles.showArticle&art_aid=148198&nid=125532, accessed April 24, 2011.

92. Rob Walker, "Training Brand," *New York Times Magazine* (February 27, 2005), www.nytimes.com, accessed February 27, 2005.

93. Center for Media Research, "Students Rule," www.mediapost.com, accessed August 12, 2008; Rebecca Gardyn, "Educated Consumers," *Demographics* (November 2002): 18; Tibbett L. Speer, "College Come-Ons," *American Demographics* (March 1998): 40-46; Fannie Weinstein, "Time to Get Them in Your Franchise," *Advertising Age* (February 1, 1988): S6.

94. www.mtvU.com, accessed June 21, 2011; www.collegehumor.com, accessed June 21, 2011.

95. Laura Randall, "Battle of the Campus TV Networks," *New York Times* (January 12, 2003), www.nytimes.com, accessed January 12, 2003.

96. Maria Aspan, "Nielsen Will Start to Measure TV Habits of College Students," *New York Times* (February 20, 2006), www.nytimes.com, accessed February 20, 2006.

97. www.tremor.com, accessed June 19, 2009; Jack Neff, "P&G Targets Teens via Tremor, Toejam Site," *Advertising Age* (March 5, 2001): 12.

98. ACROSS 公式ウェブサイト「アクロスについて」(http://www.web-across.com/about.html)，アクセス日：2014年6月18日。
株式会社パルコ公式ウェブサイト「パルコグループの事業：ストリートファッション・マーケティング」(http://www.parco.co.jp/business/fashionmarketing)，アクセス日：2014年6月18日。

99. Gary J. Bamossy, Michael R. Solomon, Basil G. Englis, and Trinske Antonidies, "You're Not Cool If You Have to Ask: Gender in the Social Construction of Coolness," paper presented at the Association for Consumer Research Gender Conference, Chicago, June 2000; see also Clive Nancarrow, Pamela Nancarrow, and Julie Page,

"An Analysis of the Concept of Cool and Its Marketing Implications," *Journal of Consumer Behavior* 1 (June 2002): 311-22.
100. Ellen Goodman, "The Selling of Teenage Anxiety," *Washington Post* (November 24, 1979).
101. Laura Zinn, "Move Over, Boomers," *BusinessWeek* (December 14, 1992): 7.
102. Jeff Gordinier, *X Saves the World: How Generation X Got the Shaft But Can Still Keep Everything from Sucking* (New York: Viking Adult, 2008); M. J. Stephey, "Gen-X: The Ignored Generation?," *Time* (April 16, 2008), www.time.com/time/arts/article/0,8599,1731528,00.html, accessed June 19, 2009.
103. Angel Jennings, "Contests, YouTube and Commercials Converge for Skin Product," *New York Times Online* (July 26, 2007), accessed July 26, 2007; cf. also Isabelle Szmigin and Marylyn Carrigan, "Consumption and Community: Choices for Women over Forty," *Journal of Consumer Behaviour* 5, no. 4 (2006): 292.
104. Jennings, "Contests, YouTube and Commercials Converge for Skin Product"; cf. also Szmigin and Carrigan, "Consumption and Community: Choices for Women over Forty."
105. Amy Merrick, "Gap Plans Five Forth & Towne Stores for Fall," *Wall Street Journal* (April 22, 2005): B1.
106. Quoted in Sarah Mahoney, "Nielsen: Time to Recommit to Boomers," *Marketing Daily* (July 21, 2010), http://www.mediapost.com/publications/?fa=Articles.showArticle&art_aid=132364&nid=116838, accessed April 24, 2011.
107. Gavin O'Malley, "Boomers Value Brands That Champion 'Youthful' Style," *Marketing Daily* (April 13, 2011), http://www.mediapost.com/publications/?fa=Articles.showArticle&art_aid=148507&nid=125673, accessed April 24, 2011.
108. Elkin Tobi, "Sony Ad Campaign Targets Boomers-Turned-Zoomers," *Advertising Age* (October 21, 2002): 6; cf. also Raphaelle Lambert-Pandraud and Gilles Laurent, "Why Do Older Consumers Buy Older Brands? The Role of Attachment and Declining Innovativeness," *Journal of Marketing* 74 (July 2010): 104-21.
109. Hiawatha Bray, "At MIT's AgeLab Growing Old Is the New Frontier," *Boston Globe* (March 23, 2009), www.boston.com/business/technology/articles/2009/03/23/at_mits_agelab_growing_old_is_the_new_frontier/?s_campaign=8315, accessed March 23, 2009.
110. D'Vera Cohn, "2100 Census Forecast: Minorities Expected to Account for 60% of U.S. Population," *Washington Post* (January 13, 2000): A5.
111. Catherine A. Cole and Nadine N. Castellano, "Consumer Behavior," in James E. Binnen, ed., *Encyclopedia of Gerontology*, vol. 1 (San Diego, CA: Academic Press, 1996), 329-39.
112. Raphaël Lambert-Pandraud, Gilles Laurent, and Eric Lapersonne, "Repeat Purchasing of New Automobiles by Older Consumers: Empirical Evidence and Interpretations," *Journal of Marketing* 69 (April 2005): 97-113.
113. Jonathan Dee, "The Myth of '18 to 34,'" *New York Times Magazine* (October 13, 2002), www.nytimes.com, accessed October 11, 2007; Hillary Chura, "Ripe Old Age," *Advertising Age* (May 13, 2002): 16.
114. Quoted in Stuart Elliott, "The Older Audience Is Looking Better Than Ever," *New York Times* (April 19, 2009), www.nytimes.com/2009/04/20/business/20adcol.html, accessed April 19, 2009.
115. Cheryl Russell, "The Ungraying of America," *American Demographics* (July 1997): 12.
116. Benny Barak and Leon G. Schiffman, "Cognitive Age: A Nonchronological Age Variable," in Kent B. Monroe, ed., *Advances in Consumer Research* 8 (Provo, UT: Association for Consumer Research, 1981): 602-6.
117. David B. Wolfe, "An Ageless Market," *American Demographics* (July 1987): 27-55.
118. Sarah Mahoney, "Avon Launches 60-Plus Skincare Line," *Marketing Daily* (August 23, 2010), http://www.mediapost.com/publications/?fa=Articles.showArticle&art_aid=134242&nid=117863, accessed April 24, 2011.
119. Hope Jensen Schau, Mary C. Gilly, and Mary Wolfinbarger, "Consumer Identity Renaissance: The Resurgence of Identity-Inspired Consumption in Retirement," *Journal of Consumer Research* 36 (August 2009): 255-76.
120. Pamela Paul, "Sell It to the Psyche," *Time* (September 15, 2003). http://www.time.com/time/magazine/article/0,9171,1005703,00.html, accessed September 24, 2011.
121. David B. Wolfe, "Targeting the Mature Mind," *American Demographics* (March 1994): 32-36.
122. Rick Adler, "Stereotypes Won't Work with

Seniors Anymore," *Advertising Age* (November 11, 1996): 32.
123. 大竹文雄（2014）「世代の経済学」第 24 回東京支部総会後援会，京都大学経済学部同窓会資料，2014 年 5 月 10 日（http://www.econ.kyoto-u.ac.jp/~dosokai/H26tokyo-shibu_slide（otakesensei）.pdf），アクセス日：2014 年 6 月 18 日．
124. 厚生労働省「平成 26 年我が国の人口動態」（http://www.mhlw.go.jp/toukei/list/dl/81-1a2.pdf），アクセス日：2014 年 6 月 18 日．
125. 「クラブツーリズム，消費者調査に参入：団塊世代3000 人を組織化」『日経 MJ（流通新聞）』2007 年 5 月 25 日，p.11．
126. 富士フイルム株式会社ニュースリリース「富士フイルム スキンケア化粧品「アスタリフト」シリーズ 2008 年夏　TVCM 放映のご案内」2008 年 6 月 18 日（http://www.fujifilm.co.jp/corporate/news/article/ffnr0210.html），アクセス日：2014 年 6 月 18 日．
127. 「バブル世代，しらけ世代ってどんな人？」日経ウーマンオンライン（http://wol.nikkeibp.co.jp/article/special/20100326/106453），アクセス日：2014 年 6 月 18 日．
「東京マガジンバンク：女性誌の歴史」東京都立多摩図書館，2010 年 11 月（http://www.library.metro.tokyo.jp/Portals/0/images/pages/reference/tama/magazinebank/pdf/jyoseisi_no_rekisi.pdf），アクセス日：2014 年 6 月 18 日．
128. 松本晃子（2003），「ローティーン市場への挑戦：株式会社ナルミヤインターナショナル」『マーケティングジャーナル』22（3），57-67．「ナルミヤ，ウェブモデルで販促：身近な小中学生に共感」『日経 MJ（流通新聞）』2014 年 6 月 18 日，p.6．
129. 株式会社資生堂ニュースリリース「資生堂，就職活動に適したメークをご案内する新キャンペーン実施」2012 年 2 月（http://www.shiseidogroup.jp/releimg/1986-j.pdf），アクセス日：2014 年 6 月 18 日．
130. 石鍋仁美「「隠れバブラー」団塊ジュニア女子の消費促すツボ」日本経済新聞電子版 2013 年 1 月 8 日（http://www.nikkei.com/article/DGXNASGF0600J_X00C13A1000000/?df=2），アクセス日：2014 年 6 月 18 日．
131. 「プレッシャー世代（気になる KEYWORD）」日本経済新聞 2008 年 2 月 7 日朝刊，p.31．
132. 日本経済新聞社産業地域研究所編（2011）『ゆとり世代の消費実態』日本経済新聞出版社．
133. 山岡拓（2009）『欲しがらない若者たち』日本経済新聞出版社．
134. 江崎グリコ株式会社公式ウェブサイト「デコポッキー：作り方のご紹介」（http://pocky.jp/products/decopocky），アクセス日：2014 年 6 月 19 日．
江崎グリコ株式会社ニュースリリース「「友チョコ」でバレンタインを盛り上げるキャンペーンを展開します」2010 年 1 月 5 日（http://www.ezaki-glico.com/release/20100105_2），アクセス日：2014 年 6 月 19 日．
135. Marriott, "The Color of Mayhem, in a Wave of 'Urban' Games."
136. Karl Greenberg, "GM Truck Ads Aim at Urban African-American Market," *Marketing Daily* (May 25, 2007), www.mediapost.com, accessed May 25, 2007.
137. Patrick O'Gilfoil Healy, "Heads Up Hidalgo, Mexico: Run! Hide! The Illegal Border Crossing Experience." February 4, 2007, http://travel.nytimes.com/2007/02/04/travel/04HeadsUp.html, accessed September 24, 2011.
138. Penteado, "Brazilian Ad Irks Church."
139. Nina M. Lentini, "Redux Back with Cocaine Energy Drink in Big Way," *Marketing Daily* (February 6, 2008), http://publications.mediapost.com/Index.Cfm?Fuseaction=Articles.San&S=75887&Nid=3907, accessed February 6, 2008.

第14章　文化

この章の目的	本章の学習を通じて，以下のことを理解しよう：
	1. 文化は社会のパーソナリティのようなものであり，個人としてのアイデンティティを形作る．
2. 神話はある文化の価値観を表現する物語であり，現代のマーケティング・メッセージはこうした価値観をその文化のメンバーに伝えている．
3. 祝日の行事，手入れ，贈与など，消費活動の多くは儀式である．
4. 消費者は製品を聖なるものと俗なるものに分けて表現し，一部の製品は2つのカテゴリーの間を行き来する．
5. スタイルは背景にある文化的状況を映し出す鏡の役割を果たす．
6. 消費者はハイカルチャー（high culture）とローカルチャー（low culture）を区別する．
7. 現代のマーケターの多くはリアリティを創るエンジニアである．
8. 新しい製品，サービス，アイデアは社会全体に広まり，異なるタイプの人たちが多少の差はあれそれを取り入れる．
9. 多くの個人や組織が，象徴的な意味を創造し消費者に伝える流行システムに参加し，一定の役割を果たす．
10. 流行はサイクルに従う．

　アイは途方に暮れている．勤務先であるギフトショップのクリスマス用プロモーションの期日が迫っているだけでもプレッシャーなのに，家でも問題発生．息子のシュウスケが運転免許の路上試験に落ちて，引きこもりしそうなほど落ち込んでいるのだ．運転免許もないなんて「本物の男」じゃない，と思っているらしい．さらに，娘のリエと一緒にディズニーランドに行く予定だった休暇も，あれほど楽しみにしていたのに延期しなければならない．今はどうしてもその時間がとれそうにないからだ．

　近くのスターバックスで友人のサヤコと会うと，ようやく気分が晴れてきた．そこはお決まりの「隠れ家」にしている場所だ．落ち着いた雰囲気の店でカプチーノを飲んでいると気持ちまで和む．サヤコは，憂鬱な気持ちを追い払うためのとっておきのストレス解消法を勧めてくれた．家に帰って，ゆっくりお風呂に入ったら，ハーゲンダッツを食べるといいわ．そう，それで十分なのだ．生活の中のほんの小さなことが，これほど大きな違いを生むなんて，驚くべきことではないだろうか．スターバックスから外に出ると，アイはサヤコに素敵なクリスマスプレゼントを贈ろうと心に決めた．彼女はそれ

だけのことをしてくれたのだから.

学習の目的 1
文化は社会のパーソナリティのようなものであり,個人としてのアイデンティティを形作る.

文化とは何か？

　スターバックスで過ごすアイのコーヒータイムと同じように,世界中の人々が生活の中に一息入れる「一服」の時間を設けて,うんざりする日常から一時的に自分を解き放ち,周囲の人との関係性を確かめている.もちろん,そのプロセスで消費する製品は,真っ黒いトルココーヒーからインドのお茶,あるいは,ラガービールからシングルモルトウイスキーに至るまでさまざまなものがある.スターバックスは,コーヒーブレイクの習慣を,多くの人にとってカルト的な意味を持つ文化イベントに変えた.スターバックスの客は平均月18回来店し,そのうち10%は1日に2回立ち寄る[1].1杯のコーヒーでも,単純な1杯のコーヒー以上のものになるのである.

　文化(culture)は社会のパーソナリティである.そこには価値観や倫理観といった抽象的な概念も含まれれば,自動車や洋服,食べ物,芸術,スポーツなど,社会が生み出すモノやサービスも含まれる.つまり,その組織や社会のメンバーの間で共有されている意味,儀式,規範,伝統などの積み重ねによって文化が築かれる.

　文化的背景を考慮に入れない限り,消費を理解することはできない.文化は人々が製品を見る際の「レンズ」となる.皮肉なことに,文化が消費者行動に及ぼす影響は極めて大きく,かつ広範囲に渡るため,その重要性を把握することが困難な場合がある.水の中にいる魚のように,異文化に出会わない限り,その力を正しく理解することは難しい.異文化に直面した時,突然,それまで当たり前に思っていたことの多くが(着る服,食べるもの,人に話しかける方法)が,常識ではないことに気づく.こうした違いに直面した際の衝撃は非常に強いものであり,「カルチャーショック」という言葉を使っても言い過ぎではないであろう.

　こうした文化的背景は,それを破った時に初めて分かることも多い.例えば,イギリス出身の女性グループ,スパイスガールズが世界ツアーでニュージーランドを訪れた時,本来はマオリ族の男性だけに許される「戦いの踊り」をステージ上で披露した.その結果,マオリ族の間に動揺が広まった.部族の役人は憤慨して次のように言った.「私たちの文化では受け入れられないことだ.ましてや外国から来た女性のポップスターが,こうしたパフォーマンスを行うなどということは」[2].アメリカ人も,ポッシュ・スパイス(ヴィ

クトリアの愛称）が夫のサッカー選手デイヴィッド・ベッカムとともにアメリカにやってきて，アメリカ人にサッカーの楽しさを教えた時にも同じような反応を見せた．文化的な問題への配慮は，ロックスターであれブランドマネージャーであれ，こうした目に見えにくい側面を理解した時に初めて意識されるものである．これが本章のテーマである．

　文化によって，活動や製品に対する全般的な優先順位が決まる．そして，特定の製品が成功するか否かも文化に影響を受けている．ある時期に特定の文化に属する人たちに恩恵を与える製品は，市場で受け入れられる可能性が高い．例えば，1970年代半ばのアメリカでは，健康的で引き締まった体が理想的な容姿として強調された．上流階級の消費者はスリムな体型を維持しようとしたが，それは，機敏さ，富，自意識の高さといった価値観に突き動かされたものである．そうした流行がミラーのライトビールの成功に大きく貢献した．実際には，それより早い1960年代に，ガブリンジャーズが同じような低カロリービールを販売していたのが，この時は失敗していた．当時のビール愛飲者（その多くが男性であった）は，カロリーを減らそうなどとは考えていなかったため，このビールは「時代を先取りしすぎていた」ということが言えるだろう．

　消費者行動と文化は互いに影響し合っている．消費者はその時代の文化を反映する製品やサービスを受け入れる．その一方で，消費者に受け入れられている製品を理解すれば，

コピー：*世界を守ろう．食べよう．*

このベジタリアン向け食品ラインの広告は，第2次世界大戦中のプロパガンダアートの体裁をとり，同社のブロッコリを食べることは英雄的な行為であると訴えている．

出典：Fantastic Foods 提供．

その時代を支配する文化が理想とするものを知ることになるだろう．時代の支配的な価値観を上手く映し出して成功したアメリカの製品には次のようなものがあった．
- テレビディナー（メインディッシュと付け合わせが1枚の皿にセットされた冷凍食品）は，家族構成の変化とカジュアルな新しい家庭生活を反映していた．
- 動物実験をしない天然由来の化粧品は，公害，有害廃棄物，動物保護に対する消費者の意識の高まりを反映していた．
- パステルカラーの携帯ケースを付けて，女性の消費者をターゲットにしたコンドームは，責任のある性行為と性表現の自由に関する態度の変化を反映していた．

文化システム

文化は静的なものではない．継続的に進化し，古いアイデアと新しいアイデアが融合される．「文化システム」は次の機能的な領域から構成される[3]．
- **生態（エコロジー）**——システムが生活環境に適応する方法．資源の獲得と分配に用いるテクノロジーが生態を形作る．例えば，日本では都市部が過密状態にあるため，空間を効率的に利用する製品に価値が置かれている[4]．
- **社会構造**——人々が秩序ある社会的生活を維持する方法．これには文化を支配する家族や政治的集団が含まれる（例：核家族なのか拡大家族なのか，政治体制が代議制なのか独裁制なのか）．
- **イデオロギー**——人々の精神的特徴，および，環境や社会的集団と関連づける方法．これは共通の「世界観」という考えに関係している（これについては第12章で論じた）．ある1つの文化に属する人たちは，秩序や公正さについて基本的見解を共有する傾向がある．彼らは「エトス」，すなわち一連の道徳的・美的価値観も共有する．インドのムンバイにある新興中流階級向けのテーマパーク「ウォーター・キングダム」は，文化によってどれほど世界観が異なるかを示す格好の例である．入園者の多くは男女混合の公共プールになじみがなく，この施設では女性に水着を貸し出している．水着を着るのが初めてという女性ばかりであるが，ここでは女性の脚線美を見ることはない．というのも，貸し出される水着は，腕は手首まで，脚は足首まで覆うものだからである[5]．

第4章で取り上げたように，「価値観」とは善悪についての一般的な考え方である．こうした価値観から，何が正しく何が間違っているか，何が受け入れられて何が受け入れられないかを決める規範や規則が生まれる．信号の青は「進め」，赤は「止まれ」を意味するといった，法制化された規範があれば，誰もが迷わず善悪を判断することができる．しかし，多くの規範は曖昧なものである．人と接していると，こうした**拡張する規範**（crescive norms）を発見することになる．この規範にはさまざまなタイプがある[6]．

- 慣習（custom）——家庭内の家事分担や特定の儀式の実践など，基本的な行動の指針となるもの．
- モーレス（more）——強いモラルが強調される慣習．近親相姦や食人の風習など，タブーとされる行為も含まれる．モーレスに違反すると強い制裁を受けることになる．サウジアラビアなどのイスラム諸国では，下着姿のマネキンを店に展示したり，広告で女性の体を強調したりすることは冒涜行為とみなされるため，小売店は目立った宣伝をすることができない．あるランジェリーショップは，製品のディスプレイのために，頭と脚がなく，わずかに丸味を持たせた特製のマネキンを使用した(7)．
- しきたり（conventions）——日常生活の送り方を規制するもの．家具の選び方，洋服の着方，ディナーパーティーでのもてなしの仕方など，細かな配慮が必要な消費者行動について，何が「正しい」方法なのかを示す．中国政府は，2008年の北京オリンピックに向けて市民の習慣を変えようとした．地元住民のしきたりが，外国人訪問者の期待するものとは相容れないことが大会組織員には分かっていたからである．例えば，中国では歩道につばを吐くことは当たり前のしきたりだった．痰のからみをとろうとしたり，しわがれ声がしょっちゅう聞こえてくるため，ある外国人はそれを「中国の国歌」と呼んだ．当局が実施した大掛かりな清掃作戦に加え（スモッグを緩和するため交通量を制限しさえした），オリンピック観戦客が殺到する前に，人前でつばを吐く習慣をやめさせようと，高額の罰金制度が導入された(8)．

これら3つのタイプの規範は，文化的に適切とみなされる行動を明確に定義する役割を果たすこともある．例えば，モーレスは食べても良いものを教えるかもしれない．こうした規範は文化によって異なるため，アメリカでは犬を食べることはタブーとされ，ヒンドゥー社会ではビーフステーキを避け，イスラム教徒は豚肉製品を避ける．慣習は食事を出すのに適切な時間について指針を与える．しきたりは，食事の作法，使う道具，テーブルエチケット，ディナー時にふさわしい服装などの細かい点を教える．こうしたしきたりの中には，当然のように毎日の行動に取り入れられているものも多いが，人々は単純にそれらが「正しい」ことだと思って行っている．こうした規範の多くは，テレビCMやドラマの中の俳優の行動，印刷広告，その他のメディアを観察することを通して，疑似体験によって学ぶものである（第3章参照）．このように考えると，なぜマーケティングが文化の重要な要素なのかが明らかになってくる．

文化の違いはあらゆる日常の行動に表れる．例えば，タイの「ビッグボーイ」レストランは，客を集めるのに苦労していた．数百人にアンケート調査を行った結果，その理由が明らかになった．ある客は，このレストランの「風水」が悪く，メニューになじみがないと言った．別のある客は，ビッグボーイの像（映画『オースティン・パワーズ』で

Dr. イーブルが乗っているものに似ている）が気になって仕方がないと回答した。レストランの経営幹部の1人は次のように述べている。「突然気がついたのです。3500年の歴史を持つ社会で、まだ64年の歴史しかない食べ物を提供しようとしていたことに」。メニューにタイ風のものを加えてからは、経営も上向きに転じた[9]。

文化を伝える物語と儀式

あらゆる文化は、世の中を理解するのに役立つ「物語」や「儀式」を発展させてきた。異国の奇妙な行動に関する話を聞いた時には、その人たちが何を考えてそのようにしているのか、理解しづらいこともある。しかし、自分たちの文化的習慣は普通であると思っていても、外から来た人たちの目には同じように奇妙な習慣に映るかもしれない。メジャーリーグを何度も観戦しているアメリカ人を、日本のプロ野球の試合に連れて行けば、文化がいかに違うのかを感じることができるだろう。メジャーリーグでは鳴り物の応援は極めて控えめである。

「原始的」な信念体系が、私たちの「現代的」な合理主義の社会にどれほど影響を与えているかについては、多くの人が関心を持つ魔法や運勢を考えてみれば良く分かる。健

コピー：ラッキーでしょ？

無料宝くじサイトのLuckySurf.comは、幸運のお守りとされる「ウサギの足」にひねりをきかせた広告を使っている。

出典：LuckySurf.com 提供。

康食品，アンチエイジング化粧品，エクササイズプログラム，カジノなどのマーケターは，自らが提供するものが「魔法のような」性質を備えており，病気や老化，貧困や運の悪さを遠ざけてくれるのだとほのめかす．人々は宝くじで買う時に自分の「ラッキーナンバー」を使い，「邪悪な目」を追い払うために幸運のお守りを身につける[10]．アジア人を対象にした最近の調査では，ラッキーナンバーが宝くじで当たる確率の予測にも，金融商品にどの程度投資するかにも影響を与えていることが明らかにされた[11]．

　超自然的な力への関心は，人々が苦境に陥ったり無力を感じたりする時に高まる傾向が強い．魔術的な救済は，問題に「簡単な」答えを与えてくれ，私たちの生活を単純化する．多くの消費者が畏怖を持って，問題を解決する能力を備えた「電子の魔術師」としてコンピューターを捉えている[12]．ソフトウェア開発者は，プログラミングを通じて，初心者を導くための「ウィザード（魔法使い）」まで用意してくれている．あるいは，物には人の魂が宿ると考える人もいる．子どもたちは（おそらくは大人の一部も），「エア・ナイキ」を履くと，魔法のようにマイケル・ジョーダンのような運動能力の一部が自分にも乗り移ると信じていた．ばかげた話に聞こえるだろうか？　孤児院の少年を描いたファンタジック・コメディ映画『ロスト・キッズ』（原題 Like Mike）では，「MJ」と書かれたバスケットシューズが出てくるように，まさにこれがストーリーの筋になっている．本項では，古代から現代まで，あらゆる社会の文化に共通して存在する神話と儀式について見ていくことにする．

学習の目的 2
神話はある文化の価値観を表現する物語であり，現代のマーケティング・メッセージはこうした価値観をその文化のメンバーに伝えている．

神話

　タイの人々は超自然的な力について日頃から考えている．良く見かける小さな社（やしろ）は霊を守るためのもので，電気配線と室内照明を備えたものもある．セブンイレブンの店の中にさえ，そうした社がある．タイ人は年間6,300万ドルを占いに支出する．店舗では口臭ミントの横に幸運のお守りが販売されており，星占いの本がジャンクフードの隣に置いてある．占い専門のYouTubeのチャンネルもあれば，金の価格の動きを予測するのに役立つ「風水師」というコンピュータープログラムもある[13]．

　神話（myth）とは，その土地の文化を表わす象徴的な要素を含む物語である．2つの勢力の対立に焦点が合わせられることが多く，その結末が物語を聞く人たちにとっての道徳的指針となる．世の中のあり方について教えを授けてくれるため，消費者の不安を

取り除く効果もある．人々は，自分が属する文化にまつわるこうした伝説的物語を詳しく知っているが，通常はその起源について深く考えることはない．

例えば，おなじみの『赤ずきん』について見てみよう．この物語は16世紀フランスの貧しい農民の物語として始まった．女の子がおばあさんの家に向かう途中でオオカミ人間に出会うという話だ（この時代には，オオカミが人間を襲うことが多かったという歴史的証拠がある．恐ろしい動物に変身したと告発された人が裁判にかけられることも実際にあった）．当初の物語では，オオカミ人間はおばあさんを殺して食料庫に保存し，血をボトルに注ぐ．そして，私たちが知る物語とは違って，女の子が家に着くと，おばあさんを食べ，服を脱ぎ，オオカミと一緒にベッドに入るのである．話をさらにスキャンダラスにするために，オオカミを「おじいさん」が変身した姿として描き，近親相姦を間接的に想像させるようなバージョンもある．この物語は1697年に初めて活字になって発表されたが，その時点では，ルイ14世時代の宮廷のふしだらな女性たちへの警告の物語という意味合いが込められていた（このバージョンでは，著者は女の子に赤い服を着せたが，それは赤が売春婦を象徴する色であったからである）．やがて，グリム兄弟が1812年に独自の物語に仕立て直したが，今度は子どもを怖がらせて行儀良くさせることを目的に，セックスを暴力に置き換えた．そして，当時の男女の役割基準を強調するために，男性が女の子をオオカミから救い出す[14]．つまり，この物語は人食い，近親相姦，性的乱交のような文化的タブーについて生々しいメッセージを伝えるものであったのである．

マーケターは時にこうした物語を取り入れて，（おそらくは無意識に）神話的な構成に沿ってメッセージをパターン化している．例えば，マクドナルドの「神話的な」品質を考えてみてほしい[15]．「ゴールデンアーチ」は，世界中の消費者がアメリカ文化と同義語と

カナダの舞台演劇の広告．良く知られた物語を基にしている．

出典：Saatchi Toronto 提供．

このノルウェーの労働組合の広告は,『赤ずきん』の物語を借り,「大勢いれば有利になる」と訴えている.

出典：Lofavor Norway ? Supertanker（SMFB Norway）Photo:Petrus Olsson, Adamsky.

見なすシンボルである. マクドナルドは, 世界中に散らばるアメリカ人のための聖域を提供する. 彼らは, そこに入れば中に何があるのかをはっきりと分かっている. マクドナルドの広告が生み出すファンタジーの世界では, 善と悪の根源的な戦いが繰り広げられている（ドナルド・マクドナルドがハンバーグラーを倒す）. そして, マクドナルドには新入社員がゴールデンアーチの流儀を身につける「神学校」(ハンバーガー大学) さえある.

　企業は自社の歴史に神話や伝説を持つことが多い. それを新入社員に教えようとすることもある. ナイキでは上級幹部から「企業ストーリーテラー」が選ばれ, ナイキストアの従業員に会社の遺産を説明している. 彼らが話して聞かせるのは, オレゴンの陸上チームのコーチについての物語である. このコーチが自宅のワッフル焼き器にゴムを流し込んで, より優れたシューズをチームのために作ったという話が, ナイキのワッフルソールの起源とされる. この物語はチームワークを高めようとするコーチとランナーの熱意を強調する. 新入社員はナイキの伝説の重要性を理解するために, コーチが働いていた陸上トラックまで実際に訪ねることすらある. 噂によれば, ナイキの上級幹部 (CEO を含む) は, お尻にナイキの「スウォッシュ」のロゴのタトゥーを入れているらしい[16].

神話の役割

　神話は文化の中で相互関係のある4つの機能を果たす[17].
1 形而上学的（metaphysical）——存在の起源について説明する.
2 宇宙論的（cosmological）——宇宙のすべての構成要素は1つの絵の一部であることを強調する.
3 社会学的（sociological）——その文化のメンバーが従うべき社会規範に根拠を与え, 社会の秩序を維持する.

4　心理学的（psychological）——個人の行動モデルを提供する．

　神話を分析する時には，その根底にある構造が着目される．それは，フランスの人類学者クロード・レヴィ＝ストロース（ジーンズのメーカーのリーバイ・ストラウス社とは無関係である）が開発したテクニックである．レヴィ＝ストロースは，多くの物語には二項対立（binary opposition）の要素が含まれていることを示した．善と悪，自然とテクノロジーなど，両極端の側面を表わすものである[18]．広告主は，製品をそれが何であるかではなく，何でないのかという点で定義することもある．

　第6章では，フロイト理論について説明した．自我（エゴ）は，イド（本能的衝動）と超自我という対立的要素の間で一種の「審判」として機能する，という考えである．同じように，神話においても，対立する勢力間の問題を仲介する者が解決する．両方の性質を共有する仲介者が対極にあるものを結びつけるのである．例えば，多くの神話には，人間と同じ能力を持つ動物が登場し（言葉を話すヘビなど），神話が人間と自然界の間の架け橋となる．マーケターが車（テクノロジー）に，マスタング（野生化した馬）という動物の名前（自然）をつけるのと良く似ている．

現代のポップカルチャーに見られる神話

　神話と聞くと，古代ギリシアや古代ローマが思い浮かぶが，実際にはコミック，映画，祝日，そしてテレビCMでさえ，現代文化の神話を具現化している．ある研究者によれば，独自の「消費者のためのおとぎ話（consumer fairy tale）」を創作している人もいる．ハッピーエンドを求めてモノやサービスを追い求め，悪役や障害に打ち勝つために，魔法使

イタリアのジーンズの広告．動物のキャラクターが登場する現代的な神話のイメージを借りている．

出典：Meltin' Pot Jeans/Armando Testa, Milan 提供．

いや資金提供者，それに助力者たちが登場するような物語を語るのである[19]．

賢いマーケターは，消費者がこうしたおとぎ話の世界に生きるのを喜んで手助けしている．例えば，アメリカのディズニーは，自分たちだけの伝説をつくりたいと考えるカップルのために，綿密に企画されたウェディングステージを用意している．ディズニーワールドでは，ティアラを着けた花嫁のプリンセスが馬車に乗って湖岸のウェディング・パビリオンへ向かう．グレイのかつらと金色のラメのズボンを身に着けた従僕2人がそれに付き従う．誓いの言葉を交わす時にはトランペットが吹き鳴らされ，執事（彼が王子のシンデレラ探しを手伝った）がベルベットのクッションに載せたガラスの靴（その中には結婚指輪が置かれている）を手にうやうやしく通路を進んで祭壇に近づく．ディズニーは毎年こうした華やかなウェディングショーを2,000回も行っている．この伝説をさらに広めるために，ウェディングドレス業界にも進出し，クリスタルのティアラ付きのプリンセス風ウェディングドレスを販売している．花嫁たちは，シンデレラ，白雪姫，眠れる森の美女，『美女と野獣』のベル，『アラジン』のジャスミン，『リトル・マーメイド』のアリエルの衣装を着てヴァージンロードを歩くことができる[20]．

アメコミのスーパーヒーローたちも，あらゆる年代の消費者に文化的神話を伝える役割を果たす．マーベル・コミックスのスパイダーマンのキャラクターは，彼がスーパーヒーローとしての義務を果たすだけでなく，もう1人の自分であるピーター・パーカーとして，学生生活とごく普通の恋愛を両立させている姿を描いている[21]．こうした架空のキャラクターの一部は，ヒーローに共通する基本的性質を具現化することでモノミス（monomyth）となる．これは，多くの文化に共通する神話を意味する言葉である[22]．スーパーマンはその典型であり，父のジョー・エルは世界を救うための超自然的な力を一人息子に与える．どこかで聞いたことのあるような話ではないだろうか？

多くの大ヒット映画やテレビドラマは，神話的なテーマを取り入れている．迫力ある特殊効果や魅力的なスターは傷つくことはないが，こうした映画やドラマの多くは，神話的なパターンに従った登場人物や筋書きが人気を呼ぶ一因になっている．神話的要素を持つ大ヒット作3本を挙げておこう．

- 『風と共に去りぬ』——戦争のような混乱期には神話が生まれやすい．この物語では，北軍（テクノロジーと民主主義を象徴する）と南軍（自然と貴族政治を象徴する）が戦う．映画は愛と名誉が美徳とされていたロマンチックな時代（南北戦争前の南部）を描く．そして戦争が終わると，物質主義と産業化という新しい価値観（現代的な消費文化）がそれに取って代わる．この映画は，人間と自然が調和して共存していた，失われた時代を描いている．
- 『E.T.』—— E.T. は，救世主の出現というなじみのある神話の象徴で，別の世界から心優しい生き物が地球にやってきて奇跡を起こす（例えば，枯れた花を生き返らせる）．

彼の「弟子」は近所の子どもたちである．彼らは，E.T.が近代的テクノロジーや，超自然的なものの存在を信じようとしない世俗的な世の中と戦うのを手助けする．この神話は，神が選んだ人間は純粋で無欲であることを教えている．

- **『スタートレック』**——連続テレビドラマシリーズで，映画にもなった．宇宙船エンタープライズ号の冒険を描いたこの物語も神話と結びついている．例えば，ニューイングランドの清教徒たちが「最後のフロンティア」として新大陸の探検と征服に乗り出す物語である．異星人クリンゴンとの遭遇はネイティブ・アメリカンとの小競り合いと重ね合わせることができる．さらに，テレビシリーズ全79話のうち少なくとも13のエピソードは，楽園を探し求めることがテーマになっている[23]．

広告も神話的なテーマを取り入れることがある．例えば，ライオンの解熱鎮痛薬バファリンのCMでは，「効き目の速さ」を強調するために，同社は意識的にギリシャ神話のイメージを使っている．このCMでは，女優の小雪がギリシャ神話に出てくるような「女神」をイメージした衣装をまとい，ビルの屋上に登場する．天に向けて光の矢を放つと，矢の軌跡から生じた光が頭痛を抱えて都会で働く人たちに降り注ぎ，彼らは笑顔を取り戻す[24]．クッキーで有名なペパリッジファームのCMは，製品が安全で自然のものを使っていた古き良き時代（失われた楽園）を「思い出す」ように訴える．アメリカのレンタカー会社エイヴィスの広告は，落ちこぼれが強い敵を倒すイメージ（ダビデとゴリアテ）を使ったことで有名である[25]．また，「キリンラガービール」のパッケージには，ある動物が描かれている．それは東洋の霊獣である麒麟で，特に中国の神話に登場する．キリンビールは1888年の発売以来，この伝説の霊獣をパッケージに使用している[26]．

学習の目的3
祝日の行事，手入れ，贈与など，消費活動の多くは儀式である．

儀式

儀式（ritual）とは，決められた手順で定期的に繰り返される一連の象徴的な行動のことである[27]．儀式と聞くと，動物や人間の生贄を奉じるような風変わりな部族の儀式を思い浮かべるかもしれない．しかし，現在の消費者行動の多くにも儀式的な要素が見られる．アイが毎日の「心の健康」のためにスターバックスに通い続けているのも，儀式としてみなすことができるだろう．

イギリスやアイルランドのビール愛飲者たちが愛してやまない儀式を思い浮かべてほしい．パブのバーテンダーが見事な手さばきでギネスを1パイントジョッキに注ぐところ

は，ちょっとしたショーのようである．伝統的なやり方に従えば，バーテンダーがグラスを45度に傾けて4分の3のところまでビールをゆっくりと注ぎ，それからグラスを水平にして，あのクリーミーな泡を上まで満たすのに，きっちり119.5秒かかるらしい．ギネスは忙しい夜によりすばやくかつ多くのジョッキに注げるように，「ファストポアー」というわずか25秒で黒ビールを注ぐことが可能な超音波テクノロジーを使った機械を導入した．結果はおそらく想像がつくだろう．ビール好きの客たちがイノベーションに抵抗を示して，このシステムは廃止せざるを得なくなった．しかし，ディアジオ（ギネスを所有している酒造会社）は諦めず，この儀式がそれほど根づいていない市場において，より効率的なサービスの実験を続けている．東京のバーには「ギネスサージャー」が出現した．その背景には，東京には樽を置くスペースのない小さいバーが多いことがある．バーテンダーがボトルからビールを注いで，特製のプレートの上にグラスを置くと，超音波が発生して特徴的な泡ができる[28]．

多くの大学は，学生が集団で決まった行動をとる独自の伝統儀式を誇っている．しかしながら，最近はこうした活動を禁止する大学も出てきた．安全性への懸念と未成年の飲酒を奨励するような伝統を疑問視したからである．アメリカのヴァーモント大学で春に行われていたソファ燃やしや，プリンストン大学の冬季ヌードオリンピックも廃止になった．テキサス州では，テキサスＡ＆Ｍ大学とテキサス大学の毎年恒例のアメフトの試合の前夜祭で，テキサスＡ＆Ｍ大学のかがり火の丸太が崩れて12人が死亡するという事故が起こり，やはり伝統の廃止が決まった（かがり火の儀式はその後，キャンパスの外で復活した）．

広告代理店BBDOワールドワイドが実施した調査からも，ブランドと儀式の強い結びつきが分かる[29]．BBDOは，消費者が儀式的に用いるブランドを**強固なブランド（fortress brands）**と呼んでいる．ひとたび習慣化されると（歯を磨いたり，ビールを飲んだり，ひげを剃ったりすることも含まれる），別のものに変えようとしないからである．この調査は26カ国で実施され，世界中の人が同じような儀式的習慣を持っていることが明らかにされた．BBDOによれば，89％の人が儀式的に行っている習慣にいつも同じブランドの製品を使っている．4人に3人は，何かの都合で儀式が妨害されたり，自分の選んだブランドの製品が手に入らないと，失望したり苛立ったりする．例えば，良く見られる儀式的習慣のカテゴリーの1つは「出陣の準備」である．多くの消費者にとって，この習慣は仕事に出かける準備を意味する．これに関連した行動には，歯を磨くこと，シャワーや入浴，何かを食べたり飲んだりすること，家族やパートナーに話しかけること，メールをチェックすること，ひげを剃ること，化粧をすること，テレビやラジオを視聴すること，新聞を読むことなどが含まれる．

儀式はいくつかの異なる層で行われている．文化的・宗教的価値観を幅広く伝えるこ

消費者行動，私はこう見る
──── ローレン・ブロック教授（ニューヨーク市立大学バルーチ・カレッジ）

皆さんにも幸運を祈るために行っている自分だけの儀式があるだろうか？ 私の知る学生のひとりは，試験の日はキャンパス内の建物の左端にある階段だけを使うことにしている．エレベーターは使わず，建物の右端にある階段も使わない．なぜなら，それを試験で良い結果を出すためのジンクスにしているからである．別の学生は，アメフトの試合で自分の応援するチームが勝っている場合，第4クオーターの残り時間3分になったらテレビを消してしまう．好きなチームが勝つところを見たくないからではない．この大詰め場面でのジンクスを破ると，もし逆転されて負けた時に自分のせいだと思ってしまうためである．こうした行動は意味をなさないのだろうか？ もちろん，その通りだ．でも，よく聞く話ではないだろうか．

私は，人々の間でこうした迷信や魔術的思考がどれほど一般的なのかを調べるための研究を始めた．迷信（superstitions）とは，合理的な考えに反して，あるいは自然の法則に逆らって持たれる信念のことをいう．多くの迷信は，その文化に属する人々の間で共有され，世代から世代へと伝えられるが，ここで挙げた例のように，個人的なジンクスや儀式という形をとることもある．同僚のトム・クレイマーと私は，人々の迷信がどのように消費者としての行動に影響を与えるかを研究している．例えば，台湾にはラッキーカラー（赤など）やラッキーナンバー（8など）に関する迷信がある．トムと私が台湾で実施した調査によると，台湾の消費者は同じ製品なら，他の色より赤のものを選ぶ傾向があることが分かった．緑色の製品よりも赤い製品への期待度が高いのである．つまり，消費者は緑色の製品よりも赤色の製品の方が良質であると考える．したがって，その製品が期待外れだったり壊れたりすると腹を立てる．私たちの研究では他にも，台湾の消費者がラッキーナンバーにこだわり，自然な数字である10個入りのお買い得パックよりも，料金的に損をすることになっても8個入りのパック（例えば，テニスボール8個パック）の方を選ぶということも明らかになった．8という数字への強い思い入れがあるために，量が25%少ない製品に50%増しの料金を支払うわけである．同様に，彼らは不吉な数字を避けるために，より多くの金額を支払おうとする．例えば，444台湾ドル（4は不吉な数字とされる）に値引きされている製品には魅力を感じず，元の555台湾ドル（5は中立的な数字）を支払うことを好む．

あなたなら不吉な数字を避けるために，より高い金額を支払う気になるだろうか？ アメリカの消費者は，台湾のような8へのこだわりは持たないが，13を不吉な数字と考える．多くのアメリカの建物には13階が存在しない．そして，アメリカ企業は13日の金曜日が訪れるたびに大幅に売上が落ちる．というのも，人々がその日に重要な取引を避けようとするからである．トムと私は，13日の金曜日に関する迷信がアメリカ人学生の選択に影響を与えるか否かについても調査した．学生たちに次の2つのうちどちらかを選ぶように指示を与えた．1つは，いくらかお金を儲けられることが分かっているもの．もう1つは，大金を手にできるか，それともゼロになるか

第14章 文化 723

という，ギャンブル的要素が強いものである．例えば，学生たちは18ドルを確実に稼げるか，240ドルを稼ぐ確率が20%に満たない賭け（失敗する確率が80%ある）を選ぶ．結果的には，多くの学生が大金を稼げる可能性に飛びつき，リスクの高い方を選択した．しかし，これを13日の金曜日に行うと，リスクのない，少額ながら確実にお金をもらえる方を選んだ．

迷信が行動に及ぼす影響についての知識を踏まえれば，企業のマネージャーはより良いビジネス上の決定を下すことができるだろう．

もしタコベルが中国人消費者向けに7層ではなく8層からなるクランチラップを売り出したら，どれだけ利益が上がることだろう？同様に，ドミノピザの「$4$4$4」のキャンペーンは，おそらく中国人消費者には好意的に受け止められないだろう．西洋文化での今世紀で最も幸運な日の1つ（07年7月7日），東洋文化で最も幸運な日の1つ（08年8月8日）の盛り上がりは記憶にまだ新しい．市場における迷信についての研究は，重要であるとともにタイムリーでもある．

とを目的としたものもある．あるいは，スーパーボウル（アメリカンフットボールの優勝決定戦），大統領就任式，卒業式などは，自分がより大きなグループに属することを確かめる社会的活動であり，自分以外の人たちも同じ「台本」を読んでいる，ということを意識させる効果がある[30]．ある調査では，ヘビーメタルのコンサートにおいて集団で頭を激しく振る「ヘッドバンギング（headbanging）」の儀式について報告している．調査を実施した研究者によれば，経済的には下層階級に属し，コンサートの外では無力に感じている若者たちが，集団でパフォーマンスを行うことでカタルシス的な経験を味わい，エネルギーが沸き，自分が認められたように感じるのだという[31]．

小さなグループや1人で行われる儀式もある．あるマーケットリサーチャーの調査によると，多くの人にとって，夜中にアイスクリームを食べることは儀式的要素を持ち，お気に入りのスプーンや器を使うケースが多い[32]．そして，儀式は不変のものではなく，時代によって移り変わる．例えば，結婚式のライスシャワーは，新婚夫婦が子宝に恵まれるようにという意味合いで行われる．しかし，最近ではエコ意識の高い新郎新婦が，米の代わりに石鹸の泡を使ったり，鐘を鳴らしたり蝶を飛ばすことで代用するケースが増えている．というのも，米を投げると鳥が食べ，後から胃の中で膨らんで悲惨な結果になるためである[33]．

多くの企業が消費者に**儀式用小道具（ritual artifacts）**を提供することで利益を得ている．儀式を行うために必要なアイテムの例としては，結婚式用の米，誕生日用のキャンドル，卒業証書，特別な食べ物や飲み物（ウェディングケーキ，祝福用ワイン，野球場のホットドッグ），トロフィーと盾，楽団の制服，グリーティングカード，退職記念の時計のようなものがある[34]．さらに，必要な小道具を明らかにするために，「儀式の台本」に従う

ことも多く，それを見て，その道具を使う場面と，誰がそれを使うのかを知る．具体的には，卒業式のプログラム，大学のサークルのマニュアル，エチケット本などがある．

手入れの儀式

1日に100回，髪をブラッシングすることであれ，大事なデートの前に鏡の中の自分に励ましの言葉をかけることであれ，誰もが自分だけの手入れの儀式（grooming rituals）を持っているだろう．こうした儀式は，私的な自己から公的な自己へ，そしてまた私的な自己へと切り替える役目を果たす．手入れの儀式は，世の中に直面する前に自信を高めたり，不純なものを「清め」たりすることにも役立つ．消費者が手入れの儀式について話す時，その物語から分かるのは，手入れ用の製品や行為が，神話的とも言って良いほどの性質を持っているということである．多くの人がビフォー／アフターの現象を強調する．特定のものを使った後には，自分がまるで魔法によって（シンデレラの物語と同じように）変身したかのように感じるのである[35]．

パーソナルケア用品メーカーの中には，こうした儀式の力を理解して，その魔法を起こすために必要な小道具を提供しているところもある．マンダムは，男性向けの洗顔化粧品について，ユーモアあふれるテレビCMを作成した．同社が「男性グルーミング」の主力製品として位置づける「ギャツビー」のCMでは，女性にも人気の高い木村拓哉を起用した．このCMでは，三枚目のお笑い芸人が「ギャツビー」の洗顔製品を使用した後，鏡に映った自分の顔を見ると，爽やかな木村の顔になっているという姿が描かれている[36]．

手入れの儀式は2つの種類の二項対立を明らかにする．私的と公的，仕事と余暇である．美に関する儀式の多くは，自然な状態から社会生活へ（女性が化粧をする時），あるいは，その逆への移行を表す．女性にとって入浴は清めの時間であるかもしれず，世俗的な世の中の「罪」を洗い流す方法かもしれない[37]．こうした日常の儀式の中で，女性は個人の美に対するその社会の文化的価値観と永遠の若さの追求を再確認する．このような日常的に行なわれる儀式は，P＆Gの化粧品「オイル・オブ・オレイ・ビューティークレンザー」の広告にも見てとれる．「あなたの1日はオイル・オブ・オレイの儀式から始まる」．

贈与の儀式

贈与の儀式（gift-giving ritual）では，消費者は目的にかなう完璧なものを入手し，値札を注意深く取り去り，綺麗に包装して（これによって，ありふれた製品が特別な品に変わることを象徴する），相手に送る[38]．贈り物は，店で買う製品やサービスの場合もあれば，手作りの場合もある．ある研究によれば，ナップスター（Napster）のような音楽ファイル共有システムが贈り物として人気を集めている．そこには，「互酬性（reciprocity）」

という贈与の規範がある．誰かのファイルをダウンロードしておきながら，自分のファイルの共有を拒む人は，吸いつく「ヒル」として他人から見なされるのである[39]．

　研究者たちは，贈り手が価値あるものを誰かに送り，受け手は必ずお返しをしなければならないという「経済的交換（economic exchange）」の1つの形として贈り物を捉えている．しかし，贈り物には「象徴的交換（symbolic exchange）」の意味もある．例えば，アイのような贈り手が，友人サヤコによる目に見えないサポートと思いやりを認めている場合がそれに当たる．実際，第2次世界大戦時に強制収容所に入れられた人たちの回想録を分析した研究者は，生き残ることだけを考えて暮らすような残酷な環境にあってさえ，寛大さを通して人間性を表現するという意志が貫かれていたことを明らかにした．自分だけでなく他人の苦しみを象徴した贈り物は，強制収容所が収容者に押しつけた人間性を否定するような生活に対して反抗を示す行動であった[40]．

　また，別の調査では，贈与は一種の社交的表現であり，時間とともに性質が変わっていくことが示された．人間関係の初期の段階では，交換するという行為（道具としての役割）自体が重視されるが（何を贈ったか，受け取ったかをしっかりと覚えておき，だまし取られていないことを確認する），関係が進展するにつれて，相手を思いやることに焦点が移っていく[41]．

　あらゆる文化には，個人的な理由か仕事上の理由かを問わず，贈り物をする機会や式典，伝統的習慣がある．誕生日のプレゼントだけでも経済への大きな貢献になる．アメリカ人が1年間に購入する誕生日プレゼントは平均6個にのぼり，全体で10億個の売上になる[42]．仕事上の贈り物は，取引関係を定義し維持するための重要な手段である．社用の贈り物への支出は年に15億ドルを超え，贈り手は適切な品物を選んでいるかどうかに細心の注意を払う（プロの贈答コンサルタントの助けを借りることもある）．多くの経営幹部は，社用の贈り物の交換は，従業員の士気の改善や売上の増加など，有形無形の結果につながると考えている[43]．

　贈与の儀式は次の3段階のプロセスからなる[44]．

1. 最初の段階は「構想（gestation）」で，贈り手は何かのイベントの記念になるアイテムを選ぶ．このイベントは，定形化されたもの（例えば，クリスマスにプレゼントを買うといった文化的な伝統になっているもの）の場合もあれば，突発的なもの（その決定がより個人的で独自の考えによるもの）の場合もある．
2. 次の段階は「提示（presentation）」で，贈り物の交換プロセスである．受け手は贈られたものに（適切にまたは不適切に）反応し，贈り手はその反応を評価する．
3. 最後の段階は「再構成（reformulation）」で，贈り手と受け手が両者の絆を再定義し（深めるかどうか），交換後の新しい関係性を決める．受け手がその贈り物は不適切，あるいは質が良くないと感じた場合には，負の効果が生じる．例えば，結

求愛プロセスには男性から女性への贈り物が含まれることが多い．しかし，関係が破局した場合に何が起こるだろうか？　ウェブサイト ExBoyfriendJewelry.com（エクスボーイフレンド・ジュエリー）の創設者は，恋人と別れた女性たちが，もらったプレゼントを売り払ってお金に換えるとともに，不満を言える場を提供している．このサイトのキャッチコピーは「もういらない．彼にはもう取り戻せない」．ユーザーは終わったロマンスの残骸を売ったり，オークションに出品したり，交換したり，単純に処分したりするが，同時にそれぞれの贈り物の背景にあるストーリーを共有しなければならない．

出典：exboyfriendjewelty.com 提供．

結婚記念日に妻へのプレゼントとして電気掃除機を選ぶような情けない夫は，ソファで寝るように言われて終わるかもしれない．付き合いたいと思っている女性に下着を贈る男性は，おそらく良い結果は期待できないだろう．贈り手は，プレゼントへの反応が不適切もしくは不誠実であると感じるかもしれないし，同じ価値のお返しをすることを求める**互酬性の規範**（reciprocity norm）に反していると思うかもしれない[45]．

日本における贈与の儀式を見ると，この国の文化で贈り物の交換がどれほど重要な意味を持っているかが分かる．包装が贈り物の内容と同じくらい重視される．日本人は同じ社会的集団に属するメンバーに贈り物をすることを義務の1つと考えている．贈ることは道徳的義務（「義理」）なのである．個人的な贈り物の場合にも，仕事上の贈り物の場合にも，その習慣はかなり儀式化されている．誰もが，贈り物の交換が必要な親類や友人の範囲を明確に定めている（「交際」）．日本では葬儀や入院の見舞い，人生のあるステージから別のステージへの移行（結婚式や誕生日），挨拶のしるし（訪問者を迎える時など）のような社交の機会に，個人的な贈り物をする習慣がある．また，企業の創業記念日や新しいビルの落成式，新製品の発表に合わせて贈り物を配ることも多い．日本人は面子

を重視する国民性があるため，受け手はその場で贈り物をあけることはしない．贈られたものを見て，失望した顔を相手に見せないようにするためである(46)．日本の国内ギフト市場の規模は17兆円にものぼる．小売業者は法人需要でなく，「夏ギフト・冬ギフト」として中元・歳暮の個人需要を活性化しようとしている．中元・歳暮の市場規模は5兆円を超えている(47)．

祝日の儀式

祝日には，人々は忙しい日常を忘れ，その日だけの特別な儀式的行動をとる(48)．各国の祝日は，アイルランドの聖パトリック（アイルランドにキリスト教をもたらした宣教師）や，中国の月下老人（人と人を結ぶ存在）のような，1人もしくは2人の特定の人物の冒険に関連したものが多い．こうした特別なイベントには，多くの儀式用小道具や台本が必要になる．例えば，アメリカでは，感謝祭の時に七面鳥とクランベリーソースなど，その日だけ食べる特別な料理を用意し，満腹状態になり，食後はソファに座ってアメフトの試合をテレビで見るのが義務になっている．

日本では，正月に栗金団（くりきんとん）や蒲鉾（かまぼこ）などが入った「おせち」を特別な料理として振る舞う．また，書き初めや初詣，それに年賀状や門松などを用いた伝統的なイベントがある．

祝日の多くは，文化的神話を尊ぶもので，多くの場合，その物語には歴史的人物（感謝祭のマイルズ・スタンディッシュなど），あるいは，架空の人物（バレンタインデーのキューピッドなど）が主人公として登場する．こうした祝日が存続しているのは，その根本的な要素が，私たちが心の奥底で求めているものに訴えかけるからである(49)．

● **クリスマス**——北極でのサンタクロースの冒険からヤドリギの木の下での誰かの冒険まで，クリスマスに関連した神話や儀式は数多い．クリスマスの意味はこの数百年の間に劇的に進化した．植民地時代のアメリカでは，クリスマスの祝福はカーニバルのようなもので，大勢で集まって賑やかに楽しむことが一般的だった．良く知られているのは「ワッセイル」の伝統である．これは騒々しい若者の集団が金持ちの家を包囲して，食べ物や飲み物を要求するというものである．1800年代の終わりになると暴徒たちで手に負えなくなり，プロテスタント・アメリカの牧師たちが，1本の木の下に家族が集まるという新しい伝統をつくった．初期の異教徒の儀式から「借りてきた」習慣である．1882年には，ニューヨークの裕福な監督派教会の牧師の息子クレメント・クラーク・ムーアが，自作の詩の中で，サンタクロースという現代まで続く伝説を生み出した．その後，クリスマスの儀式は徐々に変化し，子どもたちが主役で贈り物の交換を中心としたものになっていく(50)．確かに，最も重要な儀式はサンタクロースの登場で，子どもたちは（たとえ自分の家に暖炉がなくても）彼がやってくるのを心待ちにする．子どもたち

728　セクション4　消費者とサブカルチャー

祭日を祝福する香港のマクドナルドの広告．文字通りの意味は「エイプリルフール．友だちをからかうには最善の日」．

出典：DDB Hong Kong 提供．

　がサンタクロースに書く手紙を分析したオーストラリアの研究によれば，子どもたちは欲しいブランドを注意深く特定し，サンタから確実に欲しいものをもらえるように洗練された戦略を用いる[51]．キリストとは対照的に，サンタは物質主義の擁護者である．そのように考えると，彼が商店街やショッピングモールなど，消費文化の世俗的寺院に姿を見せるのも偶然ではないだろう．その起源がどのようなものであれ，サンタクロースの神話は，子どもたちに良い子でいればご褒美が手に入ること，人はそれぞれふさわしいものを手にする（石炭の塊かもしれない）のだということを教えて，子どもの社会化を促すのである．日本では，西欧のクリスマス文化を日本風に変えるだけでなく，クリスマスソングの歌詞やサンタクロースが話す英語の内容が分からなくても，あえてそのまま維持することで西洋のクリスマスを非日常的なイベントとして消費させようとする企業の戦略もある．USJのサンタクロースは英語しか話せない[52]．

● **ハロウィーン**——異教徒の宗教的儀式として始まったが，現在では明らかに世俗的なイベントになっている．しかし，クリスマスとは対照的に，ハロウィーンの儀式（トリック・オア・トリートや仮装パーティーなど）は，主に家族以外の人たちの間で行われる．ハロウィーンは珍しいタイプの祝日であり，その儀式は多くの文化的機会とはまったく性格が異なる．クリスマスとは異なり，善よりも悪を，生よりも死を祝福する．良い行いに褒美を与えるのではなく，大騒ぎをして，「いたずら」をされたくなければ「もてなし」をするように強要する．こうした性格のために，ハロウィーンは他の祝日から連想される象徴的なものを歪める反祝祭（antifestival）のイベントとなる．例えば，ハロウィーンの魔女は，母親とは正反対のイメージを持つ．この祝日は，幽霊が生き返ることを強調することで，イースターの意味をパロディ化してもいる．さらには，パンプキ

ンパイが象徴する健全さを邪悪なジャック・オー・ランタンに変えることで，感謝祭を嘲ってもいる[53]．そして，ハロウィーンは，儀式化された，したがって社会的に認められた形で，人々が普段の自分を捨て（第11章を参照），新しい役割を演じる機会を提供する．子どもたちは，この日だけは暗くなってからの外出も，夜更かしも，キャンディを好きなだけ食べることも許される．普段は教室の後ろの席に座っているオタクの男の子が，映画『13日の金曜日』のジェイソンの格好をして，パーティーの主役になる．

- **バレンタインデー**――バレンタインデーにはセックスと愛に関する基準を緩め，他の時期に隠し続けている思いを表現する．日本で最初にバレンタインデーの販売促進を行ったのは，洋菓子メーカーのモロゾフである．同社は1936年に在日欧米人に対して販売促進するために英字新聞に広告を掲載し，1950年代初頭には，日本人に対してデパートで販売促進を行っている．日本のバレンタインデーには，アメリカとは異なるバレンタインデーの特徴がある．それは主に，贈り物としてチョコレートに執着していること，女性から男性への一方通行的な贈与であること，そして，職場における贈与が盛んであること，という3つの特徴である．1980年からは，全国飴菓子工業協同組合が「愛にこたえるホワイトデー」を実施し，男性が女性に贈り物を返す習慣が定着していくことになる[54]．

マーケティング・メッセージがバレンタインデーの儀式にどの程度影響を与えているのかを調査した結果，この祝日には5つの儀式が見られることが明らかになった．

1　プレゼントとカードの交換
2　愛の告白
3　外出
4　食べ物と飲み物の準備と消費
5　身だしなみや服装への特別なこだわり

調査協力者の多く（主に男性）は，バレンタインデーには自分のパートナーに高価で「ロマンチック」な贈り物をするのが義務であると認識していた．ある男性は次のように忠告している．「もし彼女を幸せにしたいなら，これを覚えておくことだよ．プレゼントはきらきら輝いているものか，良い香りのするものか，彼女が身に着けたいと思うものでなければならない．そうしないと彼女との間に将来はない」．なかには，バレンタインデーと聞いて否定的な連想をする人もいる．失恋の苦い思い出や，相手のいない寂しさを呼び起こされたり，贈り物を「強制」されたり，無理に愛情を示すことを求められることに対して反感がある[55]．しかし，不満を口にする一部の人たちがいるとはいえ，バレンタインの儀式はもはや大きなイベントとなり，無視することは難しくなっている．

通過儀礼

妊娠5カ月目に行う「帯祝い」と，母乳から離乳食へと切り替える現代版の「食べ初め」に共通するものは何であろうか？ どちらも現代的な**通過儀礼**（rites of passage），つまり社会的地位が変わる時に行われる儀式である．原始社会でも現代社会でも，成長した自分を証明するための機会が生じる．その中には，年齢を重ねるにつれて自然に生じるものもあれば（思春期や死），個人的なものもある（離婚して，また恋愛市場に参加することなど）．アイの息子が車の運転免許試験に落ちた時に分かったように，通過儀礼の重要さは，定められた期間にそれを達成できなかった時に痛切に感じることになる．

毛虫が蝶に変わるのと同じように，通過儀礼は3段階からなる．若い男性が大学生になることで社会的地位が変化する場合を例に挙げてみよう[56]．

1 第1段階の「分離期（separation）」．彼は高校生時代の仲間から自分を切り離し，家を出てキャンパスへ向かう．
2 中間段階の「過渡期（liminality）」．2つの地位の間で不確定な状態になる．オリエンテーションの間，キャンパスで自分の居場所を見つけようと不安そうな顔の新入生を思い浮かべると良い．

アメリカで故人が火葬される割合は，2000年の26％から2010年には38％に増えた．骨壺を注文制作してもらうことも可能で，この写真は最後までレッドソックスのファンだった故人のもの．

出典：Landov Media 提供／写真：Boston Globe/John Tlumacki.

3 第3段階の「統合期（aggregation）」．彼は新しい地位とともに社会に戻る．夏休みには，生意気な「ベテラン」大学生として故郷に戻るだろう．

多くの人たちがさまざまな種類の通過儀礼を経験する．大学のサークルでの誓いの儀式やゼミでの初顔合わせの儀式などもそれに当たる．特定の職業に就く準備をしている時にも，同じような移行期を経験することがある．例えば，スポーツ選手やファッションモデルは，「経験を積む」プロセスを経るのが一般的である．それまでの環境を離れて（スポーツ選手は練習キャンプに行き，若いモデルは東京やパリへ移り住む），新しいサブカルチャーを教え込まれ，新しい役割を得て実社会に戻る．

死でさえも通過儀礼のプロセスがある．葬儀は残された者が死者との関係を整理する機会を与える．葬儀における振る舞いは，厳密なしきたりに従わなければならず，適切な服装が決められ（例：参列者は黒の喪服に喪章を着け，故人には一番良い服を着せる），特別な行動も求められる（お悔やみの言葉を書いたカードを送ったり，通夜に集まったりする）．車で通りかかった人は，葬儀の車列に道を譲り，墓地に向かう車列には割り込まないという社会的な行動規範に従う[57]．

葬儀の習慣は国や文化によって異なるが，どの場合も象徴的要素にあふれている．例えば，ガーナの葬儀に関する研究によると，現地のコミュニティは個人の社会的価値を死後に決定する．家族が故人に設けた葬儀の種類によって社会的地位が決められる．つまり，死の儀式の大きな目的は，故人の社会的身分に関して交渉することなのである．参列者は故人に対する尊敬の程度によって遺体の扱いを変える．研究対象になったアサンテ族の人々にとって，死は恐れるものではない．個人の身分を交渉するための，より広い継続的プロセスの一部にすぎないのである[58]．マダガスカルの一部地域に住む人は，さらに先を行っている．彼らは定期的に祖先の墓を掘り起こし，家族が埋葬布の上から骸骨を愛撫する．この儀式は「ファマディーアン」と呼ばれる．多くの人が，これを故人に家族の近況を知らせ，祝福と導きを求める機会として考えている[59]．

学習の目的 4
消費者は製品を聖なるものと俗なるものに分けて表現し，一部の製品は2つのカテゴリーの間を行き来する．

聖なる消費と俗なる消費

神話について説明した時に述べたように，消費者行動には，善と悪，男と女，あるいは普通のコーラとダイエットコーラというように，2つの対立する概念が含まれることが

Facebookは友人ネットワークを広げていくコミュニティサイトであるが，ちょっとした問題が生じている．Facebookのユーザーが亡くなった時にその人のページはどうなるのだろうか？Facebookに登録しているユーザーの100万人にのぼる人たちが毎年死亡している．そして，友人たちが故人のページに思い出や写真を投稿し続けている（少なくともアカウントが削除されるまでは）．あるベンチャー企業がこの問題に答えを見つけた．1000メモリーズ社は，家族や友人が，写真，ストーリー，動画をシェアし，故人のための基金を設立することまでできるようにしている．最近のある男性のメモリアルページには，次のような言葉が書き込まれていた．「銃弾が彼のあごに撃ちこまれ，鼻から出ようとした．彼のあごのくぼみと鼻のこぶはそのときにできたものだ．──孫のアシュリー」[60]．

出典：1000Memories.com．

多い．その中でも重要な概念の1つが，聖なるものと俗なるものによる区別である．聖なる消費（sacred consumption）は，消費者が日常的な活動と切り離して考える物やイベントに関するもので，尊敬や畏怖の気持ちを持ってそれを扱う．私たちは，宗教的な小道具や儀式を神聖なものと考える傾向があるが，この場合の「聖なる」という言葉に必ずしも宗教的意味合いがあるとは限らない．俗なる消費（profane consumption）は，日常的もしくは珍しくない物とイベントを表わす．聖なるものとは異なり「特別さ」は持たない．この場合も，「俗なる」という言葉は「ひわい」と重なり合う部分はあるが，必ずしも同義語ではない．

　この2つの領域に関しては，対立する状況が生じない限り，明確な境界線が引かれることはない．しかし，ひとたび対立が生じると，『スタートレック』の物質と反物質の衝突のように火花が散る．タイで表面化した聖と俗の対立を例に挙げてみよう．バンコクの一部のナイトクラブでは，映画『コヨーテ・アグリー』で女性たちがセクシーなダンスを踊るニューヨークのバーにヒントを得て，独自の「コヨーテ・ガールズ」のダンサーを呼び物にした．それが人気を得て，すぐに自動車ショーやショッピングモール，屋外フェスティバルなどにダンサーたちが現われるようになった．トラブルのきっかけは，宗教的な祝日に仏教寺院の近くで女性ダンサーが踊ったことである．それが女王の知るところとなった．その日は仏教僧が寺にこもって修行に専念する3カ月の終わりを告げる祝日であった．オートバイショップがコヨーテ・ガールズを雇って宣伝しているのをテレビのニュースで見た女王は，不敬な活動が聖なる領域を侵していることに憤慨した．今では

公共の場所でコヨーテ・ガールズが踊ることは禁止されている[61]。

神聖化

　神聖化 (sacralization) とは，普通の物，イベント，人物に神聖な意味が付与されることである。多くの消費者がスーパーボウルのようなイベントや，マイケル・ジャクソンのような人物を聖なるものとみなしている。実質的に，あらゆるものが神聖化されうる。信じられないと思うなら，ダラス・カウボーイズの選手が着ていた「洗濯していない」ユニホームを販売しているウェブサイトを考えてみてほしい。元クオーターバックのトロイ・エイクマンのシューズは1,999ドルで売っている。無名の選手の汗のしみ込んだ練習用ジャージでさえ，99ドルの値がついている。使用済みの靴下が1足19ドル99セントで飛ぶように売れる。サイトの管理者はこのように話す。「以前はカウボーイズの選手に触れることのできなかったファンに，今はそのチャンスがある」[62]。

　一般的なアイテム（臭い靴下など）に聖なる性質を持たせることは，**物象化** (objectification) と呼ばれている。このプロセスが生じる1つの形は，**感染** (contamination) を通してである。私たちが聖なるイベントあるいは人物と結びつけて考えるアイテムは，

香港では，平均的なカップルは結婚式に約2万9,200ドルかける。豪華な祝宴や何回ものお色直しのほか，近代的なこの都市でまだ習慣として残る持参金も，家族の面目を保つために必要になる。世帯の平均月収がわずか2,250ドルであることを考えると，若いカップル（より頻繁には新郎の家族）が，結婚式のために何年も貯蓄に励んだり，借金をしたりするのは珍しいことではない。対照的に，マックウェディング (McWedding) のサービスは，50人分の食べ物と飲み物を含めて1,280ドルから用意されている。このパッケージには，通常の結婚式の決まりごとの低予算バージョンとして，アップルパイを重ねて作った「ケーキ」や，ゲストへのギフトと2人の写真付きの招待カードが含まれる。また，マクドナルドの従業員が黒いスーツを着て，高級ホテルのスタッフの行動を真似する。彼らは入口で招待客を迎え，サイン帳への記入を促し，料理を提供する。ただし，提供するのは普通のビッグマックとフライドポテトである。

出典：Ed Jones/AFP/Getty Images.

それ自体が聖なるものとなる．多くのファンが有名人の持ち物（単に触れただけのものでも構わない）を手にしたいという願望を持つことは，これによって説明できる．ワシントンDCのスミソニアン研究所でさえ，『オズの魔法使い』のルビーの靴や『スタートレック』の架空の兵器フェイザーなどを「聖なるアイテム」として，強化ガラスで保護されたケースに展示している[63]．

貴重なものを展示する博物館の他にも，消費者は高価ではないありふれたものを「コレクション」として崇めている．それによって，俗なるアイテムが聖なるアイテムに変わる．コレクションに入れられると，そのアイテムは神聖化するわけである．そして，コレクターにとってのそのアイテムの重要性は，他人にはまったくと言っていいほど理解できないこともある．例えば，よその町のレストランを訪ねた記念として，紙マッチを集めている人がいる．実際にマッチで火をつける必要が生じ，他の人がそのマッチの1つを使おうとした時の彼らの反応を想像してみてほしい．

コレクション（collecting）は，特定のアイテムを体系的に集める行為のことをいう．これは買いだめ（hoarding）とは区別される．買いだめは，無計画にものを集める行為である[64]．これは，地域によっては問題視される行為であり，物を適切に廃棄することを拒否する住人のために火事が起こったり，立ち退きが言い渡されたり，子どもがその家から隔離されたりすることがある．10を超える都市に，この問題に対処するための特別班が設置されている[65]．

コレクションは，理性的要素と感情的要素の両方を持つことが多い．熱心なコレクターは自分の宝物を几帳面に整理し展示する[66]．その一方で，自分のコレクションに対して執拗な愛着を持っている．あるテディベアのコレクターは，この執着を次のように表現している．「もし自分の家が火事で燃えたら，家具を失って泣くことはないが，テディベアたちのことを思って泣くだろう」[67]．

コレクターは，自分の物質主義的な価値観を社会的に受け入れられる形で満足させるために「お宝」を手に入れるのだと考える研究者もいる．体系的なコレクションを築くと，罪の意識や自分の狭量さを感じずに，それらを「崇拝する」ことができる．コレクションは実際のところ美的経験なのだという意見もある．多くのコレクターにとって喜びはコレクションを築くプロセスにある．動機が何であれ，筋金入りのコレクターは膨大な時間と労力を注ぎ込んでコレクションを維持し拡大する．したがって，多くのコレクターにとってこの活動は拡張自己の中心的要素となる（第5章参照）[68]．

聖なる消費の領域

聖なる消費イベントは，私たちの日常の多くの側面に浸透している．あらゆる種類の場所，人物，イベントを「特別なものにする」方法を見つけていくのである．本項では，「普

通の」消費が普通ではなくなる状況を考えていく．

聖地

　どの社会にも，宗教的・神話的重要性を待つ場所（例：ベツレヘム，メッカ，ストーンヘンジ），あるいは，その国の歴史遺産としての側面を持つ場所（例：皇居，クレムリン，自由の女神，最近ではニューヨークのグラウンドゼロなど）があり，普通の場所とは「切り離されて」聖なる場所になっている．「感染（contamination）」がこうした場所を神聖にする．何か聖なることがその場所で生じたために，その場所自体が神聖さを帯びるのである．熱狂的なヤンキースのファンは最近になって，初の公認の芝「ヤンキース・ソッド」を買えるようになった．それなりの広さの芝生をその芝で埋めようと思えば数千ドルはかかるだろうが，誇りを持っているファンは，スタジアムの管理者が使っているのと同じ種から育った芝生を自慢する．また，その芝は大リーグ発行の証明書と，それがヤンキース公認の芝であることを宣言する偽造防止のホログラム付きで販売されている[69]．

　その他にも，ごく普通の場所が神聖化される場合がある．多くの映画スターがコンクリートに足型を残しているハリウッドのチャイニーズシアターもその1つである．テーマパークは，量産されたファンタジーという形をとるが，こうした場所も神聖さをまとう．ディズニーワールドとディズニーランド（ヨーロッパと日本，中国のものも含めて）は，世界中の消費者の「巡礼」の目的地となる．ディズニーワールドは，伝統的な聖地の多くの特徴を持つ．癒しの力を持つと信じる人さえいる．それもあって，このテーマパークへの旅は，不治の病を患う子どもたちの「最後の望み」として最も一般的なものである[70]．日本政府観光局（JNTO）は，アニメ関連施設だけでなく，アニメの舞台となった場所を英語で紹介する「ジャパン・アニメ・マップ」を発行し，ウェブサイトでも発信している．そこでは，『らき☆すた』の埼玉県久喜市，『涼宮ハルヒの憂鬱』の兵庫県西宮市などが，「聖

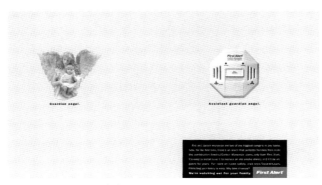

この警報システムの広告は，日常的な製品を売るために神聖なイメージを使っている．

出典：First Alert Corp. 提供．

地」として紹介されている[71].

「家とは心が帰る場所」と良く言われる[72]. 多くの文化において家は特に聖地となる. そこは, 厳しい外的世界と消費者の「内なる場所」の境界線ともなる. アメリカ人は家の内装や調度品に年間500億ドル支出する. 家はアイデンティティの中心的部分を占めるため, 世界中の人が「居心地の良い」場所をつくることに苦労を惜しまず, ドアリース, 暖炉, 家族の写真で埋められた「思い出の壁」などによって, 自分だけの空間にする[73]. スターバックスのような店舗や公共の場所でさえ, 厳しい外界からの隠れ家になるように, 自宅のようにくつろげる空間にすることを目指している.

聖なる人物

宝塚歌劇団100周年を機に退団する花組トップスター, 蘭寿とむは本拠地である宝塚大劇場での退団公演を迎えた. 劇場周辺には6,000人あまりのファンが詰めかけ, 「さよならパレード」を見守った. 通常の公演であっても宝塚歌劇が終演すると, ファンは自らのお気に入りのスターが楽屋口から出てくる姿を辛抱強く「出待ち」する. あるファンは次のように語る. 「一度ハマったら, もうやめられない. 好きなスターの公演には20回以上, 足を運んでいます」[74].

消費者は, 自分が崇拝する人を大衆から切り離して偶像化し, 時には彼らが「超人的な」性質を持つと信じたりもする. そのため, 土産物, 記念品, あるいはこうしたセレブが触れただけの普通のものでさえ, 特別な意味を持つようになる (セレブがアイテムを「感染」させるのだ). 新聞はパパラッチを雇い, スターや王室のスクープ写真に莫大な報酬を支払う. 多くの企業が, 有名人と結びつく製品に対する消費者の欲求をあおって利益を得ている. イーベイでは, セレブの署名やダイアナ妃のガウンやジョン・レノンのギターなど, セレブの所有物が驚くほどの値段で売られている.

聖なるイベント

公共のイベントが神聖な宗教的儀式に似てくることもある. 野球の試合の前にファンが両手を胸の前で組み, 静かに「忠誠の誓い」を暗唱するところ, あるいは, ロックコンサートで崇めるようにマッチに火をつけるところ (あるいは電源を入れた携帯電話を掲げるところ) を思い浮かべてほしい[75].

スポーツの世界は多くのファンにとって神聖なものである. 現代のスポーツは豊穣祭などの古代の宗教的儀式が起源となっている (古代オリンピックがそうであった)[76]. そして, 試合前にチームのメンバーが祈りを捧げることも珍しくない. スポーツ欄は一種の聖書となり (熱狂的なファンは信仰心を持ってそれを読む), スタジアムはまるで礼拝場所, ファンは信徒の集まりのように見える. 敬虔なファンはスタジアムで波を打つように順に

立ち上がる「ウェイブ」のような集団行動に参加する．ファンにとって選手やコーチは神のような存在であり，熱心なファンは彼らが超人的な力を持つと信じている．元プロ野球選手の荒木大輔は，夏の甲子園での活躍を機に女性ファンが急増した．生まれた息子に「大輔」と名づける親が増え，男性名のランキング1位になるなど社会現象になった．同じく甲子園をわかせた松坂大輔もその1人であり，荒木自身は「大輔」という名前に責任を感じていると述べている[77]．

スポーツ選手はどの文化にも共通する神話（英雄物語）の主人公である．こうした物語では，選手は厳しい状況の中で自分の力を証明しなければならない．そして，強い意志の力だけが勝利を呼び込む．もう少し一般的なレベルでは，ファンはこうした儀式の間に特定の消費者行動をとる（野球場でホットドッグを買うなど）．スーパーボウルの時期にはスナック菓子や飲料の売上が急激に伸びる．他の時期における2週間と比べて，トルティージャチップスが1,000万ドル以上多く売れ，スーパーボウルのある週にはビールが1,500万ドル多く売れる[78]．

「旅」も聖なる経験の1つである．休暇に旅する人は，聖なる土地で聖なる時間を過ごす．旅行者は日常世界とは異なる「本物の」経験を求める[79]．この旅の経験には，仕事とレジャー，「家」と「外」の対立要素が含まれる．旅先では，いつもの（俗世間の）基準を緩め，旅行者としてふさわしい行動をとる．例えば，普段は決して手を出さないような冒険や違法行為に参加することもある．

こうした聖なる経験を何かの形に残したいという旅行者の欲求が，記念品を販売する土産物産業の基盤になっている．それが結婚記念に作られた特製の箸であれ，富士山を形どった煎餅やクッキーであれ，土産物は消費者の聖なる経験を目に見える形に表わしたものとなる[80]．お気に入りのコンサートのチケットの半券といった個人的な記念品に加えて，次のようなものも聖なる土産物になりうる[81]：

- 地元の産品（例：山梨のワイン）
- 画像（例：絵葉書）
- 「土地のかけら」（例：貝殻や松ぼっくり）
- その場所をそのままの形で象徴するもの（例：スカイツリーのミニチュア）
- しるし（例：スターバックスのタンブラー）

聖から俗へ，再び聖へ

人生をより楽しくするために，消費者の活動は聖なる領域と俗なる領域を行ったり来たりすることがある[82]．最近のトルコでのお茶の入れ方に着目した研究がそれを例示している．トルコでは濃い真っ黒なコーヒーが飲まれていると思われがちだが，実際には，トルコ人は1人当たりの紅茶の消費量が世界で最も多い．トルコの人たちは水のように（あ

るいは水の代わりに）いつもお茶を飲んでいて，それが日常生活の一部になっている．多くの家庭やオフィスでは，朝一番に伝統的な「チャイダンルック」（2段式ティーポット）でお茶用のお湯を沸かし，いつでも飲めるように一日中沸騰させている．お茶を飲むというプロセスには象徴的意味や決まった儀式が含まれる．伝統的なグラスは，お茶の色が分かるように透き通ったガラス製のもので，女性の体のような砂時計型をしている．また，人それぞれに好きなブレンドがあり，お茶の葉をどれくらい細かく挽くか，香りを出すのにどれだけ時間をかけるかなどについても，それぞれの好みがある．リプトンが1984年にティーバッグの販売を始めたころ，トルコの人たちは近代化に前向きであったため，すぐに小さな独特の形のグラスの代わりに，電動のチャイダンルックとマグを使い始めた．お茶は手早く淹れられる便利な飲み物の象徴になり，お茶を飲む行為はファッションになった．しかし，今では多くのトルコ人の消費者たちが聖なる伝統の儀式に戻ることを選び，急速な社会の変化に抵抗するかのように伝統を重んじている[83]．

　トルコのお茶の伝統がマス市場向け製品に変わったことは，脱神聖化（desacralization）のプロセスの例である．これは，聖なるアイテムや象徴的な形式から特別な意味合いが取り除かれたり，大量生産されたりする際に生じる．金閣寺やエッフェル塔のような記念建造物，『モナリザ』やミケランジェロの『ダビデ像』のような芸術作品のミニチュアや複製品を土産物にしたり，アメリカ国旗をTシャツにプリントにしたりすることで，聖なるものから「特別」なものという要素を消し去り，比較的価値の低い，本物ではない日用品に変えてしまう．

　宗教でさえ，ある程度までは神聖な要素を消し去ることが可能である．十字架やニューエイジの水晶などの宗教的シンボルは，ファッションジュエリーにも取り入れられている[84]．ある批評家は，クリスマスがそのオリジナルの神聖さの重要性を失い，物質主義的で俗なる祭りに変えられていると非難する．同様のプロセスは，中東の比較的西洋化が進んだイスラム世界にも見られる．そこでは神聖なラマダン月（絶食と祈りを尊重する伝統）がクリスマスのように見え始めている．人々はイスラムの三日月の形をしたライトを買い，ラマダンカードを贈り合い，ホテルで贅沢なラマダン明けの食事をとる[85]．

学習の目的5
スタイルは背景にある文化的状況を映し出す鏡の役割を果たす．

ポップカルチャー

　アメリカのスラム街に住むティーンエイジャーは，この年齢グループ全体の8％を占めるにすぎず，郊外に住む白人のティーンに比べて収入は極端に少ない．しかし，若者の

音楽とファッションの好みに及ぼす彼らの影響は，この数字が示すよりはるかに大きい．MTVにチャンネルを合わせれば，すぐにでもラップのビデオが画面に映るだろう．

「都会の」ファッションが今では中部地域でもてはやされ，大手小売チェーンがその流行に目をつけて，若い中流階級の買い物客の気を引こうとしている．メイシーズやJCペニーが，ショーン・ジョン（ヒップホップ界の大物ショーン・コムズが設立したブランド）とFUBU（for us by us）を扱うようになり，ヴェルサーチやトミー・ヒルフィガーなどのレーベルが，中学生にとって標準的なものになっている．hiphopcapital.com（ヒップホップキャピタル）のようなウェブサイトでは，「ピンプカップ」や金メッキの派手な「グリッツ」など，ヒップホップのエンブレムとなるアイテムを販売している[86]．なぜこのサブカルチャーがマス市場に大きな影響を与えているのだろうか？

社会的な制約を克服して富と名声を掴んだアメリカのアウトサイダーのヒーロー（俳優のジェームズ・ディーンや，音楽プロデューサーやラッパーとして活躍するドクター・ドレー）は，いつの時代にもアメリカ人を魅了してきた．郊外に住む白人のティーンの多くが都市の音楽シーンに夢中になるのも，それで説明できる．都市の若者について研究している企業のある重役は，「人々はラップの反抑圧の強いメッセージと黒人の疎外感に共感する」と指摘する[87]．主流文化が「最先端」のサブカルチャーのシンボルに修正を加えて，より広い層が消費できる形にすることは珍しくない．こうしたことが生じる場合，その文化的な製品は取り込み（cooptation），つまり外側にいる人たちがオリジナルの意味を変えるプロセスを経ていることになる[88]．あるライターは，「ヒップホップ国家」の白人の部分を，幾重にも連なる同心円と考えた．その中央にいるのが，アフリカ系アメリカ人と彼らの文化を理解する者たちである．

次の円には，友人や親類を通してこのサブカルチャーについて間接的な知識は持っているが，実際にラップを歌ったり，スプレーペイントをしたり，ブレークダンスを踊ったりはしない者たちがいる．次に，もう少し遠く離れ，他の種類の音楽の合間にヒップホップも聴いているという程度の者たちがいる．最後にくるのが，郊外に住む「ウィガー（wiggers；黒人の真似をしているだけの白人）」であり，彼らは単に次の流行に乗っかろうとしているにすぎない[89]．ヒップホップ・ファッションと音楽の広まりは，マーケティングシステムによってサブカルチャーの意味が再解釈され，大量消費のために再生産されるプロセスを示す1つの例である．

言うまでもなく，この動きのもとになった対抗文化（countercultures）の担い手が，それを黙って見ているわけではない．彼らは，自分たちのシンボルと習慣を取り戻し，再び政治的に利用するための戦略を考える．例えば，大手食品メーカーと小売店は，最近の消費者の好みの変化を認識し，完全な菜食主義やオーガニック食品文化を吸収し，一般の買い物客も引きつけるように食品のパッケージを変更している．ウォルマートはオーガ

ニック食品を販売し,巨大複合企業のコナグラはアイスクリームブランドのベン&ジェリーズを買収した.それに反応して,地元産の肉や野菜を食べることを強調する「ロカヴォア(locavore)」のライフスタイルを信奉する人たちは,ファーマーズマーケットのような別の流通経路を見つけて,真の精神を持つ人たちに「本物」を売ろうとするかもしれない[90].

本項では,文化がこうした意味をいかにしてつくり出すのか(日常の製品にも宿ることもある),それがどのように社会に広まっていくのかに着目する.図14.1が示すように,広告業界とファッション業界がこのプロセスにおいて重要な役割を果たしている.彼らは,機能的な製品に,セクシーさ,洗練さ,あるいは単純に「クール」なクオリティを結びつける.これらの製品が今度は消費者にその意味を伝え,その製品を使うことでアイデンティティが築かれ表現される[91].

いかにして「流行」を知るのか?

アステカ族のタトゥー.サマンサタバサのバッグ.有機野菜.レディ・ガガ.ハイテク家具.フラッシュモブ.ポストモダン建築.モバイルゲームのパズル&ドラゴンズ(パズドラ).フォースクエアのチェックイン.タブレット端末.ハイブリッドカー.癒し商品.私たちは多様なスタイルと可能性のあふれる世界に住んでいる.口にする食べ物,運転する車,身に着ける洋服,暮らす場所,働く場所,聴く音楽など,ポップカルチャーと流行の波がそのすべてに影響を与える.

市場で手に入る選択肢の多さに圧倒されることもあるかもしれない.ネクタイや口紅の色のように,日常のアイテムを選ぼうとする人は,何百もの選択肢を目にするかもしれない.しかし,一見すると選択肢が豊かな状況であっても,実際に提示される選択肢はあらゆる可能性の中のほんの一部でしかない.図14.2は,私たちが選択肢の中から特定のものを選ぶ際に(車,ドレス,コンピューター,レコーディング・アーティスト,選挙候補,

図4.1 意味の移動

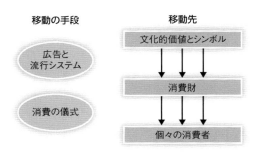

宗教，さらには科学的方法論まで），その選択が実際には葬儀の手順にも似た複雑な選別プロセスの最終段階にすぎないことを示している．最初の段階では，多くの可能性が自分を選んでもらおうと競い合っている．その大部分は，出現から消費まで道のりを進むうちに集合体からこぼれ落ちていく．この選別のプロセスは，**文化的選択**（cultural selection）と呼ばれる．

私たちはゼロの状態から趣味や製品の好みを形成するわけではない．マスメディアが提供する多くのイメージ，周囲の人の観察，さらにはマーケターが広告の中に生み出すファンタジーの世界に暮らしたいという欲求などが，選択へと駆り立てる．これらの選択肢は常に進化し，変化する．その年に「ホット」だったファッションや料理は，次の年には流行遅れになっているかもしれない．

アメリカのヒップホップ・スタイルの流行は，ファッションとポップカルチャーのいくつかの特徴を表わしている：
- スタイルは最も根本的な社会の傾向を反映する（例：政治と社会状況）．
- 1つのスタイルは，比較的少数の人々のグループによるリスクの高い，あるいは，独創的な宣言から始まり，他の人がそれに気づくことで広がっていく．

図14.2　文化生産プロセス

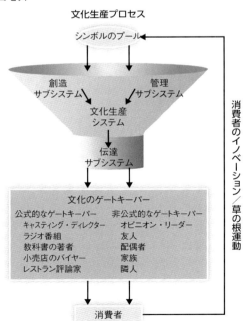

- スタイルは通常，デザイナーと企業人の意図的な発明と，これらの創造物を自分のニーズに適したものに変えていく一般の消費者の自発的な行動の間の相互関係から生まれる．消費者が何を求めるかを予測するデザイナー，メーカー，商店が，市場で成功を収める．そのプロセスで，彼らはアイテムの流通を奨励し，特にオピニオン・リーダーにまずそれを使うように促して，流行に火をつける．
- これらの文化的製品の多くは，国や大陸をまたいで広まっていく．
- メディアに登場する影響力のある人物が，どの製品が成功するかを決める上で重要な役割を果たす．
- 人々が自分を表現する新しい方法を常に探し，マーケターがこれらの欲求に応えようと競い合うために，多くのスタイルはやがて廃れていく．
- 文化的選択のプロセスに終わりはない．したがって，スタイルが時代遅れになる時には，ポップカルチャーの中にそれに取って代わるものが待ち構えている．

デザイナーも，企業も，広告代理店も，単独でポップカルチャーをつくり出すことはない．あらゆるヒットソング，流行の車，新しいファッションには，多くの関係者の貢献がある．**文化生産システム**（culture production system）（CPS）は，文化的製品を創造し売り込む個人と組織の集合体である[92]．この文化生産システムの構造が，創造する製品の種類を決め，競合するシステムの数と多様性，革新と順応のバランスといった数々の要因が，その時点で選ばれる製品に影響を与える．例えば，アメリカのカントリーウエスタン業界の分析によると，少数の大手音楽会社が業界を支配している時には，ヒット曲はどれも似たものになるが，多くのレーベルが競い合うようになると多様な音楽スタイルが生まれる[93]．

文化生産システムには主に3つのサブシステムがある：

1 新しいシンボルと製品を生み出す「創造サブシステム（creative subsystem）」．
2 新しいシンボルと製品を選択し目に見える形にして，生産と流通を管理する「管理サブシステム（managerial subsystem）」．
3 新しい製品に意味を与え，一連の象徴的な特性を持たせる「伝達サブシステム（communications subsystem）」．

文化生産システムの3要素について音楽リリースを例に挙げれば，(1) 歌手（例：福山雅治，創造サブシステム），(2) 企業（例：CDを流通させるユニバーサルミュージック，管理サブシステム），(3) 作品を宣伝する企業，および，クチコミ情報を広めるファン（伝達サブシステム），となる[94]．表14.1は，共同でヒットCDを生み出している音楽業界に関わる文化専門家の例を示している．

消費者が考慮する製品には，多くの判定者や「流行をつくり出す人たち」の意見が反映される．これらの**文化ゲートキーパー**（cultural gatekeepers）が，氾濫する情報を選別する．ゲートキーパーには，映画，レストラン，自動車の評論家，インテリアデザイナー，ディスクジョッキー，小売店のバイヤー，雑誌編集者などが含まれる．そして，ファンたちの役割も徐々に大きくなっている．彼らは，最新のゴシップ，スタイル，テレビ番組と映画の筋書き，その他のポップカルチャーを熱心に追いかけて，情報を共有する．社会科学者は，このエージェントの集合体を「**スループット・セクター**（throughput sector）」と呼んでいる[95]．彼らは第11章で論じた「代理消費者」と同様に，意思決定に一定の役割を果たす．

表 14.1　音楽産業における文化専門家

専門家	機能
作詞作曲家	音楽と歌詞をつくる．アーティストとしての表現と，市場で成功するための作品づくりの間で妥協しなければならない．
演奏家	音楽と歌詞を解釈する．自発的に結成されるかもしれないし，あらかじめ決められた市場にアピールするためにエージェントによって集められた人たちかもしれない．
講師とコーチ	演奏家の才能を開発し洗練させる．
エージェント	レコード会社に対する演奏家の代理人．
A&R（アーティスト＆レパートリー）重役	レコードレーベルのためにアーティストを獲得する．
パブリシスト，イメージコンサルタント，デザイナー，スタイリスト	グループのイメージをつくり出して消費者に伝える．
レコーディング技師，プロデューサー	売るためにレコーディングをする．
マーケティング担当重役	演奏家の出演，チケットの値段，宣伝などの戦略を決定する．
ビデオディレクター	曲を視覚的に解釈して音楽ビデオを制作し，レコードの販売促進に役立てる．
音楽評論家	リスナーのために曲を評価する．
ディスクジョッキー，ラジオ番組のディレクター	ラジオでどのレコードを流すか，どれを定番の曲にするのかを決める．
レコード店の経営者	制作される数多くのレコードのうち，どれを在庫として確保し重点的に売るのかを決める．

出典:Garmz GMBH 提供.

ガームズ (Garmz),ファブリックリー (Fabricly),スレッドレス (Threadless),モッドクロス (Modcloth) などの新しいファッションサイトは,文化のゲートキーパーとして消費者やファンが影響力を持つようになったことを示している.第10章で見たように,これらのサイトはクラウドソースモデルを使って,購買者にどのスタイルが実際に製造され販売されるかを決める力を与える.実際に,ファッションサイトのモーダ・オペランディ (ModaOperandi) は自らをプリテイラー (pretailer) と位置づけている.このサイトは,特定のファッショニスタ層と提携して,本来ならファッションショーのキャットウォークでしか見ることのないようなデザインの服の製造をデザイナーに働きかける[96].

学習の目的 6
消費者はハイカルチャー（high culture）とローカルチャー（low culture）を区別する．

ハイカルチャーとポップカルチャー

　質問：ベートーベンとエミネムの共通点は？　有名な作曲家とラップシンガーの両者からは音楽が連想されるが，共通するのはそこまでだと多くの人は考えるだろう．文化生産システムは，多くの種類の製品を生み出すが，消費者はそれらを以下のように分けて考えている．

アートとクラフト

　アート製品（art product）は，その美しさのために，あるいは，それが感情的な反応（至福のこともあれば，嫌悪のこともある）を引き起こすために称賛される対象となる．それに対して，**クラフト製品**（craft product）が称賛されるのは，美しさに何らかの機能性が備わっているためである（例：セラミックの灰皿，手作りの釣り用ルアー）[97]．アート製品は，独創的，繊細，貴重で，社会のエリートを連想させることが多い（第12章参照）．クラフト製品は，型を利用することで，いち早く量産が可能になる[98]．

　この区別を理解するために，アメリカの油彩画家トーマス・キンケードの驚異的な成功を考えてみよう．この画家は自分の作品のデジタル複製を1,000万枚販売してきた．彼はカリフォルニアの工房で絵を描いてきたが，そこではスタッフがオリジナルの絵のデジタル写真を何千回，薄いプラスチックフィルムに複製して，それをキャンバスに貼りつける．それから「ハイライター」と呼ばれるスタッフが組み立てラインに座り，油絵の具を決まった場所に置いていく．工房が毎月生産する1万枚の絵は画家の血を含んだインクで署名される．しかし，これらの作品の多くは彼が実際に触れることはない．キンケードは自分の絵のライセンス契約も結んでいるため，コーヒーマグ，レイジーボーイのリクライナー，またロマンス小説のカバーにまで使われている[99]．

ハイアートとローアート

　キンケードの「成功への公式」が示すように，ハイカルチャーとローカルチャーの区別は以前ほど明確ではない．そうした区別を助長する階級による偏見の可能性に加えて（例：金持ちには文化があるが，貧しい人には文化がないと仮定する），最近ではハイカルチャーとローカルチャーが興味深い形で混ざりあっている．大型ディスカウントショップのコストコは，家庭用機器，タイヤ，シリアルなどをケースで販売するだけでなく，パブロ・ピカソ，マルク・シャガール，ホアン・ミロの限定版リトグラフなどのファインアートも扱っ

ている⁽¹⁰⁰⁾．消費研究の多国籍チームは，ハイアートとローアートの研究対象を，アーティストが公共の場所に絵や壁画を制作するストリートアートにまで広げた．

彼らは多くの場所で，アートがアーティストとその地域に住む人々との「交流」に使われる道具になっていることを知った．すべての反応が肯定的なものではなかったものの，以前なら退屈だった場所にストリートアートが権利や所有の感覚を生み出したことで，住民にとって公共の場所での経験が高められることが多くなった⁽¹⁰¹⁾．

マーケターは製品を売り込むためにハイアートのイメージを喚起する．例えば，ショッピングバッグのデザインにアートをあしらったり，信用を築くために芸術イベントを後援したりする⁽¹⁰²⁾．トヨタの関係者が高級車のショールームを観察したところ，消費者は車をアート作品とみなしていることが分かった．そこでトヨタは，これをレクサスの広告のテーマにし，キャプションには「今まで私たちが支援したアートは彫刻，絵画，音楽である」と記した⁽¹⁰³⁾．

文化的常套句

対照的にマスカルチャーは，マス市場に特化した製品を量産する．これらの製品は差別化されず，人々の平均的な好みに合わせることを目的としている．独創的であるよりも，分かりやすいパターンに従っているために予想を裏切ることはない．探偵小説やSF小説のような多くの人気のアート形式は文化的常套句（cultural formula）に従い，馴染みのある役割と筋書きが一貫して提示される⁽¹⁰⁴⁾．例えば，アメリカの西部劇の登場人物は馬を乗り回し，SF映画では宇宙船，ハードボイルドの探偵小説では古くなった車を使い，家族向けのコメディドラマの登場人物はステーションワゴンに乗っている．同様に，西部

このイギリスの広告が示すように，ハイアートは興味深い形でポップアートと融合する．

出典：Eddis Trailers c/o The Explorer Group 提供．

劇では六連発拳銃かライフル，SF 映画では光線銃，ハードボイルド探偵はピストルや拳を使い，家族ドラマの俳優は口論で相手を傷つける．ロマンス小説は文化的常套句の極端なケースである．コンピュータープログラムは，ストーリーの構成要素に変更を加えられるように設定し，ユーザーが自分のロマンスを「書き込める」ようにしている．創造サブシステムのメンバーはこうした文化的常套句に依存し，インスピレーションを求めて過去にさかのぼり，イメージを再利用しようとする．そのため，若い世代は『Gilligan's Island（ギリガン君 SOS）』のような古い番組や『The Real Gillegan's Island』のようなリメイク番組の両方を見ることができる．ギャップは，ハンフリー・ボガート，ジーン・ケリー，パブロ・ピカソなどの（既に故人の）セレブがカーキパンツを穿いた広告を制作している．CD の書き込み機器，デジタルカメラ，イメージングソフトなどが簡単に使えるようになったことで，誰でも過去を「リミックス」できるようになった[105]．

ドイツのフードホテルは，缶の形をした家具からビールの枠箱でできたバースツールまで，食べ物というテーマを徹底的に追求している．客室ごとに異なる食品ブランドがスポンサーになっている．チョコレートメーカーのフェレロ（Ferrero）の部屋は，無人島を舞台にしたラファエロ・ココナッツキャンディのテレビ CM の風景を再現し，ヤシの木，夏用の帽子，砂浜の写真，ビーチで過ごす休日に関する本などで装飾されている．ポテトチップブランドのチオ（Chio）の部屋は，ディスコの回転ミラーボール，点滅するバスルームのライト，一体型サウンドシステムなどが備えられている[106]．

出典：epa European pressphoto agency b.v. 提供．

学習の目的 7
現代のマーケターの多くはリアリティを創るエンジニアである.

リアリティ・エンジニアリング

　江崎グリコは,「アイスの実」のプロモーションのために,「江口愛実」という架空のアイドルを AKB48 の新メンバーとして, さまざまなメディアに登場させた. この CG のアイドルは, 実在するメンバー 6 人の顔のパーツを組み合わせて作られた. 同社は種明かしをした後に, 公式ウェブサイトにて「AKB48 推し面メーカー」というツールを登場させた. ファンは自分の好きなメンバーを選んで新メンバーを作り上げ, それを Twitter や Facebook などに投稿できる. 投票機能もあり, 美人投票コンテストで 1 位を獲得したキャラクターは 8 万票以上の投票を獲得するなど, 盛り上がりを見せた [107].

　リアリティ・エンジニアリング (reality engineering) とは, マーケターがポップカルチャーの要素を借用して, それをプロモーションの手段として使うことである [108]. 今では何が現実なのかが分からなくなった. ケミカルウォッシュやサンドペーパー加工によっ

ホラー映画のポスターという文化的常套句を借りているイギリスの広告.

出典：MCBC and Elvis.

て，新しいジーンズからわざわざ「中古ジーンズ」を作り出している．この業界には，この矛盾を上手く要約した「ニューヴィンテージ」という言葉まで存在する[109]．

リアリティ・エンジニアはさまざまなツールを自由に使っている．映画の中で製品を見せる，オフィスや店舗に香りを振りまく，タクシーの後部に監視カメラを取り付ける，パトカーの広告スペースを買う，『ザ・ブレアウィッチ・プロジェクト』のような偽物のドキュメンタリー映画を制作する[110]．このような流れは加速している．例えば，ブロードウェイの舞台，ベストセラー小説，ヒットソングの歌詞の歴史を分析すれば，時代を追うごとに本物のブランドネームが登場するようになっていることが分かるだろう[111]．

リアリティ・エンジニアリングの例としては以下のものがある：

- NBA（全米プロバスケットボール協会）は，ファンが各種食品に好きなチームのロゴを入れられるプログラムを開発している．例えば，全米の1,200のピザ店に対して食べられるロゴを提供している．このロゴはピザが焼かれて切り分けられた後で，チーズに溶け込むように工夫されている．「NBAプロ・トースト・トースター」を使うと，トーストサンドイッチにチームロゴが焼き込まれ，ロゴ入りパニーニも現在試作中である[112]．

初音ミクのコンサートは，熱狂的なファンが殺到して常に席は満席である．しかし，ミクは実在するアイドルではない．彼女は推定16歳，身長157センチのアバターで，彼女の曲は日本の女優の声をデジタル加工している．あまりの人気に，彼女の姿がエッチングされた金属プレート3枚が日本の金星探査機「あかつき」に使われて，宇宙に送られた[113]．

出典：©Crypton Future Media, Inc. www.crypton.net.

プロダクト・プレイスメント

　ペンシルヴェニア州アルトゥーナ市は，一時的に市の名前を「ポムワンダフル提供：金のために魂を売った最も偉大な映画」に変えて，プロダクト・プレイスメント広告をパロディにした大衆映画を宣伝した．この映画のプロデューサーは，ザクロジュース「ポムワンダフル」の製造会社にそのタイトルを 100 万ドルで売却した[114]．また，レディ・ガガは自身のヒット曲「テレフォン」のプロモーションビデオの中で，ヴァージン・モバイルの携帯電話，ミラクルホイップのドレッシングなど，複数のブランドを目立つように見せている[115]．

　これは大きな変化である．かつてテレビ局は，番組で使用される製品のブランドネームを変えるように制作者に対して求めていた．例えば，アメリカの恋愛ドラマ『メルローズ・プレイス』では，ノキアの携帯電話が「ノキオ」になっていた[116]．しかし最近では，製品それ自体があらゆるところに現われている．その多くは有名ブランドであり，ドラマに本物のオーラを与えることに貢献しており，新ブランドの場合はその露出の機会によって莫大な恩恵を得ることができる．例えば，『セックス・アンド・ザ・シティ』の映画版では，キャリーのアシスタントが，高価なハンドバッグは「バッグ・ボロウ・オア・スティール (Bag Borrow or Steal)」のようなレンタルウェブサイトから「借りて」きたものだと打ち明ける．この企業のマーケティング責任者は次のように述べている．「まるで『グッド・ハウスキーピング』誌（アメリカの家庭実用誌）の認証シールのようだ．あっという間に信頼と認知を与えてくれる」[117]．

　会員制レンタルバッグショップのバッグ・ボロウ・オア・スティールは，無料の宣伝機会を得ることができた．しかし，こうした「宣伝」の多くは偶然のものではない．**プロダクト・プレイスメント**（product placement）は，映画，テレビ番組，書籍，演劇の想像世界の中に本物の製品を登場させることで，さまざまな製品が文化の中で主役（あるいは少なくとも脇役）を果たしている．こうしたマーケティング戦略を多用している企業として，コカ・コーラ，ナイキなどのアパレル製品，NFL チームのシカゴ・ベアーズ，ガールズユニットのプッシーキャット・ドールズなどがある[118]．テレビ番組や映画の中でも特にプレイスメントを用いているのは，『007 シリーズ』や『アメリカン・アイドル』（審査員に持たせているコカ・コーラのグラスはなかなか巧妙だ）などである．また，アニメーション映画『ヱヴァンゲリヲン新劇場版』には，UCC 上島珈琲やピザハットが登場する．映画発表に合わせて，UCC は「エヴァ缶」を販売し，ピザハットは「ピザハット×ヱヴァンゲリヲン新劇場版：Q キャンペーン」を実施している．インド版『巨人の星』には，序章のシーンで全日空機が飛び，前回までのあらましがコクヨのノートから飛び出てくる[119]．

プロダクト・プレイスメントは単なる思いつきでできるものではない。マーケターは，テレビや映画で自分のブランドを宣伝してもらうために年間約 250 億ドルを支払っている。こうしたプレイスメントの手配を専門にしている会社もある。運が良ければ，彼らはその番組を担当している小道具係にクライアントの製品に目を留めてもらい，安く宣伝してもらうことができるかもしれない。例えば，医療ドラマ『グレイズ・アナトミー』に出てくるカフェテリアの場面で，イジー・スティーヴンスが果汁飲料「Izze（イズィー）」のスパークリング・ポメグラネートを飲んでいるのは偶然ではない。ペプシコのプレイスメント会社は，無料で小道具として挿入してもらえたが，この新しいブランドが HBO の『アントラージュ』や CBS の『ニュー・アドベンチャー・オブ・オールド・クリスティーン』にも現われた時には，そのようにはいかなかったであろう[120]。

現在，発表される作品の多くが実在する製品であふれている。しかし，大部分の消費者は，広告と番組の間の境界が曖昧になり，混乱させられている（この曖昧な境界線に対する懸念は若者より年配者の意見であることが多い）[121]。ある研究によると，消費者は番組のプロットが製品の良さを明確にしている場合，そのプレイスメントに対して肯定的に反応する。同様に，視聴者は ABC の番組『エクストリーム・メイクオーヴァー：ホーム・エディション』の助けを借りて奮闘している家族のために，小売店が家具，洋服，家庭用機器，その他の主要製品を提供しているのを見ると，好印象を受けたという[122]。

プロダクト・プレイスメントは消費者の意思決定を助けると論じる研究者もいる。なぜなら，これらの製品のなじみ深さが，文化への帰属感を与え，安心感を生むからである。その一方で別の研究では，番組のプロットと調和するプレイスメントは確かにブランドへの肯定的な態度を高めるが，調和しないプレイスメントは違和感を視聴者に与えるため，ブランドに対する否定的な感情を生むという結果を示した[123]。

ゲーム内広告

カーレースゲーム「ニード・フォー・スピード・アンダーグラウンド 2」で道路を走ると，ベストバイの店やバーガーキングの広告看板を横切ることになる[124]。アメリカ政府が人材募集手段として制作した「アメリカズ・アーミー」は，最も成功しているゲーム内広告である。このゲームのウェブサイトにアクセスした人の 28％は，クリックして人材募集ページにとぶ。

現在，アメリカの消費者の約 4 分の 3 がビデオゲームを利用して余暇を過ごしている。しかし，多くのマーケターにとって，ブランドをゲームのストーリーに統合するというアイデアは，それほど知られていない。しかし，ミニクーパー，バーガーキング，日産，コナミといったブランドは，このことに気がついた。彼らはプレイヤーを夢中にさせるゲームのストーリーをつくり出している。コナミの『実況パワフルプロ野球』には，実際のプ

752 セクション4 消費者とサブカルチャー

マスターブランドという新しい企業が、ゲーム「メタルギア・ソリッド：ピースウォーカー」でキャラクターが着ている洋服を宣伝している。

出典：musterbrand...LLC 提供。

口野球選手のデータが細かく設定され，試合を楽しむ時には野球中継で良く耳にするような実況が流れる．ゲーム内の試合会場には，Asahi，ジョージア，KEY COFFEE，セブンイレブン，東進ハイスクールといった，実際の球場で見られる広告が再現されている[125]．

　ゲーム内広告（advergaming）の将来は明るい．というのも，オンラインゲームが双方向型の広告と一体化されれば，企業は特定のタイプの消費者をターゲットにできるからである．これらのプレイスメントは，レーストラックの周辺に現れる広告看板のように瞬間的に目に入るものもあれば，ブランドを前面に押し出してアクションに組み込むという形をとることもある．例えば，日産は，電気自動車「リーフ」を，プレイヤーが市長となって街を運営するシュミレーションゲーム「シムシティ」の中に登場させた．環境にやさしい「100%電気自動車 NISSAN LEAF」をアイテムとして街づくりに使えるのである．実際のクルマだけでなく，充電スタンドには「NISSAN」という文字が大きく記載されている．日本でこのゲームを提供する EA JAPAN のウェブサイトには，このアイテムに関する詳しい説明が掲載されている[126]．

　YouTube などの動画投稿サイトの人気が高まったことで，こうした情報源に広告をリンクさせる市場が拡大している．この戦略は圧倒的な勢いで成長し，新しい言葉まで生み出した（商標登録もされている）．製品やサービスを動画に組み込むことは，プリンキング（plinking）と呼ばれている．

　この新しいメディアは，なぜ注目されているのだろうか？
- 30秒のテレビCMと比べて，広告主はより長い時間，視聴者の注意を引くことができる．プレイヤーは平均して，ゲーム内広告サイトに5〜7分とどまる．
- 生理学的な測定により，プレイヤーはゲームをしている時に集中力が高まり，刺激を受けやすいことが確認された．
- マーケターは，ゲームの内容とその中の製品をユーザーのプロフィールに合わせて調整することができる．例えば，高所得・高学歴のユーザーに対しては戦略ゲームを，若

第 14 章　文化　　753

ルノーは電気自動車をマス市場に魅力的なものにする秘策を発見したのかもしれない．クルマをビデオゲームの中に登場させるのである．ルノーのコンセプトカー「Twizy（トゥイジー）Z.E」のヨーロッパで販売は2012年だが，シムズのプレイヤーはそれより早く「Electric Vehicle Pack」の一部としてダウンロードできるようになっていた．この無料のアドオンにはソーラーパネルとウィンドミルが付属し，これを使うと仮想住宅の毎週の光熱費を節約することができる．

出典：Renault Communications.

いユーザーにはアクションゲームを提供することが可能である．
- このフォーマットは広告主に柔軟性を与える．ゲーム制作会社は，PC用ビデオゲームに仮想広告を挿入するための空白スペースを入れて出荷できるためである．これによって，広告主は後からメッセージを変更し，実際にそれを見るプレイヤーの数だけ料金を支払うことができる．
- 利用状況を追跡し，マーケティングリサーチを実施することに，大きな可能性が開かれている．

学習の目的 8
新しい製品，サービス，アイデアは社会全体に広まり，異なるタイプの人たちが多少の差はあれそれを取り入れる．

イノベーションの普及

　1970年代の南カリフォルニアでスケートボードブームを引き起こした人たち（人気ドキュメンタリー番組『ドッグタウン・アンド・Zボーイズ』で紹介された）は，スポーツに熱狂する今の状況を理解できないだろう．当時のボーダーたちはアウトローであった．映画の登場人物の1人はこう語る．「あちこちで文句をつけられ殴られたし，どこに行っ

ても嫌われた」.

　今やスケートボードは，コメディアニメ番組『ザ・シンプソンズ』程度の対抗文化である．バスケットボールをするより，スケートボードに乗る子どもたちの方が多く，彼らの大半が高価なTシャツ，シューズ，ヘルメットなどのアクセサリーで決め込んでいる．それどころか，ボーダーたちはスケートボードを含むハードコア装備よりも，Tシャツ，ショーツ，サングラスなどの「ソフトアイテム」に6倍もの費用をかけている（年に約44億ドル）[127].

　スケートボードが反抗心からくるカルト的行動から主流文化の趣味に進化したことは，多くの製品やサービスがポップカルチャーの中で経験するプロセスを表わしている．イノベーションの普及（diffusion of innovations）とは，新しい製品，サービス，アイデアが社会に広まっていくプロセスのことである．イノベーション（innovation）という言葉は，消費者が新しいと認める製品やサービスすべてに当てはまる．活動（スケートボード）という形をとることもあれば，ファッション（リーバイスのジーンズ），新しい製造技術（nike.comでランニングシューズを自分でデザインできる），既存製品の新バージョン（シャープの防水仕様のスマートフォン），新しい製品の配達法（食料品をアマゾンで注文し，ヤマトで宅配してもらう），製品の新しいパッケージ法（イリカフェによるコーヒーの加圧式パッケージングや紙ポッド）のようなものもある[128].

　イノベーションに成功すれば，それは社会に浸透していく．最初は極めて少数の人だけが試そうとするわけだが，自分も試してみようと考える消費者が徐々に増え，最終的には（それがヒット商品になれば）大半の人が買っているように見えることさえある．製品が普及するスピードはさまざまである．例えば，日本における耐久消費財の普及率に着目してみると，温水洗浄便座は76％，食器洗い機は31％，空気清浄機は42％，タブレット型端末は21％，スマートフォンは55％である．日本市場では，家庭用の食器洗い機が普及率3割に到達するまでに発売から50年程を要したが，スマートフォンは発売から10年を待たずに普及率が5割に達している[129].

イノベーションの採用はどのように決められるか

　イノベーションを採用するプロセスは，第8章で論じた意思決定プロセスと良く似ている．消費者は，認知，情報探索，評価，試用，採用という段階を経る．しかし，各段階の相対的重要性は，新しいものを試してみようと思う意欲に影響を与える文化的要因の他に，どの程度イノベーションについて知っているかによっても変わってくる[130].

　ヨーロッパ11カ国での調査によると，個人主義の文化が強い国の消費者は，集団文化を強調する国の消費者よりも革新的であった（第4章参照）[131]．しかし同じ国の中であっても，すべての人が同じスピードでイノベーションを採用するわけではない．非常に早く

反応する人もいれば，まったく興味を示さない人もいる．消費者については，新しいものを受け入れる程度に基づいて，大まかなカテゴリーに分類することができる．

図14.3は，人口の約6分の1（イノベーターとアーリー・アダプター）が非常に早く新製品を取り入れ，6分の1（ラガード（laggards））が非常に遅れて取り入れることを示している．残りの3分の2はいわゆるレイト・アダプター（late adopters）であり（アーリー・マジョリティとレイト・マジョリティ），中間に位置する主流層が該当する．彼らは新しいものに興味は示すが，新しすぎるものには尻込みする．場合によっては，イノベーションを取り入れるのを意図的に遅らせる場合もある．企業がテクノロジーをさらに改善するか，市場に出回ってしばらくすると値段が下がると考えるからである（アップルが次に何を出してくるだろうと思い，iPhoneの購入を先に延ばした人がいるのではないだろうか？）[132]．それぞれのカテゴリーに入る消費者の比率は推定である．実際の規模は，製品の複雑さ，コスト，人々がどの程度リスクを見いだすかといった要因によって変わってくる．

イノベーター（innovators）は人口の2.5％を占めるにすぎないが，マーケターは彼らを特定しようと必死になっている．彼らは常に新しい製品やサービスに目を光らせ，真っ先にそれを試してみようと思う勇敢な人たちである．総合的なオピニオン・リーダーというものが存在しないように（第11章参照），イノベーターもまた特定のカテゴリーに専門化する傾向がある．ファッションの最先端にいることを誇りにしているおしゃれな人たちは，流行のブティックでアヴァンギャルドなスタイルを探し求めてはいても，レコーディング技術の進化については何も分からず，頑固にレコード盤にしがみついているかもしれない．それでも，イノベーターの候補になる人の特徴を要約することはできる[133]．例えば，彼らはリスクを追い求める傾向がある．そして，教育と収入のレベルが比較的高く，社交的である．

図14.3　アダプターのタイプ

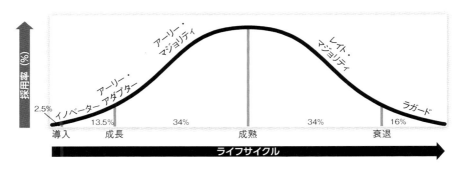

消費者行動，私はこう見る
――――ゴードン・ブルナー教授（南イリノイ大学）

数年前，クマール教授（南フロリダ大学）と私は，通信会社スプリントと共同で，ある人の技術的イノベーション度を企業が判定する方法を考案しようとしていた．企業が定期的に実施する調査に簡単に取り入れられような方法である．スプリントの最大の関心は「イノベーター」にあった．それは，真っ先にハイテク製品やサービスを取り入れようとする消費者の小さなグループである．同時に，クマール博士と私は，ガジェット愛好家（gadget lovers）と名づけた同様のアダプターのグループについても知りたいと考えていた．「ガジェット愛好家」という言葉は，何十年も前から使われてきたが，それについての実証研究が行われていなかった．彼らは，テクノロジー・イノベーターと同様の人たちなのか，それとも違う種類の人たちなのか．

複数の調査によって，結果はほぼ明らかになった．この2つの消費者グループには重なり合う部分もあるが，重要な違いもある．グループとしてのイノベーターは，ガジェット愛好家よりも少し早く新しいものを取り入れる．ガジェット愛好家は普通の消費者より反応が早いが，イノベーターと呼ぶにはふさわしくない．しかし，ガジェット愛好家はイノベーターよりも，「オピニオン・リーダー」の性格が強い．その理由は不明だが，ガジェット愛好家はその名前が示すように，純粋にテクノロジーに触れることを楽しんでいる．その経験と専門知識は他の消費者の目にも明らかで，彼らを信頼して助言を求めようとする．対照的に，イノベーターは最初に新しいものを取り入れることからくるステータスにより関心を持っているようである．彼らはハイテクのおもちゃは好きだが，ガジェット愛好家ほどそれを使いこなす専門家ではない．ガジェット愛好家のように人に伝染するような熱狂ぶりは見せない．

全米の消費者を代表するサンプルを使い，ガジェット愛好家の測定評価が実施された．その結果，男性が女性よりスコアが高く，ヤングアダルトは年配の成人よりもわずかにスコアが高いことが分かった．また，教育レベルの高い人は低い人よりもスコアが高く，主流の民族グループは白人と非ヒスパニック系よりも高いという結果が出た．

私たちの結論は，ガジェット愛好家はいくつかの面でイノベーターと似ているが，彼らはハイテクイノベーションのマーケターからこれまで以上に注目されてしかるべき特徴を備えているということである．なぜなら，このグループが他の消費者に与えうる影響は極めて大きいからである[134]．

イノベーターはどのようにして見つけることができるだろうか？　広告代理店や市場調査会社は，流行の最先端にいる人たちを求めて常に街を観察している．より洗練された手段を使おうとする人たちは，インターネットやグローバルネットワークで「事情通の人たち」が何をしているかをチェックしている．イノベーターやオピニオン・リーダーといっ

た属性型キーパーソンを見つける方法は主に4つある．例えば，AKB48のメンバーのなかでオピニオン・リーダーを特定するには，AKB48内で誰にアドバイスを求めるのかをメンバー全員に聞く（ソシオメトリ法），オピニオン・リーダーを特定できそうなマネージャーやスタッフ数人に聞く（情報通による評価法），ある問題に対してメンバーからアドバイスを求められたかといった間接的な質問に対してメンバーに自己申告で答えてもらう（自己指名法），ジャーナリストやライターがメンバーに密着し観察することで特定する（観察法），という方法がある[135]．

アーリー・アダプター（early adopters）はイノベーターの特徴の多くを共有する．重要な違いは，彼らが特に洋服や化粧品のような自己表現のための製品に関しては，社会に受け入れられるかどうかを気にする傾向が強いということである．一般的に，アーリー・アダプターが新しいスタイルを受け入れるのは，その製品カテゴリーに深くかかわり，流行に敏感でいたいと考えているからである．

表面上は非常に高いリスクを負ってイノベーションを採用しているように見えることも（例：多くの人がひざ下丈のスカートをはいているときに，ひざ上7.5センチのスカートをはく），実際にはそれほどリスキーではない．というのも，実際にそのファッションのリスクをとったイノベーターたちが，既にスタイルの変化を「実地テスト」しているからである．アーリー・アダプターは，最新の「ホット」なデザイナーブランドを扱う「流行に敏感な」店で見かけることが多い．対照的に本物のイノベーターは，まだ無名のデザイナーの商品を扱う小さなブティックにいることが多いのである．

イノベーションが求める行動の変化

イノベーションは，アダプターに求める行動変化の程度によって分類される．研究者はイノベーションの3つの主要なタイプを特定しているが，これは絶対的なものではない．人々の生活にもたらす混乱や変化の相対的な量と考えると良いだろう．

連続的イノベーション（continuous innovation）は既存の製品に変更を加えることである．明治がチョコレートのお菓子「きのこの山」に加えて，カカオが深くより香ばしい「大人のきのこの山」を発売したり，吉田カバンが定番シリーズ「PORTER TANKER」のカラーにシルバーグレーを追加したりしたことなどが，このタイプのイノベーションに当たる．企業は，製品のポジショニングや，製品ラインの拡大，あるいは単純に消費者から飽きられないために変更を加える．多くの製品イノベーションはこのタイプのものであり，「革新的」というよりは「進化形」である．

消費者がこのタイプの新製品を採用する場合は，習慣を少し変えるだけで済む．例えば，タイプライターのメーカーは，何年も前に製品に修正を加えて，秘書向けに「ユーザーフレンドリー」なものにした．キーの表面が平らだと長い爪では打ちにくいという指摘を女

性たちから受け、くぼみをつけたのである．この改良点は，現在のコンピューターキーボードにも受け継がれている．

　イノベーションの中には，既存製品の新しい使用法を提示するものもある．その方が効果的であるかもしれないが，それを使うためには習慣を変えなければならない．日本の衣料メーカーが最近になって，出張の多いビジネスマン向けにドライクリーニングの必要のない水洗いできる「シャワークリーン」スーツを発表した．シャワーのお湯で洗濯することができ，プレスやアイロンがけの必要もない．同様に，RJ レイノルズは，「クールブースト（Kool Boost）」という名前のたばこを日本で売り出した．中にメンソールを注入した「パワーボール」が入っており，喫煙者はそのボールを潰すことで自分が好きなメンソール量を選ぶことができる[136]．これらの例が示すように，**動的な連続的イノベーション**（dynamically continuous innovation）は既存の製品に大きな変更を加える．IBMは，個々のキーではなくタイプボールを使った「セレクトリック」タイプライターを発表した．この新しいデザインによって，秘書たちは素早く原稿の字体を変えることができるようになった．

　非連続的イノベーション（discontinuous innovation）は人々の生活に対して非常に大きな変化をもたらす．航空機，自動車，コンピューター，テレビなどの大きな発明は，現代のライフスタイルを劇的に変えた．パーソナルコンピューターがタイプライターに取って代わり，一部の人はコンピューター通信を使って在宅勤務が可能になった．もちろん，変革のサイクルは続き，新しい連続的イノベーション（例：ソフトウェアの新バージョン）が常にコンピューターをアップデートしている．任天堂の「Wii」やマイクロソフトが最近出した「キネクト（Kinect）」（Xbox用のモーションセンサー・コントロール）のような動的な連続的イノベーションは，サイバースペースを活用する新しい方法を提供している．

成功するイノベーション採用のための前提条件

　行動をどこまで変える必要があるかにかかわらず，イノベーションを成功させるには次の特性を持っていることが望ましい[137]：

- **適合性**（compatibility）——イノベーションは消費者のライフスタイルと調和するものである方が良い．パーソナルケア製品のメーカーは数年前，カミソリとシェービングクリームに代わるクリーム状の男性用ヘアリムーバーを発表したが失敗した．この製品は，女性が使用するむだ毛処理用のクリームと似通った成分であった．製品はシンプルで使いやすかったが，男性たちの男らしくありたいという自己概念とは矛盾する．女性っぽく見えるものだったために，関心を持たれずに終わった．
- **試行可能性**（trialability）——消費者は未知の製品にはリスクがあると考えるので，購

入する前に試験的に使ってみることができる場合にイノベーションを受け入れやすくなる．リスクを引き下げるために，企業は新製品の「お試しサイズ」の無料サンプルの配布に莫大な予算を使うことがある．アップルストアでは，スマートフォンやタブレット端末など，新たなジャンルの最新機器を手で触って確かめることができる．

- 複雑性（complexity）――製品はそれほど複雑でない方が良い．他のすべての条件が同じなら，消費者は複雑なものより，分かりやすくて使いやすい製品を選択する．この戦略には消費者側の努力は必要とされず，知覚リスクも引き下げることができる．例えば，DVDプレーヤーのメーカーは，使用法をより簡単なものにしようとしており，機械が苦手な人でも使えるようにしている（例：画面上の番組表など）．
- 観察可能性（observability）――すぐに目に入るイノベーションは普及しやすい．容易にそれについて知ることができるからである．ボーズの「QuietComfortシリーズ」（ノイズキャンセリング機能搭載ヘッドホン）が急速に普及したのは，電車や飛行機などですぐに人々の目に留まるものだったからであろう．この代替製品が提供する便利さは，独特の形状を見てすぐに理解できるものであったと言えるだろう．
- 相対的優位（relative advantage）――特に重要なのは，製品が他の代替製品に対して相対的な優位性が存在することである．消費者は，他の製品では得られないものを提供してくれると感じなければ買おうとしない．日清食品は2009年に電子レンジを使ってお米を水から炊く「日清GoFan」を販売した．しかし，「電子レンジを使って調理する」という新しいコンセプトは，炊飯器で炊くご飯との違いが明確ではなく，社会に普及するのに予想以上に時間を要し，大ヒットにはいたらなかった．その後，同社は定番となっている「カップヌードル」の味とそのブランド名を用いた「カップヌードルごはん」を開発した．他社製品や代替製品との違いが明確になったことで，急速に普及することとなる[138]．

学習の目的9
多くの個人や組織が，象徴的な意味を創造し消費者に伝える流行システムに参加し，一定の役割を果たす．

流行システム

　流行システム（fashion system）には，象徴的な意味を創出し，その意味を文化的な製品に移転させるすべての人や組織が含まれる．「流行（fashion）」と聞くと洋服に結びつけて考えがちであるが，流行プロセスは音楽，芸術，建築，さらには科学まで（例：一部の研究テーマと個々の科学者がその時々に熱い注目を浴びることがある），あらゆる

種類の文化現象に影響を与える．ビジネス慣行でさえ流行プロセスに左右される．TQM（総合品質管理），JIT（ジャスト・イン・タイム在庫管理），MBWO（歩き回るマネジメント）など，管理技術の流行によってビジネス慣行は進化していく．

流行を，これらの意味を解読するのを助ける「コード（暗号）」あるいは言語として考えると分かりやすい．しかし，言語とは異なり，流行は背景に依存する．同じスタイルであっても，消費者によって解釈は異なる[139]．記号論の用語を使えば（第2章参照），流行の製品は「アンダーコード（undercoded）」と呼ばれる．1つの正確な意味があるわけではなく，受け手にさまざまな意味で解釈される余地がある．

最初に，混乱を招く用語のいくつかを区別しておこう．流行（fashion）とは，社会に拡散するプロセスのことで，消費者の（一部の）グループが新しいスタイルを採用する．対照的に，「a fashion（ファッション）」（またはスタイル）と言う場合には，いくつかの特性の決まった組み合わせを意味する（例：女性がチュニックと合わせる細身のジーンズ）．そして，「in fashion（流行している）」という言葉は，準拠集団がその組み合わせを肯定的に評価することを意味する．したがって，「デニッシュ・モダン（Danish Modern）」は，一定の特徴を持つ家具のデザインを意味し（つまり，インテリアデザインのスタイル），必ずしもデニッシュ・モダンは消費者がその時に好まれる流行を意味するわけではない[140]．

流行についての行動科学的観点

流行は非常に複雑なプロセスであり，何層にも分かれて動きを見せる．両極の一方には，多くの人に同時に影響を与える社会現象がある．もう一方には，個人の行動に私的な効果を与えるものがある．消費者の多くは流行に遅れずにいたいと考える．そして，この思いが購買対象についての動機づけになる．流行の製品はその文化の芸術的伝統や歴史を反映するものでもある．そのため，流行の発生と拡散については多くの見解がある．その中で主なアプローチをまとめておこう[141]．

流行の心理学的モデル． 消費者がなぜ流行に敏感であろうとするかについては，それを説明する多くの心理学的要因がある．周囲に合わせるため，多様性を求めたいという欲求，自分の創造性を表現する必要性，性的魅力を高めるため，といった要因などが挙げられる．例えば，多くの消費者は「個性的でありたい」と思っている．人とは違う自分でありたいという欲求である（ただし，違いすぎることは望まない）[142]．その結果，基本的にはその時々の流行に合わせるが，その中で自分なりに多少のアレンジを加えようとする．

流行についての初期の理論の中には，「性感帯の移動」から流行の変化を説明するものがあり，体の異なる部分が関心の的になるのは，それが社会の流行を反映しているため

であるとされた．フロイトの弟子だったJ・C・フリューゲルは，1920年代に性的に敏感な体の部分は，飽きがくると次第に鈍感になっていくと論じた．洋服のスタイルはその時々に最も注意を引く部分を強調したり隠したりする．例えば，ルネサンス時代の女性たちは，ふっくらした印象を与えるために衣服の腹部にドレープをつけるのが一般的だった．病気が蔓延していた14～15世紀には，無事に出産することが最も重視されていたためである．現在の流行について言えば，へそを出すような女性のファッションが流行るのは，社会がフィットネスを強調しているからだとする見解もある(143)．

流行の経済学的モデル． 経済学者は需要と供給という観点から流行にアプローチする．供給が限られたアイテムには価値があり，容易に手に入る製品に対しては欲求が薄れる．希少なアイテムは尊敬と名声を集める．第12章で説明したように，ソースティン・ヴェブレンは，裕福な人たちの「誇示的消費（conspicuous consumption）」は，彼らの成功を見せつけるための行動であると指摘する．しかし，既に述べたように，このアプローチは時代遅れになったところもある．最近の富裕層の消費者は，（特に不況期には）意識的に安価な製品を買う「パロディ・ディスプレイ」と呼ばれる行動をとる．他の要因も流行関連製品の需要曲線に影響を与える．例えば，高価格であることが需要を押し上げる「特

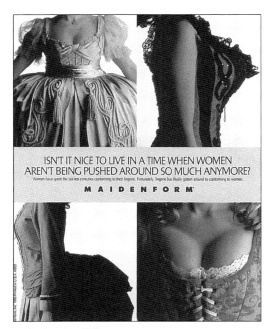

このメイデンフォームの広告を見ると，ファッションは時代ごとに女性の体の異なる部分を強調してきたことが分かる．

出典：Maidenform Inc. 提供．

権的排他効果（prestige-exclusivity effect）」，低価格にすることで需要が引き下げられる「スノッブ効果（snob effect）」（「安かろう，悪かろう」）などがある(144)．

流行の社会学的モデル． このモデルは，サブカルチャーによる流行（アイデアやスタイル）の採用と，その後の社会全体への浸透に注目する．このプロセスを理解するために，ゴスカルチャーが主流文化に統合されたことを考えてみよう．ゴスカルチャーは19世紀のロマン主義を称賛する落ちこぼれの若者たちが反抗の表現として始めたもので，彼らは保守的なスタイルを否定し，黒い服を着て（ドラキュラのマント，網タイツ，鋲を散りばめた襟，黒い口紅など，度を超したファッションになることも多い），スージー＆ザ・バンシーズやバウハウスなどのパンクロックバンドの音楽を聴いた．現在，音楽店ではヴァンパイアの少女が描かれたランチボックスが売られ，ショッピングモールのアウトレット店では不格好な十字架ジュエリーや黒いレースが販売されている．Kマートでも，コルセットのように見えるTシャツが売られているほどである．ホットトピック（Hot Topic）のウェブサイトでは，ティーンのサーファーが「ミニリングチョーカー」を買うことができる．ハードコアのゴスたちは不愉快に思っているが，彼らのためのファッションであることには違いない(145)．

トリクルダウン理論（trickle-down theory）． 1904年に社会学者ゲオルク・ジンメルが最初に提唱し，流行に関する最も影響力のある社会学的理論の1つになった．この理論では，2つの対立的な力が流行の変化を促すとされる．まず，従属的なグループが彼らより上のグループのステータス・シンボルを取り入れ，社会階級のはしごを上ろうとする．これによって上流階級に生じた支配的なスタイルが下の階級に「滴り落ちる」．

そこへ第2の力が介入してくる．従属的グループの人々が自分たちより下の階級に警戒心を持ち，スタイルを真似させないようにするのである．下の階級の消費者が彼らの行動を真似ようとすると，自分たちは新しい流行を取り入れて主流から切り離そうとする．この2つのプロセスが流行を促す装置となって永続的な変化のサイクルを生み出す(146)．

流行を生み出した人々は，社会全般に自分たちのスタイルが広まることに抵抗を見せてきた．この例として，ヒップホップのフレーズが一般的な語彙として使われるようになったプロセスがある．ストリートのエリートたちは「bad」「fresh」「jiggy」といったスラングがいったん主流文化に取り込まれると，自分たちは使わないようにした．ラップ・コミュニティは，オックスフォード英語辞典が新しい版に「def」という語を掲載したことが分かると，この言葉の葬儀まで開いたほどである（アル・シャープトン牧師が追悼の言葉を述べた）(147)．

トリクルダウン理論は，下級階級と上流階級の消費者を容易に区別できるような社会

- 階級構造を基にした理論は，現在の幅広いスタイルを説明することができない．今では選択肢が圧倒的に増えている．テクノロジーの進化によって，製造業者は生産時間を劇的に短縮し，メディアがスタイルの変化についてリアルタイムの情報を与え続けている．ザラやH＆Mのような店舗は，月単位というより週単位で在庫を入れ替えることができる．郊外のトゥイーンたちは，MTVを見て，Facebookで会話し，仮想世界のスタードール（Stardoll.com）にアクセスして，最新の流行に通じている．このように，マス・ファッションがエリート・ファッションに取って代わるのは，メディアを通して多くの市場セグメントが同時に流行のスタイルについて情報を得られるからである．

- 現在の消費者は，自分たちに似通ったオピニオン・リーダーに影響される．こうしたイノベーターたちは必ずしも同じ町や国に住んでいる必要はない．その結果，それぞれの社会グループごとに，採用すべきトレンドを決める流行のイノベーターたちが存在する．したがって，流行が同じ社会グループのメンバーの間に水平的に拡散する「トリクルアクロス効果（trickle-across effect）」と呼ぶ方がより正確かもしれない[149]．

- 最後に，現在では下級階級の流行が「トリクルアップ（trickle up）」することも多い．草の根的なイノベーターは，支配的文化（例：都会の若者層）での名声に欠ける人々であることが一般的である．彼らは現状維持に関心を持たないため，変革を求めてリスクを負うことを厭わない[150]．

流行の医学的モデル． かなり前からハッシュパピー（Hash Puppy）はオタクのための靴であった．メーカーはイメージ改善の努力を何もしなかったにもかかわらず，ほぼ一夜にしてシックなファッションと見なされるようになった．なぜこのスタイルはこれほど急速に流行したのだろうか？ ミーム理論（Meme theory）はこのようなプロセスを医学に喩えて説明する．「ミーム」とは，時間をかけて人々の意識に入り込むアイデアや製品のことであり，音楽やキャッチフレーズ，あるいはハッシュパピーのようなスタイルがその例となる．

このモデルでは，ミームは小さなウイルスが次第に多くの人に感染して結果的に大流行するのと同じように，加速度的に人々の間に広がっていくと考える．ミームは模倣のプロセスを通して脳から脳へと飛び移る．生き残るミームは特徴的で記憶に残り，最も強力なものはそれ以前に存在したミームの性格も兼ね備えていく．例えば，映画『スター・ウォーズ』シリーズは，アーサー王の伝説，宗教，英雄的な若者，そして1930年代の冒険シリー

ズのような古いミームの特徴を思い起こさせる．ジョージ・ルーカスは『スター・ウォーズ』のもとになった草稿『メイス・ウィンドゥの物語（The Story of Mace Windu）』を書いた際に，その準備のために比較宗教と神話を勉強していた[151]．

ハッシュパピーを含め，多くの製品の流行は同じ基本的な道筋を通っているように思える．最初は少数の人がその製品を使っているが，浸透プロセスが臨界点に達した瞬間に変化が生じる[152]．ある著作家は，こうした臨界点をティッピング・ポイント（tipping point）と称している．例えば，シャープは1984年に最初の低価格ファックス機を発表し，その年に約8万台を販売した．その後3年間は，ユーザー数は徐々に伸びていった．そして1987年，十分な数の人々がファックスを使うようになり，持っていることが当たり前とみなされるようになり，この年の売上は100万台に達した．携帯電話も同様な成長曲線を描いた．あなたが最初にTwitterについて聞いたのはいつだったか覚えているだろうか？

ソーシャルメディアのウイルスのような性質は，今ではミームがもっと急速に広まっていることを示している．例えば，Facebookのミームには，有名な「あなたが私について知らない25のこと」のようなフレーズや，FML（fuck my life＝人生，最悪だ）のような言葉が含まれ，テキストメッセージにはLOL（I'm laughing out loud＝大笑い）やOMG（オー・マイゴッド！）のような略語が使われる．実際，FMLは2009年のFacebook・メモロジー（最も話題になったトピック）のトップテン入りを果たした．

学習の目的 10
流行はサイクルに従う．

流行サイクル

1980年代初め，「キャベツ畑人形」がアメリカの子どもたちの間で大流行になった．品不足になり，子どもたちのために人形を手に入れようと必死な親たちの奪い合いで，暴動に近い騒ぎになった店舗さえあった．ミルウォーキーのあるDJはラジオで，地元スタジアムの上を飛ぶ飛行機から2,000個の人形を落とすので，みんなキャッチャーミットを持って集まるように，と冗談で促した．そして，スタジアムではアメリカン・エキスプレスのカードを掲げるように，と指示を与えた（上空の飛行機がカードの番号を確認できるように）．すると，冗談が通じなかった20人を超える人たちが，零下の気温の中，ミットを手に本当にスタジアムにやってきたのである[153]．

キャベツ畑人形フィーバーは何年か続き，やがて市場から跡形もなく消えていった．消費者は次の流行，「ティーンエイジ・ミュータント・ニンジャ・タートルズ」などに移り，

こちらは1989年に6億ドル以上を売り上げた．その後は「マイティ・モーフィン・パワーレンジャー」が取って代わり，「ビーニー・ベイビーズ」や「ギガペット」がそれに続き，さらには「ポケモン」「遊戯王カード」「ウェブキンズ」，そして現在は「スクインキーズ」「ズーブルズ」が市場を席巻している．ズーブルズは最も新しい世代の「ぜひもの」のおもちゃである．「ペタゴニア」の国からやってきた目の大きな動物たちで種類は180もあり，ボールのように丸くなっているのが，ぱっと開いてズーブルの形になる．子どもの興味を引き続けるために，次のバージョンはおなかに赤ちゃんズーブリングズのいるママズーブルズのシリーズになる予定である（154）．

図14.4は，流行がゆっくりと始まり，「ヒット」すれば市場に急速に広まり，ピークを迎え，そして次第に廃れ忘れられていくプロセスを表わしている．その**受容サイクル**（acceptance cycles）の相対的な長さに着目することで，流行のタイプの違いを特定することができる．多くの流行は，穏やかなカーブを描き，数カ月，場合によっては数年をかけて受容と衰退の段階を経験する．それ以外に，極端に寿命が長い流行，短命に終わる流行もある．

クラシック（classic）は極端に受容サイクルの長い流行を意味する．ある意味でこれは「反流行」でもある．なぜなら，購買者に長期的な安定と低リスクを保証するからである．1917年に発売が開始された「ケッズ（Keds）」のスニーカーは，ファッション性が高くトレンディなナイキやリーボックにうんざりした消費者にアピールする．リサーチャーがグループ・インタビューで，参加者にケッズを建物に喩えるようにと促すと，最

図14.4 ファド，流行，クラシックの受容サイクルの比較

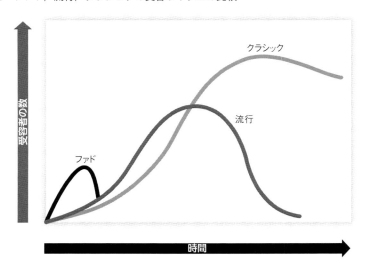

も多かった回答は白い囲い柵のある田舎の家であった．つまり，消費者はこのシューズを，安定してクラシックな製品だとみなしているのである．対照的に，ナイキはブランドのモダンなイメージを反映し，鋼鉄とガラスの高層ビルであった[155]．

ファド：一過性の流行

日本では 2000 年前後に，女子高生を中心として，肌を真っ黒に焼く「ガングロ」というスタイルが一時的に流行した．渋谷や池袋などに集まる彼女らは，大きな付けまつげやパール系のメイクなどを好み，ストリート系雑誌『東京ストリートニュース』や『Egg』などに頻繁に登場した[156]．ファド（fad）とは非常に寿命の短い一時的なブームのことである．このブームに乗るのは比較的少数の人たちであるが，急速に広まっていく．取り入れるのはすべて同じサブカルチャーに属する人たちということも多く，ブームはそのメンバーの間では「トリクルアクロス」するが，グループの外にまで広がることは滅多にない．

この一時的なブームには，軽薄で「奇妙」な行動が伴うことも多く，大半の消費者は

コピー：いつもベーシックなものに戻ってくる．

流行のサイクルを表わすジム・ビームの広告．

出典：Jim Beam Brands 提供．

順応せずに(第11章参照)，参加を拒むかもしれない(これによってファドはその信奉者にとってより魅力的なものになる)．最近になって2人の研究者が『ハリー・ポッター』熱に抵抗する大人たちを調査した．その結果，彼らがホグワーツの世界を避けるのは，「だまされない」ことを誇りにしているからだと分かった．彼らは，自分たちを改宗させてファンの世界に取り込もうとする「福音主義の」熱狂的ファンたちに否定的な反応を示す．研究者は，ある新婚の女性がハネムーン中に経験した不快な出来事について次のように言及している(彼女の夫がエッセイの中でこの話を書いていた)．「新しい人生のパートナーと一緒に新たな人生のページを開くという作業は，あまり上手くいかなかった．新婚旅行先のモルディブでの最初の夜，夫婦としての何らかの形の儀式を期待していた彼女は，想像上の世界に生きる11歳の修行中の魔法使いと「ソーティングハット」と呼ばれるものに，主役の座を奪われていることに気がついた」[157]．

1970年代の大学キャンパスでは，「ストリーキング」が一時的なブームになった．この言葉は，教室，カフェテリア，寮，運動施設などを素っ裸で移動する学生たちを意味する．この習慣はすぐに多くの大学に広まったが，大学キャンパスから外に広がることはなかった．ストリーキングは，一過性の流行の「赤裸々な真実」のいくつかの側面を強調する[158]．

- 一過性ブームは実用的ではない．意味ある機能を果たしていない．
- 一過性ブームは衝動的に広まることが多い．人々は参加する前に合理的な意思決定の段階を経ない．
- 一過性ブームは急速に拡散し，すばやく受容され，すばやく消えていく．

章のまとめ

この章を読み終えた時点で，理解しているべきこと：

1. **文化は社会のパーソナリティのようなものであり，個人としてのアイデンティティを形づくる．**

　社会の文化には，価値観，道徳，メンバーが生産する有形物などがある．社会のメンバーの間で共有される意味と伝統が蓄積され，文化となる．文化は，生態学(生活環境にどう適応するか)，社会構造，イデオロギー(モラルや美的原則を含む)という点から表現することができる．

2. **神話はある文化の価値観を表現する物語であり，現代のマーケティング・メッセージはこうした価値観をその文化のメンバーに伝えている．**

　神話は，ある文化で共有される理想を表現する象徴的な要素を含む物語である．多くの神話には二項対立の要素が含まれ，それが何であるか，何でないかという点から(例：自然対テクノロジー)価値を定義する．広告や映画などのメディアは現代の神話を伝える．

3. **祝日の行事，手入れ，贈与など，消費活動の多くは儀式である．**

　儀式は，決まった手順で定期的に繰り返される一連の象徴的行動であり，ポッ

プカルチャーで生じる多くの消費行動とも関連している．祝日の行事，贈与，手入れなども含まれる．

通過儀礼は，1つの役割から別の役割へと移行するための特別な種類の儀式である．一般的に，通過儀礼の儀式には，移行を容易にするための小道具が必要となる．現代的な通過儀礼には，卒業式，入社式，結婚式，社交界デビューの舞踏会，葬儀などがある．

4. **消費者は製品を聖なるものと俗なるものに分けて表現し，一部の製品は2つのカテゴリーの間を行き来する．**

 消費者行動は「聖」と「俗」の2つの領域に分けられる．神聖な現象は日常の活動や日用品とは切り離される．一般的な人，イベント，物から日常性を取り除く際に神聖化のプロセスが生じる．聖なる人が一度所有した製品やアイテムに聖なる性質を見いだした場合，そのアイテムは「物象化」されることになる．かつては神聖であったものや活動が，日常的なものに変わる時に「脱神聖化」が生じており，企業が「1つしか存在しない」アート作品を大量に複製した場合などがこれに当てはまる．

5. **スタイルは背景にある文化的状況を映し出す鏡の役割を果たす．**

 その時々に社会に広く行き渡っているスタイルは，政治的・社会的状況を反映している．新しいスタイルを創出するエージェント集団は文化創造システムと呼ばれる．そのシステムに参加する人や，競合する製品の多さなどの要因が，どのスタイルが最終的に市場を形成して最終ユーザーの考慮の対象になるかに影響を与える．

6. **消費者はハイカルチャー（high culture）とローカルチャー（low culture）を区別する．**

 社会学者は文化をハイ（エリート）とロー（ポピュラー）に分けて考える．製品やポップカルチャーは文化的常套句に従う傾向があり，予測可能な要素を含んでいる．しかし，こうした区別は現代社会では曖昧になり，マーケターは日用品を売るために「ハイアート」のイメージを組み込んでいる．

7. **現代のマーケターの多くはリアリティを創るエンジニアである．**

 リアリティ・エンジニアリングとは，マーケターが宣伝戦略の中で使うためにポップカルチャーの要素を取り入れることである．こうした要素には，映画に登場する製品，オフィスや店舗に漂わせる香り，広告看板，テーマパーク，ショッピングカートに装着されたビデオモニターなど，日常の中で経験する感覚的・空間的な要素が含まれる．

8. **新しい製品，サービス，アイデアは社会全体に広まり，異なるタイプの人たちが多少の差はあれそれを取り入れる．**

 イノベーションの普及とは，新製品，サービス，アイデアが社会全体に広まるプロセスのことをいう．イノベーターとアーリー・アダプターは新製品をいち早く取り入れる人であり，ラガードは極めて遅く反応する．消費者が新製品を取り入れる否かの決断は，その人の性格だけでなく，イノベーションそれ自体の特徴にも左右される．それを取り入れてもそれほど行動の変化が求められず，容易に理解可能であり，既存の製品と比べて利点のある新製品は受け入れられやすい．

9. 多くの個人や組織が，象徴的な意味を創造し消費者に伝える流行システムに参加し，一定の役割を果たす．

　流行システムには，象徴的な意味を創出し伝達するすべての人が含まれる．製品には共通する文化的カテゴリーを表現するものが多い（例：ジェンダーの区別）．集団的な選択のプロセスを通じて，多くの人が新しいスタイルを同時に取り入れる．ミーム理論によれば，ウイルスが次第に多くの人に感染し，やがて流行となるように，アイデアも加速度的に社会に広まる．新しいスタイルを取り入れる動機についての理論には，心理学的，経済学的，社会学的モデルがある．

10. 流行はサイクルに従う．

　製品のライフサイクルと同じように，流行にもサイクルがある．このサイクルの長さという点では，その両極にあるのが「クラシック」と「ファド（一過性の流行）」である．

キーワード

アート製品（art product）　745
アーリー・アダプター（early adopters）　757
イノベーション（innovation）　754
イノベーションの普及
　（diffusion of innovations）　754
イノベーター（innovators）　755
買いだめ（hoarding）　734
拡張する規範（crescive norms）　712
ガジェット愛好家（gadget lovers）　756
観察可能性（observability）　759
慣習（custom）　713
感染（contamination）　733
儀式（ritual）　720
儀式用小道具（ritual artifacts）　723
強固なブランド（fortress brands）　721
クラシック（classic）　765

クラフト製品（craft product）　745
ゲーム内広告（advergaming）　752
互酬性の規範（reciprocity norm）　726
コレクション（collecting）　734
しきたり（conventions）　713
試行可能性（trialability）　758
受容サイクル（acceptance cycles）　765
神聖化（sacralization）　733
神話（myth）　715
聖なる消費（sacred consumption）　732
相対的優位（elative advantage）　759
贈与の儀式（gift-giving ritual）　724
俗なる消費（profane consumption）　732
脱神聖化（desacralization）　738
通過儀礼（rites of passage）　730
ティッピング・ポイント（tipping point）　764
手入れの儀式（grooming rituals）　724
適合性（compatibility）　758
動的な連続的イノベーション
　（dynamically continuous innovation）　758
トリクルダウン理論（tricle-down theory）
　762
取り込み（cooptation）　739
二項対立（binary opposition）　718
反祝祭（antifestival）　728
非連続的イノベーション
　（discontinuous innovation）　758
ファド（fad）　766
複雑性（complexity）　759
物象化（objectification）　733
プリテイラー（pretailer）　744
プリンキング（plinking）　752
プロダクト・プレイスメント
　（product placement）　750
文化（culture）　710
文化ゲートキーパー（cultural gatekeepers）
　743
文化生産システム
　（culture production system（CPS））　742
文化的常套句（cultural formula）　746

文化的選択（cultural selection） 741
ミーム理論（meme theory） 763
迷信（superstitions） 722
モノミス（monomyth） 719
モーレス（more） 713
ラガード（laggards） 755
リアリティ・エンジニアリング
　（reality engineering） 748
流行（fashion） 760
流行システム（fashion system） 759
レイト・アダプター（late adopters） 755
連続的イノベーション
　（continuous innovation） 757

復習

1. 文化とは何か？　社会学者が文化を表現するために使っている3つの側面を説明し，それぞれの例を1つずつ挙げなさい．
2. 神話は特別な種類の物語である．どこが特別なのか？　現代の神話の例を1つ挙げなさい．
3. 二項対立の原則を使っているマーケターの例を1つ挙げなさい．
4. 儀式とは何か？　3種類の儀式を説明し，それぞれの例を1つずつ挙げなさい．
5. 儀式の3段階を説明しなさい．
6. 聖なる消費と俗なる消費の違いは何か？　それぞれの例を1つずつ挙げなさい．
7. コレクションはどのような意味で神聖なのか？　コレクションと買いだめの違いは何か？
8. 集団的な選択とは何か？　例を1つ挙げなさい．
9. 文化生産システムについて説明し，その3つの構成要素を挙げなさい．また，こうした要素を持つ文化生産システムの例を1つ挙げなさい．
10. 文化ゲートキーパーを定義し，例を3つ挙げなさい．
11. アートとクラフトの違いを説明しなさい．
12. 文化的常套句は何か？　例を1つ挙げなさい．
13. プロダクト・プレイスメントを定義し，その例を3つ挙げなさい．プロダクト・プレイスメントは，ブランド化された娯楽と同じだろうか，別のものだろうか？
14. ゲーム内広告とは何か？　例を1つ挙げなさい．
15. イノベーションの普及とは何か？
16. イノベーターとはどういう人たちか？　アーリー・アダプターとラガードは？
17. 連続的イノベーション，動的な連続的イノベーション，非連続的イノベーションの違いを説明し，それぞれの例を1つずつ挙げなさい．消費者が最も受け入れにくいイノベーションのタイプはどれか？
18. 「fashion」「a fashion」「in fashion」の違いは何か？
19. 心理学者，経済学者，社会学者の視点から流行を理解するために用いる主なアプローチをまとめなさい．
20. ミームの例を1つ挙げなさい．
21. トリクルダウン効果とは何か？　なぜこの理論が以前ほど役に立たなくなったのか，その理由をいくつか挙げなさい．
22. ファド，流行，クラシックのライフサイクル，3つの違いは何か？

討議と応用

■ 討論せよ

1. 文化とはその社会のパーソナリティである．もしあなたの属する文化が人だとしたら，そのパーソナリティ特性をどのように表現するか？
2. 本章では，贈り物すべてが肯定的なものであるというわけではないと論じた．どのような場合に贈与の儀式は不快なものや否定的なものになるのか？
3. 多くの人にとってディズニーは聖地である．あなたはそれに同意するか？　その

理由，あるいは同意しない理由は？
4. 大学の卒業に関連する通過儀礼の3段階を説明しなさい．
5. あなたは自分自身に贈り物をした経験はあるだろうか？ もしあれば，なぜそうしたのか，購買の対象をどのように決めたのか？
6. 「クリスマスはプレゼントの交換と経済を刺激するための1つの機会にすぎなくなった」．あなたはこの考えに同意するか？ その理由，あるいは同意しない理由は？
7. ブライダル・レジストリー（結婚祝いとして欲しい品物をデパートなどに登録しておき，贈る人はその中から品物を選ぶシステム）の習慣は，カップルが欲しい贈り物を明確に指定する．この習慣についてあなたはどう思うか？ 贈り物を本人が指定すべきだろうか，それとも，贈り手の気持ちを表現したものにすべきだろうか？
8. 監視団体はプロダクト・プレイスメントを非難してきた．視聴者に適切に告げることなくコンテンツと広告の境界線を曖昧にしているからである．テレビ局自体も，どこまでこの戦略を受け入れるかについては対応が分かれているように見える．ある調査によれば，プロダクト・プレイスメントの効果は，製品カテゴリーとプレイスメントの種類によって変わることが明らかにされた．消費者は，プロダクト・プレイスメントが最も影響を与えるのは，食品，電子機器，衣料品の購入に関してである．プレイスメントの最も一般的なプラットフォームは，俳優のワードローブに含まれるTシャツなどでロゴを見せることである(159)．この習慣について，あなたはどのように考えるか？ どのような状況で，プロダクト・プレイスメントがあなたや友人に影響を与え

ているだろう？ いつ（もしあるとすれば），プレイスメントが逆効果になるだろうか？
9. 広告はアートとクラフトのどちらだろう？ どちらであるべきだろうか？
10. 映画会社が高額予算の映画を制作する場合，事前に市場調査を実施することが多い．必要であれば，視聴者が気に入らないと言った部分を撮り直しすることもある．この習慣に反対する人たちもいて，彼らは映画，書籍，歌，演劇などの芸術的作品は作り手の意志を貫くべきで，市場のニーズに合わせるべきではないと主張する．あなたはどのように考えるか？
11. 急成長しているリアリティ・エンジニアリングについて意見を述べなさい．マーケターは文化を「所有」しているのだろうか？ 彼らはそうすべきだろうか？
12. マーケティングと社会の接点の中でも，企業が学校に「教材」を提供する場合に最も論争が生じやすい(160)．ナイキ，ハーシー，クレオラ，任天堂，フットロッカーなど多くの企業が，広告だらけの無料のブックカバーを提供している．標準的な画材，ブロック，トラック，人形には，付録としてミルトン・ブラッドレー（Milton Bradley）やケアベア（Care Bears）のワークシート，ピュレル（Purell）の手洗い練習，ピザハットの読書プログラムがついてくる．クレアラシルは，高校生に適切なスキンケアを教えるパンフレット付きのニキビ治療用クリームのサンプルを提供している．そのパンフレットを見てクレアラシルのウェブサイトにアクセスすれば，音楽ダウンロードやiPodにも登録される．その他にも，多くの企業が学校と契約を結んで，登校日にグループ・インタビューを実施し，新製品のアイデアへの反応を求めている．計算の練習でトッツィーロール（Tootsie

Rolls）を数えさせている学校もあり，子どもたちはKマート，コーク，ペプシ，キャプテンクランチのシリアルのロゴのついたソフトウェアを使う．教育関係者の多くが，こうした素材は予算の少ない学校にとって天の恵みであり，これがなければ生徒たちにコンピュータ学習などを提供できないと主張する．しかし，カリフォルニア州では，ブランドネームや企業ロゴのついた教科書を使うことは州法で禁じられている．この法律は，中学校の数学の教科書が言葉の問題にバービー，オレオ，ナイキ，ソニーのプレイステーションなどの名前を使っていることに対して保護者の苦情がきっかけで制定された．こうした習慣について，あなたはどのように考えるか？ 企業は教材やコンピュータを寄付する代わりに，学校で製品を宣伝することを認められるべきだろうか？

■ 応用せよ

1. 初めてのデートに出かける時に，あなたが従う規範は何か？ 最初のデートだと明確に分かる特定の行動についてレポートを作成しなさい（デートが終わってからのほうが望ましい）．こうした規範は，どのような製品やサービスに影響を与えるだろうか？

2. 「魔法の」アイテムを持っている知り合いに話を聞いてみよう（例えば，あなたの友人の中で，幸運のお守りを持っていたり，バックミラーに聖クリストファーのメダルをぶらさげたりしている者がいるだろうか？）．彼らにこうした物についてどのように感じているかを尋ね，その魔法のアイテムを手に入れた方法について聞いてみなさい．こうした特別な物をなくしたら，彼らはどう感じるだろうか？

3. 企業がつくり出した現代の神話の例を挙げなさい．こうした物語はどのように消費者に伝えられているだろうか？

4. 何かをコレクションしている人に話を聞きなさい．彼らはどのようにコレクションを整理しているだろう？ また，自分のコレクションについてどのように表現するだろう？ 「聖」と「俗」が区別される証拠が見つかるだろうか？

5. 友人に，人からもらった贈り物を不適切だと思った経験を話してもらいなさい．どうしてそのように感じたのか？ その出来事は贈り手と受け手の関係にどのような影響を与えただろう？

6. 本章でハッシュパピーの靴の流行について言及した．消費者がこのブランドに飽きて，次の流行に移っていくのは時間の問題だろう．このブランドの寿命を延ばすために，企業は何ができるだろうか？

7. もしあなたがおもちゃ会社のコンサルタントであったら，この市場で次のビッグトレンドとなるものには何があるだろうか？ 予測のための情報を得るために玩具店を調査して，子どもたちがどのようなおもちゃで遊んでいるかを観察しなさい．

8. 友人同士で音楽を共有する習慣が広まっていることは，音楽の文化生産システムの構造にどのような影響を与えるだろう？ 考えられることの1つとして，あまり良く知られていないグループの音楽にリスナーがアクセスするようになるため，この習慣はビッグレーベルの支配を侵食するかもしれない．あなたの友人を調査して，このような現象が実際に生じているかどうか確かめなさい．彼らは幅広いアーティストの曲を聴いているだろうか，それとも有名グループの曲をダウンロードすることが多いだろうか？

9. ロマンス小説やアクション小説を何冊か読み，そこに文化的常套句が読み取れる

かどうかを確かめなさい．登場人物の演じる役割に類似点が見られるだろうか（例：主人公，悪役，誘惑する女など）．
10. テレビを12時間見て，目に入ったプロダクト・プレイスメントすべてをリストにしなさい．番組に最も多く登場する製品な何か？

参考文献

1. Bill McDowell, "Starbucks Is Ground Zero in Today's Coffee Culture," *Advertising Age* (December 9, 1996): 1. For a discussion of the act of coffee drinking as ritual, cf. Susan Fournier and Julie L. Yao, "Reviving Brand Loyalty: A Reconceptualization within the Framework of Consumer-Brand Relationships," working paper 96-039, Harvard Business School, 1996.
2. "Spice Girls Dance into Culture Clash," *Montgomery Advertiser* (April 29, 1997): 2A.
3. Clifford Geertz, *The Interpretation of Cultures* (New York: Basic Books, 1973); Marvin Harris, *Culture, People and Nature* (New York: Crowell, 1971); John F. Sherry, Jr., "The Cultural Perspective in Consumer Research," in Richard J. Lutz, ed., *Advances in Consumer Research 13* (Provo, UT: Association for Consumer Research, 1985): 573-75.
4. William Lazer, Shoji Murata, and Hiroshi Kosaka, "Japanese Marketing: Towards a Better Understanding," *Journal of Marketing* 49 (Spring 1985): 69-81.
5. Celia W. Dugger, "Modestly, India Goes for a Public Swim," *New York Times* (March 5, 2000), *www.nytimes.com*, accessed March 5, 2000; cf. also Marius K. Luedicke, Craig J. Thompson, and Markus Giesler, "Consumer Identity Work as Moral Protagonism: How Myth and Ideology Animate a Brand-Mediated Moral Conflict," *Journal of Consumer Research* 36, no. 6 (2010): 1016-32.
6. George J. McCall and J. L. Simmons, *Social Psychology: A Sociological Approach* (New York: Free Press, 1982).
7. Arundhati Parmar, "Out from Under," *Marketing News* (July 21, 2003): 9-10.
8. Jim Yardley, "No Spitting on the Road to Olympic Glory, Beijing Says," *New York Times* (April 17, 2007), *www.nytimes.com*, accessed April 17, 2007.
9. Robert Frank, "When Small Chains Go Abroad, Culture Clashes Require Ingenuity," *Wall Street Journal* (April 12, 2000), *www.wsj.com*, accessed April 12, 2000.
10. Cf. Karen V. Fernandez and John L. Lastovicka, "Making Magic: Fetishes in Contemporary Consumption," *Journal of Consumer Research* (August 2011), 38, 2, 278-299.
11. Jiang Yuwei, Angela Cho, and Rashmi Adaval, "The Unique Consequences of Feeling Lucky: Implications for Consumer Behavior," *Journal of Consumer Psychology* 19, no. 2 (2009): 171-84.
12. Molly O'Neill, "As Life Gets More Complex, Magic Casts a Wider Spell," *New York Times* (June 13, 1994): A1.
13. Thomas Fuller, "Thais Look to the Supernatural," *New York Times* (December 28, 2010), http://www.nytimes.com/2010/12/29/world/asia/29iht-ghost29.html?_r=1&scp=5&sq=Thailand&st=cse, accessed April 28, 2011.
14. Susannah Meadows, "Who's Afraid of the Big Bad Werewolf?," *Newsweek* (August 26, 2002): 57.
15. Conrad Phillip Kottak, "Anthropological Analysis of Mass Enculturation," in Conrad P. Kottak, ed., *Researching American Culture* (Ann Arbor: University of Michigan Press, 1982), 40-74; cf. also Teresa Davis and Olga Kravets, "Bridges to Displaced Meaning: The Reinforcing Roles of Myth and Marketing in Russian Vodka Labels," *Advances in Consumer Research* 32, no. 1 (2005): 480.
16. Eric Ransdell, "The Nike Story? Just Tell It!," *Fast Company* (January-February 2000): 44.
17. Joseph Campbell, *Myths, Dreams, and Religion* (New York: E. P. Dutton, 1970).
18. Claude Lévi-Strauss, *Structural Anthropology* (Harmondsworth, England: Peregrine, 1977).
19. Tina Lowrey and Cele C. Otnes, "Consumer Fairy Tales and the Perfect Christmas," in Cele C. Otnes and Tina M. Lowrey, eds., *Contemporary Consumption Rituals: A Research Anthology* (Mahwah, NJ: Lawrence Erlbaum, 2003).
20. Merissa Marr, "Fairy-Tale Wedding? Disney Can Supply the Gown," *Wall Street Journal* (February 22, 2007): B1; Laura M. Holson, "For $38,000,

Get the Cake, and Mickey, Too," *New York Times Web* (May 24, 2003), *www.nytimes.com*, accessed May 24, 2003.

21. Jeff Jensen, "Comic Heroes Return to Roots as Marvel Is Cast as Hip Brand," *Advertising Age* (June 8, 1998): 3.

22. Jeffrey S. Lang and Patrick Trimble, "Whatever Happened to the Man of Tomorrow? An Examination of the American Monomyth and the Comic Book Superhero," *Journal of Popular Culture* 22 (Winter 1988): 157.

23. See William Blake Tyrrell, "Star Trek as Myth and Television as Mythmaker," in Jack Nachbar, Deborah Weiser, and John L. Wright, eds., *The Popular Culture Reader* (Bowling Green, OH: Bowling Green University Press, 1978): 79-88.

24. ライオン株式会社プレスリリース「『バファリンプラス S』CM キャラクターに「小雪」さんを起用」2009 年 11 月 17 日（https://www.lion.co.jp/ja/company/press/2009/2009095.htm）．アクセス日：2014 年 5 月 21 日．

25. Bernie Whalen, "Semiotics: An Art or Powerful Marketing Research Tool?," *Marketing News* (May 13, 1983): 8.

26. キリンホールディングス「キリングループの歴史：第 14 回グラバー」(http://www.kirinholdings.co.jp/company/history/person/beer/14.html)．アクセス日：2014 年 5 月 21 日．「キリンマークのデザインに隠された秘密を知っていますか？」『マイナビニュース』(http://news.mynavi.jp/articles/2013/03/23/krn)．アクセス日：2014 年 5 月 21 日．

27. See Dennis W. Rook, "The Ritual Dimension of Consumer Behavior," *Journal of Consumer Research* 12 (December 1985): 251-64; Mary A. Stansfield Tetreault and Robert E. Kleine, III, "Ritual, Ritualized Behavior, and Habit: Refinements and Extensions of the Consumption Ritual Construct," in Marvin Goldberg, Gerald Gorn, and Richard W. Pollay, eds., *Advances in Consumer Research 17* (Provo, UT: Association for Consumer Research, 1990): 31-38.

28. Deborah Ball, "British Drinkers of Guinness Say They'd Rather Take It Slow," *Wall Street Journal* (May 22, 2003), *www.wsj.com*, accessed May 22, 2003.

29. Karl Greenberg, "BBDO: Successful Brands Become Hard Habit for Consumers to Break," *Marketing Daily* (May 14, 2007), *www.mediapost.com*, accessed May 14, 2007.

30. Virginia Postrel, "From Weddings to Football, the Value of Communal Activities," *New York Times* (April 25, 2002), *www.nytsimes.com*, accessed April 25, 2002.

31. Paul Henry and Marylouise Caldwell, "Headbanging as Resistance or Refuge: A Cathartic Account," *Consumption, Markets, and Culture*, 10 (June 2007): 159-74.

32. Kim Foltz, "New Species for Study: Consumers in Action," *New York Times* (December 18, 1989): A1.

33. For a study that looked at updated wedding rituals in Turkey, see Tuba Ustuner, Güliz Ger, and Douglas B. Holt, "Consuming Ritual: Reframing the Turkish Henna-Night Ceremony," in Stephen J. Hoch and Robert J. Meyers, eds., *Advances in Consumer Research 27* (Provo, UT: Association for Consumer Research, 2000): 209-14.

34. For a study that looked specifically at rituals pertaining to birthday parties, see Cele Otnes and Mary Ann McGrath, "Ritual Socialization and the Children's Birthday Party: The Early Emergence of Gender Differences," *Journal of Ritual Studies* 8 (Winter 1994): 73-93.

35. Dennis W. Rook and Sidney J. Levy, "Psychosocial Themes in Consumer Grooming Rituals," in Richard P. Bagozzi and Alice M. Tybout, eds., *Advances in Consumer Research 10* (Provo, UT: Association for Consumer Research, 1983): 329-33.

36. マンダム株式会社ニュースリリース「木村拓哉さん出演「ギャツビー」洗顔シリーズ？ TV-CM 最新作！」2009 年 8 月 21 日（http://www.mandom.co.jp/release/2009/src/2009082101.pdf）．アクセス日：2014 年 5 月 21 日．

37. Diane Barthel, *Putting on Appearances: Gender and Advertising* (Philadelphia: Temple University Press, 1988).

38. Russell W. Belk, Melanie Wallendorf, and John F. Sherry, Jr., "The Sacred and the Profane in Consumer Behavior: Theodicy on the Odyssey," *Journal of Consumer Research* 16 (June 1989): 1-38; Jean-Sebastien Marcoux, "Escaping the Gift Economy," *Journal of Consumer Research* 36, no. 4 (December 2009): 671-85.

39. Markus Giesler and Mali Pohlmann, "The Anthropology of File Sharing: Consuming Napster as a Gift," in Punam Anand Keller and Dennis W. Rook, eds., *Advances in Consumer Research 30* (Provo, UT: Association for Consumer Research 2003); Markus Giesler,

"Consumer Gift Systems," *Journal of Consumer Research* 33, no. 2 (2006): 283.

40. Jill G. Klein and Tina M. Lowrey, "Giving and Receiving Humanity: Gifts among Prisoners in Nazi Concentration Camps," *Advances in Consumer Research* 33, no. 1 (2006): 659.

41. Tina M. Lowrey, Cele C. Otnes, and Julie A. Ruth, "Social Influences on Dyadic Giving over Time: A Taxonomy from the Giver's Perspective," *Journal of Consumer Research* 30 (March 2004): 547-58; Russell W. Belk and Gregory S. Coon, "Gift Giving as Agapic Love: An Alternative to the Exchange Paradigm Based on Dating Experiences," *Journal of Consumer Research* 20 (December 1993): 393-417. See also Cele Otnes, Tina M. Lowrey, and Young Chan Kim, "Gift Selection for Easy and Difficult Recipients: A Social Roles Interpretation," *Journal of Consumer Research* 20 (September 1993): 229-44; Burcak Ertimur and Ozlem Sandikci, "Giving Gold Jewelry and Coins as Gifts: The Interplay of Utilitarianism and Symbolism," *Advances in Consumer Research* 32, no. 1 (2005).

42. Monica Gonzales, "Before Mourning," *American Demographics* (April 1988): 19.

43. Alf Nucifora, "Tis the Season to Gift One's Best Clients," *Triangle Business Journal* (December 3, 1999): 14.

44. John F. Sherry, Jr., "Gift Giving in Anthropological Perspective," *Journal of Consumer Research* 10 (September 1983): 157-68.

45. Daniel Goleman, "What's Under the Tree? Clues to a Relationship," *New York Times* (December 19, 1989): C1; John F. Sherry, Jr., Mary Ann McGrath, and Sidney J. Levy, "The Dark Side of the Gift," *Journal of Business Research* (1993): 225-44.

46. Colin Camerer, "Gifts as Economics Signals and Social Symbols," *American Journal of Sociology* 94 (Supplement 1988): 5, 180-214; Robert T. Green and Dana L. Alden, "Functional Equivalence in Cross-Cultural Consumer Behavior: Gift Giving in Japan and the United States," *Psychology & Marketing* 5 (Summer 1988): 155-68; Hiroshi Tanaka and Miki Iwamura, "Gift Selection Strategy of Japanese Seasonal Gift Purchasers: An Explorative Study," paper presented at the Association for Consumer Research, Boston, October 1994; cf. also Tonya Williams Bradford, "Intergenerationally Gifted Asset Dispositions," *Journal of Consumer Research* 36 (June 2009): 93-111.

47. 矢野経済研究所「ギフト市場に関する調査結果 2012」2013 年 1 月 9 日（http://www.yano.co.jp/press/pdf/1052.pdf）．アクセス日：6 月 2 日．

48. See, for example, Russell W. Belk, "Halloween: An Evolving American Consumption Ritual," in Richard Pollay, Jerry Gorn, and Marvin Goldberg, eds., *Advances in Consumer Research 17* (Provo, UT: Association for Consumer Research, 1990): 508-17; Melanie Wallendorf and Eric J. Arnould, "We Gather Together: The Consumption Rituals of Thanksgiving Day," *Journal of Consumer Research* 18 (June 1991): 13-31.

49. Bruno Bettelheim, *The Uses of Enchantment: The Meaning and Importance of Fairy Tales* (New York: Alfred A. Knopf, 1976).

50. Kenneth L. Woodward, "Christmas Wasn't Born Here, Just Invented," *Newsweek* (December 16, 1996): 71.

51. Aron O'Cass and Peter Clarke, "Dear Santa, Do You Have My Brand? A Study of the Brand Requests, Awareness and Request Styles at Christmas Time," *Journal of Consumer Behavior* 2 (September 2002): 37-53.

52. 木村純子・ラッセル W. ベルク（2004）「消費文化の受容過程の再検討：日本のクリスマス消費に見る文化の再生産」『流通研究』7（2），39-55.

53. Theodore Caplow, Howard M. Bahr, Bruce A. Chadwick, Reuben Hill, and Margaret M. Williams, *Middletown Families: Fifty Years of Change and Continuity* (Minneapolis: University of Minnesota Press, 1982).

54. 小笠原祐子（1998）『OL たちの「レジスタンス」：サラリーマンと OL のパワーゲーム』中央公論社．
全国飴菓子工業協同組合ホワイトデー公式ウェブサイト「ホワイトデー誕生秘話」（http://www.candy.or.jp/whiteday/hiwa.html）アクセス日：2014 年 6 月 20 日．

55. Angeline Close and George M. Zinkhan, "A Holiday Loved and Loathed: A Consumer Perspective of Valentine's Day," *Advances in Consumer Research* 33, no. 1 (2006). 356-65.

56. Arnold Van Gennep, *The Rites of Passage*, trans. Maika B. Vizedom and Shannon L. Caffee (London: Routledge & Kegan Paul, 1960; orig. published 1908); Michael R. Solomon and Punam Anand, "Ritual Costumes and Status Transition: The Female Business Suit as Totemic Emblem,"

in Elizabeth C. Hirschman and Morris Holbrook, eds., *Advances in Consumer Research 12* (Washington, DC: Association for Consumer Research, 1995): 315-18.

57. Walter W. Whitaker, III, "The Contemporary American Funeral Ritual," in Ray B. Browne, ed., *Rites and Ceremonies in Popular Culture* (Bowling Green, OH: Bowling Green University Popular Press, 1980): 316-25. For an examination of funeral rituals, see Larry D. Compeau and Carolyn Nicholson, "Funerals: Emotional Rituals or Ritualistic Emotions," paper presented at the Association of Consumer Research, Boston, October 1994.

58. Samuel K. Bonsu and Russell W. Belk, "Do Not Go Cheaply into That Good Night: Death-Ritual Consumption in Asante, Ghana," *Journal of Consumer Research* 30 (June 2003): 41-55; cf also Stephanie O'Donohoe and Darach Turley, "Till Death Do Us Part? Consumption and the Negotiation of Relationships Following a Bereavement," *Advances in Consumer Research* 32, no. 1 (2005): 625-26.

59. Barry Bearak, "Dead Join the Living in a Family Celebration," *New York Times* (September 5, 2010), http://nytimes.com/2010/09/06/world/africa/06madagascar.html?scp=2&sq=madagascar&st=cse, accessed April 28, 2011.

60. Nicole Perlroth, "Facebook's Death Problem," *Forbes* (February 23, 2011), http://www.forbes.com/forbes/2011/0314/focus-1000-memories-wieden-kennedy-facebook-death-problem.html, accessed April 28, 2011.

61. "Queen Prompts Thailand to Restrict 'Coyote Ugly' Dance Troupes," *New York Times* (December 28, 2006), www.nytimes.com, accessed December 28, 2006.

62. J. C. Conklin, "Web Site Caters to Cowboy Fans by Selling Sweaty, Used Socks," *Wall Street Journal* (April 21, 2000), www.wsj.com, accessed April 21, 2000.

63. George E. Newman, Gil Diesendruck, and Paul Bloom, "Celebrity Contagion and the Value of Objects," *Journal of Consumer Research* (August 2011), in press. 38,2, 215-228.

64. Dan L. Sherrell, Alvin C. Burns, and Melodie R. Phillips, "Fixed Consumption Behavior: The Case of Enduring Acquisition in a Product Category," in Robert L. King, ed., *Developments in Marketing Science 14* (1991): 36-40.

65. Anne Underwood, "Hoarders Pack It In," *Newsweek* (July 26, 2004): 12.

66. Russell W. Belk, "Acquiring, Possessing, and Collecting: Fundamental Processes in Consumer Behavior," in Ronald F. Bush and Shelby D. Hunt, eds., *Marketing Theory: Philosophy of Science Perspectives* (Chicago: American Marketing Association, 1982): 85-90.

67. Ruth Ann Smith, *Collecting as Consumption: A Grounded Theory of Collecting Behavior* (unpublished manuscript, Virginia Polytechnic Institute and State University, 1994): 14.

68. For a discussion of these perspectives, see Smith, *Collecting as Consumption.*

69. John Branch, "Yankees Grass Is Now a Brand," *New York Times* (March 21, 2009), www.nytimes.com/2009/03/22/sports/baseball/22grass.html?scp=1&sq=Yankees%20Grass%20Is%20Now%20a%20Brand&st=cse, accessed March 21, 2009.

70. Kottak, "Anthropological Analysis of Mass Enculturation."

71. 日本政府観光局（JNTO）公式ウェブサイト「Japan Anime Map」(http://www.jnto.go.jp/eng/animemap)．アクセス日：2014 年 6 月 20 日．

72. Joan Kron, Home-Psych: *The Social Psychology of Home and Decoration* (New York: Clarkson N. Potter, 1983); Gerry Pratt, "The House as an Expression of Social Worlds," in James S. Duncan, ed., *Housing and Identity: Cross-Cultural Perspectives* (London: Croom Helm, 1981): 135-79; Michael R. Solomon, "The Role of the Surrogate Consumer in Service Delivery," *Service Industries Journal* 7 (July 1987): 292-307.

73. Grant McCracken, "'Homeyness': A Cultural Account of One Constellation of Goods and Meanings," in Elizabeth C. Hirschman, ed., *Interpretive Consumer Research* (Provo, UT: Association for Consumer Research, 1989): 168-84.

74. 「宝塚歌劇 100 年：蘭寿とむさん退団パレード 6000 人に笑顔でお別れ」毎日新聞 2014 年 3 月 18 日大阪朝刊．p.31．
「価値創造・人：連載第四回小林公一／宝塚歌劇団理事長」『日経ビズテック』2005 年 7 月 26 日号．pp.4-11.

75. Emile Durkheim, *The Elementary Forms of the Religious Life* (New York: Free Press, 1915).

76. Susan Birrell, "Sports as Ritual: Interpretations from Durkheim to Goffman," *Social Forces* 60, no. 2 (1981): 354-76; Daniel Q. Voigt, "American

Sporting Rituals," in Browne, ed., Rites and Ceremonies in Popular Culture.
77. 朝日新聞どらく公式ウェブサイト「ひとインタビュー：荒木大輔さん」(http://doraku.asahi.com/hito/interview/html/070717.html)，アクセス日：2014年6月21日．
78. Mark A. Stein, "Block That Snack," *New York Times* (February 4, 2007): 2.
79. Dean MacCannell, *The Tourist: A New Theory of the Leisure Class* (New York: Shocken Books, 1976).
80. Belk et al., "The Sacred and the Profane in Consumer Behavior."
81. Beverly Gordon, "The Souvenir: Messenger of the Extraordinary," *Journal of Popular Culture* 20, no. 3 (1986): 135-46.
82. Belk et al., "The Sacred and the Profane in Consumer Behavior"; Amber M Epp and Linda L. Price, "The Storied Life of Singularized Objects: Forces of Agency and Network Transformation," *Journal of Consumer Research* 36, no. 5 (2010): 820-37.
83. Güliz Ger and Olga Kravets, "Rediscovering Sacred Times in the Mundane: Tea Drinking in Turkey," *Consuming Routines: Rhythms, Ruptures, and the Temporalities of Consumption*, International Workshop, European University Institute, Florence, Italy, May 3-5, 2007; cf. also Güliz Ger, "Religion and Consumption: The Profane Sacred," *Advances in Consumer Research* 32, no. 1 (2005): 79-81.
84. Deborah Hofmann, "In Jewelry, Choices Sacred and Profane, Ancient and New," *New York Times* (May 7, 1989), *www.nytimes.com*, accessed October 11, 2007.
85. Lee Gomes, "Ramadan, a Month of Prayer, Takes on a Whole New Look," *Wall Street Journal* (December 4, 2002), *www.wsj.com*, accessed December 4, 2002.
86. *www.hiphopcapital.com*, accessed June 22, 201.
87. Marc Spiegler, "Marketing Street Culture: Bringing Hip-Hop Style to the Mainstream," *American Demographics* (November 1996): 29-34.
88. Elizabeth M. Blair, "Commercialization of the Rap Music Youth Subculture," *Journal of Popular Culture* 27 (Winter 1993): 21-34; Basil G. Englis, Michael R. Solomon, and Anna Olofsson, "Consumption Imagery in Music Television: A Bi-Cultural Perspective," *Journal of Advertising* 22 (December 1993): 21-34.
89. Spiegler, "Marketing Street Culture: Bringing Hip-Hop Style to the Mainstream."
90. Craig Thompson and Gokcen Coskuner-Balli, "Countervailing Market Responses to Corporate Co-optation and the Ideological Recruitment of Consumption Communities," *Journal of Consumer Research* 34 (August 2007): 135-52.
91. Grant McCracken, "Culture and Consumption: A Theoretical Account of the Structure and Movement of the Cultural Meaning of Consumer Goods," *Journal of Consumer Research* 13 (June 1986): 71-84.
92. Richard A. Peterson, "The Production of Culture: A Prolegomenon," in Richard A. Peterson, ed., *The Production of Culture, Sage Contemporary Social Science Issues 33* (Beverly Hills, CA: Sage, 1976); Elizabeth C. Hirschman, "Resource Exchange in the Production and Distribution of a Motion Picture," *Empirical Studies of the Arts* 8, no. 1 (1990): 31-51; Michael R. Solomon, "Building Up and Breaking Down: The Impact of Cultural Sorting on Symbolic Consumption," in J. Sheth and E. C. Hirschman, eds., *Research in Consumer Behavior* (Greenwich, CT: JAI Press, 1988): 325-51. For a study that looked at ways consumers interact with marketers to create cultural meanings, cf. Lisa Peñaloza, "Consuming the American West: Animating Cultural Meaning and Memory at a Stock Show and Rodeo," *Journal of Consumer Research* 28 (December 2001): 369-98. Cf. also Markus Giesler, "Conflict and Compromise: Drama in Marketplace Evolution," *Journal of Consumer Research* 34 (April 2007): 739-53.
93. Richard A. Peterson and D. G. Berger, "Entrepreneurship in Organizations: Evidence from the Popular Music Industry," *Administrative Science Quarterly* 16 (1971): 97-107.
94. *http://www.tenminutemedia.com*, accessed June 22, 2011; *http://www.katyperry.com/home/*, accessed June 22, 2011; *http://www.capitolstreetteam.com/app.php?link=NDUmJjM5NA%3D%3D&show=app_page*, accessed June 22, 2011.
95. Paul M. Hirsch, "Processing Fads and Fashions: An Organizational Set Analysis of Cultural Industry Systems," *American Journal of Sociology* 77, no. 4 (1972): 639-59; Russell Lynes, *The Tastemakers* (New York: Harper & Brothers, 1954); Michael R. Solomon, "The Missing Link: Surrogate Consumers in the

96. Alisa Gould-Simon, "How Fashion Retailers Are Redefining E-Commerce with Social Media," *Mashable.com* (March 7, 2011), *http://mashable.com/2011/03/07/fashion-retailers-social-e-commerce/*, accessed April 28, 2011.
97. Howard S. Becker, "Arts and Crafts," *American Journal of Sociology* 83 (January 1987): 862-89.
98. Herbert J. Gans, "Popular Culture in America: Social Problem in a Mass Society or Social Asset in a Pluralist Society?," in Howard S. Becker, ed., *Social Problems: A Modern Approach* (New York: Wiley, 1966).
99. *www.thomaskinkade.com/magi/servlet/com.asucon.ebiz.home.web.tk.HomeServlet*, accessed June 25, 2009; Karen Breslau, "Paint by Numbers," *Newsweek* (May 13, 2002): 48.
100. Martin Forstenzer, "In Search of Fine Art Amid the Paper Towels," *New York Times on the Web* (February 22, 2004), *www.nytimes.com*.
101. Luca M. Visconti, John F. Sherry Jr., Stefania Borghini, and Laurel Anderson, "Street Art, Sweet Art? Reclaiming the 'Public' in Public Place," *Journal of Consumer Research* 37, no. 3 (2010): 511-29.
102. Annetta Miller, "Shopping Bags Imitate Art: Seen the Sacks? Now Visit the Museum Exhibit," *Newsweek* (January 23, 1989): 44.
103. Kim Foltz, "New Species for Study: Consumers in Action," *New York Times* (December 18, 1989): A1.
104. Arthur A. Berger, *Signs in Contemporary Culture: An Introduction to Semiotics* (New York: Longman, 1984).
105. Michiko Kakutani, "Art Is Easier the 2d Time Around," *New York Times* (October 30, 1994): E4.
106. Jennifer Sokolowsky, "Germany's Food Hotel: A La Carte Blanche for Brands," *BrandChannel* (November 25, 2010), *http://www.brandchannel.com/home/post/2010/11/25/Germany-Food-Hotel.aspx*, accessed April 28, 2011.
107. 「江崎グリコとAKB48が示した「マス」「ソーシャル」の新しい可能性」『日経ビジネスオンライン』2011年8月22日（http://business.nikkeibp.co.jp/article/manage/20110817/222111）．アクセス日：5月21日．
108. Michael R. Solomon and Basil G. Englis, "Reality Engineering: Blurring the Boundaries Between Marketing and Popular Culture," *Journal of Current Issues & Research in Advertising* 16, no. 2 (Fall 1994): 1-17.
109. Austin Bunn, "Not Fade Away," *New York Times* (December 2, 2002), *www.nytimes.com*, accessed December 2, 2002.
110. Marc Santora, "Circle the Block, Cabby, My Show's On," *New York Times* (January 16, 2003), *www.nytimes.com*, accessed January 16, 2003; Wayne Parry, "Police May Sell Ad Space," *Montgomery Advertiser* (November 20, 2002): A4.
111. This process is described more fully in Michael R. Solomon, *Conquering Consumerspace: Marketing Strategies for a Branded World* (New York: AMACOM, 2003); cf. also T. Bettina Cornwell and Bruce Keillor, "Contemporary Literature and the Embedded Consumer Culture: The Case of Updike's Rabbit," in Roger J. Kruez and Mary Sue MacNealy, eds., *Empirical Approaches to Literature and Aesthetics: Advances in Discourse Processes 52* (Norwood, NJ: Ablex, 1996), 559-72; Monroe Friedman, "The Changing Language of a Consumer Society: Brand Name Usage in Popular American Novels in the Postwar Era," *Journal of Consumer Research* 11 (March 1985): 927-37; Monroe Friedman, "Commercial Influences in the Lyrics of Popular American Music of the Postwar Era," *Journal of Consumer Affairs* 20 (Winter 1986): 193.
112. Barry Silverstein, "What's That on My Pizza?! (An NBA Logo)," *BrandChannel* (June 2, 2010), *http://www.brandchannel.com/home/post/2010/06/02/NBA-Pizza-logo.aspx*, accessed April 28, 2011.
113. Niall Firth, "Japanese 3D Singing Hologram Hatsune Miku Becomes Nation's Strangest Pop Star," *Mail Online* (November 12, 2010), *http://www.dailymail.co.uk/sciencetech/article-1329040/Japanese-3D-singing-hologram-Hatsune-Miku-nations-biggest-pop-star.html*, accessed April 28, 2011.
114. Erica Orden, "This Book Brought to You by …," *Wall Street Journal* (April 26, 2011), *http://professional.wsj.com/article/SB10001424052748704132204576285372092660548.html?mg=reno-Wall Street Journal*, accessed April 28, 2011.
115. Joseph Plambeck, "Product Placement Grows in Music Videos," *New York Times* (July 5, 2010), *http://www.nytimes.com/2010/07/06/business/media/06adco.html?_r=1&emc=eta1*, accessed

April 28, 2011.
116. Fara Warner, "Why It's Getting Harder to Tell the Shows from the Ads," *Wall Street Journal* (June 15, 1995): B1.
117. Quoted in Simona Covel, "Bag Borrow or Steal Lands the Role of a Lifetime, Online Retailer Hopes to Profit from Mention in 'Sex and the City,'" *Wall Street Journal* (May 28, 2008), http://online.wsj.com/article/SB121184149016921095.html?mod=rss_media_and_marketing, accessed May 28, 2008; *www.bagborroworsteal.com*, accessed June 25, 2009.
118. "Top 10 Product Placements in First Half of '07," *Marketing Daily* (September 26, 2007), *www.mediapost.com*, accessed September 26, 2007.
119. 「巨人の星，インドで人気の理由：講談社の仕掛け人，古賀義章氏に聞く」東洋経済オンライン（http://toyokeizai.net/articles/-/13031）．アクセス日：2014年6月20日．
日本KFCホールディングス株式会社ニュースリリース「ピザハット×エヴァンゲリヲン新劇場版：Qキャンペーンを10月22日（月）よりスタート！」2012年10月22日（http://japan.kfc.co.jp/news/news121022ph.html）．アクセス日：2014年6月20日．
120. Brian Steinberg, "Getting Izze to Izzie on 'Grey's Anatomy': How PepsiCo Placed Beverage Brand in ABC Show without Paying a Thing," *Advertising Age* (April 1, 2009), *www.adage.com*, accessed April 1, 2009.
121. Claire Atkinson, "Ad Intrusion Up, Say Consumers," *Advertising Age* (January 6, 2003): 1.
122. Motoko Rich, "Product Placement Deals Make Leap from Film to Books," *New York Times* (June 12, 2006), *www.nytimes.com*, accessed June 12, 2006.
123. Cristel Antonia Russell, "Investigating the Effectiveness of Product Placements in Television Shows: The Role of Modality and Plot Connection Congruence on Brand Memory and Attitude," *Journal of Consumer Research* 29 (December 2002): 306-18; Denise E. DeLorme and Leonard N. Reid, "Moviegoers' Experiences and Interpretations of Brands in Films Revisited," *Journal of Advertising* 28, no. 2 (1999): 71-90; Barbara B. Stern and Cristel A. Russell, "Consumer Responses to Product Placement in Television Sitcoms: Genre, Sex and Consumption," *Consumption, Markets & Culture* 7 (December 2004): 371-94.
124. Louise Story, "More Marketers Are Grabbing the Attention of Players during Online Games," *New York Times* (January 24, 2007), *www.nytimes.com*, accessed January 24, 2007; Shankar Gupta, "King of the Advergames," *www.mediapost.com*, accessed December 22, 2006; "Plinking," *Fast Company* (April 2007): 31; Sarah Sennott, "Gaming the Ad," *Newsweek* (January 31, 2005): E2; "Advertisements Insinuated into Video Games," *New York Times* (October 18, 2004), *www.nytimes.com*, accessed October 18, 2004; Jack Loechner, "Advergaming," *Research Brief* (October 24, 2007), http://www.mediapost.com/publications/?fa=Articles.showArticle&art_aid=69570&passFuseAction=PublicationsSearch.showSearchReslts&art_searched=&page_number=0, accessed September 13, 2011; Tim Zuckert, "Become One with the Game, Games Offer Brands a Unique Way to Be the Entertainment—Not Just Sponsor It," *Advertising Age* (June 16, 2008), *www.adage.com*, accessed June 16, 2008.
125. 株式会社コナミデジタルエンタテインメント公式ウェブサイト「実況パワフルプロ野球2013」（http://www.konami.jp/pawa/2013/）．アクセス日：2014年6月20日．
126. EA JAPAN 公式ウェブサイト「シムシティ：100％電気自動車 NISSAN LEAF？」（http://help.ea.com/jp/article/simcity-nissan-leaf-charging-station）．アクセス日：2014年5月21日．
127. Damien Cave, "Dogtown, U.S.A.," *New York Times* (June 12, 2005), *www.nytimes.com*, accessed June 12, 2005.
128. Emily Nelson, "Moistened Toilet Paper Wipes Out after Launch for Kimberly-Clark," *Wall Street Journal* (April 15, 2002), *www.wsj.com*, accessed April 15, 2002.
129. 内閣府「主要耐久消費財等の普及率（一般世帯）」2014年3月現在（http://www.esri.cao.go.jp/jp/stat/shouhi/shouhi.html）．アクセス日：5月25日．
130. Eric J. Arnould, "Toward a Broadened Theory of Preference Formation and the Diffusion of Innovations: Cases from Zinder Province, Niger Republic," *Journal of Consumer Research* 16 (September 1989): 239-67; Susan B. Kaiser, *The Social Psychology of Clothing* (New York: Macmillan, 1985); Thomas S. Robertson, *Innovative Behavior and Communication* (New York: Holt, Rinehart & Winston, 1971).

131. Jan-Benedict E. M. Steenkamp, Frenkel ter Hofstede, and Michel Wedel, "A Cross-National Investigation into the Individual and National Cultural Antecedents of Consumer Innovativeness," *Journal of Marketing* 63, no. 7 (1999): 55-69.
132. Susan L. Holak, Donald R. Lehmann, and Fareena Sultan, "The Role of Expectations in the Adoption of Innovative Consumer Durables: Some Preliminary Evidence," *Journal of Retailing* 63 (Fall 1987): 243-59.
133. Hubert Gatignon and Thomas S. Robertson, "A Propositional Inventory for New Diffusion Research," *Journal of Consumer Research* 11 (March 1985): 849-67.
134. For more details, see Gordon C. Bruner II and Anand Kumar, "Gadget Lovers," *Journal of the Academy of Marketing Science* 35, no. 3 (2007): 329-39.
135. 山本晶（2014）『キーパーソン・マーケティング：なぜ、あの人のクチコミは影響力があるのか』東洋経済新報社.
136. Normandy Madden, "Japan's Latest Fads—Marketable in U.S.? While Some Ideas Seem Pretty Out There, Many Are Moving to Mass Market. Here's What to Watch," *Advertising Age* (June 16, 2008), http://adage.com/article/news/japan-s-latest-fads-marketable-u-s/127684/, accessed June 16, 2008.
137. Everett M. Rogers, *Diffusion of Innovations*, 3rd ed. (New York: Free Press, 1983).
138. 日清食品株式会社公式ウェブサイト「開発秘話：日清のごはんシリーズ」（http://www.gohan-series.jp/story），アクセス日：2014年6月20日.
139. Fred Davis, "Clothing and Fashion as Communication," in Michael R. Solomon, ed., *The Psychology of Fashion* (Lexington, MA: Lexington Books, 1985): 15-28.
140. Melanie Wallendorf, "The Formation of Aesthetic Criteria through Social Structures and Social Institutions," in Jerry C. Olson, ed., *Advances in Consumer Research 7* (Ann Arbor, MI: Association for Consumer Research, 1980): 3-6.
141. For more details, see Kaiser, *The Social Psychology of Clothing*; George B. Sproles, "Behavioral Science Theories of Fashion," in Michael R. Solomon, ed., *The Psychology of Fashion* (Lexington, MA: Lexington Books, 1985): 55-70.
142. C. R. Snyder and Howard L. Fromkin, *Uniqueness: The Human Pursuit of Difference* (New York: Plenum Press, 1980).
143. Linda Dyett, "Desperately Seeking Skin," *Psychology Today* (May-June 1996): 14; Alison Lurie, *The Language of Clothes* (New York: Random House, 1981). Note: Until very recently, the study of fashion focused almost exclusively on women. Some researchers today also probe the meanings of the fashion system for men, but not nearly to the same extent. Cf., for example, Susan Kaiser, Michael Solomon, Janet Hethorn, Basil Englis, Van Dyk Lewis, and Wi-Suk Kwon, "Menswear, Fashion, and Subjectivity," paper presented in Special Session: Susan Kaiser, Michael Solomon, Janet Hethorn, and Basil Englis (Chairs), "What Do Men Want? Media Representations, Subjectivity, and Consumption," at the ACR Gender Conference, Edinburgh, Scotland, June 2006.
144. Harvey Leibenstein, *Beyond Economic Man: A New Foundation for Microeconomics* (Cambridge, MA: Harvard University Press, 1976).
145. Nara Schoenberg, "Goth Culture Moves into Mainstream," *Montgomery Advertiser* (January 19, 2003): 1G.
146. Georg Simmel, "Fashion," *International Quarterly* 10 (1904): 130-55.
147. Maureen Tkacik, "'Z' Zips into the Zeitgeist, Subbing for 'S' in Hot Slang," *Wall Street Journal* (January 4, 2003), www.wsj.com, accessed January 4, 2003; Tkacik, "Slang from the 'Hood Now Sells Toyz in Target," *Wall Street Journal* (December 30, 2002), http://www.ytlcommunity.com/commnews/shownews.asp?newsid=5112, accessed September 13, 2011.
148. Grant D. McCracken, "The Trickle-Down Theory Rehabilitated," in Michael R. Solomon, ed., *The Psychology of Fashion* (Lexington, MA: Lexington Books, 1985): 39-54.
149. Charles W. King, "Fashion Adoption: A Rebuttal to the 'Trickle-Down' Theory," in Stephen A. Greyser, ed., *Toward Scientific Marketing* (Chicago: American Marketing Association, 1963): 108-25.
150. Alf H. Walle, "Grassroots Innovation," *Marketing Insights* (Summer 1990): 44-51.
151. Robert V. Kozinets, "Fandoms' Menace/Pop Flows: Exploring the Metaphor of Entertainment as Recombinant/Memetic Engineering," *Association for Consumer Research* (October

151. 1999). The new science of memetics, which tries to explain how beliefs gain acceptance and predict their progress, was spurred by Richard Dawkins who in the 1970s proposed culture as a Darwinian struggle among "memes" or mind viruses. See Geoffrey Cowley, "Viruses of the Mind: How Odd Ideas Survive," *Newsweek* (April 14, 1997): 14.
152. Malcolm Gladwell, *The Tipping Point* (New York: Little, Brown, 2000).
153. "Cabbage-Hatched Plot Sucks in 24 Doll Fans," *New York Daily News* (December 1, 1983).
154. *www.Zoobles.com*, accessed June 23, 2011; Ann Zimmerman, "How Toy Crazes Are Born: Collectibles Are Designed to Be Cute, Numerous, Affordable and Just Rare Enough," *Wall Street Journal* (December 16, 2010), *http://online.wsj.com/article/SB10001424052748704828104576021430434938792.html*, accessed April 28, 2011; John Lippman, "Creating the Craze for Pokémon: Licensing Agent Bet on U.S. Kids," *Wall Street Journal* (August 16, 1999), *www.wsj.com*, accessed August 16, 1999; "Turtlemania," *The Economist* (April 21, 1990): 32.
155. Anthony Ramirez, "The Pedestrian Sneaker Makes a Comeback," *New York Times* (October 14, 1990): F17.
156. 「美白市場なお熱く：メーカー，低価格商品続々と10－20代にも照準」読売新聞 2001年8月30日東京朝刊．p.11.
株式会社ジェイ・エム・アール生活総合研究所公式ウェブサイト「提言論文：ガングロが行く（1999年）」（http://www.jmrlsi.co.jp/concept/report/consumption/ganguro.html）．アクセス日：2014年6月20日．
157. Quoted in Stephen Brown and Anthony Patterson, "You're a Wizard, Harry!" Consumer Responses to the Harry Potter Phenomenon," *Advances in Consumer Research* 33, no. 1 (2006): 155-160.
158. B. E. Aguirre, E. L. Quarantelli, and Jorge L. Mendoza, "The Collective Behavior of Fads: The Characteristics, Effects, and Career of Streaking," *American Sociological Review* (August 1989): 569.
159. Center for Media Research, "Product Placement, Sampling, and Word-of-Mouth Collectively Influence Consumer Purchases" (October 22, 2008), www.mediapost.com, accessed October 22, 2008; Brian Steinberg and Suzanne Vranica, "Prime-Time TV's New Guest Stars: Products," *Wall Street Journal* (January 12, 2004), *www.wsj.com*, accessed January 12, 2004; Karlene Lukovitz, "'Storyline' Product Placements Gaining on Cable," *Marketing Daily* (October 5, 2007), *www.mediapost.com*, accessed October 5, 2007.
160. Jack Neff, "Clearasil Marches into Middle-School Classes, *Advertising Age* (November 2006): 8; Bill Pennington, "Reading, Writing and Corporate Sponsorships," *New York Times on the Web* (October 18, 2004); Caroline E. Mayer, "Nurturing Brand Loyalty: With Preschool Supplies, Firms Woo Future Customers and Current Parents," *Washington Post* (October 12, 2003): F1.

監訳者あとがき

本書の魅力

　本書は，消費者行動論の標準的テキストとして世界的に評価の高い『Consumer Behavior: Buying, Having, and Being』の日本版である．底本は，北米版の第10版である（なお2014年2月に第11版が発売されている）．本書は，北米にとどまらず，アジア，ヨーロッパ，南米，中東などの大学で利用されており，これまで各国版が出版されてきた．これまで消費者行動論のテキストブックとしては，Roger D. Blackwell，Paul W. Miniard，James F. Engel の『Consumer Behavior』や，J. Paul Peter と Jerry Olson の『Consumer Behavior and Marketing Strategy』が定番であったが，現在では改訂されていない．こうした中，本書は2年に一度の改訂を着実に重ねてきており，定番としての地位を確立しているようである．

　著者のマイケル・R・ソロモンは，本書冒頭にある「著者について」にあるように，世界的に著名な消費者行動研究者である．その業績は，ライフスタイル，ブランディング，製品の象徴的側面，ファッションの心理学など多岐にわたる．その中でも例えば『Journal of Consumer Research』誌に1983年に掲載された「社会的刺激としての製品の役割：シンボリック相互作用論に基づいて（The Role of Products as Social Stimuli: A Symbolic Interactionism Perspective）」は，シンボリック相互作用論の理論枠組みを消費者行動論に導入した古典的な論文として，長年，高い評価を受けている．ソロモン教授は，多くのテキストブックも，ものにしている．同書のファッション版『Consumer Behavior: In Fashion』や『Marketing: Real People, Real Choices』を世に送り出しており，特に後者は第7版まで版を重ねている．

　おそらく読者は，800ページを超える本書のボリュームに圧倒されていることだろう．この桁外れの分量（と価格の高さ）は本書の弱みと言えるかもしれない．しかしながら，このテキストブックには，それをはるかに上回る魅力がある．この魅力こそが，わたしたちが邦訳版を世に送り出そうとしたモチベーションである．以下，その魅力を5点にまとめてみよう．

　第1に，消費者行動論の学問的多様性を反映して，多種多様な理論や概念が紹介されていることである．消費者行動論という学問分野は比較的若い学問であるが，莫大な数の研究が展開されてきた．第1章の最後にあるように，経済学，社会心理学，社会学，文化人類学をはじめとして実に多様なディシプリン（基礎学問分野）から参入した研究

者が，消費者行動という現象について興味を示し研究を行ってきた．たしかに，理論的な体系構築という点では発展途上にある学問分野である．しかしながら，その幅広さがゆえに，理論的に，あるいは概念的に豊穣な学問分野であるとも言える．これまでのテキストブックは特定の学問分野に焦点を合わせたものが多かったが，本書は学問的多様性とその成果について，見晴らしよく俯瞰することができる希有なテキストブックである．特に，第5章（自己）や第14章（文化）などには，日本語では学習することが難しいが興味深い論点が多く含まれている．

第2に，消費者行動研究の最新の成果と情報が反映されていることである．各章には「消費者行動，私はこう見る（CB as I See It）」というコラムが掲載されている．このコラムの著者は，消費者行動論で質の高い成果を上げてきた研究者たちである．自分の研究に基づいて，具体的な消費者行動を理解するための洞察や知恵を共有してくれている．これらを読むと分かるように，消費者行動論は，その取り扱いの範囲を広げてきた経緯がある．消費者行動は，かつて購買行動（buying behavior）と呼ばれていたことから分かるように，購買時点についての関心が高かった．というのもマーケターは，どのような理由で買ったり買わなかったりするのか，ということに関心があったからである．しかし購買したモノを使用し，さらに長年使用したモノを廃棄することもまた消費である．第1章で明確に述べられているように，消費者行動は，購買・使用・廃棄のすべての段階を含むものである．こうしたことから近年の消費者行動論では，使用段階や廃棄段階についての研究が進められている．本書は，この近年の動向もきちんと反映した内容となっている．

第3に，グローバル化という現実を反映して，世界各地で観察されるユニークな消費者行動やマーケティングの事例を豊富に紹介してくれていることである．各章においては，アメリカに限らず，アジア，ヨーロッパ，中東，南米などの事例に充ち満ちている．この文化的多様性への目配りは，本書の後半に進むにつれてより顕著になる．自分が知らない文化の消費文化を知ることで，地に足が着いた異文化理解が（特に若い学生の間で）促進されることが期待される．さらに言えば，多様な事例を知ることで，学んだ理論や概念と現象との間での対応関係を頭の中で描けるようになれることも期待される．「消費者行動論」という名の通り，この学問分野は具体的な出来事（現象）を取り扱うものである．したがって，理論や概念が説明しようとする具体的な現象がどのようなものか，ということは，いつも気にすべきことである．そのための工夫が本書では随所に見られる．

第4に，上記3つの特色があるにもかかわらず，単純明快な文章で大量の情報が体系的な構成に基づいて整理されていることである．本書は，導入（セクション1）の後，知覚や学習といった個人内プロセス（セクション2）についてまず説明し，それに基づいてどのような意思決定（セクション3）がなされているのかを学び，その上で，家族や集団

や社会といった他者との相互作用に関する問題（セクション4）について取り上げている．このようにミクロ的な問題から次第にマクロ的な問題に展開する本書の構成は，直感的にも理解しやすい．こうした構成に加えて，章をまたいだ関連性についての言及が随所に見られるのも親切である．例えば第3章の「観察学習」の話は，第10章で子どもが親の行動を真似るという社会化プロセスについて説明する際に取り上げられている．こうした内容が分かりやすい文章でシンプルに説明されている．

　第5に，消費者行動論はマーケティングの婢ではない，すなわち消費者行動論がマーケティングにのみ資する学問分野ではないことが，明確に主張されていることである．これについては，不思議に思う読者もいることだろう．マーケティングとは，顧客についての洞察に基づいて適切なモノやサービスを提供することで利益を得る行為である．したがって消費者行動論はマーケティングのために存在すると考えてもおかしくない．しかし第1章の後半に，公共政策についての議論があったり，第6章の最後に消費者行動の負の側面について解説があったりするように，消費者保護・教育といった観点も強く重視されていることが分かる．近年，消費者の福祉に貢献することを目指す変革志向消費研究（transformative consumer research）という新たなアプローチが消費者行動論において盛り上がりを見せている．こうした近年の動きも反映されたテキストブックである．

邦訳版の制作方針・プロセス

　以上のように，本書は多彩な魅力を備えたテキストブックである．しかしながら，本邦訳版ではすべての内容をそのまま翻訳しているわけではない．長年にわたって愛されるテキストブックにするために，邦訳版の制作の基本方針として，理論や概念の解説は忠実に翻訳し，事例を日本の読者になじみがあるものに差し替えることにした．というのも紹介されている事例の多くが，日本の学生にとってなじみのあるものではないため，「理論や概念と現象との対応関係と作る」ということに関して難しさを感じたためである．ただし，すべてを日本の消費者なりマーケティングの事例に修正したわけではない．日本の学生もまたグローバル化する経済に直面しており，世界で起こりつつある現実を学ぶことは重要である．上述の3つ目の魅力を削がないことに気をつけて加筆修正を施した．

　本書には下訳が既にあったため，それを加筆修正する作業が邦訳版制作の中心となった．手順は次の通りである．まず監訳者の学部ゼミナール3年生が，各章で紹介されている事例を吟味して，どれが分かりにくく修正すべきなのか検討した．また訳文などの分りづらい点なども検討してもらった．これをゼミに持ち寄って，差し替えるべき事例について調査した内容を発表してもらい，全員で議論した．この1年近くかけて行った内容は，ワードやパワーポイントのファイルにすべて記録された．

この学生の作業内容を踏まえて，若手，中堅レベルの信頼できるマーケティング研究者6名と監訳者が分担して，下訳の修正作業を行った．全14章なので，1名2章分を担当した．まず，理論や概念の解説が適切かどうか確認した．邦語では，（ほぼ）はじめて紹介する理論や概念も少なくなかったため，適切な邦訳を見つけるのが難しいものもあったが，できる限り読みやすい翻訳を心がけた．次に，事例の差し替えである．学生が作成した資料を参考に，読者にとって自然な理解が可能になるような事例を選び差し替えた．また事例の量が過剰であると判断される部分は削除した．さらに本書では，各章の冒頭に，架空のアメリカ人消費者についての小話（vignette）がある．その内容は，日本の読者にもなじみやすいストーリーに全面的に書き直している．

以上の基本方針は，キックオフの全体ミーティングにおいて共有した．その後，加筆修正した翻訳原稿については，担当者と監訳者がミーティングを行って内容を確認した．また初校，再校においても，各担当者が校正した内容を監訳者がすべてチェックした9期生の朝岡孝平君には，この校正作業を手伝ってもらった．

本書には，囲み記事〔「Net Profit（ネットの利益）」「The Tangled Web（危険なウェブの罠）」「Marketing Opportunity（マーケティング機会）」「Marketing Pitfall（マーケティングの落とし穴）」〕が，各章に多数掲載されている．これらについては，邦訳版ウェブサイトにて内容を確認できるようにしたので，本書から割愛してある．

この大部のテキストブックは，以下に述べるように，学生を含めた様々な人々に読んでもらいたいと考えている．監訳者が担当する学部授業（消費者行動論）で学生に尋ねたところ，価格の高さと持ち運びの大変さについての指摘がとても多かった．こうした負担を多少なりとも減らすために，類書では珍しいことであるが，3分冊版も，同時に出版することになった．

期待される読者

本書の読者としてまず期待したいのは，実務家である．というのも顧客のないビジネスなど定義上あり得ないし，どのようなビジネスにおいても顧客を深く理解することは成功するための必須条件だからである．本書で紹介された多種多様な理論や概念は，消費者を理解するためのいわば「メガネ」である．丁度可知差異，代理学習，葛藤，自己概念，バランス理論，文化資本，神聖化など，こういった「ことば」を知ることで，そのことばを知らない人には見えないことが見えてくる．すなわち景色が違って見えるはずである．急いで付け加えるならば，ここで言う「実務家」は民間企業の人々に限らない．上で消費者行動論はマーケティングの婢ではないと述べた．「メガネ」は，消費者保護に携わる行政担当者やソーシャル・ビジネスに携わる非営利組織の人々にとっても有益なはずで

ある.

　以上のことは，将来，社会に出る大学学部生についても言えるだろう．上述のように，消費者行動論は多様なディシプリンに基づいている．そこから借用した理論や概念を用いて消費者行動を分析しようとしている．これは逆に言えば，人間や社会について深い洞察を得るための道具立てを，消費を軸に収集してあるとも言える．したがってこのテキストブックの内容を身につけることで，消費者行動はもとより，人や世の中の動きについて自分の頭で考えることができる「構え」が身につくことが期待される．

　研究者を目指す大学生・大学院生や研究者にも，ぜひ読んでもらいたいと考えている．多様なアイディアや事例に充ち満ちた本書は，卒業論文，修士論文，博士論文のアイディアの源泉になることは間違いない．そうしたことから，各章の末尾にまとめられた参考文献は割愛していない．こういった研究者の「卵」のみならず，プロの消費者行動研究者にも本書は参考になるのではないか，と考えている．というのも，本書の包括性がゆえに，あるディシプリンに依拠して消費者行動を研究してきた者が，他のディシプリンとの関係において，自分の立ち位置がどのようなところにあるのか，ということを確認する上でも有用だからである．方法論的多様性や学問的多様性を実現するには，他のディシプリンについての理解や共感が不可欠だが，専門性がゆえに，なかなか難しいことである．本書は，こうした困難を克服する一助となると思われる．

　最後につけ加えるならば，監訳者としては，本書は誰もが読むべきものであると，実は考えている．なぜならば，資本主義社会に生きる私たちは，皆「消費者」だからである．ゆりかごから墓場まで，私たちは市場で売られているモノやサービスを購入し，使用し，廃棄している．私たちは生まれながらにして「消費者」であるから，時には，消費者であることの意味を考えるべきだろう．もしかしたら無駄使いをやめるコツが，本書を読めば見つかるかもしれない．自分をさまざまな角度から省みるための道具立てを本書は提供してくれるはずである．

謝辞

　監訳者は，自分の学部ゼミナールにて本書を長年にわたって輪読してきた．この愛着があるテキストブックの翻訳プロジェクトを担当できたことは望外の喜びであった．しかし，莫大な量の下訳を精査することは，とても1人で行えるものではなかった．6名の信頼できる同僚がこのプロジェクトに参加して下さったことが，まずありがたいことである．上で述べた作業は，非常に手間のかかるものであったが，研究，教育，学務の忙しさの合間を縫って，加筆修正作業を進めてくれた．深く感謝している．

　また事例差し替えのために積極的に事例を収集し議論をしてくれた松井剛ゼミナール

第10期生の全員にも深く御礼を申し上げたい．相原有為，井上直樹，馬林有希，川村洸太朗，黄思，洪麒杰，斎藤望，清水はる香，末永真理，鈴木亮治，谷脇太郎（ゼミ幹事），鄭喜鮮，褚天虹，生巣成美，西村健介，東山愛実のみんなは，文化的多様性を重視する本書の内容そのままに，国や文化の違いを超えて仲良くなり，このプロジェクトに精力的に取り組んでくれた．本当にありがとう．

本書は，もともと別の出版社から刊行される予定だったが，諸般の事情から丸善出版株式会社より出版されることになった．スピーディーに加筆修正作業ができなかったため，当初の出版社には様々な迷惑をかけてしまったことにお詫びを申し上げるとともに，これまでのご尽力に御礼を申し上げたい．またその際には，試訳を複数の消費者行動論の研究者の方々にお読み頂き，詳細なコメントを頂戴した．これらのコメントは非常に有益であり，邦訳版にも活かされている．心より謝意を申し上げたい．

丸善出版の企画・編集部の小根山仁志さんには，煩雑な編集作業をきめ細かく着実に進めて頂いた．また同社より本書を出版することになった際には，安平進企画・編集部長にご尽力を頂いた．厚く御礼を申し上げたい．

できる限り多くの読者に本書が届くことを期待して，筆を擱きたい．

2014年11月

松　井　　剛

索 引

あ 行

アイコン　93
アイデンティティ・マーケティング　233
アクティビティ・ストア　474
アート製品　745
アニミズム　304
アバター　230
アーリー・アダプター　757
アンカリング　415
アンダーグラウンド経済　485
暗喩　379
移行経済　207
一極的な感情　136

イド　287
イノベーション　754
イノベーションの普及　754
イノベーター　755
居場所　471
イーミックな視点　202
印象操作　228
インデックス　93

ヴァーチャル・アイデンティティ　230
ヴァラエティ・シーキング　413
ウィキ　507
ウィジェット　360
ヴェーバーの法則　71
ウェブ 2.0　21
ウォーミング　662
ウォンツ　25, 159

AIO　309
影響インプレッション　570
影響者　502
影響ネットワーク　563
影響の２段階の流れモデル　563
「栄誉のしるし」　227
エコーブーマー　679
エティックな視点　201
エピソード記憶　125

m コマース　359
遠視　415
エンベッド　77
黄金のトライアングル　85
オーディオ・ウォーターマーキング　66
男らしさ　190
音象徴　66
オピニオン・リーダー　562
オブジェクトの社会性　583
親の譲歩　526
オンライン・ゲーティッド・コミュニティ　625

か 行

解釈　86
解釈項　93
解釈主義　38
買いだめ　734
回避─回避型コンフリクト　167
開封率　461
買い物志向　467
快楽原則　287
快楽的消費　57
快楽的適応　197
鏡に映る自己　232
核家族　509
学習　107
拡大家族　509
拡張現実　73
拡張自己　237
拡張する規範　712
拡張の問題解決　404
家計の財務責任者（FFO）　521
ガジェット愛好家　756
可処分所得　601
仮想世界　360
家族アイデンティティ　517
家族ライフサイクル　514
価値観　185
価値体系　187
価値とライフスタイル・システム（VALS2）

312
価値表出機能 334
価値リスト尺度 190
活性化拡散 131
カテゴリー代表例 428
金持ち病 618
カルチャー・ジャミング 29
カルト製品 175
感覚 56
感覚記憶 126
感覚的シグネチャー 60
感覚の過負荷 80
関係性マーケティング 13
観察学習 122
観察可能性 759
慣習 713
干渉 134
感情 335
感情分析 164
感性工学 68
感染 733

記憶 123
記憶の活性化モデル 127
記号 93
記号論 93
儀式 724
儀式用小道具 727
期待集団 554
期待不一致モデル 480
期待理論 161
機能過多 428
規範 560
規範的影響 552
逆転ジェンダー製品 250
逆プロダクト・プレイスメント 95
究極的価値 190
強固なブランド 721
強制パワー 551
共同体的目標 242
共同的理想 523
強迫的消費 319
恐怖アピール 377
共有サイト 486
巨大教会 671
拒否集団 557
近接 556

偶発的学習 107
偶発的ブランド露出 417
偶発的類似 478
寓話 379
クチコミ（WOM） 572
クラウドソーシング 508
クラシック 765
クラフト製品 745
グリーンウォッシング 195
グリーン・マーケティング 32
クレオール化 209
グレーマーケット 689
グローバル消費倫理 207
グローバルな消費文化 17

経験 83
経験的パースペクティブ 404
ゲシュタルト 90
ケチ 601
結束 556
決定の一極化 558
決定要因属性 430
ゲーム内広告 752
ゲームベースド・マーケティング 405
元型 294
検索エンジン 410
原産国 438
現実原則 289
現実自己 228
顕示的消費 627
減衰 134
顕著性 136
限定合理性 411
限定コード 623
限定的問題解決 405
現場 483
権力の格差 189

合意に基づく購買決定 516
効果の階層モデル 335
効果の経験階層 338
効果の低関与階層 336
交換 5
広告キャラクター 367
広告の消耗 113
行動 335
行動学習理論 108
行動経済学 415, 602

索引　791

行動ターゲティング　315
行動的影響パースペクティブ　403
行動プライシング　72
購買クラス理論　505
購買行動への態度（A_{act}）　351
購買時（POP）刺激　476
購買者　502
購買推進力　403
購買センター　505
小売業のテーマ化　471
合理的行動理論　349
合理的パースペクティブ　402
考慮集合　422
五感マーケティング　59
顧客満足／不満足（CS/D）　479
心の予算　474
互酬性の規範　726
個人主義　189
個人による意思決定　519
ゴス・サブカルチャー　250
コスプレ　653
固定比率強化　119
古典的条件づけ　109
コネクシティ　679
コ・ブランディング戦略　641
コミュニケーション・モデル　356
コミュニティ　582
コレクション　734
混合感情　136
コントラスト　84
コンピューター媒介環境（CMEs）　230

さ　行

サイコグラフィクス　3, 307
再生　141
最大化　411
再認　141
サイバープレイス　582
サイバーメディアリー　432
サブカルチャー　652
サブリミナル知覚　76
参加型文化　22
参照価格　72
サンドイッチ世代　510

ジェネレーションX　684
ジェネレーションY　679
シェーピング　116

ジェンダーの収斂　520
ジオデモグラフィ　314
自我　289
自我防衛機能　334
時間貧乏　461
しきたり　713
刺激般化　111
刺激弁別　111
自己イメージ一致モデル　236
試行可能性　758
嗜好文化　621
試行理論　354
自己概念　226
自己知覚理論　342
自己の分裂　230
シーコノミー　519
シシューポス効果　412
市場細分化戦略　4
自尊心　227
C2Ceコマース　19
実在性　585
実証主義　38
ジップの法則　439
実用的機能　334
自発的回復　140
自発的シンプル生活者　192
自文化中心主義　439
社会階級　606
社会階層　607
社会関係資本　624
社会的影響力　550
社会的手抜き　557
社会的判断理論　342
社会的比較　227
社会的流動性　608
社会で成功している現代の若い女性たち（CYMFA）　244
ジャグリング・ライフスタイル　521
習慣的意思決定　406
集合知　586
修正再購買　506
従属　339
集団の価値創造　553
主観的規範（SN）　350
主体の目標　242
手段価値　190
手段と目的の連鎖モデル　190
出生率　510

受容サイクル　765
受容領域と拒否領域　343
シュリンケージ　322
準拠集団　548
準拠パワー　550
順応　83, 560
状況依存的想起　135
条件刺激　109
条件反射　109
使用者　502
象徴的自己完結理論　235
象徴的相互作用論　231
情動　162
衝動購買　475
情熱中心主義　584
消費依存症　318
消費コミュニティ　3
消費コンステレーション　641
消費される消費者　320
消費者　6
消費者アイデンティティの再生　692
消費者景況感　602
消費者行動論　5
消費者主権空間　24
消費者ネットワーク　518
消費者の混乱　115
消費者の社会化　526
消費者の「族」　553
消費者ハイパー選択　401
消費者発コンテンツ　21
消費スタイル　203
情報カスケード　563
情報検索　409
情報の経済学　26
情報パワー　550
消滅　110
所属集団　554
触覚　67
シリアル・ワードローバー　323
自律の意思決定　519
新規購買　506
真実の幻想効果　142
神聖化　733
親族ネットワーク　523
身体イメージ　255
身体醜形障害　271
身体満足度　255
進歩的学習モデル　661

シンボル　94
神話　715
水平的革命　20
スキーマ　87
ステータス・シンボル　625
図と地の原理　91
スペクタクル　181
スリーパー効果　364
精神の経済　82
精神物理学　70
精神療法モデル　669
精緻化見込みモデル（ELM）　382
精緻化リハーサル　127
正統パワー　550
聖なる消費　732
正の強化　116
製品シグナル　435
製品の補完性　641
製品ラインの拡張　114
精密コード　623
性役割　240
性役割特徴　243
世界観　617
世帯　509
接近—回避型コンフリクト　167
接近—接近型コンフリクト　166
絶対閾　71
説得　355
生産性志向　162
専門家パワー　551

想起　123
想起集合　130, 422
総合的品質管理（TQM）　482
相互関係　582
相対的優位　759
贈与の儀式　724
俗なる消費　732
「族」のマーケティング戦略　554
ソシオメトリック法　567
組織購買者　502
ソーシャル・オブジェクト理論　583
ソーシャルグラフ　582
ソーシャルゲーム　183, 405
ソーシャル・ネットワーク　582
ソーシャル・マーケティング　32

ソーシャルメディア　21, 360

た 行

大衆階級　614
対象　93
代償型決定ルール　443
代替現実ゲーム　8, 361
態度　333
態度対象（A_o）　333
態度のABCモデル　335
態度の機能理論　333
タイムスタイル　461
代理消費者　564
多経路固着調整（MPAA）モデル　353
惰性　173, 440
多属性態度モデル　346
脱エスニック化　656
脱神聖化　738
多様化健忘症　413
段階的勧誘法　342
短期記憶　126
単語フレーズ辞典　164
単純接触現象　556
単純反復購買　506
男性優位主義　245

地位階層　608
地位の結晶化　633
知覚　56
知覚的警戒　83
知覚的防御　83
知覚年齢　691
知覚の選択性　82
知覚フィルター　83
知覚リスク　421
知識機能　334
知識構造　425
知的エージェント　433
チャブ　613
チャンキング　127
注意　80
注意ゲート　126
中核的価値　188
長期記憶（LTM）　127
長期志向　190
超自我　289
調整による購買決定　517
丁度可知差異　71

直喩　379
貯蔵　123

Twitter　360
通過儀礼　730
つながり　582
つながりの強さ　569

定間隔強化　119
ティッピング・ポイント　764
手入れの儀式　724
DINKS　512
適合性　758
デジタル・ネイティブ　20
データベース・マーケティング　13
デモグラフィクス　3
電子的リコメンデーション・エージェント
　433
店舗イメージ　472

同一化　339
トゥイーン　681
動因　158
動因理論　159
同型配偶　606
動画ブログ　360
同期相互作用　21
動機づけ　158
道具的条件づけ　116
動的な連続的イノベーション　758
同伴消費者　459
同類性　562
ドッペルゲンガー・ブランド・イメージ　301
トランスメディア・ストーリーテリング　360
トランスメディア・フォーマット　360
トリクルダウン理論　762
取り込み　739
取引広告　184

な 行

内部化　339
ナチュラル・ユーザー・インターフェイス　68
名前文字効果　552
成り金　621

二項対立　718
ニーズ　25
ニューロマーケティング　430

二要因理論　371
認知　335
認知学習理論　120
認知処理様式　403
認知的一貫性の原則　340
認知的不協和理論　166, 340
認知発達段階　530

妬みを起こさせるような区別　627
ネットワーク単位　582
年齢コホート　675

ノスタルジア　144
ノード　582

は　行

バイオテロリズム　317
廃棄製品　485
ハイコンテクスト文化　655
ハイパーリアリティー　94
ハイブリッド広告　137
ハイライト効果　135
バイラル（伝染）・マーケティング　580
パスティーシュ　38
はずみ効果　571
パーソナライズされた再ターゲティング　316
パーソナリティ　287
パーソナリティ特性　296
80対20の法則　9, 309
罰　117
発案者　502
発信源の信憑性　362
発信源の魅力　365
ハビトゥス　624
パーミッション・マーケティング　358
パラダイム　38
ハラール　673
バランス理論　343
ハロー効果　111
パロディ・ディスプレイ　630
パワーユーザー　569
反祝祭　728
反消費　323
反応バイアス　142
反復　109

比較広告　373
比較的影響　552

非計画購買　475
ビジネス倫理　23
ヒスパニック　664
非代償型決定ルール　441
B2Ce コマース　19, 506
B2B マーケター　502
否定的なクチコミ　575
非同期相互作用　21
美の理想　255
肥満蔑視　265
ヒューリスティクス　434
評価基準　429
標準的学習階層　336
評判経済　434
非連続的イノベーション　758

ファド　766
ファミリーブランド　114
ファンタジー　228
フォークソノミー　581
フォン・ラストルフ効果　136
不確実性の回避　190
複雑性　759
符号化　123
物質主義　195
物象化　733
負の強化　117
ブーメラン・キッズ　510
プライミング　87
フラッシュモブ　182
ブランド・アドボケート　434
ブランド・コミュニティ　553
ブランドネームの刷り込み　87
ブランド・パーソナリティ　300
ブランドフェスタ　553
ブランド・プロミネンス　628
ブランド・ロイヤルティ　441
フリーガン　486
フリークエンシー・マーケティング　120
PRIZM NE　314
BRIC 諸国　614
プリテイラー　744
ブリンキング　752
ブルトノミー　604
フレーミング　414, 585
フロー　583
ブログ　360
フロー状態　174

プロスペクト理論　416
プロダクト・プレイスメント　750
ブロマンス　243
雰囲気　474
文化　710
文化ゲートキーパー　743
文化資本　624
文化受容　188
文化生産システム（CPS）　742
文化的常套句　746
文化的選択　741
文化変容　188
文化変容エージェント　661
分散効果　133

閉合原理　90
ベビーブーマー　685
ヘビーユーザー　9
ヘリコプター・ママ　519
変革志向消費研究　31
変間隔強化　119
変動比率強化　119
弁別閾　71

放棄儀式　486
報酬パワー　551
ポジショニング戦略　95
ホストカルチャー　662
没個性化　557
ポッドキャスティング　360
ポップアップ・ストア　472
ポップカルチャー　15
ホームショッピング・パーティー　559
ホメオスタシス　159

ま 行

マイクロカルチャー　652
マーケットの達人　564
マーケット・ビリーフ　436
マスカスタマイゼーション　177
マスコネクター　570
待ち行列理論　464
満足解　411

ミートアップ　583
ミーム理論　763
ミレニアルズ　679
民主主義　585

民族サブカルチャー　654
無条件刺激　109
無知の幸福効果　420
迷信　722
メディアの多重送信性　583
メディアの民主化　585
メトロセクシュアル　274
メンタル・アカウンティング　414
メンバーによる意思決定　519
目標　158
モチベーション・リサーチ　291
モデリング　122
物語　125
物語への感情移入　178
モノミス　719
モバイル・ショッピング・アプリ　475
モーレス　713
問題認識　408
門番役　502

や 行

役割理論　17

有閑階級　628
誘発性　165

予測市場　507
欲求の階層　169

ら 行

ライセンス付与　115
ライフコース・パラダイム　694
ライフスタイル　635
ライフスタイル・マーケティング・パースペクティヴ　635
ラーカー　585
ラガード　755
ラダリング　191
ラテラル・サイクリング　485

リアリティ・エンジニアリング　748
利害関心最小の原理　561
リスキー・シフト効果　557
理想自己　228
リッチメディア　81

流行　760
流行システム　759
良心的コンシューマリズム　192
両性具有　247

類似の原理　90
類似パッケージ　115

レイト・アダプター　755
レゾナンス　379

レトロブランド　144
連想ネットワーク　128
連続的イノベーション　757

浪費家　601
ローコンテクスト文化　655
露出　70
ロハス（LOHAS）　193
ロングテール　433
論駁的議論　372

監訳者
松井　剛　（第 1 章，第 4 章担当）
　　　　　一橋大学経営管理研究科　教授

訳者
大竹光寿　（第 13 章，第 14 章担当）
　　　　　明治学院大学経済学部　准教授
北村真琴　（第 11 章，第 12 章担当）
　　　　　東京経済大学経営学部　准教授
鈴木智子　（第 5 章，第 6 章担当）
　　　　　一橋大学経営管理研究科　准教授
西川英彦　（第 7 章，第 8 章担当）
　　　　　法政大学経営学部　教授
朴　宰佑　（第 2 章，第 3 章担当）
　　　　　中央大学商学部　教授
水越康介　（第 9 章，第 10 章担当）
　　　　　東京都立大学経済経営学部　教授

ソロモン　消費者行動論　ハードカバー版

　　　　　　　　　　　　平成 27 年 1 月 25 日　発　　　行
　　　　　　　　　　　　令和 5 年 7 月 10 日　第 2 刷発行

監訳者　　松井　剛

発行者　　池田和博

発行所　　丸善出版株式会社
　　　　　〒101-0051　東京都千代田区神田神保町二丁目17番
　　　　　編集：電話(03)3512-3264／ＦＡＸ(03)3512-3272
　　　　　営業：電話(03)3512-3256／ＦＡＸ(03)3512-3270
　　　　　https://www.maruzen-publishing.co.jp

© Takeshi Matsui, 2015

組版／株式会社 日本制作センター
印刷・製本／大日本印刷株式会社

ISBN 978-4-621-08877-7　C 3034　　　　Printed in Japan

本書の無断複写は著作権法上での例外を除き禁じられています．